Ortografía
de la lengua española

Ortografía
de la lengua española

REAL ACADEMIA ESPAÑOLA

ASOCIACIÓN DE ACADEMIAS
DE LA LENGUA ESPAÑOLA

Obra editada en colaboración con Espasa Libros, S. L.U. – España

Diseño de portada e interiores: Sánchez / Lacasta

Bajo el sello editorial ESPASA M.R.
Avenida Presidente Masarik núm. 111, 2o. piso
Colonia Chapultepec Morales
C.P. 11570 México, D.F.
www.editorialplaneta.com.mx

Primera edición impresa en España: 2010
ISBN: 978-84-670-3426-4

Primera edición impresa en México: marzo de 2011
ISBN: 978-607-07-0653-0

Impreso en los talleres de Litográfica Ingramex, S.A. de C.V.
Centeno núm. 162, colonia Granjas Esmeralda, México, D.F.
Impreso en México – *Printed in Mexico*

COMISIÓN INTERACADÉMICA

Presidente
Víctor García de la Concha
DIRECTOR DE LA REAL ACADEMIA ESPAÑOLA
PRESIDENTE DE LA ASOCIACIÓN DE ACADEMIAS DE LA LENGUA ESPAÑOLA

Secretario
Humberto López Morales
SECRETARIO GENERAL DE LA ASOCIACIÓN DE ACADEMIAS DE LA LENGUA ESPAÑOLA
ACADEMIA PUERTORRIQUEÑA DE LA LENGUA ESPAÑOLA

Coordinador
Salvador Gutiérrez Ordóñez
REAL ACADEMIA ESPAÑOLA

ÁREAS LINGÜÍSTICAS

Chile
Coordinadores: Alfredo Matus Olivier • Andrés Gallardo Ballacey
ACADEMIA CHILENA DE LA LENGUA

Río de la Plata
Coordinador: Adolfo Elizaincín
ACADEMIA NACIONAL DE LETRAS DE URUGUAY
Alicia María Zorrilla
ACADEMIA ARGENTINA DE LETRAS
Juan E. Aguiar
ACADEMIA PARAGUAYA DE LA LENGUA ESPAÑOLA

Área andina
Coordinador: Mario Frías Infante
ACADEMIA BOLIVIANA DE LA LENGUA
Marco Martos Carrera
ACADEMIA PERUANA DE LA LENGUA
Susana Cordero de Espinosa
ACADEMIA ECUATORIANA DE LA LENGUA

Caribe continental
Coordinador: Francisco Javier Pérez
ACADEMIA VENEZOLANA DE LA LENGUA
Juan Carlos Vergara Silva
ACADEMIA COLOMBIANA DE LA LENGUA

México
Coordinador: José G. Moreno de Alba
ACADEMIA MEXICANA DE LA LENGUA

Centroamérica

Coordinador: Francisco Arellano Oviedo

ACADEMIA NICARAGÜENSE DE LA LENGUA

Enrique Margery Peña

ACADEMIA COSTARRICENSE DE LA LENGUA

Francisco Albizúrez Palma

ACADEMIA GUATEMALTECA DE LA LENGUA

Ramón Hernández Torres

ACADEMIA HONDUREÑA DE LA LENGUA

Margarita Vásquez

ACADEMIA PANAMEÑA DE LA LENGUA

Matías Romero Coto

ACADEMIA SALVADOREÑA DE LA LENGUA

Antillas

Coordinadoras: Ofelia García Cortiñas (†2007) • Marlen Domínguez

ACADEMIA CUBANA DE LA LENGUA

Eduardo Forastieri • María Inés Castro

ACADEMIA PUERTORRIQUEÑA DE LA LENGUA ESPAÑOLA

Bruno Rosario Candelier • Ramón Emilio Reyes

ACADEMIA DOMINICANA DE LA LENGUA

Estados Unidos y Filipinas

Coordinador: Gerardo Piña-Rosales

ACADEMIA NORTEAMERICANA DE LA LENGUA ESPAÑOLA

Salvador B. Malig

ACADEMIA FILIPINA DE LA LENGUA ESPAÑOLA

España

Coordinador: Salvador Gutiérrez Ordóñez

REAL ACADEMIA ESPAÑOLA

COMISIONES ACADÉMICAS DE ORTOGRAFÍA

Real Academia Española
Víctor García de la Concha • Valentín García Yebra • Gregorio Salvador Caja • Juan Luis Cebrián • Ignacio Bosque • José Antonio Pascual • Arturo Pérez-Reverte • Salvador Gutiérrez Ordóñez • Darío Villanueva

Academia Colombiana de la Lengua
Jaime Posada • Juan Carlos Vergara Silva

Academia Ecuatoriana de la Lengua
Jorge Salvador Lara • Susana Cordero de Espinosa

Academia Mexicana de la Lengua
José G. Moreno de Alba

Academia Salvadoreña de la Lengua
David Escobar Galindo • Matías Romero Coto • Carlos Alberto Saz

Academia Venezolana de la Lengua
Blas Bruni Celli • Francisco Javier Pérez • Luis Barrera Linares • Horacio Biord Castillo • Lucía Fraca de Barrera • Enrique Obediente Sosa

Academia Chilena de la Lengua
Alfredo Matus Olivier • Andrés Gallardo Ballacey

Academia Peruana de la Lengua
Marco Martos Carrera

Academia Guatemalteca de la Lengua
Mario Antonio Sandoval • Francisco Albizúrez Palma • Marta Raquel Montenegro Muñoz

Academia Costarricense de la Lengua
Estrella Cartín de Guier • Enrique Margery Peña

Academia Filipina de la Lengua Española
José Rodríguez Rodríguez • Salvador B. Malig • Macario M. Ofilada

Academia Panameña de la Lengua
Berna Pérez Ayala de Burrell • Margarita Vásquez • Rodolfo de Gracia

Academia Cubana de la Lengua
Roberto Fernández Retamar • Marlen Domínguez

Academia Paraguaya de la Lengua Española
José Antonio Moreno Ruffinelli • Juan E. Aguiar

Academia Boliviana de la Lengua
Raúl Rivadeneira Prada • Mario Frías Infante

Academia Dominicana de la Lengua
Bruno Rosario Candelier • Ramón Emilio Reyes • Guillermo Pérez Castillo

Academia Nicaragüense de la Lengua
Jorge Eduardo Arellano Sandino • Francisco Arellano Oviedo

Academia Argentina de Letras
Pedro Luis Barcia • Alicia María Zorrilla

Academia Nacional de Letras de Uruguay
Wilfredo Penco • Adolfo Elizaincín • Héctor Balsas • Virginia Bertolotti • Magdalena Coll

Academia Hondureña de la Lengua
Óscar Acosta • Ramón Hernández Torres

Academia Puertorriqueña de la Lengua Española
José Luis Vega • Eduardo Forastieri • María Inés Castro • Amparo Morales

Academia Norteamericana de la Lengua Española
Gerardo Piña-Rosales • Emilio Bernal Labrada • Pedro Guerrero Ruiz • Jesús López Peláez • Rocío Ovido Pérez de Tudela • Antonio Pamies Beltrán • Rosa Alicia Ramos • María Teresa Caro Valverde • Ginés Lozano Jaén • María González García

EQUIPO DE REDACCIÓN Y EDICIÓN

Del Departamento de «Español al día»

Coordinadora y redactora jefe
Elena Hernández Gómez

Redactoras
Encarna Raigal Pérez
Marta García Gutiérrez
Marta Cormenzana Díez
M.ª Ángeles Blanco Izquierdo

Colaboradores en la preparación final del texto
Almudena Jimeno Sanjuán
Cristian Fallas Alvarado (desde la Academia Costarricense de la Lengua)

Han colaborado también Jaime Cordero Talavera, Juan Pedro Gabino García, M.ª José Gil Bonmatí, Diego Varela Villafranca, Lola Beccaria Cigüeña

Han prestado apoyo el Instituto de Lexicografía, la Bilioteca, el Servicio de Reprografía y el Departamento de Tecnología de la Real Academia Española

SECRETARÍA DE GESTIÓN INTERACADÉMICA

Pilar Llull Martínez de Bedoya
JEFE DEL GABINETE DE LA DIRECCIÓN DE LA REAL ACADEMIA ESPAÑOLA
Y DE LA PRESIDENCIA DE LA ASOCIACIÓN DE ACADEMIAS DE LA LENGUA ESPAÑOLA

COLABORADORES EN LAS ACADEMIAS DE LA LENGUA ESPAÑOLA

Academia Mexicana de la Lengua
Norohella Huerta Flores

Academia Chilena de la Lengua
Claudio Garrido Sepúlveda • Ximena Lavín Orellana • Darío Rojas Gallardo

Academia Peruana de la Lengua
Ana Gloria Arias Torre • M.ª del Carmen La Torre Cuadros • Isabel Cristina Wong Fupuy

Academia Guatemalteca de la Lengua
Mónica Denisse Aguirre Illescas • Miriam Antonia Dávila López • Verónica Mancilla Monterroso

Academia Costarricense de la Lengua
Cristian Fallas Alvarado

Academia Panameña de la Lengua
Fulvia Morales del Castillo • Tarahy Tinoco

Academia Paraguaya de la Lengua Española
Celia Beatriz Godoy • Mary Estela Peralta de Aguayo • Alberto Muñoz Aguirre • Francisco Javier García Núñez

Academia Boliviana de la Lengua
Reina Doris Ayala Carrasco

Academia Nicaragüense de la Lengua
Hilda María Baltodano Reyes • Zobeyda Zamora Úbeda • Eneyda Morraz Arauz • María Auxiliadora Rosales Solís

Academia Puertorriqueña de la Lengua Española
Maia Sherwood • Rebecca Arana • María Cristina Veliz • Rose Vázquez • Carla Mojica

TABLA GRATULATORIA

PATROCINIO

Inditex

COLABORACIONES

A lo largo del proceso de elaboración de la nueva edición de la *Ortografía* han prestado su apoyo numerosas instituciones y entidades, entre las que deben destacarse:

Gobierno de España
Gobierno de Chile
Gobierno de México (Consejo Nacional para la Cultura y las Artes [CONACULTA])

Feria Internacional del Libro de Guadalajara
Fundación San Millán de la Cogolla

Agencia Española de Cooperación Internacional para el Desarrollo (AECID)
Fundación Carolina
Fundación Instituto Castellano y Leonés de la Lengua

FUNDACIÓN PRO REAL ACADEMIA ESPAÑOLA

Ha recibido la obra el permanente apoyo económico de la Fundación pro Real Academia Española, que, junto con numerosos benefactores particulares, integran las instituciones y entidades siguientes:

Comunidad Autónoma de La Rioja
Comunidad Autónoma y Gobierno de las Islas Baleares
Comunidad de Madrid
Generalidad de Cataluña
Generalidad Valenciana
Gobierno Cántabro
Gobierno de Aragón
Gobierno de Canarias
Gobierno de Navarra
Gobierno Vasco
Junta de Andalucía
Junta de Castilla y León
Junta de Comunidades de Castilla-La Mancha
Junta de Extremadura
Junta de Galicia
Principado de Asturias
Región de Murcia

Ayuntamiento de Madrid
Ayuntamiento de Pamplona
Ayuntamiento de Zaragoza
Cortes de Aragón
Cortes de Castilla y León
Diputación Provincial de Sevilla

ALSA • Arcelor Mittal España • Banco Bilbao Vizcaya Argentaria • Banco de España • Bolsas y Mercados Españoles • Caixanova • Caja de Burgos • Caja de Jaén • Caja Duero • Caja Madrid • Caja Segovia • Cajacírculo • CECA • Círculo de Lectores • Colegio de Abogados de Madrid • Colegio de Registradores de la Propiedad y Mercantiles de España • Colegio Oficial de Ingenieros Agrónomos de Centro y Canarias • Deloitte & Touche España • El Corte Inglés • Ernst & Young • Espasa Libros S. L. U. • Fomento de Construcciones y Contratas • Fundación Bancaja • Fundación Caja de Badajoz • Fundación Cultural Banesto • Fundación Dinastía Vivanco • Fundación Endesa • Fundación Focus-Abengoa • Fundación Garrigues • Fundación Germán Sánchez Ruipérez • Fundación Hidrocantábrico • Fundación Iberdrola • Fundación Mapfre • Fundación Marcelino Botín • Fundación Pedro Barrié de la Maza • Fundación Puig • Fundación Rafael del Pino • Fundación Santillana • Grupo Mallorca • Grupo MGO • Grupo Prisa • Grupo Santander • Grupo SM • Hermes Traducciones y Servicios Lingüísticos • Ibercaja • Iberia • IBM España • Inditex • Inmobiliaria Río Vena • La Caixa • OHL • Promecal • Repsol YPF • Taravilla Impresiones • Telefónica • Universidad Complutense de Madrid • Universidad de Granada • Vocento • Word Works

La Real Academia Española y la Asociación de Academias de la Lengua Española quieren expresar su más sincera gratitud a todas las personas e instituciones que, con su ayuda material, han hecho posible la *Ortografía de la lengua española*

Índice de contenidos

Introducción

PRIMERA PARTE

El sistema ortográfico del español

CAPÍTULO I

La representación gráfica de los fonemas: el uso de las letras o grafemas

CAPÍTULO II

La representación gráfica del acento: el uso de la tilde

CAPÍTULO III

El uso de los signos ortográficos

CAPÍTULO IV

El uso de las letras mayúsculas y minúsculas

CAPÍTULO V

La representación gráfica de las unidades léxicas

SEGUNDA PARTE

Ortografía de expresiones que plantean dificultades específicas

CAPÍTULO VI

La ortografía de las expresiones procedentes de otras lenguas

CAPÍTULO VII

La ortografía de los nombres propios

CAPÍTULO VIII

La ortografía de las expresiones numéricas

Apéndices

Nómina de textos citados

Presentación

1 La correcta escritura, el buen uso del léxico y el dominio de las reglas gramaticales constituyen los tres grandes ámbitos que regula la norma de una lengua. Por ello, los objetivos académicos, renovados constantemente a lo largo de los siglos, se han concentrado en tres publicaciones emblemáticas: la *Ortografía*, el *Diccionario* y la *Gramática*. La importancia otorgada al código ortográfico aparece ya en el *Discurso proemial de la orthographía de la lengua castellana* incluido en el primer tomo del *Diccionario de autoridades* (1726): «Una de las principales calidades que no solo adornan, sino componen qualquier idioma es la orthographía, porque sin ella no se puede comprehender bien lo que se escribe ni se puede percebir con la claridad conveniente lo que se quiere dar a entender».

En la actualidad, junto a la obligación de «establecer y difundir los criterios de propiedad y corrección», la Real Academia Española se impone en sus *Estatutos* el objetivo prioritario de velar por la unidad del idioma, con el fin de que «los cambios que experimente la lengua española en su constante adaptación a las necesidades de los hablantes no quiebren la esencial unidad que mantiene en todo el ámbito hispánico» (art. I). Este ideal de unidad ha inspirado la vocación panhispánica que preside las obras que se vienen publicando en los últimos años: la *Ortografía de la lengua española* (1999), el *Diccionario panhispánico de dudas* (2005), la *Nueva gramática de la lengua española* (2009), el *Manual* de la *Nueva gramática* y el *Diccionario de americanismos*, obras todas ellas del trabajo mancomunado de la Real Academia Española y de la Asociación de Academias.

2 La preparación de cualquiera de las obras académicas, ya sea la *Ortografía*, la *Gramática* o el *Diccionario*, se realiza bajo el signo de la renovación y de la perfección. Apenas presentada una obra, se abre una nueva agenda en cuya primera página figura como lema renovador que constituye el ideal de toda expedición científica la expresión latina *plus ultra*.

En 1999 vio la luz la última edición de la *Ortografía de la lengua española*, la primera que recibió el refrendo de todas las corporaciones que conforman la Asociación de Academias de la Lengua Española y la primera que fue presentada antes en América que en España, en acto solemne y simbólico que tuvo lugar el 7 de septiembre de 1999, en el Salón de Honor de la Universidad de Chile, la «Casa de Bello», tan ligada a los avatares de la ortografía hispánica. Era una obra breve, sencilla, clara y didáctica, que alcanzó gran difusión en el mundo hispánico y cumplió satisfactoriamente con los fines que perseguía.

En aras de la sencillez y la brevedad, la *Ortografía* de 1999 sacrificaba muchos detalles, casos concretos y problemas prácticos sobre la norma gráfica que asaltan de forma continua a los usuarios de la lengua. Tal carencia halló solución a través del servicio de consultas lingüísticas del Departamento de «Español al día» de la Real Academia Española. Diariamente se ha venido ofreciendo respuesta razonada a cientos de preguntas, desde las más teóricas hasta las más puntuales. Este proceder continuado ha incrementado progresivamente una rica base de datos que acumula de forma ordenada problemas y explicaciones sobre la norma lingüística, recopilación que, en su momento, fue fundamental en la elaboración del *Diccionario panhispánico de dudas* y que ahora constituye el arsenal básico para construir una nueva edición de la *Ortografía* más amplia, más detallada y minuciosa.

3 De acuerdo con el proceder habitual, el camino hacia la elaboración de la nueva edición de la *Ortografía* se inicia muy pronto y se halla jalonado por importantes acuerdos asumidos en congresos de la Asociación de Academias de la Lengua Española. En el de San Juan de Puerto Rico (2002) se decidió revisar la edición de 1999. Comenzó entonces un proceso de examen de ese texto por parte de todas las academias, complementado con el estudio de las reseñas y comentarios de autores particulares, que culminó en la ponencia que, por encargo de la presidencia de la Asociación de Academias, presentó el director de la Academia Chilena de la Lengua, don Alfredo Matus Olivier, en el XIII Congreso de la Asociación (Medellín [Colombia], 2007). Tal documento, que recogía las conclusiones del minucioso análisis del texto de 1999 y establecía las directrices fundamentales de la nueva edición, fue aprobado en sesión plenaria del congreso y ratificado posteriormente en su desarrollo práctico por el pleno de directores y presidentes de las academias durante una reunión celebrada en Madrid en noviembre de 2007. Entre sus líneas básicas destacan las siguientes:

a) Las academias consideran necesaria una revisión de la *Ortografía*, pero se descarta la idea de una reforma ortográfica exhaustiva.

b) Es conveniente eliminar, dentro de lo razonable, la opcionalidad abierta por las llamadas normas potestativas.
c) Es necesario vigilar su coherencia con otras obras académicas.

Se acuerda entonces encargar al Departamento de «Español al día» de la Real Academia Española la preparación de los borradores de la nueva edición de la *Ortografía* y constituir la Comisión Interacadémica coordinadora de las tareas. Todos los materiales han sido exhaustivamente revisados por las academias, cuyas observaciones están incorporadas al texto. La Comisión Interacadémica se ha reunido en dos ocasiones para debatir las cuestiones más controvertidas y alcanzar un consenso: primero en Santiago y Valparaíso (Chile), durante los difíciles días del terremoto que asoló el país (del 27 de febrero al 2 de marzo de 2010), y después en San Millán de la Cogolla (España), del 1 al 4 de noviembre del mismo año. Finalmente, el texto básico de la obra fue aprobado por el pleno de los directores y presidentes de las academias reunido en Guadalajara (México), en el marco del homenaje que la Feria Internacional del Libro rindió a la lengua española (28 de noviembre de 2010).

Siguiendo el modelo de la *Nueva gramática*, fundado en la tradición académica, la nueva edición de la *Ortografía de la lengua española* se presentará en dos versiones: una de referencia, amplia y razonada, y otra más reducida, esencial y manejable.

4 La redacción de la nueva edición de la *Ortografía* se realiza desde una perspectiva teórica y aplicada que considera que esta disciplina, como señalaba don Alfredo Matus en la ponencia citada, «no es una cuestión menor» en el funcionamiento de una lengua de cultura. Para la gramática tradicional constituía una de las cuatro disciplinas básicas (morfología, sintaxis, prosodia y ortografía). Sin embargo, los movimientos iniciados a principios del siglo pasado otorgaron preeminencia merecida al lenguaje oral, relegando las disciplinas de la escritura a una posición secundaria. Como consecuencia, la ortografía pasó a convertirse en un apéndice marginal que sobrevivía invariable en el ámbito docente.

La disciplina ortográfica es afrontada aquí desde una perspectiva distinta. Se presenta como un conjunto de sistemas convencionales de representación gráfica que, aun hallándose en relación estrecha con los sistemas de la lengua oral, poseen autonomía.

Así se observa en diferentes ámbitos. La diacronía de la lengua y la evolución de los sistemas ortográficos, por ejemplo, no siguen vías paralelas. Por otra parte, el aprendizaje de la ortografía se relaciona con procesos psicolingüísticos y neurológicos propios, y da lugar a rutas que activan capacidades específicas, que se encuentran con dificultades singulares y generan problemas no compartidos. En otro orden de cosas, la ortografía se ha convertido en un valor social de la mayor importancia.

Por último, la ortografía representa el pilar fundamental de la unidad de la lengua. Mientras los demás planos lingüísticos (fonología, morfología, sintaxis y léxico) se hallan sujetos a los parámetros de variación (geográfica, social, cultural, situacional), la ortografía es un código uniforme en el que todas las variables se diluyen. Aunque su pronunciación sea distinta, una misma representación gráfica unifica la voz literaria de Gabriel García Márquez, Carlos Fuentes, Mario Vargas Llosa o Miguel Delibes. Su unidad y su vocación de permanencia convierten a la ortografía en un factor de unidad y de contención frente a una evolución descontrolada del idioma.

5 Esta edición de la *Ortografía de la lengua española* presenta unos caracteres que la hacen más sólida, exhaustiva, razonada y moderna.

5.1 Es una ortografía *coherente, exhaustiva* y *simple,* pues se propone seguir las exigencias metodológicas del principio empírico que rige en todas las disciplinas científicas. Con coherencia interna, para evitar la existencia tanto de normas vagas, imprecisas o ambiguas como de preceptos contradictorios; y con coherencia externa, pues la obra se propone ser congruente con el resto de las obras académicas.

La nueva edición de la *Ortografía* presenta también un grado de exhaustividad y de explicitud mucho más elevado que la edición de 1999. Con ello pretende solucionar muchos problemas concretos, que en algunos apartados presentan una casuística muy fina y detallada. Tal minuciosidad descriptiva es una de las causas que aumentan la extensión de la obra.

Por último, la obra evita en lo posible tecnicismos y expresiones de difícil comprensión, de tal manera que pueda ser seguida por cualquier hablante alfabetizado.

5.2 Es una ortografía *razonada.* Los tratados tradicionales estaban concebidos para ser aplicados directamente a los grados más elementales de la enseñanza. De ahí que su contenido se redujera a un magro conjunto de reglas y de normas orientadoras para el uso de los elementos constitutivos de los diferentes subsistemas (letras, acentuación gráfica, puntuación, mayúsculas y minúsculas, abreviaturas...). Su brevedad eludía el trasfondo teórico en que se apoya la disciplina. La nueva obra académica se presenta como ortografía razonada por cuanto reflexiona sobre sus fundamentos, sobre su ámbito y campo de aplicación, sobre su naturaleza de convención gráfica, sobre sus relaciones con otras disciplinas lingüísticas, sobre su autonomía, sobre sus principios, sobre los ideales que persigue, sobre las causas de su evolución, sobre las reformas, etc.

5.3 Es una ortografía *didáctica*. En la presentación de sus reglas sigue prioritariamente el orden de la codificación (desde el fonema a la letra), que es el proceso en el que sobrevienen las dificultades de escritura y se producen los errores ortográficos.

5.4 Y, por último, su rasgo más relevante: es una ortografía *panhispánica*, resultado de la voluntad común y del trabajo conjunto de las veintidós academias que integran la Asociación de Academias de la Lengua Española. Aunque las normas son comunes a todo el ámbito hispánico, la ejemplificación procura recoger muestras de los distintos países. Es una obra que ha sido concebida y realizada desde la unidad y para la unidad.

Información preliminar

1 El objetivo de esta nueva edición de la *Ortografía* es describir el sistema ortográfico de la lengua española y realizar una exposición pormenorizada de las normas que rigen su correcta escritura en la actualidad. Para ello se ha estructurado la obra en dos partes principales, a las que se han añadido una introducción y varios apéndices:

- La INTRODUCCIÓN presenta el marco histórico en el que debe situarse el fenómeno de la escritura y explica el origen y evolución de los sistemas ortográficos, en especial el español, así como los criterios que sirven de referencia para la fijación de sus normas.
- La PRIMERA PARTE se dedica a la exposición de los principios y normas generales del sistema ortográfico. Consta de cinco capítulos, en los que se describe el uso preceptivo de sus constituyentes fundamentales (las letras o grafemas, la tilde, los signos de puntuación y auxiliares, las letras mayúsculas y minúsculas), además de las pautas que rigen la representación gráfica de las unidades léxicas (incluidas sus abreviaciones), con atención especial a los problemas de unión y separación de palabras en la escritura.
- La SEGUNDA PARTE se ocupa de explicar el tratamiento ortográfico que debe darse a determinadas palabras o expresiones que plantean dificultades específicas. Contiene tres capítulos, que se dedican, respectivamente, a la ortografía de las expresiones procedentes de otras lenguas (extranjerismos y latinismos), a la ortografía de los nombres propios (antropónimos y topónimos) y a la ortografía de las expresiones numéricas.
- Completan el cuerpo de la obra cuatro APÉNDICES, con el siguiente contenido:

  — Apéndice 1: Lista de abreviaturas
  — Apéndice 2: Lista de símbolos alfabetizables

— Apéndice 3: Lista de símbolos no alfabetizables
— Apéndice 4: Lista de países y capitales, con sus gentilicios

- La obra se cierra con la NÓMINA DE TEXTOS CITADOS.

2 Aun con el nivel de profundidad de una obra que pretende ser una presentación razonada de las normas —y no una mera enumeración de convenciones inconexas—, no se ignora el propósito divulgativo que debe presidir la ortografía académica. Por ello, la información que contiene se presenta en tres niveles, que responden a contenidos de naturaleza diversa:

- *Texto base*. Vehicula la exposición general de la doctrina ortográfica.
- *Información adicional*. Contiene aclaraciones de carácter terminológico o ampliaciones de tipo histórico o teórico sobre determinados aspectos de la exposición general. No es información imprescindible, pero sí útil y complementaria a la del texto base. Los contenidos presentados como información adicional aparecen aislados del resto del texto por dos líneas horizontales paralelas.
- *Advertencias*. Las advertencias son notas, por lo común de carácter normativo, que llaman la atención sobre cuestiones que los hablantes deben tener especialmente en cuenta para aclarar dudas o evitar incorrecciones frecuentes. El texto de las advertencias se inserta en recuadros.

3 Con el mismo propósito divulgativo, se ha atendido en la redacción del texto al criterio general de limitar, en la medida de lo posible, el uso de tecnicismos lingüísticos excesivamente especializados. No obstante, cuando no se ha podido evitar la alusión a términos o conceptos propios de la materia ortográfica o de las disciplinas lingüísticas con ella relacionadas (como la fonología, la morfología y la sintaxis), estos aparecen convenientemente explicados en la obra, bien en el texto base, bien como información adicional. Así pues, la *Ortografía* presenta sus contenidos de forma autosuficiente, de manera que el lector pueda encontrar en ella toda la información que necesita para entender las explicaciones que se le ofrecen.

4 En esta obra se exponen las normas ortográficas que rigen la escritura de las formas vigentes en el uso, aunque con frecuencia se recurra a la historia para justificar grafías actuales. No se han tenido en cuenta, a la hora de exponer las reglas ortográficas, las voces desusadas, anticuadas o restringidas en el uso actual a un ámbito geográfico menor, aunque figuren en el *Diccionario de la lengua española* (*DRAE*). Asimismo, con el fin de

aligerar el texto, no suelen mencionarse las formas flexivas de una misma palabra ni las formas derivadas o compuestas que presentan idéntica solución gráfica que la palabra a partir de la cual se originan. El lector debe entender que, cuando se hace referencia a una palabra *y sus derivados,* por ejemplo, se está ofreciendo información que afecta a toda la familia léxica.

5 No son objeto de tratamiento en esta obra cuestiones relativas a la ortología, disciplina encargada de establecer las normas que regulan la pronunciación culta de las unidades lingüísticas, puesto que sus cánones varían, en muchos casos, según las distintas áreas del ámbito hispánico. Consecuentemente, no se comentan los problemas ortográficos derivados de realizaciones fonéticas particulares asociadas a pronunciaciones dialectales o vulgares, que pueden inducir, en ocasiones, grafías erróneas (⊗*rez* en lugar de *red,* ⊗*mardito* en lugar de *maldito,* etc.).

6 Los bancos de datos de la Real Academia Española han sido una fuente esencial para los trabajos de la ortografía: no solo para completar el inventario de unidades léxicas ofrecidas por el *DRAE* —lo que se hace imprescindible, por ejemplo, en el tratamiento de los nombres propios, que no figuran en los diccionarios generales—, sino como fuente de documentación de los usos escritos que deben ser objeto de comentario en una obra ortográfica, bien como modelos de corrección, bien por constituir usos erróneos o desaconsejados que deben atajarse. La mayor parte de los ejemplos que ilustran las normas y recomendaciones son citas extraídas de libros y publicaciones periódicas americanas y españolas que forman parte del Corpus de Referencia del Español Actual (CREA). Ocasionalmente, se han citado también textos procedentes del Corpus Diacrónico del Español (CORDE) y obras no incluidas en los corpus, así como ediciones digitales de los principales diarios españoles e hispanoamericanos. Las citas se insertan siempre entrecomilladas, en letra cursiva cuando aparecen integradas en el texto y en redonda si van aisladas en un párrafo.

Los datos básicos de procedencia de la cita se presentan de modo sintético. Así, el autor se cita por su primer apellido, excepto cuando se estima conveniente mencionar también el segundo: *MtnGaite* (por Carmen Martín Gaite), *VLlosa* (por Mario Vargas Llosa). Tras la mención del autor sigue en cursiva la del título de la obra, que se reduce normalmente a una sola palabra, la primera significativa del título completo: GaMárquez *Años* (cita de *Cien años de soledad*). A continuación se indican entre corchetes otros datos de interés, como el país de origen del autor (generalmente en abreviatura) y el año de composición de la obra: GaMárquez *Años* [Col. 1967]. Solo se indica la localización del texto —tomo, página, etc.— cuando la cita se ha extraído de alguna obra no incluida en los corpus académicos. Cuando se citan ejemplos de prensa, los datos de localización se consignan del modo siguiente: nombre abreviado de la publicación en cursiva, seguido del país de edición entre corchetes y, por último, los números que indican el ejemplar citado: *País* [Esp.] 3.5.2000 (cita del diario español *El País,* del día 3 de mayo de 2000). Las citas extraídas de Internet llevan el símbolo @ tras el nombre de la publicación.

7 También se ha recurrido a la utilización de ejemplos inventados, buscando el adecuado equilibrio entre la mayor calidad que aportan a la obra las citas de textos reales y la claridad que debe imperar a la hora de ilustrar los usos expuestos en las distintas normas, para lo que a veces resultan más prácticos los ejemplos inventados. Frente a los ejemplos reales, los inventados no se encierran entre comillas y se escriben siempre en cursiva, vayan exentos o integrados en el párrafo. Únicamente cuando se exponen reglas relativas al uso de la cursiva se presentan los ejemplos inventados en redonda, en ese caso siempre en párrafo aparte.

8 Se antepone el símbolo ⊗ a los ejemplos que ilustran formas y usos incorrectos o desaconsejados (⊗*preveer,* ⊗[téksas]); el símbolo * indica, en cambio, agramaticalidad, esto es, inadecuación al sistema de la lengua (**Se presentó con un aspecto*). Por otra parte, se han utilizado en las citas y ejemplos diferentes tipos de resalte, como la versalita o el subrayado, para ayudar al lector a identificar los segmentos a los que se alude en la explicación. El sentido o valor de los resaltes, cuando no es obvio, se aclara dentro del propio texto.

9 En una ortografía como esta resulta ineludible hacer referencia al sistema fonológico de la lengua cuya representación escrita se pretende describir y regular. La voluntad de prescindir de tecnicismos no estrictamente necesarios se ha concretado también en el modo de representar los fonemas del español: no se ha recurrido al sistema de símbolos de transcripción fonológica empleados hoy por los lingüistas —los del alfabeto fonético internacional (AFI)—, dada la poca o nula familiaridad que tienen con ellos la gran mayoría de los destinatarios de esta obra y a su choque frontal con el propósito didáctico y divulgativo declarado. Por esta razón, para representar los diferentes fonemas se usan las propias letras del alfabeto, lo que permite una comprensión intuitiva e inmediata por parte del lector no especializado de las unidades fónicas a las que se alude.

No obstante, se ofrece a continuación la tabla de correspondencias entre los signos empleados en esta ortografía y los símbolos del alfabeto fonético internacional, así como los correspondientes a la *Revista de Filología Española* (*RFE*), usados en la tradición hispánica durante décadas.

SÍMBOLOS USADOS PARA REPRESENTAR LOS FONEMAS DEL ESPAÑOL

VOCALES

En esta obra	AFI	*RFE*
/a/	/a/	/a/
/e/	/e/	/e/
/i/	/i/	/i/
/o/	/o/	/o/
/u/	/u/	/u/

CONSONANTES

En esta obra	AFI	*RFE*
/b/	/b/	/b/
/ch/	/ʧ/	/ĉ/
/d/	/d/	/d/
/f/	/f/	/f/
/g/	/g/	/g/
/j/	/x/	/x/
/k/	/k/	/k/
/l/	/l/	/l/
/ll/	/ʎ/	/l̮/
/m/	/m/	/m/
/n/	/n/	/n/
/ñ/	/ɲ/	/n̮/
/p/	/p/	/p/
/r/	/ɾ/	/r/
/rr/	/r/	/r̄/
/s/	/s/	/s/
/t/	/t/	/t/
/y/	/ʝ/	/y/
/z/	/θ/	/θ/

En algunos casos (extranjerismos, pronunciaciones dialectales, usos históricos, etc.), ha sido necesario representar algunos fonemas que no pertenecen al sistema fonológico español, para lo cual se han utilizado los signos siguientes:

SÍMBOLOS USADOS PARA REPRESENTAR ALGUNOS FONEMAS NO PERTENECIENTES AL ACTUAL SISTEMA FONOLÓGICO DEL ESPAÑOL		
En esta obra	AFI	*RFE*
/h/	/h/	/h/
/sh/	/ʃ/	/š/
/v/	/v/	/v/
/ʒ/	/ʒ/	/ž/

10 Se han empleado las barras en la representación de los fonemas, mientras que la pronunciación concreta de palabras o expresiones se representa entre corchetes. Dentro de los corchetes de pronunciación se señala siempre con una tilde la vocal tónica, aunque a la palabra cuya pronunciación se representa no le corresponda llevar acento gráfico según las reglas de acentuación: [kása] por *casa*; [gérra] por *guerra*; [jinéta] por *gineta*; [sapáto, zapáto] por *zapato*. Como se ve en el último ejemplo, se indica siempre, y en primer lugar, la pronunciación seseante, por ser la mayoritaria en el conjunto de los países hispanohablantes.

Abreviaturas y signos utilizados en esta obra

ABREVIATURAS

acrón.	acrónimo
al.	alemán
Am.*	América
And.	Andalucía
ant.	antiguo -gua
ár.	árabe
Arg.	Argentina
Bol.	Bolivia
Can.	Canarias
cap.	capital || capítulo
cast.	castellano
cat.	catalán
Centroam.	Centroamérica
cf.	confróntese
Col.	Colombia
C. Rica	Costa Rica
Ec.	Ecuador
EE. UU.	Estados Unidos
El Salv.	El Salvador
esp.	español
Esp.	España
esp. med.	español medieval
eusk.	euskera
fem.	femenino
Filol.	filología
fr.	francés

* La marca *Am.* indica que el uso que se comenta se localiza en una mayoría significativa de países americanos, no necesariamente en todos ellos.

gall.	gallego
gent.	gentilicio
gr.	griego
Guat.	Guatemala
hebr.	hebreo
hip.	hipocorístico
Hond.	Honduras
ingl.	inglés
it.	italiano
lat.	latín
lat. cient.	latín científico
Ling.	lingüística
loc. lat.	locución latina
Mat.	matemáticas
Méx.	México
Mús.	música
neer.	neerlandés
Nic.	Nicaragua
Pan.	Panamá
Par.	Paraguay
pl.	plural
port.	portugués
P. Rico	Puerto Rico
pron.	pronunciación
R. Dom.	República Dominicana
Ur.	Uruguay
v.	véase
Ven.	Venezuela
VV. AA.	varios autores

SIGNOS

⊗	Precede a formas consideradas incorrectas o desaconsejables, y a los ejemplos que ilustran usos no aceptados en la norma culta.
*	Precede a formas hipotéticas o reconstruidas de una palabra. || Se antepone también a las construcciones agramaticales.
/ /	Enmarcan fonemas.
[ ]	Enmarcan la pronunciación de palabras o expresiones. || En las definiciones, cuando se estima conveniente,

aíslan algunos elementos del contorno, como el sustantivo al que se aplica normalmente un adjetivo. || En las citas, encierran las correcciones o interpolaciones realizadas sobre el texto original.

[...] Indica, en medio de una cita, que se ha suprimido un fragmento del texto original.

| Indica pausa y separa grupos fónicos.

. Señala la frontera entre dos sílabas.

¯ Escrito sobre una vocal, indica que esta es larga.

˘ Escrito sobre una vocal, indica que esta es breve.

> o < Indica la dirección de un proceso, sea sincrónico o diacrónico.

‘ ’ Enmarca las definiciones.

/ Separa alternativas. || Representa el fin de línea o renglón.

@ Se pospone al nombre abreviado de una publicación periódica para indicar que la cita se ha extraído de su edición electrónica.

¶ Antecede a la información adicional que se ofrece en algunas entradas del apéndice 1.

Introducción

1

LA REPRESENTACIÓN GRÁFICA DEL LENGUAJE

1.1 DE LA ORALIDAD A LA ESCRITURA

Las lenguas son sistemas o códigos de representación y de comunicación esencialmente orales. Se generan en una facultad, el lenguaje, que nos diferencia de los animales y que es común a todos los seres humanos. La facultad del lenguaje es resultado de un lento proceso evolutivo de miles de siglos, que ha desarrollado tanto los sistemas anatómicos de fonación que intervienen en la articulación de los sonidos como las áreas cerebrales que sustentan los complejos procesos simbólicos y comunicativos. Dicha base neurológica posibilita otro de los fenómenos que más ha llamado la atención de los observadores: la facilidad, la rapidez y la seguridad con la que todo niño, cualquiera que sea su origen y su nivel de inteligencia, adquiere la lengua hablada de su grupo, su lengua materna, durante los primeros años de vida.

La escritura, por su parte, es un sistema simbólico y comunicativo de naturaleza gráfica, que tiene por objeto representar sobre soporte estable los mensajes y los textos. Nace como un código subsidiario de la lengua hablada, es mucho más tardía en la historia de la humanidad y no surge como resultado de una evolución de la especie. Mientras que el habla es una capacidad innata y universal en el ser humano, la comunicación escrita es un fenómeno cultural, restringido. De hecho, solo unas cuantas de las muchas lenguas que se han hablado y se hablan en el mundo cuentan con escritura. El niño no la adquiere de forma espontánea en sus primeros años de vida, sino como fruto de un proceso posterior de instrucción específica. Todas las personas que no sufren discapacidades para el lenguaje pueden hablar; sin embargo, solo llegan a leer y a escribir quienes han superado un proceso de alfabetización.

Durante los miles de años en que la humanidad vivió sin escritura, las diferentes sociedades confiaron la conservación de su acervo cultural (historia, creencias, leyes, tradiciones, conocimientos, etc.) a la memoria individual y colectiva. Este caudal de información se transmitía de forma oral, de generación en generación, a través de personas especialmente dotadas para ese fin, con la ayuda de recursos como el canto, la poesía o los variados sistemas de representación pictórico-simbólica existentes en casi todas las culturas.

Este es todavía hoy el modo de transmisión de los saberes relevantes para la comunidad en los pueblos que utilizan lenguas carentes de escritura.

Pero la lengua oral, nacida para resolver las necesidades de la comunicación directa entre los individuos de grupos sociales reducidos, presenta limitaciones que se hacen más patentes a medida que las sociedades crecen y se tornan más complejas en su organización social, económica y político-administrativa. Por un lado, la memoria humana es limitada, frágil e incapaz de almacenar con plena exactitud grandes volúmenes de información. Por otro, la comunicación hablada exige la presencia cercana y simultánea de los interlocutores. Surge así la necesidad de contar con un sistema más potente y eficaz para conservar y transmitir la información, que permita superar tanto las limitaciones de la memoria como las restricciones espaciotemporales de la comunicación oral. Este sistema es la escritura: su capacidad de almacenamiento es, en principio, ilimitada, posibilita la comunicación a distancia y permite que lo escrito se conserve y perdure, haciendo viable su transmisión literal y sin intermediarios.

La aparición de la escritura supuso un cambio fundamental en el devenir del género humano, hasta el punto de constituir el hito que marca tradicionalmente el límite entre la prehistoria y la historia. La escritura ofrece un soporte objetivo, constante y estable a toda la cultura adquirida, desde los textos sagrados y jurídicos hasta los científicos y literarios. Al permitir la reflexión crítica sobre lo escrito, abrió la puerta al pensamiento filosófico y científico, sentando con ello las bases del progreso. La posibilidad de acceso de todas las clases sociales a la alfabetización ha supuesto una de las grandes revoluciones culturales del mundo moderno, pues la lectura y la escritura han sido siempre la base de la enseñanza y la puerta de la educación, de la formación y, en consecuencia, de la libertad y del desarrollo individual y social del hombre.

1.2 TIPOS BÁSICOS DE ESCRITURA

La escritura es un sistema de comunicación humana que traduce a términos visuales, mediante signos gráficos convencionales dispuestos secuencialmente, los signos vocales que se emiten de forma sucesiva al hablar. Existen tres sistemas básicos de escritura, según sea el elemento lingüístico tomado como base para la representación escrita: el ideográfico, el silábico y el alfabético.

En la escritura ideográfica, los signos gráficos, denominados generalmente *ideogramas,* representan de forma estilizada y esquemática las ideas o conceptos de que son portadoras las palabras o las raíces léxicas. La base de este sistema consiste en representar de forma directa el significado de los signos lingüísticos, con independencia de su pronunciación, de su articulación en el habla. La gran ventaja de este tipo de escritura es su estabilidad frente a los cambios que, en el plano fónico, experimentan todas las lenguas en el curso de su evolución y el hecho de que puede ser utilizado por hablantes de variedades dialectales oralmente muy alejadas entre sí. La desventaja más evidente es el gran número de signos gráficos que es necesario manejar y el enorme esfuerzo que supone su aprendizaje. Aunque no existe ninguna lengua que utilice un sistema ideográfico puro de escritura, ya que todas cuentan, en mayor o menor medida, con elementos gráficos que representan sonidos, la china es el mejor ejemplo actual de escritura de base ideográfica. Asimismo, en lenguas que utilizan sistemas no ideográficos de escritura, hay siempre elementos —como los símbolos, entre los que cabe incluir las cifras numéricas— que constituyen, en cierto modo, ideogramas, ya que representan directamente los conceptos, no las palabras con que estos se expresan en cada lengua, hecho que posibilita su uso interlingüístico.

En los otros dos tipos básicos de escritura, la silábica y la alfabética, los signos gráficos traducen visualmente no ya el significado, sino el sonido del signo lingüístico. Lo que diferencia ambos sistemas es la unidad que toman como base de la representación.

En la escritura silábica, cada signo gráfico representa una sílaba diferente de la cadena hablada. Los silábicos son, históricamente, los primeros sistemas de escritura basados de manera exclusiva en el componente fónico del lenguaje, ya que la sílaba, al estar formada por el sonido o grupo de sonidos que se emiten en cada golpe de voz, constituye una unidad sonora natural, reconocible de modo intuitivo por todos los hablantes. Al ser menor el número de sílabas de una lengua que el número de sus palabras, la cantidad de signos gráficos distintos es muy inferior en los sistemas silábicos en comparación con los ideográficos (estos últimos pueden llegar a constar de varios miles de signos). En la actualidad, existen aún varias lenguas que total o parcialmente utilizan silabarios para su representación escrita, como el amárico, lengua oficial de Etiopía, o el japonés, que utiliza un sistema mixto de tipo ideográfico-silábico.

En la escritura alfabética, los signos gráficos representan cada uno de los sonidos distintivos mínimos —denominados técnicamente *fonemas*— con los que se articula la lengua oral. Este sistema supone un gran avance con respecto a la escritura silábica, ya que, al disociar los componentes vocálicos y consonánticos de las sílabas, y representarlos por separado, permite reducir al mínimo el número de signos gráficos diferentes necesarios para transcribir cualquier secuencia fónica. Su aprendizaje exige mucho menos esfuerzo, lo que explica que la mayoría de las lenguas actuales utilicen sistemas alfabéticos de escritura. Entre las escrituras alfabéticas existe un grupo especial, característico de lenguas semíticas como el árabe o el hebreo, donde la representación gráfica es básicamente consonántica. Tal particularidad responde a la peculiar estructura de estas lenguas, en las que el número de vocales es muy reducido y donde cada una de las raíces léxicas portadoras del significado común a todas las palabras de la misma familia está casi siempre formada por una secuencia de fonemas exclusivamente consonánticos (los fonemas vocálicos solo se transcriben en determinadas circunstancias y, en su mayor parte, deben deducirse de la propia estructura gráfica de la palabra y del contexto).

Estos tres tipos básicos de representación gráfica del lenguaje caracterizan asimismo las principales fases evolutivas de la historia de la escritura. Los primeros sistemas tuvieron una base ideográfica, a la que se fueron sumando pronto elementos de referencia fónica, como sucede en las escrituras mesopotámicas cuneiformes (así llamadas por la forma de cuña de sus caracteres) o en la escritura egipcia. En etapas posteriores fueron surgiendo, fundamentalmente en el área del Mediterráneo oriental y en el Oriente Próximo, sistemas de representación gráfica de base ya únicamente fónica, primero de tipo silábico y después alfabético, tras un lento proceso de individualización de los sonidos consonánticos y vocálicos presentes en las sílabas.

1.3 LOS ORÍGENES DE LA ESCRITURA ALFABÉTICA

Todos los sistemas alfabéticos de escritura derivan, en última instancia, de un mismo modelo, surgido durante el segundo milenio antes de Cristo en el Oriente Próximo, representado por un grupo de alfabetos muy similares que se utilizaron para escribir diversas lenguas semíticas occidentales; de ahí que este modelo primigenio suela recibir la denominación singular de *alfabeto semítico*. Este alfabeto constaba únicamente de signos para representar fonemas consonánticos, característica que responde a la peculiar estructura, antes comentada, de las lenguas de la rama semítica.

Por el decisivo papel que desempeñó en el desarrollo de escrituras alfabéticas posteriores, la variante más importante del alfabeto consonántico semítico fue la usada por los fenicios, quienes, desde sus asentamientos originarios en la costa del actual Líbano, se extendieron a lo largo del primer milenio antes de Cristo por todo el litoral mediterráneo. En el alfabeto fenicio, compuesto por veintidós signos que representaban otros tantos fonemas consonánticos, está el origen de los principales alfabetos actuales: el alfabeto griego —del que derivan, a su vez, el latino y el cirílico— es una adaptación directa del fenicio, y los alfabetos del hebreo y del árabe derivan de la antigua escritura aramea, también descendiente de la fenicia.

Fueron los griegos quienes, al adaptar a su lengua la variante fenicia del alfabeto semítico, crearon entre los siglos X y VIII a. C. el primer sistema completo de escritura alfabética, en el que se representan no solamente los fonemas consonánticos, sino también los vocálicos. En griego, lengua perteneciente a la familia indoeuropea, muy distinta de la semítica, el número de vocales es mayor y su papel en la sílaba y en la palabra es más relevante que en las lenguas semíticas. Por eso, para los griegos era esencial contar con signos que transcribieran también las vocales. Así, adaptaron el alfabeto fenicio adjudicando valor vocálico a signos que en fenicio representaban fonemas consonánticos inexistentes en griego y crearon, además, unos cuantos signos nuevos para representar algunos fonemas o secuencias de fonemas propios. Los griegos mantuvieron en su alfabeto el mismo orden que tenían los signos en el alfabeto fenicio, añadiendo al final de la serie sus nuevas creaciones, y adaptaron a su lengua los nombres fenicios de las letras. Tomaron, además, otra decisión de gran relevancia en lo que a la dirección de la escritura se refiere: tras un periodo primitivo en el que conviven el trazado de derecha a izquierda —propio de la escritura fenicia y que se mantiene hoy en lenguas semíticas como el árabe o el hebreo—, de izquierda a derecha y de orientación alterna o bustrófedon (es decir, como aran los bueyes los campos: un renglón en un sentido y el siguiente en sentido contrario), acabaron escribiendo de izquierda a derecha, solución ya asentada en el periodo clásico. La adopción de este sentido originó cambios en la disposición de varias letras, que invirtieron su perfil con respecto a sus modelos fenicios.

Tras la adaptación inicial, surgieron en distintos lugares del mundo griego antiguo variantes locales del alfabeto, que pueden clasificarse en dos grandes grupos, según el área geográfica en que se localizan: oriental y occidental. Una de las variantes orientales, la jónica, usada en las ciudades griegas de las costas del Asia Menor (península de Anatolia) y en las islas adyacentes, acabó imponiéndose al resto y extendiéndose a toda Grecia en el siglo IV a. C., siendo la que conforma el alfabeto griego clásico que conocemos hoy y del que desciende el alfabeto cirílico usado en ruso y otras lenguas eslavas. La variante occidental, desplazada por la oriental para la escritura del griego, ha tenido, sin embargo, gran importancia en la evolución posterior de la escritura alfabética, ya que en ella tiene su base el alfabeto etrusco, fuente, a su vez, del alfabeto latino, el más extendido en la actualidad (en él se escriben, por ejemplo, todas las lenguas románicas —entre ellas, el español—, las germánicas y una parte de las eslavas).

1.4 RELACIONES ENTRE EL CÓDIGO ORAL Y EL CÓDIGO ESCRITO

A partir de la invención de la escritura, la comunicación lingüística se sirve de dos códigos, que se manifiestan en dos modalidades diferentes, según el medio y el canal utilizados para la transmisión de los mensajes: la modalidad oral y la modalidad escrita. En la modalidad oral se emplean elementos fónicos, que se transmiten por el aire en forma de ondas sonoras perceptibles acústicamente por el receptor, denominado *oyente*. En la modalidad escrita, en cambio, se emplean elementos gráficos, que, plasmados sobre un determinado soporte material, son percibidos visualmente por el receptor, que adquiere la condición de *lector*.

Aunque la escritura nace como técnica para representar gráficamente el lenguaje, no es un simple método de transcripción de la lengua hablada. Si exceptuamos cierto tipo de escritos destinados a reproducir lo que se ha dicho (como las actas de las sesiones parlamentarias) o lo que se ha de decir (como los diálogos de las obras teatrales o de los guiones cinematográficos), la comunicación escrita se configura como un código en cierto modo autónomo, con características y recursos propios, y funciones específicas distintas, aunque complementarias, de las correspondientes a la comunicación oral.

Ambos códigos, oral y escrito, son interdependientes en la medida en que los dos construyen sus mensajes con arreglo a un mismo sistema, el sistema lingüístico, y entre ellos existen evidentes interrelaciones e influencias mutuas; pero su autonomía se hace asimismo patente en el hecho de que muchos de los elementos acústicamente perceptibles en la comunicación oral carecen de reflejo gráfico en la escritura, como la intensidad del sonido, la velocidad de emisión, los cambios de ritmo, los silencios, las inflexiones expresivas de sentimientos o actitudes del hablante (ironía, reproche, irritación, etc.). Y, a la inversa, existen recursos propios de muchos sistemas de escritura, como la separación de palabras mediante espacios en blanco, la división en párrafos, la oposición entre la forma minúscula y mayúscula de las letras, los entrecomillados, etc., que no tienen correlato acústico. Así pues, no todos los rasgos fónicos de la comunicación oral se corresponden con elementos gráficos en la comunicación escrita y, a su vez, esta posee recursos que le son propios y que no tienen necesariamente reflejo en el plano oral.

Se escribe para la lectura, actividad que desde hace ya varios siglos se realiza de manera individual y silenciosa, y la mayoría de los textos escritos han sido concebidos y realizados directamente como tales, lo que les otorga una configuración formal específica, fijada por la tradición y regulada por convenciones ortográficas y ortotipográficas.

1.5 CONSTITUYENTES DE LOS SISTEMAS DE ESCRITURA

Los constituyentes básicos de todo sistema de escritura son los grafemas, entendiendo por tales las unidades gráficas mínimas, sucesivas, indivisibles y distintivas de las que se sirve la escritura de una lengua. Los grafemas representan linealmente en el espacio la secuencia temporal de los constituyentes fónicos del habla. En las lenguas de escritura alfabética, son los encargados de representar gráficamente los fonemas o sonidos mínimos distintivos que se articulan al hablar.

A partir de estos elementos primarios, los grafemas —que vienen a coincidir con lo que llamamos letras en el habla común—, los diferentes sistemas de escritura han ido incorporando, de forma más o menos paulatina, otros recursos gráficos, presentes de manera desigual en las distintas lenguas. La mayoría de estos recursos gráficos adicionales se engloban bajo la denominación genérica de *signos ortográficos*. Entre ellos se encuentran los signos diacríticos —llamados así porque confieren un valor especial al grafema al que afectan—, así como los signos de puntuación y los denominados signos auxiliares. Otro de estos recursos es, aunque pueda resultar paradójico, la ausencia de todo signo, esto es, el empleo del espacio en blanco para delimitar unidades de información: palabras, enunciados, párrafos, etc. También son recursos específicamente gráficos el uso distintivo de las formas minúscula y mayúscula de las letras en aquellas escrituras que las distinguen, así como las abreviaciones y los símbolos, incluidos los números. Por último, la invención de los tipos de imprenta y la utilización, hoy prácticamente general, de medios mecánicos de escritura han incrementado de forma notable el catálogo de recursos gráficos de los que dispone la lengua escrita, en especial en lo relativo al uso funcional de las distintas clases de letra (redonda, cursiva, negrita, etc.).

Todos estos elementos cumplen variadas funciones dentro del sistema de representación gráfica del lenguaje: reflejar rasgos fónicos distintivos (por ejemplo, y según las lenguas, el acento prosódico o el timbre vocálico), delimitar las unidades de sentido y dar cuenta de la estructura interna de los enunciados para garantizar su correcta interpretación, indicar las modalidades oracionales básicas (enunciativa, interrogativa y exclamativa), señalar el carácter especial de determinados elementos o fragmentos del discurso, estructurar el texto y jerarquizar sus partes, o ahorrar tiempo y espacio a la hora de escribir.

2

LA ORTOGRAFÍA

2.1 UN CONJUNTO DE NORMAS Y UNA DISCIPLINA LINGÜÍSTICA

Como todo código de comunicación, la escritura está constituida no solo por el conjunto de signos convencionales establecidos para representar gráficamente el lenguaje, sino por las normas que determinan cuándo y cómo debe utilizarse cada uno de ellos. Este conjunto de normas que regulan la correcta escritura de una lengua constituye lo que llamamos *ortografía,* palabra de origen griego que etimológicamente significa 'recta escritura' (del lat. *orthographĭa,* y este del gr. ὀρθογραφία, de ὀρθο- 'recto' + -γραφία 'escritura').

El término *ortografía* designa asimismo la disciplina lingüística de carácter aplicado que se ocupa de describir y explicar cuáles son los elementos constitutivos de la escritura de una lengua y las convenciones normativas de su uso en cada caso, así como los principios y criterios que guían tanto la fijación de las reglas como sus modificaciones. La ortografía posee una dimensión eminentemente sincrónica, pues se centra en la descripción del sistema de convenciones ortográficas vigentes, pero puede adoptar también, como toda disciplina, una orientación diacrónica, cuando se ocupa de analizar cómo han ido evolucionando históricamente esas convenciones.

La disciplina ortográfica guarda relación con otras materias que tienen también que ver con la representación gráfica del lenguaje, como la paleografía, la caligrafía y la tipografía.

La paleografía es la disciplina que tiene por objeto descifrar los textos antiguos y estudiar sus distintas formas de escritura. Aporta datos de gran interés para comprender los sistemas gráficos de otras épocas, pero se diferencia de la ortografía, además de por su perspectiva histórica, por su finalidad: la paleografía es puramente descriptiva, mientras que la ortografía es esencialmente normativa.

La caligrafía es el arte o técnica que persigue conseguir una escritura manual bella y bien formada, según diferentes estilos. En el ámbito docente, su finalidad es enseñar a los alumnos a escribir a mano, trazando adecuadamente las letras de acuerdo con sus rasgos formales distintivos. Ortografía y caligrafía se diferencian también por sus fines: la primera impone unas normas en la representación de la lengua oral, sin hacer consideraciones sobre la belleza, claridad y corrección en el trazo de los signos gráficos, aspectos que constituyen precisamente el objeto de la caligrafía.

La tipografía se define como el arte de crear y combinar tipos o caracteres de imprenta para confeccionar textos impresos. Atiende tanto a la selección del tipo, la clase y el tamaño de las letras como a la distribución de los espacios en blanco entre caracteres, palabras y bloques de texto (espaciados, sangrías, interlineados, márgenes, etc.). La tipografía nació con la aparición de la imprenta y ha evolucionado con la invención de nuevos procedimientos y tecnologías para la elaboración de impresos. El acceso, hoy prácticamente general, a herramientas informáticas para el procesamiento y la autoedición de textos ha extendido la necesidad de conocer y aplicar las normas y los usos propios de la escritura tipográfica (denominada técnicamente *ortotipografía*), antes solo exigibles a tipógrafos, impresores y editores, a cualquier persona que emplee estos medios en sus producciones escritas. Esta es la razón por la que en las ortografías modernas suele incluirse también información ortotipográfica.

La ortografía comparte su carácter normativo con la ortología (llamada también *ortoepía*), disciplina hermana encargada de establecer las normas que regulan la pronunciación culta de las unidades lingüísticas. Dado su carácter simétrico, ambas disciplinas se han venido influyendo mutuamente; pero, mientras que la ortografía ha de mantenerse uniforme en todo el ámbito de la lengua, los cánones de la pronunciación culta pueden variar en ciertos aspectos —y, de hecho, varían— de un área geográfica a otra. Esta variabilidad es la que explica que no suelan atenderse aspectos estrictamente ortológicos en las ortografías modernas.

2.2 UN SISTEMA CONVENCIONAL ESTRUCTURADO

El lenguaje, como facultad, y las diversas lenguas naturales en que esta facultad se concreta son realidades esencialmente orales, que no llevan aparejada ninguna forma necesaria de escritura. Así, con el tiempo, cada lengua se ha ido dotando del modelo de representación gráfica escogido por sus hablantes y determinado por razones muy diversas (históricas, prácticas, políticas, religiosas, etc.). Esa relación no es forzosa, y nada impide que un mismo idioma pueda utilizar diversos sistemas de escritura —como muestra el serbocroata, que los serbios escriben con caracteres cirílicos y los croatas con caracteres latinos— o pasar de un sistema de escritura a otro distinto —como ha ocurrido en varias lenguas a lo largo de su historia—.

La ortografía, entendida como el conjunto de normas que determinan el valor y correcto uso de los constituyentes del sistema de escritura de una lengua, es asimismo convencional, puesto que no existe una relación forzosa entre esos constituyentes y el valor que tienen asignado. Así, en las escrituras alfabéticas, la relación de correspondencia entre grafías y unidades fónicas es puramente arbitraria, como lo demuestra el hecho de que un mismo fonema pueda representarse de diferentes modos según la lengua de que se trate; por ejemplo, el fonema nasal palatal /ñ/ existe en todas las lenguas románicas de nuestro entorno, pero se escribe de modo diferente en cada una de ellas: *ñ* en español y gallego (*España*); *ny* en catalán (*Espanya*); *gn* en francés y en italiano (*Espagne, Spagna*), y *nh* en portugués (*Espanha*). Este carácter arbitrario se observa también en otros ámbitos de la ortografía: el alemán escribe con mayúsculas todos los sustantivos, mientras que en español solo se individualizan por este procedimiento los nombres propios, e incluso hay lenguas, como el árabe, en las que ni siquiera existen las letras mayúsculas. Los cambios ortográficos que han experimentado las lenguas a lo largo de su historia han sido posibles gracias, precisamente, al carácter convencional, no necesario, del vínculo que une los signos gráficos y su valor representativo.

La ortografía de una lengua no es una mera amalgama de reglas, sino que constituye un sistema estructurado, que se articula en varios subsistemas dotados de cierta autonomía, constituidos por las normas que regulan de forma específica el uso de cada una de las clases de signos gráficos con que cuenta su sistema de escritura. Todos los sistemas ortográficos poseen un subsistema de reglas que determina el valor de las letras o grafemas en la representación gráfica de las unidades léxicas, al ser los grafemas los constituyentes primarios, y durante mucho tiempo únicos, de todos los sistemas de escritura. La ortografía de la mayoría de las lenguas incorpora, adicionalmente, varios subsistemas más, que dan cuenta del valor y uso del resto de sus elementos gráficos: el subsistema de los diacríticos, signos gráficos de muy variada forma y función según las lenguas (como, por ejemplo, la tilde, que en español marca, en los casos determinados por las reglas, la vocal tónica de la palabra; en húngaro señala las vocales largas, y en francés aporta información sobre su timbre); el subsistema de los signos de puntuación; el que regula el uso distintivo de las letras mayúsculas y minúsculas en aquellas lenguas cuyos grafemas cuentan con ambas formas; el que regula la formación y uso de los distintos tipos de abreviaciones, etc. Los tratados y manuales en los que se describe el funcionamiento del sistema ortográfico de una lengua se estructuran normalmente en función de estos subsistemas, a cada uno de los cuales suele estar dedicado un capítulo o sección específicos.

2.3 LAS REGLAS ORTOGRÁFICAS

La ortografía, en cuanto conjunto o corpus de convenciones que fijan las pautas de la correcta escritura de una lengua, tiene un carácter esencialmente normativo. Se concreta en reglas que deben ser respetadas por todos los hablantes que deseen escribir con corrección, y su incumplimiento da lugar a lo que se conoce como «faltas de ortografía».

Las reglas ortográficas pueden ser generales o particulares. Las primeras afectan a todo un ámbito de la escritura, mientras que las segundas se aplican a la escritura de palabras concretas. Las reglas generales suelen formar parte del núcleo constitutivo de cada uno de los subsistemas ortográficos (letras, diacríticos, mayúsculas, etc.). Una regla general del subsistema de las letras sería, por ejemplo, en una lengua de escritura alfabética como la nuestra, la siguiente: «El fonema /b/ se representa en español con las letras *b, v* y *w*»; serían, en cambio, reglas particulares formulaciones como «[bárro] se escribe con *b*», «[báso] se escribe con *v*» y «[bagneriáno] se escribe con *w*». En el subsistema acentual, serían reglas generales afirmaciones como «Se escriben con tilde todas las palabras esdrújulas» o «Los monosílabos no llevan tilde, salvo los afectados por la tilde diacrítica»; sería, en cambio, particular una regla como «El adverbio *sí* se escribe con tilde».

Dado que la forma escrita de cada término del vocabulario de una lengua es el resultado de un largo proceso histórico, la manera como se ha de escribir constituye, en la mayoría de los casos, una regla particular del tipo «[bájo] se escribe *bajo*», «[arína] se escribe *harina*», etc. Estas reglas particulares no se formulan normalmente en las ortografías, sino, de forma implícita, en los diccionarios. Así pues, en cada una de las entradas del diccionario que cada comunidad lingüística establece como referente de autoridad para su norma escrita, aparte de las informaciones de carácter etimológico, gramatical y semántico, existe una regla ortográfica no explícita que señala, en la propia forma gráfica del lema o voz en él registrada, cuál es la escritura correcta de cada palabra.

La aplicación de estas reglas particulares plantea dudas a los hablantes, especialmente cuando existe más de una posibilidad gráfica para representar un determinado fonema. Por ello, la didáctica de la ortografía ha buscado regularidades en la escritura de las palabras, con el fin de poder ofrecer a los usuarios pautas que los ayuden a resolver esas dudas y vacilaciones. Estas pautas, aunque tengan la apariencia de reglas, y así se las haya denominado tradicionalmente, son meras notas orientadoras, con frecuencia llenas de excepciones, del tipo «Se escriben con *b* los verbos terminados en *-bir,* excepto *hervir, servir, vivir* y sus compuestos o derivados». No son reglas ortográficas generales, sino generalizaciones inductivas hechas con fines didácticos a partir de las reglas particulares que dictaminan cómo se escribe cada palabra. No se escribe con *b* el verbo *recibir* porque termine en *-bir,* sino al contrario: la didáctica de la ortografía ha creado esta nota orientadora porque entre los verbos que terminan en *-bir* predominan los que se escriben con *b*.

2.4 LOS IDEALES ORTOGRÁFICOS

La ortografía, en cuanto sistema de convenciones que regulan la escritura de una lengua, tiende a satisfacer idealmente unos principios, cuyo cumplimiento integral y absoluto rara vez se alcanza en las ortografías históricas, en cuya configuración han intervenido a lo largo del tiempo múltiples factores y diferentes criterios, en ocasiones contradictorios. Ello explica que dichos principios ideales se cumplan solo parcialmente en la mayoría de los casos, aunque sirven, no obstante, para evaluar las ortografías y guiar sus posibles modificaciones y reformas.

En primer lugar, las ortografías han de respetar el principio de coherencia, lo que supone que sus normas no deben presentar contradicciones internas. Este principio debe operar con fuerza en la formulación de las reglas generales, que, sin embargo, pueden presentar excepciones ocasionales en la escritura de palabras concretas, casi siempre explicables por razones históricas o etimológicas (por ejemplo, la regla general de que, en español, el fonema /z/ se representa con *c* ante las vocales *e, i* no se cumple en ciertas palabras cuyo étimo, esto es, el vocablo del que proceden, incluye una *z*, como en *Zeus, nazi* o *zigurat*).

En segundo lugar, las ortografías deben tratar de ser exhaustivas y, por tanto, no deberían dejar aspectos relevantes de la expresión oral del lenguaje sin representación escrita y sin regulación ortográfica. Los espacios no reglados se convierten en territorios de indeterminación y de vacilación que afectan al objetivo último de la unidad de la escritura. La utilidad de un sistema ortográfico aumenta en la medida en que incorpora subsistemas que regulan mayor número de aspectos funcionalmente distintivos en la representación gráfica de la lengua (acentuación, puntuación, etc.), y en la medida en que esa regulación es lo más completa posible. Muestra de exhaustividad es, por ejemplo, el subsistema de reglas de acentuación gráfica del español, gracias al cual es posible identificar siempre sobre cuál de las sílabas de una palabra prosódicamente acentuada recae el acento, aspecto que resulta distintivo en nuestro idioma (*TÉRmino/terMIno/termiNÓ*).

Las ortografías han de cumplir también el principio de adecuación, que implica que su sistema de convenciones debe ser en cada momento el más apropiado para reflejar gráficamente los aspectos relevantes del sistema lingüístico que pretende representar. De ahí que, cuando se producen cambios en esos aspectos relevantes, los sistemas ortográficos traten de adaptarse a ellos. Por eso, cuando en la evolución histórica de una lengua de escritura alfabética surgen nuevos fonemas, su sistema ortográfico tiende a buscar nuevas formas de representación. Así ocurrió, por ejemplo, en la época de los orígenes de las lenguas románicas con el nacimiento de las consonantes palatales, inexistentes en latín, para cuya escritura cada lengua debió arbitrar un grafema o una combinación de grafemas nuevos. Esta adaptación tarda más en producirse, y a veces no llega a hacerlo, en los procesos de pérdida de fonemas: la inercia conservadora tiende a mantener, en la ortografía de casi todas las lenguas, grafemas o combinaciones de grafemas que representaron en su momento sonidos distintivos luego desaparecidos. En cumplimiento de esta voluntad de adecuación, las ortografías de las lenguas han de ofrecer pronta respuesta a las innovaciones, ya sean producto de la evolución de la misma lengua, ya sean debidas a la incorporación de palabras y expresiones foráneas con características fónicas y gráficas que a menudo chocan con las de la lengua que las adopta.

En la configuración de los sistemas ortográficos opera asimismo un principio que afecta a todos los planos lingüísticos, el principio de economía, aunque no siempre logra imponerse a otras fuerzas de sentido contrario con enorme peso en este ámbito, como la tradición gráfica consolidada. El ideal constitutivo de las escrituras alfabéticas, esto es, la correspondencia biunívoca entre las unidades del plano fónico y las unidades de la lengua escrita (un grafema para cada fonema y un fonema por cada grafema), no es sino la máxima expresión del principio de economía aplicado al subsistema de las letras. Sin embargo, este objetivo, muy presente en las etapas originarias de los sistemas ortográficos, no siempre se mantiene en el curso de su evolución. Junto a la permanencia justificada de grafías complejas debidas a la carencia de grafemas específicos para representar determinados fonemas (como ocurre con los dígrafos *ll, ch* y *rr* del español), en muchas lenguas se mantienen secuencias de dos o más letras que, debido a procesos de evolución fónica y a la ausencia de reajustes ortográficos paralelos, han acabado confluyendo en la representación de un solo fonema; de ahí la gran cantidad de dígrafos y trígrafos que hay en lenguas como el inglés o el francés (en esta última lengua, por ejemplo, el fonema vocálico /o/ halla representación tanto en el grafema *o* como en las secuencias de grafemas *au* y *eau*). En español, lengua en la que el ideal de correspondencia biunívoca entre grafemas y fonemas se satisface en mucho mayor grado que en otras lenguas de nuestro entorno, subsisten, no obstante, varias grafías que, por razones etimológicas o de conservación de hábitos gráficos fuertemente arraigados, se emplean en la representación de un mismo fonema (por ejemplo, el fonema /b/ puede aparecer representado por tres grafemas: *b, v* y *w*), e incluso se conserva una letra, la *h,* que no representa ningún fonema. El principio de economía se cumple, en cambio, con toda claridad en el sistema de reglas de acentuación gráfica del español, que, en lugar de señalar siempre con tilde la vocal de la sílaba tónica, lo hace solo en ciertos casos, de manera que tan significativa es la presencia como la ausencia de este signo: las palabras *termino* y *canto* se leen como graves o llanas porque, de no serlo, tendrían que llevar tilde (*término* o *terminó* y *cantó*). La economía es también la razón de la génesis y el mantenimiento de otro de los subsistemas de reglas ortográficas: el de las abreviaciones gráficas.

Por último, las ortografías deben tener presente también el principio de claridad y sencillez en la exposición de sus normas, ya que con ellas deben resolverse multitud de problemas prácticos que plantea el uso de la escritura a cualquier hablante alfabetizado.

2.5 FUNCIONES DE LA ORTOGRAFÍA

La función esencial de la ortografía es garantizar y facilitar la comunicación escrita entre los usuarios de una lengua mediante el establecimiento de un código común para su representación gráfica.

En las lenguas de escritura alfabética, basadas en la utilización de signos gráficos para representar las unidades fónicas de la cadena hablada, la ortografía cumple, además, un papel esencial como factor de unidad, puesto que impone una representación gráfica uniforme y común por encima de las numerosas variantes de pronunciación existentes, debidas a factores geográficos, socioculturales e incluso individuales. Este papel unificador de variedades orales diversas es especialmente importante en el caso de lenguas que, como el español, se extienden por un vasto territorio en el que las diferencias se manifiestan, incluso, a nivel fonológico (hay fonemas del español, como /z/ o /ll/, que solo se dan en el habla de una parte minoritaria de los hispanohablantes). Estas diferencias no trascienden al plano de la escritura, salvo en contadísimas ocasiones, y nunca de manera general, sino en forma de variantes en la grafía de ciertas palabras (por ejemplo, el fenómeno del seseo ha dado lugar, de forma ocasional, a la existencia de variantes gráficas, como en el caso del topónimo *Cuzco/ Cusco*). Así pues, la ortografía contribuye decisivamente a evitar la dispersión en la representación gráfica de una misma lengua, dispersión que, llevada al extremo, haría difícil y hasta imposible la comunicación escrita entre sus hablantes y comprometería su identificación como miembros de una sola comunidad lingüística.

Además, la influencia que la representación escrita tiene sobre la pronunciación de los hablantes cultos actúa de cauce que evita una evolución descontrolada y fragmentaria de la lengua, especialmente en aquellas, como el español, en que la solidaridad entre grafía y pronunciación es más fuerte. Los hablantes alfabetizados ven en la lengua escrita el modelo de corrección y tienden a pronunciar las palabras de acuerdo con su forma gráfica, de manera que la existencia de una ortografía común en todo su ámbito dota de cierta estabilidad al componente fónico de la lengua, disminuyendo el ritmo de sus cambios en el plano oral y evitando que estos lleguen a quebrar su unidad esencial.

2.6 ORIGEN Y EVOLUCIÓN DE LOS SISTEMAS ORTOGRÁFICOS

Las normas que determinan el valor y uso de los elementos que las lenguas utilizan para su representación gráfica están implícitas en la propia práctica de su escritura, de ahí que pueda hablarse de la ortografía de una lengua desde el momento mismo en que se documenta su uso escrito, aunque no exista todavía, o no llegue a existir nunca, una formulación explícita de sus reglas (de hecho, tanto el nacimiento de la disciplina encargada de establecer las normas ortográficas como la aparición de los diversos tratados que las contienen son muy posteriores a la realidad de la escritura).

Aunque hay lenguas con sistemas de escritura originales, creados específicamente para su representación gráfica (como la escritura jeroglífica egipcia o la ideográfica china), otras muchas han adoptado un sistema preexistente, bien por corresponder, en su momento, a la lengua de mayor influencia o prestigio de su entorno por motivos políticos, económicos, religiosos o culturales (como ilustra la adopción de caracteres chinos para la escritura del japonés o del alfabeto latino para las lenguas germánicas), bien por haberlo recibido directamente de la lengua de la cual derivan (como es el caso de las lenguas románicas, que heredaron el sistema gráfico del latín, su lengua madre).

Como es natural, las lenguas que se sirven de sistemas de escritura prestados o heredados han debido adaptarlos a sus propias necesidades. En el caso de las lenguas de escritura alfabética, esta adaptación supone adecuar el repertorio de grafemas recibidos a la representación de los fonemas propios mediante procedimientos diversos: desde el cambio del valor fonológico asociado a los grafemas preexistentes, o la creación de otros nuevos para representar los nuevos fonemas, a la eliminación de signos sobrantes por no existir en la lengua receptora el fonema que representaban en la lengua de origen. Si el número de sonidos distintivos que necesitan ser representados es superior al de los grafemas disponibles, suele recurrirse, con mayor frecuencia que a la creación de caracteres nuevos, a la combinación de varios de ellos para representar un único fonema. Este hecho, junto a la existencia de fonemas que pueden representarse gráficamente de varias maneras, y de grafemas que representan, según los contextos, distintos fonemas, da lugar a sistemas ortográficos muy alejados del principio ideal de correspondencia biunívoca entre grafemas y fonemas. Precisamente una de las razones de la mayor complejidad de las ortografías inglesa o francesa, en comparación con ortografías más sencillas como las del español o el italiano, es que el número de fonemas del inglés y del francés ha sido siempre muy superior al número de grafemas del alfabeto latino.

Especialmente cuando se trata de lenguas que heredan el sistema de escritura de la lengua de la que derivan, la adecuación de los grafemas a la nueva realidad fonológica se realiza de forma progresiva y, podríamos decir, espontánea. Así, por ejemplo, los escritores y copistas de la época de los orígenes de las lenguas románicas se vieron en la necesidad de escribir estas lenguas con los elementos gráficos propios del latín. Para representar los nuevos fonemas, ensayaron diversas soluciones gráficas (a menudo condicionadas por el tipo de letra empleado), lo que explica la gran variabilidad que reflejan las grafías de los textos primitivos, achacable también, en gran parte, a la propia inestabilidad de los nuevos sistemas fonológicos, que tardarán aún varios siglos en afianzarse. No existía, pues, una ortografía estable y normalizada, tal y como la entendemos hoy. Los sistemas ortográficos de las diferentes lenguas se van consolidando en la medida en que determinados usos adquieren, frente a otros, un grado suficiente de fijeza y extensión, en un lento proceso de selección de variantes en el que a menudo ejercen una influencia notable los usos gráficos de los documentos y códices emanados de las cancillerías y escritorios reales, como ocurrió en la Castilla primitiva durante el reinado de Alfonso X el Sabio (siglo XIII).

En el ámbito de las lenguas occidentales modernas, el Renacimiento marca el inicio de la ortografía como disciplina, esto es, como materia de reflexión y análisis explícito. En esta época, junto con el interés por el griego y el latín clásicos, adquiere gran protagonismo el estudio de las lenguas vernáculas, que han sustituido al latín como vehículos de comunicación de los incipientes Estados nacionales. Se publican entonces las primeras gramáticas de estas lenguas, en las que ocupa un lugar destacado el análisis de su representación gráfica, de modo que la ortografía, siguiendo la tradición grecolatina, constituye en sus inicios una parte de la gramática.

La invención de la imprenta, a mediados del siglo XV, impone la necesidad de una mayor regularidad en la escritura de las diferentes lenguas. Las decisiones tomadas por los tipógrafos e impresores a la hora de imprimir sus textos desempeñarán un importante papel en los procesos de regularización gráfica, debido a la mayor difusión de los impresos frente a los manuscritos medievales. La ortografía adquiere cada vez mayor protagonismo, lo que se traduce en la aparición, a lo largo de los siglos XVI y XVII, de numerosos tratados y manuales de esta disciplina, muchos de ellos con orientación eminentemente práctica o didáctica, que pretenden sistematizar las reglas ortográficas de acuerdo con diferentes criterios. Las propuestas de los ortógrafos se van a articular en torno a su preferencia por adoptar, como criterio básico de referencia a la hora de fijar las normas ortográficas, bien la pronunciación, bien la etimología, a las que viene a sumarse el uso tradicional consolidado como árbitro de muchas soluciones gráficas concretas.

Estos criterios (pronunciación, etimología y uso tradicional consolidado) han funcionado combinadamente, aunque con diferente peso e importancia según las épocas y los idiomas, en la configuración de los sistemas ortográficos de las principales lenguas europeas. En general, en sus etapas iniciales, todas ellas tomaron como referencia la pronunciación para establecer las bases de su sistema ortográfico. Pero, mientras que en algunas, como el español o el italiano, este criterio ha seguido funcionando después de manera más o menos constante, otras, como el francés o el inglés, se han mostrado mucho más reacias a efectuar reajustes para adecuar su ortografía a los cambios producidos en sus sistemas fonológicos. A este conservadurismo gráfico se añadió, además, especialmente en etapas de fuerte influjo latinizante, la tendencia a preservar o a introducir en la escritura de muchas palabras grafemas etimológicos carentes de correlato fónico, buscando, por un lado, mantener el vínculo con el origen y, por otro, dotar de estabilidad a las grafías al margen de eventuales cambios en la pronunciación. La adopción de la etimología y del mantenimiento de la tradición gráfica como principios reguladores de la ortografía, predominantes en lenguas como el inglés o el francés, tiene mucho que ver con su rendimiento funcional a la hora de diferenciar en la escritura muchas palabras oralmente indistinguibles por su idéntica pronunciación. Así, esta función distintiva de la escritura ha tenido gran peso, por ejemplo, en francés, lengua en la que se han mantenido numerosas grafías sin justificación fonética por su capacidad de distinguir homófonos (palabras de igual pronunciación, pero diferente significado) o por ser portadoras de información gramatical carente de reflejo en el habla (ejemplo de ello es la *-e* final que distingue en la escritura francesa la forma femenina de la masculina en muchos adjetivos, aunque ambas formas se pronuncien de la misma manera: *perdue* 'perdida', con idéntica pronunciación que *perdu* 'perdido').

La pugna entre los defensores de la tradición gráfica, en buena parte basada en la etimología, y los partidarios de realizar los ajustes necesarios para mantener en cada momento la adecuada correspondencia entre grafía y pronunciación ha sido una constante en la historia de todas las lenguas de escritura alfabética que cuentan con ortografías de largo recorrido histórico, y ha dado lugar a múltiples debates y polémicas. Precisamente esta falta de acuerdo entre los teóricos de la disciplina sobre los principios que debían gobernar la ortografía contribuyó a retrasar el establecimiento, en todas estas lenguas, de una norma ortográfica uniforme y estable, y durante mucho tiempo aún la escritura siguió sometida, en la práctica, al criterio personal de autores e impresores.

La normalización ortográfica solo comenzará a hacerse realidad cuando las distintas lenguas se doten de instituciones o de instrumentos cuya autoridad en materia lingüística sea reconocida y acatada mayoritariamente por el conjunto de sus hablantes. En unos casos, asumirán esta autoridad, casi siempre con el patrocinio y el apoyo del poder político, instituciones académicas, como la Accademia della Crusca (1585) para el italiano, la Académie Française (1635) para el francés o la Real Academia

Española (1713) para el español. Todas ellas se fundaron con el objetivo declarado de «fijar» las respectivas lenguas, para lo cual acometieron, entre otros proyectos, la elaboración de un diccionario. Esta labor implicó necesariamente la toma de decisiones en materia ortográfica, pues debía asignarse a cada una de las palabras registradas en el repertorio léxico una grafía concreta, que sería asumida a partir de entonces como su forma canónica. Para otras lenguas, la regularización ortográfica llegó también de la mano de la publicación de determinados diccionarios que, por su calidad y el prestigio que rápidamente alcanzaron, se convirtieron en la referencia de autoridad en materia ortográfica dentro de su área lingüística. Este fue el caso, para el inglés británico, de la obra de Samuel Johnson, *A Dictionary of the English Language* (1755) —cuyo papel será asumido más tarde, y con plena vigencia hoy, por el *Oxford English Dictionary*—; del diccionario de Noah Webster, *American Dictionary of the English Language* (1828), para el inglés americano, o del diccionario de Konrad Duden, *Vollständiges orthographisches Wörterbuch der deutschen Sprache* (1880), para el alemán. Las sucesivas ediciones de todas estas obras lexicográficas irán reflejando los cambios introducidos en la norma ortográfica de las respectivas lenguas a lo largo de los años.

La progresiva asunción de atribuciones en materia educativa por parte del Estado, que se inició en el siglo XVIII con la Ilustración y se intensificó durante los siglos XIX y XX, explica la intervención creciente de los poderes públicos en los procesos de normalización ortográfica, movidos por la necesidad de contar con una ortografía uniforme y consolidada que, por un lado, garantizara la unidad lingüística y, por otro, sirviera de referencia para la enseñanza de la lectura y la escritura en las escuelas. Esa intervención se ha limitado, en unos casos, al respaldo oficial otorgado a la labor normativa realizada por instituciones académicas como las anteriormente citadas. En otros, se ha realizado de manera directa, con la promulgación de leyes específicas para la fijación de la norma ortográfica o para su reforma, con el concurso de órganos consultivos y organismos oficiales encargados de realizar propuestas y coordinar iniciativas en ese ámbito.

2.7 LAS REFORMAS ORTOGRÁFICAS

Las lenguas son instituciones culturales, entidades históricas, y, como tales, experimentan cambios a lo largo del tiempo. La lengua oral evoluciona de forma constante por medio de la continua aportación innovadora de los hablantes y de la interacción permanente del idioma con las novedades que se producen en todos los ámbitos de la realidad, así como por su contacto con otras lenguas. La ortografía, en la medida en que regula la representación gráfica del idioma, se ve también afectada por los cambios que este experimenta, sobre todo cuando se producen en el plano del significante e implican al sistema fonológico, ya sea por la pérdida de fonemas, ya por la aparición de otros nuevos. También tiene repercusiones ortográficas la incorporación masiva de términos procedentes de otras lenguas, que chocan a menudo con el sistema ortográfico de la lengua receptora. Todos estos fenómenos provocan alteraciones en el sistema establecido de correspondencias entre grafemas y fonemas, y exigen la toma de decisiones que implican, en muchos casos, modificaciones en los sistemas ortográficos.

A diferencia de los cambios lingüísticos, que se producen de forma continua y espontánea, con la participación de todos los hablantes, la mayoría de los cambios ortográficos ocurren de forma puntual, tienen lugar de tarde en tarde y en ellos intervienen prioritariamente las aportaciones de las clases alfabetizadas. Aunque se basen a menudo en modificaciones previas de los usos gráficos de los hablantes, solo adquieren hoy carta de naturaleza cuando son sancionados por las instituciones y organismos que poseen competencias en esta materia.

Los cambios introducidos en el sistema de convenciones gráficas de una lengua pueden ser de dos tipos: innovaciones y reformas. En las innovaciones se adoptan medidas para regular la expresión escrita de aspectos de la lengua que previamente no se representaban. En el griego y el latín clásicos, por ejemplo, no se separaban las palabras mediante espacios en blanco ni se usaban signos de puntuación, salvo en los textos escolares destinados a la enseñanza de la lectura. De modo análogo, el sistema ortográfico del español no disponía en sus orígenes de diacríticos para indicar la posición de acento prosódico dentro de la palabra. Así pues, la incorporación al uso general de estos elementos gráficos y su regulación son ejemplos de innovaciones ortográficas.

Las reformas son cambios realizados sobre un sistema de normas ortográficas preexistente. Pueden ser parciales o generales, dependiendo de que los cambios afecten a un aspecto acotado y concreto de la ortografía o la modifiquen por extenso y más profundamente. La mayor parte de las reformas realizadas en los sistemas ortográficos de las lenguas que han contado con escritura desde sus orígenes han sido parciales y progresivas. A menudo han consistido en pequeñas intervenciones en puntos concretos del sistema (incorporación de algún signo nuevo al repertorio alfabético, eliminación de grafías obsoletas, adición de nuevas reglas para el uso de los diferentes signos ortográficos, etc.), lo que ha favorecido su aceptación. Algunas de estas reformas tienen como fin mejorar el sistema desde el punto de vista de su coherencia interna. Dentro de este tipo estarían los cambios que buscan perfeccionar las reglas de un determinado ámbito de la ortografía para que cumplan de manera más eficaz sus fines, como ha ocurrido con las sucesivas modificaciones realizadas en el conjunto de reglas de acentuación gráfica del español.

Las reformas generales proponen cambios cuantitativa y cualitativamente más importantes, y buscan, por lo general, alcanzar de una vez el ideal de máxima adecuación entre la realización oral y la representación escrita de la lengua. En casos extremos, estas reformas han llegado a consistir en la sustitución completa de un sistema de escritura o de un alfabeto por otro completamente distinto, como ocurrió con el vietnamita en el siglo XVII o con el turco a comienzos del siglo pasado, que pasaron de usar respectivamente en su escritura caracteres chinos y árabes a emplear versiones adaptadas del alfabeto latino.

Las ventajas teóricas de una reforma profunda del sistema ortográfico de una lengua para alcanzar su perfecta adecuación al modelo oral que pretende representar son evidentes: al eliminar las desviaciones del principio de correspondencia biunívoca entre fonemas y grafemas, se facilita el aprendizaje de la escritura y se favorece la corrección ortográfica sin que esta exija un esfuerzo excesivo a sus usuarios. Reformas de calado se han producido en muchas lenguas en momentos concretos de su historia, entre ellas el español, especialmente tras épocas de profundos cambios fonológicos en las que el sistema ortográfico carecía de fijeza y eran constantes las vacilaciones en la representación gráfica de los fonemas. Y reformas de este tipo no dejan de ser reclamadas de manera recurrente hoy por parte de muchos teóricos de la ortografía, que aducen en su favor, además de argumentos lingüísticos (conseguir una adecuación lo más perfecta posible entre las unidades fónicas del habla y las de la escritura), razones didácticas y sociales: la simplificación del sistema ortográfico permitiría destinar muchas de las horas dedicadas hoy a la enseñanza de la ortografía a practicar otras destrezas encaminadas a mejorar la expresión oral y escrita de los estudiantes, facilitaría el aprendizaje de la lengua escrita a los alumnos extranjeros y rebajaría notablemente el esfuerzo necesario para superar una barrera social que afecta sobre todo a las clases menos favorecidas.

Sin embargo, no son menores las razones que aconsejan no acometer reformas maximalistas en el sistema de representación gráfica de una lengua cuando esta cuenta con una ortografía estable, conocida y aceptada por sus hablantes alfabetizados. Es notable la resistencia a aceptar cambios ortográficos por parte de quienes con esfuerzo y constancia asimilaron en sus primeros años de formación un sistema de reglas que tienen ya interiorizado y automatizado. Esta resistencia —que se manifiesta también en el ámbito educativo y de los medios de comunicación, cuya colaboración resulta imprescindible para la difusión e implantación de cualquier cambio, por pequeño que sea— explica la dificultad de conseguir el consenso suficiente para acometer con garantías de éxito reformas radicales, incluso en el caso de lenguas en las que el alto grado de inadecuación entre pronunciación y grafía las haría especialmente aconsejables. Pero no solo actúa en contra del impulso reformista la fuerza de la costumbre, sino el peso de la tradición ortográfica heredada, que establece un fuerte vínculo entre las palabras y su forma gráfica fijada. Así, cualquier cambio drástico en la grafía de una palabra se siente más como una deformación que desfigura su identidad visual que como una simplificación beneficiosa, lo que explica la fuerza que el criterio del uso constante ha tenido y tiene en la fijación de la ortografía de las lenguas. Una ruptura radical con la tradición gráfica anterior dificultaría, además, la lectura de textos de otras épocas, a lo que habría que sumar los costes económicos que supondría la adaptación a las nuevas normas de todas aquellas obras escritas conforme al sistema ortográfico precedente, y el sinfín de cambios que habría que realizar en todos aquellos ámbitos relacionados de algún modo con el lenguaje natural (diccionarios, bases de datos, aplicaciones informáticas, etc.).

No hay que olvidar que el principio de correspondencia biunívoca entre grafemas y fonemas no es el único que ha operado en la constitución y posterior evolución de los sistemas ortográficos de lenguas que han mantenido un mismo sistema de escritura a lo largo de su historia. De hecho, este ideal no se verifica de modo absoluto en ninguna ortografía histórica, y solo ha sido factible en el caso de ortografías creadas modernamente por especialistas para la representación gráfica de lenguas sin tradición escrita, o en aquellos casos en que una determinada lengua ha decidido sustituir su sistema de escritura tradicional por otro distinto. Incluso en estos casos excepcionales resulta difícil lograr una escritura completamente fonológica que sea aplicable a la diversidad de manifestaciones orales de una misma lengua.

El ideal de correspondencia exacta entre grafía y pronunciación se revela, además, imposible en aquellas lenguas que, como el español, presentan diferencias dialectales no solo en el plano fonético, con realizaciones distintas en la pronunciación de un mismo fonema, sino también en el plano fonológico, como ponen de manifiesto fenómenos como el seseo o el yeísmo (fruto de la inexistencia, para determinadas áreas y hablantes del español, de los fonemas /z/ y /ll/, respectivamente). En esos casos, no es factible que la ortografía refleje la pronunciación fonológica real de todas las variedades, pues ello supondría renunciar a su unidad de representación. Por ello, cualquier modificación ortográfica deberá responder a cambios fonológicos que se hayan verificado en todo el ámbito geográfico de la lengua.

Cuando un sistema ortográfico ha alcanzado un alto grado de estabilidad y cuenta con el consenso y la aceptación de la comunidad lingüística que lo utiliza, se ha de actuar con extremada prudencia y grandes dosis de realismo a la hora de proponer la realización de reformas sustanciales. Es necesario valorar cuidadosamente sus pros y sus contras, y actuar solo cuando exista la seguridad de que las ventajas superan con creces a los inconvenientes y, sobre todo, de que los cambios van a contar con el apoyo decidido de todas las instituciones y sectores implicados. La experiencia demuestra la dificultad de acometer con éxito reformas profundas en sociedades altamente alfabetizadas como las actuales.

2.8 LA IMPORTANCIA SOCIAL DE LA ORTOGRAFÍA

La ortografía es compañera inseparable de la escritura, así como de la lectura, ya que para descifrar lo escrito es preciso conocer el código ortográfico. El conocimiento y el dominio de la ortografía resultan imprescindibles para asegurar la correcta comunicación escrita entre los hablantes de una misma lengua, al garantizar la adecuada creación e interpretación de textos escritos. No es un simple adorno, sino condición necesaria para el completo desarrollo de la persona, como individuo y como ser anclado en la sociedad, en la medida en que la escritura es hoy fundamental como soporte del conocimiento y como instrumento de comunicación. La ortografía ocupa así un lugar esencial en el sistema educativo, puesto que es indisociable de la adquisición de las destrezas básicas de la lectura y la escritura, indispensables en la formación elemental de todo ciudadano.

La ortografía es, además, un bien social porque, mediante su concurso, las lenguas alcanzan la máxima expresión de una unidad que se extiende por encima de todas las variaciones geográficas, sociales y situacionales. Gracias a la existencia de una ortografía común leemos los textos de autores de muy diversas áreas geográficas como si tuvieran una misma voz. La unidad ortográfica constituye, pues, el soporte más visible del sentimiento de comunidad lingüística y cultural entre países que se expresan en una misma lengua y, en dimensiones que no son difíciles de imaginar, facilita las relaciones sociales, políticas y económicas.

Por todo ello, las sociedades, que comprenden las profundas repercusiones de la adecuada alfabetización de todos sus miembros, conceden a la ortografía una importancia singular, y su correcto dominio se halla asociado a connotaciones positivas. Es la propia sociedad la que recompensa a quienes dominan esta disciplina con una buena imagen social y profesional. Y, en el lado opuesto, es también la sociedad la que valora como faltas los errores ortográficos y quien sanciona a las personas que muestran una ortografía deficiente con juicios que afectan a su imagen y que pueden restringir su promoción académica y profesional.

3

LA ORTOGRAFÍA DEL ESPAÑOL

3.1 ORIGEN Y EVOLUCIÓN DEL SISTEMA ORTOGRÁFICO DEL ESPAÑOL

La escritura del español es alfabética, se vale de caracteres latinos y se escribe de izquierda a derecha, características que comparte con otras muchas lenguas occidentales pertenecientes a diversas familias lingüísticas.

El español utilizó desde sus primeras manifestaciones escritas el sistema ortográfico del latín, lengua de la cual deriva. De ella heredó naturalmente las letras de su alfabeto, muchas de las cuales conservaron su valor fonológico originario, mientras que otras lo modificaron o se combinaron entre sí para representar los nuevos fonemas que surgían a medida que se iba configurando el primitivo romance castellano. La española es, pues, una ortografía histórica, que nace de la práctica misma de la escritura en un lento proceso de evolución sin ruptura desde el latín al romance. No se trata, por lo tanto, de un sistema ortográfico creado a propósito para nuestra lengua, sino que surge de la progresiva adecuación del sistema ortográfico latino a la representación del español medieval y, desde ahí, a la del español moderno.

La ortografía española posee un fuerte componente fonológico, de modo que la mayoría de los grafemas o combinaciones de grafemas representan de forma unívoca un solo fonema y, a la inversa, la mayoría de los fonemas se representan de una sola forma en la escritura. Ello se debe a la confluencia de diferentes factores, entre los que cabe señalar la propia configuración de nuestro sistema fonológico, mucho más cercano al del latín que el de otras lenguas, como por ejemplo el francés, cuya complejidad ortográfica no es solo fruto de su conservadurismo gráfico, sino del hecho de contar con un número de fonemas muy superior al de los grafemas disponibles en el alfabeto latino. La relativa simplicidad de nuestro actual sistema ortográfico es fruto también, como se verá, de la realización de varias reformas de tendencia simplificadora a lo largo de su historia.

En el latín clásico había cinco vocales (cada una de las cuales podía ser breve o larga, rasgo que era distintivo en esa lengua y que modernamente se indica colocando el signo ˘ sobre las breves y ¯ sobre las largas:

lĭber 'libro', frente a *līber* 'libre') y alrededor de una docena de consonantes (que en posición intervocálica podían ser simples, como en *anus* 'vieja', o geminadas, como en *annus* 'año'). En general, existía un alto grado de adecuación entre fonemas y grafemas, pues la mayoría de los grafemas del alfabeto latino clásico representaban siempre el mismo fonema y eran pocos los casos en que un fonema podía ser representado por varios grafemas distintos.

Junto con el alfabeto, el sistema fonológico del latín pasó casi íntegro al español medieval (aunque con algunas diferencias importantes, entre ellas, la pérdida de la cantidad como rasgo distintivo, papel que pasó a desempeñar en nuestro idioma el acento prosódico). Ello explica que casi todos los fonemas del latín clásico estén presentes en el sistema fonológico del español actual y suelan escribirse, además, en su mayoría, con los mismos grafemas (a pesar de que algunos de ellos tuvieron valores fonológicos cambiantes a lo largo de su historia): las cinco vocales, /a/, /e/, /i/, /o/, /u/, representadas en general por los cinco grafemas genuinamente vocálicos *a, e, i, o, u;* y las consonantes /b/, /p/, /d/, /t/, /g/, /k/, /f/, /s/, /m/, /n/, /r/ y /l/, transcritas en español con los grafemas asimismo heredados del latín *b, v, p, d, t, g, c, k, q, f, s, m, n, r, l.* El grafema *h* representaba originariamente en la lengua latina un fonema aspirado pronto desaparecido, aunque se mantuvo su reflejo en la escritura, lo que justifica en parte, junto con otros factores, la permanencia de la *h* como «letra muda» en nuestro sistema ortográfico. El grafema *x* representaba ya en latín la misma secuencia de dos fonemas (/k + s/) que representa en el español actual en la mayoría de los casos, y las letras *z* e *y*, presentes asimismo en nuestro alfabeto, formaban parte también del latino, al que se incorporaron para transcribir los numerosos términos de origen griego que pasaron al latín tras la conquista de Grecia.

Pero en el proceso de evolución del latín al romance fueron surgiendo nuevos fonemas, que llegaron casi a duplicar el número de consonantes del español medieval con respecto al latín clásico: apareció el orden de las palatales —de las que hoy se conservan /ñ/, /y/, /ch/ y /ll/—, el fonema vibrante múltiple /rr/ y una serie de fonemas fricativos sordos y sonoros, estos últimos posteriormente desaparecidos. Buena parte de los nuevos fonemas se inscribían en el grupo de las consonantes sibilantes medievales (así llamadas por percibirse, en su emisión, una especie de silbido), de cuya reorganización surgieron los actuales fonemas /z/ y /j/.

Para todos estos nuevos fonemas, inexistentes en latín, era necesario encontrar formas de representación gráfica. Así, los primeros testimonios escritos en lengua romance, fechados en la segunda mitad del siglo X o principios del siglo XI, muestran el esfuerzo de sus redactores por dar con soluciones gráficas que les permitiesen reflejar la nueva realidad lingüística utilizando los elementos del sistema ortográfico latino. En muchos casos, los grafemas mantenían el valor fonológico que tenían en latín, ya que seguían representando en el español medieval el mismo fonema; pero, en otros, el mantenimiento de la grafía latina encubría divergencias profundas en la pronunciación, de modo que muchos grafemas se empleaban en el español medieval con valores fonológicos muy diferentes de los que tenían en latín. Por otra parte, para representar los nuevos fonemas se recurrió a menudo a combinaciones de grafemas preexistentes, algunas de las cuales permanecen hoy en nuestro sistema ortográfico, como los dígrafos *ch* y *ll,* o la letra *ñ,* procedente de la abreviatura del dígrafo medieval *nn.* Por el contrario, son prácticamente inexistentes los casos de grafemas de nueva creación, ya que no lo fue del todo la *ç* (cedilla): esta letra, que se especializó en el español medieval en la representación de uno de los fonemas sibilantes, surgió por evolución gráfica de la *z,* que los amanuenses visigodos escribían con un copete en forma de *c,* adorno que fue creciendo hasta convertir la *z* originaria en un mero apéndice o virgulilla. La *ç,* que forma parte del alfabeto actual de otras lenguas románicas, como el catalán, el francés o el portugués, desapareció, en cambio, de la escritura del español moderno, sustituida, según los casos, por *c* (ante *e, i*) o *z.*

En los manuscritos de esta primera etapa, la escritura se caracteriza por una constante variación en la elección de las grafías para representar los nuevos fonemas, no solo entre documentos distintos, sino a veces, incluso, dentro de un mismo texto (en la elaboración de los códices medievales era frecuente la intervención de varios redactores, con hábitos gráficos no siempre coincidentes). Esta irregularidad gráfica se ha interpretado tradicionalmente como reflejo de la vacilación e inseguridad de los escribientes en la representación gráfica de un sistema lingüístico aún en formación y carente, por ello, de fijeza ortográfica. La escritura, en esta etapa primitiva, manifiesta una clara tendencia al fonetismo, pues su intención es reflejar en lo posible la pronunciación, de ahí que la variabilidad gráfica no deba interpretarse simplemente como fruto de la ausencia de una norma ortográfica asentada, sino que, en muchos casos, es reflejo de la propia variación e inestabilidad que caracteriza la lengua oral.

Investigaciones recientes basadas en el análisis grafemático de los textos manuscritos medievales han detectado, además, otros factores de importancia que explican asimismo esta variabilidad, como las diversas tradiciones gráficas en las que se habrían formado los escribanos (asociadas, en muchos casos, a diferencias dialectales de pronunciación) o el tipo de letra utilizado en cada texto (distinta según se tratara de libros o documentos, y muy variable en estos últimos según sus clases), lo que a menudo tenía repercusiones gráficas importantes tanto en la forma como en la elección de los grafemas o combinaciones de grafemas para representar los diversos fonemas. La variación es, pues, una característica inherente a la escritura medieval, como lo es también de la propia lengua de esa época en otros planos lingüísticos (morfológico, sintáctico y léxico).

No obstante, a medida que se van consolidando los resultados de la evolución fonético-fonológica que conlleva el paso del latín al español medieval, se fijan progresivamente también los usos gráficos, en un lento e ininterrumpido proceso de selección de variantes. En dicho proceso desempeñará un papel fundamental el decidido impulso que recibió en todos los órdenes el uso del castellano durante el reinado de Alfonso X el Sabio (1252-1284), hasta el punto de conocerse con el nombre de *ortografía alfonsí* el sistema de correspondencias entre grafemas y fonemas más característico del español medieval. Ello no supone, en modo alguno, que se produzca en este periodo una normalización completa de la ortografía, tal y como la entendemos hoy. Se trata, más bien, del favorecimiento y la mayor difusión de unas opciones sobre otras, que se irán imponiendo de forma paulatina sin que desaparezca del todo la variabilidad gráfica propia de la escritura en las etapas previas a su total normalización, que tardará aún varios siglos en producirse.

Alfonso X, continuando y ampliando una iniciativa tomada ya por su padre, Fernando III el Santo, institucionalizó de forma definitiva el uso del castellano no solo en la redacción de todos los documentos emanados de la cancillería real (salvo en los destinados a otros reinos, que siguieron escribiéndose en latín), sino en toda la producción textual salida del escritorio regio en forma de traducciones y obras originales sobre las más diversas materias, especialmente en el ámbito del derecho, la historia y las ciencias de su tiempo. La extensión del uso del castellano a todo tipo de textos, tanto documentales como librarios, y para la expresión de tantas y tan diversas materias como las que abarca el amplio corpus de códices alfonsíes contribuyó, sin duda, a la progresiva consolidación de una norma lingüística de referencia en todos los niveles, incluido el gráfico, aunque no puede afirmarse, en rigor, que la llamada *ortografía alfonsí* constituya una entera novedad, pues la mayoría de sus rasgos característicos se atestiguan ya en textos escritos en épocas precedentes.

La ortografía del periodo alfonsí, que procede por tradición ininterrumpida de la práctica de la escritura de los siglos X-XII, continúa manifestando una clara voluntad de cercanía a la pronunciación, no exenta, sin embargo, de rasgos latinizantes. En ella se aprecia, además, una decantación progresiva de las variadas soluciones gráficas de periodos anteriores y, en consecuencia, una menor variabilidad, aunque no pueda considerarse en modo alguno homogénea.

En la escritura del periodo posalfonsí se observa, en cambio, una menor regularidad y una disminución del fonetismo, explicables por la conjunción de diversos factores. La mayor difusión de la cultura y el aumento del número de personas capaces de leer y escribir que conlleva la alfabetización de las clases nobles hacen que la escritura deje de ser una actividad restringida en exclusiva a un colectivo limitado de profesionales, lo que propiciará una mayor variación en los usos gráficos, en los que intervendrán, cada vez más, decisiones individuales a menudo ligadas al gusto personal. Al mismo tiempo se producen importantes cambios en el tipo de letra manuscrita usada en los códices y documentos, caracterizada en esta etapa por una mayor cursividad y una más acusada presencia de abreviaturas: en la letra gótica cursiva los grafemas se ligan unos a otros y adquieren formas diversas según su posición dentro de la palabra, de modo que la unidad de escritura no será tanto cada una de las letras por separado como los grupos formados por varias de ellas. Por otra parte, la lectura, que hasta entonces se realizaba mayoritariamente en voz alta, se va convirtiendo poco a poco en una actividad individual y silenciosa, basada más en la identificación de las palabras por su imagen visual de conjunto que por el desciframiento lineal de sus secuencias de grafemas. Todo ello propiciará, en la escritura de muchas palabras, un aumento de rasgos gráficos sin reflejo en la pronunciación, a lo que se une el creciente influjo de la corriente latinizante, que se intensificará con la llegada del humanismo a finales del siglo XIV y principios del XV. El interés por la cultura y las lenguas clásicas propio del movimiento humanista, que tiene su reflejo en las numerosas traducciones de obras de la Antigüedad grecolatina realizadas durante este periodo, traerá consigo un notable incremento de voces cultas tomadas directamente del latín y, con ellas, la reposición de muchas grafías latinizantes en detrimento de soluciones gráficas anteriores más acordes con el principio de adecuación entre pronunciación y grafía.

A la consecución de una mayor regularidad gráfica contribuirá, no obstante, la invención de la imprenta a mediados del siglo XV y su implantación en España en las décadas inmediatamente siguientes. Por una parte, se utiliza como modelo para los tipos la llamada *letra humanista,* que, a diferencia de la gótica cursiva propia de la escritura del siglo anterior, separa con nitidez unos grafemas de otros, y en la que estos mantienen, además, una forma constante con independencia de los de su entorno. Por otra parte, la reproducción mecánica de los textos impresos y su mayor difusión disminuyen las posibilidades de variabilidad gráfica inherentes a la escritura manual: no se trata ya del criterio individual del autor o del amanuense, sino de decisiones cuya influencia se multiplica proporcionalmente al número de ejemplares que podían reproducirse mediante el novedoso artilugio. Los impresores eran conscientes de la trascendencia de su labor y muchos de ellos, al elaborar los manuales que guiaban la actividad de sus imprentas, no olvidaban incluir recomendaciones sobre los usos gráficos que consideraban más adecuados, contribuyendo así a su extensión.

La ortografía española como disciplina nace en este mismo periodo, fruto del interés por el estudio y la codificación de las lenguas vernáculas que trae consigo el Renacimiento y que da lugar a la aparición de las primeras gramáticas de varias lenguas europeas. En 1492 se publica la *Gramática castellana* de Antonio de Nebrija, cuya primera parte, siguiendo el modelo de las gramáticas clásicas, está dedicada precisamente a la ortografía. Años después, en 1517, este mismo autor dedicará un tratado específico a la materia, titulado *Reglas de orthographía en la lengua castellana.*

Nebrija, a quien se debe el primer intento explícito de regularización ortográfica del español, establece como principal criterio rector de la ortografía la adecuación entre grafía y pronunciación, entroncando así con la orientación fonetista de la escritura del español en sus primeros tiempos: «... que assí tenemos de escrivir como pronunciamos, τ pronunciar como escrivimos», declara ya en su *Gramática* y repetirá después en las *Reglas de orthographía,* siguiendo a Quintiliano, retórico hispanorromano del siglo I d. C., que ya había expuesto este mismo principio en relación con el latín.

A lo largo de los siglos XVI y XVII se van a publicar numerosos tratados de ortografía, cuyas propuestas de regularización ortográfica para el español manifiestan la existencia de dos tendencias principales: la que, en la estela de Nebrija, otorga primacía a la pronunciación y que en sus manifestaciones más extremas (como las de Mateo Alemán o Gonzalo Correas) implica la supresión de todo grafema etimológico sin reflejo en el habla y la defensa de una correspondencia biunívoca completa entre grafemas y fonemas; y la que, por el contrario, y muchas veces como reacción ante propuestas fonetistas demasiado radicales, defiende la presencia y el valor de grafías etimológicas en la escritura de las palabras, en especial si están ya suficientemente arraigadas en el uso. Así pues, en el cruce de argumentos con los que cada tratadista defenderá sus postulados, están ya presentes los tres criterios fundamentales que van a funcionar de manera constante en la fijación de las normas ortográficas del español: pronunciación, etimología y uso tradicional consolidado. Aunque, en general, la mayoría de los autores combinan en mayor o menor medida los tres criterios, es el primero, la pronunciación, el que ha tenido mayor peso y continuidad en la teoría ortográfica española, lo que sin duda explica el importante papel que ha desempeñado en la configuración final de nuestro sistema ortográfico.

Los diferentes manuales y tratados de ortografía tuvieron, no obstante, escasa repercusión y sus propuestas apenas se reflejan en los impresos de la época. De hecho, ninguna de las que implicaban cambios sustanciales pasó de la teoría a la práctica, ni siquiera entre sus propios defensores, salvo en el caso de Correas, que predicó con el ejemplo y se preocupó de editar sus obras conforme a su particular sistema ortográfico, rigurosamente fonetista.

La falta de acuerdo entre los propios ortógrafos y el hecho de que ninguna de las numerosas propuestas contara con un respaldo oficial que contribuyera a su generalización en el uso a través de la enseñanza explican que la ortografía de los Siglos de Oro siguiera en la práctica sometida al criterio personal de los autores y, sobre todo, de los impresores, en una época en que no era usual que los escritores controlaran de cerca la edición e impresión de sus obras. Sigue sin haber, pues, una norma ortográfica única, reconocida y acatada por todos, de ahí la falta de uniformidad gráfica que muestran los textos.

A ello viene a sumarse la consumación, durante los siglos XVI y XVII, de importantes cambios en el sistema fonológico, iniciados ya en la Baja Edad Media y que conducen a la transformación del español medieval en el español moderno. La desaparición progresiva de ciertos rasgos de pronunciación que eran fonológicamente distintivos provocó la pérdida de algunos fonemas característicos del consonantismo medieval y el nacimiento de otros nuevos, como /z/ y /j/. Sin embargo, el sistema ortográfico seguía siendo básicamente el mismo que el del periodo alfonsí, de modo que continuaban vigentes numerosas distinciones gráficas que ya no reflejaban diferencias en la pronunciación. El sistema ortográfico, falto desde siempre de regularidad, precisaba ahora, además, de una transformación que lograse reflejar todas las modificaciones experimentadas en la lengua oral.

A comienzos del siglo XVIII, un grupo de ilustrados a cuyo frente estaba Juan Manuel Fernández Pacheco, marqués de Villena, decide crear en 1713 la Real Academia Española, siguiendo el modelo de la Accademia della Crusca (1585) y de la Académie Française (1635), instituciones nacidas con el objetivo de fijar y promover el conocimiento y buen uso de las lenguas italiana y francesa, respectivamente. El propósito de la española era, según manifestaban sus estatutos fundacionales, «fijar las voces y vocablos de la lengua castellana en su mayor propiedad, elegancia y pureza», para lo cual se impuso, como primera tarea, la elaboración de un diccionario. El respaldo oficial, que resultará después fundamental para la difusión y aceptación de sus propuestas ortográficas, llega en octubre del año siguiente, cuando el rey Felipe V aprueba su constitución y la coloca bajo su amparo y protección.

Para componer este primer diccionario —conocido como *Diccionario de autoridades* (1726-39) por incluir, tras la definición, ejemplos de autores que ilustran el uso de cada palabra— era imprescindible determinar la forma en que debían aparecer escritas las voces en él registradas. Eso condujo inevitablemente a la Academia a realizar una profunda reflexión sobre la ortografía y a establecer su propio modelo ortográfico, que presentó en los preliminares de la obra bajo el título de *Discurso proemial de la orthographía de la lengua castellana*. Pocos años después de concluido el diccionario, estimó conveniente exponer sus propuestas ortográficas y explicar la modificación de algunos de sus presupuestos iniciales en una obra específica sobre la materia y, así, en 1741 publicó su *Orthographía española*, que inaugura la serie de ortografías académicas que desde entonces se han ido sucediendo con regularidad y en las que se han ido plasmando sucesivas reformas, de mayor o menor calado, hasta configurar el sistema ortográfico plenamente normalizado de que goza hoy el español.

En el proemio ortográfico del *Diccionario de autoridades* (1726), la Academia reflexiona sobre la dificultad que supone adoptar la pronunciación como principal criterio regulador de la ortografía, dadas las diferencias existentes en ese punto entre los diversos dialectos e, incluso, entre hablantes de una misma región, lo que la lleva a dar preferencia a los otros dos criterios, la etimología y el uso constante, a la hora de fijar la forma gráfica de las palabras. Con todo, en la práctica, no dejará de tener en cuenta la pronunciación al adoptar muchas decisiones concretas. Pronto, sin embargo, modificó la Academia su inicial postura etimologista, ya que, en la primera edición de la ortografía (1741), optó ya con claridad por la pronunciación como principal referencia a la hora de fijar la grafía de las palabras. Solo cuando este criterio no baste, por no ser la pronunciación uniforme o existir varias opciones gráficas para representarla, se atenderá a la etimología (si esta es conocida), siempre que el uso constante no se haya encargado ya de fijar una grafía. Así pues, el criterio etimológico pasa a ocupar el último lugar en la jerarquía, ya que solo intervendrá cuando no exista uniformidad ni en la pronunciación ni en el uso. La Academia establece, además, un criterio adicional: en caso de ser desconocido o dudoso el origen de una voz y varias las opciones gráficas para transcribir su pronunciación, se escogerá la letra que se considera más natural y propia del idioma (primará, por ejemplo, la *b* sobre la *v*, la *c* sobre la *q* y la *k*, etc.). En la segunda edición (1754), se añade aún un último criterio, el de la analogía, por el cual, en los derivados y compuestos, debe mantenerse la grafía con la que se haya fijado la palabra simple originaria (de *baraja*, *barajar*, etc.).

Asentadas estas bases, la Academia se aplicó a la tarea de clarificar el por aquel entonces aún confuso panorama ortográfico del español. Las decisiones que se fueron adoptando en las sucesivas ediciones de la ortografía, basadas en muchos casos en propuestas ya formuladas con anterioridad por diversos ortógrafos, manifiestan una clara voluntad de fijar el sistema gráfico y adecuarlo a los cambios que se habían producido en el sistema fonológico, combinando con prudencia innovación y tradición:

se eliminó desde un principio la *ç*, innecesaria ya por haber desaparecido hacía tiempo el fonema medieval que representaba; se determinó la escritura de *c* (ante *e, i*) y *z* (en el resto de los casos) para representar el fonema /z/; se destinaron exclusivamente a usos vocálicos las letras *i* y *u*, y a usos consonánticos *v, j* e *y* (salvo, en este último caso, a final de palabra después de vocal o para representar la conjunción copulativa, donde estaba ya firmemente asentado el uso de *y* con valor vocálico); se conservó la *h* por razones etimológicas o de uso tradicional consolidado; se mantuvieron la *b* y la *v* para representar el fonema /b/, distribuyendo su empleo con criterio etimológico (salvo que el uso hubiera fijado grafías contrarias a la etimología), lo mismo que en el caso de *g* (ante *e, i*) y *j* para el fonema /j/; se fijó el uso de la *x* en la representación de la secuencia /k + s/, como en latín; se eliminaron de forma progresiva los dígrafos latinizantes cuyo sonido podía ser representado por letras simples (*th* > *t*; *ph* > *f*; *ch* [= /k/] > *c*), y se postuló la reducción de las consonantes dobles y de los grupos consonánticos cuando no tuvieran claro reflejo en la pronunciación. En la edición de 1815, el sistema ortográfico del español, en lo referente al uso de las letras, quedaba fijado básicamente en su misma configuración actual.

Sin embargo, a pesar de la buena acogida que tuvieron las propuestas de la Academia y del poder de difusión que les otorgaba su aplicación práctica en el diccionario, la ortografía académica no contaba aún con el respaldo que garantizara su aplicación en todos los ámbitos de la escritura y su transmisión en la enseñanza. Así pues, seguía habiendo casi tantos modelos ortográficos como ortógrafos o maestros, y cada cual seguía escribiendo conforme a su criterio o a las pautas que había adquirido durante su proceso de alfabetización.

La polémica ortográfica seguía viva y distaba mucho de estar resuelta, en parte alentada por la propia actitud reformista de la Academia y por la invitación que ella misma hacía en el prólogo de la *Ortografía* de 1815 a que fuera el uso de los doctos el que abriera camino a ulteriores reformas más audaces, con el fin de alcanzar el objetivo final de una total correspondencia biunívoca entre grafemas y fonemas. De ahí que surgieran con fuerza, en esos momentos, variadas propuestas reformadoras, guiadas por este ideal, de las cuales la primera y más importante —por la calidad de su proponente y la trascendencia y seguimiento que llegó a tener en el continente americano— fue la planteada en 1823 por Andrés Bello, venezolano de nacimiento y chileno de adopción. Solo dos de las propuestas de Bello tuvieron acogida inmediata y reflejo práctico en los usos ortográficos americanos, especialmente en Chile: el empleo exclusivo de *j* para representar el fonema /j/ (*escojer, antolojía*) y el de *i* para representar el fonema /i/, tanto en final de palabra (*lei, buei*) como en la conjunción copulativa (*Juan i Pedro*). A estas dos novedades se unirá una tercera —no propuesta por

Bello, sino por Francisco Puente en 1835— que también tuvo reflejo en el uso americano: la de escribir *s* en lugar de *x* ante consonante (*estremo*). Estos tres rasgos conforman lo que se dio en llamar «ortografía chilena», que durante mucho tiempo tuvo gran seguimiento, e incluso respaldo oficial, no solamente en ese país, sino en otras partes de América.

De ese primer impulso de Bello derivaron otras muchas propuestas reformadoras que generaron vivas polémicas teóricas, tanto en América como en España. Es en este contexto cuando, en 1843, un grupo de maestros funda en Madrid una autodenominada Academia Literaria i Científica de Profesores de Instrucción Primaria, que se propone promover y difundir a través de la docencia una reforma radical de la ortografía del español. La iniciativa no fue bien recibida en instancias oficiales, y la respuesta no se hizo esperar. La reina Isabel II, a petición del Consejo de Instrucción Pública, decreta en 1844 la enseñanza obligatoria de la ortografía académica en todas las escuelas españolas, para lo que se establece el uso del *Prontuario de ortografía de la lengua castellana*, elaborado específicamente por la Real Academia Española con ese fin.

Gracias a esa fundamental vía de consolidación a través de la enseñanza, la ortografía académica se convierte a partir de ese momento en la norma de referencia para la escritura del español, primero en España y después paulatinamente también en América, donde acabará prevaleciendo el deseo de unidad idiomática, de la cual es pilar fundamental la unidad ortográfica. Así, durante la segunda mitad del siglo XIX, se va oficializando en las diversas naciones americanas la ortografía académica, a la vez que comienzan a fundarse las primeras academias nacionales de la lengua, que con el tiempo se integrarán, junto con la española, en la Asociación de Academias de la Lengua Española, constituida oficialmente en 1951 y bajo cuya autoría conjunta se publican hoy todas las obras lingüísticas académicas. El proceso de convergencia ortográfica en el ámbito hispánico se cierra en Chile, país en el que habían surgido y arraigado con más fuerza las innovaciones, con la firma, en 1927, del decreto por el que se determina la enseñanza de la ortografía académica en todos los centros educativos y su aplicación en la redacción de todos los documentos oficiales.

Solo desde entonces puede afirmarse que la escritura del español cuenta, por fin, y por primera vez en su historia, con una ortografía normalizada y comúnmente aceptada por toda la comunidad hispanohablante, y que se rige por unas mismas normas gráficas, con independencia de las diferencias existentes entre las distintas variedades en los demás planos lingüísticos (fónico, morfosintáctico y léxico).

En el momento actual, la ortografía del español está completamente fijada, ha alcanzado un alto grado de estabilidad y adecuación y, lo que es más importante, cuenta con el acatamiento general de todos los hablantes alfabetizados. Los desajustes en el ideal de correspondencia biunívoca entre grafemas y fonemas son relativamente pocos y, en muchos casos, cuando existen varias posibilidades gráficas para representar un mismo fonema, la elección está condicionada por el contexto fónico, de manera que resulta predecible a partir de reglas claras (como la de representar el fonema /z/ con *c* ante *e, i,* pero con *z* en los demás casos, con la única excepción de algunos préstamos de otras lenguas, por razones etimológicas).

Una mayor adecuación al principio de biunivocidad exigiría reformas sustanciales del sistema ortográfico que fue posible llevar a cabo sin excesivas resistencias en épocas pasadas, en las que aún no se contaba, como ahora, con una ortografía homogénea, estable y normalizada, asimilada por todos los hablantes a través de la enseñanza oficial. Las actuales propuestas de reforma basadas en este principio, aun siendo teóricamente razonables, tienen hoy, a juzgar por los fracasos cosechados en intentos más o menos recientes realizados tanto en español como en otras lenguas cercanas, pocas posibilidades de concitar el consenso imprescindible en la comunidad lingüística para llevarlas a cabo con garantías de éxito, razón por la que las academias de la lengua, que hoy hablan con una sola voz en el seno de la Asociación de Academias de la Lengua Española, juzgan más prudente seguir manteniendo el actual sistema de correspondencias entre grafemas y fonemas.

3.2 CRITERIOS EN LA CONFIGURACIÓN DEL SISTEMA ORTOGRÁFICO DEL ESPAÑOL

Como ya se ha apuntado, en la configuración del sistema ortográfico del español han operado combinadamente, y con diferente peso e importancia según las épocas, diversos criterios, que han servido de referencia para la fijación de sus normas, tanto generales como particulares, y guiado sus modificaciones. Se expone a continuación con algo más de detalle en qué consiste cada uno de ellos, así como algunos ejemplos de su reflejo en aspectos concretos de nuestra ortografía.

3.2.1 ADECUACIÓN ENTRE GRAFÍA Y PRONUNCIACIÓN

El criterio fonológico o de adecuación entre grafía y pronunciación es el principio fundamental sobre el que se asientan todos los sistemas ortográficos de naturaleza alfabética, basados precisamente en la representación gráfica de los sonidos distintivos de la cadena hablada. Según este criterio, en la escritura de las palabras deben representarse todos los fonemas que se articulan en su pronunciación y, recíprocamente, pronunciarse en la lectura todos los grafemas que aparecen representados por escrito. Dicho de modo más simple: el criterio fonológico determina que debe escribirse lo que se pronuncia y pronunciarse lo que se escribe. Para su aplicación ha de tomarse siempre como referencia la pronunciación culta estándar, aquella que representa el ideal de máxima corrección para los hablantes de todas las áreas. La fidelidad a la pronunciación ha sido el principal criterio regulador de la ortografía del español y una constante en su evolución, de ahí la mayor transparencia de nuestro sistema ortográfico frente al de otras lenguas de nuestro entorno.

Este criterio es el que justifica, por ejemplo, que se hayan simplificado en la escritura ciertos grupos consonánticos etimológicos en los que la pronunciación estándar culta no articula una de las consonantes, como ha ocurrido en *psalmo* > *salmo, pneumonía* > *neumonía, obscuro* > *oscuro* o *postguerra* > *posguerra,* y que, en cambio, se mantengan otros en los que los hablantes cultos pronuncian, de forma más o menos relajada, todas las consonantes del grupo, como en *obstinarse,* cuya pronunciación culta es [obstinárse] y no ⊗[ostinárse], o en *eclipse,* que los hablantes cultos pronuncian [eklípse] y no ⊗[eklíse]. Hay casos en que la propia pronunciación culta vacila entre la articulación simple o compleja del grupo consonántico, lo que da lugar a la existencia de variantes gráficas igualmente válidas; así, voces como *transporte, magdalena* o *fláccido* pueden escribirse también *trasporte, madalena* y *flácido.*

Responden asimismo a la aplicación del criterio fonológico los casos de palabras en cuya escritura se ha eliminado la letra muda *h* o en las que se admite, como variante, su supresión: *astil,* del latín *hastīle; reprender,* del latín *reprehendĕre; arpía* o *harpía,* del latín *Harpȳia; alelí* o *alhelí,* del árabe hispano *alh̲ayrí,* etc. También la adición de una *e* inicial en todas aquellas palabras cuyo étimo comienza por una *s* seguida de consonante (la denominada *ese líquida*), puesto que en la pronunciación de estas voces el español articula una vocal de apoyo: *escala* (del lat. *scala*), *estándar* (del ingl. *standard*) o *espagueti* (del it. *spaghetti*). Como se ve por los dos últimos ejemplos, el criterio de ajuste entre grafía y pronunciación opera con fuerza a la hora de incorporar a nuestro léxico préstamos de otras lenguas.

El criterio fonológico explica también los casos, ciertamente excepcionales, en los que rasgos dialectales de pronunciación trascienden a la escritura y determinan la forma gráfica de algunas palabras en el uso general o la coexistencia de variantes. Así ha ocurrido, por ejemplo, en ciertas voces del ámbito del flamenco, como *bailaor, cantaor* y *tablao,* que se escriben sin la esperable *-d-* intervocálica como reflejo de la pronunciación característica de los gitanos andaluces (creadores de ese arte), generalizada desde ahí a todos los hablantes; o en la variante *jalar,* que convive con la etimológica *halar* y responde al reflejo gráfico de la antigua aspiración de la *h-,* rasgo que aún pervive en algunas variantes dialectales del español.

3.2.2 CORRESPONDENCIA BIUNÍVOCA ENTRE GRAFEMAS Y FONEMAS

Aunque estén en cierto modo relacionados, el criterio fonológico o de adecuación entre grafía y pronunciación no debe confundirse con el ideal de correspondencia biunívoca entre grafemas y fonemas: que cada grafema solo represente un fonema y que cada fonema solo sea representado por un único grafema. Puede darse el caso de que la ortografía de una lengua sea fonológica —en el sentido de que se representen por escrito todos los fonemas que efectivamente se articulan al hablar y no se empleen grafemas sin correlato fónico— y que, sin embargo, por razones diversas, normalmente históricas o etimológicas, su sistema ortográfico disponga de varias posibilidades para representar un mismo fonema. Así ocurre en español, por ejemplo, con el fonema /j/, para cuya escritura usamos los grafemas *j* (*jinete*) y *g* (*giro*).

Aunque subsisten algunos desajustes como el que ilustra el ejemplo anterior, el ideal de correspondencia biunívoca entre grafemas y fonemas ha estado muy presente en la configuración del sistema ortográfico del español y ha guiado la toma de no pocas decisiones de gran calado, que supusieron en su momento la eliminación de grafemas o combinaciones de grafemas sobrantes por no representar en exclusiva sonidos distintivos. A ello responde, por ejemplo, la decisión expuesta en el proemio ortográfico del *Diccionario de autoridades* (1726) de suprimir la ç para representar el fonema /z/, pues existían ya, con el mismo valor, la *c* ante *e, i* y la *z;* o la tomada en la ortografía académica de 1754 de eliminar las grafías latinizantes *ch, ph, rh* y *th,* sustituidas, respectivamente, por *c* o *qu, f, r* y *t* (*christiano* > *cristiano, anarchía* > *anarquía, ortographía* > *ortografía, rhitmo* > *ritmo, anathema* > *anatema*); o la adoptada en la edición posterior, de 1763, de prescindir de la *-ss-,* que había dejado de representar hacía tiempo un fonema distinto del que representaba la *-s-* simple.

En el ámbito de las reglas particulares, las que afectan a la escritura de palabras concretas, el deseo de limitar en lo posible el empleo de grafemas considerados superfluos por compartir con otros el mismo valor fonológico explica que el diccionario académico haya incorporado en no pocas ocasiones préstamos de otras lenguas modificando la grafía etimológica —sin que esta plantease problemas de ajuste con la pronunciación— para privilegiar el grafema o la combinación de grafemas considerados más genuinamente españoles en la representación de un determinado fonema, caso de *folclore* (del inglés *folklore*), *biquini* (de *Bikini,* atolón de las islas Marshall) o *valquiria* (del nórdico antiguo *valkyrja,* probablemente a través del inglés o el francés *walkyrie* o *valkyrie*). Pese a ello, en muchos de estos casos han persistido en el uso las grafías etimológicas, junto a las modificadas, lo que ha provocado, como efecto no buscado, la existencia en la escritura de variantes gráficas que han acabado por ser reconocidas también en el diccionario: *folclore/folklore, biquini/bikini, póquer/póker, volframio/wolframio,* etc.

3.2.3 ETIMOLOGÍA

En la configuración del sistema ortográfico del español ha operado también, aunque con menor incidencia que en lenguas como el inglés o el francés, el criterio etimológico, según el cual, en la escritura de las palabras, debe respetarse en alguna medida la forma gráfica de su étimo, es decir, del término del cual derivan. Este criterio funciona, en muchos casos, en sentido opuesto al fonológico y explica por qué la forma escrita de determinadas palabras contradice el principio básico de adecuación entre grafía y pronunciación; así ocurre en ciertas voces cultas de origen griego que se siguen escribiendo mayoritariamente con el grupo *ps-* inicial a pesar de que, al pronunciarlas, no se articula la primera de las consonantes: *psicología* [sikolojía], *psiquiatra* [sikiátra], *psoriaris* [soriásis], etc.

La aplicación del criterio etimológico explica también muchas de las excepciones a las reglas generales (por ejemplo, la presencia de *z* ante las vocales *e, i* en la escritura de ciertas palabras por figurar dicha letra en su étimo, como en *zeugma* o *nazi*), y es asimismo la causa de la mayor parte de las desviaciones del ideal de correspondencia biunívoca entre grafemas y fonemas que hay en nuestro sistema ortográfico, desde la presencia de un grafema, como la *h,* sin valor fonológico, hasta la existencia de varias posibilidades gráficas para representar un mismo fonema (*b, v* y *w* para /b/; *j* y *g* para /j/, etc.). De hecho, el criterio etimológico sigue operando hoy a la hora de fijar la grafía de aquellas palabras que contienen fonemas que admiten varias representaciones gráficas, pues lo habitual es respetar, en esos casos, los grafemas etimológicos; así, voces como *káiser, anorak* o *búnker* se escriben con *k* (y no con *c* ni con *qu*) por ser esa la letra que aparece en su étimo.

El criterio etimológico, presente en nuestra escritura desde la época de los orígenes por el recuerdo, aún cercano, de la grafía latina de muchas palabras, cobró fuerza, como ya se ha apuntado, en épocas de revitalización del estudio de las lenguas clásicas, muy especialmente en los siglos XV y XVI, por influjo del humanismo renacentista. Sin embargo, aunque fue defendido aún por muchos tratadistas hasta bien entrado el siglo XVIII, su peso como principio regulador de nuestra ortografía fue disminuyendo progresivamente en los siglos posteriores y ha terminado por supeditarse al criterio fonológico en la mayor parte de los casos de conflicto entre ambos, como demuestra la ya referida simplificación gráfica de muchos grupos consonánticos etimológicos cuando la pronunciación culta no articula todas las consonantes.

3.2.4 USO CONSTANTE

El mantenimiento de elementos etimológicos en nuestro sistema ortográfico hay que achacarlo, más bien, a la aplicación de otro de los criterios que han operado con fuerza en su configuración: el criterio del uso constante, que avala la grafía consolidada a lo largo del tiempo por el uso mayoritario de los hablantes. Es asimismo el uso el que ha fijado en la escritura muchas grafías antietimológicas, como *maravilla*, que escribimos con *v* a pesar de que procede del latín *mirabilĭa*, o *abogado*, con *b*, aunque proviene del latín *advocātus*.

El uso constante explica también, por ejemplo, que se escriban con *h-* todas las palabras que comienzan por /ue/, esté presente o no dicha letra en su etimología: *huérfano, huerto, hueso, huevo*, etc. Esta hache es herencia de la costumbre antigua de indicar con ella que, en esas voces, la *u* era vocal, y no consonante, iniciada en épocas en que el empleo de los grafemas *u* y *v* no estaba aún diferenciado y ambos podían representar tanto el fonema vocálico como el consonántico.

El uso ha actuado como árbitro entre los otros dos referentes ortográficos principales, la pronunciación y la etimología, a la hora de fijar la escritura de muchas palabras: en unas ocasiones, el uso mayoritario se ha decantado por grafías fonológicas y, en otras, en menor medida, por grafías etimológicas. Son innumerables los casos en los que el uso ha actuado a favor del criterio fonológico, como ocurrió, por ejemplo, en *escritura, redentor* o *santo*, que se impusieron a las formas *scriptura, redemptor* y *sancto*, más cercanas a la etimología (del lat. *scriptūra, redemptor* y *sanctus*, respectivamente). En el lado contrario, son ejemplo de grafías etimológicas fijadas por el uso en contra del criterio fonológico, como ya se ha apuntado, todas las palabras formadas a partir de la voz griega *psychḗ* 'alma' (*psique, psicosis, psiquiatra, psicología, psicoanálisis*, etc.), que se siguen escribiendo mayoritariamente con *ps-*, aun cuando la *p* inicial no se articula en ningún caso y se ha suprimido en otras palabras cuyo étimo comienza con el mismo grupo de consonantes, como *salmo* o *salterio* (del latín *psalmus* y *psalterĭum*).

3.2.5 DIFERENCIACIÓN DE HOMÓNIMOS

Menos relevante ha sido en español el criterio antihomonímico, que ha tenido, en cambio, gran peso en la configuración de otros sistemas ortográficos, como por ejemplo el francés. Este criterio establece o perpetúa diferencias gráficas para evitar, en lo posible, casos de homonimia, esto es, de palabras que, escribiéndose del mismo modo, tienen distinto significado, como *ante* ('delante') y *ante* ('piel de animal'), *bonito* ('bello') y *bonito* ('pez'), *canto* ('acción y efecto de cantar') y *canto* ('borde o extremidad'), *haz* ('cara') y *haz* ('atado de mieses, leña u otras cosas similares'), etc.

Existen, como se desprende de estos ejemplos, muchos casos de homonimia en nuestra lengua que la ortografía no se ha molestado en evitar. El contexto permite prácticamente siempre aclarar qué término se está empleando en cada caso, de ahí el poco peso real que ha tenido este criterio en la configuración de nuestro sistema ortográfico. Sin embargo, sí ha servido a veces, unido a otros argumentos, para justificar determinadas decisiones. Así lo hizo, por ejemplo, la ortografía académica de 1754 cuando, para explicar su defensa de la *v* frente a quienes propugnaban su eliminación y el empleo exclusivo de la letra *b* para representar el fonema /b/, invocaba, junto al uso y la etimología, los inconvenientes que acarrearía su supresión debido a los casos en que la presencia de una u otra letra diferencia significados, como en *balido* ('voz de la oveja') y *valido* ('persona de confianza de un poderoso que ejerce el poder en su nombre'), ejemplo al que pueden añadirse otros como *basto* ('grosero o tosco') y *vasto* ('extenso'), *grabar* ('marcar mediante incisión' y 'registrar sonidos o imágenes') y *gravar* ('imponer un gravamen o impuesto'), etc. Otros casos de palabras de idéntica pronunciación que se distinguen por el empleo de grafemas diversos en su escritura son, por citar solo unos cuantos, *huso* ('instrumento para hilar') y *uso* ('acción y efecto de usar'), *ingerir* ('introducir alimento o bebida por la boca') e *injerir* ('insertar o introducir') o *encima* ('en lugar o parte superior') y *enzima* ('proteína que cataliza las reacciones bioquímicas del metabolismo').

Relacionado con el criterio antihomonímico está el uso de la llamada tilde diacrítica, que sirve para distinguir entre sí los miembros de ciertos pares de palabras grafemáticamente idénticas, pero de distinto significado y función, siendo uno de ellos tónico y el otro átono; la tilde se coloca, como es natural, sobre el elemento tónico del par: *él* (pronombre personal) y *el* (artículo), *dé* (forma del verbo *dar*) y *de* (preposición), *mí* (pronombre personal) y *mi* (determinativo posesivo), etc.

3.2.6 ANALOGÍA

Cualquiera que sea el criterio que haya prevalecido en la fijación de la forma gráfica de cada palabra, en el sistema ortográfico opera, además, el principio de analogía. Según este principio, las variantes flexivas de una palabra (femeninos, plurales o formas verbales), así como las palabras pertenecientes a la misma familia o que contienen una misma raíz léxica, han de presentar idéntica configuración gráfica en los segmentos que comparten: por analogía con *vano* se escriben también con *v* sus formas de femenino y de plural *vana, vanos, vanas,* así como el compuesto *vanagloria;* como *hambre* se escribe con *h* y *b,* así lo hacen también sus derivados *hambruna, hambriento, hambrón, hambrear,* etc.; *viajero* se escribe con *v* y *j* porque así se escribe *viajar,* el verbo del cual deriva, mientras que *aligerar* y *ligereza* se escriben con *g* porque *ligero* lo hace con esta letra.

Solo se alteran las grafías de las formas flexivas, derivadas o compuestas cuando corresponde aplicar alguna de las reglas generales de correspondencia contextual entre grafemas y fonemas. Por ejemplo, el plural de las palabras terminadas en *z* se escribe con *c* en virtud de la regla general que determina que el fonema /z/ se escribe con *c* ante *e, i: pez* > *peces, actriz* > *actrices*, etc.; todas las formas del verbo *escoger* se escriben con *g* salvo aquellas en las que el fonema /j/ precede a las vocales /a/, /o/, puesto que, en ese caso, dicho fonema solo puede ser representado por la letra *j: escoge, escogimos...*, pero *escojo, escojan...*; el adverbio *tan* cambia su *n* final por una *m* cuando se antepone a *bien* para formar el adverbio *también*, ya que delante de *b* no se escribe nunca *n*.

3.2.7 UNIDAD ORTOGRÁFICA

Todos los criterios hasta aquí expuestos han de supeditarse al criterio de unidad, que es el principio fundamental que debe regir la configuración de cualquier sistema ortográfico. Según este principio, la representación gráfica de una lengua ha de ser la misma para todos sus hablantes y en todo su territorio, con independencia de las diferencias de pronunciación que puedan existir por razones geográficas, socioculturales o personales.

En las lenguas de escritura alfabética, como es el español, el sistema ortográfico debe reflejar todos los fonemas efectivamente existentes en cualquiera de sus variedades, aunque algunos de ellos solo se realicen en la pronunciación de determinadas áreas o hablantes. Por esta razón, la ortografía del español ha tomado como referencia para su escritura las variedades orales que distinguen los fonemas /z/ y /ll/, aun cuando estas son claramente minoritarias en el conjunto del ámbito hispánico. En virtud del principio de unidad ortográfica, todos los hispanohablantes escriben *zapato, cereza, cine* y *llave*, aunque la mayoría pronuncie [sapáto], [serésa], [síne] y [yábe], porque sigue habiendo zonas y hablantes que pronuncian [zapáto], [zeréza], [zíne] y [llábe].

Así pues, el criterio fonológico, el de mayor peso en la configuración de nuestro sistema ortográfico, tiene como límite en su aplicación la necesidad de mantener una grafía uniforme por encima de las diferencias de pronunciación. Estas diferencias no deben trascender nunca de manera general al plano de la escritura y solo han aflorado en muy contadas ocasiones en forma de variantes en la grafía de algunas palabras. Así ha ocurrido, por ejemplo, en ciertas voces propias u originarias de áreas seseantes, como *Cuzco/Cusco* o *membrecía/membresía*, o, en relación con el yeísmo, con el verbo *descangallar*, para el que se admite también la grafía *descangayar*.

El criterio de unidad debe operar también, precisamente, para limitar la presencia de variantes en la escritura, tratando de cumplir el ideal de que a cada palabra le corresponda una sola representación gráfica. Las variantes son fruto, en la mayoría de los casos, de la aplicación de más de un criterio o principio ortográfico a una misma palabra a lo largo de su historia, en función de las épocas e, incluso, del gusto personal de los hablantes. Aun cuando por razón de su implantación en el uso, presente o pasado, deban ser a menudo reconocidas en el diccionario, la normativa ortográfica ha de orientar, en lo posible, sobre cuál de las variantes debe considerarse preferible en cada caso.

3.3 CONSTITUYENTES DEL SISTEMA ORTOGRÁFICO DEL ESPAÑOL

El sistema ortográfico que hace posible la representación escrita del español está constituido por una serie de signos y recursos gráficos, y por el conjunto de normas que determinan su valor y regulan su empleo. Estos signos y recursos gráficos —muchos de los cuales son compartidos, con la misma o diferente función, por los sistemas de escritura de otras lenguas— son los siguientes:

- Un abecedario de veintisiete letras o grafemas distintos, en su mayoría heredados del alfabeto latino, cuya función es representar los fonemas o sonidos distintivos de la lengua oral.
- La doble figura minúscula y mayúscula que cada uno de esos grafemas puede adoptar, y que tienen claramente diferenciados en nuestro sistema sus funciones y contextos de uso.
- Dos signos diacríticos supraescritos, que, colocados sobre grafemas vocálicos, son señal de algún rasgo o valor distintivo: por un lado, la tilde (´), que indica que la sílaba a la que pertenece la vocal sobre la que se escribe es la que porta el acento prosódico de la palabra; y, por otro, la diéresis (¨), cuya función es señalar que la *u* sobre la que aparece no forma parte del dígrafo *gu*, sino que tiene pleno valor fónico y debe pronunciarse.
- Un grupo limitado de signos de puntuación, con una función genérica que cabría calificar de demarcativa, puesto que delimitan las unidades de sentido. Sirven, según los casos, para marcar los límites entre los diversos enunciados y sus constituyentes (como hacen el punto, la coma, el punto y coma o los dos puntos); para indicar las modalidades oracionales básicas enunciativa, interrogativa y exclamativa (como corresponde asimismo al punto y a los signos de interrogación y de exclamación); para reflejar la omisión de parte del enunciado (como en el caso de los puntos suspensivos), o para enmarcar determinados elementos o fragmentos del texto con diferentes propósitos (como es propio de las comillas, los paréntesis, las rayas o los corchetes).

- Un conjunto abierto de signos auxiliares (guion, barra, llave, apóstrofo, asterisco, etc.), de muy diverso valor y función.
- El espacio en blanco, recurso esencial que cumple la función primaria de determinar los límites de la palabra gráfica, pero que también separa visualmente otras unidades lingüísticas mayores, como los enunciados o los párrafos, y desempeña un papel importante en la adecuada colocación y distribución de los distintos elementos del texto escrito.
- También es un recurso propiamente gráfico la posibilidad de representar de forma abreviada determinadas expresiones lingüísticas simples o complejas (a través de abreviaturas y siglas) o conceptos de carácter científico-técnico (a través de símbolos, normalmente de validez internacional). Cabe mencionar aquí las cifras o símbolos numéricos, de los que usamos dos series, con distintas funciones: la arábiga y la romana.

A explicar las normas que regulan el empleo de estos signos y recursos, todos ellos presentes en la escritura del español, sea manual o mecánica, se dedican diferentes capítulos en esta ortografía, fundamentalmente en la primera parte, la que se ocupa de la descripción de nuestro sistema ortográfico. Todo ello se complementa, en la segunda parte, con varios capítulos dedicados a explicar la correcta escritura de ciertos tipos de expresiones concretas que suelen plantear dudas ortográficas a los hablantes, como los préstamos de otras lenguas (extranjerismos y latinismos), los nombres propios (antropónimos y topónimos) y las expresiones numéricas. Además, a lo largo del texto se ha ido incorporando, donde se ha estimado conveniente, aquella información ortotipográfica considerada de interés general, cuyo conocimiento es hoy necesario para cualquiera que utilice medios mecánicos de escritura y herramientas informáticas específicamente diseñadas para la composición y la autoedición de textos.

PRIMERA PARTE

El sistema ortográfico del español

CAPÍTULO I

La representación gráfica de los fonemas: el uso de las letras o grafemas

CAPÍTULO II

La representación gráfica del acento: el uso de la tilde

CAPÍTULO III

El uso de los signos ortográficos

CAPÍTULO IV

El uso de las letras mayúsculas y minúsculas

CAPÍTULO V

La representación gráfica de las unidades léxicas

CAPÍTULO I

La representación gráfica de los fonemas: el uso de las letras o grafemas

1

FONEMAS Y GRAFEMAS

La escritura es una técnica que permite reproducir gráficamente el componente fónico del lenguaje.

Cuando hablamos, emitimos sonidos. Estos sonidos se combinan formando palabras, esto es, signos lingüísticos dotados de significado, que a su vez se combinan entre sí para formar enunciados, que son las unidades mínimas capaces de constituir un mensaje verbal. Cada lengua presenta un inventario limitado de sonidos diferentes capaces de distinguir por sí solos un signo lingüístico de otro, una palabra de otra; así, el sonido representado por la letra *p* es el que permite distinguir en español la palabra *pasa* de otras como *basa, casa, gasa, masa* o *tasa,* de muy diverso significado. Estas unidades fónicas distintivas se denominan técnicamente *fonemas* y su inventario en cada una de las lenguas naturales constituye el sistema fonológico de estas.

Las lenguas de escritura alfabética, como es el español, disponen además de un inventario igualmente limitado de signos gráficos capaces de diferenciar significados en el plano de la escritura. Estas unidades gráficas distintivas que componen la secuencia escrita se denominan técnicamente *grafemas,* y vienen a coincidir con lo que comúnmente llamamos *letras,* siempre que se consideren como tales únicamente los signos simples, es decir, los constituidos por un solo elemento (v. § 5.1-2).

Así pues, el fonema es la unidad mínima distintiva en el plano fónico, y el grafema, la unidad mínima distintiva en el plano gráfico. En ambos casos se trata de unidades segmentales, esto es, de unidades aislables que se manifiestan de forma lineal o sucesiva en la cadena hablada, en el caso de los fonemas, y en la cadena escrita, en el caso de los grafemas. La ortografía se encarga de determinar, en cada lengua, cuál es la correspondencia que debe establecerse en la escritura entre las unidades de uno y otro tipo, es decir, con qué grafema o conjunto de grafemas se representa cada uno de los fonemas, y qué fonema o fonemas representa cada grafema o conjunto de grafemas.

Antes de presentar el inventario de fonemas y grafemas del español, y de exponer su sistema de correspondencias, se van a definir y explicar ciertos conceptos lingüísticos básicos, necesarios para la adecuada comprensión de este capítulo.

2

SONIDOS Y FONEMAS

Las unidades fónicas que se emiten al hablar no se realizan siempre de la misma manera ni son pronunciadas de igual forma por todos los hablantes. Hay diferencias de mayor o menor grado que dependen de múltiples factores, como las características de los sonidos adyacentes, la procedencia geográfica del hablante, la particular configuración de su aparato fonador, la situación comunicativa, etc.

El contexto fónico de cada uno de los sonidos en la cadena hablada influye en su realización concreta, pues esta se ajusta a menudo a las características articulatorias de los sonidos del entorno. Así, por ejemplo, el sonido representado por la letra *k* se articula de un modo ligeramente distinto según sea la vocal siguiente: si es una *i,* como en la palabra *kilo,* el sonido de la *k,* que se caracteriza por articularse en la parte posterior de la cavidad bucal, adelanta su zona de articulación a la parte anterior, la misma en la que se articula el sonido de la *i;* en cambio, si la vocal siguiente es una *o,* como en la palabra *koala,* el sonido representado por la *k* mantiene su articulación en la zona posterior de la boca, donde también se articula la *o.* Las características del sonido representado por la letra *b* no son las mismas en la palabra *cambio* que en la palabra *loba:* en el primer caso, los labios entran en contacto impidiendo momentáneamente la salida del aire; en el segundo, los labios solo se aproximan, sin llegar a juntarse, por lo que el aire fluye sin interrupción.

La procedencia geográfica de los hablantes también tiene repercusiones en la realización concreta de los elementos fónicos. Así, el sonido representado por la letra *s* se produce de distinta forma según las zonas: en unas áreas, como el centro y norte de España, se articula normalmente apoyando la punta de la lengua en los alvéolos de los dientes superiores, con la lengua en posición cóncava; en otras, como en la mayor parte de Hispanoamérica, Andalucía y Canarias, no es la punta de la lengua, sino el predorso o parte anterior del dorso la que se apoya contra los dientes superiores o sus alvéolos, adoptando la lengua una forma convexa. El sonido representado por la letra *j* en palabras como *jamás* o *mujer* tampoco se pronuncia de la misma forma en todas las áreas hispanohablantes: en unas zonas este sonido se articula en la zona velar, aproximando la parte posterior de la lengua al velo del paladar; en otras, en cambio, retrasa su articulación hacia la zona faríngea y se realiza como un sonido aspirado.

Información adicional

Los *alvéolos* son las cavidades de la mandíbula en las que están engastados los dientes. El *velo del paladar,* también llamado *paladar blando,* es la cortina muscular que separa la boca de la faringe y en cuya parte central se sitúa la *úvula* o *campanilla.*

No obstante, en ninguno de los casos citados como ejemplo los hablantes perciben como unidades distintas las variantes de realización, puesto que las diferencias que existen entre ellas no son relevantes, no implican cambios de significado. Para el hablante, el sonido representado por la letra *k* es el mismo en *kilo* que en *koala;* la palabra *loba* no varía su significado aunque, por razones expresivas, el sonido de la *b* se pronuncie juntando completamente los labios, en lugar de simplemente aproximándolos, ni las distintas formas de articular la *s* de *casa* o la *j* de *jamás* o *mujer* impiden que los hablantes de cualquier zona reconozcan la misma palabra en todos los casos.

En cambio, los hablantes sí perciben como unidades fónicas diferentes aquellos sonidos capaces de distinguir, en su lengua, un signo lingüístico de otro. Así, en español son distintivos los sonidos representados por las letras *b* y *m* porque su alternancia dentro de un mismo contexto fónico produce diferencias de significado: *loba* ('hembra del lobo') no es lo mismo que *loma* ('elevación pequeña y prolongada del terreno').

En consecuencia, la lingüística establece una neta diferencia entre los *sonidos,* que son las unidades fónicas que efectivamente se articulan al hablar, caracterizadas por el conjunto de todos sus rasgos articulatorios y acústicos, y los *fonemas,* que son las unidades fónicas abstractas que poseen función distintiva dentro del sistema lingüístico. Los sonidos son realidades físicas concretas, mientras que los fonemas son categorías mentales o abstractas, que se manifiestan en el habla en forma de sonidos.

Información adicional

Del estudio de los sonidos, de sus mecanismos de producción, de sus características físicas y de cómo son percibidos por el oído, se ocupa la fonética. La fonología, en cambio, se ocupa del estudio de los fonemas, es decir, de establecer, a partir del número teóricamente ilimitado de sonidos del habla, el conjunto limitado y reducido de unidades fónicas distintivas. En las obras lingüísticas, los sonidos se representan mediante signos convencionales escritos entre corchetes, mientras que los signos que representan los fonemas se escriben entre barras. Así, por ejemplo, [b] y [β] son dos sonidos, dos variantes de realización —con cierre total de los labios la primera y con mera aproximación de los labios la segunda— del fonema /b/.

En la escritura del español, como en todas las de tipo alfabético, la finalidad de las letras o grafemas es representar gráficamente los fonemas, no sus múltiples variantes de realización. Gracias a ello, la ortografía de la lengua española es la misma para todos sus hablantes y en todo su territorio, con independencia de las diferencias de pronunciación que puedan darse en el habla por razones contextuales, geográficas o individuales.

3

LA CARACTERIZACIÓN DE LOS FONEMAS: LOS RASGOS DISTINTIVOS

Los fonemas se establecen a partir de las características articulatorias y acústicas de los sonidos del habla, pero se definen únicamente por el conjunto de rasgos que resultan relevantes o pertinentes para distinguir unos signos lingüísticos de otros. Las cualidades fónicas que caracterizan a los fonemas se denominan, por ello, *rasgos distintivos*. Cada uno de los fonemas del sistema fonológico de una lengua debe oponerse a los demás por, al menos, un rasgo distintivo. Así, el fonema /b/ y el fonema /p/ se diferencian únicamente en que el primero es sonoro, pues se articula con vibración de las cuerdas vocales, y el segundo es sordo, ya que, al pronunciarlo, las cuerdas vocales no vibran. La sonoridad es el rasgo distintivo que opone estos dos fonemas, que, por lo demás, se articulan del mismo modo, es decir, juntando los labios y obstaculizando con ello la salida del aire. La prueba de su condición de fonemas del español estriba en que la sustitución de uno por otro en un mismo contexto fónico produce diferencias de significado en nuestra lengua, como se pone de manifiesto en los pares de palabras *bala/pala, coba/copa* o *beso/peso*.

3.1 LOS RASGOS DISTINTIVOS DE LOS FONEMAS DEL ESPAÑOL

Los rasgos distintivos con los que tradicionalmente se definen los fonemas son de carácter articulatorio y, por tanto, tienen que ver con la acción, posición e intervención de los diferentes órganos y cavidades del aparato fonador cuando se emite el sonido correspondiente. De la multiplicidad de rasgos fónicos que caracterizan la articulación de los sonidos en el habla, cada lengua selecciona aquellos que son constantes y distintivos en ella para configurar las unidades de su sistema fonológico.

A continuación se van a describir los rasgos distintivos de carácter articulatorio que intervienen en la caracterización tradicional de los fonemas del español, y que suelen definirse de acuerdo con diferentes parámetros, como son la ausencia o la presencia de obstáculos a la salida del aire, la acción de las cuerdas vocales, el modo de articulación y el lugar o zona de articulación.

3.1.1 POR LA AUSENCIA O LA PRESENCIA DE OBSTÁCULOS A LA SALIDA DEL AIRE

Este parámetro determina la primera distinción básica, pues es el que permite dividir los fonemas en dos grandes grupos: vocales y consonantes.

a) *Vocales:* Durante su emisión, el flujo de aire procedente de los pulmones, tras su paso por la laringe —donde están situadas las cuerdas vocales—, no encuentra ningún obstáculo en su salida al exterior.

b) *Consonantes:* Durante su emisión, se produce un contacto o una aproximación de los órganos articulatorios que obstaculiza en algún punto la salida del aire al exterior. Entre las consonantes cabe hacer una distinción adicional, que las separa en dos grupos:

- *Obstruyentes:* El aire encuentra una obstrucción total (cierre) o parcial (estrechamiento), provocando en su salida bien una explosión, bien un ruido de fricción.
- *Sonantes:* A pesar del cierre o el estrechamiento que se produce en alguna zona de la cavidad oral, el aire encuentra otras vías, como los laterales de la boca o las fosas nasales, por donde salir libremente.

Las vocales se perciben con mayor facilidad y producen una impresión de mayor armonía y musicalidad que las consonantes. Al ser más claramente perceptibles, las vocales pueden constituir el centro o núcleo de la sílaba, mientras que las consonantes solo pueden funcionar, en español, como margen silábico, ya sea delante o detrás del núcleo (sobre los conceptos de núcleo y margen silábicos, v. cap. II, § 2.2.1). Todas las vocales son sonantes, por lo que este rasgo no resulta en ellas distintivo; sí lo es, en cambio, en las consonantes, pues las hay obstruyentes, como /p/, y sonantes, como /l/.

3.1.2 POR LA ACCIÓN DE LAS CUERDAS VOCALES

Este parámetro divide los fonemas en dos clases: sonoros y sordos.

a) *Sonoros:* Durante su emisión, la columna de aire procedente de los pulmones hace vibrar las cuerdas vocales.

b) *Sordos:* Durante su emisión, la columna de aire procedente de los pulmones atraviesa la glotis sin que las cuerdas vocales vibren.

Todos los fonemas vocálicos son sonoros, mientras que entre los fonemas consonánticos los hay sonoros, como /d/, y sordos, como /t/. Por lo tanto, los rasgos definidos por este parámetro solo son distintivos entre las consonantes, no así entre las vocales.

3.1.3 EL MODO Y EL LUGAR DE ARTICULACIÓN

Estos dos parámetros tienen que ver con la configuración de la cavidad oral y la posición en ella de los órganos articulatorios durante la emisión del sonido correspondiente a cada uno de los fonemas. Los rasgos distintivos relacionados con el modo y el lugar de articulación no son los mismos en las vocales que en las consonantes, por lo que dichos parámetros se presentan por separado en relación con cada uno de estos dos grupos.

3.1.3.1 **Vocales**

Los rasgos que sirven para distinguir entre sí los fonemas vocálicos del español se definen de acuerdo con dos factores: el grado de abertura de la cavidad oral (modo de articulación) y la posición de la lengua en el eje anteroposterior de la boca (lugar de articulación).

3.1.3.1.1 *Por el grado de abertura de la cavidad oral*

El grado de abertura de la cavidad oral, determinado por la mayor o menor distancia entre los maxilares y la altura de la lengua con respecto al paladar, divide las vocales españolas en tres grupos:

a) *Cerradas* o *altas:* Durante su emisión, la distancia entre los maxilares es mínima y la lengua ocupa la posición más alta con respecto al paladar, como en /i/, /u/.

b) *Medias:* Durante su emisión, la distancia entre los maxilares es media y la lengua está situada a una altura intermedia con respecto al paladar, como en /e/, /o/.

c) *Abiertas* o *bajas:* Durante su emisión, la distancia entre los maxilares es máxima y la lengua ocupa la posición más baja con respecto al paladar, como en /a/.

3.1.3.1.2 *Por la posición de la lengua en el eje anteroposterior de la boca*

Según este parámetro, los fonemas vocálicos del español se distinguen entre sí por su pertenencia a uno de estos dos grupos:

a) *Anteriores* o *palatales:* Durante su emisión, la zona más alta de la lengua se sitúa en la parte anterior de la cavidad oral, por debajo del paladar duro, como en /e/, /i/.

b) *Posteriores* o *velares:* Durante su emisión, la zona más alta de la lengua se retrae hacia la parte posterior de la cavidad oral, situándose debajo del velo del paladar o paladar blando, como en /o/, /u/.

La /a/ se opone a las demás vocales españolas únicamente por el grado de abertura, que es máximo, no siendo relevante en este fonema la posición de la lengua, que suele ser central en su realización prototípica.

3.1.3.2 Consonantes

Los fonemas consonánticos, que pueden ser sordos o sonoros según la acción de las cuerdas vocales, se distinguen además unos de otros por rasgos que vienen determinados por su modo y su lugar de articulación.

3.1.3.2.1 *Por el modo de articulación*

Como se ha dicho, las consonantes se caracterizan, frente a las vocales, por la presencia de obstáculos a la salida del aire provocados por el contacto o la aproximación de los órganos articulatorios situados en la cavidad oral. El modo de articulación da cuenta, precisamente, de la forma en que el aire es expulsado al exterior al emitir el sonido que corresponde a cada fonema, lo que depende del tipo de obstáculo que oponen al flujo del aire los órganos articulatorios. Según este parámetro, los fonemas consonánticos se clasifican tradicionalmente en los siguientes grupos:

a) *Fricativos:* Durante su emisión, los órganos articulatorios se aproximan, dejando abierto un estrecho canal por el que sale el aire al exterior provocando un ruido continuo de roce o fricción, como en /f/ o /j/.

b) *Oclusivos* (en algún caso, *africados*): Durante su emisión, existe un cierre u oclusión total de los órganos articulatorios, que impide momentáneamente la salida del aire al exterior. En los denominados oclusivos, tras el cierre se produce una brusca apertura que provoca un ruido explosivo, como en /p/ o /k/; en los africados, tras el momento de cierre, se abre un estrecho canal por el que aire sale al exterior produciendo un ruido de fricción, como en /ch/. En el español actual el rasgo africado no es distintivo, siendo únicamente relevante el momento inicial de cierre u oclusión, que opone estos fonemas a los fricativos.

c) *Orales:* Durante su emisión, el velo del paladar está adherido a la pared de la faringe cerrando el paso a la cavidad nasal, por lo que el aire solo pasa a través de la cavidad oral, como en /b/ o /y/.

d) *Nasales:* Durante su emisión, el velo del paladar se despega de la pared faríngea dejando abierto el paso a la cavidad nasal, por donde también sale el aire al exterior, como en /m/ o /ñ/.

e) *Laterales:* Durante su emisión, el aire sale al exterior por los laterales de la boca, ya que la lengua, en contacto con los alvéolos o el paladar, forma un obstáculo en la parte central, como en /l/ o /ll/.

f) *Vibrantes:* Durante su emisión, se combinan en sucesión rápida una o varias fases de cierre y de abertura de los órganos articulatorios. En español, el cierre se produce al apoyar la punta de la lengua en los alvéolos superiores. Si solo hay una fase de cierre, el fonema vibrante es simple, como /r/; si hay dos o más fases de cierre, el fonema vibrante es múltiple, como /rr/.

Los fonemas fricativos, oclusivos y africados pertenecen al grupo de las consonantes obstruyentes, y los nasales, laterales y vibrantes al de las sonantes (v. § 3.1.1b).

Información adicional

Los fonemas laterales y vibrantes forman tradicionalmente el grupo de las denominadas *consonantes líquidas,* que se caracterizan por presentar al mismo tiempo rasgos acústicos y articulatorios propios de las vocales y de las consonantes. Son fonemas sonoros y orales, que se articulan con mayor apertura bucal que el resto de las consonantes, pero que, a diferencia de las vocales, presentan algún obstáculo al paso del aire en algún punto de la cavidad oral.

3.1.3.2.2 *Por el lugar de articulación*

El lugar de articulación da cuenta de la zona o lugar de la cavidad oral donde se produce el cierre o el estrechamiento que obstaculiza la salida del aire al exterior, originados por el contacto o la aproximación de dos órganos articulatorios, uno móvil (fundamentalmente la lengua o el labio inferior) y otro fijo (el labio superior, los dientes, los alvéolos o el paladar). Según este parámetro, los fonemas consonánticos se agrupan en varios órdenes, dentro de alguno de los cuales pueden establecerse precisiones ulteriores en función de cómo se articulan prototípicamente los sonidos correspondientes:

a) *Orden labial:* Agrupa los fonemas que se articulan en la zona labial. En los fonemas de este orden se distinguen dos tipos, según su articulación prototípica:

- *Bilabiales:* Durante su emisión, los dos labios se juntan o aproximan, como en /p/ o /b/.
- *Labiodentales:* Durante su emisión, el labio inferior toca el borde de los incisivos superiores, como en /f/.

b) *Orden dental-alveolar:* Agrupa los fonemas que se articulan en la zona dentoalveolar. En los fonemas de este orden se distinguen varios tipos, según su articulación prototípica:

- *Dentales:* Durante su emisión, la parte anterior de la lengua se aplica o se aproxima a la cara interior de los dientes superiores, como en /t/ o /d/.
- *Interdentales:* Durante su emisión, la punta de la lengua se sitúa entre los incisivos superiores e inferiores, como en /z/.
- *Alveolares:* Durante su emisión, la punta o el predorso de la lengua se aplican o se aproximan a los alvéolos superiores, como en /n/ o /l/.

c) *Orden palatal:* Agrupa los fonemas que se articulan en la zona palatal. Durante su emisión, la parte central del dorso de la lengua contacta con el paladar duro o se sitúa muy cerca de él, como en /ch/ o /y/.

d) *Orden velar:* Agrupa los fonemas que se articulan en la zona velar. Durante su emisión, la parte posterior del dorso de la lengua entra en contacto con el velo del paladar o se aproxima a él, como en /k/ o /j/.

4

LOS FONEMAS DEL ESPAÑOL

El sistema fonológico del español cuenta, en total, con veinticuatro fonemas, cada uno de los cuales se define por la suma de los rasgos distintivos mediante los que se opone al resto de las unidades del sistema. Estas oposiciones se manifiestan en el interior de dos subconjuntos, que agrupan, por un lado, a las vocales y, por otro, a las consonantes.

4.1 LOS FONEMAS VOCÁLICOS

El sistema fonológico del español consta de cinco vocales, que se oponen entre sí por la combinación de dos tipos de rasgos distintivos, determinados por el grado de abertura de la cavidad oral (v. § 3.1.3.1.1) y la posición de la lengua en el eje anteroposterior de la boca (v. § 3.1.3.1.2), tal y como muestra el cuadro siguiente:

LAS VOCALES DEL ESPAÑOL

		POSICIÓN DE LA LENGUA	
		anterior o *palatal*	*posterior* o *velar*
ABERTURA	*cerrada* o *alta*	/i/	/u/
	media	/e/	/o/
	abierta o *baja*	/a/	

He aquí la descripción de las vocales según sus rasgos distintivos:

/i/: vocal, cerrada o alta, anterior o palatal;
/u/: vocal, cerrada o alta, posterior o velar;
/e/: vocal, media, anterior o palatal;
/o/: vocal, media, posterior o velar;
/a/: vocal, abierta o baja.

Prueba de su condición de fonemas es que su alternancia dentro de un mismo contexto fónico da lugar a signos lingüísticos diferentes, como se pone de manifiesto en la serie *paso, peso, piso, poso, puso.*

Información adicional

Conviene señalar que, en la descripción de los diferentes tipos de secuencias vocálicas que pueden darse dentro de una palabra (hiatos, diptongos y triptongos; v. cap. II, § 2.2.2), es habitual clasificar las vocales únicamente en dos grupos:

a) Vocales *abiertas:* /a/, /e/, /o/.

b) Vocales *cerradas:* /i/, /u/.

4.2 LOS FONEMAS CONSONÁNTICOS

El sistema fonológico del español cuenta, en total, con diecinueve fonemas consonánticos, cuyos rasgos distintivos vienen determinados por el modo de articulación (v. § 3.1.3.2.1), el lugar o zona de articulación (v. § 3.1.3.2.2) y la acción de las cuerdas vocales (v. § 3.1.2), tal y como muestra el cuadro siguiente:

LAS CONSONANTES DEL ESPAÑOL

MODO DE ARTICULACIÓN					ZONA DE ARTICULACIÓN				
					labial	*dental-alveolar*(*)		*palatal*	*velar*
obstruyente	*oral*	*sorda*	*fricativa*		/f/	/z/	/s/		/j/
obstruyente	*oral*	*sorda*	*oclusiva* (o *africada*)		/p/	/t/		/ch/	/k/
obstruyente	*oral*	*sonora*			/b/	/d/		/y/	/g/
sonante	*nasal*				/m/		/n/	/ñ/	
sonante	*oral*	*sonora*	*lateral*				/l/	/ll/	
sonante	*oral*	*sonora*	*vibrante*	*simple*			/r/		
sonante	*oral*	*sonora*	*vibrante*	*múltiple*			/rr/		

(*) La oposición entre los rasgos *dental / alveolar* resulta distintiva únicamente para diferenciar los fonemas /z/ y /s/ en aquellas zonas del ámbito hispánico en las que coexisten ambos fonemas (v. § 4.2.1.1).

He aquí la descripción de las consonantes según sus rasgos distintivos (entre corchetes se precisa la realización prototípica del sonido correspondiente; en las del orden dental-alveolar, se señala directamente como rasgo si son prototípicamente dentales o alveolares):

/f/: consonante, obstruyente, fricativa, labial [labiodental], sorda;
/z/: consonante, obstruyente, fricativa, dental [interdental], sorda;
/s/: consonante, obstruyente, fricativa, alveolar (en las zonas donde coexiste con el fonema /z/) o dental-alveolar (en las áreas donde no existe el fonema /z/; v. § 4.2.1.1), sorda;
/j/: consonante, obstruyente, fricativa, velar, sorda;
/p/: consonante, obstruyente, oclusiva, labial [bilabial], sorda;
/t/: consonante, obstruyente, oclusiva, dental, sorda;
/ch/: consonante, obstruyente, africada, palatal, sorda;
/k/: consonante, obstruyente, oclusiva, velar, sorda;
/b/: consonante, obstruyente, labial [bilabial], sonora;
/d/: consonante, obstruyente, dental, sonora;
/y/: consonante, obstruyente, palatal, sonora;
/g/: consonante, obstruyente, velar, sonora;
/m/: consonante, sonante, nasal, labial [bilabial];
/n/: consonante, sonante, nasal, alveolar;
/ñ/: consonante, sonante, nasal, palatal;
/l/: consonante, sonante, oral, lateral, alveolar;
/ll/: consonante, sonante, oral, lateral, palatal;
/r/: consonante, sonante, oral, vibrante, simple;
/rr/: consonante, sonante, oral, vibrante, múltiple.

4.2.1 SUBSISTEMAS CONSONÁNTICOS DEL ESPAÑOL: LOS FENÓMENOS DEL SESEO, EL CECEO Y EL YEÍSMO

No todos los fonemas consonánticos descritos en el apartado anterior existen en todas las variedades lingüísticas del ámbito hispánico. Algunos de ellos solo se dan en el habla de determinadas zonas o hablantes, por lo que puede decirse que en el sistema fonológico del español actual coexisten varios subsistemas, cada uno de los cuales está formado por un número diferente de fonemas: el subsistema más amplio consta de los diecinueve fonemas consonánticos antes descritos, y el más reducido, de diecisiete, existiendo también un subsistema intermedio de dieciocho consonantes.

Las diferencias vienen marcadas por la desaparición, en las variedades más extendidas del español, de dos oposiciones fonológicas, que, sin embargo, siguen aún vigentes en ciertas zonas y hablantes. En la mayor parte del ámbito hispanohablante ha dejado de ser distintiva la oposición fonológica entre los fonemas /z/ y /s/, que se han reducido a uno solo, con dos realizaciones características, según las zonas: una, mayoritaria, como [s], que da lugar al fenómeno conocido como *seseo;* y otra, muy minoritaria, como [z], que causa el fenómeno que hoy se denomina *ceceo*. Por otro lado, la mayoría de los hablantes no distinguen ya en la pronunciación los fonemas /y/ y /ll/, que se han reducido a uno solo, /y/, dando lugar al fenómeno conocido como *yeísmo*.

Puesto que la mayor parte de los hablantes de español no distinguen entre /z/ y /s/ y son yeístas, se da la circunstancia de que el subsistema con mayor número de fonemas (el que sí distingue entre /z/ y /s/ y entre /y/ y /ll/) es el menos extendido, mientras que el que se reduce a diecisiete consonantes es hoy claramente mayoritario en el conjunto del ámbito hispánico, pues corresponde al habla de la mayoría de los hispanohablantes americanos, andaluces y canarios. El subsistema intermedio de dieciocho fonemas consonánticos corresponde al habla de quienes distinguen entre /z/ y /s/, pero son yeístas, es decir, la mayoría de los hablantes españoles a excepción de los canarios y andaluces que sesean o cecean.

4.2.1.1 El seseo y el ceceo

Mientras que en el español de la mayor parte de España se articulan en la zona dentoalveolar dos fonemas fricativos sordos distintos, el alveolar /s/ y el interdental /z/, en el español de Hispanoamérica, Canarias y casi toda Andalucía se articula en esa zona un único fonema fricativo sordo, que presenta muy variadas realizaciones: mayoritariamente se articula apoyando el predorso de la lengua en la cara interior de los dientes superiores o en sus alvéolos, produciéndose el sonido [s] característico de las zonas de seseo; en ciertas áreas de Andalucía, en cambio, este fonema presenta realizaciones interdentales, resultando el sonido [z] característico de las zonas de ceceo. Como consecuencia de los fenómenos del seseo y el ceceo, los hispanohablantes de América, Canarias y la mayor parte de Andalucía pronuncian del mismo modo pares de palabras como *abrasar/abrazar, casa/caza, sima/cima, coser/cocer, encausar/encauzar, rebosar/rebozar* o *tasa/taza*. Quienes sesean, que son la mayoría, pronuncian estos pares como [abrasár], [kása], [síma], [kosér], [enkausár], [rrebosár] y [tása]; quienes cecean, en cambio, pronuncian [abrazár], [káza], [zíma], [kozér], [enkauzár], [rrebozár] y [táza]. Por lo tanto, para los hispanohablantes de estas zonas, los grafemas *c* (ante *e, i*), *z* y *s* representan gráficamente el mismo fonema, lo que provoca en ellos dudas e inseguridades ortográficas adicionales, que no tienen aquellos hablantes para los que estos grafemas representan dos fonemas distintos: /z/ (las letras *c* ante *e* o *i* y *z*) y /s/ (la letra *s*).

A diferencia del seseo, que goza de total aceptación en la norma culta, el ceceo carece de prestigio y los hablantes cultos andaluces tienden a evitarlo en favor del seseo.

Información adicional

La existencia de estos dos subsistemas consonánticos —el que distingue dos fonemas fricativos sordos en la zona dentoalveolar y el que solo presenta uno— tiene que ver con el distinto resultado que el reajuste de las sibilantes medievales produjo en diferentes zonas. En el español medieval existían tres parejas de fonemas sibilantes, llamados así por percibirse una especie de silbido al emitir el sonido correspondiente. Estos tres pares se diferenciaban entre sí por el modo y el lugar de articulación y, dentro de cada par, por ser uno de los fonemas sordo y el otro sonoro:

- Africado dentoalveolar
  - sordo: Se representaba, por lo general, con los grafemas *c* (ante *e, i*) o *ç*, y sonaba aproximadamente [ts]. Ejemplos: *cerca* [tsérka], *plaça* [plátsa] ('plaza').
  - sonoro: Se representaba con el grafema *z* y sonaba aproximadamente [ds]. Ejemplos: *fazer* [fadsér] ('hacer'), *dezir* [dedsír] ('decir').
- Fricativo alveolar
  - sordo: Se representaba, en posición intervocálica, con el dígrafo *ss* y sonaba como el fonema /s/ alveolar del español actual. Ejemplo: *osso* ('animal plantígrado').
  - sonoro: Se representaba con el grafema *s* entre vocales y sonaba como suena hoy la *s* intervocálica del italiano o el catalán. Ejemplo: *oso* (forma del verbo *osar* 'atreverse').

- Fricativo prepalatal (articulado en la parte anterior del paladar)
  - sordo: Se representaba con el grafema *x* y sonaba aproximadamente como la *sh* del inglés actual. Ejemplo: *dixo* [dísho] ('dijo'), *fixo* [físho] ('fijo').
  - sonoro: Se representaba con los grafemas *g* (ante *e, i*) o *j*, y sonaba aproximadamente como la *j* del francés actual. Ejemplos: *fijo* [fiʒo] ('hijo'), *muger* [muʒér] ('mujer').

Desde la Baja Edad Media comenzaron a producirse una serie de cambios que modificaron notablemente el sistema fonológico medieval y que afectaron muy en especial a las consonantes sibilantes: las africadas perdieron la oclusión y se hicieron fricativas, por lo que, a raíz de este cambio, todas las sibilantes coincidían en el modo de articulación. Por otra parte, las sonoras se ensordecieron, por lo que las seis sibilantes originarias se vieron reducidas a tres, todas ellas fricativas sordas y, por tanto, solo distinguibles por su lugar de articulación: dental, alveolar y prepalatal, respectivamente. Para evitar las confusiones entre estos tres fonemas, debidas a la proximidad de sus zonas de articulación, en el castellano del centro y el norte de la península ibérica la sibilante dental se adelantó y pasó a articularse con la punta de la lengua entre los dientes. Así nació el fonema fricativo interdental sordo /z/, al tiempo que se mantuvo el fonema fricativo alveolar sordo /s/.

En cambio, en el castellano del sur de la península ibérica, la confusión entre las sibilantes medievales de articulación dental y alveolar, lejos de evitarse, se hizo sistemática y, así, los que en origen eran fonemas distintos acabaron por reducirse a uno solo, que actualmente presenta dos realizaciones prototípicas distintas: una (mayoritaria) como [s], en las áreas de seseo, y otra (minoritaria) como [z], en las áreas de ceceo. Este proceso de reducción ya había culminado en el momento de la extensión del español por los territorios atlánticos (Canarias e Hispanoamérica), razón por la que el seseo, llevado allí por los conquistadores y colonos, en gran parte andaluces, es también característico de estas zonas.

Por su parte, la sibilante prepalatal retrasó su lugar de articulación hasta la zona del velo del paladar, dando lugar al fonema fricativo velar sordo /j/, presente, con diferentes realizaciones, en todas las variedades del español.

4.2.1.2 El yeísmo

En la mayor parte del dominio hispanohablante, tanto europeo como americano, ha desaparecido la distinción entre el fonema /ll/ y el fonema /y/ en favor de este último, fenómeno que se conoce con el nombre de *yeísmo*. Los hablantes yeístas, para los que no existe el fonema /ll/, articulan del mismo modo pares de palabras como *callado/cayado, callo/cayo, halla/haya, pollo/poyo, pulla/puya* o *valla/vaya,* que pronuncian indistintamente [kayádo], [káyo], [áya], [póyo], [púya] y [báya] (articuladas con rehilamiento en el español rioplatense). Para estos hablantes, por tanto, el dígrafo *ll* representa el fonema /y/, y no el fonema /ll/.

En la actualidad el yeísmo está ampliamente extendido en el español europeo y americano, por lo que goza de total aceptación en la norma culta de todo el ámbito hispánico.

Información adicional

El yeísmo es consecuencia de la eliminación de las diferencias entre dos fonemas articulatoriamente muy próximos. Tanto /ll/ como /y/ son fonemas palatales sonoros; la principal diferencia entre ambos estriba en que el fonema /ll/ es lateral, pues en la articulación del sonido correspondiente el aire sale al exterior por los laterales de la boca, al estar cerrado el paso por el canal central; en cambio, al articular el sonido correspondiente al fonema /y/, el aire sale al exterior por el centro de la cavidad bucal. La deslateralización del fonema /ll/ por un proceso de relajación articulatoria, y su consiguiente fusión con el fonema /y/, comenzó a producirse a finales de la Edad Media y se documenta ya con claridad en el siglo XVI, tanto en España como en América. Este proceso, que sigue en expansión y se extiende hoy por todo el ámbito hispánico, no puede considerarse terminado, ya que la distinción se mantiene viva aún en ciertas zonas e incluso entre hablantes cultos de áreas yeístas, que siguen articulando diferenciadamente ambos fonemas por un prurito de corrección.

5

LOS GRAFEMAS DEL ESPAÑOL

5.1 DEFINICIÓN DE GRAFEMA

Del mismo modo que los fonemas son las unidades mínimas distintivas en el plano fónico, los grafemas son las unidades mínimas distintivas en el plano de la escritura. Son mínimas, porque no pueden descomponerse en unidades menores. Son distintivas, porque son capaces de diferenciar un signo lingüístico de otro, como se comprueba en la serie b*asta,* *vasta, hasta, casta* y *pasta*, donde son los grafemas *b, v, h, c* y *p* los que distinguen gráficamente entre sí estas palabras de muy diverso significado. Esta capacidad distintiva se pone especialmente de manifiesto en el caso de voces que resultan indistinguibles en el plano fónico, pero que se escriben de diferente manera, como ocurre con *basto* ('grosero, tosco') y *vasto* ('extenso'), *encima* ('en lugar o parte superior') y *enzima* ('catalizador de las reacciones bioquímicas del metabolismo') o *haya* ('cierto árbol') y *aya* ('mujer encargada de la educación de los niños'). No obstante, hay veces en que la capacidad distintiva de los grafemas se neutraliza y un mismo signo lingüístico puede aparecer excepcionalmente escrito de más de una manera, sin que esa diferencia gráfica responda a ningún cambio en la pronunciación, como ocurre en *alhelí/alelí, ácimo/ázimo, endibia/endivia* o *hégira/héjira*. La existencia de este tipo de variantes gráficas, que quiebran el ideal de que a cada palabra fónica le corresponda una sola palabra gráfica, son excepciones que vienen impuestas por el uso, que se manifiesta variable en ocasiones por la posibilidad de que a un mismo fonema pueda corresponderle más de una representación gráfica.

Los grafemas son, además, unidades gráficas mínimas de carácter secuencial, puesto que se manifiestan de forma lineal o sucesiva en la cadena escrita, al igual que los fonemas lo hacen en la cadena hablada; por lo tanto, no se consideran grafemas los signos ortográficos diacríticos (v. cap. III, § 2), como la tilde o la diéresis, que también poseen valor distintivo en español (*plato/plató, pingue/pingüe*), ya que no son secuenciales, sino que se escriben sobre los grafemas a los que afectan.

5.2 *GRAFEMA*, SINÓNIMO DE *LETRA*

Como se ve, el término *grafema*, creado en el ámbito de la lingüística por analogía con el de *fonema*, es el nombre especializado que reciben los signos gráficos que comúnmente denominamos *letras*. Por lo tanto, en rigor, solo pueden considerarse letras los signos gráficos simples, los constituidos por un solo grafema. Desde esta perspectiva, quedan excluidas de la categoría de letras las secuencias de varios grafemas que representan un solo fonema. Estas secuencias reciben distintos nombres según el número de grafemas de que se componen: *dígrafos*, si son dos; *trígrafos*, si son tres; y *tetrágrafos*, si son cuatro.

Información adicional

En el sistema gráfico español solo hay dígrafos (v. § 5.4.1.1), pero en otras lenguas existen secuencias de más de dos letras para representar un solo fonema; así, el fonema /ll/, que en español se representa mediante el dígrafo *ll* (*llama*), en italiano se escribe con el trígrafo *gli* (*moglie* [mólle] 'mujer, esposa'); y el fonema /ch/, que en español se representa con el dígrafo *ch* (*chico*), lo hace en alemán con el tetrágrafo *tsch* (*Deutsch* [dóich] 'alemán').

No debe vincularse, pues, como se hace a menudo, el concepto de letra a la representación gráfica de un fonema, vínculo en el que se basaba la tradicional consideración de letras de los dígrafos *ch* y *ll* en español. Dicha asociación no resulta adecuada por dos motivos: serían entonces letras otras secuencias de grafemas que nunca se han considerado tales, pero que representan también un solo fonema, como ocurre en español con los dígrafos *rr, qu* o *gu* (v. § 5.4.1.1); y, por otro lado, quedaría excluida de esta categoría una letra como la *h*, que no representa ningún fonema y carece de correlato fónico en el español estándar (salvo en ciertos extranjerismos en los que se corresponde con un sonido aspirado, como en *hachís* o *hámster;* v. § 6.3.1). A estas dos objeciones hay que añadir la existencia de una letra como la *x*, nunca discutida como tal, pero que normalmente representa no un fonema, sino una secuencia de dos fonemas (v. § 6.3.2).

Así pues, solo deben considerarse letras los grafemas, esto es, las unidades gráficas mínimas de carácter secuencial y valor distintivo que se emplean en la escritura de una lengua.

5.3 LOS RASGOS DISTINTIVOS DE LAS LETRAS

Las letras presentan una serie de rasgos formales característicos que nos permiten distinguir unas de otras. Además, cada una de ellas puede adoptar en muchas lenguas, entre ellas el español, dos configuraciones diferentes, minúscula y mayúscula, cuyo uso se distribuye de acuerdo con pautas específicas establecidas para cada lengua (v. cap. IV). Hay letras cuyas versiones minúscula y mayúscula coinciden en la forma y se diferencian únicamente por el tamaño (*O, o*), pero hay letras en las que ambas versiones difieren también en la forma (*A, a*).

Los rasgos gráficos distintivos que permiten diferenciar unas letras de otras se definen, *grosso modo,* por la presencia de trazos rectos (verticales, horizontales u oblicuos) o curvos (abiertos o cerrados) en su núcleo o cuerpo central, y por la presencia o ausencia de ascendentes o descendentes, esto es, de prolongaciones hacia arriba o hacia abajo desde el núcleo o parte central; así, por ejemplo, la *i* está constituida por un trazo recto vertical (con un punto sobrescrito en su forma minúscula y sin él en su versión mayúscula), mientras que la *o* está constituida por un anillo, esto es, un trazo curvo cerrado; la *c,* por su parte, se distingue de la *o* por presentar un trazo también curvo, pero abierto hacia la derecha; la *p* se diferencia de la *d* en que, siendo el cuerpo central de ambas un anillo, la primera presenta un descendente a la izquierda y la segunda un ascendente a la derecha, etc.

En la escritura a mano cada persona traza las letras de acuerdo con su peculiar caligrafía, aunque en ella siempre deben ser reconocibles los rasgos básicos que permiten distinguir con claridad unas letras de otras. En la escritura mecánica o tipográfica, por su parte, las letras adoptan una apariencia específica, determinada por las características propias del diseño de la fuente o tipo de letra seleccionado, pero en la que deben estar también claramente presentes los rasgos distintivos que definen cada grafema.

5.4 EL ALFABETO O ABECEDARIO

La serie ordenada de las letras o grafemas que se utilizan para representar gráficamente una lengua de escritura alfabética se denomina *alfabeto* o *abecedario*. Ambos términos son sinónimos y proceden del latín *alphabētum* y *abecedārium*, respectivamente. El primero, que es el de uso más general, está formado sobre el nombre de las dos primeras letras de la serie griega (*alfa, beta*), mientras que el segundo deriva del nombre de las cuatro primeras letras de la serie latina (*a, be, ce, de*) y, por ello, se aplica especialmente al inventario de letras de las lenguas que utilizan caracteres latinos en su escritura.

5.4.1 COMPOSICIÓN DEL ABECEDARIO ESPAÑOL

El abecedario del español está hoy formado por veintisiete letras, de cada una de las cuales se ofrecen a continuación, y por este orden, las formas minúscula y mayúscula que presentan en el tipo de letra de imprenta usado en esta obra, y que da cuenta con claridad de sus rasgos característicos. Algunas de estas letras poseen varios nombres con vigencia y tradición en amplias zonas del dominio hispánico. Con el fin de promover un proceso hacia la unificación y hacia la simplicidad, especialmente útiles en ámbitos como la comunicación y la enseñanza, se recomiendan las denominaciones que figuran debajo de cada letra. Esta recomendación no implica interferencia en la libertad que tiene cada hablante o cada país de seguir aplicando a las letras los términos que venían usando, algunos de ellos (como la *i griega*) con larga tradición de siglos. Más adelante se describen las variantes denominativas de las letras del alfabeto (v. § 5.4.3.1).

a, A	**b, B**	**c, C**	**d, D**	**e, E**	**f, F**	**g, G**	**h, H**	**i, I**
a	*be*	*ce*	*de*	*e*	*efe*	*ge*	*hache*	*i*
j, J	**k, K**	**l, L**	**m, M**	**n, N**	**ñ, Ñ**	**o, O**	**p, P**	**q, Q**
jota	*ka*	*ele*	*eme*	*ene*	*eñe*	*o*	*pe*	*cu*
r, R	**s, S**	**t, T**	**u, U**	**v, V**	**w, W**	**x, X**	**y, Y**	**z, Z**
erre	*ese*	*te*	*u*	*uve*	*uve doble*	*equis*	*ye*	*zeta*

5.4.1.1 Letras y dígrafos: el estatus de *ch* y *ll*

Como ya se ha explicado (v. § 5.2), solo son propiamente letras los grafemas, esto es, los signos gráficos simples. Por esta razón, no deben formar parte del abecedario las secuencias de grafemas que se emplean para representar ciertos fonemas.

En español, además de las veintisiete letras arriba indicadas, existen cinco dígrafos o combinaciones de dos letras, que se emplean para representar gráficamente los siguientes fonemas:

a) El dígrafo *ch* representa el fonema /ch/: *chapa, abochornar*.

b) El dígrafo *ll* representa el fonema /ll/ (o el fonema /y̆/ en hablantes yeístas): *lluvia, rollo*.

c) El dígrafo *gu* representa el fonema /g/ ante *e, i: pliegue, guiño*.

d) El dígrafo *qu* representa el fonema /k/ ante *e, i: queso, esquina*.

e) El dígrafo *rr* representa el fonema /rr/ en posición intervocálica: *arroz, tierra*.

Desde la segunda edición de la ortografía académica, publicada en 1754, venían considerándose letras del abecedario español los dígrafos *ch* y *ll* (con los nombres respectivos de *che* y *elle*), seguramente porque cada uno de ellos se usaba para representar de forma exclusiva y unívoca un fonema del español (antes de que la extensión del yeísmo alcanzara los niveles actuales y diera lugar a que hoy el dígrafo *ll* represente dos fonemas distintos, según que el hablante sea o no yeísta). Es cierto que se diferenciaban en esto de los demás dígrafos, que nunca han representado en exclusiva sus respectivos fonemas: el fonema /g/ lo representa también la letra *g* ante *a, o, u* (*gato, goma, gula*); el fonema /k/ se escribe además con *c* ante *a, o, u* y con *k* (*cama, cola, cuento, kilo, Irak*); y el fonema /rr/ se representa con *r* en posición inicial de palabra o detrás de consonante con la que no forma sílaba (*rama, alrededor, enredo*).

Sin embargo, este argumento no es válido desde la moderna consideración de las letras o grafemas como las unidades mínimas distintivas del sistema gráfico, con independencia de que representen o no por sí solas una unidad del sistema fonológico. Por lo tanto, a partir de este momento los dígrafos *ch* y *ll* dejan de ser considerados letras del abecedario español, lo que no significa, naturalmente, que desaparezcan de su sistema gráfico; es decir, estas combinaciones seguirán utilizándose como hasta ahora en la escritura de las palabras españolas. El cambio consiste, simplemente, en reducir el alfabeto a sus componentes básicos, ya que los dígrafos no son sino combinaciones de dos letras, ya incluidas de manera individual en el inventario. Con ello, el español se asimila al resto de las lenguas de escritura alfabética, en las que solo se consideran letras del abecedario los signos simples, aunque en todas ellas existen combinaciones de grafemas para representar algunos de sus fonemas.

Información adicional — Debido a su anterior consideración como letras del abecedario, los dígrafos *ch* y *ll* tuvieron un apartado propio en el diccionario académico desde su cuarta edición (1803) hasta la vigesimoprimera (1992), de modo que las palabras que comenzaban por esos dígrafos o los contenían se ordenaban alfabéticamente aparte, es decir, después de completarse la serie de palabras con *c* y *l*. En el X Congreso de la Asociación de Academias de la Lengua Española, celebrado en Madrid en 1994, sin dejar de considerar aún los dígrafos *ch* y *ll* como letras del abecedario, se acordó no tenerlos en cuenta como signos independientes a la hora de ordenar alfabéticamente las palabras en el diccionario. Así, en la vigesimosegunda edición del *DRAE* (2001), primera publicada con posterioridad a dicho congreso, las palabras que incluían esos dígrafos ya se alfabetizaron en el lugar que les correspondía dentro de la *c* y de la *l*, respectivamente.

5.4.2 ORIGEN DEL ABECEDARIO ESPAÑOL

El español ha empleado desde sus orígenes para su representación gráfica el alfabeto latino, al que se incorporaron con el tiempo varias letras que no figuraban en el inventario latino originario (v. § 5.4.2.2).

5.4.2.1 El alfabeto latino

El inventario de letras usado por los romanos en la escritura de su lengua, el latín, desciende del alfabeto griego, pero no de manera directa, sino a través de los etruscos.

Información adicional — Los etruscos se asentaron en la península itálica a comienzos del primer milenio antes de Cristo, en el área de la actual provincia de la Toscana. Desde allí se extendieron hasta la zona limítrofe con las colonias griegas del sur de Italia y ejercieron una gran influencia política y cultural en todo el territorio itálico, especialmente en la contigua región del Lacio, donde estaban asentados los latinos, más tarde llamados romanos por el nombre de la ciudad que fundaron a mediados del siglo VIII a. C.

Los etruscos hablaban una lengua no indoeuropea, aún no descifrada del todo, que escribían con un alfabeto basado en la variante occidental del alfabeto griego, diferente de la oriental con la que se escribía el griego clásico. Prueba inequívoca de la filiación etrusca de la escritura latina es el uso que el latín primitivo hizo de las letras *C*, *K* y *Q* para representar el fonema /k/, claramente heredado de los etruscos: los romanos emplearon en un principio la *C* ante /e, i/, la *K* ante /a/ y la *Q* ante /o, u/. Enseguida prescindieron casi por completo de la *K*, pasando a utilizar la *C* ante cualquiera de las vocales (*capra, centum, circus, commūnis*) y limitando el uso de la *Q* a la representación de la secuencia fónica /ku/ ante vocal perteneciente a la misma sílaba (*quadrivĭum, quercŭs, liquĭdus, quŏd*). La letra *C* sirvió también en latín, en un primer momento, para representar el fonema /g/ (se escribía, por ejemplo, *VIRCO*, en lugar de *VIRGO*), hasta que, en el siglo III a. C., se creó la *G* añadiendo un trazo en el extremo inferior de la *C*, para poder representar con letras diferentes lo que eran también en latín fonemas diferentes. Como los romanos prescindieron muy pronto en su escritura de la letra *Z*, por haber desaparecido en su lengua el fonema que esta representaba, la nueva letra *G* se insertó en el lugar que ocupaba la *Z* en la serie alfabética heredada de los griegos, esto es, entre la *F* y la *H*.

Así pues, el alfabeto latino propiamente dicho estaba formado por las veintiuna letras siguientes, de las que se ofrece solo la forma mayúscula, única existente en la escritura del latín clásico:

A, B, C, D, E, F, G, H, I, K, L, M, N, O, P, Q, R, S, T, V, X.

La *C* representaba siempre el fonema /k/ y la *G* el fonema /g/; la *F* transcribía el fonema /f/ por herencia etrusca; la *H* se usaba para representar un sonido aspirado luego desaparecido (y no la vocal /ē/, como en griego); las letras *I* y *V* se usaban para representar tanto los fonemas vocálicos /i/, /u/ como los correspondientes semiconsonánticos (que evolucionarán después, en las lenguas románicas, hacia fonemas plenamente consonánticos); la *K* se usaba solo en unas cuantas palabras que mantuvieron una ortografía arcaica; y la *X* representaba la secuencia /ks/ (y no un fonema similar al representado por la jota española, como en griego).

Tras la conquista de Grecia por parte de Roma a mediados del siglo II a. C., se incrementa notablemente la influencia cultural griega en el mundo romano, lo que produjo la incorporación al latín de numerosos términos de origen griego. Para escribir muchos de ellos, los romanos debieron introducir una nueva letra en su alfabeto, la *Y*, y recuperar la *Z*. Ambas se añadieron al final de la serie. Con estas dos incorporaciones, el alfabeto latino pasó a constar, a partir del siglo I a. C., de veintitrés letras:

A, B, C, D, E, F, G, H, I, K, L, M, N, O, P, Q, R, S, T, V, X, Y, Z.

Todas ellas, y en el mismo orden, forman parte del abecedario español, el cual se completó con algunas letras más, surgidas de la necesidad de representar nuevos fonemas inexistentes en latín o introducidas en nuestro sistema gráfico a través de préstamos de otras lenguas.

5.4.2.2 **Nuevas letras, ausentes del inventario latino originario**

Son cuatro las letras del abecedario español que no formaban parte del inventario latino originario: *u, j, ñ* y *w*. Estas letras no son, en rigor, signos estrictamente nuevos, pues proceden, en unos casos, de variantes gráficas de otras letras y, en otros, de la conversión en letras simples de dígrafos formados por la combinación de letras preexistentes.

Las formas de la *u* y la *j* existían ya en la escritura latina como variantes respectivas de la *v* (la letra capital *V* adoptaba una forma redondeada en la escritura manual corriente) y de la *i* (de hecho, el punto sobre la *j* es herencia del de la *i*, prueba de su filiación). Como simples variantes de esas mismas letras siguieron utilizándose durante mucho tiempo aún en la escritura del español para representar indistintamente los correspondientes fonemas vocálicos y consonánticos. Poco a poco, a lo largo de los siglos XVI y XVII, estas variantes fueron especializando sus usos hasta que, finalmente, la *u* y la *i* se reservaron para la representación de los fonemas vocálicos, y la *v* y la *j* para la representación de los fonemas consonánticos. Tras alcanzar plena autonomía, la *u* y la *j* se situaron, en la serie alfabética, junto a las letras a las que durante tanto tiempo estuvieron vinculadas: la *u* junto a la *v* y la *j* junto a la *i*, precediendo siempre la vocal a la consonante (de ahí el orden *u, v* e *i, j*).

La *ñ* tiene su origen en la abreviatura del dígrafo *nn*, que el español medieval escogió para representar el nuevo fonema nasal palatal /ñ/, inexistente en latín. Este dígrafo solía escribirse de forma abreviada mediante una sola *n* con una virgulilla encima, signo del que surge esta letra, genuinamente española, que también adoptaron el gallego y el vasco.

Finalmente, la *w*, última letra en incorporarse al abecedario del español, pues no lo hizo oficialmente hasta la ortografía académica de 1969, es también en origen un dígrafo. Se creó por duplicación de la *v* latina para representar, en las lenguas germánicas, uno de sus fonemas característicos. En español entró por la vía del préstamo y se empleó inicialmente, ya en la Edad Media, para escribir determinados nombres propios de origen germánico. Aunque, en épocas pasadas, muchos de los préstamos que en su lengua de origen incluían esta letra se adaptaron de diversas formas al español con el fin de evitar este grafema considerado ajeno a nuestra tradición —trocándolo, según los casos, en *gu* (*gualda, guarda, güelfo*), *v* (*vagón, váter*) o incluso *b* (*Bamba*, rey godo)—, hoy se ha extendido y normalizado su empleo en la escritura de numerosos extranjerismos, procedentes en su mayoría del inglés (*waterpolo, web, sándwich*).

En atención a su origen, la *ñ* y la *w* se situaron respectivamente en la serie alfabética tras la letra simple de la que deriva cada una de ellas.

5.4.3 LOS NOMBRES DE LAS LETRAS

Junto con las letras, también heredamos del latín sus nombres. A diferencia de los griegos, que habían mantenido en esencia los nombres semíticos de las letras, adaptándolos a su lengua (*alfa, beta, gamma,* etc.), los nombres de las letras en latín —probablemente también por influencia etrusca— son esencialmente fonéticos, ya que se forman a partir de su sonido característico.

Información adicional

En los alfabetos semíticos, el nombre de cada letra es una palabra dotada de significado que comienza con el sonido representado por esa letra; por ejemplo, en hebreo, los nombres de las letras que representan los fonemas /b/ y /d/ son *bet* 'casa' y *dálet* 'puerta', claramente emparentados con los nombres griegos *beta* y *delta*.

En el sistema latino, el nombre de las vocales es su propio sonido, mientras que para nombrar las consonantes se añaden al sonido que cada una representa los apoyos vocálicos necesarios para su pronunciación. Estos apoyos vocálicos los proporciona esencialmente la vocal /e/, que es la que requiere menor esfuerzo articulatorio. Los nombres latinos de las consonantes se forman posponiendo esta vocal a los fonemas oclusivos (*be, de, ge, pe, te,* etc.) y anteponiéndosela al resto (*ef, el, em, es,* etc.). Las letras *c, k* y *q,* que en latín representaban siempre el fonema /k/, añaden a ese sonido una vocal de apoyo distinta en cada caso, para así diferenciar sus nombres: *ce, ka, qu,* pronunciados en latín [ké, ká, kú] (la *c,* la más común de las tres, añade la *e* típica, mientras que las otras dos adoptan la vocal ante la que más frecuentemente se escribía en latín cada una de ellas). La *x* se denominó *ix,* dando la vuelta al nombre griego *xi,* cambio quizá debido a que ninguna palabra latina comienza por el sonido [ks] que esta letra representa. La *y* —la *ípsilon* del alfabeto griego— se denominó *i/y Graeca* ('i griega') en atención a su origen, y la *z* conservó el nombre griego *zeta.*

Como se ve, los nombres españoles de todas estas letras descienden directamente de sus nombres latinos, con la diferencia de que a los terminados en consonante se les añadió también una *e* al final: *efe, ele, eme, ese,* etc. Por su parte, el nombre *equis* reproduce por escrito, con los apoyos vocálicos necesarios, la secuencia de fonemas que esta letra normalmente representa (/k + s/ → pronunciación con apoyo vocálico: [ékis]; grafía: *equis*). El nombre *ye* que ha venido a sustituir al tradicional de *i griega* se creó posteriormente por analogía con la pauta denominativa del resto de las consonantes (v. § 5.4.3.1).

Explicación aparte merecen los nombres *hache, jota, uve* y *uve doble.*

El nombre *hache* para la *h* parece proceder de la denominación francesa de esta letra, préstamo que pudo tener lugar a raíz de la introducción de la escritura carolingia por los monjes cluniacenses a finales de la Baja Edad Media, de donde también tomamos el dígrafo *ch* para representar el fonema /ch/. El nombre francés *hache* —al igual que el italiano *acca* o el catalán *hac*— parece provenir, a su vez, del lat. vulgar **hacca,* forma que responde a la imitación deformada del sonido aspirado que esta letra representaba en su origen, y que desapareció muy pronto del latín hablado.

El nombre *jota* para la *j,* letra que tiene su origen en una variante gráfica de la *i,* proviene de *iota,* nombre griego de esa vocal.

El nombre *uve* para la *v* es relativamente reciente y no se incorpora al diccionario académico hasta la edición de 1947 y a la ortografía hasta 1969. Surge de unir los nombres de los dos valores que originariamente tuvo esta letra: *u* (vocal) + *ve* (consonante). En un principio, la *v* se denominaba por escrito *v consonante* o *u consonante* por oposición a la *u vocal* con la que compartió oficios durante siglos. Desde 1869 pasó a llamarse *ve,* siguiendo la pauta característica de los nombres de la mayoría de las consonantes. Durante mucho tiempo esta fue la única denominación reconocida para la *v* en las obras académicas, lo que explica su arraigo y actual vigencia en el español de América (v. § 5.4.3.1). El nombre *uve* nace de la necesidad de distinguir oralmente los nombres de las letras *b* y *v,* ya que las palabras *be* y *ve* se pronuncian del mismo modo en español. Precisamente esa virtud distintiva del nombre *uve* es lo que justifica su elección como la denominación recomendada para la *v* en todo el ámbito hispánico.

Por último, el nombre *uve doble* para la *w* es reflejo del origen de esta letra, que nace por duplicación de la uve.

5.4.3.1 Letras con varios nombres

Varias de las letras del abecedario han tenido o tienen aún más de un nombre. Algunos de ellos han ido desapareciendo en favor de una sola denominación, común a todo el ámbito hispánico, pero otros tienen plena vigencia en el español de uno u otro lado del Atlántico.

- ***b, v, w***

La *b,* la *v* y la *w* son las que acaparan mayor número de variantes denominativas, tal y como refleja el siguiente cuadro:

LETRA	NOMBRE EN EL ESPAÑOL DE ESPAÑA	NOMBRES EN EL ESPAÑOL DE AMÉRICA
b	*be*	*be* *be larga* *be grande* *be alta*
v	*uve*	*uve* *ve* *ve corta* *ve chica* o *chiquita* *ve pequeña* *ve baja*
w	*uve doble*	*ve doble* *doble ve* *doble u* *doble uve*

El hecho de que en el español de América sea más habitual llamar *ve* a la *v* hace necesario añadir a los nombres de las letras *b* y *v* un especificador que permita distinguirlos en la lengua oral. Dicho especificador (*alta, baja, grande, chica,* etc.) alude, como se ve, a la diferente altura que alcanza cada una de esas letras en la línea de escritura.

El par más extendido es *be larga/ ve corta,* usual en la Argentina, el Paraguay, Uruguay, Chile, Colombia, Venezuela, Guatemala, Cuba y la República Dominicana. En cambio, en México, el área centroamericana y los países andinos es más usual la oposición *be grande/ ve chica, chiquita* o *pequeña*. El par *be alta/ ve baja* solo parece tener cierto uso en la Argentina y Venezuela.

En cuanto a los nombres americanos de la *w,* conviene hacer notar que el de *doble u,* usado sobre todo en México y algunos países del área centroamericana y caribeña, es un calco del nombre inglés de esta letra (*double u*).

Información adicional

En catalán, lengua en la que la *b* y la *v* reciben también los nombres de *be* y *ve,* es habitual distinguirlas utilizando las expresiones *be alta/ ve baixa*. Esto explica que algunos hablantes españoles bilingües de lengua madre catalana, al expresarse en castellano, utilicen impropiamente, para referirse a estas letras, las expresiones *be alta/ ve baja* (traducción al castellano de las expresiones catalanas antes señaladas), que vienen a coincidir con las empleadas por los hispanohablantes de ciertas zonas de América.

Advertencia	En algunos países de Hispanoamérica se emplean a veces las expresiones ⊗*ve dentilabial,* ⊗*ve dentolabial* o ⊗*ve labiodental* para referirse a la *v,* como si esa letra representase gráficamente un fonema de articulación labiodental, distinto del fonema bilabial que representa la *b.* Esas denominaciones son inadecuadas y deben evitarse, ya que en español la *b* y la *v* representan ambas el fonema /b/ (v. § 6.2.2.1.1), que se articula juntando o aproximando los dos labios.

• ***y***

Hasta el último tercio del siglo XIX, las ortografías académicas otorgaban a esta letra el nombre de *i griega* (escrito, en un principio, *y griega*), aunque durante un tiempo fue llamada también *y consonante,* por oposición a la *i vocal.* El nombre tradicional de *i griega,* reflejo de su origen y empleo inicial en préstamos del griego, es descendiente directo del nombre latino de este signo. No obstante, en 1869, el diccionario académico registra para este grafema el nombre *ye,* por aplicación del patrón denominativo que siguen la mayoría de las consonantes. Este ha sido el nombre académico preferente para esta letra hasta finales del siglo XX, lo que explica su implantación en el uso, especialmente en el español americano. Aunque las obras académicas más recientes volvieron a señalar como preferente el nombre tradicional de *i griega,* hoy se considera preferible proponer el nombre *ye* como el único recomendado para todo el ámbito hispánico, por ser más simple y distinguirse directamente, sin necesidad de especificadores, del nombre de la vocal *i.*

• ***i***

Además de *i,* esta letra recibe también el nombre de *i latina* para distinguirla explícitamente de la letra *y,* cuando para referirse a esta última se emplea la denominación tradicional de *i griega.*

• ***r***

En las ortografías académicas ha sido habitual hasta ahora consignar dos nombres para esta letra, *erre* y *ere,* reservando este último para cuando se desea precisar que representa el fonema vibrante simple de *coro,* en oposición al fonema vibrante múltiple de *ramo* o *enredo.* En algunas ortografías del XIX, estos nombres se distribuyeron de forma distinta, pues se llamaba *ere* a la letra *r* —con independencia de su valor fonológico— y *erre* al dígrafo *rr,* distribución quizá más lógica, pero que añadió aún más confusión al uso de estos dos términos.

La doble denominación de la *r* en función de su valor fonológico constituye, en realidad, una anomalía, ya que ninguna de las otras letras que representan también varios fonemas recibe por ello más de un nombre. En consecuencia, y para evitar las confusiones a que puede dar lugar la doble denominación, se recomienda desechar definitivamente el nombre *ere* para esta letra, que pasa a partir de ahora a llamarse únicamente *erre*.

En perfecta coherencia con el nombre *erre* para la *r*, el dígrafo *rr* se denomina *erre doble* o *doble erre*.

• ***z***

También esta letra ha tenido tradicionalmente dos nombres en las obras académicas, *zeda* y *zeta*, a los que se unieron más tarde las variantes gráficas *ceda* y *ceta*, resultado de adaptar las denominaciones originales a la regla ortográfica que prescribe el uso en español de la letra *c* ante las vocales *e, i*. De estas cuatro formas, la única recomendada hoy es *zeta*, la más cercana a la etimología y desde siempre la más usada, aun cuando la doctrina académica dio preferencia hasta no hace mucho a la forma *zeda*, actualmente en desuso. Se desaconsejan explícitamente las formas con *c-*, que nunca han cuajado en el uso, probablemente por ir en contra de la tendencia general a que el nombre incluya en su forma la letra designada.

6
CORRESPONDENCIAS ENTRE FONEMAS Y GRAFEMAS EN ESPAÑOL

En español, como en todas las lenguas de escritura alfabética, los grafemas tienen como función representar gráficamente los fonemas.

Idealmente, cada fonema debería estar representado por un solo grafema y cada grafema debería servir para representar un solo fonema. Este ideal de correspondencia biunívoca entre fonemas y grafemas no se da prácticamente en ninguna de las lenguas que han contado desde sus orígenes con sistemas de representación gráfica, debido esencialmente al gran peso que suele tener en la escritura la tradición gráfica heredada. Así, aunque la lengua hablada se modifique, en la lengua escrita suelen mantenerse las formas gráficas asentadas de manera estable en el uso. Esa tendencia conservadora de la ortografía explica la resistencia a suprimir grafemas que han dejado de tener un valor fonológico diferenciado por haber desaparecido el fonema que representaban. Por otra parte, la existencia de combinaciones de grafemas para representar un solo fonema tiene que ver con el rechazo mostrado en la mayoría de las lenguas a la creación de signos completamente nuevos para transcribir nuevos fonemas, siendo lo normal recurrir para ello a la combinación de grafemas ya existentes.

A diferencia de otras lenguas, como el francés o el inglés, cuyas ortografías han evolucionado muy poco en relación con los cambios experimentados por sus sistemas fonológicos, el español presenta un alto grado de adecuación entre unidades fónicas y gráficas. Esto se debe, por un lado, a la relativa simplicidad de nuestro sistema fonológico en comparación con el de otras lenguas y, por otro, a la realización de sucesivas reformas ortográficas parciales, necesarias y posibles en momentos en que el sistema de representación gráfica carecía aún de estabilidad y fijeza, y que estuvieron guiadas en su mayoría por el principio de adecuación entre grafía y pronunciación.

El español presenta, no obstante, algunas desviaciones del ideal de correspondencia biunívoca entre grafemas y fonemas, debidas fundamentalmente a razones históricas o etimológicas. Así, en nuestro sistema gráfico, que cuenta con veintisiete grafemas y cinco dígrafos para representar veinticuatro unidades fonológicas, hay ciertos fonemas que pueden aparecer gráficamente representados de varias maneras y algunos grafemas que representan, según el contexto, distintos fonemas. Además, existen dos grafemas especiales: la *h* (v. § 6.3.1), que no representa ningún fonema y carece de correlato fónico en el español estándar, y la *x* (v. § 6.3.2), que representa, en la mayoría de los casos, una secuencia de dos fonemas.

6.1 LA REPRESENTACIÓN GRÁFICA DE LOS FONEMAS VOCÁLICOS

El sistema vocálico del español está compuesto por cinco fonemas (v. § 4.1), representados en su conjunto por siete grafemas distintos. Esta disparidad entre el número de fonemas y de grafemas se debe a que dos de los fonemas vocálicos pueden aparecer representados por dos grafemas distintos, en las condiciones que más adelante se concretan (v. § 6.1.2).

6.1.1 FONEMAS VOCÁLICOS REPRESENTADOS SIEMPRE POR EL MISMO GRAFEMA

En español, los fonemas /a/, /e/ y /o/ se representan siempre, cada uno de ellos, con un mismo grafema, independientemente de la posición que ocupen dentro de la palabra.

6.1.1.1 Representación gráfica de los fonemas /a/, /e/, /o/

a) El fonema /a/ se representa con la letra *a: acoger, raro, puerta.*

b) El fonema /e/ se representa con la letra *e: esmero, comer, corte.*

c) El fonema /o/ se representa con la letra *o: oler, prole, ancho.*

6.1.1.1.1 *La secuencia gráfica* h + a, e, o *(o viceversa) en representación de los fonemas* /a/, /e/, /o/

Existen palabras en las que a los segmentos fónicos constituidos por los fonemas vocálicos /a/, /e/, /o/ puede corresponderles en la escritura una secuencia de dos grafemas (*ha, he, ho,* o bien *ah, eh, oh*). Ello es consecuencia de la existencia en nuestro sistema de escritura de la letra *h,* que no representa ningún fonema en el español estándar y carece de correlato fónico en la mayoría de las palabras de nuestro idioma (v. § 6.3.1.1). Estas secuencias pueden aparecer tanto en principio de palabra (*hacha, hebra, horno*) como en interior de palabra (la denominada *hache intercalada*: *alhaja, brahmán, cohecho, rehogar*), y ocasionalmente también al final, lo que solo ocurre en ciertas interjecciones y en algún extranjerismo (*bah, eh, oh, sah*). En algunas de las palabras que contienen estas secuencias existen variantes gráficas admitidas con eliminación del grafema *h,* como ocurre, por ejemplo, en *alhelí,* que puede escribirse también *alelí* (v. § 6.3.1.3).

6.1.2 FONEMAS VOCÁLICOS REPRESENTADOS POR DISTINTOS GRAFEMAS

En español hay dos fonemas vocálicos que no siempre aparecen representados por el mismo grafema: el fonema /i/ y el fonema /u/.

6.1.2.1 Representación gráfica del fonema /i/

En español, el fonema /i/ puede representarse gráficamente mediante dos letras distintas: *i, y.*

6.1.2.1.1 *Uso de la letra* i *para representar el fonema /i/*

Según el sistema ortográfico que rige hoy la escritura del español, para representar el fonema /i/ debe emplearse siempre la letra *i,* salvo en aquellos casos en que las normas prescriben o admiten explícitamente el uso de *y* (v. § 6.1.2.1.2). Por tanto, la *i* puede aparecer en representación de este fonema vocálico en cualquier posición, sea a principio de palabra, en el medio o al final: *islote, ion, pino, tierno, casi, benjuí.*

6.1.2.1.1.1 *La secuencia gráfica* hi o ih *en representación del fonema /i/*

Al igual que ocurre con las demás vocales, es posible que al segmento fónico constituido por el fonema /i/ le corresponda en la escritura, por razones normalmente etimológicas, la secuencia gráfica *hi* o *ih,* al ser la *h* una letra sin correlato fónico en el español estándar (v. § 6.3.1.1): *hinojo, cohibir, menhir, mihrab.*

En español, casi todas las palabras que comienzan por el fonema /i/ seguido de otra vocal se escriben con *h-: hialino, hialoideo, hiato, hiedra, hiel, hielo, hiena, hierático, hierba, hierro, hioides,* etc. Solo se exceptúan ciertos términos procedentes del griego, como *ion, iodo, iota* y las voces formadas con la raíz griega *iatro-* (del gr. *iatrós* 'médico'), como *iatrogenia* o *iatrogénico,* que se escriben sin *h-* porque su vocal inicial en griego carece de espíritu áspero, signo que justifica la *h-* en términos procedentes de dicha lengua (v. § 6.3.1.1).

Información adicional	La palabra *iodo* y todas las voces formadas con la raíz griega *iatro-* (de *iatrós* 'médico'), como *iatrogrenia, iatrogénico* o *iatroquímico,* se escriben también con *y-: yodo, yatrogenia, yatrogénico...* (v. § 6.1.2.1.1.2).

6.1.2.1.1.2 *Palabras que pueden escribirse tanto con* «hi- *o* i- + *vocal*» *como con* «y- + *vocal*»

Puesto que el fonema /i/ situado a principio de palabra o de sílaba seguido de otra vocal con la que forma diptongo tiende a convertirse, en la pronunciación espontánea, en el fonema consonántico /y/ —solemos pronunciar [yédra], [yérba], [desyerbár], [yérro], [yatrojénia], [yódo], etc.—, algunas palabras que comienzan o contienen la secuencia *hi-* o *i-* seguida de vocal presentan variantes escritas con *y-*, letra a la que corresponde en el sistema ortográfico español la representación de dicho fonema consonántico (v. § 6.2.2.6).

Se citan a continuación las palabras que presentan ambas formas, situando en primer lugar la que se considera preferible, normalmente por ser la de uso mayoritario en el conjunto del ámbito hispánico. Cabe decir que, en general, las formas con *y-* suelen usarse más en el español americano que en el europeo:

hiedra o *yedra* ('planta trepadora');

hierba o *yerba* ('planta pequeña de tallo tierno' y 'conjunto de hierbas que crecen en un terreno'; en el Río de la Plata se usa específicamente la grafía *yerba* para designar las hojas de la planta denominada *yerba mate,* con las que se hace la infusión llamada *mate*);

hierbabuena o *yerbabuena* ('cierta planta aromática usada como condimento');
hierbajo o *yerbajo* ('mala hierba');
yerbal o *hierbal* (en Am., 'terreno cubierto de hierba');
hierbaluisa o *yerbaluisa* ('cierta planta que se emplea en infusión');
yerbatero -ra o *hierbatero -ra* (en Am., 'persona que cura con hierbas, o se dedica al cultivo o venta de hierbas'; en el Río de la Plata, *yerbatero* es el que se dedica al cultivo o comercialización de la yerba mate);
hierbazal o *yerbazal* ('herbazal, sitio poblado de hierbas');
yerbería o *hierbería* (en Am., 'herbolario o herboristería');
yerbero -ra o *hierbero -ra* (en Am., 'persona que cura con hierbas o vende hierbas'); también existen variantes en los derivados con prefijo *enyerbar* o *enhierbar* (esta última muy poco usada) y *deshierbar* o *desyerbar;*
yatrogenia o *iatrogenia* ('alteración o perjuicio en el estado del paciente causado por el tratamiento médico');

Información adicional — Se da en este caso preferencia a la grafía con *y-* porque con esta letra se han adaptado normalmente las palabras procedentes del latín cuyo étimo comienza por *ia-*, como *ya* (del lat. *iam*), *yacer* (del lat. *iacēre*) o *yambo* (del lat. *iambus*, y este del gr. *íambos*).

---

yero o *hiero* ('algarroba, planta leguminosa');
yerra o *hierra* (en Am., 'acción de herrar el ganado');
yodo o *iodo* ('elemento químico usado en medicina como desinfectante').

6.1.2.1.2 *Uso de la letra* y *para representar el fonema /i/*

El fonema /i/ se representa en español con la letra *y* en los casos siguientes:

a) Cuando se trata de la conjunción copulativa *y: coser y cantar, este y aquel, madera y hierro.*

Información adicional — La conjunción copulativa, que por lo general se manifiesta fónicamente como /i/ y se escribe con la letra *y*, se realiza como /e/ y se escribe con la letra *e* cuando precede a una palabra que comienza a su vez por /i/ (gráficamente, *i-* o *hi-*), con el fin de evitar la confluencia de dos fonemas vocálicos iguales: *único e irrepetible, conventos e iglesias, aguja e hilo, préstamos e hipotecas;* ocurre lo mismo en aquellas palabras que, excepcionalmente, comienzan por una *y-* con valor de /i/ (v. § c): *Sanz e Yrigoyen, Repsol e YPF* (siempre que la sigla se deletree [í-pé-éfe] y no [yé-pé-éfe]). Este cambio de la *y* copulativa en *e* se produce aunque entre la conjunción y la palabra siguiente haya una coma (*Canta e, insistiéndole mucho, hasta baila*) y aunque la conjunción copulativa esté situada al comienzo del enunciado (*E Irene se fue sin decir nada*).

Por el contrario, la *y* copulativa mantiene su forma cuando la palabra que sigue a la conjunción comienza por un diptongo de /i/ + vocal, ya que en esos casos la /i/ del diptongo no es plenamente vocálica, sino que se acerca, en la pronunciación espontánea, al fonema consonántico /y/. Al no confluir ya dos fonemas vocálicos iguales, la *y* copulativa no necesita transformarse en *e: madera y hierro* [madéra i yérro], *agua y hielo* [água i yélo], *alfa y iota* [álfa i yóta]. Hay palabras, como *hiato* o *ion,* en las que la secuencia fónica /i/ + vocal puede articularse como hiato ([i.á.to], [i.ón]) o como diptongo ([yá.to], [yón]), de ahí que en estos casos sea válido que la conjunción copulativa se escriba *e* (si la secuencia vocálica que la sigue se articula con hiato) o *y* (si dicha secuencia se articula con diptongo); así, resultan admisibles tanto *diptongo e hiato* como *diptongo y hiato, moléculas e iones* como *moléculas y iones.*

Tampoco se transforma en *e* la conjunción *y* cuando es tónica y posee valor adverbial en oraciones interrogativas: *¿Y Inés?* ([í inés] = '¿Dónde está Inés?' o '¿Cómo está Inés?'). Cuando la conjunción es átona y carece del referido valor adverbial, sí se produce el cambio de la *y* copulativa en *e* en caso de darse las condiciones para ello: *—Vendrán también Juan y María. —E Ignacio, no te olvides; ¡E Higinio sin venir, con lo tarde que es!*

Es necesario advertir que este fenómeno se produce por razones fónicas, no gráficas, de forma que lo determinante no es la grafía, sino el sonido que sigue a la conjunción. Por tanto, la *y* copulativa se transformará en *e* ante toda palabra que comience oralmente por /i/, aunque, por tratarse de un extranjerismo, no se escriba con *i-* o *hi-*: *Iberia e Easyjet (y no* ®*Iberia y Easyjet),* pues la palabra inglesa *easy* se pronuncia con /i/ inicial. Paralelamente, debe mantenerse la *y copulativa* si la palabra que sigue no comienza oralmente por /i/, aunque gráficamente se escriba con *i- o hi-: el encuentro entre Franco y Hitler* (y no ®*Franco e Hitler*), ya que en el nombre alemán *Hitler* la *h-* no es muda, sino aspirada (pron. [hítler] o [jítler]).

Un proceso análogo sufre la conjunción disyuntiva *o,* que se transforma fónicamente en /u/ y se escribe *u* cuando la palabra siguiente empieza por /o/ (gráficamente *o-* u *ho-*): *amor u odio, siete u ocho, una u otra, vertical u horizontal.* Puesto que este cambio obedece a razones fónicas, se produce igualmente ante números escritos con cifras que oralmente comienzan por /o/: *Al concierto acu-*

dieron unas 700 u 800 personas. También se opera este cambio cuando se trata de disyunciones correlativas donde se repite la conjunción ante cada una de las opciones: *Los hornos antiguos eran o circulares u ovalados; La disyuntiva era clara: u obteníamos beneficios pronto o habría que cerrar la empresa.*

---

b) Cuando, siendo este fonema átono o inacentuado, va en posición final de palabra precedido de una o dos vocales con las que forma un diptongo o un triptongo: *ay* [ái], *Bombay* [bombái], *fray* [frái], *carey* [karéi], *ley* [léi], *yóquey* [yókei], *bocoy* [bokói], *hoy* [ói], *huy* [úi], *tepuy* [tepúi], *Uruguay* [uruguái], *buey* [buéi], *jagüey* [jaguéi]. En cambio, si el fonema /i/ final precedido de vocal es tónico, forme hiato o diptongo con la vocal precedente, se representa con la letra *i: alauí, benjuí, caí, chií, sonreí, tui* (en Arg., 'cierto loro de pequeño tamaño', pron. [tuí]; sin tilde por ser voz monosílaba). La única excepción la constituye el adverbio *muy,* en el que el fonema /i/ final se representa con *-y* aun siendo tónico (pron. [muí]) para buena parte de los hispanohablantes.

La regla que prescribe el uso de *-y* cuando el fonema /i/ final no es tónico y va precedido de otra vocal presenta algunas excepciones, todas ellas en palabras procedentes de otras lenguas que, aun cumpliendo dicha condición, se escriben con *-i: agnusdéi, Hawái, Hanói, jai* (en Esp., voz jergal tomada del caló —la lengua de los gitanos españoles— que significa 'mujer joven y atractiva'; pron. [jái]; sin tilde por ser voz monosílaba), *moái* ('figura tallada de la isla de Pascua'; con tilde por ser voz bisílaba aguda), *saharaui.* En ciertos términos procedentes asimismo de otras lenguas, se admiten ambas grafías, con *-y* y con *-i,* siendo la preferida en el uso la citada en primer lugar, que es, por ello, la forma recomendada: *bonsái/bonsay, paipái/paipay, samurái/samuray* y *tipoy/tipói* (en Am., 'túnica larga de manga muy corta y escote cuadrado').

Información adicional: El par gráfico *cuy/cui* (en Am., 'conejillo de Indias') refleja dos variantes de pronunciación, ambas válidas en esta voz de origen onomatopéyico: a la grafía *cuy* le corresponde la pronunciación [kúi], mientras que a la grafía *cui* le corresponde la pronunciación [kuí] (sin tilde por tratarse de un monosílabo).

Advertencia: Es ajena a la ortografía del español la presencia de *-y* a final de palabra precedida de consonante. Por lo tanto, los numerosos extranjerismos con la secuencia gráfica final «consonante + *-y*», si se adaptan al español, deben transformar la *-y* en *-i;* así, en español se escribirá *curri* (del ingl. *curry*), *dandi* (del ingl. *dandy*), *derbi* (del ingl. *derby*), *panti* (del ingl. *panty*), *penalti* (del ingl. *penalty*), *sexi* (del ingl. *sexy*), etc. Si se mantiene la grafía del original, estas palabras deben considerarse extranjerismos crudos o no adaptados y escribirse, por ello, en cursiva (v. cap. VI, § 2.1.1).

Lo mismo cabe decir de los nombres familiares o hipocorísticos terminados en /i/, que en español deben escribirse con *-i* si delante de esta letra va una consonante: *Cati* (de *Catalina*), *Dani* (de *Daniel*), *Mari* (de *María*), *Toni* (de *Antonio*), etc. Los hipocorísticos terminados en *-y* precedida de consonante (*Caty, Dany, Mary, Tony,* etc.) son anglicismos gráficos, contrarios a las pautas ortográficas del español.

c) En posición inicial o interior de palabra, la ortografía del español solo admite hoy el uso de *y* para representar el fonema /i/ en los siguientes casos excepcionales:

- Cuando a una forma verbal terminada en *-y* se le añade un pronombre enclítico: *doyte, haylas, voyme.*

Información adicional

En el español estándar actual lo normal es que los pronombres se antepongan, entre otras, a las formas verbales simples de indicativo: *te doy, las hay, me voy.* No obstante, la posposición en estos casos es un rasgo dialectal propio de determinadas zonas del noroeste de España, y puede presentarse asimismo en frases hechas o en textos que pretenden recrear el lenguaje de épocas pasadas, en que era normal posponer los pronombres átonos: *No creo en brujas, pero haberlas, haylas.*

- En algunos topónimos y antropónimos, como *Ayllón, Goytisolo, Guaymas, Ynduráin, Yrigoyen,* etc., como vestigio de la antigua ortografía castellana, en que era normal la aparición de esta letra para representar el fonema /i/ también en posición inicial o medial. Los nombres propios de persona y de lugar suelen presentar a menudo grafías arcaicas, ya que plantean mayor resistencia al cambio que las palabras comunes. También puede encontrarse esta *y* vocálica en antropónimos o topónimos foráneos, como *Seychelles.*
- En los derivados de aquellos topónimos y antropónimos que presentan una *y* vocálica en posición inicial o interior de palabra debido a su condición de arcaísmos gráficos o de nombres foráneos: *guaymeño* o *guaymense* (de *Guaymas,* ciudad y puerto mexicanos), *seychellense* (de *Seychelles,* país de África), *byroniano* (de

Byron, poeta inglés), *taylorismo* (de *Taylor,* ingeniero estadounidense). También por razones etimológicas presenta una *-y-* medial con valor vocálico la voz *fraybentino,* gentilicio de la ciudad de Fray Bentos, capital del departamento uruguayo de Río Negro.

- En siglas y acrónimos (v. cap. v, § 3.3.1): *YPF* (cuando la sigla se deletrea [í-pé-éfe], sigla de *Yacimientos Petrolíferos Fiscales*), *BOCYL* ([bosíl, bozíl], sigla de *Boletín Oficial de Castilla y León*). Esta *y* vocálica puede conservarse si el acrónimo se lexicaliza y pasa a convertirse en un nombre común: *pyme* ([píme], acrónimo lexicalizado de la expresión *pequeña y mediana empresa*).

Información adicional

El rechazo de la actual ortografía del español a la *-y-* medial con valor vocálico explica que, en las palabras españolas que proceden de expresiones pluriverbales que contienen una *y* copulativa, esta se transforme en *i* si representa el fonema vocálico /i/: *calicanto* (de *cal y canto*), *correveidile* (de *corre, ve y dile*), *dieciocho* (de *diez y ocho*), *vaivén* (de *va y ven*). No obstante, en los términos derivados de expresiones numerales complejas que dan nombre a hechos o acontecimientos relevantes, como *(generación del) noventa y ocho* o *(revolución del) sesenta y ocho,* se documentan, y son válidas, tanto las grafías que conservan la *y* copulativa del numeral complejo (*noventayochismo, sesentayochista,* etc.) como las que transforman dicha *y* en *i* (*noventaiochismo, sesentaiochista,* etc.): «*La mayor parte de los escritores noventayochistas se pronunciaron a favor de Zuloaga*» (CSerraller *Paisajes* [Esp. 1998]); «*Tras los poetas barrocos, románticos, regionalistas, modernistas y noventaiochistas*» (*Abc* [Esp.] 19.4.1986); «*La candidez de los sesentayochistas no había funcionado*» (*Mundo* [Esp.] 10.5.1995); «*Esta verdad* [...] *alcanza ahora una resonancia singular porque unos jóvenes de extracción sesentaiochista la proclaman a los cuatro vientos*» (Duque *Suicidio* [Esp. 1984]). La conservación de la *y* en estos casos puede justificarse por razones fonéticas, ya que es frecuente que, entre vocales, el fonema /i/ se transforme, en el habla espontánea, en el fonema consonántico /y/, cuya representación en nuestro sistema ortográfico corresponde a la letra *y* (v. § 6.2.2.6).

En relación con la escritura de los numerales cardinales, conviene saber, por otra parte, que, aunque los correspondientes a las distintas decenas a partir del treinta se escriben normalmente en español en tres palabras, esto es, intercalando la conjunción *y* entre el cardinal que expresa la decena y el que expresa la unidad (*treinta y cinco, cuarenta y tres, cincuenta y ocho,* etc.), se documentan también, si bien de forma aún muy minoritaria, grafías simples con la preceptiva transformación de la *y* en *i* (*treintaicinco, cuarentaitrés, cincuentaiocho,* etc.; v. cap. VIII, § 3.1): «*¿Qué edad tenía? ¿Cuarentaiocho años? ¿Tal vez cincuenta?*» (Martini *Fantasma* [Arg. 1986]);

«Formaban una familia integrada por don Emiliano, doña Josefina y doña Isabel, todos solterones, de setenta, sesentaiocho y sesentaicinco años, respectivamente» (Araya *Luna* [Chile 1982]).

Advertencia Fuera de las excepciones indicadas en el apartado 6.1.2.1.2c, el actual sistema ortográfico del español no admite el uso de *y* para representar el fonema /i/ en posición interior de palabra. Por ello, aquellos préstamos de otras lenguas que incluyan una *y* con valor vocálico en interior de palabra deben adaptarse al español transformando la *-y-* en *-i-;* así, en español debe escribirse *aimara,* y no ®*aymara; géiser,* y no ®*géyser; licra,* y no ®*lycra,* etc. El término *byte* (pron. [báit]) es un extranjerismo crudo o no adaptado (v. cap. VI, § 2.1.1), motivo por el cual conserva su grafía y su pronunciación originarias.

Por la misma razón antes señalada, cuando a una palabra terminada en *-y* se le añade una *s* para formar el plural, la *-y* del singular —que conserva en el plural su valor vocálico— debe transformarse en *-i-;* así, el plural de *jersey* debe escribirse *jerséis;* el de *espray, espráis;* el de *gay, gais;* el de *yóquey, yoqueis,* etc. Son, pues, ortográficamente incorrectos en español los plurales terminados en ®*-ys:* ®*esprays,* ®*gays,* ®*norays,* etc. En cambio, si para formar el plural se añade *-es,* se conserva la *y* del singular, ya que en el plural representa el fonema consonántico /y/: *bueyes* (pl. de *buey*), *convoyes* (pl. de *convoy*), *virreyes* (pl. de *virrey*), etc.

6.1.2.2 Representación gráfica del fonema /u/

En español, el fonema /u/ puede aparecer gráficamente representado por dos letras distintas: la *u* —que en determinados casos debe escribirse, además, con diéresis: *ü*— y la *w.*

6.1.2.2.1 *Uso de la letra* u *para representar el fonema /u/*

La *u* es la letra genuinamente española para representar el fonema vocálico /u/, y puede hacerlo en cualquier posición, sea inicial, medial o final: *uniforme, úvula, punta, cuerda, tribu, tú.*

6.1.2.2.1.1 *Uso de la* u *con diéresis:* ü

Cuando el fonema /u/ aparece en las secuencias fónicas /gue/, /gui/, la letra *u* que lo representa debe escribirse con diéresis (v. cap. III, § 2.2): *cigüeña, vergüenza, agüita, pingüino.* La diéresis sobre la *u* permite distinguir estos casos de aquellos en los que la *u* es simplemente el segundo elemento del dígrafo *gu* con el que se representa en español el fonema /g/ delante de /e/, /i/ (v. § 6.2.2.2.1b), contexto en el que la *u* es un mero signo gráfico que no representa fonema alguno: *guerra, juguete, merengue, guitarra, águila, grogui.*

Advertencia	No debe trasladarse la diéresis de una palabra que la requiera al resto de las voces de su misma familia si estas no cumplen los requisitos para llevarla; así, se escribe *ambigüedad,* pero *ambiguo; antigüedad,* pero *antiguo; contigüidad,* pero *contiguo; argüir,* pero *arguyó,* etc. Del mismo modo, deben escribirse con diéresis los derivados que así lo requieran, aunque la palabra base no la lleve: *agüita* (de *agua*), *lengüeta* (de *lengua*), etc.

6.1.2.2.1.2 *La secuencia gráfica* hu *o* uh *en representación del fonema /u/*

Como sucede con las demás vocales, es posible que al segmento fónico constituido por el fonema /u/ le corresponda en la escritura, por razones normalmente etimológicas, la secuencia gráfica *hu* o *uh,* al ser la *h* una letra sin correlato fónico en el español estándar (v. § 6.3.1.1): *huracán, ahuyentar, tahúr, uh.*

En español, con muy pocas excepciones, se escribe *h* delante de /u/ + vocal, tanto a principio de palabra como en posición interior a comienzo de sílaba: *ahuecar, alcahuete, cacahuate* o *cacahuete, chihuahua, coahuilense, correhuela, deshuesar, huaca, huacatay, huachache, huachafo, huachalomo, huachinango, huaco, huapango, huasca, hueco, huelga, huella, huemul, huérfano, huero, huerto, hueso, huésped, hueste, huevo, huillín, huincha, huipil, huir, marihuana, parihuela, vihuela,* etc. Muchas de estas voces son americanismos tomados de lenguas amerindias, especialmente del quechua (o quichua) y del náhuatl. (Sobre el origen de esta *h* y las pocas excepciones a esta pauta, v. § 6.3.1.1 y las notas orientadoras sobre el uso de esta letra).

6.1.2.2.1.3 *Palabras que pueden escribirse tanto con* «hu + *vocal*» *como con* «gu + *vocal*»

En las palabras que contienen los diptongos /ua/, /ue/, /ui/ a principio de palabra o en posición interior a comienzo de sílaba —que, como se ha dicho, se escriben, con muy pocas excepciones, con *h* antepuesta—, se suele articular ante el diptongo un refuerzo consonántico cercano al fonema /g/, de forma que palabras como *hueso, huevo, ahuecar, deshuesar, chihuahua, parihuela,* etc., suelen pronunciarse aproximadamente [guéso], [guébo], [aguekár], [desguesár], [chiguágua], [pariguéla], etc. Este hecho ha alcanzado a veces reflejo en la escritura, de forma que algunas palabras que comienzan o contienen las secuencias gráficas *hua, hue, hui* pueden escribirse también con *gua, güe, güi.*

Información adicional

Casi todas las palabras que pueden escribirse de las dos formas son préstamos de lenguas amerindias que carecían inicialmente de escritura. Al adaptar al español los numerosos indigenismos con diptongo /u/ + vocal a comienzo de palabra o de sílaba, unos términos lo hicieron siguiendo la pauta mayoritaria en el español culto, y adoptaron la secuencia gráfica «*hu* + vocal» (como *cacahuate* o *cacahuete*); otros se transcribieron con «*gu* + vocal» (como *aguacate*), y en algunos casos cuajaron ambas formas (como en *huaca/guaca*).

Se citan, a continuación, las palabras más usuales en las que se admiten ambas grafías, situando en primer lugar la que resulta mayoritaria en el uso de todo el ámbito hispánico, aunque cabe decir que, en general, las formas con *h* suelen ser las preferidas en la lengua culta. Naturalmente, la alternancia gráfica afecta también a los derivados y palabras de la misma familia.

A comienzo de palabra:

huaca o *guaca* (en Am., 'enterramiento o lugar sagrado de los indígenas', 'escondite, especialmente de objetos valiosos' y 'hoyo en que se depositan frutas y verduras para que maduren');

huacal o *guacal* (en Am., 'cesta o jaula de varillas de madera' y 'vasija hecha del fruto leñoso del huacal o jícaro');

huachalomo o *guachalomo* (en Chile y Perú, 'cierto corte de la carne de vacuno');

huachinango o *guachinango* (en Méx. y Centroam., 'cierto pez comestible');

huarache o *guarache* (en Méx., 'sandalia tosca de cuero');

huaso -sa o *guaso -sa* (en Chile, 'campesino'; en Am. del Sur, 'grosero');

huehuenche o *güegüenche* (en Méx., 'viejo que dirige las danzas en las fiestas de pueblo');

huillín o *güillín* (en Chile y Arg., 'especie de nutria');

huilota o *güilota* (en Méx., 'cierta paloma silvestre');

huincha o *güincha* (en el área andina y el Cono Sur, 'cinta o tira de tela, papel u otro material flexible'; la que se ciñe a la frente para sujetar el cabello se denomina más comúnmente *vincha,* pron. [bíncha]);

huipil o *güipil* (en Méx. y Centroam., 'blusa típica de la mujer indígena');
guácala o *huácala* (en Am., interjección que expresa asco o desagrado);
guacho -cha o *huacho -cha* (en Am., 'huérfano o de padre desconocido') y *guacho* o *huacho* (en Ec. y Perú, 'fracción de un billete de lotería');
guaje o *huaje* (en Méx. y Centroam., 'planta de cuyos frutos, parecidos a una calabaza, se hacen recipientes [reciben también este mismo nombre tanto el fruto como el recipiente]' y 'tonto o bobo');
guamúchil o *huamúchil* (en Méx., 'cierto árbol y su fruto comestible');
guarapeta o *huarapeta* (en Méx. y las Antillas, 'borrachera');
guasca o *huasca* (en Am., 'tira de cuero o soga');
güisquil o *huisquil* (en Méx. y Centroam., 'chayote, fruto de la chayotera').

Advertencia	La grafía *huero* corresponde al adjetivo que significa 'vacío o vano' (*huevo huero, palabras hueras*), común a todo el ámbito hispánico, mientras que la grafía *güero* corresponde al adjetivo mexicano que significa 'rubio o de piel blanca' (*mujer güera*).

En interior de palabra a comienzo de sílaba:
ahuautle o *aguautle* (en Méx., 'especie de caviar obtenido de los huevecillos de ciertos insectos acuáticos');
cayahual o *cayagual* (en Méx., 'rodete que se pone en la cabeza para transportar pesos');
chiquihuite o *chiquigüite* (en Méx. y Centroam., 'cesto sin asas hecho de mimbre, carrizo u otra materia similar');
colihue o *coligüe* (en Arg. y Chile, 'planta gramínea parecida al bambú');
correhuela o *corregüela* ('cierta planta');
macehual o *macegual* (en Méx. y Centroam., 'sirviente, peón o jornalero');
marihuana o *mariguana* ('cierta planta y, especialmente, el preparado de sus hojas y flores para ser fumadas como droga o con fines terapéuticos');
aguate o *ahuate* (en Méx. y Centroam., 'espina fina, a modo de vello, que tienen algunas plantas');
caguama o *cahuama* (en Méx. y el Caribe, 'cierta tortuga marina');
cangagua o *cangahua* (en Ec., 'suelo de roca volcánica dura, de la que se hacen ladrillos para la construcción');

chaguar, cháguar o *chahuar, cháhuar* (en el área andina y el Cono Sur, 'caraguatá, planta con cuya fibra se hacen hilos o cordeles'); *pagua* o *pahua* (en Méx., 'variedad de aguacate de gran tamaño').

Advertencia	La grafía *nahua* corresponde al sustantivo y adjetivo que designa el pueblo amerindio que en el momento de la conquista española ocupaba la altiplanicie mexicana y parte de América Central. En cambio, la grafía *nagua* corresponde al sustantivo que designa en México y algunos países centroamericanos la prenda de vestir denominada *enagua* en el resto del ámbito hispánico.

6.1.2.2.2 *Uso de la letra* w *para representar el fonema /u/*

La letra *w*, que no existía en latín (v. § 5.4.2.2), entró en español por la vía del préstamo y solo se emplea en la escritura de voces procedentes de otras lenguas, en las que puede representar, según los casos, dos fonemas distintos: el vocálico /u/ y el consonántico /b/ (v. § 6.2.2.1.2).

La letra *w* representa el fonema vocálico /u/ —o la secuencia con refuerzo consonántico /gu/ cuando dicho fonema forma diptongo con la vocal siguiente a comienzo de palabra o de sílaba— en la mayoría de las palabras de origen inglés en las que se ha conservado esta letra en su paso al español, así como en ciertos términos transcritos al alfabeto latino procedentes de lenguas orientales, semíticas o indígenas, introducidos muchos de ellos también a través del inglés: *sándwich* [sánduich o sánguich], *waterpolo* [guaterpólo], *web* [guéb], *wélter* [guélter], *wéstern* [guéstern], *taekwondo* [taekuóndo] (del coreano, 'cierto arte marcial'), *wau* [guáu] (del hebr., 'cierto sonido y la letra que lo representa'), *kiwi* [kígui] (del maorí, 'arbusto y su fruto comestible' y 'ave de Nueva Zelanda'), *sawali* [saguáli] (del tagalo, 'tejido hecho con tiras de caña'). En otros casos se trata de palabras derivadas de topónimos o antropónimos que contienen ya este grafema: *darwinismo, darwinista* [darguinísmo, darguinísta] (de *Darwin*), *hawaiano* [haguaiáno] (de *Hawái*), *lawrencio* [laurénsio, laurénzio] ('elemento químico', del nombre del físico norteamericano E. O. Lawrence), *rawsense* [rrausénse] (de *Rawson*, capital de la provincia argentina de Chubut), *taiwanés* [taiguanés] (de *Taiwán*), *washingtoniano* [guasintoniáno] (de *Washington*). Hay que señalar, no obstante, que, cuando la *w* va inmediatamente precedida o seguida de grafemas o secuencias de grafemas que ya representan el fonema vocálico /u/, suele pronunciarse en muchas zonas del ámbito hispánico como /b/, para diferenciar su articulación de la de los grafemas contiguos: *Kuwait* [kubáit], *kuwaití* [kubaití], *hollywood(i)ense* [jolibud(i)énse].

Advertencia	Aunque la voz de origen maorí *kiwi,* introducida en español a través del inglés, cuenta también con la variante *kivi* (pron. [kíbi]), se recomienda usar en exclusiva la grafía que mantiene la *w* etimológica, que es, además, la que mejor refleja la pronunciación mayoritaria hoy entre los hispanohablantes: [kíui] o [kígui].

Información adicional

En un principio se tendió a adaptar con *v* los préstamos del inglés que presentaban una *w* en su grafía originaria. De ahí las voces *vagón, váter* (aunque en varios países americanos se emplea la forma *wáter,* pron. [guáter]), *vatio* o *velintonia,* adaptaciones respectivas de las voces inglesas *wagon, water, watt* y *wellingtonia.* Este criterio inicial explica que durante un tiempo el diccionario académico registrase únicamente la forma *darvinismo* como adaptación del inglés *Darwinism* (derivado del antropónimo *Darwin*). Hoy solo se admite la grafía *darwinismo,* con la *w* etimológica, a la que corresponde la pronunciación [darguinísmo], aunque muchos hablantes sigan pronunciando [darbinísmo] debido al arraigo de la pronunciación correspondiente a la adaptación inicial *darvinismo.* Lo mismo cabe decir de *darwinista* (registrado en un principio por la Academia con la grafía *darvinista,* actualmente desechada).

Puesto que la letra *u* es el grafema genuinamente español para representar el fonema /u/, algunas voces foráneas con *w* en su grafía originaria se han adaptado al español trocando la *w* en *u,* como en *suajili* (del ingl. *swahili*) o *suéter* (del ingl. *sweater*), o en los topónimos *Botsuana, Malaui, Lilongüe* (capital de Malaui) o *Zimbabue* (que sustituyen a las grafías anglicadas *Botswana, Malawi, Lilongwe* y *Zimbabwe*). En algún caso se dan por válidas ambas grafías, como ocurre con el nombre del elemento químico *lawrencio,* que presenta también la variante gráfica *laurencio,* de uso mayoritario, o con *taekwondo,* que también presenta la variante *taekuondo.*

Advertencia	El deseo de acomodar a las pautas ortográficas del español aquellos extranjerismos de uso corriente que en su forma original presentan configuraciones gráficas ajenas a nuestro idioma justifica la elección, hecha ya hace varias décadas, de la grafía *güisqui* como adaptación del término inglés *whisky,* grafía que transcribe la pronunciación común del anglicismo con los grafemas propios del español. No obstante, puesto que la grafía con *gü-* provoca rechazo en muchos hablantes, quizá fuera más oportuno, por su mayor cercanía al original, emplear como adaptación de esta voz la forma *wiski,* conservando la *w* y la *k*

etimológicas, que forman hoy parte del abecedario español, aunque sigan siendo, en cierto modo, letras foráneas por su uso exclusivo en préstamos de otras lenguas. La adaptación *wiski* cuenta, además, con documentación literaria: *«Don Ángel llevó al aristocrático abogado al bar, a tomar un wiski»* (Arguedas *Zorro* [Perú a1969)]); *«Ahora un poco de wiski,* mesdemoiselles». *(Les sirve wiski)»* (Buenaventura *Papeles* [Col. a1974]).

6.2 LA REPRESENTACIÓN GRÁFICA DE LOS FONEMAS CONSONÁNTICOS

El sistema fonológico del español cuenta, en total, con diecinueve fonemas consonánticos (v. § 4.2). Muchos de ellos se representan por escrito de un solo modo, es decir, a través de un mismo grafema o dígrafo, como es el caso de /f/ o /ch/, representados siempre, respectivamente, por el grafema *f* y el dígrafo *ch;* pero hay otros que pueden ser transcritos de varias formas, es decir, a través de distintos grafemas o combinaciones de grafemas, como ocurre, por ejemplo, con el fonema /g/, que puede reflejarse en la escritura por medio de la letra *g* o del dígrafo *gu.*

La mayor parte de las dificultades ortográficas suelen plantearse, precisamente, en aquellos casos en que el sistema gráfico presenta varias posibilidades para representar un mismo fonema. Para resolver esas dudas o vacilaciones es posible ofrecer, en ocasiones, notas orientadoras que ayudan a seleccionar la grafía adecuada en grupos de palabras que comparten algún rasgo que determina la elección —sistemática o con pocas excepciones— de una de las opciones gráficas. Otras muchas veces, sin embargo, solo es posible despejar las dudas ortográficas por medio del aprendizaje de la grafía que corresponde a cada palabra concreta a través de la lectura o de la consulta al diccionario.

Se exponen a continuación las formas de representación gráfica de cada uno de los fonemas consonánticos del español, comenzando por aquellos que se transcriben siempre de la misma forma (§ 6.2.1), para pasar a analizar después los casos en que un mismo fonema puede representarse gráficamente de varias formas distintas (§ 6.2.2). En este último caso, se ofrecen, por lo general, cuadros destacados con las notas orientadoras que ayudan a seleccionar la grafía correcta en ciertos grupos de palabras. Estas notas orientadoras se establecen atendiendo a criterios que pueden ser meramente posicionales o secuenciales (cuando la selección del grafema o dígrafo depende de su posición dentro de la palabra o de la secuencia gráfica en la que se inscribe), morfológicos (cuando la selección del grafema o dígrafo viene determinada por su pertenencia a un segmento morfológico concreto: un prefijo, un sufijo, una terminación verbal, etc.) o léxicos (cuando se indica el grafema o dígrafo que corresponde a la grafía de determinadas palabras que, por su uso frecuente, conviene fijar en la memoria).

6.2.1 FONEMAS CONSONÁNTICOS REPRESENTADOS SIEMPRE POR EL MISMO GRAFEMA O DÍGRAFO

6.2.1.1 Representación gráfica de los fonemas /ch/, /d/, /f/, /l/, /ll/, /m/, /n/, /ñ/, /p/, /r/, /t/

En español, se representan siempre mediante un mismo grafema o dígrafo los siguientes fonemas consonánticos (para cada fonema se ofrecen ejemplos de las distintas posiciones en que puede aparecer en palabras españolas, ya se trate de voces patrimoniales —las que proceden por evolución natural ininterrumpida desde el latín—, de cultismos —voces tomadas tardíamente del latín o del griego, que no han sufrido las transformaciones características de las voces patrimoniales— o de préstamos adaptados de otras lenguas):

a) El fonema /ch/ se representa con el dígrafo *ch: China, lechera, ancho, zarévich.*

b) El fonema /d/ se representa con la letra *d: dentro, soda, madrina, advertir, verdad.*

c) El fonema /f/ se representa con la letra *f: fácil, gafas, cofre, afgano, rosbif.*

d) El fonema /l/ se representa con la letra *l: luego, pala, blusa, alfombra, mal.*

Advertencia	Los extranjerismos cuya grafía originaria contiene la secuencia *ll* en representación de un sonido idéntico o cercano al de nuestro fonema /l/, si se adaptan al español tomando como referencia la pronunciación, deben transformar la *ll* etimológica en *l: a capela* (del it. *a cappella*), *balotaje* (del fr. *ballottage*), *pulóver* (del ingl. *pullover*), etc. Lo mismo se ha hecho con los nombres científicos latinos de dos géneros de bacterias, *Legionella* y *Salmonella,* adaptados al español en las formas *legionela* y *salmonela.*

e) El fonema /ll/ se representa con el dígrafo *ll: lluvioso, calle, conllevar.*

Información adicional	Debe tenerse en cuenta que, para los hablantes yeístas (v. § 4.2.1.2), el dígrafo *ll* representa gráficamente el fonema /y/ (v. § 6.2.2.6.1), no el fonema /ll/.

Advertencia El fonema /ll/ no aparece nunca en español en posición final de sílaba, de ahí que no haya palabras españolas terminadas en *ll* ni escritas con *ll* seguida de consonante. Así pues, los extranjerismos con esa configuración gráfica que se adapten al español deben sustituir siempre la *ll* final de palabra o de sílaba del étimo foráneo por una *l*, que es la letra que transcribe el fonema que articulan naturalmente los hispanohablantes en esas posiciones: *buldócer* (del ingl. *bulldozer*), *kril* (del ingl. *krill*), *overol* (del ingl. *overall*), etc.

Información adicional Se conserva el dígrafo *ll* en posición final de palabra en topónimos y antropónimos catalanes que se emplean en español con su grafía originaria, como *Sabadell, Martorell, Ripoll, Maragall, Bofill*, etc., que los hispanohablantes no catalanes pronuncian naturalmente con /l/, esto es, [sabadél], [martorél], [rripól], [maragál], [bofíl], etc. En cambio, en los gentilicios correspondientes a estos topónimos, el dígrafo *ll*, al ocupar su posición natural de comienzo de sílaba, recupera su pronunciación como /ll/: *sabadellense* [sabadellénse], *martorellense* [martorellénse], etc.

En posición final de sílaba se conserva asimismo la *ll* etimológica en el topónimo de origen quechua *Pucallpa* (nombre de una ciudad del Perú), grafía que se transfiere también a sus gentilicios *pucallpeño* y *pucallpino*, que los hispanohablantes no bilingües de quechua pronuncian naturalmente [pukálpa], [pukalpéño] y [pukalpíno].

f) El fonema /m/ se representa con la letra *m: manto, amanecer, amplio, islam.*

g) El fonema /n/ se representa con la letra *n: nublado, banana, antes, son.*

En español, donde es indistinta la pronunciación de /m/ o /n/ ante los fonemas labiales /p/ y /b/, debe tenerse en cuenta lo siguiente:

- Se escribe siempre *m* ante el fonema /p/: *ampuloso, cumplir, empezar, impropio, lámpara, trompa, vampiro.*
- Se escribe siempre *m* ante el fonema /b/ cuando este se representa con la letra *b: ambos, clembuterol, Colombia, enjambre, imberbe, tromba.*

Advertencia La norma que prescribe la escritura de *m* ante *p* o *b* se aplica también a las voces compuestas o prefijadas. Por lo tanto, cuando se antepone una palabra o un elemento prefijo terminado en *-n* a una palabra que comienza por *p* o *b*, dicha *n* debe transformarse en *m: biempensante* (de *bien* + *pensante*), *ciempiés* (de *cien* + *pies*), *también* (de *tan* + *bien*), *sampedrano* (gentilicio de *San Pedro,* departamento y ciudad del Paraguay), *dombenitense* (gentilicio de *Don Benito,* municipio de España), *embotellar* (de *en-* + *botella* + *-ar*), *imposible* (de *in-* + *posible*), *circumpolar* (de *circun-* + *polar*).

La misma norma debe aplicarse a los extranjerismos, incluidos los topónimos foráneos y sus gentilicios, si se adaptan al español: *lumpemproletariado* (del al. *Lumpenproletariat*), *Brandemburgo* (en alemán *Brandenburg*), *brandemburgués, Camberra* (en inglés *Canberra*), *camberrano.* En cambio, la secuencia *nb* se mantiene en los apellidos extranjeros (y en sus derivados), puesto que estos conservan siempre su grafía originaria (v. cap. VII, § 5): *Gutenberg, Hartzenbusch, Schönberg, schönbergiano, Steinbeck, steinbeckiano.*

- Se escribe siempre *n* ante el fonema /b/ cuando este se representa con la letra *v: anverso, convoy, desenvuelto, envasar, invierno, sinvivir.*

Información adicional — La norma que prescribe la escritura de *n* ante *v* explica que las palabras latinas que contienen la secuencia gráfica *-mv-* hayan pasado al español transformando la *m* etimológica en *n: centunviro* (del lat. *centumvir, -ĭrī*), *circunvalar* (del lat. *circumvallāre*), *triunvirato* (del lat. *triumvirātus*), etc.; o que la palabra inglesa *tramway* se haya adaptado al español en la forma *tranvía.*

Notas orientadoras sobre el uso de las letras *m* y *n*

- Delante de *b* y *p* se escribe siempre *m: ambiguo, cambio, campo, empezar.*
- Delante de *v* se escribe siempre *n: convencer, enviar, invitar.*

Advertencia — En español, la nasal que se articula ante el fonema /f/ es /n/, y no /m/; de ahí que todos los latinismos y extranjerismos que en su forma originaria contienen las secuencias gráficas *-mph-* o *-mf-* se hayan incorporado al español transformando la *m* etimológica en *n: anfetamina* (del ingl. *amphetamine*), *anfibio* (del lat. *amphibĭon*), *anfíbol* (del fr. *amphibole*), *ninfa* (del lat. *nympha*), *panfleto* (del ingl. *pamphlet*), etc. Por tanto, no son correctas en español grafías como ⊗*comfort* o ⊗*cloramfenicol,* que deben escribirse, respectivamente, *confort* y *cloranfenicol.*

h) El fonema /ñ/ se representa con la letra *ñ: ñame, español.*

i) El fonema /p/ se representa con la letra *p: pulcro, capilla, adoptar, chip.*

j) El fonema /r/ se representa con la letra *r: para, abrazo, armario, sacar.*

El fonema /r/ puede aparecer en español en posición intervocálica: *cara* [ká.ra]; tras una consonante perteneciente a su misma sílaba, lo que solo ocurre cuando sigue a /b/, /d/, /k/, /f/, /g/, /p/, /t/ (gráficamente *b, d, c, k, f, g, p, t*): *sobre* [só.bre], *drama* [drá.ma], *escrito* [es.krí.to], *ofrenda* [o.frén.da], *grupo* [grú.po], *kril* [kríl], *prosa* [pró.sa], *tripa* [trí.pa]; y en posición final de sílaba o de palabra: *carta* [kár.ta], *subir* [su.bír].

Así pues, el fonema /r/ no aparece nunca en español en posición inicial de palabra ni tampoco a principio de sílaba tras una consonante perteneciente a la sílaba anterior. Por lo tanto, la letra *r* que aparece en esas posiciones no representa el fonema vibrante simple /r/, sino el vibrante múltiple /rr/ (v. § 6.2.2.5): *ramo* [rrá.mo], *roto* [rró.to], *sonrisa* [son.rrí.sa], *israelí* [is.rra.e.lí], *Azrael* [as.rra.él, az.rra.él].

k) El fonema /t/ se representa con la letra *t: tubo, este, contra, atlas, robot.*

6.2.2 FONEMAS CONSONÁNTICOS REPRESENTADOS POR MÁS DE UN GRAFEMA O DÍGRAFO

6.2.2.1 Representación gráfica del fonema /b/

En español, el fonema /b/ puede ser gráficamente representado por tres letras distintas: *b, v* y *w*. Mientras que la *b* y la *v* son herencia latina (§ 6.2.2.1.1), la *w*, inexistente en latín, solo aparece en representación de este fonema en ciertas voces de origen foráneo (§ 6.2.2.1.2).

6.2.2.1.1 *Uso de las letras* **b** *y* **v** *para representar el fonema /b/*

La *b* y la *v* son las letras propiamente españolas para representar el fonema /b/, ya que ambas formaban parte del alfabeto latino y se usaban en latín, desde donde pasaron a nuestro sistema de escritura.

La *b* y la *v* servían en latín para representar fonemas distintos y también se usaron con distinto valor fonológico en el castellano primitivo; pero en el español medieval hay ya abundantes muestras de confusión entre una y otra letra en la escritura de muchas palabras, prueba de su confluencia progresiva en la representación indistinta de un mismo fonema, confluencia que era ya general en el siglo XVI. A pesar de su temprana coincidencia en la representación de un mismo fonema, la ortografía del español mantuvo por tradición ambas letras, que siguen hoy presentes en nuestro sistema de escritura.

Advertencia	No existe en español ninguna diferencia en la pronunciación de las letras *b* y *v*, ya que las dos representan hoy el sonido bilabial sonoro /b/. La articulación de la *v* como labiodental no es propia del español, y solo se da de forma espontánea en hablantes valencianos o mallorquines y en los de algunas zonas del sur de Cataluña, cuando hablan castellano, por influencia de su lengua regional. También se da espontáneamente en algunos puntos de América por influjo de lenguas amerindias. En el resto de los casos, es un error que cometen algunas personas por un equivocado prurito de corrección, basado en recomendaciones del pasado, pues, aunque ya en el primer diccionario académico, el *Diccionario de autoridades* (1726-1739), se reconoce que «los españoles no hacemos distinción en la pronunciación de estas dos letras», varias ediciones de la *Ortografía* y de la *Gramática* académicas de los siglos XVIII, XIX y principios del XX describieron, e incluso recomendaron, la pronunciación de la *v* como labiodental. Se creyó entonces conveniente distinguirla de la *b*, como ocurría en varias de las grandes lenguas europeas, entre ellas el francés y el inglés, de tan notable influjo en esas épocas; pero ya desde la *Gramática* de 1911 se dejó de recomendar esa distinción. En resumen, la pronunciación correcta de la letra *v* en español es idéntica a la de la *b*, por lo que no existe oralmente ninguna diferencia en nuestro idioma entre palabras como *baca* y *vaca*, *bello* y *vello*, *acerbo* y *acervo*.

En general, la distribución de uso de cada uno de estos grafemas responde casi siempre a criterios etimológicos, de forma que la presencia de *b* o *v* en la escritura de la mayor parte de las palabras de nuestro léxico depende de la configuración gráfica de su étimo. Así, en la mayoría de las palabras, procedan del latín o de otras lenguas, se mantienen la *b* o la *v* etimológicas: *acerbo* ('áspero al gusto', del lat. *acerbus*), *acervo* ('conjunto de bienes pertenecientes a una colectividad', del lat. *acervus*), *beber* (del lat. *bibĕre*), *vivir* (del lat. *vivĕre*), *bulbo* (del lat. *bulbus*), *vulgo* (del lat. *vulgus*), *boceto* (del it. *bozzetto*), *valija* (del it. *valigia*), *taburete* (del fr. *tabouret*), *convoy* (del fr. *convoi*), *tobogán* (del ingl. *toboggan*), *overol* (del ingl. *overall*). Además, se escriben con *b* en español muchas palabras que presentan una *-p-* intervocálica en el étimo latino, ya que, en el proceso de evolución del latín al español, el fonema labial oclusivo sordo /p/ sonoriza en /b/ en dicha posición: *cebolla* (del lat. *cepulla*), *lobo* (del lat. *lupus*), *rabo* (del lat. *rapum*), *recibir* (del lat. *recipĕre*), *saber* (del lat. *sapĕre*). Otros casos de *b* en español son fruto de la reducción de una *-bb-* etimológica, tanto en palabras procedentes del latín como de otro origen: *abad* (del lat. *abbas -ātis*), *abreviar* (del lat. *abbreviāre*), *sábado* (del lat. *sabbătum*), *giba* (del lat. *gibba*), *gibón* (del ingl. *gibbon*), *cábala* (del hebr. *qabbālāh*).

Hay, además, un pequeño grupo de palabras españolas que contienen la secuencia gráfica *-bv-*, todas ellas cultismos tomados del latín que presentan dicha secuencia en su grafía originaria: *obvención* (del lat. *obventĭo -ōnis*), *obviar* (del lat. *obviāre*), *subvención* (del lat. *subventĭo -ōnis*), *subvenir* (del lat. *subvenīre*), *subversión* (del lat. *subversĭo -ōnis*), junto con todas las voces pertenecientes a sus respectivas familias léxicas (*obvencional, obviedad, obviamente, obvio, subvencionar, subversivo, subvertir,* etc.). La secuencia gráfica *-bv-*, originada en latín por la unión de un prefijo terminado en *-b* (*ob-, sub-*) a una palabra con *v* inicial, se corresponde fónicamente en español con la pronunciación doble o geminada del fonema /b/: *obvio* [ób.bio], *subversión* [sub.ber.sión]. Esta misma duplicación, con resultado gráfico *-bb-*, se produce en español al unir un prefijo acabado en *b* a una palabra con *b* inicial: *subbloque* [sub.bló.ke] (v. § 6.5.2.1.3).

Aunque, como se ha dicho, la presencia de *b* o *v* en la grafía de las palabras españolas responde normalmente a factores etimológicos, también hay casos de *b* o *v* antietimológicas, debido al arraigo en el uso de grafías en las que aparece la letra contraria a la que cabría esperar en función de la etimología. Así ocurre en numerosas voces de origen latino, como *avellana* (del lat. *abellāna*), *barbecho* (del lat. *vervactum*), *barrer* (del lat. *verrĕre*), *basura* (del lat. vulgar **versūra*), *bermejo* (del lat. *vermicŭlus*), *boda* (del lat. *vota*), *maravilla* (del lat. *mirabilĭa*), *móvil* (del lat. *mobĭlis*), *vestiglo* (del bajo lat. *besticulŭm*) o *viga* (del lat. *biga*); y también en algunas procedentes de otras lenguas, como *arquitrabe* (del it. *architrave*), *arribista* (del fr. *arriviste*), *esbelto* (del it. *svelto*) o *rendibú* (del fr. *rendez-vous*).

Información adicional

Las razones que explican la existencia de estas grafías antietimológicas impuestas por el uso son distintas en cada caso y responden a factores muy diversos, difíciles de sistematizar, como pueden ser, entre otros, la analogía con palabras semánticamente relacionadas (caso, por ejemplo, de *arribista* 'persona que progresa por medios rápidos y sin escrúpulos', cuya *b* antietimológica se explica por analogía con *arribar* y *arriba*); o la pervivencia de grafías medievales, ya que en esa época la distribución de estas dos letras se hacía atendiendo más a criterios fonológicos que etimológicos, pues cada una de ellas representaba, en el español primitivo, un fonema labial sonoro distinto: oclusivo la *b* y fricativo la *v* (o su variante *u*).

Puesto que, como se ve, no es posible determinar la presencia de *b* o *v* en representación del fonema /b/ sin conocer de antemano la grafía de cada palabra, solo la consulta al diccionario puede resolver, en última instancia, los casos de duda que a este respecto puedan planteársele a quien escribe. No obstante, es posible ofrecer algunas notas orientadoras que ayudan a seleccionar el grafema correcto en ciertos grupos de palabras.

Notas orientadoras sobre el uso de la letra *b*

1. SEGÚN CRITERIOS POSICIONALES O SECUENCIALES

El fonema /b/ se representa con la letra *b* en los casos siguientes:

- Cuando precede a otra consonante: *abdicar, abnegación, absolver, abyecto, amable, hablar, hebra, objeto, obtener, obvio, pobre, subterfugio.* Las únicas excepciones son las palabras *ovni* (originariamente una sigla), *grivna* ('moneda de Ucrania') y algunos topónimos o antropónimos de origen foráneo, como *Vladivostok* o *Vladimir(o)* (aunque existe también la variante *Bladimiro*).
- En posición final de palabra: *baobab, club, esnob, Job.* Son excepción los extranjerismos de procedencia eslava *molotov* y *lev* ('moneda de Bulgaria'; variante de la forma preferida *leva*), así como las transcripciones al alfabeto latino de ciertos nombres propios eslavos, ya sean topónimos, como *Kiev,* o antropónimos, como los apellidos que contienen las terminaciones patronímicas *-ev, -ov: Prokófiev, Romanov.*
- Después de la sílaba *tur: disturbio, enturbiar, perturbación, turba, turbante, turbina, turbo, turbulento.*
- Después de las sílabas iniciales *ha-, he-, hi-, hu-: haba, habano, habitar, habitual, hebilla, hibernar, hibisco, hubo, hubieron.* Excepción: *hevea* ('árbol productor del caucho') y sus derivados.
- Después de las sílabas iniciales *ra-, ri-, ro-* y *ru-: rabadilla, rábano, rabel, rabia, rabino, rabo, riba, ribazo, ribera* ('margen u orilla de un río o mar'), *ribete, ribonucleico, robar, robellón, robinsón, robot, robusto, rubeola* o *rubéola, rubí, rubio, rubor.* Excepciones: *raviol, ravioli* o *raviole, rival* y sus derivados *rivalidad* y *rivalizar, rivera* ('arroyo o río pequeño'), y algunos topónimos y sus gentilicios, como *Ravena* o *Rávena* (ciudad de Italia) y *ravenés, Rivera* (ciudad y departamento de Uruguay) y *riverense,* o *Rivas* (ciudad y departamento de Nicaragua) y *rivense.*

Se escriben con *b* en representación del fonema /b/ la mayoría de las palabras que empiezan por las secuencias siguientes:

- Por *abo-* y *abu-*: *abocar(se)* ('encaminar(se)', 'dedicar(se) a algo', 'desembocar o ir a parar'), *abogado, abolengo, abolir, aborigen, aborto, abuchear, abuelo, abulia, abundar, aburrido, abusar*. Excepciones: *avocar* (dicho de una autoridad, 'reclamar para sí una cuestión que compete resolver a otra inferior'), *avoceta, avulsión* y *avutarda*. Son también excepciones los derivados de palabras que se escriben con *v*, como *avolcanado* (de *volcán*), *avorazarse* (de *voraz*) o *avulgarar* (de *vulgar*).
- Por *alb- y arb-*: *alba, Albania, albañil, albaricoque, albedrío, albergue, Alberto, albino* ('de piel y pelo anormalmente blancos'), *albóndiga, albornoz, alboroto, álbum, árbitro, árbol, arbusto*. Excepciones: *Álvarez, Álvaro, álveo, alvéolo* o *alveolo, alvino* ('del bajo vientre'), *alverja* o *arveja* (y sus derivados) y *arvense*.
- Por las sílabas *bar-* y *bor-*: *barba, barbacoa, bárbaro, Barcelona, barco, barniz, Bartolomé, borbotear, borda, bordar, borde, Borgoña, borla*. Excepciones: *várdulo, Vargas, varguense, Varsovia, varsoviano* y *vórtice*.
- Por las sílabas *bu-*, *bur-* y *bus-*: *bucanero, bucear, bucle, bucólico, búfalo, bufanda, buhardilla, búho, bujía, bullicio, buñuelo, burbuja, burla, burdel, burgués, burocracia, burro, búsqueda, busto, butaca, buzo*. Excepción: *vudú* y sus derivados.

También se escriben con *b* las palabras que presentan las terminaciones siguientes:

- Las palabras terminadas en *-bilidad*: *amabilidad, debilidad, estabilidad, habilidad, posibilidad, sensibilidad, visibilidad*. Excepciones: *civilidad* y *movilidad*, y sus derivados.
- Los verbos terminados en *-bir*: *concebir, escribir, exhibir, prohibir, recibir, subir, sucumbir*. Excepciones: *hervir, servir, vivir*, y sus compuestos y derivados (*malvivir, sobrevivir*, etc.).
- Los verbos terminados en *-buir*: *atribuir, contribuir, distribuir, imbuir, retribuir*.
- Las palabras terminadas en *-bundo* o *-bunda*: *abunda, furibundo, meditabunda, moribundo, nauseabunda, pudibundo, tremebunda, vagabundo*.

2. SEGÚN CRITERIOS MORFOLÓGICOS

Se escriben con *b* en representación del fonema /b/:

- Las terminaciones *-aba, -abas, -ábamos, -abais, -aban* del pretérito imperfecto (o copretérito) de indicativo de los verbos de la primera conjugación: *amaba, bajabas, cantábamos, saludaban, trabajabais*. Y también las formas de este mismo tiempo del verbo *ir: iba, ibas, íbamos, ibais, iban*.
- Las palabras que contienen los siguientes prefijos o elementos compositivos:
    - *bi-, bis-, biz-* ('dos' o 'dos veces'): *bianual, bicentenario, bicolor, bilateral, bilingüe, bimotor, bipartidismo, bipolar, bisexual, bisnieto* o *biznieto, bizcocho* o *biscocho;*
    - *bibli(o)-* ('libro'): *biblia, bíblico, bibliobús, bibliófilo, bibliografía, bibliomanía, biblioteca;*
    - *bio-, -bio* ('vida'): *biodiversidad, biografía, biología, biomasa, bioquímica, biosfera* o *biósfera, biotecnología, anaerobio, microbio.*
    - *sub-* ('bajo o debajo de'; denota inferioridad de posición o categoría, atenuación o disminución): *subacuático, subafluente, subempleo, subestación, subestimar, subíndice, subinspector, suboficial, suburbano.*
- Las palabras compuestas cuyo primer elemento es *bien* o que comienzan con su forma latina *ben(e)-: bienaventurado, bienestar, bienintencionado, bienhechor, bienmesabe, biennacido, bienoliente, bienvenida, bendecir, benefactor, beneplácito, benevolente.*
- Las palabras compuestas cuyo último elemento es *fobia* ('aversión o temor a algo') y las que incluyen el elemento compositivo *-fobo/a* ('que siente aversión o temor'): *agorafobia, claustrofobia, fotofobia, hidrofobia, andrófoba, homófobo, xenófobo.*

3. SEGÚN CRITERIOS LÉXICOS

Se escriben con *b* en representación del fonema /b/:

- Los verbos *beber, caber, deber, haber, saber* y *sorber*, y sus derivados.
- Las voces en cuya familia léxica hay palabras que, en lugar de *b*, presentan la *p* etimológica latina: *abeja* (*apicultura*); *cabello, cabellera, descabellado* (*capilar*); *obispo, obispado* (*episcopado, episcopal*); *recibir, recibidor* (*recipiente, receptor*); *sabio, sabiduría* (*sapiencia*); *sabor, saborear* (*sápido, insípido*).

Notas orientadoras sobre el uso de la letra *v*

1. SEGÚN CRITERIOS POSICIONALES O SECUENCIALES

El fonema /b/ se representa con la letra *v* en los casos siguientes:

- Detrás de la secuencia *ol: disolver, olvidar, polvo, solvencia, tolva, volver*.
- Detrás de los grafemas consonánticos *d* y *b: adverbio, animadversión, inadvertido, obvio, subvención, subversivo*. Son excepción las voces en las que el prefijo *sub-* se antepone a una palabra que empieza por *b* y que mantienen las dos consonantes iguales sin reducción (v. § 6.5.2.1.3): *subbética, subbloque, subboreal*.
- Detrás de la sílaba *cla: clave, clavel, clavícula, clavija, cónclave, enclave, esclavo*. Naturalmente, quedan fuera de esta generalización los derivados en *-ble* y *-bilidad* de verbos terminados en *-clar: anclable* (de *anclar*), *reciclable* (de *reciclar*), *mezclable, mezclabilidad* (de *mezclar*).
- Tras la sílaba inicial *di-: diva, divagación, diván, divergencia, diversión, dividir, divino, divisar, divorcio, divulgar*. Excepciones: *dibujo* y sus derivados, y las voces en las que el prefijo *di-* se antepone a una palabra que empieza por *b*, como *dibranquial*.
- Tras las sílabas iniciales *lla-, lle-, llo-* y *llu-: llave, llevar, llover, lluvia*.
- Tras las sílabas iniciales *pri-* y *pro-: priva, privado, privilegio, provecho, provecto, proveer, provenir, provenzal, proverbio, providencia, provincia, provisional, provocar*. Excepciones: *probar, probeta, problema, probo* y *probóscide*, y sus respectivos derivados, además de las voces formadas por el prefijo *pro-* y una palabra que empiece por *b*, como *probélico* y *probritánico*.

Se escriben asimismo con *v* la mayoría de las voces que presentan las siguientes secuencias iniciales o finales:

- Las palabras que empiezan por *eva-, eve-, evi-* y *evo-: evacuar, evangelista, evasión, evento, eventual, evidente, evitar, evocar, evolución*. Excepciones: *ébano* (y sus derivados *ebanista* y *ebanistería*), *ebionita, ebonita* y *eborario*.

- Los adjetivos de acentuación llana terminados en *-avo/a, -ave, -evo/a, -eve, -ivo/a: esclavo, octava, suave, grave, longevo, nueva, breve, leve, activo, decisiva*. Excepciones: *suabo -ba* y *guajibo -ba*.

2. SEGÚN CRITERIOS MORFOLÓGICOS

Se escriben con *v* en representación del fonema /b/:

- Todas las formas verbales que contienen este fonema, a excepción de las del pretérito imperfecto (o copretérito) de indicativo, y corresponden a verbos cuyo infinitivo carece de él (esto es, *andar, estar, tener* e *ir,* y sus correspondientes derivados): *anduviste, desanduve, estuvieron, tuviera, retuvo, vaya, ve, voy,* pero *andaba, estábamos, iban.*
- Las palabras que comienzan por los siguientes prefijos o elementos compositivos:
    - *vice-, viz-* o *vi-* ('en vez de' o 'que hace las veces de'): *vicealmirante, vicepresidente, vizconde, virrey;*
    - *video-* (en voces relacionadas con la televisión o el video o vídeo): *videocámara, videoclub, videoconferencia, videojuego.*
- Las palabras que terminan en los siguientes elementos compositivos:
    - *-ívoro/a* ('que se alimenta de'): *carnívoro, herbívoro, insectívora;*
    - *-valencia* y *-valente* (de *valer*): *ambivalencia, ambivalente, equivalencia, equivalente, polivalencia, polivalente, prevalencia, prevalente.*

3. SEGÚN CRITERIOS LÉXICOS

- Los verbos *mover, valer, ver, venir* y *volar,* sus derivados y todas las voces pertenecientes a sus respectivas familias léxicas: *muevo, movimiento, valgo, valido, valioso, vería, vidente, prever, vendremos, venidero, volamos, vuelo, volandas, volante.*

Hay que señalar, por otra parte, que existen casos en que el uso ha consolidado como válida la escritura con *b* y con *v* de una misma palabra. Se ofrecen a continuación las voces actuales de uso general más o menos frecuente que presentan variantes gráficas admitidas. No obstante, con el fin de ir eliminando en lo posible la anomalía que supone escribir de dos maneras distintas la misma palabra, se recomienda usar con preferencia la primera de las formas consignadas:

bargueño ('cierto tipo de mueble de madera con cajones'), mejor que *vargueño;*
boceras ('bocazas, jactancioso'), mejor que *voceras;*
cebiche o *sebiche* ('plato a base de pescado o marisco crudo en adobo'), mejor que *ceviche* o *seviche;*
endibia ('variedad lisa de escarola'), mejor que *endivia.*

Advertencia	La grafía *serbio* (fem. *serbia*) es hoy la única válida para el gentilicio del país balcánico cuyo nombre ha quedado actualmente fijado en la forma *Serbia*. Las grafías *Servia* (para el país) y *servio* (para su gentilicio) han caído en desuso y deben evitarse.

6.2.2.1.2 *Uso de la letra* w *para representar el fonema /b/*

Como ya se ha indicado, la letra *w,* inexistente en latín (v. § 5.4.2.2), entró en español por la vía del préstamo y solo se emplea en la escritura de voces procedentes de otras lenguas, en las que puede representar dos fonemas distintos, según los casos: el fonema vocálico /u/ (v. § 6.1.2.2.2) y el consonántico /b/.

La letra *w* representa el fonema consonántico /b/ en nombres propios de origen visigodo: *Wamba* [bámba], *Wifredo* [bifrédo], *Witiza* [bitísa, bitíza]; y en préstamos del alemán, así como en topónimos y antropónimos alemanes y sus derivados: *wolframio* [bolfrámio], *Wagner* [bágner], *wagneriano* [bagneriáno], *Westfalia* [bestfália], *westfaliano* [bestfaliáno], *Weimar* [béimar], *weimarés* [beimarés]. En algunos casos existen variantes gráficas en las que la *w* etimológica ha sido sustituida por una de las dos letras propiamente españolas para representar este fonema: normalmente por *v* (*Vifredo, Vitiza, volframio, vestfaliano, veimarés*) y alguna vez por *b* (*Bamba*). No obstante, en todas estas voces son mayoritarias en el uso y, por tanto, preferibles las grafías con la *w* etimológica.

También en topónimos y antropónimos de otras lenguas europeas, como el polaco o el neerlandés, la *w* se pronuncia corrientemente en español como /b/: *Kowalski* ([kobálski], apellido polaco), *Van der Weyden* ([banderbéiden], apellido de un pintor flamenco del siglo XV).

Información adicional	En los nombres propios alemanes, la *w* puede pronunciarse a la manera alemana, esto es, como labiodental (*Wagner* [vágner]), pero lo normal es pronunciarla como bilabial (*Wagner* [bágner]), puesto que en español no existe el fonema labiodental sonoro /v/. Lo mismo cabe decir de los nombres propios pertenecientes a otras lenguas en las que la *w* representa el fonema /v/ inexistente en español.

En muchas zonas del ámbito hispánico, la *w* suele pronunciarse /b/ —y no /u/, como cabría esperar— en el topónimo árabe *Kuwait* [kubáit] y su gentilicio *kuwaití* [kubaití], así como en el adjetivo *hollywood(i)ense* [jolibud(i)énse], derivado del topónimo inglés *Hollywood* [jólibud] (v. § 6.1.2.2.2).

6.2.2.2 Representación gráfica del fonema /g/

El fonema /g/ puede aparecer representado en español de dos formas distintas: con la letra *g* o con el dígrafo *gu*.

6.2.2.2.1 *Uso de la letra* g *y del dígrafo* gu *para representar el fonema /g/*

El uso de la letra *g* o del dígrafo *gu* para representar el fonema /g/ depende del contexto, esto es, de la posición que dicho fonema ocupe dentro de la palabra y, en especial, de cuál sea el fonema siguiente:

a) Se emplea la letra *g* ante las vocales /a/, /o/, /u/: *gallo, colgar, gobierno, epílogo, gustoso, tugurio;* ante consonante: *amígdala, dogma, benigno, regla, grande;* y a final de palabra, lo que solo ocurre en voces tomadas de otras lenguas: *gag, gong, tuareg, zigzag, cíborg.* Si la secuencia fónica /gu/ va seguida de /e/ o /i/, la letra *u* que representa el fonema /u/ debe escribirse con diéresis (v. § 6.1.2.2.1.1): *pedigüeño* [pedigueño], *pingüino* [pinguíno].

Información adicional — En el latín clásico, la letra *g* representaba siempre el fonema /g/, tanto ante consonante como ante cualquiera de las vocales: *gloria, grandis, gallus, generāre* [generáre], *fragilis* [frágilis], *prodigus.* La *g* latina ante las vocales palatales /e/, /i/ sufrió profundos cambios en su evolución desde el latín al español y, en los casos en que se conservó en la escritura, pasó a representar el fonema /j/ (v. § 6.2.2.3.1b): lat. *genuīnus* [genuínus] > esp. *genuino* [jenuíno]; lat. *legitimus* [legítimus] > esp. *legítimo* [lejítimo]. Este nuevo valor fónico de la *g* ante *e, i* explica la necesidad de establecer otra forma de representación gráfica del fonema /g/ ante estas vocales (v. § b).

Advertencia — Los préstamos del inglés que en esa lengua presentan la terminación *-ing* se han adaptado tradicionalmente al español eliminando la *-g* final, de acuerdo con la pronunciación espontánea de los hispanohablantes, que en general no articulan la última consonante: *esmoquin* (del ingl. *smoking*), *mitin* (del ingl. *meeting*), *pudin* o *pudín* (del ingl. *pudding*). Así pues, se recomienda seguir acomodando a esta pauta tradicional los numerosos anglicismos que circulan hoy con esa misma configuración si se decide adaptarlos al español, bien por su falta de equivalentes en la propia lengua, bien por su arraigo y generalización en el uso actual: *campin* (del ingl. *camping*), *castin* (del ingl. *casting;* aunque se recomienda usar con preferencia el equivalente español *audición*), *cáterin* (del ingl. *catering*), *márquetin* (del ingl. *marketing;* aunque se recomienda usar con preferencia el equivalente español *mercadotecnia*), *pirsin* (del ingl. *piercing*), etc.

b) Se emplea el dígrafo *gu* ante las vocales /e/, /i/: *burgués* [burgés], *guerra* [gérra], *alguien* [álgien], *guisar* [gisár]. La *u* del dígrafo es un mero signo gráfico, sin valor fónico independiente. Cuando la *u* que aparece entre la *g* y la *e* o entre la *g* y la *i* sí tiene valor fónico propio en representación del fonema /u/, debe escribirse con diéresis (v. § a): *desagüe, agüita.*

Los derivados, compuestos y formas flexivas de una palabra, así como las diferentes voces pertenecientes a una misma familia léxica, se escribirán con la letra *g* o el dígrafo *gu* en representación del fonema /g/ según corresponda a la distribución aquí señalada. Así, se escribe *lóbrego,* pero *lobreguez; largo,* pero *larguirucho; colgar,* pero *cuelgue; droga,* pero *droguería; seguir,* pero *sigo; averiguar,* pero *averigüe.*

6.2.2.3 Representación gráfica del fonema /j/

Para representar el fonema /j/ se emplean en español dos letras distintas: *j* y *g* (v. § 6.2.2.3.1). Este fonema también puede aparecer ocasionalmente representado por la letra *x*, lo que solo ocurre en ciertos topónimos y antropónimos que mantienen una grafía arcaica (v. § 6.2.2.3.2).

6.2.2.3.1 *Uso de las letras* j *y* g *para representar el fonema /j/*

Mientras la letra *j* transcribe siempre en español el fonema /j/, la *g* lo hace solo en determinados contextos, tal y como se explica a continuación:

a) La letra *j* puede representar el fonema /j/ en cualquier posición (inicial, medial o final) y ante cualquiera de las vocales: *jabalí, jeta, jirafa, jocoso, júbilo, trabajar, objeto, tejido, dijo, perjuicio, boj, carcaj, reloj.*

b) La letra *g* puede representar el fonema /j/ únicamente delante de las vocales /e/, /i/: *gente, esfinge, girar, alergia.*

Información adicional	Como ya se ha indicado, ante las vocales /a/, /o/, /u/ la letra g representa en español el fonema /g/ (v. § 6.2.2.2.1a).

Así pues, ante las vocales /e/, /i/ el fonema /j/ puede transcribirse con *j* (*jefe, jinete*) o con *g* (*gente, gitano*). La presencia de *j* o *g* en la grafía de las palabras que contienen el fonema /j/ delante de /e/ o /i/ depende, en la mayoría de los casos, de la etimología, ya que, en general, suelen escribirse con *g* ante *e, i* las palabras cuyo étimo se escribe con esa misma letra (o con su equivalente en otros alfabetos, como la gamma griega en voces de esa procedencia): *congelar* (del lat. *congelāre*), *cónyuge* (del lat. *coniux -ŭgis*), *generoso* (del lat. *generōsus*), *genético* (del gr. *gennētikós*), *magenta* (del it. *magenta*), *agitar* (del lat. *agitāre*), *colegio* (del lat. *collegĭum*), *giba* (del lat. *gibba*), *gibón* (del ingl. *gibbon*), *higiene* (del fr. *hygiène*), *arpegio* (del it. *arpeggio*), etc. No obstante, la etimología no es siempre determinante, ya que existen casos de distribución antietimológica de *j* y *g*, como ocurre en *jirafa* (del it. *giraffa*) o en los numerosos préstamos del provenzal, el francés o el catalán que en esas lenguas se escriben con *g* y en español con *j*: *homenaje* (del prov. *homenatge*), *menaje* (del fr. *ménage*), *viaje* (del cat. *viatge*), etc.

Advertencia	Todos los préstamos del francés que en esa lengua presentan la terminación *-age* (pron. [áʒ]) se han adaptado al español con la grafía *-aje* (pron. [áje]): *aterrizaje* (del fr. *atterrissage*), *brebaje* (del fr. *breuvage*), *camuflaje* (del fr. *camouflage*), *chantaje* (del fr. *chantage*), *espionaje* (del fr. *espionnage*), *masaje* (del fr. *massage*), *potaje* (del fr. *potage*), *tatuaje* (del fr. *tatouage*), etc. De acuerdo con esta pauta, los extranjerismos con esa terminación que se adapten al español deben escribirse con *j*. Así pues, son incorrectas grafías como ⊗*garage* o ⊗*bricolage* con la pronunciación [garáje, brikoláje], en lugar de las correctas *garaje* y *bricolaje*. Si se emplea la voz francesa sin adaptar, con su grafía y pronunciación originarias, debe escribirse en cursiva, para marcar su condición de extranjerismo crudo o no adaptado (v. cap. VI, § 2.1.1). Así sucede en amplias zonas de América, donde, en lugar de la adaptación española *garaje* (pron. [garáje]), se emplea la voz francesa *garage* (pron. [garáʒ]).

La coincidencia de las letras *j* y *g* en la representación del fonema /j/ ante las vocales *e, i* es fuente de numerosas vacilaciones y dudas ortográficas, que solo pueden resolverse, en última instancia, con la consulta al diccionario. No obstante, se ofrecen a continuación algunas notas orientadoras que ayudan a seleccionar el grafema correcto en grupos de palabras que comparten ciertos rasgos.

Notas orientadoras sobre el uso de la letra *j* ante *e, i*

1. SEGÚN CRITERIOS POSICIONALES O SECUENCIALES

El fonema /j/ ante /e/, /i/ se representa con la letra *j* en los casos siguientes:

- En las palabras que empiezan por *eje-*: *eje, ejecutar, ejecutivo, ejemplo, ejercer, ejército.* Excepciones: *egetano* ('de Vélez Blanco o de Vélez Rubio, municipios españoles') y algunos nombres propios (topónimos o antropónimos), como *Egeo* o *Egeria.*
- En las palabras que terminan en *-aje* y *-eje*: *abordaje, brebaje, coraje, dopaje, encaje, follaje, garaje, hospedaje, lenguaje, mensaje, paisaje, salvaje, deje, despeje, esqueje, hereje.* Excepciones: *enálage, hipálage* (nombre de figuras retóricas) y el plural *ambages* (usado en la locución *sin ambages*).
- En las palabras de acentuación llana que terminan en *-jero/a*: *cajero, callejero, consejera, extranjero, lisonjera, pasajero, viajera.* Excepción: *ligero -ra* y su derivado *ultraligero -ra.*
- En los verbos terminados en *-jear,* incluidas todas sus formas: *burbujear, callejear, canjear, chantajear, cojear, flojear, gorjear, (h)ojear, pintarrajear.* Excepción: *aspergear* (variante de *asperjar* 'rociar, esparcir líquido en gotas menudas').
- En los sustantivos que acaban en *-jería*: *brujería, cerrajería, consejería, extranjería, relojería.*

2. SEGÚN CRITERIOS MORFOLÓGICOS Y LÉXICOS

Se escriben con *j* en representación del fonema /j/ ante /e/, /i/:

- Todas las formas verbales que contienen este fonema y corresponden a verbos cuyo infinitivo carece de él. Esta regla afecta a los verbos *decir* y *traer* (y sus derivados) y a los verbos acabados en *-ducir,* en las formas del pretérito perfecto simple (o pretérito) de indicativo y subjuntivo, y en las del futuro de subjuntivo: *aduje, adujese* (de *aducir*); *dije, dijera* (de *decir*); *predijéramos, predijere* (de *predecir*); *produjiste, produjesen* (de *producir*); *trajiste, trajerais* (de *traer*).

Notas orientadoras sobre el uso de la letra *g* ante *e, i*

1. SEGÚN CRITERIOS POSICIONALES O SECUENCIALES

El fonema /j/ ante /e/, /i/ se representa con la letra *g* en los casos siguientes:

- En las palabras que contienen la secuencia *inge* en cualquier posición: *esfinge, faringe, ingeniero, ingenuo, ingerir* ('introducir por la boca algo, especialmente alimento o bebida, para hacerlo llegar al estómago'), *ingesta, laringe, meninge, quingentésimo.* Excepciones: *injerir(se)* ('introducir una cosa en otra' y 'entrometerse, inmiscuirse') y su derivado *injerencia,* e *injerto* y sus derivados (*injertar, injertable,* etc.).
- En las palabras que contienen la sílaba *gen* en cualquier posición, incluidas todas las que terminan en *-gencia* o *-gente: aborigen, agencia, argentino, contingente, diligencia, engendrar, exigencia, gen, gendarme, gente, gentil, imagen, legendario, margen, negligente, sargento, urgencia, virgen, vigente.* Excepciones: *ajenjo, jengibre* y *ojén,* y ciertas voces americanas como *comején, jején* y *mejenga.* También son excepción los derivados de palabras escritas con *j,* como *avejentar* (de viejo) o *piojento* (de *piojo*), así como las formas verbales de los verbos terminados en *-jar, -jer, -jir* (*bajen, dejen, tejen, crujen,* etc.).
- En las palabras que contienen la secuencia *gest: congestión, digestivo, gestar, gestionar, gesto, gestor, sugestionable.* Excepciones: *majestad* (y sus derivados) y *vejestorio.*
- En las palabras que contienen las secuencias *gia, gio* (con acento o sin él): *alergia, analogía, apología, arpegio, artilugio, carolingio, cirugía, colegiado, contagiar, demagogia, elegía, energía, estrategia, hagiografía, litigio, liturgia, magia, orgía, plagio, regional, religión, siderurgia, sinergia, vestigio, vigía.* Excepciones: *bujía, canonjía, crujía, ejión, herejía* y *lejía;* las palabras terminadas en *-plejia* o *-plejía* (*apoplejía, hemiplejia* o *hemiplejía,* etc.); los arabismos *alfarjía, almejía* y *ataujía;* y los americanismos *cuajiote* ('cierto árbol') y *jiote* ('enfermedad cutánea'), y sus derivados. También son excepción las palabras compuestas o derivados de otras escritas con *j,* como *ajiaceite* (de *ajo*), *ajiaco* (de *ají*), *monjía* y *monjío* (de *monje* y *monja*), etc.

Se escriben asimismo con *g* ante *e, i* la mayoría de las voces que presentan las siguientes secuencias iniciales o finales:

- Las palabras que empiezan por *gene-, geni-, geno-, genu-: generoso, género, genético, genio, genista, genital, genocidio, genoma, Génova, genuino.*
- Las palabras que empiezan por *legi-: legible, legión, legislar, legítimo.* Excepción: *lejía.* También son excepción *lejísimos* y *lejitos,* derivados de *lejos.*
- Las palabras terminadas en *-gésimo/a* y *-gesimal: cuadragésimo, vigésima, sexagesimal, trigesimal.*
- Las palabras terminadas en *-ginoso/a: cartilaginoso, ferruginosa, lanuginoso, oleaginosa, vertiginoso.*
- Los verbos terminados en *-ger, -gir: coger, emerger, proteger, afligir, corregir, dirigir, fingir, regir, surgir.* Excepciones: *tejer* (y sus derivados) y *crujir*. Naturalmente, esta nota afecta solo a las formas de los verbos en *-ger, -gir* en las que el fonema /j/ antecede a las vocales /e/, /i/; las formas de estos verbos en las que este fonema antecede a las vocales /a/, /o/ se escriben necesariamente con *j* (v. § a): *coges, cogía, cogeremos, cogerían,* pero *cojo, cojas, cojamos.*

2. SEGÚN CRITERIOS MORFOLÓGICOS

Se escriben con *g* ante *e, i* las palabras que contienen los siguientes elementos compositivos o raíces léxicas grecolatinas:

- *angio-* ('vaso, conducto'): *angiografía, angiólogo, angioma, angioplastia* o *angioplastía, angiosperma;*
- *geo-, -geo* ('tierra'): *geocentrismo, geodesia, geodinámica, geógrafo, geología, geometría, geopolítico, hidrogeológico, isogeoterma, apogeo, epigeo, hipogeo, perigeo;*
- *german(o)-, -german(o)* ('de Germania', 'alemán'): *germánico, germanista, germanizar, germano, germanofilia, pangermanismo;*
- *ger(onto)-* ('vejez', 'viejo'): *geriatría, geriátrico, gerontocracia, gerontofilia, gerontología, gerontólogo;*
- *giga-* ('mil millones de veces'): *gigahercio, gigavatio;*
- *gine(co)-* ('mujer'): *gineceo, ginecocracia, ginecólogo, ginecomastia, ginefobia.*

Se escriben asimismo con *g* ante *e, i* las palabras que terminan por los siguientes elementos compositivos o raíces léxicas grecolatinas:

- *-algia* ('dolor'): *lumbalgia, neuralgia, nostalgia, otalgia;*
- *-fagia* ('acción de comer o tragar'): *aerofagia, antropofagia, coprofagia, disfagia;*
- los diversos elementos compositivos derivados de la raíz grecolatina *gen* ('generar, producir'):
  - *-génesis* ('origen, principio o formación'): *génesis, oncogénesis, orogénesis, partenogénesis;*
  - *-genia* ('origen o formación'): *criogenia, embriogenia, filogenia, orogenia;*
  - *-génito/a* ('nacido, engendrado'): *congénito, primogénito, unigénito;*
  - *-́geno/a* ('que genera, produce o es producido'): *alérgeno, antígeno, cancerígeno, electrógeno, endógeno, lacrimógeno, oxígeno, patógeno.*
- *-́gero/a* ('que lleva o produce'): *alígero, flamígero;*
- *-logía* ('estudio, disciplina científica') y su derivado *-lógico/a: ecología, ecológico, filología, filológico, museología, museológico, terminología, terminológico;*
- *-rragia* ('flujo o derramamiento'): *blenorragia, hemorragia, verborragia.*

Advertencia En español, tanto la *j* como la *g* (ante *e, i*) representan siempre el fonema /j/. Por esta razón, la voces extranjeras en las que estos grafemas se corresponden con un sonido igual o similar al de nuestro fonema /y/, si se emplean en español con su grafía y pronunciación originarias, deben considerarse extranjerismos crudos o no adaptados y escribirse, consecuentemente, en cursiva (v. cap. VI, § 2.1.1). Así, son extranjerismos crudos términos como *gigolo* [yigoló] ('hombre joven mantenido por una mujer mayor a cambio de favores sexuales'), *gin* [yín] ('ginebra'), *ginseng* [yínsen] o [yinsén] ('sustancia tónica y estimulante, extraída de una planta del mismo nombre originaria de Corea'), *manager* [mánayer] ('gerente o directivo de una empresa o sociedad, o representante de un artista o un deportista'), *pidgin* [pídyin] ('lengua formada por la mezcla de elementos de otras varias, usada entre hablantes de diferente origen lingüístico'), *jazz* [yás] ('cierto tipo de música') o *jet* [yét] ('cierto tipo de avión'), pues su pronunciación difiere de la que les correspondería en español de acuerdo con su grafía.

Si se decide adaptar al español este tipo de extranjerismos tomando como referencia su pronunciación originaria, debe sustituirse la *j* o la *g* etimológica por *y*, que es la letra que representa en español el fonema /y/ (v. § 6.2.2.6): *bluyín* (del ingl. *blue jean*), *yacusi* (del ingl. *jacuzzi*), *yincana* (de la voz anglohindú *gymkhana*), *yonqui* (del ingl. *junkie*), *yudo* (del japonés *judo*), etc., como ya ha ocurrido antes con voces como *yute* (del ingl. *jute*), *trayectoria* (del fr. *trajectoire*) o *apoyatura* (del it. *appoggiatura*). Cuando las voces extranjeras de esta naturaleza se han adaptado al español manteniendo la grafía etimológica, se ha modificado la pronunciación originaria para adecuarla a la que le corresponde a dicha grafía en nuestra lengua, como ilustran los casos de *jade* (que pronunciamos [jáde], aunque el étimo francés *jade* se pronuncie aproximadamente [yád]) o *jungla* (que pronunciamos [júngla], aun cuando el étimo inglés *jungle* se pronuncia aproximadamente [yángel]).

Hay casos en que un mismo extranjerismo se ha adaptado al español siguiendo ambas pautas: tanto manteniendo la pronunciación originaria y modificando la grafía como manteniendo la grafía originaria y modificando la pronunciación. Así, procedentes del inglés *jersey* existen en español las adaptaciones *jersey* [jerséi], usada sobre todo en España, y *yérsey* [yérsei] o *yersi* [yérsi], usadas en América; del mismo modo, del inglés *pyjamas* proceden las adaptaciones *pijama* [pijáma], en España, y *piyama* [piyáma], en América. Cuando para un mismo término existen grafías con *-j-* y con *-y-*, cada una de ellas debe pronunciarse de acuerdo con el fonema que representa en español el grafema que contiene, como en *banjo* [bánjo] y *banyo* [bányo] o *soja* [sója] y *soya* [sóya]. Lo que no resulta posible es considerar préstamos adaptados formas en las que existe discordancia entre grafía y pronunciación de acuerdo con nuestro sistema ortográfico; así, la forma *judo* solo puede considerarse como extranjerismo adaptado si se pronuncia [júdo]; si se pronuncia [yúdo] ha de escribirse en cursiva, como corresponde a los extranjerismos crudos, aunque el hablante tiene también la opción de emplear, en este caso, la grafía adaptada *yudo*.

6.2.2.3.1.1 *Variantes gráficas en palabras que contienen el fonema /j/ ante /e/, /i/*

El hecho de que ante las vocales /e/, /i/ el fonema /j/ pueda representarse en español con dos grafemas distintos (*j* y *g*) ha dado lugar a la existencia de variantes gráficas en la escritura de algunas palabras. Normalmente estas variantes se han generado por la convivencia en el uso de grafías etimológicas con *g* ante *e, i* junto a grafías en las que la *g* etimológica se ha sustituido por la letra *j,* que, a diferencia de la *g,* siempre representa en español este fonema.

Se registran a continuación las voces de empleo actual más o menos frecuente que presentan variantes gráficas admitidas con *j* o con *g* ante *e, i,* indicando al mismo tiempo la forma que se considera hoy preferible por corresponder al uso mayoritario. Así, se recomienda escribir:

ajigolón (en Méx. y Centroam., 'prisa o ajetreo', 'apuro o aprieto' y 'fatiga o cansancio'), mejor que *agigolón;*
jenízaro -ra ('soldado de un cuerpo turco de infantería que constituyó la guardia del sultán'), mejor que *genízaro -ra;*
jerbo ('roedor norteafricano'), mejor que *gerbo;*
jiennense ('de Jaén, ciudad de España, capital de la provincia del mismo nombre'), mejor que *giennense;*

Información adicional — Para este gentilicio existe también la variante *jienense,* con simplificación gráfica del grupo *-nn-,* forma que resulta preferible si en la pronunciación se articula una sola /n/ (v. § 6.5.2.1.3).

---

giga ('danza antigua de ritmo acelerado'), mejor que *jiga;*
gineta ('mamífero carnicero parecido al gato montés'), mejor que *jineta;*
hégira ('era de los musulmanes'), mejor que *héjira;*
pagel ('pez comestible'), mejor que *pajel.*

6.2.2.3.2 *Uso de la letra* x *para representar el fonema /j/*

Hasta principios del siglo XIX, el fonema /j/ podía ser también representado en español por la letra *x.* Así, junto a grafías con *j* o *g,* como *tinaja, objeto, quejido, hijo, juez, ángel* o *agitar,* eran normales grafías con *x,* como *embaxador, exemplo, mexilla, crucifixo* o *brúxula* (hoy escritas *embajador, ejemplo, mejilla, crucifijo* y *brújula*).

Información adicional — Con *x* se representaba en el español medieval uno de los seis fonemas sibilantes, el prepalatal fricativo sordo, cuya pronunciación era muy similar a la de la *sh* inglesa o la *ch* francesa actuales. Así, palabras como *dixo* (hoy *dijo*) o *traxo* (hoy *trajo*) se pronunciaban [dísho] y [trásho], donde [sh] representa un sonido similar al que se emite para imponer silencio. En el español medieval existía asimismo un fonema prepalatal fricativo sonoro, que se representaba con *j* o, también, con *g* (ante *e, i*), y que sonaba aproximadamente como la *j* del francés actual: *fijo* [fíʒo] (hoy *hijo*) o *muger* [muʒér] (hoy *mujer*). Al ensordecerse el prepalatal sonoro, se fundió con el sordo antes descrito, y el único fonema resultante retrasó después su lugar de articulación hasta la zona del velo del paladar, dando origen al fonema velar fricativo sordo /j/; de ahí que en la representación gráfica del nuevo fonema /j/ confluyeran los tres grafemas mencionados: *x, j* y *g* (ante *e, i*).

En 1815, la ortografía académica decidió eliminar el uso de la *x* con este valor fónico, momento a partir del cual el fonema /j/ pasó a representarse solo con *j* (ante cualquier vocal) o con *g* (únicamente ante *e, i,* y en aquellos casos justificados por la etimología). Sin embargo, quedan algunos restos del antiguo valor de la *x* como representante del fonema /j/ en ciertos topónimos y antropónimos que mantienen una grafía arcaica, como *México, Oaxaca* o *Texas* (con sus respectivos derivados *mexicano, mexicanismo, oaxaqueño, texano,* etc.), y en variantes gráficas arcaizantes de algunos antropónimos, como el nombre de pila *Ximena* o los apellidos *Ximénez* o *Mexía* (cuyas grafías modernas son *Jimena, Jiménez* y *Mejía*). No debe olvidarse que la pronunciación correcta que corresponde hoy a la *x* en todos estos casos es /j/ ([méjiko], [oajáka], [téjas], [jiména], [mejía], etc.), y no /k + s/ (⊗[méksiko], ⊗[oaksáka], ⊗[téksas], ⊗[ksiména], ⊗[meksía], etc.).

Los topónimos *México* y *Texas,* así como todos sus derivados, presentan variantes gráficas con *-j-*, igualmente válidas: *Méjico, Tejas, mejicano, tejano,* etc. En el caso de *México* y sus derivados, las grafías con *-j-* eran usuales hasta no hace mucho en España, donde, sin embargo, se han impuesto también las grafías con *-x-,* que resultan preferibles por ser las usadas en el propio país y, mayoritariamente, en el resto de Hispanoamérica.

Advertencia — No deben confundirse los casos excepcionales en que los grafemas *x* y *j* representan, ambos, el fonema /j/, dando lugar a simples variantes gráficas, como en *México/Méjico* (pron. [méjiko]) o *Texas/Tejas* (pron. [téjas]), con aquellos otros en los que cada una de esas letras presenta el valor fónico que le corresponde en el sistema ortográfico actual, lo que da lugar a variantes no solo gráficas, sino también de pronunciación. Así ocurre en las voces sinónimas *anexo* (pron. [anékso]) y *anejo* (pron. [anéjo]), usadas ambas en todo el ámbito hispánico, o en *luxación* (pron. [luksasión, luksazión]), de uso general, y *lujación* (pron. [lujasión, lujazión]), desusada en España, pero vigente en algunos países de América. Puede darse el caso de que cada grafía haya especializado su significado, como ocurre en *prójimo* (pron. [prójimo]), sustantivo que significa 'cualquier persona, considerada como miembro del género humano', y *próximo* (pron. [próksimo]), adjetivo que significa 'cercano'.

Sobre el valor fónico de la *x* en otros topónimos y voces procedentes de lenguas amerindias, v. § 6.3.2.2.

6.2.2.4 Representación gráfica del fonema /k/

En textos escritos en español, el fonema /k/ puede aparecer hoy gráficamente representado hasta de cuatro formas distintas: con los grafemas *c*, *k*, *q* o con el dígrafo *qu*. En el léxico patrimonial y, por tanto, en la inmensa mayoría de las palabras españolas, este fonema se transcribe siempre con la letra *c* o con el dígrafo *qu* (§ 6.2.2.4.1). En cambio, las letras *k* y *q* solo aparecen —esta última de forma muy excepcional— en voces de origen foráneo, en transcripciones de otras lenguas o en ciertos cultismos griegos o latinos (§ 6.2.2.4.2).

6.2.2.4.1 *Uso de la letra* c *y del dígrafo* qu *para representar el fonema /k/*

La letra *c* y el dígrafo *qu* son las grafías genuinamente españolas para representar el fonema /k/, y el uso de una u otra depende del contexto, esto es, de la posición que dicho fonema ocupe dentro de la palabra y, en especial, de cuál sea el fonema siguiente:

a) Se emplea la letra *c* ante las vocales /a/, /o/, /u/: *casa, pescar, contra, poco, cupo, oculto;* ante consonante: *aclamar, anécdota, cráter, pacto, técnico;* y a final de palabra, en ciertas voces onomatopéyicas o tomadas de otras lenguas: *clic, crac, tictac, cómic, frac, chic.*

Información adicional

La letra *c* ante las vocales /e/, /i/, que en latín representaba asimismo el fonema /k/ (lat. *cercĭus* [kérkius] 'cierzo'), modificó profundamente su valor fónico en su evolución al español y, tras sucesivos cambios fonético-fonológicos, acabó transcribiendo gráficamente dos fonemas muy distintos de /k/: el fonema /s/ para los hispanohablantes que sesean (v. § 6.2.2.8.2) y el fonema /z/ para la minoría de hispanohablantes que no sesean (v. § 6.2.2.7.1b): lat. *cena* [kéna] > esp. *cena* [séna, zéna]; lat. *circus* [kírkus] > esp. *circo* [sírko, zírko].

Así pues, en la secuencia gráfica *-cc-* (v. § 6.5.2.1.2), solo la primera de esas letras representa el fonema /k/, mientras que la segunda, que precede siempre a una *e* o a una *i*, transcribe el fonema /s/ o el fonema /z/, según que el hablante sesee o no: *acción* [aksión, akzión].

---

b) Se emplea el dígrafo *qu* ante las vocales /e/, /i/: *querer* [kerér], *esquema* [eskéma], *quimera* [kiméra], *esquina* [eskína]. Como se ve, la *u* del dígrafo es, en estos casos, un mero signo gráfico carente de valor fónico.

Información adicional

En el latín clásico, el fonema /k/ se representaba normalmente por la letra *c*, que en esa lengua podía aparecer ante cualquiera de las vocales (*capra, centum* [kéntum], *circus* [kírkus], *commūnis, culpabĭlis*). Por su parte, la letra *q* solo se usaba en latín, seguida siempre de *u*, para representar la secuencia fónica /ku/ ante vocal perteneciente a la misma sílaba (*quasi* [kuási], *quercus* [kuérkus], *liquĭdus* [líkuidus], *quod* [kuód]).

El hecho de que la letra *q* apareciese siempre en latín seguida de *u* explica la presencia del dígrafo *qu* en el sistema gráfico del español, que aprovechó esta combinación de grafemas latinos para representar el fonema /k/ ante las vocales /e/, /i/, aunque con la diferencia esencial, con respecto al latín, de que la *u* del dígrafo español *qu* no representa sonido alguno (esp. *quieto* [kiéto], del lat. *quiētus* [kuiétus]). La ortografía académica de 1815 dejó ya claramente establecido el uso en español de la *c* ante las vocales *a, o, u,* y del dígrafo *qu* ante las vocales *e, i,* sin supeditación alguna a la etimología. Por ello, las palabras escritas en latín con la secuencia «*qu* + vocal» que no perdieron el sonido de la *u* en su paso al español se escriben con «*cu* + vocal»: *cuadro* (del lat. *quadrus*), *cuestor* (del lat. *quaestor*), *frecuencia* (del lat. *frequentĭa*), *cuota* (del lat. *quota*), etc. No obstante, en latinismos crudos o no adaptados puede aparecer la secuencia gráfica *qu* en representación de la secuencia fónica /ku/ (v. § 6.2.2.4.2.2 y cap. VI, § 2.2.2).

Los derivados, compuestos y formas flexivas de una palabra, así como las diferentes voces pertenecientes a una misma familia léxica, se escribirán con *c* o con *qu* en representación del fonema /k/ según corresponda a la distribución antes señalada. Así, se escribe *loco,* pero *enloquecer; boca,* pero *boquiabierto; chocar,* pero *choque; delincuente,* pero *delinquir; Turquía,* pero *turco.*

Advertencia

Las secuencias gráficas *ck* y *cq,* que en otras lenguas, como el inglés, el alemán, el francés o el italiano, son dígrafos que representan el fonema /k/, son ajenas a la ortografía del español; de ahí que los préstamos con esa configuración gráfica que se adaptan al español sustituyan esos dígrafos por grafías propias de nuestro sistema para representar dicho fonema (normalmente *c* o *qu,* y alguna vez *k* a final de palabra): *acuarela* (del it. *acquarella*), *carric* (del fr. *carrick*), *crac* (del ingl. *crack*), *críquet* (del ingl. *cricket*), *níquel* (del al. *Nickel*), *niqui* (del al. *Nicki*), *nobuk* (del ingl. *nubuck*), *tique* o *tiquete* (del ingl. *ticket*). Así pues, las voces escritas con *ck* o *cq* deben considerarse extranjerismos crudos o no adaptados, como ocurre con el anglicismo *rock* ('cierto género de música') o con el sustantivo *becquerel* (nombre común que designa la unidad de medida de la radiactividad y que procede del apellido del físico francés A. H. Becquerel). Para este último se propone el empleo de la grafía adaptada *bequerel,* ya documentada en el uso: «*Pastos y forrajes mantienen un importante índice de radiactividad, en torno a 6 000 bequereles por kilo*» (*Abc* [Esp.] 1.11.1986).

A diferencia de lo que sucede con los nombres comunes, las secuencias *ck* o *cq* se mantienen en la escritura de los apellidos extranjeros y en sus derivados (cuando significan 'perteneciente o relativo a [la persona de ese nombre]'), puesto que los apellidos conservan siempre su grafía originaria (v. cap. VII, § 5): *Steinbeck, steinbeckiano, Bécquer, becqueriano,* etc.

6.2.2.4.2 *Uso de las letras* k *y* q *para representar el fonema /k/*

Ni la *k* ni mucho menos la *q* por sí sola (sin el acompañamiento de la *u* característica del dígrafo *qu*) son grafías tradicionales en español para representar el fonema /k/, razón por la que solo aparecen en préstamos relativamente recientes, en topónimos y antropónimos foráneos, en transcripciones de otras lenguas y en ciertos cultismos griegos o latinos.

6.2.2.4.2.1 *Uso de la letra* k *para representar el fonema /k/*

La letra *k* en representación del fonema /k/ se emplea hoy en español, en cualquier posición, en la escritura de numerosos préstamos de muy diverso origen que contienen esta letra en su grafía originaria, o en su transcripción al alfabeto latino cuando se trata de voces tomadas de lenguas que emplean otros alfabetos u otros sistemas de escritura. Así, hay préstamos con *k* procedentes del inglés (*bikini, kayak, kétchup, kril, nobuk, punk, vikingo, yak*), del alemán (*búnker, káiser, karst*), del francés (*anorak, kermés, kiosco*), del ruso (*katiuska, vodka*), del húngaro (*páprika* o *paprika*), del neerlandés (*afrikáans, afrikáner*), del vasco (*euskera, ikurriña, lendakari*), del japonés (*aikido, harakiri, ikebana, kamikaze, karaoke, kimono, sake*), del árabe (*kebab, kif, kurdo*), del hebreo (*askenazí* o *askenazi, kibutz, kipá*), del turco (*kílim* o *kilim*), del sánscrito (*karma*) y de lenguas caucásicas, amerindias, asiáticas, oceánicas o africanas (*amok, batik, kéfir, kiwi, koala, okapi, ukelele...*). Algunos de estos préstamos se han incorporado al español no directamente desde el idioma de origen, sino a través de lenguas puente más cercanas, como el inglés o el francés.

Información adicional

Aunque la *k* formaba parte del alfabeto que los latinos heredaron de los etruscos, y se usó en la escritura del latín arcaico, prácticamente desapareció de la escritura del latín clásico, donde para representar el fonema /k/ se usaban la *c* (ante consonante o ante cualquiera de las vocales) o la *q* (seguida siempre de *u* ante vocal perteneciente a la misma sílaba). La práctica inexistencia de la *k* en la escritura del latín explica su ausencia del conjunto de grafemas tradicionalmente usados en la escritura del español y, en general, de todas las lenguas derivadas del latín, donde su presencia está casi siempre ligada a voces de origen foráneo.

Durante un tiempo, de 1815 a 1869, la ortografía académica llegó incluso a excluir la *k* del abecedario del español, de modo que para representar el fonema /k/ debían emplearse en exclusiva, según los casos, la letra *c* o el dígrafo *qu*. Por esa razón, muchos préstamos de otras lenguas cuyo étimo se escribe o se transcribe con *k* se adaptaron al español con *c* o *qu*, tendencia a la adaptación que se ha mantenido a lo largo del tiempo, también tras la reincorporación de la *k* al abecedario: *cacatúa* (del malayo *kakatūwa*), *canguro* (del fr. *kangourou*), *cinc* o *zinc* (del al. *Zink*), *cococha* (del eusk. *kokotxa*), *disquete* (del ingl. *diskette*), *esmoquin* (del ingl. *smoking*), etc. En muchos casos, no obstante, junto a las grafías adaptadas con los grafemas tradicionales *c* o *qu*, se documentan en el uso las que mantienen la *k* etimológica, lo que propicia la existencia de variantes gráficas en la escritura de muchas palabras (v. § 6.2.2.4.3): *biquini/bikini, caqui/kaki, cuáquero/cuákero, folclore/folklore,* etc.

Muchas de las voces escritas con *k* son topónimos o antropónimos originarios de otras lenguas (y sus derivados): *Alaska* (*alaskeño*), *Burkina Faso* (*burkinés*), *Faulkner* (*faulkneriano*), *Hong Kong* (*hongkonés*), *Kafka* (*kafkiano*), *Kant* (*kantismo, kantiano, neokantismo*), *Katmandú, Kazajistán* (*kazajo*), *Kenia* (*keniano* o *keniata*), *Kioto, Kuwait* (*kuwaití*), *Neembukú* (*neembukeño*), *Pakistán* (*pakistaní*), *Pekín* (*pekinés*), *Tayikistán* (*tayiko*), *Trotski* (*trotskista*), *Uzbekistán* (*uzbeko*), etc.

Advertencia

Los derivados de antropónimos conservan siempre la *k* del nombre propio, incluso ante las vocales *e, i*: *Kafka* > *kafkiano; Trotski* > *trotskista.* Sin embargo, en los derivados de topónimos, no es raro que existan dos variantes, la que conserva la *k* del nombre propio y la que sustituye esta por *qu* ante *e, i*: *Alaska* > *alaskeño* o *alasqueño; Nueva York* > *neoyorkino* o *neoyorquino; Pakistán* > *pakistaní* o *paquistaní; Pekín* > *pekinés* o *pequinés.* En la mayoría de los casos, no en todos, la grafía preferida hoy para el gentilicio es la que conserva la *k* del topónimo.

También se escriben con *k,* además del nombre de la propia letra (*ka*) y el de su equivalente en el alfabeto griego (*kappa*), algunos helenismos en los que la *k* transcribe precisamente esa letra griega, como *eureka, kirie, koiné* o *kriptón,* o las voces formadas con los elementos compositivos de origen griego *kili-, kilo-* (del gr. *khílioi* o *chílioi* 'mil'): *kiliárea, kilocaloría, kilo(gramo), kilómetro, kilovatio,* etc.; y *kinesi(o)-, -kinesia* (del gr. *kínēsis* 'movimiento'): *kinesiología, kinesiólogo, kinesi(o)terapia, telekinesia,* etc.

Advertencia	Tanto *kili-, kilo-* como *kinesi(o)-, -kinesia* presentan variantes graficas con *qu.* Las grafías con las variantes *quili-, quilo-* (*quiliárea, quilo(gramo), quilómetro,* etc.) han caído en desuso y se desaconseja su empleo. Por su parte, en las voces formadas con la raíz griega *kínēsis,* las grafías con *k* son mayoritarias cuando el elemento compositivo está situado en primer lugar (*kinesiología, kinesi(o)terapia,* etc.), mientras que prevalecen las grafías con *qu* cuando el elemento compositivo está situado al final (*telequinesia, telequinesis*).

Información adicional	En España se escriben también con *k* algunos términos que designan realidades surgidas en ámbitos juveniles o contestatarios, como seña de inconformismo: *okupa, okupar* (en relación con el movimiento que propugna la ocupación de viviendas deshabitadas sin consentimiento de su propietario) o *bakalao* (en referencia a un cierto tipo de música electrónica).

6.2.2.4.2.2 *Uso de la letra* q *para representar el fonema /k/*

En las palabras propiamente españolas, tal como se ha indicado (v. § 6.2.2.4.1b), la letra *q* se escribe siempre seguida de *u* formando el dígrafo que representa el fonema /k/ ante las vocales /e/, /i/: *meñique, queja, quinquenio.* En este uso característico, la *u* es un mero signo gráfico que no representa sonido alguno.

Sin embargo, en algunos latinismos y anglicismos científicos no plenamente adaptados al español (pues conservan la grafía etimológica, pero se tildan a la española), aparece de manera excepcional la secuencia gráfica *qu* con sonido /ku/, de forma que la *q* representa en ellos, por sí sola, el fonema /k/. Se trata de latinismos como *exequátur* [eksekuátur], *quadrívium* [kuadríbium] y *quórum* [kuórum], y de los anglicismos científicos *quark* [kuárk] y *quásar* [kuásar].

Estos casos excepcionales, que suponen añadir una grafía más (la letra *q*) a las tres que ya existen para representar el fonema /k/ (el dígrafo *qu* y las letras *c* y *k*), complican el sistema ortográfico del español, alejándolo aún más del ideal de correspondencia biunívoca entre grafemas y fonemas. Contradicen, además, como se explica en el capítulo VI, § 2.2.2 y 2.3c, la norma establecida en 1815 por la propia ortografía académica de escribir con *cu* todas las palabras cuya grafía etimológica presentase la secuencia gráfica *qu* con sonido /ku/, gracias a lo cual escribimos hoy con *c* y no con *q* palabras como *acuario, adecuar, alícuota, anticuario, cuaderno, cuadro, cual, cuando, cuanto, cuarto, cuatro, ecuación, ecuador, escualo, frecuencia, grandilocuente, inicuo, licuar, oblicuo, propincuo, secuaz* y muchas otras que el diccionario incorporó en un principio con la *q* etimológica. A ello se une que algunas de las excepciones antes señaladas que presentan esa *q* anómala cuentan ya con formas plenamente adaptadas al español, escritas con *c*, como es el caso de *cuásar* (hoy más frecuente que la propia grafía etimológica) y de *cuadrivio* (hispanización bastante usada del latín *quadrivĭum*).

Así pues, con el fin de preservar la coherencia y simplicidad de nuestro sistema ortográfico, se recomienda que todos aquellos préstamos de otras lenguas (sean latinismos o extranjerismos) cuya grafía etimológica incluya una *q* con valor fónico independiente se adapten por completo al español sustituyendo dicha *q* por las grafías hoy asentadas en nuestra lengua para representar el fonema /k/. Esto supone pasar a escribir *cuark, cuásar, cuórum* o *execuátur* (y no *quark, quásar, quórum* o *exequátur*) y emplear la hispanización *cuadrivio* en lugar del latinismo semiadaptado *quadrívium*. En caso de mantener la *q* etimológica, estas voces deben considerarse extranjerismos o latinismos no adaptados y escribirse, por ello, en cursiva y sin tildes: *quadrivium, quark, quasar, quorum, exequatur.*

La *q* puede aparecer también por sí sola en representación del fonema /k/ en transcripciones de nombres pertenecientes a lenguas semíticas como el árabe o el hebreo, ya que es la letra del alfabeto latino con la que se transliteran la *qāf* árabe y la *qof* hebrea; de ahí las grafías *Iraq* o *Qatar* con que se ven escritos los nombres de estos dos países árabes, o la grafía *Qumrán* para el nombre hebreo del lugar donde se encontraron los famosos manuscritos o rollos del mar Muerto. Sin embargo, para el primero de ellos se documenta desde antiguo en español la forma *Irak,* mayoritaria en el uso y preferible a *Iraq,* pues evita la anomalía que supone en nuestro sistema gráfico el uso de la letra *q* fuera del dígrafo *qu,* y presenta una *k* final que es hoy normal en muchas voces procedentes de otras lenguas. Seguramente por evitar esa misma anomalía existe también la forma adaptada *Cumrán* para el topónimo hebreo antes citado y, por la misma razón, se recomienda la grafía adaptada *Catar* (mejor que *Qatar*) para el nombre de ese emirato árabe, forma que permite además generar el gentilicio ortográficamente regular *catarí*. La adaptación de grandes topónimos árabes cuya transliteración estricta contiene una *q* tiene precedentes, como ilustra el caso de *El Cairo* (del ár. *al-Qāhira*). A diferencia de los topónimos mayores, los topónimos menores y los antropónimos procedentes de estas lenguas semíticas se emplean generalmente con la grafía que corresponde a su transcripción, sin hispanizaciones ulteriores (a este respecto cabe recordar que, a diferencia de los nombres comunes, los nombres propios, aunque no estén adaptados al español, nunca se escriben en cursiva; v. cap. VII, § 1).

Información adicional

En las transcripciones de nombres propios chinos al alfabeto latino según el sistema pinyin, oficialmente adoptado por China para la transcripción del mandarín, es frecuente que aparezca la *q* como grafema independiente, pero en ellas no representa el fonema /k/, sino un sonido parecido al de nuestro fonema /ch/: *Qiang* [chiáng].

6.2.2.4.3 *Variantes gráficas en palabras que contienen el fonema /k/*

La existencia de diversas posibilidades gráficas para representar el fonema /k/ ha dado lugar a numerosos casos de variantes gráficas en la escritura de muchas palabras no pertenecientes al léxico patrimonial. Estas variantes se han generado por la convivencia en el uso de grafías etimológicas con *k* o *q*, junto a grafías modificadas para adaptarse al patrón característico del sistema gráfico del español, que para representar este fonema emplea la letra *c* (ante consonante y ante las vocales *a, o, u*) o el dígrafo *qu* (ante las vocales *e, i*).

Se registran a continuación las voces de empleo actual más o menos frecuente que presentan variantes gráficas admitidas, indicando la forma que se considera hoy preferible, normalmente por corresponder al uso mayoritario. Así, se recomienda escribir:

alaskeño -ña ('de Alaska'), mejor que *alasqueño -ña;*
askenazí o *askenazi* ('judío oriundo de Europa central y oriental'), mejor que *asquenazí* o *asquenazi;*
baraka ('buena suerte'), mejor que *baraca;*
bikini ('traje de baño femenino de dos piezas'), mejor que *biquini;*
caqui ('color que varía entre el amarillo ocre y el verde grisáceo' y 'árbol oriental y su fruto comestible'), mejor que *kaki;*
Catar (país árabe), gentilicio *catarí,* mejor que *Qatar, qatarí;*
criptón ('elemento químico'), mejor que *kriptón;*
cuáquero -ra ('seguidor de una doctrina religiosa surgida en Inglaterra a mediados del siglo XVII'), mejor que *cuákero -ra;*

euskera ('lengua vasca'), mejor que *eusquera;*

folclor(e) ('conjunto de costumbres, tradiciones y manifestaciones artísticas de un pueblo'), *folclórico -ca* ('del folclore'), *folclorista* ('estudioso del folclore'), mejor que *folklor(e), folklórico -ca, folklorista;*

harakiri ('suicidio ritual japonés que consiste en abrirse el vientre'), mejor que *haraquiri;*

Irak (país árabe), mejor que *Iraq;*

kamikaze ('piloto suicida japonés' y 'persona temeraria o que comete un atentado que puede implicar su propia muerte'), mejor que *camicace;*

karst ('paisaje de relieve accidentado, originado por la erosión química de terrenos calcáreos'), *kárstico -ca,* mejor que *carst, cárstico -ca;*

kermés ('verbena benéfica' y 'fiesta popular al aire libre'), mejor que *quermés;*

kif ('hachís'), mejor que *quif;*

kimono ('túnica japonesa'), mejor que *quimono;*

kinesiología ('estudio del movimiento natural del cuerpo humano y del tratamiento de sus posibles afecciones'), *kinesiológico -ca* ('de la kinesiología'), *kinesiólogo -ga* ('experto en kinesiología'), *kinesi(o)terapia* ('terapia basada en movimientos activos o pasivos del cuerpo'), mejor que *quinesiología, quinesiológico -ca, quinesiólogo -ga, quinesi(o)terapia;*

koiné ('lengua estándar común, resultado de la unificación de distintas variantes dialectales), mejor que *coiné;*

kopek ('moneda rusa'), mejor que *copec;*

kurdo -da ('pueblo indoeuropeo asentado en una región del suroeste de Asia') y *Kurdistán* (región de Asia donde se asienta el pueblo kurdo), mejor que *curdo -da* y *Curdistán;*

Marrakech (ciudad de Marruecos), gentilicio *marrakechí,* mejor que *Marraquech, marraquechí;*

mikado ('emperador de Japón'), mejor que *micado;*

moka ('cierta variedad de café'), mejor que *moca;*

musaka ('plato típico de la cocina griega'), mejor que *musaca;*

neoyorquino -na ('de Nueva York'), mejor que *neoyorkino -na;*

okapi ('mamífero rumiante africano'), mejor que *ocapi;*

pakistaní ('de Pakistán), mejor que *paquistaní;*

pekinés -sa ('de Pekín'), mejor que *pequinés -sa;*

póker ('cierto juego de naipes'), mejor que *póquer;*

polca ('danza folclórica de Bohemia'), mejor que *polka;*

queroseno o, en Am., *querosén, querosene, querosín* ('combustible derivado del petróleo'), mejor que *keroseno, kerosén, kerosene, kerosín;*
quiosco ('templete para celebrar conciertos al aire libre' y 'puesto de venta en la calle'), *quiosquero -ra* ('persona que atiende un quiosco'), mejor que *kiosco, kiosquero -ra;*
Tanganica (lago africano), mejor que *Tanganika;*
telequinesia o *telequinesis* ('desplazamiento de objetos por la fuerza de la mente'), mejor que *telekinesia* o *telekinesis;*
troika ('trío'), mejor que *troica;*
Turquestán (región de Asia central), mejor que *Turkestán;*
uzbeko -ka ('de Uzbekistán'), mejor que *uzbeco -ca;*
valquiria ('divinidad femenina de la mitología escandinava'), mejor que *valkiria;*
vodka ('cierto aguardiente'), mejor que *vodca.*

Aunque en muchos casos, especialmente en los préstamos de nueva o más reciente incorporación, el uso mayoritario tiende hoy a conservar los grafemas etimológicos, no pueden considerarse en modo alguno censurables las grafías que se acomoden a las pautas gráficas tradicionales en español.

6.2.2.5 Representación gráfica del fonema /rr/

En español, el fonema /rr/ puede aparecer gráficamente representado de dos formas: con la letra *r* o con el dígrafo *rr.*

6.2.2.5.1 *Uso de la letra* r *y del dígrafo* rr *para representar el fonema /rr/*

El uso de la letra *r* o del dígrafo *rr* para representar el fonema /rr/ depende del contexto, esto es, de la posición que dicho fonema ocupe dentro de la palabra:

a) Se emplea la letra *r* en representación del fonema /rr/ en posición inicial de palabra: *rama* [rráma], *rebotar* [rrebotár], *risueño* [rrisuéño], *roca* [rróka], *rueda* [rruéda]; y detrás de consonante perteneciente a la sílaba anterior (normalmente *l, n* o *s*): *alrededor* [al.rre.de.dór], *honrado* [on.rrá.do], *israelí* [is.rra.e.lí], *Azrael* [as.rra.él, az.rra.él], *exrepresentante* [eks.rre.pre.sen.tán.te].

Información adicional — Cuando la letra *r* va precedida de una consonante perteneciente a la misma sílaba, lo que ocurre cuando sigue a *b, c, d, f, g, k, p* o *t,* representa el fonema vibrante simple /r/ (v. § 6.2.1.1j): *sobre* [só.bre], *escribir* [es.kri.bír], *drama* [drá.ma], *cofre* [kó.fre], *vinagre* [bi. ná.gre], *kril* [kríl], *soprano* [so.prá.no], *patria* [pá.tria]. Ahora bien, cuando en una palabra prefijada o compuesta el prefijo o el primer elemento del compuesto termina en consonante, incluidas las arriba indicadas, y el segundo empieza por *r*, existe normalmente una frontera silábica delante de la *r*, por lo que, en esos casos, esta letra sigue representando el fonema vibrante múltiple /rr/: *subrayar* [sub.rra.yár], *ciudadrealeño* [siu.dad.rre.a.lé.ño, ziu.dad.rre.a.lé. ño] ('de Ciudad Real', en España)', *pos(t)romántico* [pos(t).rro.mán. ti.ko], etc.

b) Se emplea el dígrafo *rr* en representación del fonema /rr/ en posición intervocálica: *arruga, barrio, susurro, terrible.*

Advertencia En las voces prefijadas o compuestas, debe escribirse *rr* si el fonema /rr/ queda en posición intervocálica, aunque en la palabra simple ese mismo fonema se represente con *r* por ir en posición inicial: *antirrobo* (de *anti-* + *robo*), *infrarrojo* (*infra-* + *rojo*), *prerrománico* (de *pre-* + *románico*), *vicerrector* (de *vice-* + *rector*), *guardarropa* (de *guarda* + *ropa*), *hazmerreír* (de *haz* + *me* + *reír*).

Información adicional En las voces prefijadas o compuestas en las que el primer componente termina en *r* y el segundo comienza por esa misma letra, el resultado es también gráficamente la secuencia *rr* en posición intervocálica: *hiperrealismo* (de *hiper-* + *realismo*), *interracial* (de *inter-* + *racial*), *superrico* (*super-* + *rico*). En esos casos, la *rr* resultante puede comportarse como un dígrafo y representar, sin más, el fonema /rr/: *hiperrealismo* [hi.pe.rre.a.lís.mo], *interracial* [in.te.rra.siál, in.te.rra.ziál.], *superrico* [su.pe.rrí.ko]; o puede existir una frontera silábica entre las dos erres, de modo que la primera represente el fonema vibrante simple /r/ y la segunda el vibrante múltiple /rr/: *hiperrealismo* [hi.per.rre.a.lísmo], *interracial* [in.ter.rra.siál, in.ter.rra.ziál.], *superrico* [su.per.rrí.ko].

6.2.2.6 Representación gráfica del fonema /y/

6.2.2.6.1 *Uso de la letra* y *y del dígrafo* ll *para representar el fonema /y/*

El fonema /y/ cuenta con un solo modo de representación gráfica para la minoría de hispanohablantes cuyo sistema fonológico incluye, además, el fonema /ll/. Así, para los hablantes que distinguen en la pronunciación los fonemas /y/ y /ll/, el fonema /y/ se corresponde siempre en la escritura con la letra *y*, puesto que el dígrafo *ll* representa para ellos el fonema /ll/ (v. § 6.2.1.1e). Para los hablantes distinguidores, por tanto, la palabra *vaya* (interjección o forma del verbo *ir*) se pronuncia [báya], mientras que *valla* ('cerca, barrera' o 'panel publicitario') se pronuncia [bálla]. Esa diferencia fónica les permite determinar cuándo usar el grafema *y* y cuándo el dígrafo *ll*.

Sin embargo, en la actualidad, la gran mayoría de los hispanohablantes no distinguen ya en la pronunciación los fonemas /y/ y /ll/, que se han reducido a uno solo, el fonema /y/, dando lugar al fenómeno conocido como *yeísmo* (v. § 4.2.1.2). Para los hablantes yeístas, voces como *vaya* y *valla* se pronuncian exactamente igual ([báya]), de forma que el fonema /y/ se transcribe con *y* en unas palabras y con *ll* en otras, lo que es fuente de numerosas dudas y vacilaciones ortográficas.

Como consecuencia de la actual generalización del yeísmo, ya no es posible determinar gracias a la pronunciación si una palabra ha de escribirse con *y* o con *ll*, por lo que únicamente la consulta al diccionario permite resolver, en última instancia, las dudas que a este respecto puedan planteársele a quien escribe. No obstante, es posible ofrecer algunas notas orientadoras que ayudan a seleccionar la grafía correcta en ciertos grupos de palabras.

Notas orientadoras sobre el uso de la letra *y* con valor consonántico

1. SEGÚN CRITERIOS POSICIONALES O SECUENCIALES

El fonema /y/ se representa con la letra *y* en los casos siguientes:

- Tras los prefijos *ad-*, *des-*, *dis-* y *sub-*: *adyacente, coadyuvante, desyemar, disyuntiva, subyacer, subyugado*.
- En las palabras que contienen la sílaba *-yec-*: *abyecto, inyectable, proyección, trayecto*.
- En las palabras que contienen la sílaba *-yer-* en cualquier posición, salvo a final de palabra: *enyerbar, reyerta, yerba, yermo, yerno*.

2. SEGÚN CRITERIOS MORFOLÓGICOS Y LÉXICOS:

Se escriben con *y* en representación del fonema /y/:

- Los plurales en *-es* de los sustantivos cuyo singular termina en *-y* (v. § 6.1.2.1.2b): *ayes* (de *ay*), *convoyes* (de *convoy*), *cuyes* (de *cuy*), *leyes* (de *ley*), *reyes* (de *rey*).

- Todas las formas verbales que contienen este fonema y corresponden a verbos cuyo infinitivo carece de él. Esta regla afecta a formas del presente y del pretérito perfecto simple (o copretérito) de indicativo, del presente, pretérito imperfecto (o pretérito) y futuro de subjuntivo, del imperativo y al gerundio, como se ve en los ejemplos siguientes: *cayó, cayeran, cayendo* (de *caer*); *leyeron, leyésemos, leyendo* (de *leer*); *oye, oyó, oyeras, oyendo* (de *oír*); *atribuyo, atribuyamos, atribuyeseis, atribuyendo* (de *atribuir*); concluyen, *concluya, concluyéramos, concluyendo* (de *concluir*); *hayáis, hayan* (de *haber*); *vaya, vayamos, yendo* (de *ir*). Naturalmente, también se escriben con *y* los adjetivos y sustantivos derivados de estos verbos: *concluyente, contribuyente, oyente.*
- Todas las formas de los verbos *erguir* y *errar* que llevan el acento prosódico en la raíz: *yergo, yergues, yergue, yerguen, yerga, yergas, yergan* (de *erguir*); *yerro, yerras, yerra, yerran, yerre, yerres, yerren* (de *errar*).
- Todas las palabras que contienen la terminación de origen grecolatino *-peya* (del lat. *-poeia,* y este, a su vez, del gr. *-poíā,* de *poieîn* 'hacer, producir'): *epopeya, etopeya, melopeya, onomatopeya, prosopopeya.*

Notas orientadoras sobre el uso del dígrafo *ll*

SEGÚN CRITERIOS POSICIONALES O SECUENCIALES

Se emplea el dígrafo *ll* —en representación del fonema /y/ (para los hablantes yeístas) o en representación del fonema /ll/ (para los hablantes distinguidores)— en los casos siguientes:

- En las palabras que empiezan por las sílabas *fa-, fo-* y *fu-*: *fallar, falleba, fallecer, fallido, follaje, follar, folletín, folleto, fullería.* Excepciones: *faya* ('cierto tejido de seda' y 'árbol canario') y *fayado* (en Galicia, 'desván').
- En las palabras terminadas en *-illo, -illa,* se trate o no esta terminación de un sufijo diminutivo: *alcantarilla, amarillo, anillo, barbilla, brillo, cerilla, costilla, cucharilla, gatillo, hebilla, ladrillo, monaguillo, morcilla, ovillo, soplillo.*
- En casi todas las palabras terminadas en *-ello, -ella: atropello, bella, botella, camello, centella, cuello, destello, doncella, estrella,*

huella, mella, paella, pella, querella, resuello, sello, vello. Excepciones en voces de uso actual más o menos frecuente: *leguleyo -ya, plebeyo -ya, yeyo* (en Centroam. y el Caribe, 'desmayo', 'susto, impresión' o 'malestar repentino') y *zarigüeya* ('mamífero marsupial'), así como los arabismos *aleya* ('versículo del Corán') y *omeya* ('cierta dinastía musulmana'), y las palabras que incluyen la terminación de origen grecolatino *-peya* (*epopeya, onomatopeya...*).

- En los verbos de uso general terminados en *-ellar, -illar, -ullar* y *-ullir,* incluidas todas sus formas: *atropellar* (*atropelló, atropellarán, atropellaseis, atropellando...*), *descabellar, destellar, estrellar, mellar, sellar, acribillar, chillar, humillar, mancillar, pillar, trillar, apabullar, arrullar, farfullar, mascullar, bullir, engullir, escabullir, mullir, zambullir.*

6.2.2.6.2 *Palabras que presentan variantes con* **ll** *y con* **y**

La progresiva confluencia del dígrafo *ll* y de la letra *y* en la representación indistinta del fonema /y/ —fenómeno que comenzó a producirse a finales de la Edad Media y se manifiesta ya con claridad desde el siglo XVI, tanto en España como en América— explica la presencia de variantes gráficas con *ll* y con *y* en la escritura de algunas palabras.

Casi nunca se presentan dobletes gráficos en términos de uso general frecuente, donde suele haberse fijado con claridad una u otra grafía según el étimo y las leyes de evolución fónica y gráfica del español. Las variantes se dan con más facilidad en voces coloquiales, dialectales o restringidas a ciertas áreas o ámbitos, de uso preferentemente oral y con etimologías no siempre conocidas. La duda sobre la representación gráfica que corresponde a la pronunciación generalizada con /y/ en este tipo de voces, o el reflejo gráfico de la articulación yeísta en palabras etimológicamente escritas con *ll,* dan como resultado la presencia en el uso de dobles grafías, con *ll* y con *y.*

Puede ocurrir que cada una de las variantes se emplee con preferencia en unas áreas o se especialice en un matiz significativo concreto. Así ha sucedido, por ejemplo, con la voz *chamullar/chamuyar,* de origen caló (lengua hablada por los gitanos españoles): mientras que en España se escribe solo con *-ll-* y se emplea, como voz jergal coloquial, con el sentido de 'hablar', en ciertos países de América, escrita de ambos modos, aunque con preferencia por *chamuyar,* ha adquirido además otros matices significativos, siempre relacionados con el sentido básico de 'hablar', como, en el área andina y el Cono Sur, 'hablar mucho con el fin de convencer, confundir o impresionar al interlocutor'. Se ofrecen a continuación otros ejemplos de variantes de este tipo, indicando en primer lugar la forma más usada:

callana/cayana (en Perú y Chile, 'vasija de barro para tostar granos'; del quechua *kallana*);
cholla/choya ('cabeza'; con ambas grafías en América, pero solo con *-ll-* en España, donde, además, se prefiere con este sentido la forma *chola*);
chollar(se)/choyar(se) (en Centroam., 'rozar(se)');
descangallar(se)/descangayar(se) ('descoyuntar, descomponer'; del port. *escangalhar*);
fayuca/falluca (en Méx., 'contrabando');
hallaca/hayaca (en el área caribeña, 'especie de tamal');
jericalla/jericaya (en Méx., 'cierto dulce'; probablemente del port. *sericaia*);
margallate/margayate (en Méx., 'desorden o confusión');
yapa/llapa (en Am. del Sur, 'añadidura'; del quechua *yapa*).

Advertencia	Las voces *pulla* y *puya* no son variantes de una misma palabra, sino palabras distintas, aunque ambas coincidan en designar algo agudo o punzante. La palabra *pulla* (del port. *pulha*) significa 'dicho agudo con el que, a menudo en broma, se busca humillar o mortificar a alguien' o 'dicho picante u obsceno'. Por su parte, *puya*, que comparte origen con *púa* (del latín vulgar **pugia*, de *pugĭo -ōnis* 'puñal') y que antiguamente designaba cualquier objeto punzante, hoy se emplea con el significado específico de 'punta acerada que hay en el extremo de la garrocha o vara del picador' y, por extensión, 'puyazo, pinchazo que se da con la puya').

6.2.2.7 **Representación gráfica del fonema /z/**

Como ya se ha indicado (v. § 4.2.1.1), el fonema /z/ solo forma parte del sistema fonológico de una minoría de hispanohablantes, aquellos que distinguen en la pronunciación los fonemas /z/ y /s/, que son la mayoría de los españoles a excepción de los canarios y andaluces que sesean o cecean. Este fonema puede aparecer gráficamente representado en español por dos letras distintas, la *z* y la *c*, según se explica a continuación.

6.2.2.7.1 ***Uso de las letras z y c para representar el fonema /z/***

Para representar el fonema /z/ se emplean en español las letras *z* y *c*. Salvo excepciones debidas a razones etimológicas, el uso de una u otra letra depende del contexto, esto es, de la posición que dicho fonema ocupe dentro de la palabra y, en especial, de cuál sea el fonema siguiente. Así, el uso de *z* o *c* en representación del fonema /z/ se atiene en español a la siguiente norma general:

a) Se emplea la letra *z* ante las vocales /a/, /o/, /u/: *zapato, alcanzar, zorro, razonable, azufre, zurdo;* ante consonante: *amanezca, azteca, brizna, gazpacho, jazmín, juzgar;* y en posición final de palabra: *ajedrez, cáliz, feliz, luz.*

b) Se emplea la letra *c* ante las vocales /e/, /i/: *ceder* [zedér], *hacer* [azér], *cianuro* [zianúro], *gracias* [grazias].

Información adicional	Ante las vocales /a/, /o/, /u/, la letra *c* representa en español el fonema /k/ (v. § 6.2.2.4.1a).

Las grafías de los compuestos, derivados y formas flexivas de palabras que incluyan el fonema /z/ presentarán *z* o *c* según corresponda a la distribución antes señalada: *arroz, arrozal,* pero *arroces, arrocería; bostezar, bostezó,* pero *bostecé, bostecemos; cáliz,* pero *cálices, caliciforme; dulce, dulcería,* pero *dulzón, endulzar; feliz,* pero *felices, felicidad, felicísimo; hacer, hacía,* pero *hizo, haz; vencer, vencido,* pero *venzo, venzamos; voz, vozarrón,* pero *vocecilla, vocero, vocinglero.*

Información adicional	Para la mayoría de hispanohablantes que no cuentan en su sistema fonológico con el fonema /z/ (todos los americanos y canarios, así como la mayoría de los andaluces), la *z* y la *c* ante *e, i* representan gráficamente el fonema /s/ (v. § 6.2.2.8.2): *alcanzar* [alkansár], *azufre* [asúfre], *brizna* [brísna], *cianuro* [sianúro], *hacer* [asér].

6.2.2.7.1.1 *Palabras excepcionalmente escritas con* z *ante* e, i

Al margen de la norma general expuesta en el epígrafe anterior, existen en español algunas palabras que se escriben siempre con *z* ante *e, i,* entre ellas el nombre de la propia letra *z,* que se escribe *zeta.* Se trata normalmente de cultismos griegos, arabismos y préstamos de otras lenguas que contienen esta letra en su grafía originaria o en su transcripción al alfabeto latino, así como de algunas voces onomatopéyicas: *askenazi* o *askenazí, azeuxis, dazibao, enzima* ('fermento'), *kamikaze, majzén, nazi, razia, zéjel, zen, zepelín, zeugma, zigurat, zigzag, zíper, zipizape* o *zis,* entre otras.

Entre ellas figuran también topónimos y antropónimos originarios de otras lenguas, y sus derivados: *Azerbaiyán* (y sus gentilicios *azerbaiyano* y *azerí*), *Nueva Zelanda* (y su gentilicio *neozelandés*), *Suazilandia* (y su gentilicio *suazí*), *Zimbabue* (y su gentilicio *zimbabuense*), *Elzevir* (apellido de una célebre familia de impresores holandeses, y sus derivados *elzevir* o *elzevirio* y *elzeviriano*), *Ezequiel, Zenón, Zeus.*

6.2.2.7.1.2 *Variantes gráficas en palabras que pueden escribirse con* c *o* z *ante* e, i

Hay también palabras que pueden escribirse tanto con *c* como con *z* ante las vocales *e, i.* Estas variantes se han generado por la convivencia en el uso de grafías etimológicas con *z* junto a grafías adaptadas al patrón característico del sistema gráfico del español, que para representar el fonema /z/ utiliza, ante estas vocales, la letra *c.*

Se registran a continuación las voces de empleo actual más o menos frecuente que presentan variantes gráficas admitidas con *c* o *z* ante las vocales *e, i,* indicando en primer lugar las formas con *c,* preferibles por ser las que mejor se acomodan al patrón ortográfico del español:

ácimo -ma / ázimo -ma (referido a pan, 'sin levadura');
acimut/azimut ('ángulo que con el meridiano forma el círculo vertical que pasa por un punto de la esfera celeste o del globo terráqueo');
bencina/benzina ('gasolina');
cigofiláceo -a / zigofiláceo -a ('de cierta familia de plantas');
cigoto/zigoto ('célula resultante de la unión del gameto masculino con el femenino');
cinc/zinc ('cierto metal');
cíngaro -ra / zíngaro -ra ('gitano');
cingiberáceo -a / zingiberáceo -a ('de cierta familia de plantas');
circón/zircón ('silicato de circonio');
circonio/zirconio ('cierto elemento químico');
circonita/zirconita ('gema artificial de óxido de circonio');
eccema/eczema ('afección cutánea que produce descamación en la piel');
magacín/magazín ('revista ilustrada sobre temas diversos' y 'programa de radio o televisión de contenido muy variado');
ocena/ozena ('rinitis que causa fetidez en la membrana pituitaria').

6.2.2.8 Representación gráfica del fonema /s/

El fonema /s/ cuenta en español con unas formas de representación gráfica que son comunes a todo el ámbito hispánico (§ 6.2.2.8.1) y con otras que son privativas de aquellas áreas en las que se da el fenómeno del seseo (§ 6.2.2.8.2).

6.2.2.8.1 *Grafemas que representan el fonema /s/ en todo el ámbito hispánico: las letras* s *y* x

En todas las áreas hispanohablantes, el fonema /s/ puede aparecer gráficamente representado en español por la letra *s* en cualquier posición y por la letra *x* en determinados contextos, tal como se explica a continuación:

a) La letra *s* representa siempre en español el fonema /s/, tanto en posición inicial, como en interior de palabra o al final: *saber, piso, estrella, además.*

Advertencia

En español no resulta natural articular directamente el fonema /s/ en posición inicial de palabra cuando le sigue otra consonante. En esos casos se articula una /e/ delante de la /s/, de ahí que las palabras de otras lenguas cuya grafía originaria comienza por «*s* + consonante» (la denominada *ese líquida*), cuando se adaptan al español, añadan siempre una *e* inicial de apoyo: *escáner* (del ingl. *scanner*), *eslalon* (del noruego *slalom*), *esmoquin* (del ingl. *smoking*), *espagueti* (del it. *spaghetti*), *estándar* (del ingl. *standard*), *estor* (del fr. *store*), *estrés* (del ingl. *stress*), *esvástica* (del sánscrito *svastika*). Se trata de un fenómeno constante en español, desde sus orígenes, como demuestran las numerosas voces patrimoniales que proceden de palabras latinas con *s* líquida: *escala* (del lat. *scala*), *escena* (del lat. *scena*), *escribir* (del lat. *scrĭbĕre*), *espejo* (del lat. *specŭlum*), *esperar* (del lat. *sperāre*), *estudio* (del lat. *studĭum*), etc. Incluso hay topónimos tradicionales en español adaptados de otras lenguas que incorporan dicha *e-*, como *Estocolmo* (en sueco *Stockholm*) o *Estrasburgo* (en francés *Strasbourg*).

La *s* líquida inicial se mantiene, no obstante, en la grafía de algunos topónimos foráneos, como *Skopie* (capital del país cuya denominación oficial provisional es Antigua República Yugoslava de Macedonia) o *Sri Lanka* (nombre actual de la antigua Ceilán), aunque en los derivados, cuando existen, sí se añade la *e-* de apoyo: *esrilanqués* (gentilicio de Sri Lanka). En los derivados de antropónimos, en cambio, aunque en algunos casos se han fijado en el uso grafías con *e-* inicial, como en *estalinismo, estalinista* (de *Stalin*, dirigente de la antigua URSS) o *estajanovismo, estajanovista* (de *Stajanov*, minero soviético), lo normal es que se mantenga sin cambios la grafía del nombre propio: *spengleriano* (de *Spengler*, filósofo alemán), *stendhaliano* (de *Stendhal*, escritor francés).

También aparecen eses líquidas en las locuciones latinas que se usan en español con su grafía originaria, como *statu quo* o *stricto sensu*.

Advertencia La secuencia gráfica *sh* solo se da en español en voces derivadas o compuestas, como consecuencia de añadir un prefijo o un término acabado en *-s* a una palabra que comienza por *h-*: *deshonesto, poshospitalario, ricoshombres, ricashembras* (plurales de *ricohombre* y *ricahembra*, voces con las que en otro tiempo se designaba a los miembros de la alta nobleza), *trashumar*. Se trata, en estos casos, de dos grafemas independientes sucesivos, uno de los cuales, la *h*, no representa fonema alguno (v. § 6.3.1.1): [desonésto], [posospitalário], [rrikosómbres], [rrikasémbras], [trasumár].

Sin embargo, en otras lenguas, entre ellas el inglés y varias lenguas amerindias, así como en transcripciones al alfabeto latino de lenguas semíticas u orientales, la secuencia *sh* es un dígrafo con el que se representa gráficamente el fonema prepalatal fricativo sordo /sh/, inexistente en el sistema fonológico del español actual. Puesto que ni el fonema /sh/ (similar al sonido que emitimos cuando queremos imponer silencio) ni el dígrafo *sh* que lo representa pertenecen al sistema fonológico ni gráfico del español, los préstamos que los contienen no pueden considerarse adaptados a nuestra lengua y deben, por ello, escribirse en cursiva (v. cap. VI, § 2.1.1): *establishment* [estáblishment], *flash* [flásh], *geisha* [géisha], *sherpa* [shérpa], *short* [shórt], *show* [shóu], *shuar* [shuár] ('de un pueblo amerindio que habita en las selvas del sur de la región oriental ecuatoriana'), *sushi* [súshi], etc.

Los extranjerismos de este tipo, cuando se han adaptado al español, lo han hecho asimilando el fonema /sh/ originario a alguno de los más próximos del sistema fonológico del español, normalmente /ch/ (gráficamente *ch*) o /s/ (gráficamente *s*), como se ve en *askenazi* o *askenazí* (del plural hebreo *ashkenazim*, de *Ashkenaz*, bisnieto de Noé), *champú* (del ingl. *shampoo*), *chelín* (del ingl. *shilling*), *chut* y *chutar* (del ingl. *shoot* 'disparo', 'disparar'), *hachís* (del ár. *hashish* 'hierba'), *pisco* (del quechua *pishku*) o *sintoísmo* (derivado del japonés *shinto* 'camino de los dioses'). De ahí que se recomiende aplicar estas mismas pautas en caso de que se considere oportuno adaptar al español alguno de los extranjerismos que contienen el dígrafo *sh*. Así está ocurriendo, por ejemplo, en muchos países de América con el anglicismo *short(s)* ('pantalón corto'), que allí comienza a escribirse en la forma adaptada *chor* (pl. *chores*) e incluso en la forma diminutiva *chorcito(s)*; o con el anglicismo *flash*, que en España puede verse escrito en la forma adaptada *flas*.

Excepcionalmente se mantiene la *sh* etimológica en ciertos topónimos que se usan en español con la grafía propia de su lengua de origen, como *Washington* (capital de los Estados

Unidos de América), *Islas Marshall* (país de Oceanía), *Ushuaia* (capital de una provincia argentina) o *Áncash* (departamento del Perú); o con la que resulta de su transcripción al alfabeto latino, cuando se trata de topónimos de países donde se hablan lenguas que usan otros sistemas de escritura, como ocurre en *Shanghái* (ciudad de China). Naturalmente, en estos casos, la *sh* del topónimo se conserva también en los gentilicios, cuando existen: *washingtoniano, marshalés, ushuaiense* o *ancashino*. La existencia de estas grafías no obsta para que se recomiende escribir con simple *s* muchos topónimos que contienen *sh* en su grafía originaria o en la de otras lenguas como el inglés o el francés, pero que en español se pronuncian normalmente con /s/, como es el caso, entre otros, de *Bangladés* o *Ingusetia,* grafías más recomendables que *Bangladesh* e *Ingushetia*.

Por su parte, como es normal en los nombres de persona, mantienen la *sh* del nombre propio los derivados de antropónimos foráneos: *shakespeariano* (de *Shakespeare,* dramaturgo inglés), *sherlockiano* (de *Sherlock Holmes,* famoso detective de ficción).

b) La letra *x* representa el fonema /s/ cuando aparece en posición inicial de palabra, lo que solo sucede, en el español general, en cultismos de origen griego, en los que la *x* inicial transcribe la letra griega *xi* (ξ). Entre ellos figuran todas las voces formadas con los elementos compositivos *xeno-* ('extraño, extranjero'), *xero-* ('seco, árido') y *xilo-* ('madera'), como *xenismo* [senísmo], *xenofobia* [senofóbia], *xerigrafía* [serigrafía], *xerocopia* [serokópia], *xerófilo* [serófilo], *xilófago* [silófago] o *xilófono* [silófono].

Información adicional

En España, la *x* en posición final de sílaba (esto es, seguida de consonante) también suele articularse, en la pronunciación relajada, como simple /s/: *excusa* [eskúsa], *extranjero* [estranjéro], etc. Este fenómeno explica, por un lado, que haya hablantes que duden de cuándo escribir *s* y cuándo *x* en la grafía de muchas palabras (v. § 6.3.2.1); y, por otro, que existan en español palabras que presentan variantes escritas tanto con *x* como con *s* (v. § 6.3.2.3). En cambio, en el español de América, así como en la pronunciación culta enfática en España, la *x* ante consonante suele conservar su articulación característica como /k + s/: [ekskúsa], [ekstranjéro], etc. (v. § 6.3.2.1b).

Sobre la *x* inicial que aparece en voces procedentes de lenguas amerindias (*xeca, xicaque, xinca, xiote,* etc.), v. § 6.3.2.2.2.

6.2.2.8.2 *Grafemas que representan el fonema /s/ en las áreas de seseo:* c *(ante* e, i*) y* z

Como consecuencia del seseo (v. § 4.2.1.1), para la mayoría de los hablantes nativos de español el fonema /s/ puede aparecer también gráficamente representado por la letra *c* (ante *e, i*) y por la letra *z*, grafemas que para la minoría de hablantes que no sesean representan el fonema /z/ (v. § 6.2.2.7).

Para los hispanohablantes que no distinguen en la pronunciación los fonemas /s/ y /z/, la confluencia de las letras *s, c* (ante *e, i*) y *z* en la representación de un mismo fonema genera problemas ortográficos adicionales, que no tienen los hablantes de zonas distinguidoras, donde la pronunciación distintiva de *s* como /s/ y de *c* ante *e, i* o *z* como /z/ les permite discernir claramente cuándo debe usarse cada uno de estos grafemas.

Se ofrecen a continuación una serie de notas orientadoras sobre el uso de la *s*, la *c* ante *e, i* y la *z*, que pueden ayudar a seleccionar la grafía correcta en ciertos grupos de palabras a aquellos hablantes que pronuncian indistintamente estos grafemas (incluida la minoría de los que, en lugar de sesear, cecean, esto es, que articulan el fonema /s/ como interdental, asimilándolo a la /z/).

Notas orientadoras sobre el uso de la letra *s* para hablantes que sesean o cecean

1. SEGÚN CRITERIOS POSICIONALES O SECUENCIALES

Se escriben con la letra *s* en representación del fonema /s/ (con sonido [s] para quienes sesean y [z] para quienes cecean) la mayoría de las palabras de los grupos siguientes:

- Las palabras que empiezan por las sílabas *as-* (o *has-*), *es-* (o *hes-*), *is-* (o *his-*), *os-* (u *hos-*): *aspirar, astuto, hasta, hastío, esposa, estudiar, hespéride, oscuro, ostentar, hospedaje, hostil.* Excepciones: *azteca, hazmerreír, izquierdo -da* (y sus derivados), así como algunos apellidos y topónimos, como *Azcona, Azcárraga, Aznar, Ezcaray, Ezquerra.*
- Las palabras que empiezan por la secuencia *us-* (o *hus-*): *usar, usía, usted, usuario, usufructo, usurero, usurpar*. Excepción: *uci* ('unidad de cuidados intensivos') y el topónimo *Uzbekistán* con su gentilicio *uzbeko -ka.*
- Las palabras que empiezan por las sílabas *des-* o *dis-: describir, despierto, destino, díscolo, disponer, distraído.* También las voces

en las que estas mismas secuencias funcionan como prefijos (véase más adelante). Excepciones: *dizque* (en Am., como adverbio, 'al parecer o supuestamente' y, como adjetivo, 'presunto o supuesto').

- Las palabras que empiezan por la secuencia *pos-*, en muchas de las cuales se trata del prefijo *pos(t)-* ('detrás de' o 'después de'): *posar, pose, posible, poso, posdata, posgraduado, posguerra, posparto, postergar, posterior, postor.* Excepciones: *pozo* ('hoyo profundo') y sus derivados, y *pozol(e)* (en Méx. y Centroam., 'bebida o guiso de maíz').
- Las palabras que empiezan por *semi-*, en la mayoría de las cuales se trata del prefijo que significa 'medio' o 'casi': *semiautomático* ('casi automático'), *semicírculo* ('medio círculo'), *semidiós, semilla, seminario, semiótico, semita* ('de alguno de los pueblos descendientes de Sem, como el judío y el árabe'). Excepción: *cemita* (en Am., 'cierto tipo de pan o bollo').
- Las palabras que empiezan por *sil-: sílaba, silbar, silencio, sílfide, silicona, silogismo, silueta, silvestre.* Excepciones: *cilanco* ('charco'), *cilantro, cilio, cilicio, cilindro* y sus derivados.
- Los sustantivos y adjetivos que terminan en *-asco/a, -esco/a, -isco/a, -osco/a: atasco, borrasca, frasco, hojarasca, dantesco, parentesco, muesca, picaresca, asterisco, arenisca, tosco, mosca.* Excepciones: *bizco -ca, blanquizco -ca* ('blanquecino'), *pellizco, pizca, pizco* y *repizco.*
- Los verbos que terminan en *-ascar: atascar, cascar, enfrascar, mascar, rascar.*
- Las palabras que terminan en *-astro/a: alabastro, camastro, catastro, lastra, madrastra, rastro.*
- Los verbos terminados en *-ersar*, incluidas todas sus formas: *conversar, converso, conversaron, conversando; dispersar, dispersaron, dispersase, dispersemos; tergiversar, tergiversarían, tergiversó, tergiversado.*
- Los adjetivos terminados en *-oso/a: afectuoso, delicioso, hermosa, pesarosa, resbaloso, verdosa.* Excepción: *mozo -za.*
- Las palabras terminadas en *-sis: análisis, apoteosis, catarsis, catequesis, crisis, énfasis, génesis, metamorfosis, neurosis, prótesis, tesis.* Excepciones: *glacis* ('talud o pendiente'), *macis* ('corteza que cubre la semilla de la nuez moscada'), *piscis* y *viacrucis.*

- Las palabras que terminan en *-sivo/a: abusivo, comprensiva, decisivo, efusiva, explosivo, pasivo, persuasiva, subversiva*. Excepciones: *lascivo -va, nocivo -va* y *policivo -va* (en Col., Ven. y Pan., 'policial').
- Las palabras que terminan en *-sor/a: confesor, divisor, emisora, espesor, impresora, precursor, profesora, transgresora*. Excepciones: *alazor* ('planta de la que se obtiene un aceite comestible y un polvo usado como condimento'), *avizor, azor, dulzor* y *escozor.*
- Las palabras que terminan en *-sura: basura, censura, clausura, comisura, hermosura, mesura, usura*. Excepciones: *dulzura* y *sinvergüenzura,* pues derivan de *dulce* y *sinvergüenza,* que se escriben con *c* y *z,* respectivamente.

Notas orientadoras sobre la terminación *-sión*

Terminan en *-sión* los siguientes sustantivos:

- Los derivados de verbos terminados en *-der, -dir, -ter, -tir* que no conservan la *d* o la *t* del verbo base: *ascensión* (de *ascender*), *comprensión* (de *comprender*), *agresión* (de *agredir*), *persuasión* (de *persuadir*), *comisión* (de *cometer*), *versión* (de *verter*), *conversión* (de *convertir*), *diversión* (de *divertir*). Excepciones: *atención* (de *atender*), *deglución* (de *deglutir*). Cuando conservan la *t* o la *d* del verbo, terminan en *-ción: perdición* (de *perder*), *fundición* (de *fundir*), *medición* (de *medir*), *repetición* (de *repetir*), *competición* (de *competir*).
- Los derivados de verbos terminados en *-sar* que no contienen la sílaba *-sa-: dispersión* (de *dispersar*), *precisión* (de *precisar*), *progresión* (de *progresar*). Cuando contienen la sílaba *-sa-*, terminan en *-ción: acusación* (de *acusar*), *compensación* (de *compensar*) o *improvisación* (de *improvisar*).
- Los derivados de verbos terminados en *-primir* o *-cluir: compresión* (de *comprimir*), *impresión* (de *imprimir*), *opresión* (de *oprimir*), *conclusión* (de *concluir*), *exclusión* (de *excluir*).

2. SEGÚN CRITERIOS MORFOLÓGICOS

Se escriben asimismo con *s:*

- La terminación *-(e)s* del plural de sustantivos y adjetivos: *amigos, azules, faxes, grandes, lápices, mesas.*

- El pronombre átono *se*, ya sea antepuesto al verbo como palabra independiente: *se ayudaban, se dice, se me cayó;* ya sea pospuesto y unido a él: *miráronse, peinándose, reírse, subírsele, traérselos.*
- Todas las desinencias verbales en las que está presente el fonema /s/, sea en medio o al final: *abr-isteis, cant-as* o *cant-ás, habl-aste, perd-eremos, sub-iesen, sup-iste, tem-eréis.* No son excepciones los imperativos irregulares no voseantes *haz* (de *hacer*) y *yaz* (de *yacer*), donde no hay desinencia y la *z* final pertenece a la raíz.
- El fonema /s/ que aparece en la raíz de algunas formas verbales de verbos cuyo infinitivo no tiene ni *c* ante *e, i,* ni *z,* ni *s: puso, pusiese, pusieron* (de *poner*); *quiso, quisiera, quisiesen* (de *querer*); *visto* (de *ver*).
- Las palabras que empiezan por los siguientes prefijos o elementos compositivos:
    - *des-* (generalmente expresa 'negación, privación o inversión de lo denotado por la palabra base'): *desacierto, desautorizar, descabezar, desconfianza, desinteresado;*
    - *dis-* (del lat. *dis-*, 'negación o contrariedad' o 'separación'; del gr. *dys-*, 'dificultad o anomalía'): *discapacidad, disconformidad, discontinuo, disculpar, disfagia, disgusto, dislalia, dislexia, distraer;*
    - *iso-* ('igual'): *isocronía, isosilábico, isósceles, isotérmico;*
    - *(p)sic(o)-* ('alma' o 'actividad mental'): *(p)sicoanálisis, (p)sicología, (p)sicópata, (p)sicotécnico, (p)siquiatra;*
    - *sobre-* ('superposición o adición', 'intensificación o exceso', 'acción repentina'): *sobreactuar, sobrealimentación, sobreático, sobrecoger, sobreimprimir, sobremesa, sobresalir;*
    - *sub-* ('inferioridad'): *subcampeón, subdesarrollado, submarino, subterráneo;*
    - *super-* ('superioridad', 'excelencia', 'exceso o grado sumo'): *superaburrido, superdotado, superestructura, superpotencia, superproducción, superpuesto;*
    - *supra-* ('superioridad'): *supranacional, suprarrenal, suprasegmental;*
    - *tra(n)s-* ('detrás de, al otro lado de' o 'a través de'): *tra(n)salpino, tra(n)sgénico, trascocina, trasnochar, trasplante, trastornar.*

- Las palabras que terminan por los siguientes sufijos o elementos compositivos:
  - *-ense* (forma gentilicios y otros adjetivos y sustantivos que expresan relación o pertenencia): *bonaerense, canadiense, castrense, cisterciense*. Excepción: *vascuence*;
  - *-és, -esa* (forma gentilicios y otros adjetivos y sustantivos que expresan relación o pertenencia): *aragonés, burgués, islandés, camerunesa, milanesa, montañesa*;
  - *-ésimo/a* (forma numerales ordinales y fraccionarios): *vigésimo, sexagésimo, centésima, cienmilésima, millonésima*. No se escriben con *s décimo -ma* y sus derivados *undécimo, duodécimo*;
  - *-ísimo/a* (forma adjetivos en grado superlativo): *altísimo, listísima, rapidísimo*;
  - *-ismo* (forma parte de numerosos tecnicismos y de sustantivos que denotan doctrinas, sistemas o movimientos, actividades deportivas, actitudes): *alpinismo, compañerismo, isomorfismo, realismo, vanguardismo*;
  - *-ista* (forma adjetivos y sustantivos que denotan a las personas que tienen determinada ideología, profesión, ocupación, inclinación o afición): *coleccionista, ecologista, futbolista, humanista, vihuelista*;
  - *-ístico/a* (forma adjetivos que expresan relación o pertenencia; también forma sustantivos, especialmente la terminación femenina): *característica, humorístico, lingüística, turístico*.

Notas orientadoras sobre el uso de la letra *c* ante *e, i* para hablantes que sesean o cecean

1. SEGÚN CRITERIOS POSICIONALES O SECUENCIALES

Se escriben con la letra *c* ante *e, i* en representación del fonema /s/ (con sonido [s] para quienes sesean y [z] para quienes cecean) los siguientes grupos de palabras:

- Las palabras que empiezan por *cerc-* o *circ-*: *cerca, cercar, cercenar, cerciorar, circo, circuito, círculo, circunferencia, circunloquio, circunstancial*.

- Las palabras terminadas en *-ancia, -ancio, -encia, -encio* (a menudo asociadas con adjetivos terminados en *-ante, -ente;* se incluyen también en este grupo todas las que acaban en el elemento compositivo *-mancia* o *-mancía* 'adivinación'): *abundancia* (*abundante*), *ausencia* (*ausente*), *cansancio, importancia* (*importante*), *instancia, nigromancia, quiromancia, rancio, silencio, sustancia.* Excepciones: *ansia, hortensia* y *Asensio -sia.*
- Las formas de los verbos terminados en *-cer, -cir, -ciar* en las que a la *-c-* de la raíz le sigue una *e* o una *i: hacer, haciendo, hicimos; nacer, nacemos, nacía; aborrecer, aborrecieron, aborrecido; cocer* ('hervir'), *cuece, cociendo; conocer, conocía, conoceremos; decir, dicen, diciendo; fruncir, frunce, frunciría; lucir, luce, lucías; asociar, asociabas, asocie; despreciar, despreció, despreciado.* Excepciones: los verbos *ser, coser* ('unir con hilo'), *toser, asir* y sus derivados, además de *anestesiar* e *hiperestesiar, ansiar, extasiar* y *lisiar.*
- Los verbos terminados en *-ceder, -cender* y *-cibir: conceder, proceder, suceder, ascender, encender, trascender, percibir, recibir.*
- Las palabras terminadas en *-cial: artificial, comercial, espacial, imparcial, perjudicial, social, superficial, tangencial.* Excepciones: *controversial* y *eclesial,* por ser palabras derivadas de *controversia* y de la raíz *eclesia-,* escritas con *s.*
- Las palabras terminadas en *-ciencia, -cente* y *-ciente: ciencia, conciencia, paciencia, adolescente, decente, inocente, aliciente, coeficiente, paciente.* Excepciones: *ausente, presente* (y sus derivados *omnipresente* y *antepresente*) y *rusiente* ('candente o rojo por la acción del fuego').
- Las palabras terminadas en *-cimiento: acontecimiento, agradecimiento, cimiento, conocimiento, nacimiento, padecimiento.* Excepciones: *asimiento* y *desasimiento,* derivadas del verbo *asir.*
- Las palabras terminadas en *-cioso/a: avaricioso, deliciosa, gracioso, ociosa, precioso, supersticiosa.* Excepciones: *ansioso -sa, fantasioso -sa* y *pretensioso -sa* (variante minoritaria de *pretencioso -sa*).
- Las palabras terminadas en *-icia, -icie, -icio: avaricia, caricia, delicia, justicia, calvicie, superficie, alimenticio, beneficio, bullicio, resquicio.* Excepciones: *anafrodisia* ('disminución o falta del deseo sexual'), *artemisia* ('planta'), *fisio* ('fisioterapeuta'), *frisio -sia* ('de Frisia') y el antropónimo *Dionisio -sia.*

- Las palabras esdrújulas terminadas en *-́ice, -ícito/a: apéndice, cómplice, hélice, índice, pontífice, explícito, implícita, lícito, solícita.*

2. SEGÚN CRITERIOS MORFOLÓGICOS

Se escriben con la letra *c* ante *e, i* en representación del fonema /s/ (con sonido [s] para quienes sesean y [z] para quienes cecean) los siguientes grupos de palabras:

- Las palabras que empiezan por los siguientes prefijos o elementos compositivos:
  - *centi-* ('centésima parte'): *centiárea, centígrado, centilitro;*
  - *deci-* ('décima parte'): *decibelio, decilitro, decímetro;*
  - *decimo-* (forma los ordinales correspondientes a los números del 11 al 19): *decimocuarto, decimosegundo, decimoséptimo.* Del ordinal anticuado *decimonono* se deriva el actual adjetivo *decimonónico;*
  - *vice-* ('que hace las veces de'): *vicecónsul, vicepresidente, vicetiple.*
- Las palabras que contienen los interfijos *-c-* o *-ec-* antepuestos a ciertos sufijos que empiezan por *e* o *i,* como los diminutivos *-ito/a, -illo/a, -ico/a, -ín, -ino/a, -iño/a,* el superlativo *-ísimo/a* o los sufijos apreciativos *-ejo/a, -ete/a: cafecito, jovencita, pan(e)cito, jefecillo, flor(e)cilla, pececico, Ramoncín, nubecinas, corazonciño, simplicísima, mayorcísimo, milloncejo, amorcete, tragonceta.* Estos mismos interfijos se escriben con *z* si se anteponen a sufijos que empiezan por *a, o, u* (v. las notas orientadoras sobre el uso de la letra *z*). No son excepciones a esta regla derivados como *vasito, bolsillo, Tomasín, blusica, camiseta* o *buseta,* en los que la *-s-* forma parte de la raíz léxica y no constituye un interfijo.
- Los derivados de palabras que terminan en *-co, -ca: circense* (de *circo*), *clasicista* (de *clásico*), *costarricense* (de *Costa Rica*), *elasticidad* (de *elástico*), *escepticismo* (de *escéptico*), *laicismo* (de *laico*).
- Las palabras que terminan por los siguientes sufijos o elementos compositivos:
  - *-áceo/a* ('perteneciente a' o 'semejante a'): *crustáceo, grisáceo, herbácea, rosácea;*

- *-cida* ('que mata'): *bactericida, fratricida, genocida, plaguicida;* o *-cidio* ('acción de matar'): *genocidio, homicidio, parricidio, suicidio;*
- *-cracia* ('gobierno o poder'): *democracia, gerontocracia, teocracia.* No constituye una excepción la palabra *idiosincrasia* ('rasgo o temperamento característico de un individuo o una colectividad'), que no está formada con este elemento compositivo.

Notas orientadoras sobre el sufijo *-ción*

Se escriben con *c* ante *e, i* todas las palabras que contienen el sufijo *-ción.* Este sufijo, procedente del latín *-tĭo -tiōnis,* se añade a bases verbales para crear sustantivos que denotan normalmente la acción o el efecto de lo designado por el verbo base, aunque también puede formar nombres que designan objetos, lugares u otras nociones. Muchos de estos sustantivos proceden del latín, como *absolución* (del lat. *absolutĭo -ōnis*), mientras que otros se han creado directamente en español, como *grabación* (de *grabar* + *-ción*).

Contienen el sufijo *-ción* los siguientes grupos de sustantivos:

- Los derivados de verbos acabados en *-ar: acusación* (de *acusar*), *compensación* (de *compensar*), *comunicación* (de *comunicar*), *eliminación* (de *eliminar*), *tergiversación* (de *tergiversar*). Se exceptúan los derivados de verbos terminados en *-sar* que no contienen la sílaba *-sa-: confesión* (de *confesar*), *expresión* (de *expresar*), *profesión* (de *profesar*), *progresión* (de *progresar*).
- Los derivados de verbos terminados en *-der, -dir, -tir,* cuando conservan la *d* o la *t* de la última sílaba del infinitivo: *perdición* (de *perder*), *fundición* (de *fundir*), *rendición* (de *rendir*), *competición* (de *competir*), *repetición* (de *repetir*).
- Los que pertenecen a la misma familia léxica de adjetivos terminados en *-to*: *absolución* (*absuelto*), *absorción* (*absorto*), *devoción* (*devoto*), *discreción* (*discreto*), *erudición* (*erudito*), *extinción* (*extinto*), *indiscreción* (*indiscreto*), *oposición* (*opuesto*), *resolución* (*resuelto*), *sustitución* (*sustituto*). Excepciones: *visión* (*visto*), *previsión* (*previsto*), *provisión* (*provisto*).
- Los terminados en *-cción*: *acción, adicción, cocción, confección, construcción, elección, fricción, infección, succión, traducción.* Sobre las pocas palabras que terminan en *-xión,* con cuya

escritura pueden confundirse las anteriores, véanse las notas orientadoras sobre el uso de la letra *x* para hablantes que sesean (§ 6.3.2.1). Para las notas orientadoras sobre la escritura de *-cc-* en las voces que contienen el sufijo *-ción,* v. § 6.5.2.1.2.

- Los sustantivos terminados en *-pción* o *-unción: adopción, descripción, interrupción, percepción, asunción, función, presunción, punción.*

Notas orientadoras sobre el uso de la letra *z* para hablantes que sesean o cecean

1. SEGÚN CRITERIOS POSICIONALES O SECUENCIALES

Se escriben con la letra *z* en representación del fonema /s/ (con sonido [s] para quienes sesean y [z] para quienes cecean) los siguientes grupos de palabras:

- Las palabras que terminan en *-triz,* muchas de las cuales son formas femeninas de sustantivos y adjetivos terminados en *-dor* y *-tor: actriz* (de *actor*), *cicatriz, directriz* (de *director*), *emperatriz* (de *emperador*), *generatriz* (de *generador*), *institutriz, matriz.*
- Los adjetivos terminados en *-az* que designan cualidades: *audaz, capaz, fugaz, locuaz, tenaz, voraz.*

En ambos casos, en las formas de plural, la *z* del singular se transforma en *c* por ir seguida de *e: actrices, cicatrices, directrices, audaces, capaces, voraces.*

2. SEGÚN CRITERIOS MORFOLÓGICOS

Se escriben también con la letra *z* en representación del fonema /s/ (con sonido [s] para quienes sesean y [z] para quienes cecean) los siguientes grupos de palabras:

- Las palabras que terminan por los siguientes sufijos o elementos compositivos:
  - *-anza* (forma, a partir de verbos, sustantivos que denotan 'acción y efecto', y también 'agente, medio o instrumento de la acción'): *alianza, confianza, enseñanza, mudanza, ordenanza, semejanza;*

- *-azgo* (forma sustantivos que denotan 'cargo o dignidad', 'condición o estado' y 'acción y efecto'): *almirantazgo, hallazgo, hartazgo, liderazgo, noviazgo;*
- *-azo/a* (normalmente forma sustantivos con valor aumentativo o despectivo, o que denotan 'golpe, daño o herida causados con lo designado por la palabra base' o 'acción repentina o contundente'): *aceitazo, balonazo, cambiazo, exitazo, flechazo, gripazo, madraza, manaza, navajazo, portazo, trompazo;*
- *-ez, -eza* (forman, a partir de adjetivos, sustantivos abstractos que designan cualidades): *madurez, pesadez, sensatez, belleza, dureza, sutileza;*
- *-(e)z* (forma apellidos patronímicos, que son los que derivan de nombres de pila): *Álvarez* (de *Álvaro*), *González* (de *Gonzalo*), *Martínez* (de *Martín*), *Ruiz* (de *Ruy*), *Sánchez* (de *Sancho*).
- *-izar* (forma, a partir de sustantivos y adjetivos, verbos que denotan acciones cuyo resultado implica el significado del sustantivo o adjetivo base): *alfabetizar* (de *alfabeto*), *aterrizar* (de *tierra*), *caramelizar* (de *caramelo*), *impermeabilizar* (de *impermeable*), *realizar* (de *real*), *tranquilizar* (de *tranquilo*), *vocalizar* (de *vocal*). En la conjugación de estos verbos, la *z* se transforma en *c* cuando la desinencia empieza por *e: analizar, analizaremos,* pero *analicemos; visualizar, visualizó,* pero *visualice.*

Los verbos terminados en *-isar,* muchos de ellos derivados de palabras cuya última sílaba contiene la letra *s,* no están formados con ningún sufijo: *alisar* (de *liso*), *descamisar* (de *camisa*), *divisar, improvisar* (de *improviso*), *pisar, precisar, visar* (de *visa*).

- *-izo/a* (forma adjetivos que denotan 'semejanza', 'propensión' o 'pertenencia'; también aparece en ciertos sustantivos que denotan 'lugar'): *asustadizo, caballeriza, caliza, cobertizo, enfermizo, fronteriza, olvidadizo, pasadizo, plomiza, porqueriza, rojizo;*
- *-zón* (forma, a partir de verbos de la primera conjugación, sustantivos que denotan 'acción y efecto'): *cerrazón* (de *cerrar*), *hinchazón* (de *hinchar*), *ligazón* (de *ligar*), *quemazón* (de *quemar*).

- Las palabras que contienen los interfijos *-z-*, *-az-*, *-ez-* o *-iz-* antepuestos a ciertos sufijos que empiezan por *a, o, u,* como *-al,* el aumentativo *-ote/a,* el despectivo *-ucho/a* o el diminutivo-despectivo *-uelo/a: barrizal, cantizal, herbazal, lodazal, favorzote, mayorzota, seriezote, tallerzucho, tiendezucha, jovenzuela, ladronzuelo, reyezuelo.* Son excepciones debidas al seseo las voces *bambusal* (en Am., 'terreno poblado de bambú') y *cujisal* (en Ven., 'terreno poblado de cujíes'). Estos mismos interfijos se escriben con *c* si se anteponen a sufijos que empiezan por *e, i* (v. las notas orientadoras sobre el uso de la letra *c*). No son excepción los derivados de palabras cuya última sílaba contiene una *s,* como *cipresal* (de *ciprés*), *besote* (de *beso*), *guisote* (de *guiso*), *camisuela* (de *camisa*), *famosuelo* (de *famoso*), *iglesuela* (de *iglesia*), *tramposuelo* (de *tramposo*), que contienen solo los sufijos *-al, -ote/a* y *-uelo/a* respectivamente.

6.2.2.8.3 *Palabras que presentan variantes con* s, z *o* c *(ante* e, i*)*

Hay palabras que admiten en su escritura grafías con *s, z* o *c* (ante *e, i*). Estas variantes son solo gráficas para los hispanohablantes que sesean o cecean, esto es, que no distinguen en su pronunciación los fonemas /s/ y /z/, pues estos tres grafemas representan siempre para ellos el mismo fonema. En cambio, para la minoría de hispanohablantes que sí distinguen los dos fonemas, estas variantes son también fónicas, ya que la *s* representa para ellos el fonema /s/, y la *z* o la *c* ante *e, i,* el fonema /z/.

Una gran parte de estas variantes se ha generado, precisamente, como consecuencia del traslado a la escritura de la pronunciación con seseo de palabras originariamente escritas con *z* o con *c* (ante *e, i*), que pasan así a escribirse también con *s.* Otras veces se originan por ultracorrección en áreas de seseo, en el caso de palabras originariamente escritas con *s* que en esas zonas pasan a escribirse también con *z* o *c* (ante *e, i*). En muchos casos se trata de indigenismos de diverso origen que se han fijado en la escritura de varias formas, a veces con preferencia por una u otra grafía según los países. Otras, en fin, son variantes que han convivido desde siempre en el uso.

Se registran a continuación las voces de empleo actual más o menos frecuente que presentan variantes gráficas admitidas con *s, z* o *c* (ante *e, i*), indicando en primer lugar la forma más usada hoy:

alfóncigo/alfónsigo ('pistacho');
amuzgo -ga/ amusgo -ga ('cierto pueblo amerindio de México');
apipizca/apipisca ('cierta ave acuática de México');

arazá/arasá (en el Río de la Plata, 'árbol');
basuco/bazuco (en varios países americanos, 'mezcla de cocaína y otras drogas, que se quema y se inhala');
bisbirindo -da/ bizbirindo -da (en Méx. y Centroam., 'vivaracho o alegre');
bisnieto -ta/ biznieto -ta (respecto de una persona, 'hijo de su nieto');
bizcocho/biscocho ('dulce preparado con harina, huevos y azúcar');
casabe/cazabe ('torta hecha con harina de mandioca o yuca, típica de algunas zonas de América');
cascarria/cazcarria ('barro seco que queda pegado a la parte baja de la ropa y, por extensión, suciedad que queda adherida a algo');
cascorvo -va/ cazcorvo -va (en Méx., Centroam. y el Caribe, 'patizambo');
casimba/cacimba (en varios países americanos, 'pequeño pozo excavado a la orilla del mar o de los ríos para obtener agua potable' y 'oquedad de las rocas donde se deposita el agua del mar o de la lluvia');
cebiche o *ceviche/ sebiche* o *seviche* ('plato hecho con pescado o marisco crudo en adobo, típico de varios países americanos');
cempasúchil/zempasúchil/sempasúchil (en Méx., 'cierta planta y su flor');
cenzonte/senzonte (en Méx. y Centroam., 'cenzontle'; cf. *sinsonte*);
cenzontle/zenzontle/sensontle (en Méx. y Centroam., 'cierto pájaro'; cf. *sinsonte*);
chirusa/chiruza (en el Río de la Plata, 'mujer vulgar o de baja extracción social');
cingalés -sa/ singalés -sa ('de la etnia mayoritaria en Sri Lanka, antiguo Ceilán');
crizneja/crisneja ('trenza de pelo' y 'soga trenzada');
Curazao/Curasao (nombre de una isla de las Antillas neerlandesas y, con minúscula, 'cierto licor');
cuscús/cuzcuz ('plato típico magrebí');
Cuzco/Cusco (nombre de una ciudad, una provincia y un departamento del Perú);
epazote/epasote ('planta aromática usada como condimento y para infusión');
esquite/ezquite ('guiso a base de granos de maíz hervidos y condimentados');
huizache/huisache ('cierto árbol o arbusto americano muy espinoso');
lisa/liza ('cierto pez'; la forma con *-z-* solo se usa en ciertos países de América);

manisero -ra/ manicero -ra ('de(l) maní' y 'vendedor de maní');
membresía/ membrecía (en Am., 'condición de miembro' y 'conjunto de miembros');
mezcolanza/mescolanza ('mezcla');
mezquite/mesquite ('cierto árbol americano');
parduzco -ca/ pardusco -ca ('de color que tira a pardo');
pazcón/pascón (en Centroam., 'utensilio para colar' y 'filtro o cedazo');
pazote/pasote ('epazote, planta aromática');
petiso -sa/ petizo -za (en Am. del Sur, 'de baja estatura' y 'caballo de poca alzada');
placentino -na/ plasentino -na ('de Plasencia, municipio de España');
pretencioso -sa / pretensioso -sa ('presuntuoso');
revesa/reveza ('corriente de sentido opuesto al de la marea o corriente principal');
sábila/zábila (en varios países americanos, 'áloe');
santafesino -na/ santafecino -na ('de la ciudad y provincia argentinas de Santa Fe');
sebucán/cebucán (en Méx. y el Caribe, 'colador de hojas de palma');
semita/cemita (en varios países americanos, 'cierto tipo de pan, harina o bollo');
siguanaba/ciguanaba (en Centroam., 'personaje mítico en forma de mujer fantasma');
sinsonte/sinzonte (en varios países americanos, 'cenzontle');
sisimite/cicimite (en Centroam., 'personaje mítico con apariencia de mono');
sotol/zotol (en Méx., 'cierta planta y el licor que de ella se obtiene');
surubí/zurubí (en Bol. y el Río de la Plata, 'cierto pez');
temascal/temazcal (en Méx. y Guat., 'sauna');
teosinte/teocinte ('maíz silvestre');
verduzco -ca/ verdusco -ca ('que tira a verde oscuro');
zacate/sacate (en Méx. y Centroam., 'hierba o pasto usado para forraje');
zamuro/samuro (en Col. y Ven., 'zopilote, ave carroñera americana');
zanate/sanate (en Méx. y Centroam., 'cierto pájaro');
zapote/sapote ('cierto árbol americano y su fruto');
zompopo/sompopo (en Méx. y Centroam., 'hormiga de gran tamaño');
zonzo -za/ sonso -sa (en Am., 'tonto');
zopilote/sopilote ('ave carroñera americana, parecida al buitre');
zuncho/suncho ('abrazadera de hierro').

6.3 GRAFEMAS ESPECIALES

El sistema ortográfico del español incluye dos grafemas especiales, aunque lo son por motivos distintos: la letra *h*, cuya particularidad radica en ser el único grafema que no representa ningún fonema en el español estándar (v. § 6.3.1); y la letra *x*, único grafema con capacidad para representar no un fonema, sino una secuencia de dos fonemas (v. § 6.3.2).

6.3.1 LA LETRA *H*

La letra *h* es el único grafema de nuestro abecedario que en el español estándar no representa hoy ningún fonema. Así pues, en la mayoría de sus usos, constituye un mero signo gráfico carente de correlato fónico, de ahí que habitualmente se hable de «hache muda» (§ 6.3.1.1), en oposición a los casos excepcionales en que este grafema se pronuncia con aspiración (o con valor de /j/), en los que tradicionalmente se habla de «hache aspirada» (§ 6.3.1.2).

6.3.1.1 **La *h* muda**

A pesar de carecer de valor fónico en la mayoría de las palabras que conforman el léxico del español, la *h* se ha mantenido en nuestro sistema ortográfico por razones etimológicas o de uso tradicional consolidado.

La *h* representaba originariamente en latín un fonema aspirado pronto desaparecido, aunque se siguió manteniendo su reflejo en la escritura. Así, la mayoría de las haches que aparecen en palabras españolas se deben a la presencia de esta letra en su étimo latino (aunque en el propio latín la *h* no representara ya sonido alguno desde comienzos de la época imperial): *anhelar* (del lat. *anhelāre*), *exhibir* (del lat. *exhibēre*), *hábil* (del lat. *habĭlis*), *hernia* (del lat. *hernĭa*), *hiedra* (del lat. *hedĕra*), *hoy* (del lat. *hodĭe*), *inhibir* (del lat. *inhibēre*), *nihilismo* (del lat. *nihil* 'nada' + *-ismo*), *vehemencia* (del lat. *vehementĭa*), etc.

Información adicional — En las primeras etapas del español medieval, en las que la escritura tenía un fuerte componente fonológico y se basaba, sobre todo, en la pronunciación, muchas palabras procedentes de voces latinas con *h* se escribían normalmente sin ella: *auer* (hoy *haber*), *omne* (hoy *hombre*), *onor* (hoy *honor*), etc. Pero en etapas posteriores, el criterio etimológico comenzó a cobrar fuerza en la consolidación ortográfica del español y, así, desde mediados del siglo XIII, y especialmente a partir del siglo XV, época de fuerte influjo latinizante, se repusieron muchas de estas haches etimológicas, que se han mantenido en la escritura hasta hoy.

Otro numeroso grupo de haches en español se debe a la conservación en la escritura de la *h-* procedente de la antigua aspiración de *f-* inicial latina ante vocal, característica del español medieval: *hacer* (del lat. *facĕre*), *harina* (del lat. *farīna*), *heder* (del lat. *foetēre*), *herir* (del lat. *ferīre*), *herramienta* (del lat. *ferramenta*), *hijo* (del lat. *filĭus*), *hilar* (del lat. *filāre*), *hormiga* (del lat. *formīca*), *hundir* (del lat. *fundĕre*), *hurto* (del lat. *furtum*), etc.

Información adicional

La aspiración de la *f-* latina comenzó muy pronto en los territorios del norte de la España peninsular, en zonas limítrofes con el vasco, desde donde se fue extendiendo hacia el sur durante la Reconquista. No obstante, este nuevo sonido aspirado siguió representándose a menudo por escrito con la *f-* propia de la ortografía latina, al menos en los textos literarios, hasta mediados del siglo XV y principios del XVI. A lo largo del siglo XVI se generaliza el reemplazo de *f-* por *h-* en la escritura, también en los textos literarios, signo inequívoco de su conversión en un sonido aspirado. La pronunciación aspirada de esta *h-* procedente de *f-* latina desapareció del español general culto a mediados del siglo XVI, aunque su reflejo en la escritura se ha mantenido hasta hoy. Cabe señalar, no obstante, que la aspiración de la *h* aún se conserva como rasgo dialectal en Andalucía, Extremadura, Canarias y algunas otras zonas de España y América (v. § 6.3.1.2).

Hay, sin embargo, unos cuantos casos de haches antietimológicas en voces procedentes del latín cuyo étimo en esa lengua no contiene ni *h-* ni *f-*, como ocurre en *henchir* (del lat. *implēre*), *hinchar* (del lat. *inflāre*) o *hallar* (del esp. med. *fallar*, procedente a su vez del lat. *afflāre*). Entre ellas cabe citar las que provienen de voces latinas con *g-* inicial, como *helar* (del lat. *gelāre*), *hermano* (del lat. *germānus*), *hielo* (del lat. *gelu*) o *hinojo* 'rodilla' (del lat. *genucŭlum*).

Tienen también justificación etimológica las haches iniciales que aparecen en voces tomadas del griego o formadas con raíces o elementos compositivos de origen griego, como *hemi-*, *hidro-*, *hiper-*, etc., en las que la *h-* transcribe el llamado *espíritu áspero*, signo ortográfico que, en forma de coma abierta hacia la derecha (ʽ), se escribe en griego sobre vocales iniciales para indicar su pronunciación aspirada en esa lengua, aunque en español esta *h-* siempre es muda: *hedonismo, hegemonía, hemeroteca, hemiciclo, hidroavión, hipermercado, hioides*, etc.

Y son asimismo etimológicas las numerosas haches presentes en préstamos de diverso origen —sobre todo del árabe, pero también de otras muchas lenguas— que contienen esta letra en su grafía originaria o en su transcripción al alfabeto latino. En la mayoría de los casos estas haches suelen representar sonidos aspirados en la lengua de origen, pero, salvo excepciones, no se pronuncian en español. Así, hay voces con *h* muda procedentes del árabe (algunas incorporadas a través del francés), como *alcohol, alhaja, alharaca, alhelí, almohada, azahar, brahmán, harén, hasta* (preposición), *hazaña, hégira, mihrab, mohíno, rehala, rehén, tahalí, tahona* o *zahorí;* del hebreo, como *hitita* o *Jehová;* del francés (donde la *h* también es muda), como *halar, hangar, higiene, horda, hotel, hugonote* o *menhir;* del inglés, como *hamburguesa, hipnotismo* o *hurra;* del neerlandés, como *hotentote;* del húngaro, como *húsar;* del japonés, como *harakiri;* o de lenguas amerindias, como *hamaca* o *huracán.* También hay haches mudas etimológicas en topónimos, como en *Hamburgo* u *Holanda,* y en voces derivadas de nombres propios, como *alzhéimer, hercio* u *ohmio,* procedentes de los apellidos alemanes *Alzheimer, Hertz* y *Ohm,* respectivamente. No obstante, en algunos casos la *h* puede conservar el sonido aspirado originario, como ocurre en *dírham* [dírham], *hachís* [hachís], *haiku* [háiku], *hámster* [hámster], *hándicap* [hándikap] o *Hawái* [haguái] (v. § 6.3.1.2).

Otro importante grupo de haches del español responde a razones histórico-gráficas consolidadas por el uso, y no a razones etimológicas. Se trata de la *h* que se escribe siempre (salvo contadas excepciones; v. notas orientadoras) delante de los diptongos /ua/, /ue/, /ui/, tanto en posición inicial de palabra como en posición interior a comienzo de sílaba, esté o no justificada esa *h* por la etimología: *huelga, huella, huerto, hueso, huevo, huir, deshuesar, parihuela, vihuela,* etc. Esta hache, que el uso constante se encargó de consolidar, es herencia de la costumbre antigua de indicar con ella que, en esas voces, la *u* era vocal, y no consonante. Esa práctica se inició en épocas en que los grafemas *u* y *v* no tenían aún diferenciados sus usos y ambos podían representar tanto el fonema vocálico /u/ como el consonántico /b/; así, para evitar que una grafía como *ueso* (del lat. *ossum* 'hueso'), habitual en el español medieval, se leyera erróneamente /béso/ en lugar de /uéso/, se comenzó desde antiguo a escribir una *h* delante de la *u* para indicar su valor vocálico, diferenciándose de ese modo de los casos en que tenía valor consonántico, como en *uelo* (hoy *velo,* del lat. *velum*), que, al ir sin *h,* se leería necesariamente /bélo/.

Advertencia El origen puramente gráfico del uso de la letra *h* ante los diptongos de /u/ + vocal explica que se escriban con ella palabras que no la tienen en su etimología, como *hueco* (derivado sustantivo del verbo latino *occāre*), *huérfano* (del lat. *orphănus*), *hueso* (del lat. *ossum*) o *huevo* (del lat. *ovum*), mientras que voces de su misma familia, como *oquedad* (de la familia de *hueco*), *orfanato, orfandad* (de la familia de *huérfano*), *óseo, osario, osificar* (de la familia de *hueso*) u *ovario, óvulo, ovalado, desovar* (de la familia de *huevo*) se escriben sin ella por no presentar esa secuencia fónica inicial. La misma explicación vale para las diferencias de igual tipo que se observan entre formas de un mismo verbo: *oler, olía, oleremos, olió,* pero *huelo, huele, huelas, huelan;* o entre ciertos topónimos y sus gentilicios: *Huesca* (del lat. *Osca*), pero *oscense.*

El que, en una misma familia, unas palabras contengan el diptongo /ue/ y otras no se debe a que la /ŏ/ latina, si era tónica, diptongaba por lo general en /ue/ en su paso al español, salvo en cultismos incorporados en épocas en las que esa ley fonética ya no estaba vigente; de ahí que *hueso* tenga diptongo, por proceder del latín *ŏssum,* con /ŏ/ tónica, y que no lo tengan ni *osario,* del latín *ŏssarĭum,* donde es tónica la /a/, ni *óseo,* del latín *ŏssĕus,* donde la /ŏ/ latina no diptonga, aun siendo tónica, por tratarse esta voz de un cultismo de más tardía incorporación.

La ausencia de valor fónico de esta letra en español ha propiciado que en el uso se hayan consolidado a menudo grafías sin *h* en palabras que etimológicamente deberían llevarla, como es el caso, por ejemplo, de *aleluya* (del hebr. *hallĕlū yăh* 'alabado sea Dios'), *asta* ('mástil', 'cuerno' o 'lanza', del lat. *hasta,* donde la pérdida de *h-* puede haberse visto favorecida por el deseo de evitar la homonimia con la preposición *hasta,* de origen árabe), *endecasílabo* (formado con el prefijo de origen griego *endeca-* 'once', que en latín se escribía *hendeca-* porque la vocal inicial lleva espíritu áspero en griego), *invierno* (del lat. *hibernum*) o *reprender* (del lat. *reprehendĕre*). En otros casos, se mantiene la doble posibilidad gráfica, de modo que hay palabras que pueden escribirse con *h* y sin ella, como *alhelí* y *alelí* (v. § 6.3.1.3). En alguno de estos casos, las formas han especializado sus significados dando lugar a dos palabras distintas, como *aprehender* y *aprender* (v. § 6.5.1.1.7b).

Puesto que, como se ve, no es posible determinar, en la mayoría de los casos, si una palabra debe escribirse o no con *h* muda sin conocer de antemano su grafía, ni siquiera estando al corriente de su etimología, ya que la conservación o supresión de la *h* etimológica no ha seguido pautas fijas en nuestro idioma, solo la consulta al diccionario puede resolver, en última instancia, los casos de duda que a este respecto puedan planteársele a quien escribe. No obstante, también es posible ofrecer aquí algunas notas orientadoras para el correcto uso de esta letra.

Notas orientadoras sobre el uso de la letra *h*

Palabras que se escriben con *h*

1. SEGÚN CRITERIOS POSICIONALES O SECUENCIALES

Se escribe *h* en los casos siguientes:

- Delante de los diptongos /ua/, /ue, /ui/, tanto en inicial de palabra como en posición interior a comienzo de sílaba. Ejemplos en inicial de palabra: *huaca, huacal, huarache, hueco, huella, huérfano, huerto, hueso, huésped, huevo, huincha, huipil, huir, huitoto.* Excepciones: *uigur* ('grupo étnico de origen turco, asentado principalmente hoy en la región noroccidental de China') y el topónimo *Uagadugú* (capital de Burkina Faso).

  Ejemplos en posición interior a comienzo de sílaba: *ahuecar, alcahuete, cacahuate* o *cacahuete, chihuahua, coahuilense, correhuela, deshuesar, marihuana, parihuela, vihuela.* Excepciones: arabismos como *alauí* y *saharaui,* el valencianismo *fideuá* ('paella hecha con fideos en lugar de arroz'), el topónimo *Malaui* y su gentilicio *malauí,* o los gentilicios *grauero -ra* (de El Grao, puerto de Valencia o de Castellón, en España) y *palauano -na* (de Palaos, país de Oceanía).

Información adicional — Ante los diptongos /ua/, /ue/, /ui/ a principio de palabra o en posición interior a comienzo de sílaba, se suele articular un leve sonido consonántico cercano al fonema /g/; por ello, muchas palabras que comienzan o contienen las secuencias gráficas *hua, hue, hui* pueden escribirse también con *gua, güe, güi* (v. § 6.1.2.2.1.3).

- Delante de las secuencias /ia/, /ie/ en posición inicial de palabra: *hialino, hialoideo, hiato, hiedra, hiel, hielo, hiena, hierático, hierba, hierro.* Son excepción las palabras formadas con la raíz de origen griego *iatro-* (del gr. *iatrós* 'médico'), que se escribe sin *h-* por carecer la vocal inicial de espíritu áspero en griego: *iatrogenia, iatrogénico -ca, iatroquímico -ca,* etc.

Información adicional — Puesto que en estos casos el fonema /i/ tiende a convertirse, en la pronunciación espontánea, en el fonema consonántico /y/ —solemos pronunciar [yélo], [yédra], [yérro], [yatrojénia], etc.—, algunas de las palabras escritas con *hi-* o *i-* seguidas de vocal presentan variantes en las que, en lugar de *hi-* o *i-*, se escribe *y-* (v. § 6.1.2.1.1.2).

- En las palabras que empiezan por las secuencias *herm-, histo-, hog-, holg-, horm-, horr-* y *hosp-: hermafrodita, hermano, hermético, hermoso, histología, historia, hogar, hogaza, hoguera, holgado, holgazán, holgura, horma, hormiga, hormigón, hormona, horrible, horror, hospedar, hospicio, hospital.* Excepciones en palabras de uso frecuente: *ermita* y su derivado *ermitaño -ña,* y *ogro -esa* (u *ogra*).
- En las palabras que empiezan por la secuencia *hum-* seguida de vocal: *humano, humedad, húmero, humildad, humillar, humor, humus.*

2. SEGÚN CRITERIOS MORFOLÓGICOS

Se escriben con *h* las palabras que comienzan por los siguientes elementos compositivos o raíces de origen griego:

- *halo-* ('sal'): *halógeno, haloideo, halotecnia;*
- *hect(o)-* ('cien'): *hectárea, hectolitro, hectómetro;*

Advertencia	No debe confundirse el elemento compositivo *hecto-* ('cien') con el elemento compositivo *ecto-* ('por fuera'), que da lugar a palabras escritas sin hache como *ectodérmico* o *ectópico.*

- *helico-* ('espiral'): *helicoidal, helicóptero;*
- *helminto-* ('gusano'): *helmíntico, helmintología;*
- *helio-* ('sol'): *heliocéntrico, helioterapia, heliotropo;*
- *hema-, hemat(o)-, hemo-* ('sangre'): *hemangioma, hematemesis, hematoma, hemoglobina, hemorragia;*
- *hemi-* ('medio, mitad'): *hemiciclo, hemisferio, hemistiquio;*
- *hepat(o)-* ('hígado'): *hepatitis, hepatología, hepatomegalia;*
- *hepta-* ('siete'): *heptaedro, heptagonal, heptasílabo;*
- *hetero-* ('otro, distinto'): *heterogéneo, heterónimo, heterosexual;*
- *hex(a)-* ('seis'): *hexacordo, hexágono, hexosa;*
- *hidr(o)-* ('agua'): *hidrante, hidráulico, hidroavión, hidroeléctrico;*
- *higro-* ('humedad'): *higroma, higrómetro, higroscópico -ca;*
- *hiper-* ('superioridad' o 'exceso'): *hiperactividad, hipermercado, hipertrofia;*

- *hipo*[1]- ('inferioridad' o 'escasez'): *hipodérmico, hipoglucemia, hipotenso;*
- *hip(o)*[2]- ('caballo'): *hípica, hipódromo, hipopótamo;*
- *hol(o)*- ('todo'): *holístico, holografía, holómetro;*
- *homeo*- ('semejante, parecido'): *homeopatía, homeostasis, homeotermia;*
- *homo*- ('igual'): *homogéneo, homonimia, homosexual.*

3. SEGÚN CRITERIOS LÉXICOS

Se escriben con *h* las siguiente palabras:

- Los verbos de uso frecuente *haber, habitar, hablar, hacer, hallar, hartar, helar, herir, hervir, hinchar* y *hundir,* incluidas todas las formas de su conjugación: *habido, hube, habitásemos, hablará, haciendo, haga, hallemos, hartando, helara, herido, hirviendo, hinchó, hundía.*

Advertencia	Aunque el sustantivo *acción* está semánticamente relacionado con el verbo *hacer,* se escribe sin *h* porque no la lleva su étimo latino *actĭo -ōnis.*

- Ciertas interjecciones, tanto en posición inicial (*hala, hale, hola, hurra, huy*) como en posición final (*ah, bah, eh, oh, uh*). Algunas de las que se escriben con *h*- inicial pueden escribirse también sin ella (v. § 6.3.1.3): *ala, ale, uy.*
- Llevan *h* tras la secuencia inicial *ex*- las voces *exhalar, exhausto, exhibir, exhortar* y *exhumar,* así como sus derivados.

Advertencia	Las palabras *exuberancia* y *exuberante* se escriben sin *h* intercalada, ya que carecen de ella sus étimos latinos.

Palabras que se escriben sin *h*

Se escriben sin *h*- los siguientes grupos de palabras:

- Todas las voces que comienzan por las secuencias *alb*- o *alv*-: *albacea, albañil, albaricoque, albatros, albedrío, alberca, albino, albufera, alveolar, alverja.*

- Todas las voces que comienzan por la secuencia *exo-*, en muchas de las cuales se trata del elemento compositivo de origen griego que significa 'fuera': *éxodo, exoesqueleto, exógeno, exorbitante, exorcismo, exordio, exosfera* o *exósfera, exotérmico, exótico, exotismo.* Solo se exceptúan algunas voces científico-técnicas que comienzan por *hexo-* (de *hex(a)-* 'seis'), como *hexosa* ('monosacárido con seis átomos de carbono') o *hexóxido* ('óxido con seis átomos de oxígeno').

6.3.1.2 **La *h* aspirada**

Como ya se ha indicado, buena parte de las haches etimológicas del español aparecen en préstamos de otras lenguas en los que esta letra representa un sonido aspirado en la lengua de origen. Aunque ya se ha visto que, en su mayoría, estas haches no se pronuncian hoy en el español general, en algunos casos, especialmente en los préstamos más recientes, puede conservarse la aspiración característica de la lengua de la que proceden. Así, se aspira la *h* en algunos préstamos del árabe, como *dírham* ('moneda'), *hachís* ('estupefaciente obtenido de la resina del cáñamo índico'), *hamudí* ('de cierta familia que reinó en las taifas de Málaga y Algeciras') o *harca* ('grupo armado irregular marroquí'); del alemán, como *hámster* ('roedor de pequeño tamaño') o *hansa* ('asociación de mercaderes o confederación de ciudades para potenciar y defender intereses comerciales comunes') y su derivado *hanseático;* del inglés, como *hándicap* ('desventaja'); o del japonés, como *haiku* o *haikú* ('poema de tres versos'). También se conserva la aspiración originaria de la *h* en muchos topónimos y antropónimos, y consecuentemente también en sus derivados: *Hanói, Hawái* (y su gentilicio *hawaiano*), *Hegel* (y su derivado *hegeliano*), *Helsinki, Hitler* (y su derivado *hitleriano*), *Hong Kong* (y su gentilicio *hongkonés*), *Honolulú* o *Honolulu, Doha,* etc.

La aspiración de la *h* se asimila a menudo al sonido correspondiente al fonema /j/ y, de hecho, hay palabras que hoy se escriben solo con *j* que proceden de voces originariamente escritas con *h.* La *j* es, en la mayoría de estos casos, reflejo de la pronunciación aspirada de la *h* etimológica que era característica del español medieval, y que hoy se conserva como rasgo dialectal en el español de Andalucía, Extremadura, Canarias y algunas otras zonas de España y América. Por eso, en algunos casos, las formas con *j* responden a la extensión en el español general de la pronunciación dialectal de algunas voces propia de ciertas áreas. Ejemplo de palabras que se escriben hoy con una *j* procedente de *h* etimológica son *jaca* ('caballo de poca alzada' y 'yegua'), antes escrito *haca* (del fr. ant. *haque*); *jalear* ('animar con palmas y voces') y *jaleo* ('ruido o bullicio'), procedentes de la interjección *hale; jamelgo* ('caballo flaco y desgarbado'), que viene del latín *famelĭcus* ('hambriento'); *jarapa* ('tejido grueso multicolor hecho de lana o trapo viejo'), etimológicamente relacionada con *harapo;* o *juerga* ('diversión bulliciosa'), fruto del traslado a la escritura de la pronunciación dialectal andaluza de *huelga.* En otros casos se mantiene la doble posibilidad gráfica, de modo que hay palabras que pueden escribirse tanto con *h* como con *j,* como ocurre con el adjetivo *hondo,* también escrito *jondo* cuando se aplica al cante más genuinamente andaluz, caracterizado por su profundo sentimiento; con el sustantivo *jolgorio,* grafía hoy mayoritaria frente a la etimológica *holgorio* (derivado de *holgar*); o con el verbo *jalar,* variante de *halar* usada en varios países americanos. (Para la lista de palabras que pueden escribirse con *h* o con *j,* v. § 6.3.1.4).

Advertencia	La asimilación del sonido de la *h* aspirada al fonema /j/ explica los casos de extranjerismos adaptados al español en los que la *h* etimológica se sustituye por *j,* como en *jaibol* (en Méx., Centroam. y las Antillas, 'bebida consistente en un licor, mezclado con agua, soda o algún refresco, que se sirve en vaso largo y con hielo'; del ingl. *highball*); *jipi* ('del movimiento contracultural juvenil surgido en EE. UU. en los años sesenta del siglo XX'; del ingl. *hippy* o *hippie*); *jonrón* (en Am., 'jugada del béisbol en la que el bateador golpea la pelota de tal manera que le permite recorrer todas las bases y anotar una carrera'; del ingl. *home run*), o *suajili* ('lengua africana'; del ingl. *swahili*).

6.3.1.3 **Palabras que presentan variantes con *h* y sin ella**

Como ya se ha indicado, la ausencia de valor fónico de la *h* en el español estándar actual explica que palabras que originariamente se escribían con esta letra hayan pasado, con el tiempo, a escribirse sin ella. Ello responde a la aplicación del criterio fonológico por encima del etimológico en la escritura de algunas palabras, ya que este es el único grafema de nuestro sistema ortográfico que, salvo los casos excepcionales ya comentados de *h* aspirada, no representa ningún sonido. Este fenómeno de pérdida o caída de la *h* no es general, ya que las grafías con *h* etimológica se han consolidado en el uso culto en la mayoría de los casos. Sin embargo, en otros, la lengua culta ha ido admitiendo progresivamente la escritura sin *h* de ciertos términos. Al tratarse de un fenómeno gradual, existen etapas de transición en las que siguen vigentes en el uso ambas formas, la que conserva la *h* y la que ha prescindido de ella.

Se registran a continuación las voces de empleo actual más o menos frecuente que presentan hoy variantes gráficas admitidas con *h* y sin ella.

En general, se recomienda dar preferencia a la grafía sin *h* en todos los casos, con independencia de que en alguno de ellos pueda no ser aún la preferida en el uso culto mayoritario:

ala, ale/hala, hale (interjecciones usadas con diferentes valores);
alacena/alhacena ('armario para utensilios de mesa y cocina');
alajú/alhajú ('dulce hecho con una pasta de frutos secos y miel');
alelí/alhelí ('cierta planta y, especialmente, su flor');
ámago/hámago ('sustancia de sabor amargo que labran las abejas' y 'fastidio o repulsión');
armonía/harmonía ('combinación de sonidos acordes' y 'amistad o concordia'; lo mismo en todas las palabras de su familia: *armónico -ca, armonio, armonioso -sa, armonizar,* etc., preferibles a *harmónico, harmonio, harmonioso, harmonizar,* etc.);
arpa/harpa ('instrumento musical');
arpía/harpía ('ave fabulosa con rostro de mujer' y 'mujer perversa');
arpillera/harpillera ('tejido basto de estopa');
atajo/hatajo ('pequeño grupo de ganado' y, despectivamente, 'grupo de personas o cosas');

Advertencia	La voz *atajo/hatajo,* con los sentidos arriba indicados, se ha formado sobre el despectivo de *hato,* de ahí la grafía con *h-* etimológica. En cambio, la voz homófona *atajo,* que significa 'camino más corto que el principal para llegar a un sitio', deriva de *atajar* (de *tajar* 'cortar'), por lo que en ese caso solo es válida la grafía sin *h.*

auyama/ahuyama (en Col., Ven., R. Dom. y Pan., 'especie de calabaza');
baraúnda/barahúnda ('ruido y confusión grandes');
bataola/batahola ('bulla o ruido grande');
boardilla/bohardilla ('ventana que se levanta por encima del tejado de una casa', 'parte de un edificio situada bajo el tejado, destinada a vivienda' y 'desván');

Advertencia	La forma más usada con este sentido en todo el ámbito hispánico es *buhardilla* (del diminutivo de *buharda*), que se escribe siempre con la *h* etimológica.

desarrapado -da/desharrapado -da ('andrajoso, harapiento' o 'desheredado, muy pobre');
erraj/herraj ('cisco hecho con huesos de aceituna prensados');

icaco/hicaco (en Méx., Centroam. y el Caribe, 'cierto arbusto, así como su fruto, parecido a la ciruela');
ológrafo -fa/ hológrafo -fa (dicho de un testamento, 'de puño y letra del testador' y, en general, dicho de un escrito, 'autógrafo');
sabiondo -da/ sabihondo -da ('persona que presume de sabia sin serlo');
uy/huy (interjección).

6.3.1.4 Palabras que presentan variantes con *h* y con *j*

Ya se ha comentado (v. § 6.3.1.2) que la aspiración de la *h* se asimila a menudo al sonido correspondiente al fonema /j/. Por eso hay en el léxico del español palabras que presentan variantes escritas con *h* y con *j*. Las formas con *j* han surgido del reflejo en la escritura de la pronunciación aspirada de la *h* propia del español antiguo o del español de ciertas áreas dialectales, desde donde, en ocasiones, se ha extendido al español general.

Se registran a continuación las voces de empleo actual más o menos frecuente que presentan hoy variantes gráficas admitidas con *h* y con *j*, situando en primer lugar la forma mayoritaria en la escritura:

bahareque/bajareque (en Méx., Centroam. y el área caribeña, 'mezcla de paja y barro' y 'pared de palos entretejidos con cañas y recubiertos de barro');
hamaquear(se)/jamaquear(se) ('mecer(se)');
hico/jico (en el área caribeña, 'cada una de las cuerdas que sostienen la hamaca');
hipido/jipido ('acción o efecto de hipar o gimotear');
jabillo/habillo (en Méx., Centroam. y el área caribeña, 'cierto árbol');
jalar/halar (en Am., And. y Can., 'tirar hacia sí con fuerza') y su derivado *jalón/halón* (en Am., And. y Can., 'tirón brusco');
jicotea/hicotea (en el área caribeña, 'cierta especie de tortuga');
jobo/hobo (en Méx., Centroam. y el área caribeña, 'cierto árbol');
jolgorio/holgorio ('regocijo, fiesta o diversión bulliciosa');
jondo -da / hondo -da (referido a cierto tipo de cante, 'genuinamente flamenco y de profundo sentimiento');
jopo/hopo ('copete o mechón de pelo' y 'rabo o cola con mucho pelo');
mehala/mejala ('cuerpo del ejército regular marroquí');
pitahaya/pitajaya ('cierta especie de cactus');
zahón/zajón (en Esp., 'especie de mandil con perneras abiertas por detrás con que cazadores y campesinos se protegen los pantalones').

Aunque las formas con *j* se deban al reflejo gráfico de la pronunciación aspirada de la *h* originaria, debe tenerse en cuenta que a cada una de las grafías le corresponde una pronunciación diferenciada en el español estándar actual, donde la *h* no representa hoy sonido alguno; así, por ejemplo, a la grafía *halar* le corresponde la pronunciación general [alár] y a la variante *jalar,* la pronunciación [jalár].

6.3.2 LA LETRA *X*

6.3.2.1 **Valores generales**

En el actual sistema ortográfico del español, la letra *x* presenta, en el léxico general, los siguientes valores fónicos, que dependen del lugar que este grafema ocupe dentro de la palabra:

a) En posición intervocálica o a final de palabra representa la secuencia de dos fonemas /k + s/: *axila* [aksíla], *examen* [eksámen], *exhibir* [eksibír], *relax* [rreláks].

Por razones etimológicas, la secuencia fónica /k + s/ se escribe excepcionalmente con *-cs-* en lugar de *-x-* en las palabras siguientes (y sus derivados): *facsímil(e)* ('reproducción exacta de un escrito, impreso o dibujo'; del lat. *fac,* imperativo de *facĕre* 'hacer' + *simĭle* 'semejante'), *fucsia* ('cierta planta' y 'color rosa oscuro característico de sus flores'; de *Fuchs,* apellido de un botánico alemán del siglo XVI) y *macsura* (en una mezquita, 'recinto reservado para la autoridad'; del ár. *maqṣūrah* '[zona] acotada'). Esta secuencia fónica tampoco se escribe con *x,* sino con *cs* o *ks,* en las formas de plural de las voces terminadas en *-c* o *-k: blocs, cómics, anoraks, yaks.*

b) En posición final de sílaba (seguida de consonante), en el español de América y en la pronunciación culta enfática de España representa asimismo la secuencia /k + s/: *excombatiente* [ekskombatiénte], *excusa* [ekskúsa], *expulsar* [ekspulsár], *mixto* [míksto], *yuxtaponer* [yukstaponér].

No obstante, en la pronunciación relajada, especialmente en España, es frecuente que la *x* en esta posición se pronuncie como simple /s/: *excombatiente* [eskombatiénte], *excusa* [eskúsa], *expulsar* [espulsár], *mixto* [místo], *yuxtaponer* [yustaponér].

Información adicional

Si la *x* precede a una *s,* lo que puede ocurrir en casos de anteposición del prefijo *ex-* a palabras que comienzan por *s* (*exsecretario, exsenador,* etc.), la secuencia gráfica *xs* se pronuncia, en conjunto, /k + s/, ya que el fonema /s/ que corresponde, como segundo elemento, a la articulación de la *x* se funde con el fonema /s/ inicial de la palabra base: *exsecretario* [eksekretário], *exsenador* [eksenadór].

Este mismo fenómeno se observa en la pronunciación de los hispanohablantes que sesean cuando la *x* precede a una *c* ante *e, i,* donde el valor fónico de la secuencia *xc* es también /k + s/: *exceder* [eksedér], *exciudadano* [eksiudadáno].

c) En posición inicial de palabra, representa el fonema /s/ (v. § 6.2.2.8.1): *xenofobia* [senofóbia], *xerocopia* [serokópia], *xilófono* [silófono].

Advertencia	La pronunciación de la *x* inicial como /k + s/, en lugar de como simple /s/, resulta afectada y debe evitarse: ⊗[ksenofóbia], ⊗[kserokópia], ⊗[ksilófono].

Información adicional

No hay palabras propiamente latinas escritas con *x* en posición inicial, de ahí que todas las voces presentes en el léxico general del español con esta configuración gráfica sean cultismos procedentes del griego, en los que la *x* transcribe la letra griega *xi* (ξ).

La razón de que la *x* se pronuncie /s/, y no /k + s/, en posición inicial de palabra es que en español solo se articulan de forma natural dos consonantes seguidas a comienzo de palabra o de sílaba cuando la segunda es /r/ o /l/, y la primera /b/, /p/, /g/, /k/, /d/, /t/ o /f/ (*broma, blusa, prisa, pluma, grapa, glicerina, cría, claro, drama, trote, fruta, flor*). Puesto que el grupo /k + s/ no se articula naturalmente en español a principio de palabra, la *x* en esta posición simplifica su articulación y se pronuncia solo /s/.

Sobre el valor fónico de la *x* en topónimos o antropónimos de grafía arcaizante, o en voces procedentes de lenguas amerindias, v. § 6.3.2.2.

La pronunciación simplificada de la *x* como /s/ en ciertos contextos es causa de vacilaciones ortográficas en muchos hablantes, que en ocasiones dudan de si ciertas palabras deben escribirse con *s* o con *x*. Aunque solo la consulta al diccionario puede resolver, en última instancia, las dudas que a este respecto puedan planteársele a quien escribe, se ofrecen a continuación algunas notas orientadoras que pueden ayudar a seleccionar el grafema correcto en ciertos grupos de palabras.

Notas orientadoras sobre el uso de la letra *x*

1. SEGÚN CRITERIOS POSICIONALES O SECUENCIALES

Se escriben con *x* las palabras que comienzan por las secuencias siguientes:

- Por la sílaba *ex-* seguida del grupo *-pr-: exprés, expresamente, expresivo, exprimir, expropiar*. Son excepción algunos extranjerismos adaptados como *espray* o *esprínter*.
- Por la sílaba *ex-* seguida del grupo *-pl-: explanada, explicar, explícito, explorar, explosión*. Se escriben, en cambio, con *s: esplendor* (y todas las palabras de su misma familia léxica: *esplender, espléndido, esplendoroso,* etc.), *esplenio* ('músculo del cuello'), *espliego* ('planta aromática') y todas las voces médicas que contienen la raíz *esplen-* (del gr. *splḗn* 'bazo'), como *esplénico -ca* ('del bazo'), *esplenectomía* ('extirpación del bazo') o *esplenitis* ('inflamación del bazo').
- Por la secuencia *ex-* seguida de *h* o de vocal: *exhalar, exhaustivo, exhibir, exhortar, exhumar, examen, exagerar, execrable, exento, exigente, exilio, exonerar, exorcismo, exuberante, exudado*. Solo empiezan por *es-* ante vocal los demostrativos *ese, esa, eso,* además de *ese* ('nombre de la letra *s*'), *esencia, esenio* ('de una antigua secta judía'), *esófago, esotérico -ca* y algunos nombres propios, como *Esopo, Esaú* o *Esauira,* junto con los derivados correspondientes.

Nota sobre la *x* en la terminación *-xión* para hablantes que sesean o cecean

Para los hispanohablantes que no distinguen en su pronunciación los fonemas /s/ y /z/, las terminaciones *-xión* y *-cción* se pronuncian del mismo modo: -[ksión] (entre quienes sesean) o -[kzión] (entre quienes cecean).

Estos hablantes deben tener en cuenta que las palabras que terminan en *-xión,* muchas menos de las que acaban en *-cción,* contienen siempre en su familia léxica un término acabado en *-jo* o *-xo: anexión* (*anexo, anejo*), *complexión* (*complejo*), *conexión* (*conexo*), *crucifixión* (*crucifijo*), *flexión* (*flexo, reflejo*), *fluxión* (*flujo*). En cambio, los sustantivos terminados en *-cción* (v. § 6.5.2.1.2), como *acción, adicción, construcción, elección, infección, traducción,* no tienen en su familia léxica voces con esas terminaciones.

2. SEGÚN CRITERIOS MORFOLÓGICOS Y LÉXICOS

Se escriben con *x* las palabras que comienzan por los siguientes prefijos o elementos compositivos:

- *ex-* ('que ha dejado de ser lo que el sustantivo o adjetivo al que se antepone denota', 'fuera, más allá' o 'privación'): *exalumno, exánime, excarcelar, excéntrico, exculpar;*
- *exa-* ('un trillón de veces', en múltiplos de unidades de medida): *exanewton, exapascal;*
- *exo-* ('fuera'): *exoesqueleto, exogamia, exosfera* o *exósfera, exósmosis* o *exosmosis;*
- *extra-* ('fuera de' o 'sumamente'): *extrafino, extramuros, extraordinario, extraplano, extraterrestre.* Se escriben con *s,* pues nada tienen que ver con este prefijo, las voces *estrábico -ca, estrangular* y *estraperlo;*
- *hexa-* ('seis'): *hexágono, hexámetro, hexasílabo;*
- *maxi-* ('muy grande o muy largo'): *maxicrisis, maxifalda, maxiproceso;*
- *xen(o)-* ('extraño, extranjero'): *xenismo, xenófobo, xenoglosia;*
- *xero-* ('seco, árido'): *xerocopia, xerófilo, xerografía;*
- *xilo-* ('madera'): *xilófago, xilófono, xilografía.*

Se escriben asimismo con *x* las palabras que contienen las siguientes raíces griegas o latinas:

- *flex-* (del lat. *flexus* 'curvatura, pliegue'): *flexible, flexión, flexo, papiroflexia;*
- *lex(i)-* (del gr. *léxis* 'palabra'): *lexema, léxico, lexicografía, lexicón;*
- *oxi-* (del gr. *oxýs* 'ácido' o 'agudo'): *anoxia, óxido, oxígeno, oxítono;*
- *sex-* (del lat. *sexus* 'sexo'): *sexismo, sexo, sexuado, transexual;*
- *sex-* (del lat. *sex* 'seis'): *sexagesimal, sexenio, sexteto, sexto;*
- *tax(i)-* (del gr. *táxis* 'ordenación, tasa'): *sintaxis, taxi, taxidermia, taxonomía;*
- *tox(i)-* (del gr. *toxikón* 'veneno'): *intoxicar, toxemia, tóxico, toxicología.*

6.3.2.2 Valores especiales

El principal valor fónico que corresponde a la *x* en el actual sistema ortográfico del español, el de representar la secuencia bifonemática /k + s/, es el mismo que tenía esta letra en latín; de este valor heredado del latín se deriva, a su vez, el de representar el fonema /s/ en algunos contextos, por simplificación articulatoria de la secuencia /k + s/ en determinadas posiciones, tal y como se ha explicado en el epígrafe anterior.

Sin embargo, la *x* puede presentar excepcionalmente otros valores fónicos, restringidos a ciertas palabras, como consecuencia del mantenimiento en ellas de esta letra con el valor que tuvo en el español de épocas pasadas, o con el que le corresponde en otras lenguas en contacto con el español.

Estos valores especiales se presentan en algunos topónimos o antropónimos de grafía arcaizante, donde la *x* conserva su antiguo valor como representante del fonema /j/ (v. § 6.3.2.2.1); y en voces procedentes de ciertas lenguas amerindias, donde, junto a los valores propios que tiene esta letra en el actual sistema ortográfico del español (/ks/ o /s/) y el que tenía en épocas pasadas (/j/), la *x* puede conservar el que le corresponde en esas lenguas, en las que representa a menudo el fonema /sh/, inexistente en el español moderno, aunque sí existió en el español medieval (v. § 6.3.2.2.2).

6.3.2.2.1 *En ciertos topónimos o antropónimos de grafía arcaizante*

La *x* conserva su antiguo valor como representante del fonema /j/ en algunos topónimos americanos que mantienen una ortografía arcaica, como *México* [méjiko], *Oaxaca* [oajáka] o *Texas* [téjas] (con sus respectivos derivados *mexicano -na* [mejikáno -na], *mexicanismo* [mejikanísmo], *oaxaqueño -ña* [oajakéño -ña], *texano -na* [tejáno -na], etc.); así como en variantes arcaizantes de algunos antropónimos, como el nombre de pila *Ximena* [jiména], o los apellidos *Ximénez* [jiménes, jiménez] o *Mexía* [mejía]. Recuérdese que, en estos casos, es incorrecto pronunciar la *x* con el sonido /k + s/ que normalmente le corresponde a esta letra en el sistema ortográfico moderno: ⊗[méksiko], ⊗[oaksáka], ⊗[téksas], ⊗[ksiména], ⊗[meksía].

Información adicional | Se encuentran indicios de esta *x* arcaica en algunos topónimos españoles en los que hoy se pronuncia corrientemente /k + s/, como *Almorox, Borox, Guadix* y *Sax,* pero cuyos gentilicios respectivos (*almorojano, borojeño, guadijeño* y *sajeño*) demuestran que, en su origen, esa *x* se pronunciaba /j/.

Las razones de este valor peculiar de la *x* se encuentran en la compleja evolución de este grafema en la historia ortográfica del español. En el español medieval, la letra *x* se usaba ya con dos valores distintos, pues en los cultismos latinos representaba, como hoy, la secuencia /k + s/ (*exaltar* [eksaltár]), mientras que en las palabras patrimoniales, las que se incorporaron por evolución natural ininterrumpida desde el latín, la secuencia fónica representada por la letra *x* se transformó en uno de los seis fonemas sibilantes característicos del español medieval, el prepalatal fricativo sordo /sh/, de pronunciación similar a la *sh* inglesa o *ch* francesa actuales (*exemplo* [eshémplo]). El fonema sibilante medieval /sh/ evolucionó a lo largo del siglo XVI hasta convertirse en el fonema /j/, de ahí que la letra *x* sirviera también en español, durante mucho tiempo, para representar, junto a la *j* y la *g* (ante *e, i*), el fonema /j/ (v. § 6.2.2.3.2).

Debido a las continuas confusiones que generaba la existencia de valores tan distintos para una misma letra, la ortografía académica de 1815 decidió limitar el valor de la *x* al que esta letra tenía en latín (/k + s/), de modo que, a partir de ese momento, todas las palabras que anteriormente se habían escrito con *x* en representación del fonema /j/ pasaron a escribirse con *j*: *exemplo* > *ejemplo, embaxador* > *embajador, Xerez* > *Jerez,* etc.

Cuando los españoles llegaron a América, a finales del siglo XV y principios del XVI, transcribieron con *x* el fonema /sh/ propio de lenguas amerindias como el náhuatl y el maya (vivas hoy en México, Guatemala, Honduras, El Salvador y Nicaragua), ya que era similar al que, representado por esa letra, aún existía en español y se convertiría después en el fonema /j/. De ahí que el fonema /sh/ presente en el étimo indígena de muchas de las voces y topónimos oriundos de esas zonas, especialmente en los asimilados en los primeros tiempos de la presencia española en América, sufriera la misma evolución que el fonema medieval español y acabara transformándose también en /j/. Pero, mientras que en unos casos ese nuevo fonema /j/ pasó a representarse gráficamente con la *j* propia de la ortografía moderna, como en *Jalisco, Juchitán* o *Guadalajara,* en otros mantuvo su escritura con la *x* propia de la ortografía antigua, como en *México, Oaxaca* o *Texas.*

Hay otros topónimos de origen indígena, en cambio, donde la *x* mantiene la pronunciación /sh/ originaria, como en *Xola* [shóla] o *Xicalango* [shikalángo], que se convierte en /s/ en los casos en que el nombre incluye además el fonema /ch/, como ocurre en *Xochimilco* [sochimílko]. Pero tampoco faltan topónimos de origen igualmente indígena donde la *x* representa la secuencia /k + s/, según corresponde a esta letra en el actual sistema ortográfico del español, como en *Ixhuacán* [iksguakán] o *Tuxtepec* [tukstepék], que a veces se reduce a simple /s/ cuando le sigue el fonema /k/: *Tlaxcala* [tlaskála], *Mixcoac* [miskoák].

6.3.2.2.2 *En voces procedentes de lenguas amerindias*

El complejo panorama antes descrito en relación con el valor fónico de la *x* en topónimos originarios de lenguas amerindias como el náhuatl o el maya es idéntico al que se observa en voces indígenas de esta misma procedencia, presentes en el español de México, Guatemala, Honduras, El Salvador o Nicaragua. En este tipo de indigenismos, la letra *x* puede presentar hasta cuatro valores fónicos distintos:

En algunos representa el fonema /j/, como en *xicaque* [jikáke] ('cierto pueblo amerindio de Honduras') o *xiote* [jióte] (en Méx., Guat., Hond., El Salv. y Nic., 'cierta enfermedad de la piel'), que se escriben también, más frecuentemente, *jicaque* y *jiote*.

En la mayoría de ellos, no obstante, representa el fonema prepalatal fricativo sordo /sh/ propio de esas lenguas, aunque inexistente en el español actual, como en *mixiote* [mishióte] ('plato mexicano que consiste en un saquito hecho con carne envuelta en la membrana que recubre la penca del maguey, cocido al vapor'), *xolco* [shólko] (en Guat. y El Salv., 'falto de algún diente') o *xocoyote* [shokoyóte] (en Méx., 'hijo menor'). Algunas de estas voces cuentan con variantes gráficas escritas con *ch* o *s,* como *cholco* o *socoyote,* que reflejan su acomodo a las pautas grafofonológicas del español mediante la asimilación del fonema indígena originario a alguno de los dos más próximos de nuestro sistema fonológico.

Y en otros, en fin, puede presentar uno de los dos valores que corresponden a este grafema en la lengua general: /k + s/, como en *nixtamal* [nikstamál] (en Méx., Guat., Hond., El Salv. y Nic., 'maíz cocido en agua de cal que después de molido se usa para hacer tortillas'); o /s/, como en *xúchil* [súchil] (en Méx., 'flor'), que también se escribe *súchil.*

6.3.2.3 Palabras que presentan variantes con *x* y con *s*

El hecho de que la articulación de la *x* en posición final de sílaba, esto es, seguida de consonante, pueda reducirse en la pronunciación relajada de /k + s/ a simple /s/ propició desde antiguo la existencia, en muchas palabras, de variantes escritas con *x* y con *s.* Algunas de estas variantes se consolidaron en el uso y siguen aún vigentes, en gran parte debido a que la ortografía académica admitió de forma general durante algún tiempo (desde 1815 a 1844) la posibilidad de sustituir la *x* por *s* en esta posición.

Se ofrecen a continuación las palabras de uso general más o menos frecuente que presentan variantes escritas con *x* y con *s,* indicando en primer lugar la forma que se considera hoy preferible por ser la de uso mayoritario en el español actual. En unos casos, como se verá, hay justificación etimológica para ambas formas; en otros, las variantes se producen por la coexistencia en el uso de grafías etimológicas con *x* junto a otras con *s* que reflejan la simplificación articulatoria de la *x* ante consonante; y, por último, hay casos en que, siendo las grafías con *s* las etimológicas, se han generado variantes con *x* por influjo o cruce con otros términos que se escriben con esa letra. Las palabras son las siguientes:

escoriar(se)/excoriar(se) ('producir(se) una lesión en la capa superficial de la piel', del lat. *excoriāre* 'quitar la piel') y su derivado *escoriación/excoriación* ('lesión en la capa superficial de la piel');

excusado -da/escusado -da ('reservado, oculto o apartado del uso común') y *excusado/escusado* ('lugar reservado' y 'retrete');

Información adicional	Del participio del antiguo verbo *escusar* 'esconder, ocultar' (perteneciente a la familia de las palabras derivadas del verbo latino *abscondĕre*) proceden el adjetivo *escusado -da* 'reservado, oculto o separado del uso común' y el sustantivo *escusado* 'lugar reservado' y, más específicamente, 'retrete'. En estos casos, por tanto, las grafías etimológicas son las que se escriben con *s*. Las variantes con *x*, documentadas desde antiguo, se deben al cruce con la familia de *excusar* (del lat. *excusāre* 'disculpar') y, a pesar de ser contrarias a la etimología, son hoy las más usadas, incluso entre personas cultas.

Advertencia	Todas las voces pertenecientes a la familia léxica derivada del verbo latino *excusāre* ('disculpar') se escriben siempre y solo con *x*: *excusa* ('disculpa o pretexto'), *excusar(se)* ('disculpar(se)', 'librar o eximir a alguien de algo' y 'evitar hacer algo'), *excusado -da* ('libre o exento' e 'innecesario'). En el caso de estas palabras, por tanto, no se consideran correctas las grafías con *s*.

expectable/espectable (en el Cono Sur, 'digno o notable'; la primera, del lat. *exspectabĭlis;* la segunda, del lat. *spectabĭlis*);

expoliar/espoliar ('despojar [a alguien o algo] de forma violenta o ilegal') y sus derivados *expolio/espolio, expoliación/espoliación;*

Información adicional	Esta duplicidad se debe a la existencia en latín de dos verbos de distinta forma, pero significado similar: *exspoliāre* ('despojar enteramente, robar, saquear') y *spoliāre* ('desnudar' y 'desposeer o privar de algo').

mistificar/mixtificar ('falsear o falsificar', del fr. *mystifier;* la variante con *x* se explica por influjo de *mixto*) y sus derivados *mistificación/mixtificación, mistificador -ra/mixtificador -ra;*

Advertencia	En el uso culto actual, el adjetivo *mixto -ta* (del lat. *mixtus*) y todas las voces pertenecientes a su misma familia léxica (*mixtilíneo, mixtura, mixturar*) se escriben con *x*, por lo que hoy no se consideran válidas las grafías con *s* para estas palabras.

moxte/moste, v. *oxte/oste;*

oxte/oste, en la locución *no decir (ni) oxte/oste ni moxte/moste* o *sin decir (ni) oxte/oste ni moxte/moste* ('no decir nada o sin decir nada');

Información adicional — Esta expresión deriva de la interjección *ox,* también escrita *os,* que suele usarse repetida para espantar a las aves domésticas y a la caza, de donde también derivan el verbo *oxear* y su variante *osear*.

---

sexmo/sesmo ('antigua división territorial que comprendía varios pueblos para la administración de bienes comunes'; del lat. *sex* 'seis', posiblemente de **sexĭmus,* forma analógica de *septĭmus*) y su derivado *sexmero/sesmero* ('encargado de los negocios y derechos de un sexmo').

6.4 VALORES FONOLÓGICOS DE LOS GRAFEMAS Y DÍGRAFOS DEL ESPAÑOL

En los epígrafes anteriores se han expuesto las formas de representación gráfica de cada uno de los fonemas del español.

A continuación, y desde la perspectiva inversa complementaria, se resumen en sendos cuadros los valores fonológicos que corresponden a cada uno de los grafemas y de los dígrafos que forman parte del sistema ortográfico del español.

VALORES FONOLÓGICOS DE LOS GRAFEMAS

<table>
<tr><th colspan="2">Grafema</th><th>Fonema</th><th>Ejemplos</th></tr>
<tr><td colspan="2">a</td><td>/a/</td><td>asa, antes, ha, diana, carta, pasar, ah</td></tr>
<tr><td colspan="2">b</td><td>/b/</td><td>beso, cubo, cebra, absurdo, obvio, club</td></tr>
<tr><td rowspan="5">c</td><td>c + a, o, u</td><td rowspan="3">/k/</td><td>casa, corto, cubo, peca, seco, escuela</td></tr>
<tr><td>c + cons.</td><td>clavo, creer, aclamar, recto, sección</td></tr>
<tr><td>-c</td><td>bloc, cómic, frac</td></tr>
<tr><td rowspan="2">c + e, i</td><td>/s/[1]</td><td rowspan="2">cebra, hacer, encerar, cigala, precio</td></tr>
<tr><td>/z/[2]</td></tr>
<tr><td colspan="2">d</td><td>/d/</td><td>dedo, deuda, drama, admirar, caridad</td></tr>
<tr><td colspan="2">e</td><td>/e/</td><td>elefante, este, heno, cueva, beber, eh</td></tr>
<tr><td colspan="2">f</td><td>/f/</td><td>feo, grifo, flauta, frío, nafta, golf</td></tr>
</table>

VALORES FONOLÓGICOS DE LOS GRAFEMAS

Grafema		Fonema	Ejemplos
g	*g + a, o, u*	/g/	*gato, gol, gula, pegar, agonía, agua*
	g + ü + e, i		*bilingüe, pingüino*
	g + cons.		*globo, grande, amígdala, signo*
	-g		*gag, tuareg, zigzag*
	g + e, i	/j/	*gesto, ligero, girar, página*
h		Ø[3]	*hambre, hotel, hielo, alcohol, anhelo, bah*
		[h][4]	*hámster, hándicap, Helsinki, dírham*
i		/i/[5]	*iglesia, híbrido, deshielo, allí, cursi*
j		/j/	*jamón, viaje, jirafa, bajo, junto, reloj*
k		/k/	*karst, búnker, koala, bikini, kril, yak*
l		/l/	*lado, color, blanco, clave, altivo, piel*
m		/m/	*mayo, cómodo, amperio, álbum*
n		/n/	*nadie, anónimo, andar, envío, ron*
ñ		/ñ/	*ñame, ñoño, cañería*
o		/o/	*ostentar, hora, ahora, actor, poco, oh*
p		/p/	*padre, copa, plano, premio, aceptar, clip*
q		En las palabras propiamente españolas o plenamente adaptadas al español solo se utiliza formando parte del dígrafo *qu* (v. cuadro dígrafos).	
r	***-r-***	/r/	*cara, aire, diario, pero, cloruro*
	r precedida de cons. con la que forma sílaba		*abrazo, crema, drama, disfrute, lágrima, kril, preso, cetro*
	-r final de sílaba o palabra		*circo, hermano, taberna, dar, oler*
	r-	/rr/	*rama, renta, riñe, roto, ruido*
	r inicio de sílaba, precedida de cons.		*alrededor, enredo, israelí*

VALORES FONOLÓGICOS DE LOS GRAFEMAS

Grafema		**Fonema**	**Ejemplos**
s		/s/[6]	*sábado, sonoro, casero, estudio, anís*
t		/t/	*tarde, peto, atlas, ritmo, monstruo, mamut*
u[7]		/u/[8]	*único, hueso, tribu, cigüeña*[9], *ahuecar, uh*
v		/b/	*valer, voto, divino, tuvo, calvo, subvención*
w		/u/[10]	*waterpolo, web, darwinista, rawsense*
		/b/	*Witiza, wolframio, wagneriano*
x	***-x-***[11]	/k + s/	*flexible, taxi, exhibir*
	x + cons.[12]		*excursión, experto, mixto*
	-x		*cérvix, relax, tórax*
	x-	/s/	*xenofobia, xerocopia, xilófono*
y		/i/	*y, Uruguay, rey, convoy, muy*[13]
		/y/	*baya, yeso, ensayista, yoga, yugo*
z		/s/[1]	*zapato, zoco, azul, bizco, paz, nazi*[14]
		/z/[2]	

[1] Tiene este valor en Hispanoamérica, Canarias y la mayor parte de Andalucía. En esas áreas, cuyo sistema fonológico no cuenta con el fonema /z/, el fonema fricativo sordo /s/ tiene dos realizaciones: como [s] en zonas de seseo y como [z] en zonas de ceceo (v. § 4.2.1.1).

[2] Tiene este valor en el centro, norte y este de la España peninsular, cuyo sistema fonológico incluye los fonemas /s/ y /z/ (v. § 4.2.1.1).

[3] La *h* no representa ningún fonema en español y carece de valor fónico en la lengua estándar, con la única excepción de algunos préstamos de otras lenguas en los que se corresponde con un sonido aspirado (v. nota siguiente).

[4] La *h* se corresponde con un sonido aspirado en algunos préstamos de otras lenguas (v. § 6.3.1.2).

[5] Cuando la *i* va seguida de una vocal con la que forma diptongo a comienzo de sílaba o palabra, el fonema /i/ que esta letra representa tiende a pronunciarse como [y]: *deshielo* [desyélo] (v. § 6.1.2.1.1.2).

[6] El fonema /s/ se realiza como [z] en zonas de ceceo (v. § 4.2.1.1).

[7] Cuando forma parte de los dígrafos *gu* y *qu* (v. cuadro dígrafos) es un mero signo gráfico carente de valor fónico.

[8] Cuando la *u* va seguida de vocal con la que forma diptongo a comienzo de sílaba o palabra, el fonema /u/ que esta letra representa suele articularse con un refuerzo consonántico antepuesto cercano a una [g]: *ahuecar* [aguekár] (v. § 6.1.2.2.1.3).

[9] El grafema *u* lleva diéresis en las secuencias *güe, güi* para indicar que la *u* representa en ellas el fonema /u/, distinguiéndose así de los casos en que esta letra forma parte del dígrafo *gu* (en las secuencias gráficas *gue, gui*), donde no representa ningún fonema (v. § 6.1.2.2.1.1).

[10] Cuando la *w* va seguida de vocal con la que forma diptongo a principio de palabra o de sílaba, el fonema /u/ que esta letra representa suele pronunciarse con un refuerzo consonántico antepuesto cercano a una [g]/: *waterpolo* [guaterpólo] (v. § 6.1.2.2.2).

[11] En algunos topónimos y antropónimos de grafía arcaizante y sus derivados, como *México, mexicano, Texas, texano* o *Mexía,* representa el fonema /j/ (v. § 6.2.2.3.2).

[12] En la pronunciación relajada de ciertas zonas, especialmente en España, se articula como simple /s/ (v. § 6.3.2.1b).
[13] Excepcionalmente, la *y* puede tener valor de /i/ en interior o a principio de palabra: *haylas, Ayllón, Ynduráin, guaymeño* (v. § 6.1.2.1.2c).
[14] Por razones normalmente etimológicas, la *z* puede aparecer también ante las vocales *e, i*: *zéjel, nazi* (v. § 6.2.2.7.1.1).

VALORES FONOLÓGICOS DE LOS DÍGRAFOS

Dígrafo	Fonema	Ejemplos
ch	/ch/	*chato, bache, ancho, zarévich*
gu + *e, i*	/g/	*guerra, guitarra, hoguera, erguir*
ll	/ll/ /y/ (en hablantes yeístas)	*llamar, lluvia, callar, conllevar*
qu + *e, i*	/k/	*queso, quien, paquete, aquí*
-rr-	/rr/	*arriba, perro, antirrobo, interrelación*

6.5 FENÓMENOS ORTOGRÁFICOS QUE AFECTAN A DETERMINADAS SECUENCIAS DE GRAFEMAS

6.5.1 SECUENCIAS DE VOCALES

6.5.1.1 Reducción de secuencias de dos vocales iguales

6.5.1.1.1 *Consideraciones generales*

No son habituales en español las palabras con dos vocales iguales contiguas. De hecho, son muy pocas las voces españolas derivadas naturalmente del latín que contienen secuencias de dos vocales iguales. La mayoría son, o bien extranjerismos o cultismos grecolatinos —y sus derivados— que presentan estas secuencias en su grafía originaria, o bien voces compuestas o derivadas en las que el elemento antepuesto termina con la misma vocal por la que comienza la palabra o base a la que se une.

En general cabe decir que, en español, la presencia de dos vocales iguales contiguas en la grafía de una palabra suele corresponderse, en la lengua oral, especialmente en la pronunciación aislada, con la articulación de una doble vocal. En aquellos casos en que de forma generalizada y en todos los niveles del habla, incluyendo la pronunciación cuidada, se articula una vocal simple, es frecuente y admisible la reducción gráfica de las dos vocales a una sola; así ocurre, por ejemplo, en la voz *portaaviones* (de *porta* [3.ª persona del singular del presente de indicativo del verbo *portar*] + *aviones*), en la que, por articularse normalmente una única vocal, no solo es admisible, sino recomendable el uso de la variante gráfica simplificada *portaviones*.

Por lo general, para que se admita y prefiera la variante gráfica simplificada, que en muchos casos acaba por reemplazar totalmente en el uso a la grafía con doble vocal, es necesario, como se ha dicho, que se haya generalizado en el habla la simplificación articulatoria; además, en el caso de las voces surgidas de la anteposición de un prefijo o un elemento compositivo a una base, favorece la reducción gráfica el hecho de que la palabra resultante siga siendo reconocible y, por tanto, su significado fácilmente deducible. Por ello, son normalmente más proclives a la reducción de las dos vocales iguales a una sola aquellos compuestos o derivados cuyos componentes son más largos, como ocurre en *metanfetamina, antimperialismo* o *microrganismo,* grafías de uso frecuente junto a *metaanfetamina, antiimperialismo* y *microorganismo.* En cambio, la reducción queda normalmente bloqueada si, de producirse, el término resultante viene a coincidir con otro ya existente de distinto significado; así, es normal que se mantenga la doble vocal en *reemitir* (de *re-* + *emitir,* 'volver a emitir'), para evitar su coincidencia con el término *remitir* (del lat. *remittĕre,* 'enviar', 'diferir', 'perder intensidad', entre otros significados). Tampoco se produce la simplificación de las dos vocales iguales contiguas cuando la vocal por la que comienza la palabra base es en sí misma un prefijo: *ultraamoral* (*ultra-* + *amoral*), distinto de *ultramoral* (*ultra-* + *moral*); *semiilegal* (*semi-* + *ilegal*), distinto de *semilegal* (de *semi-* + *legal*).

A continuación se analizan las secuencias de doble vocal y su posible reducción gráfica con cada una de las vocales españolas.

6.5.1.1.2 ***Secuencia* -aa-**

a) Se escriben con *-aa-:*
   - Topónimos o antropónimos procedentes de otras lenguas, y sus derivados, que contienen esta secuencia vocálica en su grafía originaria: *El Aaiún* (topónimo árabe), *Isaac* o *Aarón* (antropónimos hebreos), con sus derivados *aarónico, aaronita,* o los topónimos guaraníes *Caaguazú* (departamento del Paraguay), *Caacupé* (capital del departamento paraguayo de Cordillera) y *Caazapá* (ciudad y departamento del Paraguay), con sus respectivos gentilicios *caaguaceño, caacupeño* y *caazapeño.*
   - El extranjerismo *afrikáans* (del neer. *afrikaans* 'variedad del neerlandés hablada en Sudáfrica').

b) Pueden escribirse tanto con *-aa-* como con *-a-:*
   - Las voces formadas por prefijos o elementos compositivos terminados en *-a,* como *contra-, extra-, infra-, intra-, meta-, para-, supra-, tetra-* o *ultra-,* antepuestos a palabras que comienzan también por *a-;* así, por ejemplo, son válidas las grafías *contralmirante, contranálisis, contrargumentar* o *contratacar* junto a

contraalmirante, contraanálisis, contraargumentar y *contraatacar,* que conservan la doble vocal. Lo mismo ocurre con los demás elementos compositivos terminados en *-a* unidos a palabras que comienzan también por *a-,* siempre y cuando se cumplan las condiciones generales para la reducción gráfica comentadas en el apartado 6.5.1.1.1; no resultan, por tanto, censurables, aunque puedan ser minoritarias en el uso, grafías como *extrabdominal, infralimentar, intrarticular, megatentado, parautonómico, supraórtico, tetratómico* o *ultratlántico,* junto a *extraabdominal, infraalimentar, intraarticular, megaatentado, paraautonómico, supraaórtico, tetraatómico* o *ultraatlántico.*

- Los compuestos resultantes de unir palabras terminadas en *-a* (frecuentemente formas verbales) a otras que comienzan también por *a-;* así, puede escribirse *cagaceite, portaviones* o *tragavemarías,* junto a *cagaaceite, portaaviones* o *tragaavemarías.*
- Algunos americanismos, como *caaminí/caminí* ('variedad de yerba mate') y *yaacabó/yacabó* ('cierto pájaro de América del Sur').

En todos los casos se recomienda que, si la reducción vocálica se halla generalizada en la lengua oral, se empleen preferentemente las grafías simplificadas, que son las que han acabado triunfando históricamente en situaciones similares, como se ve en *aguardiente, catabejas, decárea, drogadicto, guardagujas, hexángulo, paraguas, saltatrás, tientaguja, tornatrás* o *tragaldabas,* voces que solo se escriben hoy en esas formas.

No obstante, debe mantenerse la doble vocal si la palabra base comienza con el prefijo privativo *a-,* como ocurre en *ultraamoral* (de *ultra-* + *amoral*), para evitar que se interprete como base el término sin prefijar (en la grafía *ultramoral* se entendería que la base es la palabra *moral*).

6.5.1.1.3 *Secuencia* -ee-

a) Se escriben con *-ee-:*

- El infinitivo y muchas de las formas de la conjugación de los verbos *creer, leer, peer, poseer, proveer* y *sobreseer,* así como todas las palabras de su misma familia (*creencia, descreer, desproveer, poseedor, proveedor,* etc.).

Advertencia	Debido al cruce con *proveer* ('suministrar'), se comete a menudo el error, tanto en la escritura como en la pronunciación, de convertir el verbo *prever* —que procede del latín *praevidēre* (de *prae-* 'antes, delante' + *vidēre* 'ver') y significa 'ver con

anticipación', 'conjeturar' o 'disponer lo necesario para futuras contingencias'— en el erróneo, por inexistente, ®*preveer.* Esta confusión provoca también errores de conjugación, ya que *prever* debe conjugarse conforme a su modelo, que es *ver* (*previó, previendo,* etc.), y no *leer* (®*preveyó,* ®*preveyendo,* etc.).

- Todas las personas del presente de subjuntivo y la primera persona del singular del pretérito prefecto simple (o pretérito) de indicativo de los verbos terminados en *-ear* (*abofetear, desear, hornear, pasear, pelear,* etc.): *abofetee, abofeteé, desees, deseé, horneemos, horneé, paseéis, paseé, peleen, peleé,* etc.
- Los términos *acreedor* ('persona que tiene una deuda a su favor') y *acreencia* (en Am., 'deuda que alguien tiene a su favor'), derivados del antiguo verbo *acreer* ('prestar'), así como *veedor* ('persona que tiene como oficio inspeccionar o vigilar') y *veeduría* ('cargo y oficina del veedor'), derivados del antiguo *veer,* hoy *ver.*
- Los derivados resultantes de añadir el sufijo *-ero, -era* a palabras terminadas en *-ea, -eo,* como *obleera* ('vaso o caja para obleas'), derivado de *oblea,* o *fideero* ('persona que hace o vende fideos u otra pasta'), derivado de *fideo.*
- Topónimos o antropónimos procedentes de otras lenguas que contienen esta secuencia en su grafía originaria, como *Beethoven* o *Ñeembucú* (departamento del Paraguay), así como sus derivados: *beethoveniano, ñeembuqueño.*
- Algunos extranjerismos, como *feérico* ('de las hadas', del fr. *féerique,* de *fée* 'hada') y *neerlandés* ('de los Países Bajos', del fr. *néerlandais*).

b) Pueden escribirse tanto con *-ee-* como con *-e-:*
   - Las voces formadas por prefijos o elementos compositivos terminados en *-e,* como *pre-, re-, requete-, sobre-, tele-* o *vice-,* antepuestos a palabras que comienzan también por *e-,* siempre que se cumplan las condiciones para la reducción ya comentadas (v. § 6.5.1.1.1). Por lo tanto, se consideran válidas, aunque en muchos casos resulten minoritarias en el uso, grafías como *relegir, rembolsar, remplazar, rencontrar, restrenar* o *restructurar,* junto a *reelegir, reembolsar, reemplazar, reencontrar, reestructurar* o *reestrenar,* que conservan la doble vocal. Lo mismo cabe decir de palabras formadas con los otros prefijos o elementos compositivos terminados en *-e,* para las que se admiten asimismo grafías simplificadas, como *preclamsia, prestreno, requetestúpido, sobrentender, sobresdrújulo, sobresfuerzo, teleducación* o *vicentrenador,* junto a *preeclampsia, preestreno, requeteestúpido, sobreentender, sobreesdrújulo, sobreesfuerzo, teleeducación* o *viceentrenador.*

- Los compuestos formados por palabras que terminan en *-e* antepuestas a otras que comienzan también por *e-*, como *maestreescuela* o *sieteenrama*, que pueden escribirse también *maestrescuela* y *sietenrama*.

En general, en todos estos casos se recomienda emplear con preferencia las grafías simplificadas, siempre que la reducción vocálica se halle generalizada en la lengua oral y no existan problemas de identificación del término o de confluencia con otro ya existente de diferente significado, ya que son las formas con reducción vocálica las que han acabado triunfado históricamente en el uso en situaciones similares, como se ve en *rescaldar, resfriar, restallar, restregar, sobrescribir, sobrestadía, sobrestimar, telespectador, telesquí* o *rompesquinas*, hoy escritas solo en esta forma.

En cambio, no son proclives a la simplificación términos como *reestablecerse* ('volver a establecerse'), *reevaluar* ('volver a evaluar') o *reemitir* ('volver a emitir'), que, con esos significados, mantienen la doble vocal, tanto en la lengua oral como en la escrita, para diferenciarse de *restablecerse* ('recuperarse de una enfermedad'), *revaluar* ('aumentar el valor de algo') o *remitir* ('enviar', 'diferir' o 'perder intensidad'), de muy diverso significado.

- El plural de la letra *e*, que puede ser *ees* o *es*, siendo preferible esta última forma.

6.5.1.1.4 *Secuencia* -ii-

a) Se escriben con *-ii-:*

- Los derivados resultantes de añadir sufijos que comienzan por *i-*, como *-í, -ismo, -ista, -ita, -ito*, etc., a algunas palabras cuya raíz acaba en /i/ tónica: *chií, chiismo, chiita, priista* ('del PRI', Partido Revolucionario Institucional, formación política mexicana), *diita* (diminutivo de *día*), *Rociito* (diminutivo hipocorístico de *Rocío*).
- Los superlativos en *-ísimo* de adjetivos terminados en los hiatos *-ío/-ía: friísimo* (de *frío*), *impiísima* (de *impía*). Por el contrario, los superlativos en *-ísimo* de adjetivos terminados en los diptongos *-io/-ia* se escriben y pronuncian con una sola *i: amplísima* (de *amplia*), *limpísimo* (de *limpio*).

b) Pueden escribirse tanto con *-ii-* como con *-i-:*

- Las voces formadas por prefijos o elementos compositivos terminados en *-i*, como *anti-, di-, mini-, multi-, pluri-, poli-, semi-* o *toxi-*, antepuestos a palabras que comienzan también por *i-*, siempre que se cumplan las condiciones para la reducción ya explicadas

(v. § 6.5.1.1.1). Por lo tanto, no resultan censurables, aunque puedan ser minoritarias en el uso, grafías como *antimperialismo, antincendio(s), antinflacionario* o *antinflamatorio,* junto a *antiimperialismo, antiincendio(s), antiinflacionario* o *antiinflamatorio,* que conservan la doble vocal. Lo mismo cabe decir de palabras formadas con los demás prefijos o elementos compositivos terminados en *-i,* para las que se admiten asimismo grafías simplificadas, como *disocianato, mininvestigación, multinstitucional, plurideológico, polinsaturado, seminconsciente* o *toxinfeccioso,* junto a *diisocianato, miniinvestigación, multiinstitucional, pluriideológico, poliinsaturado, semiinconsciente* o *toxiinfeccioso.*

En general, se recomienda emplear con preferencia las grafías simplificadas, siempre que la reducción vocálica se halle generalizada en la lengua oral y no existan problemas de identificación del término o de confluencia con otro ya existente de diferente significado. A dicha preferencia responde, por ejemplo, la grafía *seminternado,* única admitida para referirse al régimen educativo que incluye la enseñanza y la comida de mediodía. Sin embargo, la doble vocal se mantiene sistemáticamente en las voces resultantes de unir el elemento compositivo *semi-* a palabras que comienzan con el prefijo *i-* (que indica negación o privación de lo significado por la base), como *semiilegal* (*semi-* + *ilegal*), *semiiletrado* (*semi-* + *iletrado*) o *semiirregular* (*semi-* + *irregular*), para diferenciarse de aquellas en que la base carece del prefijo privativo: *semilegal* (*semi-* + *legal*), *semiletrado* (*semi-* + *letrado*) y *semirregular* (*semi-* + *regular*). La doble vocal se conservará igualmente en caso de anteponer cualquier otro prefijo terminado en *-i* a una palabra formada con el prefijo privativo *i-*: *archiilegal* (*archi-* + *ilegal*), distinto de *archilegal* (de *archi-* + *legal*).

6.5.1.1.5 **Secuencia -oo-**

a) Se escriben con *-oo-:*

- Las palabras que contienen los elementos compositivos de origen griego *zoo* ('animal') —tanto en posición inicial como en el medio o al final—, *noo-* ('inteligencia') y *oo-* ('huevo'): *zoo, zoófago, zoología, zooplancton, azoospermia, epizootia, espermatozoo, protozoo, noosfera* o *noósfera, oogénesis, oolito, oosfera* u *oósfera.*
- La primera persona del presente y la tercera del pretérito perfecto simple (o pretérito) del modo indicativo de los verbos acabados en *-oar* (*croar, loar, incoar,* etc.): *croo, croó, incoo, incoó, loo, loó.*

- La palabra *loor* ('elogio').
- Algunas voces presentes en topónimos o antropónimos, como *Aguilar de Campoo* (población española), *Quintana Roo* (estado mexicano) o *Feijoo* (apellido).

b) Pueden escribirse tanto con *-oo-* como con *-o-:*

- Las voces formadas por prefijos o elementos compositivos terminados en *-o,* como *auto-, dermo-, electro-, endo-, euro-, foto-, germano-, gineco-, hemato-, lipo-, macro-, magneto-, micro-, moño-, pro-, proto-, (p)sico-* o *quimio-*, antepuestos a palabras que comienzan también por *o-*, siempre que se cumplan las condiciones para la reducción señaladas en el apartado 6.5.1.1.1. Por lo tanto, son posibles, aunque resulten minoritarias en el uso, grafías como *autobservación, dermóptica, electróptico, endóseo, euroccidental, fotoxidación, germanoriental, ginecobstetricia, hematoncológico, lipoxigenasa, macroperación, magnetóptico, microrganismo, monovular, proccidental, protobjeto, (p)sicorgánico* o *quimiorganotrofo,* junto a *autoobservación, dermoóptica, electroóptico, endoóseo, eurooccidental, fotooxidación, germanooriental, ginecoobstetricia, hematooncológico, lipooxigenasa, macrooperación, magnetoóptico, microorganismo, monoovular, prooccidental, protoobjeto, (p)sicoorgánico* o *quimioorganotrofo.*

En general, se recomienda emplear con preferencia las grafías simplificadas en los casos en que la reducción vocálica se halle generalizada en la lengua oral y no existan problemas de identificación del término o de confluencia con otro ya existente de diferente significado, pues hay precedentes en los que han acabado triunfando las formas simples en condiciones similares, como se ve en *decimoctavo, monóculo, monocular, monóxido, protóxido* o *radioyente,* hoy escritas solo en esta forma.

No obstante, debe mantenerse la doble vocal en las voces formadas con el elemento compositivo *bio-* ('vida'), para evitar su confusión con las formadas con el prefijo *bi-* ('dos'): *biooceánico, biooxidación.*

En el caso de las voces formadas por anteposición del prefijo *co-* a palabras que comienzan también por *-o,* como *cooficial, cooperar, coopositor, cooptar, coordenada, coordinación* o *coorganizar,* y sus respectivos derivados, procedan estas formas prefijadas directamente del latín (como *cooperar, cooptar* o *coordinación,* del lat. *cooperāri, cooptāre* y *coordinatĭo,* respectivamente) o se hayan creado a partir de bases castellanas (como *cooficial, coordenada* o *coorganizar*), son prácticamente exclusivas en el uso las grafías con la doble vocal. Sin embargo, en aquellas en que la reducción vocálica es general y constante en la pronunciación, como ocurre en las voces de la familia de *cooperar* y *coordinación,* o en la palabra *coordenada,* no serían censurables, de acuerdo con las reglas generales anteriormente expuestas, las grafías simplificadas *coperar* (*coperante, coperativa,* etc.), *cordinación* (*cordinar, cordinado, cordinadamente,* etc.) o *cordenada,* a pesar de su escasa documentación frente a las grafías que mantienen la doble *o* etimológica.

6.5.1.1.6 ***Secuencia* -uu-**

En español, las únicas palabras escritas con esta secuencia son el latinismo *duunvir(o)* (en la antigua Roma, 'miembro de una magistratura de dos personas') y sus derivados *duunviral* y *duunvirato,* que conservan tanto en la lengua oral como en la escrita la doble vocal etimológica.

Notas orientadoras para la reducción de secuencias de dos vocales iguales en palabras prefijadas y compuestas

Las secuencias de dos vocales iguales en voces prefijadas o compuestas, en las que el elemento antepuesto termina con la misma vocal por la que empieza la palabra a la que se une, podrán reducirse a una sola en la escritura siempre que sea general en el habla la pronunciación de una única vocal. Según esta norma, se consideran válidas —e incluso preferibles a las grafías con doble vocal— formas como *contrataque, portaviones, prestreno, sobresfuerzo, antinflamatorio, seminconsciente* o *microrganismo.*

Debe tenerse en cuenta, no obstante, que la reducción de las dos vocales a una sola no se produce en la escritura, y normalmente tampoco en el habla, en los casos siguientes:

- Cuando, de realizarse la reducción vocálica, la forma resultante fuera a coincidir con la de otra palabra ya existente de distinto significado. Así, por ejemplo, se mantienen las dos vocales en *reestablecerse* ('volver a establecerse'), para evitar la coincidencia con *restablecerse* ('recuperarse de una enfermedad'); o en *reemitir* ('volver a emitir'), distinto de *remitir* ('enviar', 'diferir', 'perder intensidad'); o en las voces formadas con el prefijo *bio-* ('vida'), como *biooceánico, biooxidación,* para evitar su confusión con las formadas con el prefijo *bi-* ('dos').
- Cuando la vocal por la que comienza la palabra base sea en sí misma un prefijo, como ocurre con las vocales *a* o *i* cuando

funcionan como prefijos privativos. El mantenimiento de las dos vocales evita en estos casos problemas de identificación de la palabra base: *archiilegal* (*archi-* + *ilegal*), distinto de *archilegal* (*archi-* + *legal*); *ultraamoral* (*ultra-* + *amoral*), distinto de *ultramoral* (*ultra-* + *moral*).

6.5.1.1.7 *Secuencias de dos vocales iguales separadas por una* h *muda*

El mismo fenómeno de confluencia de dos fonemas vocálicos idénticos en la lengua oral se produce en las palabras en cuya grafía aparecen dos vocales iguales separadas por una *h* muda intercalada. Aunque en la mayoría de estos casos suelen conservarse en el uso culto mayoritario las grafías con la *h* intercalada etimológica, también aquí se admiten, en algún caso, y siempre que se haya producido la reducción vocálica en la lengua oral, variantes gráficas simplificadas.

a) Con la vocal *a* esta secuencia aparece en voces como *albahaca* [albaáka], *azahar* [asaár, azaár], *bahaísmo* [baaísmo], *bahameño* [baaméño], *maharajá* [maarajá], *pitahaya* [pitaáya], *tahalí* [taalí] o *vaharada* [baaráda]. En la mayor parte de los casos se conserva la articulación de una doble vocal en la pronunciación y, consecuentemente, la secuencia gráfica etimológica *-aha-* en la escritura; pero existen también, y son válidas, las variantes gráficas simplificadas *albaca, marajá* y *pitaya,* reflejo de las pronunciaciones también simplificadas [albáka], [marajá] y [pitáya]. En el caso de *azahar* ('flor blanca del naranjo y otros cítricos'), el mantenimiento de la doble vocal se debe al deseo de evitar su confluencia con *azar* ('casualidad o fortuna'). En el caso de *pitahaya,* existe también la grafía *pitajaya,* reflejo en la escritura de la variante de pronunciación en la que se aspira la *h* intercalada de la forma originaria (v. § 6.3.1.4).

También aparece esta secuencia en voces prefijadas o compuestas cuyo precomponente terminado en *-a* se antepone a palabras que empiezan por *ha-*, como ocurre en *contrahacer, contrahaz, causahabiente* o *matahambre* (en Cuba y R. Dom., 'especie de mazapán'). En estos casos no suelen producirse variantes gráficas simplificadas. Hay, no obstante, algún caso en el que se ha impuesto la grafía simplificada: *matambre* (en el Río de la Plata, 'pieza de carne que se extrae de entre el cuero y el costillar de la res'), compuesto de *mata* (de *matar*) y *hambre.*

b) Con la vocal *e* esta secuencia aparece en palabras como *behetría* [beetría], *dehesa* [deésa], *vehemente* [beeménte] o *vehemencia* [beeménsia, beeménzia], y en las voces que resultan de añadir un prefijo terminado en *-e* a una voz con *he-* inicial, como *prehelénico, rehenchir, reherrar,* etc., que normalmente no dan lugar a variantes gráficas simplificadas.

En el caso de *reprehender* (del lat. *reprehendĕre*) y sus derivados *reprehensible* y *reprehensión,* el uso de las grafías etimológicas con *h* intercalada es hoy residual, siendo casi exclusivo en la actualidad y, por tanto, preferible el uso de las variantes simplificadas *reprender, reprensible* y *reprensión.*

Hay casos en que la grafía etimológica y la simplificada han especializado sus sentidos, de manera que no es indistinto el empleo de una u otra forma. Así ha ocurrido en el caso de *aprehender* y *aprender,* procedentes ambos del latín *apprehendĕre,* que, aunque fueron históricamente simples variantes, hoy se emplean con sentido diverso: *aprehender* significa, a grandes rasgos, 'captar o apresar, bien sea con el entendimiento, bien sea físicamente', mientras que *aprender* posee el sentido más concreto y común de 'adquirir el conocimiento de algo por medio del estudio o la experiencia'. Tampoco es lo mismo *aprehensión* ('acción de aprehender') que *aprensión* ('recelo o temor' e 'idea infundada'); ni *aprehensivo* ('perteneciente o relativo a la facultad mental de aprehender' y 'capaz de aprehender o captar algo') que *aprensivo* ('que siente aprensión o miedo infundado o excesivo a sufrir daños o enfermedades').

c) Con la vocal *i* esta secuencia aparece en *nihilismo* [niilísmo], *nihilista* [niilísta] y *nihilidad* [niilidád], derivados del latín *nihil* ('nada'), y en las voces que resultan de añadir un prefijo terminado en *-i* a una voz con *hi-* inicial, como *antihiático, antihigiénico, antihistamínico,* etc., que no dan lugar a variantes gráficas simplificadas.

d) Con la vocal *o* esta secuencia aparece en palabras como *bohordo* [boórdo], *cohombro* [koómbro], *cohonestar* [koonestár], *cohorte* [koórte], *moho* [móo] o *mohoso* [moóso], y en las voces que resultan de anteponer prefijos o palabras terminadas en *-o* a palabras con *ho-* inicial, como *prohombre* o *ricohombre,* que no se simplifican ni oral ni gráficamente.

En el caso de *alcohol* y sus derivados, a pesar de estar generalizada en el habla la reducción de las dos vocales a una sola ([alkól], [alkolísmo], etc.), se usa casi en exclusiva la grafía que presenta la doble vocal con *-h-* intercalada.

6.5.2 SECUENCIAS DE CONSONANTES

6.5.2.1 Secuencias de dos consonantes iguales

En español, a diferencia de lo que ocurría en latín y sucede en otras lenguas como el italiano, no son normales las llamadas *consonantes dobles* o *geminadas,* que, desde el punto de vista fónico, se caracterizan por articularse con mayor duración que las consonantes simples y se representan en la escritura por la duplicación de un mismo grafema consonántico. En general, el español, salvo en los pocos casos que se comentan más adelante (v. § 6.5.2.1.3), no admite la geminación de los fonemas consonánticos.

Eso no significa que no existan en la escritura del español secuencias gráficas de dos consonantes iguales contiguas, si bien, en la mayoría de los casos, no se trata de consonantes dobles o geminadas desde el punto de vista fónico, sino de dígrafos, es decir, de signos gráficos formados por dos grafemas que representan, conjuntamente, un solo fonema (§ 6.5.2.1.1), o bien de secuencias de dos grafemas idénticos que, no obstante, representan fonemas distintos (§ 6.5.2.1.2).

6.5.2.1.1 *Dos consonantes iguales contiguas en representación de un solo fonema: los dígrafos* **ll** *y* **rr**

En la escritura del español son frecuentes las secuencias *ll* y *rr,* que, sin embargo, no representan la duplicación o geminación de los fonemas correspondientes a la *l* o la *r.* En realidad, cada una de estas secuencias es un dígrafo, esto es, una combinación de dos grafemas que representan, conjuntamente, un solo fonema: el dígrafo *ll* transcribe en español el fonema /ll/ (v. § 6.2.1.1e) o, para hablantes yeístas, el fonema /y/ (v. § 6.2.2.6.1), como en *caballo* [kabállo, kabáyo]; y el dígrafo *rr* representa el fonema /rr/ cuando este aparece en posición intervocálica (v. § 6.2.2.5.1b), como en *carromato* [karromáto].

Información adicional

La interpretación forzosa como dígrafo de la secuencia gráfica *ll* en español hace imposible representar por escrito la palabra resultante de añadir el pronombre átono *le* a la forma verbal *sal* (imperativo no voseante de segunda persona de singular del verbo *salir*), oralmente posible si, por ejemplo, ordenáramos a alguien salir al paso o al encuentro de otra persona aludida con el pronombre *le:* [sál.le al páso], [sál.le al enkuéntro]. Puesto que los pronombres átonos pospuestos al verbo han de escribirse soldados a este, *sal* + *le* daría por escrito *salle,* cuya lectura sería forzosamente [sá.lle, sá.ye], y no [sál.le].

6.5.2.1.2 *Dos consonantes iguales contiguas en representación de dos fonemas distintos: la secuencia* -cc-

Es asimismo normal en la escritura del español la secuencia gráfica *-cc-*, que aparece en numerosas palabras españolas, casi todas procedentes del latín, seguida siempre de las vocales *e, i: acceso, eccema, acción, inspeccionar, occidente.* Cada uno de los grafemas de la secuencia *-cc-*, aun siendo idéntico al otro, representa un fonema distinto, puesto que la letra *c* no tiene el mismo valor fónico ante consonante que ante las vocales /e/, /i/. Así, la primera *c* representa el fonema /k/ por ir ante consonante, mientras que la segunda *c*, al preceder a los fonemas vocálicos /e/ o /i/, representa bien el fonema /s/ (para los hispanohablantes que sesean), bien el fonema /z/ (para los hispanohablantes que no sesean): *acceso* [akséso, akzéso], *acción* [aksión, akzión], *occidente* [oksidénte, okzidénte].

Aunque en la pronunciación cuidada se suele articular de manera clara y diferenciada cada uno de los fonemas representados por la secuencia gráfica *-cc-* (/k + s/ o /k + z/), en la pronunciación rápida y relajada de muchos hispanohablantes, el primero de ellos, situado en posición final de sílaba, tiende a debilitarse, resultando a veces poco perceptible. De ahí que sean frecuentes las dudas ortográficas en relación con la presencia de una o dos ces en la escritura de muchas palabras.

Se ofrece a continuación una breve nota orientadora que ayuda a determinar qué palabras de las que contienen el sufijo *-ción* se escriben con *-cc-*, puesto que son un grupo bastante numeroso de las que presentan esta terminación.

Nota orientadora sobre las palabras terminadas en *-cción*

Entre las voces que contienen el sufijo *-ción,* se escriben con *-cc-* todas las que tienen en su familia léxica alguna palabra que presenta el grupo *-ct-: acción* (*activo, acto*), *adicción* (*adicto, adictivo*), *construcción* (*constructivo, constructor*), *dirección* (*directo, director*), *elección* (*electo, elector*), *ficción* (*ficticio*), *infección* (*infectado, infectar*), *infracción* (*infractor*), *rarefacción* (*rarefacto*), *reacción* (*reactivo, reactor*), *satisfacción* (*satisfactorio*), *succión* (*suctor*), *traducción* (*traductor*). No obstante, también terminan en *-cción* las palabras *cocción, confección, fricción* y *micción,* a pesar de no tener en su familia léxica términos con el grupo *-ct-*. Los demás sustantivos que contienen el sufijo *-ción* y no tienen palabras con *-ct-* en su familia se escriben con una sola *c: aclamación, discreción, emigración, evaluación, función, relación, secreción,* etc.

Advertencia	De acuerdo con lo que se acaba de exponer, se escriben con *-c-* los sustantivos *concreción, contrición, deflación, discreción, erudición, inflación, objeción* y *sujeción,* que muchos hablantes escriben (y pronuncian) erróneamente con *-cc-*. También se escribe con *-c-* el verbo *inficionar* ('infectar' y 'contaminar'), aún vivo en el español de hoy, que a veces se escribe y pronuncia incorrectamente con *-cc-* por influjo de *infectar* e *infección,* términos con los que está etimológica y semánticamente relacionado.

Excepcionalmente, en el adjetivo *fláccido -da* ('flojo o sin consistencia'), que procede del latín *flaccĭdus,* así como en su derivado sustantivo *flaccidez,* la lengua culta ha admitido la reducción de la *-cc-* etimológica a *-c-*, de manera que son también válidas las grafías *flácido* y *flacidez,* cuyo uso resulta preferible por su mayor simplicidad gráfica y articulatoria.

Por su parte, la voz *eccema* y su derivado *eccematoso -sa* también pueden escribirse con las grafías etimológicas *eczema* y *eczematoso -sa,* aunque las formas con *-cc-* resultan preferibles por ser las que mejor se adaptan a la ortografía del español, que ante las vocales *e, i* emplea normalmente *c* y no *z* (v. § 6.2.2.7.1.2).

Para quienes sesean, la pronunciación de la secuencia *-cc-* ante *e, i* (/k + s/) viene a coincidir con la de *x* y *xc* ante esas mismas vocales (*conexión* [koneksión], *exceder* [eksedér], *excitante* [eksitánte]), *exento* [eksénto], lo que aumenta notablemente las posibilidades de duda o vacilación ortográfica para este grupo mayoritario de hispanohablantes. Se recomienda, por ello, a los integrantes de este grupo la consulta de las notas orientadoras sobre el uso de la *x* (v. § 6.3.2.1) y de la *c* ante *e, i* (v. § 6.2.2.8.2), que pueden ayudarles a seleccionar la grafía correcta en algunos de estos casos dudosos.

6.5.2.1.3 *Dos consonantes iguales contiguas que representan la duplicación de un mismo fonema consonántico: las secuencias* **-nn-** *y* **-bb-**

En la escritura del latín eran normales las secuencias de dos grafemas consonánticos iguales, ya que este era el procedimiento gráfico para representar en dicha lengua las consonantes largas (llamadas comúnmente *dobles* o *geminadas*), frente a las breves, que se representaban con un solo grafema: *annus* ('año') frente a *anus* ('vieja'), *cassa* ('vacía') frente a *casa* ('cabaña'), *vita* ('vida') frente a *vitta* ('venda').

En cambio, no es propia del español la duplicación o geminación de los fonemas consonánticos, ya que uno de los fenómenos característicos del proceso de evolución del latín al español fue, precisamente, la simplificación de las geminadas latinas, como demuestran las numerosas palabras españolas que han simplificado la consonante doble de su étimo latino: *adicto* (del lat. *addictus*), *agregar* (del lat. *aggregāre*), *anotar* (del lat. *annotāre*), *copa* (del lat. *cuppa*), *gema* (del lat. *gemma*), *giba* (del lat. *gibba*), *grueso* (del lat. *grossus*), *letra* (del lat. *littĕra*), *ofender* (del lat. *offendĕre*), *seco* (del lat. *siccus*), *suceso* (del lat. *successus*), etc.

En español solo es normal la duplicación de los fonemas consonánticos /n/ y /b/: /nn/ (gráficamente *nn*) y /bb/ (gráficamente *bv* o *bb*). Esa duplicación se manifiesta, desde el punto de vista fónico, en la mayor duración del tiempo de contacto de los órganos articulatorios y en la percepción de que la articulación se reparte entre dos sílabas consecutivas: *innato* [in.ná.to], *obvio* [ób.bio], *perenne* [pe.rén.ne], *subbético* [sub.bé.ti.ko].

Así pues, las dos únicas letras que pueden aparecer duplicadas en palabras españolas representando la pronunciación doble o geminada de un mismo fonema consonántico son la *n* (*-nn-*) y la *b* (*-bb-*).

a) La secuencia *-nn-* aparece en español en la grafía de ciertas palabras, en su mayoría cultismos procedentes del latín, que conservan la doble ene etimológica, como *cánnabis* o *cannabis* (del lat. *cannăbis*), *connivencia* (del lat. *conniventĭa*), *connubio* (del lat. *connubĭum*), *henna* (del ár. *ḥinnā'*), *innato* (del lat. *innātus*), *innovar* (del lat. *innovāre*) o *perenne* (del lat. *perennis*); así como en derivados de topónimos o antropónimos foráneos que presentan esta doble consonante en su grafía originaria, como *hannoveriano* (de *Hannover*, ciudad de Alemania) o *gunneráceo* (del apellido *Gunnerus*, que da nombre a un género de plantas). En muchos otros casos la *-nn-* se genera en español por la unión de un prefijo o un elemento compositivo terminado en *-n* (*circun-*, *con-*, *en-*, *in-* o *sin-*) a una palabra o raíz léxica que comienza por esta misma consonante: *circunnavegación, connotar, ennegrecer, innecesario, sinnúmero;* o por la adición del pronombre átono *nos* a una forma verbal terminada en *-n: dígannos* (de *digan* + *nos*), *ponnos* (de *pon* + *nos*).

En general cabe decir que la secuencia gráfica *-nn-* siempre se corresponde en la pronunciación española con la articulación de una doble consonante. Hay veces en que la lengua culta admite la pronunciación simplificada de la doble consonante originaria, lo que da lugar a la aparición de variantes gráficas con una sola ene en la escritura de algunas de estas palabras. En esos casos debe preferirse la grafía simplificada siempre que se haya generalizado, incluso en la pronunciación culta, la simplificación articulatoria. Presentan hoy variantes gráficas de este tipo las palabras siguientes (se indica en primer lugar la forma preferida, por ser la que refleja la pronunciación más generalizada en la actualidad):

jienense [jie.nén.se]/*jiennense* [jien.nén.se] ('de Jaén, ciudad y provincia de España');
inocuo -cua [i.nó.kuo]/*innocuo -cua* [in.nó.kuo] ('que no hace daño');
pinnado -da [pin.ná.do]/*pinado -da* [pi.ná.do] ('con forma de pluma');
suní [su.ní] o *sunita* [su.ní.ta]/*sunní* [sun.ní] o *sunnita* [sun.ní.ta] ('de la rama ortodoxa del islam, que sigue los preceptos de la Sunna o ley de Mahoma').

b) La secuencia *-bb-* aparece en español en derivados formados por la adición del prefijo *sub-* a palabras que empiezan por *b: subbético* [sub.bé.ti.ko], *subbloque* [sub.bló.ke], *subboreal* [sub.bo.re.ál]. Como muestran los corchetes de pronunciación, también aquí la duplicación gráfica se corresponde con la duplicación fónica del fonema /b/. Excepcionalmente, en las voces *subranquial* [su.bran.kiál] y *subrigadier* [su.bri.ga.diér] se ha simplificado la doble consonante etimológica.

El carácter excepcional de las consonantes dobles o geminadas en español y el rechazo de su sistema gráfico a la duplicación de grafemas consonánticos (incluso de *b* o *n*) si dicha duplicación no tiene reflejo en la pronunciación, es decir, si no responde realmente a la articulación de una doble consonante, explica que los préstamos de otras lenguas que en su grafía originaria contienen dos consonantes iguales seguidas se hayan adaptado al español reduciéndolas a una sola. De ello son muestra los ejemplos siguientes: *cábala* (del hebr. *qabbālāh*), *driblar* (del ingl. *to dribble*), *bróculi* (del it. *broccoli*), *racor* (del fr. *raccord*), *adenda* (del lat. *addenda*), *pudin* o *pudín* (del ingl. *pudding*), *chofer* o *chófer* (del fr. *chauffeur*), *esnifar* (del ingl. *to sniff*), *grogui* (del ingl. *groggy*), *zigurat* (del acadio *ziggurat*), *a capela* (del it. *a cappella*), *chambelán* (del fr. *chambellan*), *consomé* (del fr. *consommé*), *canelón* (del it. *cannellone*), *escáner* (del ingl. *scanner*), *chóped* (del ingl. *chopped*), *kipá* (del hebr. *kippāh*), *dosier* (del fr. *dossier*), *estrés* (del ingl. *stress*), *confeti* (del it. *confetti*), *cúter* (del ingl. *cutter*), *esbozar* (del it. *sbozzare*) o *puzle* (del ingl. *puzzle*). Debe, por tanto, aplicarse esta misma pauta a la hora de proponer nuevas adaptaciones: *cadi* (del ingl. *caddie* o *caddy*), *chédar* (del ingl. *cheddar*), *pádel* (del ingl. *paddle*), *afidávit* (del lat. *affidavit*), *ófset* (del ingl. *offset*), *suflé* (del fr. *soufflé*), *rali* (del ingl. *rally* o del fr. *rallye*), *sumun* (del lat. *summum*), *osobuco* (del it. *ossobuco*), *mozarela* (del it. *mozzarella*), etc. También funciona este mismo patrón en la adaptación de topónimos foráneos, como muestran los casos de *Adís Abeba* (capital de Etiopía, del amárico *Addis Ababa*), *Búfalo* (ciudad de EE. UU., del ingl. *Buffalo*), *Lausana* (ciudad de Suiza, del fr. *Lausanne*), *Mesina* (ciudad de Italia, del it. *Messina*), *Misisipi* (río y estado de EE. UU., del ingl. *Mississippi*) o *Róterdam* (ciudad de los Países Bajos, del neer. *Rotterdam*), entre otros.

Excepcionalmente, se mantienen las secuencias de dos grafemas consonánticos iguales en los nombres de algunas letras del alfabeto griego (y en sus derivados), que son transcripción literal del original griego: *kappa, digamma* y *gamma* (y sus derivados *gammagrafía* y *gammaglobulina*).

También se conserva la doble consonante etimológica, sin que dicha duplicación tenga necesariamente reflejo en la pronunciación, en antropónimos originarios de otras lenguas o en topónimos foráneos no adaptados, y en sus derivados: *heideggeriano* (de *Heidegger*, filósofo alemán), *popperiano* (de *Popper*, filósofo austriaco), *picassiano* (de *Picasso*, pintor español), *Ottawa* (capital de Canadá) y su gentilicio *ottawense*, etc. Cabe señalar que algunos nombres propios de persona presentan variantes con la doble consonante etimológica junto a grafías simplificadas, escritas con una sola consonante, como es el caso de *Gemma/Gema, Emma/Ema* o *Emmanuel/Emanuel*. También conserva la doble consonante etimológica el prefijo del sistema internacional de unidades *atto-*, proveniente de la palabra noruega y danesa *atten* ('dieciocho'), que se aplica a nombres de unidades de medida para formar los nombres de los submúltiplos un trillón de veces inferiores, como en *attosegundo*.

Naturalmente, también incluyen consonantes duplicadas algunas de las locuciones latinas que se emplean en español con su grafía originaria, como *peccata minuta, vera effigies* o *grosso modo*.

Por último, cabe señalar que la restricción que limita a /n/ y /b/ los fonemas consonánticos que pueden duplicarse en español también impone la simplificación fonológica y gráfica en aquellos casos en que concurren dos consonantes iguales distintas de *n* o *b* en procesos de prefijación o composición. Así, por ejemplo, se reducen a una sola las dos eses que confluyen al unirse un elemento terminado en *-s* a otro que comienza por esa misma consonante, como en *trasudor* (de *tras + sudor*) o en formas verbales con clíticos como *agradezcámoselo* (de *agradezcamos + se + lo*), que contrastan con formas como las ya comentadas *subbético* o *digannos*, que sí admiten la duplicación de consonantes.

6.5.2.2 **Simplificación de grupos consonánticos**

Por razones etimológicas, hay palabras que contienen secuencias de dos o más consonantes seguidas que, en determinadas posiciones, conforman grupos ajenos a los patrones silábicos más característicos del español y resultan, por ello, de imposible o difícil articulación para los hispanohablantes. De ahí que en la pronunciación espontánea más general se simplifiquen normalmente estos grupos, lo que se traduce en la existencia de variantes gráficas con reducción del grupo consonántico originario en la escritura de muchas de esas palabras. Estas variantes gráficas que simplifican el grupo consonántico etimológico son fruto de la aplicación del principal criterio rector de la ortografía del español: el criterio fonológico o de adecuación entre grafía y pronunciación. Aun así, el prestigio de las grafías etimológicas entre los hablantes más cultos y la pertenencia de muchas de estas voces al ámbito científico-técnico, parcela del léxico donde la etimología tiene gran peso, explican la persistencia en el uso de las grafías que conservan, sin reducción, los grupos consonánticos etimológicos.

6.5.2.2.1 *Grupos consonánticos en inicial de palabra:* **cn-, gn-, mn-, pn-, ps-, pt-**

En español, solo es natural la articulación de dos consonantes seguidas en posición inicial de palabra (o de sílaba) cuando la segunda es /r/ o /l/ y la primera /b/, /p/, /g/, /k/, /d/, /t/ o /f/: *broma, blusa, prisa, pluma, grapa, glicerina, cría, claro, drama, trote, fruta, flor*. Cualquier otra combinación de consonantes en esta posición no es propia del español y solo aparece en voces tomadas de otras lenguas, generalmente cultismos de origen grecolatino, en las que se ha conservado gráficamente el grupo consonántico etimológico, como ocurre en *cnidario, gnóstico, mnemotecnia, pneuma, psicología* o *ptolemaico,* o en los nombres de ciertas letras griegas, como *dseta* o *psi,* que son transcripción del original griego. Como se ve por los ejemplos, se trata, por lo general, de términos cultos, de uso restringido a ámbitos científico-técnicos, si bien algunos de ellos pueden alcanzar difusión en la lengua general, como ha ocurrido, por ejemplo, con *psicología* y otras voces formadas con la misma raíz griega, como *psiquiatra* o *psicotécnico.*

Aunque, por su condición de voces cultas, en la grafía de estas palabras tienden a conservarse los grupos consonánticos iniciales presentes en sus étimos griegos o latinos, dichos grupos son extraños a la estructura silábica del español y, en la práctica, se simplifican en la pronunciación, donde se elimina la primera de las consonantes: *cnidario* [nidário], *gnóstico* [nóstiko], *mnemotecnia* [nemotéknia], *pneuma* [néuma], *psicología* [sikolojía] o *ptolemaico* [tolemáiko]. La pronunciación simple de estos grupos consonánticos iniciales explica la existencia, en muchos de estos casos, de variantes gráficas que prescinden también en la escritura de la primera consonante, como *nóstico, nemotecnia, sicología* o *tolemaico.* Si bien los especialistas de las disciplinas a las que pertenecen este tipo de términos por lo general suelen decantarse con preferencia por las grafías etimológicas, se considera asimismo válido el empleo de las variantes gráficas simplificadas, que reflejan la pronunciación habitual de estas voces en español.

La simplificación gráfica de estos grupos ha operado tradicionalmente en la ortografía española, donde suele primar el criterio fonológico sobre el etimológico; de ahí los casos de palabras cuyos étimos griegos o latinos presentan grupos consonánticos de este tipo y que, sin embargo, se escriben hoy en español con una sola consonante inicial, como *salmo* o *salterio,* procedentes, respectivamente, de las palabras latinas *psalmus* y *psalterium,* en las que el grupo *ps-* transcribe la letra griega *psi* con la que comienzan los correspondientes étimos griegos; *tisana, tisis* o *tomaína* ('sustancia que se origina en los cadáveres en descomposición'), donde se ha reducido a *t-* el grupo *pt-* originario; o *neumático* (del lat. *pneumatĭcus,* y este del gr. *pneumatikós* 'relativo al aire', derivado de *pneûma* 'espíritu, soplo, aliento') y todas las palabras formadas con la raíz *neumo-* (del gr. *pneúmōn* 'pulmón'), como *neumonía, neumología, neumotórax,* etc., donde ha desaparecido la *p-* del grupo *pn-* etimológico. Como se ve, aunque la simplificación también alcanza a términos de uso restringido a ámbitos especializados, se da con mayor facilidad en aquellos que traspasan la frontera de los lenguajes de especialidad y extienden su uso a la lengua general, donde la grafía fonológica acaba normalmente por imponerse a la etimológica.

Se comentan a continuación, con más detalle, los principales grupos de este tipo con presencia en el léxico del español.

6.5.2.2.1.1 *Grupo* cn-

Este grupo inicial aparece en el nombre de ciertos taxones botánicos o zoológicos creados a partir de palabras o raíces de origen grecolatino, como *cneoráceo -a* (del lat. cient. *Cneoraceus,* nombre de cierto género de plantas) o *cnidario* (nombre de un grupo de celentéreos provisto de órganos urticantes, como las medusas), formado sobre la palabra griega *knídē* 'ortiga', también presente en otros términos científicos, como *cnidoblasto* ('célula urticante de los celentéreos'). Aunque son mayoritarias en el uso las grafías etimológicas, se consideran asimismo válidas las grafías simplificadas *neoráceo -a, nidario,* etc. También comienzan por *cn-* algunos topónimos de la antigua Grecia, como *Cnido* (antigua ciudad del Asia Menor) o *Cnosos* (ciudad de la Creta antigua, capital de la civilización minoica), cuya condición de nombres propios así fijados por la tradición no hace recomendable, en su caso, la simplificación gráfica del grupo consonántico inicial.

6.5.2.2.1.2 *Grupo* gn-

Este grupo inicial aparece en cultismos de origen grecolatino, como *gnetáceo -a* (del lat. cient. *Gnetaceus,* nombre de un género de plantas), *gnómico -ca* ('[composición literaria] que contiene una sentencia moral', del lat. *gnomĭcus* 'sentencioso'), *gnomo* ('geniecillo', del lat. *gnomus*), *gnomon* ('varilla que indica la hora en los relojes solares', del lat. *gnomon*) y su derivado *gnomónico -ca,* además de todas las voces formadas a partir del término griego *gnôsis* ('conocimiento'), como *gnosis* ('conocimiento intuitivo y perfecto de la divinidad, y de sus relaciones con el mundo y el hombre, que pretenden alcanzar los gnósticos'), *gnóstico -ca, gnosticismo, gnoseología* y *gnoseológico -ca.* A ellas hay que sumar *gneis* ('roca de estructura pizarrosa e igual composición que el granito'), procedente del alemán, y su derivado *gnéisico -ca.* Aunque el uso culto emplea con preferencia las grafías etimológicas, se admiten también para estas voces las grafías fonológicas con simplificación del grupo consonántico inicial: *neis, netáceo -a, nomo, nomon, nosticismo, noseología,* etc.

6.5.2.2.1.3 *Grupo* mn-

Este grupo inicial está presente en la familia de voces formadas sobre la palabra griega *mnḗmē* ('memoria'): *mnemónico -ca, mnemotecnia, mnemotécnico -ca.* Para todas ellas se admite la variante gráfica con simplificación del grupo consonántico inicial: *nemónico -ca, nemotecnia, nemotécnico -ca.*

6.5.2.2.1.4 *Grupo* pn-

Este grupo inicial se mantiene en la escritura del cultismo de origen griego *pneuma,* cuando se emplea, en el ámbito filosófico, con el sentido de 'aliento racional que informa y ordena el universo'. Pero fuera de ese ámbito, con el sentido más general de 'espíritu, aliento', así como con el específico de 'signo usado en la notación musical antigua', se emplea normalmente la grafía fonológica *neuma,* con simplificación del grupo *pn-* etimológico, tal y como ha ocurrido en español con otras voces cuyo étimo presenta ese mismo grupo inicial: *neumático, neumococo, neumología, neumonía, neumopatía, neumotórax,* etc.

6.5.2.2.1.5 *Grupo* ps-

Este grupo, resultado de la transcripción de la letra griega *psi,* aparece en posición inicial en numerosas voces cultas formadas sobre palabras griegas que comienzan por esa letra, como *psychḗ* ('alma'), presente en *psicastenia, psicología, psicomotor -ra, psicomotriz, psicotécnico -ca, psiquiatra,* etc.; *pseûdos* ('falsedad'), origen del elemento compositivo *pseudo-* ('falso'), presente en voces como *pseudociencia, pseudofilosófico -ca, pseudodemocracia,* etc.; *psittakós* ('papagayo'), sobre la que se han formado *psitácida* ('de cierta familia de aves a la que pertenecen el papagayo o la cotorra'), *psitacosis* ('enfermedad propia de los papagayos y otras aves similares') y *psitacismo* ('método de enseñanza basado exclusivamente en el ejercicio de la memoria'); o *psṓra* ('sarna'), de la que deriva *psoriasis*. Salvo en las formadas con el elemento compositivo *(p)seudo-*, donde ya se han impuesto en muchos casos las grafías sin *p-* (*seudología, seudónimo, seudópodo*), el uso culto sigue prefiriendo las grafías etimológicas con *ps-* inicial. No obstante, se admiten en todos los casos las variantes gráficas con reducción del grupo *ps-* a *s-*, que reflejan la pronunciación normal de estas palabras en español: *sicología, sicosis, siquiatra, sitacismo, seudoprofeta, soriasis*, etc.

6.5.2.2.1.6 *Grupo* pt-

Este grupo inicial forma parte de cultismos de origen griego, como *pteridófito -ta* o *pteridofito -ta* ('de cierta familia de plantas criptógamas', del gr. *pterís -ídos* 'helecho'), *pterodáctilo* ('reptil volador fósil') y otras voces formadas con el elemento compositivo *ptero-* (del gr. *pterón* 'ala'), *ptialina* ('enzima presente en la saliva', del gr. *ptýalon* 'saliva'), *ptolemaico -ca* (derivado del nombre propio de origen griego *Ptolomeo*), *ptosis* ('descenso de un órgano del cuerpo', del gr. *ptôsis* 'caída'), etc. Puesto que se trata, en su mayoría, de voces restringidas al ámbito científico-técnico, en el uso culto se emplean normalmente las grafías etimológicas que conservan el grupo *pt-*. No obstante, en aplicación del criterio fonológico, se considerarán asimismo válidas en todos los casos las variantes gráficas con reducción del grupo *pt-* a *t-*, que ya son frecuentes en el nombre propio *Tolomeo* y su derivado *tolemaico -ca*, en consonancia con lo que ha sucedido anteriormente en otras voces cuyos étimos presentan este mismo grupo inicial, como *tisana, tisis* o *tomaína*.

6.5.2.2.2 ***Grupos consonánticos en interior de palabra:* -bs-, -ns-, -st-, -pt-**

Si bien el español manifiesta, en su estructura silábica, una clara tendencia a la sílaba abierta —la que termina en vocal (*bra.zo, te.má.ti.co*)—, son muchas las palabras que contienen sílabas cerradas, esto es, terminadas en consonante (*cer.car, tol.dos, abs.ten.ción*). Las consonantes situadas en posición final de sílaba tienen tendencia a relajar su articulación, razón por la que suelen resultar menos perceptibles que cuando preceden al núcleo, en especial si no pertenecen a la serie de las que tradicionalmente cierran sílaba en las voces patrimoniales (las incorporadas por evolución natural ininterrumpida desde el latín), que son las consonantes líquidas /r/ y /l/ (*ár.bol, al.to*), las nasales /m/ y /n/ (*cam.po, an.tes*) y las fricativas /s/ y /z/ (*pes.te, biz.co.cho*).

La incorporación, en distintas épocas, de numerosos cultismos tomados del latín o el griego, así como la reposición en la escritura de muchos grupos consonánticos etimológicos que en el español medieval se habían simplificado, aumentó la nómina de consonantes que podían aparecer en español a final de sílaba (*cap.tar, rit.mo, doc.tor, ob.tu.so, ad.mi.rar, ig.no.to,* etc.) y supuso, además, la entrada en nuestro léxico de términos con más de una consonante en esa posición (*abs.tra.er, ads.cri.bir, cons.ti.tu.ción, pers.pi.caz,* etc.), situación que no se daba nunca en las voces patrimoniales, pues uno de los rasgos que marcaron la evolución del latín al español fue, precisamente, la simplificación de los grupos consonánticos latinos.

La tendencia a relajar la articulación de las consonantes en posición final de sílaba es aún mayor en el caso de estas secuencias consonánticas cultas, ajenas a las pautas silábicas tradicionales y mayoritarias en español. Es posible, incluso, que en la pronunciación espontánea o descuidada llegue a elidirse completamente, en muchos casos, la consonante que ocupa la posición más débil (*séptimo* [sé.ti.mo], *constante* [kos.tán.te], *abstraer* [as.tra.ér]), si bien en la pronunciación culta tiende a conservarse la articulación, más o menos relajada, de todas las consonantes que aparecen en la grafía de las palabras ([sép.ti.mo], [kons.tán.te], [abs.tra.ér]). No obstante, cuando la simplificación del grupo consonántico es normal y frecuente también en la pronunciación culta, es admisible la simplificación gráfica, por aplicación del criterio fonológico; de ahí la existencia de variantes gráficas con reducción del grupo consonántico etimológico en la escritura de algunas palabras. La posibilidad de reducción gráfica se da casi siempre cuando las dos consonantes del grupo culto pertenecen a la misma sílaba, y muy raramente cuando las consonantes contiguas pertenecen a sílabas distintas.

Se comentan a continuación los principales grupos consonánticos cultos que presentan variantes gráficas simplificadas en la escritura de algunas de las palabras que los contienen. Como se verá, la mayor parte de los casos en que son dos las consonantes en posición final de sílaba, la segunda es /s/, y es esta la que normalmente mantiene su articulación cuando se reduce el grupo consonántico, de ahí que sea la que se conserve en la grafía simplificada.

6.5.2.2.2.1 *Grupo* -bs-

Este grupo aparece en posición final de sílaba en voces cultas procedentes del latín, como *abs.te.ner* (del lat. *abstinēre*), *abs.trac.to* (de *abstractus*), *obs.ce.no* (de *obscēnus*), *obs.tá.cu.lo* (de *obstacŭlum*), *obs.tar* (de *obstāre*), *obs.truir* (de *obstruĕre*), *subs.cri.bir* (de *subscribĕre*), etc. Aunque en todas ellas la pronunciación de la /b/ se relaja considerablemente, en la mayoría de los casos en el habla esmerada se mantiene la articulación de las dos consonantes del grupo.

No obstante, la reducción del grupo -*bs*- a -*s*- es general en la pronunciación culta de un grupo de palabras, que cuentan, por ello, con variantes gráficas simplificadas. Se trata de *obscuro -ra, subscribir, substancia, substituir, substraer* y *substrato,* así como de todos sus derivados y parientes léxicos, que hoy se pronuncian y escriben mayoritariamente solo con -*s*-: *oscuro -ra, oscurantismo, oscurecer, suscribir, sustancia, consustancial, sustantivo -va, sustituir, sustituto -ta, sustraer, sustracción, sustrato,* etc. En todos estos casos se recomienda usar con preferencia las grafías con reducción del grupo consonántico.

6.5.2.2.2.2 *Grupo* -ns-

Este grupo aparece en posición final de sílaba en numerosos cultismos tomados del latín, como *cir.cuns.pec.to* (de *circumspectus*), *cir.cuns.tan.cia* (del lat. *circumstantĭa*), *cons.te.la.ción* (de *constellatĭo -ōnis*), *cons.truir* (de *construĕre*), *ins.pi.rar* (de *inspirāre*), *ins.tin.to* (de *instinctus*), *ins.tru.men.to* (de *instrumentum*), *mens.trual* (de *menstruālis*), *mons.truo* (de *monstrum*), *trans.po.ner* (de *transponĕre*), etc., y ocasionalmente también en voces tomadas de otras lenguas, como *cons.ta.tar* (del fr. *constater,* creado a partir de la forma impersonal latina *constat* 'es cierto, es manifiesto'), *pans.per.mia* (de origen griego) o *sáns.cri.to* (de origen sánscrito). Como ocurre en todos los grupos consonánticos que cierran sílaba, también aquí tiende a relajarse la articulación de una de las consonantes (normalmente la /n/), aunque en el habla culta se mantiene, en la mayoría de los casos, la pronunciación más o menos relajada de ambas consonantes.

No obstante, la reducción del grupo -*ns*- a -*s*- se ha generalizado en la pronunciación culta en muchas de las voces que contienen el prefijo de origen latino *trans*- ('al otro lado de' o 'a través de'), que cuenta en español con la variante simplificada *tras*-. De este prefijo latino procede también, por simplificación, la preposición *tras* ('detrás de'), que se emplea asimismo como prefijo en la formación de numerosas voces. Para el correcto uso de cada una de estas formas, deben tenerse en cuenta las siguientes consideraciones:

Se usa *tras-:*

- Cuando, con el sentido específico de 'detrás de', se emplea este prefijo para formar sustantivos que designan el espacio o lugar situado detrás del designado por la palabra base: *trasaltar, trascoro, trascorral, trascuarto, traspatio, trastienda.*
- Con independencia de su sentido, en las siguientes palabras con vigencia en el uso actual, y en todos sus derivados: *trasbocar, trascolar, trasconejarse, trascordarse, trasfondo, trashoguero -ra,*

trashumar, traslapar, traslumbrar, trasluz, trasmano, trasminar, trasmochar, trasnochar, trasoír, trasojado -da, traspalar o *traspalear, traspapelar, trasparecer, traspasar, traspié, traspillar, trasplantar, traspunte, trasquilar, trastabillar, trastornar, trast(r)ocar, trastumbar, trasudar, trasver, trasvolar.*

Puede usarse tanto la forma etimológica *trans-* como la simplificada *tras-:*

- Cuando *trans-* va seguido de consonante, ya que, al estar el grupo *-ns-* en posición final de sílaba, es frecuente su reducción a *-s-* también en la pronunciación culta: *trasbordo* o *transbordo, trascendencia* o *transcendencia, trascribir* o *transcribir, trasferir* o *transferir, trasgredir* o *transgredir, traslúcido -da* o *translúcido -da, trasmitir* o *transmitir, trasparente* o *transparente, trasponer* o *transponer,* etc.
- Cuando el prefijo *trans-* se usa para formar derivados en español, aunque la palabra base a la que se una comience por vocal: *trasandino -na* o *transandino -na, trasatlántico -ca* o *transatlántico -ca, trasnacional* o *transnacional,* etc.

Se usa *trans-:*

- Cuando el prefijo *trans-* se une a palabras que comienzan por *s-* (en este caso la *s* del prefijo se funde con la inicial del término base): *transexual, transiberiano -na, transustanciación.*
- En los casos en que esta secuencia va seguida de vocal y no es analizable como prefijo en la lengua actual, esto es, cuando la palabra en la que aparece no es resultado de añadir el prefijo *trans-* a una palabra base española: *transacción* (del lat. *transactĭo -ōnis*), *transeúnte, transición, transigir, transistor, transitar* o *transitorio -ria,* y sus respectivos derivados o parientes léxicos. En estos casos, al no ir el grupo *-ns-* en posición final de sílaba, pues cada consonante forma parte de una sílaba distinta (*tran.sac.ción, tran.se.ún.te, tran.si.ción,* etc.), no existe dificultad articulatoria, razón por la que este grupo no se reduce aquí ni en la pronunciación ni en la escritura.

Del latín *conscientĭa* derivan las formas *consciencia,* que conserva el grupo culto originario, y *conciencia,* con caída de la *s* etimológica. Cabe señalar que no se trata, en este caso, de simples variantes gráficas, intercambiables en todos los contextos, pues, aunque ambas formas pueden emplearse con el sentido general de 'percepción o conocimiento', solo *conciencia* significa 'capacidad de distinguir entre el bien y el mal'.

6.5.2.2.2.3 *Grupo* -st-

El grupo *-st-* en posición final de sílaba aparece raramente en español y solo se da, en interior de palabra, en *ist.mo* (del lat. *isthmus*) y sus derivados, y en las voces formadas con el prefijo de origen latino *post-* ('detrás de' o 'después de') cuando se une a palabras que comienzan por consonante: *post.da.ta, post.gra.do, post.mo.der.no, post.par.to, post.ver.bal,* etc. (en cambio, cuando este prefijo se une a palabras que comienzan por vocal, cada una de las consonantes del grupo *-st-* se articula en una sílaba distinta: *pos.te.lec.to.ral, pos.tin.dus.trial, pos.to.pe.ra.to.rio*).

Dada la dificultad que plantea la articulación del grupo *-st-* como cierre silábico, la *t* no suele pronunciarse, de ahí que el prefijo *post-* cuente con la variante gráfica simplificada *pos-*. En general, aunque es válido el uso de ambas formas, la etimológica *post-* y la simplificada *pos-,* se recomienda emplear con preferencia esta última en la escritura de todas las palabras que incorporen este prefijo, tanto si comienzan por consonante (*posdata, posgrado, posmoderno, posparto, posverbal,* etc.) como si comienzan por vocal (*poselectoral, posindustrial, posoperatorio,* etc.). Solo en los casos en que este prefijo se une a palabras que comienzan por *s* debe mantenerse la *t* en la escritura (*postsimbolismo, postsocialismo, postsoviético,* etc.) para evitar la secuencia gráfica *-ss-,* ajena al español (®*possocialismo*), y para preservar el análisis de la unidad léxica resultante, que se vería dificultado si se redujesen ambas eses a una sola (®*posocialismo*). La secuencia *-st-* aparece naturalmente cuando este prefijo se une a palabras que comienzan por *t,* aunque en ese caso cada consonante del grupo pertenece siempre a una sílaba distinta: *pos.tem.po.ra.da, pos.tó.ni.co, pos.trau.má.ti.co,* etc.

6.5.2.2.2.4 *Grupo* -pt-

El grupo *-pt-* aparece en interior de palabra en numerosos cultismos de origen grecolatino, algunos de ellos incorporados como extranjerismos a través de otras lenguas: *aceptar* (del lat. *acceptāre*), *adepto* (del lat. *adeptus*), *críptico* (del gr. *kryptikós*), *disruptivo* (del ingl. *disruptive*), *escéptico* (del lat. *sceptĭcus*), *himenóptero* (del gr. *hymenópteros*), *óptimo* (del lat. *optĭmus*), *perceptible* (del lat. *perceptibĭlis*), etc.

A diferencia de los grupos consonánticos anteriores, la secuencia *-pt-* no se articula nunca en español en posición final de sílaba, sino que existe siempre una frontera silábica entre las dos consonantes del grupo, de modo que la *p* constituye el final de una sílaba y la *t* el comienzo de la siguiente: *a.brup.to, a.cep.tar, ap.to.* Como todas las consonantes oclusivas en posición final de sílaba, la /p/ tiende a relajar su articulación, pero se mantiene, más o menos debilitada, en la pronunciación culta. Solo en el caso de las palabras *séptimo* y *septiembre* el debilitamiento articulatorio de la /p/ llega a menudo, incluso en la pronunciación culta, hasta su completa elisión, de ahí la existencia de las variantes gráficas *sétimo* y *setiembre,* también válidas, aunque minoritarias frente a las formas etimológicas que conservan el grupo *-pt-*.

En el caso de los participios irregulares de los verbos pertenecientes a la familia de *escribir* (cuya terminación etimológica sería *-scripto,* del lat. *scriptus*), en la mayor parte del ámbito hispánico, por analogía con el participio *escrito* (única forma usada hoy en español frente a la anticuada *escripto*), se emplean exclusivamente las formas sin *-p-*, esto es, con reducción del grupo consonántico etimológico: *adscrito, circunscrito, descrito, inscrito, prescrito, proscrito, suscrito, tra(n)scrito,* etc.; no obstante, en el español de algunas zonas de América, especialmente en la Argentina, el Paraguay y Uruguay, son de uso normal las formas que conservan el grupo *-pt-: adscripto, circunscripto, descripto, inscripto, prescripto, proscripto, suscripto, tra(n)scripto,* etc. Para los derivados en *-tor,* salvo en el caso de *escritor* (única forma usada en todo el ámbito hispánico), la lengua culta solo admite hoy las grafías con el grupo *-pt-* etimológico: *descriptor, proscriptor, suscriptor, tra(n)scriptor.*

6.5.2.2.2.5 *Grupos triconsonánticos*

Son ajenas al español las secuencias de tres consonantes en posición final de sílaba. De hecho, solo aparecen en interior de palabra en las voces *ángstrom* y *tungsteno,* ambas de origen sueco, que designan, respectivamente, una unidad de medida de longitud y un elemento químico. Por su condición de voces técnicas pertenecientes a nomenclaturas de carácter internacional, conservan en la escritura el grupo triconsonántico etimológico, aunque, por su dificultad de articulación en posición final de sílaba, el grupo /ngs/ queda normalmente reducido en la pronunciación a /ns/. En cambio, a diferencia de las anteriores, el anglicismo *gánster* (del ingl. *gangster*), al tratarse de una voz de uso corriente, sí se ha adaptado gráficamente a la pronunciación reduciendo el grupo triconsonántico etimológico.

La simplificación de grupos triconsonánticos (sea en posición final de sílaba, como en los casos anteriores, sea en distribución bisilábica) se produce con frecuencia en español en la adaptación de voces extranjeras que presentan esta configuración, para adecuarlas a las pautas silábicas españolas, como se ve en *herciano* (derivado del apellido alemán *Hertz*), *bistec* (adaptación del inglés *beefsteak*), *rosbif* (adaptación del inglés *roastbeef*), etc.

CAPÍTULO II

La representación gráfica del acento: el uso de la tilde

1

EL ACENTO PROSÓDICO Y SU REPRESENTACIÓN GRÁFICA

Al pronunciar aisladamente cualquier palabra polisílaba del español, no todas las sílabas que la componen se emiten y se perciben con el mismo relieve. Una de ellas destaca en el conjunto y resulta más perceptible que las demás. Esa diferencia en la pronunciación de una determinada sílaba, que establece un contraste entre ella y el resto de las que integran la palabra, recibe el nombre de *acento.*

El acento es un rasgo prosódico, es decir, una propiedad fónica que afecta a unidades lingüísticas más amplias que el fonema, de ahí que se denomine también *acento prosódico.* Al igual que ocurre con otros rasgos prosódicos, la marca acentual se determina de manera relativa por el contraste que se produce entre la pronunciación de unos segmentos de la cadena hablada y otros. El acento consiste, pues, en la mayor prominencia con la que se emite y percibe una sílaba con respecto a las de su entorno.

Aunque en la mayoría de las lenguas existe el acento prosódico, no en todas ellas este rasgo responde a idénticos parámetros, se comporta de igual forma ni desempeña la misma función. Por otra parte, y seguramente debido a su particular idiosincrasia en cada lengua, solo las ortografías de algunos idiomas dan cuenta gráficamente de la acentuación prosódica de las palabras. En algunas lenguas, el acento prosódico no se indica en absoluto y, en otras, solo se hace en ciertos casos. En cambio, la ortografía del español, tal como está fijada en la actualidad, lo señala de forma regular y prácticamente exhaustiva.

El sistema ortográfico del español dispone de un signo diacrítico en forma de rayita oblicua (´), que, colocado sobre una vocal, indica que la sílaba de la que dicha vocal forma parte es la que porta el acento prosódico de la palabra. Este signo se denomina específicamente *tilde,* además de *acento gráfico* u *ortográfico* (v. cap. III, § 2 y 2.1). El sistema de normas que regula el uso de la tilde permite reflejar o conocer la acentuación prosódica de cualquier palabra del léxico español sin necesidad de haberla visto escrita o haberla escuchado con anterioridad.

En las páginas que siguen, y antes de entrar en la exposición de las reglas de acentuación, se explicará con cierto detalle la naturaleza del acento prosódico en español, sus funciones y las unidades lingüísticas a las que afecta, así como los principios sobre los que se asienta el subsistema de normas que regulan la representación gráfica del acento en nuestro idioma.

2

EL ACENTO PROSÓDICO

2.1 CARACTERIZACIÓN Y FUNCIONES DEL ACENTO PROSÓDICO EN ESPAÑOL

2.1.1 CARACTERIZACIÓN FONÉTICA

Como ya se ha señalado, los rasgos prosódicos afectan a elementos de la cadena hablada pertenecientes a niveles superiores al fonema. En concreto, el acento pone de relieve una determinada sílaba, formada, por lo general, por más de un fonema, con respecto a las sílabas de su entorno.

El valor del acento, como ocurre con otros rasgos prosódicos, no es absoluto, sino que se establece por contraste entre el modo de emisión de diferentes segmentos de la cadena hablada. A la fonética le corresponde determinar qué características del sonido son las que se ven alteradas —y de qué forma— en las sílabas acentuadas, denominadas *sílabas tónicas,* con respecto a las inacentuadas, denominadas *sílabas átonas*.

Desde el punto de vista fonético, el acento, en la mayoría de las lenguas, es la consecuencia de una variación —generalmente un aumento— de diferentes parámetros acústicos. La alteración asociada al acento afecta a los siguientes valores fundamentales del sonido: el tono, esto es, la impresión auditiva que produce la frecuencia de la onda sonora, que depende de la frecuencia en la vibración de las cuerdas vocales al emitir el sonido acentuado; la intensidad, dependiente de la amplitud de la onda sonora, que está asociada a la fuerza espiratoria con que se produce, y la duración en el tiempo de emisión. Por lo general, el acento no se materializa con la modificación de uno solo de estos valores, sino que, en la mayoría de las lenguas, resulta de la alteración de dos o más parámetros interrelacionados, entre los que puede predominar o no uno en concreto.

Tradicionalmente se consideraba que el parámetro fundamental en la caracterización fonética del acento en español era la intensidad o fuerza espiratoria, de ahí que se hablara de *acento de intensidad.*

Investigaciones y trabajos experimentales llevados a cabo en los últimos años han demostrado que, siendo el acento en español un fenómeno complejo en el que intervienen diferentes parámetros acústicos, el factor más relevante, tanto en su producción como en su percepción, especialmente cuando se trata de la acentuación de palabras pronunciadas de forma aislada, es una elevación del tono, esto es, de la frecuencia fundamental. Este ascenso tonal viene asociado normalmente a un aumento de la duración o de la intensidad.

2.1.2 CARACTERIZACIÓN FONOLÓGICA

A diferencia de lo que ocurre en las lenguas de acento fijo, como el francés o el finés, en las que el acento ocupa siempre la misma posición dentro de la palabra, o en las lenguas de acento condicionado, como el latín, en las que su posición viene determinada por otros factores, el español, al igual que otras lenguas como el italiano o el inglés, es una lengua de acento libre, ya que la sílaba tónica puede ocupar diferentes posiciones dentro de la palabra sin que su lugar esté predeterminado ni condicionado por otras variables. Así, como veremos, el acento prosódico en español puede recaer en la última, la penúltima o la antepenúltima sílaba y, solo excepcionalmente, en una sílaba anterior a la antepenúltima.

Además de por su posición variable, y en gran parte como consecuencia de ello, el acento en español se caracteriza por su capacidad de distinguir palabras de otro modo idénticas, por lo que este rasgo prosódico tiene en nuestra lengua valor fonológico. Así, dos o más palabras españolas pueden diferenciarse únicamente por su esquema acentual, es decir, por el hecho de que el acento recaiga, en cada una de ellas, en una sílaba distinta, como ocurre en *PRÁCtico, pracTIco* y *practiCÓ* (se destaca en versalita la sílaba tónica); también por presentar acento prosódico o carecer de él, como ocurre entre *PAra* (forma del verbo *parar*, con acento prosódico en la primera sílaba) y *para* (preposición que carece de acento prosódico). Precisamente por esta capacidad de distinguir palabras se dice que el acento es distintivo en español.

Por otra parte, el acento establece contrastes entre unidades lingüísticas concurrentes y sucesivas dentro de la cadena hablada. Al pronunciar aisladamente una sílaba no es posible determinar si esta es tónica o átona, sino que solo dentro de la secuencia temporal que representa la cadena hablada puede establecerse y, por tanto, percibirse el contraste entre sílabas tónicas y átonas. El acento tiene, por ello, carácter contrastivo.

Por último, el acento tiene la propiedad de agrupar alrededor de la sílaba tónica las sílabas inacentuadas de su entorno, de forma que la tónica constituye la cumbre de cada uno de los grupos en que puede segmentarse el discurso desde el punto de vista acentual. El acento tiene también, pues, carácter culminativo.

2.1.3 FUNCIONES DEL ACENTO PROSÓDICO

De las características antes enumeradas que definen el acento en español se siguen las funciones que este rasgo prosódico desempeña en nuestro idioma:

a) *Función contrastiva.* Se realiza en el interior de la cadena hablada y permite establecer un contraste o diferenciación entre unidades lingüísticas acentuadas e inacentuadas, sea entre sílabas (por ejemplo, entre la sílaba tónica *RÁ-* frente a las átonas *-pi-* y *-do* en la palabra *RÁpido*), sea entre palabras (por ejemplo, entre la forma verbal con acento prosódico *COmo,* del verbo *comer,* y la conjunción *como,* pronunciada sin acento en el enunciado *DUERmo tan BIEN como COmo*).

b) *Función distintiva.* Se manifiesta dentro del conjunto de palabras que integran el léxico del idioma, y es consecuencia del carácter variable y no condicionado de la posición del acento en español. Permite diferenciar palabras que solo se distinguen fónicamente entre sí por la presencia o ausencia de tonicidad (así, la forma verbal *DÉ,* que se pronuncia con acento prosódico, se distingue de la preposición *de,* que carece de él) o, en palabras con acento prosódico, por la posición que ocupa en ellas la sílaba acentuada (el sustantivo *canto* se distingue de la forma verbal *cantó* porque en *CANto* la sílaba acentuada es la penúltima y, en *canTÓ,* la última).

c) *Función culminativa.* Esta función se pone de manifiesto en la cadena hablada y es la que permite percibir los diferentes grupos acentuales que componen el discurso. Estos grupos acentuales están constituidos siempre por una sílaba tónica y las sílabas átonas de su entorno que se apoyan en ella, y que pueden formar parte o no de la misma palabra; así, en un enunciado como *Si te aCUERdas,* | *DÍselo* existen dos grupos acentuales: en el primero, *Si te aCUERdas,* las sílabas átonas *si, te, a-* y *-das* se pronuncian apoyadas en la sílaba tónica *-CUER-;* y en el segundo, *DÍselo,* las sílabas átonas *-se-* y *-lo* se apoyan en la sílaba tónica *DÍ-*.

Las características y funciones del rasgo prosódico acentual en español explican por qué nuestra ortografía ha considerado pertinente y útil establecer un sistema de reglas que indique de forma inequívoca la presencia y la posición del acento en todas las palabras prosódicamente acentuadas que integran su léxico, a diferencia de lo que ocurre en otras lenguas.

Las lenguas con acento fijo, en las que la posición de este es siempre previsible, no precisan señalarlo gráficamente; y en aquellas en las que la posición del acento está condicionada por otros factores, como ocurre en latín, donde el acento viene determinado por la cantidad silábica, lo verdaderamente pertinente sería indicar no tanto el acento, sino la propiedad que lo condiciona.

2.1.4 ACENTOS CON Y SIN REPERCUSIÓN ORTOGRÁFICA

El único acento que tiene en cuenta el sistema ortográfico es el que recae sobre la sílaba tónica de la palabra, aquella que se pronuncia con mayor prominencia dentro de sus límites. Este acento primario que tiene como ámbito la palabra recibe la denominación específica de *acento léxico*. Las siguientes palabras presentan un acento léxico o primario: *TÉ, CAsa, triCIclo, impoSIble, reCUÉRdaselo.*

Además, especialmente en el caso de las palabras de más de tres sílabas, en las voces compuestas o en las palabras integradas por una forma verbal y varios pronombres ligados, suelen existir uno o dos acentos adicionales, más débiles, considerados acentos secundarios, como los que recaen en las sílabas subrayadas en los ejemplos siguientes: *hipermerCAdo, bienveNIdo, DÁsela, diBÚjaselo*. Estos acentos secundarios carecen de valor fonológico y constituyen un fenómeno puramente fonético, sin repercusión ortográfica alguna.

En español, como ocurre asimismo en otras lenguas, además de los acentos que operan dentro del ámbito de la palabra, sean primarios o secundarios, se distinguen otros tipos de acentos que actúan en el marco de unidades lingüísticas mayores. Es el caso del acento que marca la mayor prominencia dentro de los grupos fónicos, esto es, de cada uno de los segmentos del discurso delimitados por dos pausas sucesivas. Este acento se denomina *acento sintáctico* o *máximo,* y en español suele recaer sobre la última sílaba tónica anterior a la pausa; así, por ejemplo, en un enunciado con dos grupos fónicos como *En los MEses de JUlio y aGOSto,* | *dismiNUye la actiVIDAD de la emPREsa,* los acentos sintácticos o máximos recaen sobre las sílabas subrayadas *-GOS-* y *-PRE-*.

Información adicional

Como se indicó en 2.1.3c, se llama *grupo acentual* al conjunto formado por una sílaba tónica y las átonas de su entorno que se pronuncian apoyadas en ella; por ejemplo, en la expresión *la casa de mi madre* hay dos grupos acentuales: *la casa* [lakása] y *de mi madre* [demimádre]. En cambio, se llama *grupo fónico* a la secuencia de sonidos comprendida, en el discurso, entre dos pausas sucesivas, de modo que un grupo fónico puede constar, a su vez, de uno o varios grupos acentuales; por ejemplo, el enunciado *La prima de mi madre* | *se casa* está formado por dos grupos fónicos: el primero, *la prima de mi madre,* se compone, a su vez, de dos grupos acentuales, *la prima* [lapríma] y *de mi madre* [demimádre], mientras que el segundo grupo fónico, *se casa* [sekása], está formado por un único grupo acentual.

Existe, además, un acento enfático, expresivo o de insistencia, que se emplea para destacar u otorgar relieve particular a determinados elementos del enunciado. Estos acentos se dan con mucha frecuencia en el discurso oral político y periodístico, y recaen a menudo sobre sílabas que no portan el acento léxico o primario de la palabra enfatizada, aunque sí suelen coincidir con alguno de los acentos secundarios: *La responsabilidad del Gobierno...; El carácter internacional del conflicto...; Es intolerable...* El acento enfático puede convertir en tónica una palabra naturalmente átona: *Te dije que recogieses tus cosas, no que te llevaras todo lo que te apeteciera;* o dar aún más relieve a una palabra ya acentuada: *Tú lo hiciste.* En ocasiones, la realización de un acento enfático puede suponer una diferencia significativa, como ocurre en el ejemplo siguiente: *Ofrécele un refresco* (emisión neutra, que no implica que no se vayan a ofrecer más refrescos después) frente a *Ofrécele un refresco* (emisión enfática, que subraya que únicamente se ha de ofrecer un refresco y solo uno).

Ninguno de estos otros acentos distintos del acento léxico o primario —el secundario, el sintáctico y el enfático o expresivo— tienen carácter distintivo o fonológico en español, pues su presencia o ausencia no altera, en principio, el sentido básico del mensaje (cuando suponen una alteración en el significado, esta es más de carácter pragmático que semántico, es decir, está más bien relacionada con la situación e intención comunicativas que con el sentido nocional o léxico). Por esta razón, el sistema ortográfico está diseñado para dar cuenta solamente del acento léxico o primario de las palabras, que es el único que puede tener valor distintivo o fonológico. Por consiguiente, a lo largo de las páginas que siguen, al hablar del acento prosódico se estará aludiendo únicamente al acento léxico, el acento primario que opera en el marco de la palabra.

2.2 UNIDAD LINGÜÍSTICA SOBRE LA QUE RECAE EL ACENTO PROSÓDICO: LA SÍLABA

Como ya se ha dicho, las unidades lingüísticas en cuyo ámbito se realizan los rasgos prosódicos, como el acento o la entonación, son siempre de niveles superiores al fonema. En el caso del rasgo prosódico acentual, la unidad lingüística básica a la que afecta en la mayoría de las lenguas es la sílaba, que normalmente incluye más de un fonema, aunque puede estar también constituida por uno solo.

La sílaba es una unidad lingüística estructural de carácter fónico, formada generalmente por un conjunto de fonemas sucesivos que se agrupan en la pronunciación en torno a un elemento de máxima sonoridad, que en español es siempre una vocal; así, por ejemplo, la palabra *pla.ne.TA.rio* contiene varias sílabas (que se muestran separadas por puntos), entre las que destaca la penúltima, sobre la que recae el acento léxico o primario. Si la sílaba está formada por un único fonema, este solo puede ser una vocal, como ocurre en la primera sílaba de palabras como *eso* [é.so], *ama* [á.ma] u *hora* [ó.ra].

2.2.1 ESTRUCTURA DE LA SÍLABA

Una sílaba no es una mera sucesión de fonemas, sino una unidad lingüística dotada de estructura interna. En la estructura de una sílaba pueden distinguirse las partes siguientes: un núcleo, que en español solo puede estar constituido por elementos vocálicos, y dos márgenes silábicos consonánticos, uno que precede al núcleo y otro que lo sigue. El núcleo es el componente de la sílaba con mayor sonoridad y, por ello, el más claramente perceptible, perceptibilidad que disminuye en los márgenes silábicos.

El único elemento imprescindible para constituir una sílaba en español es su núcleo vocálico. El núcleo de la sílaba debe estar constituido al menos por una vocal (*li.bro*) y puede estar integrado por un máximo de tres (*bien, miau*). Cuando existen márgenes silábicos, tanto el que ocupa la posición prenuclear como el que va pospuesto al núcleo pueden estar formados por una o más consonantes (*ve.lo, cre.ma, trans.por.te, récords*).

Como se verá más adelante, la división de las palabras en sílabas es un requisito indispensable para poder aplicar de forma adecuada las reglas de acentuación gráfica del español. Las pautas para la división silábica, especialmente en lo que se refiere a las consonantes, se exponen en el capítulo III, § 4.1.1.1.1.1a, a propósito de las reglas de división de palabras a final de línea.

2.2.2 SECUENCIAS VOCÁLICAS: DIPTONGOS, TRIPTONGOS, HIATOS

Dentro de una misma palabra es posible encontrar secuencias de dos, tres, cuatro y hasta cinco vocales seguidas, que pueden agruparse en la pronunciación de diferentes maneras, formando o no parte de las mismas sílabas; así, por ejemplo, se pronuncian dentro de la misma sílaba las secuencias vocálicas que aparecen en *vien.to, cua.tro, a.ve.ri.güéis;* se pronuncian en dos sílabas distintas las secuencias vocálicas de *ca.bí.a, o.bo.e, ca.éis, i.rí.ais, lim.pia.ú.ñas;* en tres sílabas distintas, las de *re.í.as, ta.o.ís.ta, le.í.ais;* y en cuatro, la de *en.tre.o.í.ais*.

En español, dentro de los límites de la palabra, es posible pronunciar en una misma sílaba hasta tres vocales seguidas como máximo. Cuando dos vocales contiguas se pronuncian dentro de la misma sílaba, forman lo que se llama un *diptongo: co.p*ia, *mies, bue.no,* au.*llar, deu.da.* Si, por el contrario, cada una de las vocales se pronuncia en una sílaba distinta, la secuencia vocálica se denomina *hiato: ma.es.tro, fe.*o, *ca.bí.*a, *a.cen.tú.*a. La secuencia de tres vocales que pertenecen a una misma sílaba recibe, por su parte, el nombre de *triptongo: Pa.ra.*guay, *a.nun.*ciéis.

Las secuencias de vocales contiguas en el plano fónico pueden corresponderse en la escritura con secuencias en las que aparece una *h* intercalada entre los grafemas vocálicos, como ocurre en *cohibir* [koibír], *búho* [búo] o *ahijado* [aijádo]. Puesto que la letra *h* no representa ningún fonema en el español estándar y carece de correlato fónico en la mayoría de las palabras de nuestro idioma (v. cap. I, § 6.3.1.1), su presencia entre dos vocales en la grafía de una palabra no impide que dichas vocales formen un diptongo, esto es, no implica necesariamente la presencia de un hiato; así, hay palabras con *h* intercalada, como *de.*sahu.*cio, pro*hi.*bi.ción* o ahi.*ja.do,* en las que los dos sonidos vocálicos contiguos se pronuncian como diptongos, y otras, como *ve.*hí.*cu.lo, bú.*ho, *re.*ha.*go* o *de.*he.*sa,* en que se pronuncian como hiatos.

Se detallan a continuación los tipos de secuencias vocálicas que pueden constituir diptongos, triptongos o hiatos en español desde el punto de vista articulatorio.

2.2.2.1 **Diptongos**

Los diptongos son secuencias de dos vocales que se pronuncian en la misma sílaba. En español, los diptongos pueden estar constituidos por las siguientes combinaciones vocálicas:

a) Una vocal abierta (/a/, /e/, /o/) precedida o seguida de una vocal cerrada átona (/i/, /u/): *an.*cia.*no, pien.so, vio, cuan.to, sue.lo, an.ti.*guo, ai.*re, hay, de.béis, boi.na, es.*toy, au.*lli.do,* Eu.*ge.n*io, *es.ta.dou.ni.den.se.*

Información adicional — En la descripción de los diferentes tipos de secuencias vocálicas —hiatos, diptongos y triptongos— que pueden darse dentro de una palabra, las vocales /a/, /e/ y /o/ constituyen una sola clase, la de las vocales abiertas, si bien la /e/ y la /o/ son en realidad, desde el punto de vista fonológico, vocales de abertura media (v. cap. I, § 4.1).

---

b) Dos vocales cerradas distintas (/i/, /u/): ciu.*dad, lin.güís.ti.ca, m*uy.

No obstante, en determinados casos, algunas de estas combinaciones, como las formadas por una vocal cerrada átona seguida de vocal abierta, o por dos vocales cerradas distintas, al menos en España y en algunas zonas de América, se pueden pronunciar también como hiatos, según ilustran los ejemplos siguientes: *con.fi.*é (frente al diptongo de *lím.*pié), *pi.a.no* (frente al diptongo de *mar.*cia.*no*), *ac.*tu.ó (frente al diptongo de *a.*guó), *hu.i.do* (frente al diptongo de *rui.do*), *tri.un.fo* (frente al diptongo de ciu.*dad*). Ahora bien, los hiatos de los ejemplos anteriores no son generales en la pronunciación de todas las áreas y hablantes del español. La articulación de estas secuencias vocálicas como hiatos o como diptongos depende de diversos factores, como la procedencia geográfica o social de los hablantes, la velocidad de emisión, las voces concretas de que se trate (pues en ello influyen a veces la etimología o la analogía con voces de la misma familia), etc. Así, para otros muchos hispanohablantes, especialmente si son originarios de zonas como México, Centroamérica y parte de las áreas caribeña y andina, las palabras de los ejemplos anteriores no se pronuncian con hiato, sino con diptongo: *con.*fié, pia.*no, ac.*tuó, hui.*do, tri*un.*fo.*

Sobre la pronunciación como diptongos de secuencias formadas por dos vocales abiertas, v. § 2.2.2.3.

2.2.2.2 Triptongos

Los triptongos son secuencias de tres vocales pronunciadas dentro de la misma sílaba. En español tienen necesariamente que estar constituidos por una vocal abierta (/a/, /e/, /o/) precedida y seguida de una vocal cerrada átona (/i/, /u/): *es.tu.*diáis, *mi*au, *viei.ra, ra.*dioi.*só.to.po, U.ru.*guay, *a.tes.ti.*güéis.

No obstante, no todas las secuencias trivocálicas con esta estructura se pronuncian siempre como triptongos. En determinadas palabras, al menos en España y varios países americanos, pueden pronunciarse en dos sílabas, como ocurre en *con.fi.*éis (frente al triptongo de *a.pre.*ciéis), *am.pli.*áis (frente al triptongo de *a.go.*biáis). La articulación en una o dos sílabas de estas combinaciones vocálicas depende, como en el caso de los diptongos, de múltiples factores, entre ellos los geográficos, y, así, las secuencias de tres vocales de los ejemplos anteriores tienden a ser pronunciadas en una sola sílaba por muchos otros hispanohablantes, especialmente si proceden de México, Centroamérica y parte de las áreas caribeña y andina: *con.*fiéis, *am.pli*áis.

2.2.2.3 Hiatos

Los hiatos son secuencias de dos vocales que se pronuncian en sílabas distintas. En español, constituyen hiatos desde el punto de vista articulatorio las siguientes combinaciones vocálicas:

a) Una vocal cerrada tónica (/i/, /u/) seguida o precedida de una vocal abierta átona (/a/, /e/, /o/): *po.dí.*a, *rí.*o, *des.ví.*e, *pú.*a, *pun.tú.*e, *flú.*or, *ra.íz, re.ír, e.go.ís.ta, ta.húr, fe.ú.cho, fi.no.ú.grio.*

b) Dos vocales abiertas (/a/, /e/, /o/): *ca.er, a.ho.go, ro.er, te.a.tro, bar.ba.co.a.*

c) Dos vocales iguales: *al.ba.ha.ca, re.e.le.gir, chi.i.ta, lo.or, du.un.vi.ra.to.*

Además, al menos en España y en algunas zonas de América, también se pronuncian con hiato, en ciertas palabras, algunas secuencias vocálicas descritas más arriba entre los diptongos —como las de vocal cerrada átona seguida de vocal abierta (*con.fi.ar, ri.e.ron, a.du.a.na*) o las formadas por dos vocales cerradas distintas (*in.clu.i.do, di.ur.no*)—, así como las constituidas por dos de las tres vocales contiguas que en otras palabras o para otros hablantes forman triptongos (*con.fi.éis, a.rri.áis, ac.tu.áis*). Pero, como ya se ha explicado, la pronunciación de estas secuencias con hiato no es general entre los hispanohablantes, ya que buena parte de ellos pronuncian en estos mismos casos diptongos o triptongos.

Por otra parte, en el habla relajada, tanto en América como en España, la tendencia antihiática que caracteriza la lengua española hace que a menudo se pronuncien dentro de la misma sílaba, es decir, como diptongos, secuencias vocálicas formadas por dos vocales abiertas distintas, especialmente si ambas son átonas: *teatro* [teá.tro], *golpear* [gol.peár], *coreógrafo* [ko.reó.gra.fo], *acordeonista* [a.kor.deo.nís.ta], *orquídea* [or.kí.dea], *aerolínea* [ae.ro.lí.nea]. La conversión de estos hiatos en diptongos va a menudo acompañada, en el habla popular de algunas zonas, del cierre de la primera vocal, dando lugar a pronunciaciones como [tiá.tro], [gol.piár], etc., rechazadas en el habla culta de la mayor parte del ámbito hispánico, con la excepción de algunos países de América, donde este cierre vocálico puede darse también en el nivel culto. No obstante, con independencia de su pronunciación real en cada palabra por parte de hablantes concretos, las secuencias de dos vocales abiertas se consideran siempre hiatos desde el punto de vista normativo: *te.a.tro, gol.pe.ar, co.re.ó.gra.fo, a.cor.de.o.nis.ta, or.quí.de.a, a.e.ro.lí.ne.a.*

Es precisamente la enorme vacilación descrita en la articulación real como hiatos o como diptongos o triptongos de determinados tipos de secuencias vocálicas lo que justifica la necesidad de establecer en español un conjunto de convenciones que determinen con claridad, desde el punto de vista ortográfico, qué secuencias deben considerarse diptongos, triptongos o hiatos a la hora de aplicar las reglas de acentuación gráfica en las palabras que las contienen, convenciones que se exponen en el apartado 3.4.2.

2.2.3 EL ACENTO Y LA SÍLABA: SÍLABAS TÓNICAS Y SÍLABAS ÁTONAS

Dependiendo de si en la palabra de la que forman parte se pronuncian con acento o sin él, se distinguen dos tipos de sílabas: tónicas, las que portan el acento léxico o primario, y átonas, las que carecen de él. En toda palabra acentuada existe, con muy pocas excepciones, una única sílaba tónica, siendo el resto consideradas átonas, aunque sobre ellas puedan recaer acentos secundarios (v. § 2.1.4); así, en la voz *carteLEra*, la sílaba tónica es *-LE-*, por ser la que se pronuncia con mayor prominencia, mientras que *car-*, *-te-* y *-ra* son átonas.

En español, todas las vocales pueden pronunciarse con acento o sin él, y todas ellas pueden constituir el núcleo de sílabas tanto tónicas como átonas: *CA.si, ME.sa, TRI.bu, FO.so, SU.pe.*

De todos los componentes de la sílaba tónica, los que más ven alterados sus valores acústicos con el acento son la vocal o vocales que constituyen el núcleo. De ahí que la tilde, el signo diacrítico que indica en español que una sílaba es tónica, se coloque siempre sobre la vocal nuclear —o, si son varias, sobre una de ellas—, y no sobre ninguna de las consonantes que forman los márgenes silábicos: *MÓ.vil, an.DÉN, a.DIÓS.*

2.2.3.1 El acento y las sílabas con núcleo vocálico complejo

Cuando el núcleo de una sílaba está formado por más de una vocal, esto es, cuando el núcleo vocálico es un diptongo o un triptongo, no todas las vocales están al mismo nivel: una de ellas se percibe mejor que las demás, es más abierta y se pronuncia con más intensidad, con más tensión y mayor duración que el resto de las vocales que integran el grupo, que pierden parte de su naturaleza vocálica y constituyen sonidos de transición entre la vocal plena y las consonantes de los márgenes silábicos.

En español, en los diptongos formados por una vocal abierta (/a/, /e/, /o/) y una cerrada (/i/, /u/), es la vocal abierta la más perceptible y la que tiene el carácter más plenamente vocálico: *rufián, pienso, violencia, aire, miréis, voy*. Si se trata de un diptongo de dos vocales cerradas distintas, resulta más perceptible aquella sobre la que recae el acento, por lo general, la que ocupa el segundo lugar: *ruido, fui, diurno, veintiún;* si ambas son átonas, predomina también usualmente la segunda: *continuidad, juicioso, ciudad, diurético*. Cuando se trata de un triptongo, la vocal más perceptible es la que ocupa la posición central, que es siempre una vocal abierta: *cambiéis, Uruguay.*

Información adicional

Aunque la tendencia más general en la acentuación de secuencias formadas por dos vocales cerradas distintas es que el acento prosódico recaiga, como se ha dicho, sobre la segunda vocal, en algunas voces, como *cocuy* [kokúi] o *huy* [úi], suele ser tónica la primera. En otros casos, el acento prosódico puede incidir, según los hablantes, en cualquiera de las dos vocales, como ocurre en *buitre, fluido* o *siux,* que unos hablantes pronuncian cargando el acento en la segunda vocal ([buítre], [fluído], [siúks]) y otros en la primera ([búitre], [flúido], [síuks]). Estos casos de vacilación no resultan nunca distintivos en español, es decir, no se traducen nunca en diferencias de significado, de ahí que el sistema ortográfico haya optado, en caso de ser necesario acentuar gráficamente estas secuencias, por colocar la tilde siempre sobre la segunda vocal (v. § 3.4.2), de acuerdo con su tendencia prosódica mayoritaria.

Esta mayor perceptibilidad de una de las vocales que integran el núcleo silábico complejo es relevante desde el punto de vista prosódico, porque, en caso de ser tónica la sílaba que contiene el diptongo o el triptongo, el acento parece afectar especialmente a la vocal más plena, y menos al resto del grupo. Así, aunque todas las vocales que integran el núcleo ven modificados sus valores, dicha vocal experimenta una modificación mayor que el resto. Esta circunstancia va a determinar que sea esa la vocal sobre la que debe escribirse la tilde en este tipo de sílabas cuando, según las normas ortográficas, deban acentuarse gráficamente (v. § 3.4.2.1.3 y 3.4.2.2.3).

2.3 UNIDAD LINGÜÍSTICA DE REFERENCIA DESDE EL PUNTO DE VISTA ACENTUAL: LA PALABRA

La palabra, entendida aquí como el segmento de la cadena hablada que se refleja en la escritura entre dos espacios en blanco, es la unidad básica que se toma como referencia desde el punto de vista acentual. La palabra es una unidad significativa aislable, que en la cadena hablada se pronuncia, bien con acento propio, como *CArro,* bien sin acento, como *su,* caso en que debe apoyarse en otra palabra próxima que sí se acentúe: *su CAsa* [sukása].

En español, todas las palabras acentuadas presentan, con muy pocas excepciones, un único acento léxico o primario, es decir, poseen solamente una sílaba tónica: *corTÉS, BLANco, CÓmico.* Esto ocurre también en la mayoría de las voces compuestas por varios elementos (aunque puedan contener, además, acentos secundarios; v. § 2.1.4): *mataMOScas, enVUÉLvamelo, otorrinolarinGÓlogo.* Las únicas palabras españolas en las que se reconocen dos sílabas tónicas son los adverbios en *-mente,* que mantienen la sílaba tónica del adjetivo base y la de la terminación *-mente,* que procede del sustantivo latino *mens, mentis* ('mente, ánimo, intención'): *TRISteMENte, veLOZMENte, SÚbitaMENte.* Esta singularidad prosódica justifica asimismo la excepción que supone la acentuación gráfica de estos adverbios con respecto a las reglas generales de acentuación (v. § 3.4.5.1.2).

2.3.1 CLASES DE PALABRAS POR SU TONICIDAD O ATONICIDAD

Todas las palabras emitidas de forma aislada se pronuncian necesariamente acentuando una de sus sílabas. Sin embargo, al emitirlas en sucesión dentro de la cadena hablada, no todas se pronuncian con acento: hay palabras acentuadas o tónicas (las que contienen una sílaba tónica) e inacentuadas o átonas (las compuestas únicamente por sílabas átonas). Así, en el siguiente enunciado, las palabras subrayadas son tónicas, mientras que las demás son átonas: *El carTEro TRAjo DOS CARtas para TI.*

Como ilustra el ejemplo anterior, el número de sílabas que contiene una palabra no determina necesariamente su pronunciación átona o tónica. Así, hay monosílabos que se pronuncian tónicos y monosílabos que se pronuncian átonos. Del mismo modo, y aunque la mayoría de las palabras polisílabas son tónicas, algunas palabras bisílabas y trisílabas son átonas.

La condición de voz átona o tónica no se determina de forma caprichosa o aleatoria en cada palabra concreta, sino que está asociada a factores como su categoría gramatical, su significado y la función que desempeña dentro de la oración. Así, las palabras con significado léxico, como sustantivos, adjetivos, verbos y la mayor parte de los adverbios, son tónicas, mientras que las palabras de significado gramatical, como los artículos, las preposiciones y las conjunciones, son en su mayoría átonas.

Información adicional

Todas las palabras, ya sean tónicas o átonas, se pronuncian con acento cuando se habla de ellas dentro de un enunciado, es decir, cuando se utilizan metalingüísticamente. Así, por ejemplo, aunque los artículos son palabras átonas, en un enunciado como *El arTÍculo «LA» se antePOne a sustanTIvos femeNInos,* la palabra *la* se pronuncia tónica. Esto ocurre porque, en estos usos metalingüísticos, todas las palabras funcionan, en realidad, como sustantivos, categoría gramatical que es siempre tónica.

2.3.1.1 Palabras tónicas

Las palabras tónicas son aquellas que en la cadena hablada se pronuncian acentuando una de sus sílabas. En español son tónicas las siguientes clases de palabras (subrayadas en los ejemplos):

a) Los sustantivos (*la MEsa, tu CAsa*), salvo algunos que, antepuestos a otro nombre, se utilizan como fórmulas de tratamiento (v. § 2.3.1.2d).

b) Los adjetivos (*la GRAN MEsa, la CAsa GRANde*), si bien son átonos cuando, antepuestos a un sustantivo, forman parte de una expresión vocativa (*SIÉNtese, buen HOMbre;* v. § 2.3.1.2.1c).

c) Los verbos, incluidos los auxiliares (*PUso la MEsa; HA aproBAdo*).

d) Casi todos los adverbios (*NO minTIÓ; Lo paSAmos BIEN; SIEMpre GAna*), entre ellos, los adverbios en *-mente,* que contienen dos sílabas tónicas (*SALgan RÁpidaMENte*).

e) Los pronombres personales *yo, tú, él, ello/s, ella/s, nosotros/as, vosotros/as, nos* (en su uso mayestático, como sujeto o como término de preposición, referido a la persona que habla), *vos* (en el voseo, referido al interlocutor), *usted/es, mí, ti, sí, conmigo, contigo* y *consigo.*

f) Los demostrativos (*ESta MEsa, aQUElla coLIna*).

g) Los posesivos *mío, tuyo, suyo, nuestro, vuestro,* así como sus femeninos y plurales, cuando no aparecen antepuestos al sustantivo (*ES NUEStro,* pero *nuestro aMIgo*).

h) Los indefinidos (*Unos aMIgos, ninGUna Otra COsa*).

i) Los numerales, salvo cuando constituyen el primer elemento de un numeral complejo (*DOS MEsas, en priMER luGAR, TREINta VEces;* pero *treinta y DOS perSOnas,* v. § 2.3.1.2.1b).

j) Los interrogativos y exclamativos (*¿QUÉ PAsa?; ¡CUÁNta GENte!; DIme QUIÉN ES*).

k) El relativo *cual/es* cuando va precedido de artículo y en ciertas locuciones (*Esa ES la raZÓN por la CUAL NO VIno; SON TAL para CUAL*), así como otros relativos en algunos de sus usos (v. § 3.4.3.2.2.1b, 3.4.3.2.2.4.2 y 3.4.3.2.3a).

l) Algunas conjunciones, especialmente las derivadas de adverbios, como la concesiva *así* (*NO PAra ASÍ la enCIErren*) o la temporal *apenas* (*APEnas la VI, la reconoCÍ*); y algunos usos de la conjunción *y* en oraciones interrogativas (*¿Y PEdro?* '¿dónde está Pedro?'; *¿Y si lo enCUENtran?* '¿qué pasa si lo encuentran?').

m) La preposición *según.*

2.3.1.2 Palabras átonas

Las palabras átonas son las que se pronuncian sin acento en la cadena hablada. Al carecer de acento propio, estas voces átonas, que reciben el nombre de *palabras clíticas* o, simplemente, *clíticos* (del griego *enklitikós* 'inclinado'), deben pronunciarse apoyadas en la palabra tónica que las precede o que las sigue, con la que forman un grupo acentual.

Cuando una palabra átona forma grupo acentual con la palabra tónica que la sigue, se denomina, más específicamente, *proclítica.* Así, en el enunciado *Se lo DIjo | desde la venTAna,* son palabras proclíticas los pronombres átonos *se* y *lo,* que se pronuncian apoyados en el verbo, la palabra tónica que los sigue: [selodíjo]; y también la preposición *desde* y el artículo *la,* que se apoyan en el sustantivo tónico inmediatamente siguiente: [desdelabentána]. Por el contrario, si la palabra átona forma grupo acentual con la palabra tónica que la precede, se denomina *enclítica;* por lo tanto, en el enunciado *DÉselo* | *usTED*, los mismos pronombres átonos *se* y *lo* del ejemplo anterior son, en este caso, enclíticos, ya que se pronuncian apoyados en la forma verbal tónica *DÉ* que los antecede: [déselo]. En español solo son palabras enclíticas los pronombres personales átonos pospuestos al verbo, que, además, se escriben siempre unidos a este formando una sola palabra gráfica (v. cap. v, § 2.1.4): *súbete, dígaselo, dámelos, hazlo*.

La gran mayoría de las palabras átonas en español son monosílabas. Solo unas cuantas palabras bisílabas y trisílabas son naturalmente átonas, mientras que todas las palabras de más de tres sílabas son tónicas.

En español son átonas las siguientes clases de palabras (subrayadas en los ejemplos):

a) Los artículos *el, la, lo, los, las*.

b) Los posesivos antepuestos al nombre (*mi, tu, su, nuestro, vuestro*, y sus femeninos y plurales).

c) Los adverbios *tan* y *medio* (*tan TRISte, medio LLEna*), así como *aun* en ciertos casos (*Aun los peORes aproBAron;* sobre sus usos átonos y su escritura sin tilde, v. § 3.4.4b).

d) Algunos sustantivos utilizados como fórmulas de tratamiento antepuestos a nombres propios, como *don, doña, fray, sor* o *san(to)/ta/tos/tas* (*doña JUAna, santo ToMÁS*).

e) Los pronombres personales *me, te, se, lo/s, la/s, le/s, nos* (cuando no se emplea en su uso mayestático como sujeto o término de preposición; v. § 2.3.1.1e), *os*.

f) Los relativos en la mayoría de sus usos (*la CAsa donde VIvo; el MOdo como me MIra; Quien la HAce la PAga; VENga cuando QUIEra*), salvo *cual/es*, que es siempre tónico precedido de artículo (v. § 2.3.1.1k).

g) Las conjunciones (*IREmos aunque LLUEva; Como NO VENga PRONto, nos VAmos*), con algunas excepciones (v. § 2.3.1.1l).

h) Las preposiciones (*contra las CUERdas, para sus aDENtros*), excepto *según*.

2.3.1.2.1 *Palabras tónicas que pasan a ser átonas en expresiones pluriverbales*

Algunas palabras que son tónicas se pronuncian átonas cuando aparecen como primer elemento en determinadas expresiones pluriverbales, especialmente en aquellas que, aun formadas por varias palabras escritas separadamente, constituyen unidades léxicas o de sentido. Así, se pronuncian átonas, siendo por naturaleza tónicas, las palabras que se describen en los apartados siguientes (sobre su acentuación gráfica, v. § 3.4.5.3):

a) El primero de los nombres que forman parte de un antropónimo compuesto: *José Luis* [joseluís], *María Ángeles* [mariánjeles], *Ana*

Belén [anabelén]. También pierde la tonicidad el primer elemento de ciertos topónimos complejos, formados por yuxtaposición de elementos simples: *Buenos Aires* [buenosáires], *Puerto Príncipe* [puertoprínsipe, puertoprínzipe], *Nueva York* [nuebayórk].

b) El primer elemento de algunos numerales complejos, como *ochenta mil* [ochentamíl], *veintitrés mil* [beintitresmíl], *treinta y dos mil* [treintaidosmíl], cuarenta y siete [kuarentaisiéte], *vigésimo primero* [bijesimopriméro], etc.; y de locuciones como *cuesta abajo* [kuestabájo], *patas arriba* [patasarríba], *mientras tanto* [mientrastánto], *¡Dios mío!* [diosmío], *medio ambiente* [medioambiénte], *arco iris* [arkoíris], etc. Algunas de estas locuciones o expresiones pluriverbales, precisamente por la pérdida de tonicidad de sus primeros formantes y su comportamiento fónico y semántico como palabras simples, acaban admitiendo su escritura en una sola palabra gráfica (v. cap. v, § 2.1): *vigésimo primero* o *vigesimoprimero, medio ambiente* o *medioambiente, arco iris* o *arcoíris, vía crucis* o *viacrucis,* etc.

c) Algunos adjetivos o sustantivos antepuestos a otros sustantivos, cuando toda la expresión nominal funciona como vocativo: *Buena mujer* [buenamujér], *serénese; ¿Podría atenderme, doctora Flores?* [doktoraflóres]; *Puede irse, capitán Ochoa* [kapitanochóa]. Fuera de sus usos en expresiones vocativas, estas palabras recuperan su tonicidad natural: *esa buena mujer* [ésa buéna mujér]; *la doctora Flores* [ladoktóra flóres]; *el capitán Ochoa* [elkapitán ochóa].

Información adicional — Se llama *vocativo* a la palabra o grupo de palabras que se refieren al interlocutor y se emplean para llamarlo o dirigirse a él de forma explícita: *Mírame, Sonia.*

2.3.2 CLASES DE PALABRAS POR LA POSICIÓN DE LA SÍLABA TÓNICA

Aunque el español es una lengua de acento libre, pues este rasgo prosódico no recae siempre sobre la misma sílaba en todas las palabras, su posición está limitada, por lo general, a las tres últimas. Por ello, al señalar la posición del acento léxico en las palabras acentuadas, se hace referencia a sus sílabas teniendo en cuenta el lugar que ocupan en el sentido de la lectura, esto es, de izquierda a derecha. Así, decimos que el acento puede recaer en la última sílaba, como en *a.con.di.cio.na.DOR;* en la penúltima, como en *a.ro.ma.ti.ZAN.te,* o en la antepenúltima, como en *ro.MÁN.ti.co.* Solo de manera excepcional el acento se sitúa en una sílaba anterior a la antepenúltima, lo que ocurre únicamente en palabras compuestas por una forma verbal y uno o varios pronombres enclíticos: *a.PRÉN.da.se.lo, LLÉ.ve.se.me.la.*

Información adicional — La restricción de la posición del acento en español a las tres últimas sílabas, con la única excepción de las formas verbales con pronombres enclíticos, es lo que explica que determinados sustantivos esdrújulos en singular trasladen el acento, en el plural, a la sílaba siguiente, como ocurre en *régimen* y *espécimen,* cuyos plurales respectivos son *regímenes* y *especímenes* (y no ⊗*régimenes* ni ⊗*espécimenes,* que sobrepasarían el límite señalado). Otras palabras esdrújulas en singular se mantienen invariables en plural por esta misma razón, como ocurre, por ejemplo, en *el/los asíndeton, un/unos cárdigan.*

Dependiendo del lugar que en ellas ocupa la sílaba tónica, las palabras de más de una sílaba pueden ser en español agudas, llanas, esdrújulas o sobresdrújulas, según se explica a continuación:

a) Las palabras agudas u oxítonas son aquellas cuya última sílaba es tónica: *bonDAD, consideRAR, iGLÚ, adeMÁS, miraRÁN.*

b) Las palabras llanas, graves o paroxítonas son aquellas cuya penúltima sílaba es tónica: *RESta, calleJEros, HAcen, iNÚtil, aZÚcar.*

c) Las palabras esdrújulas o proparoxítonas son aquellas cuya antepenúltima sílaba es tónica: *exPLÍcito, GÉminis, VÁLvula.*

d) Las palabras sobresdrújulas o superproparoxítonas son aquellas en las que es tónica una de las sílabas anteriores a la antepenúltima, lo que solo ocurre en formas verbales con pronombres enclíticos: *prePÁranoslos, leYÉNdosela, DÍgannoslo, proPÓNgasemelo, imaGÍnatemela.*

Para cada una de estas clases de palabras existen reglas específicas de acentuación gráfica, que se detallan en el apartado 3.4.1.2.

Advertencia — Las palabras monosílabas, precisamente por estar formadas por una sola sílaba, no se incluyen dentro de ninguno de estos grupos. De ser tónicas, no pueden considerarse agudas, ya que las palabras agudas han de tener, por definición, más de una sílaba. Los monosílabos solo se clasifican en tónicos, cuando su única sílaba se pronuncia con acento prosódico (*SOL, VEN, DÉ*), y átonos, cuando su única sílaba es inacentuada (*su, con, de*).

No todos los esquemas acentuales antes descritos son igualmente productivos en el léxico español: la mayor parte de las palabras españolas polisílabas son llanas, bastantes menos de la mitad son agudas, mientras que las esdrújulas son casi una excepción. Así pues, el patrón acentual más frecuente y característico en español es el llano o paroxítono, de ahí que en no pocos casos de adaptación de palabras extranjeras a nuestro idioma se produzca un cambio acentual con respecto a la forma etimológica en favor del patrón llano, como ha ocurrido, por ejemplo, en *canGUro* o *CROquis,* que proceden de las voces agudas francesas *kangouROU* y *croQUIS,* o en *anfetaMIna,* cuyo étimo inglés, *amPHEtamine,* es esdrújulo. El carácter predominante del esquema acentual llano en español explica también muchos casos de doble acentuación prosódica, donde en ocasiones conviven la acentuación etimológica (esdrújula o aguda) con la adaptada al patrón llano característico del español, como ocurre, por ejemplo, en *alvéolo/alveolo, dínamo/dinamo, chofer/chófer,* etc. (v. § 2.3.3).

Información adicional

La frecuencia de cada uno de los patrones acentuales en español —agudo, llano y esdrújulo— se explica teniendo en cuenta las características acentuales del léxico del latín, lengua de la que procede el español, y los cambios fonéticos que experimentaron las palabras en su evolución de una lengua a otra. En latín clásico prácticamente no había palabras agudas; las palabras polisílabas eran normalmente llanas o esdrújulas. En la evolución del latín al español, la sílaba tónica del étimo latino sigue siendo, por lo general, la sílaba tónica en la palabra española; por ello, muchas palabras llanas latinas conservan su acentuación paroxítona en español: *aMIcus* > *aMIgo, TErra* > *TIErra*. Además, palabras que en latín eran esdrújulas, como consecuencia de la caída de la vocal postónica, pasan al español también como llanas: *peRIc(u)lum* > *peLIgro, auRIc(u)lam* > *OREja*. Por otra parte, la pérdida de la vocal final en palabras que eran llanas en latín explica la acentuación aguda de muchas voces españolas: *actiOnem* > *actiOne* > *acCIÓN, riGOrem* > *riGOre* > *riGOR*. A este grupo vienen a sumarse palabras agudas tomadas del francés (*menú, pantalón, sofá*), de lenguas semíticas como el árabe o el hebreo (*albornoz, arroz, edén*) o de lenguas amerindias (*caimán, colibrí, huracán*). Por último, la mayor parte de las palabras esdrújulas del español son cultismos (v. § 2.3.3, información adicional) procedentes directamente del latín o del griego (*clínica, súbito, biólogo*), no sometidos, por tanto, a las leyes de evolución fonética propias de nuestro idioma, o bien préstamos de otras lenguas en las que se ha conservado la acentuación esdrújula etimológica (*albóndiga, brújula, jícara, cháchara, bádminton*), lo que explica el reducido número de palabras de este grupo en español.

2.3.3 PALABRAS CON MÁS DE UNA ACENTUACIÓN PROSÓDICA

Lo normal en el léxico de una lengua es que cada palabra tenga una sola acentuación prosódica, es decir, que se pronuncie acentuando siempre la misma sílaba. Esto es así en la mayoría de las palabras del español, de modo que las reglas de acentuación gráfica se aplican para reflejar esa única acentuación prosódica.

No obstante, existe un reducido número de palabras que presentan más de una acentuación prosódica, es decir, que pueden pronunciarse hoy de varias formas, sin dejar de ser la misma palabra, esto es, sin que ese cambio en la sílaba sobre la que recae el acento lleve asociado ningún cambio en el valor semántico o referencial del término. En esos casos, las reglas de acentuación gráfica, siempre que las variantes de pronunciación sean válidas, y no fruto del error o del desconocimiento de la adecuada articulación del término, deben reflejar las diferentes posibilidades. Ello da lugar a la existencia de varias grafías para una misma palabra desde el punto de vista acentual, como ocurre en *rubeola* o *rubéola, maniaco* o *maníaco, Kosovo* o *Kósovo.* En estos casos, quien escribe deberá elegir la grafía que refleje la acentuación prosódica con la que articula el término en la lengua oral.

Normalmente son solo dos las pronunciaciones posibles en aquellas palabras que admiten variantes acentuales, como en los ejemplos anteriormente citados, si bien existe de manera excepcional algún caso de triple acentuación admitida, como el de *bustrófedon, bustrofedon, bustrofedón;* en esta palabra, la acentuación esdrújula, la más habitual, es, sin embargo, antietimológica, ya que en griego era aguda ([bustrofedón]) y, en latín, llana ([bustrofédon]), de ahí que se admitan también estas otras dos pronunciaciones y sus grafías asociadas, aunque resulten minoritarias.

La existencia de palabras con doble acentuación en español es un fenómeno de carácter excepcional no solo porque afecta a un pequeño número de términos, sino también porque los cambios en la posición del acento en las palabras españolas a lo largo de su historia son bastante inusuales: lo normal es que el acento se mantenga invariablemente en la misma sílaba, con independencia de que la palabra haya sufrido alteraciones que hayan modificado su cuerpo fónico. Así, a pesar de los cambios que puedan haber experimentado las palabras en el curso de su evolución, por lo general la sílaba tónica de la palabra española suele coincidir con la de su étimo: *ciGÜEña* (del latín *ciCOnia*), *aBEja* (del latín *aPIcula*), *TIbio* (del latín *TEpidus*), *alCALde* (del árabe hispano *alQAḍi*). En particular, en el caso de las palabras patrimoniales, que proceden del latín y constituyen el bloque más importante dentro del léxico español, son muy pocas aquellas en las que la posición del acento ha experimentado alguna modificación con respecto al original latino, como ha ocurrido, por ejemplo, con *FÁrrago,* esdrújula en español, pero llana en latín: *faRRAgo.* En casos como el citado hay que suponer la existencia, en alguna etapa de la historia del español, de un periodo de transición en el que habrían coexistido dos variantes acentuales, la etimológica y la que acabó triunfando.

Información adicional

Se llaman *palabras patrimoniales* las que se han transmitido por evolución natural ininterrumpida desde el latín al español y, por tanto, han sufrido todos los cambios descritos por las leyes fonéticas propias de nuestro idioma. Las palabras patrimoniales se oponen a los denominados *cultismos,* esto es, a las palabras tomadas en préstamo del latín o del griego, en momentos diversos, que no han experimentado en su totalidad estos cambios y, por tanto, presentan una grafía idéntica o muy próxima a la de su étimo. Por ejemplo, la palabra latina *auricŭla* ha dejado en el léxico del español dos términos: el patrimonial *oreja* y el cultismo *aurícula.*

Son pocas las voces patrimoniales con doble acentuación en las que ninguna de las formas se ha impuesto aún claramente a la otra, de manera que ambas siguen siendo válidas en el uso actual, caso de *pabilo* (forma que conserva la acentuación llana del étimo latino *papilus*) o *pábilo* (variante esdrújula debida probablemente al influjo de *pábulo*), o de *frijol* o *fríjol,* junto con sus variantes *frejol* o *fréjol,* procedentes del latín *fasEolus.*

El fenómeno de la doble acentuación afecta sobre todo a palabras que el español ha tomado de otras lenguas, ya se trate de cultismos de origen grecolatino o de préstamos de diversas lenguas a lo largo de su historia. La existencia de variantes acentuales suele deberse a la convivencia de la forma que conserva la acentuación etimológica y la que ha experimentado un cambio acentual debido a diferentes factores, como pueden ser la adecuación al patrón acentual más habitual del español, la analogía con otros préstamos, el contagio de la acentuación de términos de forma similar o el influjo de la acentuación de esas mismas voces en otras lenguas de gran prestigio o influencia, o que han vehiculado el préstamo, normalmente el inglés o el francés.

En muchos de los casos de doble acentuación en cultismos de origen griego o latino, una de las variantes refleja la acentuación etimológica, y la otra, su adecuación al patrón prosódico acentual más normal en español, que es el llano; esto ocurre, por ejemplo, en los casos de *olimpíada/olimpiada, período/periodo,* en términos procedentes de diminutivos latinos en *-ŏlus, -ŏla* (*alvéolo/alveolo, bronquíolo/bronquiolo, folíolo/foliolo, pecíolo/peciolo, aréola/areola, lauréola/laureola*) o en voces formadas con el elemento compositivo *-íaco/-iaco* (*austríaco/austriaco, maníaco/maniaco, elegíaco/elegiaco,* etc.). También presentan doble acentuación los cultismos formados con el elemento compositivo *-mancía/-mancia* ('adivinación'), como *nigromancía/nigromancia, quiromancía/quiromancia,* etc., si bien en este caso la acentuación etimológica *-mancía* está en franco retroceso y en todas esas palabras es hoy mayoritaria la acentuación antietimológica *-mancia.*

El hecho de que muchos cultismos sean etimológicamente esdrújulos explica otros casos de doble acentuación, en los que se ha modificado la originaria del étimo griego o latino para acomodarla al patrón esdrújulo asociado con las voces cultas y con los tecnicismos científicos; así, en algunas palabras se ha generado una variante esdrújula antietimológica, que convive con la forma que mantiene la acentuación propia del étimo griego o latino, como ha ocurrido en *ósmosis,* variante preferida a la forma llana *osmosis* [osmósis], que refleja la acentuación griega; o en *médula,* hoy mayoritaria frente a *medula* [medúla], que conserva la acentuación llana del latín *meDUlla.*

En otros cultismos, las variantes acentuales responden a la divergencia existente entre la acentuación del étimo griego y la del étimo latino, como ocurre en *metopa,* variante llana acorde con la acentuación griega, y *métopa,* forma esdrújula acorde con la pronunciación latina; o en *metempsícosis,* que mantiene la acentuación del étimo griego, y *metempsicosis,* que refleja la del étimo latino; o en las voces formadas con ciertos elementos compositivos, como *-plejia/-plejía* (*hemiplejia/hemiplejía, paraplejia/paraplejía,* etc.) o *-scopia/-scopía* (*artroscopia/artroscopía, microscopia/microscopía,* etc.), en los que la terminación *-ía* refleja la prosodia griega, y la terminación *-ia,* la latina. En lo que respecta a estos dos últimos casos, puede afirmarse que existe hoy una clara preferencia en todo el ámbito hispánico por la acentuación *-plejia* en las voces formadas con este elemento compositivo, mientras que en las que incluyen la terminación *-scopia/-scopía* las preferencias pueden variar según los términos e incluso los países.

En los préstamos de otras lenguas, los casos de doble acentuación también responden normalmente a la coexistencia de las formas que conservan la acentuación etimológica con otras que cambian la sílaba tónica por diferentes motivos. Unas veces, para acomodarse al patrón más natural en español, como ocurre, por ejemplo, en *búmeran/bumerán,* donde conviven la forma esdrújula que conserva la acentuación del étimo inglés y la aguda que se acomoda al patrón español de los sustantivos terminados en *-n,* mayoritariamente agudos; o en *páprika/paprika,* donde, junto a la forma que conserva la acentuación esdrújula etimológica, existe la llana que refleja el patrón acentual mayoritario en español. Otras veces el cambio de acento responde al influjo de la acentuación del término en otra lengua, como ocurre, por ejemplo, en *Malí* (con la acentuación aguda propia del francés, lengua oficial de este país africano) y *Mali* (forma llana probablemente debida al influjo del inglés), o en *anófeles* (forma esdrújula que conserva la acentuación del étimo latino) y *anofeles* (forma llana que traslada el acento por influjo del francés *anophèle*).

A veces ocurre que a cada variante acentual le corresponde una distribución geográfica distinta, de forma que la acentuación de algunos términos difiere según el área del ámbito hispánico de que se trate. Así es, por ejemplo, en el caso de *vídeo* (forma de uso general en España, que conserva la acentuación esdrújula del étimo inglés) y *video* (forma llana usada con preferencia en el español de América); o en el de *daiquirí* (forma de uso mayoritario en América, que conserva la acentuación aguda etimológica) y *daiquiri* (variante llana, única usada en España y que se emplea también en varios países americanos).

Como se deduce de los ejemplos que se han ido mencionando, la mayor parte de las palabras con doble acentuación en español son sustantivos —comunes o propios (especialmente topónimos foráneos)— o adjetivos. Pero existe también un grupo reducido de verbos terminados en *-iar* y *-uar* que, en algunas de sus formas, admiten dos acentuaciones. Esta doble acentuación afecta a las formas que llevan el acento prosódico en la raíz, esto es, a las tres personas del singular y a la tercera del plural de los presentes de indicativo y de subjuntivo, y a la segunda persona del singular del imperativo de las áreas ajenas al voseo. Se trata de los verbos *agriar, expatriar, historiar, paliar, repatriar* y *vidriar,* entre los terminados en *-iar,* en los que la *i* que precede a la desinencia en las formas señaladas puede ser átona, como en *anunciar* (*anuncio, anuncie, anuncia,* etc.), o tónica, como en *enviar* (*envío, envíe, envía,* etc.); y *adecuar, colicuar, evacuar, licuar* y *promiscuar,* entre los terminados en *-uar,* en los que la *u* que precede a la desinencia en dichas formas puede ser átona, como en *averiguar* (*averiguo, averigüe, averigua,* etc.), o tónica, como en *actuar* (*actúo, actúe, actúa,* etc.). Por lo tanto, tan válido es decir y escribir *expatrio* como *expatrío, palian* como *palían, adecuan* como *adecúan, evacua* como *evacúa,* etc.

Información adicional — En el caso de los verbos terminados en *-uar,* parece existir hoy, en términos generales, cierta preferencia por acentuar sus formas según el modelo de *actuar.* Así, la mayoría de los hablantes suele decir *adecúa, evacúan,* etc., pronunciaciones que, hasta no hace mucho, se consideraban incorrectas, razón por la que los hablantes más cultos suelen preferir, contra el uso general, las formas que siguen el modelo acentual de *averiguar: adecua, evacuan,* etc.

En la mayor parte de los casos de doble acentuación, especialmente cuando las variantes acentuales no tienen una distribución geográfica diferenciada, una de ellas termina imponiéndose de forma natural en el uso a la otra, que finalmente desaparece. Así pues, la coexistencia de diversas acentuaciones para una misma palabra corresponde, por lo general, al periodo de transición en el proceso de cambio acentual, previo al momento en el que dicho cambio se completa y la vacilación se resuelve en favor de una sola de las formas. Esto es lo que ha ocurrido, a lo largo de la historia, en muchos casos de cambio de acento, hoy plenamente resueltos, como en *cíclope,* que durante un tiempo convivió con *ciclope* [siklópe, ziklópe], o en *cónclave,* que antaño se pronunció también *conclave* [konklábe].

En general, lo deseable es resolver cuanto antes los casos de vacilación, salvo que, como se ha dicho, respondan a usos geográficos diferenciados, ya que, en ese caso, cada una de las variantes se emplea en exclusiva en sus respectivas zonas y no es posible imponer una variante común sin violentar los usos asentados en determinadas áreas.

Por ello, y con la excepción señalada, las obras lingüísticas de índole normativa, así como el diccionario, suelen primar el empleo de una sola de las formas atendiendo a diferentes criterios, por lo general el uso mayoritario, o bien la etimología, cuando el uso no se ha decantado aún claramente por una de las acentuaciones en competencia.

3

EL ACENTO GRÁFICO O TILDE

3.1 EL SISTEMA DE ACENTUACIÓN GRÁFICA DEL ESPAÑOL

La posición variable y no condicionada del acento en español, así como las funciones que desempeña, especialmente la de distinguir palabras por su contraste acentual, justifican la utilidad de establecer un sistema de reglas ortográficas que permita reflejar este rasgo prosódico en la escritura de nuestro idioma. El valor distintivo del acento se pone de manifiesto en numerosos grupos de palabras que se diferencian únicamente por este rasgo prosódico, en unos casos al oponer palabras tónicas cuyo acento recae en sílabas distintas (*REmo/reMÓ, LÍmite/liMIte/limiTÉ, CÉlebre/ceLEbre/celeBRÉ, PÚblico/puBLIco/publiCÓ,* etc.) y, en otros, al oponer palabras átonas a palabras tónicas (*de/DÉ, tu/TÚ,* etc.). Por otra parte, en un gran número de voces tónicas, en especial las pertenecientes a las categorías gramaticales no verbales, como nombres, adjetivos y adverbios, la posición del acento prosódico en una u otra de sus sílabas no es previsible; por esa razón, las reglas ortográficas de acentuación tienen una indudable utilidad, pues permiten saber cómo se pronuncia cualquier palabra española sin necesidad de haberla oído antes, o viceversa, reflejar por escrito la acentuación prosódica de una palabra sin que sea preciso haberla visto escrita previamente, lo que no ocurre en otras lenguas de acento libre que no cuentan con sistemas de acentuación gráfica, como el inglés, o en las que este es muy limitado, como el italiano. Se trata, por ello, de un sistema útil y eficaz, que conviene conocer y aplicar con propiedad.

El sistema de acentuación gráfica en español está constituido por un signo diacrítico, denominado específicamente *tilde* o, también, *acento gráfico* u *ortográfico,* y un conjunto de reglas que prescriben cómo ha de utilizarse este signo.

Información adicional — Aunque el sustantivo *tilde* admite su uso en ambos géneros (*el tilde, la tilde*), es femenino en la mayor parte del ámbito hispánico, de ahí que sea este el género con el que se emplea en esta obra.

La tilde o acento gráfico consiste, en español, en una rayita oblicua que desciende de derecha a izquierda (´) y que, colocada sobre una vocal, indica que la sílaba de la que dicha vocal forma parte es tónica: *coliBRÍ, ÁRbol, CÓlera.*

Advertencia	La tilde en español debe descender siempre de derecha a izquierda, es decir, como un acento agudo (´), y no de izquierda a derecha (`), trazo que corresponde al acento grave, que carece actualmente de uso en nuestro idioma.

Ahora bien, no todas las palabras tónicas se escriben en español con una tilde sobre su sílaba tónica. Las palabras *muRAL* o *LIbro* se acentúan prosódicamente, pero sus respectivas sílabas tónicas *-RAL* y *LI-* no llevan tilde. Son las reglas de acentuación gráfica en su conjunto las que, determinando en cada caso la presencia o ausencia de tilde, permiten indicar y deducir de forma inequívoca cuál es la sílaba tónica de cada una de las palabras prosódicamente acentuadas del español.

Información adicional — La palabra *acento* es polisémica: se emplea comúnmente para hacer referencia tanto al rasgo prosódico de carácter fónico como al signo gráfico con el que se refleja dicho rasgo en la escritura. Para evitar posibles ambigüedades o equívocos, en las páginas que siguen se utilizará el término *acento* únicamente para hacer referencia al rasgo prosódico, mientras que para aludir al signo gráfico se usarán las denominaciones de *tilde* o *acento gráfico.* La polisemia alcanza asimismo al verbo *acentuar(se)* y al sustantivo *acentuación,* aplicables tanto al aspecto fónico como al gráfico. Para distinguir ambos, se emplearán, por lo general, en esta obra las expresiones inequívocas *acentuar(se) prosódicamente* y *acentuación prosódica* en el ámbito fónico y *acentuar(se) gráficamente* o *tildar(se)* en el ámbito ortográfico.

3.1.1 ORÍGENES DE LA ACENTUACIÓN GRÁFICA EN ESPAÑOL

Las reglas de acentuación gráfica del español se han ido definiendo poco a poco a lo largo de varios siglos hasta alcanzar el grado de exhaustividad y concreción del sistema vigente en la actualidad.

La escritura del español no dispuso desde el principio de un medio para indicar gráficamente la acentuación prosódica de sus voces. De hecho, no se ve usado ningún tipo de acento gráfico en los manuscritos medievales y es muy raro encontrarlos en las primeras obras impresas tras la introducción de la imprenta en España en 1475. Los primeros textos en español que emplean signos diacríticos para indicar la sílaba tónica en determinadas palabras datan de mediados del siglo XVI, cuando el español llevaba escribiéndose varios cientos de años.

El español, al igual que otras lenguas europeas, adoptó los signos diacríticos que utilizaba el griego para indicar el acento. En esa lengua, la posición del acento —que tenía carácter predominantemente tonal, pues se manifestaba en forma de ascensos y descensos del tono— era variable, pudiendo afectar a cualquiera de las tres últimas sílabas de la palabra. Para representar el acento, los gramáticos griegos alejandrinos idearon en el siglo III a. C. un sistema de acentuación gráfica que se valía de tres diacríticos distintos: el acento agudo (´), que indicaba un ascenso del tono; el grave (`), que suponía también una elevación, pero menor; y el circunflejo (ˆ), que reflejaba una elevación y un descenso tonal sucesivos. En griego, todas las voces polisílabas y algunas monosílabas se escribían con algún tipo de acento sobre la vocal afectada, salvo algunas excepciones.

En latín, en cambio, el acento solo podía afectar a la penúltima o a la antepenúltima sílabas. Su posición dentro de la palabra estaba condicionada por la cantidad de la penúltima sílaba: si esta era larga, recibía el acento y la palabra era llana, como en *aurīga* [auríga]; si la penúltima era breve, el acento recaía en la sílaba anterior y la palabra era esdrújula, como en *modĭcus* [módikus]. Los hablantes cultos distinguían en la pronunciación las vocales breves de las largas y quizás por ello no sintieron la necesidad de reflejar el acento en la escritura, de forma que no se sirvieron de ningún tipo de signo para señalar ese rasgo prosódico. Solo algunos gramáticos latinos adoptaron hacia el siglo IV d. C. los signos acentuales griegos al escribir en latín.

Alrededor del siglo XV, el desarrollo del movimiento humanista en Europa trajo consigo la reedición y difusión de obras clásicas grecolatinas. Algunas lenguas europeas adoptaron entonces los diacríticos griegos para dar cuenta del rasgo prosódico acentual, adaptando el uso de esos signos a sus propias necesidades. La primera lengua europea moderna que comenzó a utilizar acentos en su escritura fue el italiano, en textos de finales del siglo XV y principios del XVI, en los que se empleaban de forma irregular acentos gráficos graves, especialmente en las palabras acentuadas en la última sílaba, y, más raramente, acentos agudos en otras posiciones. Unos años más tarde, en la segunda década del siglo XVI, autores y editores franceses adoptaron también los diacríticos griegos siguiendo la pauta italiana.

No es sino hacia la segunda mitad del siglo XVI cuando se encuentran textos en español, impresos en letra humanista, donde se emplean signos acentuales sobre la vocal de la sílaba tónica en algunas palabras. Con todo, el uso de estos diacríticos no se convierte en un recurso gráfico habitual hasta el siglo siguiente y, así, las primeras ediciones de obras como el *Guzmán de Alfarache,* de Mateo Alemán (1599), o las *Epístolas familiares,* de Antonio de Guevara (1595), e incluso las comedias de Lope de Rueda publicadas en 1620 no emplean ningún recurso gráfico para señalar el acento. En el siglo XVII se generaliza el uso de diacríticos acentuales, y son ya pocas las obras que carecen completamente de ellos. A partir del XVIII la acentuación gráfica pasa a convertirse en una práctica usual en cualquier obra impresa escrita en español.

Los primeros textos en los que aparecen acentos gráficos, ya en la segunda mitad del siglo XVI y principios del XVII, emplean sobre todo el acento grave (`), escrito, por lo general, sobre la última sílaba de las palabras, tal como se utilizaba en griego y en italiano. La elección del acento grave pudo verse favorecida, además, por distinguirse mejor que el agudo de las numerosas abreviaturas con forma de tilde que, situadas sobre vocales y consonantes, proliferaban aún en los textos editados en esa época. El uso de las otras dos clases de acento, el agudo y el circunflejo, es mucho más raro y esporádico.

En los primeros impresos en los que comienzan a utilizarse acentos gráficos, estos signos parecen desempeñar una función claramente diacrítica, pues suelen usarse para distinguir palabras constituidas por los mismos grafemas, pero con diferente acentuación prosódica. Así, el acento grave se escribía sobre la vocal de la última sílaba de algunas palabras, por lo general formas verbales agudas, especialmente las de tercera persona de singular del pretérito perfecto simple (o pretérito) acabadas en *-o,* como *mudò, hablò, mandò,* pero también otras como *està, dexè* o *igualarà,* que, sin la tilde, podían confundirse con palabras llanas (*mudo, hablo, mando, esta, dexe, igualara*). Se utilizaba asimismo el acento grave, sin valor prosódico, en monosílabos constituidos por una sola vocal, como las conjunciones *è, ò, ù,* la preposición *à* y, a veces, la forma verbal *à* del verbo *aver* (hoy *haber*). En esos primeros textos, el circunflejo podía alternar con el grave en usos similares (*â, cargarâ, despachô*) o utilizarse en voces como *fê* o *vêr* para indicar la presencia originaria de una doble vocal (*fee, veer;* hoy *fe, ver*); también podía aparecer en palabras como *baxîos, traîa, tenîa, oîa,* recordando su empleo en griego en palabras con estas mismas terminaciones. El acento agudo se usaba raramente y casi siempre en posición interior de palabra. No obstante las tendencias descritas, hay que señalar que, en esa primera época, el uso de los diferentes tipos de acento era, por lo general, irregular e inconsistente incluso dentro de una misma obra.

Paralelamente, numerosos autores de tratados ortográficos que afrontaban la tarea de fijar una ortografía para la escritura del español se ocuparon de plantear, con mayor o menor rigor, algunas reglas para el uso de los acentos gráficos, que contaron con desigual seguimiento en los textos. Todos coincidían, no obstante, en restringir su empleo a ciertos casos, a diferencia del modelo griego, donde se señalaba gráficamente el acento en casi todas las palabras.

Por lo general, los tratadistas empezaron recomendando que se usase la tilde solamente en las palabras con más de una acentuación prosódica posible o en aquellas cuya acentuación podía ser dudosa por ser poco comunes. Algunos proponían también la escritura de tilde en los monosílabos constituidos por una sola letra, como la preposición *a* y las conjunciones *o, u* y *e,* o su empleo con un valor similar al de la actual tilde diacrítica, en monosílabos como el pronombre *él,* para diferenciarlo del artículo *el,* y en los verbos *dé* y *sé,* para distinguirlos, respectivamente, de la preposición *de* o el pronombre *se.*

Con respecto a los signos, muchos tratados ortográficos daban cuenta de la existencia de los tres tipos de acento —agudo, grave y circunflejo— y describían sus usos diferenciados, asociados a veces a la posición de la sílaba tónica (se prescribía, por ejemplo, el acento grave sobre la última sílaba y el agudo en interior de palabra); pero casi todos acaban inclinándose por el empleo exclusivo de uno de estos signos, por lo general el acento agudo, curiosamente en contra de lo que ocurría en la práctica en los textos, en los que, durante mucho tiempo, se usó de forma mayoritaria el acento grave.

A partir del siglo XVIII se generaliza también en los textos el empleo del acento agudo para señalar la sílaba tónica y, de hecho, en el proemio sobre ortografía del primer diccionario académico, el conocido como *Diccionario de autoridades* (1726), se opta definitivamente por el acento agudo como la forma propia del acento gráfico en español. El uso del acento grave, carente ya de todo valor prosódico, queda restringido en esta obra a las palabras constituidas por una sola vocal, como la preposición *à* y las conjunciones *è, ò* y *ù,* pero será por poco tiempo, ya que en la primera ortografía académica, publicada en 1741, se propone también en estas palabras la utilización del acento agudo. Por su parte, el acento circunflejo se convierte en una marca diacrítica de carácter grafemático, que se utiliza para distinguir el valor fonológico que debe asociarse a determinados grafemas en ciertas palabras cuando estos pueden representar más de un fonema; por ejemplo, se escribía acento circunflejo sobre la vocal que seguía a *ch* o *x* (*monarchîa* [monarkía], *exâmen* [eksámen]) cuando esas grafías, en determinados cultismos, no representaban los fonemas /ch/ y /j/, como era habitual en la mayoría de las palabras, sino /k/ y /k + s/, respectivamente. El acento circunflejo desaparecerá del sistema ortográfico español cuando sucesivas reformas ortográficas eliminen el uso del dígrafo *ch* con valor de /k/ y el de *x* con valor de /j/.

Paulatinamente, las sucesivas ediciones de los tratados ortográficos publicados por la institución académica irán perfilando y reajustando las reglas de acentuación gráfica con la finalidad de indicar la acentuación prosódica de todas las palabras teniendo en cuenta el principio de economía, es decir, sin necesidad de señalarla de manera explícita en todos los casos, sino solo en aquellos en los que se considere preciso: no llevarán tilde las palabras que se ajusten al patrón prosódico acentual más común en español, mientras que se marcarán gráficamente aquellas que se sitúen al margen de dicha pauta. De ahí que, por ejemplo, desde el mismo proemio ortográfico de *Autoridades* se prescribiera la tilde en las palabras esdrújulas o que, desde la primera edición de la ortografía académica, y en virtud de este mismo principio de economía, se estableciera que los monosílabos no llevasen acento gráfico, norma a la que progresivamente se irían asociando las excepciones constituidas por los monosílabos afectados por la hoy llamada *tilde diacrítica* (v. § 3.4.3.1).

3.2 PRINCIPIOS POR LOS QUE SE RIGE EL SISTEMA DE ACENTUACIÓN GRÁFICA DEL ESPAÑOL

El sistema de reglas de acentuación gráfica del español tiene como finalidad indicar de forma inequívoca cuál es la sílaba tónica de todas las palabras con acento prosódico que integran el léxico del español. Este sistema de reglas se asienta en los siguientes principios:

a) Solo las palabras tónicas son susceptibles de llevar tilde.

b) El sistema acentual no tiene como función distinguir sistemáticamente entre palabras tónicas y palabras átonas.

c) La unidad de referencia sobre la que se aplican las reglas es la palabra gráfica, considerada de forma aislada.

d) El sistema refleja exclusivamente el acento léxico o primario de las palabras gráficas.

e) En cada palabra solo puede aparecer una tilde.

f) La tilde se escribe sobre los grafemas vocálicos.

g) La tilde sobre una vocal indica que la sílaba de la cual forma parte es la que porta el acento prosódico de la palabra.

h) La aplicación de las reglas de acentuación requiere la división previa de las palabras en sílabas.

i) El sistema ha establecido convenciones para determinar la naturaleza de las secuencias vocálicas a efectos ortográficos.

j) El sistema de reglas de acentuación no tiene como función indicar si una secuencia vocálica se articula en una sola sílaba o en sílabas distintas.

k) El sistema de reglas de acentuación se rige por el principio de economía.

l) A cada acentuación prosódica le corresponde una única representación gráfica acentual, y viceversa.

A continuación se explica con detalle en qué consiste cada uno de estos principios y cuáles son sus consecuencias a la hora de acentuar gráficamente las palabras de nuestro idioma.

a) Solo las palabras tónicas son susceptibles de llevar tilde.

Puesto que el sistema de acentuación gráfica tiene como objetivo identificar cuál es la sílaba tónica de las palabras, solo son susceptibles de recibir la marca acentual las palabras prosódicamente acentuadas, esto es, las palabras tónicas (v. § 2.3.1.1). Por lo tanto, las palabras átonas (v. § 2.3.1.2), aquellas que carecen normalmente de acento prosódico en la cadena hablada, no llevan tilde.

La adecuación a este principio es lo que justifica, entre otras razones, que se elimine a partir de ahora la tilde que venía escribiéndose en la conjunción disyuntiva *o* cuando aparecía situada entre dos números escritos con cifras, con el fin de evitar su confusión con el cero. Esta conjunción es átona y, por ello, no debe llevar tilde, ni siquiera con la intención tradicionalmente aducida de distinguirla del cero, pues, con ese fin diacrítico, resulta, por lo demás, innecesaria (v. § 3.4.3.4).

Hoy por hoy, la única excepción a este principio la constituyen algunos usos de la palabra *más,* en los que, aun siendo átona, se escribe con tilde (v. § 3.4.3.1, información adicional).

Advertencia	Los prefijos (incluyendo en esta denominación los elementos compositivos en la misma posición) no son palabras, sino elementos afijos, generalmente carentes de autonomía, que se anteponen a una base para formar nuevos términos. Son elementos átonos,

desprovistos de acento prosódico, por lo que la sílaba tónica de la palabra prefijada viene a coincidir con la de la base: *antinatuRAL*, *contraindicaCIÓN*, *desaTAR*, *superaburRIdo*, *sobreÚso*, *interplaneTArio*. Puesto que los prefijos carecen de acento prosódico, no llevan nunca tilde, ni siquiera en aquellos casos en que, de forma excepcional, se escriben unidos con guion a la base o separados de ella (cap. v, § 2.2.2): *super-García, super-8, super en forma.*

No obstante, existen prefijos que han pasado a usarse autónomamente como palabras plenas, pertenecientes a categorías tónicas, como el sustantivo, el adjetivo o el adverbio. En esos casos, al tratarse de palabras prosódicamente acentuadas, estas voces (en su origen, prefijos) deben escribirse con tilde si les corresponde llevarla según las reglas de acentuación; así, la palabra *súper*, que como prefijo se escribe siempre sin tilde por ser átono, sí la lleva en los enunciados siguientes, por tratarse de una voz tónica bisílaba llana, terminada en consonante distinta de *n* o *s:*

Han inaugurado un nuevo súper (sustantivo, acortamiento de *supermercado*).

Este auto consume gasolina súper (adjetivo: 'de octanaje superior al normal').

En la fiesta de anoche lo pasamos súper (adverbio: 'estupendamente, muy bien').

b) El sistema acentual no tiene como función distinguir sistemáticamente entre palabras tónicas y palabras átonas.

No todas las palabras tónicas se escriben en español con tilde, de manera que, en esa ausencia de marca acentual, vienen a coincidir con las palabras átonas, que nunca la llevan. Esto se debe a que el sistema de acentuación gráfica del español no ha considerado necesario distinguir, salvo en muy pocos casos, entre palabras tónicas y átonas, puesto que dicha distinción en la escritura no resulta rentable en términos generales: por un lado, la mayor parte de las palabras españolas son tónicas y, por otro, las átonas son casi todas monosílabas, precisamente aquellas que se escriben normalmente sin tilde, ya que, en virtud del principio de economía (v. § k), no la llevan ni siquiera cuando son tónicas, al no poder recaer en ellas el acento más que en su única sílaba.

La pronunciación átona o tónica de las palabras dentro de la cadena hablada es algo que los hablantes nativos realizan de manera espontánea, y va asociada en español, como ya se ha explicado (v. § 2.3.1), a la categoría gramatical a la que pertenecen y a la función que desempeñan dentro de la oración: las categorías con significado léxico (sustantivos, adjetivos, verbos y adverbios) son, en general, tónicas, mientras que las palabras gramaticales (artículos, conjunciones y preposiciones) son normalmente átonas. Los hispanohablantes nativos asimilan la acentuación que caracteriza a cada clase de palabras en la cadena hablada cuando aprenden a hablar, aplicándola en sus emisiones de manera natural e inconsciente.

Por otra parte, la oposición entre palabras tónicas y átonas no resulta distintiva, salvo en muy pocos casos, aquellos en que existen pares de palabras de diferente significado que, siendo idénticas en su composición grafemática, solo se diferencian fónicamente en ese aspecto, como ocurre, por ejemplo, entre el pronombre *él* (tónico) y el artículo *el* (átono): *ÉL VIno de ITAlia* [él | bíno | deitália] y *El VIno de ITAlia* [elbíno | deitália]. El sistema de acentuación gráfica del español solo tiene en cuenta algunos de estos casos de oposición distintiva entre formas átonas y tónicas en palabras monosílabas y en algunas polisílabas (casi todas bisílabas), señalando la forma tónica del par mediante la aplicación de la llamada *tilde diacrítica* (v. § 3.4.3).

c) La unidad de referencia sobre la que se aplican las reglas es la palabra gráfica, considerada de forma aislada.

Desde el punto de vista gráfico, una palabra es toda sucesión de grafemas que aparece normalmente en la línea de escritura entre dos espacios en blanco (aunque también pueda aparecer flanqueada por signos de puntuación o auxiliares). Son palabras, por tanto, secuencias grafemáticas como *planta, los, y, miran, típico, Pedro* o *Villarrodrigo,* así como *veintiséis, donjuán, arcoíris, puercoespín, porque, díselo, correveidile* o *plenamente*. Asimismo, cada una de las siguientes expresiones está formada por varias palabras gráficas, aunque en algún caso constituyan una unidad léxica desde el punto de vista conceptual: *Juan Pedro, Villa Adelina, treinta y seis, don Juan, político-administrativo, ojo de buey, arco iris, puerco espín, por que, se lo dices*.

Las reglas de acentuación están diseñadas para ser aplicadas dentro de los límites de la palabra gráfica, considerada esta de manera aislada. Por esta razón, las reglas de acentuación gráfica se aplican sistemáticamente a las palabras que son tónicas por naturaleza (v. § 2.3.1.1), con independencia de que, de forma circunstancial, en un contexto concreto dentro de la cadena hablada se pronuncien tónicas o átonas (v. § 2.3.1.2.1); así, por ejemplo, la palabra esdrújula *trigésimo,* perteneciente a la clase de las tónicas, se escribe siempre con tilde, y no solo en los casos en que en la cadena hablada se pronuncia efectivamente con acento, como en *OCUpa el triGÉsimo luGAR,* sino también en aquellos en los que pierde la tonicidad, como en el ordinal compuesto escrito en dos palabras *trigésimo priMEro* [trijesimopriméro]. Por la misma razón, el nombre *María* se escribe siempre con tilde, incluso en los casos en que se pronuncia átono, como sucede, por ejemplo, cuando es el primer componente de un nombre compuesto escrito en dos palabras:

María Ángeles [mariánjeles] (v. § 3.4.5.3); ahora bien: si ambos componentes se escribieran unidos, constituyendo una sola palabra gráfica (v. cap. v., § 2.1.1 y cap. vii § 2.1.1.1.2), el nombre *María* perdería la tilde que lleva en su uso independiente: *Mariángeles* (v. § 3.4.5.1.1).

Por otra parte, expresiones complejas como *teórico-práctico, árabe-israelí, (relación) causa-efecto, (trayecto) Cádiz-Málaga-Almería* o *(familia) Hernández-Martínez* están formadas por varias palabras independientes unidas con guion, de ahí que cada una de ellas conserve su propia acentuación gráfica (v. § 3.4.5.2).

En cambio, la división de una palabra con guion de final de línea por razones de espacio (v. cap. iii, § 4.1.1.1.1) no altera en ningún caso ni su acentuación prosódica ni su acentuación gráfica: *tó-/pico, taxí-/metro, musico-/terapia.*

Advertencia — Cuando una palabra se representa con una grafía alterada con el fin de reflejar su pronunciación característica en un determinado registro o nivel, como puede ser el habla popular, las reglas de acentuación gráfica deben aplicarse a esa forma en función de sus propias características gráficas y prosódicas, con independencia de las que correspondan a la forma estándar; así, por ejemplo, *usté* debe escribirse con tilde, aunque *usted* se escriba sin ella: *«Ay, sita. Qué preocupación me da usté»* (RGodoy *Mujer* [Esp. 1990]).

Información adicional — En obras de contenido lingüístico, los prefijos, sufijos y elementos compositivos pueden aparecer citados de forma aislada, circunstancia en la que se escriben con un guion pospuesto cuando preceden a la base a la que se unen (*anti-, inter-, pre-, super-, bio-*) y con un guion antepuesto si se unen a la base por detrás (*-dero, -ción, -idad, -ónimo, ́-logo*). En estos casos el guion indica que no se trata de palabras, sino de segmentos afijos (v. cap. iii, § 4.1.1.3.3). Como se ve por los ejemplos, los prefijos, que son elementos átonos (v. § a, advertencia), se escriben siempre sin tilde, pues nunca contienen la sílaba tónica de la palabra prefijada; los sufijos, en cambio, se escriben con tilde si, según las reglas de acentuación, les corresponde llevarla en las palabras en las que aparecen: *-ción* (*función, lección, grabación,* etc.), *-ónimo* (*homónimo, seudónimo, parónimo,* etc.). En el caso de ciertos elementos compositivos de origen grecolatino, la tilde se escribe sobre el guion cuando debe llevarla siempre la vocal que precede a dicho elemento en todas las palabras con él formadas: *́-fobo* (*homófobo, xenófobo, fotófobo*), *́-logo* (*filólogo, geólogo, paleólogo*).

d) El sistema refleja exclusivamente el acento léxico o primario de las palabras gráficas.

Aunque en la cadena hablada existen diversas clases de acentos —acentos léxicos o primarios, acentos secundarios, acentos sintácticos o máximos y acentos expresivos o enfáticos (v. § 2.1.4)—, el sistema gráfico solo refleja el acento léxico o primario de las palabras tónicas, el que recae sobre la sílaba que se pronuncia con mayor prominencia, que es el único que puede tener valor distintivo en español (*PRÁCtico/pracTIco/practicÓ, TÚ/tu*).

e) En cada palabra solo puede aparecer una tilde.

En español, la mayoría de las palabras prosódicamente acentuadas presentan un único acento léxico (v. § 2.3): *BIEN, extenDER, raMAje, meCÁnico, neonatoloGÍa, rePÍtenoslo*. Por lo tanto, es normal que en las palabras gráficamente acentuadas solo aparezca una tilde, la que marca ese único acento.

Por su parte, los adverbios en *-mente*, palabras que presentan de forma excepcional dos sílabas tónicas, la del adjetivo base y la del elemento compositivo *-mente* (*perFECtaMENte, SAbiaMENte*), conservan la tilde del adjetivo base si este la lleva (v. § 3.4.5.1.2), de modo que tampoco se escriben con más de un acento gráfico: *cortésmente, rápidamente*.

Advertencia	No obstante, cuando, por razones expresivas, se escriba consecutivamente una misma vocal varias veces para reflejar en la escritura el sostenimiento en el habla del sonido que esta representa, se repetirá asimismo la tilde en cada letra si la vocal debe llevarla en la palabra correspondiente: *«Repetía cada vez más fuerte: —Quiero irme de aquí, quiero irme de aquí, quiero irme de aquí. ¡Quieroo irmeeee de aquííííííí!»* (Cohen *Muerte* [Esp. 1993]).

f) La tilde se escribe sobre los grafemas vocálicos.

La tilde, el signo diacrítico utilizado para reflejar gráficamente el acento, se escribe sobre el grafema que representa el fonema vocálico que constituye el núcleo de la sílaba tónica, normalmente las letras *a, e, i, o, u*.

En los casos en que el acento de la palabra recaiga sobre un fonema vocálico /i/ excepcionalmente representado con el grafema *y*, se escribirá la tilde sobre esta letra si la palabra debe acentuarse gráficamente según las reglas de acentuación. Estos raros casos se dan en topónimos y antropónimos escritos con una *y* vocálica ortográficamente arcaica (v. cap. I, § 6.1.2.1.2c): *Aýna* (municipio español), *Laýna* (apellido).

Información adicional — En las ediciones de textos antiguos en las que se respetan las grafías originales, donde la letra *y* puede aparecer en otros contextos distintos de los que le corresponden a este grafema en la actualidad, se puede ver escrita la *y* con tilde como resultado de aplicar a las palabras con grafías desusadas las reglas de acentuación hoy vigentes: *otrosý, ansý, roýdos, aýna, Ýñigo, Ýscar.* En estos mismos textos, el adverbio tónico *ý*, que significa 'allí', se escribe con tilde diacrítica (v. § 3.4.3.1, segunda información adicional) para diferenciarlo de la conjunción copulativa átona *y: «Non tornaron por ello desque lo ý metieron»* (Berceo *Domingo* [Esp. c1236]).

En obras de contenido lingüístico, la tilde puede aparecer también sobre el guion que antecede a determinados elementos compositivos sufijos cuando se escriben de forma aislada: *-́fobo* (v. § c, información adicional).

g) La tilde sobre una vocal indica que la sílaba de la cual forma parte es la que porta el acento prosódico de la palabra.

La tilde, que, como se ha indicado, se sitúa siempre sobre un grafema vocálico, indica que la sílaba de la que dicho grafema forma parte es aquella sobre la que recae el acento prosódico de la palabra: *TÚ, arNÉS, tamBIÉN, MÁStil, esPÍa, SÚbito, exPRÉsanoslo.* No obstante, el que una palabra no lleve tilde no significa que no esté acentuada prosódicamente. La aplicación de las reglas de acentuación permite deducir de forma inequívoca la sílaba tónica también en las palabras sin tilde, como se mostrará más adelante.

h) La aplicación de las reglas de acentuación requiere la división previa de las palabras en sílabas.

Las reglas de acentuación gráfica están formuladas tomando como referencia la estructura silábica y acentual de las palabras, y se aplican en función del lugar que en ellas ocupa la sílaba tónica, esto es, de si se trata de palabras agudas, llanas o esdrújulas (v. § 2.3.2). Por lo tanto, para aplicar con propiedad las reglas de acentuación gráfica en una palabra, es necesario determinar previamente su división silábica.

Las sílabas son unidades lingüísticas que pueden ser aisladas sin dificultad y de manera intuitiva por los hablantes nativos, incluso por aquellos sin ningún tipo de formación lingüística. La estructura silábica más habitual en las palabras españolas es la constituida por el esquema «consonante + vocal», de muy fácil segmentación: *vi.vi.rá, su.je.to, có.mo.do;* pero tampoco suele plantear muchas dudas a los hablantes la distribución silábica de las secuencias de consonantes: *can.to, bra.zo, trans.for.mar,* etc. (Las pautas para la división silábica de palabras en español, especialmente en lo que se refiere a las consonantes, se exponen en el capítulo III, § 4.1.1.1.1.1a).

En cambio, la dificultad puede aumentar considerablemente para muchos hablantes cuando se trata de silabear palabras que contienen dos o más vocales contiguas, sobre todo en ciertos casos. Así, no resulta tan sencillo percibir que en formas verbales como *coméis* o *sepáis* las secuencias *ei* y *ai* forman diptongos y que, por tanto, la división en sílabas de estas palabras es *co.méis* y *se.páis,* esto es, son voces agudas, y no llanas; o que las palabras *hablasteis* o *plantabais* no son esdrújulas, sino llanas, porque esas mismas vocales forman aquí también diptongos, y no hiatos: *ha.blas.teis, plan.ta.bais.* A esto se añade la articulación vacilante entre el hiato y el diptongo de muchas secuencias de vocales en palabras concretas y por razones diversas, entre ellas el origen geográfico de los hablantes, lo que puede complicar aún más la división silábica de las palabras que contienen este tipo de secuencias. Así pues, para la aplicación correcta de las reglas de acentuación gráfica, resulta esencial que los hablantes sepan qué secuencias vocálicas forman diptongos o triptongos a efectos ortográficos, y cuáles constituyen hiatos, tal como se explica en el apartado siguiente.

i) El sistema ha establecido convenciones para determinar la naturaleza de las secuencias vocálicas a efectos ortográficos.

Ya se ha apuntado que la división en sílabas de las palabras que no contienen secuencias vocálicas no suele plantear dudas a los hablantes, que pueden llevarla a cabo de manera intuitiva sin mucha dificultad. Por otra parte, lo normal es que todos los hispanohablantes coincidan en la forma de silabear estas palabras, con algunas excepciones, como es el caso del grupo *tl,* donde son posibles dos modos de segmentación, ambos válidos, como se verá en el apartado dedicado a la división de palabras a final de línea (v. cap. III, § 4.1.1.1.1.1a).

Sin embargo, en las palabras que contienen secuencias vocálicas, y dejando a un lado la dificultad que puede suponer para algunos hablantes percibir las fronteras silábicas en ciertos casos como los comentados en el apartado anterior, no existe completa uniformidad en la manera de articular las series de vocales entre los hispanohablantes de distintas áreas del ámbito hispánico: determinadas secuencias vocálicas que en unas zonas se pronuncian por lo general dentro de la misma sílaba, en otras, se articulan normalmente en sílabas distintas, y viceversa (v. § 2.2.2). Es el caso de las secuencias formadas por una vocal abierta tónica precedida de una vocal cerrada átona, o de las formadas por dos vocales cerradas distintas. Estas secuencias, que en España y en una parte de América se articulan en muchos vocablos como hiatos, se pronuncian, en cambio, como diptongos o integrando triptongos en otras zonas, especialmente en México, Centroamérica y parte de las áreas caribeña y andina. Así, palabras como *piano, enviar, guion, jesuita, diurno* o *fieis* son silabeadas por unos hispanohablantes separando las vocales contiguas en sílabas distintas: [pi.á.no], [em.bi.ár], [gi.ón], [je.su.í.ta], [di.úr.no], [fi.éis]; y, por otros, agrupando las vocales dentro de la misma sílaba: [piá.no], [em.biár], [gión], [je.suí.ta], [diúr.no], [fiéis].

La articulación de determinadas secuencias vocálicas dentro de la misma sílaba o en sílabas distintas no solo depende de la procedencia geográfica de los hablantes, sino que se ve influida asimismo por otros factores, como la posición que la secuencia ocupa dentro de la palabra, la velocidad de emisión, el mayor o menor esmero en la pronunciación, la etimología o la analogía con otras palabras de la misma familia léxica, etc. Así, secuencias consideradas tradicionalmente hiáticas, como las formadas por dos vocales abiertas distintas, tienden a pronunciarse en una misma sílaba en función de circunstancias diversas, como la estructura acentual de la palabra —que puede favorecer la diptongación del hiato— o la velocidad de emisión; así ocurre, por ejemplo, en la palabra *rosáceo,* que tiende a articularse en el habla espontánea en tres sílabas: [rro.sá.seo, rro.sá.zeo] (con diptongo entre sus vocales contiguas), en lugar de en cuatro sílabas: [rro.sá.se.o, rro.sá.ze.o] (con hiato entre las vocales adyacentes). La diptongación de la secuencia vocálica se ha podido ver favorecida, en este caso, por ser átonas ambas vocales y estar situadas detrás de la sílaba tónica.

Como se ve, el número de sílabas de las palabras que contienen secuencias vocálicas varía en función de si las vocales contiguas se articulan dentro de la misma sílaba o en sílabas distintas. Este hecho determina la posición que ocupa en ellas la sílaba tónica, lo que a su vez tiene consecuencias a la hora de aplicar en estas palabras las reglas de acentuación gráfica. Así, puede darse el caso de que una misma palabra deba llevar tilde o no llevarla dependiendo de si la secuencia vocálica que contiene se considera un hiato o un diptongo (o triptongo). Es lo que ocurre en palabras como *guion, lie, truhan, hui* o *fiais,* que, de incluir un hiato, deberían escribirse con tilde por resultar bisílabas agudas terminadas en vocal, *-n* o *-s* (v. § 3.4.2.1, información adicional), mientras que, si la secuencia vocálica que contienen se considera un diptongo o un triptongo, estas mismas palabras no deberían tildarse por ser monosílabas (v. § 3.4.1.1).

Precisamente para evitar la indeseable falta de unidad ortográfica a que conduciría que cada hablante aplicara las reglas de acentuación de acuerdo con su modo particular de articular estas secuencias, y con el fin de garantizar el principio de que a una misma acentuación prosódica le corresponda una sola representación gráfica desde el punto de vista acentual (v. § l), la ortografía del español ha establecido una serie de convenciones para determinar qué secuencias deben considerarse siempre hiatos o siempre diptongos (o triptongos) a efectos ortográficos. Estas convenciones —que se exponen en los apartados 3.4.2.1-3— permiten asegurar que, a la hora de escribir, todos los hispanohablantes van a segmentar silábicamente las palabras de la misma forma y que, por tanto, van a aplicar de igual modo las reglas de acentuación, garantizando con ello la unidad en la representación gráfica de una misma acentuación prosódica. El establecimiento de estas convenciones supone también una ventaja didáctica nada despreciable a la hora de enseñar y de utilizar las reglas de acentuación, pues facilita su aplicación inequívoca sin hacerla depender de la percepción de los hablantes o de cómo articulen estos las secuencias vocálicas en cada caso concreto.

j) El sistema de reglas de acentuación no tiene como función indicar si una secuencia vocálica se articula en una sola sílaba o en sílabas distintas.

El sistema de acentuación gráfica del español no tiene como finalidad distinguir si una secuencia de vocales, en una palabra concreta, se articula dentro de una misma sílaba (formando un diptongo o un triptongo) o en sílabas distintas (constituyendo un hiato). La ortografía del español no ha considerado necesario señalar gráficamente cómo se articulan las secuencias vocálicas que contienen las palabras; así, por ejemplo, voces como *cuento* y *cruento* se escriben sin ningún signo diacrítico, aunque en el primer caso la secuencia vocálica forme diptongo ([kuén.to]) y, en el segundo, esa misma secuencia, al menos para una parte de los hispanohablantes, constituya un hiato ([kru.én.to]).

Información adicional — Solo en la edición de ciertos textos poéticos, donde puede ser esencial a efectos métricos determinar con claridad el número de sílabas de que constan las palabras que aparecen en los versos, se señala en la escritura si una determinada secuencia vocálica, que normalmente forma un diptongo, ha de ser considerada un hiato. Para ello se utiliza otro de los signos diacríticos del sistema gráfico del español, la diéresis, que se coloca en ese caso sobre la vocal cerrada de la secuencia y, si lo son las dos, sobre la primera de ellas (v. § cap. III, § 2.2): *süave* [su.á.be], *rüido* [rru.í.do], *traïdor* [tra.i.dór].

La razón de que nuestro sistema gráfico no tenga en cuenta esa distinción es que no resulta rentable, en primer lugar, porque prácticamente no hay en español palabras idénticas que solo se distingan por este rasgo; y, en segundo lugar, porque, como ya se ha explicado, no todos los hablantes pronuncian de igual modo una misma secuencia vocálica dentro de una misma palabra, de forma que la articulación de la mayor parte de las secuencias de vocales carece de estabilidad en el plano oral.

El hecho de que pueda inferirse de la acentuación gráfica de algunas palabras si la secuencia vocálica que contienen constituye un hiato o un diptongo no implica que indicarlo sea una función del sistema acentual; esa información resulta ser una mera consecuencia de la aplicación de las reglas de acentuación, cuya finalidad sigue siendo señalar de forma inequívoca la sílaba tónica de todas las palabras prosódicamente acentuadas del léxico del español. Así, por ejemplo, el que se tilde de manera sistemática toda vocal cerrada tónica cuando va seguida o precedida de una vocal abierta átona —secuencias que constituyen siempre hiatos en español—, aun cuando la palabra resulte ser llana acabada en vocal, como ocurre en *ba.te.rí.a, con.fí.e, has.tí.o, des.va.í.do, ca.fe.í.na* u *o.í.do,* no significa que la función de la tilde sea señalar el hiato en estas palabras. La función de la tilde sigue siendo ahí indicar de forma inequívoca cuál es la sílaba tónica de la palabra, para lo que es necesario tildar la vocal cerrada tónica del hiato, pues, de no hacerlo así, siguiendo la regla general de escribir sin tilde las voces llanas acabadas en vocal, podría pensarse que el acento recae no en la *i,* sino en la vocal precedente, lo que daría lugar a pronunciaciones impropias como ⊗[batéria], ⊗[kónfie], ⊗[ástio], etc.

k) El sistema de reglas de acentuación se rige por el principio de economía.

Desde sus primeras formulaciones, el sistema de acentuación gráfica del español optó por un uso restrictivo de la tilde para señalar el acento, de modo que no en todas las palabras prosódicamente acentuadas se marca con tilde la sílaba tónica.

Las reglas de acentuación gráfica del español, tal y como se han ido fijando a lo largo del tiempo hasta llegar al sistema actualmente vigente, están diseñadas para dar cuenta de la acentuación prosódica de todas las palabras que conforman el léxico del español utilizando para ello el menor número de tildes. El principio de economía en el uso de la tilde se basa en la consideración de la frecuencia de los distintos patrones acentuales que presentan las palabras españolas, en los que desempeña un importante papel la naturaleza de los grafemas o letras finales. Así, y en virtud de este principio, se ha determinado que no se acentúen gráficamente las palabras tónicas que respondan a los patrones acentuales más habituales en español —de forma que su acentuación prosódica quedaría indicada por defecto— y que solo se señale la sílaba tónica en las voces que presenten patrones acentuales marcados o menos frecuentes (v. § 2.3.2, segunda información adicional).

Del conjunto constituido por las palabras polisílabas españolas, la gran mayoría son llanas, siendo las más frecuentes las que terminan en vocal y en las consonantes *n* y *s* (terminaciones muy habituales, por corresponder a muchas formas verbales y al morfema de plural de sustantivos y adjetivos). Le sigue a mucha distancia el grupo constituido por las palabras agudas, la mayoría de las cuales terminan en consonante distinta de *n* o *s,* mientras que las palabras esdrújulas son casi una excepción dentro del léxico del español (se trata por lo general de préstamos de otras lenguas o de cultismos tomados directamente del latín o del griego).

Siguiendo el principio de economía, solo llevan acento gráfico las palabras que presentan los patrones acentuales menos frecuentes en español, a saber: las palabras llanas terminadas en consonante distinta de *n* o *s* (puesto que la mayoría de las palabras llanas terminan en vocal, *-n* o *-s*), las palabras agudas terminadas en vocal, *-n* o *-s* (ya que la mayoría terminan en otras consonantes) y todas las palabras esdrújulas (v. § 3.4.1.2.2a, 3.4.1.2.1 y 3.4.1.2.3).

También en la acentuación gráfica de otros grupos de palabras menos numerosos opera el principio de economía. Así, las palabras terminadas en *-y* (v. § 3.4.1.2.2c y 3.4.1.2.1c) llevan tilde cuando son llanas (*yóquey, póney*) porque las palabras españolas con esa terminación son normalmente agudas (*caray, Paraguay, carey, virrey, bocoy, convoy, estoy, tepuy, cocuy*). Lo mismo ocurre con las palabras terminadas en más de una consonante (v. § 3.4.1.2.1b y 3.4.1.2.2b): las agudas, que son la mayoría —pues entre ellas se encuentran los plurales que añaden *-s* a palabras terminadas en consonante—, no llevan tilde (*compost, tuaregs, piolets*), y sí la llevan las llanas (*bíceps, cíborg, wéstern*).

La regla general que prescribe que las palabras monosílabas se escriban sin tilde (v. § 3.4.1.1) responde igualmente al principio de economía. Si son átonas, no les corresponde llevarla, pues carecen de acento prosódico; y, si son tónicas, no la precisan, puesto que la posición del acento es inequívoca, al constar de una única sílaba.

El principio de economía opera asimismo a la hora de formular las reglas de aplicación de la tilde, al procurar que sean también las menos posibles y abarquen el mayor número de palabras.

l) A cada acentuación prosódica le corresponde una única representación gráfica acentual, y viceversa.

El sistema de acentuación gráfica del español garantiza la existencia de una relación biunívoca entre la acentuación prosódica de una palabra y su reflejo gráfico. En virtud de este principio, la aplicación de las reglas de acentuación gráfica a una palabra con una única acentuación prosódica ha de dar necesariamente como resultado una única representación gráfica desde el punto de vista acentual. Y viceversa, la acentuación gráfica de una palabra tiene que reflejar necesariamente una sola acentuación prosódica.

Puesto que la mayoría de las palabras se acentúan prosódicamente en español de una única manera —esto es, su vocal tónica es siempre la misma—, su acentuación gráfica es de igual modo única: palabras como *sagrado, emoción* o *tópico* se acentúan gráficamente siempre de la misma forma porque su vocal tónica es también siempre la misma, de forma que *saGRAdo* resulta ser, de manera constante, una palabra llana acabada en vocal, *emoCIÓN* una palabra aguda terminada en *-n* y *TÓpico* una palabra esdrújula.

Únicamente aquellas palabras que presentan más de una acentuación prosódica (v. § 2.3.3), es decir, aquellas que, por diversas razones, admiten recibir el acento en dos sílabas distintas, sobre dos vocales diferentes, tienen más de una representación gráfica acentual, como ocurre en *adecue/adecúe, alvéolo/alveolo, chofer/chófer, fútbol/futbol, Kosovo/Kósovo, periodo/período, video/vídeo,* etc. Cada una de esas variantes gráficas acentuales es reflejo de una acentuación prosódica distinta.

Información adicional

Las voces que contienen secuencias de dos vocales cerradas distintas (/ui/, /iu/) en las que la tonicidad vacila entre una y otra vocal según los hablantes —como ocurre en [buítre] o [búitre], [fluído] o [flúido], etc. (v. § 3.4.2)— son las únicas que constituyen una excepción a este principio. Cuando estas palabras deben llevar tilde según las reglas de acentuación, la doble posibilidad prosódica señalada no se traduce en la existencia de dos variantes gráficas acentuales, sino que la tilde se coloca convencionalmente siempre sobre la segunda vocal (v. § 3.4.2.1.3b). Así, se escribe siempre *cuídate* (imperativo de segunda persona del singular para los hablantes que no vosean), aunque esta grafía pueda corresponder a dos pronunciaciones distintas: [kuídate] o [kúidate]. El hecho de ser muy pocas las palabras a las que afecta esta vacilación prosódica —por lo demás, bastante sutil y poco perceptible en la mayoría de los casos— y muchas menos aún aquellas en las que tendría repercusiones gráficas como consecuencia de la aplicación de las reglas de acentuación, unido a que esa diferencia de pronunciación nunca es distintiva, justifica sobradamente esta excepción.

De acuerdo con este principio, no pueden existir variantes gráficas acentuales que no respondan a cambios en la vocal tónica de las palabras. Por lo tanto, palabras con secuencias vocálicas como *guion, fie, truhan, liais* y otras similares, que reciben siempre el acento sobre la misma vocal, con independencia de que dichas secuencias vocálicas se articulen en la misma sílaba o en sílabas distintas ([gi.ón] o [gión], [fi.é] o [fié], [tru.án] o [truán], [li.áis] o [liáis]), solo podrán tener una representación gráfica desde el punto de vista acentual. Para preservar este principio es necesario que las reglas de acentuación gráfica se apliquen sobre estas palabras respetando en todo caso las convenciones que determinan qué secuencias vocálicas deben considerarse siempre hiatos y cuáles siempre diptongos o triptongos desde el punto de vista ortográfico (v. § 3.4.2.1.1 y 3.4.2.2.1). Esto supone que las palabras citadas más arriba como ejemplo deben escribirse siempre sin tilde (*guion, fie, truhan, liais,* etc.) por tratarse de monosílabos ortográficos de acuerdo con la convención que establece que las secuencias vocálicas que contienen son siempre diptongos o triptongos a efectos de acentuación. No será posible, pues, de acuerdo con este principio, y con el fin de preservar la unidad ortográfica del español, que los hablantes que articulen estas palabras con hiato las escriban con tilde por ser para ellos palabras bisílabas terminadas en vocal, *-n* o *-s* (v. § 3.4.1.1).

Este mismo principio es el que justifica, entre otras razones, que pueda prescindirse de la tilde en el adverbio *solo* y los pronombres demostrativos (v. § 3.4.3.3), ya que la existencia de dos variantes acentuales en estos casos tampoco responde a diferencias en la acentuación prosódica de estas palabras.

3.3 FUNCIONES DE LA TILDE EN ESPAÑOL

De lo hasta aquí expuesto se deducen las dos funciones básicas que desempeña la tilde en español: la función prosódica y la función diacrítica.

3.3.1 FUNCIÓN PROSÓDICA

La principal función de la tilde en español es señalar que la sílaba de la que forma parte la vocal sobre la que se escribe es la que porta el acento prosódico de la palabra. Por lo tanto, toda palabra escrita con tilde es una palabra prosódicamente acentuada, sea monosílaba o polisílaba: *MÍ, DÉ, QUÉ, reciBÍ, FÚTbol, PRÍncipe, estÚdiatelo.*

Ahora bien, la ausencia de tilde en una palabra no implica necesariamente que se trate de una palabra átona o inacentuada, ya que, en virtud del principio de economía (v. § 3.2k), no todas las palabras con acento prosódico se escriben en español con una tilde sobre su sílaba tónica. No obstante, como se verá más adelante, la aplicación de las reglas ortográficas de acentuación permite también determinar cuál es la sílaba sobre la que recae el acento en las palabras tónicas que se escriben sin tilde.

3.3.2 FUNCIÓN DIACRÍTICA

En un grupo de casos concretos fijados por la tradición ortográfica, la tilde cumple en español una función diacrítica, ya que se emplea para distinguir palabras tónicas, en su mayoría monosílabas, de otras grafemáticamente idénticas, esto es, formadas por la misma sucesión de grafemas, pero de pronunciación átona: *tú* y *tu, sí* y *si, dé* y *de, quién* y *quien, cuándo* y *cuando,* etc.

Esta tilde que se emplea para distinguir el miembro tónico de algunos pares de palabras que se diferencian únicamente, desde el punto de vista fónico, por su tonicidad o atonicidad recibe el nombre de *tilde diacrítica*.

Aunque la tilde diacrítica se coloca también sobre la vocal de la sílaba tónica de la palabra, su función no es, en ese caso, indicar cuál es la sílaba sobre la que recae el acento prosódico, pues la mayoría de las palabras a las que afecta son monosílabas y en ellas la posición del acento es inequívoca. La función de la tilde en esos casos es distinguir la forma tónica de la átona —normalmente pertenecientes, cada una de ellas, a categorías gramaticales distintas y, por tanto, con distinto valor y significado— en ciertos pares de palabras monosílabas y algunas polisílabas de uso muy frecuente (v. § 3.4.3).

3.4 LAS REGLAS DE ACENTUACIÓN GRÁFICA

3.4.1 REGLAS GENERALES

3.4.1.1 La acentuación gráfica de las palabras monosílabas

Las palabras de una sola sílaba no se acentúan nunca gráficamente, salvo en los casos de tilde diacrítica (v. § 3.4.3): *mes, bien, sol, ve, ya, son, fe, fue, vio, dio, guion.*

Advertencia	De acuerdo con esta regla, deben escribirse sin tilde todas aquellas palabras que resulten ser monosílabas por aplicación de las convenciones que determinan qué secuencias de vocales se consideran siempre diptongos o triptongos a efectos ortográficos. Así, se escribirán siempre sin tilde palabras como *guion, truhan, ion, fie, liais,* etc., aunque para una parte de los hispanohablantes (los que articulan con un hiato las secuencias vocálicas que contienen) estas voces sean bisílabas en su pronunciación (v. § 3.4.2.1.1 y 3.4.2.2.1).

3.4.1.2 La acentuación gráfica de las palabras polisílabas

Las reglas de acentuación gráfica de las palabras polisílabas se aplican en función de si son agudas, llanas, esdrújulas o sobresdrújulas (v. § 2.3.2).

3.4.1.2.1 *Acentuación gráfica de las palabras agudas*

Las palabras agudas (v. § 2.3.2a) llevan tilde cuando terminan en los grafemas consonánticos *n* o *s* no precedidos de otra consonante, o en alguno de los grafemas vocálicos *a, e, i, o, u*: *razón, compás, acá, comité, magrebí, revisó, iglú.*

No llevan tilde, por tanto, en los casos siguientes:

a) Cuando terminan en un grafema consonántico distinto de *n* o *s,* o en el dígrafo *ch: amistad, reloj, trigal, escribir, relax, actriz, maquech.*

b) Cuando terminan en más de un grafema consonántico: *minigolf, esnobs, zigzags, mamuts, confort, roquefort, kibutz.*

c) Cuando terminan en el grafema *y: guirigay, virrey, convoy.*

3.4.1.2.2 *Acentuación gráfica de las palabras llanas*

Las palabras llanas (v. § 2.3.2b) se escriben con tilde en los siguientes casos:

a) Cuando terminan en un grafema consonántico distinto de *n* o *s,* o en el dígrafo *ch: Ángel, referéndum, tóner, Tíbet, tórax, lápiz, crómlech.*

b) Cuando terminan en más de un grafema consonántico: *cíborg, wéstern, clárens, bíceps, fórceps, récords.*

c) Cuando terminan en el grafema *y: yóquey, yérsey.*

Por lo tanto, no llevan tilde cuando terminan en *-n* o *-s* no precedidas de otra consonante, o en alguno de los grafemas vocálicos *a, e, i, o, u: margen, crisis, lata, parque, bici, libro, tribu.*

Advertencia	Voces como *joven, margen, imagen, examen* u *origen* no llevan tilde por ser palabras llanas terminadas en *-n.* Sí la llevan, por ser palabras esdrújulas, sus plurales *jóvenes, márgenes, imágenes, exámenes* y *orígenes.*

3.4.1.2.3 *Acentuación gráfica de las palabras esdrújulas y sobresdrújulas*

Las palabras esdrújulas (v. § 2.3.2c) y sobresdrújulas (v. § 2.3.2d) se escriben siempre con tilde: *análisis, cóselo, hábitat, rápido, recítaselo, imagínesemelas.*

3.4.2 LA ACENTUACIÓN GRÁFICA DE LAS PALABRAS CON SECUENCIAS VOCÁLICAS

Las secuencias vocálicas que contienen las palabras pueden articularse, como ya se ha explicado (v. § 2.2.2), dentro de la misma sílaba, como diptongos (*cien.*cia, *v*ais) o triptongos (*a.nes.te.s*iéis, *m*iau), o en sílabas distintas, como hiatos (*re.pe.t*í.a, *a.*se.o, *l*o.*ar, p*ú.a).

La mayoría de las palabras que incluyen secuencias vocálicas siguen las reglas generales de acentuación anteriormente enunciadas para las palabras monosílabas y polisílabas (v. § 3.4.1). Solo constituyen una excepción a las pautas generales las palabras que contienen un tipo particular de hiatos, como se detallará más adelante (v. § 3.4.2.3.2a).

Dos son las dificultades que pueden plantear las palabras con secuencias vocálicas a la hora de aplicar en ellas las reglas de acentuación gráfica: en primer lugar, su división silábica, en lo que influye decisivamente que la secuencia de vocales se articule en una misma sílaba (como diptongos o triptongos) o en sílabas distintas (como hiatos); y, en segundo lugar, en caso de que la secuencia vocálica constituya un diptongo o un triptongo y las reglas prescriban su acentuación gráfica, la elección de la vocal sobre la que se ha de colocar la tilde.

En lo que al primer aspecto se refiere, y como ya se ha explicado (v. § 3.2h), no son pocos los hablantes que tienen dificultades para percibir con nitidez las fronteras silábicas en ciertas palabras que contienen secuencias de vocales y, por otra parte, la articulación de muchas de estas secuencias oscila entre el hiato y el diptongo en función de muy diversos factores (la procedencia geográfica del hablante, la posición que la secuencia ocupa dentro de la palabra, la velocidad de emisión, la analogía con otras palabras formadas a partir de la misma raíz, etc.), de modo que combinaciones vocálicas que en ciertas zonas o para determinados hablantes se articulan dentro de la misma sílaba en otras zonas o para otros hablantes se articulan normalmente en sílabas distintas (y viceversa).

A fin de minimizar las dificultades que plantea la división silábica de las secuencias de vocales y, sobre todo, para evitar la dispersión gráfica a que conduciría que cada hablante aplicara las reglas de acentuación de acuerdo con su modo particular de pronunciar estas secuencias, se han establecido una serie de convenciones que determinan qué secuencias vocálicas han de considerarse siempre hiatos y cuáles siempre diptongos (o triptongos) a efectos ortográficos, con independencia de cómo las articulen realmente los hablantes en cada caso concreto. Estas convenciones se han fijado tomando como referencia la articulación mayoritaria de cada combinación vocálica en el conjunto del ámbito hispánico, por lo que para un grupo considerable de hispanohablantes el carácter convencional de estos postulados no es tal, pues vienen a coincidir con su pronunciación natural de estas secuencias.

Advertencia	Como ya se ha indicado (v. § 2.2.2), la *h* intercalada no afecta en absoluto a la consideración como hiatos o como diptongos de las secuencias de vocales entre las que se sitúa; así, contienen

diptongos palabras como *de.sahu.cio, prohi.bir* o *ahi.ja.do,* mientras que *pro.hí.bo, a.he.rro.jar, re.hén, tur.bo.hé.li.ce* o *bú.ho* incluyen hiatos. Como reflejan algunos de estos ejemplos, la *h* intercalada tampoco supone ningún inconveniente para que cualquiera de las vocales del diptongo o del hiato lleve tilde si así lo establecen las reglas de acentuación gráfica.

En cuanto a la elección de la vocal sobre la que ha de colocarse la tilde en los diptongos o triptongos en caso de ser preceptiva su acentuación gráfica, será siempre la que resulte más perceptible y se pronuncie con más intensidad, con más tensión y mayor duración que las demás del grupo (v. § 2.2.3.1). En el caso de los diptongos formados por vocales abiertas y cerradas, o de los triptongos, siempre es la vocal abierta, mientras que en los diptongos formados por dos vocales cerradas distintas, al poseer ambas el mismo grado de abertura, no resulta siempre fácil determinar inequívocamente cuál de las dos recibe el acento. Así, aunque en la mayor parte de las palabras españolas en las que es tónica la secuencia /ui/ o /iu/ el acento afecta especialmente a la segunda vocal (*lingüística* [linguístika], *diurno* [diúrno], *concluir* [konkluír], *oriundo* [oriúndo]), en otras voces el acento recae en la primera (*cocuy* [kokúi], *huy* [úi]) o vacila entre una u otra (*viuda* [bíuda] o [biúda], *muy* [múi] o [muí], *buitre* [búitre] o [buítre], *cuídate* [kúidate] o [kuídate], *Luis* [lúis] o [luís]). Esta doble posibilidad en la acentuación prosódica de las secuencias de dos vocales cerradas distintas no resulta nunca distintiva, pues no existen palabras que se opongan únicamente por esta característica. Por todo ello, para las secuencias de dos vocales cerradas distintas (/ui/, /iu/) que precisen llevar tilde según las reglas de acentuación, el sistema ortográfico ha establecido también una pauta convencional que impone la colocación de este signo sobre la segunda de las vocales (v. § 3.4.2.1.3b), de acuerdo con la acentuación prosódica más general de estos grupos. Esta convención garantiza la unidad en la escritura de las palabras que contienen estas combinaciones de vocales.

Información adicional

Obsérvese que en el caso de las palabras terminadas en *-uy,* como *cocuy, cuy, huy* o *tepuy,* la escritura con *-y* refleja la pronunciación [úi] de dicha terminación; si en esta secuencia fuese tónico el segundo elemento, pronunciándose [uí], el fonema /i/ final tendría que escribirse con *i: alauí, benjuí, tui* o *cui* (estas dos últimas voces sin tilde por ser monosílabas). Es excepción el adverbio *muy,* escrito tradicionalmente con *-y,* aunque en buena parte del ámbito hispánico su pronunciación sea [muí] (v. cap. I, § 6.1.2.1.2b).

3.4.2.1 Palabras con diptongo

3.4.2.1.1 *Diptongos ortográficos*

Los diptongos son secuencias de dos vocales que forman parte de una misma sílaba. Con independencia de cómo se articulen realmente en cada caso, se consideran siempre diptongos a efectos ortográficos las siguientes combinaciones vocálicas:

a) Vocal abierta (/a/, /e/, /o/) seguida o precedida de vocal cerrada átona (/i/, /u/): *estabais, hacia, diario, afeitar, viento, pie, doy, guion, aunar, acuario, actuado, reunir, sueño, estadounidense, antiguo.*

b) Dos vocales cerradas distintas (/i/, /u/): *ciudad, diurno, viuda, cuidar, ruido, huir, muy.*

De acuerdo con esta clasificación, palabras como *lie* [lié], *guion* [gión], *truhan* [truán] o *hui* [uí] resultan ser monosílabas a efectos de acentuación gráfica y, por ello, deben escribirse obligatoriamente sin tilde (v. § 3.4.1.1).

Información adicional

La convención de considerar siempre un diptongo a efectos de acentuación gráfica toda combinación de vocal cerrada átona seguida de vocal abierta (o a la inversa) y de dos vocales cerradas distintas, con independencia de su articulación real en cada palabra concreta o en el habla de cada individuo, se estableció ya explícitamente en la *Ortografía* académica de 1999, tras constatarse que estas secuencias vacilan en su articulación entre el hiato y el diptongo dentro de las mismas palabras en función de diversas circunstancias.

Esta convención dio lugar a un cambio en la acentuación gráfica de un pequeño grupo de palabras consideradas hasta entonces bisílabas por contener secuencias vocálicas pronunciadas con hiato por una parte de los hispanohablantes, que se escribían con tilde por ser agudas terminadas en *-n, -s* o vocal. Estas palabras, a partir del establecimiento de esa nueva pauta, pasan a considerarse monosílabas a efectos de acentuación gráfica (conforme a su pronunciación real por otra gran parte de los hispanohablantes) y a escribirse, consecuentemente, sin tilde (en este grupo se incluyen, naturalmente, las palabras con secuencias de tres sílabas en las que la exclusión del hiato da lugar a triptongos). Se trata de formas verbales como *crie, crio, criais, crieis* y las de voseo *crias, cria* (de *criar*); *fie, fio, fiais, fieis* y las de voseo *fias, fia* (de *fiar*); *flui, fluis* (de *fluir*); *frio, friais* (de *freír*); *frui, fruis* (de *fruir*); *guie, guio, guiais, guieis* y las de voseo *guias, guia* (de *guiar*); *hui, huis* (de *huir*); *lie, lio, liais, lieis* y las de voseo *lias, lia* (de *liar*); *pie, pio, piais, pieis* y las de voseo *pias, pia* (de *piar*); *rio, riais* (de *reír*); de sustantivos como *guion, ion,* *muon, pion, prion, ruan* y *truhan;* y de ciertos nombres propios, como *Ruan* y *Sion.* En aquella ocasión, si bien se prescribía la escritura sin tilde de estas palabras, se admitía que los hablantes que las pronunciasen como bisílabas (por articular en ellas un hiato en lugar de un diptongo) pudiesen seguir acentuándolas gráficamente.

La doble grafía —con tilde o sin ella— que admitía para estas palabras la *Ortografía* de 1999 (*crie* o *crié, guion* o *guión, Ruan* o *Ruán,* etc.) no es asimilable a la que presentan las voces con doble acentuación prosódica (v. § 2.3.3). En los casos de doble acentuación prosódica, la duplicación de grafías está plenamente justificada porque responde a la posibilidad de que el acento recaiga en dos vocales distintas; así, en la forma esdrújula *alvéolo* [al.bé.o.lo] es tónica la *e,* mientras que en la variante llana *alveolo* [al.be.ó.lo] es tónica la primera *o.* En cambio, la duplicidad acentual en casos como el de *guion/guión, truhan/truhán* y similares no se justifica por un cambio de la vocal tónica, que sigue siendo la misma en ambas formas, sino que responde a la consideración de monosílabas o bisílabas de estas palabras según se articule como diptongo o como hiato la secuencia vocálica que contienen: *crie* [krié], *guion* [gión], *truhan* [truán], frente a *crié* [kri.é], *guión* [gi.ón], *truhán* [tru.án]. Ahora bien, como ya se ha explicado (v. § 3.2j), el sistema de acentuación gráfica del español no tiene como función indicar si una secuencia vocálica se articula en una sola sílaba o en sílabas distintas (prueba de ello es que no distingue gráficamente *va.ria.do* de *res.fri.a.do* ni *cui.da* de *hu.i.da,* por ejemplo), de forma que la duplicidad gráfica en estos casos carece de justificación y constituye un elemento disgregador de la unidad de representación gráfica del español, cuyo mantenimiento es función esencial de la ortografía. Por ello, a partir de este momento, la convención que establece qué secuencias vocálicas se consideran diptongos, triptongos o hiatos a efectos ortográficos debe aplicarse sin excepciones y, en consecuencia, las palabras antes mencionadas se escribirán obligatoriamente sin tilde, sin que resulten admisibles, como establecía la *Ortografía* de 1999, las grafías con tilde.

3.4.2.1.2 *Acentuación gráfica de las palabras con diptongo*

Las palabras que contienen diptongos ortográficos se acentúan gráficamente según las reglas generales de acentuación (v. § 3.4.1).

Así, palabras como *Sainz, cian, veis, pie, soy, dio, truhan, dual, fue, cruel, muon, siux, hui* o *fluir* no llevan tilde por ser monosílabas. Voces como *nupcial, bailar, Javier, posterior, autor, deshuesar, feudal, rehuir, ciudad, pierrots, tuaregs, virrey* o *estoy* tampoco la llevan por ser agudas terminadas en consonante distinta de *n* o *s,* en más de un grafema consonántico o en *-y,* mientras que *rufián, bonsái, habláis, recién, estéis, desvió, averigüé, licuó, derruí* o *interviú* sí llevan acento gráfico por ser agudas terminadas en *-n, -s* o vocal. Por su parte, palabras como *reinan, aguantan, clientas, contabais, peinasteis, huerto, ingenua, inocuo, fortuito, incluido* o *diurno* no llevan tilde por ser llanas terminadas en *-n, -s* o vocal, y sí la llevan las también llanas *estiércol, máuser, huésped, médiums, sóviets* o *yóquey* por terminar en consonante distinta de *n* o *s,* en más de un grafema consonántico o en *-y.* Por último, palabras como *diálogo, ciénaga, áulico, demiúrgico* o *lingüística* se acentúan gráficamente por ser esdrújulas.

3.4.2.1.3 *Colocación de la tilde en los diptongos*

Cuando la sílaba tónica de una palabra contiene un diptongo y debe tildarse por aplicación de las reglas de acentuación, la tilde se coloca según las pautas siguientes:

a) En los diptongos formados por una vocal abierta seguida o precedida de una vocal cerrada, la tilde se escribe sobre la vocal abierta: *mediático, diéresis, acción, acuático, después, licuó, camináis, alféizar, Hanói, Cáucaso, terapéutico.*

b) En los diptongos formados por dos vocales cerradas distintas, la tilde se coloca sobre la segunda vocal: *veintiún, jesuítico, acuífero.*

3.4.2.2 Palabras con triptongo

3.4.2.2.1 *Triptongos ortográficos*

Los triptongos son secuencias de tres vocales que forman parte de una misma sílaba. Con independencia de cómo se articulen realmente en cada caso, se consideran siempre triptongos a efectos ortográficos las secuencias formadas por una vocal abierta (/a/, /e/, /o/) seguida y precedida de una vocal cerrada átona (/i/, /u/): *guau, buey, confiáis, despreciéis, dioico.*

3.4.2.2.2 *Acentuación gráfica de las palabras con triptongo*

Las palabras con triptongo siguen las reglas generales de acentuación gráfica de las palabras monosílabas y polisílabas.

Así, palabras como *fiais, lieis, miau* o *buey* no llevan tilde por ser monosílabas; *estudiáis, limpiéis, anunciáis, apacigüéis* sí la llevan por ser agudas terminadas en *-s; biaural, Paraguay* o *jagüey* no se tildan por ser palabras agudas terminadas en consonante distinta de *n* o *s,* o en *-y;* tampoco se escriben con tilde *vieira, dioicos, escorpioide, guaucho* o *hioides* porque, siendo llanas, terminan en vocal o en *-s.*

3.4.2.2.3 *Colocación de la tilde en los triptongos*

Cuando la sílaba tónica de una palabra contiene un triptongo y debe tildarse por aplicación de las reglas de acentuación, la tilde se coloca siempre sobre la vocal abierta: *apreciáis, cambiéis, santiguáis, puntuéis.*

3.4.2.3 **Palabras con hiato**

3.4.2.3.1 *Hiatos ortográficos*

Cuando dos vocales seguidas dentro de una palabra pertenecen a sílabas distintas, constituyen un hiato. Por razones obvias, las palabras con hiato son siempre polisílabas.

Con independencia de cómo se articulen realmente en cada caso concreto, se consideran siempre hiatos a efectos de acentuación gráfica las combinaciones vocálicas siguientes:

a) Una vocal cerrada tónica (/i/, /u/) seguida o precedida de una vocal abierta (/a/, /e/, /o/): *María, desvíe, crío, púa, hindúes, búho, caída, reído, prohíbo, aúna, transeúnte, noúmeno.*

b) Dos vocales abiertas distintas (/a/, /e/, /o/): *caer, aorta, reactor, herbáceo, loado, roedor.*

c) Dos vocales iguales: *azahar, dehesa, chiita, cooperar, duunviro.*

3.4.2.3.2 *Acentuación gráfica de las palabras con hiato*

Las palabras con hiato se acentúan gráficamente según las siguientes pautas:

a) Las palabras que contienen un hiato formado por una vocal cerrada tónica seguida o precedida por una vocal abierta llevan siempre tilde en la vocal cerrada, con independencia de las reglas generales de acentuación. Por eso se acentúan gráficamente palabras como *serías, sabíais, desvíen, mío, cacatúa, actúe, búhos, caídas, reído, oído, transeúnte* o *finoúgrio,* a pesar de ser llanas terminadas en *-n, -s* o vocal; lo mismo ocurre en *raíz, reír, oír, laúd* o *tahúr,* que llevan asimismo tilde aun siendo agudas terminadas en consonante distinta de *n* o *s.*

b) Las palabras que incluyen cualquier otro tipo de hiato se someten a las reglas generales de acentuación. Así, *Jaén, traerás, acordeón, peleó, Noé, rehén* o *chií* llevan tilde por ser voces agudas terminadas en *-n, -s* o vocal; *caer, baobab, soez* o *alcohol* no la llevan por ser agudas terminadas en consonante distinta de *n* o *s; bóer, Sáez* o *afrikáans* se acentúan gráficamente por ser palabras llanas terminadas en consonante distinta de *n* o *s,* o en dos consonantes, mientras que *paella, vean,* a*hora, anchoa, museo, poetas* o *chiita,* igualmente llanas, se escriben sin tilde por terminar en *-n, -s* o vocal; por su parte, aéreo, *línea, océano, caótico, coágulo, teórico, hér*oe o *zoólogo* llevan tilde por ser esdrújulas.

Advertencia	La ausencia de tilde en palabras como *chiita* o en diminutivos como *diita, tiitos* o *Rociito* responde a la aplicación de las reglas generales de acentuación, pues se trata de voces llanas terminadas en vocal o en *-s;* por tanto, no deben contagiarse de la tilde que les corresponde a las palabras de las que derivan: *chií* se escribe con tilde por ser bisílaba aguda terminada en vocal, mientras que *día, tíos* o *Rocío* llevan acento gráfico por contener un hiato de vocal cerrada tónica y abierta átona.

3.4.3 LA TILDE DIACRÍTICA

Al margen del uso de la tilde con función prosódica, regulado por las normas que se acaban de exponer, este signo también se ha utilizado tradicionalmente en español con función diacrítica (v. § 3.3.2), a fin de diferenciar en la escritura ciertas palabras de igual forma, pero distinto significado, que se oponen entre sí por ser una de ellas tónica y la otra átona, hecho que normalmente se asocia con su pertenencia a categorías gramaticales diversas (v. § 2.3.1). Esta tilde recibe el nombre de *tilde diacrítica.*

Aunque, como ya se ha explicado, entre las funciones del sistema de acentuación gráfica del español no está la de distinguir de forma sistemática entre palabras tónicas y átonas (v. § 3.2b), sí se emplea la tilde con este fin en un limitado número de palabras tónicas de uso frecuente, que se caracterizan por coincidir formalmente con otras idénticas, pero de pronunciación átona. La tilde diacrítica afecta en su mayoría a palabras monosílabas (hecho lógico si se tiene en cuenta que la mayor parte de las voces átonas del español constan de una sola sílaba) y solo a unas cuantas palabras polisílabas, como los interrogativos y exclamativos *cómo, cuándo, cuánto* y *(a)dónde,* que forman serie con los interrogativos y exclamativos monosílabos *qué, cuál, cuán, quién.*

Todas las voces que se escriben con tilde diacrítica son palabras que no deberían llevarla según las reglas generales de acentuación, bien por tratarse de monosílabos (*él, dé, sí, quién...*), bien, en el caso de las polisílabas, por tratarse de palabras llanas acabadas en vocal o en *-s* (*cómo, dónde, cuántos, quiénes...*). En todas ellas la función de la tilde no es, por tanto, la de indicar cuál es su sílaba tónica (función prosódica), sino la de señalar que la palabra que la lleva es tónica y no debe confundirse con otra formalmente idéntica, pero de pronunciación átona (función diacrítica).

A diferencia de la función prosódica, que el sistema gráfico acentual cumple de manera constante al indicar, mediante las reglas de aplicación de la tilde, cuál es la sílaba tónica de todas las palabras prosódicamente acentuadas del español, la función diacrítica del acento no se verifica en todos aquellos casos en que existen pares de palabras de igual forma, pero distinto significado, que se oponen por su tonicidad o atonicidad. Así, hay en el léxico del español pares de monosílabos que cumplen dicha condición en los que, sin embargo, no se distingue la forma tónica de la átona mediante la tilde diacrítica, como, por ejemplo, el sustantivo tónico *don* (*TIEnes UN DON*), frente al tratamiento de cortesía átono *don* (*HA veNIdo don PEdro*); el nombre de la nota musical *la* (tónico), frente al artículo *la* (átono); o los nombres de las letras *a, de, e, o, te* y *u,* que, como sustantivos, son tónicos y coinciden en su forma con preposiciones, conjunciones o pronombres átonos. Del mismo modo, existen pares de palabras polisílabas que ilustran esta misma oposición para las que la tradición ortográfica tampoco ha fijado el empleo de la tilde diacrítica, como, por ejemplo, las formas verbales tónicas *entre, para* y *sobre* (esta última, tónica también como sustantivo), frente a las preposiciones homónimas átonas; el adverbio tónico *luego* (*IRÉ LUEgo*), frente a la conjunción átona *luego* (*PIENso, luego eXISto*); la voz *santo/ta,* tónica como sustantivo (*ES UN SANto*) o como adjetivo (*SÁbana SANta*), y átona como forma de tratamiento (*santa MARta*); *puesto,* palabra tónica cuando es sustantivo o verbo (*VEte a tu PUESto; Se HA PUESto UN GOrro*) y átona cuando forma parte de la locución conjuntiva *puesto que* (*Puesto que ÉL NO VA, iRÉ YO*), etc.

La tilde diacrítica tiene, por tanto, dentro del sistema acentual del español un carácter excepcional, no solo porque prescribe acentos gráficos en palabras que, según las reglas generales, no deberían tildarse, sino porque no se aplica de forma sistemática a todas aquellas voces susceptibles de llevarla. La nómina de palabras escritas con tilde diacrítica es limitada y ha sido fijada a lo largo del tiempo por la tradición ortográfica, en un lento proceso en el que no han faltado adiciones y supresiones de elementos a esta lista, procurando siempre su uso restringido y coherente. Todas las voces que integran esta nómina tienen en común ser palabras de empleo frecuente, lo que explica que el sistema de acentuación gráfica haya considerado relevante, incluso en contra de lo que estipulan las reglas generales, distinguirlas en la escritura de las correspondientes átonas mediante el uso de la tilde, con el fin de facilitar su identificación rápida, la correcta lectura de los enunciados en los que aparecen y su adecuada interpretación, evitando posibles ambigüedades. El carácter extraordinario de la tilde diacrítica dentro del sistema acentual y el respeto al principio de economía por el que se rige este sistema recomiendan no aumentar el número de palabras escritas con este tipo de tilde y limitar sus casos a los que, estando ya consolidados por la tradición, cumplen de forma rigurosa las condiciones prosódicas y de frecuencia requeridas (esto es, que sirva para distinguir una voz tónica de otra átona grafemáticamente idéntica en pares de palabras de uso frecuente).

Advertencia	La tilde diacrítica en español no se emplea para distinguir pares de palabras de igual forma y distinto significado que siempre son tónicas, como *di* del verbo *decir* y *di* del verbo *dar; ve* del verbo *ir* y *ve* del verbo *ver; fue* y *fui* del verbo *ir,* y *fue* y *fui* del verbo *ser; sal* del verbo *salir* y el sustantivo *sal; vino* del verbo *venir* y el sustantivo *vino,* etc. Todas estas palabras, de acuerdo con las reglas generales de acentuación, se escriben siempre sin tilde, sea cual sea su significado.

Existen dos usos en la acentuación gráfica que han venido siendo tradicionalmente asociados a la tilde diacrítica: el que oponía los usos pronominales de los demostrativos *este, ese* y *aquel,* con sus femeninos y plurales, a los usos como determinantes de esas mismas formas; y el que distinguía el adverbio *solo* del adjetivo *solo*. Como esos usos distinguidores no se ajustan a todos los requisitos de la tilde diacrítica (pues tanto en un caso como en el otro no se oponen palabras tónicas a otras átonas formalmente idénticas), desde 1959 las normas ortográficas restringían la obligatoriedad del acento gráfico únicamente a las situaciones de posible ambigüedad. Dado que tales casos son muy poco frecuentes y que son fácilmente resueltos por el contexto, a partir de ahora se podrá prescindir de la tilde en el adverbio *solo* y los pronombres demostrativos incluso en los casos de posible ambigüedad (v. § 3.4.3.3).

También se elimina la recomendación hasta ahora vigente de tildar la conjunción disyuntiva *o* cuando aparece entre dos números (v. § 3.4.3.4), uso diacrítico de la tilde carente de justificación prosódica (pues, como conjunción, esta palabra es siempre átona) y que se basaba en razones meramente gráficas (evitar su confusión con el cero en expresiones numéricas escritas con cifras), que hoy no se consideran suficientes.

Por otra parte, la tilde en la palabra *aún,* tradicionalmente considerada un caso más de tilde diacrítica, no lo es en rigor, si bien comparte algunas de las características que presentan las palabras afectadas por este tipo de tilde. La singularidad del caso de *aún/aun* obliga a considerarlo al margen de los usos de la tilde diacrítica, razón por lo que se trata en esta obra en un epígrafe aparte (v. § 3.4.4).

Así pues, las palabras que a partir de ahora configuran la nómina de las que llevan tilde diacrítica en español son únicamente los monosílabos tónicos que se detallan en el apartado siguiente y las palabras *qué, cuál/es, quién/es, cómo, cuán, cuánto/a/os/as, cuándo, dónde* y *adónde,* algunas de ellas también monosílabas.

3.4.3.1 Tilde diacrítica en palabras monosílabas

La regla de acentuación gráfica de las palabras monosílabas prescribe que estas se escriban sin tilde (v. § 3.4.1.1). Constituyen una excepción a esta regla general un grupo de palabras monosílabas tónicas de uso frecuente que se oponen a otras formalmente idénticas, pero de pronunciación átona. Para diferenciar gráficamente estos pares de monosílabos se prescribe la utilización de la tilde diacrítica en los que son tónicos.

En el cuadro que aparece a continuación (TABLA 1) se registran todos los monosílabos que deben escribirse hoy con tilde diacrítica (a excepción de *qué, cuál, cuán* y *quién,* que forman serie con palabras polisílabas y cuya acentuación se analiza en el apartado siguiente). Se trata, como se ve, de los pronombres personales *tú, él, mí, sí,* las formas verbales *dé* y *sé,* el sustantivo *té* y la palabra *más,* perteneciente a varias categorías gramaticales.

Información adicional

Aunque, por lo general, se escriben con tilde diacrítica estos monosílabos cuando se trata de palabras tónicas y sin ella cuando son palabras átonas, se observan algunas pequeñas excepciones a esta pauta, como es el caso de los nombres de las letras *te* y *de,* y los de las notas musicales *mi* y *si,* que no llevan tilde diacrítica —aun siendo, por su condición de sustantivos, voces tónicas—, sino que cumplen la regla general que prescribe que los monosílabos se escriben sin tilde. Su ausencia del repertorio consolidado de monosílabos afectados por la tilde diacrítica se debe probablemente a que, con esos valores, son palabras de baja frecuencia de uso en la lengua corriente, y su distinción gráfica de su homónimo átono no resulta rentable.

Constituye asimismo una excepción a la pauta señalada la palabra *más,* que, si bien es átona cuando se emplea como conjunción para indicar adición o suma (equivalente a la conjunción copulativa *y: Dos más* [= y] *DOS SON CUAtro; Se aÑAde el AZÚcar más* [= y] *la CÁscara de liMÓN*), se viene escribiendo tradicionalmente con tilde por su parentesco formal y semántico con el cuantificador tónico *más* (adverbio, adjetivo o pronombre). El adverbio *más* conserva la tilde, aunque se pronuncia átono, en la construcción ponderativa «adjetivo, + *más que* + el mismo adjetivo»: *«Tú, vago, más que vago, en cuanto te fumes ese cigarro tienes que salir corriendo para la oficina»* (Ortiz *Luz* [Esp. 1976]). También conserva la tilde, aunque suele ser átono, en la locución conjuntiva *más que* (equivalente a *sino*): *«Me amarga la vida, pero no me tiene más que a mí»* (MtnGaite *Fragmentos* [Esp. 1976]).

TABLA 1. TILDE DIACRÍTICA EN MONOSÍLABOS

tú	pronombre personal: *Tú no digas nada.*	*tu*	posesivo: *¿Dónde está tu casa?*
él	pronombre personal: *Él lo ha visto todo.*	*el*	artículo: *El cartero ya ha venido.*
mí	pronombre personal: *Hazlo por mí.* *Solo dependo de mí mismo.*	*mi*	posesivo: *Olvidé mi sombrero.* sustantivo ('nota musical'): *Empieza en mi natural.*
sí	pronombre personal: *Se lo ha reservado para sí.* *Estaba orgullosa de sí misma.* adverbio de afirmación: *Sí, lo haré.* sustantivo ('aprobación o asentimiento'): *En el referéndum triunfó el sí.*	*si*	conjunción, con distintos valores: *Si no lo encuentras, dímelo.* *Pregúntale si quiere ir.* *Haz como si no lo supieras.* *¿Cómo podría habértelo dicho?* *¡Si yo no lo sabía!* *Si será bobo...* sustantivo ('nota musical'): *La obra está en si bemol.*
té	sustantivo ('planta' e 'infusión'): *Posee una plantación de té.* *Desayuno té con leche.* Advertencia El plural *tés* mantiene la tilde diacrítica del singular.	*te*	pronombre, con distintos valores: *Ayer no te vi en la reunión.* *¿De qué te arrepientes?* sustantivo ('letra'): *Escribió una te mayúscula.*
dé	forma del verbo *dar:* *Dé gracias a que estoy de buen humor.*	*de*	preposición: *Vienen de lejanos países.* sustantivo ('letra'): *Borra esa de.*
sé	forma del verbo *ser:* *Sé más discreto, por favor.* forma del verbo *saber:* *Ya sé qué ha pasado.*	*se*	pronombre, con distintos valores: *¿Se lo has traído?* *Luis se preparó la comida.* *Solo se han visto una vez.* *Siempre se queja por todo.* *Su casa se quemó el verano pasado.* indicador de impersonalidad: *Aquí se trabaja mucho.* indicador de pasiva refleja: *Se hacen trajes a medida.*

más	cuantificador (adverbio, adjetivo o pronombre): *Ana vive más lejos que tú.* *Cada vez tiene más canas.* *No puedes pedir más.* en diversas construcciones o locuciones: *Es de lo más refinado.* *Canta más bien mal.* *Estate quieto, tonto, más que tonto.* conjunción con valor de suma o adición: *Seis más cuatro, diez.* *Son diez más los invitados.* sustantivo ('signo matemático'): *Coloca el más entre las cifras.* en la locución conjuntiva *más que* ('sino'): *No escucha más que a sus amigos.*	*mas*	conjunción adversativa equivalente a *pero:* *Me creyeron, mas solo después de verle.*

Advertencia — Es incorrecto escribir el pronombre personal *ti* con tilde por analogía con los pronombres *mí* y *sí*. Aunque se trata de un monosílabo tónico, no existe ningún monosílabo átono de igual forma del que deba distinguirse, por lo que no tiene sentido en su caso el empleo de la tilde diacrítica: *¿A ti no te gusta?; Tienes que hacer las cosas por ti mismo.*

Información adicional — En el español actual, la palabra *nos* se utiliza casi exclusivamente como pronombre átono de primera persona de plural: *Ese TIpo nos engaÑÓ; EnseGUIda nos VAmos.* La forma tónica *nos* solo se emplea hoy por personas de alta dignidad como el papa o el rey en situaciones solemnes para referirse a sí mismos (v. § 2.3.1.1e): *«Estas naciones irán adquiriendo para Nos un aspecto aún más concreto a medida que vayamos encontrando no solo a los obispos y a los fieles, sino también a los responsables civiles»* (Juan Pablo I *Discurso* [31.8.1978]). O, como equivalente de *nosotros,* en textos literarios, con intención arcaizante, o en la expresión coloquial *entre nos: «Todos viviremos en paz, y no haremos a otros lo que no queremos para nos»* (Mojarro *Yo* [Méx. 1985]); *«Yo lo que creo, comadre, aquí entre nos, es que para aquel entonces ya el muchacho estaba trastornado»* (Quintero *Danza* [Ven. 1991]). Este pronombre tónico, debido a su escaso empleo en el español de hoy, no se escribe con tilde diacrítica las pocas veces que aparece en textos actuales. En cambio, en ediciones modernas de textos antiguos, donde esta forma pronominal tónica es muy frecuente por equivaler al actual *nosotros,* sí se suele escribir con tilde diacrítica para facilitar la lectura y comprensión de los enunciados en los que aparece: *«Si nós muriéremos en campo, en castiello nos entrarán»* (*Cid* [Esp. c1140]); *«Otro coraçón tiene Él que nós, y especial en el perdonar»* (Ávila *Carta* [Esp. a1569-1578]).

Algunas otras palabras monosílabas tónicas que han caído en desuso aparecen igualmente escritas con tilde diacrítica en ediciones modernas de textos antiguos para diferenciarlas de las homónimas átonas. Es el caso, entre otras, de la forma verbal antigua *á* del verbo *aver* (hoy *haber*), frente a la preposición *a: «Non á duelo de nós, que sofrymos tal vyda» (Fernán González* [Esp. c1250]); el adverbio tónico *ý* ('allí'), frente a la conjunción *y: «Yo os levaré ý de grado»* (RdgzMontalvo *Amadís* [Esp. 1482-92]); o la forma verbal *só* del verbo *seer* (hoy *ser*), frente a la preposición o el posesivo *so: «Tu amiga só» (Calila* [Esp. 1251]).

3.4.3.2 Tilde diacrítica en *qué, cuál, quién, cómo, cuán, cuánto, cuándo, dónde* y *adónde*

Las palabras tónicas *qué, cuál, quién, cómo, cuán, cuánto, cuándo, dónde* y *adónde* (y las formas de plural y de femenino que poseen algunas de ellas: *cuáles, quiénes, cuánta(s), cuántos*) se escriben con tilde diacrítica para diferenciarlas de sus homónimas átonas *que, cual, quien, como, cuan, cuanto, cuando, donde* y *adonde* (asimismo con sus femeninos y plurales: *cuales, quienes, cuanta(s), cuantos*). El carácter tónico o átono de estas formas y su consiguiente escritura con tilde o sin ella dependen de diversos factores, esencialmente de su categoría gramatical, su función sintáctica en el enunciado y algunas características de la estructura oracional de la que forman parte.

Como ocurre en todos los casos de tilde diacrítica, estas formas tónicas son palabras que no deberían tildarse según las reglas generales de acentuación, bien por ser monosílabas (*qué, cuál, quién, cuán*), bien por tratarse de voces bisílabas llanas terminadas en vocal o en *-s* (*cuándo, dónde, quiénes, cuántos...*). En todas ellas, por tanto, la función de la tilde no es indicar la posición de su sílaba tónica, sino prevenir su confusión con aquellas otras formalmente idénticas, pero de pronunciación átona y distinto valor y función.

Precisamente por el carácter excepcional de la tilde diacrítica en relación con las reglas generales de acentuación, su empleo en estas palabras se limita a su funcionamiento en el ámbito de aquellas categorías gramaticales en las que la distinción gráfica entre formas tónicas y átonas resulta rentable, a saber: cuando se trata de los interrogativos y exclamativos tónicos (y de algunos relativos que pueden ser tónicos en determinadas circunstancias; v. § 3.4.3.2.3a), frente a las conjunciones y los relativos átonos de idéntica configuración grafemática.

Fuera de estas categorías, las palabras tónicas que coinciden formalmente con alguna de las átonas de esta serie no llevan tilde diacrítica y se someten a las reglas generales de acentuación. Es el caso, por ejemplo, del sustantivo tónico *cuanto* (hispanización del latinismo científico *quantum* 'cantidad de energía emitida o absorbida por un átomo o una molécula, proporcional a su frecuencia de radiación') o de la forma verbal *como* (de *comer*), asimismo tónica, que se escriben sin tilde diacrítica a pesar de coincidir, respectivamente, con los relativos átonos *cuanto* y *como*.

Así pues, debe tenerse en cuenta que la pauta general por la que todas estas palabras se escriben con tilde en sus usos tónicos y carecen de ella en sus usos átonos cuenta con algunas excepciones, como las citadas y otras que se irán señalando en los apartados siguientes. En ellos se analiza con detalle en qué casos estas palabras se escriben siempre con tilde (§ 3.4.3.2.1) o siempre sin ella (§ 3.4.3.2.2), y en cuáles es válido escribirlas de ambas formas por ser igualmente posible su articulación tónica o átona (§ 3.4.3.2.3).

3.4.3.2.1 ***Escritura con tilde***

Estas palabras se escriben con tilde en los casos que se describen a continuación.

3.4.3.2.1.1 *Con valor interrogativo o exclamativo*

Las palabras *qué, cuál/es, quién/es, cómo, cuán, cuánto/a/os/as, cuándo, dónde* y *adónde* son siempre tónicas y se escriben con tilde cuando pertenecen a la clase de los interrogativos y exclamativos, llamados así por su capacidad de encabezar estructuras de sentido interrogativo o exclamativo, en las que aluden al valor de una incógnita que puede referirse a cosas (*qué, cuál*), personas (*quién, cuál, qué*), lugares (*dónde, adónde*), maneras (*cómo*), tiempos (*cuándo*) o cantidades (*cuán, cuánto*). Los interrogativos y exclamativos pueden aparecer en tres tipos de contextos o situaciones: encabezando estructuras interrogativas y exclamativas directas o indirectas (§ 3.4.3.2.1.1.1); sustantivados mediante un determinante (§ 3.4.3.2.1.1.2), y en algunas locuciones o expresiones (§ 3.4.3.2.1.1.3).

3.4.3.2.1.1.1 Encabezando estructuras interrogativas y exclamativas

Todas las palabras pertenecientes a esta clase pueden encabezar tanto enunciados interrogativos como exclamativos, a excepción de *cuál/es,* que en la actualidad solo inicia enunciados interrogativos y nunca exclamativos (salvo en la estructura lexicalizada *¡cuál(es) no sería(n)...!*: *¡Cuál no sería mi sorpresa cuando lo vi allí!*). Las estructuras interrogativas o exclamativas pueden ser de dos tipos:

a) Estructuras interrogativas o exclamativas directas (con verbo explícito o sin él), que se emiten con la entonación característicamente interrogativa o exclamativa y se escriben normalmente entre signos de interrogación o exclamación (v. cap. III, § 3.4.9). Estas estructuras pueden constituir enunciados autónomos o independientes, o bien formar parte de un enunciado mayor:

¿Qué llevaba en la maleta?
¡Qué calor!
¿Cuál te gusta más?
¿Quién te ha hecho eso?
¡Quién pudiera volver a ser joven!
¿Cómo lo has hecho?
¡Cómo te agradezco que hayas venido!
¿Cuán firme es tu determinación?
¡Cuán diferentes son entre sí!
¿Cuántos hermanos tiene?
¡Cuánta miseria!
¿Cuándo se termina el plazo?
¡Cuándo se ha visto cosa igual!
Se pasó la tarde repitiendo: «¡Qué pena más grande!».
Ya sé que estuviste en París, pero ¿cuándo fue?

Los interrogativos y exclamativos pueden ir precedidos por una preposición sin dejar de ser tónicos ni de escribirse con tilde:

¿Por qué ha dicho eso?
¡Con qué poco te conformas!
¿Con cuál te quedas?
¡A quién se le ocurre!
¡Por cuántas pruebas ha pasado!
¿Hasta cuándo estás dispuesto a seguir?
¿Hacia dónde vamos?
¡En dónde has acabado, hijo mío!

Advertencia — No siempre una estructura interrogativa o exclamativa directa escrita entre signos de interrogación o exclamación va introducida por un interrogativo o un exclamativo tónicos. Hay veces que estas estructuras están encabezadas por conjunciones o por relativos átonos, que, precisamente por su condición de palabras átonas, se escriben sin tilde (v. § 3.4.3.2.2), como se ve en los ejemplos siguientes:

¿Que no sabes quién es Pepe?, pues ahora mismo te lo cuento.
¿A que es genial?
¡Que paséis buenas vacaciones!
¿Quien lo atropelló se dio a la fuga? No puedo creerlo.
¡Hasta cuando quieras! Me ha encantado verte.
¡Como si fuera tan fácil!
—Lo encontré en esa librería. —¿Donde dijo el profesor?

Compárense los siguientes enunciados interrogativos para percibir la diferencia entre formas tónicas y átonas:

¿Qué quiere el niño? ¿Que se lo den todo resuelto?
¿A qué se debe tu malestar? ¿A que cada día trabajas más?
¿Dónde vamos a comer? ¿Donde comiste el otro día con tu jefe?

En cada uno de los ejemplos anteriores, el elemento que aparece en la primera oración es un interrogativo tónico (escrito, por ello, con tilde), mientras que el que aparece en la segunda oración es una conjunción o un relativo átonos (escrito, por ello, sin tilde).

Es importante tener en cuenta que no siempre los enunciados interrogativos y exclamativos independientes se escriben necesariamente entre signos de interrogación o exclamación. A menudo se prescinde de estos signos en el caso de las oraciones exclamativas y a veces también en las interrogativas, especialmente si se trata de preguntas retóricas que no requieren respuesta; no obstante, los interrogativos y exclamativos que las encabezan siguen siendo tónicos y mantienen su acentuación gráfica:

«De qué sirve huir de las ciudades si lo persiguen a uno hasta el fin del mundo» (MñzMolina *Invierno* [Esp. 1987]).
«No, eso está mal. Quién te habrá puesto esa idea en la cabeza» (Puig *Beso* [Arg. 1976]).
«Cuántas cosas he vivido a su lado y cuántas podían aún sucederme en su compañía» (Mutis *Ilona* [Col. 1988]).

Lo mismo ocurre cuando un enunciado interrogativo independiente constituye el título de una obra, un capítulo o cualquier otra sección de un texto. Aunque en estos casos es también frecuente prescindir de los signos de interrogación, los interrogativos deben escribirse con tilde:

Qué es la energía eólica
Quiénes somos
Dónde acudir en caso de emergencia

b) Estructuras interrogativas o exclamativas indirectas (con verbo explícito o sin él), que constituyen oraciones subordinadas sustantivas, esto es, que ejercen funciones propias del sustantivo (sujeto, complemento directo, etc.) dentro de otra oración. He aquí algunos ejemplos:

Interrogativas indirectas:

Preguntó qué tenía que hacer para ir al centro.
Aún no ha decidido con quién asociarse.
Dime cuánto vas a tardar.
Me preocupa cómo encontrar financiación.
Se van de vacaciones, pero no saben dónde.

Información adicional — Como se ve por los ejemplos, se consideran interrogativas indirectas no solo las oraciones subordinadas que se corresponderían con una pregunta real en estilo directo, como la que aparece en el enunciado *Preguntó qué tenía que hacer para ir al centro,* sino también aquellas en las que, sin implicar una pregunta directa, el interrogativo representa la existencia de una incógnita o una incertidumbre (referida a persona, lugar, cosa, etc.).

Exclamativas indirectas:

Mira qué fácil.
Hay que ver cuánto has crecido.
Es indignante cómo lo tratan.

Al tratarse de oraciones subordinadas, las interrogativas y exclamativas indirectas no se pronuncian con la entonación específicamente interrogativa o exclamativa de las directas, ni se escriben tampoco entre signos de interrogación o exclamación; no obstante, las palabras que las introducen (aparte de la conjunción *si,* que es átona: *Dime si vas a venir; Depende de si he terminado a tiempo*) son siempre interrogativos y exclamativos tónicos, que deben escribirse con tilde:

«Hay que preguntarse qué hemos hecho de nuestra libertad rebelde» (Fuentes *Esto* [Méx. 2002]).
«Ahora entiendo para qué me citó Román en el Cuartel General del Ejército» (VLlosa *Fiesta* [Perú 2000]).
«El pañero debía entrar a revisar sus objetos personales para decidir cuáles llevaba» (Otero *Temporada* [Cuba 1983]).
«Yo sé quién es usted y desde dónde viene, señora» (Martínez *Evita* [Arg. 1995]).
«Venga usted en invierno y verá qué frío» (Llamazares *Río* [Esp. 1990]).

«Max comprendió cuán breve era su estirpe» (Contreras *Nadador* [Chile 1995]).
«Me di cuenta de cuánto lo quería» (GaMárquez *Vivir* [Col. 2002]).
«Recordó a tiempo cómo había echado de menos a los niños» (Grandes *Aires* [Esp. 2002]).

Como muestran algunos de los ejemplos anteriores, también en las interrogativas y exclamativas indirectas los interrogativos y exclamativos pueden ir precedidos de preposición.

3.4.3.2.1.1.2 Sustantivados mediante un determinante

Los interrogativos, especialmente *qué, cómo, cuándo, cuánto* y *dónde,* pueden sustantivarse anteponiéndoles un determinante, normalmente el artículo *el.* En estos casos, son asimismo tónicos y conservan la tilde diacrítica que les es característica:

«Que me expliquen bien el cómo y el cuándo, el lugar y el tiempo en que todo esto sucede» (Fuentes *Cristóbal* [Méx. 1987]).
«El qué sería fijo y el cuánto sería lo que cambiaría» (RdgzCalafat *Informática* [Esp. 2004]).
«Son como documentos del azar, como repentinas fotografías sin un cuándo ni un dónde» (Nasarre *País* [Esp. 1993]).
«Nuestra última pregunta afecta a lo que cabría considerar como verdadera naturaleza del refuerzo: su qué y su cómo» (Pinillos *Psicología* [Esp. 1975]).

Como sustantivos que son, admiten su uso en plural, caso en el que conservan su tilde característica:

«Nadando en el río del cuándo y los tres dóndes de mi dimensión actual y eterna» (Fuentes *Cristóbal* [Méx. 1987]).

3.4.3.2.1.1.3 En determinadas locuciones o expresiones

Muchos interrogativos y exclamativos forman parte de locuciones, expresiones o fórmulas oracionales, en las que también se escriben con tilde, como corresponde a su naturaleza tónica. Dejando a un lado las que constituyen enunciados propiamente interrogativos o exclamativos, como *¿a santo de qué...?, ¿(y) a mí qué?, ¿qué tal?, ¿qué más da...?, ¿de cuándo acá...?, ¡dónde va a parar!, ¡cómo no!, ¡cuál no sería...!* y otras semejantes que se asimilan a las estructuras interrogativas y exclamativas directas ya comentadas (§ 3.4.3.2.1.1.1a), se relacionan a continuación algunas de las de uso más frecuente:

a) Con *qué:*
   - el qué dirán: *Deja de pensar en el qué dirán y decide ya.*
   - no hay de qué: *—Muchas gracias. —No hay de qué.*
   - no sé qué: *Yo se lo diría, pero me da no sé qué.*
   - qué sé yo *o* yo qué sé: *Me pidió el auto para ir qué sé yo dónde.*
   - que para qué: *Le dieron un susto que para qué.*
   - qué va: *—¿Te has enfadado? —Qué va.*
   - sin qué ni para qué: *Se quitó el sombrero y, sin qué ni para qué, lo tiró por la ventana.*
   - sin venir a qué: *Entonces, sin venir a qué, comenzó a reír.*
   - un no sé qué: *Tiene un no sé qué que consigue encandilar a todos.*

b) Con *cuál:*
   - a cuál más: *Tiene tres hijos, a cuál más caprichoso.* Aunque en los textos se ve con frecuencia escrito sin tilde, *cuál* debe aquí llevarla por su condición de forma tónica derivada del interrogativo.

c) Con *quién:*
   - mira quién habla *o* mira quién fue a hablar: *Mira quién fue a hablar, el de la conducta irreprochable.*
   - no sé quién: *Lo preguntó no sé quién.*
   - no ser quién/es: *Tú no eres quién para prohibírselo.*
   - quién sabe: *Quién sabe, quizá no fue Andrés.*

d) Con *cuánto:*
   - no sé cuánto/a/os/as: *Pasó por no sé cuántas manos antes de que tú lo compraras; Esa película es del año no sé cuántos.*

e) Con *dónde:*
   - mira por dónde: *En este punto, mira por dónde, estoy de acuerdo contigo.*

3.4.3.2.1.2 *En ciertas correlaciones distributivas, con valor de indefinidos*

Las palabras *quién, cuál* y *cuándo* son tónicas y se escriben con tilde cuando se emplean en ciertas correlaciones distributivas en las que poseen valor de indefinidos:

a) Las correlaciones *quién(es)..., quién(es)...* y *cuál(es)..., cuál(es)...* son sinónimas y significan 'uno(s)..., otro(s)...', si bien el uso de *cuál(es)* es hoy más raro que el de *quién(es)* en estos casos:

   «En nuestra cabina [...] se respira una atmósfera de tibieza y serenidad. Quién lee revistas, quién escribe cartas, quién juega ajedrez, fuma o sueña con los ojos abiertos» (Tibón *Aventuras* [Méx. 1986]).

«Y luego hacían [los toros] cosas graciosas. Cuál fingía que se despanzurraba, [...] cuál pegaba la voltereta, cuál buscaba hierba» (*País* [Esp.] 16.4.1997).

Sin embargo, *cual* y *quien* son átonos y se escriben sin tilde en las locuciones pronominales indefinidas *cual más, cual menos* y *quien más, quien menos* (v. § 3.4.3.2.2.4.1c); y se escriben igualmente sin tilde, aun siendo tónicos, en las locuciones pronominales asimismo indefinidas *cada cual* y *cada quien* (v. § 3.4.3.2.2.4.2a y b).

b) La correlación *cuándo..., cuándo...*, poco frecuente hoy, significa 'unas veces..., otras veces...':

«Cuándo este, cuándo el otro, dejaban escapar un suspiro» (PzAyala *Curandero* [Esp. 1926]).

3.4.3.2.2 *Escritura sin tilde*

Estas mismas palabras se escriben siempre sin tilde en los casos que se detallan a continuación.

3.4.3.2.2.1 *Cuando funcionan como relativos*

Las palabras *que, cual/es, quien/es, como, cuan, cuanto/a/os/as, cuando, donde* y *adonde* son normalmente átonas y se escriben sin tilde cuando introducen oraciones subordinadas de relativo, con antecedente expreso o sin él. Únicamente el relativo *cual/es,* cuando va precedido de artículo (*el cual, la cual, los cuales, las cuales*), se pronuncia tónico, a pesar de lo cual se escribe sin tilde, por analogía con el resto de las palabras de su clase.

Información adicional

Las oraciones de relativo son oraciones subordinadas introducidas por un relativo (*que, cual/es, quien/es, cuan, cuanto/a/os/as, cuyo/a/os/as, como, cuando, donde* y *adonde*), que modifican o complementan a un elemento denominado *antecedente*.

El antecedente (normalmente un sustantivo o un grupo nominal, pero también un pronombre, un adverbio o toda una oración) permite identificar en cada caso cuál es la entidad a la que se refiere el contenido de la subordinada. Así, en la oración de relativo *a la que viste ayer,* presente en el enunciado *La mujer a la que viste ayer es mi casera,* el antecedente del relativo *que,* es decir, el elemento que nos permite saber a qué o a quién nos estamos refiriendo, es el sustantivo *mujer,* núcleo del sujeto de la oración principal.

El antecedente puede ser explícito, es decir, estar expreso en la oración en la que se inserta la subordinada de relativo, como ocurría en el ejemplo anterior y se ve en los que siguen (se destaca en versalita el antecedente y se subraya el relativo):

Ha colocado en el jarrón las FLORES *que trajiste.*
Conozco a la CHICA *con quien trabajas.*
No me gusta el MODO *como me mira.*
Él, cuya lealtad es indudable, hará lo posible por ayudarte.
Sigue AHÍ *donde lo dejaste.*
ESTUDIÓ DOS CARRERAS, *lo cual le permitió encontrar trabajo más rápidamente.*

En otros casos, el antecedente no está expreso, bien por estar incorporado implícitamente en el propio relativo, como ocurre en *Quien venga* ('la PERSONA que venga') *lo hará mejor,* bien por estar sobrentendido, como en *Elige el que quieras,* donde el antecedente del relativo *que* debe deducirse del contexto. Las oraciones de relativo sin antecedente expreso pueden estar introducidas por cualquier relativo, salvo por *el cual* y *cuyo,* que siempre requieren un antecedente explícito. He aquí algunos ejemplos de relativas sin antecedente expreso:

Ponte el que más te guste ('el VESTIDO que más te guste').
Quien llegue tarde no podrá entrar ('la PERSONA que llegue tarde...').
Entregaron un premio a cuantos participaron ('a todas las PERSONAS que participaron').
Lo hará como resulte más conveniente ('del MODO que resulte más conveniente').
Vendrá cuando termine ('en el MOMENTO en que termine').
Siéntate donde quieras ('en el LUGAR que quieras').

Así pues, los relativos son elementos característicamente átonos, a diferencia de los interrogativos y los exclamativos, que son siempre tónicos, como pone de manifiesto la oposición entre el relativo *quien* de *Quien ha mentido recibirá un castigo* y el interrogativo *quién* en *Descubriremos quién ha mentido;* de ahí que los relativos se escriban, por lo general, sin tilde, y los interrogativos y exclamativos siempre con ella. Hay, no obstante, ciertos casos especiales en que los relativos sí pueden acentuarse prosódicamente y, por ello, en algunas circunstancias se admite su escritura con tilde, tal y como se explicará más adelante (v. § 3.4.3.2.3a).

Se exponen a continuación los casos en que los relativos se escriben siempre sin tilde:

a) Cuando introducen oraciones subordinadas de relativo con antecedente expreso, ya que, en esos casos, los relativos (con la excepción señalada de *el cual* y sus variantes) son siempre átonos:

«¿Conoces a ALGUIEN que pueda alojarme allá?» (RRosa *Sebastián* [Guat. 1994]).

«Otra cosa linda de Aldo era esa ELEGANCIA con que soltaba los billetes» (Chavarría *Rojo* [Ur. 2002]).

«NADA tengo que perder» (Quintero *Danza* [Ven. 1991]).

«Todo lo contrario de SUS HERMANAS, a quienes este mundo les atemorizaba» (Esquivel *Agua* [Méx. 1989]).

«TODO cuanto publica tiene un enorme interés» (Azúa *Diario* [Esp. 1987]).

«Así pudo darse cuenta Patricio del MODO como gozan los hijos de Dios» (Serrano *Dios* [Col. 2000]).

«Abrirían una inmensa TIENDA donde habría de todo: comestibles, ropa, muebles» (Jodorowsky *Pájaro* [Chile 1992]).

Como ya se ha indicado, el relativo *cual,* a pesar de ser tónico cuando va precedido de artículo, se escribe sin tilde, como los demás relativos con antecedente expreso:

«El PUERTO hacia *el cual* nos dirigimos es el sueño que nos unió» (Assad *Cenizas* [Col. 1989]).

«Comencé a escribir en HOJAS RAYADAS TAMAÑO OFICIO, con *las cuales* fui formando cuadernos» (Chávez *Batallador* [Méx. 1986]).

b) Cuando introducen oraciones subordinadas de relativo cuyo antecedente no está expreso, los relativos son igualmente átonos y se escriben sin tilde (salvo cuando el antecedente implícito es de carácter inespecífico, caso en el que el relativo puede ser tónico y escribirse con tilde; v. § 3.4.3.2.3a):

«Quien lo había convencido al fin era su hermana María Amelia» (Martínez *Perón* [Arg. 1989]).

«Si actuamos como lo hacemos, no es por lucro personal» (Mendoza *Verdad* [Esp. 1975]).

«Se tumbó cuan larga era en el diván» (GGalán *Bobo* [Esp. 1986]).

«Susan demoró el trámite cuanto pudo» (Ponte *Contrabando* [Cuba 2002]).

«Te llamaré cuando regrese de Puerto Rico» (Quesada *Banana* [Hond. 2000]).

«Te llevo donde quieras» (Pombo *Metro* [Esp. 1990]).

Cuando se coordinan varios relativos sin antecedente expreso, todos, salvo el último, se pronuncian tónicos por exigencia de la prosodia oracional; no obstante, mantienen su grafía sin tilde:

Puedes conseguirlo donde, como y cuando quieras.

3.4.3.2.2.2 *Cuando funcionan como conjunciones*

Algunas de las palabras de esta serie son también conjunciones. En ese caso, son átonas y se escriben sin tilde, tal como se expone a continuación.

Información adicional

Las conjunciones constituyen una clase gramatical de palabras formalmente invariables, cuya función característica es servir de nexo o enlace entre términos, grupos sintácticos u oraciones: *¿Quieres té o café?; Sabe más de fútbol que de toros; No fue al cine, sino al teatro; Es tan guapo como su padre; No sé si querrá venir; Ha perdido la apuesta, pero aún no lo sabe; Todavía estoy esperando que me dé las gracias.* Las conjunciones son palabras átonas con muy pocas excepciones (v. § 2.3.1.2g y 2.3.1.1l).

---

a) La palabra *que* se escribe sin tilde cuando es conjunción:

- Como conjunción completiva, introduciendo oraciones sustantivas de sujeto, complemento directo o término de preposición: *Le preocupa que el plan fracase; ¿Quieres que me quede?; Insistió en que debíamos continuar.*
- Como conjunción comparativa, introduciendo el segundo término de comparación: *Hay más pobres ahora que antes; Tiene menos seso que un mosquito.*
- En estructuras contrastivas del tipo *yo que tú, al contrario que él,* etc.: *Yo que tú no lo haría.*
- Como conjunción consecutiva, normalmente en correlación con *tan(to)* o *tal: Ha llovido tanto que se ha inundado el garaje; Es tal su preocupación que no duerme desde hace días; Está que no cabe en sí de gozo* (se sobrentiende *tan contento*).
- Con valor causal: *Me voy, que ya llego tarde;* o final: *Habla más alto, que te oigamos bien.*
- Introduciendo oraciones independientes, a menudo exclamativas o interrogativas, con distintos matices expresivos, como advertencia: *¡Que viene el jefe!;* deseo: *¡Que te mejores!;* mandato: *¡Que os calléis!;* sorpresa o desconcierto: *¿Que aún no ha llegado?;* hipótesis: *¿Que se nos hace de noche?, pues nos quedamos allí a dormir;* repetición o resumen de lo oído o lo enunciado con anterioridad: *¿Que cuándo termina el plazo? No sé; En fin, que no pienso consentirlo.*
- Formando parte de las perífrasis «*haber que* o *tener que* + infinitivo», que expresan necesidad u obligación: *Hay que seguir adelante; No tenemos que hacerlo si no queremos.*
- Formando parte de numerosas locuciones conjuntivas, como *a menos que, a no ser que, así que, comoquiera que, con tal (de) que,*

dado que, de manera (o *modo*) *que, dondequiera que, en tanto que, mientras que, por más que, puesto que, ya que*, etc.: *No lo hará a no ser que se lo pida; Estoy dispuesto a no dormir con tal de que terminemos.*

b) La palabra *como* tampoco lleva tilde cuando funciona como conjunción, lo que sucede en los casos siguientes:

- Como conjunción comparativa, introduciendo el segundo término de comparaciones de igualdad, normalmente en correlación con *tan(to): Andrés es listo como su madre; Su decisión fue tan arriesgada como eficaz; Miente tanto como habla; Está tan guapo como siempre.*
- Como conjunción completiva (equivalente a *que*), especialmente con verbos de percepción o que denotan exposición o relato: *Verás como al final no viene; Ya habrás oído como le echan la culpa a él; Me contó como habían quedado en verse al salir del trabajo para aclarar sus diferencias.* No obstante, en muchos de estos casos puede articularse como voz tónica y escribirse con tilde (v. § 3.4.3.2.3c).
- Formando parte de la locución conjuntiva copulativa *así como: Su mejoría se debe a su buena constitución, así como al cuidado de los médicos;* y de la locución copulativa discontinua *tanto... como...: Al acto acudieron tanto ella como su marido.*
- Con valor ponderativo, en la construcción «*no haber como* + infinitivo», con el sentido de 'no haber cosa mejor que': *Para relajarse no hay como darse un baño antes de dormir.*
- Con valor causal: *Como me sobraba tiempo, me fui a dar un paseo;* o condicional: *Como no termine pronto, nos vamos sin él.*
- Introduciendo oraciones independientes que expresan negación o réplica enfáticas: *¡Como para fiestas estoy yo!; ¡Como si se hunde el mundo!; ¡Como que no pienso volver a confiar en él!; ¡Como si fuera tan fácil conseguirlo!*

c) La palabra *cuando* se escribe asimismo sin tilde cuando funciona como conjunción, introduciendo oraciones subordinadas de diferente tipo:

- Con valor causal ('puesto que, ya que'): *Cuando tú lo dices, será verdad.*
- Con valor condicional ('si' o 'en el caso de que'; o 'si no', seguido de *no*): *Cuando me pida perdón, seguiremos hablando; El riesgo es mínimo, cuando no inexistente.*
- Con valor concesivo ('aunque' o 'siendo así que'): *Él se llevaba todos los elogios, cuando era su mujer la que organizaba las fiestas.*

d) La palabra *cuanto* también se escribe sin tilde en sus usos conjuntivos:
   - Como conjunción comparativa, en correlación con *tan(to),* introduciendo el segundo término de comparaciones de igualdad: *La casa estaba en un lugar tan apacible cuanto bello.*
   - Formando parte de la conjunción copulativa discontinua *tanto... cuanto...: Estaba interesado tanto en la casa cuanto en los campos de alrededor.*

   En ambos casos *cuanto* es sustituible por *como,* más frecuente en la lengua general.

3.4.3.2.2.3 *Con otros valores*

Además, las palabras *como, cuando* y *donde* o *adonde* también son átonas y se escriben sin tilde cuando funcionan con otros valores:

a) *Como:*
   - Como preposición, introduciendo expresiones nominales con valor equivalente a *de* o con el sentido de 'en calidad de', 'en tanto que', 'en su condición de', 'en concepto de', 'a modo de': *Utilizaban el despacho como sala de juegos; Jugaba como delantero centro; Te lo digo como amigo; Su experiencia como actor le facilitaba las cosas; Como hipótesis de trabajo resulta bastante interesante; Tienen derecho a ser considerados como seres humanos.*
   - Como adverbio de valor aproximativo o atenuativo: *Te estuve esperando como una hora; Llevaba el pelo como mal peinado.*
   - Con valor ejemplificativo, introduciendo uno o varios elementos citados como ejemplo: *En sus escritos hace abundante uso de recursos expresivos como la metáfora, la ironía, la metonimia, etc.*

b) *Cuando:*
   - Como preposición, introduciendo expresiones nominales que denotan periodos de tiempo o acontecimientos: *Cuando niño solía ir todas las tardes a ver a sus abuelos; Mis padres se vinieron a Madrid cuando el terremoto de Lisboa.*

c) *Donde* o *adonde:*
   - Funciona a modo de preposición, generalmente en el habla coloquial o popular, con el sentido de 'junto a', 'en casa o en el negocio de' o 'en el lugar de origen de': *Se detuvo a descansar donde el obelisco; Fue (a)donde sus tíos a llamar por teléfono; Donde nosotros no se estilan estas cosas.*

3.4.3.2.2.4 *En determinadas locuciones o expresiones*

3.4.3.2.2.4.1 Con pronunciación átona

Muchos de los relativos y de las conjunciones anteriormente comentados forman parte de construcciones, locuciones y expresiones de diversa naturaleza, en las que mantienen su pronunciación átona y su escritura sin tilde. A continuación se relacionan algunas de las de uso más frecuente:

a) Con *que:*
- ¿a que...?: *¿A que no sabes quién ha venido?*
- dar que hablar (*a veces con otros verbos como* pensar *o* decir): *Estas medidas darán que hablar; Lo que has dicho da que pensar.*
- hay que ver: *Hay que ver qué pesado te pones.*
- ni que decir tiene: *La oposición, ni que decir tiene, rechazó todas las propuestas.*
- otro que tal (baila): *Su hermano, otro que tal baila: están de acuerdo en todo.*

b) Con *como:*
- a como dé lugar: *El caso es salir adelante a como dé lugar.*
- como para (que): *Es lo suficientemente listo como para entenderlo; Es muy tarde como para que salgamos.*
- como que: *¡Como que te lo voy a decir precisamente a ti!*
- como si: *Es como si lo conociese de siempre.*
- como si tal (cosa): *El guarda estaba a la puerta, silbando como si tal (cosa).*
- tal (y) como: *Reaccionó tal (y) como esperábamos.*

c) Con *cual y quien:*
- cual más, cual menos *o* quien más, quien menos

Aunque tradicionalmente se ha venido admitiendo la escritura tanto con tilde como sin ella de *cual* y *quien* en las locuciones pronominales indefinidas *cual más, cual menos* y *quien más, quien menos* ('todos, unos más y otros menos'), su pronunciación átona y su vinculación con la clase de los relativos (ya que ambos son sustituibles, en este contexto, por el relativo *que* precedido de artículo: *el que más, el que menos*) hacen recomendable su escritura siempre sin tilde:

«*Mis compañeros de generación, centroamericanos y mexicanos, cual más, cual menos, se habían convertido en autores de renombre*» (Monterroso *Literatura* [Guat. 2004]).

«*Quien más, quien menos, todos me han traicionado*» (UPietri *Oficio* [Ven. 1976]).

d) Con *cuando:*
- aun cuando: *Aun cuando no estudia, aprueba siempre.*
- cuando más: *La flor dura cuando más un par de días.*
- cuando menos: *Hay que limpiar las jaulas cuando menos una vez por semana.*

e) Con *cuanto:*
- cuanto antes: *No te entretengas; ven cuanto antes.*
- cuanto más: *Para una empresa, cuanto más si produce beneficios, es difícil tomar esa decisión.*
- en cuanto: *La reunión comenzará en cuanto llegue el director.*
- en cuanto a: *En cuanto a su teoría de la conspiración, cada vez estaban más convencidos de que se trataba de un montaje.*
- en cuanto (que): *Convocaron a Ana en cuanto (que) responsable del proyecto.*
- en tanto en cuanto: *Acatarán las leyes en tanto en cuanto sean justas.*
- por cuanto: *Estos datos son importantes por cuanto suponen un cambio de tendencia.*
- tanto más cuanto que: *Él estaba de acuerdo, tanto más cuanto que la situación era propicia.*

3.4.3.2.2.4.2 Con pronunciación tónica

Hay, no obstante, ciertas construcciones y locuciones en las que estas palabras, aun pronunciándose tónicas, se escriben siempre sin tilde:

a) Con *cual:*
- cada cual: *Cada cual deberá llevar su comida.*
- que si tal (y) que si cual *o* que si tal y (que si) cual: *Empezó a decir que no se sentía capaz, que si tal y que si cual.*
- tal cual: *En sus novelas reproduce la realidad tal cual.*
- tal para cual: *No te quejes de Pedro; sois tal para cual.*
- tal por cual: *Ese tal por cual le había ganado la apuesta.*
- un tal y un cual (con sus variantes de femenino y de plural): *Van diciendo que son unas tales y unas cuales.*

b) Con *quien:*
- cada quien: *Cada quien es libre de pensar lo que quiera.*

c) Con *cuando:*
- de cuando en cuando, de cuando en vez *o* de vez en cuando: *Salgo a comer con él de vez en cuando.*

d) Con *cuanto:*
- tanto y cuanto: *Aunque digan que tienen tanto y cuanto, no te creas nada.*
- de tanto en cuanto: *De tanto en cuanto acudía a algún acto público.*
- unos (*o* algunos *u* otros) cuantos: *Se preguntó a muchas mujeres, pero solo contestaron unas cuantas; Al acto asistieron unos cuantos políticos y otros cuantos intelectuales.*

3.4.3.2.3 ***Escritura con tilde o sin tilde***

En ciertos contextos sintácticos concretos, la escritura con tilde o sin tilde de estas palabras (*qué/que, quién/quien, cómo/como, cuándo/cuando...*) no resulta tan inequívoca y excluyente como en los casos hasta aquí descritos, sino que, por diferentes circunstancias, son posibles las dos acentuaciones prosódicas y, consiguientemente, las dos soluciones gráficas. En algunos casos, las alternativas tónica o átona suponen una diferencia sustancial de significado, mientras que en otros el significado es muy similar, si no idéntico.

A menudo la tonicidad o atonicidad de las palabras que nos ocupan está asociada a una estructura sintáctica y un significado diversos. La escritura con tilde o sin tilde dependerá, por tanto, en esos casos, del sentido que se pretenda expresar. Así, en los siguientes ejemplos, un mismo contexto lingüístico puede acoger tanto un elemento tónico escrito con tilde como un elemento átono escrito sin ella, si bien cada una de dichas opciones corresponde a un tipo diferente de oración y expresa un significado sustancialmente distinto:

Se ha olvidado de quién la cuidó toda su infancia. (El interrogativo tónico *quién* introduce una oración interrogativa indirecta y el enunciado significa 'se ha olvidado de qué persona la cuidó, no recuerda quién fue esa persona').

Se ha olvidado de quien la cuidó toda su infancia. (El relativo átono *quien* introduce una oración de relativo sin antecedente expreso y el enunciado significa 'se ha olvidado de la persona que la cuidó, ya no tiene presente a esa persona').

La decisión dependerá de cuántos participen en el proyecto. (El interrogativo tónico *cuántos* introduce una interrogativa indirecta y el enunciado significa 'la decisión dependerá de qué número de personas participen en el proyecto').

La decisión dependerá de cuantos participen en el proyecto. (El relativo átono *cuantos* introduce una oración de relativo sin antecedente expreso y el enunciado significa 'la decisión dependerá de lo que opinen las personas que participen en el proyecto').

No nos habló de <u>*cuándo*</u> *estuvo aquí.* (El interrogativo tónico *cuándo* introduce una interrogativa indirecta y el enunciado significa 'no nos dijo en qué momento concreto estuvo aquí').

No nos habló de <u>*cuando*</u> *estuvo aquí.* (El relativo átono *cuando* introduce una oración de relativo sin antecedente expreso y el enunciado significa 'no nos habló, no nos contó cosas, de la época en que estuvo aquí').

Por el contrario, hay ocasiones en que es posible articular estas palabras como tónicas o como átonas en un mismo enunciado sin que entre una y otra posibilidad se aprecien variaciones sustanciales de significado. En esos casos es admisible escribir estas palabras tanto con tilde como sin ella, en función de si el que escribe refleja su pronunciación tónica o átona. Esta doble posibilidad (prosódica y gráfica) sin cambio sustancial de significado se da en tres tipos de situaciones, tal y como se explica a continuación:

a) Los relativos que introducen subordinadas relativas sin antecedente expreso, siempre que el antecedente implícito sea indefinido y posea carácter inespecífico (*una persona, alguien, algo, un lugar, algún lugar, alguna manera,* etc., así como sus correlatos negativos *nadie, nada, ningún lugar, ninguna manera,* etc.), pueden articularse en muchos casos con acento prosódico o sin él, de forma que en los textos se encuentran escritos tanto con tilde como sin ella. Esto ocurre fundamentalmente con las oraciones de relativo sin antecedente expreso dependientes de los verbos *haber* y *tener,* pero también de verbos que pueden admitir complementos indefinidos de carácter inespecífico, como *buscar, encontrar, necesitar,* etc.

Información adicional Son complementos indefinidos de carácter inespecífico aquellos que se refieren no a un ente concreto y determinado, realmente existente, sino a uno cualquiera de los posibles, sin que se especifique o se sepa cuál es, ni siquiera si existe o no. Así, por ejemplo, es inespecífico el complemento de *buscar* en *Busco un mecánico que me arregle la moto* (donde el referente no es ningún mecánico concreto, sino uno cualquiera que aún no se sabe quién es y que puede existir o no), mientras que es específico en *Busco a un mecánico / al mecánico que me arregló la moto* (donde el referente es un mecánico concreto, realmente existente).

En los ejemplos siguientes se observa como, al suprimir el antecedente indefinido expreso de las oraciones de relativo dependientes de estos verbos, se obtienen oraciones relativas cuyo antecedente indefinido no está expreso, sino implícito en el relativo que las introduce:

Tiene alguien en quien confiar → Tiene en quien/quién confiar.
No hay un lugar donde estudiar → No hay donde/dónde estudiar.
Busco una persona que me ayude → Busco quien/quién me ayude.
No encuentro un lugar donde alojarme → No encuentro donde/dónde alojarme.
Necesita alguien que lo cuide → Necesita quien/quién lo cuide.

Como se ve, en este tipo de relativas sin antecedente expreso los relativos pueden ser tónicos o átonos y escribirse, consecuentemente, con tilde o sin ella. Ambas posibilidades son válidas, si bien hay que señalar que, cuando las relativas llevan el verbo en infinitivo, los relativos que las introducen tienden a pronunciarse normalmente tónicos (por lo que aparecen más a menudo escritos con tilde), mientras que, si el verbo es una forma personal, los relativos manifiestan mayor tendencia a la pronunciación átona (y, por ello, se ven escritos más a menudo sin tilde). Por otra parte, unos relativos parecen admitir con más facilidad que otros la doble articulación átona o tónica, como *quien/quién* o *donde/dónde,* mientras que otros, como *qué,* parecen decantarse casi siempre por la realización tónica en este tipo de oraciones. Se ofrecen a continuación ejemplos en los que se pone de manifiesto la alternancia entre relativos tónicos y átonos que caracteriza este tipo de oraciones:

«No iba a haber con qué hacerle frente a todo aquello» (UPietri *Oficio* [Ven. 1976]).
«Fue larga [la lactancia], porque ahí había con que hartar a varios infantes» (Mujica *Escarabajo* [Arg. 1982]).
«Queremos tener a quién envidiar» (Nieva *Nosferatu* [Esp. 1991]).
«Pues ya tiene a quien parecerse» (Marsé *Muchacha* [Esp. 1978]).
«Ahora sí me voy, que ya Alcides tiene quien lo acompañe» (Quintero *Esperando* [Cuba 1996]).
«Me voy a tomar un café al Dominó y no tengo quién me acompañe» (Bayly *Días* [Perú 1996]).
«Ahora no habrá quien defienda el orden» (Salisachs *Gangrena* [Esp. 1975]).
«El Rey marchaba sobre Londres al frente de un ejército y no había quién se le opusiera» (Otero *Temporada* [Cuba 1983]).
«No había dónde sentarse y permanecimos de pie» (Olaizola *Guerra* [Esp. 1983]).
«No había donde sentarse. Permanecí en pie mientras ella comenzó a hablar» (Mutis *Ilona* [Col. 1988]).
«También esta vez me trajo un costoso regalo. Ya son tantos, casi siempre joyas que no tengo cuándo lucir, que no sé diferenciar su procedencia» (Jaramillo *Tiempo* [Pan. 2002]).

«Hasta que él le daba el beso de despedida [...], cuya característica fundamental era la de no tener cuando acabar» (Bryce *Huerto* [Perú 2002]).

«Recorrieron el vagón a saltitos en ambos sentidos buscando dónde sentarse» (GaMárquez *Vivir* [Col. 2002]).

«Busca donde ocultarse y termina por zambullirse detrás de un parapeto bajo» (Ulive *Dorado* [Ur. 1989]).

«Los hombres no saben cuidarse, no son fuertes, necesitan quién los atienda» (GaRamis *Días* [P. Rico 1986]).

«Necesitamos quien nos marque el compás hasta Barquisimeto» (Britto *Misa* [Ven. 1980]).

«No la quiero, busco cómo refugiarme de ella» (Serrano *Vida* [Chile 1995]).

«Buscan como colgarlo del guarumo más alto» (Ramírez *Baile* [Nic. 1995]).

Hay ciertos contextos, no obstante, en que los relativos que introducen este tipo de relativas con antecedente indefinido implícito no admiten la doble posibilidad acentual y se realizan siempre tónicos. Se trata de aquellos casos en que la realización átona del relativo lo haría coincidir prosódica y gráficamente con una conjunción, asimismo átona, en estructuras dependientes de los mismos verbos. Para evitar la coincidencia con la conjunción, el relativo solo admite la articulación tónica en esas circunstancias. Así, por ejemplo, cuando con los verbos *haber* y *tener* la relativa va introducida por el relativo *qué,* este siempre es tónico y se escribe con tilde, para distinguirse de la conjunción *que* presente en las perífrasis obligativas de infinitivo formadas con *haber* y *tener: No tengo qué estudiar hoy* (enunciado que incluye una oración de relativo con antecedente indefinido implícito y significa 'no tengo nada que estudiar hoy'), frente a *No tengo que estudiar hoy* (enunciado que incluye una perífrasis obligativa y significa 'no tengo la obligación o la necesidad de estudiar hoy'); o *Siempre hay qué comer en esa casa* ('siempre hay algo que comer en esa casa'), frente a *Siempre hay que comer en esa casa* ('es obligatorio comer siempre en esa casa').

Son, pues, oraciones de relativo necesariamente tónico las que ilustran los ejemplos siguientes:

«Porque no había qué comer y la gente aumentaba» (Llamazares *Río* [Esp. 1990]).

«Sabía leer. Pero no tenía qué leer» (Sepúlveda *Viejo* [Chile 1989]).

Mientras que estos otros ilustran el uso de las perífrasis obligativas de infinitivo:

«A la siguiente comida no dieron cucharas a nadie: hubo <u>que</u> comer con los dedos» (Valladares *Esperanza* [Cuba 1985]).

«La situación que vivía en ese momento era incongruente: tener <u>que</u> leer cuando no quería leer delante de un público que no quería escuchar» (Ribeyro *Geniecillos* [Perú 1983]).

Advertencia	En la fórmula interjectiva *hay que ver* la conjunción *que* (átona) se escribe sin tilde: *¡Hay <u>que</u> ver lo caro que está todo!* No debe confundirse esta fórmula con aquellos casos en que el relativo tónico *qué* introduce una oración relativa con el verbo *ver* y antecedente indefinido implícito: *La televisión se ha vuelto aburridísima: ya no hay <u>qué</u> ver por las noches* ('no hay nada que ver por las noches').

Lo mismo ocurre cuando la relativa depende del verbo *haber* y va introducida por el relativo *cómo,* también en este caso obligatoriamente tónico para distinguirse del *como* átono que aparece en la construcción ponderativa *no haber como...* ('no haber cosa mejor que...'): *No hay <u>cómo</u> arreglar los problemas* ('no hay ninguna manera de arreglar los problemas'), frente a *No hay <u>como</u> arreglar los problemas* [para sentirse bien] ('no hay cosa mejor que arreglar los problemas [para sentirse bien]'). Los siguientes ejemplos ilustran cada una de estas estructuras:

«Aquí no hay <u>cómo</u> hacer una limpieza a fondo» (Adoum *Ciudad* [Ec. 1995]) [= 'no hay forma de hacer una limpieza a fondo'].

«No hay <u>como</u> estar en contacto con la juventud para aprender a envejecer» (Piglia *Respiración* [Arg. 1980]) [= 'no hay cosa mejor que estar en contacto con la juventud para...'].

b) Hay verbos como *gustar, depender, saber, ignorar, olvidar, recordar, imaginar,* etc., o expresiones como *según* o *independientemente de* que pueden construirse, bien con oraciones de relativo sin antecedente introducidas por un relativo átono (sin tilde), bien con oraciones interrogativas indirectas encabezadas por un interrogativo tónico (con tilde), sin que a menudo la elección de una u otra estructura oracional suponga una diferencia sustancial de significado:

Me gusta <u>como</u> viste (oración de relativo sin antecedente = 'me gusta la manera como viste').

Me gusta <u>cómo</u> viste (oración interrogativa indirecta = 'me gusta de qué manera viste').

No olvides de donde viene (oración de relativo sin antecedente = 'no olvides el lugar del que viene').

No olvides de dónde viene (oración interrogativa indirecta = 'no olvides de qué lugar viene').

Depende de cuando llegue (oración de relativo sin antecedente = 'depende del momento en el que llegue').

Depende de cuándo llegue (oración interrogativa indirecta = 'depende de en qué momento llegue').

En general, suele ser más frecuente en estos casos el empleo de interrogativas indirectas y, por tanto, de interrogativos tónicos escritos con tilde. Se ofrecen a continuación algunos ejemplos que ilustran la doble posibilidad señalada:

«A mí me gusta como habla» (Gamboa *Páginas* [Col. 1998]).

«También me gusta cómo hablas» (PzReverte *Reina* [Esp. 2002]).

«—No sé las horas que estuve sentado en el tren. —Depende de donde viniera» (Díez *Oscurecer* [Esp. 2002]).

«En París o en Lima, en fin, eso depende de dónde quieras quedarte» (Bryce *Magdalena* [Perú 1986]).

«Sabes quien soy. ¿Quieres que te recuerde cómo era hace un mes?» (MFoix *Don Juan* [Esp. 1992]).

«Los argentinos ni siquiera saben quién es Schlieffen» (Martínez *Perón* [Arg. 1989]).

«Hay tres tipos de rocas, según cual sea su origen» (Maza *Astronomía* [Chile 1988]).

«Las notas se distribuyen diversamente según cuál sea la base, el tono elegido» (Marco *Música* [Esp. 1993]).

c) Según se ha indicado (§ 3.4.3.2.2.2b), la palabra *como* puede funcionar como conjunción completiva (equivalente a *que*) introduciendo oraciones subordinadas sustantivas de complemento directo dependientes de ciertos verbos, como los de percepción (*ver, oír, observar, comprobar,* etc.) o los que denotan exposición o relato (*explicar, relatar, señalar,* etc.). Este *como* conjuntivo es átono y se escribe sin tilde, y lo que se percibe o expone es el hecho que expresa la subordinada:

«Ya verá como al final todo se resuelve» (MñzMolina *Sefarad* [Esp. 2001]) [= 'ya verá que...'].

«Aquí no pretendemos tanto; sí, en cambio, señalar como ha habido siempre una cierta consciencia de la necesidad y la utilidad del manejo del agua» (Albentosa *Clima* [Esp. 1991]) [= 'señalar que...'].

TABLA 2. TILDE DIACRÍTICA EN *QUÉ/QUE*, *CUÁL/CUAL*, *QUIÉN/QUIEN*, *CÓMO/COMO*, *CUÁN/CUAN*, *CUÁNTO/CUANTO*, *CUÁNDO/CUANDO*, *DÓNDE/DONDE* Y *ADÓNDE/ADONDE*

Con tilde	**Con valor interrogativo o exclamativo**
	Con valor de indefinidos en correlaciones distributivas
Sin tilde	**Como relativos**
	Como conjunciones
	Con otros valores (preposición)
	En locuciones o expresiones
Con o sin tilde	**En relativas de antecedente implícito indefinido de carácter inespecífico**
	En subordinadas que pueden analizarse como relativas o como interrogativas indirectas
	En subordinadas sustantivas como conjunción átona (*como*) o en interrogativas indirectas como interrogativo tónico (*cómo*)

Realización tónica

Realización átona

Realización átona o tónica

Encabezando estructuras interrogativas y exclamativas	Interrogativas y exclamativas directas	*¿Adónde va?* *¡Qué calor!*
	Interrogativas y exclamativas indirectas	*No sé qué hora es.* *Es increíble cuánto sabe.*
Sustantivados con determinante	*Lo que importa ahora es el cuándo y el dónde, no el cómo.*	
En locuciones o expresiones	*Ha tenido varios novios, a cuál más raro.*	
Todos colaboraban: quién hacía la compra, quién limpiaba la casa, quién cocinaba…		
En relativas con antecedente expreso	*Mi abuelo construyó la casa donde vivimos.*	
En relativas sin antecedente expreso	*Quien termine el primero recibirá un premio.*	
Han dicho que iremos todos.		
Solo me quiere como amiga.		
Con pronunciación átona	*Sal cuanto antes.*	
Con pronunciación tónica	*De vez en cuando quedamos.*	
No había donde/dónde sentarse. *Ya tengo quien/quién me acompañe.*		
Depende de cuando/cuándo sea.		
Oyó como/cómo se rompían los cristales.		

Este mismo tipo de verbos se construyen frecuentemente también con oraciones interrogativas indirectas de valor modal introducidas por el adverbio interrogativo tónico *cómo:*

Vi cómo lo hizo (= 'vi de qué modo lo hizo').
Me contó cómo consiguió convencerlo (= 'me contó de qué modo logró convencerlo').

Puesto que en muchas ocasiones la percepción o exposición de un hecho es indisociable de la del modo en que este se produce, la conjunción átona *como* viene a confluir a menudo, en oraciones dependientes de estos verbos, con el adverbio interrogativo tónico *cómo*. En esos casos en que el elemento introductor de la subordinada puede interpretarse de ambas formas y articularse como voz átona o tónica, es admisible su escritura sin tilde o con ella, según se observa en los ejemplos siguientes:

«Oyó como se abría una puerta» (Chamorro *Cruz* [Esp. 1992]).
«Oyó cómo madre e hijo bajaban la escalera de nuevo» (Pombo *Metro* [Esp. 1990]).
«Rogelio vio como Mayra se alejaba» (Olivera *Enfermera* [Méx. 1991]).
«Vi cómo en cada salida se llevaban los cubiertos de plata» (Allende *Eva* [Chile 1987]).
«Cuenta como un pastor que apacentaba allí sus rebaños venía observando la existencia de un pequeño rectángulo [...] al que las ovejas nunca se acercaban» (Villanueva *Cantabria* [Esp. 2000]).
«Contó cómo una noche había aparecido por casa seguido de una docena de estudiantes» (MtzPisón *Ternura* [Esp. 1985]).

No obstante, hay contextos en que el uso de la conjunción átona o del adverbio interrogativo tónico en oraciones dependientes de estos verbos supone una diferencia notable de significado. En esos casos la presencia o ausencia de tilde no es indistinta ni opcional, sino que debe adecuarse al sentido que se desea expresar:

Ya verás como viene (= 'seguro que viene, ya verás').
Ya verás cómo viene (= 'ya verás de qué manera viene: desaliñado, cansado...').

En la TABLA 2 se resumen los usos de la tilde diacrítica en *qué, cuál, quién, cómo, cuán, cuánto, cómo, cuándo* y *dónde* explicados en estas páginas (v. § 3.4.3.2).

3.4.3.3 La tilde diacrítica en el adverbio *solo* y en los pronombres demostrativos

La palabra *solo*, tanto cuando es adverbio (*Solo trabaja de lunes a viernes*) como cuando es adjetivo (*Está solo en casa todo el día*), así como los demostrativos *este, ese* y *aquel*, con sus femeninos y plurales, funcionen como pronombres (*Este es tonto; Quiero aquella*) o como determinantes (*aquellos tipos, la chica esa*), son voces que no deben llevar tilde según las reglas generales de acentuación, bien por ser bisílabas llanas terminadas en vocal o en *-s* (v. § 3.4.1.2.2), bien, en el caso de *aquel*, por ser aguda y acabar en consonante distinta de *n* o *s* (v. § 3.4.1.2.1a).

No obstante, las reglas ortográficas venían prescribiendo el uso diacrítico de la tilde en el adverbio *solo* y los pronombres demostrativos para distinguirlos, respectivamente, del adjetivo *solo* y de los determinantes demostrativos, cuando en un mismo enunciado eran posibles ambas interpretaciones y podían producirse casos de ambigüedad, como en los ejemplos siguientes: *Trabaja sólo los domingos* ('trabaja solamente los domingos'), para evitar su confusión con *Trabaja solo los domingos* ('trabaja sin compañía los domingos'); o *¿Por qué compraron aquéllos libros usados?* (*aquéllos* es el sujeto de la oración), frente a *¿Por qué compraron aquellos libros usados?* (el sujeto de esta oración no está expreso, y *aquellos* acompaña al sustantivo *libros*).

Advertencia	Las formas neutras de los demostrativos, es decir, las palabras *esto, eso* y *aquello,* que solo pueden funcionar como pronombres, se han escrito siempre sin tilde: *Eso no es cierto; No entiendo esto.*

Sin embargo, puesto que ese empleo tradicional de la tilde diacrítica no opone en estos casos formas tónicas a otras átonas formalmente idénticas (requisito prosódico que justifica el empleo de la tilde diacrítica), ya que tanto el adjetivo *solo* como los determinantes demostrativos son palabras tónicas, lo mismo que el adverbio *solo* y los pronombres demostrativos, a partir de ahora se podrá prescindir de la tilde en estas formas incluso en casos de doble interpretación.

Las posibles ambigüedades son resueltas casi siempre por el propio contexto comunicativo (lingüístico o extralingüístico), en función del cual solo suele ser admisible una de las dos opciones interpretativas. Los casos reales en los que se produce una ambigüedad que el contexto comunicativo no es capaz de despejar son raros y rebuscados, y siempre pueden resolverse por otros medios, como el empleo de sinónimos (*solamente* o *únicamente,* en el caso del adverbio *solo*), una puntuación adecuada, la inclusión de algún elemento que impida el doble sentido o un cambio en el orden de palabras que fuerce una sola de las interpretaciones. En todo caso, estas posibles ambigüedades nunca son superiores en número ni más graves que las que producen los numerosísimos casos de homonimia y polisemia léxica que hay en la lengua.

Información adicional — En español existen infinidad de homónimos tónicos que no se distinguen mediante el uso de la tilde diacrítica, ni siquiera cuando pueden dar lugar a enunciados ambiguos. Así, en el mismo caso que *solo* se encuentra, por ejemplo, la palabra *seguro,* que puede ser tanto un adjetivo ('exento de peligro') como un adverbio ('seguramente'), y puede aparecer en enunciados ambiguos como *Pedro trabaja seguro* ('trabaja sin peligro', si *seguro* se interpreta como adjetivo; o 'seguramente tenga que trabajar' o 'con seguridad tiene que trabajar', si *seguro* se interpreta como adverbio). Caso análogo al de los demostrativos es el de los indefinidos *otro, algunos, pocos, muchos,* etc., que también pueden funcionar como pronombres o como determinantes y no por ello se tildan en sus usos pronominales, ni aun en los raros casos en que puede darse la doble interpretación en un mismo enunciado, como en *¿Encontraron otros indicios de delito?* (si el indefinido *otros* es pronombre, se pregunta si otras personas, por ejemplo, otros jueces, encontraron algún indicio de delito; mientras que, si *otros* es aquí un determinante, se pregunta si ciertas personas que no se mencionan encontraron más indicios de delito, indicios adicionales, además de los ya encontrados con anterioridad).

3.4.3.4 Supresión de la tilde en la conjunción disyuntiva *o*

Hasta ahora se venía recomendando poner tilde a la conjunción disyuntiva *o* cuando se escribía entre dos cifras, con el fin de evitar toda posible confusión con el guarismo correspondiente al número cero (se escribía *3 ó 4* para distinguir con claridad esta expresión disyuntiva del número *304*). Este uso diacrítico de la tilde no tiene justificación prosódica alguna, puesto que, como conjunción, la *o* es siempre átona, de forma que solo se sostenía por razones puramente gráficas. Sin embargo, estas razones no parecen suficientes, ni en la escritura mecánica, hoy general gracias al empleo de computadoras u ordenadores, ni en la manual, ya que tanto los espacios en blanco que flanquean la conjunción *o* como su diferente forma y menor altura que el cero (*la letra o, el número 0*) hacen prácticamente imposible su confusión real en la práctica. Por lo tanto, a partir de este momento la conjunción *o* se escribirá siempre sin tilde, como corresponde a su condición de palabra monosílaba átona, y con independencia de que aparezca entre palabras, cifras o signos: *¿Quieres té o* *café?; Terminaré dentro de 3 o 4 días; Escriba los signos + o – en la casilla correspondiente.*

3.4.4 LA TILDE EN *AÚN/AUN*

El adverbio *aún/aun* puede pronunciarse en español como una palabra tónica con hiato: [a.ún] (*No la he visto aún*); o como una palabra átona con diptongo: [aun] (*Aun cuando sea verdad, no te creerán*). Como reflejan los ejemplos, la forma bisílaba tónica debe escribirse con tilde, mientras que la forma monosílaba átona se escribe sin ella.

La escritura con tilde o sin tilde de esta voz responde estrictamente a la aplicación de las reglas de acentuación del español: a la articulación [a.ún] le corresponde la escritura con tilde *aún* por contener un hiato formado por una vocal abierta y una vocal cerrada tónica, mientras que a la articulación [aun] le corresponde la grafía sin tilde *aun* por tratarse de un monosílabo átono. Por otra parte, tanto *aún* como *aun* pertenecen a la misma categoría gramatical, la del adverbio (aunque a subclases diversas). Así pues, la distinción gráfica entre ambas formas no es del todo asimilable a los casos de aplicación de la tilde diacrítica expuestos antes, aunque sea este el tratamiento ortográfico que se le ha venido dando tradicionalmente por presentar, cada una de esas formas, valores y sentidos diversos.

La dificultad que plantea la elección de una u otra forma gráfica en algunos usos concretos de esta palabra se debe a la vacilación que se produce en su pronunciación en función de distintos factores, como su valor semántico, su ubicación en el enunciado, la velocidad, el esmero o el énfasis en la elocución, la procedencia geográfica del hablante, etc. No obstante, pueden formularse unas pautas generales, basadas en la pronunciación que suele corresponder a cada uno de sus valores, para determinar cuándo este adverbio debe escribirse con tilde y cuándo sin ella:

a) El adverbio *aún* es normalmente tónico y debe escribirse con tilde cuando puede sustituirse por *todavía,* con los valores siguientes:

- Con valor temporal, denotando la continuidad o persistencia de una situación:

  Aún me emociona esta canción.
  El paquete no ha llegado aún.
  Aún dormida ('estando todavía dormida'), *se subió al tren.*
  Los sindicatos siguen aún reunidos con el Gobierno.
  Después de tanto tiempo arreglándote, ¿estás aún así?

- Con valor ponderativo o intensivo (a menudo en oraciones de sentido comparativo, acompañado de los adverbios *más, menos, mejor, peor,* etc.):

Insultó al vecino, y aún pretendía que este le pidiera disculpas.
Aunque el resultado es bueno, aún podríamos mejorarlo.
Aún cabría mencionar alguna de sus últimas obras.
No te quejes, que aún has tenido suerte.
Miguel es aún más simpático que su hermano.
Peor aún es disculparlos, si son realmente culpables.
Es más interesante aún de lo que esperábamos.

b) El adverbio *aun* es normalmente átono y debe escribirse sin tilde en los siguientes casos:

- Cuando, con valor inclusivo-ponderativo, se utiliza con el mismo sentido que *hasta, incluso, también* (o *siquiera,* cuando va precedido de *ni* en construcciones de sentido negativo):

Al final acudieron todos, aun los que habían dicho que no irían.
Aun los niños saben que eso no debe hacerse.
Aun dormida ('incluso estando dormida, hasta dormida') *te recita la lista de los reyes godos.*
Ni aun su padre ('ni siquiera su padre') *consiguió convencerla.*

- Cuando tiene valor concesivo en oraciones que admiten paráfrasis con *aunque* o *a pesar de,* tanto en la locución conjuntiva *aun cuando* como seguido de un gerundio, un participio, un adverbio o un grupo preposicional:

Continuó hablando, aun cuando nadie la escuchaba ('aunque nadie la escuchaba').
Aun siendo enemigos ('aunque eran enemigos'), *se respetaban.*
Aun heridos ('aunque estaban heridos'), *consiguieron ponerse a salvo.*
En las tareas de limpieza participaron todos los vecinos y, aun así ('aunque fue así, a pesar de eso'), *invirtieron toda la mañana.*
Se casó con él aun con la oposición de sus padres ('aunque sus padres se oponían').

3.4.5 La acentuación gráfica de formas o expresiones complejas

Como ya se indicó al hablar de los principios del sistema acentual (v. § 3.2c), las reglas de acentuación se aplican dentro de los límites de la palabra gráfica, considerada esta como toda sucesión de grafemas que aparece en la línea de escritura entre espacios en blanco (o flanqueada por signos de puntuación o auxiliares). Por lo tanto, la acentuación gráfica de las formas o expresiones complejas, esto es, las compuestas de varios elementos simples, dependerá de si se escriben en una o varias palabras gráficamente independientes.

Así, hay formas complejas que constituyen una única palabra gráfica, como los compuestos univerbales (*ciempiés*), los adverbios terminados en *-mente* (*cortésmente*) o las formas verbales con pronombres enclíticos (*díselo*); expresiones complejas formadas por varias palabras unidas con guion (*épico-lírico, causa-efecto, París-Berlín*), y expresiones complejas formadas por varias palabras gráficamente independientes (*sofá cama, vía crucis, treinta y dos, José Antonio, Costa Rica*). A continuación se ofrecen las pautas para la acentuación gráfica de cada uno de estos tipos de expresiones.

3.4.5.1 Formas complejas escritas en una sola palabra

3.4.5.1.1 *Palabras compuestas*

En las palabras compuestas formadas por la fusión de dos o más voces simples, todos los elementos tónicos, salvo el último, pierden su acento, algo lógico si se tiene en cuenta que este rasgo prosódico está restringido en español a las tres últimas sílabas (v. § 2.3.2). El acento prosódico del compuesto recae, pues, en la sílaba tónica de su último componente:

PAsa + *puRÉ* → *pasapuRÉ*
SAbe + *lo* + *TOdo* → *sabeloTOdo*

Este único acento prosódico es el que debe tenerse en cuenta a la hora de acentuar gráficamente la palabra compuesta, con independencia de cómo se acentúen por separado las voces que la constituyen. Por lo tanto, los compuestos escritos en una sola palabra se someten a las reglas de acentuación como si fueran voces simples:

hinca + *pie* → *hincapié* (con tilde por ser palabra aguda terminada en vocal)
veinte + *y* + *dos* → *veintidós* (con tilde por ser palabra aguda terminada en *-s*)
balón + *cesto* → *baloncesto* (sin tilde por ser palabra llana terminada en vocal)
tío + *vivo* → *tiovivo* (sin tilde por ser palabra llana terminada en vocal)
arco + *iris* → *arcoíris* (con tilde por contener un hiato de vocal cerrada tónica y abierta átona)

3.4.5.1.2 *Adverbios terminados en* -mente

Los adverbios de este tipo se forman por la adición a un adjetivo del elemento compositivo *-mente* (del sustantivo latino *mens, mentis* 'mente, ánimo, intención'). Estas palabras presentan de manera excepcional dos sílabas tónicas, la del adjetivo base y la de la terminación:

ÍNtegra + -MENte → ÍNtegraMENte
tranQUIla + -MENte → tranQUIlaMENte

Esta particularidad prosódica justifica la excepción que supone la acentuación gráfica de estos adverbios, que conservan siempre la tilde del adjetivo base, si este la lleva:

cortés + -mente → cortésmente
fácil + -mente → fácilmente
rápida + -mente → rápidamente
normal + -mente → normalmente
breve + -mente → brevemente

Información adicional — Esta pauta es excepcional porque tiene en cuenta el acento prosódico del primer componente; si se tuviera únicamente en cuenta la sílaba tónica de la terminación *-MENte,* ninguno de estos adverbios se escribiría con tilde por tratarse de voces llanas acabadas en vocal.

3.4.5.1.3 ***Formas verbales con pronombres enclíticos***

Cuando los pronombres átonos (*me, te, se, lo/s, la/s, le/s, nos, os*) van pospuestos al verbo, se escriben unidos a este formando una sola palabra gráfica (v. cap. v, § 2.1.4). El acento prosódico de la palabra resultante coincide con el de la forma verbal, único elemento tónico presente en estas formas complejas:

DI + me → DIme
arrepinTIENdo + se → arrepinTIÉNdose
leER + os + lo → leÉroslo
COma + se + lo → CÓmaselo

Información adicional — Los pronombres personales *me, te, se, lo/s, la/s, le/s, nos, os* son palabras átonas que se pronuncian necesariamente apoyadas en el verbo, con el que forman un grupo acentual (v. § 2.3.1.2). Si preceden a la forma verbal, se llaman *proclíticos* y mantienen su independencia gráfica: *las perdí, nos lo aseguró;* si la siguen, se denominan *enclíticos* y se escriben soldados al verbo: *perderlas, asegúranoslo* (v. cap. v, § 2.1.4).

Las formas verbales con pronombres enclíticos se someten a las reglas de acentuación, de modo que llevarán tilde o no según corresponda a la palabra resultante, con independencia de cómo se acentúe gráficamente la forma verbal sin los pronombres. Así, *deme, estate* o *ponlos* no llevan tilde por ser voces llanas terminadas en vocal o en *-s; oídnos, reírme* o *subíos* sí la llevan por contener un hiato formado por una vocal cerrada tónica y una abierta átona; y *ayudándome, tráigannoslas* o *diciéndoselo,* por ser voces esdrújulas o sobresdrújulas.

Advertencia	Las formas del imperativo de segunda persona de singular características del voseo no constituyen una excepción a esta pauta y se someten igualmente a las reglas de acentuación; así, cuando se usan sin enclíticos, se escriben con tilde por ser palabras agudas acabadas en vocal: *pensá, volvé, decí;* cuando llevan un enclítico, se escriben sin tilde por ser llanas terminadas en vocal o en *-s: pensalo, volvete, deciles;* y, si se les añade más de un enclítico, se tildan por ser esdrújulas o sobresdrújulas: *pensátelo, decímelo, llevátemela.*

3.4.5.2 Expresiones complejas formadas por varias palabras unidas con guion

El guion se utiliza en español, entre otras cosas, para unir entre sí varias palabras, dando lugar a expresiones complejas de diversa naturaleza (v. cap. III, § 4.1.1.2): *teórico-práctico, franco-alemán, calidad-precio, director-presentador, Álvarez-Arenas, Vélez-Málaga* (municipio español). En algunos casos, todas las palabras tónicas que integran estas expresiones conservan su acento prosódico: *esCUEla-taLLER, COSte-beneFIcio, TAjo-SeGUra;* mientras que, en otros, tiende a conservarse únicamente el acento prosódico de la palabra que figura en último lugar: *épico-LÍrico, José-AnDRÉS.*

En cualquiera de los casos, todas las palabras que integran este tipo de expresiones mantienen la acentuación gráfica que les corresponde como voces autónomas, con independencia de que conserven o no en dicha situación su acentuación prosódica: *físico-químico, cóncavo-convexas, árabe-israelí, realidad-ficción, García-Gómez, José-Tomás, avión-hospital, Madrid-París-Berlín.* Lo mismo ocurre cuando una palabra tónica se une con guion a cualquier otro elemento gráfico: *Seúl-88.*

3.4.5.3 Expresiones complejas formadas por varias palabras independientes

Existen expresiones complejas formadas por la simple yuxtaposición de varias palabras gráficamente independientes, que, sin embargo, constituyen unidades léxicas, bien porque designan un concepto unitario, como *piel roja* ('indígena de América del Norte'), bien, en el caso de los nombres propios, porque identifican un único referente, como *Nueva York* ('ciudad de los Estados Unidos').

En ocasiones, todos los componentes tónicos de estas expresiones complejas conservan en ellas su acento prosódico, como ocurre en las locuciones sustantivas *hombre rana* [ómbre rrána] ('submarinista') o *mesa redonda* [mésa rredónda] ('reunión de especialistas en una materia para discutir sobre ella'); pero otras muchas veces la expresión pluriverbal pasa a constituir también una unidad desde el punto de vista acentual, de forma que solo se conserva el acento prosódico del último elemento. Esto suele ocurrir con bastante frecuencia en los nombres propios compuestos, sean de persona o de lugar: *Miguel Ángel* [migelánjel], *Buenos Aires* [buenosáires]; en algunos numerales complejos, sean cardinales u ordinales: *ocho mil* [ochomíl], *vigésimo noveno* [bijesimonobéno]; y también en locuciones de diverso tipo, como *puerco espín* [puerkoespín], *tío abuelo* [tioabuélo], *boca arriba* [bokarríba] o *marcha atrás* [marchatrás].

Todas las palabras tónicas que integran este tipo de expresiones complejas, con independencia de que mantengan o no en ellas su acento prosódico, conservan siempre la acentuación gráfica que les corresponde como voces autónomas: *José María, vigésimo cuarto, vía crucis, arco iris*. En caso de pasar a constituir también una unidad gráfica, convirtiéndose en compuestos univerbales, las reglas de acentuación se deben aplicar sobre la palabra compuesta resultante, al margen de cómo se escribiera cada componente por separado (v. § 3.4.5.1.1): *Josemaría, vigesimocuarto, viacrucis, arcoíris*.

3.4.6 LA ACENTUACIÓN GRÁFICA DE EXTRANJERISMOS Y LATINISMOS

Para la acentuación gráfica de extranjerismos y latinismos, véase el capítulo VI, § 2.1.3 y 2.2.2.

3.4.7 LA ACENTUACIÓN GRÁFICA EN LAS ABREVIACIONES Y LOS SÍMBOLOS

Para la acentuación gráfica de abreviaciones y símbolos, véase el capítulo V, § 3.2.5.2 (abreviaturas), § 3.3.4b (siglas y acrónimos) y § 4.4b (símbolos).

3.4.8 LA ACENTUACIÓN GRÁFICA DE LAS MAYÚSCULAS

Sobre el uso de la tilde en las mayúsculas, véase el capítulo IV, § 3.3.

CAPÍTULO III

El uso de los signos ortográficos

1

LOS SIGNOS ORTOGRÁFICOS

Llamamos *signos ortográficos* a todas aquellas marcas gráficas que, no siendo letras ni números, se emplean en los textos escritos para contribuir a su correcta lectura e interpretación. El inventario de signos ortográficos se ha ido modificando y enriqueciendo a lo largo de la historia de la escritura y hoy está constituido por un conjunto relativamente heterogéneo de elementos de diverso tipo y función.

De acuerdo con sus principales funciones, los signos ortográficos se clasifican en tres grupos:

a) *Signos diacríticos.* Pertenecen a este grupo los signos ortográficos que confieren un valor especial a la letra a la que afectan. Tienen, pues, función distintiva. El sistema gráfico del español cuenta con dos signos diacríticos: la tilde y la diéresis (§ 2).

b) *Signos de puntuación.* Son signos ortográficos cuya función principal es delimitar las unidades del discurso, para facilitar la correcta interpretación de los textos y ofrecer ciertas informaciones adicionales sobre el carácter de esas unidades. A este grupo pertenecen el punto, la coma, el punto y coma, los dos puntos, los paréntesis, los corchetes, la raya, las comillas, los signos de interrogación y exclamación, y los puntos suspensivos (§ 3).

c) *Signos auxiliares.* Bajo esta denominación conjunta se agrupan los signos ortográficos que no pertenecen a ninguna de las dos clases anteriores y cumplen muy variadas funciones, algunas de carácter periférico. El grupo de signos auxiliares constituye un inventario abierto, que puede variar según el tipo de texto y el ámbito o disciplina en el que este se inscriba. Se dará cuenta aquí (§ 4) de los más comunes en el uso escrito general (como el guion, la barra, la llave o el apóstrofo) y en obras de tipo técnico (como la antilambda, el asterisco, el signo de párrafo, el calderón o la flecha).

Debe tenerse en cuenta que un mismo signo cumple, por lo general, varias funciones —algunas de las cuales exceden del ámbito ortográfico—, de manera que, para establecer la clasificación, se ha atendido a la que se considera la función principal de cada uno de ellos. Así, por ejemplo, el punto, la coma o los paréntesis son componentes fundamentales de la expresión matemática, lo que no impide que se consideren aquí signos de puntuación.

Si bien los manuales de ortografía suelen coincidir en la distinción entre signos de puntuación y signos auxiliares, se producen vacilaciones a la hora de incluir algunos de los signos ortográficos en uno u otro grupo. Así, no es raro encontrar los paréntesis, los corchetes, las comillas y la raya en el grupo de los signos auxiliares. Aunque, en efecto, estos signos cuentan con varios usos que pueden considerarse *auxiliares,* cumplen una función claramente demarcativa en la mayor parte de los contextos (valga como ejemplo la posibilidad de emplear comas, paréntesis o rayas para delimitar incisos), de ahí que se consideren aquí dentro de los signos de puntuación.

Dependiendo de si presentan una o dos formas, los signos ortográficos se clasifican en simples y dobles. Los signos simples tienen una única forma, mientras que los signos dobles tienen dos, una de apertura y otra de cierre. Son signos dobles los paréntesis, los corchetes, las comillas, las antilambdas o diples, las llaves y los signos de interrogación y de exclamación.

2

SIGNOS DIACRÍTICOS

Son diacríticos los signos ortográficos que inciden sobre un grafema para indicar algún rasgo o valor distintivo. En español, los únicos signos diacríticos vigentes son la tilde (´) y la diéresis (¨). Los dos se escriben siempre sobre la vocal a la que afectan, esté escrita en minúscula o en mayúscula (v. cap. IV, § 3.3).

2.1 LA TILDE

La tilde —también llamada *acento gráfico* u *ortográfico*— es una rayita oblicua (´) que, colocada sobre una vocal, indica que la sílaba de la que forma parte es tónica, es decir, es la que porta el acento prosódico de la palabra: *códice, lápiz, té.* La tilde debe trazarse siempre de derecha a izquierda, esto es, como acento agudo, y nunca de izquierda a derecha (`), trazo que corresponde al acento grave, que carece de uso en el español actual, aunque sí existe en lenguas de nuestro entorno como el catalán (*castellà, això*) o el francés (*élève*). Las funciones de la tilde en español, así como las normas que regulan su empleo, se exponen en el capítulo II de esta obra.

2.2 LA DIÉRESIS

La diéresis, también llamada *crema,* tiene forma de dos puntos (¨) que se disponen horizontalmente sobre la vocal a la que afectan. Se exponen a continuación los dos usos que puede tener este signo en textos escritos en español.

a) La diéresis cumple hoy una sola función obligatoria en el sistema ortográfico del español: señalar que la letra *u* tiene valor fónico propio, y debe pronunciarse, cuando va precedida de *g* y seguida de *e* o *i,* como en *lengüeta* o *pingüino,* a diferencia de los casos en los que carece de valor fónico por formar parte del dígrafo *gu,* con el que se representa en español el fonema /g/ ante esas mismas vocales, como en *higuera* o *seguir* (v. cap. I, § 6.1.2.2.1.1 y 6.2.2.2).

Información adicional — Hasta que en 1815 la ortografía académica determinó que la secuencia gráfica *qu* solo debía usarse en español para representar el fonema /k/ ante las vocales *e, i,* existían palabras en las que, por razones etimológicas, esa secuencia gráfica no constituía un dígrafo, sino dos letras con valor fónico independiente; para indicar que, ante *e, i,* la *u* debía pronunciarse también en esos casos, se escribía asimismo con diéresis: *aqüeducto, eloqüencia, freqüente,* etc. (que pasaron a escribirse, a partir de 1815, *elocuencia, acueducto, frecuente,* etc.). Por ello, en ediciones actuales de textos antiguos no modernizados puede encontrarse la *u* con diéresis en las combinaciones *qüe* y *qüi,* indicando que las sílabas así escritas deben pronunciarse /kue/, /kui/ y no /ke/, /ki/: «*Mando a Marina Tomás cinqüenta morauedís de los blancos*» (*Testamento* [Esp. 1272]); «*A esta causa havían muy a menudo, como arriba es dicho, grandes debates e qüistiones*» (*Baladro* [Esp. c1400-98]).

---

b) En textos poéticos, la diéresis puede colocarse sobre uno de los elementos de una secuencia vocálica para indicar que cada una de las vocales pertenece a una sílaba distinta, lo que tiene repercusiones en la medida del verso. Este es el único caso en español en el que cabe escribir la diéresis sobre una vocal distinta de *u.* Si se escribe sobre la *i,* la diéresis reemplaza al punto constitutivo de esta letra: *ï.*

Información adicional — Los ortógrafos del siglo XVII ya otorgaban a este signo la función de señalar que las vocales de una secuencia debían pronunciarse en dos sílabas, es decir, como hiato y no como diptongo; de ahí su nombre, pues se llamaba precisamente *diéresis* (del lat. *diaerĕsis,* y este del gr. *diaíresis* 'separación, división') a la pronunciación en sílabas distintas de dos vocales contiguas. Con este valor se usó hasta 1950 en la escritura de algunas voces registradas en los diccionarios académicos, como *düeto* o *pïada,* indicando la pronunciación con hiato /du.é.to/ y

/pi.á.da/ que se asignaba, respectivamente, a estas palabras. Sin embargo, puesto que la pronunciación con hiato o con diptongo no es un rasgo distintivo en español y, de hecho, la misma secuencia vocálica puede pronunciarse de una u otra forma dependiendo de diversos factores (v. cap. II, § 2.2.2.1), este uso de la diéresis no se ha consolidado en nuestro sistema ortográfico y solo pervive en la edición de textos poéticos, donde resulta informativo a efectos métricos.

Lo más habitual es encontrarla sobre una de las vocales de un diptongo indicando que dicha secuencia vocálica debe pronunciarse, en ese caso, como hiato; así, la palabra que contiene la vocal con diéresis y, en consecuencia, el verso en que aparece cuentan con una sílaba más a efectos métricos. La diéresis suele colocarse sobre la vocal cerrada y, cuando las dos lo son, generalmente en la primera: *«¡Oh! ¡Cuán süave resonó en mi oído / el bullicio del mundo y su rüido!»* (Espronceda *Diablo* [Esp. 1840-41]); *«A mi alma de angustia llena / dejadle llorar la pena / de su eterna vïudez»* (Campoamor *Palacio* [Esp. 1871]).

Información adicional

Era también frecuente, en ediciones del XIX y principios del XX, escribir diéresis sobre una de las dos vocales abiertas de una secuencia: *«Bajan águilas rëales / á bañarse en tu Genil»* (Zorrilla *Granada* [Esp. 1852]). En esos casos, la presencia de la diéresis indicaba que debía mantenerse la pronunciación como hiato propia de dicha combinación, anulando con ello la posible sinéresis (licencia métrica consistente en pronunciar en una misma sílaba dos vocales que normalmente constituyen un hiato). A veces se escribía también en las secuencias de dos vocales iguales para evitar que se considerasen una sola a efectos métricos: *«Yo inoculé en tu alma / el germen de la duda / para turbar la calma / de tu crëencia vil»* (Zorrilla *Granada* [Esp. 1852]).

3 SIGNOS DE PUNTUACIÓN

Los signos de puntuación son los signos ortográficos que organizan el discurso para facilitar su comprensión, poniendo de manifiesto las relaciones sintácticas y lógicas entre sus diversos constituyentes, evitando posibles ambigüedades y señalando el carácter especial de determinados fragmentos (citas, incisos, intervenciones de distintos interlocutores en un diálogo, etc.). En el español actual, forman parte de este grupo de signos el punto, la coma, el punto y coma, los dos puntos, los paréntesis, los corchetes, la raya, las comillas, los signos de interrogación y de exclamación, y los puntos suspensivos. La mayor parte de ellos tienen, además, usos no lingüísticos, que quedan fuera de los límites de la ortografía.

De la puntuación depende en gran medida la comprensión cabal de los textos escritos, de ahí que las normas que la regulan constituyan un aspecto básico de la ortografía. El hecho de que, junto a usos prescriptivos, existan usos opcionales no significa que la puntuación sea una cuestión meramente subjetiva. En los apartados siguientes se exponen las funciones y usos de los diferentes signos de puntuación, estableciendo aquellos que son prescriptivos y orientando sobre aquellos otros que pueden depender de factores personales —como el estilo o la intención de quien escribe— o contextuales —como, por ejemplo, la longitud del enunciado—.

3.1 FUNCIONES DE LOS SIGNOS DE PUNTUACIÓN

La puntuación tiene como fin primordial facilitar que el texto escrito transmita de forma óptima el mensaje que se quiere comunicar. Para cumplir este objetivo básico, el sistema ortográfico dispone de signos que desempeñan principalmente tres funciones:

3.1.1 INDICAR LOS LÍMITES DE LAS UNIDADES LINGÜÍSTICAS

Gran parte de los usos de los signos de puntuación están orientados a la delimitación de las unidades sintácticas y discursivas del texto escrito, paralelas a veces, pero no siempre, a las unidades fónicas.

Información adicional

Las unidades lingüísticas son de muy diverso tipo. En el plano fónico, cabe distinguir, entre otras, el *grupo fónico,* que es el fragmento de habla comprendido entre dos pausas sucesivas (*la casa de mis padres*), y la *unidad melódica,* fragmento al que corresponde un patrón entonativo (*La casa de mis padres está cerca*). En el ámbito sintáctico, son unidades lingüísticas los *sintagmas* o *grupos sintácticos,* estructuras articuladas en torno a un núcleo que admite diversos modificadores y complementos (*el hotel; llena de orgullo; desde su ventana; comprar comida*). Los grupos sintácticos combinados dan lugar a las *oraciones,* unidades que relacionan un sujeto y un predicado (*Mi hermano compró comida*). Finalmente, en el plano discursivo, interesan aquí el concepto de *enunciado,* unidad mínima capaz de constituir un mensaje verbal, y el de *texto,* que es la unidad máxima de comunicación y está generalmente formado por un conjunto de enunciados interrelacionados. Debe tenerse en cuenta que el enunciado es una unidad de sentido —una unidad mínima de comunicación— y, por tanto, no tiene por qué ser necesariamente una oración; así, son enunciados secuencias como *¡Cuidado!; De acuerdo; ¿Cuándo llegaste?,* o *Cómete la sopa que te he preparado.*

El uso demarcativo de los signos permite al lector percibir de manera sencilla cómo está organizada la información. Así, en los ejemplos siguientes, el punto, los signos de interrogación y los signos de exclamación señalan la existencia de dos enunciados y los límites entre ellos:

Busca entre sus cosas. Tal vez encuentres algo interesante.
¿Qué opina Javier de todo esto? Me interesa mucho saberlo.
No pienso ir. ¡Ni lo sueñes!

En estos otros ejemplos, las comas, la raya o los paréntesis delimitan no ya enunciados, sino unidades inferiores pertenecientes a un mismo enunciado (grupos sintácticos u oraciones, según los casos):

Inés, venga un momento, por favor.
—¿Qué quieres? —me gritó.
Aunque no venga su madre, la espera (distinto de *Aunque no venga, su madre la espera*).
Asistirán como invitados representantes de todos los países del Cono Sur (Argentina, Chile, Paraguay y Uruguay).
En los días de verano, la gente va a pasear a esos montes.

Todos los que se consideran en este capítulo *signos de puntuación* (excluidos, por tanto, los diacríticos y los auxiliares) son delimitadores, es decir, cumplen una función demarcativa, aunque de diferente naturaleza. Así, cabe distinguir los delimitadores que aquí se llamarán principales —punto, coma, punto y coma, y dos puntos—, pues establecen los límites entre las unidades básicas del texto, de otro grupo de signos, todos ellos dobles —raya, paréntesis, corchetes y comillas—, que delimitan fragmentos de texto para aportar información diversa sobre ellos: que la secuencia que encierran constituye un inciso, que reproduce palabras de otro hablante, que quien escribe se distancia de alguna manera de su contenido, etc. Este segundo conjunto de signos, por tanto, introduce y delimita un segundo discurso que interrumpe el primero con algún fin. Por último, hay que señalar que la función demarcativa solo es una de las funciones, y no la más característica, de los signos de interrogación y de exclamación o de los puntos suspensivos.

La segmentación del discurso que marcan los signos de puntuación es imprescindible para determinar con claridad las funciones gramaticales y las relaciones sintácticas entre los distintos constituyentes de los enunciados. Gracias a la función demarcativa que desempeña la coma, por ejemplo, se identifica *Eugenia* como vocativo —elemento sintácticamente independiente—, y no como sujeto, en el ejemplo siguiente:

Eugenia, escucha con atención (frente a *Eugenia escucha con atención*).

Igualmente, la delimitación marcada por la coma informa de que el adjunto temporal *por la mañana* forma parte de la prótasis condicional en el primero de estos ejemplos, y de la apódosis en el segundo:

Si vienes por la mañana, verás a Luisa.
Si vienes, por la mañana verás a Luisa.

Información adicional — En los periodos condicionales, hay dos miembros: la subordinada, llamada *prótasis,* que expresa la condición, y la principal, llamada *apódosis*.

En casos como estos, la presencia de los signos de puntuación es obligatoria y tiene carácter distintivo, pues las diferencias sintácticas que reflejan llevan aparejados cambios de significado.

3.1.2 INDICAR LA MODALIDAD DE LOS ENUNCIADOS

Se llama *modalidad* a la manifestación lingüística de la actitud del hablante en relación con el contenido de los mensajes.

Información adicional — Se consideran habitualmente modalidades de la enunciación las que corresponden a las estructuras interrogativas (*¿Ha comido ya?*), exclamativas (*¡Ha comido ya!*) e imperativas (*¡Come ya!*). A ellas se añade, como modalidad por defecto o no marcada, la enunciativa o aseverativa (*Ha comido ya*). Además, cabe distinguir las modalidades del enunciado, que añaden ciertas estimaciones al contenido del enunciado mismo, mostrándolo como probable (*Puede que haya comido ya*), imposible (*No puede haber comido ya*), obligado (*Tiene que comer ya*), etc.

Quien emite un mensaje puede presentar su contenido como una información sin más (modalidad enunciativa), como una pregunta (modalidad interrogativa), como la expresión de una emoción (modalidad exclamativa) o como el intento de influir sobre el que escucha (modalidad imperativa). Para ello, así como para transmitir matices enfáticos o subjetivos, se utilizan en la escritura signos de puntuación. Desempeñan genuinamente la función de ser marcadores de modalidad los signos de interrogación y de exclamación, cuya ausencia, igualmente significativa, denota por lo general que el enunciado es aseverativo. Así, se distinguen mediante la puntuación secuencias como *Hace frío; ¡Hace frío!; ¿Hace frío?*

También los puntos suspensivos pueden ser marcadores de modalidad (en este caso, del enunciado). En una secuencia como *Jaime asegura que volverá...*, la presencia de puntos suspensivos en lugar de punto para cerrar el enunciado podría expresar las dudas del hablante en lo que a la vuelta de Jaime se refiere.

3.1.3 INDICAR LA OMISIÓN DE UNA PARTE DEL ENUNCIADO

Aunque las funciones principales de los signos de puntuación son las dos señaladas en los apartados anteriores, pues son las propias de la mayoría de estos signos, cabe mencionar una tercera función, característica de los puntos suspensivos: indicar la omisión de parte del enunciado, que queda así en suspenso. Este uso presenta gran relevancia gramatical, pues permite considerar inacabados enunciados que, sin la puntuación correspondiente, serían agramaticales:

*Se presentó con un aspecto... / *Se presentó con un aspecto.*
*Hace un calor... / *Hace un calor.*
*Ha crecido tanto... / *Ha crecido tanto.*

También entre los usos de la coma (§ 3.4.2.2.6) se encuentra el de indicar la elisión de parte de un enunciado:

Su madre trabaja en un banco; su padre, en la industria química.

3.2 LA PUNTUACIÓN Y LAS DISCIPLINAS LINGÜÍSTICAS

El uso de los signos de puntuación se ha venido relacionando con dos disciplinas lingüísticas: la prosodia y la sintaxis. La primera estudia el conjunto de elementos fónicos suprasegmentales (llamados así por afectar a varios segmentos de la cadena hablada), como el acento, el tono, el ritmo y la entonación o curva melódica con que se pronuncian los enunciados. Por su parte, la sintaxis analiza la forma en que se combinan y disponen linealmente las palabras para construir los mensajes lingüísticos.

Aunque la relación, indudablemente, existe, cabe hacer algunas precisiones.

3.2.1 PUNTUACIÓN Y SINTAXIS

En la descripción de las funciones de los signos de puntuación expuestas en el apartado 3.1, queda patente que el uso de estos signos aporta información gramatical relevante para la correcta interpretación de lo escrito, información relativa a la identificación y jerarquización de las unidades lingüísticas, a la modalidad de los enunciados y a la omisión de alguno de sus elementos.

La puntuación supera, no obstante, el ámbito de la sintaxis: no se vincula exclusivamente a la gramática oracional (a las unidades sintácticas propiamente dichas), sino que es igualmente relevante en el ámbito textual, pues sirve para segmentar y relacionar unidades discursivas como el enunciado, el párrafo o el texto. La puntuación juega, por tanto, un papel primordial en la construcción del texto escrito, de manera que aprender a puntuar es tanto como aprender a ordenar las ideas. Así, las diferencias en la puntuación de los ejemplos siguientes reflejan un cambio de las relaciones entre las unidades lingüísticas que, más que implicaciones semánticas, tiene consecuencias comunicativas: no cambia, pues, el significado literal, pero sí el énfasis que el hablante desea imprimir a algunos fragmentos de su mensaje:

No quiero ni debo insistir.
No quiero (ni debo) insistir.
Dije que aprendería inglés en tres meses y lo he conseguido.
Dije que aprendería inglés en tres meses. Y lo he conseguido.

3.2.2 PUNTUACIÓN Y PROSODIA

El uso de los signos de puntuación se ha vinculado a dos elementos prosódicos: la pausa y la entonación.

a) La pausa, junto con el acento, determina el ritmo del enunciado. La lengua no es un *continuum* fónico, sino que en la cadena hablada se presentan grupos delimitados por pausas que obedecen a diferentes motivos. Unas veces son distintivas y, por tanto, obligatorias. Otras son opcionales y se deben a factores personales o de intención comunicativa: responden al estilo de elocución, más o menos pausado, del hablante, se usan para crear expectación ante lo que se va a decir, para realzar ciertos elementos, etc.

Esta variedad de motivos pone de manifiesto que no todas las pausas orales coinciden con límites entre las unidades sintácticas, si bien estos determinan la existencia de muchas de ellas. Al mismo tiempo, como se irá examinando a lo largo de este capítulo, no todas las pausas de la cadena hablada se reflejan gráficamente. Así, al emitir un enunciado como *El mensajero encargado del envío | no apareció por la oficina | hasta las siete de la tarde,* se realiza una pausa entre el sujeto y el predicado (*El mensajero encargado del envío | no apareció...*) que, según se explica en el apartado 3.4.2.2.2.1, no debe tener reflejo gráfico; tampoco lo tiene la segunda pausa —de carácter opcional, pues podría pronunciarse igualmente ... *no apareció por la oficina hasta las siete de la tarde*—. No es opcional, en cambio, la presencia o ausencia de pausa entre *mensajero* y *encargado,* pues no significa lo mismo la oración con la disposición de las pausas arriba indicada que con esta otra: *El mensajero, | encargado del envío, | no apareció por la oficina | hasta las siete de la tarde.* Como se verá en el apartado 3.4.2.2.1.1a, tampoco en la escritura la presencia o ausencia de comas es opcional en ese contexto, con lo que en este caso sí puede hablarse de un correlato entre la cadena oral y la escrita.

b) El segundo de los elementos prosódicos que se ha vinculado con la puntuación es la entonación. Sin embargo, la curva melódica con la que se pronuncia un enunciado es el resultado de la suma de variaciones en el tono, la duración y la intensidad del sonido que difícilmente pueden reflejarse en la escritura. La entonación transmite, por un lado, información lingüística, como la relativa a la modalidad (v. § 3.1.2), lo que permite distinguir, por ejemplo, una oración enunciativa (*Viene*) de una interrogativa (*¿Viene?*) o de otra exclamativa (*¡Viene!*). También aporta, por otro, información afectiva sobre sentimientos y actitudes del hablante, como ironía, sorpresa, reproche, ira, vehemencia, etc. Por sí misma, la puntuación es incapaz de transmitir muchos de estos matices.

3.2.3 PUNTUACIÓN, PROSODIA Y SINTAXIS (CONCLUSIÓN)

Dada la riqueza expresiva que aportan a la lengua oral la disposición de las pausas y las variaciones de la curva melódica, no puede hablarse en rigor de que la puntuación reproduzca las propiedades prosódicas de los enunciados. La puntuación proporciona más bien información de tipo gramatical y pragmático (relativo a la intención comunicativa), de modo que, cuando se escribe un punto, se indica que en ese lugar termina un enunciado, un párrafo o un texto; si se escriben signos de interrogación, se informa de que la modalidad correspondiente al contenido por ellos enmarcado es interrogativa; al colocar puntos suspensivos, se indica que debe sobrentenderse un texto o un matiz que no se explicita, etc. Es cierto que estas informaciones de carácter gramatical, que responden a las tres funciones de los signos de puntuación antes descritas (§ 3.1), se manifiestan en la lengua oral a través de la entonación y la distribución de las pausas; sin embargo, la organización de la cadena oral responde, además, a condicionamientos propios que no comparte con la cadena escrita, y viceversa.

La puntuación y los elementos prosódicos mencionados son, pues, a menudo, sistemas paralelos, pero no puede decirse que uno *refleje* el otro, aunque el intento de reproducir las características prosódicas de oralidad esté en el origen de los signos de puntuación (v. § 3.3).

Por otro lado, es importante tener en cuenta que las unidades entonativas —como el grupo fónico o la unidad melódica— pueden coincidir con las unidades sintácticas, pero no lo hacen necesariamente. Como se irá comprobando a lo largo del capítulo, en esos casos, el uso de los signos de puntuación debe plasmar la organización de estas últimas.

Este enfoque es esencial para entender las actuales reglas ortográficas de puntuación. Como se verá en el siguiente apartado, los criterios que subyacen a la puntuación han variado a lo largo de la historia: mientras que en unas épocas se ha privilegiado la lengua como fenómeno sonoro a la hora de puntuar, hoy la puntuación se basa principalmente en la estructura sintáctico-semántica de los enunciados y los textos.

3.3 LA PUNTUACIÓN A TRAVÉS DE LA HISTORIA

El sistema de puntuación actual es el resultado de un largo y lento proceso de evolución desde un sistema sencillo de notación de pausas respiratorias y delimitación de unidades básicas de sentido hasta otro más rico y complejo, tanto en lo referente al inventario de signos como a las funciones asignadas a cada uno de ellos.

A partir del siglo III a. C., los filólogos alejandrinos, con Aristófanes de Bizancio a la cabeza, utilizan diversas marcas para reflejar en los textos escritos la segmentación rítmica y prosódica, primero del verso y más tarde también de la prosa. Junto a indicaciones relativas, por ejemplo, a la métrica o la acentuación, se reconoce ya entre esas marcas el sistema ternario de puntuación que heredará la tradición latina y, posteriormente, la escritura romance, basado en la colocación de un punto en tres posiciones. Tanto los puntos como los tres tipos de unidades que delimitan reciben en latín los nombres de *distinctio* ('separación, pausa') o *positurae* ('disposición, ordenación'). El punto alto (˙), denominado asimismo *distinctio,* implicaba una pausa prolongada y marcaba un *periodo,* es decir, una unidad de sentido completo —lo que hoy consideramos un enunciado—. El punto medio o *media distinctio* (·) indicaba una pausa intermedia que separaba *cólones* o *miembros,* unidades menores que el periodo. Finalmente, el punto bajo o *subdistinctio* (.) significaba la presencia de una pausa menor que separaba *comas* o *incisos.* Es frecuente la confusión en los nombres de los signos y en las unidades que delimitan, pero, por lo general, un periodo está formado por cólones, y un colon, por incisos o comas.

Tanto en la Antigüedad clásica como en la Edad Media, el acto de la lectura solía llevarse a cabo en voz alta, ante un auditorio, dadas las dificultades de difusión de los textos escritos antes de la invención de la imprenta y debido también a que la mayor parte de la población era analfabeta. En este contexto, la puntuación surge como auxilio para indicar al que lee dónde debe establecer las pausas sin que el mensaje pierda su sentido. El origen de la puntuación está, pues, vinculado estrechamente a la reproducción oral del texto escrito.

Por otra parte, en la Antigüedad, la puntuación responde principalmente a los requerimientos de la retórica. En el discurso retórico, concebido para su declamación, las inflexiones tonales y las pausas son elementos fundamentales en una doble vertiente: desde el punto de vista estético, imprimen el ritmo adecuado a la cadena hablada para dotarla de secuencias proporcionadas, armonía y belleza; en el ámbito puramente comunicativo, indican las partes del discurso, articulan sus unidades, crean expectación en el auditorio, realzan una idea, etc. La puntuación constituía, pues, una herramienta útil, aunque limitada, para el orador en su intento de alcanzar estos fines.

Los tratadistas clásicos se refieren en sus obras al mencionado sistema ternario de puntuación; sin embargo, en la práctica, son escasos los textos puntuados y, cuando lo están, los criterios de uso no son uniformes. En ocasiones el sistema de tres pausas pasa a ser binario: este sistema reducido consiste en el empleo de un signo para la pausa fuerte que acompaña a las unidades autónomas de sentido, y otro para la pausa débil separadora de unidades no autónomas desde el punto de vista semántico. Este será el modelo elegido por Elio Antonio de Nebrija, entre otros, en el siglo XV.

En la Alta Edad Media se mantiene básicamente el sistema grecolatino de tres signos, aunque en época carolingia se documenta ya el llamado *signo interrogativo*. Con el incremento del empleo de las letras minúsculas, cada vez se hace más difícil distinguir la altura del punto en el renglón, lo que favorece el surgimiento de nuevos signos. Además, concurren en ese momento ciertos factores que propician el aumento de los textos puntuados, como la labor de los gramáticos (san Isidoro entre ellos) o la contribución de personalidades como Carlomagno, gran promotor de la producción y copia de libros en su corte. No obstante, como en la Antigüedad clásica, las funciones de los signos están poco definidas y su uso carece de sistematicidad. Por otra parte, la puntuación continúa ligada a la oralidad y, por tanto, se sigue puntuando principalmente para facilitar la lectura en voz alta; sin embargo, con el desarrollo de las cancillerías y la proliferación de traducciones de la Biblia, una de las funciones de la puntuación pasa a ser también la correcta interpretación de los textos escritos, ya que una mala lectura puede significar un equívoco jurídico, en el caso de los textos cancillerescos, o una herejía, en el de los bíblicos. Lentamente el sistema evoluciona y se van introduciendo nuevos signos, muchos de ellos con una forma parecida al punto y coma, aunque con valores diferentes.

Los humanistas, en su labor de recuperación de los textos y los ideales clásicos —y, con ellos, de la retórica—, prestan especial atención a la puntuación, aunque su práctica no deja de ser un ejercicio personal, con criterios variables en función del gusto de quien escribe. El nacimiento de la imprenta constituye en este aspecto, como en muchos otros, un hecho decisivo: el libro alcanza una mayor difusión y, en los talleres, los correctores e impresores necesitan ineludiblemente normas prácticas para preparar los originales. Aunque, al principio, en los textos impresos se reproducen los tipos de letra y de marcas de los manuscritos, pronto se amplía el inventario de signos, cuyo uso va poco a poco delimitándose, al tiempo que se perfilan sus formas —la vírgula se asienta en su trazado curvo, los paréntesis se hacen redondeados, etc.—. Precisamente a los impresores y correctores, más que a los autores, se debe la fijación de los criterios de uso de los signos y el hecho de que la puntuación trascienda el ámbito personal, e incluso el nacional, para universalizarse. Talleres como el veneciano de Aldo Manuzio tendrán una influencia decisiva en toda Europa. En su tratado titulado *Epitome ortographiae,* Manuzio propone un sistema de seis signos: coma, punto y coma, dos puntos, punto, interrogación y paréntesis.

Por otro lado, con la proliferación de ediciones y el incremento de los niveles de alfabetización, la lectura pasa de ser una actividad colectiva a realizarse individualmente, de manera silenciosa, lo que da protagonismo al texto como *texto escrito* e implica cambios en el punto de vista a la hora de puntuar, que progresivamente irá privilegiando los criterios sintáctico-semánticos sobre los prosódicos.

En España, ni la *Gramática* ni las *Reglas de ortografía* de Nebrija se ocupan de la puntuación, probablemente debido a que, para el autor sevillano, los signos y sus usos coincidían con los del latín. De hecho, sus ideas sobre el tema aparecen en sus *Introductiones latinae.* Nebrija emplea en sus obras escritas en castellano o en latín dos signos: uno para cerrar la frase, que representa con un punto bajo (.), y otro, representado por dos puntos (:), para separar las unidades que conforman la frase. La primera obra que trata la puntuación en español es de Alejo Venegas, que en 1531 publica un tratado de ortografía donde expone un sistema de signos basado también en la tradición clásica, pero más rico que el nebrisense. El sistema de Venegas está constituido por seis signos, denominados *colon* (.), *paréntesis* ( ), *vírgula* (/), *interrogante* (?), *coma* y *artículo,* estos dos últimos con la misma forma (:). Durante los siglos XVI y XVII, la nómina de ortógrafos que tratan la puntuación en nuestro idioma se incrementa de forma considerable: el número de signos y reglas va creciendo y fijándose progresivamente, así como la exigencia de una correcta puntuación por parte de determinados impresores y componedores. En la segunda mitad del siglo XVII, el sistema consta de los siguientes signos: punto, coma, punto y coma, interrogación, admiración y paréntesis.

Ya en el siglo XVIII, la Real Academia Española reconoce en el proemio ortográfico del *Diccionario de autoridades* (1726) que la ortografía debe incluir reglas no solo para la correcta escritura de las voces, sino también para la distinción de cláusulas, oraciones y periodos. Se plantea, pues, como uno de los objetivos de la ortografía «la recta y legítima puntuación con que se deben señalar, dividir y especificar las cláusulas y partes de la oración, para que lo escrito manifieste y dé a conocer clara y distintamente lo que se propone y discurre». Las primeras reglas son muy breves y se refieren a ocho signos: la coma o inciso, el punto, el punto y coma, los dos puntos, el interrogante, la admiración, el paréntesis y la diéresis —que aquí hemos considerado signo ortográfico diacrítico, y no signo de puntuación en sentido estricto—. Regula también ese proemio el uso de otros signos, como el apóstrofo y la división o raya.

En la primera ortografía académica, publicada en 1741, se entiende la puntuación en un sentido amplio, pues se incluye bajo los epígrafes a ella dedicados información sobre numerosas *notas* o marcas que hoy se clasifican como signos ortográficos diacríticos (tilde y diéresis), como signos auxiliares (apóstrofo, asterisco, calderón, etc.) o como recursos o elementos tipográficos (cursiva, llamadas de notas al margen, etc.). Al inventario básico de signos de puntuación registrados en el *Diccionario de autoridades*, la *Orthographía* de 1741 añade las comillas y el signo equivalente a los actuales puntos suspensivos, mientras que la de 1754 introduce una de las peculiaridades del sistema de puntuación del español: los signos de apertura de interrogación y de exclamación. Durante el siglo XIX, queda establecido el inventario de signos de puntuación que conocemos en la actualidad: en la ortografía académica de 1815 se incorporan los corchetes como variante de los paréntesis, y a partir de 1880 se establece la distinción entre el guion y la raya, cuyos usos hasta entonces habían sido asignados todos al primero.

Poco ha variado el inventario de signos de puntuación hasta hoy (frente al de signos auxiliares, actualmente muy amplio), pero el sistema sigue en evolución en lo que a usos se refiere. En este último sentido, muchas de las novedades responden a la necesidad de abarcar un mayor número de matices en la expresión de las emociones y actitudes del hablante y, por tanto, pertenecen a un registro escrito que podríamos considerar coloquial o informal. Muestra de ello son la multiplicación del número de signos de exclamación para expresar un mayor estupor, la inserción de un paréntesis con un signo de interrogación para expresar perplejidad, etc.

A lo largo de la historia, al tiempo que se desarrolla el inventario de signos, se perfilan sus formas y se asienta su uso en los textos escritos, evolucionan los criterios que rigen su empleo. A partir del Renacimiento coexisten dos tendencias: una es la llamada *puntuación prosódica* o *puntuación retórica,* heredada de la tradición grecolatina y medieval, que privilegia el aspecto fónico del lenguaje y entiende que en el texto escrito los signos de puntuación deben indicar las pausas y la entonación; otra es la *puntuación lógico-semántica,* surgida en el siglo XVI con el auge de la lectura silenciosa, que da protagonismo al texto escrito y a la información que proporciona, por lo que trata de facilitar en él la identificación de las unidades sintáctico-semánticas.

Prevalece en la puntuación moderna este último criterio, que se va consolidando ya a finales del XVII y es el defendido en la *Orthographía* de 1741, para la que los signos de puntuación «no solo indican la división de la cláusula, sino el sentido de ella». El peso de la tradición grecolatina, sin embargo, queda patente a partir de la edición inmediatamente posterior, la de 1754, que retoma la vinculación clásica de los signos de puntuación con la entonación.

3.4 USOS DE LOS SIGNOS DE PUNTUACIÓN

3.4.1 EL PUNTO

El punto (.) es un signo ortográfico circular de pequeñas dimensiones que se usa principal, aunque no exclusivamente, como signo de puntuación. A lo largo de la historia ocupó diferentes lugares en la caja del renglón en función de sus diversos valores (v. § 3.3), pero en el español actual se escribe en la parte baja y pegado a la palabra o cifra que lo precede.

Información adicional — No queda rastro del punto escrito en la parte alta del renglón, aunque sí del punto medio, que se coloca entre dos cantidades o variables matemáticas para indicar multiplicación: $5 \cdot 4 = 20$; $2 \cdot (x + y) = 30$. En este uso, se escribe entre espacios. Con este mismo fin es más normal utilizar el símbolo tradicional en forma de aspa (×).

Los usos más importantes del punto pueden agruparse en dos categorías:

a) Usos lingüísticos. Como marca que proporciona información de tipo lingüístico, el punto constituye, por una parte, un signo de puntuación

—y como tal será tratado detenidamente en este apartado— y, por otra, un signo de abreviación. A las normas que rigen el uso del punto abreviativo, propio de secuencias como *Sra.*, *n.º*, *pág.* o *EE. UU.*, se dedica el capítulo v, § 3.2.5.1.

Información adicional — En textos lingüísticos se utiliza, además, el punto como delimitador silábico en las transcripciones fonéticas o fonológicas, es decir, para indicar la frontera entre las sílabas de una palabra: /at.lán.ti.ko/ o /a.tlán.ti.ko/. En este caso, el punto va pegado a los signos que lo preceden y que lo siguen. Aunque a veces se emplea con este valor un punto colocado a media altura, se recomienda seguir el criterio del alfabeto fonético internacional, que establece para la separación silábica el uso del punto bajo.

b) Usos no lingüísticos. El punto es un signo tradicionalmente asociado a la escritura de las expresiones numéricas. Las pautas sobre su uso en los números escritos con cifras se exponen en el capítulo VIII, § 2. En los apartados 5.1 y 5.2 de ese mismo capítulo se hace referencia al uso del punto en la expresión de la fecha y la hora, respectivamente.

3.4.1.1 El punto como signo delimitador

Como signo de puntuación, la función principal del punto consiste en señalar el final de un enunciado —que no sea interrogativo o exclamativo—, de un párrafo o de un texto. Lo complementa en esta función delimitadora la mayúscula, que marca siempre el inicio de estas unidades (v. cap. IV, § 4.1.1). El correlato del punto en la cadena oral es una pausa de extensión variable, pero en todo caso muy marcada.

El punto se escribe siempre sin separación del elemento que lo precede —sea este una palabra, un número u otro signo— y separado por un espacio del elemento que lo sigue. Recibe distintos nombres dependiendo de la unidad discursiva que delimite:

a) Si se escribe al final de un enunciado y a continuación, en el mismo renglón, se inicia otro, se denomina *punto y seguido,* nombre más lógico y recomendable que el también usual de *punto seguido*. El punto y seguido es, pues, el que separa los enunciados que integran un párrafo, como los cuatro del siguiente ejemplo:

> «No sé. Ni idea. Evidentemente, la foto es importante e indiscreta. Lo suficientemente importante e indiscreta como para que Jean-Paul muriera por ella» (Schwartz *Conspiración* [Esp. 1982]).

b) Si se escribe al final de un párrafo y el enunciado siguiente inicia un párrafo nuevo, se denomina *punto y aparte,* aunque en algunas zonas de América se dice *punto aparte.* El punto y aparte es, pues, el que separa dos párrafos distintos, que suelen desarrollar, dentro de la unidad del texto, ideas o contenidos diferentes:

«En el mundo literario reina gran expectativa ante la próxima aparición en las librerías de una nueva obra del austriaco Peter Handke, uno de los escritores de lengua alemana más conocidos internacionalmente y con mayores posibilidades de obtener el Nobel de literatura.

Titulada *Mein Jahr in der Niemandsbucht* (literalmente *Mi año en la bahía de nadie*), la nueva novela de Handke es una voluminosa obra de más de mil páginas, que algunos, aun sin haberla leído, califican ya de acontecimiento literario del año 1994» (*Tiempo* [Col.] 16.11.1994).

Información adicional

En los textos impresos, se utilizan diversos recursos para facilitar la identificación de los párrafos y, con ello, favorecer la legibilidad de lo escrito. El procedimiento más común es el uso de la sangría, espacio de longitud variable que en la tradición tipográfica española se deja al comienzo de la primera línea del párrafo. Además de este procedimiento tradicional, el párrafo puede marcarse sangrando no la primera línea, sino las siguientes (con la llamada sangría francesa, empleada en esta obra en la introducción de los ejemplos situados en párrafo aparte), o bien dejando una línea en blanco después de cada párrafo. Resulta redundante y, por tanto, desaconsejable el uso simultáneo de sangrías y líneas en blanco para delimitar los párrafos.

Los párrafos que se inician con una letra capitular, ya suficientemente destacados, no llevan sangría de primera línea.

---

c) Si aparece al final de un escrito o de una división importante del texto (un capítulo, por ejemplo), se denomina *punto final.* No es correcta la denominación ⊗*punto y final,* creada por analogía de las correctas *punto y seguido* y *punto y aparte.*

Así pues, el punto desempeña una importante función en el ámbito textual. Más que un asunto de la ortografía, la elección entre un punto y seguido o un punto y aparte —o entre el punto y otros signos delimitadores como el punto y coma o los dos puntos— tiene que ver con destrezas relativas a la organización de la información, a la agrupación de las ideas en los párrafos para que el texto sea claro y coherente. Respetando siempre esta premisa de coherencia, cabe la posibilidad de que la jerarquización de las ideas varíe en función de cómo quiere el que escribe que su texto sea interpretado. Así, en los dos ejemplos que siguen, ambos correctamente puntuados, la variación en el uso de los signos no implica cambios de significado:

Dile que no quiero verlo más, que aquí no es bien recibido.
Dile que no quiero verlo más. Que aquí no es bien recibido.

Sin embargo, estas dos secuencias manifiestan un diferente manejo de la información por parte de quien escribe, de modo que, en la segunda, que organiza las ideas en dos enunciados, se imprime mayor relevancia a cada uno de ellos. Del mismo modo, el mensaje que encierra la oración *Ven inmediatamente* podría también expresarse en dos enunciados (*Ven. Inmediatamente*), con lo que se dotaría de un mayor efecto expresivo a la orden manifestada con esta secuencia y se acentuaría el énfasis que el hablante quiere dar al significado expresado por el adverbio.

La separación de los enunciados puede responder asimismo al gusto por secuencias más o menos largas. Por ejemplo, el estilo periodístico suele decantarse por estructuras breves y profusión de puntos. Cuanto más extenso es el enunciado y mayor complejidad sintáctica presenta, mayor es la necesidad del uso del punto frente a otros signos demarcativos.

3.4.1.2 **Uso del punto en algunos contextos específicos**

Dadas sus características especiales, algunas secuencias breves que aparecen aisladas en la cadena escrita ofrecen dudas a la hora de ser puntuadas. En ellas, suele hacerse innecesaria la función demarcativa que caracteriza al punto, pues la delimitación está indicada por otros recursos tipográficos (blancos, tipo y cuerpo de letra, alineación centrada o a la derecha, etc.). La tendencia general es que estas secuencias no presenten punto final cuanto más se acerquen a la condición de etiquetas o rótulos y más se alejen de las estructuras oracionales; al contrario, cuanto mayor sea su carácter discursivo, mayor será también la tendencia a poner punto final en ellas. Se tratan a continuación los contextos que ofrecen dudas más frecuentemente.

3.4.1.2.1 ***En títulos y subtítulos***

Nunca se escribe punto tras los títulos y subtítulos de libros, artículos, capítulos, obras de arte, etc., cuando aparecen aislados (centrados o no) y son el único texto del renglón:

Cien años de soledad

Manual de paleografía

Fundamentos e historia de la escritura latina hasta el siglo VIII

Tampoco se escriben con punto final los títulos y cabeceras de cuadros y tablas.

3.4.1.2.2 *En nombres de autor*

No llevan punto al final los nombres de autor en cubiertas, portadas, prólogos, firmas de cartas y otros documentos, o en cualquier otra ocasión en que aparezcan solos en una línea:

Que la abundancia de las cosas, aunque
sean buenas, hace que no se estimen, y la
carestía, aun de las malas, se estima en algo.
Miguel de Cervantes

3.4.1.2.3 *En dedicatorias*

Las dedicatorias que se sitúan al principio de los escritos no suelen llevar punto final, dado que, por lo común, son textos tipográficamente muy marcados, aislados en una página completa, alineados a la derecha y con un cuerpo de letra peculiar:

Para Javier

A Javier, sin cuya ayuda esta obra no hubiera sido posible

A mis abuelos,
a mis padres,
a mis hijos

Aunque la práctica general es no poner el punto final, la tendencia a escribirlo se incrementa cuanto más extenso es el texto de la dedicatoria, uso que no hay razones para censurar. Así pues, en el ejemplo anterior, podría haberse escrito

A mis abuelos,
a mis padres,
a mis hijos.

Cuando la dedicatoria está constituida por varios párrafos, es aconsejable escribir punto y aparte al terminar cada uno de ellos y cerrar el último con punto final.

3.4.1.2.4 *En pies de imagen*

Los textos que aparecen bajo ilustraciones, fotografías, diagramas, etc., dentro de un libro o una publicación periódica no suelen cerrarse con punto cuando constituyen etiquetas que describen el contenido de dichas imágenes, como en el siguiente ejemplo:

Trompos

o en el siguiente pie escrito bajo una fotografía:

El primer ministro en su residencia de verano con su homólogo noruego, Jens Stoltenberg

Como en el caso de las dedicatorias, cuanto más extenso es el texto que constituye un pie de imagen, tanto mayor es la tendencia a la escritura del punto final, especialmente cuando dicho texto presenta puntuación interna. Así, no resultaría extraño que, en el segundo de los ejemplos aducidos, el pie se cerrase con un punto, frente al primero, el referido a los trompos, donde no cabe la escritura de punto.

Cuando los pies de imagen no son propiamente etiquetas, sino explicaciones de carácter discursivo que suelen tener estructura oracional, deben cerrarse con punto:

Figura 13. En la pronunciación de las vocales, el aire no encuentra ningún obstáculo al salir.

3.4.1.2.5 *En eslóganes*

Los eslóganes publicitarios no llevan punto final cuando aparecen aislados y son el único texto en su línea:

Asturias, paraíso natural

Lo mismo cabe decir cuando están constituidos por dos o más secuencias colocadas en líneas separadas:

Turismo en México
Tus vacaciones hechas realidad

Si estos mensajes publicitarios están compuestos de dos o más enunciados separados por puntuación interna, el uso del punto final es admisible:

Nuevo BMW Serie 7. Espíritu de superación.

3.4.1.2.6 *En enumeraciones en forma de lista*

En las clasificaciones o enumeraciones en forma de lista, se escribe punto tras el número o la letra que encabeza cada uno de los elementos enumerados:

¿Cuál es la capital de Ohio?
a. Cleveland
b. Cincinnati
c. Columbus
d. Indianápolis

En este uso, el punto alterna con el paréntesis (§ 3.4.5.2e). Es incorrecto prescindir de cualquiera de estos dos signos, salvo en el caso de que se empleen números ordinales (1.º, 2.º, etc.), que por sí solos sirven ya de elemento introductorio.

Es asimismo común que, para individualizar y destacar cada uno de los elementos enumerados, en lugar de letras o números se empleen la raya u otros signos de carácter tipográfico, como topos o boliches (•, ♦, ■). Sea cual sea el sistema elegido, entre las marcas y el texto que sigue ha de dejarse un espacio de separación.

Sobre la escritura de signos de puntuación al final de los elementos de una enumeración que se presenta en forma de lista, v. § 3.4.7.2.2.

3.4.1.2.7 *En índices*

En los distintos tipos de índices que aparecen en las obras para facilitar el acceso a la información (índices de contenidos, de materias, onomásticos, cronológicos, etc.), no se escribe punto al final de cada línea:

que (conjunción)
alternancia que ~ de *en las comparativas de desigualdad 45.2.5c, 45.2.6*
comparativo 31.1.3b, c, 45.2.1a
galicado 40.5.4, 46.6.2a
introduce la apódosis en las oraciones consecutivas 31.1.3c, 45.6.1a

3.4.1.2.8 *En direcciones electrónicas*

Se emplea el punto para separar los subdominios de las direcciones de correo y páginas electrónicas. Sin embargo, el último de esos elementos no va seguido de punto:

consulta@rae.es
www.excelsior.com.mx

Puesto que el punto final no forma parte de las direcciones electrónicas, no se escribe cuando estas constituyen el único texto en su línea o cuando no cierran enunciado:

Esta es nuestra dirección de correo electrónico:
consulta@rae.es

«En www.loqueusas.com son más arriesgados y aseguran ancho de banda las 24 horas» (*Mercurio* [Chile] 8.3.2004).

«Cualquier usuario de la red que teclee las direcciones de ambos buscadores, http://www.ozu.es y http://www.ozu.com, verá que aparentemente son igualitos» (*País* [Esp.] 3.6.1997).

En cambio, si la dirección aparece al final de un enunciado que se escribe todo seguido, debe escribirse el punto final de cierre:

Esta es nuestra dirección de correo electrónico: consulta@rae.es.

Si le interesa el arte, visite los recorridos virtuales que ofrece la página del museo, www.hermitagemuseum.org.

3.4.1.3 Concurrencia con otros signos

En aquellos casos en que el punto de cierre concurre con otros signos de puntuación, se plantean dos tipos de dudas, según la función característica de los signos con los que coincide:

a) Si el punto viene a coincidir con un signo indicador de modalidad (signo de interrogación, signo de exclamación o puntos suspensivos), se duda sobre la compatibilidad de los signos y pueden producirse errores de puntuación por redundancia.

b) Si el punto debe combinarse con un signo indicador de que acaba un segundo discurso (comillas, paréntesis, corchetes o rayas de cierre), se plantean dudas relativas a la sucesión u orden de los signos en la escritura.

Información adicional

Resulta asimismo problemática la concurrencia del punto con una llamada indicativa de la existencia de una nota final o a pie de página. Existen dos modos de colocación de estas llamadas con respecto a los signos de puntuación, ambos igualmente correctos.

a) En el sistema francés, la llamada de nota se sitúa inmediatamente antes del punto y del resto de los signos delimitadores principales (coma, punto y coma, y dos puntos), pero después de los puntos suspensivos:

Los resultados no son satisfactorios en los estudios realizados hasta el momento[37].

El mismo año expuso en la Bienal de Venecia, en el Guggenheim, en el Moma...[4].

En cambio, la llamada de nota se sitúa antes o después del cierre de un signo doble en función de que se refiera solo a la última palabra o a todo el segmento enmarcado por esos signos:

¿Cree que sería posible recuperar una forma como Mastrique[5]*?*

———

[5] *Actualmente se utiliza la forma* Maastricht.

¿Cree que sería posible recuperar una forma como Mastrique?[5].

———

[5] *Pregunta realizada a quince expertos en toponimia.*

Como se observa en los ejemplos, en los casos en los que la llamada de nota aparece tras puntos suspensivos o tras cierre de interrogación y de exclamación, debe escribirse un punto tras ella.

b) En el sistema inglés, la llamada se sitúa siempre tras el signo de puntuación, sea cual sea:

Este tipo de pensamiento mágico,[27] *propio del pensamiento infantil, aflora en nuestros comportamientos a lo largo de toda la vida.*[28]

Este sistema presenta la desventaja, frente al anterior, de que no permite diferenciar cuándo la nota se refiere a la palabra que precede al signo de puntuación y cuándo a un segmento mayor. De hecho, algunos editores subsanan parcialmente esta deficiencia colocando conforme al sistema anterior la llamada de nota si esta coincide con un signo de cierre de comillas o paréntesis.

3.4.1.3.1 *Con signos de interrogación, signos de exclamación y puntos suspensivos*

Como ya se ha explicado (§ 3.1.2), los signos de interrogación y de exclamación, así como los puntos suspensivos, tienen como función principal indicar la modalidad de la secuencia a la que afectan, pero también pueden delimitar enunciados (aunque no siempre lo hagan):

«¡Qué bueno! ¡No me digas que no tiene gracia! ¿Por qué pones esa cara? ¿Tú no te ríes? ¡Es de película!» (Reina *Seducción* [Esp. 1989]).

«Arquitecto: Me prometiste... Emperador: Te prometí, te prometí... ¿Y qué?» (Arrabal *Arquitecto* [Esp. 1975]).

En ese caso, los signos de cierre de interrogación y exclamación, así como los puntos suspensivos, coinciden en una de sus funciones con la propia del punto, de ahí que sea incorrecta, por redundante, la aparición conjunta de ambas marcas. Por tanto, debería omitirse el punto tras los signos de cierre de interrogación y exclamación, y tras los puntos suspensivos, en las secuencias siguientes, que están incorrectamente puntuadas:

⊗*¿Quieres darte prisa?. ¡Vamos a llegar tarde por tu culpa!. Pero ¿se puede saber qué estás haciendo?.*

⊗*Le gusta todo tipo de cine: negro, histórico, de aventuras.... Es un cinéfilo empedernido.*

Advertencia	Nunca debe escribirse punto inmediatamente detrás de un signo de cierre de interrogación o de exclamación, ni detrás de puntos suspensivos, aunque con ellos termine el enunciado.

Solo debe escribirse el punto de cierre del enunciado si tras los signos de cierre de interrogación o de exclamación, o tras los puntos suspensivos, hay comillas, paréntesis, corchetes o rayas de cierre, es decir, un signo indicador de que acaba un segundo discurso:

Se puso a gritar como un loco (¡vaya genio que tiene el amigo!).

Me preguntó muy serio: «¿De veras puedo contar contigo?».

Debe revisarse el texto completo [¿también las notas a pie de página?].

Había misterio en sus palabras —¿o era inseguridad?—.

La clase recitaba a Rubén Darío: «Dichoso el árbol que es apenas sensitivo...».

No hay manera de que se pongan de acuerdo (si vieran el espectáculo que dan...).

3.4.1.3.2 *Con signos dobles (comillas, paréntesis, corchetes y rayas)*

Las comillas, los paréntesis, los corchetes y las rayas son signos dobles que, como se ha indicado (§ 3.1.1), constituyen delimitadores de un segundo discurso. La indicación del final de ese segundo nivel discursivo se hace mediante el signo correspondiente de cierre. Cuando los signos de cierre de estos signos dobles concurren en la cadena escrita con un punto —indicador de que el discurso principal también se cierra—, este debe escribirse detrás de aquellos, del mismo modo que se escriben los otros signos delimitadores principales (coma, punto y coma o dos puntos):

Dijo: «Tú y yo hemos terminado». Tras estas palabras se marchó, dando un portazo. (Creo que estaba muy enfadada. No me extraña). En la calle la esperaba Emilio —un buen amigo—. Este, al verla llegar, sonrió.

Advertencia	Nunca debe escribirse un punto de cierre de enunciado delante de un signo de cierre de comillas, paréntesis, corchetes o rayas.

Deben evitarse puntuaciones redundantes, como estas:

⊗*Según Enrique Maldonado, «no hay razones para convocar elecciones anticipadas.».*

⊗*(Creo que estaba muy enfadada. No me extraña.).*

Debió escribirse:

Según Enrique Maldonado, «no hay razones para convocar elecciones anticipadas».

(Creo que estaba muy enfadada. No me extraña).

3.4.2 LA COMA

La coma (,) es un signo de puntuación que delimita unidades lingüísticas inferiores al enunciado. Se escribe pegada a la palabra o el signo que la precede y separada por un espacio de la palabra o el signo que la sigue. Dada la diversidad de contextos en los que aparece y la variedad de usos que presenta, no es extraño que sea también el signo de puntuación que más dudas plantea.

Información adicional

Los primeros sistemas de puntuación grecolatinos ya contaban con un signo, la *subdistinctio,* que indicaba una pausa breve en la lectura en voz alta y separaba unidades menores, estructuradoras de la oración, pero sin sentido completo. Estas unidades se denominaban *incisos* o *comas* y el signo que las delimitaba se representaba con un punto bajo (.). Algunos tratadistas del Renacimiento, como Nebrija, utilizaron los dos puntos (:) con esta misma función.

En lo que a su forma se refiere, hay que buscar el origen de la coma en la vírgula, signo primero oblicuo (/) y después curvo (,) que se utilizó a partir del Renacimiento para separar los elementos de una enumeración o para encerrar expresiones parentéticas.

Aunque prototípicamente la coma es un signo de puntuación, y como tal se estudiará en este apartado, se emplea, además, como separador decimal en las expresiones numéricas escritas con cifras. Sobre las normas que rigen la escritura de la coma en este uso no lingüístico, v. cap. VIII, § 2.2.1.2.1.

3.4.2.1 La coma como signo delimitador

La coma aísla unidades lingüísticas inferiores al enunciado, como la oración (*Aunque no te guste, tendrás que hacerlo*) o el grupo sintáctico (*David, el contable, no ha venido hoy*). Frente al punto, principal separador de las unidades discursivas y, por tanto, fundamental en el plano del texto, la coma adquiere su mayor protagonismo en el plano del enunciado y sus constituyentes.

3.4.2.1.1 *Delimitación en la oralidad y delimitación en la escritura*

Tradicionalmente se ha vinculado el uso de la coma a la presencia de una pausa breve o débil en la cadena hablada. Si bien esta relación se verifica en muchos casos, no siempre la escritura de una coma responde a la necesidad de realizar una pausa en la lectura en voz alta y, viceversa, existen en la lectura pausas breves que no deben marcarse gráficamente mediante comas, como la que se hace a veces entre sujeto y predicado. Esta asimetría entre pausa y coma se constata, por ejemplo, en un enunciado como *Estaba tan cambiado que apenas lo reconocí,* en el que no cabe escribir ninguna coma (v. § 3.4.2.2.4.5), pese a que los dos miembros de la construcción consecutiva suelen pronunciarse separados por una pausa y una inflexión tonal:

Estaba tan cambiado | que apenas lo reconocí.

Por otra parte, el hecho de presentar la coma como correlato de una pausa breve, frente, por ejemplo, al punto y coma, que se ha relacionado con una pausa mayor, no es siempre una pauta fiable a la hora de puntuar: es difícil delimitar la longitud de una pausa y, en ocasiones, una secuencia puntuada de formas diferentes puede leerse en voz alta con una pausa de igual duración. Es lo que podría ocurrir, por ejemplo, en estas oraciones:

Lo hizo. Lamentablemente.
Lo hizo; lamentablemente.
Lo hizo, lamentablemente.

La elección de la coma —frente al punto o al punto y coma— en estas secuencias depende, más que de la longitud de la pausa correspondiente en la oralidad, de la forma en que quien escribe desea organizar las ideas. Así, en los tres ejemplos anteriores, no se modifica el significado literal, aunque sí el grado de dependencia de las secuencias separadas por el signo de puntuación y el grado de relevancia del adverbio *lamentablemente.*

3.4.2.1.2 *Delimitación opcional y delimitación obligatoria*

La presencia de la coma en un enunciado puede ser opcional u obligatoria:

a) *Coma opcional.* En algunos casos, el uso de la coma en un determinado lugar del enunciado puede depender del gusto o de la intención de quien escribe, así como de factores contextuales, como las dimensiones y la complejidad del enunciado, la presencia de puntuación cercana, etc. La segmentación que proporciona la coma no implica, en estos casos, cambios sintácticos ni semánticos —es decir, la coma no es distintiva—, pero sí diferencias que afectan al enfoque que se da al mensaje, a los matices expresivos que quieren transmitirse o, simplemente, a la claridad del texto.

Se registran, así, estilos de escritura más o menos trabados en función de que se elija poner un menor o un mayor número de las llamadas comas opcionales (encerradas entre paréntesis en los ejemplos que siguen):

Si llueve, a veces(,) salimos a buscar setas.

Íbamos a ir juntos al cine, pero(,) al final(,) no nos pusimos de acuerdo.

A las ocho de la mañana(,) hago deporte.

A finales del siglo XIX*, en América(,) se produjo un fuerte desarrollo de los núcleos urbanos.*

Sin que pueda hablarse en estos casos de puntuación correcta o incorrecta, como regla general debe optarse por un empleo racional y equilibrado de la coma, evitando su uso tanto por exceso como por defecto, pues en ambas circunstancias se entorpece la legibilidad del texto.

b) *Coma obligatoria o distintiva.* En otras ocasiones, la presencia o ausencia de la coma sirve para distinguir entre sentidos posibles de un mismo enunciado, es decir, la delimitación que lleva a cabo la coma es distintiva y suele modificar las relaciones sintácticas. Siguiendo con uno de los ejemplos ya citados, frente a *Lo hizo, lamentablemente,* que significa 'considero lamentable que lo hiciera', *Lo hizo lamentablemente* expresa un juicio sobre la forma en que se ha hecho algo ('lo hizo muy mal').

Otros ejemplos en los que una misma secuencia de palabras puede tener varios significados dependiendo de cómo esté puntuada son los siguientes:

Esteban, el ingeniero y yo misma estuvimos en la obra (la ausencia de coma tras *el ingeniero* indica que ese grupo es un elemento más de la enumeración; por tanto, estuvieron en la obra tres personas).

Esteban, el ingeniero, y yo misma estuvimos en la obra (la presencia de coma convierte *el ingeniero* en una aposición explicativa al nombre anterior, con lo que el sujeto hace referencia solo a dos personas: Esteban, que es ingeniero, y yo).

Me he vestido, como me indicaron ('me indicaron que me vistiera').

Me he vestido como me indicaron ('me indicaron cómo debía vestirme').

Mientras hizo lo que debía y todo salió bien, no hubo problemas (si no se coloca coma detrás de *mientras,* esta palabra es conjunción, con lo que la secuencia equivaldría a 'durante el tiempo en que hizo lo que debía...').

Mientras, hizo lo que debía y todo salió bien (si va seguida de una coma, es un adverbio: 'durante ese tiempo, hizo lo que debía...').

Así tienes que ponerte la corbata (el adverbio *así* es aquí un modificador verbal: 'de esta manera tienes que ponerte la corbata').

Hoy nos visita el presidente de la compañía. Así, tienes que ponerte la corbata (la presencia de coma indica que el adverbio *así* es, en este contexto, un conector discursivo que expresa consecuencia: 'por consiguiente, tienes que ponerte la corbata').

En todos estos ejemplos, la coma es esencial para aclarar las dependencias entre las unidades sintácticas. Ha de tenerse en cuenta, no obstante, que no todas las ambigüedades que aparecen en el discurso pueden resolverse mediante el uso de la coma —o con la puntuación en general—, por lo que en muchos casos la solución para que un enunciado sea claro es modificar la redacción.

3.4.2.1.3 *El uso de la coma frente a otros signos delimitadores*

Como se ha visto en el ejemplo *Lo hizo, lamentablemente,* en algunos contextos la coma puede ocupar el mismo lugar que otros signos que, como ella, son genuinamente delimitadores, como el punto o el punto y coma. Aunque en muchos casos sean posibles todas las opciones de puntuación y la elección de uno u otro signo pueda responder a matices expresivos conscientemente buscados, es censurable la tendencia general a abusar de la coma en detrimento de otros signos —especialmente del punto y coma—, tendencia que, muy frecuentemente, anula la jerarquización informativa y oscurece el sentido de lo escrito. Valga este texto como ejemplo ilustrativo:

No tenía buen aspecto, su pelo estaba sucio, su cara presentaba magulladuras, había adelgazado, no obstante, en cuanto apareció en el portal, lo reconocí.

En este texto, el exceso de comas, que presenta todos los miembros del enunciado al mismo nivel, podría evitarse utilizando dos puntos para introducir la enumeración; punto y coma para separar las oraciones que la constituyen, y puntos suspensivos para cerrarla (o punto, si no se trata de una enumeración abierta). Sería, por tanto, preferible la puntuación siguiente:

No tenía buen aspecto: su pelo estaba sucio; su cara presentaba magulladuras; había adelgazado... No obstante, en cuanto apareció en el portal, lo reconocí.

O bien esta otra:

No tenía buen aspecto: su pelo estaba sucio; su cara presentaba magulladuras, y había adelgazado. No obstante, en cuanto apareció en el portal, lo reconocí.

3.4.2.2 Usos de la coma (contextos de duda más frecuentes)

Se analizan a continuación los principales usos lingüísticos de la coma en español, que se han distribuido en seis grandes grupos:

- para delimitar incisos y unidades con alto grado de independencia (interjecciones, vocativos y apéndices confirmativos);
- para delimitar ciertos miembros o grupos sintácticos en la oración simple;
- para delimitar unidades coordinadas;
- para delimitar oraciones subordinadas;
- para delimitar los conectores en un enunciado;
- para marcar elisiones verbales.

Finalmente, se añaden algunos contextos de duda frecuentes que no caben en ninguno de los grupos anteriores.

3.4.2.2.1 *Para delimitar incisos y unidades con alto grado de independencia*

La coma se emplea para encerrar elementos que podrían considerarse periféricos con respecto al enunciado en el que aparecen, pues interrumpen su línea informativa, quedando fuera de la parte central del mensaje. En la cadena hablada, este tipo de información viene marcada por un perfil melódico peculiar: suele constituir una unidad tonal independiente del resto del enunciado, del que aparece separada por una breve pausa o bien por una inflexión, y se pronuncia en un registro diferente al de la oración principal.

Estas secuencias se escriben entre comas cuando aparecen en posición medial en el enunciado: *La iniciativa, como se ha explicado, es muy novedosa*; *Me invade la nostalgia, ¡ay!, al recordar aquellos días.* Algunas de ellas pueden también ocupar la posición inicial o final y, en ese caso, quedan aisladas por cualquier otro signo delimitador y por una coma: *Como se ha explicado, la iniciativa es muy novedosa; ¡Ay!, me invade la nostalgia al recordar aquellos días; Ven un momento, Sara.*

Forman parte de este grupo de elementos periféricos los incisos, las interjecciones y sus grupos sintácticos, los vocativos y los apéndices confirmativos.

3.4.2.2.1.1 *Incisos*

Uno de los principales usos de la coma es aislar en el texto escrito los incisos, elementos suplementarios que aportan precisiones, ampliaciones, rectificaciones o circunstancias a lo dicho:

> «Este cuadro pretende descubrirnos lo que es el mundo del espectáculo, concretamente el del *ballet*, antes de su presentación al público» (Perucho *Dietario* [Esp. 1985]).
>
> «Fíjate, me tuvieron que poner escolta, y encima intervinieron el teléfono para saber de dónde venían las amenazas» (Gamboa *Páginas* [Col. 1998]).
>
> «La dama húngara ha aprendido, y no precisamente por placer, a distinguir entre la locura como enfermedad y la locura como vicio del espíritu» (Moix *Vals* [Esp. 1994]).
>
> «El general Palomar, cuya vida corría con el siglo, había sido niño trompetero del Ejército Constitucionalista de don Venustiano Carranza» (Fuentes *Cristóbal* [Méx. 1987]).

Información adicional — Se emplea en este apartado el término *inciso* en un sentido amplio, como equivalente de *información incidental*. Por tanto, aunque los incisos prototípicos son secuencias que interrumpen el enunciado y aparecen en posición medial (*Todos, excepto Luis, fuimos al concierto; Mi hermana, que es cardióloga, lo atendió*), se considerará aquí que también lo son las mismas secuencias cuando ocupan posición inicial o final (*Excepto Luis, todos fuimos al concierto; Lo atendió mi hermana, que es cardióloga*).

La información que aportan los incisos puede estar más o menos ligada al resto del enunciado (*Tus rosquillas, ¡qué delicia!, son las mejores que he probado en mi vida,* frente a *Tus rosquillas, que están deliciosas, son las mejores que he probado en mi vida*), pero, en cualquier caso, presentan cierta autonomía gramatical y semántica con respecto a él. Constituyen incisos característicos las siguientes construcciones, separadas, por ello, mediante coma:

a) Estructuras explicativas, que interrumpen el curso del enunciado para agregar alguna precisión o comentario sobre el elemento nominal que las precede. Estas estructuras explicativas pueden ser aposiciones, es decir, sustantivos o grupos nominales, como en *La presentación de Eduardo Romero, el comisario de la exposición, fue muy aplaudida; Mi hermano, Arturo, estuvo allí;* adjetivos o grupos adjetivales, como en *El agente, robusto, ayudó a los que estaban atrapados; Los soldados, cansados, volvieron al campamento con dos horas de retraso;* oraciones adjetivas o de relativo, como *La casa, que está al borde del mar, es muy luminosa; Don Alfonso, a quien todos recordamos con cariño, estuvo siempre a nuestro lado;* y otras expresiones parentéticas, como *La mesa, de madera maciza, estaba colocada en el centro del salón; El cuadro* Las meninas, *de Diego Velázquez, es una de las mejores obras de la pintura universal.*

Advertencia Frente a las estructuras explicativas, las especificativas no aportan una aclaración sobre el grupo nominal al que modifican, sino que restringen o delimitan el significado del sustantivo que las precede. Estas construcciones, que no interrumpen el curso del enunciado, sino que se integran en el grupo nominal, no se escriben entre comas: así, en la oración *Mi hermano Arturo estuvo allí,* el nombre propio constituye una aposición especificativa con la que quien habla identifica a uno de sus hermanos, frente a la explicativa ya citada *Mi hermano, Arturo, estuvo allí,* de la que se deduce que la persona que habla solo tiene un hermano. Del mismo modo, en *Los soldados cansados volvieron al campamento con dos horas de retraso,* se especifica que, del total de los soldados, algunos, los que estaban cansados, llegaron con retraso; mientras que en la oración con adjetivo explicativo, *Los soldados, cansados, volvieron al campamento con dos horas de retraso,* se explica que todos los soldados estaban cansados, de ahí que se retrasaran. Son también especificativas, frente a las explicativas anteriormente mencionadas, las construcciones siguientes: *La casa que está al borde del mar es muy luminosa; La mesa de madera maciza estaba colocada en el centro del salón;* Las meninas *de Manolo Valdés son esculturas inspiradas en la obra pintada siglos antes por Velázquez.*

Las estructuras explicativas pueden aparecer también en posición final, caso en el que igualmente se separan por coma de su antecedente: *Fue muy aplaudida la presentación de Eduardo Romero, el comisario de la exposición; Estuvo siempre a nuestro lado don Alfonso, a quien todos recordamos con cariño.*

En lo referente a las oraciones de relativo, véase también el apartado 3.4.2.2.4.2.

Los apodos, las designaciones antonomásticas o los seudónimos que pueden sustituir al nombre verdadero constituyen aposiciones explicativas cuando se mencionan tras él; por tanto, en este caso, deben escribirse entre comas: *Lola Flores, la Faraona, era una estupenda bailaora; Hoy celebramos el aniversario de la muerte de Simón Bolívar, el Libertador; José Martínez Ruiz, Azorín, perteneció a la generación del 98.* Al contrario que estos, los sobrenombres, que deben ir necesariamente acompañados del nombre propio al que especifican, se unen a este sin coma: *Alfonso II el Casto, Guzmán el Bueno, Lorenzo el Magnífico.*

b) Construcciones absolutas, en las que se predica algo de un sujeto sin que aparezca un verbo en forma personal. Normalmente tienen como predicado un participio o un gerundio —aunque también pueden construirse con un adjetivo u otras expresiones— y aparecen al comienzo del enunciado: *Finalizadas las excavaciones, se organizó una exposición para mostrar los utensilios encontrados; Ayudándose de un destornillador, consiguió abrir el cofre; Una vez limpios los mariscos, se añaden a la sartén;* pero también pueden intercalarse, entre comas, en el enunciado: *El presidente, terminada la reunión, convocó una rueda de prensa; Los viajeros, viendo su vuelo anulado, reclamaron la devolución del importe de sus billetes.*

Advertencia	El empleo de comas para encerrar construcciones con gerundio depende de la función que esas construcciones desempeñen en el enunciado. Frente a las construcciones absolutas que aquí se mencionan, que por su carácter incidental se aíslan mediante comas, sería incorrecto escribir este signo en enunciados como *Subía la cuesta apoyándose en su bastón* o *Lamentándote no conseguirás nada,* en las que la oración de gerundio es un complemento circunstancial, o en *Ver a Juan bailando salsa es todo un espectáculo,* donde la secuencia *bailando salsa* funciona como predicativo del complemento directo *Juan.*

c) Expresiones u oraciones de carácter accesorio, sin vinculación sintáctica con los elementos del enunciado en el que se insertan: *Están dispuestas a todo, ¡qué barbaridad!, con tal de conseguir lo que quieren; Se presentó a comer, dime tú si no es para matarlo, con diez amigos y sin avisar; No pienso ir a la fiesta, pero, insisto, te ayudaré en los preparativos.*

d) Cualquier otra clase de comentario, explicación o precisión a algo dicho: *Toda mi familia, incluido mi hermano, estaba de acuerdo; El buen gobernante, según sostenía un célebre político, debe estar siempre preparado para abandonar el poder.*

La consideración de un elemento como inciso puede venir impuesta por el significado, caso en el que la delimitación indicada por la coma es distintiva y, por lo tanto, obligatoria. Así, como se ha señalado, solo el uso de comas permite distinguir en la escritura una oración de relativo especificativa de una explicativa: *Los chicos que han llegado hoy empezarán el curso mañana / Los chicos, que han llegado hoy, empezarán el curso mañana.* Otras veces, en cambio, el uso de la coma responde a la intención comunicativa, de manera que el que escribe puede presentar una misma información como parte central o como elemento periférico y, en consecuencia, sin comas o entre ellas, respectivamente:

El actor apareció en escena junto con el director de la obra.
El actor apareció en escena, junto con el director de la obra.
El destino es sabio a la vez que cruel.
El destino es sabio, a la vez que cruel.

Así, aunque lo normal es que las estructuras introducidas por *salvo, excepto* y *menos* (*Salvo en la Antártida, ha vivido en todos los continentes; Todos, excepto Roberto, estuvieron de acuerdo; Te daré lo que quieras, menos ese anillo*) sean de carácter incidental y se escriban, por ello, entre comas, en algún caso la información que estas aportan puede considerarse parte central del mensaje y presentarse integrada en el enunciado. Se imprime con ello mayor relevancia a la construcción exceptiva, que deja de ser incidental y, consecuentemente, de ir aislada por signos de puntuación: *Todos excepto Roberto estuvieron de acuerdo; Colaboraron todos menos tú.*

Además de la coma, para aislar la información incidental en el interior del enunciado se emplean también la raya (§ 3.4.7) y los paréntesis (§ 3.4.5). La elección de uno u otro signo puede responder a motivos subjetivos, como el grado de independencia que quien escribe quiera otorgar al inciso, mayor si se opta por la raya o los paréntesis:

«Después de finalizar la lectura del documento, Tatiana explicó que aquí, concretamente en este comité, había tenido lugar recientemente un caso de deserción (o de intento de deserción, aún no estaba claro), y que por tal motivo estaba orientado que la fiesta que se realizaría aquí abajo tendría características especiales» (ÁlvzGil *Naufragios* [Cuba 2002]).

También puede deberse a factores contextuales, como la necesidad de evitar la recurrencia de un mismo signo o de establecer una jerarquización cuando un inciso incluye otro, como muestra el ejemplo siguiente:

«Al mismo tiempo, tuve acceso a un mundo médico que, para nosotros —europeos—, es bastante desconocido e incluso puede resultar chocante por su frialdad» (Carreras *Autobiografía* [Esp. 1989]).

Las incorrecciones más comunes en la puntuación de incisos son las siguientes:

- La omisión de una de las dos comas, lo que suele ser frecuente cuando unos elementos incidentales encierran otros: ®*Al acto acudieron más de doscientos alumnos, quienes junto a sus padres, aplaudieron con entusiasmo las palabras del famoso conferenciante;* en lugar de *Al acto acudieron más de doscientos alumnos, quienes, junto a sus padres, aplaudieron con entusiasmo las palabras del famoso conferenciante.*
- El desplazamiento de una de las comas con respecto a la posición que debería ocupar, con lo que el inciso queda erróneamente delimitado. Así, es incorrecta la puntuación en un ejemplo como ®*Había dejado de asistir al coro de la iglesia porque tenía poco tiempo, y encima, le había cambiado la voz,* pues se aísla impropiamente la secuencia *y encima* como inciso (prueba de ello es la agramaticalidad de la oración resultante de su supresión: **Había dejado de asistir al coro de la iglesia porque tenía poco tiempo le había cambiado la voz*). La puntuación correcta de este enunciado admite dos variantes, según se considere que la oración introducida por *y* es, toda ella, un inciso coordinativo (v. § 3.4.2.2.3.1.1g): *Había dejado de asistir al coro de la iglesia porque tenía poco tiempo, y encima le había cambiado la voz;* o se estime que es una oración coordinada con la anterior que incluye el adverbio *encima* como inciso: *Había dejado de asistir al coro de la iglesia porque tenía poco tiempo y, encima, le había cambiado la voz.*

3.4.2.2.1.2 *Interjecciones*

La interjección es una clase de palabras que forma expresiones exclamativas con las que se manifiestan sentimientos, impresiones o reacciones afectivas, se induce a la acción o se apela al interlocutor (entre las interjecciones de carácter apelativo se incluyen también las fórmulas de saludo o despedida). Las interjecciones y las locuciones interjectivas pueden formar por sí mismas un enunciado (*¡Ay!; ¡Ah!; ¡Caramba!; Hola; ¡Ni modo!; ¡Vaya por Dios!*) o insertarse en otro, pero conservando en él su autonomía sintáctica y significativa, de ahí que se escriban entre comas, o entre una coma y otro signo si aparecen en posición inicial o final: *Bah, no te preocupes; Hola, ¿cómo le va?; Ya está lloviendo otra vez, ¡vaya por Dios!*

Están sujetas a las mismas reglas las interjecciones que proceden de imperativos verbales, como *oye, mira, atiza, vamos, venga, anda* o *ándale*, etc.: *Ándale, estudia un poco; Oye, ¿por qué no vamos al cine?; Atiza, si está aquí Antonio; Date prisa, venga, que llegamos tarde.* Se delimitan asimismo por comas los grupos interjectivos: *No sé, ¡ay de mí!, cuánto tiempo más voy a poder soportarlo; ¡Caramba con el niño!, no hay manera de que obedezca.*

Cuando aparecen varias interjecciones concatenadas, sean o no iguales, deben ir separadas por comas: *¡Ah, caray!; ¡Eh, che!; Vaya, caramba, cómo has crecido; ¡Aleluya, aleluya, lo hemos conseguido!; ¡Cómo me duele, ay, ay, ay!; Ale, ale, daos prisa, que no llegamos; Vaya, vaya, mira quién acaba de llegar...*

Sobre el uso de los signos de exclamación o de interrogación en las expresiones interjectivas, v. § 3.4.9.1.1.2.

3.4.2.2.1.3 *Vocativos*

Se aíslan entre comas los sustantivos, grupos nominales o pronombres personales que funcionan como vocativos, esto es, que se refieren al interlocutor y se emplean para llamarlo o dirigirse a él de forma explícita: *Javier, no quiero que salgas tan tarde; Has de saber, muchacho, que tu padre era un gran amigo mío; Estoy a sus órdenes, mi coronel; Usted, acérquese inmediatamente.*

Los vocativos se caracterizan en la oralidad por una curva de entonación descendente y frecuentemente, aunque no siempre, por pronunciarse entre pausas. Con independencia de sus características prosódicas, los vocativos se escriben siempre entre comas, incluso cuando los enunciados son muy breves, como en estructuras del tipo *No, señor; Sí, mujer.*

Información adicional

La presencia de la coma permite distinguir entre la interpretación de un grupo nominal o de un pronombre como vocativo o como sujeto. Como vocativo, es obligatorio el uso de coma: *Alberto, escribe bien;* en cambio, es incorrecto ponerla cuando el grupo nominal o el pronombre deben interpretarse como sujeto (§ 3.4.2.2.2.1): *Alberto escribe bien.*

3.4.2.2.1.4 *Apéndices confirmativos*

Los apéndices confirmativos —expresiones interrogativas de refuerzo que cierran algunos enunciados aseverativos— deben ir precedidos de una coma que los separe del resto del enunciado. Son apéndices confirmativos muletillas como *¿verdad?, ¿no?, ¿eh?, ¿ves?* o *¿viste?*:

No te gusta esta ciudad, ¿verdad?
Confías en mí, ¿no?

Así que quería irse sin avisar, ¿eh?
La estamos pasando bárbaro, ¿viste?

Sobre el uso de los signos de interrogación en estas expresiones, v. § 3.4.9.1.2.1.

3.4.2.2.2 *Para delimitar ciertos miembros o grupos sintácticos en la oración simple*

Dejando a un lado las estructuras incidentales a las que se ha hecho referencia en el apartado anterior, la coma se usa en ocasiones para aislar determinados miembros dentro de una oración. La necesidad o inconveniencia de la coma en estos casos depende de la función que desempeñen los grupos sintácticos correspondientes.

Información adicional

Las oraciones simples están constituidas por diversos miembros, llamados *grupos sintácticos* o *sintagmas,* estructuras articuladas en torno a un núcleo que admite diversos modificadores y complementos, y son los que desempeñan las diversas funciones sintácticas. Así, una oración como *Llegó la carta* está constituida por un grupo o sintagma verbal (*llegó*) y por un grupo o sintagma nominal que desempeña la función de sujeto (*la carta*). Sería también un grupo nominal la secuencia *la carta de tu hermano,* que, a su vez, contiene como complemento del núcleo *carta* el grupo preposicional *de tu hermano*.

Como regla general, la puntuación no debe romper la dependencia que se establece entre los grupos sintácticos más fuertemente vinculados desde el punto de vista sintáctico y semántico, con independencia de que, en la pronunciación, esos grupos se separen del resto del enunciado mediante una pausa o una inflexión tonal. Esta regla es la que determina que sea incorrecto escribir coma entre el verbo y los grupos sintácticos que este necesita para que la oración tenga sentido y sea gramatical —como el sujeto, el complemento directo, el complemento indirecto, etc.— o entre un grupo nominal y un complemento preposicional que lo especifica (un complemento partitivo, por ejemplo). Se detallan a continuación las reglas generales del uso de la coma para separar grupos sintácticos.

3.4.2.2.2.1 *Coma entre sujeto y verbo*

Es incorrecto escribir coma entre el grupo que desempeña la función de sujeto y el verbo de una oración, incluso cuando el sujeto está compuesto de varios elementos separados por comas: *Mis padres, mis tíos, mis abuelos me felicitaron ayer* (y no ⊗*Mis padres, mis tíos, mis abuelos, me felicitaron ayer*).

Si el sujeto es largo, suele hacerse oralmente una pausa y una inflexión tonal antes del comienzo del predicado, pero esta frontera fónica no debe marcarse gráficamente mediante coma: *Los alumnos que no hayan entregado el trabajo antes de la fecha fijada por el profesor | suspenderán la asignatura.* Tampoco debe reflejarse en la escritura la pausa oral que aparece comúnmente entre el verbo y un sujeto integrado en una estructura contrastiva del tipo *no..., sino...: Fueron convocados no los padres, sino los alumnos* (y no ®*Fueron convocados, no los padres, sino los alumnos*).

Es también frecuente incurrir en el error de escribir coma entre sujeto y verbo cuando el sujeto es una oración de relativo sin antecedente expreso (como en ®*La que está en la puerta, es mi madre,* en lugar de *La que está en la puerta es mi madre*), estructura habitual en numerosos refranes: *Quien bien te quiere te hará llorar* (véase al respecto el apartado 3.4.2.2.4.2, dedicado al uso de la coma en las oraciones subordinadas de relativo).

Tres son las excepciones a la regla que impide escribir coma entre sujeto y verbo:

a) Cuando el sujeto es una enumeración que se cierra con *etcétera* o su abreviatura (*etc.*): *El novio, los parientes, los invitados, etc., esperaban ya la llegada de la novia.*

b) Cuando inmediatamente después del sujeto se abre un inciso o aparece cualquiera de los elementos que se aíslan por comas del resto del enunciado: *Mi hermano, como tú sabes, es un magnífico deportista; La civilización mesopotámica, junto con la egipcia, es una de las más antiguas.*

c) Cuando el sujeto está constituido por dos miembros unidos mediante conjunciones distributivas, como *bien... bien, ora... ora,* etc.: *«Los pretendientes que se acercaron a ella durante los años de su juventud, o bien acabaron huyendo despavoridos, o bien, los más heroicos, tuvieron que retirarse con el rabo entre las piernas»* (Ribera *Sangre* [Esp. 1988]). Sin embargo, en este caso es también correcto no escribir coma ante el primer miembro de la construcción (v. § 3.4.2.2.3.1e).

No constituyen un caso de escritura incorrecta de coma entre sujeto y verbo ejemplos como *Los grandes almacenes, casi todos abren los domingos.* El sujeto de esta oración es *casi todos,* mientras que *los grandes almacenes* es un elemento anticipado que expresa el tema del que se va a decir algo, de manera similar a como lo hacen estructuras desgajadas equivalentes como *En cuanto a los grandes almacenes, casi todos abren los domingos* o *¿Los grandes almacenes? Casi todos abren los domingos.* Las relaciones sintácticas son distintas, de ahí que la puntuación también lo sea, en el enunciado igualmente correcto *Los grandes almacenes, casi todos, abren los domingos,* donde *casi todos* se intercala a modo de inciso entre el verbo y el sujeto (*los grandes almacenes*).

3.4.2.2.2.2 *Coma y atributo, complemento directo, indirecto, predicativo, de régimen y agente*

Es asimismo incorrecto separar con una coma el verbo de aquellos complementos que vienen exigidos por su significado léxico, como son el complementos directo, el indirecto, el predicativo, el de régimen y el agente, salvo que, como se ha señalado antes en el caso del sujeto, tras el verbo aparezca un inciso o cualquiera de los elementos que se aíslan por comas: *Espero, hijo mío, una respuesta sensata; Se arrepentirá, estoy segura, de su comportamiento; El manifiesto fue firmado, según lo publicado en la prensa, por más de cinco mil personas;* o que uno de esos complementos esté constituido por una estructura distributiva (aunque en este caso es también correcto no escribir coma ante el primer miembro de la construcción; v. § 3.4.2.2.3.1e): «*...mirando alternativamente, ora a ti, ora a la calle*» (MtnVigil *Defensa* [Esp. 1985]). La misma regla se aplica a la hora de puntuar las oraciones que presentan verbo copulativo y atributo: *Es, sin lugar a dudas, un gran hijo.*

Tampoco deben separarse con coma del verbo ni el atributo ni los complementos antes mencionados cuando estén integrado en una estructura contrastiva del tipo *no..., sino...*: «*Ahora serías no un rey desterrado, sino un rey secreto libre de traiciones, de conjuras y de intrigas*» (Hernández *Secreter* [Esp. 1995]); «*Arrojó su mochila al suelo y se dispuso a encarar no ya una batalla, sino una guerra a muerte*» (Volpi *Klingsor* [Méx. 1999]); «*Sí, evidentemente se trata de otra carta destinada no a la papelera, sino a mi diario*» (Cano *Abismo* [Col. 1991]); «*Los tres consideraban no ya aceptable, sino providencial su prisión*» (Delibes *Madera* [Esp. 1987]).

Cuando los complementos verbales anticipan su aparición, normalmente con la intención de destacar o enfatizar el elemento anticipado, tampoco debe escribirse coma: *Vergüenza debería darte; Muy contento te veo.* En cambio, cuando el elemento anticipado simplemente expresa el tema del que se va a decir algo, la coma es opcional: *De ese asunto, apenas sé nada / De ese asunto apenas sé nada; Carne, no suelo comer mucha / Carne no suelo comer mucha; Eso, lo digo yo / Eso lo digo yo; A ese ingeniero, lo quisimos contratar nosotros / A ese ingeniero lo quisimos contratar nosotros.* En este último caso, la presencia de la coma es más conveniente cuanto más largo es el fragmento anticipado: *La costumbre de hacer regalos a los niños cuando terminan las clases, nunca la hemos seguido en mi casa.*

3.4.2.2.2.3 *Coma y complemento circunstancial*

Los complementos circunstanciales también modifican al verbo, pero aportan informaciones accidentales que este no exige (circunstancias de tiempo, lugar, causa, compañía, etc.). Los grupos que desempeñan esta función presentan, por tanto, una dependencia menor con respecto al verbo que el sujeto o que los complementos mencionados en el apartado anterior, de ahí que admitan ser aislados por comas del resto del enunciado.

Como regla general, los complementos circunstanciales pueden aparecer delimitados por coma cuando preceden al verbo. La mayoría de estas comas son opcionales, pero su presencia es útil para aclarar la jerarquización de los miembros del enunciado y, consecuentemente, para facilitar su interpretación. La presencia o ausencia de comas en estos contextos es lo que define que un estilo de escritura se considere trabado o suelto. No obstante, hay factores de diverso tipo que favorecen la escritura de coma para delimitar los complementos circunstanciales antepuestos, como la longitud y complejidad del complemento, su carácter más o menos periférico con respecto al verbo o la intención de quien escribe. Se ofrecen a continuación algunas notas orientativas para el uso de la coma con complementos circunstanciales antepuestos:

a) Se recomienda escribir coma cuando el complemento es extenso: *En aquellos calurosos días de principios del verano pasado, la convivencia era idílica*. En cambio, cuando es breve, es preferible no ponerla: *En casa no puedo estudiar; Dentro de pocos días tendrá noticias nuestras*.

b) Se recomienda escribir coma cuando el complemento introduce referencias —generalmente de lugar o de tiempo— que, más que proporcionar información sobre la acción denotada por el verbo, enmarcan todo el enunciado: *En México, hace ya tiempo que en la prensa especializada se trata este asunto; En mayo de 1968, París se convirtió en el escenario de una revuelta estudiantil histórica*.

c) Se recomienda escribir coma para aislar el complemento circunstancial cuando se inserta en un enunciado complejo: *El doctor que me atendió ayer me ha recomendado que, hasta ese día, descanse todo lo que pueda*.

d) Se suele escribir coma para aislar una información circunstancial a la que se quiere dar relevancia en el discurso (por ejemplo, para oponerla a otra): *Por las mañanas, estudia en la facultad y, por las tardes, se dedica a trabajar en lo que encuentra*.

Advertencia	Es un error considerar que debe escribirse coma sistemáticamente detrás de los complementos circunstanciales que preceden al verbo. Esta creencia errónea, bastante generalizada, justifica la presencia de la coma por considerarla marca de que se ha producido un cambio en el orden regular de las partes de un enunciado. Conviene precisar, sin embargo, que no existe un orden natural fijo de los constituyentes de la oración que dependa de las funciones sintácticas, sino que la ordenación de los constituyentes tiene más bien que ver con la estructura informativa más lógica, que responde al patrón *información conocida + información nueva*. Así, ante la pregunta *¿Cómo habéis venido?*, la respuesta natural —dejando de lado la que omite el verbo— será *Hemos venido en el coche de Marina* (se subraya la información nueva). En cambio, ante la pregunta *¿Quiénes han venido en el coche de Marina?*, el orden natural de la respuesta será *En el coche de Marina hemos venido mi madre y yo*, sin que sea necesario el uso de la coma tras el complemento circunstancial. En este último ejemplo, el hecho de que el complemento se anteponga al verbo no supone ninguna alteración del orden natural de los constituyentes del enunciado.

También pueden aislarse entre comas los complementos circunstanciales que se intercalan entre el verbo y uno de los complementos por él exigidos (directo, de régimen, etc.): *Carlos Jiménez fue expulsado, aquel mes de diciembre, de la asociación.*

Los complementos circunstanciales que aparecen en posición final raramente van precedidos de coma: *La convivencia era idílica en aquellos calurosos días de principios del verano pasado; París se convirtió en el escenario de una revuelta estudiantil histórica en mayo de 1968; El doctor me ha recomendado que descanse todo lo que pueda hasta ese día.* Tan solo lo hacen cuando su contenido se presenta como información incidental: *Murió en acto de servicio, justo dos años después.*

3.4.2.2.2.4 *Coma y complementos no verbales*

Se escribe coma tras los complementos no verbales que se anteponen al elemento o grupo del que dependen. Son ejemplos de estas estructuras escindidas:

a) Los complementos preposicionales antepuestos de las construcciones partitivas: *De las soluciones propuestas, ninguna es convincente* (frente a *Ninguna de las soluciones propuestas es convincente*); *De todas las novelas que ha escrito, solo dos me parecen interesantes; De sus amigos, la mitad son solteros.*

Información adicional	Las construcciones partitivas están formadas por un cuantificador (*mitad, resto, mayoría, ninguno, varios, tres, el cinco por ciento*, etc.) y un complemento introducido por *de* que expresa la totalidad del conjunto del que se selecciona la parte que el cuantificador indica: *la mitad de los trabajadores, tres de los asistentes, ninguna de las soluciones*, etc.

b) Los grupos cuantificativos que preceden al primer término de la comparación: *Más que un problema religioso, constituye un problema político* (frente a *Constituye un problema político más que un problema religioso*); *Su vida juntos fue, más que una experiencia, una aventura* (frente a *Su vida juntos fue una aventura más que una experiencia*).

3.4.2.2.2.5 *Coma y complementos que afectan a toda la oración*

Como en los complementos locativos y temporales mencionados en el apartado 3.4.2.2.2.3b, se escribe coma detrás de muchos adverbios y de grupos y locuciones adverbiales y preposicionales que afectan o modifican a toda la oración, y no solo a uno de sus elementos. Son expresiones de muy diverso tipo: pueden indicar frecuencia (*generalmente, por lo común, ocasionalmente*, etc.); expresar la actitud con la que el hablante se manifiesta o la que le pide al oyente (*sinceramente, francamente, con franqueza, con la mano en el corazón, brevemente, honradamente*, etc.); introducir una valoración respecto del contenido del enunciado (*afortunadamente, lamentablemente, por suerte, curiosamente, naturalmente, paradójicamente*, etc.); manifestar evidencia (*efectivamente, evidentemente, incuestionablemente, con toda seguridad, en efecto*, etc.); indicar el ámbito o el punto de vista (*técnicamente, musicalmente, desde el punto de vista económico*, etc.); etcétera.

Generalmente, los alojamientos rurales se sitúan en enclaves privilegiados.
Muy a menudo, un perro que mueve el rabo está contento.
Francamente, no creo que vuelva por aquí (o *Con franqueza, no creo que...*).
Entraron a robar en su casa. Por suerte, había llevado todo el dinero al banco el día anterior.
Evidentemente, no podía seguir llevando esa vida.
Técnicamente, los resultados de la prueba no fueron satisfactorios (o *Desde el punto de vista técnico, los resultados...*).

Advertencia	Cuando estas expresiones no constituyen complementos oracionales —es decir, cuando no se refieren a toda la oración, sino que modifican a uno de sus miembros—, no exigen la escritura

de coma: *Un perro que mueve el rabo muy a menudo está contento; Se han adoptado soluciones técnicamente perfectas; Lo ha conseguido por suerte, no por merecimiento; Nunca habla francamente.*

También afectan a toda la oración, y deben ir delimitadas por coma, las estructuras encabezadas por expresiones de valor introductorio del tipo de *en cuanto a, respecto de, con respecto a, en relación con, con referencia a,* etc., que restringen lo dicho en el enunciado a ciertas coordenadas temáticas:

Con respecto a los papeles que firmaron, nadie volvió a saber nada de ellos.
En cuanto a ti, no quiero volver a verte.
En lo que se refiere a calidad de vida, lo ideal es vivir en el campo.

A diferencia de los complementos circunstanciales, si estos adverbios y expresiones que afectan a todo el enunciado aparecen en posición medial o final, también se aíslan por comas:

Los alojamientos rurales, generalmente, se sitúan en enclaves privilegiados.
Había llevado, por suerte, todo el dinero al banco el día anterior.
No creo que vuelva por aquí, francamente.
No podía seguir llevando esa vida, evidentemente.
Las personas más determinantes en su vida, musicalmente hablando, fueron sus profesores de Budapest.
Lo ideal, en lo que se refiere a calidad de vida, es vivir en el campo.

Para el uso de coma detrás de los elementos encabezados por locuciones de valor condicional y concesivo (*En ese caso, nos quedaremos en casa; A pesar de todo, conseguimos nuestro objetivo*), v. § 3.4.2.2.4.4, dedicado a las oraciones subordinadas que presentan esos mismos valores.

3.4.2.2.3 ***Para delimitar unidades coordinadas***

La coordinación es un recurso sintáctico que consiste en unir dos o más elementos análogos equiparándolos, es decir, sin establecer entre ellos una relación de dependencia. Las unidades coordinadas, que realizan la misma función dentro de su enunciado, pueden ser palabras (*No sabemos si vienen uno, dos o tres*), grupos sintácticos (*En casa tienen un gato, dos perros y un papagayo*) u oraciones (*Está contenta, pero no lo demuestra*).

El uso de la coma para separar estos miembros sintácticamente equivalentes es habitual, aunque está sujeto a determinadas reglas que varían según el tipo de coordinación, la presencia o ausencia de conjunción entre los elementos coordinados y, en caso de que esta aparezca, según sea simple o compleja.

Información adicional

Las construcciones coordinadas pueden ser copulativas, si los elementos que las constituyen se suman (*pan y queso*); disyuntivas, si estos alternan entre sí o se prestan a una elección (*pan o queso*); y adversativas, si los elementos que las constituyen se oponen (*pan, pero no queso*).

Las conjunciones coordinantes copulativas son *y/e, ni* y la locución *así como;* las disyuntivas son *o/u, ni;* y las adversativas, *pero, sino* y *mas.* A estas conjunciones simples hay que añadir las complejas, denominadas *correlativas* o *discontinuas,* que pueden ser copulativas (*tanto... como; ni... ni*) y disyuntivas, en este caso también llamadas *distributivas* (*sea... sea; ya... ya; ora... ora; bien... bien; o... o;* etc.).

3.4.2.2.3.1 *Coma y coordinación copulativa y disyuntiva*

Se escribe coma para separar los miembros de las construcciones copulativas y disyuntivas, siempre que estos no sean complejos y ya contengan comas en su expresión, pues, en ese caso, se utiliza el punto y coma (v. § 3.4.3.2.2.1):

Ayer me compré dos camisas, un pantalón, una chaqueta y dos pares de zapatos.
Observaba, meditaba, deducía. Así resolvía los casos.
No atienden el teléfono: puede que lo tengan estropeado, que hayan salido un momento, que estén durmiendo...

Los miembros de las construcciones copulativas pueden ir yuxtapuestos o unidos mediante una conjunción, simple o compuesta, o mediante una locución conjuntiva, lo que tiene las siguientes implicaciones en la escritura de la coma:

a) *Miembros yuxtapuestos.* Cuando los miembros coordinados aparecen yuxtapuestos, es decir, cuando no se unen mediante conjunciones, se escribe coma entre ellos: *«Corrían, tropezaban, avanzaban sobre él»* (UPietri *Oficio* [Ven. 1976]). Cabe mencionar entre estas estructuras yuxtapuestas las enumeraciones incompletas, es decir, aquellas en las que se escogen solo algunos elementos representativos, las cuales pueden cerrarse con *etcétera* (o su abreviatura *etc.*), con puntos suspensivos (v. § 3.4.10.2d) o, en usos expresivos, simplemente con punto:

Acudió toda la familia: abuelos, padres, hijos, cuñados, etc.

Estamos amueblando el salón. Ya hemos comprado el sofá, las alfombras, la lámpara...
Todo en el valle transmite paz: los pájaros, el clima, el silencio.
Estaba preocupado por su familia, por su trabajo, por su salud.

Cuando la palabra *etcétera* (o su abreviatura *etc.*) cierra la enumeración, se separa con coma del resto del enunciado, incluso cuando forma parte del sujeto: «*Una nueva columna de gente joven sucia, limpia, bien vestida, harapienta, etcétera, se introdujo en El Conde como un alud de lava y comenzó a gritar*» (Vergés *Cenizas* [R. Dom. 1980]); «*Los bailes autóctonos, las peregrinaciones, etc., perduran hasta nuestros días*» (Leyva *Piñata* [Méx. 1984]).

Se separan asimismo por comas las oraciones yuxtapuestas de sentido distributivo: *Unos se ganaban la vida cazando, otros pescando, los más cultivando los campos.*

b) *Miembros coordinados mediante conjunciones simples.* Cuando el último elemento de una coordinación va introducido por las conjunciones *y, e, ni, o, u,* no se escribe coma delante de ellas:

Es un chico muy reservado, estudioso y de buena familia.
No te vayas sin correr las cortinas, cerrar las ventanas, apagar la luz y cerrar bien la puerta.
No le gustan las manzanas, las peras ni los plátanos.
¿Quieres té, café o manzanilla?

Existen, sin embargo, casos en que el uso conjunto de la coma y la conjunción no solo es admisible, sino necesario (v. § 3.4.2.2.3.1.1).

c) *Miembros coordinados mediante la locución conjuntiva «así como».* Si el último miembro de una coordinación va introducido por la locución *así como,* lo más recomendable es escribir delante una coma, especialmente cuando se añade a elementos a su vez coordinados con otra conjunción:

Era famoso por su voz, así como por su forma de moverse en el escenario.
En su mesa había un vaso con hielo y una botella vacía, así como multitud de papeles desordenados.

Las secuencias introducidas por *así como* funcionan a modo de incisos aditivos, de ahí que se escriban entre comas cuando aparecen en posición medial: *Esperanza, así como el resto de la familia, no quiso perderse el evento.*

d) *Miembros coordinados mediante conjunciones copulativas discontinuas.* No se escribe coma entre los miembros coordinados por las conjunciones copulativas discontinuas *ni... ni...* y *tanto... como* (para estructuras en las que se emplea repetidamente la conjunción *ni*, del tipo de *Ni come, ni bebe, ni duerme*, v. § 3.4.2.2.3.1.1h):

No quiere ni comprarlo ni que se lo regalen.
Ni vos ni yo supimos entenderlo.
Estas pastas no las venden ni aquí ni en ningún sitio.
Es como el perro del hortelano: ni come ni deja comer.
Tanto él como Juan optaron por callarse.
Quedaron dañadas tanto la fachada del edificio como las zonas de paso.
El interés de la novela radica tanto en la historia que se cuenta como en la prosa que despliega.

> Advertencia Aunque en la cadena hablada se suele hacer una pausa entre estas estructuras coordinadas bimembres y la parte del enunciado que las precede, en la cadena escrita solo se escribirá coma cuando las reglas lo exijan. Así, es adecuado usar la coma en *El plazo de presentación termina, tanto para las declaraciones voluntarias como para las obligatorias, el día 30,* donde la estructura correlativa constituye un inciso; en cambio, no está correctamente puntuada una oración como ®*Su admisión en el centro depende, tanto de sus notas como de la renta familiar* (en lugar de ... *depende tanto de sus notas como de*...), pues no pueden separarse por coma un verbo y su complemento de régimen.

En cambio, sí se escribe coma para separar los dos términos de la construcción copulativa intensiva *no solo..., sino (también)...*, dado que, pese a su valor copulativo, el segundo miembro introduce una adversativa (v. § 3.4.2.2.3.2): *Sus palabras fueron consideradas ofensivas no solo por mí, sino por todos los presentes; La ortografía comprende no solo los usos de las letras, sino también los usos de los signos de puntuación.*

e) *Miembros coordinados mediante conjunciones disyuntivas discontinuas.* Se escribe coma delante de cada una de las oraciones o elementos coordinados encabezados por conjunciones disyuntivas discontinuas (también llamadas distributivas), como *bien..., bien...; ora..., ora...; ya..., ya...:*

Organizaremos la fiesta, bien en tu casa, bien en la mía.
«Medio atarantado dentro del huevo de metal, ora oliéndose a sí mismo, ora las exudaciones de las láminas» (Fuentes *Cristóbal* [Méx. 1987]).
«Habrá quienes estén de acuerdo con el jeque Abdula, ya porque se quieran ir al desierto con él, ya porque compartan su

pesimismo sobre el futuro» (Schwartz *Conspiración* [Esp. 1982]).

«Generalmente se venden ya cocidas, sea en agua, sea al vapor» (Domingo *Sabor* [Esp. 1992]).

También se escribe coma delante de la correlación disyuntiva *o bien..., o bien* (a veces, uno de los dos términos va encabezado simplemente por *o*):

«Al dar la pelota en uno de los nervios del lomo de la piel holandesa, o bien rebotaba tan fulmínea, o bien perdía su elasticidad» (Lezama *Paradiso* [Cuba 1966]).

«Los adultos, [...] a partir de cierta edad, o bien tenían los síntomas sin las enfermedades, o algo peor: enfermedades graves con síntomas de otras inofensivas» (GaMárquez *Amor* [Col. 1985]).

No obstante, puede prescindirse de la coma ante el primer miembro de la estructura discontinua si su escritura implica la separación del sujeto y el verbo de la oración, especialmente en secuencias sencillas desde el punto de vista sintáctico:

«Don Alfonso ora se inclinaba a la derecha, ora a la izquierda» (Hernández *Secreter* [Esp. 1995]).

«Bajo las sábanas, con brusquedad de epiléptico, se alzaba ora un brazo, ora una cadera, cuando no todo el esternón» (Aparicio *César* [Esp. 1981]).

Lo mismo cabe decir cuando el primer miembro de estas construcciones es alguno de los complementos que normalmente no se separan del verbo mediante coma, como el complemento directo, el atributo o el complemento de régimen (v. § 3.4.2.2.2.1-2):

«Las ramas del árbol están ora cargadas, ora desnudas» (Guelbenzu *Río* [Esp. 1981]).

«—¡Nueve minutos! —advirtió el Lúmino, mirando ora al sol, ora a una nube con forma de mastín que avanzaba por la izquierda» (Díaz *Piel* [Cuba 1996]).

«Ellos se pasan la mayor parte de los mejores años de su vida o bien entrenando, o bien descansando tras ese entrenamiento» (GaSánchez *Alpe d'Huez* [Esp. 1994]).

3.4.2.2.3.1.1 Uso de la coma ante las conjunciones copulativas y disyuntivas simples

Como regla general, el uso de la coma es incompatible con las conjunciones *y, e, ni, o, u* cuando este signo se utiliza para separar elementos de una misma serie o miembros sintácticamente equivalentes dentro de un mismo enunciado (v. § 3.4.2.2.3.1b). Sin embargo, hay casos en que el uso de la coma ante una de estas conjunciones es admisible e, incluso, necesario:

a) En una relación compuesta de elementos complejos que se separan unos de otros por punto y coma, delante de la conjunción que introduce el último de ellos se escribe una coma (o también un punto y coma; v. § 3.4.3.2.2.1):

En el armario colocó la vajilla; en el cajón, los cubiertos; en los estantes, los vasos, y los alimentos, en la despensa.

b) Se escribe coma delante de estas conjunciones cuando la secuencia que encabezan enlaza con todo el predicado anterior, y no con el último de sus miembros coordinados:

Pagó el traje, el bolso y los zapatos, y salió de la tienda.
No sé si ir de vacaciones a Francia o Italia, o quedarme en casa.

c) Cuando se enlazan miembros gramaticalmente equivalentes dentro de un mismo enunciado, si el último de ellos es semánticamente heterogéneo con respecto a los anteriores (es decir, no introduce un elemento perteneciente a la misma serie o enumeración), por indicar normalmente una conclusión o una consecuencia, se escribe coma delante de la conjunción:

Pintaron las paredes de la habitación, cambiaron la disposición de los muebles, pusieron alfombras nuevas, y quedaron encantados con el resultado.

d) Es frecuente, aunque no obligatorio, que entre oraciones coordinadas se ponga coma delante de la conjunción cuando la primera tiene cierta extensión y, especialmente, cuando tienen sujetos distintos:

La mujer salía de casa a la misma hora todas las mañanas, y el agente seguía sus pasos sin levantar sospechas.
¿Vienes conmigo antes de que pierda la paciencia, o te quedas aquí para siempre?

e) Cuando la conjunción *y* tiene valor adversativo (equivalente a *pero*), puede ir precedida de coma:

Le aconsejé que no comprara esa casa, y no hizo caso.

f) Debe escribirse coma delante o detrás de cualquiera de estas conjunciones si inmediatamente antes o después hay un inciso o cualquier otro elemento que deba ir aislado por comas del resto del enunciado:

Mi abuelo, que era un gran aficionado a la poesía, y el maestro del pueblo fundaron una revista literaria.
Puedes venir con nosotros o, por el contrario, quedarte en casa todo el día.

g) Se escribe coma ante estas conjunciones cuando la secuencia que introducen se presenta, más que como una coordinación, como un inciso que aporta especificaciones o comentarios a lo que se acaba de afirmar. En estos incisos coordinativos es frecuente que la conjunción vaya seguida de un adverbio:

«Se encontró abrazado, y sin toalla, a Paulette» (GaHortelano *Gramática* [Esp. 1982]).
«Redactará, con un placer nuevo, desconocido para él, o probablemente olvidado ya a los cuarenta y tres años, una carta para Garay López» (Saer *Ocasión* [Arg. 1988]).
«Él era un hombre de buenos ímpetus, y además bien entrenado, y ella no estaba hecha para dejarse tomar ventaja de nadie» (GaMárquez *Amor* [Col. 1985]).

Sobre las distintas posibilidades de puntuación de estas secuencias (*caro, y encima feo; caro y, encima, feo;* ⊗*caro, y encima, feo*), v. § 3.4.2.2.1.1.

h) Cuando se repite la conjunción ante cada uno de los miembros coordinados —uso expresivo llamado *polisíndeton*—, es frecuente la escritura de coma entre todos ellos, lo que les confiere aún mayor relieve:

«¡Tú sí que eres dulce, y durito, y tierno, y niño, y grande, y todo!» (Sampedro *Sonrisa* [Esp. 1985]).
«De repente creí que estaba en el Sur, en la profundidad del Sur, en un territorio donde había mucha agua, y sauces, y zarzamoras, y pastizales con vacas, y caballos parados en el horizonte» (Edwards *Anfitrión* [Chile 1987]).
«No había, como en el otro caso [...], bromas, ni risas, ni osadías, ni procacidades dichas a modo de prólogo o de aderezo» (PzReverte *Reina* [Esp. 2002]).
«Ni telefoneaba, ni en su casa cogían el teléfono, ni estaba en ningún sitio conocido» (Pombo *Héroe* [Esp. 1983]).
«Entre [...] enormes y pesadas cortinas de terciopelo azul, o verde, o guinda» (Bryce *Vida* [Perú 1981]).

No obstante, en estas estructuras con polisíndeton es igualmente correcta —y frecuente— la ausencia de comas entre los elementos encabezados por la conjunción:

«Lo vio detenerse otra vez, un poco encogido, un poco abierto de piernas, ya en el interior húmedo y fresco y oloroso del mercado» (Onetti *Viento* [Ur. 1979]).

«Mis compañeros de vuelo roncaban o leían o miraban la película» (Paz *Materia* [Bol. 2002]).

«Aquí está sucediendo algo que parece predispuesto para que yo ni respire ni digiera ni vea ni oiga ni hable» (Fuentes *Cristóbal* [Méx. 1987]).

Advertencia	Deben distinguirse estas construcciones polisindéticas con *ni*, en las que se combinan más de dos miembros, de las estructuras en las que aparece la conjunción discontinua *ni... ni...*, en las que los miembros coordinados —que son siempre dos— no se separan por coma: *No te digo ni sí ni no* (v. § 3.4.2.2.3.1d).

3.4.2.2.3.2 *Coma y coordinación adversativa*

Se escribe coma ante las oraciones coordinadas introducidas por las conjunciones *pero, mas, aunque, sino (que)*:

Hazlo si quieres, pero luego no digas que no te lo advertí.
Cree que ha hecho bien el examen, aunque tiene dudas.
Sabía que era peligroso, mas no tenía miedo.
No lo hizo porque le gustara, sino porque era su deber.

(Para el uso de punto y coma en estos casos, v. § 3.4.3.2.2.2).

Se emplea igualmente coma en estructuras que no presentan una de las conjunciones adversativas, pero que poseen el sentido contrastivo de las construcciones con *sino*. Se trata de enunciados cuyo segundo segmento contiene una negación, como *Lo hizo porque era su deber, no porque le gustara; Fue una decisión, no una casualidad*.

También se escribe coma ante las conjunciones adversativas arriba indicadas cuando introducen grupos sintácticos no oracionales:

«Ahora estamos más a gusto, pero más tristes» (Umbral *Mortal* [Esp. 1975]).

«Era un hombre cortés y comedido, aunque seco en su trato» (Herrera *Casa* [Ven. 1985]).

«Será que ya no te considera niña, sino señorita» (VLlosa *Fiesta* [Perú 2000]).

«Era un atleta mediocre, pero tenaz» (Dolina *Ángel* [Arg. 1993]).

«La apretó suave, pero firmemente» (Aguilera *Pelota* [Ec. 1988]).

Cabe, sin embargo, hacer algunas precisiones a esta regla general:

a) Excepcionalmente, cuando la conjunción *pero* opone dos adjetivos o dos adverbios, como en los dos últimos ejemplos mencionados, puede prescindirse de la coma, lo que ocurre especialmente en combinaciones habituales del tipo *lento pero seguro, breve pero intenso,* etc.: «*Era una orden imprecisa pero terminante*» (Collyer *Pájaros* [Chile 1995]); «*Su proyecto camina con un ritmo lento pero seguro*» (*Abc* [Esp.] 20.9.1996); «*Las estrecharon breve pero expresivamente*» (Mendoza *Verdad* [Esp. 1975]). La ausencia de la coma es general —y recomendable— cuando los adjetivos preceden al sustantivo al que modifican: «*El joven arquitecto edificó una modesta pero confortable casita cerca del jacal de don Miguel*» (Velasco *Regina* [Méx. 1987]); «*John Polidori descubrió su propia farsa, aquel grato pero efímero engaño con el que a menudo nos ilusionan los sueños*» (Andahazi *Piadosas* [Arg. 1999]).

b) Se conserva la coma ante *pero* en construcciones que no son propiamente adversativas —pues no contraponen ideas—, sino enfáticas, como *Está bien, pero que muy bien.* En cambio, cuando el primer término coordinado está ausente, no se escribe coma ante *pero:* «*Y anduve pero que muy enamorada de Quino Alonso*» (Díez *Fuente* [Esp. 1986]). Debe evitarse, asimismo, el uso de coma en una tercera variante de esta construcción que presenta repetición del adverbio *muy* antes y después de *pero*: «*Creo que alguien que es capaz de hablar así es que está muy pero que muy enamorado*» (VMatas *Suicidios* [Esp. 1991]); «*¿Puedo hacerte una pregunta muy pero muy indiscreta?*» (Benedetti *Primavera* [Ur. 1982]).

c) La conjunción adversativa *sino* no debe ir precedida de coma cuando, en lugar de valor contrastivo o sustitutivo, tiene valor exclusivo, con significado cercano a 'salvo, excepto, aparte de', es decir, cuando puede ser sustituida por *más que:* «*¿Quién sino usted puede saberlo?*» (Alberti *Adefesio* [Esp. 1976]); «*A alguien tengo que hacerle señas desde este páramo y a quién sino a vos*» (Benedetti *Primavera* [Ur. 1982]); «*¡A mí no me desafuera nadie sino el pueblo!*» (Díaz *Neruda* [Chile 1991]); «*No puede hacer otra cosa sino esperar*» (Santiago *Sueño* [P. Rico 1996]).

3.4.2.2.3.2.1 Coma después de la conjunción *pero*

Como ilustran los ejemplos del apartado anterior, no se escribe coma detrás de las conjunciones adversativas.

Información adicional

Las conjunciones coordinantes adversativas, como las subordinantes que se analizarán en el apartado 3.4.2.2.4, forman un grupo sintáctico con la secuencia que introducen —que constituye el término de la conjunción—, de ahí que, dada su estrecha vinculación con lo que sigue, no pueda escribirse un signo de puntuación tras ellas. Se diferencian en esto de los conectores, que no suelen introducir ningún grupo sintáctico y presentan un alto grado de autonomía en el enunciado, de ahí que comúnmente aparezcan entre comas (§ 3.4.2.2.5).

No escapan a esta regla las oraciones en las que *pero* va seguido de una oración interrogativa o exclamativa. Por tanto, no debe escribirse coma tras la conjunción en ejemplos como estos: *Pero ¿querrá venir con nosotros a pesar de lo que pasó?; Pero ¡qué alegría verte!; Perdone la pregunta, pero ¿cuál es su edad?*

Información adicional

La tendencia a escribir coma tras la conjunción en estos contextos es fruto del deseo de reflejar en la escritura la inflexión tonal que se produce en la cadena hablada al pasar de la modalidad enunciativa (*pero...*) a la interrogativa o exclamativa (*... ¡qué barbaridad!*). Se trata, sin embargo, de un reflejo innecesario —pues el cambio de modalidad queda patente con la escritura de los signos de interrogación y exclamación tras la conjunción *pero*— y contraproducente desde el punto de vista sintáctico, pues no deben separarse en un grupo conjuntivo la conjunción y su término, esto es, la secuencia que introduce.

(Sobre dónde colocar el signo de interrogación y de exclamación en estas oraciones, v. § 3.4.9.1.2.1f).

En cambio, y como es natural, sí se escribe coma tras *pero* u otra conjunción adversativa cuando inmediatamente después se abre un inciso o aparece cualquiera de las secuencias que se aíslan por comas del resto del enunciado (interjecciones, vocativos, oraciones subordinadas, etc.): *Está enfermo, pero, excepto tú, nadie ha venido a visitarlo; Le he traído un regalo, pero, ¡por Dios!, no le digas nada; Puedes usar el coche, pero, hijo mío, ten mucho cuidado; No tengo ganas de fiesta, pero, si tú quieres, voy contigo al cumpleaños de Ana.* Es incorrecto en estos casos suprimir la primera coma: ⊗*Puedes usar el coche, pero hijo mío, ten mucho cuidado.*

Para la puntuación de secuencias en las que *pero* va seguido de un conector discursivo, como *con todo y con eso, sin embargo, no obstante,* etc., v. § 3.4.2.2.5.

3.4.2.2.4 ***Para delimitar oraciones subordinadas***

La subordinación es un recurso sintáctico que consiste en unir dos o más oraciones estableciendo entre ellas diversas relaciones de dependencia.

Información adicional — En términos generales, se considera que las oraciones subordinadas pueden ser sustantivas, si desempeñan las funciones propias de los sustantivos o de los grupos nominales (*Espero que vengas*, cf. *Espero tu llegada*); de relativo, si modifican a un antecedente a la manera de los adjetivos (*El hombre que vimos es mi padre*, cf. *El hombre alto es mi padre*), y adverbiales o circunstanciales, si proporcionan información accidental, no requerida por el elemento al que modifican (*Ven siempre que quieras*, cf. *Ven todos los días; Trabaja porque necesita dinero*, cf. *Trabaja por dinero*). Dentro de este último grupo de subordinadas, el más amplio y diverso, se tratarán aquí las construcciones que plantean alguna dificultad a la hora de ser puntuadas, como las causales, finales, condicionales, concesivas, comparativas y consecutivas. Aunque a caballo entre coordinación y subordinación, se tratan también en este apartado las construcciones ilativas.

Las oraciones subordinadas pueden estar introducidas por conjunciones de muy diverso tipo (*No tocaría aquel dinero MIENTRAS su abuelo viviera; AUNQUE no quieras, te llevaré al hospital; Es posible QUE no sepa inglés; Tenían que actuar antes de QUE se propagara la noticia*) y también por adverbios, determinantes o pronombres relativos (*Quedamos DONDE usted quiera; Entramos en el palacio, en CUYO interior había bellos tapices; La casa QUE vimos era muy bonita*). Sea cual sea el elemento que las encabeza, la escritura de coma para acotar estas construcciones suele estar vinculada al grado de dependencia entre la subordinada y el resto del enunciado. De forma general, y paralelamente a lo explicado para los miembros de la oración simple (§ 3.4.2.2.2), la puntuación no puede romper los vínculos sintácticos y semánticos más fuertes del enunciado; así, por ejemplo, no podrá escribirse coma entre el verbo y una oración subordinada que funcione como complemento directo (*No sabemos si vendrá*); en cambio, no habrá problemas para aislar mediante coma una subordinada temporal antepuesta (*Mientras dormían, la tierra tembló*).

Se detallan a continuación las reglas generales del uso de la coma para delimitar los distintos tipos de oraciones subordinadas.

3.4.2.2.4.1 *Coma y subordinadas sustantivas*

Las oraciones subordinadas sustantivas son aquellas que desempeñan las funciones características de los sustantivos o de los grupos nominales, como sujeto, complemento directo o complemento preposicional. Van introducidas por la conjunción *que* (*Le dije que no lo hiciera*) o, en las oraciones interrogativas indirectas, por la conjunción *si* (*No sé si me hizo caso*) o por interrogativos como *quién, qué, cuánto, dónde, cómo*, etc. (*Dime con quién salió; Averiguaremos dónde está su escondite*).

La norma sobre el uso de la coma en estas construcciones no difiere de la enunciada para los grupos sintácticos que cumplen estas mismas funciones (§ 3.4.2.2.2.1-2). Por tanto, es incorrecto escribir coma entre el verbo y la oración subordinada sustantiva que desempeña la función de sujeto, de complemento directo, etc., puesto que estos son elementos requeridos para que la oración sea gramatical y tenga sentido, y están, por ello, estrechamente vinculados al verbo que los selecciona: *Advierte que es posible que estén todos equivocados* (y no ®*Advierte, que es posible que estén todos equivocados*); *Que vengas esta tarde es una buena idea* (y no ®*Que vengas esta tarde, es una buena idea*).

Tampoco debe separarse la conjunción *que* de la secuencia o término que introduce, aunque en la cadena hablada se realice ahí una pausa o una inflexión tonal: ®*El incremento del número de inscritos en el curso se debe a que, las becas que otorga la fundación, serán más cuantiosas este año* (en lugar de ... *se debe a que las becas que otorga la fundación serán...*).

Cuando entre el verbo y la subordinada sustantiva (o entre la conjunción y el resto de la subordinada) se inserta uno de los elementos que necesariamente han de ir entre comas, como incisos, vocativos, etc., debe ponerse especial atención en escribir las dos comas que delimitan ese elemento: *Quiero decir, hijo, que algún día tendrás que trabajar; Que vengas esta tarde, insisto, es una buena idea; El incremento del número de inscritos en el curso se debe a que, según todos los indicios, las becas serán más cuantiosas este año.* En caso contrario, se incurre en un error que dificulta la percepción de las relaciones sintácticas del enunciado: ®*El incremento del número de inscritos en el curso se debe a que, según todos los indicios las becas serán más cuantiosas este año;* ®*Ha defendido desde que tiene uso de razón, la misma idea.*

3.4.2.2.4.2 *Coma y subordinadas de relativo*

Las oraciones de relativo, también llamadas adjetivas, son oraciones subordinadas encabezadas por un elemento relativo, que puede ser un pronombre (*que, quien, cuanto, el cual, el que*), un determinante posesivo (*cuyo*) o un adverbio (*donde, adonde, como, cuando, cuanto*). Estas oraciones modifican a un elemento denominado *antecedente,* que es normalmente un sustantivo o un grupo nominal (*Estoy leyendo su último libro,* QUE *me está gustando mucho*), pero también puede ser un pronombre (*Él,* CUYO *trabajo admiras, está dispuesto a ayudarte*), un adverbio (*Será hoy* CUANDO *se anuncien los resultados*) o toda una oración (*Sabe mucho,* LO CUAL *nos beneficia*).

Es posible, sin embargo, que el antecedente no esté expreso, bien por estar incorporado implícitamente en el propio relativo, como ocurre en *Quien venga* ('la persona que venga') *lo hará mejor,* bien por estar sobrentendido, como en *Elige el que quieras,* donde el antecedente del relativo *que* debe deducirse del contexto. Se agrupan aquí los usos dudosos de la coma en las subordinadas de relativo en función de la presencia o ausencia de antecedente.

3.4.2.2.4.2.1 Oraciones de relativo con antecedente expreso

a) *Uso de la coma en oraciones de relativo explicativas.* Cuando los relativos se refieren a un antecedente explícitamente expresado, la subordinada se delimita por comas siempre que constituye una estructura explicativa como las mencionadas en el apartado 3.4.2.2.1.1a.

El nuevo empleado, que habla cuatro idiomas, se incorporará el lunes.
Ayudaban a los prófugos, quienes muchas veces llegaban heridos.
Habló de sus aventuras y desventuras, las cuales nos parecían apasionantes.
La asociación, cuyo fin principal es fomentar la música clásica, tiene su sede en Managua.
Ese lugar, donde veraneo todos los años, tiene mucho encanto.

En cambio, no se aíslan por coma del resto del enunciado las oraciones de relativo especificativas:

Necesitamos un empleado que sepa idiomas.
La mujer para quien trabaja es un encanto.
Es el amigo sin el cual no se puede vivir.
Se trata de una asociación cuyo fin principal es fomentar la música clásica.
El lugar donde veraneo está cerca del mar.

Información adicional

Se recuerda que las oraciones de relativo explicativas son modificadores agregados a modo de inciso, frente a las especificativas, modificadores que restringen la denotación del grupo nominal del que forman parte. Las relativas especificativas poseen mayor grado de dependencia respecto de su antecedente que las explicativas, ya que se integran en el grupo nominal de este. La mayor independencia de las oraciones explicativas se manifiesta tanto en la oralidad, pues estas relativas forman un grupo fónico independiente, como en la escritura, pues se escriben entre comas. (Para la diferencia entre estructuras explicativas y especificativas, v. § 3.4.2.2.1.1a, donde se alude a los cambios de significado que implica la presencia o ausencia de coma).

---

b) *Uso de la coma cuando el antecedente es un pronombre personal sujeto.* Constituyen un caso especial las oraciones de relativo cuyo antecedente es un pronombre personal sujeto (*yo, tú, vos,* etc.), pues, aunque son siempre explicativas, se documentan frecuentemente sin la coma que debería separar el pronombre sujeto del relativo —se conserva, en cambio, la que marca el final de la relativa—: «*Yo que probé las frutas más sabrosas de la tierra, me harto ahora de sombras y de barro*» (Aridjis *Moctezuma* [Méx. 1980]); «*Yo que te he visto superar tus dudas e inquietudes, sé que tengo razones para confiar en vos*» (Belli *Mujer* [Nic. 1992]). La ausencia de la primera coma y la presencia de la segunda son justificables si se entiende que las secuencias formadas por el pronombre y la relativa se delimitan de la misma manera que las construcciones concesivas o causales por las que pueden parafrasearse: *Aunque probé las frutas más sabrosas de la tierra, me harto ahora de sombras y de barro; Puesto que te he visto superar tus dudas, sé que tengo razones para confiar en vos.* Más frecuente aún es la ausencia de la coma entre pronombre sujeto y relativo cuando estas secuencias constituyen construcciones truncadas: «*¿Solo por eso viniste? Yo que me había creído que te había caído simpático...*» (MtzBallesteros *Pisito* [Esp. 1990]). Salvo en este último caso, es preferible que estas relativas, como el resto de las explicativas, se encierren entre comas: «*Yo, que lo conocí como nadie, puedo contar que no era ni un genio ni un pedante*» (Bucay *Cuentos* [Arg. 2002]); «*Él, que no perdía el sueño por nada, comprendió que esa noche no iba a dormirse*» (MñzMolina *Sefarad* [Esp. 2001]).

c) *Uso de la coma tras el relativo complejo «el cual».* La naturaleza tónica de la combinación *el cual* —frente al resto de los relativos, que son átonos— permite que forme grupos fónicos que se pueden pronunciar entre pausas. La existencia de esta pausa fónica no implica que deba escribirse coma tras el relativo, salvo que inmediatamente después de él se inserte un inciso, un vocativo o cualquiera de las secuencias que han de ir entre comas. Por tanto, no están bien puntuados ejemplos como estos:

⊗*Se celebró un acto, en el transcurso del cual, se aplaudió efusivamente al homenajeado* (en lugar de *Se celebró un acto, en el transcurso del cual se aplaudió...*).

⊗*Subieron al avión, dentro del cual, no estaba permitido fumar* (en lugar de *Subieron al avión, dentro del cual no estaba permitido fumar*).

⊗*Se atrevió a subir a casa de Julia, a la cual, había jurado no volver a ver* (en lugar de *a la cual había jurado no volver a ver*).

3.4.2.2.4.2.2 Oraciones de relativo sin antecedente expreso

Los pronombres relativos *quien* y *el que*, así como los adverbios relativos *donde, adonde, como, cuando* y *cuanto*, pueden formar subordinadas relativas sin que en el enunciado aparezca un antecedente explícitamente expresado. Estas relativas cumplen las mismas funciones que los grupos nominales; por tanto, pueden ser el sujeto de su oración (*Quien lo desee puede venir a verlo*), el complemento directo (*Escoge el que te guste más*), un complemento circunstancial (*Donde vivo no hay hospital*), etc.

El uso de la coma en estas construcciones obedece a los mismos criterios expuestos para los miembros de la oración simple (§ 3.4.2.2.2) y para las oraciones subordinadas sustantivas (§ 3.4.2.2.4.1). Por lo tanto, es incorrecto escribir coma tras las relativas sin antecedente expreso que desempeñan la función de sujeto, independientemente de su longitud: *Quien no haya rellenado todo el formulario no será atendido* (y no ⊗*Quien no haya rellenado todo el formulario, no será atendido*); *Los que sufrieron las inundaciones de la pasada primavera tienen derecho a una indemnización* (y no ⊗*Los que sufrieron las inundaciones de la pasada primavera, tienen derecho a...*); *Cuantos participamos en el trabajo de la cooperativa sabemos lo útil que es para nuestros intereses* (y no ⊗*Cuantos participamos en el trabajo de la cooperativa, sabemos...*). Tampoco debe escribirse coma cuando la relativa es atributo, como en *Ellos son quienes deben hacerlo,* o uno de los complementos seleccionados por el verbo (complemento directo, indirecto o de régimen), aunque aparezcan antepuestos: *A quienes no se presenten no les daremos la acreditación; De lo que pasó apenas me acuerdo.* Finalmente, si estas oraciones funcionan como complemento circunstancial, pueden aparecer delimitadas por coma cuando preceden al verbo: *Cuando salía yo por la puerta, me encontré con Luisa* (frente a la ausencia de coma en posición final: *Me encontré con Luisa cuando salía yo por la puerta*). No suelen llevarla si la subordinada es breve: *Cuando quieras nos vemos.*

Información adicional

En general, las construcciones temporales —vayan introducidas por el relativo *cuando,* por conjunciones o locuciones conjuntivas como *mientras* o *siempre que,* o por adverbios seguidos de complementos oracionales, como *antes de que, después de que*— responden a las mismas reglas de puntuación. En posición inicial se separan mediante coma del resto del enunciado: *Cuando salgas, cierra la puerta; Siempre que me necesite, llámeme; Antes de que den las doce, el cuento se acabará.* En cambio, no se escribe coma cuando van pospuestas: *Cierra la puerta cuando salgas; Llámame siempre que me necesites; El cuento se acabará antes de que den las doce.* Análogamente se puntúan otras construcciones temporales, como *Al salir el sol, la vista es maravillosa; La vista es maravillosa al salir el sol.*

Advertencia Las oraciones relativas sin antecedente expreso son frecuentes en refranes y frases hechas: *El que da primero da dos veces; Quien calla otorga; A quien madruga Dios le ayuda; Donde las dan las toman; Cuando el río suena, agua lleva,* etc. La escritura de coma ha sido habitual en este tipo de expresiones, dado que estas construcciones, típicamente orales y de carácter popular, poseen por lo común una estructura bimembre, a veces muy parecida a la de un pareado. Se pronuncian, por ello, con una cesura que se ha representado en la escritura con una coma, con independencia de la estructura sintáctica del refrán. No obstante, se recomienda mantener estas comas solo cuando sean justificables desde el punto de vista sintáctico y, por tanto, evitarlas cuando impliquen una ruptura en la sintaxis, como en el caso de que la relativa desempeñe la función de sujeto: *Quien la hace la paga; El que a hierro mata a hierro muere.*

Para el uso de la coma en refranes y frases hechas que no llevan verbo, como *En casa de herrero, cuchillo de palo* o *Mal de muchos, consuelo de tontos,* v. § 3.4.2.2.6.

3.4.2.2.4.3 *Coma y construcciones causales y finales*

Las oraciones subordinadas causales expresan la causa o motivo de que ocurra (o, en otros casos, de que se diga o afirme) lo enunciado en la oración principal: *Se quedaron en casa porque hacía mucho frío; No ha dicho la verdad, porque me ha guiñado el ojo.* Normalmente van introducidas por la conjunción causal *porque,* aunque también pueden construirse con conjunciones como *pues* o por locuciones como *ya que, puesto que, a causa de que,* etc. Por su parte, las oraciones finales expresan la finalidad o el propósito con que se realiza o afirma lo enunciado en la oración principal: *Se quedaron en casa para no pasar frío; Ya he terminado el trabajo, para que te enteres.* Suelen ir encabezadas por *para (que)* o, menos frecuentemente, por locuciones como *a fin de que, con el objeto de que,* etc.

Las reglas de la escritura de coma para aislar las construcciones causales y finales son, en general, las mismas, de ahí que se traten aquí conjuntamente, y tienen que ver con el tipo de relación que esas construcciones establecen con respecto al predicado verbal de la oración principal:

a) *Causales y finales del enunciado.* Se llaman así las causales y finales que expresan la causa o la finalidad real de lo enunciado en la oración principal: *El suelo está mojado porque ha llovido* (la lluvia es la causa real de que el suelo esté mojado); *Tienes que estudiar para aprobar el examen* (aprobar el examen es la finalidad real que se persigue con el estudio). Estas construcciones son complementos circunstanciales del verbo principal, de ahí que se denominen también *internas*. Como el resto de los complementos circunstanciales, las causales y finales del enunciado suelen aparecer pospuestas al verbo y no se separan por coma del resto del enunciado.

Información adicional — Las causales del enunciado se identifican porque, salvo raras excepciones, van introducidas por *porque* y pospuestas al predicado principal. Responden a la pregunta *¿por qué?* En cuanto a las finales del enunciado, van encabezadas por *para (que)* y también por *a que: He venido a que me pagues.* Responden a las preguntas *¿para qué?* o *¿a qué?*

Las oraciones finales internas pueden aparecer también en posición inicial. En ese caso, se recomienda la escritura de coma detrás de la construcción final, salvo que la secuencia sea breve: *Para conseguir un buen sitio en primera fila, te recomiendo que llegues con una hora de antelación; Para dormir no te traje a este sitio.*

b) *Causales y finales de la enunciación.* Estos dos tipos de construcciones forman parte de las llamadas causales y finales *externas* al predicado, pues, a diferencia de las internas, no expresan la causa o la finalidad real de lo enunciado en la oración principal. Su condición de elementos externos al predicado justifica la obligatoriedad de separarlas por coma del resto del enunciado.

Las causales de la enunciación introducen el hecho que permite al que habla decir o afirmar lo enunciado en la oración principal: *Ha llovido, porque está el suelo mojado* (lo que me lleva a afirmar que ha llovido es que el suelo está mojado); *Algo le pasa, pues tiene mala cara.*

Análogamente, las finales de la enunciación manifiestan la finalidad que se persigue al decir lo que expresa la oración principal: *Tienes que estudiar con más atención, para que te quede claro* (el fin de mis palabras es dejar claro al interlocutor que tiene que estudiar con más atención), frente a la construcción con oración final interna *Tienes que estudiar con más atención para que te quede claro.*

Información adicional — Las causales y finales de la enunciación no responden a las preguntas *¿por qué?* o *¿para qué?*, sino más bien a *¿por qué lo digo?* o *¿para qué lo digo?*

Ha llovido, (lo digo) porque está el suelo mojado.
Tienes que estudiar, (lo digo) para que te quede claro.

---

c) *Causales explicativas.* Las causales explicativas, muy cercanas a las causales de la enunciación, introducen la explicación de por qué se produce el hecho expresado en la oración principal, como en *No la vi más, pues no volvió nunca más al pueblo después de aquello* (la subordinada causal explica por qué no se volvió a ver a determinada persona). Pueden ir introducidas por diversas conjunciones o locuciones conjuntivas, como *ya que, pues, puesto que, que, como, comoquiera que, porque,* etc. Las causales explicativas son, como las causales de la enunciación, externas al predicado principal y, por tanto, se separan de él mediante comas, vayan antepuestas o pospuestas: *Tuvimos que alquilar dos coches, ya que al final vinieron seis; Hubo que posponer la reunión, pues faltaban algunos informes imprescindibles; Cierra, que hace frío; Puesto que insistís, os lo contaré todo; Como no ha llamado, supongo que estará bien; Iré yo a verte, porque no quiero que salgas con este tiempo tan frío.*

Información adicional

En el último ejemplo, la presencia de coma hace que la información que incluye la subordinada causal se presente como una explicación en cierto modo periférica al mensaje principal *Iré a verte.* Sería también posible presentar la información de la subordinada como causa real y, en ese caso, no se escribiría coma, pues la construcción dejaría de ser explicativa para convertirse en una causal interna: *Iré yo a verte porque no quiero que salgas con este tiempo tan frío.* Se trata, una vez más, de dos formas diferentes de presentar la misma información.

3.4.2.2.4.4 *Coma y construcciones condicionales y concesivas*

Las oraciones condicionales expresan la condición que debe cumplirse para que se realice lo enunciado en la oración principal, mientras que las concesivas manifiestan un impedimento a pesar del cual se realiza lo enunciado en la oración principal. Ambos tipos de oraciones se caracterizan por formar parte de estructuras bimembres, en las que la oración subordinada se denomina *prótasis,* y la principal, *apódosis.*

Las prótasis condicionales y concesivas aparecen habitualmente en posición inicial y, en ese caso, lo normal es separarlas mediante coma del resto del enunciado. Esta regla se aplica a muy diversas secuencias que en español tienen sentido condicional o concesivo, sean o no oracionales:

a) Prótasis introducidas por conjunciones condicionales (*si, como*) o concesivas (*aunque, así*): *Si vas a llegar tarde, no dejes de avisarme; Como vuelva a salir un ocho, nos hacemos ricos; Aunque no quieras, te llevaré al hospital; Así me arrepienta toda la vida, no pienso hacer esa llamada.* Si la subordinada es muy breve, puede prescindirse de la coma: *Si lo sé no vengo.*

Advertencia	Destacan por su brevedad y su frecuencia de uso las prótasis condicionales compuestas solo por la conjunción *si* y el adverbio *no*: *Si me invitan a cenar, voy; si no, me quedo en casa; Si cree que puedo ser útil, la acompaño y, si no, no.* Pese a su escasa longitud, es preferible aislar por comas estas secuencias, lo que resulta clarificador, cuando no imprescindible, para segmentar adecuadamente el enunciado (obsérvese, por ejemplo, la diferencia entre *si no, me quedo en casa* y *si no me quedo en casa...*). Si no se plantean dudas o problemas de segmentación, las comas son opcionales, aunque siempre es preferible ponerlas: *«Pero lo ha hecho. ¿Cómo, si no, correrían tantas voces sobre el suceso?»* (VLlosa *Elogio* [Perú 1988]); *«¡Sin duda el público ha sido vergonzosamente embaucado! ¿Cómo si no pueden haber vendido tantos ejemplares?»* (Signes *Darwin* [Esp. 1980]). No deben confundirse estas condicionales con las construcciones en las que aparece la conjunción adversativa *sino: ¿Quién sino tú...?* (v. § 3.4.2.2.3.2c y cap. v, § 2.4.2.1.6).

b) Prótasis introducidas por locuciones de valor condicional (*en caso de (que), siempre y cuando*) o concesivo (*a pesar de (que), a sabiendas de (que), pese a (que), si bien*): *En caso de que acepten, haremos un buen negocio; Siempre y cuando se respete el medioambiente, el turismo es positivo para las poblaciones rurales; A sabiendas de que lo pasaría mal, se presentó en su casa para hablar con ella; Pese a que no ha ido nunca a Italia, habla un italiano perfecto.* También se recomienda escribir coma tras las secuencias que introducen estas locuciones cuando se trata de grupos sintácticos, no oracionales: *En caso de duda, consulte a su farmacéutico; A pesar de sus escasos estudios, es una mujer muy sabia.*

c) Prótasis introducidas por la preposición *de* seguida de infinitivo (de valor condicional) o encabezadas por las preposiciones *para, por* o *con* (de sentido concesivo): *De haberlo sabido, habría llegado antes; De venir, lo hará a partir de las nueve; Para tener nueve años, está muy alto; Por muy inteligente que parezca, a veces se equivoca; Con todo el dinero que tiene, nunca será feliz.*

d) Prótasis constituidas por expresiones lexicalizadas de valor condicional, como *yo que tú/vos/usted, yo en tu/su lugar,* etc.: *Yo que vos, me lo pensaría bien antes de hacer una cosa así; Yo en su lugar, lo seguiría intentando.*

e) Prótasis constituidas por construcciones duplicadas de valor concesivo: *Llame quien llame, no abran; Se ponga lo que se ponga, siempre está elegante.*

También se escriben entre comas las prótasis condicionales y concesivas que aparecen en posición medial: *Puedes, si te apetece, venir con nosotros; Luis, aunque me moleste reconocerlo, es una persona muy inteligente.*

En posición final, la escritura de coma varía según los casos. La tendencia general es no escribir coma cuando la prótasis pospuesta expresa realmente una condición o un impedimento: *Iré si me necesitas* (que me necesites es la condición que debe cumplirse para que vaya); *Lo echarán del trabajo como siga llegando tarde* (que siga llegando tarde es la condición que debe cumplirse para que lo echen del trabajo); *Te llevaré al hospital aunque no quieras* (el hecho de que no quieras es el impedimento a pesar del cual te llevaré al hospital). No obstante, la información de la subordinada puede presentarse como un comentario periférico, es decir, como información incidental o accesoria, y, en ese caso, va precedida de coma, como todos los incisos: *Iremos los tres juntos, siempre y cuando Nicolás no haya decidido ir por su cuenta; Te llevaré al hospital, aunque no quieras.* Cuando las prótasis condicionales o concesivas no expresan realmente los contenidos a los que se ha hecho referencia, y constituyen subordinadas de la enunciación más que del enunciado (v. § 3.4.2.2.4.4a y b), se separan habitualmente por coma también en posición final: *El tren llegará a las diez, si he entendido bien* (aquí, que yo haya entendido bien no es la condición que debe cumplirse para que el tren llegue a las diez); *Salió a caminar, aunque te parezca mentira* (el hecho de que te parezca mentira no es el impedimento a pesar del cual alguien salió a caminar; compárese con *Salió a caminar aunque no tenía muletas*).

3.4.2.2.4.4.1 Copulativas condicionales enfáticas

Se recomienda no escribir coma tras las oraciones copulativas enfáticas encabezadas por la conjunción *si*: *«Si algo distingue a los cubanos es ese apego a los sentidos»* (Évora *Orígenes* [Cuba 1997]); *«¡Qué ciertas eran estas palabras! Si alguien lo sabía era ella»* (Esquivel *Agua* [Méx. 1989]). Pese a su apariencia, estas construcciones no son verdaderas condicionales —pues en su primer miembro no se expresa una condición que deba cumplirse para que se realice lo enunciado después—, sino estructuras copulativas de carácter enfático, en las que se pone de relieve el elemento encabezado por el verbo copulativo. Conviene, por tanto, puntuar estas construcciones como el resto de las copulativas (enfáticas o no), en las que no se escribe coma entre los miembros enlazados por el verbo copulativo: *Es ese apego a los sentidos lo que distingue a los cubanos; Allí es donde quiero vivir; De ese asunto es de lo que quiero hablar con ustedes; A ti es a quien busco.*

Advertencia	No deben confundirse las copulativas condicionales enfáticas con las construcciones condicionales que presentan el verbo *ser* en su apódosis. Así, frente al ejemplo mencionado *Si alguien lo sabía era ella* (que podría parafrasearse con otras copulativas enfáticas, como *Ella era la que lo sabía*), el enunciado *Si alguien lo sabía, era mal mirado* constituye una verdadera construcción condicional, equivalente a *En el caso de que alguien lo supiera, era mal mirado.*

3.4.2.2.4.5 *Coma y construcciones comparativas y consecutivas*

Las construcciones comparativas son aquellas en las que se comparan dos nociones estableciendo entre ellas una relación de superioridad, inferioridad o igualdad en número, cantidad o grado: *Ahora llegan más turistas que antes; Gana más dinero que su marido; Mi hijo es tan inteligente como su madre*. En las construcciones consecutivas, por su parte, se expresa que cierto número, cierta cantidad o cierto grado de algo alcanza tal nivel que se produce como consecuencia lo denotado por la oración subordinada: *Hacían tanto ruido que tuvimos que llamar a la policía; Era tan guapo que todos querían sacarle fotos.*

Las construcciones comparativas y consecutivas se caracterizan por ser estructuras bimembres cuyo primer término aparece encabezado por un cuantificador, como *más, menos, tan, tal,* etc., y cuyo segundo término se introduce habitualmente mediante las conjunciones *que* o *como.* Son comparativas las construcciones discontinuas formadas por *más... que, menos... que, tan... como, tanto(s)/tanta(s)... como,* etc.; y consecutivas las que presentan correlaciones como *tal/tales... que, tan... que, tanto(s)/tanta(s)... que, de tal manera... que.*

Aunque en la cadena hablada es frecuente la presencia de una inflexión tonal o de una pausa entre los dos miembros de estas construcciones, debe evitarse la escritura de coma ante el segundo término:

«Es mejor ser oveja que estar como una cabra» (Hidalgo *Hijas* [Esp. 1988]), y no ®*Es mejor ser oveja, que estar...*

«Dependían tanto uno del otro que la confianza era imposible» (Saer *Entenado* [Arg. 1988]), y no ®*Dependían tanto uno del otro, que la confianza...*

«La situación había llegado a tal punto que ya no era posible ocultarla» (UPietri *Visita* [Ven. 1990]), y no ®*La situación había llegado a tal punto, que ya...*

Igualmente, aunque hay cierta tendencia a escribir coma en construcciones consecutivas que presentan la correlación *si... que,* por asimilarse el primer segmento a las prótasis condicionales antepuestas, es preferible, dada la estrecha relación entre los dos periodos de las construcciones consecutivas, no escribir coma en estos casos: *Si será listo que ha sacado seis matrículas de honor.*

3.4.2.2.4.5.1 Comparativas proporcionales

Reciben el nombre de comparativas proporcionales o correlativas las construcciones que expresan el incremento o la disminución de dos magnitudes paralelas. Se trata de construcciones bimembres introducidas por las correlaciones *cuanto más/menos..., más/menos...; cuanto más/ menos..., tanto más/menos...; mientras más/menos..., más/menos...*

Como en las construcciones condicionales y concesivas examinadas en el apartado 3.4.2.2.4.4, también el primer miembro de las comparativas proporcionales —el introducido por *cuanto* o *mientras*— se denomina *prótasis,* y el segundo, *apódosis.* Al igual que en aquellas, también en estas construcciones la prótasis antepuesta debe separarse mediante coma de la apódosis:

«Cuantas más cartas mandaba, más encendía las brasas de su fiebre» (GaMárquez *Crónica* [Col. 1981]).

«Cuanto más imponente fuera ese sacrificio, tanto mayor sería nuestra existencia» (Martínez *Perón* [Arg. 1989]).

«Aquí no tiene nada que ganar; al contrario, cuanto más se meta, peor» (Mendizábal *Yerba* [Esp. 1989]).

En cambio, cuando la prótasis aparece en posición final, es preferible no escribir coma:

«Tanto más eficaz es un sistema cuanta mayor flexibilidad existe en las reglas del juego institucional» (RmzCodina *David* [Esp. 1995]).

«No ignoraba que los sentidos se avivan mejor cuanto más apropiados son los objetos que los rodean» (Moix *Sueño* [Esp. 1986]).

3.4.2.2.4.6 *Coma y construcciones ilativas*

Se llaman ilativas las construcciones, encabezadas por una conjunción o locución conjuntiva, mediante las cuales se introduce una consecuencia como derivación natural de lo expresado con anterioridad. Las ilativas más características suelen ir introducidas por *así que, conque, luego, de modo/forma/manera que, de ahí que,* y ocupan la posición final del enunciado, siempre precedidas de coma:

«Tocaron a su puerta. Nadie les abrió, así que la forzaron» (Jaramillo *Tiempo* [Pan. 2002]).

«Este árabe es peligrosísimo, conque mucho cuidado» (Lezama *Oppiano* [Cuba 1977]).

«Yo ya no podía volverme atrás, de manera que aguanté la tormenta» (Steimberg *Espíritu* [Arg. 1981]).

«Era horror lo que sentía, de ahí que no se explayara mucho en confidencias con nadie» (Puga *Silencio* [Méx. 1987]).

Detrás de *así que* no se escribe coma (salvo que se trate de la que aísla un inciso o cualquier otra expresión que deba ir entre comas), ni siquiera cuando lo que sigue es una pregunta: *«Así que ¿qué tuvo que hacer el boticario?: pues armarse de valor»* (JmzLozano *Grano* [Esp. 1988]), y no ®*Así que, ¿qué tuvo que hacer...?* Es igualmente incorrecto poner coma entre el adverbio y la conjunción que constituyen la locución *de ahí que:* ®*Tiene aracnofobia; de ahí, que no le guste ir al campo.*

3.4.2.2.4.7 *Coma tras relativos y conjunciones subordinantes*

No se escribe coma entre los relativos o las conjunciones subordinantes y la oración que introducen, pues, como se señaló en la primera información adicional del apartado 3.4.2.2.3.2.1, nexo subordinante y oración subordinada forman un grupo sintáctico que no puede desgajarse: *Recuerdo* QUE *todo era perfecto; Es un hombre de negocios* QUE *se dedica a la política; Ha pedido un certificado,* AUNQUE *no sé para qué*.

Como es habitual, constituyen una excepción los casos en los que entre el elemento introductor y la oración subordinada se intercala alguna de las secuencias que se separan por coma del resto del enunciado: *Recuerdo* QUE*, en aquellos días, todo era perfecto; Es un hombre de negocios* QUE*, además, se dedica a la política; Ha pedido un certificado,* AUNQUE*, la verdad, no sé para qué*. Esas secuencias intercaladas pueden ser también otra oración subordinada: *Dijo* QUE*, mientras ella fuera la jefa, no permitiría ese atropello; Ha pedido un certificado,* AUNQUE*, si te digo la verdad, no sé para qué*.

En estos casos de incrustación de subordinadas, concurren dos nexos de subordinación en el discurso, lo que suele provocar problemas a la hora de puntuar. Como regla general, se recomienda mantener las comas que delimitan la subordinada incrustada, como se ve en los ejemplos que se ofrecen a continuación, incluso cuando, como muestran los tres últimos, el primer nexo subordinante va precedido por un signo de puntuación de los que aquí se llaman delimitadores principales (punto, coma, punto y coma o dos puntos):

«Ahora sé que, mientras yo rumiaba mis penas con los ojos abiertos como un búho, tú también estabas despierta» (MtnGaite *Nubosidad* [Esp. 1992]).

«A veces me pregunto qué pasará si, cuando esté a punto de morirme, encuentro motivos de risa en el trance» (Pedraza *Pasión* [Esp. 1990]).

«Como si contemplara un cuadro que, aunque pintado exclusivamente para mí, me costara mirar con afecto y familiaridad» (Cano *Abismo* [Col. 1991]).

«Una intuición negativa sobrecogió mi corazón, así que, mientras hablábamos, comenzamos a salir de la escuela» (Sánchez *Grito* [Méx. 1992]).

«O como ese vecino de restorán, rico, cincuentón, entrado en carnes, que, mientras aguarda su café, se va desembarazando...» (Goytisolo *Estela* [Esp. 1984]).

«Si, cuando empezaban a masticar, el malestar crecía en ellos, era porque esa carne debía tener [...] un gusto a sombra exhausta y a error repetido» (Saer *Entenado* [Arg. 1988]).

No obstante, también puede optarse por no delimitar con comas la subordinada incrustada. Esta opción es frecuente en enunciados breves, como *«Piense que mientras esté en la autopista está seguro»* (Dios *Miami* [Arg. 1999]); pero, sobre todo, en los enunciados cuyo primer nexo subordinante va precedido por coma u otro signo delimitador principal:

«Eso es lo que me gusta del *jazz,* que mientras aporrean el bombo tú puedes dedicarte a descubrir a la rubia de la tercera fila» (Cebrián *Rusa* [Esp. 1986]).

«Les diría, además, que mientras estaba en el pueblo había empezado a darle vueltas a la posibilidad de trabajar un día en televisión» (Gopegui *Real* [Esp. 2001]).

En casos como estos, la omisión de las comas en la subordinada incrustada trata de evitar una excesiva fragmentación del enunciado y que queden aislados entre comas elementos átonos, como las conjunciones, de escaso cuerpo fónico y gráfico. Esta opción solo es admisible si la supresión de las comas no dificulta la inteligibilidad del texto.

Lo que se desaconseja en cualquier caso es eliminar la coma que marca el inicio de la subordinada incrustada y mantener la que marca su fin, pues con ello se oscurecen las relaciones de dependencia entre los diversos constituyentes: ⊗*Dijo que mientras ella fuera la jefa, no permitiría ese atropello;* ⊗*Ha pedido un certificado, aunque si te digo la verdad, no sé para qué.*

Para los casos de concurrencia de una conjunción adversativa y un nexo subordinante (*pero si, pero cuando,* etc.), v. § 3.4.2.2.3.2.1. Para la puntuación de las secuencias en las que una conjunción va seguida de un conector discursivo, véase el apartado siguiente.

3.4.2.2.5 *Para delimitar los conectores en un enunciado*

Los conectores discursivos son enlaces, generalmente adverbios y locuciones adverbiales, que ponen en relación la secuencia sobre la que inciden con el contexto precedente. Frente a las conjunciones, los conectores no suelen formar un grupo sintáctico con el segmento que los sigue. Precisamente esta independencia sintáctica favorece la libertad posicional de la que muchos de ellos gozan, y determina que, por lo general, se aíslen mediante signos de puntuación del resto del enunciado. En la cadena hablada, los conectores discursivos se caracterizan asimismo por su independencia fónica, de manera que suelen formar grupo entonativo propio.

Los conectores ofrecen información sobre cómo debe ser interpretado el segmento sobre el que inciden en relación con el contexto precedente. Esa información es muy variada y los conectores pueden agruparse en distintas clases según el significado que aportan; así, los hay aditivos o particularizadores, porque introducen añadidos o precisiones (*además, asimismo, de hecho, encima, en el fondo, es más, igualmente, por otro lado, por si fuera poco...*); adversativos o contrargumentativos (*ahora bien, al contrario, en cambio, no obstante, por el contrario, sin embargo...*); concesivos (*aun así, con todo, de todos modos, en cualquier caso...*); consecutivos e ilativos (*así pues, en consecuencia, entonces, por consiguiente, por (lo) tanto...*); explicativos (*a saber, es decir, esto es, o sea...*); reformuladores (*con otras palabras, dicho de otro modo...*); ejemplificativos (*así, así por ejemplo, por ejemplo, verbigracia...*); rectificativos (*más bien, mejor dicho...*); recapitulativos (*a fin de cuentas, al fin y al cabo, en conclusión, en definitiva, en fin, en resumen, en suma...*); de ordenación (*a continuación, antes de nada, en primer/segundo... lugar, finalmente, para terminar, por una/otra parte, por último...*); de apoyo argumentativo (*así las cosas, dicho esto, en vista de ello, pues bien...*); o de digresión (*a propósito, a todo esto, dicho sea de paso, por cierto...*).

Advertencia	La secuencia *así por ejemplo* admite un doble análisis y, en consecuencia, los contextos en los que aparece pueden puntuarse de dos maneras distintas, ambas igualmente correctas. Puede entenderse que aparecen dos conectores ejemplificativos yuxtapuestos —*así* y *por ejemplo*—, caso en el que se escribe coma entre ellos: «*En las antiguas culturas, por el contrario, prevalecía una concepción cíclica o en espiral del devenir histórico. Así, por ejemplo, abundan las cosmogonías que aluden a la existencia de humanidades anteriores a la actual*» (Velasco *Regina* [Méx. 1987]). Pero también cabe entender toda la secuencia como un único conector, con lo que no aparecerá coma entre sus constituyentes: «*O bien la riqueza es gasto, o bien es acumulación. Así*

por ejemplo, mi tío Enrique, rodeado por sus volúmenes de bolsillo encuadernados, es un hombre temido por su acumulación, pero no puede decirse que sea rico» (Azúa *Diario* [Esp. 1987]).

Información adicional

Aunque algunos conectores presentan los mismos contenidos que las conjunciones examinadas en otros apartados —y poseen valor adversativo, consecutivo, concesivo, etc.—, las diferentes características sintácticas de ambos elementos se manifiestan a la hora de puntuar. Como queda dicho, las conjunciones forman grupo sintáctico con la secuencia que las sigue, de ahí que no puedan separarse de ella mediante comas ni cambiar su posición. Los conectores, en cambio, aparecen aislados en la cadena escrita y en la oral. Esa es la razón por la que hay que escribir *Se lo he dicho mil veces, pero no me hace caso* (con la puntuación que corresponde a la conjunción adversativa *pero*), frente a *Se lo he dicho mil veces, sin embargo, no me hace caso,* o bien *Se lo he dicho mil veces; no me hace caso, sin embargo* (con conector adverbial de valor adversativo).

La escritura de coma para delimitar los conectores de un enunciado se rige por las siguientes normas generales:

a) Cuando aparecen al comienzo de la secuencia sobre la que inciden (subrayada en los ejemplos), los conectores (en versalita) van seguidos de coma y precedidos de cualquiera de los signos delimitadores principales, aunque el uso de los dos puntos presenta ciertas limitaciones en este contexto (v. § 3.4.4.2.5a):

Volvió decepcionado, ES DECIR, no le fue bien.

No puede negarse a ayudarnos; A FIN DE CUENTAS, es la primera vez que le pedimos un favor.

No estaba preparado para el ritmo de vida de la capital. ASÍ PUES, regresó a su pueblo.

Se ha llevado todas sus cosas de la casa. O SEA, no piensa volver.

El signo de puntuación antepuesto al conector discursivo se elige en función de factores contextuales y subjetivos. Entre los primeros cabe mencionar la longitud de los miembros del enunciado —cuanto más extensos sean, mayor será la necesidad de escribir punto y coma o punto— y la presencia de otros signos. Los factores subjetivos tienen que ver con la intención de presentar la información más o menos ligada por parte de quien escribe.

Tras algunos conectores de valor aditivo puede usarse el signo de dos puntos en lugar de coma: *Me voy ahora mismo de aquí; ES MÁS: no pienso volver nunca* (v. § 3.4.4.2.5b).

b) Cuando aparecen en medio de la secuencia sobre la que inciden, se escriben entre comas:

Mi nombre es Catalina. Nadie, SIN EMBARGO, *me llama así.*
Ella adora el teatro; su marido, EN CAMBIO, *no puede soportarlo.*
Se graduó en junio de este año. Fue la única vez, DICHO SEA DE PASO, *que su padre demostró admiración hacia él.*

c) Se escriben asimismo entre comas los conectores precedidos de un nexo subordinante (como *si, cuando, aunque*) o de una conjunción coordinante (como *y* o *pero*).

Sufría una lesión, pero, CON TODO Y CON ESO, *llegó el primero* (no ⊗*Sufría una lesión, pero con todo y con eso, llegó...*).
Si, EN EL FONDO, *le da igual el asunto, ¿por qué se muestra tan combativo?* (no ⊗*Si en el fondo, le da igual...*).
Y, SIN EMBARGO, *te quiero* (no ⊗*Y sin embargo, te quiero*).

Siempre que no se produzcan ambigüedades en la interpretación de los enunciados, es también posible en estos casos suprimir las dos comas que enmarcan el conector, pues con ello se da mayor fluidez al escrito, evitando la excesiva fragmentación del discurso. Son, por tanto, correctas las siguientes variantes de los ejemplos anteriores:

Sufría una lesión, pero CON TODO Y CON ESO *llegó el primero.*
Si EN EL FONDO *le da igual el asunto, ¿por qué se muestra tan combativo?*
Y SIN EMBARGO *te quiero.*

Del mismo modo, es también correcta la puntuación del ejemplo siguiente, sin comas que aíslen los conectores: «*Y* ENTONCES *Alcira supo que por nada dejaría su cohorte, pero* A SU VEZ *supo que no podría ser un conjunto palatino-estático*» (RmzHeredia *Rayo* [Méx. 1984]); como lo son igualmente las variantes en las que los conectores aparecen aislados: *Y, entonces, Alcira supo que por nada dejaría su cohorte,* (o también *;*) *pero, a su vez, supo que no podría ser un conjunto palatino-estático.*

La práctica de prescindir de las comas en los conectores es más habitual cuando ante el conector hay un nexo a su vez precedido de coma u otro signo delimitador principal. Así se ha visto en alguno de los ejemplos anteriores, y se puede apreciar en el siguiente, donde la conjunción adversativa *pero* va precedida, como es obligado, de coma y seguida del conector *sin embargo,* que aparece aquí sin comas que lo aíslen: «*Sara los echó de menos aún más que en septiembre, pero sin embargo no se sintió tan sola como entonces»* (Grandes *Aires* [Esp. 2002]). Esta misma secuencia pudo puntuarse con comas aislando el conector: *... aún más que en septiembre, pero, sin embargo, no se sintió tan sola...* Lo que no cabe hacer en ningún caso es prescindir de la primera coma del conector, escribiendo solo la segunda: ⊗*... aún más que en septiembre, pero sin embargo, no se sintió tan sola...*

d) Algunos conectores pueden ocupar también la posición final de la secuencia sobre la que inciden, caso en el que deben ir precedidos de coma:

> *Seguiremos una dieta sana; hoy vamos a comer tres piezas de fruta, POR EJEMPLO.*
> *Su mujer estaba preocupada por el porvenir de su hijo. A él no parecía importarle, EN CAMBIO.*

Evidentemente, tras el conector se escribirá el signo delimitador que corresponda:

> *Era un matrimonio feliz. No faltaba quien decía lo contrario, SIN EMBARGO.*
> *Tiene una bonita casa. Necesita algunos arreglos, SIN EMBARGO: una mano de pintura, arreglar alguna tubería, etc.*

Advertencia Es necesario tener en cuenta que muchos de los conectores pueden ser formalmente idénticos a secuencias que desempeñan otras funciones. El sistema lingüístico dispone de diferentes recursos para clarificar la función y el significado pertinentes en cada caso, entre ellos la puntuación (aunque también hay otros, como puede ser la colocación). Por ello, debe tenerse especial cuidado a la hora de puntuar enunciados como los que se ofrecen en los siguientes pares de ejemplos, el primero de los cuales incluye un conector, pero no el segundo:

> *Le dio, en cambio, toda su ropa* [= 'por el contario'] / *Le dio en cambio toda su ropa* [= 'a cambio'].
> *No estoy contenta, pues; es demasiado trabajo* [= 'así pues'] / *No estoy contenta, pues es demasiado trabajo* [= 'ya que'].
> *Así, lo consiguió* [= 'por lo tanto'] / *Así lo consiguió* [= 'de esa forma'].
> *No fue, a propósito* [= 'dicho sea de paso'] / *No fue a propósito* [= 'deliberadamente'].
> *No nos trasladamos, entonces, a Campeche* [= 'por lo tanto, consiguientemente'] / *No nos trasladamos entonces a Campeche* [= 'en ese momento'].

3.4.2.2.6 *Para marcar elisiones verbales*

Se escribe coma para separar el sujeto de los complementos verbales cuando el verbo está elidido por haber sido mencionado con anterioridad o estar sobrentendido:

Su hijo mayor es rubio; el pequeño, moreno.

En 1615, Cervantes publicó la segunda parte del Quijote, *y Tirso de Molina,* Don Gil de las calzas verdes.

Los que no tengan invitación, por aquella puerta.

Nueve por tres, veintisiete.

Aunque se recomienda el uso de la coma cuando se elide el verbo por cualquiera de los dos motivos mencionados, no puede decirse que siempre sea obligatorio escribirla. Así, en un enunciado como *Yo vigilaré los lunes y los miércoles; tú, los martes y los jueves, y Martín, los fines de semana,* pudo escribirse, en un estilo de puntuación menos trabado, *Yo vigilaré los lunes y los miércoles; tú los martes y los jueves, y Martín los fines de semana.*

La coma puede marcar también la elisión de un segmento mayor que el verbo, como el subrayado en el siguiente ejemplo:

Ricardo <u>ha decidido cursar sus estudios universitarios</u> en Bogotá, y su hermano Andrés, en Medellín.

Advertencia	La coma que precede a la *y* se justifica en ejemplos como este último (o el antes mencionado «En 1615, Cervantes publicó la segunda parte del *Quijote*, y Tirso de Molina, *Don Gil de las calzas verdes*») porque la secuencia que aparece tras la conjunción copulativa enlaza con todo el predicado anterior. Para este uso de la coma, v. § 3.4.2.2.3.1.1b.

Son ejemplo característico de estructuras con elisión verbal las construcciones nominales bimembres propias de muchos refranes. Como en todos los casos de verbo sobrentendido, la coma que separa el sujeto del atributo o de un complemento no debe omitirse: *Ojo por ojo, diente por diente; Mal de muchos, consuelo de tontos; Perro ladrador, poco mordedor* (frente a la variante *Perro que ladra no muerde,* de estructura sintáctica diferente y en la que no debe escribirse coma); *En casa de herrero, cuchillo de palo; A lo hecho, pecho* (las dos últimas con el sujeto pospuesto). Para la puntuación de refranes que presentan otras estructuras, véase la advertencia del apartado 3.4.2.2.4.2.2.

3.4.2.2.7 *Otros contextos de uso de coma*

a) Se escribe coma delante de una palabra que se acaba de mencionar cuando se repite para introducir una explicación sobre ella: *Se compró la mejor moto que había en el mercado, moto que, a los pocos meses, acabó olvidada y polvorienta en el garaje.* Debe evitarse, en cambio, el uso de coma en las reduplicaciones enfáticas o expresivas de una palabra: *Me gusta el café café; Tenía el pelo muy muy corto; Estaba igual igual que hace diez años.*

b) En la datación de cartas y documentos, se escribe coma entre el lugar y la fecha: *Santiago, 8 de enero de 1999; En Cartagena, a 16 de marzo de 2000;* o entre el día de la semana y el del mes: *Lunes, 23 de enero de 2002* (v. cap. VIII, § 5.2.2). Fuera de este uso formalizado, la presencia o ausencia de la coma entre el día de la semana y el del mes responde a la necesidad de marcar la estructura como explicativa (*El próximo martes, 30 de septiembre, tenemos reunión*) o como especificativa (*La reunión se celebrará el martes 30 de septiembre*); v. § 3.4.2.2.1.1a.

c) No se escribe coma, sino dos puntos, tras las fórmulas de saludo en cartas y documentos (v. § 3.4.4.2.7a): *Querida Raquel: / ¿Cómo estás?* (y no ⊗*Querida Raquel, / ¿Cómo estás?*).

d) Se separan mediante coma el nombre de una colección y el número del volumen correspondiente: *Biblioteca de Autores Españoles, 24; Colección Melibea, 5.*

e) Se usa la coma para separar los componentes de un nombre o expresión cuando, para integrarlos en una lista alfabética (bibliografía, índice, etc.), se ha invertido el orden normal de sus elementos:

> BELLO, Andrés: *Gramática...*
>
> CUERVO, Rufino José: *Diccionario de construcción...*
>
> — *acentuación, reglas de*
>
> — *puntuación, signos de*

3.4.2.3 Concurrencia con otros signos

La coma no puede coaparecer con otros signos delimitadores principales (punto, punto y coma, y dos puntos), pero sí con los delimitadores de un segundo discurso. En esos casos, se escribe siempre tras el paréntesis, la raya o las comillas de cierre:

Dime —y no quiero excusas—, ¿por qué no has terminado el trabajo?
«Buenas noches, Madrid», dijo al saltar al escenario.

Cuando concurre con los signos indicadores de modalidad, la coma se escribe asimismo tras ellos:

Quise saludarlo, pero, ¿sabes?, no me atreví.
Juan..., quiero decirte algo importante...

Véanse también los apartados dedicados a esos signos. Sobre la colocación de la coma con respecto a las llamadas de nota, véase la información adicional del apartado 3.4.1.3.

3.4.3 EL PUNTO Y COMA

El punto y coma (;) es un signo de puntuación cuya figura está compuesta por un punto que se superpone a una coma.

Información adicional

Durante la Edad Media fue habitual la combinación de rayas y curvas con puntos para la formación de nuevos signos, aunque ni las distintas configuraciones ni sus valores respondían a criterios fijos.

El punto y coma tal como lo conocemos, aunque con la denominación de *semicolon,* empezó a ser usado por los humanistas italianos, y fue rápidamente difundido por la imprenta, a la que urgía la ampliación del repertorio de signos para satisfacer la necesidad de una mayor distinción entre los elementos del discurso. En España fue introducido por el gramático Felipe Mey, en 1606, con el nombre de *colon imperfecto,* aunque su implantación fue lenta debido a las dificultades para delimitar sus usos como signo intermedio frente a los dos puntos, que también se usaban en la época con ese valor (v. § 3.4.4).

El punto y coma se escribe pegado a la palabra o el signo que lo precede, y separado por un espacio de la palabra o el signo que lo sigue. La primera palabra que aparece tras el punto y coma debe escribirse siempre con minúscula: *«La noche es fría; el bosque está desnudo; ¿es el viento el que gime en la soledad?»* (Andahazi *Piadosas* [Arg. 1999]). La única excepción se da en obras de contenido lingüístico, en las que es práctica común separar con este signo de puntuación los diferentes ejemplos que se ofrecen, cada uno de los cuales, cuando se trata de enunciados independientes, comienza, como es natural, con mayúscula; de este uso excepcional y contrario a la norma que rige en la lengua general hay abundantes ejemplos en esta misma obra: *Javier, no quiero que salgas tan tarde; Has de saber, muchacho, que tu padre era un gran amigo mío; Estoy a sus órdenes, mi coronel; Usted, acérquese inmediatamente.*

3.4.3.1 El punto y coma como signo delimitador

El punto y coma forma parte del grupo de signos de puntuación que aquí se han denominado delimitadores principales (v. § 3.1.1), pues tiene como función separar unidades textuales básicas. Tradicionalmente, se ha vinculado el uso del punto y coma a la presencia de una pausa mayor que la marcada por la coma y menor que la señalada por el punto; sin embargo, como ya se apuntó en el § 3.4.2.1.1, la longitud de la pausa es un criterio poco fiable a la hora de puntuar.

La delimitación que ejerce el punto y coma afecta a unidades inferiores al enunciado, sean estas grupos sintácticos, como en el primero de los siguientes ejemplos, u oraciones, como en el segundo:

> «Era el jardín de tilos, con sus mecedoras de lona y sus mesas de mimbre; los salones espaciosos con muebles firmados y tapices del XVI; la biblioteca salpicada de incunables; la sala de estar con sus cuadros antiguos, sus porcelanas del Retiro y sus jarros de La Granja; los vestíbulos, con sus estatuas romanas, sus alfombras persas; el comedor con su cristalería francesa, sus platos ingleses, y su cubertería jeroglífico...» (Salisachs *Gangrena* [Esp. 1975]).
>
> «Elegí algunos muebles sencillos, pero bastante elegantes; después, consagré toda mi actividad a adornar el templo reservado al culto de mi ciencia» (Panero *Lugar* [Esp. 1976]).

Coincide con la coma en estas funciones, lo que no significa que sean siempre signos intercambiables, como se verá a continuación. Por otra parte, cuando el punto y coma separa oraciones independientes, la delimitación que ejerce no se aleja mucho de la del punto: *«Si le cuento lo de la pesadilla en la terraza, no me creerá; si me cree, me tomará por loco; si no le cuento, por estúpido»* (Kociancich *Maravilla* [Arg. 1982]).

Esta ambivalencia es el origen de las dudas y problemas que el uso de punto y coma suele ocasionar y, en último término, de que se evite su utilización en favor del punto o de la coma según los casos. No se trata, sin embargo, de un signo prescindible; al contrario, resulta muy valioso en dos sentidos:

a) Como jerarquizador de la información, ya que aclara las relaciones de los elementos que constituyen el texto. Así, en el ejemplo mencionado de Mercedes Salisachs, que reproduce una compleja enumeración, la distribución de los signos de punto y coma y de coma facilita la rápida percepción de las relaciones sintácticas, de manera que, sin esfuerzo, el que lee identifica los elementos coordinados en un nivel superior: *el jardín de tilos, los salones espaciosos, la biblioteca, la sala de estar, los vestíbulos y el comedor,* elementos que no se confunden con otros pertenecientes a enumeraciones de nivel inferior, como *muebles firmados y tapices del* XVI o como *sus cuadros antiguos, sus porcelanas del Retiro y sus jarros de La Granja.*

Igualmente, las relaciones entre los miembros del enunciado son más claramente perceptibles en *Por un lado, considera que el cambio es bueno para él; por otro, le cuesta dejar a su familia,* que en esa misma secuencia solo con comas (*Por un lado, considera que el cambio es bueno para él, por otro, le cuesta dejar a su familia*).

b) Como indicador de la vinculación semántica que quien escribe establece entre las unidades lingüísticas, es decir, del grado de dependencia y de relevancia que desea imprimir a cada una de ellas. En este sentido, es un signo intermedio entre la coma y el punto: establece mayor disociación entre las unidades que la coma —y, por tanto, realza más cada una de ellas— y menor que la indicada por el punto. Así, en el ejemplo mencionado de Vlady Kociancich, la elección del punto y coma frente al punto favorece la concatenación de las ideas expresadas en las tres construcciones condicionales, que aparecen a ojos del lector como una única secuencia de información.

3.4.3.2 Usos del punto y coma

Como signo jerarquizador de la información, la escritura del punto y coma depende del contexto, concretamente de la longitud y complejidad de las secuencias que se separan y de la presencia de otros signos; como indicador de relaciones semánticas, su uso está en función de la subjetividad de quien escribe. Todo ello hace difícil enumerar reglas concretas para su utilización. Se ofrecen, a continuación, algunas directrices al respecto.

3.4.3.2.1 *Entre oraciones yuxtapuestas*

Se escribe punto y coma para separar oraciones sintácticamente independientes entre las que existe una estrecha relación semántica:

Lo ha hecho por el bien de su familia; no puede reprochársele nada.
Puede irse a casa; ya no hay nada más que hacer.
En cuanto recibieron el aviso, salieron a buscarlo; aún estaba vivo cuando lo encontraron.

En la mayor parte de estos casos, se podría utilizar el punto y seguido. La elección de uno u otro signo depende, como queda dicho, de la vinculación semántica que quien escribe considera que existe entre las oraciones. Si el vínculo se estima débil, se prefiere usar el punto y seguido; si se juzga más sólido, es conveniente optar por el punto y coma. En otras palabras: la escritura de punto y coma indica que las oraciones independientes forman parte del mismo enunciado y que, por tanto, ambas se complementan desde el punto de vista informativo.

Cuando la relación semántica entre las oraciones conectadas es de dependencia —como en los dos primeros ejemplos anteriores—, también se pueden usar entre ellas los dos puntos (v. § 3.4.4.2.4). En cambio, no cabe sustituir el punto y coma por dos puntos si dichas oraciones presentan información equiparable, sin que haya una jerarquización semántica entre ellas, como en el último ejemplo de la serie anterior o en el antes citado de Kociancich (⊗*Si le cuento lo de la pesadilla en la terraza, no me creerá: si me cree, me tomará por loco...*).

3.4.3.2.2 ***Entre unidades coordinadas***

Al igual que la coma, el punto y coma puede emplearse para separar los miembros gramaticalmente equivalentes de las estructuras coordinadas copulativas, disyuntivas y adversativas (para una descripción más detallada de las estructuras coordinadas, v. § 3.4.2.2.3).

3.4.3.2.2.1 *Punto y coma y coordinación copulativa y disyuntiva*

Se escribe punto y coma para separar los miembros de las construcciones copulativas y disyuntivas en expresiones complejas que incluyen comas o que presentan cierta longitud:

«Recorriendo los caminos de esta zona del istmo nos encontramos con un paisaje humano invariable: campesinos descalzos, con sombrero de paja y machete a la cintura, caminando incesantemente a la vera de la carretera; mujeres cargando bultos o cántaros en la cabeza; niños desnudos, con el vientre abultado y la mirada inquieta» (PzBrignoli *Centroamérica* [C. Rica 1985]).

«No queda más remedio: se les acepta o ellos se aseguran de que el opositor sea asaltado de noche por extraños y asesinado; o sus hijos son secuestrados; o es públicamente acusado de un delito que no cometió» (Obando *Paraíso* [C. Rica 2001]).

«Finalmente, la serie de emblemas de la locura se cierra con la aparición de dos enfermas “dialogando”: una de ellas es una anciana, con el pelo blanco, de baja estatura; la otra es joven y más alta, de rostro viril y rudo» (Panero *Lugar* [Esp. 1976]).

Cuando se ha optado por el empleo del punto y coma para separar los miembros de una estructura coordinada, dicho signo debe mantenerse aunque alguno de los miembros de la coordinación no incluya comas o sea breve:

Viajarán conmigo Pedro, mi amigo de toda la vida; mi hermana Luisa; su novio, y mi sobrina (y no ⊗*Viajarán conmigo Pedro, mi amigo de toda la vida; mi hermana Luisa, su novio, y mi sobrina*).

Cuando el último elemento coordinado va precedido por una conjunción, delante de esta puede escribirse punto y coma —como en el ejemplo de Alexánder Obando— o simplemente coma, opción más recomendable, pues anticipa inequívocamente el final de la enumeración:

Cada grupo irá por un lado distinto: el primero, por la izquierda; el segundo, por la derecha, y el tercero, de frente.

Asimismo, cabe escribir coma o punto y coma ante la expresión *etcétera* (o su abreviatura *etc.*) que cierra las enumeraciones incompletas. El uso mayoritario prefiere la coma en estos casos:

Nos queda mucho por hacer antes de emprender el viaje: tenemos que terminar el trabajo pendiente; ir a la agencia a pagar los billetes y el hotel; despedirnos de nuestros padres, etc.

No obstante, en algunos contextos es preferible la elección del punto y coma, que puede evitar ambigüedades:

En el armario colocó la vajilla; en el cajón, los cubiertos; en los estantes, los vasos; en la despensa, los alimentos; etc. (es decir, en otros sitios otras cosas).

En el armario colocó la vajilla; en el cajón, los cubiertos; en los estantes, los vasos; en la despensa, los alimentos, las bebidas, etc. (es decir, otras cosas en la despensa).

Sobre el uso del punto y coma en las enumeraciones que se presentan en forma de lista, v. § 3.4.7.2.2.

3.4.3.2.2.2 *Punto y coma y coordinación adversativa*

Normalmente se escribe punto y coma, en lugar de coma, ante las conjunciones *pero, mas, aunque* (y, menos frecuentemente, *sino*) cuando las oraciones vinculadas tienen cierta longitud y, especialmente, si alguna de ellas presenta comas internas:

«Era como si su alma estuviera abandonando su antiguo y fatigado cuerpo para comenzar a vivir dentro de otro; pero toda esa dicha se acabó de golpe al detenerse bruscamente el tren y ascender a él una patrulla de guerrilleros zapatistas» (Chao *Altos* [Méx. 1991]).

«Muy fugaz resultó el fulgor de nuestra estrella del ciberespacio; pero, mientras duró, el presidente del país nos exhortó a todos a seguir su ejemplo» (Galeano *Bocas* [Ur. 2004]).

«Piensa lo que quieras; pero, por el amor de Dios, no te fíes de ella» (Salisachs *Gangrena* [Esp. 1975]).

En cambio, si los periodos que separa la conjunción son cortos, se usa preferentemente la coma (v. § 3.4.2.2.3.2) y, si tienen una extensión considerable, tiende a usarse el punto y seguido:

«Sé que caeré una y otra vez, pero sabré levantarme» (Palou *Carne* [Esp. 1975]).

«En algunas oportunidades sucumbía al deseo de figuración y aceptaba invitaciones para alternar con elementos privilegiados del poder social. Pero cierto reflejo de su vida anterior lo conducía en otras ocasiones a rechazar la ostentación» (Liendo *Platos* [Ven. 1985]).

3.4.3.2.3 ***Ante conectores***

Como se señaló al analizar la escritura de coma para delimitar conectores oracionales, cuando estos encabezan la secuencia sobre la que inciden, pueden ir precedidos de coma, punto y coma o punto (v. § 3.4.2.2.5a). Favorece la escritura del punto y coma en estos contextos la longitud de los periodos que el conector discursivo vincula:

Los jugadores se entrenaron intensamente durante todo el mes; sin embargo, los resultados no fueron los que el entrenador esperaba.

Se había trasladado a una ciudad en la que no conocía a nadie; así pues, tuvo que esforzarse por salir para establecer nuevas relaciones.

Todas las mercancías que llegaban tenían que pasar un estricto control; por tanto, se distribuían con mucho retraso.

Se recomienda el uso del punto en estos casos si los periodos son muy extensos:

Este año han sido muy escasos los días en que ha llovido desde que se sembraron los campos. Por consiguiente, lo esperable es que haya malas cosechas y que los agricultores se vean obligados a solicitar ayudas gubernamentales.

Para el concepto de conector discursivo y una tipología de los conectores más frecuentes, v. § 3.4.2.2.5.

3.4.4 LOS DOS PUNTOS

Los dos puntos (:) son un signo de puntuación cuya figura está compuesta por un punto superpuesto a otro.

Información adicional

Las combinaciones de dos, tres e incluso más puntos con diferente disposición son comunes en los documentos de época visigótica, cuando, por el incremento de la cursividad de la letra, el antiguo sistema de escritura de un punto en diferentes alturas no permitía distinguir con claridad qué signo se estaba utilizando.

Heredero de la *media distinctio* latina, el signo de dos puntos separaba en un principio unidades intermedias, los denominados *cólones* o *miembros*. Precisamente *colon* o *colon perfecto* —frente al punto y coma, que se denominaba *semicolon o colon imperfecto*— es el nombre clásico de este signo. Como pausa intermedia, el signo de dos puntos convive en el Siglo de Oro con el punto y coma, siendo difícil diferenciar los usos de uno y otro, hasta que finalmente los dos puntos adquieren el valor anunciativo que hoy los caracteriza.

Como se ha señalado en la introducción histórica, las funciones y los nombres de los signos varían dependiendo de los autores, lo que induce a múltiples confusiones. Así, en el sistema binario de puntuación propuesto por Nebrija, luego seguido por otros autores, se denomina *coma* al signo representado por dos puntos (:), cuya función principal es separar unidades intermedias; frente a él, el que Nebrija llama *colon,* representado por un punto (.), indica el final de la frase.

Como signo de puntuación, los dos puntos se escriben pegados a la palabra o el signo que los antecede, y separados por un espacio de la palabra o el signo que los sigue. La palabra que aparece a continuación de los dos puntos deberá escribirse con inicial mayúscula o minúscula según los casos. Como regla general, se escribe minúscula tras los dos puntos que anuncian una enumeración o que establecen relaciones semánticas de diverso tipo entre las unidades que separan (relaciones que se especifican más adelante; v. § 3.4.4.2.4). En cambio, se escribe mayúscula después de los dos puntos cuando este signo introduce una cita, así como en ciertos usos característicos de los textos epistolares. Para una relación detallada de los casos en que se escribe mayúscula tras el signo de dos puntos, v. cap. IV, § 4.1.1.4.

Junto a sus funciones como signo de puntuación, a las que se dedica este apartado, los dos puntos se emplean también en contextos numéricos, concretamente como símbolo de la operación matemática de la división y como separador de horas y minutos en las indicaciones horarias escritas con números. Se alude a estos usos no lingüísticos de los dos puntos en el capítulo VIII, § 2.2.1.2 y 5.1.2, respectivamente.

3.4.4.1 Los dos puntos como signo delimitador

Los dos puntos completan el grupo de signos genuinamente delimitadores, en el que figuran también el punto, la coma y el punto y coma.

Como los dos últimos, el signo de dos puntos delimita unidades sintácticas inferiores al enunciado, oracionales o no:

Ya lo dijo Plauto: «El hombre es un lobo para el hombre».
Tres son los ingredientes principales para preparar un buen mojito: ron, zumo de limón y hierbabuena.
Querido Luis:
¿Cómo te van las cosas en tu nuevo hogar?

Los dos puntos detienen el discurso para llamar la atención sobre lo que sigue, que siempre está en estrecha relación con el texto precedente. Se añade, pues, a su función demarcativa un valor anunciativo que lo diferencia del resto de los signos delimitadores. Así, si una secuencia como *No sé qué le pasa* va seguida de punto, entendemos que la información que quería transmitirse está completa; en cambio, la escritura de dos puntos nos hará esperar información subordinada a esta, como en los siguientes ejemplos:

No sé qué le pasa: está pálido, no presta atención...
No sé qué le pasa: ni viene a clase ni contesta el teléfono.

Como el resto de los signos que tienen la delimitación como función principal, los dos puntos contribuyen a presentar de manera clara en el texto escrito las relaciones entre las unidades lingüísticas y su jerarquía. Nótese a este respecto como, en el siguiente ejemplo, las relaciones de dependencia —y con ellas el texto— se interpretan mejor en la segunda versión, en la que se escriben dos puntos en lugar del primer punto y coma, lo que indica que la primera parte del enunciado no se equipara a las otras dos, sino que estas se subordinan a ella:

La tabla siguiente corresponde a las características de las vocales en español; en la primera columna se indican sus cualidades acústicas; en la segunda, las articulatorias.

Mejor:

La tabla siguiente corresponde a las características de las vocales en español: en la primera columna se indican sus cualidades acústicas; en la segunda, las articulatorias.

Dificulta asimismo la percepción de las relaciones entre las unidades lingüísticas, y debe, por ello, evitarse, el uso repetido de los dos puntos en un mismo enunciado:

⊗*Así pues, hemos sometido al paciente a un doble tratamiento: uno físico y otro psicológico: el primero con un fisioterapeuta y el segundo con un equipo de psicólogos muy cualificado.*

⊗*Le ofrecemos numerosas ventajas: tarifa plana en los siguientes servicios: teléfono, internet y televisión; la más avanzada tecnología; etc.*

Se recomienda en estos casos buscar soluciones que eviten la repetición, como el empleo de otro signo de puntuación en lugar de los dos puntos (es lo que se ha hecho en el primer ejemplo) o la modificación de la redacción (como en el segundo):

Así pues, hemos sometido al paciente a un doble tratamiento, uno físico y otro psicológico: el primero con un fisioterapeuta y el segundo con un equipo de psicólogos muy cualificado.

Le ofrecemos numerosas ventajas: tarifa plana en los servicios de teléfono, internet y televisión; la más avanzada tecnología; etc., o bien *Le ofrecemos numerosas ventajas, como tarifa plana en los servicios de teléfono, internet y televisión; la más avanzada tecnología; etc.*

Advertencia Es frecuente el uso repetido de dos puntos cuando se reproducen palabras textuales de otra persona, es decir, en el discurso directo (v. § 3.4.4.2.3):

«Wallace lo cuenta en su autobiografía: "Me planteé una pregunta: ¿Por qué unos mueren y otros sobreviven?"» (Arsuaga *Enigma* [Esp. 2001]).

«Tras haber observado el insólito cráneo en cientos de ocasiones, el director de la institución, el profesor Konstantin Fliorov, afirmó: "Solo cabe una hipótesis: la relativa a la venida a la Tierra, en épocas remotas y en ocasiones diversas, de exploradores espaciales"» (Cardeñosa *Código* [Esp. 2001]).

En estos contextos, los dos puntos pertenecen, en realidad, a discursos diferentes, que se distinguen perfectamente en la escritura porque el que se presenta como segundo discurso, es decir, el que no pertenece al que escribe, se encierra entre comillas. Frente a los ejemplos antes considerados, el uso de los dos puntos repetidos en estos otros contextos no dificulta la percepción de las dependencias sintácticas entre los constituyentes del enunciado, de ahí que sean perfectamente admisibles.

3.4.4.2 **Usos de los dos puntos**

Dado su valor anunciativo, los dos puntos aparecen en contextos bastante bien delimitados, que se detallan en los apartados siguientes.

3.4.4.2.1 *En enumeraciones con un elemento anticipador*

Se escriben dos puntos ante enumeraciones de carácter explicativo, es decir, las precedidas de una palabra o grupo sintáctico que comprende el contenido de los miembros de la enumeración, y que constituye un elemento anticipador, como el subrayado en los siguientes ejemplos:

Ayer me compré dos libros: uno de Carlos Fuentes y otro de Cortázar.

En la sesión de hoy se abordarán cuestiones fundamentales: la actual tasa de paro, el futuro de las pensiones y el sistema de seguridad social.

Así me gustan las personas: inteligentes, simpáticas y sensibles.

No son de carácter explicativo y, consecuentemente, no deben escribirse precedidas de dos puntos las enumeraciones en las que no existe el mencionado elemento anticipador. Sería incorrecto, por tanto, escribir dos puntos en los enunciados siguientes: ⊗*Ayer me compré: un libro de Carlos Fuentes y otro de Cortázar;* ⊗*Mis aficiones son: bailar, leer, viajar y montar en bicicleta;* ⊗*Patrocinado por: Inditex, Caja Extremadura, Altadis.*

Información adicional

En un ejemplo como ⊗*Ayer me compré: un libro de Carlos Fuentes y otro de Cortázar* se rompe la forzosa unidad sintáctica que debe existir entre el verbo y su complemento directo, ruptura que no ocurre en la oración *Ayer me compré dos libros: uno de Carlos Fuentes y otro de Cortázar.* Lo mismo cabe decir en ⊗*Mis aficiones son: bailar, leer, viajar y montar en bicicleta,* donde se separa incorrectamente el verbo copulativo de su atributo, y en ⊗*Patrocinado por: Inditex, Caja Extremadura...,* donde los dos puntos se interponen, también incorrectamente, entre la preposición y su término. Es irrelevante desde el punto de vista ortográfico que, en ocasiones, en la oralidad pueda existir una pausa entre el verbo y su complemento en enumeraciones sin elemento anticipador: *Ayer me compré | un pantalón corto, | una camiseta de algodón, | unas zapatillas de deporte...*

Constituye una excepción a esta regla la posibilidad de escribir dos puntos ante enumeraciones en forma de lista, aunque no presenten un elemento anticipador:

«Entre estas cuestiones las más importantes eran:
1. ¿Podrá el hombre vivir y trabajar en el espacio [...]?
2. ¿Cuál sería el lugar más apropiado para el alunizaje [...]?
3. ¿Qué cohete podría llevar a los hombres hasta la Luna [...]?
4. ¿Qué perfil orbital sería más conveniente utilizar para ir y volver de la Luna?»

(RzGopegui *Hombres* [Esp. 1996]).

Las enumeraciones separadas por dos puntos del resto del enunciado son muy frecuentemente ejemplificaciones: *Cada uno puede contribuir con lo que quiera: un kilo de arroz, un litro de aceite, un paquete de galletas...* Como introductores de una enumeración de este tipo, los dos puntos son incompatibles con la presencia de *(tales) como*. Es incorrecto, pues, escribir ⊗*Se dejó en mi casa varios objetos, como: la cartera, el paraguas, unos zapatos...* Debió escribirse en su lugar *Se dejó en mi casa varios objetos: la cartera, el paraguas, unos zapatos...*, o bien *Se dejó en mi casa varios objetos, tales como la cartera, el paraguas, unos zapatos...*

Cuando se prefiere anticipar los elementos de la enumeración, los dos puntos sirven para cerrarla y dar paso al concepto que los engloba:

Natural, sana y equilibrada: así debe ser una buena alimentación.

3.4.4.2.2 *En estructuras no enumerativas con un elemento anticipador*

Se escriben asimismo dos puntos en enunciados que, sin incluir una enumeración, presentan elementos anticipadores como los señalados en el apartado anterior (se subraya en los siguientes ejemplos el grupo nominal, el adverbio o el pronombre que actúa como elemento anticipador):

Queda aún una decisión que tomar: ¿a quién enviamos el escrito?
En lo relativo a los límites de velocidad en el casco urbano, se ha tomado la siguiente medida: no podrán superarse los 30 km/h.
Nunca pretendió ser otra cosa sino eso: un buen médico.
Te lo advierto: no soporto esa actitud tan arrogante.
Lo haremos así: justo cuando se vaya por la mañana, le ponemos el regalo en la mesilla.

Responden también a este tipo de estructuras los enunciados en los que los dos puntos se emplean para introducir una ejemplificación:

De vez en cuando tiene algunos comportamientos inexplicables: hoy ha venido a la oficina en zapatillas.
Hay cosas que no debes olvidar cuando viajas: el pasaporte, por ejemplo.

Como en las enumeraciones, es posible invertir el orden de los miembros en estos enunciados:

Que nos pongamos nerviosos: eso es lo que busca.

3.4.4.2.3 *En el discurso directo*

El discurso directo reproduce literalmente las palabras pronunciadas por otra persona, así como pensamientos transcritos tal cual se producen. El discurso directo requiere, por lo general, la presencia de un verbo de lengua o pensamiento, como *decir, manifestar, opinar, pensar, preguntar, repetir, responder,* etc. Cuando este verbo introductor del discurso directo precede a las palabras reproducidas, tras él deben escribirse dos puntos:

> «Entrecerró los ojos y pensó: "Tendría que haberme ido hace rato, es verdad"» (VLlosa *Elogio* [Perú 1988]).

Suelen introducirse mediante discurso directo las citas, como en *Ya lo dijo Ortega y Gasset: «La claridad es la cortesía del filósofo»*, y también las palabras de los personajes en los textos de ficción:

> «Una noche, cuando me disponía a acostarme, Alicia me preguntó súbitamente:
>
> —¿Por qué te casaste conmigo, Carlos?» (Salisachs *Gangrena* [Esp. 1975]).

Cuando las palabras reproducidas en discurso directo se anteponen al verbo de lengua o pensamiento, no se emplean los dos puntos, sino la coma o la raya, según los casos:

> «"En el campo de la observación, el azar solo favorece a las mentes preparadas", dijo Louis Pasteur» (Ricard *Diseño* [Esp. 1982]).
>
> «—Entonces quieres el divorcio —repitió ella» (JmnzEmán *Tramas* [Ven. 1991]).

Para las normas que rigen la escritura de raya en la reproducción de un diálogo, v. § 3.4.7.2.1. Para el uso de comillas en las citas, v. § 3.4.8.1.1.

Es incorrecto el empleo de los dos puntos cuando se reproducen palabras o pensamientos en discurso indirecto, es decir, bajo el prisma de quien escribe, caso en el que el verbo de lengua o pensamiento suele ir seguido de las conjunciones *que* o *si*: ⊗*«Ellos dicen que: si a un paciente le preguntan sobre cosas de su propia vida...»* (*Siglo* [Pan.] 10.2.1997). Debió haberse escrito *Ellos dicen que si a un paciente...*

3.4.4.2.4 *Entre oraciones yuxtapuestas*

Se usan los dos puntos para conectar oraciones relacionadas entre sí sin necesidad de emplear otro nexo. Los dos puntos supeditan una a otra las dos secuencias que separan, sugiriendo una relación de dependencia o subordinación entre ambas. Son varias las relaciones que pueden expresar, entre ellas las siguientes:

a) Causa-efecto: *Se ha quedado sin trabajo: no podrá ir de vacaciones este verano.*

b) Conclusión, consecuencia o resumen de la oración anterior: *El arbitraje fue injusto y se cometieron demasiados errores: al final se perdió el partido.*

c) Verificación o explicación de la oración anterior, que suele tener un sentido más general: *La paella es un plato muy completo y nutritivo: tiene la fécula del arroz, las proteínas de sus carnes y pescados, y la fibra de sus verduras.*

d) Oposición: *Rodolfo no es una persona: es mi gato.*

Con esta función pueden alternar con el punto y coma (v. § 3.4.3.2.1).

3.4.4.2.5 ***Con conectores***

Como ya se ha explicado (§ 3.4.2.2.5), una de las características de los conectores discursivos es su escritura entre signos de puntuación. Con respecto a los dos puntos, cabe hacer dos precisiones:

a) Frente al resto de los signos delimitadores, los dos puntos no preceden normalmente a un conector discursivo, salvo que este inicie el discurso directo (*Y continuó: «Por tanto, discutiremos este asunto mañana»*) o presente un valor que los dos puntos no pueden expresar (*Vamos a empezar los ejercicios: antes de nada, estiraremos los músculos; en segundo lugar, doblamos...*). Así pues, son normales enunciados como

Está aquí, por tanto, pronto lo veremos.
Se ha preparado sin descanso durante diez meses para aprobar esta oposición; por tanto, no tendrá problemas en sacar la plaza (o este mismo enunciado con punto entre las dos oraciones).

En cambio, se recomienda evitar una secuencia como ⊗*Se ha preparado sin descanso durante diez meses para aprobar esta oposición: por tanto, no tendrá problemas en sacar la plaza.* En este caso, el valor consecutivo puede expresarse mediante el elemento *por tanto* o puede venir indicado por los dos puntos —como se ha explicado en el párrafo anterior—, pero la concurrencia de ambos elementos resulta innecesaria. Así pues, si en este enunciado se emplean los dos puntos, lo más adecuado es prescindir, por redundante, del conector discursivo: *Se ha preparado sin descanso durante diez meses para aprobar esta oposición: no tendrá problemas en sacar la plaza.*

b) Suelen escribirse dos puntos detrás de algunos conectores discursivos. Se trata de locuciones de carácter introductorio que detienen el discurso con intención enfática y anuncian una explicación (*a saber, es decir, esto es, o sea*), un resumen o una reelaboración (*en conclusión, pues bien, en/con otras palabras, dicho de otro modo*), una ampliación (*más aún*), una contrargumentación (*ahora bien*), etc., de la información anterior. La oración que sigue al conector discursivo y a los dos puntos no debe iniciarse con mayúscula:

La voz carbunclo *se emplea con dos sentidos, a saber: 'piedra preciosa' y 'enfermedad del ganado'.*

¿Recuerdas lo que te conté de Ramiro? Pues bien: ha vuelto a hacerlo.

Nunca me ha molestado colaborar. Dicho de otro modo: me gusta ayudar a los demás.

Ha dicho que se iba. Más aún: ha amenazado con no volver jamás.

No quiero que se preocupe mucho. Ahora bien: si sigue doliéndole, vaya al médico.

En la mayoría de estos casos los dos puntos son sustituibles por la coma. La diferencia entre el uso de uno u otro signo está en que con la coma el énfasis desaparece y la expectación creada en el lector con respecto a lo que se va a decir es menor.

3.4.4.2.6 *En títulos y epígrafes*

En títulos y epígrafes es frecuente el uso de los dos puntos para separar el concepto general del aspecto parcial del que va a tratarse:

La literatura medieval: estudio comparativo de los principales motivos recurrentes.

Se emplea asimismo este signo, aunque seguido de mayúscula inicial, para separar los epígrafes internos de un libro del texto que los sigue, cuando este comienza en la misma línea:

La Revolución Industrial: Su origen hay que situarlo en Gran Bretaña, alrededor de 1780, cuando...

Para ello se usa también la raya precedida de un punto, v. § 3.4.7.2.4.

3.4.4.2.7 *En algunos escritos específicos (cartas y documentos)*

a) Se emplean dos puntos tras las fórmulas de saludo en el encabezamiento de cartas y documentos. En este contexto, la palabra que sigue a los dos puntos, y que inicia el cuerpo de la carta, se escribe con inicial mayúscula y en renglón aparte:

Muy señor mío:

Le agradeceré que en el plazo más breve posible...

Querido Javier:
¿Qué tal las vacaciones?

Es costumbre anglosajona, y debe evitarse en español, utilizar la coma en lugar de los dos puntos:

⊗*Querido amigo,*
Te escribo esta carta para comunicarte...

b) En textos jurídicos y administrativos, como decretos, sentencias, bandos, edictos, certificados o instancias, se colocan dos puntos después del verbo que presenta el objetivo fundamental del documento (*certificar, exponer, solicitar...*) y que va escrito enteramente en mayúsculas. La primera palabra que sigue a dicho verbo se escribe con inicial mayúscula y en párrafo aparte:

CERTIFICA:
Que D. José Álvarez García ha seguido con aprovechamiento el Curso...

Del mismo modo, se escriben dos puntos tras gerundios como *considerando* o *resultando* cuando preceden a cada una de las razones que sirven de apoyo a un fallo o dictamen:

CONSIDERANDO:
Que el artículo 27 de la Constitución...

Solamente en estos casos los dos puntos son compatibles con la conjunción subordinante *que*.

3.4.4.3 Concurrencia con otros signos

Como es natural, el signo de dos puntos no concurre en la cadena escrita con signos que, como él, son delimitadores principales (el punto, la coma y el punto y coma). No constituye una excepción a lo dicho la concurrencia del signo de dos puntos con el punto abreviativo. Como se ha explicado (§ 3.4.1a), el punto que cierra las abreviaturas no es un signo de puntuación, de ahí que pueda darse la mencionada concurrencia: *En la fiesta de fin de curso los niños comieron, bebieron, jugaron, hablaron, etc.: pasaron una tarde inolvidable.*

En cambio, los dos puntos sí pueden concurrir con los signos indicadores de modalidad (signos de exclamación y de interrogación o puntos suspensivos), así como con los signos indicadores de que acaba un segundo discurso (signos de cierre de comillas, paréntesis, corchetes o rayas). Por lo general, la combinación del signo de dos puntos con estos otros signos no suscita dudas, ya que los dos puntos se escriben siempre pospuestos a todos ellos:

«Temí encontrar a Constancia abrazada al viejo ruso y al esqueleto del niño (¿la niña?): la imagen me era insoportable» (Fuentes *Constancia* [Méx. 1989]).

«No lo dude. Hay cosas que se heredan...: el carácter, por ejemplo» (Gasulla *Culminación* [Arg. 1975]).

Sobre la colocación de los dos puntos con respecto a las llamadas de nota, véase la información adicional del apartado 3.4.1.3.

3.4.5 LOS PARÉNTESIS

Los paréntesis son un signo ortográfico doble que se usa generalmente, aunque no de manera exclusiva, para insertar en un enunciado una información complementaria o aclaratoria. En el español actual la voz *paréntesis* se refiere solo al signo de forma curva ( ), pero sus antecedentes medievales adoptaban formas mixtas, como | 〉, o angulares 〈 〉.

Información adicional — Durante la Edad Media, la información parentética se solía aislar mediante el uso de vírgula (/) o de colon (:), aunque en el siglo XIV se escriben ya signos angulares que acabarán por convertirse en el paréntesis semicircular que ha llegado a nuestros días. Su uso se asienta gracias a la labor de los humanistas italianos y a la difusión de los textos impresos. En España, defiende la necesidad de este signo, frente a las reticencias de Nebrija, el ortógrafo Alejo Venegas, en 1531.

Los paréntesis se escriben pegados al primer y al último carácter del periodo que enmarcan, y separados por un espacio del elemento que los precede o los sigue, salvo cuando encierran segmentos de palabra (v. § 3.4.5.2a, b y c). Si lo que sigue al signo de apertura o de cierre de paréntesis es un signo de puntuación, no se deja espacio entre ambos. La secuencia enmarcada por los paréntesis no se inicia con mayúscula, salvo que el signo de apertura vaya precedido por un punto:

«Lo que no se podía admitir (hablaba Segundo Mainar) era trabajar diez horas al día para los otros» (GaBadell *Funeral* [Esp. 1975]).

«El primer sábado de marzo hubo un baile del grupo de Carla en las calles de Guadalupe, en San Ángel. (Todas estaban en último año de preparatoria). Pero esa noche no estuve con Carla» (Campos *Carne* [Méx. 1982]).

Como se analizará en el apartado siguiente, los usos de los paréntesis presentan cierta heterogeneidad, lo que ha dado lugar a que en diversas clasificaciones de los signos ortográficos se hayan agrupado junto con los signos auxiliares. Se exponen a continuación las características de los paréntesis como signo de puntuación propiamente dicho y, posteriormente, los valores que pueden considerarse auxiliares.

3.4.5.1 Los paréntesis como signo delimitador

Los paréntesis son, en primera instancia, un signo delimitador, aunque difieren en su naturaleza de los signos que aquí se han denominado delimitadores principales. En efecto, la función principal de los paréntesis es indicar que las unidades lingüísticas por ellos aisladas (palabras, grupos sintácticos, oraciones, enunciados e incluso párrafos) no son una parte central del mensaje, sino que constituyen un segundo discurso que se inserta en el discurso principal para introducir información complementaria de muy diverso tipo:

«Lo volví a ver (no olviden que habían pasado más de treinta años) y le pregunté su nombre» (*Siglo* [Pan.] 4.4.2001).

«El fundador de la ópera romántica alemana fue Carl Maria von Weber (1786-1826), con *Der Freischütz* (*El cazador furtivo,* 1821), donde mezcla lo popular y lo fantástico» (VV. AA. *Música* [Esp. 1998]).

Como discurso autónomo con respecto al principal, las secuencias encerradas entre paréntesis pueden tener puntuación propia:

«Alejados de familias, tutelas y cortapisas morales o sociales (yo era un desarraigado; María Coral, una vulgar cabaretera) nos comportamos paradójicamente con mayor circunspección que si nos hubiese rodeado un cerco de madres pudibundas» (Mendoza *Verdad* [Esp. 1975]).

En su función delimitadora de un segundo discurso, los paréntesis tienen tres usos principales:

3.4.5.1.1 *Para aislar incisos*

Se encierran entre paréntesis los incisos, elementos suplementarios que aportan precisiones, ampliaciones, rectificaciones o circunstancias a lo dicho:

Las asambleas (la última duró casi cuatro horas sin ningún descanso) se celebran en el salón de actos.

«Presidía el cardenal Sebastiano Baggio, en nombre del Papa, que estaba (creo) de visita en México» (*Abc* [Esp.] 6.12.1991).

Aunque también las comas (v. § 3.4.2.2.1.1) se utilizan para enmarcar incisos, el uso de los paréntesis implica un mayor grado de aislamiento de la información que encierran con respecto al resto del enunciado. Por ello, los incisos entre paréntesis son frecuentemente oraciones con sentido pleno y poca o nula vinculación sintáctica con los elementos del texto principal, como se aprecia en el siguiente ejemplo, en el que se subrayan las dos secuencias incidentales:

> «Pero no es justo hacer sinónimos de radio-drama a las radio-novelas y, mucho menos, a los seriales melodramáticos, lacrimógenos y maniqueos que los oyentes recuerdan, y no precisamente con disgusto (cualquier serial fracasaría si no pudiera existir una identificación personaje-oyente)» (Muñoz/Gil *Radio* [Esp. 1986]).

En ocasiones, la elección del paréntesis en lugar de la coma obedece simplemente a la voluntad de quien escribe de mostrar una misma información más o menos vinculada a la línea informativa del discurso principal:

Alguien, y no quiero señalar, ha hecho trampa.
Alguien (y no quiero señalar) ha hecho trampa.

En otros casos, en cambio, hay razones objetivas que recomiendan el uso del paréntesis y desaconsejan el de la coma. Así, no debe usarse coma para separar incisos con puntuación interna, es decir, que incluyen secuencias separadas por punto, coma, punto y coma o dos puntos; de lo contrario, se perjudica gravemente la inteligibilidad del texto, pues se dificulta la percepción de las relaciones entre sus miembros. Volviendo al ejemplo de Eduardo Mendoza, no cabría en él una puntuación como esta:

⊗*Alejados de familias, tutelas y cortapisas morales o sociales, yo era un desarraigado; María Coral, una vulgar cabaretera, nos comportamos paradójicamente con mayor circunspección que si nos hubiese rodeado un cerco de madres pudibundas.*

3.4.5.1.2 *Para aislar otros elementos intercalados*

Se usan los paréntesis para intercalar algún dato o precisión, como fechas, lugares, el desarrollo de una sigla, el nombre de un autor o de una obra citados, etc.:

El año de su nacimiento (1616) es el mismo en que murió Cervantes.
Toda su familia nació en Guadalajara (México).
La OPEP (Organización de Países Exportadores de Petróleo) ha decidido aumentar la producción de crudo.
«Más obran quintaesencias que fárragos» (Gracián).

3.4.5.1.3 *En obras teatrales*

En las obras teatrales, se utilizan los paréntesis para encerrar las acotaciones del autor o los apartes de los personajes, que, además, suelen escribirse en cursiva:

«BERNARDA. *(Golpeando con el bastón en el suelo)*. ¡No os hagáis ilusiones de que vais a poder conmigo!» (GaLorca *Bernarda* [Esp. 1936]).

«INÉS. ¡Ay, Jesús!
BRÍGIDA. ¿Qué es lo que os da?
INÉS. Nada, Brígida, no es nada.
BRÍGIDA. No, no; si estáis inmutada.
(Ya presa en la red está).
¿Se os pasa?»
(Zorrilla *Tenorio* [Esp. 1844]).

El uso de los paréntesis para encerrar los apartes tiene un claro correlato en el plano oral, pues en la representación teatral esas secuencias se recitan en voz más baja o con un tono diferente al resto de la intervención.

3.4.5.2 Usos auxiliares de los paréntesis

Junto a las funciones puramente demarcativas —delimitadoras de unidades sintácticas y discursivas—, los paréntesis presentan usos de muy diversa naturaleza que los acercan a los signos auxiliares e, incluso, a los elementos tipográficos. Algunos de estos usos son generales, pero otros están circunscritos a ámbitos técnicos. Se enumeran a continuación los más difundidos:

a) Para introducir opciones en un texto, se encierra entre paréntesis el elemento que constituye la alternativa, sea este una palabra completa, sea uno de sus segmentos: *En el documento se indicará(n) el (los) día(s) en que haya tenido lugar la baja; Se necesita chico(a) para repartir pedidos.* Como se ve en los ejemplos, los paréntesis que añaden morfemas van pegados a la palabra a la que se refieren, no así los que añaden palabras completas. En este uso, el paréntesis puede alternar con la barra (v. § 4.2.1.3b).

b) En obras de carácter lingüístico, se emplean los paréntesis para encerrar un elemento que se omite o cae en un proceso, como en *aren(a) + oso > arenoso*. Encierran asimismo secuencias que se pueden omitir en la expresión oral o escrita: *tijera(s); (Ella) está muy tranquila; Las cosas saldrán como esperamos (que salgan)*.

c) Se utilizan los paréntesis para desarrollar las abreviaturas o reconstruir las palabras incompletas del original cuando se reproducen o transcriben textos, códices o inscripciones. Los paréntesis encierran el tramo añadido, del que no los separa ningún espacio: *Imp(eratori) Caes(ari)*. En estos casos se recomienda utilizar con preferencia los corchetes (v. § 3.4.6.2b).

d) En la reproducción de citas textuales, se usan tres puntos entre paréntesis para indicar que se omite un fragmento del original: «*Pensé que él no pudo ver mi sonrisa* (...) *por lo negra que estaba la noche*» (Rulfo *Páramo* [Méx. 1955-80]). Con esta función es más frecuente y recomendable el uso de los corchetes (v. § 3.4.6.2e).

e) Las letras o números que introducen elementos de una clasificación o enumeración pueden escribirse entre paréntesis o, más frecuentemente, seguidos solo del paréntesis de cierre:

Los libros podrán encontrarse en los lugares siguientes:
(a) en los estantes superiores de la sala de juntas;
(b) en los armarios de la biblioteca principal.

O bien:

Los libros podrán encontrarse en los lugares siguientes:
a) en los estantes superiores de la sala de juntas;
b) en los armarios de la biblioteca principal.

En lugar de paréntesis, el elemento separador que se escribe entre las letras o los números y el miembro de la enumeración puede ser también un punto (§ 3.4.1.2.6).

La combinación de letras o números con paréntesis o punto alterna en este uso con la raya u otros signos de carácter tipográfico, como topos o boliches (•, ♦, ■). Sea cual sea el sistema elegido, entre las marcas y el texto que sigue ha de dejarse un espacio de separación. Sobre la escritura de signos de puntuación al final de los elementos de una enumeración que se presenta en forma de lista, v. § 3.4.7.2.2.

f) En las fórmulas matemáticas o químicas, los paréntesis sirven para aislar operaciones que forman parte de una serie; para enmarcar operaciones que contienen otras ya encerradas entre paréntesis, se utilizan los corchetes (v. § 3.4.6.2f): $[(4 + 2) \times (5 + 3)] - (6 - 2)$.

3.4.5.3 Concurrencia con otros signos

Cuando, en su uso delimitador, los paréntesis concurren con otros signos de puntuación, deben seguirse las siguientes pautas:

a) Los delimitadores principales (punto, coma, punto y coma, y dos puntos) se escriben siempre después del paréntesis de cierre:

Llevaban casados mucho tiempo (el año pasado cumplieron sus bodas de oro), pero nunca lograron entenderse.
Se llama Elvira Muñoz (si no recuerdo mal).

Advertencia A diferencia del discurso principal, que se cierra con punto —o con signos que contienen un punto en su forma, como los puntos suspensivos o los signos de interrogación y de exclamación—, el final del segundo discurso, el enmarcado entre paréntesis, se señala siempre con el signo de cierre correspondiente. Por eso, con independencia de que el texto entre paréntesis abarque todo el enunciado o solo parte de él, el punto se colocará siempre detrás del paréntesis de cierre (v. también el apartado 3.4.1.3.2), como se aprecia en el último ejemplo mencionado o en este otro:

Se fue dando un portazo. (Creo que estaba muy enfadado).

Esta norma debe aplicarse incluso si delante del paréntesis va un signo de cierre de interrogación o de exclamación, o puntos suspensivos:

Para curar un resfriado, se recomienda tomar bebidas calientes (¡nunca alcohol!).

No ha parado de lamentarse desde que ha llegado (si lo llego a saber...).

No debe escribirse ningún signo de puntuación que no fuera necesario si se suprimieran los paréntesis; por ello, si el texto entre paréntesis está colocado entre el sujeto y el verbo de la oración, nunca debe escribirse coma después del paréntesis de cierre, pues es incorrecto que sujeto y verbo vayan separados por coma (v. § 3.4.2.2.2.1): ⊗*Las asambleas (la última duró casi cuatro horas sin ningún descanso), se celebran en el salón de actos.*

b) Si coinciden tras una palabra dos o más signos dobles, se cerrará primero el que se haya abierto en último lugar:

«Creo que el motor de esos fenómenos es la vanidad (la tentación del "¿por qué no yo?"), que lleva a preferir el cero al número dos» (*Abc* [Esp.] 16.1.1987).

c) Como ya se ha señalado, el texto contenido dentro de los paréntesis tiene su propia puntuación, independiente de la del enunciado principal:

La manía de Ernesto por el coleccionismo (lo colecciona todo: sellos, monedas, relojes, plumas, llaveros...) ha convertido su casa en un almacén.

Por ello, si la secuencia escrita entre paréntesis es interrogativa o exclamativa, los signos de interrogación o de exclamación deben colocarse dentro de los paréntesis:

Su facilidad para los idiomas (¡habla con fluidez siete lenguas!) le ha abierto muchas puertas.

En cambio, cuando la secuencia interrogativa o exclamativa constituye una unidad mayor que la encerrada entre paréntesis, los signos de interrogación y exclamación se escriben fuera de los paréntesis:

¿Cuántos países integran la ONU (Organización de las Naciones Unidas)?

Lo mismo cabe decir de los puntos suspensivos, que preceden al paréntesis de cierre si corresponden solo al segundo discurso, mientras que se escriben tras el paréntesis si afectan al discurso principal:

Conté lentamente (uno, dos, tres...) y me di la vuelta.
Visitamos el museo de la ciudad, las calles del centro histórico, las montañas cercanas (¡impresionantes!)... Acabamos agotados.

Sobre la colocación de los paréntesis con respecto a las llamadas de nota, véase la información adicional del apartado 3.4.1.3.

3.4.6 LOS CORCHETES

Los corchetes son un signo ortográfico doble que, en ciertos contextos, se utiliza de forma análoga a los paréntesis que incorporan información complementaria o aclaratoria. En el español actual, es preferible reservar la voz *corchete* para designar el signo rectangular ([ ]), aunque a veces se emplea la denominación de *corchetes angulares* para referirse a las antilambdas o diples (< >), que se tratan en el apartado 4.3.

Los corchetes se escriben pegados al primer y al último carácter del periodo que enmarcan, y separados por un espacio del elemento que los precede o los sigue, salvo cuando encierran segmentos de palabra (v. § 3.4.6.2b). Si lo que sigue al corchete de apertura o cierre es un signo de puntuación, no se deja espacio entre ambos. La secuencia enmarcada por los corchetes no se inicia con mayúscula, salvo que el signo de apertura vaya precedido de punto:

«En su lugar se encuentran ahora las siguientes líneas: “El Partido [¡seguimos con la mayúscula sacralizante: esto no tiene remedio, se conoce!] y las fuerzas democráticas debían combatir a la dictadura» (Semprún *Autobiografía* [Esp. 1977]).

«Los testimonios se parecen unos a otros. Baste uno como muestra: “Soy montador de tractores en lo que queda de la fábrica Ursus.

> Tengo 44 años, esposa y dos hijos. [...] Desde septiembre los dos están en casa porque no encuentran trabajo. [El paro en Polonia alcanza casi el 20 %]. Mi hija tiene 20 años y mi hijo 19"» (*País* [Esp.] 1.4.2004).

Su uso análogo al de los paréntesis, aunque limitado a ciertos contextos específicos, justifica su inclusión entre los signos de puntuación, si bien es cierto que, en la mayoría de las funciones que desempeñan, los corchetes tienen carácter de signo auxiliar.

3.4.6.1 Los corchetes como signo delimitador

Los corchetes tienen valor delimitador cuando se emplean para aislar unidades lingüísticas que constituyen información complementaria o aclaratoria, uso en el que, en determinados contextos, reemplazan a los paréntesis, de empleo preferente con esa función.

Como muestran los dos ejemplos del apartado anterior, se emplean los corchetes para aislar, cuando se cita un texto ajeno entre comillas, los comentarios y aclaraciones de quien está reproduciendo la cita. Los corchetes indican, en ese caso, que el comentario o la aclaración no pertenecen al autor de la cita, sino al autor del texto en el que esta se reproduce. En cambio, cuando la información aclaratoria o complementaria no implica un cambio de autoría, se utilizan con este mismo fin los paréntesis: *El testigo afirmó: «Yo mismo vi que los soldados lo maniataron (por aquel entonces yo debía tener unos ocho o nueve años) y lo metieron a la fuerza en un camión»*.

En la escritura general, deben usarse los corchetes cuando dentro de un enunciado que va entre paréntesis es preciso introducir alguna precisión o nota aclaratoria. Se evitan así el uso repetido de los paréntesis y los equívocos a los que ello puede inducir:

Una de las últimas novelas que publicó Galdós (algunos estudiosos consideran su obra Fortunata y Jacinta *[1886-87] la mejor novela española del siglo XIX) fue* El caballero encantado *(1909)*.

3.4.6.2 Usos auxiliares de los corchetes

Los corchetes desempeñan funciones muy diversas en textos pertenecientes a ámbitos específicos. Se enumeran a continuación los usos más difundidos:

a) En libros de poesía, suele colocarse un corchete de apertura delante de las últimas palabras de un verso cuando no se ha transcrito entero en una sola línea y se termina, alineado a la derecha, en el renglón siguiente:

«Y los ritmos indóciles vinieron acercándose,
juntándose en las sombras, huyéndose y
[buscándose»
(Silva *Obra* [Col. 1880-95]).

b) En las transcripciones de textos, se emplean para marcar cualquier interpolación o modificación en el texto original, como aclaraciones, adiciones, enmiendas o el desarrollo de abreviaturas: *Hay otros* [templos] *de esta misma época de los que no se conserva prácticamente nada; Subió la cue[s]ta con dificultad* [en el original, *cuenta*]; *Acabose de imprimir el A[nno] D[omini] de 1537*. Al desarrollar abreviaturas, no se deja espacio de separación ante los corchetes de apertura. Tampoco va espacio delante ni detrás de los corchetes cuando aparecen en medio de una palabra: *ma[n]zana*. Tanto en el desarrollo de abreviaturas como en las intervenciones del editor o transcriptor de un texto para corregir errores u omisiones del original, el uso de los corchetes alterna con el de las antilambdas o diples (v. § 4.3).

c) En las referencias bibliográficas, se encierra entre corchetes cualquier dato que no figure en la fuente, ya se restituya la información tomándola de una fuente secundaria, ya se indique su ausencia mediante la correspondiente abreviatura:

Ramón J. Sender: *Adela y yo*. [Barcelona]: Destino, [1978].

Antonio Fernández y Morales: *Ensayos poéticos en dialecto berciano*. León: [s. e.], 1861.

d) En obras de carácter lingüístico, se usan los corchetes para encerrar las transcripciones fonéticas, como en [eŋ'klaβe], transcripción fonética de la palabra *enclave*. Para las transcripciones fonológicas (/en'klabe/) se emplean las barras (v. § 4.2.1.4d).

e) Se usan tres puntos entre corchetes para indicar, en la transcripción de un texto, que se ha omitido un fragmento del original: *«Pensé que él no pudo ver mi sonrisa* [...] *por lo negra que estaba la noche»* (Rulfo *Páramo* [Méx. 1955-80]). Para las normas que rigen la escritura de estos corchetes intrapunteados, v. § 3.4.10.2e.

f) En las fórmulas matemáticas o químicas, los corchetes sirven para encerrar operaciones que contienen otras ya encerradas entre paréntesis: $[(4 + 2) \times (5 + 3)] - (6 - 2)$.

3.4.6.3 Concurrencia con otros signos

Cuando los corchetes concurren con otros signos de puntuación, deben aplicarse las mismas pautas señaladas para los paréntesis (v. § 3.4.5.3).

3.4.7 LA RAYA

La raya es un signo de puntuación representado por un trazo horizontal (—) cuya longitud suele equivaler, en tipografía, a un cuadratín (blanco tipográfico cuyo ancho mide en puntos lo mismo que el cuerpo o tamaño de letra que se esté utilizando). No debe confundirse en su forma ni en sus funciones con el guion (-), signo auxiliar de menor longitud al que se dedica el apartado 4.1.1 de este capítulo. Sin embargo, históricamente esta distinción es bastante tardía; de hecho, la denominación *raya* y la fijación de las funciones de este signo frente a las del guion no aparecen en la ortografía académica hasta 1880. Tampoco debe confundirse la raya con el guion bajo (_), cuyas funciones se especifican en el apartado 4.1.2.

Como signo ortográfico de puntuación, la raya puede emplearse como signo simple o como signo doble. En este último caso, al igual que el resto de los signos dobles, las rayas de apertura y de cierre se escriben pegadas al primer y al último carácter del periodo que enmarcan, y separadas por un espacio del elemento que las precede o las sigue; pero, si lo que sigue a la raya de cierre es otro signo de puntuación, no se deja espacio entre ambos. La escritura de mayúscula o minúscula inicial en la secuencia que sigue a una raya depende de la función que esta desempeñe y de los contextos en que aparezca; por ello, se tratará este asunto en el apartado dedicado a los usos concretos de este signo.

3.4.7.1 La raya como signo delimitador

Cuando es un signo doble, la raya forma parte del grupo de signos delimitadores que introducen o encierran un segundo discurso. Su función principal es indicar que las unidades lingüísticas que aísla no son una parte central del mensaje, sino que constituyen un discurso secundario que se inserta en el discurso principal para introducir información complementaria:

> «El segundo festival de música mexicana es —¡cómo ponerlo en duda!— el acontecimiento musical más importante del año» (Melo *Notas* [Méx. 1990]).
>
> «No daba importancia a los viajes de su mujer. “Que se distraiga —decía—, que se distraiga”» (Palou *Carne* [Esp. 1975]).

Como discurso autónomo con respecto al principal, las secuencias encerradas entre rayas pueden tener puntuación propia:

> «Aguzando el oído —en el fondo, sin necesidad de concentrarse mucho: bastaba con dejar de prestar atención a los latidos del propio corazón, con sosegarse—, era fácil percibir un rumor de voces» (Azancot *Amores* [Esp. 1980]).

En su función delimitadora de un segundo discurso, las rayas tienen los usos que se comentan a continuación.

3.4.7.1.1 *En incisos*

Las rayas se emplean, como signo doble, para encerrar incisos:

Para él la fidelidad —cualidad que valoraba por encima de cualquier otra— era algo sagrado.

En este uso pueden utilizarse también las comas o los paréntesis. Los incisos entre rayas suponen un aislamiento mayor con respecto al texto en el que se insertan que los que se escriben entre comas, pero menor que los que se escriben entre paréntesis (sobre otras diferencias entre el uso del paréntesis o la raya, frente a la coma, para delimitar incisos, v. § 3.4.5.1.1). La raya de cierre en los incisos no se suprime aunque detrás de ella deba aparecer un punto o cualquier otro signo de puntuación:

Esperaba a Emilio —un gran amigo—. Lamentablemente, no vino.

Esperaba a Emilio —un gran amigo—, que, lamentablemente, no vino.

Tampoco debe suprimirse la raya de cierre cuando el inciso ocupa la posición final del enunciado:

La editorial ha publicado este año varias obras del autor —todas ellas de su primera época—.

Deben evitarse puntuaciones redundantes, como la del siguiente ejemplo, donde debieron escribirse o comas o rayas, pero no ambos signos: ⊗*«La muerte vivida por los demás, —sea la muerte por accidente o de otros modos—, es una cosa que sufrimos mucho»* (Burgos *Rigoberta* [Guat. 1983]).

3.4.7.1.2 *En incisos incluidos en otros incisos*

Deben usarse las rayas para introducir una nueva aclaración o inciso en un texto ya encerrado entre paréntesis:

Si desea más información sobre este tema (la bibliografía existente —incluso en español— es bastante extensa), deberá acudir a otras fuentes.

Para intercalar algún dato o precisión en un inciso escrito entre rayas, han de usarse los paréntesis (v. § 3.4.5.1.2): *Venezuela —primer lugar de tierra firme avistado por Colón en su tercer viaje a América (1498)— tenía, por aquel entonces, unos 300 000 habitantes.*

3.4.7.1.3 *Para enmarcar comentarios de un narrador o transcriptor*

Las rayas se usan para enmarcar, en medio de una cita textual entrecomillada, las aclaraciones del transcriptor con respecto a su autoría:

«Es imprescindible —señaló el ministro— que se refuercen los sistemas de control sanitario en las fronteras».

Se usa, en cambio, la coma cuando la aclaración aparece en posición final, fuera del texto entrecomillado:

«Es imprescindible que se refuercen los sistemas de control sanitario en las fronteras», señaló el ministro.

En los textos narrativos, las rayas sirven también para introducir o enmarcar los comentarios y precisiones del narrador a las intervenciones de los personajes. En este uso, se presentan algunas dudas relativas a la posible supresión de la raya de cierre, a la posición de otros signos de puntuación con respecto a ella y a la escritura de mayúscula o minúscula inicial en la secuencia que introducen. Para su correcto empleo, debe tenerse en cuenta lo siguiente:

a) No se escribe raya de cierre si tras el comentario del narrador no sigue hablando inmediatamente el personaje:

—Espero que todo salga bien —dijo Azucena con gesto ilusionado. A la mañana siguiente, Azucena se levantó nerviosa.

En cambio, se escriben dos rayas, una de apertura y otra de cierre, cuando las palabras del narrador interrumpen la intervención del personaje y esta continúa inmediatamente después:

—Lo principal es sentirse viva —añadió Pilar—. Afortunada o desafortunada, pero viva.

b) Como muestra el ejemplo anterior, cuando el comentario o aclaración del narrador va introducido por un verbo de lengua (*decir, añadir, asegurar, preguntar, contestar, espetar, exclamar, responder*, etc.), dicho comentario se inicia con minúscula, aunque venga precedido por un signo de cierre de interrogación o de exclamación, o por puntos suspensivos:

—¡Qué le vamos a hacer! —exclamó resignada doña Patro.

—¿Ha llegado ya el presidente? —preguntó alarmado el embajador.

—Si me hubieras hecho caso... —susurró mientras seguía con la mirada a su hijo, que se alejaba cabizbajo.

Si la intervención del personaje continúa tras las palabras del narrador y debe aparecer un signo delimitador principal (punto, coma, punto y coma o dos puntos) tras la secuencia interrumpida, este se coloca detrás de la raya que cierra el inciso narrativo:

—No te creo —afirmó tajante—. Por mucho que te esfuerces, ya no confío en ti.

—Está bien —dijo Carlos—; lo haré, pero que sea la última vez que me lo pides.

—Lo será —respondió agradecido—, te lo aseguro.

—Te lo advierto —dijo amenazante—: no voy a consentir que te salgas con la tuya.

Como en otras ocasiones, el comportamiento de los signos delimitadores principales difiere del de los signos indicadores de modalidad (signos de interrogación y exclamación y puntos suspensivos). Como se aprecia comparando las dos tandas de ejemplos anteriores, los delimitadores principales se escriben siempre inmediatamente detrás de la raya de cierre del inciso del narrador; mientras que, si se trata de indicadores de modalidad, los signos de cierre de interrogación y exclamación, y los puntos suspensivos se colocan antes del inciso que enmarcan las rayas y separados de él por un espacio.

c) Cuando el comentario del narrador no va introducido por un verbo de lengua y el parlamento precedente constituye un enunciado completo, las palabras del personaje se cierran con punto —o, según sea el caso, con cierre de interrogación, de exclamación o puntos suspensivos— y el inciso del narrador se inicia con mayúscula:

—No se moleste. —Cerró la puerta y salió de mala gana. A la mañana siguiente, se levantó temprano y se dirigió al café de costumbre.

—¿Puedo irme ya? —Se puso en pie con gesto decidido.

—Si te viera tu madre... —Lágrimas de emoción asomaban a sus ojos mientras contemplaba, arrobado, la escena.

En estos casos, si tras el comentario del narrador continúa el parlamento del personaje, es necesario, como se ha indicado (v. § a), colocar la raya de cierre tras la intervención del narrador y escribir después un punto:

—No te preocupes. —Le sostuvo la mirada, desafiante—. Sabré encontrar la solución sin tu ayuda.

—¿Puedo irme ya? —Se puso en pie con gesto decidido—. No hace falta que me acompañe. Conozco el camino.

—Si te viera tu madre... —Lágrimas de emoción asomaban a sus ojos mientras contemplaba, arrobado, la escena—. No sabes cuánto llevo esperando este momento.

Cuando el comentario del narrador se intercala en mitad de un enunciado, el texto del inciso se inicia con minúscula:

> —*¡Esto que has hecho —se dirigía hacia mí con el gesto descompuesto— es una auténtica locura!*

3.4.7.2 **Otros usos de la raya**

Junto al empleo de las rayas como signo doble, con función demarcativa, otros usos requieren la escritura de una sola raya. Entre ellos cabe destacar el de introducir cada una de las intervenciones en un diálogo, además de otras funciones de carácter auxiliar.

3.4.7.2.1 ***En diálogos***

En la reproducción escrita de un diálogo, la raya precede a la intervención de cada uno de los interlocutores, sin que se mencione el nombre de estos:

—*¿Cuándo volverás?*
—*No tengo ni idea.*
—*¡No tardes mucho!*
—*No te preocupes. Volveré lo antes posible.*

Normalmente, en las novelas y otros textos de carácter narrativo, las intervenciones de cada uno de los personajes se escriben en líneas distintas. Como se ve en el ejemplo, no debe dejarse espacio de separación entre la raya y el comienzo de cada una de las intervenciones. En los textos narrativos, este empleo de la raya se combina con el que tiene este mismo signo, pero en su versión doble, con apertura y cierre, para enmarcar los comentarios y aclaraciones del narrador, uso que se ha explicado en el apartado precedente (§ 3.4.7.1.3).

3.4.7.2.2 ***En enumeraciones en forma de lista***

La raya sirve también para introducir cada uno de los elementos de una relación que se escriben en líneas independientes. En este caso, debe dejarse un espacio en blanco entre la raya y el texto que sigue. A la hora de puntuar este tipo de relaciones, debe tenerse en cuenta lo siguiente:

a) Cuando los elementos que se relacionan son simples, es decir, están constituidos por una palabra o por un grupo sintáctico breve, hay dos opciones. Cabe cerrar cada uno de los conceptos con coma, excepto el último, que se cerrará con punto:

> *Las funciones del lenguaje, según Jakobson, son seis:*
> — *expresiva,*
> — *fática,*

— *conativa,*
— *referencial,*
— *poética,*
— *metalingüística.*

Es igualmente válido prescindir de los signos de puntuación:

Las funciones del lenguaje, según Jakobson, son seis:
— *expresiva*
— *fática*
— *conativa*
— *referencial*
— *poética*
— *metalingüística*

En ambos casos, los elementos introducidos por la raya se escriben con minúscula inicial.

b) Cuando los elementos de la lista son más complejos —bien por su mayor extensión, bien por presentar puntuación interna—, es preferible el uso del punto y coma. También en este supuesto cada elemento de la relación se inicia con minúscula:

En caso de tormenta en el campo, conviene seguir las siguientes recomendaciones:
— *no refugiarse debajo de un árbol;*
— *desprenderse de objetos metálicos, como paraguas, bastones, etc.;*
— *no permanecer de pie en medio de espacios abiertos.*

c) Cuando la relación se compone de enunciados completos, la práctica más recomendable es cerrar cada miembro de la enumeración con punto, escribiendo con inicial mayúscula cada uno de los conceptos:

Entre los rasgos del castellano hablado en Aragón, sobresalen los siguientes:
— *La entonación es claramente ascendente y hay tendencia a alargar la vocal final.*
— *Se evita el acento en posición esdrújula.*
— *El sufijo diminutivo dominante es* -ico.
— *Se emplea mucho la partícula* pues.

La raya puede sustituirse, en todos estos casos, por letras o números seguidos de punto o paréntesis (§ 3.4.1.2.6 y 3.4.5.2e), así como por otros signos de carácter tipográfico, como topos o boliches (●, ♦, ■).

3.4.7.2.3 *En índices*

En listas alfabéticas, índices y otros repertorios, la raya al comienzo de una línea se usa para indicar que en ese renglón se omite, para no repetirlo, un elemento común ya expresado en la primera de sus menciones. También en este caso debe dejarse un espacio en blanco después de la raya:

Verbos intransitivos
— *irregulares*
— *regulares*
— *transitivos*

Tras la raya de sustitución no debe escribirse el signo de puntuación que sigue, si lo hubiere, a la expresión sustituida; así, en el ejemplo siguiente, no deben escribirse tras las rayas los dos puntos que sí aparecen, en la primera mención, tras el nombre del autor:

Ortega y Gasset, J.: *Artículos* (1917-33).
— *Idea del teatro* (1946).
— *La rebelión de las masas* (1930).

3.4.7.2.4 *Precedida de punto (.—)*

Aunque la raya precedida de punto ha perdido vigor en favor de otras soluciones tipográficas, tradicionalmente se ha venido empleando en los casos siguientes:

a) Tras los epígrafes internos de un libro, cuando el texto que sigue comienza en la misma línea:

Género de los sustantivos.— Por el género, los sustantivos se dividen en español en femeninos y masculinos. El género neutro no existe en español. Decimos que un nombre es femenino o masculino cuando...

b) En la edición de obras teatrales, para separar el nombre de cada uno de los personajes del texto de sus intervenciones:

María.— *¿Dónde vas?*
Juan.— *A dar una vuelta.*

En ambos casos el punto y raya se separa mediante un espacio del texto que sigue, como se haría si en lugar de esta combinación se emplease dos puntos (*Género de los sustantivos: Por el género, los sustantivos...*) o punto (María. *¿Dónde vas?*).

3.4.7.3 Concurrencia con otros signos

Cuando las rayas que encierran incisos concurren con otros signos de puntuación, siguen las mismas reglas expuestas para los paréntesis (v. § 3.4.5.3).

Para las peculiaridades propias de los textos narrativos, v. § 3.4.7.1.3.

3.4.8 LAS COMILLAS

Las comillas son un signo ortográfico doble del cual se usan diferentes tipos en español: las comillas angulares, también llamadas latinas o españolas (« »), las inglesas (“ ”) y las simples (‘ ’).

Información adicional El origen de las comillas es la diple (< >), signo angular que hoy solo presenta funciones auxiliares (v. § 4.3). La forma con doble trazo, angular o semicircular, de las actuales comillas data del siglo XVI. Esta es también la época en la que la diple, de ser una marca que se escribe al margen para llamar la atención sobre alguna parte del texto, pasa a enmarcar citas textuales, convirtiéndose así en un signo de puntuación propiamente dicho.

Las comillas inglesas y las simples se escriben en la parte alta del renglón, mientras que las angulares se escriben centradas. En los textos impresos, se recomienda utilizar en primera instancia las comillas angulares, reservando los otros tipos para cuando deban entrecomillarse partes de un texto ya entrecomillado. En este caso, las comillas simples se emplearán en último lugar:

«Antonio me dijo: “Vaya ‘cacharro’ que se ha comprado Julián”».

Las comillas se escriben pegadas al primer y al último carácter del periodo que enmarcan, y separadas por un espacio del elemento que las precede o las sigue; pero, si lo que sigue a las comillas de cierre es un signo de puntuación, no se deja espacio entre ambos. No deben omitirse las comillas de apertura cuando preceden a una letra capitular:

«No subirán los impuestos». Así ha iniciado su intervención el ministro de Economía en la rueda de prensa...

3.4.8.1 Las comillas como signo delimitador

Como el resto de los signos dobles hasta aquí tratados, las comillas introducen y delimitan un segundo discurso, que se inserta en el discurso principal con algún fin. En su uso prototípico, las comillas sirven para enmarcar la reproducción de palabras que corresponden a alguien distinto del emisor:

«Sobreviven los que se adaptan mejor al cambio», dijo Darwin.

Como discurso autónomo con respecto al principal, las secuencias encerradas entre comillas pueden tener puntuación propia:

> «Probablemente venían repitiéndole esa frase desde que tenía uso de razón: "Papá nunca miente, Lolita. Papá es perfecto", y lo había creído» (Salisachs *Gangrena* [Esp. 1975]).

Fuera de este uso —a través del cual intervienen eficazmente en la organización de la información—, las comillas cuentan con otra serie de funciones de menor peso discursivo que pueden considerarse también demarcativas, aunque de distinta naturaleza, y que las acercan a los recursos tipográficos. Se detallan estas funciones en el apartado 3.4.8.2. Se enumeran a continuación los usos principales de las comillas en su función delimitadora de unidades textuales:

3.4.8.1.1 *En citas*

Las comillas se utilizan para enmarcar citas textuales. Si el texto que se reproduce consta de varios párrafos, antes era costumbre colocar comillas de cierre al comienzo de cada uno de ellos (salvo, claro está, en el primero, que se inicia con comillas de apertura):

> *Dice Rafael Lapesa en su obra* Historia de la lengua española *a propósito de los germanos:*
>
> *«En el año 409 un conglomerado de pueblos germánicos —vándalos, suevos y alanos— atravesaba el Pirineo y caía sobre España* [...].
>
> *»Así quedó cumplida la amenaza que secularmente venía pesando desde el Rhin y el Danubio».*

Hoy, lo normal es reproducir la cita con sangrado respecto del resto del texto, generalmente en un cuerpo menor o en cursiva. En ese caso, ya no son necesarias las comillas:

> *Dice Rafael Lapesa en su obra* Historia de la lengua española, *a propósito de los germanos:*
>
> *En el año 409 un conglomerado de pueblos germánicos —vándalos, suevos y alanos— atravesaba el Pirineo y caía sobre España* [...].
>
> *Así quedó cumplida la amenaza que secularmente venía pesando desde el Rhin y el Danubio.*

Cuando se intercala un comentario del transcriptor de la cita señalando su autoría, este debe enmarcarse entre rayas (v. § 3.4.7.1.3), sin necesidad de cerrar las comillas para volverlas a abrir después del inciso: *«Es imprescindible —señaló el ministro— que se refuercen los controles sanitarios en las fronteras».*

También se encierran entre comillas las palabras textuales que se reproducen dentro de un enunciado en estilo indirecto:

«Desde Medicus Mundi reconocieron ayer sentir "impotencia y congoja" por este asesinato y exigieron "un compromiso de las autoridades para el esclarecimiento de estos graves hechos"» (*País*@ [Esp.] 12.6.2000).

La inclusión, a través de las comillas, de un texto literal dentro de un enunciado en estilo indirecto es aceptable siempre y cuando no se incumpla alguna de las condiciones impuestas por dicho estilo, como la correlación de tiempos verbales o los cambios en determinados pronombres o adverbios. No sería aceptable, por tanto, un enunciado como el siguiente: ⊗*Mi madre nos recomendó que «no salgáis a la calle sin abrigo»*.

Para el uso de mayúscula o minúscula inicial en el texto entrecomillado, v. cap. IV, § 4.1.1.4b.

3.4.8.1.2 *En la reproducción de pensamientos*

Se emplean las comillas para enmarcar, en las obras literarias de carácter narrativo, los textos que reproducen de forma directa los pensamientos de los personajes:

«"¡Hasta en latín sabía maldecir el pillastre!", pensó el padre» (Clarín *Regenta* [Esp. 1884-85]).

Cuando los pensamientos del personaje ocupan varios párrafos, se colocan comillas de cierre al comienzo de cada uno de ellos (salvo, claro está, en el primero, que se inicia con comillas de apertura):

«"¡Oh, a él, a don Álvaro Mesía le pasaba aquello! ¿Y el ridículo? ¡Qué diría Visita, [...] qué diría el mundo entero!

"Dirían que un cura le había derrotado. ¡Aquello pedía sangre! Sí, pero esta era otra". Si don Álvaro se figuraba al Magistral vestido de levita, acudiendo a un duelo a que él le retaba..., sentía escalofríos» (Clarín *Regenta* [Esp. 1884-85]).

3.4.8.2 Otros usos de las comillas

3.4.8.2.1 *Para marcar el carácter especial de una palabra o expresión*

Las comillas sirven también para llamar la atención del lector sobre alguna peculiaridad de la voz o expresión entrecomillada, que la distingue del resto de los componentes léxicos del enunciado. Las comillas se emplean frecuentemente para indicar que una palabra o expresión es impropia, vulgar, procede de otra lengua o se utiliza irónicamente o con un sentido especial:

Siempre dice que las «cocretas» de ese sitio están riquísimas.

En el salón han puesto una «boisserie» que les ha costado un dineral.
Menudo «cacharro» se ha comprado tu jefe. Ese modelo es uno de los más caros.
Parece que últimamente le va muy bien en sus «negocios».

Por este medio el autor sitúa en otro plano el término entrecomillado, bien para señalar el carácter ajeno a su propio registro, en el caso de los vulgarismos, o su pertenencia a otra lengua, en el caso de las voces extranjeras; bien para advertir de que la voz se está usando no en su sentido recto, sino en sentido irónico o con algún matiz semántico especial.

En textos impresos en letra redonda es más frecuente y recomendable reproducir los extranjerismos crudos en letra cursiva que escribirlos entrecomillados (salvo, claro está, en textos manuscritos o en soportes y tipos de letra que no admiten la cursiva). Excepcionalmente, en los titulares de prensa, la cursiva puede ser reemplazada en este uso por comillas simples: *Messi consigue su cuarto 'hat-trick' esta temporada.* No se escriben entre comillas ni con resalte tipográfico los nombres propios y las siglas y acrónimos de otras lenguas (*Hemos visitado la National Gallery; El protagonista de la película trabaja en el FBI*). Para la distinción entre extranjerismos (y latinismos) crudos y adaptados —y sus consecuencias en la escritura de comillas o cursiva—, véase el capítulo VI.

También en las expresiones vulgares, impropias, irónicas, etc., es posible la escritura de cursiva en lugar de comillas.

3.4.8.2.2 *En usos metalingüísticos*

Se llaman *usos metalingüísticos* aquellos en los que un término, una expresión o un enunciado se emplean no para comunicar el mensaje que contienen, sino para decir algo de ellos, para comentarlos desde un punto de vista lingüístico.

La palabra «cándido» lleva tilde por ser esdrújula.
El verbo «menguar» se acentúa como «averiguar».
En la oración «Me gusta tu casa» el sujeto es «tu casa».

En los textos impresos, en lugar de emplear comillas, se marcan los usos metalingüísticos en cursiva (si el texto base está en redonda) o en redonda (si el texto base está en cursiva).

Por otra parte, en obras de carácter lingüístico, se utilizan las comillas simples para enmarcar los significados de los términos o expresiones citados:

La voz *apicultura* está formada a partir de los términos latinos *apis* 'abeja' y *cultura* 'cultivo, crianza'.

3.4.8.2.3 *En expresiones denominativas (títulos y apodos)*

Las comillas sirven para señalar dónde empiezan y dónde terminan algunas expresiones denominativas. Esta función le corresponde también a la cursiva, con la que a veces alternan. Se relacionan a continuación los principales usos de las comillas en expresiones denominativas.

a) Se usan las comillas para citar el título de un artículo, un reportaje, un cuento, un poema, el capítulo de un libro o, en general, cualquier parte interna de una publicación, especialmente si aparecen junto con el título de la obra a la que pertenecen. Los títulos de los libros, revistas y periódicos, por el contrario, se citan en cursiva (si el texto base va en redonda) o en redonda (si el texto base va en cursiva):

   Su artículo «Los pobres son más generosos» se publicó en el diario *El Tiempo* el día 28 de agosto.

   Escribió el artículo «El léxico de hoy» para el libro El lenguaje en los medios de comunicación, *obra en la que participaron varios autores.*

   Los títulos de piezas independientes que forman parte de una obra pueden escribirse en cursiva o entre comillas cuando aparecen citados de forma aislada:

   Volvió a recitar la *Oda al rey de Harlem.*

   Volvió a recitar la «Oda al rey de Harlem».

   En cambio, cuando los títulos de la pieza y la obra se citan juntos, el primero se delimita con comillas y se escribe en redonda:

   Volvió a recitar la «Oda al rey de Harlem», de *Poeta en Nueva York*.

   Se escriben también con resalte tipográfico —y no entre comillas— los títulos de obras de otra naturaleza, como películas, cómics, cuadros, fotografías, esculturas, piezas musicales, discos, espectáculos, programas de radio o televisión, etc.: *La estrategia del caracol, El retorno de Spiderman, Las meninas, Los miserables.*

   No se escriben entre comillas ni con resalte tipográfico alguno los títulos de colecciones editoriales (*Es un excelente manual de Alianza Universidad; Le encantan los libros de Barco de Vapor*); tampoco los títulos de libros sagrados ni los de sus partes o libros internos (*la Biblia, el Corán, el Nuevo Testamento, el Génesis,* etc.). En estos casos, es suficiente el uso de la mayúscula en todas las palabras significativas para marcar la expresión denominativa (v. cap. IV, § 4.2.4.8.1).

b) En títulos de libros que contienen a su vez el título de otra obra, se recomienda escribir entre comillas este último, siempre que se cite completo:

Deberán consultar la monografía titulada *El tiempo en «Cien años de soledad»,* interesante aportación al tema que nos ocupa.

Si el título interno es una mención abreviada, el empleo de comillas es opcional:

Martín de Riquer escribió *Aproximación al Quijote,* una de sus mejores obras.

Publicó *El «Quijote» de Avellaneda y sus críticos* con tan solo dieciocho años.

c) Cuando se citan dentro de un texto, se emplean las comillas para delimitar los títulos de leyes, programas, planes, proyectos, asignaturas, cursos, etc., que, por su excesiva longitud, solo llevan escrita con mayúscula la primera palabra:

Como asignaturas optativas se ofrecen este año «Lingüística aplicada a la enseñanza de español como lengua extranjera» y «Comentario de textos poéticos españoles e hispanoamericanos del siglo XIX*».*

En estos casos, los títulos de las leyes podrán escribirse también en cursiva:

La resolución cita la *Ley 14/1999, de 15 de diciembre, por la que se fijan las sedes de las secciones de la Audiencia Provincial de Cádiz en Algeciras y Jerez de la Frontera.*

En cambio, cuando todas estas expresiones denominativas no presentan una excesiva longitud, se escriben sin comillas y sin resalte tipográfico alguno, y con mayúscula inicial en todos sus elementos significativos: *el Tratado de Maastricht; Ley Orgánica 3/1981, de 6 de abril, del Defensor del Pueblo; Plan Nacional sobre Drogas; Lingüística Aplicada* (v. cap. IV, § 4.2.4.8.1.8,10 y 4.2.4.8.3.2).

d) Conviene citar entre comillas los títulos de ponencias, discursos, exposiciones, etc., para delimitar su extensión:

Se ha clausurado con gran éxito la exposición «Las vanguardias rusas» en Madrid.

e) Suelen escribirse entre comillas los apodos y alias que se intercalan entre el nombre de pila y el apellido:

Sergio «Kun» Agüero marcó el primer gol del partido.

También puede optarse, en este caso, por escribir el apodo en cursiva (o en redonda, si el texto base está en cursiva):

Sergio Kun *Agüero marcó el primer gol del partido.*

3.4.8.3 Concurrencia con otros signos

Cuando las comillas concurren con otros signos de puntuación, deben seguirse las siguientes pautas:

a) Los delimitadores principales (punto, coma, punto y coma, y dos puntos) se escriben siempre después de las comillas de cierre:

Según los estatutos, «cualquier miembro de la corporación puede ser elegido presidente». La realidad, sin embargo, parece contradecir este principio.

«No hay mal que por bien no venga», dice siempre que le sucede algo malo.

Sus palabras fueron: «No lo haré»; pero al final nos ayudó.

Advertencia A diferencia del discurso principal, que se cierra con punto —o con signos que contienen un punto en su forma, como los puntos suspensivos o los signos de interrogación y de exclamación—, el final del segundo discurso se señala siempre con las comillas de cierre. Por eso, independientemente de que el texto entrecomillado abarque todo el enunciado o solo parte de él, el punto se colocará siempre detrás de las comillas de cierre (v. también el apartado 3.4.1.3.2), como se aprecia en el primer ejemplo mencionado o en este otro:

«No está el horno para bollos». Con estas palabras zanjó la discusión y se marchó.

Esta norma debe aplicarse incluso si delante de las comillas aparece un signo de cierre de interrogación o de exclamación, o puntos suspensivos:

«¿Dónde te crees que vas?». Esa pregunta lo detuvo en seco.

«Si pudiera decirle lo que pienso realmente...». A Pedro no le resultaba fácil hablar con sinceridad.

b) Si coinciden tras una palabra dos o más signos dobles, se cerrará primero el que se haya abierto en último lugar:

«La besó en los cabellos ("Hola, papi"), se sentó frente a ella y, mientras la sirvienta le servía el café, abrió despacio, sin atolondrarse, el diario doblado sobre un rincón de la mesa» (VLlosa *Fiesta* [Perú 2000]).

c) El texto enmarcado por las comillas tiene, como se ha señalado, su propia puntuación. Por ello, si la secuencia escrita entre comillas es interrogativa o exclamativa, los signos de interrogación o de exclamación deben colocarse dentro de ellas:

Le preguntó al conserje: «¿Dónde están los baños, por favor?».
«¡Qué ganas tengo de que lleguen las vacaciones!», exclamó.

En cambio, cuando la secuencia interrogativa o exclamativa constituye una unidad mayor que la encerrada entre comillas, los signos de interrogación y exclamación se escriben fuera de ellas:

¿De verdad ha dicho «hasta nunca»?

Sobre la colocación de las comillas con respecto a las llamadas de nota, véase la información adicional del apartado 3.4.1.3.

3.4.9 LOS SIGNOS DE INTERROGACIÓN Y EXCLAMACIÓN

Los signos de interrogación (¿?) y de exclamación (¡!) son signos ortográficos dobles cuya forma se compone, como se ve, de un trazo vertical, curvo en un caso y recto en el otro, y un punto. El punto se coloca encima del trazo en los signos de apertura y debajo en los signos de cierre. En los signos de interrogación, además, el trazo curvo queda abierto hacia la derecha en el de apertura y a la izquierda en el de cierre. Su función principal es delimitar en la escritura las oraciones interrogativas y exclamativas directas, respectivamente.

Información adicional

El signo de interrogación o *punctus interrogativus* es una de las aportaciones carolingias al sistema clásico de puntuación. En su origen, era un signo simple que marcaba el final de los enunciados interrogativos y también de los exclamativos. En España, es uno de los signos comúnmente admitido por los ortógrafos del Siglo de Oro, incluso por aquellos que, como Nebrija, defendían un sistema binario de puntuación.

Más tardía es la aparición y difusión del *signus admirativus* o *exclamativus,* o signo de exclamación, desarrollado por los humanistas italianos en el siglo XIV, al igual que los paréntesis o el punto y coma. Aparece en los tratados ortográficos españoles a principios del XVII, pero en esa época todavía es común utilizar en su lugar el signo de interrogación.

La práctica de escribir el signo de apertura de interrogación y exclamación, rasgo exclusivo de la lengua española, no empieza a recomendarse en la ortografía académica hasta 1754, aunque su generalización en los textos impresos será más tardía.

En la escritura actual, los signos de exclamación y de interrogación son signos dobles; así pues, deben colocarse de forma obligatoria al comienzo y al final de la secuencia correspondiente: *¿Qué hora es?; ¡Qué alegría verte!* Es incorrecto suprimir los signos de apertura (¿ ¡) por imitación de otras lenguas en las que únicamente se coloca el signo de cierre: ®*Qué hora es?;* ®*Qué alegría verte!* Tampoco deben omitirse estos signos cuando preceden a una letra capitular:

> *¿Cuál es el origen del universo? Investigadores procedentes de los cinco continentes se han reunido estos días en Bogotá para debatir...*

Los únicos casos en los que solo se usan los signos de cierre se tratan en el apartado 3.4.9.2.

Los signos de interrogación y de exclamación se escriben pegados a la primera y a la última palabra del periodo que enmarcan, y separados por un espacio de las palabras que los preceden o los siguen; pero, si lo que sigue al signo de cierre es otro signo de puntuación, no se deja espacio entre ambos:

> *Vamos a ver... ¡Caramba!, ¿son ya las tres?; se me ha hecho tardísimo.*

Para la descripción del uso de mayúscula y minúscula en contextos interrogativos y exclamativos, v. cap. IV, § 4.1.1.3.

3.4.9.1 Los signos de interrogación y exclamación como indicadores de modalidad

Los signos de interrogación y exclamación sirven para enmarcar las construcciones interrogativas y exclamativas directas: *¿Qué quieres?; Pedro, ¿cuántos años llevas trabajando aquí?; ¡Qué nombre tan bonito!; ¡Me ha traído un regalo!* (frente a las indirectas *Dime qué quieres; Fíjate qué nombre tan bonito*).

Aunque no dejan de tener también una clara función demarcativa, la función característica de los signos de interrogación y exclamación es indicar que la secuencia que encierran manifiesta una modalidad no aseverativa (v. § 3.1.2); en otras palabras, que quien escribe quiere presentar la información como una pregunta (modalidad interrogativa) o como una exclamación (modalidad exclamativa).

En el plano oral, las construcciones interrogativas y exclamativas presentan curvas melódicas peculiares que varían en función, entre otros, de factores gramaticales y geográficos. La indicación de la modalidad en la cadena hablada y en la cadena escrita presenta un paralelismo mayor que en los signos delimitadores principales, de modo que la secuencia articulada con una curva melódica interrogativa o exclamativa corresponde normalmente a una secuencia que se escribe entre signos de interrogación o exclamación. Por ello, la manera de pronunciar los enunciados puede resultar útil a la hora de solucionar algunos de los contextos dudosos que se comentan en los siguientes apartados.

Cuando las secuencias que encierran no están encabezadas por un elemento interrogativo o exclamativo (como *qué, quién, cuál, cuánto, dónde,* etc.), la presencia de los signos de interrogación y exclamación en la escritura es distintiva, es decir, implica cambios de significado: *¿Ha venido? / ¡Ha venido! / Ha venido.*

Como indicadores de modalidad, estos signos plantean dos tipos de problemas: los relacionados con su omisión y los que tienen que ver con su colocación en los enunciados.

3.4.9.1.1 ***Ausencia de los signos de interrogación y exclamación en interrogativas y exclamativas directas***

3.4.9.1.1.1 *Interrogativas*

Como regla general, las oraciones interrogativas directas se escriben siempre entre signos de interrogación, tanto en su función prototípica de solicitud de información (*¿Está aquí Juan?; ¿Por dónde se va a tu casa?*) como cuando tienen otros fines comunicativos, como expresar sugerencias, órdenes, etc. (*¿Por qué no descansas un poco?; ¿Quieres callarte?; ¿Todavía no te has comido la sopa?*). Cabe mencionar dos excepciones:

a) Pueden omitirse los signos de interrogación en enunciados interrogativos independientes que constituyen el título de una obra, un capítulo o cualquier otra sección de un texto: *Cómo escribir bien en español; Qué es lo «moderno» en lexicografía.* Es igualmente posible escribir los signos de interrogación en estos casos: *¿Qué es el estructuralismo?*

b) A veces se omiten los signos de interrogación en las interrogaciones retóricas, como *Dónde vas a estar mejor que aquí,* en las que no se formula una verdadera pregunta, sino que se expresa indirectamente una aseveración ('en ningún sitio vas a estar mejor que aquí'). No hay motivos para censurar la ausencia de los signos de interrogación en estas expresiones, aunque en el uso general suelen escribirse.

3.4.9.1.1.2 *Exclamativas*

Los signos de exclamación se utilizan para encerrar las construcciones exclamativas, que pueden estar constituidas por interjecciones (*¡Ay!*), locuciones o grupos interjectivos (*¡Ni modo!; ¡Caramba con el niño!*), onomatopeyas (*¡Chist!*), vocativos (*¡Niños!*) o grupos sintácticos y oraciones, introducidos o no por un elemento exclamativo (*¡Qué casa!; ¡Fantástico lugar!; ¡Cuánto me he emocionado!; ¡Es impresionante!; ¡Con lo amable que parecía!*).

Advertencia	Algunas interjecciones pueden formar indistintamente enunciados exclamativos o interrogativos y, consecuentemente, escribirse entre signos de exclamación o de interrogación, como las que se emplean al descolgar el teléfono: *¡aló! / ¿aló?; ¡diga! / ¿diga?* En el caso de la interjección *eh,* la escritura de uno u otro signo implica cambios significativos: *¿eh?* (se solicita la repetición de lo que se acaba de oír y no se ha entendido, o se pide el asentimiento del interlocutor a un comentario o advertencia) / *¡eh!* (se usa para llamar la atención del interlocutor).

En las expresiones inequívocamente exclamativas, es frecuente y admisible prescindir de los signos de exclamación en la escritura: *«Ah, caramba, mil disculpas, sigan nomás»* (Bayly *Días* [Perú 1996]); *«Camila, mi niña querida: Cuánto quisiera acompañarte estos días en el sur de México»* (Serrano *Corazón* [Chile 2001]).

3.4.9.1.2 *Colocación de los signos de interrogación y exclamación*

3.4.9.1.2.1 *Si el inicio de la pregunta no coincide con el inicio del enunciado*

Los signos de apertura (¿ ¡) se han de colocar justo donde empieza la pregunta o la exclamación, aunque no se corresponda con el comienzo del enunciado; en ese caso, la secuencia interrogativa o la exclamativa se inicia con minúscula. Quedan fuera de la pregunta o la exclamación los siguientes elementos:

a) Los vocativos, cuando ocupan el primer lugar del enunciado: *Raquel, ¿sabes ya cuándo vendrás?;* en cambio, si van al final, se consideran incluidos en la pregunta o la exclamación: *¿Sabes ya cuándo vendrás, Raquel?*

b) Los enunciados aseverativos que preceden a los apéndices confirmativos: *Hoy es su cumpleaños, ¿no?; No les interesa lo que estoy diciendo, ¿verdad?; No está mal, ¿eh?*

c) Las estructuras encabezadas por expresiones de valor introductorio del tipo *en cuanto a, con respecto a, en relación con, con referencia a* (*En cuanto al tráfico, ¿hay alguna novedad?*), así como otras expresiones equivalentes: *Y hablando de Estefanía, ¿cuándo viene?; Tus niños, ¿están bien?*

d) Los adverbios, locuciones adverbiales y otros complementos que inciden sobre toda la oración y expresan la actitud con la que el hablante se manifiesta o la que le pide al oyente, como *sinceramente, francamente, con la mano en el corazón, brevemente, honradamente*, etc.:

Con la mano en el corazón, ¡estoy encantado!
Francamente, ¿te importa lo que le pase?

e) Las oraciones dependientes —como las prótasis condicionales y concesivas (v. § 3.4.2.2.4.4.) o las causales y finales externas (v. § 3.4.2.2.4.3b y c)—, cuando ocupan el primer lugar de un enunciado:

Si encuentro trabajo, ¡menuda fiesta voy a dar!
Aunque no te apetezca venir, ¿puedo contar contigo?
Puesto que no cabemos en un coche, ¿les parece que vayamos en tren?
Para que te enteres, ¡no pienso cambiar de opinión!

En cambio, cuando van al final, se consideran incluidas en la pregunta o la exclamación:

¡Menuda fiesta voy a dar si encuentro trabajo!
¿Les parece que vayamos en tren, puesto que no cabemos en un coche?

f) Muchos de los conectores discursivos (v. § 3.4.2.2.5) que anteceden a la secuencia sobre la que inciden:

Por lo demás, ¿qué aspecto tenía tu hermano?
Lo ha intentado, sin embargo, ¿cómo vencer tantas adversidades?

Advertencia Las conjunciones coordinantes *y* y *pero*, y en menor medida *o* y *mas*, suelen aparecer en posición inicial con valores similares a los de los conectores. La tendencia general, y a su vez la opción más recomendable, es escribir *y* y *o* como elementos pertenecientes a la interrogativa o exclamativa. De hecho, en la cadena hablada estas conjunciones tienden a incorporarse a la curva melódica de esas construcciones:

«Casi no puedo escribir. ¡Y para qué voy a escribir! Es mejor leer» (GlzLeón *Viejo* [Ven. 1995]).
«¿Lo hará así siempre? ¿O esa delicadeza se debe a la presencia de su hija?» (VLlosa *Fiesta* [Perú 2000]).

En el caso de la conjunción adversativa *pero*, es igualmente correcto que esta preceda a la secuencia interrogativa o exclamativa, o que se incluya en ella:

«Pero ¡si ya hasta sus amigos más íntimos no se acuerdan de él!» (TBallester *Filomeno* [Esp. 1988]).
«Está fijando las reglas de la confrontación, como si se tratase de una partida de ajedrez o de póker. ¿Pero por qué hacer algo así?» (Volpi *Klingsor* [Méx. 1999]).

3.4.9.1.2.2 *Si concurren varias preguntas o exclamaciones*

Cuando se escriben seguidas varias preguntas o exclamaciones breves, se pueden considerar como oraciones independientes, o bien como partes de un único enunciado. En el primer caso, cada interrogación o exclamación se iniciará con mayúscula:

¿Quién era? ¿De dónde salió? ¿Te dijo qué quería?
¡Cállate! ¡No quiero volver a verte! ¡Márchate!

En el segundo caso, las diversas preguntas o exclamaciones se separarán por coma o por punto y coma, y solo se iniciará con mayúscula la primera de ellas:

Me abordó en la calle y me preguntó: «¿Cómo te llamas?, ¿en qué trabajas?, ¿cuándo naciste?».
¡Qué enfadado estaba!; ¡cómo se puso!; ¡qué susto nos dio!

Cuando la exclamación está compuesta por elementos breves que se duplican o triplican, los signos de exclamación encierran todos los elementos: *¡Ja, ja, ja!*

3.4.9.2 **Usos especiales de los signos de interrogación y exclamación**

Es frecuente recurrir a los signos de interrogación y exclamación para incrementar la expresividad del mensaje escrito, intentando reproducir matices como la ironía, la sorpresa, etc., mediante recursos no léxicos. No obstante, estos matices, que en el discurso oral se manifiestan mediante pausas y cambios de tono, duración o intensidad en la curva melódica, son difícilmente transmisibles en toda su riqueza a través de la escritura.

Información adicional — En su uso prototípico de signos dobles que encierran preguntas y exclamaciones, los signos de interrogación y de exclamación son, como queda dicho, marcadores de modalidad de la enunciación. En cambio, en los usos especiales que se describen en *a*, *b* y *c*, funcionan como marcadores de modalidad del enunciado. Se explica esta diferencia en el apartado 3.1.2.

Los usos especiales de estos signos que se encuentran más comúnmente en los textos son los que se relacionan a continuación:

a) Se utilizan los signos de cierre escritos entre paréntesis para expresar duda (los de interrogación) o sorpresa (los de exclamación), no exentas, en la mayoría de los casos, de ironía:

Tendría gracia (?) que al final se saliera con la suya.
Ha terminado los estudios con treinta años y está tan orgulloso (!).

b) Cuando el sentido de una oración es interrogativo y exclamativo a la vez, pueden combinarse ambos signos, abriendo con el de exclamación y cerrando con el de interrogación, o viceversa: *¡Cómo te has atrevido? / ¿Cómo te has atrevido!;* o, preferiblemente, abriendo y cerrando con los dos signos a la vez: *¿¡Qué estás diciendo!? / ¡¿Qué estás diciendo?!*

«¡Cómo! ¡¿Ya estás aquí?! ¿Y entras así, como si no hubieras hecho nada?» (GaMorales *Sur* [Esp. 1985]).

c) En obras literarias, así como en textos con fuerte carga expresiva, como los publicitarios o los propios de registros informales, es posible escribir dos o tres signos de exclamación para indicar mayor énfasis en la expresión exclamativa: *¡¡¡Traidor!!!*

d) Finalmente, fuera de estos usos expresivos o enfáticos, es frecuente el empleo de los signos de interrogación en la indicación de fechas dudosas, especialmente en obras de carácter enciclopédico. Se recomienda colocar ambos signos, el de apertura y el de cierre: *Hernández, Gregorio (¿1576?-1636),* aunque también es posible escribir únicamente el de cierre: *Hernández, Gregorio (1576?-1636).* Cuando se desconoce alguno de los datos, suele consignarse en su lugar una interrogación de cierre: *Fray Miguel de Salinas (?-1577).*

3.4.9.3 Concurrencia con otros signos

Los signos de interrogación y exclamación pueden coaparecer con cualquiera de los signos de puntuación, salvo con el punto. Cuando estos signos coinciden con otro en un mismo lugar del enunciado, deben seguirse las siguientes pautas:

a) Si los signos de interrogación y exclamación finalizan el enunciado, no debe añadirse tras ellos el punto de cierre (v. § 3.4.1.3.1). Lógicamente, el enunciado siguiente ha de comenzar con mayúscula:

«¡Ay, perdón! La soda siempre me hace eso» (Santiago *Sueño* [P. Rico 1996]).
«¿Mi marido? El desdichado está más ausente del mundo que un yogui» (MDurán *Toque* [Col. 1981]).

b) Tras los signos de interrogación y exclamación sí pueden colocarse otros signos delimitadores principales, como la coma, el punto y coma o los dos puntos, sin dejar entre ambos signos ningún espacio de separación:

«Sí, ¿por qué negarlo?: aquellas mujeres, que se diría constituidas en una especie de jurado de concurso televisivo, le ponían nervioso» (Goytisolo *Estela* [Esp. 1984]).

«¡Juro que te arrepentirás, Mayra!; a partir de hoy empieza una guerra sin cuartel» (Olivera *Enfermera* [Méx. 1991]).

c) Cuando se combinan con signos delimitadores dobles, caben dos opciones. Si toda la secuencia escrita entre paréntesis, comillas, etc., es interrogativa o exclamativa, los signos de interrogación y de exclamación se colocan dentro de estos otros signos:

Lo ha convencido (¡al fin!) para que haga deporte.

«¿Qué es este paquete?», preguntaban impacientes los niños.

En cambio, cuando la secuencia interrogativa o exclamativa constituye una unidad mayor que la encerrada entre paréntesis, comillas, etc., los signos de interrogación y exclamación se escriben fuera de estos otros:

¡No quiere vernos más (y no me extraña)!

¿De verdad ha dicho que está «desencantado y destruido»? ¡Qué exagerado!

d) Sobre la concurrencia de los signos de interrogación y exclamación con puntos suspensivos, v. § 3.4.10.3d.

Para la colocación de los signos de cierre de interrogación y exclamación cuando concurren con llamadas de nota, véase la información adicional del apartado 3.4.1.3.

3.4.10 LOS PUNTOS SUSPENSIVOS

Los puntos suspensivos son un signo de puntuación formado por tres puntos consecutivos (...), entre los que no debe dejarse espacio alguno.

Información adicional — En la actualidad, son tres los puntos de que consta este signo, pero no siempre fue así; de hecho, en las ortografías académicas antiguas estaba formado por un número indefinido de puntos, que, además, podían ser simples (......) o dobles (::::::). Su uso se limitaba a indicar supresiones en las citas o a sustituir voces o tramos ilegibles en las transcripciones. Las denominaciones *línea de puntos* y *puntos suspensivos* son adoptadas por la Academia en 1841, al tiempo que se amplían las funciones del signo.

Sigue denominándose hoy *línea de puntos* al elemento tipográfico compuesto de un número indeterminado de puntos seguidos para indicar la supresión de uno o varios párrafos o estrofas:

Verde que te quiero verde.
Verde viento. Verdes ramas.
El barco sobre la mar
y el caballo en la montaña.
....
Verde que te quiero verde.
Grandes estrellas de escarcha,
vienen con el pez de sombra
que abre el camino del alba.
(GaLorca *Romancero* [Esp. 1924-1927]).

Los puntos suspensivos se escriben siempre pegados a la palabra o el signo que los precede, y separados por un espacio de la palabra o el signo que los sigue; pero, si lo que sigue a los puntos suspensivos es otro signo de puntuación, no se deja espacio entre ambos. Si los puntos suspensivos cierran el enunciado, la palabra siguiente debe escribirse con mayúscula inicial: *El caso es que si lloviese... Mejor no pensar en esa posibilidad;* en cambio, si no cierran el enunciado y este continúa tras ellos, la palabra que sigue se inicia con minúscula: *Estoy pensando que... aceptaré; en esta ocasión debo arriesgarme.*

3.4.10.1 Los puntos suspensivos como indicadores de modalidad y omisión

Los puntos suspensivos indican siempre que falta algo para completar el discurso, es decir, señalan una suspensión o una omisión. Esa ausencia puede responder al deseo de quien escribe de dejar en suspenso el enunciado —con intención meramente enfática o para expresar ciertos estados de ánimo o actitudes del hablante con respecto a lo que dice—, o bien a la conveniencia o necesidad de omitir una secuencia de texto sin más.

Cuando su uso responde necesidades expresivas de carácter subjetivo, funcionan como indicadores de modalidad, pues aportan información sobre la actitud o intención del hablante en relación con el contenido del mensaje (v. § 3.1.2). Como ocurre en las construcciones interrogativas y exclamativas, el paralelismo entre oralidad y escritura es inequívoco en este caso, pues lo expresado por los puntos suspensivos en la escritura tiene como correlato oral una entonación suspensiva que indica que el enunciado está inacabado.

Como indicadores de modalidad, los puntos suspensivos tienen los siguientes usos principales:

a) Indican la existencia de una pausa transitoria en el discurso que expresa duda, temor o vacilación: *El niño dice que él no ha roto el jarrón...; Te llaman del hospital... Espero que sean buenas noticias; Quería preguntarte... No sé..., bueno..., que si quieres ir conmigo a la fiesta.*

b) Dejan el enunciado en suspenso, con el fin de crear expectación: *Si yo te contara...* Se usan también cuando se deja el enunciado incompleto y en suspenso por cualquier otro motivo: *Fue todo muy violento, estuvo muy desagradable... No quiero seguir hablando de ello.*

c) A veces, sin que impliquen omisión, señalan la existencia de pausas que demoran enfáticamente el enunciado: *Ser... o no ser... Esa es la cuestión.*

d) En los diálogos, señalan silencios significativos de los interlocutores:

> «—¿Eso era lo que me tenías que decir?
> —No, que la inmundicia serás vos y no la película. Y no me hables más.
> —Disculpame.
> —...
> —De veras, disculpame. No creí que te iba a ofender tanto» (Puig *Beso* [Arg. 1976]).

En este uso pueden ir acompañados de signos de interrogación o exclamación. Se expresa así que uno de los participantes en el diálogo reacciona sin palabras, pero mostrando sus dudas o su extrañeza ante lo dicho por otro.

> «—¿Se da cuenta de lo que esto significa?
> —¿...?
> —Significa que Beersheba es la cuna del monoteísmo» (Tibón *Aventuras* [Méx. 1986]).

3.4.10.2 Otros usos de los puntos suspensivos

Junto a los usos expresivos enumerados en el apartado anterior, los puntos suspensivos se emplean para indicar al lector que se omite una palabra o un grupo de palabras, bien porque quien escribe las considera innecesarias para descifrar el mensaje, bien porque resultan ya conocidas para el que lee, que puede recuperarlas fácilmente. Se relacionan a continuación estos usos:

a) Para señalar la interrupción voluntaria de un discurso cuyo final se da por conocido o sobrentendido por el interlocutor: *A pesar de que prepararon cuidadosamente la expedición, llevaron materiales de primera y guías muy experimentados... Bueno, ya sabéis cómo acabó la cosa.* Es especialmente frecuente este uso cuando se reproduce un refrán o un fragmento literario de sobra conocido: *A quien madruga...; así que dense prisa; Y en mitad de la fiesta, se subió a una mesa y comenzó a recitar: «Con diez cañones por banda...».*

b) Para evitar repetir la cita completa del título largo de una obra que debe volver a mencionarse: *La obra* Yo era un tonto y lo que he visto me ha hecho dos tontos, *de Rafael Alberti, está llena de grandes aciertos. Los versos de* Yo era un tonto... *contienen algunos de los mejores hallazgos expresivos del autor.*

c) Para insinuar, evitando su reproducción, expresiones o palabras malsonantes o inconvenientes: *¡Qué hijo de... está hecho!* A veces se colocan tras la letra inicial del término que se insinúa: *Vete a la m... No te aguanto más.* El mismo procedimiento se utiliza cuando lo que se quiere ocultar es un nombre propio: *«Estaba ennoviado con una moza del Roncal llamada Gabriela S..., una joven de carácter varonil que hacía contrabando»* (OArmengol *Avinareta* [Esp. 1994]). Tradicionalmente ha desempeñado también esta función el asterisco (v. § 4.6.4).

d) Al final de enumeraciones abiertas o incompletas, con el mismo valor que la palabra *etcétera* o su abreviatura: *Puedes hacer lo que quieras: leer, ver la televisión, oír música...* Debe evitarse, por redundante, la aparición conjunta de ambos elementos. Así, no es correcta la puntuación de los ejemplos siguientes:

⊗*Puedes hacer lo que quieras: leer, ver la televisión, oír música..., etc.*
⊗*Puedes hacer lo que quieras: leer, ver la televisión, oír música, etcétera...*

e) Entre corchetes [...] o, menos frecuentemente, entre paréntesis (...), los puntos suspensivos indican la supresión de una palabra o un fragmento en una cita textual (v. § 3.4.5.2d y 3.4.6.2e): *«Fui don Quijote de la Mancha y soy agora* [...] *Alonso Quijano el Bueno»* (Cervantes *Quijote* II [Esp. 1615]). El resultado de la intervención no debe alterar la puntuación original del texto, ya que la cita ha de tener continuidad lógica, gramatical y ortográfica. Por tanto, cuando la marca de supresión coincida con signos de puntuación, se conservarán los necesarios para que el fragmento resultante siga siendo correcto:

«¡Qué extraña familia [...]! ¡Qué extraña y qué terrible!» (Gasulla *Culminación* [Arg. 1975]).

«Cuando ya titilaban las mustias luces del muelle [...], David sintió en sus pulsos la zozobra» (CBonald *Noche* [Esp. 1981]).

«Por mi imaginación no podía pasar un proyecto semejante. Sobre todo tratándose de personas de mi familia. Todo esto intenté reflejar en mi semblante mientras decía:
—[...] Pero como al chico no le dice nada la voz de la sangre...» (FnGómez *Viaje* [Esp. 1985]).

No es necesario marcar la supresión de texto al comienzo o al final. No obstante, si se quiere dejar claro que la reproducción de una cita textual no se hace desde el principio mismo del enunciado, es posible escribir puntos suspensivos al inicio de la cita, sin paréntesis ni corchetes, dejando un blanco de separación respecto de la palabra a la que preceden: *Al final de la obra, don Quijote pide «... un confesor que me confiese y un escribano que haga mi testamento».* Asimismo, cuando la reproducción de la cita queda incompleta por su parte final, es posible escribir puntos suspensivos, sin paréntesis ni corchetes y sin blanco de separación con respecto al texto que antecede, para indicar que el enunciado continúa más allá de la última palabra reproducida: *Al final de la obra, don Quijote pide «... un confesor que me confiese y un escribano que haga mi testamento...», evidenciando la cordura que le asiste en sus últimos momentos.*

3.4.10.3 **Concurrencia con otros signos**

Salvo con el punto, los puntos suspensivos pueden coincidir con cualquier otro signo de puntuación, sea delimitador principal, delimitador de un segundo discurso o indicador de modalidad interrogativa o exclamativa. En los casos en que los puntos suspensivos concurren con otro signo de puntuación, deben seguirse las siguientes pautas:

a) Si los puntos suspensivos finalizan el enunciado, no debe añadirse a ellos el punto de cierre (se escribirán solo tres puntos): *Me encanta esta casa. Es hermoso despertarse y ver el sol, los árboles, la luz en las ventanas... Creo que volveré el año que viene* (v. también el apartado 3.4.1.3.1).

En cambio, si los puntos suspensivos van detrás de una abreviatura, se suma a ellos el punto que la cierra, de modo que se escribirán cuatro puntos en total (v. cap. v, § 3.2.5.1): *Algunas abreviaturas con tilde son pág., cód., admón....*

b) Tras los puntos suspensivos sí pueden colocarse otros delimitadores principales, como la coma, el punto y coma o los dos puntos, sin dejar entre ambos signos ningún espacio de separación:

Cuando decidas los colores, las telas, el tipo de mobiliario..., ven a verme y te haré el presupuesto.

Mañana traerán la mesa, las sillas, los cuadros...; entonces sí parecerá una casa.

Una cosa no quedó clara...: ¿desde cuándo se aplicará esta medida?

Como se aprecia en los ejemplos, la presencia de esos signos responde a los criterios generales de puntuación que se seguirían si no apareciesen los puntos suspensivos: la necesidad de la coma en subordinadas temporales antepuestas, en el primer ejemplo; el uso de punto y coma para separar oraciones sintácticamente independientes, pero vinculadas en su significado, en el segundo; y la presencia de dos puntos tras un elemento anticipador, en el tercero.

Por lo tanto, un ejemplo como ⊗*Ya sé que me lo prohibiste, pero..., he avisado..., a papá* está mal puntuado (como también lo estaría ⊗*Ya sé que me lo prohibiste, pero, he avisado, a papá*), pues no se escribe coma tras la conjunción adversativa *pero* ni para separar el verbo de su complemento directo (la puntuación correcta sería esta: *Ya sé que me lo prohibiste, pero... he avisado... a papá*). En cambio, no podría suprimirse la coma tras el vocativo en *Emilio..., venga usted un momento...*, pues sin los puntos suspensivos dicho enunciado debería puntuarse como sigue: *Emilio, venga usted un momento.*

Los puntos suspensivos siempre anteceden a la coma, los dos puntos y el punto y coma. Es, por tanto, incorrecto escribir: ⊗*Emilio,... venga usted un momento...*

c) Cuando se combinan con signos delimitadores dobles, los puntos suspensivos preceden a la raya, el paréntesis o las comillas de cierre cuando lo que se omite o se sobrentiende forma parte del segundo discurso (el enmarcado por dichos signos):

En nuestros días, los desastres naturales —erupciones volcánicas, terremotos, huracanes...— se pueden predecir, pero no evitar.

Está encantado con su nuevo Picasso (yo diría que es falso, pero...).

Ya lo dijo Arquímedes: «Dadme un punto de apoyo...».

En cambio, cuando el segmento elidido corresponde al discurso principal, los puntos suspensivos se escriben fuera de los mencionados signos de cierre:

El paisaje chileno ofrece muchos atractivos: mar y montaña (el Pacífico y los Andes recorren el país de norte a sur), lagos y volcanes (como los de la X Región), desiertos (Atacama)...

d) Finalmente, los puntos suspensivos pueden concurrir con los otros dos signos indicadores de modalidad, el interrogativo y el exclamativo, dado que las informaciones que aportan no son incompatibles, sino que pueden sumarse. Los puntos suspensivos se escriben delante de los signos de cierre de interrogación o de exclamación si el enunciado interrogativo o exclamativo está incompleto:

¡Si te dije que...! Es inútil, nunca haces caso a nadie.

Si dicho enunciado está completo, los puntos suspensivos se escriben detrás, sin espacio de separación:

¿Me habrá traído los libros?... Seguro que sí.

Pueden darse casos en que se junten el punto de una abreviatura, los tres puntos suspensivos y el de los signos de cierre de interrogación o de exclamación:

—¿Viste a ese Sr....?
—Sí, el Sr. González estuvo aquí ayer.

Sobre la colocación de los puntos suspensivos con respecto a las llamadas de nota, véase la información adicional del apartado 3.4.1.3.

4
SIGNOS AUXILIARES

Los signos auxiliares constituyen, como se ha señalado, un inventario abierto de signos de carácter accesorio, que se utilizan en los textos con funciones muy diversas. Precisamente por la variedad y heterogeneidad de sus componentes y de las funciones que pueden realizar, la pertenencia a este grupo se determina habitualmente por exclusión. Así, se consideran auxiliares aquellos signos que cumplen funciones distintas de las señaladas para los signos diacríticos y para los signos de puntuación.

Las funciones que pueden desempeñar son, en unos casos, de carácter netamente ortográfico, cuando estos signos deben emplearse de forma obligada en la escritura de las palabras en determinadas circunstancias, como sucede, por ejemplo, con el guion o el apóstrofo. En otros casos, estas funciones son de carácter periférico y simbólico, cuando estos signos son meras señales visuales, a veces de carácter icónico, que sirven para transmitir cierta información, como sucede, por ejemplo, con el asterisco o la flecha. También hay signos auxiliares de carácter tipográfico, como los topos, bolos o boliches, figuras geométricas de pequeño tamaño que se emplean a menudo, en lugar de rayas, letras o números, para introducir los elementos de una enumeración en forma de lista y facilitar la identificación visual de los niveles de información del texto. No se consideran, en cambio, signos auxiliares los que se emplean con fines meramente decorativos.

Información adicional

No deben confundirse los signos auxiliares con otro tipo de signos que, como los símbolos y los operadores matemáticos, son representaciones gráficas de conceptos de carácter científico-técnico y se emplean con significados muy precisos en los lenguajes formales de la ciencia (v. cap. v, § 4).

Eso no significa que no pueda emplearse con valor auxiliar cualquier signo, incluso aquellos que pertenecen a lenguajes formales codificados, como se ha hecho en esta obra, siguiendo la práctica del *Diccionario panhispánico de dudas* (2005), con el signo ⊗ para señalar las formas o usos incorrectos, basado en el símbolo ⊗ que se emplea en matemáticas como operador del producto directo.

Hay signos cuyo valor auxiliar convencional es general o varía en función de la materia de que se trate, y los hay que se emplean en una obra concreta con un valor particular asignado por su autor, quien debe dejar constancia de ello en algún lugar del texto, normalmente en los preliminares o los apéndices, a fin de facilitar al lector la clave de su interpretación.

Se tratarán aquí únicamente los signos auxiliares de carácter general, es decir, los empleados en la escritura de cualquier texto, haciendo referencia también a los usos más frecuentes de cada uno de ellos restringidos a ámbitos específicos.

Asimismo, sin ánimo de exhaustividad, se tratarán brevemente algunos otros signos que, sin ser de carácter general y habiendo sido inicialmente de empleo técnico muy restringido, han irrumpido en el uso diario por la universalización de las herramientas informáticas y de las tecnologías de la información y la comunicación, como sucede, por ejemplo, con el guion bajo o la barra inversa.

4.1 GUIONES

Se exponen en esta sección los usos de dos tipos de guiones: el guion propiamente dicho (§ 4.1.1) y el denominado guion bajo (§ 4.1.2).

4.1.1 GUION

El guion es un signo ortográfico auxiliar en forma de pequeña línea horizontal (-), que se sitúa a media altura sobre la línea de escritura (a una distancia equivalente a la mitad de la altura de las letras minúsculas que, como la *o,* no presentan trazos ascendentes ni descendentes). Aunque su forma es parecida a la de la raya (—), su longitud es cuatro veces menor. No debe confundirse tampoco con el signo menos (–), dos veces más largo, que se utiliza en matemáticas como operador de sustracción y en la escritura de los números negativos.

raya	menos	guion
—	–	-

El guion tiene en nuestro sistema de escritura dos usos principales: como signo de división de palabras a final de línea y como signo de unión entre palabras u otros elementos gráficos independientes. En ambos casos, subyace, en realidad, una misma función, pues el guion señala, en definitiva, una estrecha vinculación entre los elementos por él relacionados, ya se trate de partes de una misma palabra, ya de palabras u otros signos que se unen con diferentes propósitos.

4.1.1.1 **Como signo de división de palabras a final de línea**

Tanto en la escritura a mano como en la escritura mecánica o tipográfica, se emplea el guion para dividir aquellas palabras situadas al final de una línea que, por falta de espacio, deben escribirse en parte en la línea siguiente. El guion señala así que el último elemento del renglón es un fragmento de palabra y que, para completarla, ese fragmento debe unirse al que inicia el renglón siguiente.

Información adicional

Tanto en los manuscritos medievales como en los primeros textos impresos no se solía marcar de ningún modo la división de una palabra en dos renglones cuando el espacio del primero no era suficiente para acogerla. Esa división no suponía, en general, ningún problema para la lectura, salvo cuando alguno de los fragmentos de la palabra dividida existía también como palabra independiente. Por esa razón, comenzaron a usarse solo en esos casos signos diversos para señalar que la última palabra de la línea quedaba truncada. Finalmente, el signo de división acabó por aplicarse de forma sistemática cada vez que se dividía una palabra a final de línea. Los signos más comunes utilizados para ello fueron la barra (/), la doble barra (//), más inclinada hacia la derecha que en su trazo actual y signo de cesura habitual en la escritura humanística, y el guion (-), que acabó imponiéndose al resto y es el que empleamos hoy.

El guion se coloca inmediatamente después de la última letra del fragmento que queda a final de línea:

En uno de los rincones del jardín, crecía un inmenso magnolio, en mi re-cuerdo repleto siempre de flores, a cuya sombra jugábamos los niños.

Se ofrecen a continuación las pautas que deben seguirse para dividir adecuadamente las palabras con guion de final de línea.

4.1.1.1.1 ***Pautas para la división de palabras a final de línea***

La división de palabras mediante un guion cuando no caben completas en la misma línea se guía por el principio básico de respetar las fronteras silábicas de la palabra. No obstante, además del silábico, operan excepcionalmente otros criterios, de índole morfológica y también puramente gráfica, que habrán de tenerse en cuenta en los casos en que sea oportuno.

4.1.1.1.1.1 *División silábica*

Como se ha apuntado, el criterio que preside la división de palabras a final de línea toma la sílaba como unidad de referencia, de manera que, como norma general, no debe colocarse el guion entre letras pertenecientes a una misma sílaba. La integridad de la sílaba gráfica a la hora de dividir las palabras con guion de final de línea tiene como objetivo que la lectura de los fragmentos en que queda dividida la palabra sea lo más natural posible y no resulte forzada.

Para dividir adecuadamente las palabras conforme al criterio silábico deben aplicarse las siguientes normas:

a) El guion no debe separar letras de una misma sílaba, sino que debe colocarse en alguna de las fronteras silábicas de la palabra. Así, si las sílabas de *teléfono* son *te, le, fo* y *no,* esta palabra se puede dividir a final de línea de tres formas: *te-/léfono, telé-/fono* y *teléfo-/no.* Excepcionalmente, en las voces prefijadas o compuestas, puede realizarse una división morfológica, que no respete las fronteras silábicas (v. § 4.1.1.1.1.2).

Naturalmente, para poder aplicar con corrección la norma anterior es imprescindible saber cómo se separan las palabras españolas en sílabas, especialmente en lo que se refiere a las secuencias de consonantes, dado que, como se verá a continuación (v. § b), las secuencias de vocales no se dividen nunca con guion de final de línea, ni siquiera cuando las vocales pertenecen a sílabas distintas.

En español, donde todas las sílabas deben contener al menos una vocal, la división silábica de las palabras plantea pocas dificultades, debido a que la estructura silábica más común es la formada por una consonante seguida de una vocal: *pi.co, sí.la.ba, re.co.gi.do.* No obstante, puesto que existen estructuras silábicas más complejas, y a fin de garantizar la correcta división de las palabras a final de línea por parte tanto de hablantes nativos como de quienes usan el español como lengua extranjera, se resumen a continuación las pautas que rigen la división silábica en español:

- En español toda sílaba debe contener al menos una vocal, que constituye su núcleo. Por lo tanto, toda consonante o secuencia de consonantes situada a principio de palabra forma sílaba con la vocal siguiente: l*o.te, gra.so,* pl*ie.go;* y toda consonante o secuencia de consonantes situada a final de palabra se agrupa con la vocal anterior: *a.zu*l, *com.po*st, *ré.co*rds.
- Una consonante entre dos vocales forma sílaba con la vocal posterior: *e.*r*a, pi.*s*o.*
- Cuando son dos las consonantes en situación intervocálica, siempre que no constituyan un dígrafo (v. § d), se dan dos casos, según las consonantes de que se trate:
  - Los grupos *pr, br, tr, dr, cr, kr, gr, fr,* así como *pl, bl, cl, kl, gl, fl,* son inseparables y forman sílaba con la vocal (o la secuencia vocálica) siguiente: *a.*pre*.tar, ti.*ple*, ce.*bra*, ha.*bló*, o.*cre*, ci.*clo*, a.le.*gró*, re.*gla*, la.*drón*, co.*fre*.*

    No obstante, hay casos excepcionales en los que puede existir una frontera silábica entre las consonantes de los grupos citados. Así, en casos de prefijación y composición, si se antepone a una palabra que comienza por *l* o *r* un prefijo productivo, como *sub-* y *post-* (más raramente, *ab-* o *ad-*), o una palabra terminada en alguna de las consonantes que inician los grupos antes citados, la *l* o la *r* no se agrupan normalmente con la consonante precedente, sino que forman sílaba con la vocal siguiente: *subrayar* [sub.rra.yár], *sublunar* [sub.lu.nár], *postromántico* [post.rro.mán.ti.ko], *ciudadrealeño* ('de Ciudad Real [Esp.]') [siu.dad.rre.a.lé.ño, ziu.dad.rre.a.lé.ño] (más raramente: *abrogar* [ab.rro.gár], *adrenal* [ad.rre.nál]). En estos casos, como se ve, suele haber una frontera silábica entre el prefijo y la base, o entre los dos términos del compuesto, de modo que puede situarse ahí el guion de final de línea: *sub- /rayar, sub- /lunar, post- /romántico, ciudad- /realeño.*

    Por otra parte, la secuencia *tl,* que en casi toda España y en algunos países americanos se pronuncia en sílabas distintas, en gran parte de América —especialmente en México y zonas de influencia náhuatl, lengua en la que esta secuencia gráfica representa un único fonema—, en Canarias y en algunas áreas españolas peninsulares, forma un grupo inseparable y se pronuncia dentro de la misma sílaba. Por lo tanto, las palabras que contienen esta secuencia se separan en sílabas de dos formas, según las zonas: *a.*tle*.ta* o *a*t.le*.ta*. Consecuentemente, el guion de final de línea podrá separar o no estas consonantes según se pronuncien en sílabas distintas o dentro de la misma sílaba: *at-/leta* o *atle-/ta*.

- El resto de secuencias de dos consonantes forman siempre parte de sílabas distintas: *ac.*to*, rec.ción, blan.co, hip.no.sis, per.dón, pes.ca*.

- Si son tres las consonantes que aparecen en posición intervocálica, las dos primeras se pronuncian en una misma sílaba unidas a la vocal anterior, mientras que la tercera forma parte de la sílaba siguiente: *i*ns.*tar, pe*rs.*p*i.*caz, i*st.mo. Naturalmente, si las dos últimas consonantes forman uno de los grupos inseparables anteriormente citados (*pr, br, tr, bl, gl*, etc.), la separación silábica se realiza teniendo en cuenta esa circunstancia: *es.*pl*en.dor, su*b.cl*a.se, co*m.pr*a*.
- Si son cuatro las consonantes que aparecen entre vocales, las dos primeras constituyen el final de una sílaba, y las otras dos forman parte de la sílaba siguiente: *cons.tru.yen, a*bs.tr*ac.to*.

En español es muy raro que se articulen en posición final de sílaba en interior de palabra más de dos consonantes, circunstancia que solo se da en algunas palabras procedentes de otras lenguas, como *tungsteno* y *angstrom* (en esta última son cinco las consonantes que aparecen entre vocales). En estos casos, la frontera entre las dos sílabas se sitúa siempre detrás de la *s*: *tungs.te.no, angs.trom*. Solo en casos excepcionales como estos una secuencia de cuatro o más consonantes se dividiría agrupando las tres primeras en una sílaba y el resto con la sílaba siguiente.

b) Las secuencias de dos o más vocales no deben separarse nunca con guion de final de línea, con independencia de que se pronuncien o no dentro de la misma sílaba: *suer-/te*, y no ⊗*su-/erte; paí-/ses*, y no ⊗*pa-/íses; subi-/ríais*, y no ⊗*subirí-/ais; zoó-/logo*, y no ⊗*zo-/ólogo*. De ahí que palabras como *oíais* o *leíais* no puedan dividirse de ninguna manera a final de línea, aunque cada una de ellas conste de tres sílabas ([o.í.ais], [le.í.ais]). Pueden encontrarse excepciones a esta regla en las palabras prefijadas o compuestas donde sea posible realizar una división de tipo morfológico (v. § 4.1.1.1.1.2).

c) Cuando la primera sílaba de una palabra está constituida únicamente por una vocal, no debe colocarse tras ella el guion de final línea, para evitar que quede aislada al final del renglón: *abo- / lengo,* y no ⊗*a- / bolengo; ile- / gible,* y no ⊗*i- / legible.* Esta división sí puede realizarse si la vocal va precedida de una *h: hi- / dratante.*

d) Los dígrafos *ch, ll* y *rr* son unidades gráficas inseparables por representar, cada uno de ellos, un solo fonema; de ahí que no puedan dividirse con guion de final de línea: *ga- / llo, aba- / rroten, sanco- / cho.*

La única excepción se da en las palabras formadas por un elemento compositivo terminado en *-r* (*ciber-, hiper-, inter-, super-*) antepuesto a una palabra que empieza por *r-*, ya que en estos casos debe aplicarse la división morfológica (v. § 4.1.1.1.2) para facilitar la identificación del término y su lectura: *ciber- / romance, hiper- / realista, inter- / relación, super- / ratón,* y no ⊗*cibe- / rromance,* ⊗*hipe- / rrealista,* ⊗*inte- / rrelación,* ⊗*supe- / rratón.* Sin embargo, en aquellas palabras que contienen el dígrafo *rr* como resultado de añadir un prefijo, un elemento compositivo o una palabra terminados en vocal a una palabra que comienza por *r-* (*antirrobo, autorregulable, bajorrelieve, oleorresina, vicerrector,* etc.), el dígrafo sigue siendo indivisible y debe mantenerse a comienzo de renglón, aunque como palabra independiente el segundo elemento se escriba con una sola erre: *anti- / rrobo, auto- / rregulable, bajo- / rrelieve, oleo- / rresina, vice- / rrector,* y no ⊗*anti- / robo,* ⊗*auto- / regulable,* ⊗*bajo- / relieve,* ⊗*oleo- / resina,* ⊗*vice- / rector.*

e) Al dividir palabras a final de línea, la letra *x* ante vocal se considera siempre inicio de sílaba, aunque oralmente represente dos fonemas (/k + s/) que se reparten en sílabas distintas: *anexionar* [a.nek.sión], *boxeo* [bok.sé.o]. Por eso, el guion de final de línea debe colocarse siempre en esos casos delante de la *x: ane- / xionar, bo- / xeo.* En cambio, cuando la *x* va seguida de consonante siempre cierra sílaba y el guion de final de línea se coloca detrás: *inex- / perto, mix- / to, tex- / til, ex- / seminarista.*

f) Las palabras que contienen una *h* muda intercalada se dividen a final de línea aplicándoles las reglas aquí expuestas, como si dicha letra no existiese. Así, al colocar el guion no deben separarse letras de una misma sílaba (v. § a): *adhe- / sivo* (no ⊗*ad- / hesivo*), *inhi- / birse* (no ⊗*in- / hibirse*), *trashu- / mancia* (no ⊗*tras- / humancia*); tampoco secuencias vocálicas, pertenezcan o no a la misma sílaba (v. § b): *al-/cohol* (no ⊗*alco-/hol*), *cohi-/bir* (no ⊗*co-/hibir*), *prohí-/ben* (no ⊗*pro-/híben*), *vihue-/la* (no ⊗*vi-/huela*); pero sí podrán separarse cuando se trate de palabras prefijadas o compuestas en las que sea posible aplicar la división morfológica (v. § 4.1.1.1.1.2): *in-/humano, des-/hidratado, co-/habitación, mal-/herido, rompe-/hielos;* sin embargo, no podrán dividirse las palabras dejando a final de línea una vocal aislada (v. § c): *ahi-/lar* (no ⊗*a-/hilar*), *ahor-/quillar* (y no ⊗*a-/horquillar*).

Existe una restricción en la aplicación de las reglas al dividir palabras con *h* intercalada: la partición no podrá dar como resultado la presencia de combinaciones gráficas anómalas a comienzo de renglón; son, pues, inadmisibles divisiones como ⊗*desi-/nhibición,* ⊗*de-/shumanizar,* ⊗*clo-/rhidrato,* ⊗*ma-/hleriano,* pues, aunque se atienen a la regla de dividir las palabras por alguna de sus sílabas, dejan a principio de línea los grupos consonánticos *nh, sh, rh, hl,* ajenos al español. De ahí que en los casos especiales de palabras, todas ellas derivadas de extranjerismos, en las que la *h* intercalada precede a una consonante, el guion de final de línea deba colocarse detrás de la *h,* con el fin de evitar grupos consonánticos extraños a comienzo de línea: *brah-/manismo, óh-/mico.*

En cambio, a la hora de dividir con guion de final de línea las palabras, igualmente procedentes de otras lenguas, en las que la *h* intercalada representa un sonido aspirado en español, este grafema ha de considerarse como cualquier otra consonante: *dír-/ham, Mo-/hamed.*

4.1.1.1.1.2 *División morfológica*

Las palabras compuestas y prefijadas admiten, además de la división silábica conforme a las pautas arriba expuestas (v. § 4.1.1.1.1.1a y b: *bie-/nestar, de-/sactivar, inte-/racción; extremaun-/ción, hispa-/noamericano, infraes-/tructura mul-/tiusos, reins-/talar, rompeo-/las*), una división morfológica, en la que el guion de final de línea se inserta en la frontera entre sus componentes, ignorando las fronteras silábicas: *bien-/estar, des-/activar, inter-/acción; extrema-/unción, hispano-/americano, infra-/estructura, multi-/usos, re-/instalar, rompe-/olas.*

En las palabras compuestas formadas a partir de dos palabras, este tipo de división solo es posible si los elementos separados mediante el guion tienen existencia independiente hoy; así, compuestos como *boquiabierto* o *puntiagudo* no pueden dividirse ⊗*boqui-/abierto* y ⊗*punti-/agudo,* porque «boqui» o «punti» no existen como palabras independientes.

Tampoco en una palabra prefijada es posible la división morfológica no silábica si la base a la que aparece unido el prefijo no es una palabra existente como tal en español, por lo que serían incorrectas divisiones como ⊗*in-/erme* ('indefenso o sin armas') o ⊗*des-/afío* ('reto'), puesto que ni «erme» ni «afío» son unidades léxicas independientes en español. Igualmente, es necesario que el prefijo sea productivo en la actualidad para que los hablantes lo identifiquen como tal; así, deben evitarse divisiones como ⊗*arz-/obispo,* ⊗*pen-/ínsula* o ⊗*arc-/ángel,* ya que *arz-*, *pen-* y *arc-* no son hoy prefijos productivos.

Por otra parte, en aquellas palabras compuestas o prefijadas en las que ha tenido lugar la simplificación o eliminación del fonema con el que termina el primer elemento o de aquel con el que empieza el segundo, dando lugar a una forma contracta, como se ve en *drogadicto* (de *droga* + *adicto*), *claroscuro* (de *claro* + *oscuro*), *paraguas* (de *para* + *aguas*), *eurasiático* (de *euro-* + *asiático*), *seminternado* (de *semi-* + *internado*), *restructurar* (de *re-* + *estructurar*) o *subranquial* (de *sub-* + *branquial*), la única división posible es la que respeta las fronteras silábicas: *droga-/dicto, claros-/curo, para-/guas, eura-/siático, semin-/ternado, res-/tructurar, su-/branquial.*

La mayoría de las palabras prefijadas y compuestas pueden dividirse a final de línea aplicándoles tanto las reglas de división silábica (v. § 4.1.1.1.1.1) como el criterio de división morfológica. Sin embargo, en la división a final de línea de algunas palabras concretas solo es posible la aplicación del criterio morfológico. Así, las voces formadas por un elemento compositivo terminado en *-r* antepuesto a una palabra que empieza por *r-*, como *hiperrealista* o *interrelacionado,* deben dividirse siempre respetando el elemento compositivo (v. § 4.1.1.1.1.1d): *hiper-/realista, inter-/relacionado.* Tampoco es posible otra división que no sea la morfológica en el caso de las palabras formadas anteponiendo un prefijo o elemento compositivo a una palabra que empieza por un grupo consonántico ajeno a los patrones silábicos del español, del tipo *gn-, mn-, ps-, pt-*, etc., como en *parapsicología* o *preptolemaico,* cuya división a final de línea no debe afectar a estos grupos: *neo-/gnóstico, para-/psicología, pre-/ptolemaico.* No obstante, para este último conjunto de palabras, ha de tenerse en cuenta la posibilidad de utilizar las formas simplificadas correspondientes, cuya división a final de línea no plantea problemas (v. § cap. I, § 6.5.2.2.1): *neo-/nóstico, para-/sicología, pre-/tolemaico.*

4.1.1.1.2 *Casos especiales*

A continuación se ofrecen pautas para dividir a final de línea algunos tipos de palabras o expresiones que presentan características particulares no contempladas por las normas recogidas en los epígrafes anteriores.

a) Es preferible no dividir con guion de final de línea las palabras procedentes de otras lenguas cuyas grafías no han sido adaptadas al español, a no ser que se conozcan las reglas propias de los idiomas respectivos.

b) Los derivados de nombres propios extranjeros, como palabras españolas que son (v. cap. VII, § 5), se dividirán conforme a las mismas normas que rigen para las demás palabras de nuestro léxico: *trots-/kista, faulk-/neriano.* No obstante, siempre que sea posible, se procurará insertar el guion en el segmento de la palabra que presente menos desajustes con la ortografía española: *washingto-/niano, beethove-/niano.*

c) Las abreviaturas, sin estructura silábica en la mayor parte de los casos, no deben dividirse con guion de final de línea, ya que su exiguo cuerpo gráfico puede dar lugar a fragmentos que dificulten su reconocimiento: ⊗*ap-/do.,* ⊗*at-/te.,* ⊗*te-/léf.*

d) Las siglas escritas enteramente en mayúsculas, con independencia de cuál sea el método utilizado para su lectura, no deben dividirse con guion de final de línea: ⊗*UR-/JC;* ⊗*IR-/PF;* ⊗*C-/SIC;* ⊗*NA-/SA.* Únicamente los acrónimos que se han incorporado al léxico general —ya sea como nombres propios, escritos con mayúscula inicial, o como nombres comunes— admiten su división con guion de final de línea por tratarse de palabras a todos los efectos: *Ba-/nesto, Unes-/co, ov-/ni, afo-/re.*

e) Cuando al dividir un compuesto o cualquier otra expresión formada por varias palabras unidas con guion (v. § 4.1.1.2) este signo coincida con el final de línea, deberá escribirse otro guion al comienzo del renglón siguiente: *léxico-/-semántico, crédito-/-vivienda, calidad-/-precio.* Con ello se evita que quien lee pueda considerar que la palabra o expresión dividida se escribe sin guion.

Advertencia	En caso de tener que dividir con guion de final de línea una unidad léxica que ya contenga un guion, es preferible realizar la división en ese punto, ya que la lectura resulta más clara que si aparecen próximos dos guiones al final de un renglón: *Han presentado un recurso contencioso-/-administrativo,* mejor que *contencioso-admi-/nistrativo.*

La repetición del guion a comienzo de línea es innecesaria en el caso de los antropónimos y topónimos compuestos, ya que la mayúscula inicial del segundo componente indica de forma suficiente que el guion no es meramente indicativo de final de línea: *Ruiz-/*

Giménez no podría interpretarse más que como la partición de *Ruiz-Giménez,* y nunca de ⊗*RuizGiménez,* pues, como se indica en el capítulo IV, § 4.3.1 y 5.2, la mayúscula intercalada no se usa en español más allá de siglas y nombres comerciales.

f) Si es necesario dividir una expresión escrita con apóstrofo, ya se trate de una forma incluida en la edición de un texto antiguo o de las que reflejan rasgos propios de la lengua oral (v. § 4.5), dicho signo no debe coincidir nunca con el final de línea: ⊗*d'- / aquella,* ⊗*s'- / asustao.*

g) Es preferible no dividir a final de línea expresiones formadas por dos elementos relacionados con una barra:

⊗*precio/ ca-*	⊗*profeso-*
lidad	*res/ as*

En el caso de que sea necesario dividir una dirección electrónica, deberá hacerse coincidir la partición con una barra separadora, dejando esta en la primera línea y sin insertar ningún guion, ya que este elemento podría considerarse parte integrante de la dirección:

Encontrará más información en http://www.museodelprado.es/ educacion/educacion-propone/

h) Las expresiones numéricas, se escriban con números romanos o arábigos, no deben dividirse nunca a final de línea para no dificultar su percepción: ⊗*Luis XV- / III,* ⊗*325- / 000 $.* Para evitar su aparición en dos líneas, en los números que presentan grupos de dígitos separados por espacios, puede utilizarse la opción que ofrecen los modernos procesadores de textos de insertar espacios de no separación.

4.1.1.1.3 *Recomendaciones ortotipográficas*

Los editores, tipógrafos y correctores recomiendan evitar las siguientes prácticas en la división de palabras a final de línea, ya que, aun no siendo ortográficamente incorrectas, pueden dificultar la legibilidad del texto y revelan cierto descuido en su composición:

a) Es conveniente evitar las particiones que generen fragmentos coincidentes con voces malsonantes: *tentá- / culo, pedo- / filia, dis- / putas;* o puedan dar lugar a malentendidos: *El Gobier- / no niega la subida de impuestos. A Poto- / sí no llegaremos antes de que anochezca.*

b) Se recomienda no dividir palabras de solo cuatro letras: *ga- / to, es- / tá.*

c) Es preferible evitar que, al dividir una palabra, queden al final o al principio del renglón dos sílabas iguales seguidas: *El presidente del Consejo afirmó que que-/rían presentar la moción.*

d) Después de punto y seguido se procurará no dejar a final de línea una sílaba de tres letras o menos: *Aún se detectan malos hábitos de alimentación. Con-/sumimos más carne que pescado;* mejor: *Consu-/mimos...*

e) La última línea de un párrafo no deberá tener menos de cinco caracteres, sin contar el signo de puntuación de cierre que corresponda.

f) En un mismo párrafo, debe evitarse que terminen con un guion de separación de palabras más de tres líneas consecutivas.

Además, de manera general, se evita dividir las palabras a final de línea en textos muy breves, especialmente en aquellos de carácter informativo que exigen una rápida descodificación. Así, no se utiliza la división de palabras a final de línea en los siguientes casos:

- En elementos de titulación, sea cual sea su disposición en el texto.
- En subtítulos y rotulación tanto televisiva como cinematográfica.
- En cartelería y señalización viaria y de tráfico.

4.1.1.2 **Como signo de unión entre palabras u otros elementos**

En español, la escritura prototípica de las palabras compuestas es univerbal (*agridulce, sordomudo, aguanieve, enhorabuena, correveidile*), aunque existen al mismo tiempo unidades léxicas pluriverbales constituidas por varias palabras gráficamente independientes (*año luz, llave inglesa, hombre rana, perro guía, ciencia ficción,* etc.), de las que se trata más ampliamente en el capítulo v, § 2.1.

Gracias a la naturaleza en cierto modo dual del guion, que une a la vez que separa, existe además la posibilidad de utilizar este signo para formar determinado tipo de compuestos, en los que se unen dos palabras entre las que se establece un estrecho vínculo semántico, a la vez que conservan cierta independencia referencial.

La autonomía relativa que manifiestan los términos unidos con guion se evidencia en que deben conservar la acentuación gráfica que les corresponde como palabras independientes (v. cap. ii, § 3.4.5.2). Esta independencia se muestra asimismo en la aplicación de la mayúscula, ya que, de ser necesario su uso, afecta tanto al primer elemento como al segundo: *Asociación de Amistad Hispano-Árabe; Congreso de Estudios Lingüístico--Editoriales Hispánicos; Sala de lo Contencioso-Administrativo.*

Esta autonomía desaparece cuando el primer término adopta una forma modificada y pasa a comportarse como un elemento compositivo átono, asimilable a un prefijo, caso en el que desaparece el guion y este elemento pasa a soldarse gráficamente al segundo término: *afroamericano, paternofilial.*

Se exponen a continuación los diferentes casos en los que el guion se emplea en español para unir palabras.

4.1.1.2.1 *Para unir nombres propios*

4.1.1.2.1.1 *Nombres de pila*

Los nombres de pila compuestos se escriben sin guion: *Juan Luis, Ana Belén.* No obstante, puede emplearse el guion para unir sus componentes si se desea evitar que el segundo pueda ser indebidamente interpretado como apellido: *Juan-Diego Vega* (donde *Vega* es el primer apellido), frente a *Juan Diego Vega* (donde *Diego* es el primer apellido).

Para más información acerca de la escritura de los nombres de pila, v. cap. VII, § 2.1.1.1.

4.1.1.2.1.2 *Apellidos*

Se unen con guion los elementos integrantes de un apellido compuesto formado a partir de dos apellidos simples: *Ana Sánchez-Cano* (nombre y apellido) frente a *Pedro Sánchez Cano* (nombre y dos apellidos). El guion no debe utilizarse, en cambio, en apellidos pluriverbales cuyos elementos no gocen de independencia, del tipo de *San Pedro, San Juan, De Arias,* etc., que frecuentemente presentan variantes escritas en una sola palabra: *Sampedro, Sanjuán, Darias.*

Para más información acerca de la escritura de los apellidos, v. cap. VII, § 2.1.3.1.

4.1.1.2.1.3 *Topónimos pluriverbales*

La escritura habitual de los topónimos pluriverbales en español mantiene la independencia gráfica de sus componentes: *San Sebastián, Baja California, Buenos Aires.* Conviene señalar, no obstante, que muchos topónimos originariamente pluriverbales, dada la pronunciación átona del primer elemento, han terminado por convertirse en compuestos univerbales: *Montenegro, Torreperogil, Torrevieja, Fuentevaqueros...*

Fuera de nombres oficiales ya fijados, el uso del guion en la acuñación de nuevos topónimos solo se justifica en aquellos casos en los que exprese unión o relación de las formas que los componen:

a) En la fusión de entidades independientes, ya den lugar a una entidad del mismo nivel o de nivel superior, el guion se utiliza para unir las denominaciones preexistentes: *Gúdar-Javalambre* (comarca española formada por la sierra de Gúdar y la sierra de Javalambre), *Rivas-Vaciamadrid* (fusión de dos municipios desaparecidos: Rivas (o Ribas) del Jarama y Vaciamadrid).

b) En casos de cooficialidad de varias lenguas en un mismo territorio, se usa el guion para separar, en las menciones conjuntas, las denominaciones correspondientes a cada una de ellas: *Donostia-San Sebastián.*

Para más información acerca de la escritura de los topónimos, v. cap. VII, § 3.1.

4.1.1.2.2 *Para unir dos o más adjetivos*

El guion se emplea en español para unir adjetivos relacionales cuando se desea aplicarlos conjuntamente a un mismo sustantivo o grupo nominal, sin que medie entre ellos nexo alguno. Puesto que el español rechaza la mera yuxtaposición de estos adjetivos (**curso teórico práctico, *literatura infantil juvenil, *conflicto árabe israelí*), es necesario recurrir al guion: *curso teórico-práctico, literatura infantil-juvenil, conflicto árabe--israelí* (salvo que se sustituyan estas expresiones por otras de sentido equivalente: *curso teórico y práctico, literatura infantil y juvenil, conflicto entre árabes e israelíes*).

Información adicional — Frente a los *adjetivos calificativos,* que son los que denotan cualidades, propiedades o estados de las entidades a las que modifican (*valiente, grande, suave, nervioso, caliente,* etc.), los llamados *adjetivos relacionales* son los que denotan el ámbito al que pertenece o con el que está relacionada la entidad a la que afectan: *aristocrático, parlamentario, policial, químico,* etc. Entre los relacionales se incluyen los llamados *adjetivos gentilicios,* que son los que denotan nacionalidad u origen geográfico, como *africano, español, portugués,* etc.

No obstante, cabe señalar también que muchos adjetivos cuentan con formas modificadas terminadas en *-o* que les permiten generar compuestos univerbales, al convertir los adjetivos en elementos compositivos que pueden unirse gráficamente al segundo término. Estas formas compositivas se crean normalmente sustituyendo por una *o* la terminación del adjetivo, como en *arabo-* (por *árabe*), *buco-* (por *bucal*), *espacio-* (por *espacial*), *infanto-* (por *infantil*), *israelo-* (por *israelí*), *maxilo-* (por *maxilar*), *paterno-* (por *paternal*), *sado-* (por *sádico*), *socio-* (por *social*), etc.; por acortamiento de la forma plena cuando esta se ha formado a partir de dos raíces grecolatinas, como *morfo-* (por *morfológico*), *psico-* (por *psicológico*), etc.; o bien añadiendo una *o* a la forma plena del adjetivo, como en *alemano-* (por *alemán*), *catalano-* (por *catalán*), *musulmano-* (por *musulmán*), etc. A veces, en el caso de los gentilicios, las formas terminadas en *-o* no son fruto de una modificación del adjetivo usado hoy, sino que se han creado sobre la forma derivada del adjetivo latino correspondiente, como en *anglo-* (por *inglés*), *afro-* (por *africano*), *hispano-* (por *español*), *italo-* (por *italiano*), *luso-* (por *portugués*), etc. La mayoría de estas se han usado o se usan también como adjetivos independientes, como *anglo, hispano, ítalo* o *luso,* normalmente como variantes estilísticas cultas o en acepciones históricas. Alguno de estos adjetivos derivados directamente del gentilicio latino, aun sin terminar en la *-o* característica, se usan también para formar compuestos univerbales, como es el caso de *astur-* (por *asturiano*).

Teniendo en cuenta lo dicho, en muchos casos será posible optar por emplear las formas autónomas de los adjetivos unidas con guion (*árabe-israelí, bucal-dental, infantil-juvenil, maxilar-facial, paternal-filial, sádico-masoquista, social-cultural,* etc.) o utilizar para el primer adjetivo la forma en *-o* que permite prescindir de este signo y escribir un compuesto univerbal (*araboisraelí, bucodental, infantojuvenil, maxilofacial, paternofilial, sadomasoquista, sociocultural,* etc.). Cuando la forma plena del adjetivo termina en *-o,* es esa misma forma la que puede emplearse para formar compuestos univerbales, con la única diferencia de que, como elemento compositivo, la forma del adjetivo, si lleva acento gráfico en su uso autónomo y en los compuestos con guion, lo pierde en los compuestos univerbales; así, es posible escribir, por ejemplo, [*análisis*] *léxico-semántico* o *lexicosemántico,* [*diálogo*] *ruso-canadiense* o [*escritor*] *rusocanadiense.*

En muchos casos, la elección de una de las dos opciones es libre, teniendo en cuenta que, cuando existen formas modificadas en *-o,* suele preferirse el uso de estas en compuestos univerbales a la escritura de las formas autónomas unidas con guion (*bucodental, maxilofacial, sadomasoquista,* etc., más frecuente que *bucal-dental, maxilar-facial, sádico-masoquista,* etc.), mientras que si la variante compositiva en *-o* coincide con la forma plena del adjetivo, suele preferirse el uso del guion (*físico-químico, léxico-semántico,* etc., más frecuentes que *lexicosemántico, fisicoquímico,* etc.). En otros casos, como ocurre cuando se unen adjetivos gentilicios, la presencia o ausencia del guion entre ambos componentes no es libre, sino que viene condicionada por factores que se explican en el siguiente apartado. Se ofrecen a continuación las pautas para el uso del guion según la clase de los adjetivos implicados.

4.1.1.2.2.1 *Gentilicios*

Los adjetivos gentilicios se unen con guion cuando se mantiene la denotación independiente de cada uno de ellos. En ese caso, la expresión resultante no es una nueva unidad léxica en la que se funden los significados de sus componentes, sino que el guion actúa como indicador de un vínculo o relación entre entidades geográficas diversas: [*relaciones*] *palestino-israelíes,* [*guerra*] *franco-prusiana,* [*cumbre*] *luso-española,* [*película*] *ítalo-franco-alemana.* Aquí, cada uno de los adjetivos conserva, como se ha indicado, la acentuación gráfica que le corresponde como palabra autónoma, pero solo el último presenta concordancia de género y número, quedando el primero invariable en masculino singular: [*película*] *ítalo-francesa,* [*guerras*] *árabe-israelíes.*

En cambio, cuando su unión da lugar a un verdadero compuesto, esto es, a una nueva unidad léxica cuyo significado funde en una denotación única las nociones que expresa cada miembro por separado, estos deben escribirse soldados, sin guion intermedio, utilizando para ello las formas habilitadas para crear compuestos univerbales: [*lucha*] *grecorromana,* [*director*] *francoiraní,* [*lengua*] *asturleonesa.* En ese caso, el primer elemento pierde su acento prosódico léxico o primario y consecuentemente también su acento gráfico, en caso de llevarlo en su uso autónomo o en el compuesto con guion (*araboislámico,* y no ⊗*áraboislámico; italoamericano,* y no ⊗*ítaloamericano,* etc.): *«Monique, mestiza italocamboyana a la que descubrió en un concurso de belleza, era su última esposa»* (Leguineche *Camino* [Esp. 1995]).

Cuando ambos gentilicios conservan sus formas plenas no modificadas, tanto si se unen con guion como si se escriben en una sola palabra, existe una marcada tendencia a colocar en primer lugar el que termine en *-o,* de manera que resulta más normal y, por ello, preferible escribir *palestino-israelí* o *castellano-leonés* que *israelí-palestino* o *leonés-castellano.* En caso de que ambos gentilicios terminen en *-o,* lo más habitual es reservar la primera posición para el más breve: *luso-germano, turcoitaliano, rusopolaco.*

4.1.1.2.2.2 *No gentilicios*

Como se ha visto en muchos de los ejemplos ya citados, el guion puede utilizarse también para unir adjetivos relacionales no gentilicios, cuando estos se aplican conjuntamente a un mismo sustantivo y no se desea utilizar entre ellos un nexo coordinativo: [*literatura*] *infantil-juvenil,* [*análisis*] *lingüístico-literario,* [*personalidad*] *sádico-masoquista,* [*lección*] *teórico-práctica,* [*tratamientos*] *médico-quirúrgicos* (en lugar de [*literatura*] *infantil y juvenil,* [*análisis*] *lingüístico y literario,* etc.). Los ejemplos muestran que, en estos casos, al igual que sucede con los gentilicios, el primer adjetivo mantiene su acentuación gráfica y permanece invariable en masculino singular, mientras que el segundo concuerda en género y número con el sustantivo al que se refiere.

En cambio, los adjetivos se unirán sin guion si todos, salvo el último, adoptan las variantes modificadas terminadas en *-o* que les permiten generar compuestos univerbales (v. § 4.1.1.2.2): [*literatura*] *infantojuvenil,* [*personalidad*] *sadomasoquista,* [*tratamiento*] *bucodental,* [*análisis*] *morfosintáctico,* [*rasgos*] *(p)sicosocioculturales,* etc.

En estos casos, las formas antepuestas son ya elementos compositivos átonos que, consecuentemente, se escriben siempre sin tilde (*sado-* y no ®*sádo-*, por *sádico*).

En los casos en que la forma plena del adjetivo antepuesto termina en *-o,* puede optarse por escribirlo unido con guion al segundo adjetivo (siempre que el primero no supere en sílabas al segundo), o por fundir ambos gráficamente, prescindiendo del guion, con la consiguiente pérdida del acento gráfico del primer adjetivo (si lo tuviere): *léxico-semántico, físico-químico* o *lexicosemántico, fisicoquímico.* Ya se ha dicho que suele ser más frecuente, en general, la primera opción, que es además la única usada cuando el primer adjetivo es largo (cuatro sílabas o más) o supera en número de sílabas al segundo: *lingüístico-literario, semántico-léxico* (no ®*lingüisticoliterario* ni ®*semanticoléxico*).

En el siguiente ejemplo se aprecian conjuntamente dos de los casos citados de escritura univerbal, uno de ellos fruto de la fusión de dos adjetivos (*fisicoquímico*) y el otro de tres (*psicosociocultural*):

> *«El ambiente fisicoquímico, biológico y psicosociocultural (todo lo que el hombre realiza como ser social) cambia constantemente»* (Vattuone *Biología* I [Arg. 1992]).

4.1.1.2.3 *Para unir dos o más sustantivos*

El guion puede utilizarse también para unir sustantivos, con dos fines principales: para mostrar su vinculación semántica en la formación de unidades léxicas complejas o para expresar sintéticamente las relaciones que establecen entre sí las entidades designadas por los sustantivos.

4.1.1.2.3.1 *Formando unidades léxicas complejas*

Como se explica con más detalle en el capítulo v (§ 1 y 2.1), existen en la lengua expresiones integradas por varias palabras gráficamente independientes que, sin embargo, constituyen unidades desde el punto de vista léxico, es decir, han alcanzado un alto grado de cohesión, fijeza y estabilidad formales, y su significado es también unitario.

Uno de los casos prototípicos de este tipo de unidades léxicas pluriverbales es el constituido por la yuxtaposición de dos sustantivos (*hombre rana, pájaro mosca, sofá cama,* etc.), en las que el segundo actúa como modificador del primero, al que asigna alguna de sus propiedades o rasgos; así, un *hombre rana* es un submarinista cuyas aletas recuerdan a la parte final de las extremidades de una rana, un *pájaro mosca* es un tipo de pájaro tan pequeño como una mosca, un *sofá cama* es un tipo de sofá que puede transformarse en cama, etc. Se trata de secuencias cuyo orden es inalterable, en las que los rasgos de género y número se manifiestan en el primer término, que constituye el núcleo, mientras que el segundo suele permanecer invariable: *hombres rana, pájaros mosca, sofás cama.* En caso de que estos compuestos formados por dos sustantivos estén generalizados en el uso y sean estables, se escriben por separado, ya que su plena lexicalización e identificación como unidades léxicas pluriverbales hace innecesario mostrar gráficamente su vinculación: *abeja reina, café teatro, cama nido, camión cisterna, cartón piedra, ciencia ficción, ciudad dormitorio, coche bomba, comida basura* o *chatarra, cheque regalo, perro guía, retrato robot,* etc.

En cambio, cuando estos compuestos son meramente ocasionales, fruto de creaciones particulares y a menudo limitados en vigencia y validez al contexto concreto en que aparecen, se utiliza el guion intermedio, a fin de que puedan ser identificados como unidades léxicas complejas por el lector: «*Hay quince mil* coolies *que arrastran a mano otros tantos* rickshaws. *A veces, las lluvias anegan la ciudad y el cuerpo de estos hombres-caballo queda sumergido hasta el pecho*» (Calle *Viaje* [Esp. 2001]); «*Las lágrimas que dejó rodar ayer y en Monza, por ejemplo, dejaron paso a Schumi-hombre en lugar del Schumi-robot*» (*Clarín* [Arg.] 9.10.2000). Cuando se trata de creaciones neológicas recientes, también suelen escribirse con guion intermedio durante un tiempo, hasta que se generalizan y asientan en el uso, momento en el que el guion desaparece; así ha sucedido, por ejemplo, con *carril bici* ('en una vía pública, carril reservado para la circulación de bicicletas'), que hoy se escribe normalmente sin guion, aunque en sus primeros usos solía llevarlo.

También se usa el guion cuando los dos sustantivos forman una unidad compleja en la que ambos están al mismo nivel (*director-presentador, cazador-recolector, lectura-escritura,* etc.), de modo que cada uno de los componentes, cuando es variable, manifiesta, en concordancia con el otro, los rasgos pertinentes de género y número: *la directora-presentadora, los cazadores-recolectores.* En este tipo de expresiones no es admisible la ausencia del guion (⊗*la directora presentadora*), pero sí su sustitución por la conjunción copulativa, construcción a menudo equiparable al compuesto con guion y que resulta más natural en la mayor parte de los casos: *La directora y presentadora del programa recogió el premio.* Existen contextos, no obstante, en los que ambos sustantivos forman una unidad inseparable, no sustituible por la construcción copulativa: «*Los telediarios* [...] *estrenaron ayer nueva fórmula con la figura de directores-presentadores*» (*País*@ [Esp.] 13.1.1987).

Algunos de estos compuestos se lexicalizan transformando el primer sustantivo en un elemento compositivo átono que se une directamente al segundo sustantivo, procedimiento paralelo al que se ha señalado para los adjetivos (§ 4.1.1.2.2): *lectoescritura* [lectura y escritura], *fibrocemento* [material compuesto de fibra y cemento], etc. Se trata ya de compuestos univerbales, en los que no es correcto el uso del guion: *«Es la ampliación del mercado uno de los objetivos buscados cuando los Estados proponen el acceso de todos los sectores sociales a la lectoescritura»* (Marafioti *Significantes* [Esp. 1988]).

4.1.1.2.3.2 *Expresando relación entre las entidades designadas*

El guion se utiliza además para unir tanto nombres propios como comunes cuando se desea expresar de forma sintética la relación que se establece entre las entidades designadas por los sustantivos vinculados, relación que se expresaría sintácticamente a través de estructuras de diverso tipo (generalmente grupos preposicionales que incluirían ambos sustantivos coordinados). El guion viene así a reemplazar a los conectores preposicionales y conjuntivos que deberían aparecer entre las piezas léxicas: *amistoso España-Argentina* [= entre España y Argentina], *separación Iglesia-Estado* [= de la Iglesia y el Estado], *binomio espacio-tiempo* [= formado por el espacio y el tiempo], etc.

El resultado de la unión no puede considerarse una unidad léxica compuesta con entidad propia ni nuevo significado —ni siquiera en aquellos casos en los que las relaciones expresadas gozan de cierta fijeza (*coste-beneficio, calidad-precio,* etc.)—, ya que todos los elementos vinculados mantienen su independencia prosódica, referencial, semántica e incluso morfológica: *enlace Martínez-Ibarra, oleoducto Chad-Camerún, diálogo Gobierno-sindicatos.*

4.1.1.2.4 ***En expresiones formadas por repetición de elementos iguales o similares***

Las palabras —en su mayor parte de origen onomatopéyico— formadas por duplicación del mismo elemento o por repetición de una sílaba (a veces con vocales diferentes; v. cap. V, § 2.3) se escriben sin guiones internos cuando se emplean como sustantivos (*tictac, zigzag, chachachá, pillapilla, bullebulle, picapica,* etc.):

«El muchacho se lo imagina todo en un zigzag de pensamiento» (Umbral *Leyenda* [Esp. 1991]).

«Se perdió entre los puestos de helados, la fritanga de buñuelos, los pregones de los vendedores de refrescos [...] y el bullebulle de los ociosos» (Alonso *Flor* [Esp. 1991]).

Advertencia	No deben confundirse estos compuestos formados por repetición de elementos con las duplicaciones de valor intensivo de palabras independientes: *Es un chico listo listo* [= muy listo]. *Le gusta el café café* [= café auténtico]. *Era muy muy grande* [= enorme]. En estas construcciones no debe utilizarse nunca el guion.

En cambio, cuando estas expresiones iterativas mantienen su valor estrictamente onomatopéyico y se usan tan solo para reproducir o imitar sonidos, lo normal es separar mediante comas los elementos repetidos: «*De pronto están unidos por una risa floja que no pueden parar, y lloran de risa, y ja, ja, ja, ja, ja...*» (Beccaria *Luna* [Esp. 2001]).

No obstante, es admisible el uso de guiones en aquellos casos en que el conjunto de las repeticiones se identifica expresivamente como una sucesión continua: *ta-ta-ta-ta* (metralleta), *taca-taca-taca-taca* (taconeo), *chas-chas-chas-chas* (ruido de unas tijeras o una podadera).

> «Nela se casa el mes que viene, y siempre que puede sube y se pone a pedalear en la máquina: taca-tacataca-taca-taca» (Rossetti *Alevosías* [Esp. 1991]).
>
> «¡Dispara, dispara, Pablo, que ya sale la infantería del bosquecillo! ¡Ta-ta-ta! ¡Ta-ta-ta!» (FnGómez *Bicicletas* [Esp. 1982]).

4.1.1.2.5 *Para unir elementos de grupos sintácticos u oraciones*

El guion se utiliza para unir los elementos que integran un grupo sintáctico o una oración cuando el conjunto que forman, sin perder su significado composicional, se presenta como un concepto complejo unitario. Este uso es particularmente frecuente en textos filosóficos, pero no inusitado en otros ámbitos: «*Las dos terminaciones ontológicas cardinales que en ella describe Sartre —ser-para-sí, ser-para-otro— tienen en el "ser-para" su fundamento común*» (Laín *Teoría* [Esp. 1983] 645); «*La culpa (el-ser-para-uno-mismo) y la vergüenza (el-ser-para-los-otros) son sentimientos aprendidos*» (*Mundo* [Esp.] 15.6.1996); «*Ulises salía vencedor, íntegro, sin titubeos, yo-sé-lo-que-quiero, de cada marejada de Ixtabentún*» (Fuentes *Cristóbal* [Méx. 1987]).

Advertencia	Se escriben sin guion los elementos que integran compuestos univerbales de origen oracional, que forman ya pieza léxicas de sentido unitario: *bienmesabe* ('tipo de dulce' o 'cazón en adobo'), *hazmerreír* ('persona que por su aspecto o comportamiento es objeto de la burla'), *nomeolvides* ('cierta flor'), *sabelotodo* ('persona que luce ante los demás su saber real o pretendido'), *tentetieso* ('muñeco que vuelve siempre a la posición vertical cuando se lo tumba'), etc.

4.1.1.2.6 *En palabras prefijadas*

Como se explica en el capítulo V (§ 2.2.2), los prefijos o elementos compositivos asimilados deben escribirse siempre soldados gráficamente a la base a la que afectan cuando esta es una sola palabra: *antisemita, exgobernadora, precampaña, proamericano, superagobiado,* etc. En cambio, si la base a la que afectan es pluriverbal, se escriben separados: *anti trata de blancas, ex primer ministro, pro derechos humanos, super a disgusto.*

Los únicos casos en los que se utiliza el guion para unir un prefijo a su base léxica son los siguientes:

a) Cuando el prefijo se une a una sigla, para evitar la contigüidad de minúsculas y mayúsculas en interior de palabra: *mini-PC, anti-UV, anti-OTAN.*

b) Cuando el prefijo se une a una palabra escrita con inicial mayúscula, prototípicamente un nombre propio, por el mismo motivo señalado en el punto anterior: *pro-Mandela, pos-Picasso, anti-Sadam.*

Cuando el resultado de la unión del prefijo a una base, ya sea esta un nombre propio o un nombre común, dé lugar a un nombre propio, lo indicado es prescindir del guion y escribir la palabra resultante con mayúscula inicial (*Prepirineo, Sudamérica, Superratón,* etc.):

> «Este López a quien se refiere Arredonda no es otro que aquel que empezó de Superlópez y acabó de Infralópez» (*Mundo* [Esp.] 5.3.1994).

Se procederá del mismo modo siempre que el resultado de la prefijación sea una denominación que deba escribirse con mayúscula inicial de acuerdo con las normas que figuran en el capítulo IV: *Contrarreforma, Pliopleistoceno, Subsecretaría de Ciencia e Innovación.*

c) En términos científicos, se utiliza el guion tras las letras del alfabeto griego utilizadas como prefijos: *α-amilasa, β-talasemia.* Estas denominaciones alternan con las que presentan esas letras como especificadores pospuestos (*amilasa α, talasemia β*); también puede usarse el nombre de la letra como prefijo, unido a la base sin guion: *alfaamilasa, betatalasemia.*

Información adicional — Cuando uno de estos términos deba escribirse con mayúscula, esta afectará únicamente a la base, y no a la letra griega: *β-Talasemia mayor en la Argentina* [como título de un artículo científico].

---

d) Se usa también el guion cuando el prefijo se une a una cifra (v. § 4.1.1.2.7).

e) Excepcionalmente, el guion puede separar el prefijo de su base cuando se desea enfatizar el valor semántico del precomponente: *«El mismo historietista siente su lenguaje tan pre-hecho y pre-determinado como su personaje»* (Steimberg *Historietas* [Arg. 1977]). En ocasiones se trata de un recurso gráfico destinado a favorecer la adecuada interpretación de la pieza léxica, cuando el término, sin la presencia del guion, tendería a interpretarse con un sentido distinto al que se pretende transmitir: *Ambos cirujanos co-operan los jueves por la tarde* (v. cap. v, § 2.2.2).

f) Cuando se coordinan dos o más palabras prefijadas que presentan una misma base léxica (v. cap. v, § 2.2.2.4), es posible omitir esta en todas las menciones, salvo en la última. En ese caso, todos los prefijos, excepto el último, se escriben de forma exenta y con un guion pospuesto para evidenciar su condición de formas afijas (v. § 4.1.1.3.3a), mientras que el último de ellos se escribe soldado a la base: *«Para determinar el carácter pre-, sin- o postcinemático de un cristal se utilizan criterios microestructurales»* (Castro *Petrografía* [Esp. 1989]). Cuando la base es pluriverbal, se prescinde del guion, ya que los prefijos se escriben siempre exentos en esa circunstancia: *anti y pro derechos humanos.*

Advertencia	No se debe aplicar este procedimiento si uno de los elementos coordinados no es una palabra prefijada: ⊗*talleres de pre- y producción audiovisual,* ⊗*lesiones pre- y cancerosas.* No es posible omitir la base en estos casos, por lo que debió escribirse *preproducción y producción audiovisual, lesiones precancerosas y cancerosas.*

4.1.1.2.7 *En expresiones que combinan cifras y letras*

Las palabras canónicas están constituidas solo por caracteres alfabéticos. Por ello, en aquellas piezas léxicas constituidas por una combinación de segmentos de cifras y letras se han venido separando tradicionalmente dichos segmentos con guion: *DC-10* (avión de la Douglas Company, modelo 10), *M-501* (carretera 501 de la Comunidad de Madrid), *R-25* (vehículo de Renault, modelo 25), *sub-21* (categoría deportiva inferior a veintiún años), *super-8* (tipo de película cinematográfica), *omega-3* (tipo de ácidos grasos), etc.

Este uso del guion es obligado cuando la unidad léxica es resultado de un proceso de prefijación: *«Ayer regresaron los internacionales sub-21 Pablo Couñago y Pablo Coira»* (*FVigo* [Esp.] 28.3.2001); *«En la categoría de super-8, el premio fue para* El espléndido empleo de Pedro Muñoz, *de Humberto Esquivel»* (*Abc* [Esp.] 4.8.1989); mientras que cuando se unen palabras completas y números, puede prescindirse del guion, dejando espacio entre ambos elementos: *ácidos omega 3.*

En cambio, en las siglas formadas por letras mayúsculas y elementos no alfabéticos (que pueden presentarse también intercalados), es cada vez más frecuente, y resulta admisible, prescindir del guion sin dejar espacio: *MP4* por *Moving Picture Experts Group versión 4; 3G* por [telefonía de] *tercera generación; G20* por *grupo de los 20* [países más industrializados y países emergentes]; *H1N1* por *hemaglutinina tipo 1 y neuraminidasa tipo 1* (caracterización del virus de la gripe A). En estos casos, el uso del guion, aunque correcto, no es preceptivo.

4.1.1.3 **Otras funciones**

4.1.1.3.1 ***Nexo en expresiones numéricas***

El guion se emplea también para separar, conectándolos al mismo tiempo, los grupos o bloques de cifras que componen determinadas expresiones numéricas, tal como se explica en el capítulo VIII (§ 5). En todos estos usos el guion debe aparecer siempre pegado a los signos que lo preceden o lo siguen.

a) De acuerdo con la norma ISO 8601, en la expresión normalizada de una fecha, el guion debe utilizarse como separador de las cifras que indican el día, el mes y el año: 27-7-1968. No obstante, en el uso común, con esta misma función puede utilizarse tanto el punto como la barra (v. § 4.2.1.4a), siendo esta más frecuente en formularios y bases de datos.

b) Aunque es preferible utilizar para ello espacios en blanco, es frecuente usar el guion para separar por bloques los números telefónicos: 91-593-12-83.

c) El guion es el nexo conector de cualquier tipo de intervalo numérico, ya se exprese en números arábigos o romanos: *las páginas 23-45; durante los siglos* X-XII; *20-25 %.*

En la expresión de periodos temporales, los años pueden estar escritos en su forma plena (*1998-1999*), o bien en forma abreviada, con omisión de las dos primeras cifras (*curso académico 71-72*). Solo es posible combinar la forma plena del primer año y la forma abreviada del segundo cuando las dos primeras cifras de ambos coinciden: *Revolución de 1688-89.*

Información adicional — La expresión de intervalos de años con guion se utiliza para indicar el arco de vida de una persona, definido por el año de su nacimiento y de su muerte: *Leonardo da Vinci (1452-1519).* En caso de desconocer alguno de los datos, es posible reemplazarlo por una interrogación de cierre: *Benedicto I (?-579).*

4.1.1.3.2 *Separador de sílabas*

Tanto en obras de contenido lingüístico como en el ámbito didáctico, el guion puede utilizarse como signo de separación silábica. En este uso, el guion suele escribirse entre espacios finos: *ma - ri - po - sa, dár - se - na, es - pin - gar - da.*

Información adicional — En las transcripciones fonéticas y fonológicas, la separación silábica se marca con puntos y sin espacios (v. § 3.4.1, segunda información adicional).

Se trata de un recurso utilizado también en la reproducción escrita de la silabización enfática de una palabra: «*Tú sí que tienes un pelo bonito. Ma-ra-vi-llo-so*» (Marsé *Rabos* [Esp. 2000]); «*Trató de recordar la difícil palabra que aprendió en el colegio de la madre Doloritas: tran-subs-tan-cia-ción*» (González *Dios* [Méx. 1999]).

El guion se utiliza también cuando se trata de reflejar por escrito la pronunciación entrecortada y con repetición de segmentos —no necesariamente coincidentes con sus sílabas— de una palabra, rasgo característico del tartamudeo: «*Se-se lo dejaría... —tartamudea el chaval, desesperado, porque ni siquiera recuerda claramente cuándo y cómo se hizo con el encendedor—. Mu-mucha gente se los deja en-en las mesas y yo...*» (Ribera *Sangre* [Esp. 1988]).

En estos dos últimos casos, como puede apreciarse en los ejemplos, el guion se escribe unido a los segmentos sin espacio de separación.

4.1.1.3.3 *Indicador de segmentos de palabra*

En obras de carácter lingüístico, el guion se utiliza en la escritura aislada de segmentos o unidades de nivel inferior a la palabra (sílabas, prefijos, infijos, sufijos, elementos compositivos, raíces, desinencias, etc.), a fin de evidenciar que no se trata de elementos gráficamente independientes. La colocación del guion, que siempre se escribe unido al segmento de que se trate, depende de la posición que este último haya de ocupar en las palabras en que aparece:

a) Cuando el segmento va en posición inicial, el guion se escribe antepuesto: *anti-, sub-, refresc-*.

b) Cuando el segmento va en posición final, el guion se escribe pospuesto: *-illa, -izar, -sfera.*

En el caso de algunos elementos compositivos sufijos de origen grecolatino, se escribe tilde sobre el guion cuando en las palabras en las que se integran la lleva siempre la vocal precedente (v. cap. II, § 3.2, primera información adicional): *-́crata* (*demócrata*), *-́fobo* (*xenófobo*), *-́mano* (*melómano*).

c) Cuando el segmento va en posición interior de palabra, se escribe entre guiones: *-ec-* (*pececito*), *-il-* (*adormilarse*), *-ar-* (*humareda*).

4.1.2 GUION BAJO

El signo del guion bajo (_) presenta la misma forma que el guion, pero se sitúa en la línea de escritura. Su longitud es, además, dos veces mayor (equivalente a la del signo menos; v. § 4.1.1).

Carece de uso en la escritura general y se emplea solo en contextos asociados al ámbito de las nuevas tecnologías de la información, donde cumple dos funciones:

a) En informática, se utiliza para reemplazar el espacio en identificadores como nombres de archivos, direcciones de correo electrónico o de páginas web, en los que la inserción del espacio supondría romper su integridad. Por tanto, en este uso no debe ir ni precedido ni seguido de espacio: *ana_campos@yahoo.mx; www.guion_bajo.com*.

b) En dispositivos que no admiten el uso de formatos tipográficos, el guion bajo se utiliza como signo doble para englobar la palabra o palabras que deberían aparecer en cursiva. Dado que se trata de un signo envolvente, debe aparecer sin espacio de separación respecto del fragmento destacado:

¿Le puedes prestar _Hamlet_ a mi hijo?

4.2 BARRAS

Se agrupan bajo esta denominación varios signos auxiliares que tienen en común estar constituidos por trazos rectos inclinados o verticales con respecto a la línea de escritura. Dependiendo de su forma se distinguen diversos tipos de barra: la barra propiamente dicha (/), la barra doble (//), la barra inversa (\), la barra vertical o pleca (|) y la doble barra vertical o pleca doble (||).

4.2.1 BARRA

La barra es un signo auxiliar en forma de línea inclinada que desciende de derecha a izquierda (/).

Información adicional: En los manuscritos griegos y latinos, que raramente utilizaban el espacio como separador de palabras y cuya lectura se realizaba en voz alta, se utilizaba un signo con forma de barra para separar voces o expresiones que no debían leerse unidas. Tras el triunfo del espacio como separador de palabras, la barra continuó utilizándose como signo de división de palabras a final de línea. Además de este uso auxiliar, tanto en manuscritos como en los primeros textos impresos, la barra, denominada *vírgula,* se utilizó como signo de puntuación con un valor similar al de la coma actual.

Hoy se emplea normalmente como signo simple, con diferentes funciones: como signo abreviativo, como indicador de final de línea o para unir palabras u otros elementos con varios propósitos.

4.2.1.1 Como signo abreviativo

La barra era uno de los signos utilizados en los textos manuscritos medievales para marcar las abreviaturas. Aunque en la actualidad las abreviaturas españolas se cierran con punto, existen algunas formas convencionales que mantienen la barra como signo de abreviación: *c/* por *calle, v/* por *visto.* Hoy este método de formación de abreviaturas solo tiene cierta productividad en la abreviación de expresiones pluriverbales: *c/c* por *cuenta corriente* (v. cap. v, § 3.1.5.1). En este uso se escribe sin espacio de separación con respecto a la letra que la precede o la sigue.

4.2.1.2 Como indicador de final de línea

Precedida y seguida de espacio, la barra se utiliza como signo indicador de final de línea en los siguientes casos:

a) Cuando se emplea para separar los versos en los textos poéticos que se reproducen en línea seguida: *«¡Si después de las alas de los pájaros, / no sobrevive el pájaro parado! / ¡Más valdría, en verdad, / que se lo coman todo y acabemos!»* (Vallejo *Poemas* [Perú 1923-38]).

b) En las transcripciones de portadas o colofones de textos antiguos, la barra entre espacios se emplea para señalar el punto en el que se produce un cambio de línea en el original: *QVINTA / PARTE DE FLOR / DE ROMANCES NVE / uos, nunca hasta agora impressos.*

c) En obras de ortografía, se utiliza para señalar el final de línea al ejemplificar las pautas para la división de palabras cuando no caben completas en el mismo renglón (v. § 4.1.1.1.1), o en los ejemplos sobre la conveniencia o no de separar en líneas diferentes los elementos que componen determinadas secuencias: *Las abreviaturas compuestas de más de un elemento no podrán escribirse en líneas diferentes; así, será incorrecto separar* S. / M. *por* Su Majestad.

4.2.1.3 Como signo de unión o relación entre palabras u otros elementos

Al igual que sucede con el guion, la barra puede utilizarse para unir o relacionar palabras u otros elementos, con diferentes propósitos:

a) La barra se utiliza para expresar división, proporción o mera relación entre los elementos que vincula; en estos casos, sustituye a una preposición: *180 km/h* [= kilómetros por hora], *salario bruto 1800 euros/mes* [= euros al mes], *Real Decreto Legislativo 1/1995 de 24 de marzo* [= primer decreto de 1995]. En este uso se escribe sin separación alguna de las palabras o signos que une.

b) Se emplea para expresar sintéticamente una disyunción, indicando la existencia de dos o más opciones posibles entre las que se establece una oposición o, más frecuentemente, una relación de alternancia u opcionalidad. Los elementos vinculados por la barra pueden ser de muy distinta naturaleza:

- palabras y morfemas: *Querido/a amigo/a* [= querido amigo o querida amiga]. En este caso la barra se escribe siempre sin espacio de separación previo ni posterior y puede alternar con los paréntesis, que encerrarían el morfema (v. § 3.4.5.2a): *Querido(a) amigo(a)*. La palabra plena debe escribirse con la acentuación gráfica que le corresponda (con o sin tilde), con independencia de que la opción a la que remite el morfema tenga otra acentuación gráfica distinta: *examen/es* (por *examen o exámenes*).
- palabras: *En el par gineta/jineta la forma con jota es la menos usada.*

Información adicional — La expresión *y/o* (calco del inglés *and/or*) se utiliza en la actualidad para hacer explícita la posibilidad de elegir entre la suma o la alternativa de dos opciones: *Se ofrecen plazas para pianistas y/o violinistas*. Puesto que la conjunción *o* puede expresar en español ambos valores conjuntamente, se aconseja restringir el empleo de esta fórmula a los casos en los que resulte imprescindible para evitar ambigüedades en contextos muy técnicos.

- expresiones pluriverbales, grupos sintácticos u oraciones: *«La antropología moderna ha trazado unos gráficos* [...] *basados en una oposición alimento-elaborado-naturalmente/alimento-elaborado--culturalmente»* (Urrutia *Sistemas* [Esp. 1975]); *«A este predominio del recuerdo de las tareas interrumpidas sobre el de las completadas* [...] *se expresa por la razón "tareas incompletas/tareas completadas"»* (Pinillos *Psicología* [Esp. 1975]).

En los dos primeros casos la barra se escribe siempre sin espacio de separación previo ni posterior. En el tercero, sin embargo, es posible insertar un espacio fino antes y después de ella, a fin de que no se interprete que la opcionalidad u oposición se da únicamente entre las palabras contiguas.

Información adicional — En textos periodísticos, se utiliza entre espacios para separar los elementos de la firma de la noticia cuando se deba a más de un redactor o fuente: *El País / EFE.*

4.2.1.4 Otros usos de la barra

a) Aunque la norma ISO 8601 determina para ello el empleo del guion (v. § 4.1.1.3.1a), en el uso común, y especialmente en formularios y bases de datos, se utiliza también la barra para separar los dígitos correspondientes al día, mes y año en la expresión numérica de las fechas: *15/2/2000.*

b) En informática, se emplea para separar los subdominios jerárquicos de las direcciones electrónicas:

http://www.academiaperuanadelalengua.org/peruanismos/principal

c) La barra se utiliza en matemáticas como signo de división tanto en la expresión de operaciones —uso en que equivale al símbolo ÷ o a los dos puntos: 15/3 [= 15 ÷ 3 o 15 : 3; 'quince dividido por tres']—, como en la expresión de quebrados o fracciones —uso en que equivale a la raya horizontal con la que también se representa este tipo de números: 3/4 ('tres cuartos')—. A diferencia del resto de los operadores matemáticos, la barra debe escribirse sin espacio de separación respecto de los números o símbolos entre los que aparece.

Información adicional — Esta barra, ligeramente más inclinada, también forma parte del símbolo del porcentaje y del tanto por mil, pero estos, al igual que la expresión de algunas de las fracciones más frecuentes, cuentan en muchos tipos de letra con un carácter tipográfico propio: %, ‰, ½, ¼, ⅝...

---

d) En obras lingüísticas, se utiliza como signo doble para encerrar la representación de los fonemas en las transcripciones fonológicas: /en'klabe/. En las transcripciones fonéticas se usan, en cambio, los corchetes (v. § 3.4.6.2d).

4.2.2 BARRA DOBLE

Aunque, hasta el triunfo completo del guion con este fin (v. § 4.1.1.1, información adicional), la barra doble era uno de los signos utilizados en la puntuación medieval y humanística para señalar la división de palabras a final de línea, en la actualidad es un signo auxiliar de función separadora, que se emplea en los casos siguientes:

a) Cuando se reproducen textos poéticos en línea seguida, señala el lugar en el que tiene lugar un cambio de estrofa en el original. En este caso, se escribe entre espacios: «*¡Más valdría, en verdad, / que se lo coman todo y acabemos! // ¡Haber nacido para vivir de nuestra muerte!*» (Vallejo *Poemas* [Perú 1923-38]).

b) Para indicar el cambio de párrafo o el cambio de página en las ediciones de textos antiguos que ofrecen información sobre la disposición formal del original. En este último caso, la doble barra puede ir seguida del número del folio o página correspondiente (aunque también puede aparecer en el margen del texto): «*Don Garçi Pérez de Toledo, notario //13v del rey en el Andaluzía, confirma*» (*Privilegio* [Esp. 1257]). Como se ve, la doble barra se escribe separada por un espacio previo del texto que se transcribe, y sin separación con respecto al número que la acompaña. Otro procedimiento igualmente válido es indicar el cambio de folio entre corchetes (v. §3.4.6.2b): «*Quando fuere todo fondido en la sartén, mete la pez [fol. 179r] e la çera*» (Córdoba *Cirugía* [Esp. a1500]).

c) En informática, y precedido de dos puntos, se utiliza para separar la indicación del protocolo de comunicación (normalmente *http*, del inglés *hyper text transfer protocol*) del dominio y subdominios de la dirección electrónica: *http://www.rae.es; https://sfpya.edomexico.gob.mx; ftp://pascal.math.yale.edu.*

4.2.3 BARRA INVERSA

La barra inversa (\), también conocida como *antibarra* o *contrabarra*, es un signo simple cuyo uso se reserva casi exclusivamente al ámbito informático, donde se emplea, entre otros usos específicos de los lenguajes de programación, como separador de los elementos jerarquizados de carpetas y subcarpetas en algunos sistemas operativos. Este signo se escribe siempre sin espacio de separación respecto de los elementos que delimita: *C:\DRIVERS\audio*

4.2.4 BARRA VERTICAL O PLECA

La barra vertical (|), también llamada *pleca,* es un signo auxiliar que actúa fundamentalmente de separador o delimitador en contextos técnicos, pero que carece de empleo en textos de carácter general.

Este signo aparece siempre precedido y seguido de espacio. Entre sus principales usos convencionales, cabe destacar los siguientes:

a) En obras sobre versificación clásica, separa los pies métricos que componen los versos, tanto si se reproduce el propio verso como si se representa solo el esquema:

El tetrámetro latino responde al esquema: – ∪∪ | – ∪∪ | – ∪∪ | – ∪.

b) En obras de carácter lingüístico, señala la existencia de una pausa breve dentro de un enunciado: *Aquellos que no hayan rellenado el formulario | deberán hacerlo antes de entrar al examen.*

c) En matemáticas, se utiliza como signo doble para indicar el valor absoluto de la expresión que encierra: $|ab| = |a|\cdot|b|$.

4.2.5 DOBLE BARRA VERTICAL O PLECA DOBLE

Al igual que sucede con la barra vertical, la doble barra vertical (||), también llamada *pleca doble,* solo se emplea en contextos técnicos, sobre todo de carácter lingüístico o filológico. Se utiliza siempre como signo simple, precedido y seguido de espacio. Se relacionan a continuación sus usos principales:

a) En diccionarios y otras obras de carácter lexicográfico, separa los distintos significados o acepciones de las palabras y expresiones definidas, cuando se ofrecen en línea seguida.

b) En obras lingüísticas, en contraste con la barra vertical que indica una pausa breve, señala la existencia de una pausa mayor: *Había pasado mucho tiempo, | demasiado tiempo. || Apenas si lo reconoció.*

c) En la edición de textos poéticos, señala la cesura o pausa interior del verso determinada por el ritmo: *«De los sos ojos || tan fuertemientre llorando»* (*Cid* [Esp. c1140]). Es frecuente asimismo que la cesura entre hemistiquios se señale únicamente con un espacio en blanco de proporción algo mayor a la de la sangría:

Buen cavallo tiene Bucar   e grandes saltos faz

mas Bavieca el de Mio Çid   alcançándolo va.

(*Cid* [Esp. c1140])

4.3 ANTILAMBDA O DIPLE

La antilambda es un signo formado por dos líneas que convergen en un ángulo a la derecha (>) o a la izquierda (<). Esta denominación se debe a que su figura es similar a la de la forma mayúscula de la letra griega lambda (Λ), aunque dispuesta horizontalmente.

Información adicional El nombre alternativo *diple* responde a la denominación latina tradicional del signo >, cuya forma inversa (<) fue denominada *diple aviesa* ('torcida, inversa') por san Isidoro. La diple comenzó a utilizarse en los márgenes de los manuscritos griegos y latinos para indicar que en la línea por ella señalada había un pasaje relevante o una palabra digna de glosa. Posteriormente, este signo fue adoptado en los manuscritos medievales para señalar las citas, en especial las bíblicas. La introducción del signo inverso (<), junto con la posterior duplicación de cada uno de ellos en los textos impresos, constituye el primer paso hacia el establecimiento de las actuales comillas (« »). Así, cuando se abandonó su uso marginal y comenzaron a insertarse en la línea de texto para delimitar claramente las citas, ya se trataba de un signo doble de carácter estrictamente ortográfico.

La antilambda puede utilizarse como signo simple o como signo doble, con una forma de apertura (<) y otra de cierre (>).

4.3.1 COMO SIGNO SIMPLE

Como signo simple no puede considerarse propiamente un signo auxiliar de carácter ortográfico. Se usa en ámbitos del saber muy concretos, donde se usa con ambas orientaciones:

a) En matemáticas, el signo de cierre indica que la cifra o variable que le precede es mayor que la que le sigue ($5 > 3$), mientras que el signo de apertura indica lo contrario ($1 < x$).

b) En lingüística histórica, el signo de cierre indica que la palabra que le precede da origen a la que le sigue (*vetŭlum* > *viejo*), mientras que el signo de apertura indica lo contrario, esto es, que la palabra antepuesta deriva de la que sigue (*cabildo* < *capitŭlum*).

4.3.2 COMO SIGNO DOBLE

Como signo doble se utiliza en la actualidad para encerrar parentéticamente fragmentos de palabras o palabras completas, motivo por el que estos signos reciben también las denominaciones alternativas de *paréntesis angulares* o *corchetes angulares*. Sus principales usos son los siguientes:

a) En ediciones críticas de textos antiguos, encierran los desarrollos del fragmento omitido en las abreviaturas, así como aquellas palabras que no figuran en el original, pero son restituidas por el editor: *P<ri>mer día de octu
e de mil seisçientos q<ua>tro.* Como puede verse en el ejemplo, cuando estos signos afectan solo a un segmento intermedio de la palabra, se escriben sin espacios de separación, como si fueran parte integrante de ella; en cambio, si encierran toda una palabra, han de escribirse, como los paréntesis, pegados a esta y separados por espacios del resto del texto. En este uso, alterna con los corchetes y, en el desarrollo de abreviaturas, con la letra cursiva.

b) En el ámbito informático, se utilizan para encerrar las direcciones de correo y de páginas electrónicas, especialmente en texto plano o en aquellos soportes que no permiten formatos: *Nuestro buzón de contacto es <oiac@msps.es>*.

c) También en informática, es el delimitador que encierra las etiquetas propias de los lenguajes de marcación (SGML, HTML, XML...): *<title><b>Manual de instrucciones</b></title>*. Como puede verse en los ejemplos, el signo de apertura va seguido de una barra en las etiquetas de cierre.

4.4 LLAVE

La llave es un signo gráfico en forma de arco o ballesta, constituido por dos líneas sinuosas que, al unirse, forman una pequeña punta o vértice en la zona central. Aunque en su aplicación principal se utiliza como signo simple, cuenta con una variante de apertura ({) y otra de cierre (}), que lo habilita también como signo doble. Entre sus principales usos, cabe destacar los siguientes:

a) La llave se utiliza en cuadros sinópticos —representaciones esquemáticas de una materia, cuya disposición da cuenta gráficamente de la jerarquía de las unidades informativas que lo integran— para abarcar los elementos que, dispuestos en líneas diferentes, pertenecen a un mismo nivel. Puede utilizarse recursivamente, de modo que cada llave represente un nivel distinto en la estructura jerarquizada de la información. Normalmente, los esquemas se disponen de izquierda a derecha, presentando las unidades informativas de mayor a menor nivel de generalización y utilizando solo llaves de apertura para abarcar los elementos subordinados (aunque en esquemas complejos pueden utilizarse de forma combinada signos de apertura y de cierre):

Números reales { *Racionales* { *Enteros* { *Naturales* / *Negativos* } / *Fraccionarios* } / *Irracionales* }

Como puede apreciarse en el ejemplo, el concepto a partir del cual se genera la llave se coloca a la altura del vértice.

Advertencia	En ningún caso deben escribirse dos puntos tras el concepto que genera la llave, uso ortográficamente redundante.

La disposición inversa, en la que los elementos se disponen de mayor a menor grado de detalle, es menos frecuente, pero no incorrecta. En este caso, la llave utilizada es la de cierre:

Paleolítico
Mesolítico } *Edad de Piedra*
Neolítico

Para resaltar e individualizar los elementos abarcados por este signo pueden insertarse, además, rayas, topos o cualquier otro tipo de marcador de los utilizados en las enumeraciones en forma de lista, aunque es práctica poco recomendable por ser gráficamente redundante y sobrecargar visualmente el texto.

En la actualidad, los cuadros sinópticos con llaves están cayendo en desuso y han quedado prácticamente relegados a textos manuscritos generados en el ámbito escolar, ya que en los textos impresos han sido reemplazados casi por completo por tablas, listados en líneas independientes o diagramas de flechas.

b) Como signo doble, las llaves pueden utilizarse para encerrar las alternativas posibles en un determinado contexto:

Prometo { *venir* / *que vendré* } *mañana a la fiesta*

Si las alternativas se disponen en la misma línea, las diferentes opciones enmarcadas por las llaves suelen separarse mediante barras u otros signos:

Prometo {venir / que vendré} mañana a la fiesta.
Viene {de la ciudad ~ de allí}

4.5 APÓSTROFO

El apóstrofo es un signo ortográfico auxiliar en forma de coma alta ('), que apenas se usa en el español actual.

Advertencia	No debe utilizarse el acento agudo (´) para representar el apóstrofo. En los teclados informáticos, la tecla que corresponde al apóstrofo se sitúa a la derecha del cero y es la misma que contiene la interrogación de cierre.

La función del apóstrofo es señalar gráficamente la supresión de sonidos, principalmente vocálicos, que se produce en determinados contextos fónicos al pronunciar dos palabras sucesivas independientes. Dado que actúa como signo de unión gráfica de los fragmentos conservados de ambas palabras, no debe aparecer precedido ni seguido de espacios.

Si bien este signo se utilizaba con cierta regularidad en la escritura del español antiguo, en la actualidad, la utilización del apóstrofo se limita a usos filológicos o literarios, en los que tiene dos aplicaciones fundamentales:

a) En ediciones actuales no modernizadas de textos antiguos, sobre todo poéticos, indica la elisión de la vocal final que se produce en determinadas palabras, como determinantes, preposiciones, conjunciones o pronombres, cuando la que sigue empieza por vocal (*l'aspereza* por *la aspereza; d'aquel* por *de aquel; qu'es* por *que es,* etc.): *«E es otrossí Mercurio nombre d'aquella planeta»* (Alfonso X *Estoria* I [Esp. c1275]); *«Y sepa, mi diosa, / Que ya m'es infierno / Lo que m'era gloria»* (*Romance* [Esp. 1600-04]).

   Asimismo, aunque menos frecuentemente, puede indicar la omisión de la vocal inicial de la segunda palabra: *«En esta confusión está metido, / y Alcida'stá también metida'n ella»* (Montemayor *Diana* [Esp. 1559]).

b) Se utiliza también para reflejar en la escritura la supresión de sonidos que se produce en la pronunciación de palabras sucesivas en la lengua oral: *«¡Para el carro o m'acatarro!»* (Moncada *Otoño* [Esp. 1993]). Se emplea sobre todo en textos literarios cuando el autor desea reproducir pronunciaciones características del habla popular o vulgar de sus personajes.

Advertencia	Tanto en las ediciones de textos antiguos como cuando se utiliza para dar cuenta de pronunciaciones características de la lengua coloquial o popular, cuando cae la vocal final de la primera palabra y la segunda empieza por hache, esta debe conservarse, ya que el apóstrofo no afecta a la escritura de la segunda

palabra: «*Puesto m'ha amor al punto do'stá el medio / de todo el bien*» (Boscán *Poesías* [Esp. c1514-42]); «*Oye tú, que t'hemos encargao una mansión*» (SchzOstiz *Infierno* [Esp. 1995]); «*Parece que en Casilda y Cienfuegos hay muchos japoneses pescando pa l'Habana*» (Serpa *Contrabando* [Cuba 1938]).

En la reproducción de la lengua oral, es también posible, aunque menos usual, que el apóstrofo señale la pérdida de la consonante inicial de la segunda palabra: «*Yo siempre ha estao al lao'e la gente...*» (González *Provisiones* [Cuba 1975]); «*Siguió nuestro hombre pa'l río y en llegando la vido que nadaba cerquita'e la orilla*» (Güiraldes *Segundo* [Arg. 1926]). En este caso, tampoco deben escribirse espacios ni antes ni después del apóstrofo.

El apóstrofo no debe utilizarse para marcar ni las apócopes ni las aféresis de una voz que se producen con independencia de la palabra que les siga (*pa* por *para; na por nada; ña* por *doña* o *niña; orita* por *ahorita*, etc.): «*¡Ta güeno! ¡Proceda nomás!*» (Cuzzani *Pitágoras* [Arg. 1988]); «*El barrio de ña Engracia, llamado "Hueco de ña Engracia", estaba ubicado en el lugar que hoy ocupa la plaza Libertad*» (Arenas *Buenos Aires* [Arg. 1979]). Tampoco debe utilizarse para señalar las elisiones producidas en interior de palabra: «*¡Oye!, pero ¿qué t'has creío tú, que somos tripa pa embutirnos?*» (Serpa *Contrabando* [Cuba 1938]). En los ejemplos anteriores, sería incorrecto escribir ⊗*'ta*, ⊗*'ña*, ⊗*creí'o* o ⊗*pa'*.

Advertencia Cuando se citan en textos en español, deben conservarse todos aquellos apóstrofos que estén presentes en denominaciones o expresiones propias de otras lenguas: *L'Hospitalet de Llobregat; O'Donnell; five o'clock; c'est la vie; D'Annunzio*.

4.5.1 USOS INCORRECTOS

a) Cuando la expresión de un año se realiza abreviadamente, omitiendo los dígitos que corresponden al siglo, no debe aparecer nunca precedida de apóstrofo. Así, es incorrecto escribir ⊗*promoción del '97* en lugar de *promoción del 97*. Para la correcta expresión de los años, v. cap. VIII, § 5.3.3.

b) No debe utilizarse el apóstrofo en la expresión de las décadas en cifras: ⊗*los 30's* (v. cap. VIII, § 5.3.2).

c) No se considera correcta en español la práctica, copiada del inglés, de indicar el plural de una sigla escribiendo detrás un apóstrofo seguido de *s* minúscula: ⊗*DVD's*. Para más información sobre el plural de las siglas, v. cap. v, § 3.3.3.

d) No debe utilizarse el apóstrofo como signo separador en las expresiones numéricas de la hora: ⊗*las 15'30 h*. Para la correcta expresión de la hora en cifras, v. cap. VIII, § 5.1.2a.

e) Es incorrecto el uso del apóstrofo como separador decimal en las expresiones numéricas: ⊗*27'454*. Sobre la escritura de expresiones numéricas con decimales, v. cap. VIII; § 2.2.1.2.1.

4.6 ASTERISCO

El asterisco es un signo con forma de estrella (*), que se sitúa en la parte superior del renglón. Se exponen a continuación las funciones de este signo que conservan cierta vigencia en la actualidad.

4.6.1 COMO LLAMADA DE NOTA

El asterisco puede aparecer en cualquier lugar de un texto manuscrito como llamada de nota, esto es, para indicar que habría de interpolarse en ese punto alguna glosa, acotación, advertencia o, sencillamente, un fragmento de texto olvidado; dicho pasaje se añadirá efectivamente en el margen, a pie de página o al final del texto, y habrá de marcarse, a su vez, mediante la anteposición del mismo signo empleado en la llamada.

Se trata de un sistema acumulativo, en el que incluir una nueva nota supone la adición de un asterisco más al signo de llamada. En consecuencia, en textos impresos, sobre todo si la obra incluye un cuerpo de notas de cierta amplitud, suelen resultar preferibles otros procedimientos de llamada, como el uso de cifras o letras.

El asterisco es, sin embargo, la llamada de nota habitual en fórmulas o tablas numéricas, pues evita la posibilidad de que los signos de llamada, en caso de ser cifras o letras, puedan interpretarse indebidamente como exponentes o variables.

4.6.2 CON VALOR DIACRÍTICO

En textos pertenecientes a distintas disciplinas, el asterisco puede otorgar valores muy heterogéneos al elemento al que se aplica. Se citan a continuación algunos de los usos que se hallan asentados en determinados ámbitos; no obstante, es costumbre consignarlos y explicarlos en los preliminares de las obras en que se emplean.

a) En formularios electrónicos, el asterisco precede a los campos que deben cumplimentarse de forma obligatoria.

b) Precediendo a una referencia bibliográfica, puede utilizarse para distinguir las obras citadas de las consultadas.

c) En lingüística, se antepone a una construcción para marcarla como agramatical, es decir, para indicar que incumple las reglas del sistema de la lengua: **¿Doy a tú?*

d) En lingüística histórica, antepuesto a una voz en informaciones o comentarios etimológicos, sirve para indicar que se trata de un vocablo hipotético, fruto de una reconstrucción, cuya existencia se supone aunque no se haya documentado por escrito: **bava, *appariculare.*

e) Antepuesto o pospuesto a una palabra que aparece en el cuerpo del artículo de un diccionario, glosario o enciclopedia, señala que dicha palabra tiene entrada propia en la obra:

> **Salmodia.** Se llama así a la forma de cantar los salmos* en el culto católico.
> (En PzGutiérrez *Música* [Esp. 1985]).
>
> **Hemistiquio.** Las partes en que se divide un verso, y que están separadas por una *cesura, se denominan hemistiquios.
> (En Estébanez *Términos* [Esp. 1996]).

4.6.3 CON FUNCIÓN DELIMITADORA

Tanto en los antiguos manuscritos como en los primeros textos impresos, el asterisco podía cumplir una función delimitadora. Conservamos dos vestigios de esta función, muy poco frecuentes hoy.

a) En el estilo tradicional de edición, un bloque de tres asteriscos centrados, ya dispuestos en la misma línea, ya en forma de triángulo (⁂), marcaba el final de una sección o capítulo. En la actualidad, se utilizan en su lugar una o más líneas en blanco.

b) El asterisco, precedido y seguido de espacio, se insertaba en los versículos de los textos litúrgicos (oraciones, salterios, etc.) para ayudar a la correcta colocación de las pausas en la lectura o recitación: *Porque el Señor conoce el camino de los justos; * mas la senda de los malos perecerá.*

4.6.4 COMO INDICADOR DE OMISIÓN

Una secuencia de tres o más asteriscos puede utilizarse para eludir la reproducción de palabras malsonantes o nombres propios que no se desea dar a conocer, reemplazando la palabra completa o únicamente su parte final, aunque se trata de un procedimiento que está en desuso en la actualidad:

«*Dinner chez les M****, puede leerse en el diario de la duquesa de C***, *madame de G***, comme d'habitude, préside la table à poil*» (Mendoza *Ciudad* [Esp. 1986]).

«Saliendo a la llanura de *** después de haber vadeado el Amaime, esperé a Juan Ángel para indicarle que tomase el camino de la sierra» (Isaacs *María* [Col. 1867]).

Con finalidad eufemística, hoy se utilizan más habitualmente los puntos suspensivos (v. cap. III, § 3.4.10.2c): *«Somoza es un hijo de p..., pero es nuestro hijo de p...»* (*Proceso* [Méx.] 10.11.1996). Como huella de la omisión intencionada de un nombre propio, es más frecuente en el uso actual dejar solo sus iniciales, seguidas de punto o de puntos suspensivos: *«Eduard Verne fue encontrado muerto en los arrabales del puerto de M... al amanecer de un día de 1988»* (Arias *Silencio* [Esp. 1991]); *«Indicaron que la mujer de iniciales C. M. N. era la autora material del aborto»* (*País* [Ur.] 12.07.2001).

4.6.5 COMO INDICADOR DE RESALTE TIPOGRÁFICO

En textos que no admiten el uso de formatos tipográficos, el asterisco se utiliza como signo doble para delimitar la palabra o expresión que debería aparecer en negrita, resalte que frecuentemente aporta énfasis visual. El asterisco precede y cierra el fragmento destacado sin espacio de separación respecto de este:

Te he dicho que no tengo *nada* que ver en ese asunto.

Este empleo moderno deriva de su uso tradicional entre editores y tipógrafos para encerrar las palabras que debían imprimirse con resalte u otro tipo de letra.

4.7 FLECHA

Recibe este nombre el signo formado por un trazo recto (horizontal, vertical o, con menos frecuencia, oblicuo) y un ángulo, vértice o punta, al menos en uno de sus extremos. Su figura reproduce de forma esquemática la del arma arrojadiza del mismo nombre (→, ←, ↑, ↓, ↔, ↕), aunque su aspecto puede variar ligeramente de un tipo de letra a otro. Como es esperable por su naturaleza icónica, se emplea básicamente para atraer la atención del lector sobre el elemento gráfico o el lugar del texto al que señala.

Información adicional — Con este mismo propósito, en el pasado también se utilizaba la manecilla, signo en forma de mano que se insertaba en el margen derecho (☜ ✍) o izquierdo (☞ ✍) del elemento que se deseaba destacar.

En la actualidad, este signo se emplea en los textos de carácter general con dos funciones fundamentales:

a) Se utiliza en tablas, diagramas, mapas conceptuales, cuadros sinópticos o cualquier otro fragmento de texto con especial disposición visual para indicar implicación, secuenciación lógica o cronológica, relaciones de causa-efecto, derivación, etc.

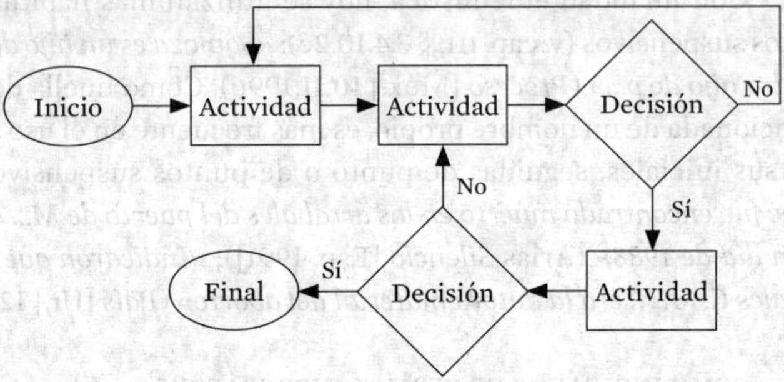

b) Dentro de un texto o enunciado, antepuesta al identificador numérico o alfanumérico de un epígrafe, apartado o sección de ese texto, la flecha horizontal con el vértice situado a la derecha (→) se utiliza para indicar una remisión a ese punto. En este uso, la flecha puede alternar con la abreviatura *v.* ('véase').

En obras de carácter lexicográfico, es habitual que aparezca la flecha apuntando hacia un término que encabeza el artículo donde se define la voz situada a su izquierda o en el que se aporta información pertinente sobre ella.

filme. → película.
segmento. Fragmento de recta comprendido entre dos puntos (→ punto).

c) En la composición de carteles o indicaciones, cumple la función de señalar tanto la dirección como el sentido del movimiento que debe seguirse para llegar a un lugar:

4.8 CALDERÓN

Recibe este nombre el signo formado por dos barras verticales dispuestas en paralelo, en cuya parte superior izquierda se sitúa un pequeño arco o semicírculo (¶).

Información adicional

El calderón aparece ya utilizado en manuscritos medievales señalando el final de un párrafo y el comienzo del siguiente cuando no se había establecido aún la costumbre de comenzar cada uno de ellos en una nueva línea, o bien marcando estrofas e incluso versos en textos poéticos. Los primeros impresores reprodujeron el calderón en sus obras con este mismo fin al principio de cada párrafo, si bien hacia el siglo XV se inició, además, la práctica de comenzarlos en una nueva línea. Dado que el calderón y las letras capitulares solían escribirse a mano, a menudo en otro color, muchas ediciones impresas aparecían con un espacio en blanco reservado para estos signos, que terminó dando lugar a la sangría característica del comienzo del párrafo de estilo tradicional. El uso conjunto de la puntuación final, la nueva línea y la sangría hizo cada vez menos necesaria la aparición del calderón, que solo siguió utilizándose para preceder a los números de foliación.

En la actualidad no tiene uso alguno en los textos impresos de carácter general, fuera de ediciones facsimilares o arcaizantes. Sin embargo, se ha recuperado su figura en las aplicaciones informáticas de procesamiento de texto más habituales, como símbolo no imprimible que se sitúa al final del párrafo en la pantalla de visualización.

En obras de referencia o manuales se utiliza también como símbolo auxiliar para indicar que la información que sigue tiene un carácter complementario o adicional. Así se emplea en el apéndice 1 de esta misma obra.

4.9 SIGNO DE PÁRRAFO

El signo de párrafo presenta la forma de dos eses enlazadas (§).

Aparece con mucha frecuencia en los primeros textos impresos, a menudo precedido y seguido de un punto. Inicialmente el uso de este signo era el mismo que el del calderón, ya que marcaba el final de un párrafo o verso y el comienzo de otro. Posteriormente, su uso se restringió a los encabezamientos y a los elementos de titulación, señalando el comienzo de un capítulo, sección o apartado.

§. I

Modo de puntuar las cláuſulas, ſeñalar los accentos, y eſcribir donde toca letras mayúſculas, ò verſales.

El uso actual del signo de párrafo ya no corresponde al descrito, pero sí es un vestigio de este, ya que hoy se antepone al identificador numérico o alfanumérico correspondiente a una de las divisiones del texto (de extensión y entidad variable y no necesariamente coincidente con el párrafo), para establecer una remisión a ella. El signo de párrafo y el identificador numérico o alfanumérico han de aparecer separados por un espacio y no deben quedar dispuestos en líneas diferentes: ⊗*§/32.8*. Cuando la remisión se realiza a más de un párrafo, este símbolo no debe usarse por duplicado (v. cap. v, § 3.2.4a, segunda advertencia).

CAPÍTULO IV

El uso de las letras minúsculas y mayúsculas

1

ORIGEN DE LA DISTINCIÓN ENTRE MINÚSCULAS Y MAYÚSCULAS

Como ocurre en todas las lenguas que emplean en su escritura el alfabeto latino, las letras de nuestro abecedario pueden adoptar dos configuraciones distintas, minúscula y mayúscula, distinción inexistente en otros alfabetos como el hebreo o el árabe. Las mayúsculas difieren de las minúsculas en el tamaño y, a veces, también en el dibujo, tal como puede comprobarse en el capítulo I, § 5.4.1, donde se ofrecen ambas formas para cada una de las letras de nuestro abecedario.

En contra de lo que cabría suponer por la distribución y la frecuencia de uso de cada una de estas formas en la actualidad, las letras mayúsculas son muy anteriores en el tiempo a las minúsculas, que hacen su aparición en época relativamente tardía.

Los romanos solo contaban inicialmente con diversos tipos de letras capitales o mayúsculas: las capitales elegantes o cuadradas (adaptación para la escritura a mano de las capitales usadas en las inscripciones monumentales), reservadas para obras especialmente lujosas; las capitales clásicas (llamadas también *rústicas,* por oposición a las anteriores), de forma más redondeada y, por tanto, más fáciles de trazar, que eran las que solían utilizarse en la escritura de libros; y las capitales cursivas (denominación que procede del verbo *currĕre* 'correr'), de ejecución rápida, usadas para los escritos sobre asuntos comunes de la vida diaria (inventarios, contratos, anuncios, cartas o documentos privados, edictos, etc.). Las letras de los dos primeros modelos tienen una altura regular, ya que se trazan entre dos líneas básicas de referencia.

SENATVS·POPVLVSQVE·ROMANVS

Capital elegante o cuadrada

Capital clásica o rústica

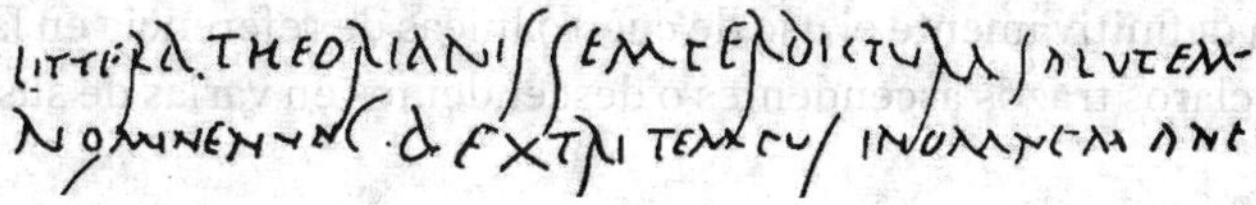

Capital cursiva

Hasta mediados del siglo II d. C. no hizo su aparición la llamada minúscula cursiva, considerada por algunos autores como una evolución natural de la mayúscula cursiva, ya plenamente asentada en el siglo IV d. C. En ella, las líneas de referencia dejan de ser dos y pasan a ser cuatro, ya que las letras presentan trazos tanto ascendentes como descendentes. Estos trazos favorecen la ligazón de las letras, lo que conlleva menor esfuerzo y, por tanto, mayor rapidez y comodidad en la escritura, pues no hay que realizar una pausa tras la ejecución de cada grafema. Este tipo de escritura conserva la forma mayúscula clásica de buena parte de las letras y para otras (*a, b, d, h, p*...) introduce formas tomadas de la capital cursiva, que anticipan nuestras minúsculas.

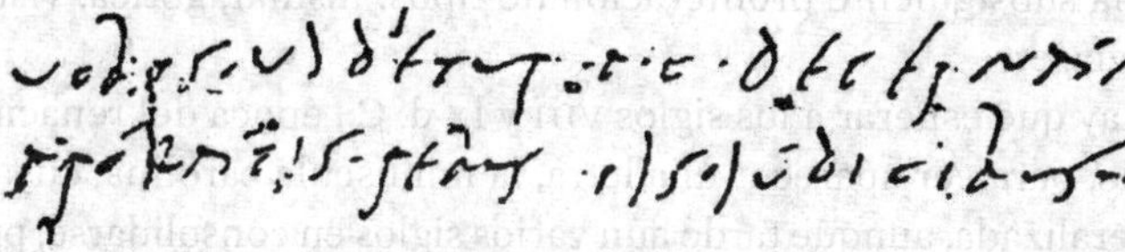

Minúscula cursiva

Algo más tarde, pero coexistiendo con la anterior, apareció la letra uncial (del lat. *uncialis* 'del tamaño de una pulgada'), de uso ya asentado en el siglo IV d. C. y prolongado hasta el siglo VIII d. C. Es una letra fundamentalmente mayúscula, de carácter librario, suntuario y litúrgico. Sus formas son ya claramente redondeadas, pero apenas hay trazos que se prolonguen por encima o por debajo de la línea de escritura, ya que aún conservan la referencia bilineal propia de las capitales clásicas.

Letra uncial

A partir de finales del siglo V d. C. se utiliza ya la letra semiuncial, tipo mixto cuya forma se asemeja cada vez más a la minúscula cursiva, aunque conserva para algunas de sus letras trazos propios de la uncial. Se consolida definitivamente el uso de cuatro líneas de referencia en la escritura, con claros trazos ascendentes o descendentes en varias de sus letras.

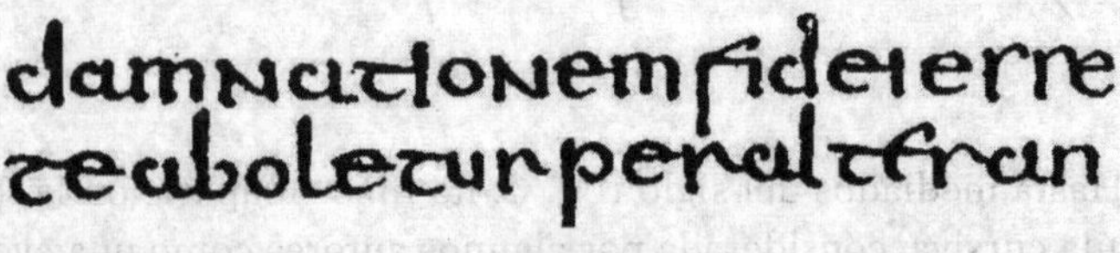

Letra semiuncial

Aunque buena parte de estas clases de letra conviven en el tiempo, en cada documento solía aparecer un único tipo, cuya elección dependía de múltiples factores: su función pública o privada, el tipo de lenguaje empleado, su destinatario, etc.

En torno al siglo VII d. C. se desarrollaron las que han sido llamadas escrituras nacionales. En los monasterios, centros de copia y difusión de la cultura, los clérigos tomaron como base la nueva minúscula cursiva romana, dotándola de nuevas formas en cada área de la fragmentada Romania, con la subsiguiente proliferación de tipos: insular, gótica, visigótica, merovingia, etc.

Hay que esperar a los siglos VIII y IX d. C., época del renacimiento carolingio, para ver aparecer una letra, la minúscula carolina, cuya adopción generalizada, aunque tardó aún varios siglos en consolidarse, propició la tan necesaria unificación de tipos y favoreció la producción de copias y el intercambio cultural. Se trata de una clase de letra suelta muy uniforme, redondeada y armónica, que se mantuvo bastante estable hasta la aparición de la imprenta, hecho que favoreció su posterior adopción como modelo tipográfico.

Minúscula carolina

Aunque también es un rasgo característico de algunos textos escritos en letra uncial y visigótica, fue con la carolina cuando comenzaron a utilizarse de modo sistemático letras de mayor tamaño y realce para destacar tanto los nombres como la primera palabra de la oración, en contraste con las utilizadas en el resto del texto.

Esta práctica no quedó plenamente asentada hasta el siglo XV, en el que los impresores humanistas italianos, en reacción contra el modelo anguloso de la letra gótica que predominó durante el siglo XIII, crearon un tipo de letra que retomaba la minúscula carolina, utilizando para los destacados las letras capitales de las inscripciones romanas.

Fue, por tanto, el triunfo de la minúscula carolina, así como la combinación de dos juegos de letras diferentes en origen, lo que dio como fruto el modelo tipográfico más difundido en la actualidad, en el que la forma de las letras mayúsculas es herencia de las capitales monumentales romanas.

2

USO DISTINTIVO DE MINÚSCULAS Y MAYÚSCULAS

El uso distintivo de minúsculas y mayúsculas es una convención estrictamente gráfica, que solo se da en algunos sistemas de escritura y carece de correlato en el plano fónico. Las letras mayúsculas representan los mismos fonemas que las minúsculas correspondientes. Se trata de variantes formales de un mismo grafema, por lo que su equivalencia oral es idéntica. Esto no significa, sin embargo, que su empleo sea indistinto y puedan intercambiarse libremente. Todo lo contrario: dado que la mayúscula se ha establecido como el término marcado, restringido, de la oposición, cada lengua ha fijado sus funciones y las normas que condicionan su empleo. Por ello podemos encontrar usos tan diversos de la mayúscula como el maximalista del alemán, lengua en la que se aplica a todos los sustantivos; el intermedio del inglés, que presenta una considerable abundancia de mayúsculas, o el del español, cuya tendencia a la minusculización ha sido notoria en los últimos tiempos.

Las normas de uso de las mayúsculas en cada lengua son convencionales, por lo que no son inamovibles y están sujetas a cambio y evolución. Baste recordar como ejemplo que en español, durante los siglos XVI y XVII, era general la mayúscula inicial en la escritura de los nombres de los días de la semana y los meses del año, así como en la de los gentilicios, palabras todas ellas que se escriben hoy con minúscula. La proliferación de mayúsculas propia de los textos barrocos ha ido dando progresivamente paso a un uso más restringido y sistemático, a medida que las funciones de la mayúscula se han ido definiendo con mayor claridad.

Las normas de uso de las mayúsculas, como las de cualquier otro elemento de un sistema, deberían ser idealmente objetivas e inequívocas en su aplicación. Sin embargo, en el uso de las mayúsculas influye, como en tantos otros aspectos de la ortografía, el peso de la tradición e intervienen otros muchos factores, como la intención de quien escribe, el tipo de texto o el contexto de aparición. Por ello, aunque la mayor parte de las normas que aquí se ofrecen son de carácter prescriptivo, existen casos en los que no pueden pasar de ser meras recomendaciones.

Las normas de aplicación de la mayúscula que se exponen en el presente capítulo intentan dar cuenta de modo claro y sencillo del mayor número de casos, pero es a todas luces imposible prever y explicar todos los contextos en los que quien escribe puede optar por utilizar la mayúscula o la minúscula en función de variables muy diversas, sin que, en rigor, ninguno de los dos usos pueda considerarse incorrecto. Conviene recordar siempre, sin embargo, que la mayúscula es la forma marcada y excepcional, por lo que se aconseja, en caso de duda, seguir la recomendación general de utilizar con preferencia la minúscula.

3

CUESTIONES FORMALES

3.1 LA MORFOLOGÍA DE LAS MAYÚSCULAS

Como se ha dicho, la forma canónica de las letras mayúsculas se corresponde básicamente con la de las capitales monumentales romanas. Todas presentan un cuerpo de la misma altura, delimitado por dos líneas de referencia, a excepción de la *ñ* y la *q*, cuyas virgulillas, esto es, los trazos que las diferencian de la *n* y de la *o*, sobrepasan, respectivamente, las líneas superior e inferior:

A B C D E F G H I J K L M N Ñ O P Q R S T U V W X Y Z

Información adicional Existe un tipo de letra caligráfica cursiva, de uso frecuente en el ámbito escolar, en el que algunas letras mayúsculas se apartan de las capitales romanas y presentan la misma forma que las minúsculas, diferenciándose de ellas únicamente por el tamaño:

A B C D E F G H I J K L M N Ñ O P Q R S T U V W X Y Z

3.1.1 La mayúscula de las letras *i* y *j* carece del punto sobrescrito característico de su forma minúscula: *Inés, Javier, HIJO.* Dado que la forma de estas letras ya está predefinida en las fuentes tipográficas y mecanográficas, esta consideración debe tenerse en cuenta sobre todo en la escritura a mano. No obstante, es habitual que muchas personas, al escribir a mano enteramente en mayúsculas, pongan un punto sobre la *i* cuando esta es un simple trazo vertical con el fin de facilitar la legibilidad del texto, práctica que no se considera censurable.

3.1.2 Si los dígrafos *ch, gu, ll* y *qu,* signos formados por dos letras, se emplean en mayúscula al inicio de una palabra escrita con minúsculas, solo adopta forma mayúscula el primero de sus componentes: *China, Guinea, Llobregat, Quito;* pero, si los dígrafos forman parte de una palabra escrita enteramente en mayúsculas, deben ir en mayúscula sus dos componentes: *CHINA, GUINEA, LLOBREGAT, QUITO.*

Cuando los dígrafos forman parte de una sigla, solo se escribe en mayúscula la primera de sus letras, ya que de este modo es posible identificar el dígrafo como una unidad gráfica, y no como la secuencia de dos letras independientes, iniciales de dos palabras distintas: *PCCh* (*Partido Comunista de China*) frente a *CDCH* (*Centro de Desarrollo Científico y Humanístico*).

3.1.3 Existe una clase de letra denominada *versalita* (diminutivo de *versal,* nombre que se da también a la letra mayúscula), que constituye una variante tipográfica de carácter híbrido, caracterizada por presentar la misma forma que la mayúscula con una altura similar a la de la minúscula. A pesar de su apariencia, la versalita es una variante estilística de la letra minúscula, por lo que, al utilizar la versalita, debe mantenerse la mayúscula inicial en aquellas palabras que la requieran: *Capítulo II. El gaucho Miguel.*

En la actualidad, su función primordial es resaltar palabras o elementos del texto, bien con finalidad meramente estética, bien para resaltar o hacer más visible el término o fragmento al que se aplica, como sucede con los nombres de los autores en las bibliografías o con los nombres de los personajes de las obras teatrales.

Para el uso de la versalita en los números romanos, v. cap. VIII, § 2.1.1a.

3.2 MAYÚSCULA INICIAL Y MAYÚSCULA EN PALABRAS, ENUNCIADOS O TEXTOS COMPLETOS

En español, las palabras pueden escribirse en minúsculas, con mayúscula inicial o enteramente en mayúsculas.

En la escritura ordinaria se utiliza como letra base la minúscula. Cuando la norma prescribe el uso de la mayúscula (al comienzo del enunciado, en los nombres propios, etc.), esta se aplica solamente a la letra inicial de la palabra o palabras afectadas: *Acaba de regresar de Santiago don Juan Martínez.*

No obstante, en determinados contextos, es posible escribir enteramente en mayúsculas palabras, enunciados o textos completos a fin de favorecer su legibilidad. Estos usos se describen en el apartado 4.4.

El uso combinado de minúsculas y mayúsculas en el interior de una misma palabra no es propio de nuestro sistema ortográfico y debe evitarse en la lengua general, si bien se trata de un procedimiento cada vez más extendido en la formación de siglas y acrónimos (v. § 4.3.1), así como en los nombres comerciales (v. § 5.2).

3.3 LA MAYÚSCULA Y LOS SIGNOS DIACRÍTICOS

Puesto que la mayúscula y la minúscula son únicamente distintas realizaciones de un mismo grafema, no existe motivo alguno por el que las palabras escritas en mayúsculas deban recibir distinto tratamiento en lo que al uso de la tilde o la diéresis se refiere. Las reglas de aplicación de ambos diacríticos (v. cap. II, § 3.4 y cap. I, § 6.1.2.2.1.1) rigen para todas las palabras, con independencia de la forma en que estén escritas.

Así pues, el empleo de la mayúscula no exime de poner la tilde cuando así lo exijan las reglas de acentuación gráfica: *CÓRDOBA*, *Álvaro*. Del mismo modo, las letras mayúsculas se escribirán con diéresis si así les corresponde: *ANTIGÜEDAD, PINGÜINO.* Estas normas son igualmente aplicables a los textos escritos en versalita.

Información adicional — En la actualidad no hay impedimento alguno para que todas las letras, mayúsculas y minúsculas, se escriban con diacríticos si deben llevarlos según las normas ortográficas. La ausencia de estos diacríticos en épocas pasadas podía estar justificada por razones técnicas: en la composición tipográfica antigua muchos juegos de caracteres no contaban con mayúsculas acentuadas y no había un espacio reservado para la tilde, lo que obligaba a empequeñecer el tamaño de la letra que debía recibirla en detrimento de la uniformidad del tipo. Además, la mayor parte de las máquinas de escribir convencionales no incorporaban la posibilidad de escribir con tilde las mayúsculas sin herir el cuerpo de la letra. Pero estas justificaciones, hoy carentes de sentido, no lo han tenido nunca en los textos manuscritos.

Solo las siglas escritas íntegramente en mayúsculas no llevan nunca tilde, ni siquiera cuando la letra en la que recae el acento prosódico de la sigla es la inicial de una palabra que se acentúa gráficamente en la expresión desarrollada. Así, se escribe *CIA* (y no ⊗*CÍA*), sigla del inglés *Central*

Intelligence Agency; ENAF (y no ⊗*ENÁF*), sigla de *Escuela Nacional de Árbitros de Fútbol.*

Hay que advertir, no obstante, que los acrónimos lexicalizados, esto es, las siglas que, por su carácter pronunciable, se han incorporado al léxico general como nombres comunes o propios (v. § 4.3), se someten, como cualquier otra palabra, a las reglas de acentuación gráfica; por lo tanto, llevarán tilde cuando les corresponda, tanto si se escriben en minúsculas como si aparecen enteramente en mayúsculas: *Intermón, INTERMÓN* (nombre de una organización no gubernamental para el desarrollo, de origen catalán, acrónimo de *inter*[dependiente] + *món* 'mundo', en catalán); *módem, MÓDEM* ('aparato que convierte las señales digitales en analógicas y viceversa', acrónimo del inglés *mo*[dulation] + *dem*[odulation]); *euríbor, EURÍBOR* ('tipo europeo de oferta interbancaria', acrónimo del inglés *eur*[opean] *i*[nter]*b*[ank] *o*[ffered] *r*[ate]). Como es natural, al haber abandonado su condición original de siglas, se regirán por las normas generales de uso de mayúsculas y minúsculas, es decir, solo se escribirán enteramente en mayúsculas por las mismas razones que el resto de palabras (§ 4.4).

4

FUNCIONES Y USOS DE LA MAYÚSCULA

La generalización del uso de la minúscula ha hecho de ella la forma normal, no marcada, en oposición a la mayúscula. Así pues, la minúscula es la letra que debe utilizarse en todos aquellos casos en los que no esté prescrito el uso de la mayúscula, cuyas normas de aplicación se exponen en el presente apartado.

Las funciones básicas y primigenias de las mayúsculas, anticipadas ya en la escritura carolina, son la delimitación de determinados fragmentos del discurso y la identificación de los nombres, que pronto derivó en nuestro sistema hacia la identificación del nombre propio.

Con su desarrollo como elemento esencial de nuestro sistema gráfico, las mayúsculas han ido ampliando y perfeccionando las funciones que inicialmente cumplían. A continuación se exponen las funciones asociadas a la mayúscula en el actual sistema ortográfico del español, así como las condiciones que rigen su empleo en cada caso.

4.1 PARA DELIMITAR LAS UNIDADES TEXTUALES PRINCIPALES

4.1.1 MAYÚSCULA CONDICIONADA POR LA PUNTUACIÓN

El uso de la mayúscula fue evolucionando en paralelo al sistema de puntuación y refinándose a medida que este también lo hacía, hasta el punto de que, en la actualidad, hay usos de la mayúscula condicionados estrictamente por la puntuación; así, es la conjunción de ambos factores, puntuación y mayúsculas, la que marca los límites de las unidades textuales básicas, que son los enunciados.

Información adicional

Los textos de las escrituras romanas arcaicas presentaban una notable uniformidad en su disposición, tanto por el tamaño de las letras como por la práctica ausencia de espacios en blanco entre las palabras. Por ello, a fin de facilitar la lectura y la localización de fragmentos concretos, comenzó a utilizarse el recurso de repetir en el margen del texto la letra con la que comenzaba cada capítulo o unidad de sentido completo. Estas letras marginales fueron creciendo en tamaño e importancia hasta derivar en las letras capitulares. Las capitulares son letras de cuerpo bastante más grande que el de la letra base —pueden llegar a ocupar hasta cuatro líneas de texto—, que se utilizan para marcar el comienzo de una obra, una noticia o reportaje periodísticos, un capítulo o una división de cierta importancia del texto principal. En la actualidad tienen una función esencialmente ornamental, pero fueron las primeras en delimitar unidades de contenido de sentido completo.

Paralelamente, en los códices y manuscritos en letra uncial, como ornato de las ediciones suntuarias y los textos litúrgicos, se utilizaba una letra de cuerpo mayor —integrada ya en el texto— para destacar la inicial de la primera palabra de un párrafo o un enunciado. Este procedimiento, del que deriva la actual función delimitadora de la mayúscula, quedó consagrado, como hemos visto, en la escritura carolina y, más tarde, con los impresores renacentistas.

Un enunciado es una unidad comunicativa de sentido completo, sintácticamente independiente, formada por una palabra o un grupo de palabras, y que viene delimitada, en el plano oral, por pausas muy marcadas y, en el plano escrito, por la mayúscula inicial de su primer elemento y el signo de puntuación que señala su cierre. La mayúscula al comienzo de cada enunciado, apoyada por la puntuación, es una marca visual muy útil, que permite captar a simple vista la estructura interna de los textos.

Se escriben con mayúscula inicial exigida por la puntuación las palabras siguientes:

4.1.1.1 La primera palabra de un escrito o la que aparece después de un punto, independientemente de que pueda estar precedida de un signo de apertura de paréntesis, comillas, interrogación o exclamación: *Llegó temprano. Aún no había anochecido. (El verano estaba llegando a su fin). ¿Habría alguien en la casa?*

El único caso en el que la primera palabra de un texto o enunciado puede aparecer escrita con minúscula inicial se da cuando dicha palabra va precedida de los puntos suspensivos que indican, en la reproducción de una cita, que el fragmento citado no inicia enunciado en el texto original (v. cap. III § 3.4.10.2e): *«... y los sueños, sueños son», como afirmaba Segismundo en uno de los dos famosos monólogos de* La vida es sueño, *de Calderón de la Barca;* pero, si se prescinde de los puntos suspensivos, la primera palabra se escribe, como es preceptivo, con mayúscula: *«Y los sueños, sueños son», como afirmaba Segismundo en uno de los dos famosos monólogos de* La vida es sueño, *de Calderón de la Barca.* Esta misma minúscula inicial puede aparecer en obras de ficción, cuando se emplean los puntos suspensivos al inicio del parlamento de un personaje para indicar que no se reproducen sus palabras desde el principio: *«Me puse en pie y volví a contar. "... diecinueve, veinte y ¡veintiuno!". No me había equivocado»* (Benítez *Caballo* I [Esp. 1984]).

Si el primer elemento de un texto o de un enunciado es una cifra, como sucede a menudo en títulos y en titulares de prensa, la palabra siguiente debe escribirse con minúscula: *1080 recetas de cocina; 27 municipios en alerta por el temporal.*

Los símbolos de carácter internacional tienen una forma fija de escritura, en la que la mayúscula o la minúscula no dependen del contexto (v. cap. V, § 4.4c); por lo tanto, si un símbolo cuya forma canónica es minúscula aparece al inicio del texto o del enunciado, o se incluye en un enunciado escrito enteramente en mayúsculas, deberá mantener su minúscula característica: *SUBE EL PRECIO DEL kW* (el símbolo del kilovatio es *kW*, con la *k* minúscula). Se recomienda, no obstante, evitar la presencia de símbolos escritos con minúscula en posición inicial absoluta, anteponiendo en esos casos un elemento introductorio.

Las siglas indicativas de los protocolos de acceso a las páginas electrónicas (*http, https*) y la que antecede al nombre de un dominio en Internet (*www*) se escriben siempre con minúsculas en las direcciones electrónicas: *http://www.asale.org.* Puesto que no pueden escribirse con mayúscula inicial aun tratándose del primer elemento de un escrito o de un enunciado, se recomienda evitar que aparezcan en dicha posición, anteponiéndoles algún otro elemento: *El sitio www.tragalibros.com cuenta con un extenso catálogo de literatura infantil.* Si se prescinde de la secuencia *www* al citar un dominio, se recomienda escribir el nombre tal como aparece en la dirección de búsqueda, esto es, todo junto en minúsculas y sin diacríticos: *elcomercio.pe, elpais.com, lamejormanzana.com,* solución preferible a la de escribirlo con las mayúsculas y los diacríticos preceptivos que corresponden al nombre de la publicación, institución o empresa en su uso ordinario, pero sin espacio de separación entre cada término: *ElComercio.pe, ElPaís.com, LaMejorManzana.com.* La opción recomendada tiene a su favor el reproducir exactamente la forma en que debe escribirse el nombre del dominio para poder acceder a su contenido en la Red.

4.1.1.2 La palabra que sigue a los puntos suspensivos, cuando estos coinciden con el cierre de un enunciado: *Estuvieron con nosotros Luis, María, Nieves... Todos preguntaron por ti.* Si los puntos suspensivos no cierran el enunciado, sino que este continúa tras ellos, la palabra que los sigue se escribe con inicial minúscula: *Es un tipo bastante... estúpido.*

4.1.1.3 En frases interrogativas y exclamativas existen dos posibilidades:

Si la pregunta o la exclamación constituyen la totalidad del enunciado, la primera palabra se escribe con inicial mayúscula, así como la que da comienzo al enunciado siguiente:

¿A qué andén tengo que dirigirme? He de tomar el tren a Córdoba.
¡Qué alegría! Pensé que no volvería a verte.
¿Dónde te habías metido? ¡Me tenías preocupadísima!

Si la pregunta o la exclamación constituyen solo una parte del enunciado, pueden darse dos casos:

a) La pregunta o la exclamación inician el enunciado. En ese caso, la primera palabra que sigue a los signos de apertura (¿ o ¡) se escribe con mayúscula y la que sigue a los signos de cierre (? o !) se escribe con minúscula: *¿Qué puedo hacer hoy por mis semejantes?, pregúntate todos los días.* Esto ocurre también cuando se suceden varias preguntas o exclamaciones breves que forman parte de un único enunciado y se separan por signos de coma o de punto y coma: *¿A qué hora has llegado?, ¿te recogieron en el aeropuerto?, ¿fueron amables?* En ese mismo caso, si cada pregunta o exclamación se considerase un enunciado independiente, su primera palabra debería escribirse con mayúscula inicial, según se acaba de explicar: *¿A qué hora has llegado? ¿Te recogieron en el aeropuerto? ¿Fueron amables?*

b) La pregunta o la exclamación no están situadas al comienzo del enunciado, sino que siguen a otra palabra o palabras que también forman parte de este. En ese caso, la primera palabra de la pregunta o de la exclamación (la que sigue a los signos de apertura) se escribe con inicial minúscula:

Diego, ¿puedes poner la lavadora?
Pero ¡qué niño tan guapo!
Eres arquitecta, ¿no?

4.1.1.4 Aunque los dos puntos no señalan el final del enunciado, sí pueden anunciar el comienzo de una unidad con independencia de sentido. Así, debe comenzarse el texto con inicial mayúscula tras este signo de puntuación en los casos siguientes:

a) Tras los dos puntos que siguen a la fórmula de encabezamiento o saludo de una carta, se trate de un envío postal, un fax o un correo electrónico:

Estimado Sr. Lizcano:

En respuesta a su carta del día...

Hola, Marisa:

No te olvides de pasar a recogerme a la salida de la reunión para...

b) Tras los dos puntos que anuncian la reproducción de una cita o de palabras textuales: *El senador afirmó: «No defraudaremos a los electores».* Se exceptúan los casos en que la cita se inicia con puntos suspensivos para indicar que se está omitiendo el comienzo del enunciado en el texto original (v. cap. III, § 3.4.10.2e): *Y el monólogo termina así: «... y los sueños, sueños son».*

Si se reproducen entre comillas enunciados originalmente autónomos, como citas célebres, máximas, refranes o frases hechas, sin ir precedidos de los dos puntos introductorios, el texto entrecomillado se escribirá con minúscula o mayúscula inicial dependiendo de su mayor o menor integración en el enunciado en el que se inserte:

No te preocupes, ya sabes que «no hay mal que por bien no venga».
Cuando hay problemas, siempre tengo presente el refrán «No hay mal que por bien no venga».

c) Tras los dos puntos que cierran los epígrafes o subtítulos de un libro o documento, o los elementos de una enumeración en forma de lista, cuando el texto explicativo que los sigue comienza en la misma línea:

La arquitectura egipcia: El elemento más característico de la arquitectura egipcia son las pirámides, construcciones funerarias que...

En esa región se crían gran variedad de setas:

- *Trompeta de los muertos: Se trata de una seta comestible, con sombrero en forma de trompeta, especialmente adecuada para...*
- *Rebozuelo: Es una seta muy fácil de reconocer, de color amarillo o anaranjado...*

d) Tras los dos puntos que siguen a términos de carácter anunciador, como *ejemplo, advertencia, nota,* etc., cuando preceden a enunciados con plena independencia sintáctica y de sentido, sea cual sea su extensión:

ADVERTENCIA: Medicamento no indicado para menores de tres años.

e) Tras los dos puntos que introducen una explicación que se desarrolla en uno o más párrafos independientes. En estos casos, los dos puntos suelen coaparecer con expresiones que remiten al texto que sigue, como *a continuación* o *siguiente,* y alternan en su uso con el punto y aparte.

La receta se elabora tal como se explica a continuación:

Se baten los huevos y el azúcar hasta que liguen, y se añade después la ralladura de limón. En un cuenco aparte se mezcla la harina con la levadura y...

f) Tras los dos puntos que siguen a verbos como *certificar, exponer, solicitar,* etc., cuando presentan el objetivo fundamental de determinados documentos jurídicos y administrativos (decretos, sentencias, bandos, edictos, certificados o instancias) y que aparecen, por ello, escritos enteramente en mayúsculas:

CERTIFICA: Que D.ª Celia Gracián ha trabajado para esta empresa durante tres años a plena satisfacción de sus superiores.

g) La primera palabra de cada uno de los elementos de una enumeración escritos en líneas independientes, siempre que estos se cierren con punto. Si se cierran con coma o con punto y coma, los mismos elementos comenzarán con minúscula (v. cap. III, § 3.4.7.2.2).

4.1.2 MAYÚSCULA VERSAL

Hasta el siglo XIX, fue costumbre arraigada entre copistas, impresores y editores utilizar la mayúscula inicial al comienzo de cada uno de los versos de un poema —por eso recibe la mayúscula el nombre alternativo de *versal*—, delimitando claramente de esa forma las unidades básicas del poema.

En consonancia con la tendencia en favor de la minúscula propia de la ortografía española, esta mayúscula carece de uso en la actualidad, por lo que solo resulta apropiada en aquellos casos en los que el autor manifieste expresamente su voluntad de utilizarla. Asimismo, en función del criterio del editor, puede usarse en la reproducción paleográfica de textos clásicos, así como en los poemas acrósticos para facilitar su identificación como tales.

Información adicional

Un poema acróstico es el que está formado por versos en los que las letras situadas en determinada posición, normalmente las iniciales, forman una palabra o una frase, como en el siguiente ejemplo:

***L**a que aquí se determina*
***E**s muy útil herramienta.*
***T**iene el don de la palabra,*
***R**ayas, curvas y algún punto:*
***A**cróstico está el asunto.*

4.2 PARA MARCAR LOS NOMBRES PROPIOS Y LAS EXPRESIONES DENOMINATIVAS

La función primordial de la mayúscula en español es la de distinguir el nombre propio del nombre común. Aunque su aplicación no presenta ningún problema en los miembros prototípicos de una y otra clase (nadie duda de que *Irene* se escriba con mayúscula o *tobillo* con minúscula), existe una casuística amplia y compleja de expresiones denominativas en las que el uso de la mayúscula puede plantear dudas a quien escribe.

La categoría de nombre propio, que tradicionalmente se ha venido definiendo por oposición al nombre común, engloba elementos muy heterogéneos que han sido evaluados con criterios gramaticales, semánticos e incluso filosóficos, por lo que es, aún hoy, objeto de discusión y revisión por parte de los lingüistas. Los rasgos definitorios del nombre propio que aquí se exponen tratan, pues, de servir de simple guía a los efectos ortográficos de la aplicación de mayúsculas y minúsculas.

4.2.1 CARACTERIZACIÓN DEL NOMBRE PROPIO FRENTE AL NOMBRE COMÚN

Los nombres propios son sustantivos o grupos nominales creados específicamente para designar y referirse a seres únicos, ya sean animados o inanimados: personas, animales, lugares geográficos, instituciones, obras de creación, acontecimientos, etc. A diferencia de los nombres comunes, los nombres propios carecen, como tales, de significado léxico (de ahí que, aun siendo sustantivos, no aparezcan en los diccionarios), por lo que no poseen sinónimos o antónimos y no son traducibles —el apellido inglés *Cruise* no se traduce por *crucero,* pero sí el sustantivo común *cruise*—, por más que muchos de ellos tengan equivalentes en otras lenguas (*Juan, Giovanni, John, Jean, Sean...*). El nombre común, en cambio, posee rasgos semánticos que lo caracterizan y permiten establecer una clase formada por los seres que presentan dichos rasgos. Frente a él, el nombre propio no tiene capacidad de generar una clase, ya que su función es únicamente particularizar e identificar un referente concreto. Aunque en algunos casos pueda haber una motivación descriptiva en su origen, una vez acuñados, los nombres propios se convierten en expresiones cuya única función es la de designar un ente singularizado, se mantenga o no la cualidad que motivó esa denominación; por ello, el *mar de los Sargazos* seguiría llamándose así aun cuando desaparecieran las algas que le dan nombre, del mismo modo que *Sierra Nevada* no pasaría a llamarse de otro modo si, por efecto del cambio climático, dejara de lucir la nieve en sus cumbres.

El nombre propio y el nombre común presentan, a menudo, límites muy difusos, por lo que no deben tratarse como categorías estancas. La oposición entre ambas clases no define dos grupos aislados, sino que se presenta, en realidad, como un continuo con dos polos bien diferenciados: mientras que unos elementos se encuentran clara y prototípicamente en uno u otro polo (resulta indudable que *Ana* es un nombre propio y *farola* un nombre común), otros muchos, ya sea por su propia naturaleza, ya por el contexto en el que aparecen, comparten rasgos de ambas clases. Así sucede, por ejemplo, con los apodos (*el Rata*) o las denominaciones antonomásticas (*el Libertador*), cuya función es primordialmente identificativa, pero que no están vacíos de significado léxico.

También son difíciles de categorizar aquellos sustantivos que poseen significado léxico y designan entes únicos, esto es, aquellos que tienen un solo referente que es siempre el mismo en la realidad que conocemos. Son sustantivos que, en virtud de sus rasgos semánticos, constituyen una clase cuyo conjunto es unitario, esto es, está formado por un único elemento. Así sucede, por ejemplo, con palabras como *sol, luna, este, oeste, lunes, primavera, agosto,* etc. Aunque en épocas pasadas solían escribirse con mayúscula inicial, asimilándolos a los nombres propios, se consideran ortográficamente nombres comunes, aunque de referente único, que deben escribirse con minúscula, con independencia de que se usen o no acompañados de artículo; así debe hacerse con los nombres de los puntos cardinales, los días de la semana, las estaciones o los meses del año (aunque estos últimos se usen, a diferencia de los anteriores, sin artículo). Los sustantivos *sol* y *luna,* por su parte, solo se consideran ortográficamente nombres propios en contextos muy específicos (por ejemplo, cuando coaparecen con los nombres propios de otros astros: *el Sol y Saturno*). De la aplicación de la mayúscula en cada caso específico se trata en el apartado 4.2.4.

A la dificultad de categorización de algunos sustantivos y expresiones como nombres propios o comunes hay que añadir los fenómenos de trasvase de una categoría a otra.

4.2.1.1 Usos de nombre común como nombre propio

En determinados usos, el nombre común deja de cumplir su función clasificadora y asume la de identificar e individualizar, bien porque se lexicaliza como nombre propio (*Ángel, Caridad, Rosa*), bien porque, en virtud de determinados fenómenos como la antonomasia o la personificación, pasa a designar un ente concreto con finalidad principalmente identificativa, análoga a la de un nombre propio.

La antonomasia, figura que consiste en utilizar un nombre común con valor de nombre propio (o viceversa), permite en este caso que una expresión común o apelativa pueda reemplazar en todos sus contextos a un nombre propio genuino (un topónimo o un antropónimo), de forma que su referente es el mismo que el del nombre propio al que sustituye: *el Libertador* [= Simón Bolívar], *la Ciudad Condal* [= Barcelona]. Este proceso se encuentra asimismo en la base de la formación de los apodos y sobrenombres.

Hay ciertos usos antonomásticos cuyo empleo está limitado a la comunidad de hablantes para los que la identificación de la referencia es inequívoca, como ocurre, por ejemplo, con *el Canal* entre los panameños (por el canal de Panamá), con *el Golfo* entre los mexicanos (por el golfo de México) o con *el Estrecho* entre los españoles (por el estrecho de Gibraltar). Estos usos resultan solamente admisibles cuando, en el ámbito de la comunidad a la que va destinado el mensaje, no existe otra referencia posible, ya que el sustantivo genérico escrito con mayúscula inicial podría muy bien remitir a una realidad distinta para otro grupo de hablantes; así, *la Península*, antonomasia para los españoles del territorio peninsular español, sería probablemente identificada con la península de Yucatán entre los hispanohablantes mexicanos. Para evitar confusiones, es frecuente en estos casos que en algún punto del texto aparezca la denominación completa que haga inequívoca la referencia.

Otros casos, cercanos a los anteriores, en los que un sustantivo común o incluso un adjetivo pueden verse escritos con mayúscula inicial por constituir, precedidos de artículo, un grupo nominal en funciones análogas a las del nombre propio, son aquellos en los que, por economía o para evitar la engorrosa repetición de expresiones denominativas de cierta longitud, se utiliza solamente uno de los elementos de la denominación completa, lo que ocurre con frecuencia en relación con entidades, organismos e instituciones: *la Academia* (por la Real Academia Española), *la Nacional* (por la Biblioteca Nacional), etc. Estos usos son solo admisibles cuando la referencia de la denominación es inequívoca, y suelen darse únicamente si en el texto ha aparecido ya el nombre completo que aclara la referencia: *«La oposición de Estados Unidos abortó una resolución propuesta por los países árabes en el seno del Consejo de Seguridad para condenar la política de Israel en materia de asentamientos. "El debate aquí solo puede agriar la atmósfera y hacer aún más difícil para las partes implicadas el logro de un acuerdo", razonó el representante de Estados Unidos ante el Consejo»* (*Vanguardia* [Esp.] 2.3.1995).

Muy cercana a la antonomasia se encuentra la metáfora, procedimiento por el que se utiliza un término o expresión de carácter común o apelativo para designar un referente, sin que exista entre ellos más vinculación que la mera analogía. En la base de la metáfora hay siempre una comparación tácita, como cuando decimos *la bota* por la península italiana o *la piel de toro* por España. No hay razón para usar la mayúscula en este tipo de expresiones metafóricas.

Del mismo modo, las aposiciones explicativas de carácter descriptivo que acompañan recurrentemente a determinados antropónimos o topónimos deben escribirse con minúsculas, incluso cuando por su solidaridad con el nombre propio puedan llegar a utilizarse en su lugar: *Cervantes, el manco de Lepanto; Sorolla, el pintor de la luz; Venecia, la ciudad de los canales.*

La personificación atribuye rasgos humanos a animales, objetos o conceptos abstractos, de modo que el nombre común que los designa cumple el papel de nombre propio identificativo. Así sucede, por ejemplo, en las alegorías de conceptos abstractos, o con los nombres de animales que funcionan como arquetipos en cuentos y fábulas. Esta mayúscula debe usarse de modo muy restrictivo y únicamente en contextos donde la personificación sea evidente, a fin de que no se extienda fuera de los límites muy concretos aquí señalados: *En el frontispicio figuraba la Justicia, matrona de ojos vendados; El cazador le preguntó a doña Liebre adónde iba tan deprisa.*

4.2.1.2 Usos de nombre propio como nombre común

Los nombres propios pueden convertirse en nombres comunes cuando, en virtud de determinados procesos, como la metonimia (*tomarse un jerez*) o la antonomasia (*ser un judas*), adquieren significado léxico y pasan a denotar clases de seres que comparten determinadas propiedades.

Así, cuando un nombre propio pasa a designar un producto o un objeto con él asociado, se convierte en un nombre común y debe escribirse con minúscula: *un rioja* (cierta clase de vino), *un cabrales* (cierta variedad de queso), *unos quevedos* (cierto tipo de lentes), *un panamá* (cierto tipo de sombrero), *una rebeca* (cierta prenda femenina), etc.

Del mismo modo, es habitual que determinados nombres propios pasen a usarse como comunes cuando designan seres o lugares que poseen los rasgos más notables o característicos del referente original, convertido ya en arquetipo: *un judas, una celestina, un quijote, un potosí.*

No deben confundirse estos casos en los que el nombre propio se convierte a todos los efectos en un nombre común con aquellos en los que, sin abandonar su condición de nombre propio, este funciona morfosintácticamente de modo análogo al nombre común, admitiendo su uso en plural y la anteposición de determinantes o especificadores, como en *Las Irenes de mi clase son agradables* o *Visitó las dos Córdobas, la española y la argentina.* Este tipo de enunciados responden a la posibilidad, perfectamente normal, de que diversos referentes compartan un mismo nombre propio, el cual debe mantener en estos usos la mayúscula que le es característica.

4.2.2 NOMBRES PROPIOS GENUINOS Y EXPRESIONES DENOMINATIVAS

La mayúscula inicial no condicionada por la puntuación se aplica en español a dos tipos de elementos: los nombres propios genuinos, entre los que se encuentran como elementos prototípicos los antropónimos (nombres propios de persona) y los topónimos (nombres propios de lugar), como *Guadalupe, Mario, Osiris, América, Toledo;* y las expresiones o etiquetas denominativas que, formadas por palabras del léxico común, o por una combinación de léxico común y nombres propios, se refieren a entes únicos (instituciones, organismos, acontecimientos, obras de creación, etc.) con una función claramente identificativa y singularizadora, como *Asociación de Academias de la Lengua Española, Alcaldía de Medellín, Ministerio de Sanidad, Primera Guerra Mundial, Hombres de maíz* (título de una novela del guatemalteco Miguel Ángel Asturias).

Las expresiones denominativas se caracterizan por presentar una estructura fija y estable en la que no es posible insertar otros elementos ni realizar modificaciones sin que estos cambios den lugar a una denominación distinta, identificativa de otra realidad: *Ministerio de Defensa* ≠ *Ministerio de Interior y Defensa; Escenas andaluzas* (obra del español Serafín Estébanez Calderón) ≠ *Nuevas escenas andaluzas* (obra del español Emilio García Gómez).

Estas expresiones establecen la concordancia de acuerdo con el sustantivo genérico que designa el referente (y que no tiene por qué aparecer explícito en el enunciado), y no con la morfología de las palabras que componen la denominación. Así, aunque el núcleo de la expresión denominativa sea plural, al ser su referente un ente individual, la concordancia se establece normalmente en singular: *Médicos del Mundo ha aumentado significativamente su actividad en los últimos años.*

Además, en las expresiones denominativas, la combinación de los significados de sus componentes no se corresponde necesariamente con la naturaleza del referente al que aluden, aunque aporte en ocasiones cierto valor informativo: la expresión *Amnistía Internacional* no se refiere a una amnistía, sino a una organización internacional de defensa de los derechos humanos; *México Posible* no es la denominación de un país, sino el nombre de un partido político; *Real Madrid* no es un topónimo, sino el nombre de uno de los equipos de fútbol de la capital de España.

4.2.3 LA DELIMITACIÓN DEL NOMBRE PROPIO

Cuando el nombre propio o la expresión denominativa son pluriverbales, es decir, cuando están formados por más de una palabra, la mayúscula inicial también cumple la función de delimitar su extensión. En la mayor parte de los casos, la mayúscula inicial se aplica solo a las palabras significativas (normalmente sustantivos y adjetivos), excluyendo los artículos, las conjunciones coordinantes y las preposiciones sin especial carga semántica situadas en el interior de la expresión denominativa, como *a, de, en, por* o *para*. En otros casos, como ocurre en los títulos de obras de creación, la mayúscula afecta solo a la primera palabra y la extensión del nombre debe marcarse mediante otros recursos gráficos, como la cursiva o las comillas.

No siempre es fácil determinar cuál es la extensión real de un nombre propio o una expresión denominativa, dónde comienza y dónde termina y, por tanto, qué palabras deben escribirse con mayúscula inicial. Este problema se plantea especialmente en aquellas denominaciones en las que aparece un nombre común categorizador o un artículo.

4.2.3.1 **Sustantivo genérico y término específico en las expresiones denominativas**

Al nombrar entes individuales, a menudo se emplea el sustantivo común genérico que designa la clase a la que pertenece el referente designado (<u>*río*</u> *Amazonas,* <u>*océano*</u> *Pacífico,* <u>*Ministerio*</u> *de Hacienda,* etc.), tras el cual aparece —en aposición o unido al sustantivo genérico mediante la preposición *de*— el término específico que permite identificarlo y singularizarlo (*Amazonas, Pacífico, de Hacienda*).

La consideración de la pertenencia del sustantivo genérico a la expresión denominativa, de lo que depende en última instancia que este elemento se escriba o no con mayúscula inicial, varía según los casos.

4.2.3.1.1 En los nombres de entidades, organismos e instituciones suele formar parte de la denominación el sustantivo genérico que designa la clase a la que pertenece la entidad designada: *Academia de Bellas Artes, Concejalía de Urbanismo, Departamento de Recursos Humanos.* Prueba de ello es que, en estos casos, la inicial del genérico se incluye en la sigla de la entidad: *Ministerio de Educación y Cultura (MEC), Organización Mundial de la Salud (OMS);* eso no ocurre, en cambio, cuando el genérico es un mero clasificador, que no forma parte de la expresión denominativa: *La organización Amnistía Internacional (AI) hizo público ayer su informe anual.*

4.2.3.1.2 Entre los nombres de establecimientos comerciales o de espacios culturales o recreativos, algunos incluyen el sustantivo común genérico en su denominación y otros no, lo cual depende, en última instancia, del nombre con que el establecimiento haya sido oficialmente registrado. Puesto que el conocimiento de esta circunstancia no suele estar al alcance del que escribe, se ofrecen a continuación las pautas generales que pueden seguirse en la escritura de este tipo de nombres.

a) Si el nombre del establecimiento está constituido por una expresión denominativa autosuficiente, que no requiere la presencia del sustantivo genérico en su mención, este, cuando aparece, actúa como mero clasificador y se escribe, por tanto, con minúscula: *Nos alojamos en el hotel La Buena Vida; Fuimos a cenar al restaurante Entre Pucheros; Te espero en la cafetería Las Alondras* (en estas oraciones podría prescindirse tanto del sustantivo genérico como del artículo que lo antecede: *Nos alojamos en La Buena Vida; Fuimos a cenar a Entre Pucheros; Te espero en Las Alondras*).

b) Si, como suele ser más habitual, en el nombre del establecimiento el término específico aparece como complemento del sustantivo genérico (lo que sucede cuando el término específico es un sustantivo en aposición, un adjetivo o un complemento preposicional), el sustantivo genérico puede escribirse con minúscula, considerando que cumple un papel meramente clasificador: *hotel Ritz, café Gijón, teatro Monumental, museo del Prado* o *parque del Retiro;* o con mayúscula, considerándolo parte integrante de la expresión denominativa: *Hotel Ritz, Café Gijón, Teatro Monumental, Museo del Prado* o *Parque del Retiro.* En general, aunque ambas opciones son válidas, se recomienda emplear con preferencia la minúscula. No obstante, en el caso de los teatros o museos, cuando se hace referencia a la institución cultural que representan, y no al mero edificio donde se ubican, está plenamente justificado el uso de mayúscula también en el sustantivo genérico: *El Teatro Real inaugura una nueva sala este año*. Hay que señalar, por otra parte, que en todas estas expresiones denominativas es habitual que el sustantivo genérico se omita por consabido: *Me alojo en el Ritz; Estrenamos la obra en el Monumental; Fuimos al Prado a ver la exposición de Goya; ¿Te apetece ir al Retiro a pasear?* Obsérvese que, en esos casos, los artículos que anteceden al término específico de la denominación se escriben con minúscula (v. § 4.2.3.2d).

4.2.3.1.3 En los nombres geográficos, los sustantivos genéricos que suelen preceder al término específico, esto es, palabras como *ciudad, río, mar, océano, sierra, cordillera, cabo, golfo, estrecho*, etc., actúan normalmente como meros clasificadores y, por tanto, deben escribirse con minúscula: *la ciudad de Panamá, el río Orinoco, el mar Rojo, el océano Índico, la sierra de Gredos, la cordillera Cantábrica, el volcán de Ipala, el cabo de Buena Esperanza, el estrecho de Magallanes*, etc. Es posible que en la tendencia a escribirlos con mayúscula haya influido el hecho de que, en los mapas, donde los nombres geográficos son meras etiquetas sin contexto, los sustantivos genéricos aparecen en posición inicial absoluta y se escriben, por ello, con mayúscula inicial.

Pero hay ocasiones en que estos mismos sustantivos sí forman parte de un nombre propio de lugar, lo que no es siempre fácil de determinar. Se ofrecen a continuación las pautas que permiten dilucidar los casos más característicos en los que un sustantivo genérico de este tipo forma parte del nombre propio geográfico y debe escribirse con mayúscula inicial.

a) Cuando el sustantivo genérico denota una realidad que no se corresponde con la naturaleza del referente designado, no actúa, como es evidente, de clasificador, sino que forma parte del nombre propio; por ejemplo, la denominación *Río de la Plata* no designa un río, sino un estuario, el formado por la unión de los ríos Paraná y Uruguay, y *Cabo Verde* no nombra un cabo, sino una isla y el país en ella situado, de ahí que los sustantivos genéricos *río* y *cabo* se escriban en estos casos con mayúscula inicial. Hay veces en que la aplicación de este criterio no es tan evidente, como ocurre en ciertos usos del genérico *mar*. Para el hablante común, el sustantivo *mar* designa solo cada una de las masas de agua salada que delimitan las áreas terrestres del planeta; por ello, tenderá a considerar que, cuando este sustantivo aparece en la denominación de ciertos lagos de gran extensión, forma parte del nombre propio; sin embargo, el nombre *mar* también designa técnicamente estas grandes masas de agua interiores, por lo que en denominaciones como *mar Caspio* o *mar Muerto* denota asimismo la naturaleza del referente designado y no hay razón para escribirlo con mayúscula inicial.

b) El sustantivo genérico forma parte del nombre propio cuando la expresión denominativa no exige la anteposición del artículo para integrarse en un enunciado; así ocurre en el caso antes citado de *Cabo Verde* o en otros como *Ciudad del Cabo* o *Sierra Nevada.* Se dice *Pasé mis vacaciones en Cabo Verde* (no **en el Cabo Verde*), *Soy de Ciudad del Cabo* (y no **de la Ciudad del Cabo*) o *Me fui a esquiar a Sierra Nevada* (y no **a la Sierra Nevada*). En cambio, es obligado el uso del artículo cuando el sustantivo genérico actúa como mero nombre común clasificador: *el cabo de Hornos, la sierra de Guadarrama.*

c) También se considera parte del nombre propio el sustantivo genérico que antecede al término específico de la denominación cuando no es el que habitualmente se utiliza para referirse al tipo de realidad designada. Así, escribimos *las Montañas Rocosas* o *los Picos de Europa* porque ni *montañas* ni *picos* suelen ser el genérico que se emplea en las denominaciones de las series o conjuntos de montañas, cuyos genéricos prototípicos son sustantivos como *sistema, cordillera* o *sierra*. Lo mismo ocurre con *la Selva Negra,* región montañosa de Alemania caracterizada por una gran densidad forestal (*selva* era antaño sinónimo de *bosque*).

4.2.3.2 El artículo en los nombres propios

Los nombres propios prototípicos (antropónimos y topónimos) se caracterizan por no necesitar artículo para integrarse en un enunciado: *Me llamo Celia; Nací en Buenos Aires.* Solo cuando estos nombres propios llevan un calificativo o un especificador exigen la presencia de un determinante, que puede ser el artículo: *la gran Celia Cruz, el Buenos Aires de mi juventud.* Pero hay nombres propios que incorporan el artículo como parte fija e indisociable de la denominación; en esos casos, el artículo, que no es ya funcionalmente un verdadero determinante, se escribe con mayúscula inicial: *Estuve en El Salvador el año pasado; Conozco muy bien La Haya; Viajo a Las Palmas todas las semanas.*

Hay, además, otro tipo de nombres propios que, para integrarse en un enunciado, requieren la anteposición del artículo, sin que eso signifique

que este elemento deba considerarse parte integrante de la denominación. En esos casos, el artículo se escribe con minúscula inicial: *el Amazonas, los Alpes, la Patagonia, las Alpujarras, el Chispas* (apodo).

Al igual que sucede con los sustantivos genéricos (v. § 4.2.3.1), no siempre es fácil determinar cuándo el artículo forma parte del nombre propio y cuándo no. A continuación se exponen algunas pruebas que pueden ayudar a dilucidarlo, aunque no todos los nombres propios con artículo inherente las cumplen como cabría esperar.

Se puede afirmar, en general, que, si el artículo forma parte del nombre propio, puede coaparecer con determinantes demostrativos o posesivos cuando el nombre propio se usa en contextos en que precisa determinación. Así, son posibles enunciados como los siguientes: *Esta La Haya no es la misma que yo conocí; Un saludo desde nuestra Las Palmas querida; Siempre soñó con aquel El Dorado que aparecía en los libros.* En cambio, cuando el artículo no es parte inherente del nombre propio, sino un verdadero actualizador, no puede coaparecer con otros determinantes, que ocupan su lugar si el nombre propio precisa determinación. Así, en lugar de *el Chispas, el Orinoco* o *el Pacífico* podemos decir *ese Chispas, nuestro Orinoco* o *aquel Pacífico,* pero no **ese el Chispas, *nuestro el Orinoco* o **aquel el Pacífico.* Excepcionalmente, algunos nombres propios con artículo inherente, como, por ejemplo, *La Habana,* pueden omitirlo cuando se les antepone otro determinante: *Aquella Habana que yo conocí ya no existe.*

Además, cuando el artículo es parte integrante del nombre propio, no es posible intercalar entre este y la palabra siguiente ningún otro elemento que rompa la unidad del conjunto. Así, si se antepone un adjetivo al nombre propio, este deberá colocarse delante de toda la denominación, incluido el artículo: *la extravagante Las Vegas, su particular El Dorado, el caótico El Cairo.* En cambio, cuando el artículo no es parte integrante del nombre propio, sino un verdadero actualizador, el adjetivo antepuesto se intercala entre el artículo y el nombre: *el impresionante Aconcagua, el caudaloso Amazonas, la misteriosa India, la extensa Patagonia, el simpático Chispas.*

A continuación se exponen los casos más característicos en los que se considera que el artículo que antecede a un nombre propio no es, en rigor, parte de este y debe escribirse, por ello, con minúscula inicial:

a) El que antecede a los apodos y sobrenombres y, en ocasiones, a los seudónimos: *el Chato, la Faraona, el Greco, el Cordobés, el Pobrecito Hablador* (seudónimo de Larra, escritor español). Prueba de que el artículo no forma parte del nombre propio es que desaparece en los usos vocativos: *Ahí llegaba el Chato. —¡Chato! —gritó—. ¿Te vienes con nosotros?*

b) El que antecede necesariamente a los nombres de accidentes geográficos, como ríos, mares, montes, etc.: *el Amazonas, el Everest, el Pacífico, los Pirineos, los Andes.* La presencia del artículo responde, en la mayoría de estos casos, a su condición de estructuras apositivas elípticas, en las que se omite, por consabido, el categorizador subyacente: *el (río) Amazonas, el (pico) Everest, el (océano) Pacífico, los (montes) Pirineos.*

c) El que antecede opcionalmente a muchos nombres de países y a los de algunos continentes, como es el caso de *(el) África, (el) Camerún, (el) Canadá, (la) China, (el) Ecuador, (los) Estados Unidos, (la) India, (el) Líbano, (el) Paraguay, (el) Perú, (el) Senegal, (el) Uruguay, (el) Yemen,* etc. La preferencia mayoritaria por el uso con artículo o sin él varía en cada caso. Obviamente, puesto que la presencia del artículo es opcional, no puede considerarse parte integrante del nombre propio.

d) El que antecede al término específico de una expresión denominativa, aun cuando se omita el sustantivo genérico: *la Moneda* (por el *palacio de la Moneda*), *el Retiro* (por el *parque del Retiro*), *el Prado* (por *el museo del Prado*).

En conclusión, y en función de lo dicho, pueden establecerse las siguientes pautas generales en lo que se refiere a la escritura del artículo que antecede a los nombres propios:

- En los nombres que designan persona (o animal o cosa personificada), el artículo, si aparece, no se considera nunca parte integrante del nombre propio y debe escribirse con minúscula inicial: *el Greco, el Pelusa, la Chata, la Siguanaba* (personaje de la mitología guatemalteca), *la Tizona* (una de las espadas del Cid), etc.
- En los nombres geográficos o de lugar, excepción hecha de los casos en que el nombre de un país, una ciudad o una localidad lo incluya de manera indisociable (como en *El Salvador, La Paz* o *El Escorial*), el artículo se escribirá con minúscula inicial, esté o no presente el sustantivo genérico correspondiente: *(la comarca de) las Alpujarras, (el golfo de) los Mosquitos, (la península de) la Guajira, (el pico de) la Maliciosa, (el palacio de) la Moncloa,* etc.

Advertencia	Cuando el artículo *el* se escribe con mayúscula por formar parte de un nombre propio o una expresión denominativa, la contracción con las preposiciones *a* o *de* no se realiza nunca en la escritura, aunque sí se haga en el habla: *un viaje oficial a El Salvador; la portada de El País; el término municipal de El Boalo* (v. cap. v, § 2.5).

4.2.4 USO DE MAYÚSCULAS Y MINÚSCULAS EN NOMBRES Y DENOMINACIONES

A continuación se exponen las normas o recomendaciones de uso de mayúsculas y minúsculas en diversas clases de nombres y expresiones denominativas, establecidas en función del tipo de referente que designan en cada caso.

4.2.4.1 Personas

4.2.4.1.1 *Antropónimos o nombres propios de persona*

4.2.4.1.1.1 *Nombres de pila e hipocorísticos*

El nombre de pila, que es la parte del nombre completo de una persona que antecede a sus apellidos, se escribe siempre con mayúscula inicial, tanto si se trata de su forma original y plena como si es un hipocorístico: *Cuauhtémoc, José Antonio, Mónica, María Luisa, Nando, Pili, Lucho, Angelita.* Cuando un nombre de pila incluye preposiciones o artículos, estos se escriben con minúscula inicial: *María de los Ángeles, Juan de Dios, María del Carmen.*

Información adicional — Se llama *hipocorísticos* a los acortamientos, diminutivos o variantes del nombre propio original que se emplean en lugar de este como designación afectiva o familiar: *Paco* por *Francisco, Pepe* por *José, Pili* por *Pilar, Quique* por *Enrique, Vero* por *Verónica, Licha* por *Alicia,* etc.

Se escribirán también con mayúscula inicial los constituyentes con significado léxico (normalmente sustantivos y adjetivos) que formen parte de la traducción de antropónimos pertenecientes a otras culturas: *Cabeza de Águila, Toro Sentado.*

Términos como *fulano, zutano, mengano, perengano* o *perencejo,* empleados para aludir a personas de un modo genérico, o a individuos cuyo nombre se ignora o no se quiere expresar, se escriben, en general, con inicial minúscula: «*Todos los días llega gente de los ejidos de por aquí con las mismas historias de siempre. A fulano lo mataron porque no quiso arrendar. A zutano lo mataron porque no quiso vender. A perengano porque se había montado en la tierra de otro con su siembra*» (Aguilar *Golfo* [Méx. 1986]). Se escriben con mayúscula solo si forman parte de una denominación genérica ficticia, con estructura de antropónimo (*Fulano de Tal, un tal Fulano Fulánez*): «*Leí nombres desconocidos y títulos diferentes: Fulano de Tal, odontólogo, abogado, médico veterinario, médico cirujano, entomólogo*» (Edwards *Anfitrión* [Chile 1987]).

4.2.4.1.1.2 *Apellidos*

Los apellidos se escriben asimismo con mayúscula inicial: *Lizardi, Mendoza, Rellán, Fernández.*

Si un apellido español comienza por preposición, o por preposición y artículo, estos se escriben con minúscula cuando acompañan al nombre de pila: *Luis de Torres, Juana de la Rosa;* pero, si se omite el nombre de pila, la preposición debe escribirse con mayúscula: *señor De Torres, De la Rosa.*

Aunque la costumbre de emplear el apellido del marido precedido de la preposición *de* tras el apellido propio de la esposa es cada vez menos frecuente, en esta fórmula la preposición se escribe siempre con minúscula: *D.ª María Soto de Alvarado* [= esposa del Sr. Alvarado]. También va en minúscula la preposición cuando el apellido del marido se emplea para designar al matrimonio o a la esposa: *señores de Alvarado, señora de Alvarado.* Si el apellido del marido comienza, a su vez, por la preposición *de,* esta segunda debe escribirse con mayúscula: *María Soto de De Torres, Sres. de De Torres.*

Si el apellido comienza con artículo, este se escribe siempre con mayúscula, se anteponga o no el nombre de pila: *Antonio La Merced, señor La Merced.*

La conjunción *y* que figura entre los dos apellidos de ciertos nombres se escribe siempre con minúscula: *Ortega y Gasset, Ramón y Cajal.*

4.2.4.1.1.3 *Denominaciones de familias y dinastías*

Se escriben con mayúscula inicial los nombres propios (normalmente apellidos) que, precedidos por un artículo en plural, se utilizan para designar a una familia o a una dinastía: *los Julios, los Claudios, los Austrias, los Borbones, los Borgia, los Romanov, los Kennedy.* También se escriben con mayúscula los nombres de familias y dinastías cuando se emplean en aposición: *la dinastía Ming, la dinastía Julio-Claudia, la familia Kennedy.* Cuando se emplean como adjetivos, se escriben, en cambio, con minúscula: *los reyes borbones.*

Las dinastías o linajes que se designan mediante un patronímico, tanto en usos sustantivos como adjetivos, se escriben siempre con minúscula inicial, ya que no son en sí nombres propios, sino derivados de nombres propios: *los abasíes, los nazaríes, los macabeos, el rey hachemita, un rey sasánida.*

Información adicional Se llama *patronímico* al nombre que, derivado del perteneciente al padre o al fundador de una dinastía, se emplea para referirse a los hijos o descendientes en calidad de tales; por ejemplo, *nazarí,* que deriva de Yúsuf ben Názar, fundador de la dinastía musulmana que reinó en Granada desde el siglo XIII al XV.

4.2.4.1.1.4 *Plural de los antropónimos*

Cuando se emplean en plural por referirse a varias personas que se llaman del mismo modo, tanto los nombres de pila como los apellidos deben conservar la mayúscula que les es característica: *¿Cuántos Fernandos conoces?; En mi empresa hay muchas Cristinas; Los Pérez serán los primeros en examinarse.*

4.2.4.1.1.5 *Antropónimos utilizados como nombres comunes*

Los nombres propios de persona que se utilizan como nombres comunes para designar genéricamente a quienes poseen el rasgo más característico o destacable del referente original se escriben con minúscula: *Mi tía es una celestina tenaz; Su hermana se convirtió en su mecenas; Siempre vas de quijote por la vida; Sus maneras son las de un vulgar casanova; Ese chico es un adonis.* No obstante, si su empleo con este valor es aún ocasional y no se ha generalizado, tienden a mantener la mayúscula: «*Y eso, quizás, es lo que paraliza al juez, lo que le tiene hecho un Hamlet desde que le cayó el asunto en suerte*» (MtnVigil *Defensa* [Esp. 1985]). Cuando se generaliza su empleo como nombres comunes, acaban siendo registrados por el diccionario, señalándose su originaria condición de nombres propios en la etimología.

Los nombres propios pluriverbales presentan, en estos casos, mayor resistencia a la minusculización, y lo más habitual es que se mantenga su escritura en varias palabras y con mayúscula inicial: *Se comportó como una auténtica Juana de Arco; Hay muchas Teresas de Calcuta trabajando abnegadas en países pobres*. Pero, cuando se generaliza su empleo como nombres comunes y pasan a comportarse prosódica y gráficamente como una sola palabra (v. cap. v, § 2.1), se escriben con minúscula: *Mi padre, de joven, era un donjuán; En Navidad las calles se llenan de papanoeles; Somos un país de sanchopanzas comodones; No hay cosa más molesta que esos pepegrillos* (o, en España, *pepitogrillos*) *que siempre te dicen lo que tienes que hacer.*

4.2.4.1.1.6 *Sustantivos y adjetivos derivados de antropónimos*

En español, a diferencia de lo que sucede en otras lenguas, los adjetivos y sustantivos derivados de antropónimos, por su condición de adjetivos o nombres comunes, se sujetan al uso general y se escriben siempre con minúscula: *taylorismo* (de *Taylor,* ingeniero norteamericano), *picassiano* (de *Picasso,* pintor español), *zapatista* (de *Zapata,* caudillo revolucionario mexicano).

Información adicional — En estos casos, al igual que sucede con los adjetivos y sustantivos derivados de topónimos no adaptados al español (*liechtensteiniano, washingtoniano*), se conservan las características gráficas del nombre del que derivan, con el fin de facilitar su identificación (v. cap. VII, § 5).

4.2.4.1.2 *Apodos y alias*

Los apodos y alias son denominaciones de carácter descriptivo basadas en algún rasgo o condición de la persona a la que nombran, que se utilizan acompañando a su nombre propio o en sustitución de este. Se escriben siempre con mayúscula inicial y habitualmente precedidos de artículo: *Lola Flores, la Faraona; Sandro, el Gitano; José Nemesio, alias el Chino; Roberto Gómez Bolaños, alias Chespirito; la Dama de Hierro; el Tempranillo; la Pasionaria.* El artículo que los antecede debe escribirse con minúscula por no formar parte de la denominación, lo que queda de manifiesto en los usos vocativos de estos nombres: *¡Qué arte tienes, Faraona!*

En el español de América no es infrecuente situar los apodos, sin artículo, entre el nombre de pila y el apellido; en ese caso se hace necesario marcarlos con cursiva o con comillas para distinguirlos de los demás elementos del nombre:

Juan *Huracán* González
Ernesto «Che» Guevara

4.2.4.1.3 *Sobrenombres*

Los sobrenombres son calificativos que siempre deben ir acompañados del nombre propio. Se escriben con mayúscula inicial y van precedidos de artículo en minúscula: *Alfonso X el Sabio, Isabel la Católica, Jack el Destripador.*

4.2.4.1.4 *Seudónimos*

Los seudónimos y nombres artísticos son los nombres utilizados por escritores y artistas en el ejercicio de sus actividades, en lugar del suyo propio. Se escriben siempre con mayúscula inicial, mientras que el artículo, si lo llevan, debe escribirse con minúscula: *Azorín* (seudónimo del escritor José Martínez Ruiz), *Imperio Argentina* (nombre artístico de la cantante Magdalena Nile del Río), *Rubén Darío* (seudónimo del escritor Félix Rubén García Sarmiento), *el Brujo* (nombre artístico del actor Rafael Álvarez), *el Pobrecito Hablador* (seudónimo del escritor Mariano José de Larra).

4.2.4.1.5 *Tratamientos*

Las fórmulas de tratamiento son apelativos empleados para dirigirse o referirse a una persona, bien por mera cortesía, bien en función de su cargo, dignidad, jerarquía o titulación académica: *usted, excelencia, majestad, monseñor, licenciado.*

Aunque en el pasado se han escrito habitualmente con mayúscula inicial por motivos de respeto (v. § 4.6), práctica que aún pervive en documentos oficiales y textos administrativos, todos ellos son adjetivos o nombres comunes, por lo que no hay razón lingüística para escribirlos con mayúscula. Así pues, deben hoy escribirse con minúscula inicial todos los tratamientos, tanto los que preceden siempre al nombre propio, llamados, por ello, *antenombres: don, doña, fray, sor, santo/ta,* etc.; como los que pueden utilizarse sin él: *usted, señor/ra, doctor/ra, licenciado/da, excelencia, (su) señoría, reverendo/da, vuestra merced,* etc. Para aquellas fórmulas honoríficas correspondientes a las más altas dignidades en el tratamiento protocolario (*su santidad, su majestad, su excelencia...*), la mayúscula inicial es admisible —aunque no obligada— solo si el tratamiento no va seguido del nombre propio de la persona a la que se refiere: *La recepción a Su Santidad será en el palacio arzobispal;* pero, si se acompaña del nombre propio, es obligada la minúscula: *Esperamos la visita de su santidad Benedicto XVI.*

La escritura con mayúscula inicial solo es obligatoria en las abreviaturas de los tratamientos, que han quedado fosilizadas en esa forma: *D.ª, Dra., Fr., Lic., Ilmo., Sr., Sto., Ud.,* etc.

Naturalmente, cuando la fórmula de tratamiento no funciona como tal, sino que forma parte de un nombre propio o de una expresión denominativa, se escribirá con la mayúscula requerida por este tipo de expresiones: *San Cristóbal de las Casas* (ciudad de Chiapas, México), *Don Benito* (localidad de Badajoz, España), *San Fermín* (festividad de Pamplona, España), *Doña Bárbara* (título de una novela del escritor venezolano Rómulo Gallegos).

4.2.4.1.6 *Títulos y cargos*

Los sustantivos que designan títulos nobiliarios, dignidades y cargos o empleos de cualquier rango (ya sean civiles, militares, religiosos, públicos o privados) deben escribirse con minúscula inicial por su condición de nombres comunes, tanto si se trata de usos genéricos: *El rey reina, pero no gobierna; El papa es la máxima jerarquía del catolicismo; El presidente de la república es un cargo electo;* como si se trata de menciones referidas a una persona concreta: *La reina inaugurará la nueva biblioteca; El papa visitará la India en su próximo viaje; A la recepción ofrecida por el embajador acudió el presidente del Gobierno, acompañado de la ministra de Defensa y el general Martínez, jefe del Estado Mayor; El duque de Frías fue nombrado nuevo jefe de Gobierno; El arzobispo de Managua ofició la ceremonia; Presidirá la junta el director general de Telefónica.*

Aunque, por razones de solemnidad y respeto, se acostumbra a escribir con mayúscula inicial los nombres que designan cargos o títulos de cierta categoría en textos jurídicos, administrativos y protocolarios, así como en el encabezamiento de las cartas dirigidas a las personas que los ocupan u ostentan, se recomienda acomodarlos también en estos contextos a la norma general y escribirlos con minúscula.

Cuando el nombre del cargo y el de la institución coinciden, el cargo debe escribirse con minúsculas, reservando la mayúscula para la institución: «*En una causa iniciada por el defensor del pueblo, Jorge Maiorano, la magistrada dictó* [...] *la suspensión de la aplicación del rebalanceo*» (*Clarín* [Arg.] 2.4.1997); «*Abogó por profesionalizar instituciones como el Tribunal Superior de Justicia,* [...] *la Cámara de Cuentas y el Defensor del Pueblo*» (*Vanguardia* [Esp.] 17.6.1994).

4.2.4.1.7 *Profesiones*

Por su condición de nombres comunes, los sustantivos que designan profesiones se escriben siempre con minúscula: *El médico no llegará hasta mañana; ¿Quiere consultarlo con su abogado?; El dictamen fue elaborado por la ingeniera industrial Graciela Mayo; Diego Sarasate, radiólogo.*

4.2.4.1.8 *Gentilicios y nombres de pueblos o etnias*

Los adjetivos y sustantivos que expresan nacionalidad o procedencia geográfica, así como aquellos que designan pueblos o etnias, se escriben siempre con minúscula inicial: *los aztecas, los maoríes, la cultura mochica, los ciudadanos filipinos.* La minúscula es también la escritura apropiada cuando se utilizan en singular con valor colectivo: «*Los otomanos sitiaron Viena, que otra vez consiguió resistir con ayudas de otros países cristianos, formándose a continuación la Santa Liga en defensa contra el turco* [= los turcos]» (Otero *Fundamentalismos* [Esp. 2001]).

4.2.4.2 **Personajes de ficción**

Al igual que sucede con los nombres de personas reales, se escriben con mayúscula inicial los que designan personajes de ficción: *Aureliano Buendía* (personaje de *Cien años de soledad,* novela del colombiano García Márquez), *Juanita la Larga* (protagonista de la novela homónima del español Valera), *Harry Potter* (protagonista de las novelas de la escritora británica J. K. Rowling), *Mafalda* (protagonista de una tira cómica homónima del argentino Quino). Cuando un nombre común o un grupo nominal se utilizan como nombres propios de un personaje, recurso especialmente utilizado en la literatura infantil, sus componentes significativos deben escribirse también con mayúscula inicial: *Caperucita Roja, el Gato con Botas, la Ratita Presumida.*

4.2.4.3 **Deidades y otros seres del ámbito religioso**

Los nombres propios con los que se designa particularizadamente a los dioses, profetas y otros seres o entes del ámbito religioso se escriben con mayúscula inicial: *Alá, Jehová, Jesucristo, Mahoma, Quetzalcóatl, Yemayá, Kukulkán, el Espíritu Santo, Satanás, Lucifer, Odín, Júpiter, Minerva.*

Tanto los apelativos antonomásticos como las advocaciones que se les aplican deben escribirse igualmente con mayúscula inicial: *el Señor, el Creador, el Todopoderoso, el Gran Arquitecto, el Salvador, la Virgen, la Purísima, el Innombrable, el Maligno, la Virgen de Fátima, Nuestra Señora del Rosario, el Cristo de la Agonía, el Buda de la Luz Ilimitada.*

Información adicional — Las *advocaciones* son las denominaciones complementarias que se aplican al nombre de las personas sagradas y que se refieren a misterios, virtudes o atributos suyos, a momentos especiales de su vida, a lugares vinculados a su presencia o al hallazgo de una imagen suya, etc.

El sustantivo *dios* ('ser supremo') debe escribirse con mayúscula inicial únicamente cuando se emplea como nombre propio, de carácter antonomástico, para designar al ser supremo de una religión monoteísta (como se ve por los ejemplos, en esos casos la palabra *Dios* se usa sin artículo): *Por medio de Moisés, Dios separó las aguas del mar Rojo para facilitar su paso a los judíos; En el islam no está permitido representar a Dios en imágenes; Dios envió a su hijo para salvarnos.* La mayúscula se mantiene en los refranes y en las expresiones o frases hechas que contienen esta referencia: *A Dios rogando y con el mazo dando; ¡Bendito sea Dios!; Se armó la de Dios es Cristo; Hazlo como Dios manda.*

En cambio, debe escribirse con inicial minúscula cuando se emplea como nombre común para referirse al ser supremo de modo genérico (normalmente, por ello, precedido de artículo): *Jehová es el nombre hebreo del dios de judíos y cristianos; No hay más dios que Alá;* o a divinidades de religiones politeístas, acompañando o no al nombre propio correspondiente: *¡Oh, dioses, velad por ella!; la diosa Atenea; el dios Viracocha.*

En usos metafóricos, se escribirá con mayúscula o con minúscula en función de si se emplea con el primero o con el segundo de los valores antes referidos: *Se cree Dios* (sin determinante, como nombre propio antonomástico), frente a *Se cree un dios* (con determinante, como nombre común genérico).

Los sustantivos *diablo* o *demonio,* apelativos comunes utilizados habitualmente para referirse a Satanás o Lucifer, el ángel caído, se escribirán con minúscula: *Fausto vendió su alma al diablo a cambio de sabiduría; Las brujas eran acusadas de tener trato carnal con el demonio.*

Aunque, en señal de respeto, ha venido siendo costumbre en textos de carácter religioso escribir los pronombres personales referidos a la divinidad, o a personas sagradas como la Virgen, con mayúscula inicial, no hay razón lingüística alguna que lo justifique, ya que en español esta categoría de palabras se escribe siempre con minúscula. Por lo tanto, se recomienda evitar la mayúscula en esos casos, como ilustran los ejemplos siguientes, donde *te, ti* y *tú* se escriben con minúscula, aunque se refieran a Dios o a la Virgen: *Ve con Dios, que él te guíe y proteja de todo mal; A ti encomiendo mi espíritu; Bendita tú eres entre todas las mujeres.*

4.2.4.4 Seres mitológicos o fabulosos

Los nombres que designan individualizadamente a seres mitológicos o fabulosos se escriben, por su condición de nombres propios, con mayúscula inicial: *Polifemo, Clío, Pegaso, Terpsícore;* no así los nombres comunes genéricos que designan las distintas clases de estos seres, que deben escribirse con minúscula inicial, tanto si se usan en singular como en plural: *una ninfa, un fauno, una sirena, cíclopes, gracias, nereidas.*

Algunos seres fabulosos se designan con el nombre que tienen en su lengua de origen, como ocurre con *gólem* (en la mitología judía, figura humana hecha de arcilla a la que se insufla vida) o *kraken* (monstruo marino de la mitología escandinava con apariencia de pulpo o calamar gigante). Estos nombres son comunes, como pone de manifiesto la necesidad de usarlos con artículo antepuesto, ya que en realidad designan una clase de seres: *el gólem, un gólem, el kraken, un kraken.* No hay razón para escribirlos con mayúscula inicial, aunque con frecuencia aparezcan así escritos en los textos.

4.2.4.5 Animales y plantas

4.2.4.5.1 *Nombres propios de animales y plantas*

Se escriben con mayúscula inicial los nombres propios designativos de animales y plantas: *Chita, Dolly, Moby Dick, Bucéfalo, Pluto, Telperion* (nombre de uno de los dos árboles que dan luz al reino de Valinor en la novela *El Silmarillion,* de J. R. R. Tolkien).

No es necesario marcar de manera especial estos nombres por el hecho de que no se refieran a seres humanos, de modo que no hay por qué escribirlos en cursiva o entre comillas.

4.2.4.5.2 *Nombres científicos y taxones zoológicos y botánicos*

En los nombres latinos que se emplean en la nomenclatura científica internacional para designar las distintas especies y subespecies de animales y plantas, se escribe con mayúscula inicial el primer componente (designativo del género), mientras que el segundo (específico de la especie) o el tercero (específico de la subespecie) se escriben con minúscula: *Pinus pinaster* (nombre científico del pino resinero o pino negral), *Felis silvestris catus* (nombre científico del gato común europeo). Los nombres científicos se escriben en cursiva, no así el artículo precedente, que debe escribirse con minúscula y en redonda: el *Homo sapiens*.

Información adicional

A diferencia de los términos que se emplean en la nomenclatura científica internacional para designar las distintas especies y subespecies de animales y plantas, las abreviaturas latinas que con frecuencia acompañan a estas denominaciones, como *var.* (lat. *varietas* 'variedad'), *sp.* (lat. *species* 'especie'), *sp. pl.* (lat. *species plantarum* 'especie de plantas') o *subsp.* (lat. *subspecies* 'subespecie') se escriben en redonda: *Crotalus* sp. (nombre científico del género al que pertenecen las serpientes de cascabel), *Cupressus sempervirens* var. *horizontalis* (nombre científico de una de las variedades del ciprés común).

No hay razón para escribir con mayúscula inicial los nombres españoles con los que se designan los taxones zoológicos y botánicos superiores al género, por lo que se recomienda su escritura con minúscula inicial, tanto cuando se usan en aposición (*orden coleópteros, familia cactáceas, clase insectos*), como cuando se usan como adjetivos o como nombres comunes (*Los cardones son plantas cactáceas; El escarabajo pelotero es un coleóptero*). En cambio, los nombres latinos que designan estos mismos niveles en la nomenclatura científica internacional se escriben siempre con mayúscula inicial: *El orden* Coleoptera *agrupa el mayor número de especies de la clase* Insecta; *La familia (de las)* Cyatheaceae *consta de seis géneros.*

4.2.4.5.3 *Nombres vernáculos de animales y plantas*

Los nombres con los que se designan en español las distintas especies de animales y plantas se escriben con minúscula inicial por su condición de nombres comunes: *el águila real, el alcaudón chico, la ballena jorobada, el buitre leonado, la comadreja, el oso pardo, la encina, el espliego, la palma de coco.* No hay razón lingüística alguna para escribirlos con mayúscula, aunque así se vean escritos a menudo en textos especializados.

4.2.4.5.4 *Razas de animales*

Los adjetivos o sustantivos que se usan para designar las distintas razas o variedades de animales se escriben con minúscula inicial: *cerdo ibérico, gato siamés, gato persa, dogo, dálmata, pequinés, pastor alemán, vaca frisona*. Del mismo modo, se escriben con minúscula las denominaciones de este tipo que proceden de otras lenguas, se hayan adaptado gráficamente o no al español: *un dóberman, un collie, un bulldog, un rottweiler.*

En aquellas denominaciones pluriverbales que contienen un topónimo o un nombre propio, este mantiene la mayúscula inicial: *tigre de Bengala, gato de Angora, perro de Terranova*. Solo cuando el nombre propio de esta especificación se independiza y pasa a utilizarse como nombre común designativo de la raza, se escribe con minúscula: *un chihuahua, un terranova.*

4.2.4.6 **Lugares**

4.2.4.6.1 ***Continentes, países y ciudades***

Los nombres propios de continentes, países, ciudades y localidades se escriben con mayúscula inicial: *América, Eurasia, Europa, África, Cuba, Croacia, El Salvador, Buenos Aires, Toledo, La Paz, San José del Estero, El Escorial*. Como se ve por los ejemplos, algunos topónimos que designan países, ciudades o localidades incluyen como parte constitutiva de su nombre un artículo antepuesto, caso en el que este debe escribirse también con mayúscula inicial (v. § 4.2.3.2).

Muchos de estos nombres, cuando son pluriverbales, incluyen en su denominación un sustantivo genérico de carácter geográfico: *Cabo Verde* (país), *Ciudad del Cabo* (ciudad), *Islas Cook* (país), *Puerto Rico* (país), *Países Bajos* (país), *Mar del Plata* (ciudad). En esos casos, el sustantivo genérico debe escribirse con mayúscula inicial, a diferencia de aquellos otros en los que funciona como un mero categorizador, que debe escribirse con minúscula por no formar parte del nombre propio: *la ciudad de Panamá, el país de Gales*. Sobre la escritura con mayúscula o minúscula de los sustantivos genéricos en nombres geográficos, v. § 4.2.3.1.3.

También se escriben con mayúscula inicial los sustantivos y adjetivos que componen las denominaciones de las federaciones integradas por varios Estados independientes: *Unión Europea, Federación Rusa.*

4.2.4.6.1.1 *Alternativas estilísticas*

Se escriben asimismo con mayúscula inicial los sustantivos y adjetivos que forman parte de las denominaciones de carácter antonomástico que presentan, como alternativa estilística, algunos topónimos: *la Ciudad Eterna* (Roma), *el Nuevo Mundo* (América), *la Santa Sede* (el Vaticano), *el Viejo Continente* (Europa), *la Joya del Pacífico* (Valparaíso), *la Isla del Encanto* (Puerto Rico), *la Reina del Plata* (Buenos Aires), *la Llave del Golfo* (Cuba). Del mismo modo se comportan las denominaciones abreviadas o las alternativas de carácter coloquial: *De Efe* (por México D. F.), *los Madriles* (por Madrid), *Barna* (por Barcelona), *Chago* (por Santiago de Chile), *Cocha* (por Cochabamba), *Marpla* (por Mar del Plata).

También se escriben con mayúscula los nombres que han recibido algunas naciones en ciertos periodos de su historia: *la Sublime Puerta* (Turquía, en tiempos de los sultanes).

4.2.4.6.1.2 *Topónimos imaginarios*

Los nombres de aquellos continentes, países, regiones o paraísos imaginarios creados por la fabulación del hombre se escriben asimismo con mayúscula inicial: *la Arcadia, la Atlántida, los Campos Elíseos, el Valhala, Macondo, el País de Nunca Jamás.*

4.2.4.6.1.3 *Topónimos utilizados como sustantivos comunes genéricos*

Al igual que sucede con los antropónimos (v. § 4.2.4.1.1.5), también hay topónimos que pasan a usarse como nombres comunes para designar genéricamente lugares que presentan el rasgo más característico del referente original, o para denotar la cualidad o circunstancia por la que este es conocido. En ese caso es normal su escritura con minúscula: *Nueva York es una babilonia posmoderna; Durante la invasión, el país se llenó de pequeñas numancias resistentes; Este chico vale un potosí; «La quema tumultuaria de un presunto homicida en el sombrío fuenteovejuna de un pueblo veracruzano»* (*Proceso* [Méx.] 15.9.1996).

4.2.4.6.2 ***Áreas geopolíticas***

Se escriben con mayúscula inicial los sustantivos y adjetivos que forman parte del nombre de determinadas zonas geográficas que se conciben como áreas geopolíticas con características comunes, pese a abarcar distintos países: *Occidente, América Latina, Hispanoamérica, el Cono Sur, Centroamérica* o *América Central, Europa del Este, el Magreb, Oriente Medio,* etc. Esta mayúscula no debe extenderse a denominaciones conjuntas establecidas en función de parámetros no estrictamente geográficos, se trate de expresiones genéricas en plural o de expresiones singulares con valor colectivo: *los países desarrollados, los países en vías de desarrollo, los países productores de petróleo, el primer mundo, el tercer mundo, la zona euro.*

4.2.4.6.3 ***Accidentes geográficos***

Los nombres propios de los accidentes geográficos, tanto naturales como artificiales, se escriben con mayúscula inicial, pero no los sustantivos comunes genéricos que los acompañan (*océano, mar, lago, embalse, río, cordillera, sierra, cabo, golfo, bahía, isla, estrecho, canal,* etc.), que deben escribirse con minúscula: *el océano Pacífico, el mar Mediterráneo, el mar Rojo, el lago Titicaca, el embalse de San Juan, el río Amazonas, la cordillera de los Andes, la sierra de la Demanda, el pico de la Maliciosa, el cabo de Hornos, el golfo de México, la bahía de Cochinos, el valle del Rift, el desierto de Atacama, el archipiélago de Juan Fernández, las islas Galápagos, las cataratas del Iguazú, la fosa de las Marianas, la falla de San Andrés, la represa de Yaciretá, el canal de Panamá, el canal de la Mancha,* etc. Muchos de estos nombres propios se emplean habitualmente solos, sin el acompañamiento del sustantivo genérico, no existiendo razón alguna para que el artículo que los antecede deje de escribirse con minúscula: *el Pacífico, el Mediterráneo, el Amazonas, los Andes, el Everest, la Maliciosa, las Galápagos,* etc. (v. § 4.2.3.2).

Hay nombres propios geográficos que incorporan un sustantivo genérico como parte inherente, caso en el que el genérico debe escribirse con mayúscula inicial: *Sierra Morena, Playa Girón, los Picos de Europa, las Montañas Rocosas, la Selva Negra,* etc. Para determinar cuándo el sustantivo genérico se considera parte del nombre propio, v. § 4.2.3.1.3.

Por otra parte, existen usos antonomásticos en los que el nombre común genérico se emplea por sí solo, escrito con mayúscula inicial, en sustitución del nombre propio. En estos casos, la referencia de la antonomasia debe ser compartida por los destinatarios del texto y resultar, por ello, inequívoca: *la Cordillera* [= la cordillera de los Andes para los chilenos], *el Golfo* [= el golfo de México para los mexicanos] o *la Península* [= la península ibérica para los españoles]. Sobre el uso de este tipo de antonomasias, v. § 4.2.1.1.

Cuando para referirse a un accidente geográfico se emplea el sustantivo genérico seguido de un adjetivo derivado del topónimo al que dicho accidente corresponde —se trate del topónimo actual o de una variante ya en desuso—, tanto el sustantivo genérico como el adjetivo se escriben con minúscula: *cordillera andina* (el adjetivo *andino* deriva del topónimo *Andes*), *meseta castellana* (el adjetivo *castellano* deriva del topónimo *Castilla*), *islas británicas* (el adjetivo *británico* deriva del topónimo histórico *Britania*), *península ibérica* (el adjetivo *ibérico* deriva del topónimo histórico *Iberia*) o *península itálica* (el adjetivo *itálico* deriva del topónimo *Italia*). Se trata, en estos casos, de expresiones meramente apelativas o comunes, aunque designen un referente único. Es necesario diferenciar estos casos de aquellos en los que el adjetivo va con mayúscula inicial por no derivar de un topónimo previo y ser, por tanto, la parte genuinamente propia de la denominación, como en *mar Mediterráneo, mar Rojo, islas Canarias, islas Aleutianas,* etc.

Las penínsulas, en concreto, suelen denominarse, bien mediante un complemento preposicional en cuyo núcleo figura un topónimo, bien mediante un adjetivo derivado de dicho topónimo, existiendo en muchos casos ambas posibilidades: *península arábiga* (o *de Arabia*), *península balcánica* (o *de los Balcanes*), *península de Crimea, península coreana* (o *de Corea*), *península de Florida, península ibérica, península itálica* o *italiana, península de Jutlandia, península malaya* (o *de Malasia*), *península yucateca* (o *de Yucatán*), etc. Hay, no obstante, algunas penínsulas que se salen de esta pauta denominativa y se identifican mediante un nombre propio genuino, que se escribe, naturalmente, con mayúscula: *península Valiente* (península de Panamá bañada por el Caribe).

4.2.4.6.4 *Regiones naturales y ecorregiones*

Los nombres propios de las regiones naturales o áreas bioclimáticas se escriben con mayúscula inicial, no así el artículo que los antecede: *la Amazonia* (o *Amazonía*), *la Orinoquia* (u *Orinoquía*), *la Patagonia, el Gran Chaco,* etc.

Se escriben, en cambio, con minúscula las expresiones con las que se hace referencia a regiones naturales o áreas bioclimáticas cuando se emplean para ello nombres comunes, como *desierto, tundra, pampa, cuenca, estepa, sabana,* etc., aun cuando, seguidos de un especificativo, designen un referente único: *la cuenca mediterránea, la cornisa cantábrica, el desierto del Pacífico, la tundra ártica, la pampa argentina.* Cuando alguno de estos nombres comunes se convierte en la denominación propia de una división administrativa, pasa a escribirse con mayúscula: *provincia de La Pampa* (Argentina). En ciertos países, es frecuente y admisible, aunque no obligatorio, que determinados nombres comunes geográficos se escriban con mayúscula inicial cuando se refieren a las regiones o áreas naturales en que se considera dividido el territorio nacional, como sucede con las regiones de *la Costa* y *la Sierra* en el Ecuador, o con *la Costa, la Sierra* y *la Selva* en el Perú.

4.2.4.6.5 *Comarcas*

Se escribe con mayúscula inicial el nombre propio de las comarcas, esto es, los territorios que en un país o una región se identifican por determinadas características físicas o culturales: *las Alpujarras, la Alcarria, los Monegros.* El artículo que antecede al nombre propio de una comarca se escribe con minúscula: *la miel de la Alcarria, el azafrán de la Mancha, el clima de los Monegros;* por tanto, la forma *el* se amalgamará, como es preceptivo, con las preposiciones *a* o *de: las playas del Algarve, el vino del Bierzo.*

El artículo que antecede al nombre de una comarca se escribe con mayúscula inicial solo en aquellos casos en los que forma parte del nombre propio de una división político-administrativa, como sucede en España con los nombres de las comarcas de la Mancha o de la Rioja, cuyo artículo se escribe con mayúscula cuando la expresión designa las comunidades autónomas correspondientes: *Castilla-La Mancha* y *La Rioja*.

4.2.4.6.6 *Espacios naturales protegidos*

En los nombres de los espacios naturales protegidos solo es obligatoria la mayúscula en el término específico, no en los sustantivos y adjetivos genéricos que lo preceden: *parque nacional de Doñana, parque natural de Puracé, reserva natural de Cabo Cruz*. No obstante, es correcta la escritura de estos genéricos con mayúscula inicial cuando se trate de la denominación de la entidad o institución que gestiona esos espacios: *Parque Nacional de Doñana*. En ningún caso es admisible la mayúscula en usos puramente genéricos: *El Gobierno creará una red de parques nacionales; Las competencias de gestión del parque natural están repartidas entre diversos organismos.*

4.2.4.6.7 *Divisiones territoriales de carácter administrativo*

En las denominaciones que corresponden a las divisiones administrativas del territorio de un Estado, sean del nivel que sean, solo está justificado el uso de la mayúscula en el término específico, mientras que el sustantivo genérico debe escribirse con minúscula: *el concejo de Mieres, el condado de York, el departamento de Moquegua, el distrito 47, el estado de Tlaxcala, la pedanía de Lorca, la provincia de Tucumán, la región de Antofagasta, el término municipal de Madrid, la vereda Rosa Blanca, la comuna de Puente Alto, la diócesis de Cuernavaca.*

4.2.4.6.8 *Regiones militares*

Se escriben con mayúscula los sustantivos y adjetivos que forman parte de la denominación de cada una de las regiones militares de un país, que habitualmente llevan antepuesto un ordinal que las distingue: *la II Región Militar, la IV Región Militar, la Cuarta Región Aérea, la Región Militar Sur*. En sus usos genéricos, estas expresiones se escriben, en cambio, con minúscula: *Se prevé la creación de dos nuevas regiones militares; Fue nombrado capitán general de la nueva región aérea.*

4.2.4.6.9 *Barrios y urbanizaciones*

En los nombres de barrios, distritos o urbanizaciones solo se escribe con mayúscula el término específico, no así el sustantivo genérico precedente: *barrio de Lavapiés, barrio de las Letras, distrito de Chamberí, urbanización Los Rosales.*

Estos sustantivos genéricos se escriben con mayúscula inicial únicamente si forman parte de una expresión que así lo exige, como ocurre con los nombres de asociaciones u organizaciones: *Asociación de Vecinos del Barrio de las Letras.*

4.2.4.6.10 *Edificios y monumentos*

Los adjetivos y sustantivos que forman parte de la denominación de sedes de entidades o instituciones, de edificios singulares o de conjuntos y elementos arquitectónicos de carácter monumental se escriben con mayúscula: *el Coliseo, el Partenón, la Casa de América, la Casa Rosada, la Catedral de Santiago, la Pirámide del Sol, los Reales Alcázares, la Torre Eiffel, la Puerta de Alcalá, el Arco del Triunfo, la Columna de la Independencia.* No obstante, cuando el sustantivo genérico que acompaña al término específico se corresponde con la naturaleza del referente designado, es asimismo admisible escribir el sustantivo genérico con minúscula y aplicar la mayúscula solo al término específico: *el arco del Triunfo, la torre Eiffel, la catedral de Santiago, la casa Batlló,* etc.

Las denominaciones, generalmente de carácter coloquial, que se emplean como alternativa estilística a los nombres de edificios o monumentos se escriben también con mayúscula inicial, no así los artículos que las anteceden: *el Pirulí* (por Torrespaña, sede de la televisión pública española, en Madrid), *la Bombonera* (por el estadio Alberto J. Armando, del Boca Juniors argentino, o por el estadio Nemesio Díez, del Deportivo Toluca mexicano), *la Raspadura* (por el monumento a José Martí en la plaza de la Revolución de La Habana).

4.2.4.6.11 *Estancias y recintos de edificios*

No hay razón para escribir con mayúscula los sustantivos y adjetivos de carácter común o apelativo con que se designan las diversas estancias o recintos de que se compone un edificio: *el despacho oval de la Casa Blanca, el oratorio del Palacio de Gobierno, la capilla Pazzi, el claustro de la iglesia de los Jerónimos, la sacristía de San Francisco el Grande, la sala de profesores del Instituto Cervantes, el salón de baile del Palacio Real, el salón de grados de la Universidad Autónoma,* etc. No obstante, en sedes institucionales y en edificios de carácter monumental es frecuente bautizar con nombres específicos determinadas estancias o recintos, caso en el que todos los elementos de la expresión denominativa se escriben con mayúscula: *la Galería de los Espejos* (en el Palacio de Versalles), *el Patio de los Leones* (en la Alhambra), *el Salón de Ciento* (en el Ayuntamiento de Barcelona), *el Salón de los Pasos Perdidos* (en el Capitolio de La Habana).

Advertencia	Cuando el sustantivo *sala* designa el conjunto de magistrados o jueces que tiene atribuida la jurisdicción sobre determinadas materias y forma parte de la denominación de un órgano jurisdiccional, se escribe con mayúscula: *Sentencia dictada por la Sala de lo Penal del Tribunal Supremo.*

4.2.4.6.12 ***Puertos, aeropuertos y estaciones***

Los sustantivos genéricos se escriben con minúscula: *Llegaron al puerto de Atenas de madrugada; Aterrizamos en el aeropuerto de Barajas; Tu tren sale de la estación de Punta Chica.* Solo está justificado el uso de la mayúscula en estos términos cuando la expresión completa no se refiere al espacio físico, sino a la entidad u organismo que gestiona su actividad: *El Puerto de Bilbao tiene un acuerdo con los bomberos de la Diputación Foral.*

Naturalmente, se escriben también con mayúscula si forman parte de un nombre propio o una expresión denominativa que así lo exige (nombres de países, de localidades, de organismos, etc.): *Puerto Vallarta, Capitanía del Puerto de Acapulco, Departamento de Facturación del Aeropuerto de Barajas.*

4.2.4.6.13 ***Calles y espacios urbanos***

Los sustantivos genéricos que encabezan las denominaciones de calles y espacios urbanos deben escribirse con minúsculas, reservando la mayúscula para el término específico: *la avenida (de) Insurgentes, la (avenida) Diagonal, la calle (de) Guayaquil, la calle Mayor, el paseo (de) Martí, la calle 52, la avenida 47, la cuadra 31, la plaza de Armas, la glorieta de Embajadores, la rambla de San Antonio, la cuesta de la Vega, la travesía de los Desamparados, el parque del Oeste,* etc.

Algunos sustantivos genéricos de este tipo, sobre todo aquellos que han dejado ya de ser percibidos por los hablantes como categorizadores de espacios urbanos, pueden pasar a constituir el término específico de la expresión denominativa, razón por la que se escriben con mayúscula y aparecen precedidos de nuevos sustantivos categorizadores escritos con minúscula: *calle Gran Vía, calle Costanilla, avenida Costanera Norte, calle Corredera.*

Se escriben también con mayúscula inicial los sustantivos genéricos que acompañan a los nombres de vías o espacios urbanos cuando aparecen detrás del término específico, como sucede a menudo en las denominaciones traducidas o tomadas de otras lenguas: *la Sexta Avenida, Central Park, Downing Street, Potsdamer Platz.*

4.2.4.6.14 *Vías de comunicación*

Al igual que sucede con los nombres de calles y espacios urbanos, en los nombres de vías de comunicación (carreteras, autovías, autopistas y calzadas romanas), solo debe escribirse con mayúscula inicial el término específico, no así el sustantivo genérico precedente: *la carretera nacional II, la carretera Panamericana, la autopista del Mediterráneo, la autopista del Sol, la autovía de Leizarán, la vía Apia, la vía de la Plata.* No obstante, en el caso de las calzadas romanas, su carácter histórico y hasta cierto punto monumental hacen admisible, aunque no obligatorio, que el sustantivo genérico *vía* se escriba con mayúscula: *la Vía Apia, la Vía de la Plata* (v. § 4.2.4.6.15).

Cuando el término específico es simplemente un número, como ocurre a menudo en España, las vías de comunicación suelen designarse mediante un sistema mixto que mezcla letras mayúsculas (indicativas del tipo de vía o del lugar por el que esta discurre) y cifras (las que componen el número identificativo), separados ambos componentes por un guion intermedio: *la A-2* (autopista), *la N-640* (carretera nacional), *la C-32* (carretera comarcal), *la BU-564* (carretera provincial de Burgos).

En los nombres de vías pecuarias, aquellas especialmente habilitadas para el traslado del ganado, no hay razón para escribir con mayúscula inicial los sustantivos genéricos como *cañada (real), cabañera,* etc., que preceden a la parte genuinamente propia de la denominación: *la cabañera de Benasque, la cañada real de los Roncaleses, la cañada real Galiana.* Tampoco está justificada la mayúscula en los adjetivos que desempeñan su normal función especificativa: *cañada real segoviana, cañada real soriana occidental.*

4.2.4.6.15 *Caminos y rutas turísticas*

Se escriben con mayúscula inicial los términos que componen la denominación de caminos y rutas que unen distintos puntos según un itinerario establecido asociado a actividades turísticas o culturales, o que poseen gran relevancia histórica o monumental: *el Camino de Santiago, la Ruta del Pisco, la Ruta del Quijote, la Ruta de la Seda.*

Cuando estas expresiones no constituyan una denominación establecida y se empleen en sentido genérico, se escribirán con minúscula: *Le propuso hacer una ruta del vino por las tabernas de la ciudad.*

4.2.4.7 **Entidades**

4.2.4.7.1 *Organismos, instituciones, departamentos y asociaciones*

4.2.4.7.1.1 *Mención extensa*

Se escriben con mayúscula inicial todas las palabras significativas que componen la denominación completa de entidades, instituciones, organismos, departamentos o divisiones administrativas, unidades militares, partidos políticos, organizaciones, asociaciones, compañías teatrales, grupos musicales, etc.: *Cámara de los Comunes, Ministerio de Sanidad y Consumo, Biblioteca Nacional, Real Academia de Bellas Artes, Instituto Caro y Cuervo, Universidad Nacional Autónoma de México, Federación Venezolana de Deportes Acuáticos, Facultad de Farmacia, Departamento de Recursos Humanos, Área de Gestión Administrativa, Regimiento de Granaderos a Caballo General San Martín, Partido Conservador, Grupo Parlamentario Socialista, Asociación de Amistad Hispano-Árabe, La Barraca, El Circo del Sol, Héroes del Silencio, Vieja Trova Santiaguera.*

La mayúscula no afecta ni a los artículos ni a las conjunciones coordinantes ni a las preposiciones sin especial relevancia semántica que incluya la expresión denominativa: *Asociación en Defensa de la Sanidad Pública, Asociación por los Derechos Civiles, Asociación por la Defensa de las Minorías, Asociación para el Progreso de las Comunicaciones;* en cambio, aquellas preposiciones con una carga semántica significativa en la denominación pueden escribirse con mayúscula, como ocurre en *Médicos Sin Fronteras* o en *Asociación Española Contra el Cáncer* (cuyas siglas, *MSF* y *AECC,* incluyen, como se ve, la inicial de las preposiciones *sin* y *contra*).

La misma pauta ha de aplicarse a los nombres de grupos o asociaciones que no son gramaticalmente estructuras nominales, como es lo habitual, sino estructuras oracionales o preposicionales, algo que comienza a ser frecuente en los últimos tiempos. También en estos casos se aplica la mayúscula inicial a todas las palabras significativas de la denominación, con las excepciones antes mencionadas: *No Es Culpa Nuestra* (nombre de una compañía de teatro), *No Me Pises Que Llevo Chanclas* (nombre de un grupo musical), *Por un Mundo Limpio* (nombre de una organización no gubernamental).

También se escriben con mayúscula las denominaciones alternativas de carácter antonomástico que poseen algunas de estas entidades: *Cámara Alta* [= Senado], *Benemérita* [= Guardia Civil (Esp.) o Cruz Roja (C. Rica)].

4.2.4.7.1.2 *Mención abreviada*

La mayúscula inicial se aplica también al término o términos con que habitualmente se menciona de forma abreviada una determinada institución o entidad: *el Ateneo* (por *el Ateneo de Sevilla*), *la Complutense* (por *la Universidad Complutense*), *la Chile* (por *la Universidad de Chile*), *la Nacional* (por *la Biblioteca Nacional*), *el Cervantes* (por *el Instituto Cervantes*). En general, estas denominaciones se forman sobre la parte específica del nombre y son estructuras elípticas en las que se omiten elementos de la denominación completa. El artículo que las encabeza debe escribirse con minúscula, pues no forma parte del nombre propio, por más que sea necesaria su presencia.

4.2.4.7.1.3 *Menciones anafóricas*

Los nombres comunes que se utilizan para referirse anafóricamente a instituciones o a entidades que se han citado con anterioridad no deben escribirse con inicial mayúscula, aunque coincidan con el sustantivo genérico incluido en la denominación completa: *El programa fue diseñado por el Departamento de Lingüística Computacional. Este departamento se creó hace varios años con la intención de...* El acompañamiento de demostrativos, posesivos o elementos anafóricos como *dicho* o *citado* obliga a interpretar esos nombres como meramente comunes en esos contextos y a escribirlos, por ello, con minúscula: *nuestro departamento de personal, dicho ministerio, esta diputación provincial, la citada subdirección,* etc. No obstante, si el sustantivo genérico se emplea precedido simplemente del artículo determinado (*el, la*), puede escribirse con mayúscula inicial, asimilando estos casos a los de mención abreviada comentados en el apartado anterior: *El Departamento de Biología Molecular ha recibido una subvención para desarrollar una nueva técnica de detección del cáncer de mama. El Departamento estará obligado a presentar informes periódicos sobre el estado de las investigaciones.*

4.2.4.7.1.4 *Menciones en plural*

Cuando el mismo sustantivo encabeza la denominación de varias entidades, es posible realizar una mención conjunta coordinando los términos específicos y pluralizando el sustantivo genérico, que en ese caso debe escribirse con minúscula inicial: *Se abre el periodo de solicitud de ayudas de los ministerios de Vivienda y Transportes.*

4.2.4.7.2 ***Entidades con mayúscula colectiva o institucional***

Existe un grupo de sustantivos que, junto a sus usos como nombres comunes, cuentan con acepciones en las que designan entidades, organismos o instituciones. Cuando se emplean con este valor, se escriben con mayúscula inicial: *la Administración, la Bolsa, la Corona, las Cortes, el Ejército, el Estado, el Gobierno, la Hacienda Pública, la Iglesia, la Marina, la Policía, el Parlamento, la Universidad,* etc.

En estos casos, la mayúscula afecta tanto al singular como al plural, pero no a los especificadores que puedan acompañar al sustantivo: *Representantes de la Iglesia católica y de la Iglesia ortodoxa se reunieron en el Vaticano; Los Gobiernos guatemalteco y español firmaron un acuerdo bilateral;*

El Ejército británico es uno de los mejor preparados del mundo; Hay que adaptar la Universidad española a las exigencias de los nuevos tiempos.

Cuando estos mismos sustantivos no designan la institución, sino que se emplean como nombres comunes, se escriben siempre con minúscula: *Están construyendo una iglesia protestante; Las tareas de gobierno son una pesada carga; Pasaré a recogerte cuando salga de la universidad.*

Tampoco debe aplicarse la mayúscula institucional a estos sustantivos cuando se emplean en singular con valor colectivo, refiriéndose a grupos concretos de individuos: *La policía* [= varios policías] *llegó rápidamente al lugar del siniestro; El ejército* [= conjunto de tropas] *no logró pasar la frontera; Casi toda la universidad participó en las protestas* [= casi todos los universitarios].

4.2.4.7.3 ***Formas de Estado y de gobierno***

Los sustantivos que designan formas de Estado o de gobierno son nombres comunes, por lo que, en sus usos genéricos, deben escribirse con minúscula: *Crece la inflación en las repúblicas bálticas; La ciudad natal del monarca se convirtió en la capital del reino; España es una monarquía parlamentaria; Condenaron abiertamente las dictaduras totalitarias; En esa etapa se ensancharon las fronteras del imperio.*

Se admite su uso con mayúscula inicial cuando estos nombres se utilizan antonomásticamente para designar periodos concretos de la historia caracterizados por una de esas formas de gobierno, como sucede, por ejemplo, en la periodización de la historia de la antigua Roma con *la Monarquía, la República* y *el Imperio,* o en casos como *la Colonia,* en referencia al periodo colonial hispanoamericano, o *la Dictadura,* en referencia a periodos de gobierno dictatoriales. Así sucede también con las denominaciones *Antiguo Régimen* y *Nuevo Régimen,* en las que es admisible el uso de la mayúscula cuando se utilizan como expresiones sinónimas, respectivamente, de Edad Moderna y Edad Contemporánea. En cuanto a las denominaciones de los diferentes imperios, v. § 4.2.4.10.4.

Estos sustantivos se escriben asimismo con mayúscula inicial cuando forman parte de la denominación oficial completa de un Estado: *Principado de Andorra, Reino de España, República Argentina, República Islámica de Irán;* no así en usos genéricos como, por ejemplo, *república mexicana,* ya que la denominación oficial de México no es esa, sino *Estados Unidos Mexicanos.*

4.2.4.7.4 ***Poderes del Estado***

Las menciones a los distintos poderes del Estado (*poder ejecutivo, poder legislativo* y *poder judicial*) se escriben con minúscula cuando se refieren, de modo genérico, a la facultad o poder en sí: *El poder legislativo recae en el Congreso;* se escriben, en cambio, con mayúscula inicial en sus dos componentes cuando se refieren específicamente a los órganos del Estado en que descansan, al tratarse en ese caso de una mayúscula institucional: *El Poder Judicial notificó su cese al magistrado.*

Naturalmente, se escriben con mayúscula cuando forman parte del nombre de un organismo o institución: *Consejo General del Poder Judicial.*

Por su parte, la palabra *ejecutivo* se escribe con mayúscula inicial cuando se utiliza por sí sola en referencia al Gobierno de una nación, como denominación estilística alternativa: *La propuesta del Ejecutivo francés tuvo una fría acogida.*

Las denominaciones que se aplican a los poderes fácticos formadas por el sustantivo *poder* precedido de un ordinal se escriben con minúscula: *¿Quién ignora hoy que la prensa es el cuarto poder?*

4.2.4.7.5 ***Establecimientos comerciales, culturales o recreativos***

Además de la primera, se escriben con mayúscula inicial todas las palabras significativas que forman parte del nombre de establecimientos comerciales, culturales o recreativos, como bares, restaurantes, cafeterías, hoteles, cines, teatros, etc.: *(bar) Miraflores; (marisquería) La Perla; (grandes almacenes) El Corte Inglés; (restaurante) La Vaca Argentina; Almacenes Arias; (mercería) El Botón de Oro; (teatro) Nuevo Apolo; (cine) Avenida; (hotel) Villamagna,* etc. Sobre la escritura con mayúscula o minúscula inicial del sustantivo genérico que suele aparecer en este tipo de expresiones denominativas (*bar, restaurante, café, hotel,* etc.), v. § 4.2.3.1.2.

En los últimos tiempos es frecuente que el nombre de muchos establecimientos, especialmente restaurantes, bares y otros locales de ocio, se aparte del modelo denominativo tradicional, constituido por expresiones nominales, y sea una estructura de otro tipo (oracional, preposicional, etc.). En esos casos, con el fin de marcar con claridad los límites de la expresión denominativa, es asimismo necesario escribir con mayúscula inicial todos los elementos significativos del nombre (salvo los artículos, las conjunciones coordinantes y las preposiciones sin especial carga significativa que aparezcan en posición interior): *restaurante Entre Suspiro y Suspiro, bar Aquí Me Quedo.*

4.2.4.7.6 ***Órdenes religiosas***

Se escriben con mayúscula inicial los sustantivos y adjetivos que forman parte del nombre de las órdenes religiosas o religioso-militares: *la Orden de Predicadores, la Orden de San Agustín, la Orden del Temple, la Orden del Carmelo* o *del Carmen, la Orden Hospitalaria de San Juan de Dios, la Orden de la Cartuja, la Compañía de Jesús.* Se escriben también con mayúscula los especificativos que se usan por sí solos en la designación de alguna de estas órdenes: *el Temple, el Carmelo.*

El sustantivo *orden* se escribirá con mayúscula inicial solo cuando forme parte del nombre propio de uno de estos institutos, pero no en sus referencias genéricas: *El libro describe con realismo la dureza de los monjes de la orden; La regla de esta orden es especialmente estricta; Entró en la orden franciscana a los veinte años* (el nombre propio de la orden franciscana es *Orden de Frailes Menores*).

La mayúscula del nombre de la orden no es extensible a los derivados con los que se designa a sus miembros, y que se emplean a menudo en plural para referirse a todo el colectivo: *un monje agustino, un dominico, los franciscanos, los templarios, los cartujos, las carmelitas.*

4.2.4.7.7 ***Equipos deportivos***

Se escriben con mayúscula inicial los elementos léxicamente significativos (por lo general, sustantivos y adjetivos) que forman parte de las denominaciones oficiales de los equipos deportivos: *Atlético de Madrid, Indios de Ciudad Juárez, Real Potosí, Gimnasia y Esgrima, Cultural y Deportiva Leonesa.*

También se escriben con mayúscula inicial las denominaciones estilísticas alternativas que se utilizan para referirse a las selecciones nacionales, normalmente basadas en el color de la camiseta de los jugadores: *la Albiceleste* (selección argentina), *la Canarinha* (selección brasileña), *la Naranja Mecánica* (selección holandesa), *la Roja* (selección española o chilena).

En cambio, los sustantivos y adjetivos apelativos que se utilizan para referirse a los jugadores o a los equipos y, por extensión, a sus socios y seguidores se escriben siempre con minúscula: *los azulgranas* (del Barcelona, España), *los colchoneros* (del Atlético de Madrid, España), *los cremas* (del Club Deportivo Comunicaciones, Guatemala), *los lilas* (de Deportes Concepción, Chile), *los merengues* (del Real Madrid, España), *los rayados* (del Monterrey, México).

Para los nombres de los torneos deportivos, v. § 4.2.4.8.11.

4.2.4.8 **Denominaciones relacionadas con la actividad intelectual o cultural del hombre**

4.2.4.8.1 ***Títulos***

4.2.4.8.1.1 *Obras de creación*

4.2.4.8.1.1.1 Mención completa

En español, se escribe con mayúscula inicial únicamente la primera palabra del título de cualquier obra de creación, sea esta de la naturaleza que sea (libros, cómics, películas, cuadros, esculturas, piezas musicales, programas de radio o televisión, etc.), mientras que el resto de las palabras que lo componen —salvo los nombres propios o las expresiones que, por su naturaleza, exijan la mayúscula— deben escribirse con minúscula: *Asesinato en el Comité Central, Cabaret, Cien años de soledad, El estrangulador, La familia de Pascual Duarte, Mujeres al borde de un ataque de nervios, La familia de Carlos IV, Mujer con espejo.* Cuando la obra presenta dos títulos alternativos, normalmente unidos por la conjunción *o,* la primera palabra del segundo título también debe escribirse con mayúscula inicial: *Bearn o La sala de las muñecas.*

La cursiva obligatoria en la escritura de los títulos de obras de creación (v. cap. III, § 3.4.8.2.3) delimita ya claramente su extensión, por lo que debe evitarse escribir con mayúscula todos los elementos significativos del título, como se hace en inglés; así, lo correcto en español es escribir *Diccionario de la lengua española,* y no ⊗*Diccionario de la Lengua Española.*

Esta norma debe aplicarse a los títulos de todas las obras de creación, incluidas aquellas pertenecientes a épocas en las que, por no estar aún fijadas las normas ortotipográficas, era habitual aplicar la mayúscula más allá de la palabra inicial; así, debe escribirse *Libro de buen amor* o *Divina comedia,* en lugar de ⊗*Libro de Buen Amor* o ⊗*Divina Comedia,* como ha sido normal hasta ahora. El artículo que antecede a la mención de ciertas obras de creación no siempre pertenece al título y, en ese caso, debe escribirse con minúscula y en redonda; así ocurre en casos como la *Odisea,* la *Ilíada* o la *Divina comedia.*

Cuando se cita o transfiere un título de otra lengua a un texto en español, puede seguirse sin más la norma española y escribir con mayúscula inicial únicamente la primera palabra: *Cavalleria rusticana, Lost in translation, Manhattan transfer, Pulp fiction, West side story, Un chien andalou.* No obstante, podrán respetarse, si se conocen, las reglas que rijan en la lengua en la que esté escrito el título.

4.2.4.8.1.1.2 Mención abreviada

Los títulos abreviados o alternativos con los que nos referimos comúnmente a determinadas obras de creación, y que se emplean en lugar del título completo, suelen ir precedidos de artículo, el cual debe escribirse con minúscula y en redonda: el *Quijote* (por *El ingenioso hidalgo don Quijote de la Mancha*), la *Celestina* (por *Comedia* [o *Tragicomedia*] *de Calisto y Melibea*), la *Quinta sinfonía* (por *Sinfonía n.º 5 en do menor, opus 67*). Es obligado, en estos casos, realizar la amalgama del artículo con las preposiciones *a* y *de:* al *Quijote,* del *Quijote.*

Cuando el título abreviado se utiliza para referirse a los distintos ejemplares, ediciones, versiones o lecturas de una misma obra, se mantiene su escritura en cursiva y con mayúscula inicial:

Tengo un *Quijote* de 1700.
Hay tantos *Quijotes* como lectores del *Quijote*.

4.2.4.8.1.2 *Piezas independientes que forman parte de una obra*

En los títulos de aquellas piezas o textos que constituyen una unidad independiente o autónoma, pero que se publican dentro de una obra que posee, a su vez, su propio título —como ocurre con los artículos, los reportajes, los cuentos o los poemas que aparecen dentro una publicación periódica o un libro, o con las canciones de un álbum, los capítulos de una serie de televisión y otros casos similares—, solo se escribe con mayúscula inicial la primera palabra, además de aquellas otras cuya naturaleza así lo exija. Además, a fin de delimitar su extensión, se escribirán entre comillas siempre que se haga referencia a ellos junto con el título de la obra o la publicación a la que pertenecen o en la que se han publicado:

Octavio Paz publicó en el diario *La Jornada* el artículo titulado «La recaída de los intelectuales».
De repente se puso a recitar el «Prendimiento de Antoñito el Camborio en el camino de Sevilla», del *Romancero gitano* de Lorca.
«Vivir sin aire» es la canción que más me gusta del disco de Maná *Arde el cielo*.

En caso de citarse solos, para marcar la extensión del título podrá optarse por la cursiva o las comillas:

Se subasta un facsímil del *Yo acuso,* el famoso artículo de Zola.
Se subasta un facsímil del «Yo acuso», el famoso artículo de Zola.
Me encanta el *Romance de la pena negra,* es uno de mis poemas favoritos.
Me encanta el «Romance de la pena negra», es uno de mis poemas favoritos.

4.2.4.8.1.3 *Subdivisiones o secciones internas de libros y documentos*

En los títulos de las subdivisiones o secciones internas de libros o documentos (partes, capítulos, apartados, etc.), solo se escribe con mayúscula inicial la primera palabra, además de aquellas otras que la requieran por su naturaleza. Cuando se haga referencia a ellos dentro de un texto, se escribirán, además, entre comillas, a fin de delimitar su extensión, como se ve en el ejemplo siguiente:

En el capítulo II, «La representación gráfica del acento: el uso de la tilde», se exponen las reglas de acentuación del español.

4.2.4.8.1.4 *Titulares de prensa*

En los titulares de las noticias de prensa, solo se escribe con mayúscula la primera palabra, además de aquellas otras cuya naturaleza así lo exija: *Cuatro heridos en el derrumbe de un inmueble en Caracas.*

4.2.4.8.1.5 *Publicaciones periódicas y colecciones*

A diferencia de lo que ocurre con los títulos de los libros, todas las palabras significativas que forman parte del nombre de una publicación periódica (un periódico, una revista, un boletín, etc.) o de una colección ('serie de obras de un mismo tipo que se editan con un formato común') se escriben con mayúscula inicial cuando se hace referencia a ellos en un texto, con independencia de cuál sea el grafismo con el que aparezca el nombre en la portada: *El Comercio, El Diario Vasco, Nueva Revista de Filología Hispánica, Muy Interesante, Crecer Feliz, Biblioteca Románica Hispánica, El Barco de Vapor, Anaya Multimedia.* Los nombres de las publicaciones periódicas deben escribirse, además, en cursiva, no así los de las colecciones, que se escriben en redonda.

4.2.4.8.1.6 *Libros sagrados*

Los sustantivos y adjetivos que forman parte del título de los libros sagrados, así como de sus denominaciones antonomásticas, se escriben con mayúscula inicial, pero no el artículo que los antecede, que se escribe con minúscula: *la Biblia, el Corán, el Libro de Mormón, el Libro de los Muertos, la Torá, las Sagradas Escrituras.* Esta norma se aplica también al título de cada uno de los libros que los componen: *el Cantar de los Cantares, el Eclesiastés, el Libro de los Reyes, el Nuevo Testamento, los Hechos de los Apóstoles, el Mishná* (parte del Talmud, libro de la ley judía).

Hay que saber, además, que los títulos de libros sagrados se escriben en letra redonda, y no en cursiva.

4.2.4.8.1.7 *Rezos u oraciones*

Cuando para denominar una oración se utiliza un fragmento pluriverbal del verso con el que comienza (*Bendita sea tu pureza, Yo confieso,* etc.), dicho fragmento se escribirá en cursiva y con la primera palabra en mayúscula; en cambio, se escriben en redonda, con minúscula y normalmente en una sola palabra los comienzos de oraciones que se han lexicalizado como nombres comunes para designar los diferentes rezos, incluso los que conservan su forma latina (*el padrenuestro, una salve, dos avemarías, el credo, el tedeum, el sanctus, el magníficat*, etc.):

> «Se puso a rezar un padrenuestro, que le sabía a poco; pero es que del *Yo pecador* o del *Señor mío Jesucristo* no lograba acordarse con los nervios» (Gala *Invitados* [Esp. 2002]).

4.2.4.8.1.8 *Leyes y documentos oficiales e históricos*

Se escriben con mayúscula inicial todos los elementos significativos (normalmente sustantivos o adjetivos) que forman parte del título de documentos oficiales o históricos, como tratados, convenciones, acuerdos, declaraciones, etc.: *el Tratado de Versalles, la Convención de Ginebra, la Carta de las Naciones Unidas, la Declaración Universal de los Derechos Humanos.*

Se escriben asimismo con mayúscula inicial todos los elementos significativos del título de los textos o documentos de carácter legal o jurídico (fueros, códigos, órdenes, leyes, decretos, etc.): *Código Civil; Fuero Juzgo; Acta Única Europea; Ley 40/1998, de 9 de diciembre, del Impuesto sobre la Renta de las Personas Físicas y otras Normas Tributarias; Ley Orgánica 3/1981, de 6 de abril, del Defensor del Pueblo; Real Decreto 125/1988; Ley para la Ordenación General del Sistema Educativo.*

No obstante, cuando la descripción de la ley que constituye el título de esta es demasiado extensa, el uso de la mayúscula se limita al primer elemento: *Ley 17/2005, de 19 de julio, por la que se regula el permiso y la licencia de conducción por puntos y se modifica el texto articulado de la ley sobre tráfico, circulación de vehículos a motor y seguridad vial.* En ese caso, si se citan en el interior de un texto, se escribirán, además, en cursiva o entre comillas para delimitar su extensión.

En caso de utilizar una mención abreviada del título, deben mantenerse las mayúsculas: *El informe ambiental de actividades debe ser público de acuerdo con la Ley 2/2002.* En cambio, en las menciones genéricas o anafóricas la mayúscula no está justificada, pues lo que se emplea en realidad no es el título (ni completo ni abreviado), sino el nombre común que designa cada tipo de documento legislativo, que debe escribirse con minúscula: *En el preámbulo de la ley ya se establecen claramente sus motivos; El presente real decreto entrará en vigor al día siguiente de su publicación.* Cuando se alude específicamente a algún artículo, apartado o inciso, estas palabras (o sus abreviaturas *art., apdo., inc.*) deben escribirse con inicial minúscula: *Así se reconoce en el apartado 4 del artículo 15 de esta ley.*

Los nombres con los que se designan comúnmente determinadas leyes, constituidos por una breve expresión descriptiva de su contenido, y que se emplean en lugar del título oficial, deben escribirse con minúsculas:

ley de extranjería (cuyo título completo es *Ley Orgánica 4/2000, de 11 de enero, sobre Derechos y Libertades de los Extranjeros en España y su Integración Social*) o *ley del divorcio* (cuyo nombre completo es *Ley 30/1981, de 7 de julio, por la que se modifica la regulación del matrimonio en el Código Civil y se determina el procedimiento a seguir en las causas de nulidad, separación y divorcio*).

También se escriben con minúscula las expresiones de carácter común o apelativo con las que se hace referencia genérica a determinadas leyes, y que no se corresponden con su título oficial: *ley electoral, ley sálica, ley del talión, ley seca*.

Las constituciones, normas supremas de los Estados, suelen citarse no por el título completo, sino de forma abreviada, utilizando el sustantivo genérico *constitución* escrito con mayúscula inicial, mayúscula que no debe afectar a los especificadores que lo acompañen: *los padres de la Constitución, la Constitución argentina, la Constitución española*. Esta mayúscula no debe extenderse a los usos plurales o genéricos: *las primeras constituciones bolivianas, las constituciones democráticas, una nueva constitución*.

4.2.4.8.1.9 *Ponencias, discursos, conferencias y exposiciones*

Los títulos de los textos de ponencias, discursos, conferencias, presentaciones, etc., así como los de las exposiciones de carácter cultural referidas a un tema concreto, se comportan como los títulos de los libros o los artículos, es decir, solo se escribe con mayúscula la primera palabra y aquellas otras cuya naturaleza así lo exija: *La lucha contra el cambio climático en los países en desarrollo; Géneros novelísticos en la literatura del Barroco; La ideología de Goya a través de sus obras*. Si se citan dentro de un texto, lo más adecuado es escribirlos, además, entre comillas a fin de delimitar su extensión, como se ve en el ejemplo siguiente:

> La exposición «Goya y el mundo moderno» recibió más de un millón de visitantes.

4.2.4.8.1.10 *Programas, planes, proyectos*

Todas las palabras significativas que forman parte del nombre o título de programas, planes y proyectos, ya sean de carácter público o privado, se escriben con mayúscula inicial: *Plan de Fomento de la Lectura, Programa de las Naciones Unidas para el Desarrollo, Proyecto del Genoma Humano*. Si el título está constituido por una descripción de la naturaleza del plan o proyecto y resulta demasiado extenso, la mayúscula se limita a la primera palabra: *Proyecto para la detección y el estímulo del talento musical precoz en niños menores de seis años;* en ese caso, si el título se cita dentro de un texto, lo más adecuado es escribirlo entre comillas a fin de delimitar su extensión.

4.2.4.8.2 *Lemas y eslóganes*

En los lemas, consignas y eslóganes, tanto los propios de instituciones u organizaciones como los de carácter político o publicitario, solo se escribe con mayúscula inicial la primera palabra: *Limpia, fija y da esplendor* (lema de la Real Academia Española); *Seamos razonables: pidamos lo imposible* (consigna del Mayo del 68); *Póntelo, pónselo* (eslogan de una campaña institucional española para fomentar el uso del preservativo entre los jóvenes); *Un Martini invita a vivir.* Cuando estos elementos se citan dentro de un texto, deben escribirse, además, entre comillas a fin de delimitar su extensión, como se ve en el ejemplo siguiente:

Mandela buscó la reconciliación bajo el lema «Un equipo, un país».

Los lemas que aparecen dentro de las banderas, escudos y monedas suelen escribirse enteramente en mayúsculas (v. § 4.4d).

4.2.4.8.3 *Disciplinas científicas*

4.2.4.8.3.1 *Ramas del conocimiento*

Los sustantivos y adjetivos que forman parte del nombre de las disciplinas científicas y las diversas ramas del conocimiento deben escribirse, en general, con minúscula, tanto en su sentido propio como en los derivados: *La física nuclear ha experimentado grandes avances en los últimos años; La morfología es una parte de la gramática; Tiene un talento especial para las matemáticas; La psicología infantil es muy complicada.* Se escribirán con mayúscula inicial únicamente en contextos académicos o curriculares, cuando designen estudios o materias regladas: *Soy licenciada en Filología Inglesa; Me he matriculado en Arquitectura; ¿Quién te da Física este año?*

4.2.4.8.3.2 *Asignaturas y cursos*

Los sustantivos y adjetivos que forman parte del nombre de una asignatura o materia de estudio se escriben con mayúscula inicial, coincida o no con el nombre de una ciencia o disciplina: *Inglés, Lengua, Matemáticas, Conocimiento del Medio, Química Orgánica, Lenguaje Publicitario, Metodología de la Programación;* pero, si el nombre de una asignatura resulta ser excesivamente largo, solo se escribe con mayúscula la primera palabra: *Introducción al comentario de textos narrativos y poéticos españoles del siglo* XVI.

Los nombres de los cursos (serie de clases sobre un tema o materia, establecida conforme a un programa) se atendrán a esta misma norma: *Curso de Prevención de Riesgos Laborales; 1.er Curso de Crítica Textual,* pero *Curso sobre el uso de las nuevas tecnologías de la información en la enseñanza del español como segunda lengua.*

Cuando, debido a su extensión, solo se aplique la mayúscula a la primera palabra del nombre de una asignatura o un curso, al citarlo dentro de un texto se escribirá entre comillas, como en el ejemplo siguiente:

No sé si matricularme en «Comentario de textos narrativos y poéticos españoles» o en «Historia de las ideas lingüísticas en el mundo hispánico».

4.2.4.8.3.3 *Etapas o ciclos educativos*

En general, no hay razón para escribir con mayúscula las expresiones con las que, de forma genérica, nos referimos a las diferentes etapas o ciclos educativos: *educación infantil, educación primaria, educación secundaria, educación superior, bachillerato, licenciatura, doctorado,* etc. En el caso de que los sustantivos genéricos *bachillerato, licenciatura, doctorado,* etc., vayan seguidos de un especificador de materia, este se escribirá con mayúscula en sus componentes significativos: *bachillerato de/en Humanidades, licenciatura en Ciencias de la Salud, maestría en Administración de Empresas.*

Cuando se trate del nombre oficial legalmente establecido para cada uno de estos ciclos (*Educación Infantil, Educación General Básica, Educación Secundaria Obligatoria,* etc.), el uso de la mayúscula está justificado, por tratarse de expresiones denominativas con valor de nombre propio: *«Los destinatarios del programa son las familias del municipio con niños en edad escolar matriculados en el tercer ciclo de Educación Primaria y Educación Secundaria»* (*FVigo* [Esp.] 18.6.2001).

4.2.4.8.4 ***Leyes, teorías y principios científicos***

Únicamente los nombres propios que forman parte de la denominación de leyes, teorías y principios científicos se escriben con mayúscula: *ley de la gravedad, ley de Ohm, principio de Arquímedes, teorema de Pitágoras, teoría de la relatividad.*

4.2.4.8.5 ***Corrientes y escuelas***

Las denominaciones de las escuelas y corrientes de pensamiento propias de las diferentes disciplinas científicas se escriben con minúscula por su condición de nombres comunes, incluso cuando derivan de nombres propios: *estructuralismo, generativismo, positivismo, darwinismo, platonismo, kantismo.*

4.2.4.8.6 ***Movimientos y estilos artísticos o culturales***

4.2.4.8.6.1 *Grandes movimientos artístico-culturales*

Se escriben con mayúscula inicial los nombres de los grandes movimientos artísticos y culturales que abarcan todas o la mayor parte de las disciplinas artísticas (arte, literatura, música, etc.) e identifican grandes periodos histórico-cronológicos culturalmente diferenciados: *el Renacimiento, el Barroco, el Neoclasicismo, el Romanticismo.*

Los especificadores que acompañan a estos nombres se escriben con minúscula: *el Renacimiento francés, el Barroco tardío, el Romanticismo alemán.*

4.2.4.8.6.2 *Movimientos, estilos y escuelas*

En cambio, las denominaciones de movimientos, estilos o escuelas propios de disciplinas artísticas concretas, a menudo coincidentes unos con otros en una misma época, se escriben con minúscula, ya que el periodo histórico en el que se encuadran no puede identificarse en exclusiva con ninguno de ellos: *gótico, románico, conceptismo, culteranismo, escuela holandesa, estilo galante, modernismo, cubismo, dadaísmo, indigenismo, realismo mágico, simbolismo, surrealismo, vanguardismo.*

4.2.4.8.6.3 *Géneros artísticos*

Las denominaciones de los géneros propios de las distintas disciplinas artísticas se escriben siempre con minúscula por ser expresiones meramente referenciales que designan esas clases o categorías: *el cine negro, la novela pastoril, la pintura abstracta.*

4.2.4.8.7 ***Movimientos o tendencias políticas o ideológicas***

Los sustantivos que designan los movimientos o tendencias políticas o ideológicas son nombres comunes, por lo que deben escribirse con minúscula inicial: *comunismo, neoliberalismo, sandinismo, socialismo, peronismo.*

Esta norma es también aplicable a la denominación de principios, idearios y doctrinas políticas, en los que solo se escribirán con mayúscula inicial los nombres propios, normalmente correspondientes a su creador o ejecutor: *el principio de no intervención, la doctrina Estrada, la doctrina Monroe.*

4.2.4.8.8 ***Religiones***

Tanto los sustantivos que designan las distintas religiones como los que designan al conjunto de los fieles de una religión son nombres comunes y deben escribirse con minúscula inicial: *budismo, catolicismo, islam, islamismo, judaísmo, cristianismo, cristiandad.*

4.2.4.8.9 ***Conceptos religiosos***

Desde un punto de vista estrictamente lingüístico, no hay razón para escribir con mayúscula los nombres que designan conceptos y entes del ámbito religioso (sacramentos, ritos, pecados, virtudes, etc.), por lo que se recomienda su escritura con minúscula inicial: *misa, eucaristía, comunión, abluciones, cielo, purgatorio, ira, codicia, caridad, esperanza, parábola, hadiz* ('dicho o hecho de Mahoma transmitido por tradición'), etc. La aplicación de la mayúscula respondería en estos casos a criterios extralingüísticos que no conviene generalizar (v. § 4.6).

Aunque es hoy mayoritaria y preferible la minúscula también en estos casos, solo resulta justificable la mayúscula desde un punto de vista lingüístico en sustantivos como *cielo, paraíso, infierno,* etc., cuando designan específicamente los lugares establecidos por las distintas religiones como destino de las almas tras la muerte, por su condición de topónimos, si bien de carácter mítico o imaginario (v. § 4.2.4.6.1.2): *Al Cielo se entra siendo una persona honrada; El letrero que Dante imaginó a las puertas del Infierno decía: «Abandonad toda esperanza, vosotros que aquí entráis»; Adán fue expulsado del Paraíso.* Naturalmente, en los usos derivados o metafóricos de estas palabras, la mayúscula carece de sentido: *Aquella isla era un paraíso; La noche pasada fue un infierno.*

4.2.4.8.10 ***Reuniones de especialistas o profesionales***

Se escriben con mayúscula inicial todas las palabras significativas (normalmente sustantivos y adjetivos) que forman parte de la denominación de reuniones de especialistas y profesionales de diferentes ramos, sean estas de carácter académico, técnico, cultural o político (congresos, simposios, jornadas, encuentros, coloquios, convenciones, etc.), con independencia de que su celebración sea o no periódica: *II Congreso Internacional de Medicina Preventiva, Encuentro de Jóvenes Cineastas Europeos y Latinoamericanos, VII Simposio Nacional de Estudios Clásicos, Jornadas de Arte Flamenco.*

La misma norma cabe aplicar a las exposiciones, muestras, ferias, festivales, certámenes o concursos de carácter cultural, artístico, técnico o comercial: *Bienal de Venecia, Exposición Internacional de Vestidos y Prendas de China, Feria Internacional del Libro de Buenos Aires, Festival de Jazz de Vitoria,*

Muestra de Jóvenes Realizadores Cubanos, X Salón Internacional de Maquinaria para Obras Públicas y Construcción, Salón del Cómic de Barcelona.

4.2.4.8.11 *Torneos deportivos*

Los nombres de los torneos deportivos se escriben con mayúscula en todos sus elementos significativos (normalmente sustantivos y adjetivos): *Juegos Olímpicos, Campeonato Mundial de Fútbol, Copa Libertadores de América, Vuelta Ciclista a España, Gran Premio de Jerez.*

4.2.4.8.12 *Premios y condecoraciones*

4.2.4.8.12.1 *Nombre del premio*

Se escriben con mayúscula inicial todas las palabras significativas que forman parte del nombre de premios, distinciones o condecoraciones: *el Premio Cervantes, los Premios Príncipe de Asturias, los Premios Anuales de la Academia* o *los Goya, la Gran Cruz de la Orden de Alfonso X el Sabio, la Legión de Honor.*

La denominación de cada una de las categorías de los grandes premios internacionales se escribe asimismo con mayúscula inicial en todos sus componentes significativos: *Hoy se falla el (Premio) Nobel de Física; Su labor ha merecido el Premio Príncipe de Asturias de Comunicación y Humanidades.* En cambio, las distintas especialidades que se tienen en cuenta al otorgar otros premios, en especial los cinematográficos o musicales, se escriben preferentemente con minúscula, salvo en el nombre propio: *Es candidata al Goya a la mejor interpretación femenina protagonista; La película recibió dos premios Óscar: mejor vestuario y mejor música; Ha ganado el Grammy al mejor álbum latino.*

4.2.4.8.12.2 *Objeto material que lo representa y persona premiada*

Cuando el nombre propio del premio designa el objeto con el que se materializa su concesión o a la persona que lo ha recibido, debe escribirse con minúscula, ya que en ese caso pasa a funcionar como nombre común: *Coppola posó con su óscar ante los periodistas; La película de Amenábar ha recibido catorce goyas; Le prendieron la gran cruz de la Orden de Carlos III; Esta noche entrevistan al nobel de literatura de este año.*

4.2.4.9 **Denominaciones propias de ámbitos científicos**

4.2.4.9.1 *Cuerpos celestes y otros entes astronómicos*

Los términos que forman el nombre propio de los cuerpos y materias celestes (estrellas, planetas, galaxias, constelaciones, nebulosas, etc.)

se escriben con mayúscula inicial, no así los artículos ni los sustantivos genéricos que a veces los acompañan: *Marte, Orión, la Vía Láctea, la Osa Mayor, la estrella Altair, el cometa Halley, la nebulosa del Cangrejo, la nube de Oort.*

Las palabras *tierra, sol* y *luna* solo se escriben con mayúscula inicial en contextos astronómicos, en los que estos términos funcionan específicamente como nombres propios designativos del planeta, la estrella y el satélite correspondientes: *Un eclipse lunar se produce cuando la Tierra se interpone entre el Sol y la Luna.* Es preciso saber que un contexto astronómico puede darse en cualquier tipo de texto (una noticia periodística, una novela, una definición de diccionario, etc.), no solo en publicaciones o libros específicos de astronomía. Prueba de la condición de nombres propios de estas voces en estos casos es su coaparición con los nombres propios de otros cuerpos celestes, asimismo escritos con mayúscula inicial: «*Heráclides era un geocentrista moderado:* [...] *el Sol, la Luna, Marte, Júpiter y Saturno giraban en torno a la Tierra, pero Mercurio y Venus giraban en torno al Sol*» (Battaner *Planetas* [Esp. 1991]). Fuera de contextos estrictamente astronómicos, estas palabras, tanto en su uso recto como en los derivados o metafóricos, se escriben con minúscula inicial con toda normalidad: *Se pusieron en marcha a la salida del sol; Esta noche hay luna llena; Le declaró su amor a la luz de la luna; Siempre luchó por los derechos de los desheredados de la tierra.*

No hay razón para escribir con mayúscula inicial denominaciones genéricas o meramente descriptivas como *universo, sistema solar* o *estrella polar,* aun cuando puedan referirse a una realidad única. En concreto, es preciso señalar que la expresión *estrella polar* no es el nombre propio de ninguna estrella, sino expresión apelativa que designa la estrella más cercana al polo norte celeste, que no es siempre la misma debido a que la posición de los polos celestes cambia a medida que se mueve el eje de la Tierra.

4.2.4.9.2 *Signos del Zodiaco*

Los nombres propios de los doce signos, casas o constelaciones que recorre el Sol en su curso anual aparente, conocidos como signos del Zodiaco, se escriben con mayúscula inicial: *Acuario, Leo, Tauro, Géminis,* etc. Del mismo modo se comportan los nombres alternativos que aluden a la representación iconográfica de cada signo: *Balanza* (por *Libra*), *Cangrejo* (por *Cáncer*), *Carnero* (por *Aries*), *Escorpión* (por *Escorpio*), *Gemelos* (por *Géminis*), *León* (por *Leo*), *Pez* (por *Piscis*), *Toro* (por *Tauro*), *Virgen* (por *Virgo*).

Cuando los nombres de los signos del Zodiaco se utilizan para designar genéricamente a las personas nacidas bajo cada signo, deben escribirse con minúscula inicial: *Los capricornios son tenaces; Evita discutir con un leo.*

4.2.4.9.3 *Puntos cardinales*

Aunque en sus usos primarios o absolutos designan un referente único, las denominaciones de los cuatro puntos cardinales (*norte, sur, este* y *oeste*) y de los puntos del horizonte (*noroeste, sudeste,* etc.) no dejan de ser nombres comunes. Por ello, deben escribirse con minúscula inicial, tanto si se emplean en términos absolutos como si designan la orientación o la dirección correspondientes: *rumbo al norte, hemisferio sur, latitud norte, el sureste de la ciudad, al este de Jalisco, viento del noroeste.* Solo se escribirán con mayúscula inicial cuando formen parte de un nombre propio o de una expresión denominativa que así lo exija: *América del Norte, Corea del Sur, Europa del Este, la Cruz del Sur.*

Los símbolos de los puntos cardinales y de los puntos del horizonte, tanto en su versión española como en su versión inglesa de uso internacional, se escriben siempre con mayúsculas (v. cap. v, § 4.4c): *N, S, E, O, W* (del inglés *west* 'oeste'), *NO, NW* (del inglés *north-west* 'noroeste'), *SE,* etc.

4.2.4.9.4 *Hemisferios y líneas imaginarias*

Los nombres de las líneas imaginarias, tanto de la esfera terrestre como celeste, son nombres comunes de referente único y deben escribirse con minúscula inicial: *ecuador, eclíptica, trópico de Capricornio, paralelo 38.* Lo mismo ocurre con los nombres de las divisiones de la esfera terrestre o celeste: *el círculo polar ártico, el hemisferio norte, el hemisferio oriental.*

4.2.4.9.5 *Polos geográficos*

Las denominaciones de los polos geográficos se escriben con minúscula cuando designan los extremos del eje de rotación de la Tierra, de modo paralelo a lo que sucede con las líneas imaginarias y los puntos cardinales: *Los meridianos son grandes círculos que ciñen el globo terráqueo pasando por el polo norte y el polo sur; La única expedición española que ha alcanzado el polo norte geográfico partió desde Siberia.*

Cuando estas expresiones designen las regiones geográficas que circundan dichos puntos, se utilizará la mayúscula inicial en ambos componentes, justificada por su condición de topónimos o nombres propios de lugar, equivalentes a otros nombres propios como *el Ártico* [= el Polo Norte] y *la Antártida* o *Antártica* [= el Polo Sur]: *La expedición recorrerá el Polo Sur para estudiar su fauna y su flora.*

4.2.4.9.6 *Vientos*

Los nombres de los vientos se escriben con minúscula inicial: *austro, bóreas, cecias, céfiro, levante, monzón, poniente*. Solo se escribirán con mayúscula cuando se refieran al personaje mitológico del que toman el nombre, o en personificaciones propias de textos poéticos o literarios: «*Según Homero, la madre de los caballos del carro de Aquiles fue fecundada por Céfiro*» (Clarín *Siglo* [Esp. 1901]); *Yo soy Bóreas, dios del frío viento del norte*.

4.2.4.9.7 *Tormentas, huracanes y otros fenómenos atmosféricos u oceánicos*

Se escriben con mayúscula inicial los nombres propios que se asignan a ciertos fenómenos atmosféricos (huracanes, tormentas, etc.), no así el sustantivo genérico que a veces los acompaña: *el huracán Wilma, el tifón Fred*.

No es necesario marcar de manera especial estos nombres por el hecho de que no se refieran a seres humanos, de modo que no hay por qué escribirlos en cursiva o entre comillas.

Los nombres comunes de los distintos fenómenos atmosféricos u oceánicos se escriben con minúscula: *borrasca, anticiclón, tornado, sunami, marea, marejada, pleamar*, etc. Solo se escriben con mayúscula los nombres propios que aparecen en el complemento especificativo de algunos de estos fenómenos: *el anticiclón de las Azores, la borrasca de Finlandia, la corriente de Humboldt* (frente a *la corriente ecuatorial*).

4.2.4.9.8 *Elementos y compuestos químicos*

Las palabras que designan los elementos y compuestos químicos son nombres comunes, por lo que deben escribirse con minúscula inicial, aun cuando deriven de un nombre propio: *aluminio, berkelio, hafnio, mercurio, oxígeno, sodio, tecnecio, éter*.

Los símbolos de los elementos químicos tienen una forma fija e invariable, y se escriben siempre con mayúscula inicial, se compongan de una o de más letras (v. cap. v, § 4.4c): *C, H, O, P, Ca, Fe, Hg, Na* (símbolos respectivos del carbono, el hidrógeno, el oxígeno, el fósforo, el calcio, el hierro, el mercurio y el sodio).

4.2.4.9.9 *Unidades de medida*

Las palabras que designan las unidades de medida, tanto las básicas como las derivadas, pertenezcan o no al sistema internacional de unidades, son nombres comunes que deben escribirse con minúscula inicial, con independencia de que puedan tener su origen en un nombre propio: *metro, pie, yarda, julio, newton, pascal, tesla.*

Por su parte, los símbolos de las unidades de medida y de los prefijos que a ellas se unen para dar lugar a las unidades derivadas tienen una forma fija e invariable, mayúscula o minúscula, que no puede modificarse en función del contexto (v. § 4.1.1.1 y cap. v, § 4.4c).

Los símbolos de las unidades de medida se escriben con minúscula (*g, dm, ha*), a excepción de los que corresponden a unidades que tienen su origen en nombres propios de persona, que se escriben con mayúscula inicial: *K* (símbolo del *kelvin,* por el primer barón de Kelvin, W. V. Thomson), *Fr* (símbolo del *franklin,* por B. Franklin), *N* (símbolo del *newton,* por Isaac Newton), *W* (símbolo del *vatio,* por Jacobo Watt). Únicamente el símbolo del litro presenta dos formas posibles, *l* y *L,* ya que se admite el uso de la mayúscula en aquellos contextos en los que, de utilizarse la minúscula, cabría la posibilidad de confundir este símbolo con el número uno.

Los símbolos de los prefijos utilizados para crear los múltiplos de estas unidades se escriben con mayúscula: *M-* (*mega-*), *G-* (*giga-*), *T-* (*tera-*), *P-* (*peta-*), etc., a excepción de los que corresponden a los prefijos *kilo-* (*k-*), *hecto-* (*h-*) y *deca-* (*da-*), que se escriben con minúscula: *GHz* (gigahercio), *kW* (kilovatio).

Por el contrario, los símbolos de los prefijos utilizados para formar submúltiplos se escriben siempre con minúscula: *d-* (*deci-*), *c-* (*centi-*), *m-* (*mili-*), *n-* (*nano-*), etc.: *cl* (centilitro), *dm* (decímetro).

4.2.4.9.10 ***Enfermedades***

Los sustantivos que designan enfermedades son nombres comunes, por lo que deben escribirse con minúscula inicial: *acromegalia, cáncer, diabetes, espina bífida, esquizofrenia paranoide, gripe, parálisis cerebral, sida, tromboembolia.* Solo se escribirán con mayúscula si forman parte de una expresión denominativa que así lo exija (el nombre de una institución u organización, de un congreso, etc.): *Federación Española de Asociaciones de Espina Bífida e Hidrocefalia.*

En los nombres de enfermedades y síndromes que presentan un complemento preposicional que incluye el nombre propio de su descubridor o investigador, se mantiene la mayúscula característica del antropónimo, pero el sustantivo genérico debe escribirse con minúscula: *enfermedad de Alzheimer, enfermedad de Parkinson, síndrome de Down, mal de Chagas.* Solo cuando el nombre propio pasa a designar por sí solo la enfermedad, se convierte en un nombre común, que debe escribirse con minúscula inicial y someterse a las reglas ortográficas del español: *Su padre tenía párkinson; Trabaja en una fundación para la investigación del alzhéimer.*

4.2.4.9.11 *Medicamentos*

Los nombres de los principios activos de las medicinas, bajo los cuales se comercializan los medicamentos genéricos, son comunes y deben escribirse con minúscula inicial: *Tengo que comprar paracetamol; El omeprazol es un protector estomacal; Lo único que me hace efecto cuando me duele la cabeza es el ibuprofeno.*

En cambio, los nombres comerciales registrados de los medicamentos, al igual que sucede con las marcas, son nombres propios y deben escribirse con mayúscula inicial: *«Los especialistas en medicina interna no tienen cortapisas a la hora de recetar Prozac (fluoxetina)* [...] *cuando creen que su paciente se encuentra deprimido»* (*Mundo* [Esp.] 20.2.1997); *«Hace años sufrió molestias dentales intensas, aseguran algunos realizadores de televisión a los que en ocasiones pedía aspirinas o Nolotil»* (*País* [Esp.] 2.6.1986). Se recomienda mantener la mayúscula del nombre propio cuando se hace referencia a las porciones o dosis del medicamento de ese nombre: *Me dolía tanto la muela que he tenido que tomarme un Nolotil.*

No obstante, aquellos nombres comerciales de productos farmacéuticos que pasan a designar cualquier producto con las propiedades esenciales del original funcionan, a todos los efectos, como nombres comunes y se escriben con minúscula: *¿Tienes una aspirina?* [= cualquier analgésico, especialmente si está compuesto de ácido acetilsalicílico; de *Aspirin,* marca registrada]; *Para que no se te infecte la herida, tápatela con una curita* [= cualquier vendaje adhesivo de pequeño tamaño; de *Curitas,* marca registrada].

4.2.4.10 **Referencias temporales, cronológicas o históricas**

4.2.4.10.1 *Días de la semana, meses y estaciones*

Los sustantivos que designan los días de la semana, los meses y las estaciones, sea cual sea el calendario utilizado, deben escribirse con minúscula, ya que se consideran nombres comunes, aunque designen elementos únicos dentro de una serie: *domingo, lunes, calendas* ('primer día del mes entre los antiguos romanos'), *julio, rayab* ('séptimo mes del calendario musulmán'), *termidor* ('undécimo mes del calendario revolucionario francés'), *verano, primavera.*

Solo se escribirán con mayúscula cuando formen parte de expresiones denominativas que así lo exijan, como festividades, fechas históricas, espacios urbanos, instituciones, organizaciones, etc.: *Viernes Santo, Primavera de Praga, plaza del Dieciocho de Septiembre, hospital Doce de Octubre.*

4.2.4.10.2 *Festividades*

Los sustantivos y adjetivos que forman parte del nombre de festividades, sean civiles, militares o religiosas, se escriben con mayúscula inicial:

Nochevieja, Navidad, Año Nuevo, el Día de la Madre, el Día Internacional de la Mujer, San Fermín (festividad dedicada a san Fermín, patrono de Pamplona [España]), *la Pascua Militar, la Cruz de Mayo* (festividad cristiana), *el Janucá* (festividad judía), *Fiesta del Sacrificio* o *Fiesta Grande* (festividad musulmana). Esta misma mayúscula se aplica a los nombres de los periodos litúrgicos o religiosos: *el Adviento, la Semana Santa, la Pascua, el Ramadán* (como nombre del noveno mes del calendario musulmán le corresponde la minúscula, pero se escribe con mayúscula cuando designa específicamente el periodo religioso, coincidente con dicho mes, en que los musulmanes tienen la obligación de ayunar desde el alba hasta el anochecer).

No obstante, cuando el nombre de una festividad, frecuentemente en plural, pasa a designar no la festividad en sí, sino el periodo en que tienen lugar las celebraciones y festejos con ella relacionados, es también admisible el empleo de la minúscula: *El encierro de ayer fue el más limpio de estos sanfermines; Pasará las navidades en Cancún.*

Las denominaciones de las fiestas de la Antigüedad se escriben preferentemente con minúscula inicial: *lupercales, panateneas, saturnales.*

4.2.4.10.3 *Periodos geológicos*

Es costumbre asentada en los textos especializados escribir con mayúscula inicial los nombres de las diferentes divisiones geocronológicas, esto es, de los eones, las eras, los periodos y las épocas en que se divide el tiempo desde un punto de vista geológico y paleontológico: *el Precámbrico, el Mioceno, el Paleozoico, el Jurásico.* Esta mayúscula no debe afectar, en ningún caso, a los adjetivos que los acompañan: *el Pleistoceno medio, el Cretácico inferior, el Jurásico superior.*

Si el periodo se designa mediante un sustantivo genérico (*era, periodo*) seguido de un adjetivo, se recomienda escribir ambos elementos con minúscula inicial: *la era cenozoica, la era cuaternaria, el periodo carbonífero.*

4.2.4.10.4 *Periodos prehistóricos e históricos*

Los sustantivos *prehistoria* e *historia,* que designan los dos grandes periodos cronológicos en que se divide la existencia de la humanidad, se escriben con minúscula inicial: *La aparición de la escritura marca el paso de la prehistoria a la historia.*

En cambio, los nombres de los periodos en que se dividen tanto la prehistoria como la historia (ya sea la universal, ya sea la de algún país en particular) se escriben con mayúscula: *el Paleolítico, el Neolítico, la Edad de Piedra, la Edad de los Metales, la Antigüedad, el Medievo, la Alta Edad*

Media, el Renacimiento, la Edad Moderna, el Siglo de las Luces, la Edad Contemporánea, el Tercer Reich, la República de Weimar, la Guerra Fría.

En las denominaciones de los diferentes imperios, tanto si se usan para designar el periodo de tiempo caracterizado por esa forma de gobierno como el conjunto de territorios que los conforman, se escribe con mayúscula la palabra *imperio,* pero no el especificativo subsiguiente, salvo que contenga algún nombre que así lo exija: el *Imperio romano, el Imperio maya, el Imperio bizantino, el Imperio austrohúngaro,* pero *el Imperio de Occidente.* Se escriben, sin embargo, con mayúscula los adjetivos antepuestos: *el Celeste Imperio* (denominación de la China imperial), *el Bajo Imperio* (subdivisión del periodo imperial romano). En la expresión *Sacro Imperio Romano Germánico* se escriben con mayúscula tanto el adjetivo antepuesto como los pospuestos, ya que se trata del nombre propio de la entidad política formada por diversos Estados de Europa central, que pervivió desde la Edad Media hasta los inicios de la Edad Contemporánea.

Para la mayúscula en *antiguo* y *nuevo régimen,* v. § 4.2.4.7.3.

4.2.4.10.5 ***Acontecimientos históricos***

Los sustantivos y adjetivos que forman parte de la denominación de acontecimientos históricos relevantes, que suelen dar nombre a determinados periodos históricos, se escriben con mayúscula inicial cuando se trata de antonomasias o de denominaciones que no aluden de forma directa o transparente a los hechos designados: *la Reconquista, el Cisma de Occidente, la Contrarreforma, la Semana Trágica, la Gran Depresión, la Primavera de Praga.* También se escriben con mayúscula los sustantivos y adjetivos que forman parte del nombre de las revoluciones, salvo los adjetivos especificativos que expresan nacionalidad, que se escribirán con minúscula inicial: *la Revolución Industrial, la Revolución de los Claveles, la Revolución de Octubre, la Revolución Cultural china, la Revolución francesa, la Revolución mexicana.*

Cuando la expresión con la que nos referimos a un determinado acontecimiento histórico designa de forma directa y transparente la naturaleza del referente nombrado, no se requiere la mayúscula, salvo en los elementos presentes en la denominación que así lo exijan, como los nombres propios: *la caída del Imperio romano, el descubrimiento de América, la conjuración de Venecia, el motín de Esquilache, la revuelta de los comuneros, la liberación de París, la toma de la Bastilla, el desembarco de Normandía, el sitio de Leningrado, la conferencia de Yalta.*

En el caso de las guerras, solo es necesaria la mayúscula en los componentes de la parte específica de la expresión denominativa, no así en el sustantivo genérico *guerra,* que debe escribirse con minúscula inicial: *la guerra de los Cien Años, la guerra de Secesión, la guerra de la Independencia, la guerra del Opio, la guerra del Golfo, la guerra de los Seis Días.* Si la expresión es meramente apelativa, y no una etiqueta denominativa singularizadora equivalente a un nombre propio, no hay razón para la mayúscula en ninguno de sus elementos: *la guerra europea, la guerra franco-prusiana, la guerra civil española, las guerras carlistas, las guerras púnicas.* En el caso de los dos conflictos mundiales, el uso ha fijado como nombre propio singularizador las expresiones *Primera Guerra Mundial* y *Segunda Guerra Mundial,* con inicial mayúscula en todos sus componentes; el ordinal presente en estos nombres puede escribirse con números romanos (v. cap. VIII, § 2.1): *I Guerra Mundial, II Guerra Mundial.* Son antonomásticas expresiones como *la Gran Guerra* (por la primera de las guerras mundiales) o *la Guerra Civil* (en referencia a la sufrida por algún país en concreto, por ejemplo, la española de 1936-39 o la costarricense de 1948), razón que justifica su escritura con mayúscula inicial en ambos componentes.

Del mismo modo que en las guerras, en el caso de las batallas solo debe aplicarse la mayúscula a la parte específica de la denominación: *la batalla de las Termópilas, la batalla de San Quintín, la batalla de Ayacucho.*

4.2.4.10.6 *Episodios religiosos*

Las denominaciones que corresponden a episodios o acontecimientos relevantes en la historia narrativa de las distintas religiones deben escribirse con minúscula: *la huida a Egipto, la matanza de los inocentes, la oración en el huerto, la asunción de la Virgen, el descenso del Corán.* Cuando el sustantivo que designa alguno de estos episodios pasa a dar nombre a una festividad, se escribe con mayúscula inicial: *la Ascensión, la Asunción.*

4.2.4.11 Objetos o productos materiales de la actividad humana

4.2.4.11.1 *Nombres de objetos singularizados*

Se escriben con mayúscula inicial los nombres propios de objetos singularizados: *la bomba Little Boy, el Big Ben, la espada Tizona, la nave espacial Soyuz, el satélite Sputnik, el superordenador Finis Terrae, el Titanic.*

No es necesario marcar de manera especial estos nombres por el hecho de que no se refieran a seres animados, de modo que no hay por qué escribirlos en cursiva o entre comillas.

Las denominaciones de objetos de carácter artístico, arqueológico o histórico formadas por un sustantivo genérico y un especificador, sea este un adjetivo o un complemento preposicional, se escriben con minúscula, a excepción de los nombres propios que las integren: *la fíbula prenestina, la corona de Recesvinto, el cilindro de Ciro, la estela moabita, la piedra de Roseta.*

4.2.4.11.2 *Obras de arte citadas por su autor*

Cuando el nombre de un autor, sea completo, sea solo el apellido, se utiliza para designar cada una de sus obras, debe mantenerse la mayúscula del antropónimo, subrayando con ello la vinculación directa del autor con sus obras (*un Gauguin, un Vermeer, un Antonio López,* etc.): *«Yo colecciono Picassos»* (Díaz *Neruda* [Chile 1991]); *«El pirómano Mateu apagaba de vez en cuando el mechero durante unos segundos, pero no lo apartaba del lienzo, y al cabo de esos segundos volvía a encenderlo y a calentar el Rembrandt»* (Marías *Corazón* [Esp. 1992]); *«Se iba a estrenar pronto* Fahrenheit 451, *el último Truffaut»* (MFoix *Quincena* [Esp. 1988]).

4.2.4.11.3 *Objetos cuyo nombre procede de su inventor o descubridor*

Cuando el nombre con el que se designan objetos, aparatos, sistemas, procedimientos o productos procede del nombre propio de su inventor, descubridor o fabricante, o de la persona que los popularizó o en cuyo honor se hicieron, el nombre propio se convierte en común y debe escribirse con minúscula inicial, además de adaptarse, si es necesario, a las reglas ortográficas de nuestro idioma: *braille, boicot, cárter, diésel, máuser, macadam, quevedos.* Estos nombres se escriben también con minúscula cuando se emplean en aposición al sustantivo genérico: *un motor diésel, un fusil máuser*. Solo si el nombre propio del inventor o descubridor no designa directamente el objeto, sino que aparece como núcleo de un complemento especificativo que determina al sustantivo genérico, debe mantenerse la mayúscula que corresponde al antropónimo; así, se escribiría *un bunsen,* pero un *mechero de Bunsen* (tipo de quemador empleado en los laboratorios científicos, inventado por el químico alemán Robert W. Bunsen).

4.2.4.11.4 *Marcas comerciales o registradas*

Las marcas y nombres comerciales son nombres propios y deben escribirse con mayúscula inicial: *¿Has visto el último anuncio de Coca-Cola?; El Norit es un detergente para prendas delicadas; Acaba de salir a la venta el nuevo híbrido de Toyota.*

Cuando se utilizan para designar objetos o productos de la marca en cuestión, debe mantenerse la mayúscula asociada al nombre propio: *«El tipo que me vendió un Porsche usado»* (Fuentes *Naranjo* [Méx. 1993]); *«El teléfono móvil que llevaba cuando fue detenido, un Nokia 3210,* [...] *no era suyo»* (*País* [Esp.] 22.12.2004); *«Sacó el Cohiba que escondía en el escritorio y, luego de despuntarlo, lo encendió»* (Martínez *Vuelo* [Arg. 2002]); también cuando la denominación de la marca es pluriverbal y se corresponde con el nombre del diseñador del producto: *¿Cuánto te ha costado ese Louis*

Vuitton?; Sabe que me encantan los zapatos, así que me ha regalado unos Manolo Blahnik espectaculares.

En cambio, cuando una marca o un nombre comercial pasan a referirse no exclusivamente a un objeto o producto de esa marca, sino a una clase de objetos o productos con sus mismas características esenciales, el nombre propio se convierte a todos los efectos en un nombre común, sin vinculación ya con la marca original. En ese caso, el nombre debe escribirse siempre con minúscula inicial y adaptarse, cuando sea necesario, a las pautas ortográficas del español: *El bizcocho queda mejor si pones dos cucharaditas de maicena* [= harina refinada de maíz, de cualquier marca; de *Maizena,* marca registrada]; *Cuando me maquillo, nunca me pongo rímel* [= cosmético para ennegrecer las pestañas, de cualquier marca; de *Rimmel,* marca registrada]; *¿Tienes un clínex?* [= pañuelo de papel, de cualquier marca; de *Kleenex,* marca registrada].

Las denominaciones de programas y sistemas informáticos, así como los de redes sociales, portales y buscadores de Internet, son asimismo nombres comerciales o registrados, por lo que deben escribirse con mayúscula inicial: *Acabo de instalar el Windows Vista; Descargue su actualización de Mozilla Firefox; Hace tiempo que tiene un perfil en Facebook; ¿Lo has buscado en Google?*

Sobre la presencia de mayúsculas intercaladas en los nombres comerciales, véase el apartado 5.2 de este mismo capítulo.

4.2.4.11.5 ***Variedades de frutos y otros productos***

Las palabras con las que se designan las distintas especies, variedades o clases de frutos y otros productos, como quesos, vinos, telas, etc., deben escribirse con minúscula inicial por su condición de nombres comunes: *aceituna picual, garnacha, uva moscatel, manzana reineta, pera limonera, queso feta, parmesano, albariño, moscatel, tempranillo, alpaca, nobuk.*

Cuando el nombre del lugar de origen del producto aparece como núcleo del complemento especificativo que determina al sustantivo genérico, el topónimo conserva la mayúscula que le es característica como nombre propio de lugar: *queso de Cabrales, torta del Casar, naranjas de Rabinal, vinagre de Módena, vino de Rioja, vino de Oporto, tela de Vichy.*

Pero, cuando el nombre propio del lugar en el que se produce, del que es originario o con el que está de algún modo relacionado el objeto o producto en cuestión pasa a designarlo por sí solo, el nombre propio deviene en común y debe escribirse con minúscula inicial: *tequila* ('aguardiente mexicano'; de *Tequila,* ciudad de México), *bermudas* ('tipo de pantalón'; de *Bermudas,* archipiélago en el océano Atlántico), *bikini* ('prenda femenina de baño en dos piezas'; de *Bikini,* atolón de las islas Marshall), *gouda* ('queso holandés'; de *Gouda,* ciudad de los Países Bajos), *oporto* ('tipo de vino'; de Oporto, ciudad de Portugal). En estos casos, si el nombre propio es foráneo, conviene adaptar al español la grafía del nombre común cuando sea necesario: *gruyer* ('tipo de queso'; de *Gruyère,* región suiza), *coñac* ('tipo de aguardiente'; de *Cognac,* ciudad francesa), *vichí* ('tipo de tela'; de *Vichy,* ciudad francesa).

4.2.4.11.6 *Comidas y bebidas*

Los nombres que designan platos elaborados, combinados, cócteles, etc., se escriben con minúscula inicial: *dulce de leche, paella marinera, sancocho de bocachico, suspiros de limeña, margarita, mojito, blanco y negro, carajillo.* Pero, si la denominación incluye algún nombre propio, este mantiene su mayúscula característica: *peras bella Elena, soldado de Pavía, tarta de Santiago.* Únicamente cuando el nombre propio pasa a designar por sí solo el plato o la bebida, se escribe con minúscula inicial: *macedonia, magdalena, piononο, sanjacobo, daiquirí* o *daiquiri, cubalibre, manhattan, bloody mary* (los dos últimos deben escribirse, además, en letra cursiva por su condición de extranjerismos crudos; v. cap. VI, § 2.1.1).

4.2.4.11.7 *Monedas*

Los nombres de las monedas se escriben siempre con minúscula, incluso cuando tienen su origen en un nombre propio: *Si visitas Panamá, es conveniente que lleves balboas; El quetzal sustituyó al peso guatemalteco en 1925; Las pesetas han sido sustituidas por los euros; ¿Cuántos soles has ahorrado?*

Los símbolos de las monedas establecidos con carácter internacional por la norma ISO 4217 son códigos formados por tres letras mayúsculas (v. cap. V, § 4); las dos primeras indican el país o, en algún caso, la zona en que se emplea, y la tercera es normalmente la inicial del nombre de la moneda: *DOP* (peso dominicano), *CLP* (peso chileno), *PAB* (balboa panameño), *EUR* (euro europeo), *USD* (dólar estadounidense).

4.2.4.12 Varios

4.2.4.12.1 *Deportes*

Los sustantivos que designan las diferentes actividades deportivas son nombres comunes, por lo que no existe motivo alguno para escribirlos con mayúscula inicial: *ciclismo, tenis, pelota vasca, gimnasia rítmica, natación.* Se escribirán con mayúscula únicamente cuando formen parte de una expresión denominativa que así lo exija: *Campeonato Mundial de Fútbol, Federación Internacional de Tenis.*

4.2.4.12.2 *Impuestos y tasas*

Las denominaciones de impuestos y tasas se escriben siempre con minúscula: *impuesto sobre el valor añadido, impuesto sobre la renta, impuesto sobre la renta de las personas físicas,* aunque las siglas que generan deban escribirse con letras mayúsculas: *IVA, ISR, IRPF* (v. § 4.3).

4.2.4.12.3 *Notas musicales*

Los nombres de las notas musicales, aunque designan elementos pertenecientes a una serie cerrada, son nombres comunes que deben escribirse con minúscula inicial: *Una melodía en fa mayor.*

En el sistema de notación musical anglosajón se emplean letras mayúsculas para referirse a cada nota: *C* (do), *D* (re), *E* (mi), *F* (fa), *G* (sol), *A* (la), *B* (si). Este mismo sistema, con alguna variante, se emplea también en alemán.

4.2.4.12.4 *Lenguas*

Las palabras con que se designan las distintas lenguas son nombres comunes, razón por la que deben escribirse siempre con minúscula inicial: *El español es la lengua más estudiada del mundo después del inglés.*

4.2.4.12.5 *Colores*

Las palabras con las que se designan los colores y sus distintos matices son nombres comunes que deben escribirse con minúscula, tanto en usos sustantivos como adjetivos: *El naranja no me sienta bien; Se puso la chaqueta gris perla; Tiene los ojos azul cobalto.*

Cuando la denominación del color se forma con un complemento especificativo que contiene un nombre propio, normalmente un topónimo o un antropónimo, este mantiene la mayúscula que le es característica: *amarillo (de) Nápoles, azul de Prusia, blanco de China, pardo Van Dyck, tierra de Siena.* Pero, si el nombre propio pasa a designar por sí solo el color, se convierte a todos los efectos en un nombre común y debe escribirse con minúscula: *un siena suave.*

4.3 PARA FORMAR SIGLAS

Como ocurre en otras lenguas, las mayúsculas se emplean también en nuestro sistema ortográfico para formar siglas (v. cap. v, § 3.3), abreviaciones constituidas por las letras iniciales de los elementos que integran ciertas expresiones complejas, por lo general nombres de entidades o denominaciones fijas propias de la terminología de distintos ámbitos (científico, administrativo, etc.): *ONU* (sigla de *Organización de las Naciones Unidas*), *FMI* (sigla de *Fondo Monetario Internacional*), *ADN* (sigla de *ácido desoxirribonucleico*), *CD* (sigla del inglés *compact disc*), *IVA* (sigla de *impuesto sobre el valor añadido*).

Su escritura característica enteramente en mayúsculas, con independencia de cómo se escriba la expresión compleja a la que reemplazan, permite distinguir con claridad las siglas del léxico común, como se pone de manifiesto en las siguientes oposiciones: *AVE* (sigla de *alta velocidad española*) frente a *ave* ('animal con pico y plumas'); *USO* (sigla de *Unión Sindical Obrera*) frente a *uso* ('acción de usar' y 'hábito o costumbre').

Las siglas que no son pronunciables como palabras y tienen que leerse, en todo o en parte, deletreando sus componentes deben mantener siempre su escritura en mayúscula: *FBI* [éfe-bé-í], *DDT* [dé-dé-té], *PSOE* [pé-sóe]. En cambio, aquellas que se leen como se escriben (*OTAN, UNESCO, UCI, IVA,* etc.), denominadas más específicamente *acrónimos,* pasan a convertirse, en muchos casos, en palabras plenas y se lexicalizan, bien como nombres propios, caso en el que mantienen la mayúscula en la inicial (*Mercosur, Unesco, Unicef*), bien como nombres comunes, caso en el que pasan a escribirse enteramente en minúsculas (*uci, mir, ovni, radar, láser*). Prueba de su conversión en palabras plenas es que, en muchos de estos casos, los hablantes no son ya capaces de recuperar la expresión compleja originaria.

Como evidencia alguno de los ejemplos anteriores, a menudo no solo se utiliza la primera letra, sino el segmento inicial de uno o varios componentes de la expresión compleja para propiciar que la sigla pueda leerse como si fuera una palabra, pasando así a convertirse en un acrónimo: *AENOR* (de *A*sociación *E*spañola de *Nor*malización [y Certificación]), *FOGASA* (*Fo*ndo de *Ga*rantía *Sa*larial), *Mercosur* (de *Mer*cado *Co*mún del *Sur*). Esa es también la razón de que algunos acrónimos incorporen elementos de la expresión compleja que normalmente no se tienen en cuenta en la formación de siglas, como las preposiciones o las conjunciones: *BOCYL* (*B*oletín *O*ficial de *C*astilla *y* *L*eón), *CONACYT* (*Con*sejo *Na*cional de *C*iencia *y* *T*ecnología).

Aunque las siglas y los acrónimos no lexicalizados se escriban enteramente en mayúsculas, las expresiones desarrolladas llevarán las mayúsculas y minúsculas que les correspondan por su naturaleza. Así, las expresiones que subyacen a las siglas *INTA* o *BCE* se escriben con mayúscula inicial en todos sus componentes significativos por tratarse del nombre de instituciones: *Instituto Nacional de Técnica Aeroespacial, Banco Central Europeo;* en cambio, se escriben con minúsculas las expresiones que no se inscriben dentro de ninguno de los casos en que las normas prescriben el uso de mayúsculas: *su CI,* pero *su coeficiente* (o *cociente*) *intelectual; el DNI,* pero *el documento nacional de identidad; las TIC,* pero *las tecnologías de la información y la comunicación.*

4.3.1 USO COMBINADO DE MAYÚSCULAS Y MINÚSCULAS EN SIGLAS Y ACRÓNIMOS

A pesar de que la norma tradicional prescribe su escritura enteramente en mayúsculas, el uso combinado de mayúsculas y minúsculas en la formación de siglas y acrónimos es cada vez más frecuente. Esta mezcla contaba ya con cierta tradición en las siglas bibliográficas de publicaciones periódicas: *AnMal* (de *Analecta Malacitana*), *ACerv* (de *Anales Cervantinos*), *RLit* (de *Revista de Literatura*); e incluso venía siendo un procedimiento normal para añadir especificaciones a siglas ya constituidas: *ARNm* (de *ácido ribonucleico mensajero*), *PCEr* (de *Partido Comunista de España reconstituido*).

Hoy se ha ampliado mucho el campo de estos usos excepcionales. Así, si hasta ahora se escribían siempre en mayúscula todos los componentes de las siglas y de los acrónimos no lexicalizados, con independencia de que se tratase o no de letras iniciales o de partículas gramaticales —*AENOR* (de *A*gencia *E*spañola de *Nor*malización), *CONACYT* (de *Con*sejo *Na*cional de *C*iencia *y* *T*ecnología)—, hoy va siendo cada vez más habitual escribir con mayúscula únicamente la inicial de los componentes significativos de la expresión desarrollada y mantener en minúscula las letras no iniciales o los conectores gramaticales (preposiciones o conjunciones): *DGTel* (de *D*irección *G*eneral de *Tel*ecomunicación), *JpD* (de *J*ueces *p*ara la *D*emocracia), *UNMdP* (*U*niversidad *N*acional de *M*ar *d*el *P*lata), *UdelaR* (*U*niversidad *de la R*epública).

Esta combinación no ortodoxa de mayúsculas y minúsculas, que facilita la identificación de cada uno de los elementos de la sigla con el que le corresponde en la expresión compleja, comienza a ser frecuente en logotipos y resulta admisible en la escritura de siglas y acrónimos, no así en el léxico general, donde no se permite la presencia de mayúsculas intercaladas y donde la mayúscula no puede mezclarse con la minúscula salvo en posición inicial de palabra. Por ello, aunque en el logotipo de algunas instituciones, por razones estéticas o de diseño, se ve con frecuencia esta mezcla —*SIGraDi* (en el logo de la *S*ociedad *I*beroamericana de *Grá*fica *Di*gital), *AEMet* (en el logo de la *A*gencia *E*statal de *Met*eorología)—, la grafía de la sigla o el acrónimo se acomoda aún en la mayoría de los casos a la norma tradicional cuando se utiliza en el interior de los textos, incluidos los de la propia institución: *SIGRADI, AEMET*.

Lo mismo ocurre en los casos en que el acrónimo aparece en el logotipo escrito por completo con minúsculas (*renfe, fundéu*), al considerarse hoy estas letras visualmente más dinámicas y modernas, por su redondez y por la presencia de trazos ascendentes y descendentes, en comparación con la uniformidad y rigidez de las mayúsculas. Aunque así se escriban en el logotipo, en el interior de los textos presentan la mayúscula inicial preceptiva en todo nombre propio: *Renfe* (*Re*d *N*acional de *F*errocarriles *E*spañoles), *Fundéu* (*Fund*ación del *E*spañol *U*rgente).

4.4 PARA FAVORECER LA LEGIBILIDAD

Como ya se ha indicado (v. § 3.2), lo normal a la hora de escribir un texto, sea de la naturaleza que sea, es emplear como letra base la minúscula, aplicando la mayúscula en los casos prescritos por las reglas. No obstante, y al contrario de lo que sucede en textos largos, donde normalmente hacen más fatigosa y lenta la lectura, las mayúsculas favorecen la legibilidad y visibilidad en textos cortos. Eso las convierte en el tipo de letra idóneo en ciertos contextos comunicativos, como inscripciones, carteles, letreros, paneles informativos, títulos, etc. Así, por razones prácticas, y a menudo también estéticas, pueden escribirse enteramente en mayúsculas palabras, frases e incluso textos completos. Esta mayúscula es habitual, aunque no preceptiva, en los casos que se exponen a continuación, si bien hay que señalar que en muchos de ellos el diseño gráfico ofrece hoy soluciones y usos cada vez más variados.

Suelen escribirse enteramente en mayúsculas:

a) Las palabras o frases que aparecen en las cubiertas y portadas de los libros y documentos, tanto impresos como electrónicos, así como los títulos que encabezan cada una de sus divisiones internas (partes, capítulos, escenas, etc.).

b) Las cabeceras de diarios y revistas: *CLARÍN, EL PAÍS, EL UNIVERSAL*. Existen, no obstante, cabeceras que presentan la mayúscula únicamente en la inicial de las palabras significativas, algo cada vez más frecuente: *La Voz de Galicia, La Nueva España, Público.*

c) Las inscripciones de lápidas, monumentos o placas conmemorativas.

d) Los lemas y leyendas que aparecen en banderas, estandartes, escudos y monedas: *UNIDAD PAZ JUSTICIA* (en el escudo de Guinea Ecuatorial); *LIBRE CREZCA FECUNDO* (al pie del árbol que figura en el reverso de la moneda guatemalteca de cinco centavos).

e) Los textos de los carteles de aviso o de las pancartas: *NO UTILIZAR EN CASO DE INCENDIO; PROHIBIDO ESTACIONAR; NO A LA GUERRA*.

f) En textos de carácter informativo, las frases que expresan el contenido fundamental del escrito: *Por motivos de higiene, SE PROHÍBE DEPOSITAR BASURAS EN LA VÍA PÚBLICA.*

Información adicional — Cuando, al reproducir un enunciado o fragmento dentro de un escrito, se desea conservar el formato en mayúscula que presenta en su ubicación original, pueden sustituirse las mayúsculas por versalitas, a fin de evitar que el fragmento reproducido destaque en exceso del resto del texto: *En el frente se podía leer* DEI GRATIA HISPANIARVM.

---

g) Términos como *aviso, nota, advertencia, posdata,* etc., cuando introducen de forma autónoma los textos correspondientes: *AVISO: El pago de recibos solo podrá efectuarse los martes y los jueves.*

h) En textos jurídicos y administrativos —decretos, sentencias, bandos, edictos, certificados o instancias—, los verbos que expresan la finalidad del escrito o que introducen cada una de sus partes fundamentales, a fin de favorecer su rápida lectura: *CERTIFICA, EXPONE, SOLICITA, CONSIDERANDO.*

i) Los términos con los que se alude de forma breve y repetida a las diversas partes que se citan como intervinientes en documentos de carácter jurídico o administrativo —contratos, demandas, sentencias, etc.—: *La Universidad Autónoma de Madrid, en adelante, la UNIVERSIDAD...; D. José Pérez García, en adelante, el DEMANDANTE...*

j) Los textos de los bocadillos en los cómics y viñetas gráficas.

4.5 LA LLAMADA MAYÚSCULA DIACRÍTICA

Desde un punto de vista estricto, no puede afirmarse que la mayúscula cumpla en español la función de distinguir, en palabras con varios significados, unos sentidos de otros, función a la que suele aludirse con la expresión de *mayúscula diacrítica*. De hecho, los casos asentados de este tipo de mayúscula corresponden siempre a sustantivos comunes que en una de sus acepciones designan una entidad o colectividad de carácter institucional, como sucede con *Estado, Gobierno, Iglesia, Parlamento,* etc., por lo que responden, en realidad, a la aplicación regular de la norma que prescribe la mayúscula en los nombres de entidades o colectividades institucionales (v. § 4.2.4.7.2).

Esta mayúscula distintiva no es extensible, por tanto, a otros sustantivos polisémicos entre cuyas acepciones no figura ninguna de carácter institucional. Así pues, la mayúscula que ocasionalmente aparece en ciertos usos de sustantivos como *humanidad, naturaleza* o *historia* no puede considerarse justificada desde el punto de vista lingüístico y debe inscribirse dentro de la denominada mayúscula de relevancia (v. § 4.6).

4.6 LA MAYÚSCULA DE RELEVANCIA

Se agrupan bajo esta denominación todos aquellos usos más o menos tradicionales de la mayúscula inicial no justificados por ninguna de las funciones lingüísticas asignadas a la mayúscula en nuestro sistema ortográfico —delimitar enunciados, marcar los nombres propios o las expresiones denominativas (en oposición a los nombres comunes o a las expresiones genéricas) y formar siglas—, y que responden únicamente al deseo de poner de manifiesto la especial relevancia que quien escribe otorga al referente designado por la palabra así escrita.

La mayúscula está revestida de un cierto valor sacralizador y dignificador, probablemente derivado del uso monumental, solemne y suntuario de sus orígenes. Su prestigio gráfico se evidencia en el significado de la locución *con mayúscula(s),* que, pospuesta a un adjetivo o a un sustantivo, denota su más alto grado o su más elevada manifestación: *tonto con mayúscula(s), amor con mayúscula(s).*

La mayúscula de relevancia presenta dos facetas: una social, en la que la mayúscula pone de manifiesto la consideración o el respeto que socialmente se otorga al referente de ciertos términos, como los tratamientos o los títulos y cargos de especial dignidad o situados en los niveles más altos de la escala jerárquica (*majestad, rey, papa, duque, presidente, ministro,* etc.), y una subjetiva, en la que el que escribe aplica la mayúscula a aquellos términos cuyos referentes considera sagrados o dignos de especial veneración por razones religiosas o ideológicas. Por ello es frecuente que, en textos de carácter religioso, político, militar, etc., se vean escritos con mayúscula inicial muchos términos que designan conceptos relevantes en esos ámbitos (*sacramento, misa, eucaristía, nación, patria, bandera,* etc.).

Dentro de la mayúscula de relevancia se inscribe también un tipo de mayúscula que podríamos denominar enfática, ya que no trasluce respeto ni está motivada por razones religiosas o ideológicas, sino que responde al deseo de destacar, en el texto escrito, determinados conceptos que quien escribe desea subrayar por diferentes motivos. Este sería el caso, por ejemplo, de las numerosas mayúsculas que en ocasiones abundan en textos especializados en la inicial de términos que designan conceptos claves o centrales de la materia de que se trata (por ejemplo, los nombres de animales en textos de zoología, las partes de un determinado dispositivo en un texto que describe su funcionamiento, etc.), o la que se aplica a ciertos sustantivos, como *naturaleza, historia, humanidad, fe,* etc., cuando se usan con el sentido que se considera primigenio o más elevado o sublime, mayúscula muy frecuente en épocas pasadas, pero que hoy resulta afectada y tiende a desaparecer.

Ninguna de las mayúsculas de relevancia comentadas está justificada desde el punto de vista lingüístico, ya que recaen sobre nombres apelativos o comunes, con independencia de la valoración social o personal asociada a sus referentes. Esta mayúscula presenta además, en muchos casos, el inconveniente añadido de su carácter extremadamente subjetivo y de la consiguiente falta de consenso en el inventario de palabras que serían susceptibles de llevarla, lo que hace imposible su regularización ortográfica. Por lo tanto, se recomienda evitarla o, al menos, restringir al máximo su empleo, que en ningún caso debe convertirse en norma.

Para más información sobre la escritura de los tratamientos y de los títulos o cargos, v. § 4.2.4.1.5-6.

4.7 LA MAYÚSCULA EN LOS NÚMEROS ROMANOS

Los signos empleados por los romanos en su sistema de numeración acabaron adoptando la forma de ciertas letras del alfabeto, a las que se asignó un valor numérico. Puesto que el alfabeto latino solo contaba en un principio con letras capitales (v. § 1), la mayúscula es la forma originaria y característica de los números romanos. Sobre la escritura y el uso de los números romanos en nuestro sistema ortográfico, véase el capítulo VIII, § 2.1.

5 USO DE MAYÚSCULAS Y MINÚSCULAS EN ÁMBITOS ESPECIALES

5.1 PUBLICIDAD Y DISEÑO GRÁFICO

Existen ámbitos especiales, como la publicidad o el diseño gráfico, en los que, al igual que ocurre en el lenguaje literario, no solo es relevante la información que se transmite, sino también la forma o apariencia del mensaje. Se busca, con ella, llamar la atención del receptor —para asegurar así la eficacia del acto comunicativo— o, simplemente, producir un efecto estético o artístico. Para conseguirlo, los publicistas y los diseñadores gráficos emplean todos los recursos lingüísticos y gráficos a su alcance (figuras retóricas, juegos de palabras, clases de letra, colores, tamaños, etc.), entre los que cumple un papel no menor el desvío o la transgresión de las normas que regulan el uso común del lenguaje. Así, es frecuente en esos ámbitos la aparición de mayúsculas no justificadas desde el punto de vista ortográfico y, a la inversa, el uso de minúsculas donde las normas ortográficas prescriben la mayúscula. En general, estos usos desviados, siempre que se apliquen con sentido y mesura, son admisibles como recursos expresivos o estilísticos, pero conviene tener presente que su utilización abusiva e indiscriminada puede crear desconcierto e inseguridad en los hablantes en relación con la norma ortográfica. Se recomienda, por ello, sopesar bien antes si el fin buscado compensa los posibles perjuicios causados a la herramienta lingüística.

5.2 MARCAS COMERCIALES

La creación de marcas y nombres comerciales está estrechamente relacionada con el lenguaje publicitario y el diseño gráfico, ya que la función de una marca es, además de distinguir los productos y servicios de una empresa de los de sus competidores, conseguir que el cliente se identifique con ella y le otorgue su confianza. Por tanto, un primer paso imprescindible es asegurar la fijación del nombre de la marca o el producto en la memoria de los clientes potenciales. Se busca, por ello, que el nombre sea original, evoque valores positivos (entre ellos, muy a menudo, la modernidad) y resulte visualmente llamativo, aun a costa, en ocasiones, de contravenir ciertas normas ortográficas. Así, aunque por su condición de nombres propios, las marcas y los nombres comerciales deberían llevar en mayúscula solo la primera letra, es cada vez más habitual ver en ellos mayúsculas intercaladas. Esto ocurre cuando el nombre se forma con fragmentos iniciales de varios términos o con varias palabras escritas sin la preceptiva separación: *CubaSí, IntraCredit, QualitaNet, MásVital;* o cuando el nombre propio va precedido de una letra minúscula que funciona a modo de prefijo (como la *e-* de *electrónico* o la *i-* de *Internet*): *eDreams, iBanesto, iPod.* En todos estos casos, las mayúsculas internas marcan la frontera entre los distintos componentes del nombre. También es frecuente hoy que, en los logotipos, el nombre propio de la marca aparezca escrito enteramente en minúsculas (*yoigo, xerox, adidas*); pero la anomalía ortográfica del logotipo desaparece en el interior de los textos, donde estos nombres propios recuperan su mayúscula preceptiva (*Yoigo, Adidas, Xerox*).

5.3 NUEVAS TECNOLOGÍAS DE LA COMUNICACIÓN

El uso de mayúsculas y minúsculas presenta también peculiaridades en el ámbito de las nuevas tecnologías de la comunicación (correos electrónicos, foros, chats y mensajes de móvil), donde la rapidez y la economía suelen ser factores determinantes. Sus similitudes con la comunicación oral por la brevedad e inmediatez de los intercambios, y el hecho de que se trate de medios en los que prima el registro familiar o coloquial, exento de formalidades, explican la frecuente relajación que en ellos se observa en la aplicación de convenciones ortográficas que son ineludibles en textos escritos en otros ámbitos. Así, muchas personas prescinden de usar las mayúsculas preceptivas en sus comunicaciones electrónicas. Esta ortografía relajada, que puede resultar admisible en medios como los chats y los mensajes de móvil, donde la rapidez prima sobre la pulcritud (pasar de la minúscula a la mayúscula lleva un cierto tiempo y supone algo de esfuerzo), no debe extenderse a todos los intercambios comunicativos realizados por vía electrónica. Así, el uso del correo electrónico no exime al que escribe de aplicar con rigor las normas ortográficas, entre ellas la correcta distribución de mayúsculas y minúsculas, ya que este medio no está tan condicionado como otros por limitaciones de espacio o de tiempo.

Precisamente la cercanía apuntada con el registro oral ha hecho que la mayúscula haya adquirido en el ámbito de las comunicaciones electrónicas el valor de representar la intensidad o volumen de la voz, rasgo específico de la oralidad. Así, la escritura íntegra en mayúsculas equivale a gritar y, por tanto, en las normas de cortesía establecidas para las comunicaciones en Internet —lo que se ha dado en llamar la *netiqueta* (adaptación al español del inglés *netiquette,* acrónimo formado de la fusión de *net* 'red' y la voz de origen francés *etiquette* 'etiqueta')— suele recomendarse evitar su empleo, pues se considera de mala educación, además de que hace más fatigosa y lenta la lectura. Cada vez con más frecuencia se solicita expresamente a los usuarios de estos medios que cuiden al máximo la corrección ortográfica de sus mensajes, no solo por deferencia hacia los demás, sino también para facilitar la lectura y comprensión de los textos.

CAPÍTULO V

La representación gráfica de las unidades léxicas

1

PALABRA Y UNIDAD LÉXICA

El término *palabra* designa la unidad lingüística que probablemente se nombra con más frecuencia en la lengua general, en ámbitos no especializados. Cualquier hablante de español lo emplea constantemente y sin titubeos. Pero ¿qué es una palabra?, ¿qué es lo que la diferencia de otros conceptos o unidades inferiores, como el morfema, o superiores, como el sintagma o grupo sintáctico?

La característica más evidente o inmediatamente apreciable de esta unidad es que su representación gráfica aparece, en la escritura moderna, flanqueada por espacios en blanco (o por signos de puntuación o auxiliares, como en *¿Llueve?,* donde la palabra *llueve* está flanqueada por signos de interrogación, o en *director-presentador,* donde cada una de las palabras que forman esta expresión compleja está flanqueada en uno de sus extremos por un signo auxiliar como el guion). Pero este rasgo gráfico no es sino el reflejo de otras propiedades. Parece fácil reconocer en la mayoría de las palabras, además de la cohesión gráfica mencionada, una independencia prosódica, manifestada en su capacidad de constituir una unidad acentual autónoma, susceptible de recibir un acento léxico o primario (v. cap. II, § 2.1.4), así como en la posibilidad de ir precedida y seguida de pausa en la enunciación. Asimismo, desde el punto de vista semántico, cabe señalar que las palabras presentan significados unitarios y estables, de los que dan cuenta los diccionarios.

De estas propiedades se siguen otras de índole morfosintáctica, tal vez menos inmediatas, pero igualmente relevantes. Por una parte, en general, entre dos palabras contiguas en una secuencia siempre puede insertarse otra (*Llegó ayer* > *Llegó tarde ayer* > *Llegó tarde a casa ayer* > *Llegó tarde a su casa ayer,* etc.). Por otra, destacan la inseparabilidad de sus elementos y su fijeza formal (excepción hecha de la variación que experimentan muchas palabras por la adición de morfemas flexivos, los que expresan los rasgos de género, número, tiempo o persona). Su estabilidad formal explica que sean imposibles en el ámbito interno de la palabra determinados procesos morfosintácticos, como la concordancia (el plural de *blanquiazul* es *blanquiazules,* y no **blanquisazules*), o que no puedan desgajarse sus morfemas constituyentes para emplearlos, por ejemplo, en estructuras coordinadas (no puede decirse **estaré* y *rás* en lugar de *estaré y estarás*).

Además, las palabras, constituidas en sintagmas o grupos sintácticos, pueden desempeñar funciones sintácticas (sujeto, complemento directo, etc.), a diferencia de otras unidades inferiores, como los morfemas, incapacitadas para ello.

Sin embargo, algunos elementos como los artículos (*el, la, un...*), la mayoría de las preposiciones (*de, con, para...*) y conjunciones (*y, pero, aunque...*) o los pronombres personales átonos (*me, lo, se...*) no cumplen las propiedades citadas de manera perfecta: no se trata de formas autónomas desde el punto de vista prosódico, sino de elementos átonos, sin acento propio, que necesariamente forman grupo acentual con el núcleo del grupo sintáctico al que pertenecen (*el niño* [elníño], *a Granada* [agranáda], *aunque llueva* [aunkelluéba], *me lo dijo* [melodíjo]), y carecen de significado propiamente léxico. Pese a ello, cumplen el requisito básico de su independencia gráfica (salvo en el caso de los pronombres átonos pospuestos al verbo, que se escriben hoy unidos a este: *dímelo;* v. § 2.1.4) y, por ello, se consideran tradicionalmente palabras. Existen, además, otros componentes, como los prefijos o ciertos elementos compositivos, que, sin ser palabras, pueden plantear dudas a los hablantes sobre si deben considerarse siempre afijos o formas ligadas y escribirse, por tanto, unidos a la palabra base sobre la que inciden, o pueden escribirse desligados de esta en determinadas circunstancias (*antiarrugas, anti pena de muerte;* v. § 2.2.2).

Por otra parte, hay expresiones integradas por varias palabras desde el punto de vista gráfico (como, por ejemplo, *arco iris, ojo de buey, de prisa* o *tal vez*) que, sin embargo, constituyen unidades desde el punto de vista léxico, es decir, han alcanzado un alto grado de cohesión, fijeza y estabilidad formales, y su significado es también unitario, pues no deriva de la suma de significados de sus componentes. De ahí la necesidad de emplear la denominación de *unidad léxica* para hacer referencia tanto a las palabras gráficamente simples (que serían unidades léxicas univerbales) como a las expresiones complejas formadas por varias palabras que, sin embargo, funcionan de forma unitaria a efectos léxicos (que serían unidades léxicas pluriverbales). Algunas de estas unidades léxicas pluriverbales, también llamadas, en sentido amplio, *locuciones,* pueden ir adquiriendo, de modo paulatino, las propiedades prosódicas y morfológicas que caracterizan a las palabras, y que se han explicado someramente más arriba. Cuando eso sucede, las locuciones son también susceptibles de asumir una grafía simple, en una sola palabra gráfica, que puede convivir con la grafía compleja originaria o desbancarla (*campo santo* > *camposanto; tela de araña* > *telaraña; a Dios* > *adiós; de prisa* > *deprisa; tal vez* > *talvez*, etc.). Dado que se trata de un proceso lento, que puede no llegar a completarse, es frecuente que este tipo de unidades léxicas planteen problemas a los hablantes cuando estos se enfrentan a su escritura (v. § 2.4.1). Otras secuencias que pueden suscitar dudas son aquellas que poseen distinto valor si se escriben en una o en varias palabras, como *adondequiera/adonde quiera, sino/si no, sobretodo/sobre todo,* etc. (v. § 2.4.2).

A lo largo de este capítulo se abordarán, pues, diferentes cuestiones relativas a la representación gráfica de las unidades léxicas. El apartado 2 está dedicado a los problemas de unión y separación de elementos en la escritura. El apartado 3 se detiene a analizar los procedimientos de abreviación gráfica existentes: las abreviaturas (§ 3.2) y las siglas (§ 3.3). Finalmente, el apartado 4 se ocupa de la ortografía de los símbolos, cuyo tratamiento se incluye en este capítulo por su semejanza con las abreviaturas, con las que, sin embargo, no deben confundirse.

2

UNIÓN Y SEPARACIÓN DE ELEMENTOS EN LA ESCRITURA

La disposición visual de los textos escritos no ha sido siempre la misma, sino que ha ido cambiando y evolucionando a lo largo de la historia. Así, un rasgo que nos parece hoy consustancial al texto escrito como el empleo del espacio en blanco para separar palabras no existió durante un largo periodo de la historia de la escritura alfabética occidental. Aunque en las escrituras griegas más antiguas se observa la práctica de separar las palabras mediante un punto colocado a media altura, los griegos adoptaron pronto un tipo de disposición caracterizado por presentar los textos como una secuencia ininterrumpida de caracteres, sin separación entre palabras, enunciados o párrafos, y con ausencia casi absoluta de signos de puntuación o de otras ayudas a la lectura. Los romanos, que en un principio acostumbraban también a separar las palabras mediante diversos recursos, acabaron imitando el modelo griego, y el latín pasó a escribirse desde finales del siglo I d. C. en esa misma modalidad, denominada *scriptio continua* (escritura continua). En ella, el texto aparece como un bloque compacto, una sucesión continuada de letras que solo se interrumpe cuando finaliza un gran tema, lo que no deja de resultar chocante para un lector de hoy, plenamente acostumbrado a contar con las ayudas a la lectura e interpretación de los textos que suponen el espacio en blanco y los signos de puntuación. La escritura continua dificulta el acercamiento al texto y ralentiza su lectura y comprensión, pues exige una tarea previa de vocalización que permita distinguir sus unidades.

Para justificar esta disposición, en principio tan poco eficaz, pueden apuntarse motivaciones de tipo estético (dotaba a la página de una apariencia uniforme y equilibrada) y económico (el espacio disponible en el soporte gráfico se aprovechaba al máximo), así como otras de índole psicocognitiva y sociocultural. Debe tenerse en cuenta que los blancos de separación entre palabras carecen de correlato en el plano oral, pues no se corresponden necesariamente con silencios o pausas en la cadena hablada, que es percibida por el oído como un flujo sonoro continuo. Al tratarse de una convención puramente gráfica, su necesidad no resultaba tan evidente en una época en que los textos escritos estaban concebidos sobre todo para su declamación, para su lectura en voz alta. La lectura fue durante mucho tiempo, prácticamente hasta la invención de la imprenta, una actividad realizada en público por especialistas entrenados para tal fin, que declamaban los textos ante un auditorio. Ciertos elementos auxiliares, los espacios en blanco de mayor o menor longitud y algunas marcas precursoras de los modernos signos de puntuación se empleaban como recurso didáctico para enseñar a leer o como apoyo con el que los antiguos oradores y lectores profesionales procuraban facilitarse la correcta interpretación de la *scriptio continua,* así como la apropiada declamación subsiguiente. El texto hallaba, pues, su sentido al ser leído en voz alta para otros o musitado para uno mismo.

No fue hasta los siglos VI y VII d. C. cuando comenzaron a introducirse progresivamente en los textos manuscritos, al principio de forma un tanto asistemática, los espacios en blanco para delimitar unidades de sentido, práctica que se inició en los monasterios irlandeses y británicos, cuyos monjes percibían con más facilidad el texto latino, ajeno por completo a su lengua materna, como una entidad puramente escrita, independiente de su realización oral. Esta práctica, junto con un rudimentario sistema de puntuación, progresivamente perfeccionado, se fue difundiendo desde los monasterios insulares al resto del continente europeo y no se impondrá por completo hasta el siglo XII, época en la que puede considerarse definitivamente instalada la costumbre de separar las palabras en los textos manuscritos. A favor de esta tendencia jugó también un importante papel el influjo de la cultura árabe en la Europa medieval: la separación de las palabras es inherente a la escritura de las lenguas semíticas, de modo que las múltiples traducciones de escritos científicos árabes respetaban el espacio entre palabras que aparecía en los textos originales. La incorporación a la escritura general de toda una serie de recursos gráficos encaminados a favorecer la legibilidad del texto, entre los que figura como elemento de primer orden el espacio en blanco para separar las palabras, se afianza definitivamente con el humanismo renacentista y la invención de la imprenta a mediados del siglo XV. Estos recursos favorecen el reconocimiento visual de las distintas unidades textuales, lo que aumenta la velocidad de lectura y posibilita que esta se convierta en una actividad individual y silenciosa, tal como se practica en la actualidad.

Así pues, la correcta delimitación de las palabras en la escritura es una tarea ortográficamente relevante, que, en general, los hablantes realizan sin dificultad. Pero, como se ha apuntado más arriba, existen casos en que pueden plantearse dudas o vacilaciones a la hora de decidir si ciertos segmentos del discurso deben escribirse amalgamados o separados, en una o en varias palabras. En los apartados siguientes se analizará, desde esta perspectiva, la escritura de determinados tipos de formas o expresiones complejas que suponen una dificultad en este sentido.

2.1 LA ESCRITURA DE FORMAS O EXPRESIONES COMPLEJAS

Existen en la lengua diversos tipos de formas o expresiones complejas, resultado de combinar varias palabras o raíces léxicas. Algunas de estas expresiones complejas se escriben siempre en una sola palabra gráfica, mientras que otras están constituidas por varias palabras gráficamente independientes o unidas mediante un guion. Además, ciertas expresiones complejas no se comportan de manera uniforme desde el punto de vista gráfico, puesto que pueden admitir su escritura en una o en varias palabras.

No suelen plantear dudas a este respecto las palabras compuestas propiamente dichas. Recibe el nombre de *composición* el proceso morfológico por el que dos o más palabras o raíces léxicas (entre las que se incluyen también los elementos compositivos de origen grecolatino, como *algia* 'dolor', *bio* 'vida', *cardio* 'corazón', *filo* 'amante o amigo', etc.) se unen para formar conjuntamente un término nuevo, denominado *palabra compuesta* o *compuesto*. En los compuestos propiamente dichos, llamados, por ello, *compuestos propios*, los distintos componentes se integran en una sola palabra gráfica, de ahí que reciban asimismo el nombre de *compuestos univerbales*. Se trata de voces como *agridulce, bienmesabe, camposanto, cazamariposas, hazmerreír, hierbabuena, malinterpretar, maniatar, maxilofacial, milhojas, morfosintaxis, pelirrojo, sabelotodo, sordomudo, tontiloco, vaivén, verdinegro* o, entre las que incluyen raíces léxicas grecolatinas, *cinéfilo, filocomunista, herbívoro* o *cardiocirujano*. Como se ve en alguno de los ejemplos, el primer componente puede sufrir alguna alteración formal, como su acortamiento (*morfosintaxis*, compuesto de *morfología* y *sintaxis*) o la incorporación de una vocal de enlace (como la *i* de *agridulce* o *tontiloco*). La razón por la que todas estas voces compuestas adoptan una grafía unitaria es que se comportan a efectos prosódicos y morfológicos del mismo modo que las palabras simples. A efectos prosódicos, porque constituyen un solo grupo acentual, es decir, poseen un único acento léxico o primario, el que corresponde al último de sus componentes: [kamposánto], [maniatár], [milójas], [morfosintáktiko], [pelirrójo], [sabelotódo], [sordomúdo], [tontilóko], [baibén], etc. (aunque, si el último elemento del compuesto es una raíz grecolatina, el acento recae a menudo en la vocal previa: *cinéfilo*, de *cine* + *-filo* 'amigo'). Y, a efectos morfológicos, porque los morfemas flexivos, esto es, las terminaciones que expresan los rasgos de género, número, persona, tiempo, etc., se manifiestan solo en el segmento final, de modo que únicamente resulta variable el último componente: *sordomuda, camposantos, maxilofaciales, tontilocos, vaivenes, maniatadas, filocomunistas*, etc. Esta cohesión prosódica y morfológica es la que justifica la cohesión gráfica en este tipo de compuestos, cuya grafía es siempre unitaria. Así pues, no resulta adecuado escribir sus componentes por separado ni unidos con guion (⊗*un caza mariposas*, ⊗*un caza-mariposas*, ⊗*filo-comunista*, ⊗*cardio-vascular*), ni siquiera cuando estos pueden funcionar como piezas léxicas independientes en otros contextos (por ejemplo, las voces que integran el compuesto *cazamariposas* son palabras independientes en el enunciado *Mi padre caza mariposas en verano*). Debe aplicarse esta norma ortográfica a los compuestos ocasionales o de nueva creación que respondan a estas mismas pautas: *limpiasuelos, peliverde, tontibueno, cardiosaludable*, etc.

Muchos de los sustantivos que pertenecen hoy al grupo de los compuestos propios o univerbales, como *aguanieve, aguardiente, avemaría, bajorrelieve, buenaventura, camposanto, caradura, cortocircuito, hierbabuena, montepío, padrenuestro* o *tiovivo*, por poner solo algunos ejemplos, fueron en su origen unidades léxicas pluriverbales, formadas por la yuxtaposición de varias palabras gráficamente independientes (*agua nieve, agua ardiente, ave maría, bajo relieve, buena ventura, campo santo, cara dura, corto circuito, hierba buena, monte pío, padre nuestro, tío vivo*), e incluso algunas de ellas pueden verse aún escritas de esa forma. La razón de que muchas de estas unidades léxicas originariamente pluriverbales se conviertan en compuestos univerbales radica en que su condición de palabras a efectos léxicos (por su forma fija estable y su significado unitario) puede acabar por manifestarse también a nivel prosódico y morfológico; así, en muchos de estos casos el primer componente tiende a perder su acento, de modo que todo el conjunto pasa a constituir un solo grupo acentual, con un único acento prosódico, y la flexión de número pasa a manifestarse solo en el segundo componente. Cuando este proceso paulatino de cohesión prosódica y morfológica se completa, la unidad léxica originariamente pluriverbal termina adoptando una grafía unitaria (aunque existen, como es lógico, etapas de transición en las que el uso aún vacila entre una y otra grafía): *bajo relieve* [bájo rreliébe], pl. *bajos relieves* > *bajorrelieve* [bajorreliébe], pl. *bajorrelieves; campo santo* [kámpo sánto], pl. *campos santos* > *camposanto* [kamposánto], pl. *camposantos,* etc. Siempre que entre los componentes de este tipo de unidades léxicas se den las condiciones de cohesión prosódica y morfológica descritas, se recomienda emplear la grafía unitaria, aunque pueda no ser aún la más extendida en el uso: *arcoíris* (pl. *arcoíris*) mejor que *arco iris; medioambiente* (pl. *medioambientes*) mejor que *medio ambiente; puercoespín* (pl. *puercoespines*) mejor que *puerco espín,* etc. Con ello se evitan las dobles grafías y los problemas que a menudo plantea, en relación con el plural, la grafía separada.

Ahora bien, no en todas las unidades léxicas pluriverbales se cumple el proceso anteriormente descrito. Muchas de ellas mantienen la independencia gráfica de sus componentes, a pesar de presentar, como las anteriores, una forma fija estable y un significado unitario, no derivado simplemente de la suma de significados de sus componentes. Entre estas, las hay formadas por la mera yuxtaposición de palabras simples, como *cabeza rapada* ('miembro de un grupo juvenil violento'), *media naranja* ('persona que se considera el complemento ideal de otra en el terreno sentimental'), *mesa redonda* ('reunión de especialistas en una materia para discutir sobre ella'), *piel roja* ('indígena de América del Norte'), *llave inglesa* ('herramienta regulable para aflojar o apretar tuercas de distintos tamaños'), *cama nido* ('mueble compuesto de dos camas, en el que una se guarda debajo de la otra'), *casa cuartel* ('cuartel de un cuerpo armado que incluye viviendas para sus miembros'), *hombre rana* ('hombre equipado para realizar trabajos bajo el agua') o *sofá cama* ('sofá que incorpora una cama plegable'); y las hay que incluyen un nexo prepositivo, normalmente la preposición *de,* como *cabeza de chorlito* ('persona alocada o de poco juicio'), *caballo de batalla* ('cuestión recurrente y controvertida'), *salto de cama* ('bata femenina ligera que se viste al levantarse de la cama'), *tela de araña* ('red que forma la araña con el hilo que segrega') u *ojo de buey* ('claraboya circular'). Se observa en estos casos que cada una de las palabras tónicas que integran la expresión compleja conserva su acento prosódico: [kabésa rrapáda, kabéza rrapáda], [média naránja], [mésa rredónda], [piél rrója], [llábe inglésa], [káma nído], [ómbre rrána], [téla dearáña], [sálto dekáma], etc. Esa autonomía prosódica se corresponde con su comportamiento asimismo autónomo en el plano morfológico, pues en estas unidades léxicas el morfema de plural se manifiesta tanto en el núcleo sustantivo como en el adjetivo acompañante: *cabezas rapadas, llaves inglesas, medias naranjas, mesas redondas, pieles rojas;* o bien, si se trata de estructuras apositivas formadas por dos sustantivos, solo en el primero de ellos, el que actúa como núcleo, quedando invariable el segundo: *camas nido, casas cuartel, hombres rana, sofás cama.* También en las formadas con dos sustantivos unidos por preposición el morfema de plural lo adopta solo el núcleo: *cabezas de chorlito, caballos de batalla, saltos de cama, telas de araña, ojos de buey.* Así pues, la autonomía prosódica y morfológica de los componentes de estas unidades léxicas pluriverbales explica que mantengan asimismo su independencia gráfica. En caso de que esa independencia prosódica y morfológica se pierda, nada impide que puedan adoptar una grafía unitaria, como se ha explicado anteriormente. Esta transición se observa hoy en casos como *pavo real* [pábo rreál] (pl. *pavos reales*) o *guardia civil* [guárdia sibíl, guárdia zibíl] (pl. *guardias civiles*), que ya se ven también escritos *pavorreal* [paborreál] (pl. *pavorreales*), en América, y *guardiacivil* [guardiasibíl, guardiazibíl] (pl. *guardiaciviles*), en España (aunque solo en referencia a los miembros de este cuerpo armado, pues el nombre de la institución se escribe siempre en dos palabras: *Guardia Civil*). Incluso en las unidades léxicas pluriverbales más resistentes a este proceso, como las formadas por dos sustantivos unidos por preposición, se observan algunos casos de unificación gráfica, con pérdida del nexo prepositivo, como en *tela de araña* > *telaraña* u *hoja de lata* > *hojalata.*

Los procesos de unificación gráfica señalados en relación con las unidades léxicas pluriverbales de carácter sustantivo pueden darse también en locuciones conjuntivas o adverbiales, como muestran los varios casos de conjunciones hoy univerbales que proceden, históricamente, de la fusión de palabras simples, como *aparte* (de *a* + *parte*) o *aunque* (de *aun* + *que*); y las muchas locuciones adverbiales que han pasado ya hoy a escribirse normalmente en una sola palabra, como *así mismo* > *asimismo, boca abajo* > *bocabajo, de prisa* > *deprisa, en seguida* > *enseguida,* etc. En algunas ocasiones, no obstante, la variación gráfica puede suponer diferencias de valor o significado, como ocurre en *sino* (conjunción adversativa procedente de la fusión de la conjunción *si* y el adverbio *no: No vino él, sino su hermano*) frente a *si no* (secuencia de la conjunción y el adverbio: *No vengas si no quieres*). Más adelante se detallan las unidades léxicas que admiten su escritura en una o en varias palabras (v. § 2.4.1), así como las secuencias en las que la fusión o separación de elementos implica cambios de valor o significado (v. § 2.4.2).

Entre las expresiones complejas cabe aludir, por último, a las constituidas por varias palabras unidas con guion, que pueden estar formadas por adjetivos o por sustantivos: *teórico-práctico, árabe-israelí, escuela-taller, coste-beneficio,* etc. En estos casos, cada una de las palabras conserva su integridad formal y muchas veces también su acento prosódico, de ahí que mantengan siempre la acentuación gráfica que les corresponde como voces autónomas (v. cap. II, § 3.4.5.2). Las normas que rigen el uso del guion en este tipo de expresiones y los casos en que puede prescindirse de él se explican en el capítulo III, § 4.1.1.2.2-3.

En los epígrafes que siguen se comenta la escritura de algunos otros tipos de formas o expresiones complejas en relación con las pautas aquí expuestas.

2.1.1 NOMBRES PROPIOS COMPUESTOS

Como ya se indicó en el capítulo dedicado a la acentuación (v. cap. II, § 2.3.1.2.1a), en los antropónimos y topónimos pluriverbales, formados por la yuxtaposición de varios elementos, el primero de ellos, aun siendo tónico por naturaleza, pierde su acento prosódico en ese contexto y se hace átono: *José Luis* [joseluís], *María Ángeles* [mariánjeles], *Juan Pedro* [juampédro], *Ana Belén* [anabelén], *Buenos Aires* [buenosáires], *Puerto Príncipe* [puertoprínsipe, puertoprínzipe], *Nueva York* [nuebayórk]. Por lo tanto, este tipo de nombres se comportan, a efectos prosódicos, como si fueran simples.

En el caso de los antropónimos compuestos, el peso de la tradición ha mantenido la independencia gráfica de sus componentes, de forma que la costumbre mayoritaria sigue siendo escribirlos por separado: *José María, María Ángeles, Juan Pedro,* etc. No obstante, no cabe censurar en estos casos el proceso de fusión gráfica que conduce a grafías univerbales como *Josemaría, Mariángeles, Juampedro,* etc., acordes con el comportamiento unitario de estos nombres a efectos prosódicos y morfológicos (presentan, como se ha dicho, un solo acento y, cuando se usan en plural, solo adopta el morfema flexivo el segundo de sus elementos: [josemarías], [anabelénes], etc.).

En el caso de los topónimos, el grado de fijación de las grafías pluriverbales es mayor, puesto que, al tratarse de nombres oficiales de lugar, apenas ofrecen margen para la variación, a no ser que se proceda a una modificación asimismo oficial; por lo tanto, deben respetarse las grafías pluriverbales ya fijadas: *Buenos Aires, Costa Rica, Nueva York,* etc. Cabe señalar, no obstante, que existen muchos topónimos hoy univerbales que son históricamente fruto de la fusión gráfica de palabras simples, como *Casablanca, Montenegro, Villaviciosa,* etc.

Para esta y otras cuestiones relativas a la ortografía de los nombres propios, v. cap. VII.

2.1.2 NUMERALES

Los numerales son las palabras que hacen referencia a los números. Según expresen cantidad, orden en una sucesión, multiplicación o división, se clasifican en cardinales (*dos, catorce, sesenta y seis,* etc.), ordinales (*segundo, decimocuarto, sexagésimo sexto,* etc.), multiplicativos (*doble, quíntuple, céntuplo,* etc.) y fraccionarios o partitivos (*tercio, catorceavo, diezmilésimo,* etc.). Hay numerales que deben escribirse en una sola palabra, otros que admiten su escritura en una o en varias palabras y otros que se escriben siempre en varias palabras, de ahí que este tipo de términos plantee a menudo dudas a los hablantes desde el punto de vista ortográfico. En el capítulo VIII, dedicado específicamente a la ortografía de las expresiones numéricas, se incluye toda la información referente a la escritura de los diferentes tipos de numerales, incluida la relativa a su grafía en una o varias palabras (v. cap. VIII, § 3).

2.1.3 ADVERBIOS EN *-MENTE*

Estos adverbios, que se forman añadiendo a la forma femenina de los adjetivos la terminación *-mente* (del sustantivo latino *mens, mentis* 'mente, ánimo, intención'), presentan excepcionalmente dos sílabas tónicas, la del adjetivo y la de la terminación, ya que el segmento *-mente* conserva la tonicidad heredada de su originaria condición de sustantivo independiente. A pesar de esta peculiar característica acentual (v. cap. II, § 3.4.5.1.2), estos adverbios se escriben siempre, en el español actual, en una sola palabra: *ágilmente, estupendamente, trágicamente, velozmente.*

No obstante, la relativa independencia prosódica de sus dos componentes determina la singular propiedad según la cual, cuando se coordinan dos o más de estos adverbios, se admite la elisión de su último componente en todos ellos, excepto en el que cierra la serie: *«Soy tu conciencia, la que te ha mostrado tu vida en todo momento, tanto directa como indirectamente»* (MtzSalguero *Combate* [Bol. 2002]); *«Estas mitades eran simbólica, social y económicamente complementarias»* (Lorandi *Ley* [Arg. 2002]). Lo mismo ocurre en estructuras comparativas: *«La pantalla dejó de ser plana para hacerse cóncava. De este modo envolvía, más ilusoria que realmente, al espectador»* (Plaza/Redondo *Cine* [Esp. 1993]).

2.1.4 FORMAS VERBALES CON PRONOMBRES CLÍTICOS

El término *clítico* alude, en sentido amplio, a aquellos elementos átonos que carecen de independencia prosódica y, en consecuencia, conforman una unidad acentual con la palabra tónica contigua. De manera más restringida, suelen llamarse clíticos (aunque resulta preferible la denominación completa de *pronombres clíticos*) los pronombres personales átonos, que funcionan como complemento verbal no preposicional: *me, nos, te, os, lo(s), la(s), le(s), se.*

Debido a su carácter átono o inacentuado, estos pronombres están siempre fónicamente ligados a la forma verbal precedente o subsiguiente, con la que forman grupo acentual. Sin embargo, su comportamiento gráfico no es uniforme y depende de su situación con respecto al verbo. Si preceden a la forma verbal se llaman *proclíticos* y se escriben como palabras independientes: *Me los regaló; Se va; Quería que lo recordaras; Ojalá os lo diga; No nos mientas; Se me ha olvidado.* En cambio, si van pospuestos se llaman *enclíticos* y forman con el verbo una sola palabra gráfica: *Dilo tú; Decilo vos; Dádmelas; Voy a pedírsela; Se marchó diciéndoos adiós; Haberlo hecho antes.*

Advertencia	Las palabras constituidas por una forma verbal y uno o varios pronombres enclíticos siguen las reglas generales de acentuación (v. cap. II, § 3.4.5.1.3): *dé,* pero *deme; terminá,* pero *terminalo.*

2.2 LA ESCRITURA DE PALABRAS CON SUFIJOS Y PREFIJOS

Los sufijos y los prefijos no son palabras, sino elementos afijos, carentes de autonomía, que necesariamente deben unirse a una base léxica, a la que aportan diversos valores significativos, dando lugar a nuevas palabras. El proceso de formación de voces nuevas a partir de sufijos o prefijos se denomina *derivación.* Los sufijos se unen por detrás a la base: *dormitorio, noviazgo, tontísimo, trigal;* y los prefijos, por delante: *antinatural, contraindicación, desatar, reabrir, superaburrido.*

Algunos de estos elementos intervienen en procesos morfológicos activos mediante los que los hablantes pueden formar nuevas palabras; otros, en cambio, se hallan presentes en voces españolas, pero manifiestan un rendimiento muy bajo o nulo por lo que se refiere a la generación de voces nuevas. Esta propiedad se denomina *productividad.* Así, por ejemplo, el esquema por el que se añade el sufijo *-inche* a bases nominales para formar sustantivos o adjetivos (*bolinche, colorinche*) tiene escaso rendimiento hoy y, en consecuencia, se dice que este sufijo es poco productivo; lo mismo sucede con el prefijo *sota-* (del lat. *subtus* 'debajo': *sotabarba, sotacoro*). En cambio, ocurre lo contrario con el sufijo *-ción,* usado para formar sustantivos de acción a partir de verbos (*argumentación, fundición, invitación...*), o con el prefijo de sentido privativo-negativo *in-,* que se añade a bases adjetivas (*incapaz, imberbe, ilegal...*), ambos muy productivos en el español actual.

2.2.1 LA ESCRITURA DE PALABRAS CON SUFIJOS

El derivado resultante de la unión de una base y un sufijo se escribe siempre en una sola palabra: *abordaje, alimenticio, angelote, anunciación, bibliotecario, tontería.*

Solo en obras de contenido lingüístico los sufijos pueden aparecer citados de forma aislada, circunstancia en la que se escriben con un guion antepuesto (*-dero, -ción, -idad*), indicando con ello que no se trata de palabras, sino de segmentos afijos (v. cap. III, § 4.1.1.3.3b). Cuando aparecen así representados, los sufijos, la mayoría de los cuales contienen la vocal tónica de la palabra de la que forman parte, se escriben con tilde si, según las reglas de acentuación, les corresponde llevarla en las palabras en las que se integran (v. cap. II, § 3.4.1-2): *-ción* (*abdicación, demolición, recepción...*), *-ería* (*cristalería, floristería, palabrería...*), pero *-ero* (*galletero, jardinero, melocotonero...*).

2.2.2 LA ESCRITURA DE PALABRAS CON PREFIJOS

La prefijación es el proceso de formación de palabras que consiste en agregar por delante un morfema, llamado prefijo, a una voz ya formada, como en *deshecho* (de *des-* + *hecho*), *independiente* (de *in-* + *dependiente*), o a una base léxica de origen grecolatino, como en *anopsis* ('privación total de la vista', de *an-* [variante de *a-* cuando la base a la que se une comienza por vocal] + el gr. *ópsis* 'vista'). Son asimilables a los prefijos los elementos compositivos de origen grecolatino que se anteponen a palabras preexistentes para formar nuevos términos, como *hiper-* (*hipermercado*), *multi-* (*multipropiedad*), *pluri-* (*pluriempleado*), *vice-* (*vicedirector*), etc.

Al igual que los sufijos (v. § 2.2.1), en obras de contenido lingüístico los prefijos pueden aparecer citados de forma aislada; en esos casos, se escriben con un guion pospuesto (*anti-, multi-, pre-, super-...*) para indicar que no se trata de palabras, sino de segmentos afijos.

Los prefijos son elementos átonos, carentes de acento prosódico, por lo que la sílaba tónica de la palabra prefijada viene a coincidir con la de la palabra base (*antiBAlas, inCÓmodo, preinscripCIÓN, reapareCER, politraumaTISmo, superTONto,* etc.; v. cap. II, § 3.2a, advertencia), aunque si la base es una raíz léxica de origen grecolatino, el acento puede recaer en la sílaba previa, perteneciente al prefijo (*anTÍgeno,* de *anti-* + *-́geno,* del gr. *gen* 'generar, producir').

Advertencia	Las reglas de acentuación se aplican sobre la palabra prefijada en su conjunto, de manera que, aunque la vocal tónica de la base se escriba sin tilde cuando esta se usa como palabra autónoma, podría requerirla en la palabra prefijada. Así, la palabra *uso* carece de tilde por ser llana acabada en vocal, pero *sobreúso* la lleva por incluir un hiato de vocal abierta átona y cerrada tónica (v. cap. II, § 3.4.2.3.2a).

Las voces prefijadas constituyen, por lo tanto, una unidad morfológica y prosódica y, por ello, los prefijos deben escribirse siempre soldados gráficamente a la base a la que afectan (a no ser que exista algún impedimento para ello, tal como se explica más adelante): *antiácido, coarrendatario, contraindicación, excombatiente, interplanetario, proabortista, revender, sobrecargar, superespía, ultraligero,* etc. Sobre la posibilidad de reducir a una sola las dos vocales iguales contiguas que resultan de unir un prefijo terminado en vocal a una palabra que comienza por esa misma vocal (*contraatacar* > *contratacar, sobreexposición* > *sobrexposición, antiimperialista* > *antimperialista, microorganismo* > *microrganismo,* etc.), v. cap. I, § 6.5.1.1.

A continuación se ofrece la relación, alfabéticamente ordenada, de los elementos prefijos más productivos en el español actual en la formación de léxico común, con indicación de las nociones o sentidos básicos que aportan a la base y varios ejemplos de voces que los incluyen. Se indican las variantes formales que presentan algunos prefijos solo cuando siguen siendo productivas hoy en la creación de nuevos términos.

a- ('privación o negación'): *amoral, anormal, apolítico, atípico.* Adopta la forma *an-* si la base empieza por vocal: *anaeróbico.*

ante- ('anterioridad en el espacio o en el tiempo'): *antebrazo, anteponer, antepenúltimo, anteayer, anteproyecto.*

anti- ('opuesto', 'contrario', 'que combate o evita'): *anticristo, antipapa, antiabortista, antifascista, anticonstitucional, antimonopolio, anticongelante, anticorrupción, antimafia, antiniebla, antirrobo, antivirus.*

archi- ('superioridad o preeminencia', 'sumamente'): *archiduque, archidiócesis, archiconocido, archimillonario.*

auto- ('de o por uno mismo'): *autopromoción, autorretrato, autocensura, autolesionarse.*

co- ('conjuntamente con otros'): *coguionista, coexistir, copresentar, coproducción, copropietario.*

contra- ('posición opuesta o enfrentada', 'opuesto o contrario', 'reacción en contra'): *contraportada, contraorden, contraveneno, contratacar, contraespionaje.*

cuasi- ('casi, no totalmente'): *cuasidelito, cuasicerteza, cuasiunanimidad, cuasiautomático, cuasipolicial, cuasiperfecto.*

de(s)- ('negación o carencia', 'cesación o acción contraria'): *desamor, desempleo, descortés, desobedecer, descoser, de(s)codificar.*

dis- ('negación o contrariedad'): *disconforme, discapacitado, disgusto.*

entre- ('en medio o en posición intermedia', 'a medias', 'entre sí'): *entreplanta, entrecerrar, entrechocar, entremezclar(se).*

ex- ('que fue y ya no es'): *excombatiente, exjugador, exnovio, exrepresentante, exsecretario.*

extra- ('fuera de', 'en grado sumo'): *extrauterino, extrarradio, extraterrestre, extramuros, extraordinario, extrafino, extrasuave.*

hiper- ('superioridad o exceso'): *hipertensión, hiperrealismo, hiperactivo, hiperventilar.*

hipo- ('inferioridad o escasez'): *hipocalórico, hipotenso.*

in- ('privación o negación'): *inacción, incertidumbre, incómodo, incapaz, invendible, incumplir*. Adopta la forma *im-* si la base comienza por *p* o *b: imposible, imbatible;* y la forma *i-* si la base comienza por *r* o *l: irreal, ilegal.*

infra- ('debajo de o por debajo de', 'inferioridad o insuficiencia'): *inframundo, infrasonido, infravivienda, infrahumano, infrautilizar, infravalorar.*

inter- ('en medio o en posición intermedia', 'reciprocidad, relación mutua o ámbito común'): *interdental, intercambiar, interconectar, interministerial, internacional, interclub(e)s.*

intra- ('dentro o en el interior de'): *intramuscular, intravenoso, intramuros.*

macro- ('grande o muy grande'): *macroeconomía, macroencuesta, macroconcierto.*

maxi- ('grande o muy grande'): *maxifalda, maxipantalla, maxiproceso.*

mega- ('muy grande'): *megaempresa, megaestrella, megatienda.*

micro- ('muy pequeño'): *microbús, microchip, micropene.*

mini- ('pequeño'): *minibar, minifalda, minigolf, miniserie.*

neo- ('nuevo o reciente'): *neocatólico, neoclásico, neolector, neoliberalismo, neonazi.*

para- ('similar o paralelo, pero al margen'): *paraestatal, paramilitar, paranormal.*

pos(t)- ('posterioridad en el tiempo o, menos frecuentemente, en el espacio'): *posguerra, posmoderno, posoperatorio, posparto, posponer, postsoviético, posverbal.* Sobre el uso de las formas *pos-* y *post-*, v. cap. I, § 6.5.2.2.2.3.

pre- ('anterioridad en el espacio o en el tiempo'): *premolar, prepalatal, prebélico, precampaña, precontrato, prejubilar(se), prematrimonial, premamá, Prepirineo.*

pro- ('por o en vez de', 'a o en favor de', 'hacia delante'): *procónsul, proaborto, proamnistía, probiótico, progubernamental, pronuclear, prorruso, provida, proactivo.*

(p)seudo- ('falso'): *(p)seudoproblema, (p)seudoprofeta, (p)seudocientífico.* Sobre el uso de las formas *pseudo-* y *seudo-*, v. cap. I, § 6.5.2.2.1.5.

re- ('detrás de', 'hacia atrás', 'acción repetida', 'intensificación'): *recámara, refluir, recolocar, rehacer, requemar, recalentamiento, relisto.* Con valor intensificativo, también *requete-* y, en el español americano, *rete-* (especialmente en Méx. y Centroam.) y *requetecontra-* (especialmente en Chile): *requeteprohibido, retemal, requetecontrabién.*

retro- ('hacia atrás'): *retropropulsión, retrovisor, retroactivo, retroalimentar(se).*

semi- ('medio', 'a medias o no del todo'): *semicírculo, semitono, semidiós, semidesnudo, semirrígido, semisótano.*

sobre- ('encima de o por encima de', 'en grado sumo o en exceso'): *sobrepuesto, sobrevolar, sobrecargar, sobrexcitar(se), sobrealimentado.*

sub- ('debajo de o por debajo de', 'insuficientemente'): *subsistema, subsuelo, subbloque, subtropical, subarrendar, subdirector, subdesarrollo, subalimentado.*

super- ('encima de o por encima de', 'superioridad o excelencia', 'en grado sumo o en exceso'): *superíndice, superponer, superintendente, superhombre, superordenador, superpotencia, superpoderes, superatractivo, superrápido, superbién, superfino, superdotado, superpoblación.*

supra- ('encima de o por encima de'): *suprarrenal, supranacional.*

tele- ('a distancia'): *telebanco, telecomunicación, teledirigir, telemando.*

tra(n)s- ('detrás de', 'al otro lado de' o 'a través de'): *trastienda, tra(n)sandino, tra(n)siberiano, tran(s)nacional.* Sobre el uso de las formas *tras-* y *trans-*, v. cap. I, § 6.5.2.2.2.2.

ultra- ('más allá de', 'extremadamente'): *ultratumba, ultramar, ultrasonido, ultracorrección, ultraconservador, ultraligero, ultrasensible, ultracongelar.*

vice- ('en vez de o que hace las veces de'): *vicedirector, vicerrector, vicepresidente.*

A la relación anterior debe añadirse la serie de los prefijos cuantificativos, que aportan a la base las nociones de cantidad o número. Esta noción puede ser indeterminada, como en el caso de *multi-* ('mucho o muchos'): *multimillonario, multiaventura, multilateral, multipropiedad; pluri-* ('varios'): *pluriempleo, plurilingüe, plurinacional,* y *poli-* ('varios'): *polideportivo, politoxicómano, politraumatismo;* o precisa, como ocurre con los prefijos que aportan a la base la significación correspondiente a los numerales cardinales: *mono-* o *uni-* ('uno'): *monoparental, monomando, monotarea, unicelular, unilateral, unifamiliar; bi-* o *di-* ('dos'): *bianual, bisexualidad, bimotor, disilábico, dígrafo, ditransitivo; tri-* ('tres'): *triciclo, tridimensional, trimestral; cuatri-* o *tetra-* ('cuatro'): *cuatricolor, cuatriplaza, tetrasílabo, tetravalente,* y, continuando la serie, *penta-* ('cinco'), *hexa-* ('seis'), *hepta-* ('siete'), *octo-* ('ocho'), *enea-* ('nueve'), *deca-* ('diez'), *endeca-* ('once') y *dodeca-* ('doce'). El resto son de muy raro empleo. También son prefijos de significación numeral precisa los que se añaden a los nombres de las unidades de medida para formar sus múltiplos y submúltiplos, como *deca-* ('diez'), *hecto-* ('cien'), *kilo-* o *kili-* ('mil'), *mega-* ('un millón'), *giga-* ('mil millones') o *tera-* ('un billón'), entre los multiplicativos; o *deci-* ('diez'), *centi-* ('cien'), *mili-* ('mil'), *micro-* ('un millón'), *nano-* ('mil millones') o *pico-* ('un billón'), entre los fraccionarios. Ejemplos: *decalitro, hectopascal, kilómetro, megahercio, gigavatio, terajulio,* todos ellos múltiplos, y *decilitro, centímetro, miliárea, microfaradio, nanosegundo, picogramo,* entre los submúltiplos.

Como se observa en todos los ejemplos hasta aquí aportados, los prefijos deben escribirse soldados a la base a la que afectan siempre que esta sea univerbal, es decir, siempre que esté constituida por una sola palabra, con independencia de que se trate de un sustantivo (*antivirus, contraoferta, cuasidelito, exmarido, provida, posparto, supermodelo, vicepresidente,* etc.), un adjetivo (*antiadherente, cuasiautomático, discapacitado, probritánico, superinteresante, ultraelegante,* etc.), un verbo (*anteponer, autolesionarse, contratacar, entreabrir, infravalorar, interconectar, sobrealimentar, teledirigir, ultracongelar,* etc.) o un adverbio (*anteayer, superbién, remal*). Así pues, no se consideran ortográficamente adecuadas las grafías en las que el prefijo aparece unido con guion a la palabra base (®*anti-mafia,* ®*anti-cancerígeno*) o separado de ella por un espacio en blanco (®*anti mafia,* ®*anti cancerígeno*).

Excepcionalmente, se admite el empleo del guion intermedio para marcar en una palabra la frontera entre el prefijo y su base cuando ello sea preciso para la correcta comprensión del derivado. Con este recurso se pretende poner de manifiesto que un término debe interpretarse, no en su sentido habitual y asentado, sino de modo literal, como resultado de aplicar a la base léxica el sentido del prefijo en su actual valor productivo:

> «Carmen Naranjo en su búsqueda por re-presentar (o volver a presentar) en la escena del lenguaje lo que percibe, hace un sorprendente recorrido por los diversos espacios y los tiempos que confluyen en lo que denominamos la civilización actual» (*Comunicación* [C. Rica] 3.6.2001).

> «Simulacro o estructura del artificio que describe una pirueta donde la oposición del pre-texto al texto queda desplazada» (Menassa *Porvenir* [Arg. 1992]).

> «Este fracaso hizo que Fuentes Matons se empeñara en rehacer su ópera [...]. Esta re-composición solo se estrenó diecinueve años después de la muerte de su autor» (Zanders *Ópera* [Ven. 1992]).

Se trata de un recurso que debe emplearse de forma restringida, solo cuando venga exigido por una clara necesidad de precisión conceptual, o bien en obras en las que prime la creatividad o la voluntad de estilo.

Ahora bien, hay situaciones en que los prefijos han de escribirse necesariamente unidos a la base mediante un guion o separados de ella, tal como se explica a continuación.

Los prefijos se unen con guion a la palabra base cuando esta comienza por mayúscula, de ahí que se emplee este signo cuando el prefijo se antepone a una sigla o a un nombre propio: *anti-ALCA, anti-Mussolini.* El guion sirve en estos casos para evitar la anomalía que supone, en nuestro sistema ortográfico, que aparezca una minúscula seguida de una mayúscula en posición interior de palabra. También es necesario emplear el guion cuando la base es un número, con el fin de separar la secuencia de letras de la de cifras: *sub-21, super-8.*

Advertencia	Cuando se añade un prefijo a un nombre propio para crear otro nombre propio, el prefijo se escribe soldado a la base y la mayúscula se traslada a la letra inicial del nombre resultante: *Superlópez* (nombre del héroe de un cómic español), *Prepirineo* (nombre que se da a la franja anterior al Pirineo central), al igual que ocurre en voces compuestas como *Sudáfrica* o *Centroamérica.*

Los prefijos se escriben necesariamente separados de la base a la que afectan cuando esta es pluriverbal, es decir, cuando está constituida por varias palabras. Hay algunos prefijos, como *ex-*, *anti-* o *pro-*, que son especialmente proclives, por su significado, a unirse a bases de este tipo, ya se trate de locuciones o de determinados grupos sintácticos, característica por la cual la gramática ha acuñado para ellos la denominación de *prefijos separables: ex alto cargo, anti pena de muerte, pro derechos humanos.* Esta misma situación puede plantearse también con otros prefijos: *pre Segunda Guerra Mundial, super en forma, vice primer ministro.*

A continuación se ofrecen ejemplos extraídos de diferentes textos, que ilustran las pautas señaladas para la escritura de los prefijos en relación con su base: soldados gráficamente cuando la base es univerbal; unidos con guion cuando la base es una sigla, una palabra con inicial mayúscula o un número; y separados cuando la base es pluriverbal. En todos los casos se subrayan las expresiones prefijadas.

- Ejemplos con *anti-* y *pro-*:

  «En octubre de 1986 el presidente Reagan firmó una nueva ley <u>antinarcóticos</u>» (VV. AA. *Narcotráfico* [Col. 1991]).

«Se hizo antifranquista, antidonjuanista, antidoncarlista, antifraguista y anti todo lo que venga» (Herrera *Cero* [Esp. 1976]).

«Actúa como una sustancia anti ácido láctico» (Palavecino *Nutrición* [Arg. 2004]).

«Se trata de que nos ayudes con la campaña anti-OTAN» (Gopegui *Real* [Esp. 2001]).

«El primer contacto de Rommel con la conjuración anti-Hitler databa solo del mes de abril» (Gironella *Hombres* [Esp. 1986]).

«Y eran más bien profascistas y proalemanes (unos pocos eran pronazis)» (Posse *Pasión* [Arg. 1995]).

«El movimiento provida está más fuerte que nunca» (*DVasco* [Esp.] 23.1.2001).

«¿Le gustaría ser pro-ETA?» (*País* [Esp.] 8.6.1997).

«El Ejército ha podido controlar a los militantes pro-Aristide recurriendo al asesinato y la represión» (*Vanguardia* [Esp.] 15.9.1994).

«Habló de los comités pro general Campos» (Mastretta *Vida* [Méx. 1990]).

«Acontecimientos significativos como el movimiento pro derechos civiles en Estados Unidos» (Ortega *Horizontes* [Esp. 2000]).

Información adicional — Aunque en obras académicas anteriores se analizaba *pro* como preposición cuando se escribía de forma exenta (*comité pro derechos humanos*) y como prefijo cuando se escribía unido a la base léxica (*comité proamnistía*), la gramática considera hoy que se trata, en ambos casos, de un prefijo, perteneciente a la clase de los denominados *separables*.

- Ejemplos con *cuasi-*:

«Del Amo hizo una película que pudo haber abierto caminos [...], consiguiendo una cuasitragedia rural» (*Abc* [Esp.] 28.4.1986).

«Otro [...] echaba mano de sus recuerdos o cuasirrecuerdos barceloneses» (Laín *Descargo* [Esp. 1976]).

«Para mí, que gane el mejor (o "el menos malo", según dice un amigo cuasiácrata)» (*Expreso* [Ec.] 16.9.2002).

«Lo mantenían [el restorán] intacto, con sus meseros de frac negro, sus patés de la casa y sus quesos cuasiagusanados» (Aguilar *Golfo* [Méx. 1986]).

Advertencia — Aunque la forma *cuasi* (cultismo procedente del latín *quasi*, de donde a su vez deriva la voz patrimonial *casi*) se usa también como adverbio, esto es, con pronunciación tónica y grafía independiente (*Estaban cuasi contentos* [estában kuási konténtos]), se recomienda utilizarla solo como prefijo y emplear en exclusiva el derivado patrimonial *casi* para las funciones adverbiales (*Estaban casi contentos*).

- Ejemplos con *ex-*:

«Un exjugador uruguayo, afincado en Italia, nos decía a Menotti y a mí [...] que actualmente los jugadores se pasan la pelota unos a otros, pero no saben por qué» (Cappa *Intimidad* [Arg. 1996]).

«El exnarcotraficante, excomandante de la Federal de Seguridad y exjefe de "los halcones" fue introducido hasta el desayunador presidencial» (Velasco *Regina* [Méx. 1987]).

«Doña Josefa le preguntó [...] que si no se acordaba de Lucila, la exsirvienta de Evangelina» (Vergés *Cenizas* [R. Dom. 1980]).

«Como consecuencia de la ruptura, marchó ella a trabajar a Alemania, y estando allí se enteró de que su exnovio se había casado» (Castilla *Psiquiatría* 2 [Esp. 1980]).

«Volvía el exboxeador» (Gándara *Distancia* [Esp. 1984]).

«¿Puede un ex alto cargo de UCD [...] contravenir tan bochornosamente los valores por los que siempre dijo haber luchado?» (RmzCodina *David* [Esp. 1995]).

«El ex teniente coronel podría ser sentenciado a diez años de cárcel» (*Abc* [Esp.] 5.5.1989).

«El futuro de la izquierda, ha dicho el ex primer ministro italiano, es idéntico a su capacidad de proponer y transformarse» (Fuentes *Esto* [Méx. 2002]).

Advertencia Hasta el momento, la doctrina ortográfica académica venía prescribiendo la escritura exenta de *ex-* cuando, con el sentido de 'que fue y ya no es', se antepone a sustantivos que denotan ocupaciones, cargos, relaciones o parentescos alterables y otro tipo de situaciones circunstanciales de las personas; de ahí que sean mayoritarias en el uso las grafías que presentan este prefijo separado de su base, aunque esta sea una sola palabra: *ex ministro, ex presidente, ex novio, ex suegra,* etc.

A pesar de ello, se considera ahora conveniente, en aras de una mayor coherencia del sistema ortográfico, asimilar el comportamiento gráfico de *ex-* al de los demás prefijos, de manera que se escriba unido a la base cuando esta sea una sola palabra (*exministro, expresidente, exnovio, exsuegra,* etc.) y separado de ella en aquellos casos en que la base sea pluriverbal (*ex alto cargo, ex teniente coronel, ex primer ministro, ex chico de los recados,* etc.), pauta que ya reflejan los ejemplos reales de uso que se acaban de aportar.

- Ejemplos con *pre-* y *pos(t)-:*

  «Una proposición no de ley para que se regulara en el Reglamento de la Guardia Civil el uniforme premamá» (Almeida *Carta* [Esp. 1995]).

  «Los vendedores de tarjetas prepago [...] hacen lo propio» (*Comercio* [Ec.] 22.12.2001).

  «Personajes pre-Camus, personajes de un absurdo tropical» (Ga-Vega *Años* [Cuba 1978]).

  «Para [...] Asdrúbal Romero, "AD tiene las manos metidas en todos los conflictos que se han presentado en el país", lo que a su juicio ha creado un clima "pre-1945"» (*Universal* [Ven.] 21.1.1997).

  «Hasta podemos realizar terapéuticas intrauterinas que favorecerán la recuperación posparto» (Federico *Embarazo* [Arg. 2001]).

  «El establecimiento de servicios posventa que afiancen la lealtad del cliente» (Sagasti *Instrumentos* [Perú 1981]).

  «El efecto pos-Malvinas era alucinante» (Polimeni *Luca* [Arg. 1991]).

  «Todavía se escucha a muchos que inmigraron en la pre y pos segunda guerra mundial decir que el nuestro era un gran país» (*Clarín* [Arg.] 22.1.2002).

- Ejemplos con *super-:*

  «Janus, bautizado recientemente como el superordenador más rápido del mundo, no es gran cosa cuando lo miras» (*País* [Esp.] 24.9.1997).

  «Nos gustó muchísimo, lo hiciste superbién» (Gamboa *Páginas* [Col. 1998]).

  «El teleobjetivo del rifle iba montado en una cámara super-8 miniaturizada» (Semprún *Autobiografía* [Esp. 1977])

  «Eso está super de moda ahora» (ÁlvzMuro *Poética* [Ven. 2000]).

Advertencia Como ya se ha indicado, los prefijos son elementos átonos, carentes de acento prosódico, razón por la que nunca llevan tilde, ni siquiera cuando se escriben separados de su base léxica. Así pues, aunque por su valor intensificativo sea frecuente la pronunciación tónica del prefijo *super-*, se trata de un acento de tipo enfático, de los que, según se explica en el capítulo II, § 2.1.4, carecen de reflejo en la escritura.

En cambio, *súper* se escribe con tilde por ser voz llana terminada en consonante distinta de *-n* o *-s* cuando se trata del sustantivo que resulta del acortamiento de *supermercado*: *«Ahora que fui a echar una manita a mi hijo menor en el súper de la esquina, observé los nuevos precios que marcaban las etiquetas»* (Mojarro *Yo* [Méx. 1985]); del adjetivo, a menudo sustantivado, que designa la gasolina o nafta de octanaje superior al normal: *«El valor por litro de gasoil descendió a 0,419 pesos y el de la nafta súper, a 0,937»* (*NProvincia* [Arg.] 13.4.1997); o del adjetivo, frecuente en el habla coloquial, que significa 'estupendo, magnífico', a menudo usado también como adverbio con el sentido de 'muy bien, estupendamente': *«Chicas, tenéis que decirme cómo conseguís estos peinados tan súper»* (Alou *Aportación* [Esp. 1991]); *Lo pasamos súper en la fiesta.*

- Ejemplos con *vice-*:

  «El viceministro de Agricultura y Ganadería, Víctor Barrios, presentará este lunes el Instituto Boliviano de la Carne» (*Deber* [Bol.] 5.6.2004).

  «El presidente de la Comisión informó que formuló sus quejas al vice primer ministro iraquí» (*Época* [Chile] 12.6.1996).

- Ejemplos con otros prefijos:

  «Metalúrgica Andina, campeón nacional del torneo interclubes 1996, expondrá su título» (*Tiempos* [Bol.] 26.12.1996).

  «Es mucho lo que queda por andar en esta dirección, no solo en lo atinente a las relaciones interindividuos, sino en lo que es más importante aún, en las relaciones intergrupos e internaciones» (Fabelo *Valores* [Cuba 2004]).

  «Su base con cargador proporciona conexiones para PC (USB 2.0), cámara digital (a través de mini-USB 1.1) y una salida de audio para altavoces» (*Mundo* [Esp.] 10.11.2004).

  «Se durmieron retemprano» (MtnCampo *Carreteras* [Méx. 1976]).

  «Javier le juró y requetejuró por su madre y por todos los santos que no lo sabía» (VLlosa *Tía* [Perú 1977]).

2.2.2.1 Uso prefijal de la preposición *sin*

En la preposición *sin* (del lat. *sine*) tiene su origen el prefijo homófono *sin-* que aparece en un conjunto restringido de sustantivos, con el mismo sentido de carencia o privación que tiene la preposición de la que procede: *sinhueso* ('lengua'), *sinrazón* ('falta de razón o de lógica'), *sinsabor* ('pesar o disgusto'), *sinsentido* ('cosa absurda o carente de sentido') y *sinvivir* ('inquietud o desazón'), además de los sustantivos cuantificativos *sinfín* y *sinnúmero* ('infinidad, cantidad incalculable'):

«¡Con lo que a mí me gusta darle a la "sinhueso"...!» (Herrera *Cero* [Esp. 1976]).

«El libro fue recibido como una metáfora sobre la sinrazón del mundo y de la vida» (VLlosa *Verdad* [Perú 2002]).

«La experiencia suele ser una sucesión de disgustos, fracasos y sinsabores» (Mendoza *Verdad* [Esp. 1975]).

«Veía sinsentidos donde nadie más los veía» (Martínez *Vuelo* [Arg. 2002]).

«Incluso los más rezagados terminarían prefiriendo el azar al sinvivir» (CBonald *Noche* [Esp. 1981]).

«Su cabeza zumba con un millón de voces, repitiendo un sinfín de acusaciones» (Santiago *Sueño* [P. Rico 1996]).

«Había dado origen a un sinnúmero de novelas más bien pintorescas y vernaculares» (Celorio *Contraconquista* [Méx. 2001]).

También está presente en los adjetivos, frecuentemente sustantivados, *sinsustancia* ('insustancial') y *sinvergüenza* ('inmoral o descarado'):

«Iba a decirte que tu hermano, que siempre me había parecido un sinsustancia, [...] está empezando a parecerme lo contrario» (Pombo *Metro* [Esp. 1990]).

«No seas tan sinvergüenza» (Bayly *Mujer* [Perú 2002]).

Estas voces suelen ser el resultado de la fusión gráfica de locuciones originariamente escritas en dos palabras, formadas con la preposición *sin* y el sustantivo correspondiente. Este mismo proceso de fusión se observa hoy en otros casos, como en las locuciones adjetivas *sin igual* y *sin par* ('único, excepcional o incomparable'), que pueden ya verse escritas con las grafías unitarias *sinigual* y *simpar* (con cambio obligado de *n* a *m* ante *p*), aún minoritarias, pero perfectamente válidas:

«Es una etnia unificada por formas culturales y raciales, y por la memoria colectiva de largos periodos de sufrimiento sinigual» (Meléndez *Identidad* [P. Rico 1996]).

«La simpar tonadillera Conchita Piquer frecuentaba mucho el restaurante» (Vergara *Comer* [Esp. 1981]).

Ocurre lo mismo en las locuciones sustantivas *sin techo* ('persona que vive en la calle'), *sin tierra* (en Paraguay, 'integrante de un movimiento político-social que busca el acceso a la tierra como medio de subsistencia') y *sin papeles* (coloquialmente, en España, 'inmigrante que carece de la documentación necesaria para residir legalmente en el país'), para las que también se documentan ya las grafías unitarias, asimismo válidas, *sintecho*, *sintierra* y *simpapeles:*

«Decenas de miles de sintechos se han aposentado desde el terremoto del 85 en las glorietas y camellones de la Reforma y otras arterias principales» (Fuentes *Cristóbal* [Méx. 1987]).

«Los nativos se encuentran en un proceso de reubicación y quieren aprovechar al máximo la explotación de la propiedad, para que ya no sea pretendida por los sintierras» (*Abc* [Par.] 3.7.2001).

«Hay inmigrantes ilegales, millones de simpapeles, que son los nuevos jornaleros, los braceros urbanos» (*Abc*@ [Esp.] 31.10.2004).

Naturalmente, las combinaciones de preposición y sustantivo que no son locuciones, sino meros grupos sintácticos (en función adverbial o adjetiva) se escriben siempre en dos palabras, como muestran los ejemplos siguientes:

«A Eulalia le dio risa quedarse sin techo de buenas a primeras» (Mastretta *Vida* [Méx. 1990]).

«Con mi papá se podían tener tratos sin papeles, solamente la palabra y ya está» (Morón *Gallo* [Ven. 1986]).

«Trocea la pulpa del aguacate pelado y sin hueso» (Arguiñano *Recetas* [Esp. 1996]).

«Son unos ladrones sin vergüenza» (MDurán *Toque* [Col. 1981]).

«La víctima fue asaltada sin razón aparente por el indigente» (RzZafón *Sombra* [Esp. 2001]).

2.2.2.2 Uso prefijal del adverbio *no*

El adverbio *no* se asimila en cierto modo a los prefijos privativos cuando se usa antepuesto a sustantivos abstractos (especialmente a los derivados de verbos) o a sustantivos que designan clases de seres, dando lugar a expresiones como *no intervención, no proliferación, no existencia, no renovación, no violencia, no fumador, no ficción,* etc., para designar la realidad contraria a la expresada por el sustantivo. Este tipo de expresiones han proliferado a lo largo del siglo XX, sobre todo en el lenguaje periodístico, muy probablemente por influjo del inglés y el francés, idiomas en que el elemento *non-* funciona como un prefijo muy productivo.

En este tipo de expresiones se mantiene claramente la tonicidad característica del adverbio *no,* por lo que parece tratarse más de un proceso de negación similar al que se produce cuando *no* antecede a adjetivos, participios o adverbios (*Ganó una cantidad no despreciable; Su actitud no beligerante es muy de agradecer; Se trata de un fenómeno aún no explicado; Es un tipo no precisamente simpático,* etc.). Por ello, en este uso, *no* debe escribirse siempre separado, tal y como ilustran los ejemplos siguientes:

«El gabinete económico recomendó también la no intervención» (*Hora* [Guat.] 14.7.1997).

«Fue más bien como una victoria pírrica del no amor» (Bryce *Vida* [Perú 1981]).

«Vos nunca diste la cara. Te escondés en la no violencia y las cancioncitas» (Cuzzani *Zorro* [Arg. 1988]).

«Los no escritores solo ven en el cuento una extrema sencillez» (Henríquez *Huevos* [R. Dom. 2001]).

«Lo que se ha querido prohibir es fumar en locales cerrados por las molestias que causa a los no fumadores» (Atienza *Justicia* [Esp. 1993])

«Oscila entre el sexto y el décimo lugar de los libros más vendidos de no ficción» (Salvador *Eje* [Esp. 2002]).

2.2.2.3 Combinación de prefijos

Cuando una palabra se forma anteponiendo a una base varios elementos prefijos, estos deben aparecer soldados, sin guion intermedio:

«En la línea antiposmodernista se inscriben los autores más jóvenes» (*País* [Esp.] 4.10.2003).

«Estos festejos adormecieron los ánimos democráticos de los antirreeleccionistas» (Leyva *Piñata* [Méx. 1984]).

«Inútiles a los que la familia les buscaba puestos de asesores con algún caciquillo de confianza en la impunidad del preposfranquismo» (SchzOstiz *Infierno* [Esp. 1995]).

La misma solución gráfica debe adoptarse cuando un mismo prefijo se aplica de forma recursiva (*antiantisemita*) o cuando se duplica un prefijo con finalidad expresiva (*supersuperguapo*).

2.2.2.4 Coordinación de prefijos

Los prefijos tienen la capacidad de desgajarse de la palabra base para coordinarse con la voz resultante de la unión de otro prefijo a esa misma palabra. Esto ocurre con cierta frecuencia, aunque no exclusivamente, cuando se desea coordinar pares de derivados formados sobre una misma base, pero con prefijos de sentido opuesto, como *anti-* y *pro-*, *extra-* e *intra-*, *pre-* y *pos(t)-*, etc.:

«La disminución del crecimiento pre- y posnatal» (RdgzMartos *Alcoholismo* [Esp. 1989]).

«El medio visual ofrece equivalentes estructurales de objetos, acontecimientos, relaciones, organizando estructuras bi- y tridimensionales» (Anzorena *Ver* [Arg. 1998]).

Como se ve por los ejemplos, los prefijos desgajados se escriben con un guion pospuesto, para indicar que no se trata de palabras autónomas, sino de segmentos afijos, que deben interpretarse semánticamente reponiendo la base léxica que les falta, la misma que aparece en el último término de la coordinación (v. cap. III, § 4.1.1.2.6f).

2.3 LA ESCRITURA DE EXPRESIONES ONOMATOPÉYICAS

Los vocablos creados por imitación de ciertos sonidos presentan a menudo una estructura iterativa, esto es, se hallan constituidos por una sílaba que se repite (en ocasiones, con vocales diferentes, como en *tictac* o *dindón*). Esta peculiar configuración formal da lugar a vacilaciones en cuanto a su representación gráfica. Cuando estas voces se emplean como sustantivos para designar ese sonido o algún concepto relacionado con él, se recomienda escribirlos en una sola palabra (*blablablá, frufrú, gluglú, tamtam* o *tamtán, tictac,* etc.), teniendo en cuenta que la voz así creada no ha de superar las tres sílabas:

> «Esos comunistas son puro blablablá» (Gamboa *Páginas* [Col. 1998]).
>
> «No es un canto normal el de ese bicho, es una especie de gluglugIú, como el de una gran burbuja que va subiendo desde el fondo» (Montero *Tú* [Cuba 1995]).

Pero, si las repeticiones son más de tres o la expresión tiene un valor puramente onomatopéyico, para reproducir, imitar o evocar el sonido real, lo más normal y recomendable es escribir cada elemento aislado y separado por comas del resto:

> «Pero aquel toc, toc, toc, toc sobre las puertas de las casas, visitadas por curas y beatas, le perturbaba el sueño» (Chase *Pavo* [C. Rica 1996]).
>
> «Eso es, ríe, ríe. Ja, ja, ja, ja, ja. ¿Veis cómo se ríe?» (Mañas *Kronen* [Esp. 1994]).

Para el uso del guion en este tipo de expresiones, v. cap. III, § 4.1.1.2.4.

2.4 SECUENCIAS QUE PUEDEN ESCRIBIRSE EN UNA O MÁS PALABRAS

Como ya se explicó en el primer apartado de este capítulo, existen expresiones formadas por varias palabras desde el punto de vista gráfico (*arco iris, ojo de buey, de prisa, tal vez,* etc.) que, sin embargo, constituyen unidades desde el punto de vista léxico, pues presentan una forma fija y un significado unitario y estable, que no se deriva de la simple suma de significados de sus componentes. Este tipo de unidades léxicas complejas se denominan, en sentido amplio, *locuciones* y se clasifican de acuerdo con las funciones sintácticas que pueden desempeñar; así, hay locuciones nominales, como *carta blanca* ('autorización plena para actuar según el propio criterio'), *cal y canto* ('mezcla de piedras y argamasa para construir muros'), *fuera de juego* (en ciertos deportes, 'posición antirreglamentaria en que se encuentra un jugador') o *mala pata* ('mala suerte'); locuciones adjetivas, como *de cuidado* ('sospechoso o peligroso'), *sin fin* ('ilimitado'), *por venir* ('futuro o venidero') o *a propósito* ('adecuado'); locuciones adverbiales, como *a la fuerza* ('violentamente o contra la propia voluntad'), *de paso* ('provisionalmente', 'incidental o secundariamente'), *contra reloj* ('con suma urgencia o con un plazo de tiempo perentorio') o *tal vez* ('quizá'); locuciones verbales, como *hacer las paces* ('reconciliarse') o *meter la pata* ('equivocarse'); y locuciones preposicionales, como *gracias a* ('debido a'), conjuntivas, como *puesto que* ('porque'), e incluso interjectivas, como *ahí va* (para expresar sorpresa) o *Dios mío* (para expresar dolor o angustia).

Normalmente se mantiene estable la autonomía gráfica de los elementos que conforman las locuciones, pero hay veces en que estas unidades léxicas, en principio pluriverbales, experimentan un proceso de cohesión a efectos también prosódicos y morfológicos, lo que suele desembocar en la fusión gráfica de sus componentes. Prueba de ello son los numerosos casos de palabras que hoy presentan una grafía unitaria, como voces compuestas, pero que fueron en su origen locuciones (§ 2.1): *adiós* (< *a Dios*), *buenaventura* (< *buena ventura*), *camposanto* (< *campo santo*), *deprisa* (< *de prisa*), *enhorabuena* (< *en hora buena*), etc. Estos procesos de fusión gráfica son graduales, por lo que existen etapas de transición en las que conviven las dos soluciones gráficas, lo que puede producir cierta confusión y ser fuente de dudas ortográficas.

En muchos de estos casos, el uso de una u otra grafía no implica ninguna diferencia funcional ni de sentido; pero hay veces en que la grafía unida y la separada han especializado sus funciones, como ocurre con el sustantivo *contrarreloj* ('cierto tipo de prueba ciclista'), frente a la locución *contra reloj*: *El corredor perdió la contrarreloj; Se trabaja contra reloj para conseguirlo;* y es posible que los mismos elementos que integran una voz compuesta y una locución puedan encontrarse también en combinaciones sintácticas libres, formalmente idénticas, pero funcional y semánticamente muy diferentes, como ilustra el caso del sustantivo *porvenir* ('tiempo futuro'), la locución adjetiva *por venir* ('venidero o futuro') y la combinación libre *por venir* (secuencia formada por la preposición *por* y el verbo *venir*): *Le esperaba un venturoso porvenir; Los cambios por venir nos harán vivir mejor; Gracias por venir*.

Como se ve, a veces el significado y la categoría gramatical cambian en paralelo a la grafía, mientras que, en otras ocasiones, se admiten varias posibilidades gráficas para un mismo uso. En los epígrafes siguientes se ofrece una relación de las principales unidades léxicas que admiten su escritura en una o en varias palabras con idéntico valor (§ 2.4.1), así como de las secuencias más usuales en las que la fusión o separación de elementos implica cambios de valor o significado (§ 2.4.2).

2.4.1 SECUENCIAS QUE SE ESCRIBEN EN UNA O MÁS PALABRAS CON IDÉNTICO VALOR

Aunque las dos variantes se documenten en el uso y resulten admisibles, se señala en todos los casos en que ello es posible la grafía que debe usarse con preferencia, para intentar limitar al máximo la dispersión gráfica que supone la existencia de varias formas de escritura para una misma expresión. En muchos casos, se desaconsejan de manera explícita grafías admitidas con anterioridad, bien por ser ya claramente minoritarias o para evitar confusiones con secuencias de idéntica forma, pero con diferente significado.

a cal y canto ('de tal forma que no sea posible entrar o salir'), mejor que *a calicanto.* La preferencia por la grafía pluriverbal se debe a que normalmente se mantiene la tonicidad de ambos sustantivos: [akál ikánto], más que [akalikánto].

a machamartillo ('con más fuerza que esmero' y 'con firmeza'); desaconsejable, por su poco empleo, *a macha martillo.*

a maltraer (normalmente con los verbos *traer* o *llevar,* 'maltratar o mortificar'), mejor que *a mal traer.*

a matacaballo ('muy deprisa o atropelladamente'); desaconsejable, por su poco empleo, *a mata caballo.*

a rajatabla ('estrictamente, de manera escrupulosa'); desaconsejable, por su poco empleo, *a raja tabla.*

a tocateja ('en efectivo y sin dilación en el pago'); desaconsejable, por su poco empleo, *a toca teja.*

a vuelapluma ('muy deprisa, sin detenerse a meditar'); desaconsejable, por su poco empleo, *a vuela pluma.*

aguanieve ('agua que cae de las nubes mezclada con nieve'); desaconsejable, por su poco empleo, *agua nieve.*

alrededor ('en torno a algo'); desaconsejable, por su poco empleo, *al rededor.*

altamar ('parte del mar que está a bastante distancia de la costa'), mejor que *alta mar.* La preferencia por la grafía univerbal se debe a que normalmente se hace átono el primer componente: [altamár], más que [álta már].

altorrelieve ('relieve en el que las figuras salen del plano más de la mitad de su bulto'); desaconsejable, por su poco empleo, *alto relieve.*

aposta ('adrede'); desaconsejable, por su poco empleo, *a posta.*

aprisa ('rápidamente'); desaconsejable, por su poco empleo, *a prisa.*

arcoíris ('arco de colores que se forma cuando los rayos del sol se reflejan en las gotas de lluvia'), mejor que *arco iris.* La preferencia por la grafía univerbal se debe a que normalmente se hace átono el primer componente: [arkoíris], más que [árko íris].

asimismo ('también'); se desaconseja, con este sentido, la grafía *así mismo,* para evitar su confusión con la secuencia libre *así mismo* ('de ese mismo modo'), escrita siempre en dos palabras: *Dile asimismo que me devuelva el dinero o se atenga a las consecuencias* ('dile también que ...'), frente a *Así mismo se lo diré* ('se lo diré de ese mismo modo').

bajorrelieve ('relieve en que las figuras resaltan poco del plano'); desaconsejable, por su poco empleo, *bajo relieve.*

bienvenido -da ('recibido con agrado' o interjección usada como saludo cortés); desaconsejable, por su poco empleo, *bien venido -da.* Como sustantivo femenino ('recibimiento cortés'), siempre en una sola palabra: *Le doy la bienvenida.*

bocabajo ('con el vientre hacia el suelo' o 'en posición invertida'), mejor que *boca abajo.* La preferencia por la grafía univerbal se debe a que normalmente se hace átono el primer componente: [bokabájo], más que [bóka abájo].

bocarriba ('con la espalda hacia el suelo' o 'con la cara principal hacia arriba'), mejor que *boca arriba.* La preferencia por la grafía univerbal se debe a que normalmente se hace átono el primer componente: [bokarríba], más que [bóka arríba].

buenaventura ('buena suerte' o 'adivinación de la suerte futura'); desaconsejable, por su poco empleo, *buena ventura.*

calicanto ('mezcla de piedras y argamasa para construir muros'), más frecuente en el español de América que *cal y canto,* también válida.

camposanto ('cementerio católico'); desaconsejable, por su poco empleo, *campo santo.*

caradura ('sinvergüenza, descarado'), mejor que *cara dura.*

casaquinta ('casa con amplio parque o jardín'), mejor que *casa quinta.* La preferencia por la grafía univerbal se debe a que normalmente se hace átono el primer componente: [kasakínta], más que [kása kínta].

cielorraso ('techo interior plano y liso'), mejor que *cielo raso.*

contrarreloj ('[carrera, generalmente ciclista,] en que los participantes se clasifican según el tiempo que emplean en llegar a la meta'), mejor que *contra reloj.* Como locución adverbial ('con suma urgencia o con un plazo de tiempo perentorio'), se escribe en dos palabras (v. § 2.4.2).

cubalibre ('mezcla de una bebida alcohólica con un refresco de cola'), mejor que *cuba libre.*

deprisa ('rápidamente'), mejor que *de prisa.*

dizque ('al parecer o supuestamente'; 'presunto o pretendido'), mejor que *diz que.*

donjuán ('seductor de mujeres'); desaconsejable, por su poco empleo, *don juan.*

enfrente ('a o en la parte opuesta'), mejor que *en frente.*

enhorabuena (como interjección o adverbio en fórmulas de felicitación), mejor que *en hora buena.* Como sustantivo femenino, siempre en una sola palabra: *Le dio la enhorabuena.*

enseguida ('inmediatamente a continuación' o 'en muy poco tiempo'), mejor que *en seguida.*

entremedias (en España, 'en el espacio o tiempo intermedios'), mejor que *entre medias.*

entretanto ('mientras tanto'), mejor que *entre tanto.* Como sustantivo masculino, siempre en una sola palabra: *En el entretanto, estuvo trabajando de portero.*

exlibris ('sello que se estampa en un libro para hacer constar el nombre de su propietario'), mejor que *ex libris.*

fueraborda o *fuerabordo* ('[motor] de pequeño tamaño y provisto de una hélice que se coloca en la parte exterior de la popa de ciertas embarcaciones' y '[embarcación] que lleva este tipo de motor'), mejor que *fuera borda* o *fuera bordo.*

guardia civil ('agente de la Guardia Civil, cuerpo español de seguridad'), también *guardiacivil.* La grafía univerbal se justifica por la tendencia del primer elemento a perder su acento: [guardiasibíl, guardiazibíl].

guardiamarina ('alumno de uno de los dos últimos años en una escuela naval militar' y, en la Argentina y el Paraguay, 'oficial que, terminados sus estudios militares navales, recibe el grado y empleo inferior de la carrera'), mejor que *guardia marina.*

hierbabuena ('planta aromática que se emplea como condimento'); desaconsejable, por su poco empleo, *hierba buena.*

hierbaluisa ('planta aromática que se emplea como infusión'); desaconsejable, por su poco empleo, *hierba luisa.*

mal humor ('actitud o disposición negativa e irritada'), también *malhumor.* La grafía univerbal se justifica por la tendencia del primer elemento a perder su acento: [malumór], más que [mál umór].

librecambio ('sistema económico que suprime las trabas al comercio internacional'), mejor que *libre cambio.*

maleducado ('que tiene mala educación'), mejor que *mal educado.*

medialuna ('cosa en forma de media luna'), mejor que *media luna.*

medianoche ('doce de la noche' o 'bollo pequeño para bocadillos'), mejor que *media noche.*

medioambiente ('conjunto de circunstancias o condiciones exteriores a un ser vivo que influyen en su desarrollo y en sus actividades'), mejor que *medio ambiente.* La preferencia por la grafía univerbal se debe a que normalmente se hace átono el primer componente: [medioambiénte], más que [médio ambiénte].

nomás ('nada más o solamente' y otros usos expresivos americanos), también correcta *no más.*

Nochebuena ('noche de la víspera de Navidad'), mejor que *Noche Buena.*

Nochevieja ('última noche del año'), mejor que *Noche Vieja.*

padrenuestro ('oración cristiana que comienza con las palabras «Padre nuestro»'); desaconsejable, por su poco empleo, *padre nuestro.*

pavorreal ('ave gallinácea cuyo macho posee una cola de espléndido plumaje') es la grafía preferida en buena parte de América, donde suele pronunciarse con un solo acento [paborreál], frente a *pavo real* [pábo rreál], también correcta.

Perogrullo (personaje inventado que se caracteriza por ser simplón y expresar obviedades), mejor que *Pero Grullo.*

puercoespín ('roedor con el cuerpo cubierto de púas'), mejor que *puerco espín.* La preferencia por la grafía univerbal se debe a que el primer componente se pronuncia átono: [puerkoespín], más que [puérko espín].

quintaesencia ('última esencia de una cosa, lo más puro y acendrado de ella'), mejor que *quinta esencia.*

sanseacabó (interjección coloquial que se emplea para dar por terminado un asunto), desaconsejable, por su poco empleo, *san se acabó.*

sobremanera ('en extremo, muchísimo'), desaconsejable, por su poco empleo, *sobre manera.*

tal vez ('quizá, acaso') es la grafía mayoritaria, que se corresponde con la pronunciación tónica de ambos componentes: [tál bés, tál béz]; no obstante, es también válida la grafía *talvez* [talbés, talbéz], usada en algunas variedades del español americano.

tosferina ('enfermedad infecciosa caracterizada por fuerte tos convulsiva'), mejor que *tos ferina.*

2.4.2 SECUENCIAS QUE SE ESCRIBEN EN UNA O MÁS PALABRAS CON DISTINTO VALOR

aguadulce (en algunos países hispanoamericanos, 'cocción de agua y panela'), compuesto que no debe confundirse con la expresión *agua dulce,* 'agua de poco o ningún sabor, por contraposición a la del mar o a las minerales'.

aguadura ('enfermedad de las caballerías', derivado de *aguar*), sustantivo femenino que no debe confundirse con el compuesto *agua dura,* 'agua que contiene carbonatos y bicarbonatos de calcio y magnesio'.

aparte puede ser un adjetivo ('distinto o singular'): *Era un caso aparte;* un sustantivo masculino ('conversación entre dos o más personas al margen de otras presentes'): *En un aparte le comunicó su decisión;* o un adverbio ('en otro lugar'): *Escogió los mejores y los puso aparte.* No debe confundirse con la combinación ocasional de la preposición *a* y el sustantivo *parte: La lanza le atravesó el corazón de parte a parte.*

apropósito ('breve pieza teatral de circunstancias': *De joven escribió un interesante apropósito*), sustantivo masculino que no debe confundirse con la locución *a propósito* ('adecuado', 'adrede' y 'por cierto'): *Llevaba un vestido muy a propósito para la fiesta; Perdieron el partido a propósito; A propósito, ¿has tomado ya una decisión?*

avemaría ('plegaria católica dirigida a la Virgen'), sustantivo femenino que debe escribirse en una sola palabra: *Recé una avemaría y dos padrenuestros;* pero, si se trata del título de la pieza musical compuesta sobre el texto de esta oración, o de la fórmula introductoria del sacramento católico de la confesión (también usada como interjección de asombro o como saludo), se escribe en dos palabras: *El* Ave María *de Schubert; —Ave María Purísima. —Sin pecado concebida; ¡Ave María, cuánta gente hay aquí!*

contrarreloj, como sustantivo femenino o usado en aposición a *carrera, prueba,* etc., con el sentido de 'carrera, generalmente ciclista, en que los participantes se clasifican según el tiempo que emplean en llegar a la meta', se escribe hoy preferentemente en una sola palabra (v. § 2.4.1): *Ganó la contrarreloj; Es especialista en pruebas contrarreloj*. Como locución adverbial, con el sentido de 'con suma urgencia o con un plazo de tiempo perentorio', se escribe en dos palabras: *Trabajaron toda la noche contra reloj para poder terminar a tiempo*.

demás ('(lo) otro, (lo) restante': *Cuando ella se fue, los demás se pusieron a trabajar; Lo demás no importa; Vendrán alcaldes, gobernadores y demás autoridades*), adjetivo o pronombre indefinido que no debe confundirse con la locución *de más* ('demasiado', 'de sobra'): *Me duele el estómago, he comido de más; Has hecho una copia de más; No estará de más que te diga que no puedes hacer eso*.

entorno ('ambiente, lo que rodea': *Vive en un entorno muy agradable*), sustantivo masculino que no debe confundirse con la locución *en torno (a)* ('alrededor', 'aproximadamente' y 'sobre o acerca de'): *Se sentaron en torno al jefe; Llegaron en torno a las cuatro de la tarde; No sé nada en torno a eso*.

entrambos ('ambos': *Lo sujetó con entrambas manos; Tenía dos pretendientes y lo que le gustaba de entrambos era su caballerosidad*), adjetivo o pronombre hoy poco usado, que no debe confundirse con la secuencia *entre ambos*: *Entre ambos hermanos hay una buena relación*.

exabrupto ('dicho inesperado e inconveniente': *Cansado de su insistencia, le soltó un exabrupto*), sustantivo masculino que no debe confundirse con la locución latina *ex abrupto* ('de repente, de improviso'): *El libro comienza,* ex abrupto, *con el secuestro del presidente*.

malentendido ('mala interpretación o equivocación en el entendimiento de algo': *Ha habido un malentendido*), sustantivo masculino que no debe confundirse con la secuencia constituida por el adverbio *mal* y la forma *entendido*, participio del verbo *entender*: *Un pudor mal entendido le impedía pedir ayuda*.

porciento ('porcentaje o tanto por ciento': *Hemos aumentado el porciento de ganancia*), sustantivo masculino que no debe confundirse con la secuencia *por ciento*, empleada en la expresión de porcentajes: *Los impuestos han subido un doce por ciento*.

pormenor ('detalle o aspecto secundario de un asunto': *Me expuso todos los pormenores del asunto*), sustantivo masculino que no debe confundirse con las locuciones *por menor* ('detalladamente, por extenso': *No será necesario describir por menor el asunto*) y *al por menor* (con verbos como *comprar* o *vender*, 'en pequeñas cantidades': *Venden tabaco al por menor*).

porvenir ('tiempo futuro': *A los jóvenes de hoy les espera un duro porvenir*), sustantivo masculino que no debe confundirse con la locución adjetiva *por venir* ('futuro, venidero'): *Los días por venir serán aún más difíciles;* ni con la secuencia libre de la preposición *por* y el infinitivo *venir: Aún quedan invitados por venir.*

quehacer ('tarea u ocupación': *Su principal quehacer era cuidar el jardín*), sustantivo masculino que no debe confundirse con la secuencia constituida por la conjunción *que* o el relativo *que,* seguidos del verbo *hacer: Tendríamos que hacer la comida; Había mucho que hacer.*

sinfín ('infinidad': *Tenían un sinfín de problemas*), sustantivo masculino que no debe confundirse con la locución adjetiva *sin fin* ('innumerable o ilimitado' y '[correa, cadena o cinta] que puede girar continuamente'): *Tras revueltas y traiciones sin fin, consiguió pacificar el reino; Sentía una angustia sin fin; Hacía ejercicio en una cinta sin fin.*

sinrazón ('cosa fuera de lo razonable o debido' o 'ausencia de razón o lógica': *Ha optado por la sinrazón de echar a sus hijos de casa; Había mucha sinrazón en sus propósitos*), sustantivo femenino que no debe confundirse con la secuencia formada por la preposición *sin* y el sustantivo *razón: Se enfadó sin razón alguna.*

sinsabor ('pesar o disgusto': *Quería evitarle el sinsabor de la derrota*), sustantivo masculino que no debe confundirse con la combinación de la preposición *sin* y el sustantivo *sabor: Comí frutas muy vistosas, pero sin sabor.*

sinsentido ('cosa absurda y que no tiene explicación': *Lo que hiciste fue un completo sinsentido*), sustantivo masculino que no debe confundirse con la secuencia formada por la preposición *sin* y el sustantivo *sentido: Solo decían frases sin sentido.*

sinvergüenza ('inmoral o descarado': *No sabía que tu novio era tan sinvergüenza; No quiero tratos con esa sinvergüenza*), adjetivo o sustantivo común en cuanto al género que no debe confundirse con la combinación de la preposición *sin* y el sustantivo *vergüenza: Confesó sus faltas sin vergüenza.*

sobretodo ('prenda de vestir, larga y con mangas, que se lleva encima de las demás prendas': *Se alzó el cuello del sobretodo para protegerse del frío*), sustantivo masculino que no debe confundirse con la locución adverbial *sobre todo* ('especialmente, principalmente'): *Me gusta, sobre todo, su sinceridad.*

2.4.2.1 Secuencias especialmente problemáticas

En los apartados siguientes se ofrecen explicaciones más detalladas sobre ciertas secuencias que resultan a menudo particularmente problemáticas para los hablantes en relación con su escritura unida o separada.

2.4.2.1.1 *a dónde / adónde; a donde / adonde*

Cuando el adverbio interrogativo o exclamativo *dónde,* que denota lugar, va precedido de la preposición *a* para expresar la idea de dirección o destino ('a qué lugar'), presenta desde antiguo la variante gráfica *adónde,* con fusión de la preposición y el adverbio. Ambas opciones gráficas, *a dónde* y *adónde* son igualmente correctas y pueden usarse de forma indistinta, como muestran los ejemplos siguientes:

«¿A dónde vamos?» (Edwards *Anfitrión* [Chile 1987]).
«¿Adónde te llevan?» (Mastretta *Vida* [Méx. 1990]).
«Ustedes, los jóvenes, creen que no debe haber normas. ¡Muy bien! ¡Estupendo! ¡Extraordinario! ¡A dónde iremos a parar!» (Guzmán *Llanto* [Esp. 1982]).
«¡Adónde hubieran llegado otros con mis oportunidades!» (TBallester *Filomeno* [Esp. 1988]).

Información adicional — Aunque durante un tiempo se intentó dar preferencia normativa a la grafía unitaria *adónde,* la opción gráfica *a dónde,* potenciada por la analogía con las estructuras en que este adverbio aparece precedido de otras preposiciones (*de dónde, desde dónde, por dónde,* etc.), tiene también mucho arraigo en el uso culto, donde ambas soluciones conviven.

Del mismo modo, el adverbio relativo locativo *donde,* cuando va precedido de la preposición *a,* admite también, de forma indistinta, las grafías *a donde* y *adonde,* esté o no expreso su antecedente, tal como muestran los ejemplos siguientes:

«Tú eres el único lugar a donde quiero ir» (Aguilar *Error* [Méx. 1995]).
«Ella se ha situado en un lugar adonde ni tú ni yo llegamos» (Contreras *Nadador* [Chile 1995]).
«A él le había costado agonías y odios llegar a donde estaba» (Martínez *Vuelo* [Arg. 2002]).
«Se quedó con la idea de que su respuesta iba a llegar adonde debía» (GaMárquez *Amor* [Col. 1985]).

Información adicional

El gramático venezolano Andrés Bello, en su *Gramática* de 1847, propuso la tradicional recomendación de usar especializadamente cada una de estas grafías. Así, durante algún tiempo, se recomendó escribir siempre *adonde* en oraciones con antecedente expreso (*Me gustó la playa adonde fuimos*), mientras que en oraciones sin antecedente se admitía el uso de ambas formas (*Vaya usted a donde quiera / Vaya usted adonde quiera*). Sin embargo, esta distinción no ha cuajado nunca en el uso, donde se siguen empleando de forma indistinta ambas grafías, que en la actualidad se consideran igualmente correctas.

2.4.2.1.2 *(a)dondequiera, comoquiera, cuandoquiera, quienquiera*

Los relativos *(a)donde, como, cuando* y *quien* forman, con la terminación *-quiera* (segmento afijo, invariable, procedente de la forma verbal *quiera*), un conjunto especial de relativos, denominados *inespecíficos* por añadir a las respectivas nociones de lugar, modo, tiempo y persona un carácter inespecífico o indeterminado. Así, los relativos compuestos *(a)dondequiera, comoquiera, cuandoquiera* y *quienquiera* vienen a significar algo así como 'cualquiera que sea, o sea cual sea, el lugar / la manera / el momento / la persona'. Estos relativos inespecíficos, que van seguidos de oraciones encabezadas por el relativo *que,* deben escribirse siempre en una sola palabra, a diferencia de las combinaciones libres de *(a)donde, como, cuando* y *quien* con la forma verbal *quiera* (1.ª o 3.ª persona del singular del presente de subjuntivo del verbo *querer*), que se escriben siempre en dos palabras. Aunque no son usos frecuentes, las formas compuestas *dondequiera, comoquiera* y *quienquiera* se emplean también como indefinidos ('en cualquier lugar', 'de cualquier manera', 'cualquier persona'), sin valor relativo.

Información adicional

La voz *cualquiera* forma también parte del grupo de los relativos inespecíficos cuando va seguida de una oración encabezada por el relativo *que: Cualquiera que lo intentara fracasaría.* Es, además, un adjetivo o pronombre indefinido: *Pásate por aquí un día cualquiera; Cualquiera puede hacerlo.* No se ha incluido aquí por no plantear problemas ortográficos, ya que no existe ningún contexto en español en que *cual* y *quiera* puedan escribirse separados.

a) *(a)dondequiera / (a)donde quiera*

El adverbio compuesto *adondequiera* ('a cualquier lugar') se escribe siempre en una sola palabra:

«Había decidido seguirla adondequiera que fuese, sin despegarme de ella un solo segundo» (Volpi *Klingsor* [Méx. 1999]).

En cambio, se escribe en dos palabras la combinación libre del relativo *adonde* y la forma verbal *quiera,* que significa 'al lugar que desee' la persona designada por el sujeto:

«¡Por mí ya se puede ir adonde quiera, en barco, en avión o en patinete, no le necesito para nada!» (Marsé *Embrujo* [Esp. 1993]).

Del mismo modo, el adverbio compuesto *dondequiera* ('(en o a) cualquier lugar') se escribe siempre en una sola palabra:

«Te deseo lo mejor, dondequiera que estés» (RzZafón *Sombra* [Esp. 2001]).
«Después de las primeras funciones, dondequiera que íbamos nuestra fama nos precedía» (Saer *Entenado* [Arg. 1988]).
«Hacia dondequiera que avanzara, se encontraba con la ignorancia» (Jodorowsky *Pájaro* [Chile 1992]).
«¿Te dormiste, viejo? Dichoso tú que tienes casa dondequiera» (Parrado *Muerte* [Cuba 1984]).

Por el contrario, se escribe en dos palabras la combinación libre del relativo *donde* y la forma verbal *quiera,* que significa 'el lugar, en el lugar o al lugar que desee' la persona designada por el sujeto:

«Empiece por donde quiera» (Millás *Mujeres* [Esp. 2002]).
«Siéntese usted donde quiera» (García *Mundo* [Perú 1994]).
«Dejo que me lleve donde quiera» (Tusquets *Mar* [Esp. 1978]).

b) *comoquiera / como quiera*

El adverbio compuesto *comoquiera* ('sea cual sea el modo o de cualquier manera') se escribe siempre en una sola palabra:

«Larisa, Helena, Magda, comoquiera que te llames, me convertiré en tu protector» (Quintero *Danza* [Ven. 1991]).
«Está bien, coge para el parque comoquiera y déjanos en la esquina de la ferretería» (VLlosa *Fiesta* [Perú 2000]).

Comoquiera se escribe también en una sola palabra cuando forma parte de la locución conjuntiva de sentido causal *comoquiera que* ('dado que, puesto que'):

«Comoquiera que las oportunidades de empleo han mermado considerablemente, la oferta educativa tradicional ha sido sometida a escrutinio» (*País* [Esp.] 1.12.1986).

En cambio, se escribe en dos palabras la combinación libre del relativo *como* y la forma verbal *quiera,* que significa 'del modo que desee' la persona designada por el sujeto:

«Está bien, Lucita, como quiera. Usted se lo pierde» (Parrado *Bembeta* [Cuba 1984]).

c) *cuandoquiera / cuando quiera*

El adverbio compuesto *cuandoquiera* ('sea cual sea el momento, en cualquier momento') se escribe siempre en una sola palabra:

«Dondequiera y cuandoquiera que el Consejo de Seguridad decida actuar contra una amenaza a la seguridad, todos los países miembros están obligados a prestar ayuda» (*País*@ [Esp.] 8.10.2002).

En cambio, se escribe en dos palabras la combinación libre del relativo *cuando* y la forma verbal *quiera,* que significa 'en el momento que desee' la persona designada por el sujeto:

«Cuando quiera interrumpa y pregunte» (Onetti *Viento* [Ur. 1979]).

d) *quienquiera / quien quiera*

El pronombre compuesto *quienquiera* ('cualquiera, sea quien sea la persona') se escribe siempre en una sola palabra:

«Me entregó un sobre que contenía las más calurosas recomendaciones, dirigidas a quienquiera que me ofreciera trabajo» (Donoso *Elefantes* [Chile 1995]).

«Y a nadie le pareció que la espantada fue una tontera [...] ni un accidente que a quienquiera le puede llegar a ocurrir» (Fogwill *Cantos* [Arg. 1998]).

En cambio, se escribe en dos palabras la combinación libre del relativo *quien* y la forma verbal *quiera:*

«Tú sabes que no hay nadie en el mundo a quien quiera más que a ti» (Bayly *Mujer* [Perú 2002]).

«En San Cristóbal dialoga y discursea con sus amigos y con quien quiera oírlo» (Herrera *Casa* [Ven. 1985]).

2.4.2.1.3 ***conque / con que***

La conjunción ilativa *conque* ('así que, de modo que') se escribe siempre en una sola palabra. Se emplea para introducir la consecuencia natural de lo que acaba de decirse:

«—No me gusta nada lo que estás diciendo. —Ni a mí lo que dices tú, conque estamos en paz» (Salom *Vuelo* [Esp. 1980]).

«Este árabe es peligrosísimo, conque mucho cuidado» (Lezama *Oppiano* [Cuba 1977]).

También puede encabezar oraciones independientes (a menudo exclamativas) en las que se manifiesta sorpresa, ironía, escepticismo o reproche ante algún hecho o situación que se acaba de conocer:

«—No me mientas. Os vi entrar en esta misma casa el domingo pasado. —Vaya, conque nos espías, ¿eh?» (Mendoza *Verdad* [Esp. 1975]).

«—¡Ah..., conque eres tú! —exclamó Montoya divertido» (Gasulla *Culminación* [Arg. 1975]).

«Quiere decir que me mata o lo mato porque los dos, con tanto odio, no cabemos sobre este estrecho planeta. ¡Ajá, conque eso era!» (Vallejo *Virgen* [Col. 1994]).

«Mira, carajo, dónde estaba la cosa, se dijo Maricarla desde su más profundo desengaño, conque esas tenemos» (ÁlvzGil *Naufragios* [Cuba 2002]).

En el habla coloquial de España y algunos países de América, la forma *conque* se usa como sustantivo, con el sentido de 'condición con la que se hace o se promete una cosa', 'pega o inconveniente' y 'quid de la cuestión':

«Testó él [...] a favor de su esposa, con el conque de que si ella moría su herencia pasaba a los paisanos» (Asturias *Papa* [Guat. 1954]).

«—¿A quién mató en Morelos? —preguntó Andrea. —A una muchacha que era su amante y que un día lo recibió con el conque de que ya no» (Mastretta *Vida* [Méx. 1990]).

«Ya me las apañaría pa exigir ganao de recibo, que aquí está el conque, Marquitos, en el ganao» (DzCañabate *Paseíllo* [Esp. 1970]).

En cambio, se escribe *con que* en dos palabras cuando se trata de las secuencias siguientes:

La preposición *con* seguida del pronombre relativo *que: «Le dijo que no con la voz con que se dicen siempre las mentiras»* (Cercas *Soldados* [Esp. 2001]); *«Adoptó la mirada beligerante y directa con que intimidaba a la gente»* (VLlosa *Fiesta* [Perú 2000]). Su identificación es fácil, ya que el relativo *que* admite la anteposición del artículo correspondiente (*el, la, los, las*) o puede sustituirse por *el cual, la cual,* etc.: *El coche con que* [= con el que, con el cual] *te fui a recoger es de mi hermano.*

La preposición *con* seguida de la conjunción *que: «Le bastaba con que la carta no le fuera devuelta»* (GaMárquez *Amor* [Col. 1985]); *«Por el momento tengo suficiente con que haya reconocido su pecado»* (Tomeo *Mirada* [Esp. 2003]); *«¿Usted está de acuerdo con que se le haya metido fuego a la embajada?»* (Quesada *Banana* [Hond. 2000]). En estos casos, se trata siempre de complementos encabezados por la preposición *con,* que tienen como término una oración subordinada en lugar de un sustantivo (*bastar con* algo, *estar de acuerdo con* algo, etc.).

2.4.2.1.4 *por qué / porqué*

a) *por qué*

La secuencia *por qué,* escrita en dos palabras, corresponde a la combinación de la preposición *por* y el interrogativo *qué* con la que se introducen en español las oraciones interrogativas directas que preguntan por la causa de lo que se expresa a continuación:

«¿Por qué llegó hasta aquí?» (VLlosa *Loco* [Perú 1993]).

«¿Y por qué no me dijiste nada?» (Belli *Mujer* [Nic. 1992]).

«Pero ¿por qué motivo habrían de sepultar a un hombre que aún no está muerto?» (Hernández *Naturaleza* [Esp. 1989]).

También introduce oraciones interrogativas indirectas:

«Le pregunté por qué trabajaba en una fábrica de paraguas» (Tomeo *Mirada* [Esp. 2003]).

«Lo que no entiendo, don Gabriel, es por qué no me dijo nunca quién era usted» (GaMárquez *Vivir* [Col. 2002]).

«Fue incapaz de explicar por qué razón había provocado aquella tragedia» (Volpi *Klingsor* [Méx. 1999]).

«No sé por qué, pero me parece que me estás esquivando» (Plaza *Cerrazón* [Ur. 1980]).

Cuando la oración interrogativa es negativa, sirve a menudo, no para preguntar o indagar la causa de algo, sino para hacer una propuesta o sugerencia al interlocutor:

«¿Por qué no bajamos a cenar?» (Pombo *Ventana* [Esp. 2004]).

«Te propongo una cosa, hermana, ¿por qué no permites que Solita [...] pose para el maestro?» (González *Dios* [Méx. 1999]).

«El periodista radiofónico le dijo que por qué no se encontraban otra vez para recordar más cosas» (Carrión *Danubio* [Esp. 1995]).

También aparece la secuencia *por qué* en oraciones no causales, tanto interrogativas (directas o indirectas) como exclamativas, en las que la preposición *por* introduce un grupo sintáctico cuyo núcleo va precedido del interrogativo-exclamativo *qué:*

«¿Por qué puerta entrará el desconocido?» (Mendicutti *Palomo* [Esp. 1991]).

«No te podría precisar por qué laberintos llegó ese material a Cuba» (Ruffinelli *Guzmán* [Chile 2001]).

¡Por qué poco te vendes!

b) *porqué*

La grafía *porqué,* en una sola palabra, corresponde al sustantivo masculino que significa 'causa, razón o motivo' y, como tal, se usa precedido de determinante y tiene forma de plural (*porqués*):

«Tú siempre has entendido el porqué de mis actos» (Mendoza *Ciudad* [Esp. 1986]).

«Agarrado a las solapas de la chaquetilla de José imploraba una explicación, un porqué» (Guelbenzu *Río* [Esp. 1981]).

Igualmente como sustantivo, se usa en ocasiones con el sentido de 'pregunta que comienza por la locución causal *por qué*':

«La opinión pública empieza a preguntarse si la respuesta a sus porqués no está tal vez en los motivos económicos que instaron los cambios de tripulación de personal sueco a personal estonio» (*Vanguardia* [Esp.] 30.9.1994).

2.4.2.1.5 ***porque / por que***

a) *porque*

La grafía *porque,* escrita en una sola palabra, corresponde a la conjunción causal con la que se introducen las oraciones subordinadas que expresan la causa o motivo de que ocurra (o, en otros casos, de que se diga o afirme) lo expresado en la oración principal:

«Me fui de la casa porque ya se había perdido la sensación de hogar» (Jaramillo *Tiempo* [Pan. 2002]).

«La niña se preocupa porque la cara de la mamá está triste» (Serrano *Vida* [Chile 1995]).

«¡A veces se enojaba porque yo escuchaba música ruidosa!» (Daneri *Cita* [Arg. 1983]).

«Acérquense, porque no tengo fuerza para hablar muy alto y tengo algo un poco heterodoxo que proponerles» (Donoso *Casa* [Chile 1978]).

«Debió de tener una premonición, porque se detuvo y no llegó a concluir el gesto» (Rojo *Matar* [Esp. 2002]).

(Sobre la presencia o ausencia de coma ante la conjunción causal, v. cap. III, § 3.4.2.2.4.3).

A veces, cuando el verbo de la subordinada va en subjuntivo y no hay ningún elemento en el enunciado de la principal que exija la presencia de un complemento introducido por la preposición *por,* la conjunción *porque* adquiere sentido final ('para que'). Este uso, frecuente en el español de otras épocas, es hoy raro y tiene un cierto sabor arcaizante, pues lo normal en el español actual es usar en estos casos *para que:*

«El anís lo acepto, porque no diga usted que es un desaire» (FnGómez *Viaje* [Esp. 1985]).

«Y tú, porque no creyeran que no eres un caballero, cediste como un imbécil» (MtzBallesteros *Pisito* [Esp. 1990]).

b) *por que*

La preposición *por* antecede a la conjunción *que,* sin formar con ella una amalgama gráfica, cuando dicha preposición introduce un complemento exigido por el verbo u otro elemento (adjetivo o sustantivo) de la oración principal. Se trata en estos casos de complementos preposicionales encabezados por la preposición *por,* que tienen como término una oración subordinada en lugar de un sustantivo (*alegrarse por* algo, *apostar por* algo, *caracterizarse por* algo, *dar la vida por* algo, *estar loco por* algo, *inquietarse por* algo, *irritarse por* algo, *votar por* algo, *ansioso por* algo, *contento por* algo, *temor por* algo, *preferencia por* algo, etc.):

«Estas compras se caracterizan por que el comprador tiene el derecho de examinar la mercancía y rescindir libremente el contrato si dicha mercancía no le conviene» (Maldonado/Negrón *Derecho* [P. Rico 1997]).

«Leakey siempre apostó por que este homínido desligado ya del mono vivió en África hace unos 7 millones de años» (Cardeñosa *Código* [Esp. 2001]).

«Voto por que no la incluyamos» (Obando *Paraíso* [C. Rica 2001]).

«Carlitos Alegre habría dado la vida por que [Natalia] llegara hoy» (Bryce *Huerto* [Perú 2002].

«Está loca por que la entreviste a ella también» (Dou *Luna* [Ven. 2002]).

«Llegan incluso ansiosos por que nos lo creamos» (*País* [Esp.] 9.10.1997).

«A medida que fue creciendo, el temor por que aquel hombre apareciese se fue transformando en temor por que no volviese» (Gavilanes *Bosque* [Esp. 2000]).

«Ahora, postrada en el lecho de su dormitorio, no deseaba otra cosa que reposar, que la dejaran en paz, que desistieran de sus intentos por que se decidiera a probar bocado» (FdzCubas *Altillos* [Esp. 1983]).

«Clemente [...] mostró su preferencia por que los técnicos sean nativos» (*Vanguardia* [Esp.] 1.6.1994).

Aun tratándose de un complemento exigido por algún elemento de la principal, si la oración subordinada lleva el verbo en subjuntivo e introduce una causa orientada hacia el futuro, noción muy cercana a la de finalidad, se admiten ambas grafías, *por que* y *porque,* tal como muestran los ejemplos siguientes (obsérvese que, en la mayoría de los casos, podría haberse usado también *para que*):

«El Emperador le había dado el encargo de velar por que se diesen buenas encomiendas a los conquistadores antiguos» (Miralles *Cortés* [Méx. 2001]).

«Olga velaba porque la fiebre no le subiera más de la cuenta» (Collyer *Habitante* [Chile 2002]).

«Estaré rogando al señor por que haya más comprensión y buena voluntad entre nosotros» (Santander *Milagro* [Méx. 1984]).

«Me quedé largo rato [...] rogando porque los dioses la salvaran y la enviaran de mensajera» (Belli *Mujer* [Nic. 1992]).

«Ella no hacía ningún esfuerzo por que [el jefe de personal] comprendiese» (Padilla *Jardín* [Cuba 1981]).

«Por más que hacía esfuerzos porque ella le hablara, no logró arrancarle ni siquiera una confidencia» (Regás *Azul* [Esp. 1994]).

La grafía *por que,* escrita siempre en dos palabras, puede corresponder también a la secuencia de la preposición *por* seguida del relativo *que,* si bien lo más normal hoy es que se usen en esos casos las formas complejas del relativo (*el que, la que, los que, las que*):

«Tomando en cuenta todas las torturas por que ha pasado, me impresiona su reciedumbre física» (Teitelboim *País* [Chile 1988]).

«Las vicisitudes por que atravesó este empeño conductista de asumir a Freud no son para contarlas aquí» (Pinillos *Psicología* [Esp. 1975]).

2.4.2.1.6 ***sino / si no***

La voz *sino* puede ser el sustantivo masculino que significa 'fatalidad o destino':

«¿Qué extraño sino me encadenó a él?» (Gallegos *Pasado* [C. Rica 1993]).

«Puede que sea mi sino, porque yo creo que cada persona nace con un sino marcado en la frente» (Zaragoza *Dios* [Esp. 1981]).

Puede tratarse también de la conjunción adversativa *sino,* que presenta los valores siguientes:

a) Introduce un elemento que reemplaza o sustituye al negado en la oración precedente: *«Se diría que no es el escándalo lo que teme, sino la inobservancia de las formas»* (VLlosa *Verdad* [Perú 2002]);

«Nunca me decía directamente que no tenía, sino que me iba a pagar ese día» (Paz *Materia* [Bol. 2002]); *«No estaba en la barbería, sino en un sitio que tardé en identificar como el portal del zapatero»* (MñzMolina *Sefarad* [Esp. 2001]).

b) Si el elemento negado en la oración antecedente no está explícito, *sino* adquiere un valor cercano a *más que, otra cosa que: «Aquel odio no era sino la cara deformada de un afecto no correspondido»* (Jodorowsky *Danza* [Chile 2001]).

c) Toma a veces un valor equivalente a *salvo, excepto* o *aparte de,* tanto en oraciones negativas como en interrogativas retóricas: *«Sabes que no quiero a nadie sino a ti»* (Regás *Azul* [Esp. 1994]); *«¿Qué otra cosa puedo hacer sino ir en seguida a verlo?»* (Cortázar *Reunión* [Arg. 1983]).

d) En correlación con *no solo* o *no solamente,* denota adición enfática de otro u otros miembros a la cláusula: *«Regresaba no solo sucio y extenuado, sino enfermo»* (Sánchez *Héroe* [Col. 1988]). Con frecuencia suele acompañarse del adverbio *también: «Pero analicemos no solamente las ventajas, sino también los inconvenientes»* (Gasulla *Culminación* [Arg. 1975]).

Estos usos de la conjunción *sino,* siempre escrita en una sola palabra, no deben confundirse con la secuencia formada por la conjunción *si* seguida del adverbio de negación *no:*

«Cómo pueden ser historiadores, decía de algunos alumnos demasiado apegados a las fuentes documentales, si no leen novelas, si no beben, si no hacen el amor» (Celorio *Contraconquista* [Méx. 2001]).

«No sé si no es mejor que fracase este encuentro» (Plaza *Cerrazón* [Ur. 1980]).

«Los resultados, si no espectaculares, fueron rotundamente positivos» (*País* [Esp.] 2.4.1984).

«—¿También lo sabes por mami? —¿Por quién si no?» (BVallejo *Música* [Esp. 1989]).

Puede servir de orientación para saber cuándo escribir *sino* o *si no* tener en cuenta que la conjunción *sino* es átona, carece de acento prosódico, mientras que en la secuencia *si no* el adverbio *no* conserva su tonicidad característica: *si no* [sinó].

2.5 AMALGAMAS GRÁFICAS: LAS CONTRACCIONES *AL* Y *DEL*

En el castellano medieval, y aun en el clásico, eran habituales las amalgamas gráficas entre preposiciones y artículos, demostrativos o pronombres, que venían a reflejar en la escritura fenómenos de fusión entre vocales contiguas frecuentes en el plano oral. Así, aunque no de forma sistemática, se documentan con frecuencia en los textos de esas épocas amalgamas como *antel, desdel, dello, desta, entrellos, sobrel,* etc., e incluso de la preposición *de* con adverbios como *aquí, acá* u *hoy,* dando lugar a formas contractas como *dacá, dallí* o *doy:*

«Non son todos omnes osados de fablar antel Rey» (Alfonso X *Estoria* IV [Esp. c1280]).

«E vino Salmanasar, el rey de Siria, e levó cativos muchos dellos» (Almerich *Fazienda* [Esp. c1200]).

«Daquí salir non puedo» (Berceo *Domingo* [Esp. c1236]).

«Era muy común entre los gentiles [...] tener músicos que tañían flautas y harpas, o los instrumentos que haber podían y entrellos se usaban» (Casas *Apologética* [Esp. 1527-50]).

Sin embargo, a diferencia de otras lenguas de nuestro entorno, como el portugués, el italiano o el catalán, cuyas ortografías han fijado el reflejo gráfico de otras fusiones que se producen a nivel fónico, la norma ortográfica del español solo admite hoy en la escritura la amalgama de las preposiciones *a* y *de* con la forma *el* del artículo, lo que da lugar a las contracciones *al* (< *a* + *el*) y *del* (< *de* + *el*). Esta fusión gráfica es obligada, de modo que resulta incorrecto escribir las secuencias ⊗*de el* y ⊗*a el,* salvo cuando el artículo *el* que sigue a estas preposiciones forma parte de un nombre propio, caso en el que dicho artículo se escribe con mayúscula inicial (v. cap. IV, § 4.2.3.2) y, por tanto, no se produce contracción en la escritura:

«Luego de cinco días de navegación, arribó a El Idilio» (Sepúlveda *Viejo* [Chile 1989]).

«Yo no dije nada de mis dos vestidos de El Corte Inglés» (Dou *Luna* [Ven. 2002]).

«Es autor de "El amor desenterrado y otros poemas"» (*Caretas* [Perú] 10.7.1997).

Si en un enunciado coinciden dos secuencias consecutivas de la preposición *de* y el artículo *el,* se venía recomendando hasta ahora realizar la contracción solo en una de ellas (preferentemente en la segunda), lo que daba lugar a las combinaciones gráficas *de el del* o *del de el;* no obstante, el uso culto parece no seguir esa recomendación —que instauraba una excepción a la regla general basada en cuestiones estéticas antes que lingüísticas— y hoy se escriben con normalidad las dos contracciones consecutivas cuando el texto lo requiere. Debido a ello, se considera preferible eliminar la excepción anterior y realizar ambas amalgamas gráficas en estos contextos:

«El lector modelo diseñado por Clarín es diferente del del mundo militar» (Escudero *Malvinas* [Arg. 1996]).
«La sentencia del del bar resulta inapelable» (Llamazares *Río* [Esp. 1990]).
«El público de la capital no era distinto del del resto de la República» (Paranaguá *Ripstein* [Méx. 1997]).

Como se ha dicho, la norma ortográfica del español no admite hoy ninguna otra amalgama gráfica aparte de las indicadas. No obstante, de forma excepcional, pueden aparecer en textos literarios otras contracciones con las que se transcriben algunos fenómenos de amalgama propios del habla popular o rural, como recurso para la caracterización de personajes:

«Allí habrá tierra pa tol mundo» (González *Provisiones* [Cuba 1975]).
«Oye, no me la habrá dejao embarazada el pistolero este. Era lo que me faltaba pal duro» (ASantos *Estanquera* [Esp. 1981]).
«Margarita no tenía padre. —Se fue pa'l norte —decía si alguna vez s[e] le preguntaba» (González *Dios* [Méx. 1999]).
«Y como ellos viven en el mismo camino pa'cá pal templo» (Paz *Paraíso* [Cuba 1976]).

Como se ve en los dos últimos ejemplos, para marcar este tipo de contracciones —tanto en estos casos como en ediciones de textos antiguos—, se recurre a menudo al empleo del apóstrofo (v. cap. III, § 4.5).

3
LAS ABREVIACIONES GRÁFICAS

Se consideran abreviaciones gráficas aquellas formas de representación concisa de las unidades léxicas cuya motivación es, en principio, puramente gráfica, esto es, que responden a la intención de representar abreviadamente en la escritura palabras o expresiones complejas. Bajo este concepto se engloban, pues, tanto las abreviaturas como la siglas, procedimientos hoy diferenciados que, no obstante, comparten un mismo origen, tal como se explica en el apartado 3.1.

En los apartados siguientes se expondrán pormenorizadamente las normas que rigen la formación y uso de cada uno de los dos procedimientos de abreviación gráfica señalados: por un lado, las abreviaturas (§ 3.2) y, por otro, las siglas (§ 3.3), dentro de las cuales forman un grupo especial aquellas cuya estructura permite leerlas como palabras (*ovni, sida, OTAN, Unicef,* etc.) y que se denominan, específicamente, *acrónimos*.

Información adicional

También se aplica el término *acrónimo* (del gr. *ákros* 'extremo' + *-ónimo* 'nombre') a las voces creadas por la fusión de segmentos de varias palabras, normalmente el principio de la primera y el final de la segunda (aunque el último componente a menudo conserva su integridad): *cantautor* (de *cantante* y *autor*), *choripán* (de *chorizo* y *pan*), *docudrama* (de *documental* y *drama*), *frontenis* (de *frontón* y *tenis*), *ofimática* (de *oficina* e *informática*) o *publirreportaje* (de *reportaje publicitario*). Estas voces son resultado de un proceso de creación léxica por composición, de ahí que reciban también el nombre de *compuestos acronímicos*. Ambos tipos de acrónimos, a pesar de compartir el nombre por su condición de palabras creadas a partir de elementos o fragmentos de otras, son de naturaleza completamente diversa: los acrónimos procedentes de siglas nacen como abreviaciones gráficas de expresiones complejas, es decir, su origen es, en un principio, puramente gráfico, mientras que los acrónimos del tipo de *cantautor* u *ofimática* son, ya desde su mismo origen, creaciones léxicas, un tipo particular de palabras compuestas, razón por la que no se tratan en esta obra.

Tampoco son abreviaciones gráficas, sino léxicas, los llamados *acortamientos,* voces creadas por reducción del cuerpo fónico de una palabra o expresión al eliminar un segmento final o, más raramente, inicial (como es lógico, esa reducción es también gráfica cuando los acortamientos, que nacen casi siempre en la lengua oral coloquial, especialmente en el ámbito juvenil, pasan a la lengua escrita). Son acortamientos voces como *boli* (de *bolígrafo*), *díver* (de *divertido -da*), *finde* (de *fin de semana*), *narco* (de *narcotráfico* o *narcotraficante*), *porfa* (de *por favor*), *profe* (de *profesor -ra*), *quimio* (de *quimioterapia*), *zoo* (de *zoológico*) o, con pérdida del segmento inicial, *bus* (de *autobús*).

3.1 ORIGEN DE LAS ABREVIACIONES GRÁFICAS

Como explicación del nacimiento de las abreviaciones gráficas se han propuesto diversas razones, sin que ninguna de ellas resulte, por sí sola, del todo satisfactoria para justificar todos los casos.

Tradicionalmente se ha venido considerando que su uso respondía a la necesidad de ahorrar tanto en material de escritura como en tiempo y esfuerzo a la hora de escribir, aunque esta explicación no resulta suficiente si se tiene en cuenta que a menudo conviven en la misma inscripción o manuscrito formas abreviadas junto a formas ornamentales que suponen un considerable derroche de medios.

De otro lado, el empleo de abreviaciones gráficas tiene también que ver con el hecho de que, por condicionamientos meramente físicos, la velocidad de emisión del discurso oral supera con mucho la de su plasmación por escrito. Del desajuste entre ambas velocidades surge la necesidad de arbitrar una serie de signos y convenciones que permitan reproducir gráficamente el discurso oral de forma rápida e inequívoca. De hecho, en la creación y uso de abreviaciones influyeron sin duda los sistemas de escritura taquigráfica empleados ya en la Antigüedad, cuyo desarrollo está ligado al de aquellas actividades en las que con frecuencia resultaba necesario transcribir directamente emisiones de carácter oral (juicios, discursos políticos, dictado de cartas y documentos, etc.).

Por otra parte, la economía y la rapidez favorecidas por el uso de abreviaciones no inciden solo en el plano de la escritura, sino también en el de la lectura, ya que se ha demostrado que no leemos las palabras reconociendo una a una las letras que las conforman, sino de manera global, en bloque, fijando la atención en los elementos más representativos que nos permiten su rápida identificación visual. Así, cuando una abreviación se utiliza repetidamente como representación de un término o expresión hasta consolidarse en una forma abreviada convencional, su reconocimiento en la lectura es inmediato, más rápido que el del término o expresión completos.

En la aparición y uso de cierto tipo de abreviaciones gráficas suelen reconocerse también motivaciones puramente extralingüísticas, como la ocultación supersticiosa del nombre para evitar que la persona fuera objeto de maldición, que podría estar en el origen de las primeras iniciales de nombres propios documentadas en época romana, o el empleo reverencial de formas abreviadas para evitar, por respeto, la mención del nombre de la divinidad, abreviaciones estas denominadas *nomina sacra* (nombres sacros), utilizadas desde los primeros tiempos del cristianismo y cuyo mecanismo abreviativo se extendió luego a otro tipo de términos.

Los procedimientos y signos de abreviación que hoy utilizamos son el resultado de la depuración de un sistema desarrollado en época romana, consolidado en la época medieval y perfeccionado en la actualidad.

En latín, aunque no puede hablarse estrictamente de un sistema normalizado, había cuatro tipos fundamentales de abreviaciones gráficas: las notas tironianas, un sistema de signos similar a la taquigrafía moderna; las siglas, abreviaciones extremas que conservan solo la inicial del término abreviado; los *nomina sacra* o nombres sacros ya mencionados, y las *notae iuris* o abreviaturas jurídicas, inicialmente utilizadas para abreviar determinados tecnicismos o expresiones frecuentes en textos de carácter jurídico, pero que se extendieron más tarde a todo tipo de textos y proliferaron tanto que llegaron incluso a ser prohibidas en el siglo v porque su uso abusivo había llegado a dificultar gravemente la legibilidad de los textos.

Durante la Edad Media, además de las notas tironianas y los *nomina sacra,* existía un cuerpo de abreviaturas (descendiente en gran medida de las *notae iuris* romanas), cuya formación respondía a tres procedimientos básicos: el truncamiento o suspensión (se conserva la parte inicial del término abreviado, eliminando algunos de sus caracteres finales), la contracción (se eliminan solo caracteres centrales, conservando el segmento inicial y final) y la aféresis (se eliminan solo caracteres iniciales), procedimiento este último muy poco frecuente. Los signos utilizados para marcar las abreviaturas eran de naturaleza muy diversa, aunque los más comunes eran el punto (colocado a diferentes alturas) y la línea (horizontal y sobrescrita y, en ciertos usos, ligeramente ondulada, o bien oblicua y situada al final del cuerpo de la abreviatura), además de las letras voladas.

Información adicional — La raya horizontal como signo de abreviatura no se utiliza en la actualidad, pero pervive en el trazo que cruza el asta descendente de la *q* en algunos modelos caligráficos, procedente de la marca de abreviación de *que,* así como en la *ñ,* cuya tilde o virgulilla característica era originariamente la marca de abreviación del grupo *nn*.

Si comparamos este sistema con el que se utiliza en nuestros días, podrán apreciarse pocas diferencias, ya que el truncamiento y la contracción son los procedimientos normativos para la formación de abreviaturas en el español actual (v. § 3.2.2). El hecho de que el punto sea hoy el signo abreviativo por excelencia se debe a que es el signo más comúnmente utilizado desde la Antigüedad para marcar la ausencia de la materia gráfica no reproducida.

Aunque, en la actualidad, las abreviaturas y las siglas constituyen dos procedimientos bien diferenciados de abreviación gráfica, tienen un origen común.

Como se ha apuntado, las siglas, que se hallan ya en los textos romanos más antiguos, no son en su origen sino abreviaturas por truncamiento extremo, que reducían la palabra abreviada a su letra inicial. Parece que este tipo de abreviación extrema se aplicó en un principio a los nombres de pila citados en las inscripciones, bien reproduciendo solo la primera letra (*T* = *Titus*), bien añadiendo alguna otra en caso necesario (*TI* = *Tiberius*). Su empleo se extendió progresivamente a expresiones formularias muy repetidas en ciertos contextos: *C·M·F* (*clarissimae memoriae femina,* 'mujer de ilustre recuerdo', normalmente en inscripciones funerarias), *E·S·C* (*ex Senatus consulto,* 'por decreto del Senado'), *S·P·Q·R* (*Senatus Populusque Romanus,* 'el Senado y el pueblo de Roma'). Tanto en las inscripciones como en los manuscritos, cada una de las letras mayúsculas que integraban la sigla podía aparecer seguida de un punto situado a media altura en la banda de escritura, separando las iniciales correspondientes a las diferentes palabras constitutivas de la expresión compleja abreviada.

Asimismo, durante la Edad Media, las siglas, entendidas aún como abreviaturas extremas, se utilizaron sobre todo para abreviar los nombres propios de persona, los cargos, títulos o dignidades a ellas aplicados y expresiones formularias de muy diverso tipo.

En la actualidad, el empleo de siglas, como un procedimiento ya diferenciado de las abreviaturas, es un fenómeno muy extendido, que se utiliza no solo para designar de forma abreviada instituciones, empresas u organizaciones, sino para abreviar muchos otros tipos de expresiones complejas. La acuñación de siglas es hoy una de las vías más productivas de creación de nuevos términos, hasta el punto de que muchas de ellas, una vez constituidas, pueden funcionar como bases léxicas en la formación de derivados: *ugetista* ('de la UGT [Unión General de Trabajadores], organización sindical española'), *penepeísta* ('del PNP [Partido Nuevo Progresista], partido político puertorriqueño'), *priista* ('del PRI [Partido Revolucionario Institucional], partido político mexicano'). Su desarrollo ha sido especialmente notorio en los países anglosajones, de ahí que muchas de las palabras incorporadas al español desde el inglés fueran, originariamente, siglas, como es el caso de *radar* (*radio detecting and ranging*) o *láser* (*light amplification by stimulated emission of radiation*).

3.2 ABREVIATURAS

Una abreviatura es la representación gráfica reducida de una palabra o grupo de palabras, obtenida por eliminación de algunas de las letras o sílabas de su escritura completa. Ahora bien, no todas las formas gráficas reducidas son abreviaturas. Las abreviaturas españolas pueden acuñarse mediante contracción y truncamiento, y siempre se cierran con un punto (o una barra inclinada, en algunos casos muy concretos). Elementos como *Fe* (por *hierro*), *N* (por *nitrógeno* o *norte*) o £ (por *libra(s)*, unidad monetaria de diversos países) no son abreviaturas, sino símbolos (v. § 4).

Suele distinguirse entre abreviaturas «personales», las que cualquier hablante particular genera para uso propio en su escritura privada, y «convencionales», que son aquellas reconocidas y empleadas comúnmente por los usuarios de una lengua.

Si bien el uso de abreviaturas personales suele limitarse al ámbito privado y, por ello, gozan en su formación de mayor libertad que las ya fijadas para el uso general, se recomienda también en ellas valorar su funcionalidad de acuerdo con los siguientes criterios:

a) Aunque existe alguna abreviatura convencional que incumple esta condición (como *Dña.* por *doña*), para que una abreviatura sea eficaz debe suprimir un mínimo de dos letras de la palabra abreviada, ya que una de las letras suprimidas es reemplazada por el punto de cierre, también llamado *punto abreviativo*. Si la voz es suficientemente larga, conviene suprimir como mínimo tres letras, para poder ahorrar al menos dos caracteres.

b) Al crear una nueva abreviatura debe sopesarse su rentabilidad, por lo que será tanto más pertinente cuanto más habitual y utilizada sea la palabra abreviada.

c) La abreviatura resultante debe ser fácilmente identificable con la palabra abreviada. Así, una abreviatura como *blvr.* resulta más adecuada que *br.* para abreviar la palabra *bulevar.*

Por su parte, el uso de las abreviaturas convencionales está también sujeto a ciertas restricciones:

d) Las abreviaturas no pueden aparecer en cualquier punto de un texto en lugar de la palabra a la que reemplazan. Su uso suele limitarse a contextos muy determinados, como listas, fórmulas de tratamiento, saludo o despedida, y referencias o indicaciones escuetas de muy diversa índole. Así, por ejemplo, no sería adecuado utilizar la abreviatura *dcha.* como unidad lingüística dentro de un enunciado (*Los asistentes al acto deberán acceder al salón por la puerta situada a la ⊗dcha. del vestíbulo de entrada*), pero sí lo sería en una dirección postal (*piso 3.º dcha.*).

e) Las abreviaturas de tratamientos solo deben usarse cuando anteceden al nombre propio: *S. Juan Bautista, D. Antonio Heredia, Sra. González.* Estas palabras nunca se abrevian cuando forman parte de una denominación no referida a persona, como sucede en muchos topónimos: ⊗*S. Sebastián,* ⊗*D. Benito* (por *San Sebastián* y *Don Benito,* nombres de dos municipios españoles).

f) No deben utilizarse abreviaturas de las unidades de medida si la cantidad a la que se refieren se escribe con palabras: ⊗*veinte cts.* (por *veinte centavos*). En cambio, pueden utilizarse con entera libertad si se combinan con la cantidad escrita con cifras: *20 cts.*

g) Los sustantivos numerales *millar, millón, millardo, billón, trillón* y *cuatrillón* no poseen abreviaturas convencionales. Se exceptúa el caso de *m. a.* como abreviatura de la expresión *millones de años.*

Para consultar la lista de abreviaturas convencionales de uso general en español, v. apéndice 1.

3.2.1 LECTURA

Las abreviaturas son un fenómeno de reducción meramente gráfica, por lo que su lectura corresponde a la realización de la forma plena de la palabra abreviada: *Sr.* se lee [señór]; *cap.* se lee [kapítulo], etc.

No obstante, hay algunas abreviaturas de expresiones pluriverbales, formadas solo con la inicial de cada palabra abreviada, en las que hoy es más habitual la lectura por deletreo o, si su configuración formal lo permite, como palabras (modos de lectura que corresponden a las siglas; v. § 3.3.2), pese a que en su escritura aún se conserva el punto abreviativo detrás de cada letra. Se trata, entre otros, de casos como *S. A., S. L.* o *R. I. P.,* que pueden leerse reponiendo la expresión completa abreviada, esto es, *sociedad anónima, sociedad limitada, requiescat in pace* (expresión latina que significa 'descanse en paz'), pero que hoy resulta más habitual leer [ése-á], [ése-éle], [rríp]. En estos casos, cuando la lectura por deletreo o como palabra llega a desplazar a la lectura como abreviatura, puede prescindirse de los puntos abreviativos, considerando que esas secuencias, originariamente abreviaturas, han pasado a funcionar ya como siglas: *SA, SL, RIP.*

3.2.2 FORMACIÓN

Existen dos procedimientos básicos para formar abreviaturas, ambos heredados del sistema latino:

a) Por truncamiento, suprimiendo letras o sílabas finales de la palabra abreviada: *art.* por *artículo, cent.* por *centavo, sig.* por *siguiente.* La abreviatura así obtenida siempre debe terminar en consonante: *pról.* (y no ⊗*pro.* ni ⊗*prolo.*), como abreviatura de *prólogo.* Son excepción a este requisito los casos de truncamiento extremo de palabras que comienzan por vocal, como *a.* por *antes,* que aparece en la abreviatura compleja *a. C.* (*antes de Cristo*). Cuando el truncamiento coincida con un dígrafo, este debe mantener su integridad: *fich.* (y no ⊗*fic.*) por *fichero; párr.* (y no ⊗*pár.*) por *párrafo,* o *Vall.* (y no ⊗*Val.*) por *Valladolid.*

Se habla de truncamiento extremo cuando solo se mantiene la letra inicial de la palabra abreviada. Se da normalmente en aquellas abreviaturas que corresponden a expresiones pluriverbales y fórmulas fijas, en las que se abrevian todas y cada una de las unidades que las integran, incluso artículos, preposiciones o conjunciones, a excepción, claro está, de las palabras que se componen de una sola letra: *r. p. m.* (por *revoluciones por minuto*), *s. e. u o.* (por *salvo error u omisión*). Téngase en cuenta que el uso de este procedimiento para abreviar una única palabra no resulta recomendable, ya que da lugar a abreviaturas de forma tan reducida que no siempre sería posible identificar la palabra abreviada (la forma *l.*, por ejemplo, podría corresponder, en un mismo texto, a la abreviatura de *longitud,* de *línea,* de *lineamiento,* etc.).

Advertencia En la tradición española, las iniciales de los antropónimos son abreviaturas de pleno derecho que se forman por truncamiento extremo: *A.* por *Antonio, J.* por *José,* por lo que siempre deben cerrarse con el punto abreviativo correspondiente y leerse reponiendo el nombre completo al que reemplazan, cuando este sea un dato conocido. No obstante, existen casos en los que se ha fijado una lectura por deletreo, bien por tradición, bien por desconocimiento del nombre que hay bajo la abreviatura; así, *Ramón J. Sender,* nombre de un novelista español del siglo XX, se lee tradicionalmente [rramón jóta sendér].

Es costumbre imitada de otras lenguas, como el inglés, escribir las iniciales de los antropónimos sin punto y leerlos como siglas, deletreando sus componentes: *JFK* [jóta-éfe-ká] por *John Fitzgerald Kennedy*.

Excepcionalmente, existen algunas abreviaturas complejas formadas por iniciales que no corresponden a palabras completas de la expresión abreviada, sino a los elementos compositivos que las integran, como *F. C.* (abreviatura de *ferrocarril*) o *f. e. m.* (abreviatura de *fuerza electromotriz*).

b) Por contracción, conservando solo las letras más representativas, aquellas que resultan suficientes para que pueda identificarse sin dificultad la palabra abreviada. En las abreviaturas así formadas figuran siempre la letra inicial y normalmente también la letra o sílaba final, e incluyen a menudo una o varias letras interiores: *Alfz.* por *alférez, blvr.* por *bulevar, cta.* por *cuenta, dcha.* por *derecha, atte.* por *atentamente, Fdez.* por *Fernández.* Entre las abreviaturas formadas por contracción están las que presentan la letra o letras finales voladas: *n.*^{o} por *número, M.*^{a} por *María, adm.*^{or} por *administrador.* Hay también abreviaturas formadas por contracción que solo conservan la inicial y alguna de las letras centrales más representativas, omitiendo la parte final: *cp.* por *compárese, ms.* por *manuscrito, pg.* por *página, tlf.* por *teléfono*. Estas últimas son poco numerosas por resultar, en general, menos claras que las que conservan el segmento final.

Advertencia	Las letras voladas son aquellas que presentan un cuerpo menor y se sitúan por encima de la línea de escritura, tomando como referente la línea de las astas ascendentes. Ha sido costumbre tradicional subrayar las letras voladas en las abreviaturas, hasta el punto de que muchos tipos de letra incluidos en el catálogo de fuentes de los procesadores de textos presentan subrayadas la *a* y la *o* voladas que se insertan directamente desde el teclado del ordenador: ª, º. No obstante, este subrayado, aunque no es ortográficamente incorrecto, resulta innecesario, de modo que, tanto en tipografía como en la edición digital, se tiende a prescindir de él. En cambio, no debe omitirse nunca el punto abreviativo que ha de preceder a las letras voladas dentro de la abreviatura.

Entre las abreviaturas que incluyen letras voladas forman un grupo especial las que corresponden a los numerales ordinales, que se crean combinando la cifra que representa el número de orden con las terminaciones voladas *ª*, *º*, *^{er}*, que corresponden a la palabra numeral abreviada: *1.º* por *primero, 2.ª* por *segunda, 3.º* por *tercero, 1.er* o *3.er* por las formas apocopadas *primer* y *tercer*.

Advertencia	Es incorrecto utilizar las letras voladas con los números romanos de valor ordinal. Así, no debe escribirse ⊗*X.º Congreso* ni ⊗*tomo* VI.º, sino *X Congreso, tomo* VI.

3.2.3 FEMENINO

Cuando las abreviaturas corresponden a palabras con variación de género, dicha variación también se expresa en su forma abreviada.

Si la abreviatura del masculino termina en *-o,* el femenino se forma sustituyendo esta vocal por una *-a: Ilmo., Ilma.* (*ilustrísimo, ilustrísima*); si el masculino termina en consonante, se le añade una *a* (volada o no, dependiendo de cuál haya sido el procedimiento de formación de la abreviatura, tal y como se explica más abajo). No obstante, hay abreviaturas que sirven tanto para el masculino como para el femenino: *Lic.* (*licenciado* o *licenciada*), *izq.* (*izquierdo* o *izquierda*).

Cuando el masculino termina en consonante, ha de tenerse en cuenta lo siguiente:

a) Las abreviaturas obtenidas por truncamiento forman el femenino añadiendo una *a* volada: *Dir.* (para *director*) y *Dir.ª* (para *directora*).

En muchos países de América es frecuente que el femenino de algunas de estas abreviaturas se escriba con *a* no volada: *Profa.*, en lugar de *Prof.ª* (para *profesora*), aunque se recomienda el uso de las formas que presentan la letra volada.

b) En las abreviaturas obtenidas por contracción, la *-a* que se añade para formar el femenino puede escribirse volada o no, siendo hoy más habitual y recomendable escribir la letra a su altura normal: *Sr.* (para *señor*) y *Sra.*, mejor que *Sr.ª* (para *señora*).

3.2.4 PLURAL

Las abreviaturas que corresponden a formas verbales o a expresiones oracionales presentan una forma invariable en singular y plural: *v.* es la forma abreviada tanto para *véase* como para *véanse; D. E. P.* puede abreviar tanto *Descanse en paz* como *Descansen en paz.*

En cambio, las abreviaturas españolas que corresponden a sustantivos y adjetivos presentan variación de número, que se manifestará de una forma u otra según haya sido su método de formación:

a) Si la abreviatura se obtuvo por truncamiento y, por tanto, termina en consonante, se añade *-s* para formar el plural: *caps.* (por *capítulos*), *coords.* (por *coordinadores*), *págs.* (por *páginas*), *vols.* (por *volúmenes*). Algunas abreviaturas tienen un plural irregular, como *cent.* (*centavo, centésimo*) y *cént.* (*céntimo*), cuyo plural es *cts.*, y no ⊗*cents.* ni ⊗*cénts.*

En las abreviaturas obtenidas por truncamiento extremo, el plural se expresa duplicando la letra conservada: *ff.* por *folios, vv.* por *versos, ss.* por *siguientes, FF. AA.* por *Fuerzas Armadas.*

Advertencia	Como puede verse en los ejemplos, el punto abreviativo debe aparecer detrás de cada bloque duplicado (*FF. AA.*), pero no detrás de cada letra (⊗*F. F. A. A.*). Tampoco es correcto prescindir, como se hace a veces, del espacio entre los bloques (⊗*FF.AA.*), ni de los puntos, dejando el espacio (⊗*FF AA*), y menos aún escribir todo el conjunto sin puntos ni espacio (⊗*FFAA*).

Información adicional	El procedimiento de indicar el plural de las abreviaturas extremas reduplicando sus letras es también una herencia del latín, pues ya en la escritura latina existía la costumbre, generalizada durante los siglos II y III d. C., de repetir en el plural la inicial de la palabra abreviada; así, por ejemplo, el plural de *D. N.* (*dominus noster* 'señor nuestro') era *DD. NN.* (*domini nostri* 'señores nuestros').

El procedimiento de duplicar las letras para formar el plural de las abreviaturas formadas por truncamiento extremo se aplica incluso en aquellas abreviaturas que corresponden a expresiones complejas en las que solo pluraliza el elemento nuclear; así, el plural de la abreviatura *E. S.* (*estación de servicio*) es *EE. SS.* (*estaciones de servicio*), y no ®*EE. S.*, independientemente de que la palabra *servicio* se mantenga en singular en la expresión completa. De modo paralelo, pero a la inversa, las abreviaturas por truncamiento extremo de expresiones singulares que contienen un elemento en plural no lo tienen en cuenta en su formación; así, por ejemplo, la abreviatura de *asociación de vecinos* es *A. V.*, y no ®*A. VV.*

Advertencia Algunos editores han adoptado la costumbre de duplicar el signo de párrafo (§) cuando se hace referencia conjunta a varios de ellos; sin embargo, esta práctica no es adecuada, ya que dicho signo ortográfico no es propiamente una abreviatura, sino más bien un símbolo (v. § 4) y, como tal, es invariable en plural; por ello, lo adecuado es escribir *§ 5 y 7* (por *párrafos 5 y 7*), y no ®*§§ 5 y 7*.

b) Si la abreviatura se obtuvo por contracción y se conserva el final de la palabra abreviada, se aplican las reglas generales de formación del plural y se añade *-s* o *-es* en función de la terminación: *ctas.* por *cuentas, sdades.* por *sociedades, Sres.* por *señores.* Como excepción, *Ud.* (*usted*) y *ud.* (*unidad*) forman el plural en *-s: Uds.* (*ustedes*), *uds.* (*unidades*). El plural de las abreviaturas con letras voladas debe representarse con este mismo tipo de letras: *n.*[os] (por *números*). En las abreviaturas por contracción que no conservan la parte final de la palabra abreviada, el plural se forma añadiendo *-s: mss.* (por *manuscritos*), *tlfs.* (por *teléfonos*).

c) Las abreviaturas que llevan una barra, en lugar de un punto, como signo abreviativo (v. § 3.2.5.1) son invariables en plural: *d/f* por *día(s) fecha, g/p* por *giro(s) postal(es), ch/* por *cheque(s)*.

3.2.5 ORTOGRAFÍA Y OTRAS NORMAS DE ESCRITURA

3.2.5.1 Signos abreviativos: el punto y la barra

Las abreviaturas españolas se cierran casi siempre con un punto, signo abreviativo por excelencia, que caracteriza estas unidades y las diferencia gráficamente de las siglas y los símbolos. En las abreviaturas que llevan letras voladas, el punto abreviativo se escribe delante de estas: *Sr.*[a], *3.*[er].

Las únicas abreviaturas que no se cierran con punto son aquellas en las que este signo se sustituye por una barra: *c/* por *calle, b/n* por *blanco y negro, d/f* por *días fecha, a/a* por *aire acondicionado.* Como puede verse en los ejemplos, cuando la abreviatura corresponde a una expresión compuesta de dos palabras, se prescinde del punto abreviativo en ambas partes y no se deja ningún espacio entre las letras y la barra. No es correcto el uso de la barra para separar elementos correspondientes a la abreviatura de una única palabra: ⊗*s/át* por *sobreático,* ⊗*s/g* por *según.*

Información adicional	La única abreviatura que se marca con paréntesis en español es *(a)* por *alias,* y esta forma apenas tiene uso en la actualidad.

Dado que el punto abreviativo es una marca integrante de la propia abreviatura, y no un signo de puntuación, no debe suprimirse cuando aparece seguido de alguno de estos signos o de otros auxiliares (coma, punto y coma, puntos suspensivos, signo de interrogación, barra, etc.). Así, si tras una abreviatura hay puntos suspensivos, se escriben cuatro puntos, el abreviativo más los tres que corresponden al signo de suspensión: *Algunas abreviaturas con tilde son pág., cód., admón....*

Únicamente si el punto abreviativo coincide con el del final de un enunciado, se escribirá un solo punto y no dos: *Precediendo a la firma puede aparecer la abreviatura atte.* Si una abreviatura con letras voladas va situada al final de un enunciado, no debe omitirse su punto abreviativo, ya que no ocupa la última posición: *Siempre exige que delante de su nombre aparezca la abreviatura D.ª*.

Del mismo modo, si la abreviatura antecede al cierre de un paréntesis con el que finaliza a su vez el enunciado, se mantienen ambos puntos, el integrante de la abreviatura y el que cierra el enunciado tras el signo parentético: *Los rayos gamma producen alteraciones celulares (cáncer, mutaciones genéticas, etc.).* Ocurre lo mismo si en lugar de paréntesis se usan rayas: *Los rayos gamma producen alteraciones celulares —cáncer, mutaciones genéticas, etc.—.*

Puesto que el punto abreviativo no es un signo de puntuación, la palabra que le sigue debe escribirse con minúsculas: *La abreviatura q. b. s. m. tiene un uso limitado en la actualidad.* Solo se escribirá con mayúsculas si se trata de un nombre propio o expresión denominativa, o si coincide con un comienzo de enunciado.

3.2.5.2 **Uso de la tilde y las mayúsculas en las abreviaturas**

Las abreviaturas mantienen la tilde en caso de incluir la vocal que la lleva en la palabra plena: *lám.* por *lámina, pról.* por *prólogo, C.ía* o *Cía.* por *compañía.* Dado que las iniciales de nombres propios son abreviaturas, deben conservar asimismo la tilde cuando corresponda, pues la mayúscula no está exenta del uso de este signo diacrítico (v. cap. IV, § 3.3): *M.Á. Laína* por *Miguel Ángel Laína.*

Las abreviaturas deben respetar el uso de mayúsculas y minúsculas que corresponde a la palabra o expresión abreviadas; así, se escriben con inicial mayúscula las abreviaturas de aquellos nombres o denominaciones que la llevan en su escritura plena (por lo general, nombres propios o expresiones denominativas): *Bs.As.* por *Buenos Aires, EE.UU.* por *Estados Unidos;* mientras que las abreviaturas de las palabras del léxico común (nombres comunes, adjetivos, verbos, etc.) suelen escribirse con minúscula, salvo, naturalmente, cuando la mayúscula viene impuesta por la puntuación (v. cap. IV, § 4.1.1.1): *fasc.* por *fascículo, c.e.* por *correo electrónico, aprox.* por *aproximadamente.*

Este criterio debe aplicarse siempre en la creación de una nueva abreviatura. No obstante, hay casos en los que, por tradición, se escriben con mayúscula las abreviaturas de algunas expresiones que no son nombres propios: *C.P.* por *código postal, N. del T.* por *nota del traductor.* Existen asimismo usos dobles, como *P. O.* y *p. o. (por orden)* o *Q. D. G.* y *q. D. g. (que Dios guarde).* En estos casos, se recomienda optar por la minúscula siempre que la mayúscula no venga impuesta por alguno de sus usos preceptivos.

Constituyen un grupo aparte las abreviaturas de las fórmulas de tratamiento, que se escriben siempre con inicial mayúscula, pese a que las palabras a las que corresponden se escriben con minúscula, al tratarse de nombres comunes (v. cap. IV, § 4.2.4.1.5): *S. S.* por *su santidad, Ilmo.* por *ilustrísimo, Ud.* por *usted, Sr.* por *señor, D.* por *don.*

3.2.5.3 **Otras cuestiones**

a) Cuando la abreviatura es compleja, se separan mediante un espacio fino (menor que un espacio ordinario) las letras que corresponden a cada uno de los elementos que la integran: *e. p. m.* por *en propia mano.* Esta norma debe aplicarse igualmente en las iniciales de los nombres propios compuestos, por lo que en español no debe suprimirse el espacio (ni el punto) entre sus componentes: *J. A. Mendoza* por *Juan Antonio Mendoza.*
b) Cuando las abreviaturas van precedidas de una cifra, se escriben separadas de esta por un espacio: *25 cts., 23 págs.* Son excepción las referidas al vuelto y al recto de un folio, que van pegadas: *77v.º, 77r.º.*

Información adicional — Cuando un libro o documento no va numerado por páginas, sino por hojas o folios, en las referencias a su contenido es necesario indicar, además del número, si se trata de la cara o parte frontal del folio (la que queda en la parte derecha del libro en relación con el que lee), denominada *recto,* o si se trata del reverso o parte de atrás, que se denomina *vuelto*.

---

c) Las abreviaturas nunca deben dividirse con guion de final de línea: ⊗*ad-/món*.

d) Cuando la abreviatura se compone de varios elementos, estos no deben separarse en líneas diferentes: ⊗*p./ej.* Tampoco deben aparecer en distintos renglones la abreviatura y el término del que esta depende: ⊗*Sr./González,* ⊗*s./*XVI.

e) Una abreviatura nunca debe quedar como único componente de una línea de texto; en esos casos, debe escribirse la palabra completa: ⊗*Son plantas monocotiledóneas la palma, el bambú, el banano,/etc.* Lo adecuado es: *Son plantas monocotiledóneas la palma, el bambú, el banano,/etcétera.*

f) Como norma general, las abreviaturas se escribirán en cursiva cuando así deba escribirse también la expresión que abrevian, como es el caso de las abreviaturas de expresiones de otras lenguas: *et al.* (abreviatura del latín *et alii*), *R. S. V. P.* (abreviatura del francés *Répondez s'il vous plaît*), *vs.* (abreviatura del inglés *versus*). No obstante, las abreviaturas de uso muy frecuente en los textos de carácter general, aun cuando sustituyan a expresiones de otras lenguas, pueden escribirse en redonda. Así sucede, por ejemplo, con las que aparecen en las indicaciones horarias:

11 a. m. (abreviatura del latín *ante meridiem*)
7 p. m. (abreviatura del latín *post meridiem*)

3.3 SIGLAS Y ACRÓNIMOS

Se llama *sigla* tanto al signo lingüístico formado con las letras iniciales de cada uno de los términos que integran una expresión compleja como a cada una de esas letras iniciales, de ahí que pueda decirse, por ejemplo, que la Organización de las Naciones Unidas es conocida por «su sigla» o por «sus siglas» ONU. Fuera de ese contexto particular, el término *sigla* se emplea hoy casi exclusivamente con el primer sentido indicado.

Las siglas, como se ha señalado al comienzo de esta sección (§ 3), responden a la intención de representar abreviadamente en la escritura determinado tipo de expresiones pluriverbales fijas, de ahí que se consideren, junto con las abreviaturas, un procedimiento de abreviación gráfica.

En la actualidad, el empleo de siglas es un fenómeno muy extendido, pues permite reducir a una sola pieza léxica expresiones complejas que se necesita manejar de modo recurrente a lo largo de un mismo texto. Así, las siglas, que hasta no hace mucho se empleaban casi exclusivamente en los nombres de instituciones, empresas u organizaciones, han pasado a utilizarse de manera generalizada para abreviar expresiones complejas que designan conceptos, objetos, sistemas, etc., cuya forma fija y empleo constante en un determinado ámbito, especialmente en los de carácter administrativo, político o científico-técnico, las hace candidatas a la abreviación por este procedimiento. Es evidente que, tanto en el plano oral como en el escrito, resulta más económico e inmediato el uso de formas como *ONG* o *VIH* que el de sus correspondientes desarrollos *organización no gubernamental* y *virus de la inmunodeficiencia humana*. Así, el uso de la sigla evita sobrecargar aquellos textos en los que una misma denominación debe utilizarse profusamente, a la vez que facilita la lectura al condensarla en una unidad mínima. Por ello, cada disciplina termina acuñando un conjunto de siglas correspondientes a la terminología asentada en su ámbito.

Aunque permiten ahorrar tiempo y esfuerzo tanto en la escritura como en la lectura, conviene usar las siglas con comedimiento, en especial si no resultan transparentes o no son de conocimiento general, facilitando siempre al lector las claves para su interpretación. Para ello, la primera vez que se emplea una sigla en un texto, salvo que sea de difusión generalizada y esté, por tanto, garantizada su correcta interpretación por parte de la inmensa mayoría de los lectores, es conveniente acompañarla de la expresión completa a la que reemplaza: *el BCE* (*Banco Central Europeo*); o, inversamente, indicar la sigla entre paréntesis tras la primera mención de la expresión completa, de manera que en empleos subsiguientes el lector sepa interpretarla: *el Banco Central Europeo* (*BCE*). Si se trata de la sigla de una expresión en otra lengua, debe acompañarse de su traducción o de su desarrollo en la lengua de origen, junto con una breve explicación aclaratoria cuando se estime necesario: *la Unión Nacional Africana de Zimbabue* (*ZANU*), *HRW* (*Human Rights Watch*, organización no gubernamental para la defensa de los derechos humanos). En cualquier caso, siempre resulta conveniente que aquellos textos o publicaciones que hacen abundante uso de ellas incluyan una lista con sus equivalencias.

Cuando, como sucede en la mayoría de los casos, la secuencia de letras que conforman la sigla presenta una estructura no pronunciable como palabra, se recurre en su lectura al deletreo de los grafemas que la componen, lo que constituye uno de los rasgos más característicos de las siglas prototípicas: *FBI, GPS, ONG*, que se leen, respectivamente, [éfe-bé-í], [jé-pé-ése] y [ó-éne-jé]. No obstante, hay siglas que presentan una estructura que permite su pronunciación como palabras, como ocurre en los casos de *ONU, ovni* o *sida*. Este tipo de siglas recibe el nombre de *acrónimos*. Así pues, los acrónimos no son más que un conjunto especial de siglas cuya estructura se acomoda a los patrones silábicos característicos del español, lo que favorece su lectura normal por sílabas. Por ello, con frecuencia, tras una primera fase en que los acrónimos aparecen escritos enteramente con mayúsculas por su condición de siglas (*OVNI, SIDA, UNESCO, UNICEF*), acaban por lexicalizarse, esto es, por incorporarse al léxico general del idioma, bien como nombres comunes, bien como nombres propios (*ovni, sida, Unesco, Unicef*).

3.3.1 FORMACIÓN

En general, las siglas se forman por la yuxtaposición de las iniciales de las palabras con carga semántica (normalmente sustantivos y adjetivos, pero también adverbios) que integran la expresión compleja a partir de la que se originan: *ESA* (por *Escuela Superior de Arte*), *FANS* (por *Fundación de Ayuda al Niño Sordo*), *ICP* (por *Instituto Cubano del Petróleo*), *IPSS* (por *Instituto Peruano de Seguridad Social*), *PNI* (por *Patronato Nacional de la Infancia*), *UICN* (por *Unión Internacional para la Conservación de la Naturaleza*), *ONG* (*organización no gubernamental*), *UNAM* (por *Universidad Nacional Autónoma de México*); no obstante, para conseguir una estructura pronunciable como palabras, muchas siglas incorporan no solo la inicial, sino una o varias letras más del comienzo de alguno de los términos que componen la denominación originaria, o incluso prescinden de incorporar la inicial de algunos de ellos: *CINDOC* (por *Centro de Información y Documentación Científica*), *CONAP* (por *Consejo Nacional de Áreas Protegidas*), *NAFIBO* (por *Nacional Financiera Boliviana*), *MUFACE* (por *Mutualidad General de Funcionarios de la Administración Civil del Estado*).

Además, especialmente en el ámbito científico-técnico, es habitual la formación de siglas a partir de los elementos compositivos de una única palabra: *DDT* (por *diclorodifeniltricloroetano*), *ADN* (por *ácido desoxirribonucleico*), *UV* (por *ultravioleta*), *EPO* (por *eritropoyetina*).

Por regla general, en la formación de las siglas se omiten las palabras gramaticales (las que carecen de contenido léxico), como artículos, conjunciones y preposiciones, a no ser, en el caso de estas últimas, que tengan una importante carga significativa en la denominación: *ACAB* (por *Asociación Contra la Anorexia y la Bulimia*), *MSF* (por *Médicos Sin Fronteras*). Pero no son infrecuentes las siglas que tienen en cuenta en su formación las preposiciones y conjunciones presentes en la denominación originaria, sin que posean especial carga significativa, simplemente para facilitar su pronunciación como palabras: *ADIF* (por *Administrador de Infraestructuras Ferroviarias*), *CONACYT* (por *Consejo Nacional de Ciencia y Tecnología*).

Información adicional En los últimos tiempos es bastante frecuente que, a la hora de dar nombre a proyectos o entidades, se busque la coincidencia de la sigla resultante con una palabra del léxico común: *ASTRO* (por *Asociación de Transporte por Ómnibus*), *AVE* (por *Alta Velocidad Española*), *PADRE* (por *Programa de Ayuda a la Declaración de la Renta*), *PAN* (por *Programa de Asistencia Nutricional*). Este tipo de acrónimos suele ser resistente a la minusculización.

En la formación de siglas pueden intervenir ocasionalmente elementos cuya naturaleza no es alfabética, como sucede cuando las integran no solo iniciales, sino también cifras u otros signos: *MP3* (por *Moving Picture Experts Group versión 3*), *3D* (por *tres dimensiones*), *11-S* (por *11 de septiembre*), *I+D* (por *investigación y desarrollo*), *E/LE* (por *español como lengua extranjera*), *M19* (por *Movimiento 19 de Abril*), *G8* (por *grupo de los 8* [países más industrializados]). Como puede apreciarse en los ejemplos anteriores, el uso del guion para separar la parte literal de la numérica es cada vez menos frecuente, por lo que su presencia en este tipo de siglas no se considera ya obligatoria (v. cap. III, § 4.1.1.2.7).

3.3.2 LECTURA

Dependiendo de la legibilidad de su cuerpo gráfico, en la lectura de las siglas se sigue alguno de los procedimientos que se indican a continuación:

a) Muchas siglas presentan secuencias difíciles de articular o directamente impronunciables, por ser ajenas a los patrones silábicos del español. En esos casos, se recurre para su lectura al deletreo, nombrando cada una de las letras que las forman. Puesto que los nombres de las letras son palabras tónicas, cada uno de ellos conserva en la lectura de la sigla el acento prosódico que le corresponde: *DNI* [dé-éne-í] (por *documento nacional de identidad*), *FM* [éfe-éme] (por *frecuencia modulada*), *OIT* [ó-í-té] (por *Organización Internacional del Trabajo*).

   Cuando una sigla está compuesta solo por vocales, al coincidir el nombre de la letra con su propio valor fónico, caben dos lecturas: pronunciar la sigla como si de una palabra cualquiera se tratase, esto es, con un solo acento prosódico, o deletrear la secuencia, caso en el que cada vocal se articula con su propio acento. Así sucede, por ejemplo, con la sigla *OEA* (*Organización de Estados Americanos*), que se lee tanto [oéa] como [ó-é-á].

   En caso de deletreo, una misma sigla puede presentar una lectura distinta en función del nombre que reciban las letras que la integran en las distintas áreas del ámbito hispánico (v. cap. I, § 5.4.3.1). Así, la sigla *TV* se pronuncia [té-bé] en muchos países americanos, mientras que en España es general la pronunciación [té-úbe].

b) Como ya se ha indicado, existen también muchas siglas, denominadas más específicamente *acrónimos,* cuya estructura se acomoda sin problemas a los patrones silábicos del español, lo que las hace perfectamente legibles de forma secuencial, como cualquier palabra: *RAE* [rrá.e] (por *Real Academia Española*), *FIFA* [fí.fa] (por *Federación Internacional de Fútbol Asociación*), *FAO* [fá.o] (por *Food and Agriculture Organization of the United Nations* 'Organización de las Naciones Unidas para la Agricultura y la Alimentación'), *Unesco* [u.nés.ko] (por *United Nations Educational, Scientific and Cultural Organization* 'Organización de las Naciones Unidas para la Educación, la Ciencia y la Cultura'), etc.

En los acrónimos, el acento prosódico suele recaer en la sílaba que cumple con el patrón mayoritario en español para palabras con esa misma configuración (de ahí que, en los ejemplos anteriores, los acrónimos, todos ellos acabados en vocal, lleven el acento en la penúltima sílaba, pues la mayoría de las palabras españolas acabadas en vocal son llanas); no obstante, en aquellos que se han incorporado desde otra lengua puede influir también la acentuación etimológica, como se ve en *láser,* voz llana conforme a su pronunciación en inglés, a pesar de que la mayoría de las palabras españolas terminadas en *-er* son agudas.

c) En los casos en los que la sigla presenta un segmento pronunciable junto a otro que no lo es, se combinan en su lectura ambos métodos, esto es, se lee secuencialmente el segmento pronunciable y se deletrea el que no lo es: *PSOE* [pe-sóe] (por *Partido Socialista Obrero Español*), *CD-ROM* [se-de-rróm, ze-de-rróm] o [se-de-rrón, ze-de-rrón] (sigla del inglés *Compact Disc Read-Only Memory* 'disco compacto de solo lectura'), *CSIC* [se-sík, ze-sík] (por *Consejo Superior de Investigaciones Científicas*).

Información adicional — Si la sigla que se lee con deletreo (sea este total o parcial) es de uso generalizado y frecuente, a menudo se traslada a la escritura su pronunciación, dando lugar a una nueva palabra; así han surgido *cederrón* (a partir de la sigla *CD-ROM*), *elepé* (de la sigla *LP*) u *oenegé* (de la sigla *ONG*).

---

d) Las siglas que, además de letras, incluyen cifras u otros signos suelen leerse deletreando su parte alfabética y nombrando la cifra o signo de que se trate: *MP3* [éme-pé-trés], *I+D* [í-mas-dé].

Información adicional

Las siglas pueden contener cifras o signos seleccionados únicamente por su equivalencia fonética. Así, en la sigla inglesa *P2P,* el número 2 (*two,* en inglés) representa en realidad la preposición *to,* de idéntica pronunciación: *peer to peer* ('de igual a igual, entre iguales'). En español, este procedimiento no es habitual en la formación de siglas, pero sí es frecuente en las abreviaciones propias del lenguaje de los chats y de los mensajes de telefonía móvil: *salu2* por *saludos* o *xq* por *porque.*

Puesto que las siglas y acrónimos son palabras en sí mismas, el valor fónico de las letras o grafemas que las integran no tiene por qué ser el mismo que presentan en la expresión de origen, tal como se ve en los casos que se relacionan a continuación:

- En las siglas leídas por deletreo debe darse a cada letra el nombre que le corresponde, independientemente de cuál sea su valor fonológico en la palabra completa; así, la sigla *CCG* (por *Cámara de Comercio de Guatemala*) se lee [sé-sé-jé, zé-zé-jé], con independencia de que las iniciales que la forman representen, respectivamente, los fonemas /k/, /k/ y /g/ en la expresión [kámara de komérsio de guatemála, kámara de komérzio de guatemála].
- Los acrónimos se leen como cualquier palabra, asignando a cada uno de sus grafemas el valor fonológico que le corresponde en ese contexto, coincida o no con el que tiene en la expresión compleja originaria. Así, la *R* del acrónimo *AFORE* [afóre] (por *Administradora de Fondos para el Retiro*) se articula como vibrante simple, tal como corresponde a este grafema cuando va entre vocales, por mucho que en la palabra *Retiro* de la expresión originaria se articule como vibrante múltiple por ir en posición inicial.
- Las siglas que comienzan por una *s-* seguida de consonante se pronuncian normalmente con la incorporación de una /e/ inicial de apoyo, como sucede en todos los términos que presentan esa configuración gráfica, ajena al español (v. cap. I, § 6.2.2.8.1a, advertencia); así, *SGAE* (por *Sociedad General de Autores de España*) se pronuncia [esgáe], al igual que *STRA* (por *Sindicato de los Trabajadores de la Aduana*) se pronuncia [éstra].

Finalmente, hay que señalar también que siempre es posible restituir en la lectura de una sigla la denominación compleja de la que nace, lo que suele hacerse cuando la sigla no es muy conocida o su finalidad principal es ahorrar tiempo y espacio en la escritura, pero no tanto en la lectura. Así, por ejemplo, no es extraño que la sigla *RAE* presente en un escrito se lea tanto [rráe] como *Real Academia Española,* o que la sigla *OMS* se realice oralmente más veces como *Organización Mundial de la Salud* que como [óms] u [ó-éme-ése].

3.3.3 PLURAL

Puesto que la mayoría de las siglas corresponden a denominaciones complejas de referente único, como nombres de instituciones, organismos o empresas, no suelen usarse en plural. Sin embargo, aquellas que corresponden a expresiones nominales comunes, y no a nombres propios, sí pueden usarse para aludir a varios referentes. En esos casos, las siglas pluralizan con toda normalidad en la lengua oral: [oenejés] = 'organizaciones no gubernamentales'; [deeneís] = 'documentos nacionales de identidad'; [pesés, pezés] = 'computadoras personales'; [ateéses] = 'ayudantes técnicos sanitarios'.

Pese a ello, al escribirse enteramente en mayúsculas por su condición de siglas no pronunciables como palabras (*ONG, DNI, PC, ATS*), no se considera oportuno marcar gráficamente en ellas el plural, pues de hacerlo añadiendo una *-s* también mayúscula (**ONGS, *DNIS, *PCS, *ATSS*) se desvirtuaría la sigla, lo que podría dar a entender que esa nueva letra es también la inicial de algún término de la expresión compleja originaria; y de hacerlo añadiendo una *-s* minúscula, al modo anglosajón, se mezclarían en la grafía de la sigla grafemas en mayúscula y en minúscula, algo rechazado por nuestro sistema ortográfico en la escritura general (salvo en los casos preceptivos de mayúscula inicial). De ahí que se recomiende mantener invariables las siglas en la escritura, procurando, como medio para evidenciar su uso en plural, que vayan acompañadas de algún determinante que así lo ponga de manifiesto: *varias ONG, los DNI, algunos PC,* etc. Se prefiere, por tanto, evitar el recurso, copiado del inglés, de añadir al final de la sigla una *s* minúscula, precedida o no de apóstrofo, para indicar su uso en plural: ⊗*CDs,* ⊗*ONGs,* ⊗*CD's,* ⊗*ONG's*.

Los acrónimos lexicalizados, por su parte, al ser palabras plenas a todos los efectos, pluralizan como cualquier otra, esto es, añadiendo *-s* o *-es* al singular según su terminación y de acuerdo con las reglas de formación del plural en español: *opas* (acrón. pl. de *oferta pública de adquisición*), *ovnis* (acrón. pl. de *objeto volador no identificado*), *tacs* (acrón. pl. de *tomografía axial computarizada*), etc. Naturalmente, también forman el plural como cualquier otra palabra aquellas creadas como resultado de trasladar a la escritura la pronunciación por deletreo de una sigla: *cederrones, elepés, oenegés.*

3.3.4 ORTOGRAFÍA Y OTRAS NORMAS DE ESCRITURA

a) En la actualidad, las siglas se escriben sin puntos ni blancos de separación, incluso cuando se integran en textos escritos enteramente en mayúsculas: *CALENDARIO FISCAL PARA EL PAGO DEL IRPF.*

b) Las siglas escritas enteramente en mayúsculas no llevan nunca tilde (*CIA, OTAN,* etc.), no así los acrónimos lexicalizados, convertidos ya en simples nombres comunes o propios, y que, por ello, deben someterse a las mismas normas de acentuación gráfica que rigen para el resto de las palabras (v. cap. II, § 3.4 y cap. IV, § 3.3): *Fundéu* (acrón. de *Fundación del Español Urgente*), *Codicén* (acrón. de *Consejo Directivo Central*).

c) Las siglas cuya configuración gráfica impide su lectura secuencial como palabras deben escribirse siempre enteramente en mayúsculas (*CD, DVD, ISBN, FMI*), precisamente como reflejo gráfico de esa característica particular, que las hace diferentes del resto de las unidades léxicas.

En cambio, los acrónimos, esto es, las siglas cuya configuración permite su lectura secuencial como palabras, pueden lexicalizarse y convertirse en palabras a todos los efectos, incluido el gráfico, pasando en ese caso a escribirse solo con mayúscula inicial, si se trata de nombres propios (por lo general, solo si tienen más de cuatro letras: *Asepeyo, Unicef,* etc.), y enteramente en minúsculas, si se trata de nombres comunes (*opa, tac, uci,* etc.). La lexicalización de los acrónimos es un proceso gradual, que se ve favorecido por la progresiva debilitación en la conciencia del hablante de su originaria condición de siglas. Por ello, es normal y frecuente que convivan en el uso durante un tiempo las grafías íntegramente en mayúsculas (como siglas) con grafías en minúscula (como acrónimos lexicalizados): *UNICEF* o *Unicef, TAC* o *tac,* etc. Para más información acerca del uso de mayúsculas en siglas y acrónimos, v. cap. IV, § 4.3.

d) Cuando un dígrafo forma parte de una sigla, solo se escribe en mayúscula la primera de sus letras: *COCh* por *Comité Olímpico de Chile* (v. cap. IV, § 3.1.2).

e) En las siglas y los acrónimos pueden aparecer secuencias gráficas que conculquen determinadas reglas ortográficas, como la que obliga a escribir *m,* en lugar de *n,* ante *p* o *b,* ya que el cambio desvirtuaría la asociación con la inicial de la palabra correspondiente en la expresión originaria: *ANPE* (*Asociación Nacional de Profesores Estatales*), *CONPES* (*Consejo Nacional de Política Económica y Social*) o *SENPA* (*Servicio Nacional de Productos Agrarios*). En los acrónimos de este tipo, se recomienda mantener su escritura enteramente en mayúsculas, para evitar incorporar al uso general grafías contrarias a las normas ortográficas.

f) Sea cual sea su lectura, las siglas escritas enteramente en mayúscula nunca deben dividirse con guion de final de línea: ⊗*PS- / OE;* ⊗*I- / VA;*

⊗*C-/ SIC*. Tan solo los acrónimos que se han incorporado al léxico general, ya sea como nombres propios o como nombres comunes, y han dejado de escribirse íntegramente con mayúsculas, admiten su división con guion de final de línea: *ra-/ dar, Unes-/ co, Uni-/ cef.*

g) Las siglas que corresponden a títulos de libros o publicaciones periódicas, secuencias que, cuando aparecen desarrolladas, deben marcarse en cursiva, se escriben en esa misma clase de letra:

DHLE (sigla de *Diccionario histórico de la lengua española*),
BRAE (sigla de *Boletín de la Real Academia Española*).

h) Aun cuando las siglas y los acrónimos se correspondan con expresiones desarrolladas pertenecientes a otras lenguas, no se les aplicará resalte alguno. Así, en ejemplos como *El director de la CIA ha sido destituido, Me he comprado el DVD de la última película de Almodóvar* o *Le operaron de cataratas con láser,* las siglas *CIA* (del ingl. *Central Intelligence Agency*) y *DVD* (del ingl. *Digital Video Disc*), al igual que el acrónimo *láser* (del ingl. *light amplification by stimulated emission of radiation*), se escriben en el mismo tipo de letra que el resto del enunciado.

3.4 LAS ABREVIACIONES Y LAS NUEVAS TECNOLOGÍAS DE LA COMUNICACIÓN

El lenguaje utilizado en chats y en mensajes cortos de telefonía celular o móvil es tal vez, en la actualidad, el más proclive a la proliferación indiscriminada de todo tipo de abreviaciones. Contrariamente a lo que sucede con los textos discursivos de carácter general, a los que los nuevos soportes electrónicos proporcionan un espacio prácticamente ilimitado, en el caso de los mensajes de telefonía móvil, tanto las dimensiones del soporte (con teclados y pantallas reducidos) como la restricción a un número limitado de caracteres por mensaje justifican que se recurra muy a menudo a las abreviaciones gráficas. Además, en los dos contextos comunicativos mencionados, la inmediatez que preside en todo momento una comunicación que, aun siendo escrita, se halla próxima a los códigos de la oralidad exige la máxima premura en la materialización del mensaje.

Curiosamente, muchas de las características de las abreviaciones empleadas por los usuarios de estos modernos medios de comunicación, por lo general personas muy jóvenes o con un talante innovador o transgresor, muestran claras similitudes con los sistemas primigenios de abreviación. Así, por ejemplo, al igual que en latín las iniciales de las fórmulas habituales y repetidas generaban siglas (como el epitafio frecuente *S V T L* por *sit uobis terra leuis* 'que la tierra os sea leve'), en la actualidad las expresiones fijas y recurrentemente usadas en la comunicación interpersonal se abrevian en estos nuevos medios de comunicación por el mismo procedimiento, con la única diferencia de que prescinden enteramente de los espacios y se escriben en minúscula (letra no marcada en este contexto comunicativo y la más fácilmente disponible, pues, a diferencia de la mayúscula, no exige ser previamente seleccionada por el usuario): *tqm* por *te quiero mucho, asc* por *al salir de clase, nls* por *no lo sé, tvl* por *te veo luego.*

Asimismo, las abreviaciones de palabras en estos ámbitos prescinden de modo casi sistemático de las vocales, dando lugar a una suerte de abreviaturas por contracción que, de manera similar a los primitivos sistemas de escritura, mantienen solo la estructura consonántica: *dnd* por *dónde, tjt* por *tarjeta, hcr* por *hacer,* etc. Como es lógico en un sistema en el que el ahorro de caracteres constituye a menudo una prioridad y en el que los usuarios comparten el principio básico de que cualquier palabra puede ser abreviada, no se emplea ningún tipo de signo adicional para marcar las abreviaciones.

Teniendo en cuenta el aspecto lúdico y transgresor asociado a estos registros, es especialmente significativo en ellos el uso de abreviaciones que incluyen cifras, letras y símbolos para representar la secuencia fónica a ellos asociada: *to2* por *todos, q3* por *cutres, q~* por *qué onda, d+* por *demás.*

Las abreviaciones acuñadas para su uso en chats y en mensajes cortos tienen restringido su empleo a ese ámbito y no deben trasladarse a la lengua general, por lo que no son objeto de regulación ni sistematización por parte de la ortografía.

4 LOS SÍMBOLOS

Debido a su escaso cuerpo gráfico, se acostumbra a clasificar los símbolos dentro de las abreviaciones, aunque no lo son propiamente. En rigor, los símbolos son representaciones gráficas estables y normalizadas de conceptos o realidades pertenecientes, en general, al ámbito científico-técnico, por medio de letras o de signos no alfabetizables. Los símbolos, por tanto, no son abreviaciones de palabras o de expresiones lingüísticas, sino una suerte de ideogramas, en la medida en que son representaciones gráficas directas de conceptos o entes de la realidad, aunque, en el caso de los símbolos alfabetizables (los formados por letras), puedan haberse originado a partir de una palabra perteneciente a una lengua determinada. Así, el símbolo *P* (tomado de la inicial del nombre latino *phosphŏrus*) representa el elemento químico de número atómico 15, con independencia de que utilizado en un texto en español se lea como *fósforo,* en un texto en inglés como *phosphorus,* en un texto en francés como *phosphore* o en un texto en catalán como *fòsfor.* Como se ve, los nombres que corresponden a la realidad denotada por el símbolo varían en cada lengua, no así el símbolo, que es el mismo en todas ellas.

Los símbolos más comunes son los que representan las unidades básicas y derivadas del sistema internacional (*kg, m, s*); unidades que no pertenecen a él, pero cuyo uso está aceptado (*h, ha, l*); elementos químicos (*Au, C, Pb*); operaciones y conceptos matemáticos (+, ∫, %); unidades monetarias (€, £, $) y puntos cardinales (*N, S, SE*). En general, los símbolos son fijados convencionalmente por instituciones de normalización y poseen validez internacional. No obstante, hay símbolos de uso tradicional, creados por analogía con los símbolos internacionales, que no han sido fijados por instituciones de normalización y cuya validez se restringe muchas veces a ámbitos geográficos o lingüísticos limitados; es el caso, por ejemplo, de los símbolos *O* (*Oeste*) o *sen* (*seno,* en matemáticas), usados solo en el ámbito hispánico, cuyos equivalentes en el sistema internacional son *W* (del ingl. *West*) y *sin* (del lat. *sinus*); o de los símbolos de unidades de medida del sistema anglosajón, usados en inglés, como *sq ft* (del ingl. *square foot*) para el pie cuadrado.

Por su forma invariable y su validez internacional, también pueden considerarse símbolos, en sentido amplio, los códigos bilíteros (de dos letras) o trilíteros (de tres letras) establecidos por entidades de normalización como la ISO (International Organization for Standardization 'Organización Internacional para la Estandarización') para monedas, idiomas, identificadores de aeropuertos, etc.: *DZD* (dinar argelino), *bg* (lengua búlgara), *HAV* (Aeropuerto Internacional José Martí, en La Habana). También pueden considerarse símbolos, por su forma y uso internacional, las abreviaciones con las que se identifican los diferentes libros de la Biblia: *Gn* (*Génesis*), *Ex* (*Éxodo*), *Lv* (*Levítico*), etc.

Los símbolos son de uso obligatorio en los ámbitos a los que corresponden y en los lenguajes formales para los que han sido creados. No obstante, se hace necesario establecer cierto grado de flexibilidad cuando aparecen en textos generales o en ámbitos concretos de carácter no científico. Así, mientras que en un informe técnico es obligatorio el uso del símbolo *g* en referencia al *gramo,* unidad de medida de la masa, la aparición de la abreviatura convencional *gr.* resulta plenamente admisible en la indicación de los ingredientes de una receta de cocina. Igual ocurre, por ejemplo, con el centímetro cúbico, unidad de volumen cuyo símbolo internacional es cm^3, pero que, en el ámbito del motociclismo y referida a la cilindrada del motor, se representa generalmente con la abreviatura convencional *c. c.*

En el apéndice 2 se recogen los principales símbolos alfabetizables, mientras que los símbolos y signos no alfabetizables más comunes se ofrecen en el apéndice 3.

Los símbolos alfabetizables, los constituidos por letras, se asemejan a las abreviaturas en su escaso cuerpo gráfico, en estar a menudo constituidos por letras que también integran la palabra o expresión cuyo concepto representan y en que se leen reproduciendo esa palabra o expresión. Pero, como se ha dicho, los símbolos no son, en ningún caso, abreviaciones de palabras, sino representaciones gráficas de entes o conceptos y, de hecho, se diferencian de las abreviaturas en varios aspectos fundamentales: no se cierran con punto, no llevan nunca tilde y son invariables en plural.

4.1 LECTURA

Los símbolos se leen reproduciendo la palabra que designa, en la lengua del texto, el concepto representado. Así, en español, el símbolo *Fe* se lee *hierro* y *45 kV* se reproduce oralmente como *cuarenta y cinco kilovoltios.*

No obstante, cuando el símbolo aparece integrado en una fórmula, ya sea química, física o matemática, es habitual su lectura por deletreo: H_2O [áche-dós-ó], $2\pi r$ ([dós-pí-érre]).

4.2 FORMACIÓN

Por su naturaleza, la forma de los símbolos viene ya determinada por el organismo de normalización que la haya fijado. En el caso de los símbolos alfabetizables, suele tenerse en cuenta para su formación la primera letra de la palabra que designa, en la lengua que se haya tomado como referencia para su fijación, el concepto que el símbolo representa: *N* (letra inicial de la palabra que designa el norte en inglés y otras muchas lenguas, entre ellas el español), *H* (hidrógeno), *K* (letra inicial del término del lat. cient. *kalium* 'potasio'); o la primera letra de cada uno de sus componentes, en el caso de las unidades de medida constituidas por un prefijo y una unidad simple: *kg* (kilogramo), *cm* (centímetro). Para crear un símbolo alfabetizable de validez internacional se toma una única lengua de referencia (habitualmente el latín científico o el inglés) y, una vez fijado, permanece invariable cualquiera que sea la lengua en la que se utilice.

En la creación de algunos de estos símbolos se añade a la inicial una segunda letra, para impedir su confusión con otro símbolo ya existente. Es el caso, por ejemplo, de *Pt* (del lat. *platinum* 'platino') y *Pb* (del lat. *plumbum* 'plomo'), a fin de evitar que se confundan entre sí o con el símbolo *P* (del lat. *phosphŏrus* 'fósforo').

4.3 PLURAL

Los símbolos no varían de forma aunque se usen en contextos de referencia plural: *25 km* por *veinticinco kilómetros, 2 C* por *dos carbonos.* Esta característica viene, sin duda, determinada por su carácter internacional, ya que las formas de expresar el plural morfológico en cada lengua pueden no ser coincidentes. No obstante, la realización oral del símbolo deberá adecuarse a la morfología de la lengua en que esté escrito el texto; así, en español, la secuencia *30 €* debe leerse *treinta euros,* y no ⊗*treinta euro.*

Advertencia — En los casos en que coinciden el símbolo y el nombre de la unidad (*bar, bit, mol, tex...*), se recomienda usar el nombre en plural, y no el símbolo invariable, en aquellos contextos que lo admiten: *Se somete a una presión de 30 bares,* mejor que *Se somete a una presión de 30 bar.*

4.4 ORTOGRAFÍA Y OTRAS NORMAS DE ESCRITURA

a) Los símbolos se escriben siempre sin punto: *cg* (centigramo), *N* (norte), *He* (helio), *COP* (peso colombiano), *Lv* (Levítico), etc.

b) Los símbolos fijados para su uso internacional se escriben siempre sin tilde, aunque puedan contener la letra que la lleva en la palabra española correspondiente: *a* (y no ⊗*á*) por *área, lim* (y no ⊗*lím*) por *límite* (en matemáticas). Aunque en algunos textos escritos en español es posible encontrar formas gráficamente acentuadas (*lím* por *límite*), se recomienda el uso del símbolo internacional, que carece de tilde.

Información adicional — Los símbolos de carácter internacional solo conservan signos diacríticos cuando estos forman parte de la letra tal y como esta aparece en la palabra a partir de la que se han formado, como sucede con el anillo sobrescrito que figura en el símbolo del ángstrom: *Å* (formado con la inicial del apellido del físico sueco A. J. Ångström).

c) Los símbolos presentan una forma también fija e invariable en lo que respecta a su escritura con mayúsculas o minúsculas. Por ello, no están sujetos a cambios en su forma condicionados por la puntuación (v. cap. IV, § 4.1.1.1).

Los símbolos de los puntos cardinales se escriben siempre en mayúsculas, aunque estén constituidos por dos letras: *N, SE.* En cambio, los de los elementos químicos se escriben solo con mayúscula inicial, tanto si son monolíteros (*H, O*) como si son bilíteros (*Ca, Hg*) o trilíteros (*Uuq*). Los de las unidades de medida se escriben normalmente con minúsculas (*g, dm, ha*), salvo los de aquellas que tienen su origen en nombres propios de persona: *N* por *newton* (de *Isaac Newton*), *W* por *vatio* (de *Jacobo Watt*). Para el uso de la mayúscula en la escritura de los símbolos de los múltiplos y submúltiplos, v. cap. IV, § 4.2.4.9.9.

Información adicional — El símbolo del litro admite dos formas de escritura, *l* y *L,* pues puede utilizarse la mayúscula en aquellos contextos en los que cabría la posibilidad de confundirlo con el número 1.

Los códigos bilíteros y trilíteros establecidos por las entidades de normalización se escriben con todos sus componentes en mayúscula: *ARP,* símbolo del peso argentino; *BCN,* símbolo del aeropuerto de Barcelona.

d) Los símbolos, al igual que las abreviaturas, tienen sus contextos específicos de uso y, por lo tanto, no deben utilizarse en cualquier lugar de un texto como equivalentes de la palabra cuyo concepto representan; así, no puede escribirse ®*Tiene deficiencia de Fe,* en lugar de *Tiene deficiencia de hierro.*

e) Es incorrecto emplear símbolos si la cantidad a la que van asociados se expresa con palabras (®*quince kV*). Lo correcto es combinarlos con la cantidad expresada en cifras (*15 kV*) o utilizar, junto con la palabra numeral, el nombre de la unidad (*quince kilovoltios*).

f) Los símbolos deben escribirse pospuestos a la cifra que los cuantifica y separados de ella por un espacio: *33 dB, 125 m*^{2}*, 4 H, 20 %*. Se exceptúan los símbolos y números volados, que se escriben pegados a la cifra a la que acompañan: *12º, 35′, 10*$^{-3}$.

Información adicional — Aunque el símbolo % (que se lee *por ciento* en español) se ve frecuentemente escrito sin separación de la cifra que lo precede, la norma establecida por la Oficina Internacional de Pesos y Medidas determina que se escriba precedido de un espacio. Para evitar que la separación resulte excesiva, puede utilizarse un espacio fino.

El símbolo de los grados de temperatura se escribe de distinta manera según aparezca o no especificada la escala en la que se miden: se pega a la cifra si no se hace explícita la escala, pero se separa de ella y se pega al símbolo de la escala si esta se especifica: *27º*(por *veintisiete grados*), pero *27 °C* (por *veintisiete grados Celsius*).

Advertencia	No deben confundirse los símbolos de minutos y segundos cronológicos (*min, s*) con los de minutos y segundos utilizados en la expresión de la medida de los ángulos (′, ″).

g) Para los símbolos monetarios no alfabetizables, en España se prefiere la escritura pospuesta y con blanco de separación, como es normal en el resto de los símbolos: *3 £, 50 $*. En cambio, en América, por influjo anglosajón, estos símbolos suelen aparecer antepuestos y sin blanco de separación: *£3, $50*. Los símbolos trilíteros de las monedas se escriben siempre con espacio de separación, tanto si aparecen antepuestos como pospuestos: *63 EUR, USD 45*.

Advertencia	No es adecuado el uso de híbridos como *US$*, obtenidos por combinación de los símbolos alfabetizables y no alfabetizables. Si se desea especificar el país al que pertenece la divisa, lo indicado es el uso del símbolo trilítero: *USD*.

h) No deben escribirse en líneas diferentes la cifra y el símbolo que la acompaña: ⊗*3 / $*.

i) Cuando un operador matemático es binario, esto es, denota una operación que se realiza entre dos valores, debe escribirse entre espacios finos: $5 - 3$, 2×3, $8 \div 2$. En cambio, cuando solo afecta a un elemento, se escribe pegado a la cifra que lo sigue: -25, $\sqrt{8}$.

j) En textos de carácter técnico o científico y en manuales didácticos de disciplinas de esta índole, deben escribirse en redonda (incluso cuando el enunciado en el que se inserten se escriba en cursiva) las cifras, los símbolos de las unidades, los símbolos matemáticos que representan funciones y operaciones concretas (como sen y lim) y los que tienen su propio signo (+, ≠, ∞), así como los corchetes y las llaves:

Teorema 6.3. *El seno de la suma de dos ángulos es* sen $(2\alpha) = 2 \operatorname{sen} \alpha \cos \alpha$.

Un recipiente contiene H_2 *a* 20 °C *y* 12,0 atm. *Hállese la presión si se calienta a* 75 °C.

En cambio, las letras que corresponden a símbolos de variables matemáticas o magnitudes físicas (como velocidad, energía o temperatura), deben escribirse con cursiva:

Teorema 3. Si $a = b$ y $b = c$, entonces $a = c$.

SEGUNDA PARTE

Ortografía de expresiones que plantean dificultades específicas

CAPÍTULO VI

La ortografía de las expresiones procedentes de otras lenguas

1
EL PRÉSTAMO LINGÜÍSTICO

Una de las principales vías para la ampliación del léxico de una lengua es la adopción de voces de otros idiomas con los que los hablantes de aquella establecen contacto. Este recurso para la adquisición de nuevos términos ha sido constante a lo largo de la historia del español. La procedencia de esas palabras, su perdurabilidad, el ámbito al que pertenecen y su grado de integración en nuestra lengua se han visto condicionados por los factores políticos, económicos y socioculturales de nuestro entorno en cada momento histórico. Así, son ejemplos clásicos la absorción de arabismos durante el dominio musulmán de la península ibérica; la entrada de galicismos (voces procedentes del francés) desde la Edad Media y, con especial intensidad, a partir de la Ilustración; la acogida de indigenismos (voces procedentes de lenguas indígenas de América) tras la llegada de los españoles a tierras americanas; la penetración de italianismos durante el Renacimiento, o la masiva incorporación de anglicismos (voces procedentes del inglés) a partir del siglo XIX, como consecuencia de la hegemonía política, económica y cultural del mundo anglosajón en época moderna.

Las voces procedentes de otras lenguas, denominadas generalmente *extranjerismos* o *préstamos,* pueden servir para nombrar realidades nuevas para las que la propia lengua no dispone de término designativo, como sería el caso del indigenismo *tomate* (del nahua *tomatl*), que da nombre a la baya roja comestible oriunda de América, o del galicismo *bidé* (del fr. *bidet*), en referencia a la pila baja con grifo destinada a la higiene de las partes íntimas. Pero en muchos otros casos son simplemente fruto del mimetismo lingüístico hacia lenguas de gran prestigio e influencia cultural en un momento histórico dado; de ahí que muchos extranjerismos introducidos por un deseo de distinción no exento de esnobismo, por moda o por mera preferencia estilística entren en competencia con palabras de la propia lengua que poseen idéntico sentido, con las que coexisten o a las que incluso pueden acabar desbancando en el uso. Así ocurrió, por ejemplo, hace ya siglos, con el galicismo *jamón* ('pierna trasera del cerdo, curada o cocida entera'), que procede del francés *jambon* (derivado de *jambe* 'pierna') y que acabó imponiéndose a *pernil* (derivado del latín *perna* 'pierna').

Si se analiza el comportamiento de los extranjerismos incorporados a la lengua española a lo largo de su historia, se comprueba la tendencia de estos a acomodarse a los patrones característicos de nuestro idioma, pues, en general, terminan adoptando una pronunciación y una grafía acordes con las pautas fonológicas, silábicas, prosódicas y ortográficas propias del español, y realizando la flexión nominal (de género y número) o verbal (de persona, tiempo, modo, etc.) de acuerdo con las pautas morfológicas de nuestro sistema lingüístico. Ese proceso de acomodación de los extranjerismos se realiza mediante procedimientos muy diversos (de los cuales se va dando cuenta puntual a lo largo del capítulo I, § 6, en numerosos comentarios y advertencias): asimilando los fonemas del vocablo original inexistentes en español a los más próximos de nuestro sistema fonológico (quechua *pishku* > esp. *pisco;* fr. *flèche* [flésh] > esp. *flecha* [flécha]; ingl. *shoot* > esp. *chute*); modificando o simplificando secuencias gráfico-fonológicas ajenas a nuestro idioma, o estructuras silábicas de difícil articulación en español, para sustituirlas por las que resultan más naturales en nuestra lengua (nahua *tzictli* > esp. *chicle;* it. *sbirro* > esp. *esbirro;* fr. *batterie* > esp. *batería;* ingl. *beefsteak* > esp. *bistec*); pronunciando los grafemas presentes en la forma original con el valor fonológico que tienen en nuestro sistema (fr. *jardin* [yardá^{n}] > esp. *jardín* [jardín]), o modificando la grafía originaria para adecuarla a la pronunciación representada según las convenciones ortográficas del español (it. *ciarlare* > esp. *charlar;* ingl. *tilbury* > esp. *tílburi;* fr. *couplet* > esp. *cuplé*).

Una vez completado el proceso de acomodación a los patrones propios de nuestra lengua, estas voces extranjeras se consideran extranjerismos o préstamos adaptados, en oposición a los extranjerismos crudos o no adaptados, que son aquellos que se utilizan con la grafía y la pronunciación (más o menos exacta o aproximada) que tienen en su lengua de origen, y no se ajustan, por ello, al sistema fonológico ni ortográfico del español.

En el caso de los préstamos incorporados en épocas pasadas, no existe conciencia en los hablantes actuales de su originaria condición de extranjerismos, por lo que no cabe ya considerarlos sino voces españolas. Así sucede con la gran masa de arabismos, galicismos, italianismos o indigenismos incorporados a nuestro idioma durante las épocas medieval y clásica, como, por ejemplo, *alcalde* (del ár. hisp. *alqáḍi*), documentada ya en el siglo XI; *jardín* (del fr. *jardin*), introducida en la Baja Edad Media; *canalla* (del it. *canaglia*), que entra a finales del siglo XV; o *maíz* y *huracán,* procedentes del taíno y presentes ya en las primeras crónicas de Indias.

En la actualidad, el aumento del número de hablantes alfabetizados y la inclusión cada vez más generalizada en los programas educativos de la enseñanza de lenguas extranjeras —especialmente del inglés, actual lengua de comunicación internacional—, junto con la influencia de los medios de comunicación en la difusión de los hábitos lingüísticos, al tiempo que dinamizan y estimulan los procesos de introducción de voces extranjeras, contribuyen a familiarizar entre los hablantes las grafías originales, lo que a menudo ralentiza o dificulta la integración plena de los préstamos en la propia lengua. Por ello, aunque muchos extranjerismos incorporados en época más o menos próxima se han adaptado plenamente al español —anglicismos como *anfetamina, béisbol* o *beisbol, búmeran* o *bumerán, champú, condón, escáner, eslogan, fútbol* o *futbol, gol, líder, mitin, rifle, suéter, tenis, tobogán, túnel* o *turista* (del ingl. *amphetamine, baseball, boomerang, shampoo, condom, scanner, slogan, football, goal, leader, meeting, rifle, sweater, tennis, toboggan, tunnel, tourist*); o galicismos como *afiche, avalancha, bisturí, bombona, canesú, champán, chaqué, cliché, coñac, debacle, edredón, paté, peatón* o *tatuaje* (del fr. *affiche, avalanche, bistouri, bonbonne, canezou, champagne, jaquette, cliché, cognac, débâcle, édredon, pâté, piéton* o *tatouage*)—, abundan hoy los préstamos que se usan mayoritaria o exclusivamente con las grafías originales no adaptadas, como *affaire, amateur, baguette, ballet, best seller, brandy, collage, camping, carpaccio, catering, clown, copyright, crack, flashback, gourmet, hobby, jazz, light, maître, mousse, mozzarella, panty, pizza, sheriff, software* o *thriller*, entre los muchos que pueden citarse.

Como demuestran los numerosos ejemplos aducidos de préstamos adaptados en épocas no lejanas, aquellos extranjerismos que arraigan en el uso y no son fruto de modas pasajeras, tras una primera etapa en la que se emplean en su forma originaria, acaban, por lo general, experimentando los cambios necesarios para su plena integración en nuestra lengua. Pero hay también extranjerismos que, por diversos motivos, manifiestan una mayor resistencia a la adaptación (porque se emplean solo para nombrar realidades pertenecientes al ámbito propio de la lengua de origen; por el prestigio que confiere, para muchos hablantes, el uso de las grafías no adaptadas; por resultar las posibles adaptaciones en exceso chocantes o alejadas del original; por haberse popularizado el empleo del término con la grafía originaria, etc.).

Aunque, como se ha visto, el fenómeno del préstamo lingüístico es algo natural que no cabe censurar en modo alguno, es necesario tener en cuenta que la proliferación indiscriminada de extranjerismos crudos o semiadaptados en textos españoles puede resultar un factor desestabilizador de nuestro sistema ortográfico, especialmente cuando se ponen en circulación grafías que se apartan del sistema de correspondencias entre grafemas y fonemas propio de nuestra lengua. De ahí que la Real Academia Española, junto con el resto de las que con ella integran la Asociación de Academias de la Lengua Española, siendo las instituciones encargadas de preservar la coherencia y la unidad del español, procuren orientar los procesos de adopción de extranjerismos para que su incorporación responda, en lo posible, a nuevas necesidades expresivas y se produzca dentro de los moldes propios de nuestra lengua. Esta orientación se ofrece a través de obras específicamente normativas como el *Diccionario panhispánico de dudas,* donde se diferencian los extranjerismos superfluos (los que se usan sin necesidad por existir voces o expresiones españolas de igual sentido) de los extranjerismos que se consideran necesarios o ya plenamente arraigados en el uso. Para estos últimos, según el caso, se hacen propuestas de adaptación o se sugiere el empleo de equivalencias en español, sin dejar de reconocer aquellos que se han asentado en el uso internacional con su grafía y pronunciación originarias.

En los apartados siguientes se da cuenta de las normas que deben seguirse en los textos españoles a la hora de escribir voces o expresiones procedentes de otras lenguas, según se trate de extranjerismos crudos o de extranjerismos adaptados (§ 2.1), o bien de préstamos tomados del latín, denominados específicamente *latinismos* (§ 2.2), que, al provenir de la lengua de la que nace el español, han tenido hasta ahora en la norma ortográfica un tratamiento diferenciado del resto de los extranjerismos, diferencia que, sin embargo, no parece justificado mantener. Al final se incluye también un apartado específico sobre las transcripciones de voces pertenecientes a lenguas de alfabeto no latino (§ 3).

2

LA ORTOGRAFÍA DE EXTRANJERISMOS Y LATINISMOS

2.1 EXTRANJERISMOS

2.1.1 EXTRANJERISMOS CRUDOS

Determinadas necesidades expresivas pueden llevar al hablante a insertar dentro del discurso en español voces o expresiones en otro idioma. Unas veces se trata de términos usados ocasionalmente, bien por prurito culto del autor, bien con el fin de aportar color local, bien para aprovechar la capacidad de estas expresiones de aludir de forma automática al origen de su referente o al ámbito cultural al que este pertenece:

> «La nueva vocalidad se abre paso y requiere voces más consistentes y recias, [...] lo que adquiere especial relevancia en la literatura wagneriana con los llamados "heldentenor" o tenores heroicos» (*Abc* [Esp.] 7.6.1996).

«En las ciudades indias la gente viaja en autobuses parecidos a los de Londres. Allí coinciden el *gopi,* la persona que lava los pies, y el prestamista» (*País*@ [Esp.] 2.5.2010).

«El arte de la oratoria también cumplía una misión didáctica, sobre todo los llamados *huehuetlatolli* o sentencias antiguas» (Aguilera *Arte* [Méx. 1977]).

Otras veces se trata de extranjerismos difundidos en época más o menos reciente, usados con frecuencia por los hablantes o por los medios de comunicación con su grafía originaria y una pronunciación más o menos aproximada a la original: *apartheid, ballet, blues, geisha, hooligan, jazz, pendrive, piercing, pizza, reggae, rock, sheriff, sherpa, software,* etc. Normalmente se trata de extranjerismos que designan realidades ajenas al ámbito de la propia lengua o nuevos referentes para los que no se cuenta con términos propios, de manera que se incorporan al uso con el nombre que tienen en la lengua donde han surgido o que ha contribuido a su divulgación. Con el tiempo, muchos de estos extranjerismos crudos, por iniciativa de los propios hablantes, junto con el impulso y la orientación de las instituciones de normalización lingüística, terminan siendo sustituidos, como ya ha ocurrido en el pasado, por voces propias o por adaptaciones del nombre original a los patrones gráfico-fonológicos de la propia lengua; pero otros se mantienen resistentes a la adaptación, a menudo escudados en su condición de términos de difusión internacional.

Información adicional

El que un extranjerismo adquiera difusión internacional no implica, sin embargo, que el proceso de adaptación a la propia lengua deba verse necesariamente bloqueado. De hecho, aunque algunos términos son absorbidos en su forma original por los sistemas ortográficos de otras lenguas, menos rígidos que el nuestro o más afines al de la lengua de origen del préstamo, lo cierto es que las lenguas de nuestro entorno no se sustraen a la tendencia natural a integrar plenamente en sus sistemas lingüísticos las voces de procedencia extranjera con las que su léxico se enriquece, sometiéndolas para ello a sus propias convenciones ortográficas.

Así, por ejemplo, el término italiano *balletto* ('danza clásica') pasó al alemán en la forma *Ballett* y al francés en la forma *ballet,* lengua esta última desde donde se difundió al inglés y al español con la grafía francesa *ballet,* y al portugués con la grafía adaptada *balé.* E incluso un anglicismo como *sheriff,* que hace referencia a un determinado representante de la justicia en el ámbito anglosajón, ha penetrado en distintas lenguas que han modificado la grafía original para adaptarla a sus respectivos usos ortográficos: francés *shérif,* italiano *sceriffo,* portugués *xerife* y catalán *xèrif.* Por su parte, la voz de origen japonés *geisha* ('joven nipona instruida en diversas artes para el entretenimiento masculino') se ha acomodado al italiano y al portugués en las formas adaptadas *gheiscia* y *gueixa*, respectivamente, mientras que en francés o alemán se ha mantenido la ortografía heredada del inglés. Así pues, siguiendo esas mismas pautas, nada impediría que los mencionados vocablos, que hoy por hoy se usan en español con las grafías originarias, se adaptaran gráficamente a nuestra lengua en las formas *balé*, *sérif* y *gueisa*.

Las voces extranjeras deben escribirse siempre en los textos españoles con una marca gráfica que destaque su condición de palabras pertenecientes a otra lengua: preferentemente en cursiva en la escritura tipográfica (siempre que el texto base esté escrito en redonda; pero en redonda, si el texto base está escrito en cursiva) y entre comillas en los textos manuscritos, donde no es posible establecer la oposición entre la letra redonda y la cursiva. Esa marca gráfica estará indicando que el término en cuestión es ajeno a nuestra lengua y que, debido a ello, no tiene por qué atenerse a las convenciones ortográficas españolas ni pronunciarse como correspondería en español a esa grafía. Así se observa en los ejemplos siguientes, donde las palabras *ballet* y *blues*, escritas en cursiva, no se pronuncian [ballét] o [bayét] y [blúes], como cabría esperar si fueran palabras españolas, sino [balé] y [blús], como aproximadamente les corresponde en francés y en inglés, lenguas a las que respectivamente pertenecen estos términos:

> «El *ballet* de los niños sobre el césped mullido como el terciopelo le parecía a Balbina una visión celestial» (Donoso *Casa* [Chile 1978]).
>
> «Lenta y sudorosa, Vivien hacía el amor como si bailase un *blues* en vez de una violenta y sensual danza africana» (Volpi *Klingsor* [Méx. 1999]).

2.1.2 LOCUCIONES, DICHOS O CITAS EN OTRAS LENGUAS

También deben marcarse gráficamente (en cursiva o entre comillas) las locuciones, expresiones o fórmulas oracionales en otras lenguas que se empleen en un texto escrito en español:

> «Este libro no es un *tour de force* historiográfico» (Picó *Caimito* [P. Rico 1989]).
>
> «A la entrada de la Organización Nacional de Ciegos un chacoloteo *in crescendo* de bastones ahoga el solo de palo que conduce a Lucía» (Maqua *Invierno* [Esp. 1992]).

«Y que vamos en la dirección correcta: "in the right direction", como oyó decir en inglés» (Vallejo *Virgen* [Col. 1994]).

«—*C'est la vie* —comentó Margolín alzando los hombros—. En París beberé algo a su salud» (Chao *Altos* [Méx. 1991]).

«Seguramente se trata de una mentira, o acaso de una vil exageración difamatoria, pero, recurriendo al refrán italiano: *se non è vero, è ben trovato* (si no es verdad, está buena la ocurrencia)» (*Musical* [Chile] 7.2000).

Cuando se reproduce entrecomillado dentro de un texto escrito en español un fragmento de un autor extranjero en su lengua original, no se añade a las comillas de cita ningún otro resalte tipográfico:

«"Busco en la muerte la vida", dice Cervantes en uno de sus versos más conocidos; y Montaigne, en el libro I, cap. XIV de sus *Ensayos:* "Or cette mort que les uns apellent des choses horribles la plus horrible, qui no sçait que d'autres la nomment l'unique port des tourmens de cette vie? [...] et comme les uns l'attendent tremblans et effrayez, d'autres la supportent plus aysément que la vie"» (Savater *Invitación* [Esp. 1982]).

Sin embargo, podrá usarse la cursiva si la cita es breve y no aparece entrecomillada:

«Pues como dijo Claude Bernard: *La vie, c'est la mort*» (Paso *Palinuro* [Méx. 1977]).

«Como dijo Jean Cocteau, *la mode c'est ce qui se démode*» (Ricard *Diseño* [Esp. 1982]).

2.1.3 EXTRANJERISMOS ADAPTADOS

Como se ha explicado más arriba, tanto de forma espontánea como, en época más reciente, a través de propuestas promovidas por la Asociación de Academias de la Lengua Española en sus obras normativas, gran cantidad de voces de otras lenguas que se han incorporado al caudal léxico del español han experimentado ciertas variaciones formales con el fin de adecuarse al sistema fonológico, ortográfico y morfológico propio de nuestra lengua. Este proceso de aclimatación de los extranjerismos contribuye a preservar la coherencia de nuestro sistema lingüístico y a mantener la fuerte cohesión entre grafía y pronunciación de que goza el español frente a otras lenguas.

La mayor parte de las veces, la adaptación de los extranjerismos se realiza modificando la grafía originaria para adecuarla, según nuestras reglas ortográficas, a la pronunciación de esas voces en español, que suele aproximarse a la que tienen en la lengua de origen. En la grafía adaptada se prescinde normalmente de los grafemas del original que no tienen reflejo en la dicción española y se aplican las reglas de acentuación gráfica propias de nuestro idioma: fr. o ingl. *alligator* > esp. *aligátor;* it. *attrezzo* > esp. *atrezo;* ingl. *by-pass* > esp. *baipás;* ingl. *boycott* > esp. *boicot;* ingl. *blue jeans* > esp. *bluyín;* fr. *boulevard* > esp. *bulevar;* it. *cappuccino* > esp. *capuchino;* fr. *champagne* > esp. *champán;* ingl. *cricket* > esp. *críquet;* ingl. *crawl* > esp. *crol;* fr. *croissant* > esp. *cruasán;* ingl. *scooter* > esp. *escúter;* polaco *złoty* > esp. *esloti;* it. *spaghetti* > esp. *espagueti;* ingl. *gangster* > esp. *gánster;* ingl. *groggy* > esp. *grogui;* it. *ghetto* > esp. *gueto;* ingl. *home run* > esp. *jonrón;* fr. *luthier* > esp. *lutier;* ingl. *meeting* > esp. *mitin;* ingl. *overall* > esp. *overol;* ingl. *paddle* > esp. *pádel;* fr. *passe-partout* > esp. *paspartú;* fr. *ragoût* > esp. *ragú;* ingl. *sequoia* > esp. *secuoya;* fr. *vaudeville* > esp. *vodevil;* ingl. *gymkhana* > esp. *yincana;* fr. *yogourt* > esp. *yogur,* etc.

A veces la adaptación solo requiere la aplicación de la tilde, como en *ambigú* (del fr. *ambigu*), *bádminton* (del ingl. *badminton*), *blíster* (del ingl. *blister*) o *máster* (del ingl. *master*). Y, en algunas ocasiones, el extranjerismo no plantea ningún problema de inadecuación entre grafía y pronunciación de acuerdo con la ortografía del español, y se incorpora a nuestra lengua con la misma grafía que tiene en el idioma de origen, como ocurre con *box, kit* o *set,* voces tomadas del inglés que se pronuncian en español tal como se escriben: [bóks], [kít] y [sét].

En otros casos, se mantiene la grafía originaria sin cambios o con leves modificaciones, y es la pronunciación de los hispanohablantes la que se acomoda a dicha grafía, aunque al hacerlo se aparte de la pronunciación original de la voz extranjera. Así sucede, por ejemplo, con la adaptación *bafle* ('dispositivo que facilita la mejor difusión y calidad del sonido de un altavoz'), que toma como referencia la grafía del original inglés *baffle,* y no su pronunciación [báfel] (justamente lo contrario de lo acaecido con la adaptación *pádel,* del ingl. *paddle,* que ha tomado como referencia la pronunciación del original inglés, y no su grafía). Otro caso de adaptación de la pronunciación española a la grafía del original es la voz *quiche* ('pastel horneado hecho con una base de pasta sobre la que se pone una mezcla de huevos, leche y otros ingredientes'), que se pronuncia generalmente en español tal y como se escribe, esto es [kíche], y no [kísh], como en francés, lengua de donde la hemos tomado. También *puzle* se ha adaptado al español tomando como referencia la grafía del término inglés, y no su pronunciación (ingl. *puzzle* [pásel]).

En ciertas ocasiones puede resultar menos violento modificar la pronunciación de un extranjerismo que su grafía, a la hora de recomendar su posible adaptación. Así, en caso de adaptar al español la voz inglesa *gay* ('homosexual'), se considera preferible mantener la grafía original y proponer su pronunciación como si de una palabra española se tratase, es decir, [gái], que modificar la grafía original, escribiendo *guey,* para adecuarla a la pronunciación más próxima al inglés y también la más generalizada aún entre los hispanohablantes.

Cabe señalar que no siempre se producen resultados homogéneos en todo el ámbito hispánico a la hora de adaptar las voces extranjeras. En primer lugar, existen zonas o países donde los hispanohablantes se muestran más reticentes a las adaptaciones y suelen usar con preferencia los extranjerismos crudos, sin adaptar, con su grafía y pronunciación originarias, mientras que los hablantes de otras zonas o países no manifiestan tanta resistencia a acomodar los préstamos de uso corriente en español a los moldes propios de nuestra lengua. Se da, así, el caso de que extranjerismos plenamente adaptados en España se emplean crudos en el español americano. Es lo que ocurre con *iceberg* ('gran masa de hielo que flota en el mar'), voz de origen neerlandés incorporada al español a través del inglés, que en España es un extranjerismo adaptado, ya que la grafía inglesa se pronuncia a la española ([izebérg] o, en zonas de seseo, [isebérg]), mientras que en el español de América está consolidada la pronunciación inglesa [áisberg]. También ilustra esta dualidad la voz francesa *beige* [pron. béʒ] ('color castaño claro'), que en el español americano se emplea como extranjerismo crudo, y en España se ha adaptado con la grafía *beis*.

A veces se producen soluciones diversas en diferentes zonas del ámbito hispánico en la adaptación de un mismo extranjerismo al español, según se haya tomado como referencia la grafía o la pronunciación del original. Así ha ocurrido, por ejemplo, con la voz inglesa *jersey* ('prenda de punto y con mangas que cubre desde el cuello a la cintura'), que en el español de España y varios países de América se ha adaptado mayoritariamente pronunciando a la española la grafía original: *jersey* [jerséi]; mientras que en otros países americanos se ha modificado la grafía para adecuarla a la pronunciación aproximada del original inglés: *yérsey* o *yersi*.

En cualquier caso, debe siempre respetarse la norma general de escribir los extranjerismos crudos con la marca gráfica que indica su condición de tales, que, como ya se ha explicado (v. § 2.1.1), es preferentemente la cursiva o, en segundo término, las comillas. En cambio, los extranjerismos de uso corriente en español que se han adaptado a nuestra lengua y no plantean, por ello, problemas de inadecuación entre su grafía y su pronunciación según nuestras convenciones ortográficas, se consideran palabras españolas a todos los efectos y, por tanto, no necesitan marcarse en modo alguno:

«La hombrera derecha de la blusa *beige*, esa de Cacharel, se ladea hacia el costado» (Serrano *Vida* [Chile 1995]).

«Una corbata de seda marrón con estampado en beis» (Mendicutti *Palomo* [Esp. 1991]).

2.2 LATINISMOS

2.2.1 EL LATÍN COMO LENGUA DE PRÉSTAMO

El español es una lengua románica, que procede por evolución natural del latín que se extendió por la península ibérica durante la romanización —iniciada a finales del siglo III a. C.— y que se impuso a las diferentes lenguas que allí se hablaban antes de la llegada de los romanos (llamadas conjuntamente, por ello, *lenguas prerromanas*).

De ese latín hispánico, en el que figuran algunas palabras de origen prerromano y otras de origen germánico, provenientes de las lenguas habladas por los diversos pueblos que invadieron el Imperio romano occidental a partir del siglo V d. C., procede la base léxica del español, lo que se denomina *léxico heredado* o *patrimonial,* el constituido por las voces que han estado presentes en la lengua desde sus orígenes y que, por ello, han experimentado todos los cambios que caracterizan el proceso evolutivo que conduce del latín al español.

A esa base léxica se han ido incorporando sucesivamente, como se indicó más arriba (v. § 1), términos procedentes de las diversas lenguas con las que el español ha entrado en contacto a lo largo de su historia (arabismos, galicismos, italianismos, indigenismos, anglicismos, etc.), y que hemos considerado genéricamente extranjerismos, con independencia del momento histórico de su incorporación. Esos términos tomados de otras lenguas que se añaden al léxico patrimonial heredado conforman lo que se denomina *léxico adquirido,* y de él forman parte también los denominados *cultismos,* esto es, los préstamos tomados directamente de las lenguas clásicas, por lo general del latín, pero también del griego, que se incorporan en etapas posteriores a la de formación del idioma y que, por ello, no han sufrido todas las trasformaciones experimentadas por las voces patrimoniales.

A lo largo de la Edad Media, el latín se constituye como un sistema lingüístico ya diferenciado de las diversas lenguas romances que en él tienen su origen y se convierte en la lengua de comunicación internacional de la Europa medieval. Se trata, pues, de la lengua de cultura por excelencia, de la que las distintas lenguas europeas, entre ellas el español, toman prestados términos para cubrir las nuevas necesidades expresivas que van surgiendo a medida que esas lenguas se convierten en vehículos de expresión en todos los ámbitos de la ciencia y la cultura. A menudo la incorporación de cultismos responde, simplemente, al prestigio de los términos latinos cultos frente a las voces patrimoniales, a algunas de las cuales llegan incluso a desplazar por completo en el uso (como *rápido,* que sustituyó a *aína*). Entre los cultismos más antiguos se encuentran los numerosos términos latinos introducidos durante la Edad Media, algunos procedentes a su vez del griego, y pertenecientes sobre todo al ámbito religioso-eclesiástico (*absolución, caridad, católico, cementerio, misa, sacramento...*), académico-científico (*ciencia, discípulo, ecuación, geometría, glosa, matemática, metafísica, parálisis, retórica...*) y jurídico (*acusación, adulterio, herencia, justicia...*), además de gran número de vocablos abstractos no vinculados a un ámbito específico (*devoción, obediencia, sapiencia...*). A partir del siglo XV, con el humanismo renacentista, el interés por la cultura grecolatina y el florecimiento del estudio de las lenguas clásicas fomentan e intensifican la penetración de cultismos, tanto latinos (*adolescente, exhortar, obtuso, rápido...*) como griegos (*ábaco, academia, musa, tragedia...*), proceso que continuará a lo largo del Siglo de Oro (*enigmático, infausto, simpatía...*).

La incorporación de términos tomados de las lenguas clásicas ha sido en todas las épocas, y de manera muy señalada también en la actual, uno de los recursos más utilizados por el lenguaje científico y técnico para establecer su terminología específica (*átomo, córnea, ecuación, misil, placenta, tándem...*), de forma que muchos de estos cultismos tienen implantación trasnacional y han llegado a menudo al español no directamente del latín o del griego, sino a través de una lengua moderna que ha actuado como puente (así sucedió con *misil,* del latín *missīlis* 'que se puede lanzar', derivado de *mittěre* 'enviar, lanzar', cuya acentuación aguda en español se explica por haberse incorporado a través del francés; o con *video* o *vídeo,* que hemos tomado del inglés, aunque su origen está en la forma latina *viděo* 'yo veo'). El latín y el griego son asimismo la fuente de numerosos neologismos de la ciencia y de la técnica que, aun careciendo de existencia real en esas lenguas, se han acuñado a partir de raíces léxicas griegas o latinas, recibiendo, por ello, el nombre de *neocultismos* (*bicicleta, biopsia, claustrofobia, helicóptero, leucocito...*).

Así pues, como se ve, el latín es también fuente de préstamos léxicos, al igual que las demás lenguas con las que el español ha entrado en contacto a lo largo de su historia, aunque tenga la particularidad de no hablarse ya como lengua viva y de ser, para las lenguas románicas, entre ellas el español, la lengua madre.

Todas las voces tomadas del latín en un momento histórico posterior a los orígenes del español pueden denominarse, de forma genérica, *latinismos,* nombre análogo al que reciben los demás préstamos según su lengua de procedencia (arabismos, galicismos, helenismos, italianismos, anglicismos, etc.).

Como ha sucedido con los préstamos de otras lenguas que han pasado a formar parte del léxico español, los cultismos, en general, y los latinismos, en particular, se han acomodado normalmente a nuestro sistema ortográfico y morfológico, con la facilidad añadida, en este caso, de provenir de una lengua muy cercana a la nuestra. A su acomodación contribuyeron además, decisivamente, las diversas reformas ortográficas llevadas a cabo por la Real Academia Española durante la segunda mitad del siglo XVIII y las primeras décadas del XIX, tendentes siempre a regularizar y simplificar la ortografía del español, tanto en el léxico heredado como en el adquirido por la vía del préstamo.

2.2.2 LATINISMOS CRUDOS Y LATINISMOS ADAPTADOS

Al igual que ocurre con los extranjerismos, también en los latinismos debe distinguirse entre latinismos crudos y latinismos adaptados.

Son voces propiamente latinas, que no cabe considerar incorporadas al caudal léxico del español, aquellas que se usan en los textos con plena conciencia por parte del autor de estar empleando términos en latín, unas veces por simple prurito culto y otras, las más, por resultar más expresivo, informativo o evocador denominar con la palabra latina correspondiente realidades directamente vinculadas o pertenecientes al mundo latino, sea clásico o medieval. Como es natural, en esos casos, las palabras latinas se escriben con su grafía originaria y sin añadir signos ajenos al sistema latino de escritura, esto es, sin tildes, ya que el latín carece de ellas. El carácter foráneo de esas voces debe marcarse gráficamente, como es habitual cuando se usan palabras o expresiones en otro idioma, a través de la cursiva o las comillas:

«Su *animus* se amigaba con el *spiritus,* logrando un cuerpo en el que intervenía el vaho lunar o la energía solar» (Lezama *Oppiano* [Cuba 1977]).

«Tiberio dio una vez un banquete y los invitados, al entrar en el *triclinium,* observaron que sobre la mesa solo había medio jabalí» (Benítez *Caballo* I [Esp. 1984]).

«El grupo formado por gramática, retórica y lógica se conocía como *trivium,* mientras que la aritmética, la geometría, la astronomía y la música formaban el *quadrivium*» (PzTamayo *Ciencia* [Méx. 1991]).

«Las termas o baños públicos tenían piscina fría (*frigidarium*), piscina caliente (*caldarium*), vestuario (*apodyterium*) y otras instalaciones para practicar deportes, jugar o mantener relaciones sociales» (CSerraller *Arte* [Esp. 1997]).

«Los Jansonius, padre e hijo, hacen lo mismo con la obra de Ortelius, que comparten tanto los atlas como las *tabulae,* es decir, las cartas regionales, cartografía más propia de publicistas o editores que de cartógrafos» (Ortega *Horizontes* [Esp. 2000]).

Eso no impide que algunas de estas voces latinas que designan referentes históricos circunscritos al mundo latino cuenten con formas adaptadas al español, como es el caso de *triclinio, trivio* o *cuadrivio,* que, como palabras ya españolas, se escriben sin ningún tipo de resalte gráfico:

«Cleopatra suspiraba en su triclinio» (Moix *Sueño* [Esp. 1986]).

«No parece que las nociones más elementales de este saber formasen en aquel medio parte de la cultura general, fundada todavía en la tradición del trivio y del cuadrivio» (Gaos *Sueño* [Esp. 1960]).

Por otra parte, hay voces tomadas del latín (incluido el latín científico, el propio de los términos acuñados modernamente a la manera latina en la terminología científica y técnica) que se han incorporado en época más o menos reciente al caudal léxico del español para nombrar realidades que no tienen ya vinculación directa o exclusiva con el mundo latino, sino que designan realidades existentes en el mundo actual y, por tanto, cubren necesidades expresivas en el habla de hoy. La mayoría de estos latinismos, muchos de los cuales, como ya se ha indicado, han entrado no directamente desde el latín, sino a través de alguna de las lenguas modernas de nuestro entorno, se han adaptado con toda naturalidad al español. Se trata de palabras como *accésit, adenda, afidávit, álbum, campus, clepsidra, currículum, déficit, desiderátum, detritus, diplodocus, estatus, eucaliptus, exabrupto, exlibris, exvoto, facsímil, factótum, hábitat, herpes, humus, lapsus, memorándum, ómnibus, pandemónium, péplum, plácet, pódium, quid, quídam, referéndum, réquiem, solárium, superávit, vademécum,* etc.

Como se ve, ninguna de estas voces presenta una grafía ajena a nuestras convenciones ortográficas (aunque su terminación pueda no ser característica de las voces patrimoniales españolas) ni plantea problemas de inadecuación entre su forma gráfica y su pronunciación según el sistema español de correspondencias entre grafemas y fonemas. Todas ellas, además, se han sometido a las reglas de acentuación gráfica propias de nuestra lengua; de hecho, en muchos de los latinismos la adaptación solo requiere la aplicación de la tilde (*álbum, déficit, hábitat, ómnibus, plácet, pódium,* etc.) y otros no deben llevarla según las normas, por lo que conservan a menudo en español idéntica grafía que en latín (*herpes, humus, lapsus, ratio,* etc.). Pero, cuando ha sido necesario, se ha modificado la grafía originaria para adecuarla a los patrones ortográficos del español; por ejemplo, reduciendo a una las consonantes geminadas del latín sin reflejo en la pronunciación española: lat. *accessit* > esp. *accésit,* lat. *addenda* > esp. *adenda,* lat. *affidavit* > esp. *afidávit;* sustituyendo secuencias gráficas ajenas a nuestra ortografía por las que son propias de nuestra lengua en esos contextos, como *y* > *i* en representación del fonema /i/ en interior de palabra o *qu* > *cu* en representación de la secuencia fónica /ku/: lat. *clepsydra* > esp. *clepsidra,* lat. *quantum* > esp. *cuanto* (en física, 'cantidad de energía emitida o absorbida por un átomo o una molécula, proporcional a su frecuencia de radiación'); o añadiendo una *e-* de apoyo ante la ese líquida latina: lat. *squalus* > esp. *escualo,* lat. *status* > esp. *estatus*. En otras ocasiones, ha sido la pronunciación la que se ha adecuado a la grafía latina originaria según los patrones de nuestra lengua, como en *quid* ('esencia o punto clave', normalmente en la locución *el quid de la cuestión*), *quídam* ('cualquiera', hoy raro) o *réquiem,* que se pronuncian respectivamente en español [kíd], [kídam] y [rrékiem], sin otorgar ningún valor fónico a la *u,* que sí lo tiene en la pronunciación latina: [kuíd], [kuídam] y [rrékuiem].

Información adicional

De algunos de los latinismos que conservan en el uso español su terminación originaria en *-us* o en *-um* se han creado variantes formales en las que dicha terminación se ve sustituida por la *-o* característica de los sustantivos masculinos españoles, como en *auditórium / auditorio, currículum / currículo, detritus / detrito, diplodocus / diplodoco, eucaliptus / eucalipto, maremágnum / maremagno, memorándum / memorando, pandemónium / pandemonio, pódium / podio, referéndum / referendo, solárium / solario* o *ultimátum / ultimato,* aunque en muchos casos las formas con la terminación originaria suelen ser las más usadas. Esas variantes sobreadaptadas respondían al deseo de asimilar completamente los latinismos a las palabras españolas, aplicándoles la misma transformación que habrían sufrido de haber pertenecido al fondo léxico patrimonial, a lo que se unió el fin práctico de facilitar con ello la formación de un plural regular en esas voces, cuando la norma sobre el modo de pluralizar los latinismos no estaba aún bien fijada. Sin embargo, no todos los latinismos con esas terminaciones cuentan con variantes en *-o,* como ocurre, por ejemplo, con *álbum, rictus* o *vademécum,* de modo que esa transformación no resulta imprescindible para su incorporación, como latinismos adaptados, al léxico español.

Pese a lo dicho, existe un reducido grupo de latinismos que conservan aún inalterada en el uso su grafía etimológica, sin haberse adaptado por completo a la ortografía española conforme a las pautas antes señaladas, aunque sí se escriben a menudo con la tilde que les corresponde según las reglas de acentuación del español, tal como venía prescribiendo la norma académica para todos los latinismos, sin discriminar entre crudos y adaptados, desde finales del siglo XIX. Se trata de voces como *exequátur* [eksekuátur], *quadrívium* [kuadríbium] (de la que existe, como se ha visto, la adaptación plena *cuadrivio*) o *quórum* [kuórum]. Estas formas a medio adaptar contradicen los intentos por regularizar y simplificar la escritura del español promovidos por la ortografía académica, que ya en 1815 determinó que se escribieran con *cu* todas las palabras cuya grafía etimológica presentara la secuencia gráfica *qu* con valor fónico de /ku/. Siguiendo esa pauta regularizadora, se recomienda que aquellos latinismos que forman ya parte del léxico del español, como *quórum* y *exequátur* (aunque esta última restrinja su empleo, al igual que *afidávit* y *plácet,* al lenguaje jurídico o diplomático), pasen a escribirse con grafías plenamente adaptadas, esto es, *cuórum* y *execuátur*. Para la voz latina *quadrivium* existe ya la forma adaptada *cuadrivio,* de modo que resulta innecesario y, por ello, inconveniente incorporar ahora al uso una grafía más, proponiendo la adaptación *cuadrívium*. Otro ejemplo de latinismo a medio adaptar es *súmmum* ('el colmo, lo sumo'), que se recomienda sustituir por la grafía plenamente adaptada *sumun,* ya documentada en el uso: *«Apuesta por las camisas claras, aunque a veces se atreve con las negras, el sumun de la nueva progresía»* (*VGalicia@* [Esp.] 22.10.2004); *«No era el sumun de la elegancia, pero el Haití era un café emblemático»* (Calderón *Viaje* [Perú 2006] 101). Quien desee seguir escribiendo estas voces con la grafía etimológica latina, deberá tratarlas como latinismos crudos o no adaptados y escribirlas, por tanto, en cursiva (o entre comillas) y sin tilde.

Información adicional

Aunque la norma ortográfica académica, desde la *Gramática* de 1870 hasta la *Ortografía* de 1999, comenzó recomendando y llegó, más tarde, a prescribir que las voces latinas usadas a menudo en español se sometieran a las mismas reglas de acentuación gráfica que las palabras españolas con el fin de facilitar a todos su correcta lectura, hoy se considera más conveniente tratar los latinismos como los demás préstamos de otras lenguas, de modo que se escribirán con tilde solo cuando se hayan adaptado plenamente al español, esto es, cuando no presenten ningún rasgo ajeno a nuestras convenciones gráfico-fonológicas.

2.2.3 LOCUCIONES LATINAS Y DICHOS O CITAS EN LATÍN

En español, como en todas las lenguas de cultura occidentales, es frecuente el empleo de locuciones latinas por parte de los hablantes cultos. Se trata de expresiones pluriverbales fijas en latín, que se utilizan en contextos específicos, especialmente en el lenguaje académico, científico, jurídico y político —aunque algunas han pasado también a la lengua general—, con un sentido más o menos cercano al significado literal latino.

La mayoría son de carácter adverbial o adjetivo, como *ab initio* ('desde el inicio'), *ad calendas graecas* ('para las calendas griegas', es decir, 'para un momento que no ha de llegar'), *ad hoc* ('para esto', es decir, 'adecuado o a propósito para la ocasión'), *ad infinitum* ('hasta el infinito, indefinidamente'), *ad libitum* ('a voluntad, a discreción'), *ad nauseam* ('hasta la náusea', es decir, 'en exceso, hasta resultar molesto'), *ad quem / a quo* ('hasta el cual' / 'desde el cual', tras el término o fecha que señala el final / el inicio de un periodo o un proceso), *a posteriori / a priori* ('con posterioridad / anterioridad a un hecho o una circunstancia determinados'), *corpore insepulto* ('con el cuerpo sin sepultar', dicho de la misa o funeral que se celebra con el cadáver presente), *cum laude* ('con alabanza, con elogio', dicho de la máxima calificación académica para encarecer aún más su distinción), *de facto / de iure* ('de hecho', esto es, 'sin reconocimiento jurídico, por la sola fuerza de los hechos' / 'de derecho', es decir, 'con reconocimiento jurídico, legalmente'), *ex abrupto* ('de repente, de improviso'), *ex aequo* ('en pie de igualdad' esto es, 'con igual mérito para compartir un premio o distinción'), *ex cathedra* ('desde la cátedra o silla de San Pedro, desde la que se considera que el papa habla de modo infalible para sentar doctrina' y, en general, 'con autoridad'), *grosso modo* ('aproximadamente o a grandes rasgos'), *honoris causa* ('por razón o causa de honor', dicho de la distinción o título, generalmente un doctorado, que se concede como reconocimiento a los méritos de quien lo recibe), *in albis* ('en blanco'), *in articulo mortis* ('en el momento de la muerte, a punto de morir'), *in extenso* ('por extenso, ampliamente'), *in extremis* ('en el último momento'), *in illo tempore* ('en aquel tiempo', esto es, 'en otros tiempos, hace mucho tiempo'), *in memoriam* ('en memoria, en recuerdo', aludiendo a una persona ya fallecida), *in pectore* ('en el pecho', para referirse a la persona que ya ha sido designada para un cargo, pero cuyo nombramiento no se ha hecho público todavía), *in situ* ('en el sitio, sobre el terreno'), *ipso facto* ('por el hecho mismo', esto es, 'inmediatamente o en el acto'), *manu militari* ('militarmente, por la fuerza de las armas'), *motu proprio* ('con movimiento propio', esto es, 'voluntariamente o por propia iniciativa'), *mutatis mutandis* ('cambiando lo que se deba cambiar'), *nemine discrepante* ('sin que nadie discrepe', esto es, 'por unanimidad, sin oposición'), *post mortem* ('después de la muerte'), *sine die* ('sin día', esto es, 'sin fijar una fecha o plazo'), *sine qua non* ('sin la cual no', dicho de la condición que resulta indispensable para algo), *sub iudice* o *sub judice* ('bajo el juez', es decir, 'pendiente de resolución judicial'), *sui generis* ('de su género o especie', esto es, 'singular o peculiar'). Algunas son locuciones o fórmulas de carácter oracional, como *nihil obstat* ('nada se opone', fórmula que emplea la censura eclesiástica para aprobar la publicación de un libro, que se usa también como sustantivo), *vade retro* ('ve atrás, retrocede', usada como expresión interjectiva para instar a alguien a alejarse o para manifestar rechazo) o *velis nolis* ('quieras o no quieras', esto es, 'por las buenas o por las malas').

Pero también las hay de carácter nominal, como *alter ego* ('otro yo', para referirse a la persona en quien otra tiene absoluta confianza y, por ello, puede hacer sus veces sin restricción alguna), *casus belli* ('caso o motivo de guerra', para referirse al motivo que desencadena un conflicto), *curriculum vitae* ('carrera de la vida', para designar la relación de los datos personales, formación académica, actividad laboral y méritos de una persona), *delirium tremens* ('delirio tembloroso', para referirse al síndrome de abstinencia que sufren los alcohólicos crónicos, caracterizado por delirio acompañado de temblores y alucinaciones), *deus ex machina* ('dios [bajado al escenario] por medio de una máquina', para referirse a la persona o situación que dentro de una obra de ficción resuelve de modo inesperado y, por lo común, inverosímil una situación difícil o que ha llegado a un punto muerto o, en general, a la persona o cosa capaz de resolver con facilidad una situación crítica), *horror vacui* ('horror al vacío', para referirse, en arte —y, por extensión, en otros contextos—, a la tendencia a llenar todos los espacios de elementos decorativos), *lapsus calami* o *lapsus linguae* ('error de la pluma' o 'error de la lengua', para referirse al error involuntario que se comete al escribir o al hablar), *modus operandi* ('modo de obrar o de actuar'), *numerus clausus* ('número cerrado', para referirse a la limitación en el número de plazas establecido por un organismo o institución, por lo general de carácter docente), *peccata minuta* ('faltas pequeñas', para referirse a un error o falta leve, o a un asunto menor o sin importancia), *rara avis* ('ave rara', para referirse a una persona o cosa excepcional o difícil de encontrar), *rigor mortis* ('rigidez de muerte', para referirse a la rigidez que adquiere un cadáver a las pocas horas de la muerte), *statu quo* ('en el estado en que', para referirse al estado de un asunto o cuestión en un momento determinado) o *vox populi* ('voz del pueblo', para referirse a una noticia o rumor que corre en boca de todos).

Por la misma razón que las voces latinas simples, esto es, para facilitar su correcta lectura y pronunciación a los hablantes poco familiarizados con el latín, ha sido costumbre tradicional del diccionario académico incorporar las locuciones latinas en letra redonda y con las tildes resultantes de aplicarles nuestras reglas de acentuación gráfica. Sin embargo, cuando se empleen en textos escritos en español, lo más adecuado, en consonancia con el uso culto mayoritario, es que las locuciones latinas reciban el mismo tratamiento que las de otras lenguas (v. § 2.1.2) y, por tanto, se escriban en cursiva (o entre comillas) y sin acentos gráficos, ya que estos no existen en la escritura latina:

> «Tan falso como suponer que un japonés es siempre el mismo, un mismo ejemplar repitiéndose *ad infinitum* en las catedrales y museos del orbe» (Collyer *Pájaros* [Chile 1995]).
>
> «El gran abúlico pidió a los dioses la merced de desdoblar de sí mismo un *alter ego* activo, un gemelo ejecutivo y diligente» (SchzFerlosio *Años* [Esp. 1993]).
>
> «El primer espacio es bidimensional; funciona como un lienzo asaltado por el *horror vacui*» (RdgzJuliá *Cruce* [P. Rico 1989]).

«Von Laue había sido una *rara avis* entre los físicos alemanes de su generación» (Volpi *Klingsor* [Méx. 1999]).

«La concepción de Kant es, en términos modernos, una concepción *sui generis* del sistema universal de seguridad» (Fabelo *Valores* [Cuba 2004]).

«Pero ya se sabe, es "vox populi" que en los hoteles se come fatal» (PzMerinero *Días* [Esp. 1981]).

Eso no impide que de algunas locuciones o expresiones latinas se creen, con el tiempo, palabras que se incorporan, como latinismos adaptados, al léxico español, según ilustran los casos de *adlátere* ('persona que acompaña habitualmente a otra, a la que suele estar subordinada', de la loc. lat. *a latĕre* 'al lado'), *etcétera* (expresión que se usa para cerrar enumeraciones incompletas, de la fórmula lat. *et cetĕra* 'y lo demás'), *exabrupto* ('dicho inesperado e inconveniente', de la loc. lat. *ex abrupto* 'de improviso'), *exlibris* ('sello que se estampa en un libro para hacer constar el nombre de su propietario', de la loc. lat. *ex libris* 'de [entre] los libros de'), *exvoto* ('objeto que se deposita en un santuario o iglesia en agradecimiento a un bien concedido', de la loc. lat. *ex voto* 'por voto'), *verbigracia* ('por ejemplo', de la loc. lat. *verbi gratia* 'por gracia de la palabra') o *viacrucis* ('camino dividido en catorce paradas o estaciones, en cada una de las cuales se conmemora un episodio de la pasión de Cristo' y, en sentido figurado, 'situación de sufrimiento intenso y prolongado', de la loc. lat. *via crucis* 'camino de la cruz').

Como ilustra este último ejemplo, la cercanía formal de muchas locuciones latinas a nuestros moldes lingüísticos propicia que aquellas que se generalizan en el uso acaben por adaptarse a nuestra lengua tomando todos sus rasgos característicos, entre ellos las tildes, si les corresponde llevarlas. Así, la locución latina *via crucis* pasó a escribirse con tilde, *vía crucis,* y hoy se escribe en una sola palabra, *viacrucis,* como es normal en las locuciones españolas cuyo primer elemento se hace átono y funcionan, a todos los efectos, como una sola palabra (*campo santo* > *camposanto; tío vivo* > *tiovivo,* etc.; v. cap. v, § 2.1). Siguiendo estas mismas pautas, nada impediría, por ejemplo, que una locución latina como *sui generis,* que ha pasado al uso general con el sentido adjetivo de 'singular o peculiar' y se pronuncia [suijéneris], esto es, con el valor fonológico que corresponde a la *g* ante *e* en español, acabe por escribirse en una sola palabra y con tilde, como de hecho ya se documenta en el uso, aunque aún de forma minoritaria: *«Es un catolicismo suigéneris»* (Asturias *Carta* [Guat. 1950]); *«Don Daniel Eduardo, como cariñosamente se le denominaba en el ambiente médico, era una persona suigéneris»* (Avendaño *Perfiles* [Perú a1974])].

Como es lógico, también deben marcarse gráficamente (en cursiva o entre comillas) las frases o dichos latinos no traducidos, se mencione o no a su autor:

«Al fin tomaste posesión del segundo rellano, *alea jacta est*, ya no había forma de retroceder» (GGalán *Bobo* [Esp. 1986]).

«¡Ahí lo tiene usted, Argensola! Como diría un escolástico: *quod erat demostrandum*» (Savater *Sinapia* [Esp. 1983]).

Por su parte, las citas extensas de un autor latino dentro de un texto escrito en español serán tratadas como cualquier cita textual, es decir, aparecerán entre comillas y en letra redonda, tal como se ha señalado también para las citas de textos en cualquier otra lengua (v. § 2.1.2):

«Ildefonso Fernández Osorio, por ejemplo, en su *Oratio funebris* de 1642, escribe: "Sed provisis honeste sumptibus, quibus nihil umquam, quod effici virtute deberet, vir continentissimus tentavit"» (Osorio *Eco* [Méx. 1989]).

2.3 GRAFÍAS AJENAS AL SISTEMA ORTOGRÁFICO TRADICIONAL DEL ESPAÑOL

Se comentan a continuación las grafías ajenas al sistema ortográfico tradicional del español (el que caracteriza al léxico patrimonial) que han sido o son objeto de cambio a la hora de adaptar al español voces procedentes de otras lenguas.

a) La *w* no existía en latín, razón por la que no se localiza en voces patrimoniales españolas. De hecho, durante mucho tiempo fue considerada una letra extranjera, no perteneciente a nuestro abecedario y ajena a nuestro sistema gráfico; de ahí que los extranjerismos que la incluían se adaptaran al español con otras grafías, normalmente *gu* o *v:* al. *Welf* > esp. *güelfo;* ingl. *wagon* > esp. *vagón*. En la actualidad, ya incorporada como letra a nuestro abecedario, es normal que se conserve en los préstamos cuyo étimo la incluye: *kiwi, waterpolo, web,* etc. Esta es la razón de que se proponga ahora, como mejor adaptación al español de la voz inglesa *whisky* o *whiskey,* la forma *wiski,* más cercana al original que la anteriormente propuesta *güisqui,* ya que conserva la *w* y la *k* etimológicas, letras que forman parte hoy del abecedario español. Para más información sobre el uso de la *w* en español, v. cap. I, § 6.1.2.2.2 y 6.2.2.1.2.

b) En algunas voces de origen foráneo aparece la letra *k* donde las palabras patrimoniales presentarían las grafías *c* o *qu*. Tradicionalmente se tendía a eliminar en los préstamos la grafía extranjerizante en aras de la completa adaptación del vocablo a nuestra ortografía: malayo *kakatūwa* > esp. *cacatúa;* fr. *kangourou* > esp.

canguro; al. *Zink* > esp. *cinc* o *zinc;* ingl. *smoking* > esp. *esmoquin;* sánscrito *svastika* > esp. *esvástica;* fr. *képi* (del al. *Käppi*) > esp. *quepis;* tagalo *salakót* > esp. *salacot,* etc. En la actualidad, en cambio, integrada ya la *k* en el abecedario del español, es más normal que esta letra se mantenga en aquellos préstamos cuyo étimo la incluye, bien como única posibilidad gráfica (*anorak, búnker, kamikaze, karaoke, kayak, kilo, kiwi, okapi, ukelele...*), bien como variante (*bikini/biquini, kimono/quimono, kurdo/curdo, moka/moca, musaka/musaca, póker/póquer...*). Para más información sobre el uso de la letra *k* en español, v. cap. I, § 6.2.2.4.2.1.

c) Mayor ruptura de nuestro sistema ortográfico tradicional supone el empleo de la letra *q* (sin formar dígrafo con la vocal *u*) en representación del fonema /k/ (v. cap. I, § 6.2.2.4.2.2). Esta grafía anómala aparece, además de en transcripciones de nombres de otras lenguas como el árabe o el hebreo, en algunos anglicismos científicos y cultismos latinos que se han venido empleando hasta ahora con la grafía etimológica, y cuya adaptación al español se ha limitado a su sometimiento a las reglas de acentuación gráfica propias de nuestro idioma. Se trata de los anglicismos *quark* y *quásar,* y de los latinismos *exequátur, quadrívium* y *quórum.* Este uso autónomo del grafema *q* en representación del fonema /k/, como ya se ha señalado, contradice los intentos por regularizar y simplificar la escritura del español promovidos por la ortografía académica, que ya en 1815 determinó que se escribieran con «cu + vocal» todas las palabras en las que la secuencia gráfica *qu* se correspondiese con la secuencia fónica /ku/, con independencia de la etimología. Gracias a ello escribimos hoy con *c* (y no con la *q* etimológica) palabras como *cuadro* (del lat. *quadrus*), *cuarzo* (del al. *Quarz*), *cuota* (del lat. *quota*), *frecuencia* (del lat. *frequentĭa*), *rorcual* (del fr. *rorqual*) o *secuoya* (del ingl. *sequoia*), entre otras muchas que cabría citar como ejemplo.

Por ello, en los casos de *quark, quásar, quórum* y *exequátur,* todas ellas incorporadas al léxico del español, aunque de empleo restringido a ciertos ámbitos como el científico o el jurídico-diplomático, se aconseja acomodarlas completamente a la ortografía española escribiendo *cuark, cuásar, cuórum* y *execuátur.* De hecho, estas grafías adaptadas tienen ya presencia en el uso (en especial *cuásar,* hoy más frecuente incluso que la forma etimológica):

«Según algunos expertos, la poderosa luz del cuásar sería el alarido de muerte de estrellas devoradas por un agujero negro» (Claro *Sombra* [Chile 1995]).

«Los investigadores han presentado pruebas decisivas de este nuevo estado de la materia en el que los cuarks, que son probablemente los componentes más pequeños de la materia [...], se desplazan en forma libre» (*Nación*@ [Arg.] 11.2.2000).

«Añadió que el cambio de zonificación donde están los terrenos se hizo sin el cuórum necesario, y sin modificar el plan de desarrollo urbano local» (*Nacional*@ [Ven.] 14.3.2010).

«El cónsul Urdaneta pone en conocimiento del canciller venezolano, Itriago Chacín, las noticias de los últimos sucesos [...]; además le informa sobre la cancelación del execuátur» (Sosa *Crisis* [Ven. 2006] 192).

Así ocurrió ya antes con el latinismo científico *quantum,* hoy plenamente adaptado al español con la grafía *cuanto: «Planck, a principios de siglo, expone su teoría de los cuantos»* (Costa *Fotografía* [Chile 1993]).

En cuanto a *quadrívium,* se considera innecesario proponer la grafía modificada *cuadrívium,* por existir ya la adaptación plena *cuadrivio* (v. § 2.2.2).

d) Aunque su pronunciación no plantea problemas a los hispanohablantes, pues representan el fonema /k/ existente en nuestro sistema fonológico, los dígrafos *ck* y *cq* no pertenecen al sistema gráfico del español. Así pues, las voces extranjeras que los incluyen, si se adaptan al español, deben sustituir estos dígrafos por las grafías propias de nuestro sistema para representar este fonema (v. cap. I, § 6.2.2.4.1): ingl. *block* > esp. *bloc;* ingl. *cocktail* > esp. *coctel* o *cóctel;* ingl. *cricket* > esp. *críquet;* al. *Nickel* > esp. *níquel;* fr. *becquerel* > esp. *bequerel.*

e) Ni el fonema prepalatal fricativo sordo /sh/ ni el dígrafo *sh* con que se representa gráficamente este fonema en varios idiomas (entre ellos el inglés y algunas lenguas amerindias como el quechua) forman parte del sistema fonológico y gráfico del español actual. Así pues, las voces de otras lenguas que los incluyen han de considerarse extranjerismos crudos y deben, por ello, escribirse en cursiva: *establishment, flash, show, shuar, sushi,* etc. Por la misma razón, no pueden considerarse adaptadas al español las voces procedentes de lenguas indígenas americanas que incluyan el fonema /sh/ representado por otros grafemas, como sucede con la *x* en algunos préstamos del nahua (v. cap. I, § 6.3.2.2.2). Cuando se han adaptado al español voces foráneas que incluían el fonema /sh/, lo han hecho sustituyéndolo por alguno de los más próximos de nuestro sistema fonológico, normalmente /ch/ (en la escritura *ch*) o /s/ (en la escritura *s*):

ingl. *shoot* > esp. *chute;* ár. *hashish* > esp. *hachís;* quechua *pishku* > esp. *pisco;* hebr. *ashkenazim* > esp. *askenazi* o *askenazí*. Para más información sobre el dígrafo *sh,* v. cap. I, § 6.2.2.8.1a, segunda advertencia.

f) Las voces de otras lenguas que comienzan por «*s* + consonante», secuencia completamente ajena a las pautas silábicas del español, se adaptan a nuestro idioma añadiendo la *e* inicial de apoyo que pronuncian espontáneamente los hispanohablantes en esos casos (v. cap. I, § 6.2.2.8.1a, primera advertencia): it. *spaghetti* > esp. *espagueti;* ingl. *standard* > esp. *estándar;* fr. *store* > esp. *estor*. Esa misma *e-* de apoyo es necesaria para adaptar al español otras secuencias consonánticas iniciales ajenas a nuestro idioma: guaraní *mbayá* > esp. *embayá*.

g) En algunas voces extranjeras, como *banjo* [bányo], *junior* [yúnior] o *manager* [mánayer], aparecen las letras *j* y *g* (ante *e, i*) en representación del fonema /y/. Se trata de un uso del todo ajeno a nuestra lengua, en la cual estos grafemas representan, en esos contextos, el fonema /j/ (v. cap. I, § 6.2.2.3.1, segunda advertencia). Por lo tanto, si se desea adaptar estas voces al español para dejar de considerarlas extranjerismos crudos, existen dos opciones: sustituir la *j* o la *g* del original por la letra *y,* que es la única que representa en español el fonema /y/ (ingl. *banjo* > esp. *banyo;* ingl. *junior* > esp. *yúnior;* ingl. *manager* > esp. *mánayer*); o mantener las grafías originales, pero pronunciándolas de acuerdo con nuestro sistema de correspondencias gráfico-fonológicas (*banjo* [bánjo], *júnior* [júnior], *mánager* [mánajer]).

h) Muchos anglicismos terminan en *y* precedida de consonante, secuencia impropia del sistema ortográfico español (v. cap. I, § 6.1.2.1.2b, advertencia), que solo admite la *y* en posición final de palabra si va precedida de vocal. Por lo tanto, al adaptar estas voces al español debe sustituirse la *y* final etimológica por *i:* ingl. *ferry* > esp. *ferri;* ingl. *panty* > esp. *panti;* ingl. *pony* > esp. *poni;* ingl. *sexy* > esp. *sexi,* etc. Tampoco es propia del español actual la aparición de *y* con valor vocálico en posición interior de palabra (v. cap. I, § 6.1.2.1.2c, advertencia); por ello, la naturalización de voces de otras lenguas con esa configuración gráfica también pasa por sustituir la *y* por *i:* ingl. *geyser* > esp. *géiser;* ingl. *pyjamas* > esp. *pijama* o *piyama*.

i) Por el contrario, cuando aparece a final de palabra una /i/ átona precedida de otra vocal, lo normal en el sistema ortográfico del español es que la /i/ final se represente mediante la letra *y,* como ocurre en *guirigay, carey, convoy* o *tepuy* (v. cap. I, § 6.1.2.1.2b). Así pues, formas como *bonsay, paipay* o *samuray* son adaptaciones más ajustadas a nuestro sistema ortográfico que *bonsái, paipái* o *samurái*, aunque sean estas últimas las más usadas.

j) En algunos términos procedentes de otras lenguas se ha mantenido la *z* ante *e, i* presente en su grafía originaria o en su transcripción al alfabeto latino (*nazi, razia, zéjel, zen, zepelín, zeugma, zigurat, zíper*), aunque lo normal en las voces patrimoniales españolas es que en ese contexto aparezca la letra *c*. De ahí los casos de variantes gráficas en muchos extranjerismos de este tipo que, junto a la grafía que mantiene la *z* etimológica, presentan grafías con *c*, plenamente adaptadas a la ortografía del español (v. cap. I, § 6.2.2.7.1.1).

k) El español rechaza la duplicación de fonemas consonánticos si esa duplicación no tiene reflejo en la pronunciación (v. cap. I, § 6.5.2.1.3), de modo que los préstamos de otras lenguas que incluyen dos consonantes iguales en su grafía originaria se adaptan al español reduciéndolas a una sola: lat. *addenda* > esp. *adenda;* it. *broccoli* > esp. *brócoli;* fr. *chauffeur* > esp. *chofer* o *chófer;* fr. *consommé* > esp. *consomé;* it. *sbozzare* > esp. *esbozar;* ingl. *scanner* > esp. *escáner;* ingl. *puzzle* > esp. *puzle*. Son extranjerismos crudos voces como la italiana *pizza* [pítsa] o la inglesa *jazz* [yás], que se usan en español con su grafía y pronunciación originarias.

l) En español, la secuencia gráfica *ll* constituye un dígrafo que representa el fonema /ll/ (o, entre hablantes yeístas, el fonema /y/). Por ello, las voces de otras lenguas que incluyen la secuencia gráfica *ll* en representación del fonema /l/, si se adaptan al español tomando como referencia la pronunciación del original, deben sustituir la *ll* etimológica por *l* (v. cap. I, § 6.2.1.1d-e): ingl. *baseball* > esp. *béisbol* o *beisbol;* ingl. *drill* > esp. *dril;* lat. cient. *Salmonella* > esp. *salmonela*.

m) Las voces inglesas con la secuencia final *-ing* se han adaptado tradicionalmente al español eliminando la última letra, que no tiene reflejo en la pronunciación de los hispanohablantes (ingl. *meeting* > esp. *mitin;* ingl. *pudding* > esp. *pudin* o *pudín;* ingl. *smoking* > esp. *esmoquin*). De ahí que para adaptar los anglicismos recientes con esta misma configuración se siga la misma pauta: ingl. *camping* > esp. *campin;* ingl. *catering* > esp. *cáterin;* ingl. *piercing* > esp. *pirsin* (v. cap. I, § 6.2.2.2.1a, advertencia).

n) Las voces francesas con la secuencia final *-age* (pron. [áʒ]) se han adaptado desde antiguo al español con la grafía *-aje* (pron. [áje]), de ahí que se aplique esta misma pauta al adaptar al español todos los galicismos con esa misma configuración (v. cap. I, § 6.2.2.3.1b, advertencia): fr. *bricolage* [brikoláʒ] > esp. *bricolaje* [brikoláje]; fr. *garage* [garáʒ] > esp. *garaje* [garáje].

3

LAS TRANSCRIPCIONES DE VOCES PROCEDENTES DE LENGUAS QUE NO UTILIZAN EL ALFABETO LATINO EN SU ESCRITURA

La asimilación de nombres propios y de préstamos provenientes de lenguas que utilizan alfabetos no latinos (por ejemplo, el árabe, el hebreo o el cirílico), o que carecen de representación escrita en un sistema alfabético (por ejemplo, las de escritura ideográfica o silábica, como el chino o el japonés), pasa necesariamente por su conversión a los caracteres de nuestra lengua. La reproducción de las grafías en su alfabeto o sistema de escritura original queda reservada a los textos especializados pertenecientes a disciplinas como la paleografía, la epigrafía o la archivística.

La conversión al alfabeto latino de estos vocablos puede llevarse a cabo a través de dos procedimientos: la *transliteración,* que consiste en la mera conmutación de los caracteres no latinos por letras de nuestro alfabeto (previo establecimiento de una equivalencia ideal entre ambos sistemas gráficos), y la *transcripción,* que trata de representar la pronunciación original teniendo en cuenta el sistema de correspondencias entre grafemas y fonemas de la lengua de destino.

La transliteración intenta reproducir fielmente la sustancia gráfica de la forma original a través de un sistema distinto de escritura, y es un método utilizado fundamentalmente por lingüistas y filólogos. Su ventaja principal es que el resultado es uniforme, con independencia de cuál sea la lengua de destino entre las escritas con un mismo alfabeto (siempre, claro está, que se utilice un único sistema de transliteración); además, es fácilmente reversible, esto es, permite restaurar de modo automático la forma en su sistema de escritura originario. Como contrapartida, no aporta información clara a los no especialistas acerca de la pronunciación real de las voces transliteradas.

La transcripción, en cambio, intenta reproducir la sustancia fónica, para lo que deben tomarse en consideración las convenciones gráfico-fonológicas de la lengua de destino, buscando en muchas ocasiones equivalencias aproximadas para fonemas de la lengua original que no existen en la de acogida. Esto impide que el resultado sea uniforme para todas las lenguas que emplean un mismo sistema alfabético, ya que la finalidad última es que el lector, tanto el especialista como el lego, sea capaz de reproducir lo más fielmente posible la pronunciación originaria. A su vez, cabe distinguir entre las transcripciones estrictas, que recurren al uso de signos especiales con el fin de representar gráficamente determinadas características de los sonidos o fonemas del original ajenos a la lengua de destino (como pueden ser diacríticos con los que marcar la cantidad vocálica, las palatalizaciones o los clics guturales), y aquellas más laxas, en las que solo aparecen letras o signos de uso común en la lengua de llegada, y que suponen ya una verdadera adaptación del término, interpretable por cualquier lector. En el siguiente ejemplo pueden compararse ambos tipos de transcripción. De acuerdo con el sistema de la Escuela de Estudios Árabes de Granada, la forma *Hamās* es una transcripción rigurosa de este nombre propio, que incluye la marca de su cantidad silábica (pues la última vocal es larga), y sería la indicada para su empleo en textos especializados. En cambio, la transcripción simplificada *Hamás* (con pronunciación aspirada de la *h*) es ya una adaptación a nuestra ortografía, puesto que establece una equivalencia entre la cantidad silábica y el acento prosódico, y refleja con ello la pronunciación normal de esta voz por los hispanohablantes.

La diferencia entre transliteración (idéntica en todas las lenguas si se utiliza una misma tabla de correspondencias) y transcripción conforme a las convenciones particulares de cada lengua puede apreciarse en la manera en que se escribe en distintos idiomas el nombre de Dios para los musulmanes, cuya transliteración del árabe es *allāh:* en español y portugués se escribe *Alá;* en catalán, *Al·là;* en inglés, francés, italiano y alemán, *Allah;* y en checo, *Alláh*.

El establecimiento de los criterios de transliteración y transcripción estricta de las palabras procedentes de lenguas ágrafas o con alfabetos no latinos es competencia de los expertos en cada una de esas lenguas, y suele canalizarse a través de instituciones académicas, publicaciones especializadas u organismos de normalización. Conviene no olvidar, sin embargo, que, en la mayor parte de los casos, los estándares de transcripción suelen basarse en las equivalencias fonéticas propias del inglés o del francés, de manera que la adopción en español de esas transcripciones extranjerizantes sin que medie una adaptación a nuestro sistema gráfico-fonológico puede originar desajustes más o menos graves, que hay que tratar de evitar. Voces que han penetrado en nuestra lengua a través de transcripciones extranjeras son, por ejemplo, *gymkhana* (grafía inglesa del hindi *gẽdkhāna* o urdu *gendkhāna*) y *judo* (grafía inglesa o francesa del japonés *jūdō*, también transcrito *ŷūdō*), que en español, para evitar divergencias entre pronunciación y grafía, deben escribirse *yincana* y *yudo*.

Se ofrecen, por ello, aquí unas someras recomendaciones para la hispanización de las transcripciones de voces procedentes de lenguas que no emplean el alfabeto latino en su escritura, y que en otras lenguas de nuestro entorno adoptan grafías que no se adecuan a nuestro sistema ortográfico. El objetivo es lograr que las grafías de esas voces en español reflejen de forma adecuada e inequívoca en nuestra lengua la pronunciación original —o la aproximación a ella que el uso general haya fijado—, sin introducir elementos de distorsión en nuestro sistema ortográfico. No se trata de un catálogo exhaustivo, sino de una relación de las combinaciones más habituales o las que más frecuentemente pueden inducir a error. En cualquier caso, el criterio general que debe siempre presidir la aplicación de estas recomendaciones es adecuar la forma gráfica de la palabra a su pronunciación asentada en español, evitando la aparición de secuencias gráficas ajenas a nuestro sistema y respetando las correspondencias entre fonemas y grafemas expuestas en el capítulo I, § 6, de esta misma obra.

a) Los sonidos vocálicos deben quedar representados por sus grafemas correspondientes en español, y no por combinaciones de vocales propias de otras lenguas. Así, /i/ por *i: al-Yazira* (y no *al-Jazeera*); /u/ por *u: Rangún* (y no *Rangoon*), *siux* (y no *sioux*), *Yamusukro* (y no *Yamoussoukro*).

b) Debe escribirse *i* (y no *y*) en representación del fonema /i/ en interior de palabra o en posición final precedida de consonante: *Husáin* (y no *Husayn*), *Trotski* (y no *Trotsky*).

c) Si la transcripción del original presenta una *i* precedida de vocal en posición final de palabra, suele mantenerse: *Alexéi, Altái, bonsái, samurái;* aunque resultaría más apropiado transformarla en *-y*, que es la grafía normal en español para representar el fonema /i/ en esta posición (v. cap. I, § 6.1.2.1.2b): *bonsay, samuray*.

d) La *j* con valor vocálico debe convertirse en *i* latina: *Liubliana* (y no *Ljubljana*), *Voivodina* (y no *Vojvodina*).

e) Cuando la letra *w* forme parte de un diptongo y no esté a comienzo de palabra o de sílaba, es conveniente sustituirla por *u: Anuar* (y no *Anwar*), *Ruanda* (y no *Rwanda*), *suajili* (y no *swahili*), *Zimbabue* (y no *Zimbabwe*).

f) Cuando las grafías *dj, j* o *g* representen un fonema consonántico similar a nuestro palatal /y/, deben sustituirse por la letra *y: Tayikistán* (y no *Tajikistan* ni *Tadjikistan*), *Yamal* (y no *Jamal*), *Yibuti* (y no *Djibouti*), *yincana* (y no *gymkhana*).

g) Cuando la *h* presente en algunos grupos consonánticos carezca de valor fónico en español, es preferible omitirla: *Bután* (y no *Bhutan*), *Katmandú* (y no *Kathmandu*), *Nuadibú* (y no *Nouadhibou*), *Rodesia* (y no *Rhodesia*).

h) La *g* debe transformarse en el dígrafo *gu* cuando represente el fonema velar sonoro /g/ ante *e, i: Serguéi* (y no *Sergei*), *Menájem Beguín* (y no *Menachem Begin*).

i) Cuando el grupo *kh* represente el fonema velar fricativo sordo /j/, debe escribirse *j* en español: *Bajtín* (y no *Bakhtin*), *Jartum* (y no *Khartum*), *sij* (y no *sikh*).

j) En español se utiliza la grafía *f*, y no el dígrafo *ph*, para representar el fonema /f/: *bustrofedón* (y no *boustrophedón*), *Faros* (y no *Pharos*), *Fidias* (y no *Phidias*).

k) Cuando el grupo *tch* aparezca en representación de un fonema palatal africado, se escribirá *ch* en español: *Beluchistán* (y no *Belutchistan*), *Chaikovski* (y no *Tchaikovski*), *Jachaturian* (y no *Khatchatourian*).

l) Las consonantes geminadas se simplifican: *Hasán* (y no *Hassan*), *Sadam* (y no *Saddam*), *Vasili* (y no *Vassily*).

Para más información sobre la transcripción de nombres propios, v. cap. VII, § 4.

CAPÍTULO VII

La ortografía de los nombres propios

1

CONSIDERACIONES GENERALES

Los nombres propios son voces o expresiones que, desposeídas de sentido léxico, se emplean para designar o referirse concretamente a seres, entidades u objetos únicos, individualizándolos. Como rasgo ortográfico más destacado, estas denominaciones se caracterizan por escribirse con inicial mayúscula, particularidad a cuyo análisis y descripción pormenorizada se dedica el capítulo IV de esta obra; no requieren, en cambio, ninguna marca tipográfica especial.

Los nombres propios que podrían considerarse prototípicos son los *antropónimos,* o nombres de persona, y los *topónimos,* o nombres de lugar. Pese a constituir un subconjunto particular dentro del léxico de la lengua, no reciben un tratamiento especial que los exima de la observancia de las normas ortográficas: al igual que el resto de las palabras, también los nombres propios poseen una forma ortográficamente definida y fijada por la tradición.

Ello no significa que el campo de la toponimia y la antroponimia no se vea afectado por el cambio lingüístico, que, de hecho, se manifiesta tanto en la evolución de estas piezas léxicas dentro del idioma como en la incorporación de elementos procedentes de otras tradiciones. En el español medieval, por ejemplo, era normal la grafía *Ysabel,* hoy desterrada en favor de *Isabel;* asimismo, en otro tiempo fue normal el nombre *Pero* o *Per,* que en la actualidad solo conoce la forma *Pedro.* De otro lado, las formas *Iván* y *Paola* —variante eslava de *Juan* e italiana de *Paula,* respectivamente— se hallan asentadas ya por completo como nombres de pila españoles. Al ser los nombres propios etiquetas denominativas asociadas de forma indisoluble a entes únicos de la realidad, ya se trate de personas o de lugares, constituye una parcela del léxico muy permeable al préstamo.

Los cambios en los sistemas onomásticos suelen ser reflejo de cambios sociales, así como de la ampliación del conocimiento del mundo. Atendiendo a esta realidad, la labor de las instituciones de normalización lingüística —en este caso de la Asociación de Academias de la Lengua Española— debe limitarse a velar por la corrección lingüística de los nombres propios usados en español y por su adecuación a nuestro sistema ortográfico.

2

ANTROPÓNIMOS

2.1 ANTROPÓNIMOS ESPAÑOLES

En el sistema español, los antropónimos están formados por el nombre de pila (que puede ser simple o compuesto) y la mención del primer apellido de cada uno de los progenitores, por este orden: *María Rosa Ordóñez Robles; Pedro Linares Cobo.*

2.1.1 NOMBRES DE PILA

En la actualidad, a diferencia de lo que sucede con el apellido, que es hereditario, los padres gozan de libertad para elegir el nombre de pila de sus hijos. Esta libertad de elección, que hoy se considera un derecho irrenunciable, no ha sido siempre contemplada o favorecida por los sistemas de asignación del nombre de pila, sujetos a lo largo de la historia a convenciones más o menos rígidas. Así, durante mucho tiempo, el nombre se tomaba de antepasados directos de modo similar al apellido o, en la tradición católica, se imponía al niño el nombre que correspondiera en el santoral al día de su nacimiento, práctica que ampliaba notablemente el repertorio. La elección del nombre de pila por simple eufonía, armonía gráfica o deseo de originalidad es, en realidad, una tendencia muy reciente.

A los diferentes usos y costumbres nominatorios se sumó, en ciertas épocas, el establecimiento de determinadas restricciones legales para la elección del nombre, que respondían a las más diversas motivaciones. Estas podían ser religiosas, como en la imposición del Concilio de Trento (1542-1563) de bautizar únicamente con nombres cristianos; políticas, como en la proscripción de nombres considerados subversivos en determinados regímenes o periodos históricos, o incluso sociales, como en las restricciones, todavía hoy en vigor, encaminadas a salvaguardar la dignidad de la persona, evitando nombres risibles, degradantes o con marcadas connotaciones en un área determinada.

Con el tiempo, la validez de estos criterios ha sufrido considerables variaciones; de manera general, puede decirse que su evolución ha tendido a favorecer cada vez más la libertad de elección, así como a ampliar el repertorio antroponímico con nombres extranjeros sin equivalencia en la propia lengua, nombres de personajes históricos o legendarios, y nombres comunes que reflejan realidades o conceptos altamente valorados. En cualquier caso, como ya se ha apuntado, es imprescindible distinguir con claridad entre la libertad de elección, e incluso de creación, del nombre de pila de un hijo y la supuesta licencia para alterar su forma tradicional o transgredir las reglas ortográficas generales.

2.1.1.1 La ortografía de los nombres de pila

2.1.1.1.1 *Variantes tradicionales*

Dentro de los nombres propios que pertenecen al inventario tradicional hispánico, puede distinguirse entre aquellos que muestran una única forma asentada en español (*Álvaro* o *Inés*), para los que no se considera correcto el uso de otra grafía, y aquellos que presentan una o más variantes asentadas que se han fijado en la tradición como igualmente válidas (*Jenaro* y *Genaro, Elena* y *Helena*).

Por regla general, los nombres propios deben someterse a la ortografía de la lengua a la que pertenecen. No obstante, en ocasiones presentan peculiaridades que pueden juzgarse como anomalías permisibles dentro del sistema ortográfico, entre las que se cuentan la conservación de grafías arcaicas (a veces fosilizadas en una de sus variantes, como en *Ximena,* por *Jimena,* o *Leyre,* por *Leire;* v. cap. I, § 6.2.2.3.2 y 6.1.2.1.2c) o la aparición de combinaciones gráfico-fónicas no presentes en palabras patrimoniales, pero que permanecen en aquellos nombres recibidos de otras lenguas (*Vladimiro* o *Cuauhtémoc;* v. § 2.2).

2.1.1.1.2 *La escritura de los nombres de pila compuestos*

A menudo, varios nombres de pila se combinan para dar lugar a un antropónimo compuesto, cuya escritura suele mantener la autonomía gráfica de los nombres que lo integran: *José Antonio, María de los Llanos, Luis Alberto, Elena María.* Solo es posible unirlos con un guion en aquellos casos en los que cabría confundir el segundo de ellos con un apellido: *Juan-Marcos Hernández* (donde *Hernández* es el primer apellido), frente a *Juan Marcos Hernández* (donde *Marcos* es el primer apellido). Tanto si se escriben de forma totalmente independiente como si se unen con guion, todos los componentes del nombre mantienen la integridad de su grafía, incluida su acentuación gráfica, aunque el primer elemento se pronuncie sin acento prosódico en ese contexto (v. cap. II, § 2.3.1.2.1a).

Sin embargo, precisamente esa pérdida de tonicidad del primer elemento ha favorecido que esta clase de antropónimos comience a secundar la tendencia general a la fusión gráfica de las expresiones compuestas (v. cap. V, § 2.1 y 2.1.1) que se pronuncian con un único acento. En consecuencia, aunque la escritura de los nombres propios se muestra más conservadora que la de otros vocablos por el mayor peso de la tradición, han alcanzado cierta extensión e incluso arraigo en el uso grafías simples para ciertos antropónimos compuestos: *Mariángela, Marialuz* (también *Mariluz*), *Maricarmen, Josemaría, Juanjosé,* etc. Como se ve en los ejemplos, el segundo componente pierde la mayúscula al quedar su inicial en interior de palabra. Para la acentuación de estos compuestos, v. § 2.3.

2.1.1.2 El neologismo y los nombres de pila

El repertorio tradicional español está basado en la onomástica latina, con posteriores incorporaciones germánicas, hebreas y griegas, estas últimas fundamentalmente a través del santoral. Este catálogo de nombres propios no es un inventario cerrado, puesto que se ha visto sometido a modificaciones a lo largo del tiempo y es permeable a la incorporación de elementos de otras tradiciones, al igual que sucede en cualquier otra parcela del léxico. Puesto que los nombres de pila son, en general, etiquetas desprovistas de significado léxico, no motivadas y asociadas a un ente individual (no a una clase), la antroponimia es uno de los terrenos de la lengua mejor abonados para la invención de nuevas voces.

A la ya habitual incorporación a nuestra onomástica de nombres procedentes de otras tradiciones, se une ahora la creación de nuevas unidades por parte de hablantes que valoran sobre todo la originalidad y el exotismo en el nombre de pila. Estos hablantes ponen al servicio de su creatividad procedimientos como la formación de anagramas de nombres ya existentes (*Airam,* a partir de *María; Noslen,* a partir de *Nelson*), la unión de segmentos de los nombres de los progenitores (*Alenia,* de *Alejandro* y *Tania; Hécsil,* de *Héctor* y *Silvia; Julimar,* de *Julio y María*) o la fusión de varias palabras o de fragmentos de enunciados (*Yotuel*, unión de los pronombres *yo, tú* y *él; Masiosare,* fragmento de un verso del himno mexicano: «*Mas si osare un extraño enemigo profanar con su planta tu suelo*»).

Otro de los recursos más frecuentes para renovar el repertorio tradicional de nombres de pila es asignar como tales algunos nombres comunes o adjetivos. Cabe señalar a este respecto que, si bien en la actualidad la elección del antropónimo (excepción hecha de los asignados a personajes de ficción, así como de los sobrenombres y apodos) no suele ser motivada, la mayor parte de ellos, tanto nombres de pila como apellidos, eran originariamente adjetivos o sustantivos comunes que podían aludir a una característica personal o familiar (*Modesto, Severo,* etc.), hacer referencia al origen social del individuo (*Patricia*), a su mes de nacimiento (*Genaro,* de *ianuarĭus* 'enero') o, simplemente, evocar cierto objeto o realidad positiva (*Alba, Rosa,* etc.); por otra parte, los nombres basados en advocaciones marianas suelen coincidir con sustantivos comunes (*Camino, Carmen, Pilar, Pino, Viñas,* etc.). Todos estos antropónimos, motivados en su génesis, han llegado hasta nosotros desprovistos de significación y convertidos en expresiones identificativas de individuos concretos.

En realidad, desde el punto de vista lingüístico, no cabría exigir más requisito a los neologismos antroponímicos que su total adecuación a la ortografía y pronunciación españolas. Por ello, con independencia de la extrañeza que puedan causar en el momento de su acuñación o de cuestiones relacionadas con el gusto personal o social, nombres como *Yanisleidi* o *Dioel* son perfectamente admisibles desde un punto de vista ortográfico. Los textos escritos en español deben sujetarse con el mayor rigor posible a nuestro sistema de correspondencias entre fonemas y grafemas (v. cap. I), y los hablantes han de ser conscientes de la necesidad de mantener la coherencia gráfico-fonológica con el mismo celo cuando se trata de nombres propios de persona.

2.1.2 NOMBRES HIPOCORÍSTICOS

2.1.2.1 **Formación y grado de sustantividad de los hipocorísticos**

Los hipocorísticos son formas diminutivas, abreviadas o infantiles del nombre propio original que se emplean en lugar de este como designación cariñosa, familiar o eufemística.

Sus métodos de formación son muy diversos y van desde el diminutivo regular (*Anita*) hasta la acronimia (*Mabel* de *MAría IsaBEL*), pasando por el acortamiento (*Nando* de *Fernando* o de *Hernando*) o la dislocación acentual (*Míguel*). A veces, el hipocorístico que tradicionalmente se asocia a un nombre puede no presentar una relación formal aparente con él (*Curro,* de *Francisco; Goyo,* de *Gregorio*), por haber sufrido transformaciones fonéticas de diverso tipo; en otras ocasiones, ambas formas se hallan emparentadas solo de manera indirecta (como ocurre con *José,* cuyo hipocorístico *Pepe* proviene, en realidad, del italiano *Beppe,* a su vez hipocorístico de *Giuseppe*). En casos como estos, al hablante no avisado le resultará difícil desentrañar el vínculo existente entre el nombre de pila y su hipocorístico.

Por su propia naturaleza, el empleo de estos nombres solía quedar restringido al terreno privado, familiar o coloquial. Ahora bien, el rasgo que define la noción de hipocorístico por su ámbito de uso y por sus connotaciones afectivas está perdiendo importancia en la sociedad actual, inmersa en un proceso general de relajación de los formalismos; dentro de esta corriente, se constata la tendencia a emplear en todas las esferas de la vida social esas formas antroponímicas.

En ocasiones, una misma forma afectiva puede corresponder a nombres muy diversos, lo que debilita los lazos que unen a los vocablos interrelacionados (por ejemplo, *Tiana* podría interpretarse como variante familiar de *Robustiana* o de *Tatiana,* y *Teo,* de *Teófilo, Teodoro* o *Teodosio*). Por otra parte, es posible que la extensión en el uso del hipocorístico lo haga independizarse del antropónimo al que tradicionalmente se hallaba ligado; de hecho, muchos de los nombres de pila que forman parte de nuestro repertorio onomástico actual fueron en su origen hipocorísticos: *Tania* (hip. de *Tatiana*), *Emma* (hip. de *Emmanuela*), *Marianela* (hip. de *María Manuela*), *Elsa* (hip. de *Elisabeth*). En la actualidad, algunos hipocorísticos están experimentando un proceso similar de emancipación de la forma plena u oficial de la que proceden o con la que están relacionados; dicho de otro modo, cabría reconocer que ciertos hipocorísticos actuales han adquirido ya un notable grado de sustantividad, de manera que es posible que se comporten a todos los efectos y en cualquier situación como verdaderos nombres de pila: *Álex, Lola, Malena, Marisa, Míchel, Sandra* o *Tina.*

2.1.2.2 La ortografía de los hipocorísticos

Sea cual sea su mecanismo de formación, los hipocorísticos deben someterse a las normas ortográficas del español. Seguidamente se señalan algunas de las normas que estos apelativos infringen con cierta frecuencia:

a) Los hipocorísticos de nombres tradicionales españoles que terminan en el fonema /i/ precedido de consonante deben escribirse con *-i* latina: *Conchi, Javi, Juani, Loli, Mari,* etc., ya que su escritura con *-y* vulnera las reglas expuestas en el cap. I, § 6.1.2.1.2.

b) La norma de escritura de *m* ante *p* y *b* (v. cap. I, § 6.2.1.1g) debe aplicarse también en los hipocorísticos que resultan de la unión de los nombres simples que integran un nombre de pila compuesto, con independencia de cómo se escriba cada uno de ellos por separado: *Juampe* y no ⊗*Juanpe,* por *Juan Pedro.*

c) Los hipocorísticos deben acentuarse gráficamente de acuerdo con las normas según su propia forma (v. cap. II, § 3.4), con independencia de que el nombre original al que correspondan lleve o no tilde: *Álex* por *Alejandro, Mariló* por *María Dolores, Róber* por *Roberto.*

2.1.3 APELLIDOS

El apellido es el nombre que las personas heredan de sus progenitores y mediante el cual queda establecida su filiación. No se trata de un atributo del individuo, sino de la familia a la que este pertenece y, por tanto, no es susceptible de elección ni modificación arbitrarias. En consecuencia, la legislación que afecta al cambio o alteración de los apellidos suele ser muy restrictiva, si bien en muchos países se admite sustituirlos en casos de adopción o reconocimiento, invertir su orden, anteponer la preposición *de* a aquellos apellidos coincidentes con nombres de pila, regularizarlos si se detecta algún error ortográfico en el registro, así como traducir o naturalizar aquellos procedentes de otra lengua.

En la mayor parte del ámbito hispánico, el nombre completo incluye hoy la mención del apellido de ambos progenitores, aunque en algunos países la inscripción se sigue realizando únicamente con el apellido del padre. En todo caso, este suele preceder al de la madre, aunque muchas legislaciones permiten elegir libremente el orden de los apellidos.

2.1.3.1 La ortografía de los apellidos

2.1.3.1.1 *Variantes tradicionales*

Al igual que sucede con los nombres de pila, los apellidos españoles tienen fijada una forma canónica que no puede ser modificada a voluntad por los hablantes. Esta estabilidad formal se revela más sólida en aquellos apellidos que coinciden con un término del léxico común, como *Herrero, Iglesias, Vega*.

Lo dicho no significa que, a lo largo de su evolución, estas voces no hayan experimentado vacilaciones, fonéticas o gráficas, que han podido derivar en la presencia, en la actualidad, de variantes con grafías peculiares o anticuadas: *Cepeda* y *Zepeda, Ibarra* e *Ybarra, Mejía* y *Mexía, Mihura* y *Miura, Valdivia* y *Baldivia.* Por otra parte, hay veces en que la grafía inducida por la pronunciación seseante ha quedado fijada en el uso culto, sobre todo americano, como en *González* y *Gonsález.* Asimismo, pueden existir grafías anómalas como resultado de la castellanización de apellidos de otras lenguas, como *Casañ* o *Compañ,* por los catalanes *Cassany* y *Company.*

Conviene precisar, no obstante, que el empleo de una determinada variante supone la adscripción del individuo a una rama o familia concreta, por lo que no es lícito que una misma persona utilice indistinta e indiscriminadamente cualquiera de las formas admitidas para su apellido: quien pertenezca a una familia de apellido *Vásquez* usará esta forma en su denominación, y no *Vázquez,* por más que se trate de variantes del mismo apellido.

2.1.3.1.2 *La escritura de los apellidos simples y compuestos*

La práctica más frecuente hoy en español es yuxtaponer el apellido paterno y el materno, sin ningún tipo de conector (*Carlota Sánchez Martos* o *José Pérez García*), frente a la antigua costumbre de utilizar la conjunción *y* para distinguir cada apellido, especialmente en el caso de que uno de ellos fuera compuesto o pudiera confundirse con un nombre de pila: *Francisco de Goya y Lucientes, Mariano José de Larra y Sánchez de Castro, Ramón Pérez de Ayala y Fernández del Portal, Santiago Ramón y Cajal.*

Los apellidos compuestos formados por la unión directa de dos apellidos simples se escriben en la actualidad con un guion intermedio para diferenciarlos de la mención del nombre con los dos apellidos: *Juan Pérez-Gómez* (primer apellido) frente a *Juan Pérez Gómez* (primer y segundo apellidos). En cambio, si el apellido compuesto está formado por apellidos simples unidos por conectores (*del, de la,* etc.), se mantiene la escritura separada de sus componentes, y puede utilizarse la preposición *y* para indicar la frontera entre el primer apellido y el segundo: *Ramón Gómez de la Serna y Puig, Álvaro Pombo y García de los Ríos.*

Hay apellidos simples generados por la fusión fónica y gráfica de elementos que forman parte de apellidos originariamente pluriverbales, cuando constituyen un solo grupo acentual. A veces, uno de los componentes pierde alguna de sus letras en el proceso de integración, lo que da lugar a una nueva unidad onomástica: *Dávila* (de *De Ávila*), *Garcimartín* (de *García Martín*), *Torralba* (de *Torre Alba*). En otros casos, los componentes mantienen su integridad gráfica en la fusión y se generan dos variantes, una simple y otra compuesta, igualmente válidas: *San Juan* y *Sanjuán, San Martín* y *Sanmartín, San Segundo* y *Sansegundo, Santa Fe* y *Santafé, La Fuente* y *Lafuente.* Se aplica aquí la misma restricción que obliga a mantener, cuando existe más de una forma admitida, la estabilidad del apellido a lo largo de la línea familiar.

Para el uso de la mayúscula inicial en los apellidos precedidos de artículo y preposición, v. cap. IV, § 4.2.4.1.1.2.

2.1.4 LOS ANTROPÓNIMOS Y LAS LENGUAS COOFICIALES

En muchos de los países hispanohablantes el español no constituye la única lengua oficial. En España convive con el catalán, el gallego y el vasco, y en América lo hace con un gran número de lenguas indoamericanas. Naturalmente, esta convivencia también tiene repercusiones en el campo de la onomástica.

Según la legislación española, si un nombre de pila o un apellido posee equivalente en una de las lenguas cooficiales, la persona que los lleve tendrá el derecho de elegir entre la forma castellana y la forma correspondiente a la otra lengua, respetando siempre las convenciones ortográficas de cada una de ellas: *Icíar Beguiristáin* (cast.) o *Itziar Begiristain* (eusk.); *Luis Suñer* (cast.) o *Lluís Sunyer* (cat.); *Maruja Soto* (cast.) o *Maruxa Souto* (gall.).

Por su parte, amplios sectores de la población americana llevan nombres y apellidos procedentes de lenguas amerindias, que presentan, junto a las formas que reflejan las peculiaridades ortográficas propias de la representación escrita adoptada para su lengua (*Allcca, Apumayta, Huaccha, Huallpa, Huaxtitlán, Xóchitl,* etc.), otras ya plenamente hispanizadas (*Alca, Apumaita, Huacha, Hualpa, Huastitlán, Súchil,* etc.). Los nombres propios de estas lenguas amerindias escritas con alfabeto latino, pero con sus propias convenciones en cuanto al sistema de correspondencias entre fonemas y grafemas, se considerarán foráneos a todos los efectos y, por tanto, debe mantenerse su grafía si su portador así lo desea: *Atawallpa, Kunturi, Qullqi, Waman,* etc. En cambio, las formas hispanizadas de estos antropónimos que se han incorporado a nuestro sistema de nominación habrán de someterse a las normas ortográficas del español: *Atahualpa, Condori* o *Cóndor, Colque, Huamán,* etc. Cada persona podrá elegir cualquiera de las dos formas mencionadas, pero es preciso evitar el uso de grafías híbridas, que mezclen recursos de uno y otro sistema ortográfico.

2.1.5 SEUDÓNIMOS, SOBRENOMBRES, ALIAS Y APODOS

Generalmente, los seudónimos, sobrenombres, alias y apodos son denominaciones motivadas por alguna característica propia del sujeto al que identifican. Se trataría, pues, de nombres propios con significado, que suelen formarse sobre léxico común, casi siempre adjetivos y sustantivos, cuya ortografía canónica debe respetarse.

No es insólito, sin embargo, que su grafía se aleje de la norma si se crean con intención reivindicativa, subversiva o humorística: *Frígilis* (en la novela decimonónica española *La Regenta,* de Clarín, personaje así apodado a raíz de su costumbre de emplear recurrentemente este vocablo, resultado de la deformación del adjetivo *frágiles*), *el Okupa, la Wapa.* También pueden ser el resultado de la unión de dos o más términos (*Tiroloco*), o reflejar incluso pronunciaciones erróneas, vulgares o regionales.

Acerca del uso de mayúsculas en seudónimos, sobrenombres, alias y apodos, v. cap. IV, § 4.2.4.1.2-4.

Este tipo de apelativos no necesita recibir ninguna marca tipográfica especial, salvo cuando los apodos y alias aparecen entre el nombre de pila y el apellido, caso en que se escriben en cursiva (o, también, entre comillas), a fin de delimitarlos y distinguirlos del resto de los elementos de la denominación:

José Nemesio, alias el Chino
María *Navajitas* Mendoza
Ernesto «Che» Guevara

2.1.6 ABREVIACIONES DE ANTROPÓNIMOS

Como cualquier otra palabra, los nombres propios son susceptibles de abreviarse gráficamente, hecho que no constituye incorrección ortográfica siempre que se sigan las pautas establecidas para la creación y uso de las abreviaturas (v. cap. v, § 3.2.2).

2.2 ANTROPÓNIMOS DE OTRAS LENGUAS

2.2.1 TRANSFERENCIA Y TRADUCCIÓN DE ANTROPÓNIMOS EXTRANJEROS

La traducibilidad de los nombres propios ha sido una cuestión largamente debatida por lingüistas y traductores. En rigor, solo los nombres propios motivados y que se forman sobre léxico común son susceptibles de traducción: *Tatanka Yotanka* (dakota) = *Sitting Bull* (ingl.) = *Toro Sentado* (esp.). Algunos otros se limitan a admitir su sustitución en la lengua de destino por el equivalente o la correspondencia convencional, como ocurre en el caso de *Juan*/ ingl. *John*/ al. *Johann*/ fr. *Jean*/ it. *Giovanni*/ port. *João*/ cat. *Joan*/ eusk. *Jon*. La gran mayoría restante se consideran intraducibles.

En la decisión de traducir los antropónimos extranjeros intervienen factores de muy diversa naturaleza: lingüísticos, como su grado de motivación o su connotación semántica (cuanto más significativo sea un nombre propio, por tratarse de un nombre arquetípico o de un apodo o sobrenombre, más acusada será la necesidad de traducirlo), y sociolingüísticos, como las convenciones vigentes en la sociedad conformada por los hablantes de la lengua de llegada en un determinado momento histórico.

La tendencia más generalizada en la actualidad para los nombres y apellidos de personas reales es la transferencia, esto es, el empleo en el discurso español de la forma que presentan en su lengua de origen cuando esta se escribe con alfabeto latino (para los nombres propios correspondientes a lenguas que usan otro alfabeto u otro sistema de escritura, v. § 4); este tipo de expresiones, pese a su carácter extranjero, no precisa de marcación tipográfica especial:

> Henry Miller, Leonard Bernstein, Marcello Mastroianni, Marie Curie, Simone de Beauvoir.

Frente a la preferencia actual, en otras épocas los antropónimos que correspondían a personajes históricos extranjeros solían someterse a un proceso de hispanización, bien por traducción o equivalencia, bien por adaptación al español: *Juana de Arco* (de *Jeanne d'Arc*), *Tomás Moro* (de *Thomas More*), *Martín Lutero* (de *Martin Luther*), *Ana Bolena* (de *Anne*

Boleyn), *Alberto Durero* (de *Albrecht Dürer*). Muchas de estas hispanizaciones tradicionales, entre las que se cuentan adaptaciones de nombres propios que proceden de lenguas escritas en alfabeto no latino (*Avicena,* por *Ibn Sinna; Averroes,* por *Ibn Rusd; Jehová,* por *Yahweh; Mahoma,* por *Muhammad; Confucio,* por *Kung Fu-Tzu*), han pervivido hasta nuestros días.

Durante el Renacimiento era habitual adaptar tanto el nombre de pila como el apellido, pero con el tiempo se fue imponiendo la costumbre de traducir solo el nombre de pila: *Josefina* (por *Joséphine*) *de Beauharnais, Carlota* (por *Charlotte*) *Corday* o *Teodoro* (por *Theodore*) *Roosevelt.* La presión de la moderna tendencia hacia el respeto de la forma original es tan fuerte que, para muchos personajes históricos cuyo nombre tradicionalmente se traducía, alternan hoy en similares proporciones la forma transferida y su traducción, como sucede en los siguientes casos: *Carlos Marx / Karl Marx, Eduardo Manet / Édouard Manet, Pablo Casals / Pau Casals.* Por otra parte, la transferencia es, en la práctica, la única opción para aquellos nombres propios que no tienen correspondencia ni semejanza con ninguno español: *Alain, Allison, Darrell, Heidi,* etc. Como norma general, mientras las formas hispanizadas conserven su vigencia, se recomienda utilizarlas en los textos escritos en español; sin embargo, se prefiere hoy la forma original de un buen número de nombres extranjeros cuyas hispanizaciones han caído en desuso; así, por ejemplo, el impresor alemán conocido en otros momentos como *Juan Gutembergo* es mencionado en nuestros días como *Johannes Gutenberg.*

En la actualidad, únicamente se hispanizan, mediante traducción literal, equivalencia o adaptación, los siguientes antropónimos:

a) El nombre que adopta el papa para su pontificado, a diferencia de su nombre seglar: *Juan XXIII,* frente a *Angelo Giuseppe Roncalli.*

b) Los nombres de los miembros de las casas reales: *Isabel II de Inglaterra, Gustavo de Suecia o Diana de Gales.* No obstante, la transferencia está ganando terreno también en este campo: *Harry de Inglaterra, Frederik de Dinamarca, Harald de Noruega.*

c) Los nombres de santos, personajes bíblicos y personajes históricos o célebres: *san Juan Bautista, Herodes, Julio César, Alejandro Magno, Nicolás Copérnico, Miguel Ángel.*

d) Los nombres de los indios norteamericanos: *Caballo Loco, Nube Roja, Pequeño Alce, Toro Sentado.*

e) Los nombres propios motivados, como los apodos o los apelativos y sobrenombres de personajes históricos, a fin de preservar su connotación semántica: *Pipino el Breve, Iván el Terrible, la Reina Virgen, Catalina la Grande.*

Los nombres extranjeros de personajes de ficción han seguido un proceso paralelo al de los nombres de personas reales: mientras que en el pasado lo habitual era que estos nombres se tradujeran y adaptaran, en la actualidad existe una marcada tendencia a transferirlos. Así, junto a *Edmundo Dantés* (protagonista de *El conde de Montecristo,* de A. Dumas), *Margarita Gautier* (protagonista de *La dama de las camelias,* de A. Dumas, hijo) o *Gregorio Samsa* (protagonista de *La metamorfosis,* de F. Kafka), encontramos a *Hansel y Gretel, Tom Sawyer, Vito Corleone* (protagonista de *El padrino*) o *la teniente Ellen Ripley* (protagonista de la película *Alien, el octavo pasajero*). Según los parámetros modernos, la verosimilitud de la narración y la inmersión del lector o espectador en ella se alcanzan con más facilidad si se observa coherencia entre los nombres de los personajes y el ambiente en que estos se mueven, a lo que contribuye el mantenimiento de las formas originales: *Gervaise Macquart* (protagonista de *La taberna,* de Zola), *Alexéi Ivánovich* (protagonista de *El jugador*, de Dostoyevski), *Catherine Earnshaw* (protagonista de *Cumbres borrascosas, de* Emily Brontë), frente a las decimonónicas traducciones *Gervasia Macquart, Alexis* o *Alejo Ivánovich* y *Catalina Earnshaw.*

Por el contrario, como ya se apuntó más arriba, conviene traducir aquellos nombres propios motivados o claramente connotativos para que se haga patente toda su carga semántica. Conforme a esto, los adjetivos o los nombres comunes y los grupos nominales con que se nombra a un personaje de ficción suelen traducirse: *Cenicienta* (al. *Aschenputtel,* ingl. *Cinderella,* it. *Cenerentola,* etc.), *Blancanieves* (del al. *Schneewittchen*), *el capitán Garfio* (del ingl. *Captain Hook*), *el Hombre Araña* (del ingl. *Spiderman*); se traducirán asimismo sus apodos y sobrenombres: *Harry el Sucio* (del ingl. *Dirty Harry*), *Eduardo Manostijeras* (del ingl. *Edward Scissorhands*).

2.2.2 ADAPTACIÓN DE ANTROPÓNIMOS EXTRANJEROS

La hispanización o adaptación a la ortografía española de nombres extranjeros ha quedado restringida en la actualidad a las transcripciones de aquellos antropónimos que proceden de lenguas que se escriben con alfabeto no latino (v. § 4), así como a los casos en que un nombre de otra lengua se incorpora a nuestro repertorio onomástico y comienza a imponerse a hispanohablantes nativos. Cuando ello ocurre y dichos nombres no presentan secuencias problemáticas o ajenas a la ortografía española, adaptarlos solo requeriría aplicarles nuestras reglas de acentuación: *Íngrid Rubio, Dónovan Peralta, Édison Méndez.* No se consideran admisibles, sin embargo, grafías híbridas, que no son ni extranjeras ni españolas: ⊗*Christiano,* ⊗*Stiven,* ⊗*Yénnifer,* ⊗*Yéssika,* ⊗*Yónathan* o ⊗*Yoshua.*

2.3 LA ACENTUACIÓN GRÁFICA DE LOS ANTROPÓNIMOS

Sean nombres de pila o apellidos, los antropónimos españoles deben someterse a las reglas de acentuación gráfica de nuestra lengua (v. cap. II, § 3.4): *Raúl, García* (hiatos de cerrada tónica), *Míriam, Gutiérrez* (llanas no terminadas en *-n* o *-s*), *Álvaro, Ángeles* (esdrújulas), *Martín* (aguda terminada en *-n*), *Luis, Ruiz* (monosílabas), incluso cuando se trate de variantes arcaizantes como *Laýna* (v. cap. II, § 3.2f).

Los nombres que presentan variantes acentuales admitidas se acentuarán gráficamente de acuerdo con la pronunciación que se les otorgue. Así, mientras que en la mayor parte del ámbito hispánico *Óscar* es una palabra llana (escrita con tilde por terminar en *-r*), en la Argentina y en la zona caribeña presenta además una pronunciación aguda [oskár], a la que corresponde la forma sin tilde *Oscar*. Casos similares son *Abigail/Abigaíl, Italo/Ítalo* o *Magali/Magalí*.

En los antropónimos compuestos —marcadamente, aunque no de modo exclusivo, en aquellos que incluyen los nombres *José* y *María* (*José Luis, José Manuel, María José,* etc.)— solo se pronuncia tónico el segundo elemento, al igual que sucede en muchos compuestos del léxico común (v. cap. II, § 3.4.5.3). Si los dos elementos se escriben por separado, deben conservar su acentuación gráfica, con independencia de que la pronunciación del primer elemento sea átona: *Jesús Ángel* [jesusánjel], *José Luis* [joseluís], *José Manuel* [josemanuél], *María José* [mariajosé] (v. cap. II, § 2.3.1.2.1a). En aquellos casos en los que la atonicidad del primero de sus elementos haya dado lugar a la fusión gráfica de ambos (*Juanjosé, Marialuz,* etc.; v. cap. V, § 2.1.1), las reglas de acentuación deben aplicarse sobre el compuesto resultante considerando que se trata de una sola palabra, fuera cual fuera la acentuación gráfica de cada uno de sus integrantes por separado.

Mención aparte merece la acentuación de variantes coloquiales o familiares que implican dislocación acentual. Algunos nombres propios tradicionales bisílabos y agudos suelen adoptar en el registro familiar una variante cuya única alteración es el cambio hacia la acentuación llana, esquema más habitual en los hipocorísticos españoles: *Jose* [jóse], *Míguel, Jesus* [jésus] o *Ruben* [rrúben]. Teniendo en cuenta que la función básica del sistema de acentuación gráfica del español es señalar de forma inequívoca cuál es la sílaba tónica de las palabras con acento prosódico, cuando se desee reflejar estos hipocorísticos en la escritura —ya se trate de variantes generalizadas a todos los niveles, como *Jose,* ya de formas fuertemente marcadas o sentidas como vulgares en algunas zonas, como *Jesus*— el uso de la tilde deberá adecuarse a su prosodia: *«"Yo no voto", reconoce Míguel (así, con acento en la i), el compositor del conjunto»* (*Mundo* [Esp.] 28.2.2000).

En cambio, las reglas de acentuación gráfica del español no son aplicables a los nombres propios pertenecientes a otras lenguas que utilizan alguna de las variantes del alfabeto latino; cuando estos se citen en textos españoles, se respetarán los usos de tildes u otros diacríticos de la lengua de la que proceden (si bien es cierto que existe cierta flexibilidad con respecto a la reproducción exacta de signos pertenecientes a variantes alfabéticas alejadas de la nuestra): *Ingrid Bergman, Ségolène Royal, António dos Santos Ramalho Eanes, Núria Espert, Björn Borg,* etc. No deben suponer una excepción aquellos nombres extranjeros que cuenten con un equivalente español con el que presenten plena coincidencia gráfica, salvo por la presencia o ausencia de tildes y otros diacríticos. En estos casos, solo deberían aplicarse las reglas españolas cuando se esté empleando el nombre en nuestra lengua: *Nicolás* (esp.) / *Nicolas* (fr.), *Damián* (esp.) / *Damian* (ingl.), *María* (esp.) / *Maria* (eusk.); *Darío* (esp.) / *Dario* (it.); *Antonio* (esp.) / *António* (port.). No obstante, aunque en la actualidad predomina la tendencia a mantener los nombres extranjeros en su forma original, puede ocurrir que se generalice la costumbre de atribuir a algunos de ellos la pronunciación de su variante española, caso en el que cabría admitir que se sometieran a nuestras normas de acentuación gráfica: *Nicolás Sarkozy* (pronunciado habitualmente [nikolás] y no [nikolá] como en francés, lengua en la que este nombre se escribe *Nicolas*) o *Ángela Merkel* (que suele pronunciarse [ánjela] y no [ángela], como correspondería al alemán *Angela*).

Asimismo, los nombres propios y apellidos pertenecientes a lenguas en contacto con el español (catalán, gallego, vasco, quechua, aimara, etc.) se acentuarán de acuerdo con las normas del español solo en su forma hispanizada: *Aránzazu* (eusk. *Arantzazu*), *Cóndor* (quechua *Kunturi*), *Echevarría* o *Echeverría* (eusk. *Etxeberria*), *Nuria* (cat. *Núria*); o en aquellos casos en los que, no existiendo problemas de adaptación gráfico-fonológica al español, quien lleve ese nombre o apellido lo considere plenamente integrado en el sistema de nominación de nuestra lengua: *Andréu, Bernabéu, Codorniu, Paláu* (apellidos que, no debe olvidarse, cuentan además con las formas tradicionales españolas *Andrés, Bernabé, Codorniz* o *Palacio*), frente a las formas originales *Andreu, Bernabeu, Codorníu* o *Palau* (v. § 2.2.2).

Las hispanizaciones de antropónimos pertenecientes a lenguas que no emplean el alfabeto latino en su escritura, por su parte, deben someterse a las reglas de acentuación españolas (v. § 4).

2.4 ALFABETIZACIÓN DE ANTROPÓNIMOS

Si bien la alfabetización de nombres propios no constituye una materia estrictamente ortográfica, lo cierto es que en este proceso repercuten muchas de las particularidades formales y gráficas de los antropónimos. Se ofrecen a continuación unas someras indicaciones basadas en las directrices de las instituciones normalizadoras, que los organismos oficiales de la Administración suelen respetar.

Como se señaló más arriba (v. § 2.1.3), el sistema de nominación español comprende el nombre de pila y dos apellidos. El eje de ordenación alfabética de los antropónimos españoles es el primer apellido. Para facilitar la tarea, en listados y ficheros se invierte el orden de los componentes de la denominación, pasando el nombre de pila a ocupar la última posición precedido de una coma: *Pérez García, José.*

Para alfabetizar correctamente los apellidos españoles hay que atender, además, a las siguientes consideraciones:

a) Cuando el primer apellido está encabezado por preposición o por preposición más artículo, estos elementos no se tienen en cuenta en la alfabetización, por lo que se escribirán en minúscula tras el nombre de pila:

Amo González, Pedro del
Diego Cortázar, Ana de
Torre Ibarra, Ramón de la

Información adicional

Al cumplimentar formularios, los apellidos encabezados con preposición, artículo o con ambos, deben escribirse juntos en el campo correspondiente, sin dislocarlos:

Apellido 1: *Del Amo*
Apellido 2: *Belmonte*
Nombre: *Juan*

Posteriormente, si los datos del formulario han de alfabetizarse, las preposiciones y artículos que forman parte del primer apellido no se tendrán en cuenta en el proceso.

---

b) Si el elemento que encabeza un apellido es un artículo o los tratamientos *san* y *santa,* dicho elemento se mantendrá en su posición y será el eje de alfabetización, como si se tratase de un apellido independiente:

La Calle Ruiz, Carmen
Labrador Ruiz, Juan Antonio

Salmerón, Alejo
San José, Ángeles
Sanabria, Jaime
Sánchez, Ana María

Santa Ana, Omar
Santa María, Mercedes
Santaella, Alberto

c) Ni el apóstrofo ni el guion de los apellidos compuestos se tienen en cuenta en la alfabetización, de modo que estos apellidos se tratan como si fueran una única palabra:

Ocampo Huaina, Silvia
Odón Leví, Ricardo
O'Donnell López, Carlos

Gómez Villas, Leopoldo
Gómez-Ferrer Lozano, Margarita
Gomis del Moral, Paula

d) Cuando la conjunción *y* aparece entre dos apellidos se tiene en cuenta como segundo elemento de alfabetización:

Aguirre Romero, Eduardo
Aguirre y Gómez-Pacheco, Roberto
Aguirre Yagüe, Carmen

e) Si el segundo apellido va encabezado por preposición o por preposición y artículo, estos elementos se tienen en cuenta como segundo eje de alfabetización:

Gómez Casas, Martín
Gómez de la Iglesia, Roberto
Gómez de Lara, Hilda
Gómez del Castillo, Rosa María
Gómez Echagüe, Elena

Los antropónimos procedentes de otras lenguas se alfabetizan de acuerdo con su particular sistema de nominación y las normas establecidas en su lengua de origen. Así, por ejemplo, en portugués el eje de alfabetización lo constituye el segundo apellido, que corresponde al paterno, y es por el que se realiza la mención abreviada del nombre: *Fernando Pessoa* corresponde a *Fernando António Nogueira Pessoa;* por su parte, los nombres chinos se alfabetizan en el orden en que se enuncian, cuyo primer elemento es el equivalente a nuestro apellido y el último al nombre de pila: *Mao Tse-Tung* (transcrito *Mao Zedong* en el sistema pinyin, el adoptado oficialmente por China para la transcripción del mandarín al alfabeto latino) deberá ordenarse en la letra *m*.

Pese a que en las menciones de una persona por sus apellidos deben mantenerse las preposiciones y artículos que los encabezan (*el gran van der Weyden, el fiscal Di Pietro, el delantero Dos Santos*), la consideración de estos elementos en la ordenación alfabética es distinta en cada lengua: partículas como *D'*, *Della* o *Da* se anteponen en la alfabetización de apellidos italianos; mientras que las partículas *do, dos, da, das* del portugués, así como las partículas *von* y *van* propias de apellidos alemanes y holandeses, se posponen:

Amaral, João Dias do
D'Amicis, Valeria
Della Rosa, Umberto
Gott, Johann von
Laat, Rachel van der

Otros elementos, normalmente patronímicos, que no son preposiciones ni artículos, se mantienen antepuestos al apellido en la alfabetización:

Abú Asali, Yasmín
Ben Amí, Jacob
Ibn Abi, Ahmed
McCallahan, John
O'Brian, Louise May

3

TOPÓNIMOS

3.1 TOPÓNIMOS HISPÁNICOS

3.1.1 LA ORTOGRAFÍA DE LOS TOPÓNIMOS HISPÁNICOS

Los topónimos que aluden a un lugar que se encuentra en territorio de habla hispana, al igual que el resto de las palabras de nuestra lengua, deben someterse a las normas ortográficas del español. La mayor parte de estos topónimos presentan una única forma asentada; más raros, aunque no inexistentes, son aquellos con más de una variante ortográfica admitida: *Cusco* o *Cuzco*, *Xiloá* o *Jiloá*.

En estos vocablos pueden aparecer fosilizados rasgos propios de un estadio anterior de la lengua, al haber quedado excluidos de los procesos de evolución que siguió el léxico común patrimonial. Por ello presentan a veces términos con una morfología arcaica, como en *Villar del Salz* (con la forma ant. de *sauce*), *Ferreira* (forma ant. de *herrería*) o *Fontalba* (que incluye el sustantivo ant. *font* 'fuente'), o conservan vestigios de antiguos usos ortográficos castellanos (*Axarquía, Ayllón, Buyla, México* u *Ossa de Montiel*). Esa tendencia a la inmovilidad se traduce asimismo en la conservación, en algunos topónimos, de grafías ajenas a nuestro sistema lingüístico en formas de procedencia extranjera, frente a la tendencia del léxico común, desde los primeros tiempos del idioma, a absorber, acomodándolos a las propias pautas gráficas y morfológicas, los préstamos de otras lenguas; así, en España es posible encontrar terminaciones en *-x*, raras en los términos patrimoniales, en topónimos de origen árabe, como *Almorox* o *Guadalix* (para la pronunciación de estos topónimos terminados en *-x*, v. cap. I, § 6.3.2.2.1, información adicional), mientras que en América se documentan las terminaciones consonánticas *-t, -tl* o *-tz* en topónimos procedentes de las lenguas indoamericanas, como *Texíguat* (Honduras) o *Macuilxóchitl* y *Buctzotz* (México). El establecimiento de la forma correcta de un topónimo suele depender del momento en que se produjera su fijación gráfica, ya que, salvo raras excepciones, estos nombres se muestran muy conservadores respecto de la grafía tradicional, aun cuando la pronunciación haya podido distanciarse ligeramente de ella.

Cuando los topónimos son denominaciones pluriverbales, lo normal es que se mantenga la escritura independiente de las palabras que los componen, en especial si constan de más de dos elementos: *Bollullos Par del Condado, Don Benito, Entre Ríos, Punta Arenas, San Cristóbal de las Casas, San Pedro Sula*. Sin embargo, cuando el primer o los primeros elementos se pronuncian átonos y forman con el elemento tónico siguiente un solo grupo acentual, no es raro que, tras un periodo de vacilación, hayan acabado escribiéndose en una sola palabra, lo cual evidencia que para los hablantes se trata, a todos los efectos, de una única unidad léxica: *Guardalavaca, Montenegro, Navacerrada, Puertollano, Torredonjimeno, Valparaíso, Villavicencio*. En muchos casos, la amalgama gráfica refleja una fusión entre vocales que se da previamente en la pronunciación: *Doñana, Puntarenas, Santisteban, Valdespino*.

A diferencia de lo que ocurre en otras lenguas, como el francés, en las que es normal el uso del guion para unir los elementos de un topónimo compuesto, los topónimos españoles pluriverbales se escriben preferentemente sin él: *Ciudad Trujillo, Medina Sidonia, Puerto Vallarta, Zamora Chinchipe*. Se mantendrá, no obstante, el guion en aquellos cuya denominación oficial lo contenga (*Vélez-Málaga*), si bien se recomienda que en la acuñación de nuevos topónimos su uso se reserve para la fusión de las denominaciones de dos entidades preexistentes (*Lupiñén-Ortilla*), así como para los nombres oficiales que, en España, resultan de la mención conjunta del nombre castellano y su equivalente en alguna de las lenguas cooficiales: *Peñacerrada-Urizaharra, Vitoria-Gasteiz*.

Al igual que el resto de los nombres propios, los topónimos españoles deben someterse a las reglas generales de acentuación gráfica: *Aguilar de Campoo, Ciudad Juárez, Éufrates, Medellín, Mérida, Piedrahíta.* Tales reglas también son de aplicación en las formas que conservan grafías arcaizantes: *Aýna* (v. cap. II, § 3.2f).

Advertencia	Las formas españolas de topónimos estadounidenses como *Los Ángeles, Santa Bárbara* o *Santa Mónica* deben someterse asimismo a las normas de acentuación gráfica del español y, por tanto, llevar tilde cuando les corresponda. Nótese que, además de tener su origen en nuestra lengua, su pronunciación se mantiene acorde con nuestro sistema gráfico-fonológico [losánjeles].

Para la aplicación de la mayúscula inicial a los nombres de lugar, v. cap. IV, § 4.2.4.6.

3.1.2 FORMAS COOFICIALES

Como se mencionó en el apartado 2.1.4, existen muchos territorios en los que el español comparte su carácter de lengua oficial con otros idiomas, situación que se ve reflejada en la toponimia.

Concretamente en España, muchos topónimos de las zonas bilingües (Cataluña, Comunidad Valenciana, Galicia, Islas Baleares y el País Vasco) cuentan con dos formas, una perteneciente a la lengua española y otra propia de la lengua autonómica cooficial. Lo natural es que los hablantes seleccionen una u otra en función de la lengua en la que estén elaborando el discurso. En consecuencia, los hispanohablantes pueden emplear, siempre que exista, la forma española de estos nombres geográficos, y transferir aquellos topónimos que posean una expresión única, catalana, gallega o vasca (v. § 3.2.2): *Pasó la mayor parte del verano en Sangenjo, pero tuvo tiempo para visitar Bilbao y llegar hasta Gerona; Su familia vive en Sant Feliu de Guíxols.*

3.2 TOPÓNIMOS EXTRANJEROS

3.2.1 FORMAS TRADICIONALES, FORMAS AUTÓCTONAS Y CAMBIOS DE DENOMINACIÓN

La forma propia con que una comunidad de hablantes nombra un lugar que se encuentra fuera del ámbito de influencia de su lengua se conoce como *exónimo*, frente a la forma local con que los hablantes del lugar nombrado se refieren a este en la lengua autóctona, que se denomina *endónimo*. Así, *Egipto* es el exónimo español que corresponde al endónimo egipcio *Misr; Croacia*, el de *Hrvatska; Ségovie* es el exónimo francés de la ciudad española de *Segovia; Arjantin* es el exónimo turco de *Argentina;*

Λονδίνο (*Londino*) es el exónimo griego de *Londres* o Афины (*Afény*) el exónimo ruso de *Atenas*.

Los exónimos españoles pueden ser tanto una forma completamente alejada del endónimo, basada en una denominación preexistente o en una creación propia (*Albania* frente a *Shqipëria, Finlandia* frente a *Suomi, India* frente a *Bhārat*), como una hispanización del endónimo (*Milán* por *Milano, Mozambique* por *Moçambique, Nimega* por *Nijmegen*) e incluso una traducción, total o parcial (*Casablanca* por *ad-Dār al-Bayda, Montenegro* por *Crna Gora, Nueva Jersey* por *New Jersey*).

La vía de incorporación de un nuevo topónimo al español ha sido, en no pocas ocasiones, la simple transferencia o adaptación de un exónimo tomado de una lengua intermediaria, como sucede en el caso de *Lepanto* (transferencia del italiano *Lepanto,* en griego Ναύπακτος, Naúpactos), *Auschwitz* (transferencia del alemán *Auschwitz,* en polaco *Oświęcim*), *Mequinez* (adaptación del francés *Meknès,* en árabe *M'knas*) o *Copenhague* (adaptación del inglés *Copenhagen,* en danés *København*). Este tipo de expresiones, pese a su carácter extranjero, no requieren ninguna marca tipográfica especial.

Como se ve, el nombre propio con el que se designa en una determinada lengua un enclave geográfico o una realidad geopolítica no ha de coincidir necesariamente con el que le asignan sus propios habitantes en su lengua materna. Así, un hablante turco utilizará las formas propias *Ekvador, İspanya, Kolombiya, Küba, Meksika* o *Şili,* en lugar de las españolas *Ecuador, España, Colombia, Cuba, México* o *Chile;* y, de forma paralela, es lícito que en español se empleen los topónimos *Bielorrusia* (no *Belarus* o *Belarús*), *Bombay* (no *Mumbai*), *Calcuta* (no *Kolkata*), *Costa de Marfil* (no *Côte d'Ivoire*), *Esmirna* (no *Izmir*) o *Pekín* (no *Beijing*).

El hecho de que, en su mayoría, los topónimos extranjeros presentes en nuestra lengua se hayan generado a partir de la forma autóctona no implica, sobre todo en el caso de los topónimos mayores de uso frecuente, que deban permanecer inalterados: al igual que las voces pertenecientes a otros sectores del léxico, estas denominaciones tienden de manera natural a integrarse en nuestro sistema gráfico-fonológico. En cambio, los topónimos menores a los que se alude de modo más esporádico o discontinuo, no suelen alcanzar a verse involucrados en esos procesos de adaptación.

Con cierta asiduidad, no obstante, los medios de comunicación difunden formas toponímicas que difieren de las tradicionales que se hallan asentadas en español. Se trata, a menudo, de una restitución injustificada de la forma local. Otras veces, sin embargo, la novedad es el resultado de un verdadero cambio de nombre, fruto de una decisión política de carácter oficial (y no una mera reivindicación de las formas locales). En estos casos, debe adoptarse la nueva denominación: *Burkina Faso* por *Alto Volta, Ghana* por *Costa de Oro, San Petersburgo* por *Leningrado, Sri Lanka* por *Ceilán,* etc.; las denominaciones anteriores al cambio solo tendrán validez en los documentos y referencias de carácter histórico.

Información adicional — Estos cambios de denominación suelen tener reflejo en la formación de los gentilicios, pero no siempre es así. El hecho de que, frente a la evolución del topónimo, el adjetivo correspondiente haya permanecido fiel a una forma toponímica anterior explica, en la mayor parte de los casos, la existencia de gentilicios aparentemente irregulares: así, por ejemplo, *bilbilitano,* gentilicio actual de Calatayud (España), está relacionado con *Bilbĭlis,* nombre latino de la ciudad. Del mismo modo, algunos cambios de denominación actuales no encuentran reflejo en el gentilicio: *yacuto* o *yakuto* sigue siendo el gentilicio de Sajá (ant. *Yakutia*), *tesalonicense* de Salónica (ant. *Tesalónica*), etc.

3.2.2 TRANSFERENCIA, TRADUCCIÓN E HISPANIZACIÓN DE TOPÓNIMOS

Paralelamente a lo expuesto para los antropónimos (v. § 2.2), en un sentido amplio podría entenderse por traducción de un topónimo su hispanización (*París,* por *Paris*) o su sustitución por el exónimo tradicional (*Birmania,* en lugar de *Myanmar*); solo cabría hablar de traducción en sentido estricto en casos como *la Selva Negra,* por *Schwarzwald* donde el nombre español constituye la traducción exacta de los elementos que componen el término alemán. Los topónimos que aluden en su denominación a un referente geográfico genérico que encuentra correspondencia en la realidad son más proclives a la traducción literal: así, *Costa Azul* resulta apropiado en lugar de la expresión francesa *Côte d'Azur*, frente a *Reinas,* solución extraña en referencia al distrito de Nueva York llamado *Queens.*

Información adicional — En la traducción de los topónimos pueden aparecer también falsos amigos, esto es, casos en los que la similitud formal entre dos voces o expresiones que pertenecen a lenguas distintas propicia su consideración errónea como expresiones semánticamente equivalentes, pese a tener, en realidad, significados diversos: la denominación española de la ciudad belga de *Brujas* es un falso amigo de la forma neerlandesa *Brugge,* cuyo significado etimológico es 'puentes', y el *canal de la Mancha* procede de la expresión francesa *La Manche,* que significa 'la manga o brazo de mar'.

En la actualidad, la traducción estricta se aplica únicamente en los sustantivos genéricos clasificadores de accidentes geográficos (*bahía de Chesapeake*) y en algunos topónimos mayores (*Costa de Marfil*), al tiempo que se mantienen las traducciones tradicionales asentadas (*Ciudad del Cabo*).

De modo general, puede establecerse que, cuanto mayor es la magnitud del referente geográfico del topónimo (países, regiones, grandes ciudades, etc.), mayor es la frecuencia de uso de este, que tiende a adoptar y fijar una forma española, ya sea por traducción o por hispanización de su grafía; para los topónimos menores, a los que se alude solo ocasionalmente, suele mantenerse la forma forastera original.

De manera asimismo análoga a lo señalado en los epígrafes sobre antroponimia extranjera, la tendencia a la traducción de los topónimos ha disminuido a lo largo del tiempo, de modo que el uso actual revela una clara predilección por la transferencia de la forma original. Este procedimiento se ha venido aplicando con nombres de lugar para los que no existía una denominación española tradicional (*Aix-en-Provence, Heidelberg, Montpellier* o *Plymouth*) y es la fórmula habitual hoy para aquellos términos que irrumpen en nuestro repertorio toponímico, y que, en general, aluden a un enclave hasta el momento poco familiar para los hispanohablantes (*Daikondi,* provincia afgana; *Vestmannaeyjar,* grupo de islas al sur de Islandia). En la actualidad, la rapidez con que se amplía nuestro conocimiento del mundo, la urgencia en la difusión de las noticias y los continuos cambios geopolíticos contribuyen a la puesta en circulación de un gran número de topónimos cuya presencia en el uso se supedita a la vigencia de la información con la que están relacionados. Naturalmente, la mayor parte de estos topónimos no cuentan con una forma tradicional española o, de poseerla, ha quedado relegada al olvido (como ocurrió con *Mastrique,* exónimo español desusado para la ciudad neerlandesa de *Maastricht*), de modo que suele preferirse su transferencia; solo cuando alguno de estos topónimos menores prolonga su uso en nuestra lengua hasta asentarse en ella, los hablantes sienten la necesidad de dotarlo de forma propia.

Ahora bien, siempre que exista un exónimo tradicional asentado que siga vigente, esto es, que siga siendo mayoritariamente empleado por los hispanohablantes, se recomienda conservarlo en los textos escritos en español: *«La líder opositora y premio Nobel de la Paz está bajo arresto domiciliario en Rangún»* (*Vanguardia*@ [Esp.] 16.11.2009) [no *Yangon*]; *«En una misteriosa tarde, escapó milagrosamente de un remolino asesino, frente a la playa de su casa en Esmirna»* (Serrano *Dios* [Col. 2000]) [no *Izmir*]. No constituyen una excepción los exónimos que forman parte del nombre de equipos deportivos radicados en el lugar al que alude el topónimo: *Estrella Roja de Belgrado, Inter de Milán, Steaua de Bucarest, Juventus de Turín.* Pese a que, en los últimos años, los medios de comunicación tienden a mantener la forma original en estas denominaciones, se recomienda emplear, cuando exista, la forma tradicional española.

Puede darse la circunstancia, sin embargo, de que la forma tradicional española correspondiente a un determinado topónimo extranjero haya caído en desuso o pase a considerarse políticamente inadecuada, situación que fuerza su reemplazo por la forma local del topónimo, proceso irreversible cuando esta última se asienta como preferida: *Bremen* (ant. *Brema*), *Ankara* (ant. *Angora*). Tanto en estos casos como en aquellos en que el topónimo no cuenta con un exónimo tradicional en español, el uso moderno se inclina por el mecanismo de la transferencia fidedigna de la forma original: *«Hume Cronyn, uno de los grandes actores secundarios de la escena y de la gran pantalla, falleció el domingo en su casa de Fairfield, Connecticut»* (*País* [Esp.] 20.6.2003); *«La plusmarca continental anterior (6.48) la había establecido Linford Christie el 1 de marzo de 1994 en la ciudad alemana de Karlsruhe»* (*Mundo* [Esp.] 20.2.1995).

La hispanización se reserva hoy para aquellos exónimos de reciente o nueva introducción cuya identidad gráfica no se ve sustancialmente alterada por los cambios necesarios para adecuarlos a nuestro sistema gráfico-fonológico (*Bangladés, Galípoli, Lesoto*). En el caso de los topónimos que corresponden a transcripciones de lenguas de alfabeto no latino (v. § 4), lo más aconsejable es que la grafía se hispanice, esto es, que se asimile en lo posible a las pautas ortográficas y prosódicas del español.

La preferencia por el respeto de la grafía o de la pronunciación del original a la hora de hispanizar un topónimo, cuando se produce, se ha modificado con el tiempo. En el pasado, la información se difundía fundamentalmente a través de medios escritos y, en consecuencia, se introducía la grafía del topónimo extranjero, la cual, prescindiendo de secuencias ajenas a nuestro sistema, solía adoptar una pronunciación sujeta al sistema español de correspondencias entre grafemas y fonemas: *Sarajevo* (esp. [sarajébo], croata [sárayébo]), *Podgorica* (esp. [podgoríka], serbio [pódgoritsa]), *Austin* (esp. [áustin], ingl. [óstin]). En la actualidad, por el contrario, el carácter predominantemente oral de los principales medios de comunicación, la radio y la televisión, ha contribuido de forma notable a propagar el conocimiento de las pronunciaciones locales y, por consiguiente, la hispanización de estos topónimos habrá de modificar la grafía extranjera, para que refleje adecuadamente la pronunciación aproximada del original conforme a nuestro sistema ortográfico: *Yibuti* (por *Djibouti*), *Tayikistán* (por *Tadzhikistan*), *Naipyidó* (propuesta de adaptación de *Nay Pyi Taw*, nombre original de la nueva capital de Birmania).

3.2.3 Acentuación y diacríticos en los topónimos extranjeros

Los exónimos españoles, ya sean formas tradicionales o nuevas adaptaciones de topónimos extranjeros, deben someterse a las normas de acentuación gráfica de nuestra lengua: *Bangladés, Córcega, Dublín, Oceanía, Túnez.*

Cuando los topónimos extranjeros no presentan secuencias problemáticas que incumplan las correspondencias gráfico-fonológicas del español, también se someten a las normas de acentuación de nuestra lengua: *Míchigan* (ingl. *Michigan*), *Oregón* (ingl. *Oregon*), *Ámsterdam* (neer. *Amsterdam*), *París* (fr. *Paris*), *Orleans* (fr. *Orléans*), *Quebec* (fr. *Québec*), *Berlín* (al. *Berlin*).

Asimismo, aquellos topónimos que correspondan a transcripciones de alfabetos no latinos deben seguir las reglas de acentuación del español por considerarse adaptaciones, ya sean parciales o totales, a nuestro sistema de escritura: *Járkov, Taipéi* (v. § 4).

Se respetarán tanto los diacríticos como la acentuación original de los topónimos extranjeros que se incorporen al español por mera transferencia del endónimo: *Düsseldorf, São Paulo, Jämtland.* No obstante, existe una cierta flexibilidad en la reproducción de aquellos diacríticos o grafemas propios de lenguas con un alfabeto latino expandido, como pueden ser el sueco, el polaco, el checo o el turco; para reproducir sus topónimos, en textos de carácter no oficial o no especializados, es frecuente la utilización de variantes simplificadas: *Oresund* por *Øresund, Gdansk* por *Gdańsk, Swinoujscie* por *Świnoujście, Gulsehir* por *Gülşehir.*

4

LAS TRANSCRIPCIONES DE NOMBRES PROPIOS PROCEDENTES DE LENGUAS QUE NO UTILIZAN EL ALFABETO LATINO EN SU ESCRITURA

Muchos de los antropónimos y topónimos que se incorporan en la actualidad a nuestro sistema onomástico provienen de lenguas que utilizan alfabetos no latinos o que carecían de representación escrita en un sistema alfabético. Como se ha indicado en el capítulo VI (§ 3), su reproducción gráfica en español requiere convertirlos previamente a los caracteres de nuestro sistema.

La tendencia a la estandarización propiciada por las instituciones plurinacionales se encamina a la imposición de una única forma para las transcripciones de antropónimos y topónimos con independencia de la lengua en que se utilicen; sin embargo, la existencia de diversos sistemas de transcripción da lugar, en ocasiones, a que circulen en el uso varias formas. Además, normalmente esos sistemas se establecen tomando como referencia convenciones propias de lenguas como el inglés o el francés, de forma que las transliteraciones resultan ser híbridos que se apartan de la forma local y que tampoco se adecuan a nuestro sistema. De la acogida de estas transcripciones en nuestra lengua sin que medie un proceso de adaptación han derivado no pocas vacilaciones ortográficas que, a menudo, han acabado fijando formas cuya realización fónica se aleja de la del original. Esto sucede, por ejemplo, en el caso de *Abu Dabi,* adaptación que refleja la pronunciación habitual en español de la transcripción inglesa *Abu Dhabi* (donde la combinación *dh* representaría el sonido interdental fricativo [z], correspondencia por completo ajena al sistema español), o en el antropónimo *Gengis Kan,* de la forma inglesa *Gengis Khan,* que para acomodarse al español guardando fidelidad a la pronunciación original debería escribirse *Gengis Jan.*

La recomendación general es que aquellos antropónimos y topónimos cuya forma corresponda a una transliteración foránea se adapten enteramente a la ortografía del español, alterando en la menor medida posible el reflejo de la pronunciación original. Por ello, el criterio principal que debe presidir todo intento de hispanización de una grafía es su ajuste o adecuación al sistema español de correspondencias entre grafemas y fonemas; según esto, las formas *Abjasia, Daguestán, Hasán, Kioto* o *Yibuti* serán las indicadas en lugar de *Abjazia, Daghestan, Hassan, Kyoto* o *Djibouti.* En el capítulo VI (§ 3a-l) se ofrecen algunas indicaciones sobre las equivalencias gráficas más frecuentes en estos casos. Solo excepcionalmente determinadas peculiaridades gráficas de otras lenguas son admitidas en este tipo de nombres propios, como ocurre con el uso de la *i* latina en diptongos a final de palabra (*Nikolái, Brunéi;* v. cap. I, § 6.1.2.1.2b y cap. VI, § 3c) o el mantenimiento, por prurito etimológico, de la letra *h* —muda, aspirada o como parte del segmento *sh*—, en secuencias que resultan a veces extrañas a nuestra lengua y que debe procurarse no promover (*Copenhague, Shanghái;* v. cap. I, § 6.3.1 y cap. VI, § 3g).

Dado que las transcripciones, a diferencia de las transliteraciones (v. cap. VI, § 3), deben adecuarse a la ortografía de la lengua de llegada y presentar una forma acorde con ella, las voces resultantes se consideran plenamente españolas a efectos de acentuación gráfica: *Altái, Chernóbil, Dubái, Fiódor, Hamás, Tolstói, Yangtsé,* etc. (v. § 3.2.3).

5

LA ORTOGRAFÍA DE LOS DERIVADOS DE NOMBRES PROPIOS EXTRANJEROS

Los adjetivos y sustantivos derivados de topónimos y antropónimos no adaptados al español deben conservar las características gráficas del nombre del que proceden para facilitar la identificación de la persona o el lugar aludidos:

beethoveniano, liechtensteiniano, picassiano, taylorismo, trostkista, etc.

Estos vocablos derivados, pese a considerarse españoles (y no precisar, en consecuencia, de ninguna marca tipográfica especial), pueden presentar grafías y grupos, tanto consonánticos como vocálicos, anómalos para nuestro sistema gráfico en el segmento conservado del nombre propio: *«En estos términos se expresó el sacerdote lefebvriano Juan Fernández Krohn»* (*Abc* [Esp.] 14.5.1982). Por ello, les corresponde con frecuencia una pronunciación mixta, que combina la de la lengua de origen (o una aproximación a ella) en la parte del nombre propio extranjero al que se asocian y la española en el sufijo derivativo:

brechtiano [brejtiáno], flaubertiano [flobertiáno], gaullista [golísta], rousseauniano [rusoniáno] o shakespeariano [shekspiriáno] [sespiriáno] o [chespiriáno].

Este criterio no es aplicable a los nombres comunes derivados de nombres propios que han pasado a adquirir significado léxico y a designar productos, objetos, enfermedades u otro tipo de realidades, ya que estos sustantivos, a diferencia de los tratados más arriba, deben adaptar su grafía al español, por más que esta pueda distanciarse de la del nombre propio que constituye su étimo:

alzhéimer (de A. *Alzheimer*), armañac (de *Armagnac*, región de Francia), boicot (de Charles Cunningham *Boycott*), cárter (de H. *Carter*), diésel o dísel (de R. *Diesel*), hercio (de H. R. *Hertz*), párkinson (de J. *Parkinson*), quinqué (de Antoine *Quinquet*), yacusi (de los hermanos *Jacuzzi*), zépelin o zepelín (de Ferdinand von *Zeppelin*).

CAPÍTULO VIII

La ortografía de las expresiones numéricas

1

LOS SISTEMAS DE NUMERACIÓN

La necesidad contar está íntimamente ligada al desarrollo de la actividad y el pensamiento humanos. En su origen probablemente se reducía a comprobar la integridad del propio grupo o a llevar la cuenta de las piezas cobradas en la caza. Tras la sedentarización de los grupos humanos, esa necesidad siguió estrechamente vinculada a las actividades cotidianas, cada vez con mayor exigencia: había que contar cabezas de ganado, soldados, reservas en los silos, ventas e ingresos en las transacciones económicas, etc.

En un principio, contar consistía básicamente en establecer una simple correspondencia, de uno a uno, entre los elementos que se deseaba contabilizar y determinados objetos manejables y cercanos. Por ello, los procedimientos de recuento primarios, que aún perviven, son los anatómicos, esto es, aquellos que establecen esa correspondencia con partes del cuerpo humano, y que toman normalmente como base los dedos de la mano o el pie; de ahí derivan los sistemas de cómputo quinarios (con base cinco), decimales (con base diez) y vigesimales (con base veinte). Pero también se usaban sistemas no asociados con la anatomía humana, basados en el recuento de objetos naturales que el hombre tenía a su disposición, como conchas, guijarros, granos..., o de las marcas que podía realizar sobre ellos, como las muescas o incisiones en huesos, o en las cañas o maderos llamados *tarjas,* procedimiento este último utilizado hasta época muy reciente en las ventas al fiado e incluso como sistema de registro y control de la hacienda británica hasta el siglo XIX. Otros sistemas inicialmente muy simples, como el recuento de los nudos hechos en una cuerda, alcanzaron en ciertas culturas un altísimo grado de sofisticación, como se aprecia en los quipus de los incas, cuyo complejo sistema de colores y nudos de diversos tamaños no tenía como fin exclusivo llevar registros contables, sino dejar constancia de todos los acontecimientos y saberes relevantes para la comunidad.

Información adicional	Como pone de manifiesto su etimología, los términos *dígito* 'número que puede expresarse con una sola cifra' (del lat. *digĭtus* 'dedo') y *cálculo* 'cómputo o cuenta' (del lat. *calcŭlus* 'piedrecita') están, en su origen, claramente relacionados con los sistemas más primitivos de cómputo.

Los primeros procedimientos de recuento no implican necesariamente la existencia de un sistema de numeración, aunque sean su germen directo, ya que se limitan, como se ha dicho, a establecer una mera correspondencia entre los elementos que deben ser contados y los objetos que los representan, ya sean los dedos de la mano, guijarros o muescas en un trozo de madera. Un sistema de numeración implica establecer un signo (de carácter simbólico o lingüístico) para representar cada uno de los números, esto es, de las entidades abstractas que expresan las diversas cantidades o conjuntos de unidades. Y solo cuando se introduce la idea de orden, una sucesión fija de símbolos o de palabras, susceptible de ser recordada secuencialmente, puede pasar a identificarse con la serie de los números naturales. A partir de ese momento, contar es asociar un número a cada objeto por medio del símbolo o la palabra que lo representa.

En función del número o conjunto de unidades adoptado como base del sistema de numeración, existen los ya mencionados quinario, decimal y vigesimal (del que quedan vestigios, por ejemplo, en los numerales franceses: *quatre-vingt* 'ochenta' significa literalmente 'cuatro veintes'). También se ha usado históricamente en muchas civilizaciones el sistema duodecimal (de base doce) —que toma como referencia el número de falanges de los dedos de la mano, excluido el pulgar, que es con el que se van señalando las de los demás dedos (4 [dedos] × 3 [falanges] = 12)—; de este sistema quedan huellas, por ejemplo, en la costumbre de contar por docenas, o en algunas unidades de medida inglesas, como el pie, que equivale a doce pulgadas. Y hay otros sistemas con bases menos intuitivas, como el sexagesimal (de base sesenta), que, utilizado en Babilonia para la elaboración del calendario y las mediciones astronómicas, ha pervivido en nuestra civilización en el sistema de cómputo del tiempo (una hora = sesenta minutos; un minuto = sesenta segundos), así como en la medición de los ángulos de la circunferencia.

Los números pueden representarse en la escritura a través de símbolos, denominados *cifras*, o de palabras, denominadas *numerales*. En la sección 2 de este capítulo se analizan los dos sistemas de representación numérica de tipo simbólico empleados en las lenguas de alfabeto latino como la nuestra, esto es, la numeración romana y la numeración arábiga, mientras que la sección 3 está específicamente dedicada a la ortografía de los numerales españoles.

Información adicional

Aunque se usen de manera indistinta en la lengua común, los términos *número* y *cifra* no deben confundirse: los números son entidades abstractas que expresan cantidad, mientras que las cifras son los símbolos que se utilizan para representar gráficamente los números. A su vez, el término *cifra* puede usarse con dos sentidos: para referirse a cada uno de los símbolos que componen individualmente la representación gráfica de un número (que, en la numeración arábiga decimal, son los comprendidos en la serie del 0 al 9); o para referirse al conjunto formado por varios de ellos en la representación de un número concreto. Por eso decimos, por ejemplo, que el número 327 se compone de tres cifras, pero también que 327 es la cifra que representa el número correspondiente. Con el primer sentido indicado, *cifra* y *dígito* son sinónimos, de ahí que también pueda decirse que el número 327 tiene tres dígitos.

Las cifras o dígitos son símbolos propios de los sistemas de notación numérica. En función de cómo actúan y se combinan esos símbolos entre sí, pueden establecerse dos tipos esenciales de sistemas de numeración: los acumulativos y los posicionales.

En los sistemas de numeración acumulativos, cada signo tiene un valor fijo, por lo que el valor total de una expresión numérica resulta de la suma del valor de cada uno de sus componentes. Así, en los sistemas acumulativos puros la posición que ocupe cada signo en la expresión numérica no altera el valor final de esta; por ejemplo, en un sistema de esa naturaleza donde F = 1 y N = 10, el número veintiuno podría escribirse tanto NNF como FNN, pues ambas secuencias suman esa cantidad. Pero existen también sistemas de numeración de tipo acumulativo en los que la posición de los signos sí es relevante para calcular el valor final de toda la expresión, aunque no para el valor de cada signo, que se mantiene fijo. Así sucede en la numeración romana tal como la conocemos hoy, en la que la posición de un signo respecto de otro puede indicar bien adición, bien sustracción: VI = 6, pero IV = 4, siendo en ambas I = 1 y V = 5.

En los sistemas de numeración posicional, en cambio, el valor de cada signo viene determinado por el lugar que ocupa dentro de la expresión numérica, de modo que un mismo signo tiene un valor distinto según su posición: así, en la expresión numérica 537, el 3 representa el valor 30, ya que ocupa el lugar de las decenas y debe multiplicarse por 10, mientras que en 23 ese mismo signo representa el valor 3, pues está en el lugar que corresponde a las unidades. Para que un mismo signo pueda tener valores diferentes según su posición es necesario que exista la idea o concepto del cero numérico, que muchos sistemas antiguos señalaban mediante un simple espacio en blanco, con el consiguiente riesgo de equívocos en la interpretación de las cifras. La creación y uso de un símbolo propio para representar el cero fue un hecho revolucionario, que cambió el rumbo de los sistemas de numeración (v. § 2.2).

El crecimiento del grado de civilización, el aumento de las dimensiones de los grupos humanos y la progresiva complejidad de sus relaciones sociales y sus transacciones económicas se dio de forma paralela al desarrollo de la aritmética, lo que favoreció el triunfo de los sistemas posicionales sobre los acumulativos. La ventaja de los sistemas posicionales radica en su capacidad de generar la representación gráfica de cualquier número de forma inequívoca y utilizando un conjunto muy reducido de símbolos diferentes, lo que vino a facilitar enormemente la realización de las operaciones aritméticas que hasta ese momento se hacían empleando diversos instrumentos de cálculo manual, como el ábaco.

2

LOS NÚMEROS ESCRITOS CON CIFRAS: NÚMEROS ROMANOS Y NÚMEROS ARÁBIGOS

En las lenguas de alfabeto latino existen dos modos de representación de los números mediante cifras: la numeración romana, heredada de la cultura latina y cuyo uso ha quedado reducido en la actualidad a unos cuantos contextos muy específicos; y la numeración arábiga, llamada así porque fue introducida en Occidente por los árabes de al-Ándalus, que es la que se emplea habitualmente hoy en la escritura de los números.

La numeración romana se basa en el empleo de siete letras del alfabeto latino a las que corresponde un valor numérico fijo, mientras que la numeración arábiga cuenta con diez símbolos (0, 1, 2, 3, 4, 5, 6, 7, 8, 9), cuyo valor cambia según sea su posición dentro del número representado.

Información adicional — Aunque a los diez símbolos de la numeración arábiga se les da, específicamente, el nombre de *cifras* o *dígitos,* esos términos son aplicables, en sentido amplio, a los símbolos que se emplean individualmente para representar los números en cualquier sistema de numeración. Por lo tanto, también son cifras, en ese sentido, los símbolos de la numeración romana.

2.1 LOS NÚMEROS ROMANOS

La numeración romana cuenta con los siguientes símbolos de valor numérico fijo: I [= 1], V [= 5], X [= 10], L [= 50], C [= 100], D [= 500], M [= 1000].

Este sistema deriva probablemente del utilizado por los etruscos, que entronca a su vez con los sistemas primitivos de cómputo a través de muescas o hendiduras realizadas en determinados objetos. Ya en época temprana las formas de las incisiones que se hacían para representar la unidad, el conjunto de cinco unidades y el de diez unidades se identificaron con las letras del alfabeto latino que tenían una figura similar (I, V y X), favoreciendo el establecimiento de un sistema de representación numérica basado en el uso de letras.

La numeración romana es un sistema acumulativo, en el que cada uno de los signos representa siempre el mismo valor. Pero, a diferencia de otros sistemas de este tipo, como el egipcio, en los que el orden de los signos no altera el valor final del número representado, el romano, aunque en un principio era solo aditivo (se sumaba siempre el valor representado por cada signo), incorporó más adelante la convención de que el valor de ciertos signos, según su posición, se sumase o se restase para calcular el valor total del número representado.

2.1.1 ORTOGRAFÍA DE LOS NÚMEROS ROMANOS

Para escribir correctamente hoy un número utilizando el sistema romano de numeración, deben respetarse las siguientes normas:

a) Los signos de la numeración romana se escriben en la forma mayúscula que corresponde a las letras capitales romanas de las que derivan. Este rasgo formal se debe a que el alfabeto latino solo contaba, en un principio, con letras mayúsculas (v. cap. IV, § 1).

En textos no manuscritos, para favorecer el equilibrio tipográfico, se recomienda escribir los números romanos en letra versalita (letra de forma mayúscula, pero del tamaño aproximado de la minúscula): *siglo* XXI, *páginas* XIX-XXIII; pero, si se refieren a un nombre propio o a una expresión denominativa escrita con mayúscula inicial, deberán escribirse en el tamaño habitual de la mayúscula: *II Internacional Obrera, Juan XXIII.*

Información adicional

En textos antiguos, a partir de la distinción entre las formas mayúscula y minúscula de las letras en el alfabeto latino, los números romanos pueden encontrarse escritos de una u otra forma según el contexto caligráfico. En los textos latinos medievales aparecían normalmente precedidos y seguidos de un punto para indicar el valor numérico, y no fonológico, que debía otorgarse a esos signos; de ahí deriva la costumbre de escribir los números romanos entre puntos que se observa en muchos textos castellanos medievales, donde, además, la *i* correspondiente a la unidad, si aparecía en posición final, podía adoptar también la forma *j* (la llamada *i larga*):

«*Ley .xvij. Qué pena deuen auer los que ffuyen de la batalla*» (Alfonso X *Espéculo* [Esp. a1260]).

En la actualidad, los números romanos deben escribirse siempre con letras de forma mayúscula. La única excepción a esta regla general son los números romanos usados para numerar apartados o elementos de una lista, que se escriben frecuentemente con minúsculas y suelen denominarse, por ello, *romanitos:*

El presente título no se aplicará a las medidas contempladas en el artículo 36, letra a), inciso vi), y letra b), incisos vi) y vii), del Reglamento (CE) n.º 1698/2005.

Este uso de los números romanos en minúscula en la numeración de apartados, que se debe probablemente al influjo del inglés, es costumbre propia de textos de carácter jurídico o científico, aunque también aparece con alguna frecuencia en textos académicos y didácticos. La minúscula en los números romanos, admisible solo en estos contextos, no debe extrapolarse a los demás usos de estos números.

b) Los números romanos se escriben e interpretan de izquierda a derecha, en sentido decreciente, esto es, de los millares a las unidades: *MDCCLVI* [= 1756].

c) No debe repetirse hoy más de tres veces consecutivas un mismo signo; así, el número 333 se escribe en romanos *CCCXXXIII,* mientras que el número 444 debe escribirse *CDXLIV,* y no ⊗*CCCCXXXXIIII.*

Información adicional — Aunque en la Antigüedad podían repetirse hasta cuatro veces consecutivas los signos *I* y *X,* hoy en día solo pervive la secuencia de cuatro signos en la indicación del cuatro en las esferas de los relojes que utilizan números romanos, donde este número puede aparecer representado como *IV* o como *IIII.*

---

d) Nunca debe repetirse dos veces un signo si existe otro que por sí solo representa ese valor; así, debe escribirse *X* [= 10], y no ⊗*VV* [5 + 5 = 10]. Esta es la causa de que los signos *V, L* y *D* no se repitan nunca, pues el doble de su valor lo representan, respectivamente, los signos *X, C* y *M.*

e) Cuando un signo va seguido de otro de valor igual o inferior, se suman sus valores: *VI* [= 6], *XV* [= 15], *XXVII* [= 27].

f) Cuando los signos I, X o C van seguidos de otro de mayor valor, se le resta a este último el valor de aquellos: *IV* [= 4], *IX* [= 9], *XL* [= 40], *XC* [= 90], *CD* [= 400], *CM* [= 900].

g) Los signos *V*, *L* y *D* no se utilizan nunca con valor sustractivo; así, el número 45 debe escribirse *XLV*, y no ⊗*VL*.

h) El valor de los números queda multiplicado por mil tantas veces como rayas horizontales se tracen encima: así, $\overline{L}$ [= 50 000], $\overline{\overline{M}}$ [= 1 000 000 000].

2.1.2 USO ACTUAL DE LOS NÚMEROS ROMANOS

La numeración romana fue desplazada completamente por la arábiga como sistema de representación numérica en Occidente desde finales de la Edad Media. Los números romanos solo perviven hoy en los siguientes contextos de uso, casi siempre con sentido ordinal:

a) En monumentos o placas conmemorativas, para indicar los años: *MCMXCIX* [= 1999]. No obstante, hoy es más normal usar números árabes también con esta finalidad. A imitación de los antiguos modelos de inscripciones lapidarias latinas, es posible encontrar en algún caso que los grupos que corresponden a los millares, las centenas, las decenas y las unidades se separan con un punto situado a media altura: *M·CM·XC·IX*.

b) En las publicaciones periódicas, para señalar el año al que corresponde cada ejemplar desde que comenzó su edición: *El País. Lunes, 6 de septiembre de 2010. Año XXXV. Número 12 131*. En este uso alternan con los números arábigos.

c) Para indicar los siglos; en este uso se posponen siempre al sustantivo: *siglo* XIV, *siglo* XXI. No deben emplearse, con este fin, los números arábigos, uso poco común y ajeno a nuestra tradición ortográfica: ⊗*siglo 21*.

d) Para indicar las dinastías en ciertas culturas; se anteponen normalmente al sustantivo al que determinan: *los faraones de la* XVIII *dinastía*. Con este fin alternan frecuentemente en el uso con la abreviatura del numeral ordinal correspondiente: *la 18.ª dinastía*.

e) En las series de papas, emperadores y reyes de igual nombre, y siempre pospuestos a este: *Juan XXIII, Napoleón III, Felipe IV*.

f) En la denominación de congresos, campeonatos, certámenes, festivales, etc., y siempre antepuestos al nombre correspondiente: *IV Congreso Iberoamericano de Bioética, XIII Muestra de Cine Independiente*. Si el número resulta excesivamente complejo, se prefiere, en su lugar, el uso de las abreviaturas de los numerales ordinales: *78.º Campeonato Mundial de Ajedrez.*

g) En la numeración de volúmenes, tomos, anexos, partes, libros, capítulos o cualquier otra división de una obra, así como en la numeración de actos, cuadros o escenas en las piezas teatrales: *tomo* III, *libro* II, *capítulo* IV, *escena* VIII. Como se ve en los ejemplos, se escriben siempre pospuestos al sustantivo al que se refieren. En muchos de estos casos pueden sustituirse por las abreviaturas, antepuestas o pospuestas, de los numerales ordinales correspondientes: *tomo 3.º* o *3.er tomo, capítulo 12.º* o *12.º capítulo;* e incluso por números cardinales, aunque en ese caso el número solo puede ir pospuesto al sustantivo: *tomo 3, volumen 2, capítulo 7.*

Advertencia	Los números romanos usados con valor ordinal no deben escribirse nunca acompañados de letras voladas: ®*tomo VI.º*, ®*II.ª Conferencia de Eficiencia Energética.*

h) Para numerar las páginas de las secciones preliminares de una obra (prólogo, introducción, etc.), con el fin de distinguirlas de las del cuerpo central. En estos casos, lo normal y recomendable es escribir los números romanos en su forma mayúscula característica (III, XVII), y no en forma minúscula (*iii, xvii*), como se hace a veces por arcaísmo ortográfico o por imitación de usos de otras lenguas. En las menciones a esas páginas, los romanos se escriben pospuestos al sustantivo: *Las advertencias de uso comienzan en la página* XIII.

i) Para indicar el mes en la expresión abreviada de las fechas: *12-IX-1978*. Hoy es más habitual emplear para ello números arábigos (v. § 5.2.2).

j) Los grados con que en la escala de Mercalli se mide la intensidad y capacidad de destrucción de los terremotos: *El sismo tuvo una intensidad de grado* VI *en la escala modificada de Mercalli.*

k) En España, en los identificadores de las carreteras nacionales: «*Pepa Trueno* [...] *se había cargado a su marido con un cuchillo de cortar jamón del bar que ambos regentaban en la N-IV*» (PzReverte *Reina* [Esp. 2002]).

2.1.3 LECTURA DE LOS NÚMEROS ROMANOS

Como se ha señalado, los números romanos se usan fundamentalmente hoy con valor ordinal, por lo que en su lectura debe reproducirse, en principio, el numeral ordinal que corresponda en cada caso: *IV Jornadas de*

Diseño Empresarial (cuartas jornadas...). No obstante, puesto que los ordinales excesivamente complejos suelen reemplazarse en el uso actual por los correspondientes cardinales, es también posible leer como cardinales los números romanos elevados: *LXXVIII Congreso Nacional de Mutualistas* (septuagésimo octavo congreso... o setenta y ocho congreso...).

También pueden leerse como cardinales u ordinales en aquellos contextos en que la lengua admite el uso de ambos tipos de numerales: *tomo* III (tomo tres o tomo tercero), *capítulo* V (capítulo cinco o capítulo quinto), etc.

En cambio, cuando se usan solo como identificadores, para nombrar o referirse a algo que forma parte de una serie, se leen únicamente como cardinales: *la N-II* (la ene dos o la nacional dos).

En otros contextos de uso, su lectura puede variar según el valor del número que representan:

a) Los números romanos que indican año se leen como cardinales: MDCCXXI (mil setecientos veintiuno), *año* MMXI (año dos mil once); no obstante, hasta el diez pueden leerse también como ordinales: *año* II (año dos o año segundo), *año diez* (año diez o año décimo).

b) En referencia a los siglos, los romanos del I al X se leen indistintamente como cardinales o como ordinales, con preferencia culta por estos últimos: *siglo* I (siglo uno o siglo primero), *siglo* II (siglo dos o siglo segundo), etc.; pero del siglo XI en adelante, solo es normal su lectura como cardinales: *siglo* XI (siglo once), *siglo* XVIII (siglo dieciocho), *siglo* XXI (siglo veintiuno).

c) En la indicación de orden en las series de papas y reyes del mismo nombre, los romanos se leen como ordinales hasta el diez (aunque para este último también se admite la lectura como cardinal): *Julio II* (Julio segundo), *Enrique VIII* (Enrique octavo), *Alfonso X* (Alfonso décimo o Alfonso diez); y como cardinales a partir del diez: *Luis XV* (Luis quince), *Juan XXIII* (Juan veintitrés), *Benedicto XVI* (Benedicto dieciséis).

2.2 LOS NÚMEROS ARÁBIGOS

El sistema de numeración que actualmente conocemos como arábigo en realidad tuvo su origen en la India, donde se utilizaba una fórmula de base decimal para escribir los números con palabras: cada uno de los nueve primeros números tenía un nombre, al igual que cada una de las potencias de diez, de modo que 637 se expresaba, traducido a nuestro idioma, *siete unidades tres decenas seis centenas*. Puesto que en la expresión de los números se seguía siempre un orden fijo (unidades, decenas, centenas, millares...), pronto comenzaron a omitirse los sustantivos que indicaban la potencia, por ser deducibles de su posición en el conjunto. El único problema de esta omisión se presentaba cuando había que expresar números en los que una de las posiciones carecía de valor, como en 507, donde no hay ningún valor asociado a las decenas; los indios resolvieron esta dificultad con el uso de la palabra *sunya* ('vacío' en sánscrito), precursora de nuestro *cero* (del italiano *zero*, este del latín medieval *zephўrum*, y este, a su vez, del árabe *ṣifr* 'vacío', también en el origen de la voz *cifra*).

Posteriormente, esta fórmula se trasladó a la escritura con cifras, en lugar de palabras, dando origen al sistema de numeración decimal posicional que fue conocido y adoptado por los matemáticos árabes entre los siglos VIII y IX de nuestra era, y penetró en Occidente algo más tarde, a través de los musulmanes de al-Ándalus.

El sistema indoarábigo de numeración es, como se ha dicho, decimal y posicional. Cada posición implica una potencia de diez distinta, por la que debe multiplicarse el signo que ocupa esa posición para calcular su valor; así, en el número 776 el primer dígito equivale a 700 [7×10^2], el segundo a 70 [7×10^1] y el tercero a 6 [6×10^0]. Este sistema presenta la inmensa ventaja de poder generar con muy pocos signos, de una forma inequívoca y concisa, una serie ilimitada de números. Pero la piedra angular de este sistema es la adopción de un signo para representar el cero.

La representación gráfica de un número en un sistema posicional exige señalar de algún modo la ausencia de valor. Las numeraciones china y babilónica lo resolvieron utilizando un espacio en blanco, pero fueron los indios los que introdujeron un signo específico para representar el cero matemático, y lo incorporaron, con pleno rendimiento, a su sistema decimal de numeración y a sus operaciones de cálculo. Comenzaron usando para ello un punto, que se convirtió posteriormente en un círculo vacío, antecedente de la figura del cero que hoy conocemos, aunque, curiosamente, en la escritura árabe se sigue usando el signo • para representarlo.

Información adicional — El sistema de numeración maya, de carácter posicional, ya contaba con un signo para representar el cero, aunque su sistema era de base vigesimal, no decimal, y presentaba ciertas particularidades que lo hacían muy complejo para las operaciones de cálculo.

El sistema indio de numeración llegó a Europa a finales del siglo X a través de los árabes, entre los cuales lo había divulgado el matemático y astrónomo Muhammad ibn Musa al-Juarismí (h. 780-h. 850), de cuyo apellido derivan, precisamente, las voces españolas *guarismo* ('cifra arábiga') y *algoritmo* ('conjunto de operaciones que dan solución a un problema').

En Occidente, los números arábigos comenzaron a aparecer en textos cristianos tempranamente (la mención más antigua es del año 976) y se difundieron gracias a su empleo en los ábacos; pero el uso del cero y los métodos de cálculo con esta numeración no se conocieron realmente hasta el siglo XIII, cuando Leonardo de Pisa, más conocido como Fibonacci, los explicó en su tratado de álgebra *Liber abaci* (1202). Tras la publicación de esta obra, la numeración arábiga comenzó a usarse profusamente en obras astronómicas y matemáticas, pero aún fue necesario el transcurso de más de dos siglos para que desplazara en el uso corriente a la numeración romana.

La revolución que supuso el sistema indoarábigo de numeración, ya implantado a todos los niveles en Europa entre los siglos XV y XVI, facilitó el desarrollo del álgebra, la difusión de la matemática griega en los ámbitos cultos y la posibilidad de acceso de toda la población a los métodos básicos de cálculo. Por ello, pese a la enorme resistencia inicial que Occidente opuso a su adopción, el sistema de numeración arábigo es el más extendido hoy, y su variante europea es la utilizada por todos los estándares internacionales.

La variante europea de las cifras arábigas cuenta con dos familias tipográficas para su representación en textos impresos: las capitales y las elzevirianas.

Las cifras capitales, de uso habitual tanto en textos de carácter general como en los de carácter científico y económico, presentan una altura uniforme igual a la de las letras mayúsculas de la fuente correspondiente, sin trazos ascendentes ni descendentes: 1 2 3 4 5 6 7 8 9 0; las cifras elzevirianas, en cambio, se caracterizan por presentar una altura variable, con trazos ascendentes o descendentes (el número uno puede presentar su forma convencional o adoptar una forma similar a la del uno de las cifras romanas): 1 (o I) 2 3 4 5 6 7 8 9 0.

Información adicional — Estas cifras deben su nombre a los Elzevir, familia de célebres impresores holandeses que desarrollaron su actividad entre 1580 y 1712, quienes encargaron su diseño y las emplearon en sus impresos.

2.2.1 ORTOGRAFÍA DE LOS NÚMEROS ARÁBIGOS

Para configurar correctamente un número arábigo, debe tenerse en cuenta que las posiciones se escriben en orden decreciente en el sentido de la escritura, de forma que las unidades son las que se representan en último lugar; así, en el número 567, el 5 representa las centenas, el 6 las decenas y el 7 las unidades. Si la cifra contiene una parte entera y una parte decimal, a partir del signo que separa ambas partes, el orden se invierte; así, en el número 0,567 (o 0.567 si se emplea el punto como marcador decimal), el 5 representa las décimas, el 6 las centésimas y el 7 las milésimas.

Advertencia	El signo que se emplea para separar la parte entera de la decimal, ya sea la coma o el punto, debe escribirse sin espacio de separación con respecto a los dígitos que lo anteceden y lo siguen: *0,50 pesos* o *0.50 pesos*.

2.2.1.1 **Los números enteros y el separador de millares**

Las cifras que componen un número se escriben seguidas, formando un solo grupo, para poder identificarlas como la representación gráfica de una sola cantidad y asignar a cada dígito su valor de acuerdo con su posición relativa dentro del conjunto: *12* (doce), *127* (ciento veintisiete), *3479* (tres mil cuatrocientos setenta y nueve).

No obstante, parece comprobado que los seres humanos solo son capaces de reconocer intuitivamente conjuntos o secuencias de hasta cuatro elementos y que, a partir de ahí, solo se percibe una sensación indefinida de pluralidad. Por ello se acostumbra a dividir en grupos las cifras que representan números elevados, con el fin de facilitar su interpretación y lectura por parte del ser humano, recurso prescindible, en cambio, en el procesamiento numérico automatizado.

Por esa razón, la normativa internacional dispone que, en los números de más de cuatro cifras, puedan agruparse estas de tres en tres, empezando por la derecha, insertando entre los grupos un pequeño espacio en blanco, lo que se conoce en tipografía como espacio fino (espacio algo menor que el ordinario): *27 315 857*. Los bloques no deben aparecer en líneas diferentes, ya que eso dificultaría la identificación del número completo: ⊗*27 315 / 857*. No obstante, esta separación mediante espacios en blanco no debe aplicarse en documentos contables ni en ningún tipo de escrito en que pueda arriesgarse la seguridad o la integridad en la transmisión de la cifra.

Tradicionalmente se ha venido utilizando el punto o la coma, según las zonas, para separar los bloques de tres dígitos en la parte entera de los números. En los países en los que la coma es el separador decimal se venía usando el punto, y en aquellos en los que el punto es el separador decimal, la coma era el signo elegido para separar los millares. El hecho de que un mismo signo tenga valores contrapuestos en función del área en que se use plantea un serio problema de ambigüedad, ya que una cifra como *12.546* se interpretaría, en el primer caso, como 'doce mil quinientos cuarenta y seis' y, en el segundo, como 'doce unidades con quinientas cuarenta y seis milésimas'. Es lógico inferir que las consecuencias de esta ambigüedad en intercambios comerciales o en proyectos plurinacionales y plurilingües pueden ser gravísimas.

A fin de solventar este problema, los organismos internacionales dedicados a la normalización han establecido un uso común que permite la correcta interpretación de las cifras con independencia del contexto geográfico. Las normas establecidas por la Oficina Internacional de Pesos y Medidas, así como por la ISO (International Organization for Standardization 'Organización Internacional para la Estandarización') y las entidades correspondientes en cada nación, han resuelto que solo se emplee un espacio en blanco para separar los grupos de tres dígitos en los números de más de cuatro cifras. De este modo, cualquier signo que aparezca en una cifra, sea el punto o la coma, solo podrá interpretarse como marcador decimal: *15 258,67 = 15 258.67*.

Advertencia	No deben utilizarse ni el punto ni la coma para separar los grupos de tres dígitos en la parte entera de un número. Para ello solo se admite hoy el uso de un pequeño espacio en blanco.

La separación en grupos de tres dígitos es opcional cuando el número expresa cantidad (siempre que se componga de más de cuatro cifras): *A principios de siglo Madrid tenía una población de 3 132 463 habitantes;* pero no debe aplicarse nunca cuando el número no expresa cantidad, sino que sirve para identificar un elemento dentro de una serie. Por tanto, no se utilizará nunca el espacio en los casos siguientes:

a) En los números que designan los años, tengan o no más de cuatro cifras: *el 987 d. C., el año 2010, el 40000 a. C.* En cambio, la separación sí puede aplicarse si el número de más de cuatro cifras cuantifica al sustantivo *año,* esto es, si expresa 'cantidad de años': *Hace 40 000 años...*

b) En los números que indican paginación o numeración de versos, columnas, etc.: *página 14881, verso 1756.* De forma análoga al caso anterior, sí podrá aplicarse el espaciado si el número expresa cantidad: *El sumario judicial tiene más de 12 500 páginas.*

c) En la numeración de textos legales o sus divisiones: *Ley 15668, del 29 de octubre de 1965; artículo 1566 del Código Civil.*

d) En la numeración de vías urbanas, códigos postales o apartados de correos: *código postal 28357, apartado de correos 17903.*

e) En los números que forman parte de códigos o identificadores, signaturas, números de registro: *Reg. 93228, CIF 38934567-B, norma UNE 82100-2.*

Información adicional — Los números telefónicos suelen separarse en bloques mediante espacios, aunque también es posible utilizar para ello puntos o guiones. En primer lugar figura el código internacional (*00*), que puede sustituirse por el signo +; en segundo lugar, el código de país (por ejemplo, *502* para Guatemala); en tercer lugar, el prefijo o código regional y, por último, el número telefónico, cuya división habitual puede variar en cada país: *00 502 2 663 85 94,* o bien *+502 2 663 85 94.* En la mención dentro del propio país suelen omitirse los dos primeros bloques. En los teléfonos celulares o móviles, es frecuente que el número se agrupe en bloques de tres cifras: *655 489 926;* pero también es posible verlos divididos en bloques de cuatro: *2291 0123.*

2.2.1.2 Los números decimales y el separador decimal

Aunque los primeros sistemas de representación numérica, por estar íntimamente ligados al acto de contar, incluían solo los números naturales, con la evolución y perfeccionamiento de la matemática, además de representar la unidad y sus múltiplos, se hizo necesario representar sus fracciones.

En la actualidad, existen dos notaciones posibles para las fracciones: los quebrados y los números decimales.

La expresión en quebrados ya era utilizada por los matemáticos indios, que situaban el numerador en una línea y el denominador en la línea inferior, pero fueron los árabes quienes aportaron la línea horizontal de separación. En la actualidad puede utilizarse tanto esa línea (ya sea horizontal o vertical: $\frac{3}{8}$ o ³⁄₈) como los símbolos propios que denotan división (3 ÷ 8 o 3 : 8). Como puede verse en el ejemplo, los operadores matemáticos de división deben separarse con un espacio fino de los números a los que afectan (v. cap. v, § 4.4i).

Advertencia — La expresión en quebrados no es adecuada para cuantificar las unidades del sistema internacional en documentos técnicos: ®*½ Hz,* ®*¾ Ω.* En cambio, existen contextos en el uso común en los que su empleo está plenamente asentado con algunas de estas unidades: *Ingredientes: ½ kg de harina, 100 g de azúcar y 3 huevos.*

La segunda fórmula, los números decimales, surge de la aplicación de la numeración posicional, primero a las fracciones de base decimal, y de allí al resto de las fracciones.

2.2.1.2.1 *La escritura de los números decimales*

Los números decimales resultan de una operación matemática que no genera un número exacto. Se componen de una parte entera, que corresponde a la unidad y sus múltiplos, y de una parte decimal, que corresponde a los submúltiplos o fracciones decimales de la unidad. En los sistemas de numeración posicional es absolutamente necesario el uso de un signo o procedimiento que distinga ambas partes y permita ubicar la posición de la unidad de forma inequívoca, para asegurar la correcta interpretación del conjunto.

Los procedimientos utilizados para separar la parte entera de la decimal en la escritura de los números han sido variados y muy diversos a lo largo de la historia. Pero ya entre finales del siglo XVI y principios del XVII se asentó el uso de los dos signos que perviven en la actualidad con este fin: el punto, utilizado por el italiano Giovanni Antonio Magini, y la coma, elegida por el neerlandés Wilbord Snellius.

El arraigo de cada una de estas opciones ha sido tal que el uso del punto o la coma como marcador decimal en la escritura de los números aún pervive, con distinta distribución geográfica, en las lenguas que utilizan el alfabeto latino.

Al igual que se hizo con la forma de separar los grupos de tres cifras en la parte entera de los números, los organismos internacionales de normalización han intentado establecer un uso general común para marcar la separación entre la parte entera y la parte decimal, inclinándose por dar preferencia a la coma en todos los documentos de difusión internacional. Así lo establece la ISO en su norma ISO 31-0, al igual que la Conferencia General de Pesos y Medidas, organismo encargado de las convenciones de uso en metrología y en el sistema internacional de unidades. No obstante, este último organismo decidió admitir ambos signos en su vigesimosegunda reunión, celebrada en 2003, reconociendo que la recomendación general de emplear como marcador decimal la coma puede entrar en conflicto con la costumbre asentada en las lenguas o países que usan para ello el punto.

En el ámbito hispánico, el uso de cada uno de estos signos se distribuye geográficamente casi a partes iguales: la coma se emplea en la Argentina, Chile, Colombia, el Ecuador, España, el Paraguay, el Perú y Uruguay; mientras que se usa el punto en México, Guatemala, Honduras, Nicaragua, Panamá, Puerto Rico, la República Dominicana y Venezuela, así como entre los hispanohablantes estadounidenses; hay también países, como Bolivia, Costa Rica, Cuba y El Salvador, donde se utilizan ambos. Con el fin de promover un proceso tendente hacia la unificación, se recomienda el uso del punto como signo separador de los decimales.

Así pues, en español, según las zonas, podrá escribirse $\pi = 3{,}1416$ o $\pi = 3.1416$.

Información adicional	El uso del punto como separador decimal está generalizado en la expresión de las frecuencias de emisión radiofónica, en especial cuando se utilizan como referencia de la ubicación de las emisoras de radio en el dial: *Radio Caracol FM, 97.1.*

Advertencia	El uso del apóstrofo en lugar de la coma para separar la parte entera de la decimal no es correcto y debe evitarse: ⊗*28'57.*

2.2.1.2.2 *La expresión lingüística de los números decimales*

Cuando los números decimales se expresan con palabras, debe mencionarse primero la parte entera y después la decimal, unidas ambas por la conjunción *y* o por la preposición *con.* Así, el número *20,58* (o *20.58* en los países que emplean el punto como separador decimal) corresponde a la expresión *veinte (unidades* o *enteros) con cincuenta y ocho (centésimas)* o *veinte (unidades* o *enteros) y cincuenta y ocho (centésimas).* Si la parte entera es cero, se suele expresar únicamente la parte decimal; así, un número como *0,675* (o *0.675*) se formula más bien como *seiscientas setenta y cinco centésimas* que como *cero unidades con seiscientas setenta y cinco centésimas.*

Al expresar verbalmente los números decimales, es también habitual leer simplemente la secuencia de signos de que se componen; así, no es infrecuente formular oralmente el decimal *2,5* o *2.5* como *dos coma cinco* o *dos punto cinco;* y *7,08* o *7.08* como *siete coma cero ocho* o *siete punto cero ocho.* Este recurso, plenamente admisible en el registro oral, no es apropiado para expresar por escrito los números decimales en documentos de carácter técnico, administrativo o contable, aunque puede aparecer ocasionalmente en textos de prensa: *«Llevamos una considerable ventaja* [...] *en la inflación interanual acumulada, que casi duplica la previsión: del dos y medio al cuatro coma dos va un gran trecho»* (*FVigo* [Esp.] 15.6.2001).

2.2.1.3 Coordinación de números escritos con cifras

Si bien en la lengua oral es frecuente elidir elementos de los numerales compuestos cuando aparecen coordinados (*entre quince y veinte mil asistentes* por *entre quince mil y veinte mil asistentes*), cuando estos números se expresen en cifras, especialmente en textos de carácter científico, técnico o financiero, deben utilizarse sus formas completas y no expresiones abreviadas, a fin de evitar todo posible malentendido: *entre 15 000 y 20 000,* y no ⊗*entre 15 y 20 000.*

Este tipo de coordinación solo es normal en aquellos casos en los que dos números coordinados cuantifican a un sustantivo numeral (*millar, millón, millardo, billón, trillón* y *cuatrillón*): «*La producción de este tipo de energías permitirá en los próximos ocho años evitar las emisiones de entre 30 y 40 millones de toneladas de* CO_2 *a la atmósfera*» (*Física* [Esp. 2002]); «*El costo se había estimado entre 180 y 200 millones de pesos*» (*Hoy* [Chile] 27.10-2.11.1997).

3 NUMERALES

Como ya se ha indicado, las entidades abstractas denominadas números pueden ser gráficamente representados de dos formas: mediante símbolos o cifras y mediante palabras, denominadas específicamente *numerales*. Ambas formas de representación están íntimamente ligadas al desarrollo de los sistemas de escritura, pero presentan diferencias notables.

La representación de los conceptos numéricos mediante cifras puede considerarse un lenguaje formal, ya que constituye un procedimiento de notación simbólica totalmente independiente de cualquier lengua natural; de ahí que pueda ser utilizado e interpretado por hablantes de muy diversas lenguas, como ocurre con la numeración arábiga, de uso internacional, aunque algunos de sus signos puedan adoptar formas distintas en diferentes familias de lenguas. En cambio, los numerales, como palabras que son, constituyen siempre un subconjunto del léxico de una lengua, por lo que difieren de un sistema lingüístico a otro y su escritura debe someterse a las normas ortográficas propias de cada lengua.

A diferencia de las cifras, cuya capacidad de representación de los conceptos numéricos es, en principio, ilimitada, los numerales constituyen un inventario cerrado en cada lengua, y no siempre existe un numeral para nombrar todos y cada uno de los números matemáticamente posibles.

Información adicional

Los nombres de los grandes números, expresados habitualmente con una representación exponencial —como, por ejemplo, el *gúgol* (10^{100}), forma adaptada del inglés *googol*— o incluso inexpresables en los sistemas de notación convencional —como el número de Graham, el mayor jamás usado en una demostración matemática— no pueden considerarse integrados en el sistema general de los numerales, pues carecen de aplicación más allá de documentos científico-técnicos muy especializados.

Las series de los numerales se generan normalmente a partir de un conjunto limitado de piezas básicas mediante diversas pautas combinatorias y procedimientos como la composición, la adición de sufijos numerales, la coordinación o la yuxtaposición. En español, como ocurre en muchas otras lenguas, existen numerales simples (*veinte, tercero, catorceavo*...) y numerales complejos, que son los formados por la unión o combinación de numerales simples. Los numerales complejos se escriben, en unos casos, en una sola palabra (*veintiuno, trescientos, decimoquinto*...) y, en otros, en varias palabras gráficamente independientes (*sesenta y siete, dos mil, quincuagésimo cuarto*...). Esta diversidad de representación es a menudo fuente de dudas y vacilaciones ortográficas, por lo que, en los epígrafes siguientes, se ofrecen las pautas para la correcta escritura de las diferentes clases de numerales, especialmente en relación con su grafía en una o varias palabras. Debe tenerse en cuenta, además, que los numerales, como el resto de las palabras integrantes del léxico español, han de someterse a las reglas generales de acentuación gráfica que se exponen en el capítulo II, § 3.4.

3.1 ORTOGRAFÍA DE LOS NUMERALES CARDINALES

Los numerales cardinales expresan cantidad en relación con la serie de los números naturales, incluido el cero, que representa la ausencia de cantidad. Normalmente funcionan como adjetivos: *Tiene cuatro hijos;* pero pueden funcionar también como pronombres: *—¿Cuántos vasos faltan? —Tres.* Son, en cambio, sustantivos masculinos cuando se emplean para nombrar las cifras o los números: *Has escrito un cinco que parece un seis; El seiscientos dieciséis es un número capicúa.* Suelen incluirse en la serie de los numerales cardinales algunas palabras que, al igual que estos, expresan cantidad exacta, pero que, a diferencia de ellos, son siempre sustantivos, como es el caso de *millar, millón, millardo, billón, trillón* y *cuatrillón.*

Cuando funcionan como adjetivos o pronombres, solo presentan variación de género los cardinales *un(o)* (*un día, una vez*) y los formados con el elemento compositivo *-cientos* (*trescientos hombres, cuatrocientas personas*), así como los numerales complejos que incluyen estas formas (*veintiún años, veintiuna páginas; seiscientos mil pesos, trescientas mil personas*).

Los cardinales de *cero* a *quince,* todas las decenas (*veinte, treinta, cuarenta,* etc.), *cien(to), quinientos* y *mil* son palabras simples. El resto de los numerales cardinales son complejos y se forman por fusión, yuxtaposición o coordinación de cardinales simples.

De los cardinales complejos, se escriben hoy en una sola palabra los correspondientes a los números 16 a 19 y 21 a 29, así como todas las centenas: *dieciséis, dieciocho, veintiuno, veintidós, doscientos, cuatrocientos, seiscientos,* etc. La grafía unitaria de estos numerales es consecuencia de su comportamiento asimismo unitario a efectos prosódicos, ya que, al haberse hecho átono su primer componente, estas formaciones cuentan con un único acento. De hecho, las grafías pluriverbales etimológicas ⊗*diez y seis,* ⊗*veinte y uno,* ⊗*cuatro cientos,* etc., son anticuadas y deben evitarse. Como se observa en algunos de los ejemplos, cuando un numeral tiene su origen en una expresión coordinada, la *y* copulativa etimológica se convierte en *i* en la grafía univerbal: *dieciséis* (procedente de la expresión coordinada *diez y seis*).

Advertencia	Debe tenerse especial cuidado en escribir correctamente los cardinales *doscientos, trescientos* y *seiscientos* (compuestos, respectivamente, de *dos, tres* y *seis* + el plural *cientos*). La única grafía hoy admitida para estos numerales incluye, como se ve, la secuencia *-sc-*, que no debe simplificarse ni en *-c-* (⊗*docientos,* ⊗*trecientos...*) ni en *-s-* (⊗*dosientos,* ⊗*tresientos...*). También debe evitarse el error de escribir con *-sc-*, por ultracorrección, otros numerales a los que no les corresponde: ⊗*setescientos,* ⊗*novescientos,* en lugar de los correctos *setecientos, novecientos.*

A partir de treinta, todos los cardinales complejos que corresponden a cada serie se escriben tradicionalmente en varias palabras y se forman, bien por coordinación, bien por yuxtaposición de cardinales simples; así, los correspondientes a la adición de unidades a las decenas se escriben interponiendo entre los cardinales simples la conjunción *y*: *treinta y uno, cuarenta y cinco, noventa y ocho,* etc.; el resto se forma por mera yuxtaposición: *ciento dos, mil cuatrocientos treinta, trescientos mil veintiuno,* etc.

No obstante lo dicho, por analogía con la serie de los cardinales compuestos de *diez* y de *veinte,* y debido a su comportamiento prosódico igualmente unitario, se documentan casos de grafías univerbales en los correspondientes a otras decenas (*treintaicinco, cuarentaitrés, cincuentaiocho,* etc.), especialmente en textos de autores americanos: «*Olvidé a Frieda y la versión treintaidós de esta su letanía*» (Onetti *Viento* [Ur. 1979]); «*Era la una y cincuentaicinco minutos*» (Martini *Fantasma* [Arg. 1986]); «*Una familia integrada por don Emiliano, doña Josefina y doña Isabel, todos solterones, de setenta, sesentaiocho y sesentaicinco años, respectivamente*» (Araya *Luna* [Chile 1982]). Estas grafías simples, aunque aún minoritarias, son asimismo válidas, pues responden a la tendencia a la fusión gráfica que experimentan las unidades léxicas pluriverbales que forman un solo grupo acentual (v. cap. v, § 2.1); aun así, en el uso culto general son claramente mayoritarias las grafías pluriverbales tradicionales (*treinta y cinco, cuarenta y tres, cincuenta y ocho,* etc.).

Advertencia	Con el fin de preservar la unidad ortográfica de todo el ámbito hispánico, se recomienda evitar las grafías que trasladan a la escritura la pronunciación que reduce el diptongo en estos numerales (*®treinticinco, ®cuarentitrés,* etc.), pues, aunque dicha pronunciación sea frecuente en la lengua oral de ciertas áreas, especialmente en el español antillano, no es propia del habla culta en otras.

Aunque es normal que los múltiplos de mil constituyan también una unidad desde el punto de vista prosódico ([dosmíl], [tresmíl], [kuatrosientosmíl, kuatrozientosmíl], etc.), estos numerales mantienen tradicionalmente en la escritura la independencia gráfica de sus componentes: *dos mil (libros), tres mil (soldados), quince mil (metros), cuatrocientas mil (personas),* etc. Solo cuando se emplean como sustantivos lexicalizados, como ocurre cuando designan las montañas de una altura igual o superior a la expresada por el numeral, deben usarse las grafías univerbales *dosmil, tresmil..., ochomil,* que permiten la normal formación de los plurales correspondientes: «*Siendo aquel pico el primer "tresmil" pirenaico conquistado por un español*» (Faus *Andar* [Esp. 1999]); «*Acerca del más mitificado y peligroso de los "ochomiles", la montaña criminal por excelencia, el K2*» (GaSánchez *Alpe d'Huez* [Esp. 1994]).

Se ofrece a continuación el inventario de formas de los numerales cardinales.

NÚMERO O CIFRA	NUMERAL CARDINAL
0	cero
1	uno, *fem.* una; *apocopado:* un
2	dos
3	tres
4	cuatro
5	cinco
6	seis
7	siete
8	ocho

NÚMERO O CIFRA	NUMERAL CARDINAL
9	nueve
10	diez
11	once
12	doce
13	trece
14	catorce
15	quince
16	dieciséis
17	diecisiete
18	dieciocho
19	diecinueve
20	veinte
21	veintiuno, *fem.* veintiuna; *apocopado:* veintiún
22, 23, *etc.*	veintidós, veintitrés, *etc.*
30	treinta
31	treinta y uno, *fem.* treinta y una; *apocopado:* treinta y un
32, 33, *etc.*	treinta y dos, treinta y tres, *etc.*
40	cuarenta
41	cuarenta y uno, *fem.* cuarenta y una; *apocopado:* cuarenta y un
42, 43, *etc.*	cuarenta y dos, cuarenta y tres, *etc.*
50	cincuenta
60	sesenta
70	setenta
80	ochenta
90	noventa
100	cien(to)
101	ciento uno, *fem.* ciento una; *apocopado:* ciento un
102, 103, *etc.*	ciento dos, ciento tres, *etc.*
110	ciento diez
111, 112, *etc.*	ciento once, ciento doce, *etc.*
120	ciento veinte
121	ciento veintiuno, *fem.* ciento veintiuna; *apocopado:* ciento veintiún
122, 123, *etc.*	ciento veintidós, ciento veintitrés, *etc.*

NÚMERO O CIFRA	NUMERAL CARDINAL
130	ciento treinta
131	ciento treinta y uno, *fem.* ciento treinta y una; *apocopado:* ciento treinta y un
132, 133, *etc.*	ciento treinta y dos, ciento treinta y tres, *etc.*
200	doscientos, *fem.* doscientas
300	trescientos, *fem.* trescientas
400	cuatrocientos, *fem.* cuatrocientas
500	quinientos, *fem.* quinientas
600	seiscientos, *fem.* seiscientas
700	setecientos, *fem.* setecientas
800	ochocientos, *fem.* ochocientas
900	novecientos, *fem.* novecientas
1000	mil (*también, como sustantivo,* un millar)
1001	mil uno, *fem.* mil una; *apocopado:* mil un
1002, 1003, *etc.*	mil dos, mil tres, *etc.*
1010, 1011, *etc.*	mil diez, mil once, *etc.*
1020	mil veinte
1021	mil veintiuno, *fem.* mil veintiuna; *apocopado:* mil veintiún
1022, 1023, *etc.*	mil veintidós, mil veintitrés, *etc.*
1030	mil treinta
1031	mil treinta y uno, *fem.* mil treinta y una; *apocopado:* mil treinta y un
1100	mil cien
1101	mil ciento uno, *fem.* mil ciento una; *apocopado:* mil ciento un
1102, 1103, *etc.*	mil ciento dos, mil ciento tres, *etc.*
1200, 1300, *etc.*	mil doscientos, *fem.* mil doscientas; mil trescientos, *fem.* mil trescientas, *etc.*
2000	dos mil
2001	dos mil uno, *fem.* dos mil una; *apocopado:* dos mil un
2002, 2003, *etc.*	dos mil dos, dos mil tres, *etc.*
2010, 2011, *etc.*	dos mil diez, dos mil once, *etc.*
2020	dos mil veinte
2021	dos mil veintiuno, *fem.* dos mil veintiuna; *apocopado:* dos mil veintiún

NÚMERO O CIFRA	NUMERAL CARDINAL
2022, 2023, *etc.*	dos mil veintidós, dos mil veintitrés, *etc.*
2100	dos mil cien
2101	dos mil ciento uno, *fem.* dos mil ciento una; *apocopado:* dos mil ciento un
2102, 2103, *etc.*	dos mil ciento dos, dos mil ciento tres, *etc.*
3000, 4000, *etc.*	tres mil, cuatro mil, *etc.*
10 000, 11 000, *etc.*	diez mil, once mil, *etc.*
20 000	veinte mil
21 000	veintiún mil, *fem.* veintiún mil *o* veintiuna mil
30 000	treinta mil
31 000	treinta y un mil, *fem.* treinta y un mil *o* treinta y una mil
40 000, 50 000, *etc.*	cuarenta mil, cincuenta mil, *etc.*
100 000	cien mil
101 000, *etc.*	ciento un mil, *fem.* ciento una mil, *etc.*
200 000	doscientos mil, *fem.* doscientas mil
201 000, *etc.*	doscientos un mil, *fem.* doscientas una mil, *etc.*
300 000, 400 000, *etc.*	trescientos mil, *fem.* trescientas mil; cuatrocientos mil, *fem.* cuatrocientas mil, *etc.*
1 000 000	un millón
1 000 001	un millón uno, *fem.* un millón una; *apocopado:* un millón un
1 000 100	un millón cien
1 001 000	un millón mil
2 000 000	dos millones
10 000 000	diez millones
100 000 000	cien millones
1 000 000 000	mil millones *o* un millardo
1 000 000 000 000	un billón
10^{18}	un trillón
10^{24}	un cuatrillón

3.2 ORTOGRAFÍA DE LOS NUMERALES ORDINALES

Los numerales ordinales expresan orden o sucesión en relación con los números naturales. Por lo tanto, no cuantifican al sustantivo, como los cardinales, sino que indican el lugar que su referente ocupa dentro de un conjunto ordenado de elementos de la misma clase. Generalmente son adjetivos, y pueden ir antepuestos o pospuestos al sustantivo, aunque suele ser más frecuente la anteposición: *Acaba de terminar su tercera novela; Ese personaje aparece por primera vez en el capítulo segundo.* Pueden ser asimismo pronombres: *Ha dirigido muchas películas, pero mi favorita es la quinta;* y algunos, como *primero,* pueden funcionar también como adverbios: *Escribió primero en español y luego en inglés.* A diferencia de los cardinales, todos los ordinales presentan variación de género: *primer(o)/a, segundo/a, tercer(o)/a, décimo/a, vigésimo/a, quincuagésimo/a,* etc. También varían en número en los casos, poco frecuentes, en que los ordinales se usan referidos a sustantivos plurales: *terceros, vigésimas, cuadringentésimos,* etc.

Son palabras simples los ordinales correspondientes a los números 1 al 9: *primero, segundo, tercero,* etc.; los correspondientes a todas las decenas (de 10 a 90): *décimo, vigésimo, trigésimo, cuadragésimo,* etc.; y los correspondientes a todas las centenas (de 100 a 900): *centésimo, ducentésimo, tricentésimo, cuadringentésimo,* etc. También son simples los ordinales correspondientes a 1000 y a las potencias superiores: *milésimo, millonésimo, billonésimo,* etc.

El resto de los ordinales son complejos y se generan por yuxtaposición o por fusión de formas simples. Así, los correspondientes a las series de las decenas y las centenas se construyen posponiendo al ordinal de orden superior los ordinales correspondientes a los órdenes inferiores: *decimotercero, vigesimocuarto, trigésimo noveno, ducentésimo segundo, tricentésimo cuadragésimo noveno,* etc.

Advertencia Los ordinales correspondientes a los números 11 y 12 presentan hoy dos formas válidas: las etimológicas simples *undécimo* y *duodécimo* (del lat. *undecĭmus* y *duodecĭmus,* respectivamente), aún preferidas en el uso más culto, y las compuestas *decimoprimero* y *decimosegundo,* creadas modernamente por analogía con la forma que adoptan los ordinales del resto de las series (*vigesimoprimero, vigesimosegundo, trigésimo primero, trigésimo segundo,* etc.).

Los ordinales complejos correspondientes a la primera y a la segunda decena se pueden escribir en una o en dos palabras, pero hoy son mayoritarias y, por ello, preferibles las grafías univerbales (*decimotercero, decimocuarto, vigesimoprimero, vigesimoctavo,* etc.), más acordes con el proceso de cohesión prosódica y morfológica experimentado por estas formas complejas (v. cap. v, § 2.1). A partir de la tercera decena solo se emplean tradicionalmente las grafías pluriverbales (*trigésimo primero, cuadragésimo segundo, quincuagésimo tercero,* etc.), aunque no serían censurables las grafías univerbales en estos ordinales, puesto que, al igual que los correspondientes a las decenas primera y segunda, también manifiestan tendencia a la cohesión prosódica y morfológica: *trigesimoprimero* [trijesimopriméro], *cuadragesimosegunda* [kuadragesimosegúnda], etc.

Advertencia

Si el ordinal se escribe en dos palabras, el primer elemento mantiene la tilde que le corresponde como palabra independiente: *vigésimo segundo, vigésima cuarta, trigésimo octavo, cuadragésima quinta;* pero, si se escribe en una sola palabra, el ordinal compuesto, que resulta ser una voz llana terminada en vocal, debe escribirse sin tilde, pues no le corresponde llevarla según las reglas de acentuación (v. cap. II, § 3.4.5.1.1): *vigesimosegundo* (no ⊗*vigésimosegundo*).

Los ordinales compuestos escritos en una sola palabra solo presentan variación de género y número en el segundo componente: *vigesimoprimero, vigesimoprimera, vigesimoprimeros, vigesimoprimeras;* pero, si se escriben en dos palabras, ambos componentes son variables: *vigésimo primero, vigésima primera vigésimos primeros, vigésimas primeras.* No se consideran correctas las grafías en dos palabras si se mantiene invariable el primer componente: ⊗*vigésimo segundos,* ⊗*vigésimo cuarta,* ⊗*vigésimo octavas.*

Los ordinales complejos de la serie de los millares, los millones, los billones, etc., en la práctica poco o nada usados, se forman prefijando al ordinal simple el cardinal que lo multiplica, y posponiendo los ordinales correspondientes a los órdenes inferiores: *dosmilésimo* (2000.º), *tresmilésimo tricentésimo cuadragésimo quinto* (3345.º), *quinientosmilésimo* (500 000.º), *milmillonésimo* (1 000 000 000.º), etc. También en estas series, cuando el numeral se escribe en varias palabras, deben manifestar la variación de género y número todos sus componentes: *tresmilésimas tricentésimas cuadragésimas quintas.*

Debe tenerse en cuenta que, en la lengua actual, existe una marcada tendencia a evitar el uso de los ordinales más allá de los correspondientes a la segunda o tercera decenas, de manera que hoy es normal y frecuente emplear como ordinales los numerales cardinales.

Los ordinales pueden abreviarse gráficamente utilizando dos sistemas: la numeración romana o la numeración arábiga seguida de voladita. Para la correcta formación y uso de este tipo de abreviaciones, v. cap. V, § 3.2.2b.

Se ofrece a continuación el inventario de formas de los numerales ordinales.

ARÁBIGOS	ROMANOS	NUMERAL ORDINAL
1.º (1.er), 1.ª	I	primero (*apocopado* primer), *fem.* primera
2.º, 2.ª	II	segundo, *fem.* segunda
3.º (3.er), 3.ª	III	tercero (*apocopado* tercer), *fem.* tercera
4.º, 4.ª	IV	cuarto, *fem.* cuarta
5.º, 5.ª	V	quinto, *fem.* quinta
6.º, 6.ª	VI	sexto, *fem.* sexta
7.º, 7.ª	VII	séptimo, *fem.* séptima (*también* sétimo, -ma)
8.º, 8.ª	VIII	octavo, *fem.* octava
9.º, 9.ª	IX	noveno, *fem.* novena (*hoy raro* nono, -na)
10.º, 10.ª	X	décimo, *fem.* décima
11.º, 11.ª	XI	undécimo, *fem.* undécima (*también, modernamente,* decimoprimero *o* décimo primero; *apocopado* decimoprimer *o* décimo primer; *fem.* decimoprimera *o* décima primera)
12.º, 12.ª	XII	duodécimo, *fem.* duodécima (*también, modernamente,* decimosegundo *o* décimo segundo, *fem.* decimosegunda *o* décima segunda)
13.º (13.er), 13.ª	XIII	decimotercero *o* décimo tercero (*apocopado* decimotercer *o* décimo tercer), *fem.* decimotercera *o* décima tercera
14.º, 14.ª, *etc.*	XIV	decimocuarto *o* décimo cuarto, *fem.* decimocuarta *o* décima cuarta, *etc.*
20.º, 20.ª	XX	vigésimo, *fem.* vigésima
21.º (21.er), 21.ª	XXI	vigesimoprimero *o* vigésimo primero (*apocopado* vigesimoprimer *o* vigésimo primer), *fem.* vigesimoprimera *o* vigésima primera
22.º, 22.ª, *etc.*	XXII	vigesimosegundo *o* vigésimo segundo, *fem.* vigesimosegunda *o* vigésima segunda, *etc.*
28.º, 28.ª	XXVIII	vigesimoctavo *o* vigésimo octavo, *fem.* vigesimoctava *o* vigésima octava
30.º, 30.ª	XXX	trigésimo, *fem.* trigésima
31.º (31.er), 31.ª, *etc.*	XXXI	trigésimo primero (*apocopado* trigésimo primer), *fem.* trigésima primera, *etc.* (*no serían censurables las grafías univerbales:* trigesimoprimero, *etc.*)
40.º	XL	cuadragésimo
50.º	L	quincuagésimo

ARÁBIGOS	ROMANOS	NUMERAL ORDINAL
60.º	LX	sexagésimo
70.º	LXX	septuagésimo
80.º	LXXX	octogésimo
90.º	XC	nonagésimo
100.º	C	centésimo
101.º (101.er), 101.ª	CI	centésimo primero (*apocopado* centésimo primer), *fem.* centésima primera
120.º, 120.ª	CXX	centésimo vigésimo, *fem.* centésima vigésima
134.º, 134.ª	CXXXIV	centésimo trigésimo cuarto, *fem.* centésima trigésima cuarta
200.º	CC	ducentésimo
300.º	CCC	tricentésimo
400.º	CD	cuadringentésimo
500.º	D	quingentésimo
600.º	DC	sexcentésimo
700.º	DCC	septingentésimo
800.º	DCCC	octingentésimo
900.º	CM	noningentésimo
1000.º	M	milésimo
1248.º	MCCXLVIII	milésimo ducentésimo cuadragésimo octavo
2000.º	MM	dosmilésimo
3000.º, *etc.*	MMM	tresmilésimo, *etc.*
10 000.º	$\overline{\text{X}}$	diezmilésimo
100 000.º	$\overline{\text{C}}$	cienmilésimo
500 000.º	$\overline{\text{D}}$	quinientosmilésimo
1 000 000.º	$\overline{\text{M}}$	millonésimo

NOTA: Cuando no se hace explícito, se entiende que el femenino se forma sustituyendo la *-o* final por una *-a* y, en el caso de la expresión numérica abreviada, sustituyendo la º volada por una ª de la misma clase.

3.3 ORTOGRAFÍA DE LOS NUMERALES FRACCIONARIOS

Los numerales fraccionarios, también llamados partitivos, designan las varias fracciones o partes iguales en que se ha dividido la unidad. Así, en las fracciones matemáticas, el numeral fraccionario es el que expresa el denominador, mientras que el numerador se corresponde con un numeral cardinal: *dos tercios* (2/3), *tres cuartos* (3/4), etc. Los numerales fraccionarios pueden ser adjetivos (*la cuarta parte de los empleados*) o sustantivos (*un cuarto de los empleados*).

Todos los numerales fraccionarios se escriben en una sola palabra, ya sean adjetivos o sustantivos, con independencia de la longitud del compuesto resultante: *onceavo, cincuentaiseisavo, diezmilésimo, dosmillonésimo, cienmilmillonésimo.* Por lo tanto, se consideran incorrectas las grafías con separación entre sus componentes: ⊗*diez milésimo,* ⊗*dos millonésimo.*

a) Adjetivos fraccionarios

De los adjetivos fraccionarios, únicamente *medio* puede modificar directamente al sustantivo que expresa la entidad dividida, con el que debe concordar en género y número: *medio libro, media tortilla, dos medias naranjas.* El resto modifican siempre al sustantivo *parte,* por lo que se usan solo en femenino: *dos quintas partes, la milésima parte,* etc. Los adjetivos fraccionarios que corresponden a los números tres a diez, así como los correspondientes a cien, a mil y sus múltiplos, y a millón y los suyos, coinciden en sus formas con los femeninos de los ordinales: *tercera, cuarta, quinta,* [...] *décima, centésima, milésima, diezmilésima, millonésima* (v. § 3.2). El resto se forma hoy añadiendo al numeral cardinal el sufijo *-ava: treceava, catorceava, diecinueveava, veintiunava,* etc. Los correspondientes a los números once y doce, así como los correspondientes a las decenas, admiten ambas formas (*onceava* y *undécima; doceava* y *duodécima; veinteava* y *vigésima; treintava* y *trigésima,* etc.), aunque hoy suelen preferirse las primeras: *«El volumen sanguíneo corresponde a una doceava parte del peso corporal total»* (Rosales/Reyes *Enfermería* [Méx. 1982]); *«Unidad inglesa de medida que equivale a la duodécima parte del pie»* (Ramírez *Baile* [Nic. 1995]).

b) Sustantivos fraccionarios

Los sustantivos fraccionarios que corresponden a las fracciones 1/2 y 1/3 son *mitad* (o *medio,* en contextos matemáticos: *La razón de dos segmentos homólogos en una semejanza es igual a un medio de la razón de semejanza*) y *tercio,* respectivamente. En el resto de los casos, la forma de los sustantivos fraccionarios coincide con la de los adjetivos, con la salvedad de que el sustantivo es normalmente masculino y para el adjetivo solo se emplea la forma femenina: *cuarto, cuarta* (parte); *quinto, quinta* (parte); *sexto, sexta* (parte); *veintiunavo, veintiunava* (parte), etc. Solo los sustantivos fraccionarios correspondientes a diez, cien, mil y millón, y sus múltiplos, pueden ser masculinos —uso frecuente en América— o femeninos (*décimo* o *décima, centésimo* o *centésima, milésimo* o *milésima, millonésimo* o *millonésima*):

«Una diferencia de un décimo de milímetro podía ocasionar el recalentamiento del arma» (García *Mundo* [Perú 1994]); *«Ni siquiera varió una décima de pulgada la dirección de su órgano más sensible»* (Panero *Lugar* [Esp. 1976]). Al igual que ocurre en el caso de los adjetivos, para los correspondientes a las decenas pueden admitirse las formas propiamente fraccionarias, que terminan en *-avo,* o las que coinciden con los ordinales, pero estas últimas son de raro uso hoy: *«Casi un tercio del tamaño y casi un veinteavo de la masa de la Tierra»* (Altschuler *Hijos* [Ur. 2002]); *«El salario de los cilleros* [...] *solía variar del décimo al vigésimo de los frutos»* (DmgzOrtiz *Clases* [Esp. 1973]).

Advertencia En la escritura de los numerales fraccionarios formados por adición del sufijo *-avo, -ava* a un cardinal terminado en *-a,* deben reducirse las dos vocales iguales a una sola: *cincuentavo,* y no ®*cincuentaavo.*

Salvo *octavo* y sus compuestos, que son también ordinales, los numerales formados con el sufijo *-avo* son exclusivamente fraccionarios; por tanto, es incorrecto su empleo con valor ordinal: ®*el quinceavo congreso,* ®*la diecinueveava planta;* lo correcto es *el decimoquinto congreso, la decimonovena planta.*

Se ofrece a continuación el inventario de formas de los numerales fraccionarios.

FRACCIÓN	NUMERAL FRACCIONARIO	
	sustantivo	*adjetivo*
1/2	mitad *o* medio	medio, *fem.* media
1/3	tercio	tercera (parte)
1/4	cuarto	cuarta (parte)
1/5	quinto	quinta (parte)
1/6	sexto	sexta (parte)
1/7	séptimo	séptima (parte)
1/8	octavo	octava (parte)
1/9	noveno	novena (parte)
1/10	décimo *o* décima	décima (parte)
1/11	onceavo *o* undécimo	onceava *o* undécima (parte)
1/12	doceavo *o* duodécimo	doceava *o* duodécima (parte)
1/13	treceavo	treceava (parte)
1/14	catorceavo	catorceava (parte)
1/20	veinteavo *o* vigésimo	veinteava *o* vigésima (parte)

FRACCIÓN	NUMERAL FRACCIONARIO	
	sustantivo	*adjetivo*
1/30	treintavo *o* trigésimo	treintava *o* trigésima (parte)
1/56	cincuentaiseisavo	cincuentaiseisava (parte)
1/100	centésimo *o* centésima	centésima (parte)
1/1000	milésimo *o* milésima	milésima (parte)
1/10 000	diezmilésimo *o* diezmilésima	diezmilésima (parte)
1/100 000	cienmilésimo *o* cienmilésima	cienmilésima (parte)
1/1 000 000	millonésimo *o* millonésima	millonésima (parte)
1/10 000 000	diezmillonésimo *o* diezmillonésima	diezmillonésima (parte)
1/100 000 000	cienmillonésimo *o* cienmillonésima	cienmillonésima (parte)
1/1 000 000 000	milmillonésimo *o* milmillonésima	milmillonésima (parte)
1/10 000 000 000	diezmilmillonésimo *o* diezmilmillonésima	diezmilmillonésima (parte)

3.4 ORTOGRAFÍA DE LOS NUMERALES MULTIPLICATIVOS

Los numerales multiplicativos expresan el resultado obtenido de una multiplicación. Como adjetivos, denotan que el sustantivo al que se refieren —con el que deben concordar en género y número— se compone de tantas unidades o medidas iguales, o implica tantas repeticiones, como el numeral indica: *triple salto, habitaciones cuádruples*. Como sustantivos, son siempre masculinos, se emplean normalmente precedidos de artículo y significan 'cantidad *n* veces mayor': *el doble, el triple*. Se ofrece a continuación el inventario de sus formas.

NÚMERO	NUMERAL MULTIPLICATIVO
2	doble *y* duplo, *fem.* dupla
3	triple *y* triplo, *fem.* tripla
4	cuádruple *y* cuádruplo, *fem.* cuádrupla
5	quíntuple *y* quíntuplo, *fem.* quíntupla
6	séxtuple *y* séxtuplo, *fem.* séxtupla
7	séptuple *y* séptuplo, *fem.* séptupla
8	óctuple *y* óctuplo, *fem.* óctupla
9	nónuplo, *fem.* nónupla

NÚMERO	NUMERAL MULTIPLICATIVO
10	décuplo, *fem.* décupla
11	undécuplo, *fem.* undécupla
12	duodécuplo, *fem.* duodécupla
13	terciodécuplo, *fem.* terciodécupla
100	céntuplo, *fem.* céntupla

A excepción de los que corresponden a los números dos (*doble*) y tres (*triple*), todos los numerales multiplicativos son formas esdrújulas, por lo que deben escribirse con tilde: *cuádruple, décupla, céntuplo...*

Los hay que poseen dos formas, una acabada en *-e*, válida para ambos géneros (*parto doble, letra doble*), y otra terminada en *-o*, a la que corresponde un femenino en *-a* (*parto duplo, letra dupla*). No obstante, como adjetivos, solo se usan hoy las formas terminadas en *-e*. Como sustantivos, aunque son mayoritarias las formas en *-e* (*el doble, el triple*, etc.), aún se documenta el uso de las formas en *-o*: «*Con un porcentaje de ocupados en el sector agrario superior al duplo de la media europea*» (Alonso *Situación* [Esp. 1990]).

En realidad, solo es normal el uso de los multiplicativos más bajos de la serie, especialmente *doble, triple* y *cuádruple*. A partir de nueve, son prácticamente inusitados; en su lugar, se emplea el numeral cardinal que corresponda, seguido de *veces mayor* o *veces más*, fórmula que sirve también para expresar la idea de multiplicación en aquellos casos en que no existe forma específica de multiplicativo: «*Si el premio hubiera sido diez veces mayor, no le habría quedado más remedio que sentarse a calcular la manera más ventajosa de invertirlo*» (Grandes *Aires* [Esp. 2002]); «*Un cuerpo allí pesaría 28 veces más que en la Tierra*» (Maza *Astronomía* [Chile 1988]).

4

USO DE CIFRAS O PALABRAS EN LA ESCRITURA DE LAS EXPRESIONES NUMÉRICAS

La elección de cifras o de palabras en la escritura de los números depende de factores muy diversos, como el tipo de texto de que se trate, la complejidad del número que se deba expresar o el contexto de uso. De manera general puede afirmarse que en textos científicos y técnicos es más normal el empleo de cifras por su concisión y claridad, y resulta obligado cuando los números se utilizan en lenguajes formales, como sucede cuando aparecen en operaciones matemáticas o en fórmulas de cualquier índole, o cuando se emplean en cómputos estadísticos, inventarios, tablas, gráficos o cualquier otro contexto en que el manejo de números es constante y constituye parte fundamental de lo escrito. Por las mismas razones de concisión y claridad, en carteles, etiquetas, titulares periodísticos y textos publicitarios es también general el empleo de cifras. En cambio, en obras literarias y textos no técnicos en general, resulta preferible y más elegante, salvo que se trate de números muy complejos, el empleo de palabras en lugar de cifras.

A este respecto, se ofrecen a continuación una serie de recomendaciones que responden a las tendencias más extendidas. Para el uso específico de cifras o de palabras en la indicación de la fecha, la hora y los porcentajes, v. § 5.

4.1 ESCRITURA CON PALABRAS

Se escribirán preferentemente con palabras:

a) Los números que pueden expresarse en una sola palabra, esto es, del *cero* al *veintinueve,* las decenas (*treinta, cuarenta,* etc.) y las centenas (*cien, doscientos,* etc.): *Tiene cinco hijos: dos chicas y tres chicos; Este año hay cincuenta alumnos en clase; No tiene aforo para más de trescientos invitados.*

b) Los números redondos que pueden expresarse en dos palabras (*trescientos mil, dos millones,* etc.): *Veinte mil manifestantes acudieron a la convocatoria; El ayuntamiento recibió tres millones de euros en ayudas.*

c) Los números inferiores a cien que se expresan en dos palabras unidas por la conjunción *y* (hasta *noventa y nueve*): *Se licenció hace treinta y siete años; Llevo cuarenta y cinco minutos esperando; En la Biblioteca de Palacio hay treinta y cinco manuscritos.* No es recomendable mezclar en un mismo enunciado números escritos con cifras y números escritos con palabras; así pues, si algún número perteneciente a las clases antes señaladas forma serie con otros más complejos, es mejor escribirlos todos con cifras: *En la Biblioteca de Palacio hay 35 manuscritos y 135 226 volúmenes impresos, 134 de ellos incunables.*

d) En textos no técnicos es preferible escribir con palabras los números no excesivamente complejos referidos a unidades de medida.

En ese caso, no debe usarse el símbolo de la unidad, sino el sustantivo correspondiente: *Los últimos veinte kilómetros se hicieron interminables* (no ⊗*los últimos veinte km se hicieron...*). Cuando se utiliza el símbolo, es obligado escribir el número en cifras (v. § 4.2f y cap. v, § 4.4e).

e) Las fracciones, fuera de contextos matemáticos: *Dos quintos de los encuestados respondieron afirmativamente; Para la aprobación de la ley es necesaria una mayoría de dos tercios.*

f) Los números que corresponden a cantidades o cifras aproximadas: *Tiene unos cuarenta y tantos años; Habría unas ciento cincuenta mil personas en la manifestación; Se levantó a las seis y algo.*

g) Los números que se utilizan expresivamente o forman parte de locuciones y frases hechas: *En organización, es la número uno; No le busques tres pies al gato; A mí me pasa tres cuartos de lo mismo; Tiene un humor de mil demonios; Te he repetido un millón de veces que no puedes llegar a las mil y quinientas.*

h) Los números que corresponden a fechas históricas o festividades, incluso cuando pasan a utilizarse en la denominación de vías o espacios urbanos: *Celebraron el Dieciséis de Septiembre; ¿Quedamos en la plaza del Dos de Mayo?* No obstante, en algunos países del ámbito hispánico es normal el uso de cifras en estos contextos: *calle del 18 de Julio.*

i) Los números que identifican los naipes de la baraja: *el seis de oros, el diez de picas.*

4.2 ESCRITURA CON CIFRAS

Se escribirán con cifras:

a) Los números que exigirían el empleo de cuatro o más palabras en su escritura con numerales: *Se recibieron 32 423 solicitudes* (más claro y de comprensión más rápida que *treinta y dos mil cuatrocientas veintitrés*). En algunos documentos, como cheques bancarios, contratos, letras de cambio, etc., por razones de seguridad, la expresión en cifras va acompañada normalmente de la expresión en palabras: *Páguese al portador de este cheque la cantidad de veinticinco mil trescientos treinta y ocho euros (25 338 €).*

b) Los números que forman parte de códigos o identificadores de cualquier tipo (códigos postales, números telefónicos, documentos de identidad, signaturas de bibliotecas, numeración de textos legales, etc.): *C. P. 89765; 91 530 86 21; DNI: 3578951; C. I. 2-44-315; HA/74183; Ley 124/1990.*

c) Los números que indican año: *El año 2000 fue bisiesto.*

d) La numeración de las vías urbanas y carreteras: *avenida (de) Libertadores, 35; carretera comarcal 713.*

e) Los números formados por una parte entera y otra decimal: *El índice de natalidad es de 1,5* (o *1.5*) *niños por mujer.* También en este caso, en cheques bancarios, contratos, letras de cambio, etc., la expresión numérica suele acompañarse de la expresión en palabras: *Páguese al portador la cantidad de mil doscientos treinta y cuatro euros con veinticinco céntimos.* El sustantivo cuantificado por una expresión numérica decimal, incluso si esta designa una cantidad inferior a la unidad, debe aparecer en plural: *0,5 millones de euros* (y no ⊗*0,5 millón de euros*).

Información adicional

Los números en los que el decimal expresa la mitad de la unidad pueden formularse con palabras usando la expresión *y medio/a* pospuesta al sustantivo cuantificado: *2,5* (o *2.5*) *millones = dos millones y medio.* No obstante, la anteposición de *y medio/a* al sustantivo es normal en ciertas áreas del ámbito hispánico, como México, Chile o el Perú: *«Durante los próximos tres siglos, tres y medio millones de esclavos africanos cruzarían el Atlántico»* (Fuentes *Espejo* [Méx. 1992]).

---

f) Los números que aparecen en documentos técnicos y en formulaciones matemáticas, físicas o químicas: $3x = y$; $g = 9{,}80665\ m/s^2$; C_2H_4.

g) Los números referidos a unidades de medida, cuando van seguidos del símbolo correspondiente: *Inauguraron una central solar de 42 kW en la localidad; Mañana se alcanzarán los 35 ºC.* No se deben escribir en líneas diferentes la cifra y el símbolo: ⊗*42 / kW*, ⊗*35 / ºC.*

h) Los números seguidos de la abreviatura del concepto que cuantifican: *5 cts.* ('cinco céntimos'), *45 págs.* ('cuarenta y cinco páginas'), *2 vols.* ('dos volúmenes'). No se deben escribir en líneas diferentes el número y la abreviatura: ⊗*5 / cts.*

i) Los números pospuestos al sustantivo al que se refieren (expresado o no mediante abreviatura), usados para identificar un elemento concreto dentro de una serie: *página 3* (o *pág. 3*), *habitación 317* (o *hab. 317*), *número 37* (o *núm. 37*), *tabla 7, gráfico 15,* etc.

j) Los números utilizados para la jerarquización de niveles de texto o como llamadas de notas al pie: *1.1.3. Descomposición de un número en factores primos;* [14] *Cfr. Lapesa, pág. 257.*

k) Los números que cuantifican los elementos dispuestos en una lista:

2 botellas de leche
6 cervezas
½ kilo de filetes de pollo
1 paquete de pañuelos

4.3 USO COMBINADO DE CIFRAS Y PALABRAS

La combinación de cifras y palabras en la escritura de un numeral compuesto no se considera correcta: ®*30 y siete,* ®*154 mil,* ®*10 mil.* Así pues, los números deben escribirse enteramente en cifras (*37, 154 000, 10 000*) o enteramente en palabras (*treinta y siete, ciento cincuenta y cuatro mil, diez mil*).

Solo las cantidades que tienen como base un sustantivo de significación numeral como *millar, millón, millardo, billón, trillón* y *cuatrillón* podrán escribirse mezclando el uso de cifras (para expresar el numeral cuantificador) y palabras (para expresar el sustantivo numeral cuantificado): *15 millares; 327 millones; 6,3* (o *6.3*) *millardos; 12 billones,* etc. Prueba de que las palabras anteriormente citadas son sustantivos numerales, y no adjetivos, es que, si se expresa el elemento al que cuantifica toda la expresión, este debe ir precedido de la preposición *de: 15 millares* DE *ejemplares; 327 millones* DE *habitantes; 6,3* (o *6.3*) *millardos* DE *dólares; 12 billones* DE *euros,* etc.:

> «Si en los Estados Unidos el mercado del denim alcanzó cifras récord, logrando la suma de 9.5 millares de dólares, en Francia las prendas elaboradas en el material fueron las más populares del mercado» (*Nosotras* [Nic.] 2002).

Este método abreviado no es válido para las cantidades expresadas en miles porque *mil* no es un sustantivo (la forma sustantiva es *millar*), sino que forma parte de adjetivos numerales compuestos de dos palabras, en cuya escritura no deben mezclarse cifras y letras; así, no debe escribirse ®*125 mil personas* o ®*13 mil millones de dólares,* por la misma razón que no escribimos ®*30 y siete personas* ni ®*cincuenta y 4 millones de dólares.* Estos numerales, como se ha indicado más arriba, deben escribirse enteramente en cifras: *125 000 personas, 13 000 millones* (la sustitución de *000* por *mil* ni siquiera puede justificarse por razones de economía, ya que no ahorra ningún carácter en la escritura); o enteramente en palabras: *ciento veinticinco mil personas, trece mil millones.*

Asimismo, no resulta apropiado mezclar la expresión *y medio/a* con numerales escritos con cifras. Así pues, es mejor escribir *3,5* (o *3.5*) *millones de bolívares* o *tres millones y medio de bolívares* que *3 millones y medio de bolívares.*

5

EXPRESIONES NUMÉRICAS ESPECÍFICAS

Se ofrecen a continuación las pautas para la correcta escritura en español de aquellas expresiones numéricas que se emplean habitualmente en textos de carácter general, como son la hora, la fecha o los porcentajes.

5.1 LA EXPRESIÓN DE LA HORA

En la actualidad, nuestro sistema horario refleja una primera división duodecimal, ya que se basa en la segmentación del día en veinticuatro partes de igual duración, denominadas *horas,* doce asignadas al periodo diurno y otras doce al periodo nocturno, mientras que en las fracciones rige un sistema sexagesimal, ya que cada hora se divide en sesenta minutos, que a su vez se dividen en sesenta segundos.

Con estas referencias temporales es posible expresar la hora, esto es, la indicación precisa del momento en que ha tenido, tiene o va a tener lugar cualquier hecho o acontecimiento dentro del espacio de un día.

5.1.1 MODELOS DE EXPRESIÓN DE LA HORA

En la actualidad conviven dos modelos de expresión de la hora: el que, para numerarlas, divide las veinticuatro horas del día en dos periodos de doce horas (doce diurnas y doce nocturnas) y el que numera correlativamente las veinticuatro horas.

5.1.1.1 **Modelo de doce horas**

En este modelo, el día queda dividido en dos periodos de doce horas, de forma que para indicar cada una de ellas se emplean los números del 1 al 12 o los numerales cardinales correspondientes (*una, dos, tres,* etc.).

Cuando se emplean los numerales cardinales, puede precisarse el tramo del día al que corresponde la hora expresada mediante los complementos especificativos *de la mañana* (desde que sale el sol hasta el mediodía, o desde la medianoche hasta que amanece), *de la tarde* (desde el mediodía hasta que el sol se pone), *de la noche* (desde que anochece hasta la medianoche) o *de la madrugada* (desde la medianoche hasta que amanece): «*Cuando sonó el teléfono a las tres de la mañana yo me desperté con el nombre de ella en la boca»* (Gamboa *Páginas* [Col. 1998]); *«Llegamos a Lima a las diez de la mañana»* (VLlosa *Tía* [Perú 1977]); *«Era miembro de un club y ahí se entretenía de las cuatro de la tarde en adelante, a veces hasta las nueve de la noche»* (Elizondo *Setenta* [Méx. 1987]); *«Había empezado a escribir a las cuatro de la madrugada del viernes y terminé a las ocho de la mañana»* (GaMárquez *Vivir* [Col. 2002]).

Advertencia	No es correcta la expresión ⊗*doce de la tarde* para referirse al mediodía. Para ello deben usarse las expresiones *doce de la mañana, del día* o *del mediodía.* Tampoco es adecuada la expresión ⊗*doce meridiano,* usada ocasionalmente en algunos países americanos, quizá por una mala traducción del latín *meridies,* que en español corresponde a *mediodía,* y no a *meridiano.* La voz *meridiano* es, en ese contexto, un adjetivo y, por ello, de usarse en esa construcción debería concordar en género y número con *(las) doce: las doce meridianas.*

Para indicar las principales fracciones horarias se utilizan las expresiones *en punto, y cuarto, y media* y *menos cuarto: «¿Qué te parece si a las doce en punto lo comunico a los invitados?»* (Quesada *Banana* [Hond. 2000]); *«Siempre a las tres y media sonaba ese teléfono que nunca se averiaba, y siempre hacia las cuatro y cuarto* [...] *se despegaban ambos del auricular»* (Vergés *Cenizas* [R. Dom. 1980]); *«A las siete menos cuarto estaba en el café de Rivadavia y Maza»* (Canto *Ronda* [Arg. 1980]). En casi toda América se emplea la fórmula *cuarto para...* en lugar de *menos cuarto: «Era un cuarto para las diez»* (VLlosa *Conversación* [Perú 1969]); *«Al cuarto para la una cierra el templo»* (Elizondo *Setenta* [Méx. 1987]); *«Empiezo muy temprano, un cuarto para las siete»* (*Época* [Chile] 11.7.1997).

Advertencia	No es correcto sustituir, en estos casos, la preposición *para* por la preposición *a;* así, no debe decirse ⊗*un cuarto a las ocho,* en lugar de *un cuarto para las ocho.*

Para las fracciones menores se emplean estas mismas pautas. Así, hasta la media, se menciona la hora en punto pasada y a continuación los minutos, precedidos de la conjunción *y* (*las dos y diez, las tres y veinticinco,* etc.): *«—¿Qué hora es? —Las diez y diez»* (Puig *Beso* [Arg. 1976]). A partir de la media, se indica la hora siguiente, seguida del adverbio *menos* y los minutos correspondientes (*tres menos veinte, cuatro menos cinco,* etc.): *«—¿Qué hora tenemos, colega? —La una menos veinte»* (Marsé *Rabos* [Esp. 2000]); o, como se hace en gran parte de América, se expresan primero los minutos, seguidos de la preposición *para* y la indicación de la hora siguiente (*veinte para las tres, cinco para las cuatro,* etc.): *«A las cuatro no puedo.*

Tendría que ser antes. Al diez para las cuatro. ¿Está bien para ti al diez para las cuatro?» (Aguilar *Error* [Méx. 1995]); *«El Turco fue el primero en partir, a diez para las seis, cuando comenzaba a oscurecer»* (VLlosa *Fiesta* [Perú 2002]).

Cuando la hora se escribe con cifras en este modelo, para despejar posibles dudas en su interpretación, se emplean las abreviaturas *a. m.* (del lat. *ante meridiem* 'antes del mediodía') y *p. m.* (del lat. *post meridiem* 'después del mediodía'), que indican a qué tramo del día corresponde la hora expresada: *4 a. m.* ('cuatro de la mañana o de la madrugada') y *4 p. m.* ('cuatro de la tarde').

Para las doce de la mañana se recomienda el empleo de la abreviatura *m.* (del lat. *meridies* 'mediodía'): *«UPAEP-El Salvador; jueves 10 de julio, 12 m.»* (*Hoy* [El Salv.] 10.7.1997); mientras que a la medianoche le corresponde la expresión *12 a. m.*: *«En Boston se cerraba todo a las 12 a. m. y no podíamos salir hasta tarde»* (*Nación*@ [Chile] 3.5.2010).

5.1.1.2 **Modelo de veinticuatro horas**

En este modelo, para indicar cada una de las horas se utilizan los números del 0 al 23, o los numerales cardinales correspondientes (*cero, una, dos..., doce, trece, catorce*, etc.). Presenta la ventaja de que a cada hora le corresponde un número diferente, por lo que, al no haber riesgo de ambigüedad, no se requieren precisiones adicionales.

Información adicional

De acuerdo con la norma ISO 8601, la medianoche puede indicarse en este sistema de dos formas: ese punto temporal marca el comienzo del día, por lo que para referirse a esa hora se emplea normalmente el número 0 (00:00 h); pero, si se concibe este punto temporal como el final del día, se podrá representar mediante el número 24 (24:00 h). Así pues, las 24:00 h del día 31 de diciembre es exactamente la misma hora que las 00:00 h del día 1 de enero.

Este modelo se expresa con preferencia en cifras y se usa especialmente en contextos en los que se requiere especial precisión: *La sonda espacial fue lanzada a las 17:48 h.* Aunque es menos común su empleo cuando la hora se escribe con palabras, no faltan ejemplos de ello en textos periodísticos y literarios: *«Llamé hasta que tuvo que despertarse y contestar idiotizado. Le dije: —Son las dieciocho treinta y cinco. Habla Medina»* (Onetti *Viento* [Ur. 1979]).

El sistema de veinticuatro horas es el más adecuado para la expresión en cifras de intervalos unidos con guion: *Horario: 8:00-22:00.*

5.1.2 USO DE PALABRAS O CIFRAS EN LA ESCRITURA DE LA HORA

Como principio general, se recomienda escribir la hora utilizando bien palabras, bien cifras, sin mezclar ambas: *las diez de la noche* o *las*

22:00. Por ello, una expresión combinada como *las 10 de la noche,* aunque no incorrecta, se considera menos recomendable que cualquiera de las anteriores.

La hora se escribe preferentemente con palabras, y no con cifras, en textos de carácter narrativo o discursivo, ya sean literarios, periodísticos o de otra índole: «*A las siete menos cuarto aparecieron el maestro y Marilín*» (Landero *Juegos* [Esp. 1989]); «*El atentado se produjo a la una menos veinte de la madrugada*» (*Mundo* [Esp.] 19.7.1995); «*La apertura del curso será el cinco de mayo, a las ocho y media de la mañana*» (*Universal* [Ven.] 21.4.1993).

Se recomienda escribir toda la expresión horaria con palabras cuando, usando el modelo de doce horas, se añadan precisiones sobre el tramo del día al que corresponde la hora indicada (§ 5.1.1.1). También cuando se exprese la hora de forma aproximada, con fórmulas atenuativas como *alrededor de, a eso de, en torno a, y pico...*: «*Los martes y los jueves, a eso de las siete, salían, indefectiblemente las dos, a visitar a parientes o al cine o a la iglesia, y no regresaban sino bien pasadas las nueve*» (LpzPáez *Herlinda* [Méx. 1993]); «*El sol de las cinco y pico hacía que la hoguera ceremonial pareciera una gigantesca columna anaranjada*» (Obando *Paraíso* [C. Rica 2001]).

En cambio, la hora se escribe preferentemente con cifras cuando se utiliza el modelo de veinticuatro horas, así como en todos aquellos contextos que requieren la máxima precisión y economía en este punto, como sucede en horarios, convocatorias, actas, informes técnicos o científicos y, en general, en todos los usos que deban respetar las directrices de los organismos de normalización: *La reunión se celebrará a las 19:00 h en primera convocatoria y a las 19:30 h en segunda; El embarque del vuelo finalizará a las 17:35*.

Para escribir correctamente la hora utilizando cifras, debe tenerse en cuenta lo siguiente:

a) De acuerdo con la norma ISO 8601, para separar los elementos que integran la expresión de la hora deben utilizarse los dos puntos: *13:27*. En el uso común, fuera de textos técnicos, es también válido el empleo del punto: *13.27*. En cualquiera de los casos, el signo de separación se escribe pegado a los dígitos que lo preceden y lo siguen. Nunca debe usarse con este fin la coma (*⊗13,27*), signo reservado para la expresión de magnitudes decimales.

Advertencia	La expresión de la hora ('indicación de un momento del día': *Llegará a las dos y cuatro*) debe distinguirse de la expresión de una magnitud de tiempo ('duración de un hecho': *Hornéelo durante dos horas y quince minutos*). Los sistemas de expresión de la hora no son de aplicación en el segundo caso.

Para expresar magnitudes temporales, lo más habitual es indicar la duración utilizando cifras seguidas del símbolo correspondiente a cada unidad de tiempo (*Duración del trayecto: 2 h 20 min*), o bien escribir la expresión completa en palabras: *El trayecto dura dos horas y veinte minutos.* En el uso común, es además frecuente emplear cifras decimales para expresar la duración de un lapso de tiempo en el que la fracción corresponde a la mitad de la unidad: *Tardaremos 4,5 horas en llegar a Valencia* (cuatro horas y media, esto es, cuatro horas y treinta minutos). En textos técnicos, sin embargo, es impropio este uso, ya que en el sistema horario las fracciones inferiores a la unidad tienen una base sexagesimal, y no decimal.

b) Para expresar la hora en cifras según el estándar internacional de veinticuatro horas, deben emplearse dos dígitos por cada elemento (dos dígitos para la hora, dos dígitos para los minutos y dos dígitos para los segundos, aunque estos últimos se suelen omitir); por tanto, deben incluirse tantos ceros como sea necesario para cumplir esta condición: *03:07* (por *las tres de la madrugada y siete minutos*), *22:00* (por *las diez en punto de la noche*). Como se ve en el último ejemplo, las horas en punto incluyen dos ceros en la posición correspondiente a los minutos. No obstante, en el uso común, fuera de textos técnicos, estos dos ceros pueden omitirse si tras la indicación de la hora se escribe el símbolo *h: Su tren llega a las 22 h.* Es también frecuente prescindir del primer dígito que indica la hora cuando este es un cero: *El avión despegó a las 3:07* (o *a las 3:07 h*).

c) El uso del símbolo *h* ('hora') tras las cifras que expresan hora es opcional en el formato que incluye dos dígitos por elemento: *17:30* o *17:30 h;* pero, si se prescinde de los dos ceros correspondientes a los minutos en la indicación de las horas en punto —como es frecuente en el uso común—, conviene emplear el símbolo para clarificar que se trata de una indicación horaria: *a las 7 h.* Como todos los símbolos, debe escribirse sin punto y separado por un espacio de la cifra a la que acompaña (v. cap. v, § 4.4a y 4.4f).

d) El uso de las abreviaturas *a. m., m.* y *p. m.* que se emplean en el modelo de doce horas para indicar el tramo del día al que corresponde la hora indicada es incompatible con el uso del símbolo *h,* porque dichas abreviaturas ya explicitan suficientemente que se trata de una referencia horaria. Así, las cinco y media de la tarde se escribirá *5:30 p. m.* o *17:30 h* (pudiéndose prescindir en este último caso, como ya se ha explicado, del símbolo *h*).

5.2 LA EXPRESIÓN DE LA FECHA

La fecha es la indicación de un momento preciso en el tiempo según un determinado calendario. En nuestro caso se construye con tres anclajes temporales básicos: el día, el mes y el año del calendario gregoriano.

Información adicional

Se llama calendario al sistema que determina el comienzo, la duración y el orden de los periodos de tiempo que denominamos años, y de sus divisiones. El calendario gregoriano debe su nombre al papa Gregorio XIII (1502-1585), durante cuyo papado se acometió la reforma del calendario anteriormente vigente, el calendario juliano (así llamado por haber sido instaurado durante el gobierno de Julio César, a mediados del siglo I a. C.). El calendario gregoriano, en uso desde 1582, se hizo para corregir el desfase progresivo que con el calendario juliano se había ido produciendo entre el año solar y el año civil, con el fin de conseguir regularidad en el calendario litúrgico (donde se fijan los diversos periodos y celebraciones religiosas). Adoptado inicialmente solo en los países católicos, hoy es el calendario de referencia en gran parte del mundo, y en él se basan todos los estándares internacionales de indicación de la fecha.

La forma de expresar estos elementos y el orden en que se sitúan varían en función del modelo utilizado.

5.2.1 MODELOS DE EXPRESIÓN DE LA FECHA

a) El modelo de orden ascendente expresa en primer lugar el día, seguido del mes y el año: *27 de noviembre de 2010, 27.11.2010.* Este modelo es el predominante en el ámbito internacional. Al ser también el modelo tradicional y más generalizado en el mundo hispánico, se recomienda su empleo en todos los países hispanohablantes, a fin de mantener la unidad.

b) El modelo de uso habitual en los Estados Unidos de América —y algunas de sus áreas de influencia— sitúa en primer lugar el mes, seguido del día y el año: *noviembre 27 de 2010, 11.27.2010.* Aunque este modelo tiene cierto uso en Hispanoamérica y cuenta con algunos antecedentes hispanos, se desaconseja su empleo en español, que hoy es achacable al influjo del inglés. Presenta además el inconveniente de que, en fechas inferiores o iguales al día doce de cada mes, su interpretación puede ser ambigua, por estar los hispanohablantes más habituados al modelo de orden ascendente. Así, una fecha como *2.11.2010,* que remitiría en este modelo al once de febrero de dos mil diez, sería interpretado por muchos hispanohablantes como indicativa del dos de noviembre, con el consiguiente riesgo de graves malentendidos.

c) El modelo de orden descendente, en el que aparece en primer lugar el año, seguido del mes y el día, es el recomendado por la norma ISO 8601, que fija el formato de intercambio de las fechas expresadas en cifras en documentos de carácter científico o técnico de circulación internacional: *2010.11.27* (por *27 de noviembre de 2010*). El orden descendente presenta la ventaja de ser analógico con la expresión normalizada de la hora (horas-minutos-segundos) y de permitir la ordenación automática de las fechas.

5.2.2 USO DE PALABRAS O CIFRAS EN LA ESCRITURA DE LA FECHA

Mientras que el modelo de orden descendente establecido por la ISO se escribe siempre con cifras, los otros dos modelos pueden expresarse enteramente con palabras, con una combinación de palabras y cifras, o solo con cifras.

El sistema más común y extendido en los textos generales combina el uso de palabras y cifras: el día y el año se escriben con números arábigos, mientras que el mes se indica con su nombre, escrito siempre con inicial minúscula. Cada uno de los elementos de la fecha se separa utilizando la preposición *de*: *13 de julio de 2008*.

Advertencia	Los números que expresan año deben escribirse sin ningún signo ni espacio entre sus dígitos: *1998, 2010*. Es, por lo tanto, incorrecto escribirlos con punto ®*1.992*, ®*2.010*.

En documentos antiguos era frecuente escribir la indicación del día y el año con números romanos, que podían aparecer en minúscula (v. § 2.1.1a): «*Esta carta fue fecha domingo, a xxvi días de setiembre, anno Domini mcclviiii*» (*Traslado* [Esp. 1270]). En la actualidad, el uso de los números romanos para escribir los años ha quedado restringido a monumentos o placas conmemorativas, donde aparecen siempre escritos en forma mayúscula.

Información adicional	En la datación de cartas y documentos, si se antepone la indicación del lugar o el día de la semana en que se escribe el texto, la fecha se separa de esos otros elementos mediante una coma: *Panamá, 8 de abril de 2009; Lunes, 10 de mayo de 2010.*

La escritura de las fechas enteramente en palabras era una fórmula de datación frecuente en los documentos antiguos de cierta solemnidad: «*Dada en Valladolit, ocho días de março, era de mill e trecientos e treinta e dos años»* (*Carta Sancho IV* [Esp. 1249]). Actualmente este uso solo es normal en documentos en los que, por razones de seguridad, deba garantizarse la imposibilidad de alterar la fecha, como sucede en certificados, escrituras públicas, actas notariales, cheques bancarios, etc.: *Veintiocho de septiembre de mil novecientos noventa y seis*. En este caso, para el primer día del mes puede utilizarse tanto el ordinal *primero*, uso más habitual en América, como el cardinal *uno*, uso más habitual en España.

A fin de abreviar su expresión, las fechas pueden escribirse utilizando únicamente las cifras que indican el día, el mes y el año, separando cada elemento con guiones, barras o puntos, y sin dejar espacios en blanco: *7-7-1962; 7/7/1962; 7.7.1962*. En estos casos, el año puede expresarse con sus cuatro dígitos o solamente con los dos últimos, omitiendo los que indican el siglo, siempre que ello no induzca a error en su identificación: *27.7.68*. El mes, por su parte, puede expresarse en números arábigos o en romanos, aunque esta segunda opción (*16-VI-1970*) es hoy poco frecuente.

Cuando el número que indica el mes o el día es inferior a diez, se recomienda no anteponer un cero a la cifra simple, salvo que ello sea necesario por razones técnicas (por ejemplo, en formularios informatizados) o de seguridad (para evitar alteraciones en la fecha en documentos bancarios o comerciales); así, en usos comunes es preferible escribir *5.7.99, 2-9-1940* que *05.07.99, 02-09-1940*.

Información adicional — En el modelo descendente establecido por la ISO (§ 5.2.1c) no deben omitirse los ceros si la cifra que indica el mes o el día es menor de diez. Además, en el llamado formato extendido, se prescribe el guion para separar los dígitos correspondientes al año, al mes y al día: *2011-05-09* (por *9 de mayo de 2010*). Para el tratamiento automatizado de las fechas, puede usarse el llamado formato básico, en el que se prescinde de los guiones de separación, pues al tratarse de expresiones de orden y extensión fijos, sus elementos son identificables de forma inequívoca: *20110509*.

5.3 OTRAS EXPRESIONES CRONOLÓGICAS

5.3.1 LA EXPRESIÓN DE LOS SIGLOS

Como ya se ha indicado (§ 2.1.2c), los siglos se escriben siempre utilizando números romanos: *siglo* XXI, *siglo* XII.

Los distintos calendarios toman como referencia para el inicio del cómputo cronológico un hecho relevante en la historia de la comunidad que los utiliza. Ese hecho marca el comienzo del periodo de tiempo, denominado *era*, en el que se inscribe el cómputo. En el calendario gregoriano, ese hecho relevante es el nacimiento de Jesucristo, de ahí que nuestra era se denomine tradicionalmente *era cristiana,* aunque también recibe el nombre de *era común* por su empleo generalizado en el mundo occidental.

En nuestro sistema de datación, cuando es necesario especificar si el siglo indicado es anterior o posterior al momento de inicio del cómputo, se utilizan las abreviaturas convencionales *a. de J. C., a. de C., a. J. C.* o *a. C.* ('antes de [Jesu]Cristo'), *a. n. e.* ('antes de nuestra era'), *a. e. c.* ('antes de la era común') y *d. de J. C., d. de C., d. J. C.* o *d. C.* ('después de [Jesu]Cristo'), *d. n. e.* ('después de nuestra era'), *d. e. c.* ('después de la era común'): *«Areteo de Capadocia, de origen griego, vivió en el siglo* II *a. C.»* (Pelta/Vivas *Alergia* [Esp. 1995]).

5.3.2 LA EXPRESIÓN DE LAS DÉCADAS

En español, las décadas, esto es, los periodos de diez años referidos a cada una de las decenas de que se compone un siglo, se expresan preferentemente utilizando los numerales cardinales que designan cada decena, siempre en singular (*los años veinte, la década de los treinta, los cuarenta,* pero no ®*los cuarentas*): *«Mientras se oficia la misa de cuerpo presente, recuerdo una película francesa de principios de los años treinta»* (Glantz *Rastro* [Méx. 2002]); *«Y así llegué al último viernes de la década de los sesenta, compuesto y sin novias»* (VMatas *Suicidios* [Esp. 1991]); *«Eran tres hombres altos y extraños [...], escritores los tres y todos nacidos en los sesenta»* (Obando *Paraíso* [C. Rica 2001]).

Aunque es siempre preferible el empleo de numerales cardinales, también pueden expresarse las décadas con cifras: *«Silverio y yo adquirimos conciencia europea una mañana de la década de los 50 recorriendo la calle Serrano en trolebús»* (GaHortelano *Cuento* [Esp. 1987]); *«Brecht conoció bien la teoría de los formalistas y toda la experiencia de la vanguardia rusa de los años 20»* (Piglia *Respiración* [Arg. 1980]).

Advertencia	Puesto que el numeral con que se expresan las décadas debe usarse siempre en singular, no son admisibles, si la década se escribe con cifras, fórmulas como ®*los 30s* o ®*los 30's,* copiadas del inglés.

5.3.3 LA EXPRESIÓN DE LOS AÑOS

Exceptuando los casos mencionados en el apartado 2.1.2a, los años se escriben siempre con números arábigos: *año 977, 1998, 2010.*

La mención de un año también puede realizarse únicamente con las dos últimas cifras: *«Cuando murió su madre en el año 95 y se dispuso de sus pertenencias, Sole encontró la carta»* (González *Dios* [Méx. 1999]); *«Desde el 68 ha quedado claro que la actividad surrealista solo puede seguir siendo una revolución del espíritu»* (Aranda *Surrealismo* [Esp. 1981]).

Advertencia	En español es innecesario y desaconsejable escribir un apóstrofo para indicar la supresión de las dos primeras cifras de un año, uso debido al influjo del inglés y que suele aparecer en la mención de acontecimiento relevantes celebrados en ciertos años: ®*Barcelona '92* (en referencia a los Juegos Olímpicos celebrados ese año); en español basta con las dos últimas cifras: *Barcelona 92.*

Para indicar los años anteriores y posteriores al momento de inicio del cómputo de nuestra era, si esa precisión resulta necesaria, pueden utilizarse las mismas abreviaturas convencionales que se han mencionado en relación con los siglos (v. § 5.3.1): *211 a. C., 123 d. C., 45 a. n. e.*

Advertencia	No se considera adecuado expresar los años anteriores a la fecha de inicio del cómputo de nuestra era extrapolando la pauta de escritura de los números negativos en la notación matemática, esto es, anteponiendo el signo menos a la cifra del año: ®*En −202 Escipión derrotó a Aníbal.*

5.4 LA EXPRESIÓN DE LOS PORCENTAJES

Un porcentaje es la expresión de un tanto por ciento, esto es, del número de unidades consideradas en relación con un total de cien.

Para la expresión de los porcentajes debe utilizarse siempre la fórmula *por ciento* o el símbolo correspondiente a esta locución (%): *Comparten las tareas del hogar al cincuenta por ciento; Contiene el 60 % de la dosis diaria recomendada de vitamina C.* Para la escritura del símbolo %, véase el capítulo v, § 4.4f.

El uso de la locución *por cien* solo se considera correcto cuando el porcentaje expresa totalidad. Para ese caso, son igualmente válidas las expresiones *ciento por ciento* (preferida en América), *cien por ciento* y *cien por cien* (preferida en España): *«Invermévico* [...] *podrá adquirir el ciento por ciento de las acciones de Latinvest»* (*Excélsior* [Méx.] 27.7.1996); *«El aporte del Minsal no llega al cien por ciento de lo necesario»* (*Época* [Chile] 28.7.1997); *«El herido sufría quemaduras en el cien por cien de su cuerpo»* (*Razón* [Esp.] 18.12.2001).

La locución *por ciento* debe escribirse siempre en dos palabras. La escritura en una sola palabra es válida únicamente para el sustantivo masculino *porciento* ('porcentaje'), que se usa sobre todo en el español caribeño (v. cap. v, § 2.4.2): «*Marcos seguía enfrascado en la conversación, discutiendo el porciento de interés de los bonos*» (Ferré *Batalla* [P. Rico 1993]).

Mientras que la locución *por ciento* puede acompañar tanto a cifras como a palabras, el símbolo % solo debe emplearse cuando el porcentaje se escribe con cifras (v. cap. v, § 4.4e); en consecuencia, no es correcto usar el símbolo % si el porcentaje se expresa con palabras: ⊗*el trece % de los encuestados*. En cambio, no se considera incorrecto usar la locución *por ciento* acompañada de cifras: «*Solo un 0,2 por ciento del presupuesto global de la investigación farmacéutica* [...] *se invierte en enfermedades respiratorias*» (*Natural* [Esp.] 3.2003). En cualquier caso, lo más aconsejable es escribir los porcentajes enteramente con palabras (*el trece por ciento*) o con cifras acompañadas del símbolo % (*el 13 %*). Sobre cuándo optar por una u otra fórmula, v. § 5.4.1.

El símbolo % se lee siempre «por ciento», excepto si aparece en la expresión *100 %*, caso en el que puede leerse también «por cien».

Se recomienda no separar en líneas de texto diferentes los elementos que integran la expresión de los porcentajes, se escriban con cifras o con palabras: ⊗*3 / %*, ⊗*tres / por ciento*, ⊗*tres por / ciento*.

5.4.1 USO DE PALABRAS O CIFRAS EN LA ESCRITURA DE LOS PORCENTAJES

Cuando el porcentaje corresponde a un número inferior a diez, puede escribirse tanto con cifras como con palabras: *Un 8 % de los alumnos nunca acude a la biblioteca* o *Un ocho por ciento de los alumnos nunca acude a la biblioteca*. La escritura con cifras es más frecuente en los textos de carácter científico o técnico, en consonancia con lo explicado en el apartado 4 de este mismo capítulo.

En cambio, los porcentajes superiores a diez se escriben casi exclusivamente con cifras, tanto por corresponder a números que se expresan en su mayoría con más de una palabra como por el hecho de ser las cifras de más fácil y rápida interpretación: *Solo el 38 % de la población participó en los comicios*. La escritura de porcentajes superiores a diez enteramente en palabras solo es normal en documentos de carácter financiero, administrativo o legal (cheques bancarios, letras de cambio, contratos, etc.) en los que la expresión con palabras deba acompañar a la cifra para evitar toda posible confusión o manipulación: *El deudor declara que es propietario del 47 % (cuarenta y siete por ciento) del capital social*.

Puesto que los números formados por una parte entera y una decimal se escriben con cifras (v. § 4.2e), así deben escribirse también los porcentajes decimales, aunque correspondan a números inferiores a diez: «*Los carburantes y combustibles se abarataron el 4,5 % el pasado enero*»

(*NCastilla* [Esp.] 14.2.2001). Pero también pueden escribirse con palabras en textos de carácter financiero, administrativo o legal con el fin de evitar equívocos o manipulaciones: «*Cuota: Cero enteros setecientas milésimas por ciento*» (*BOJA* [Esp.] 17.7.1997).

5.4.2 LA COORDINACIÓN DE PORCENTAJES ESCRITOS CON CIFRAS

Cuando en un enunciado aparecen varios porcentajes coordinados, el símbolo % suele colocarse solo tras la última cifra: *Entre el 85 y el 95 % de la población se mostró en contra de la medida.* No obstante, en documentos de carácter científico-técnico es preferible repetir el símbolo tras cada una de las cifras para evitar toda posibilidad de confusión: *Entre el 85 % y el 95 % de la población se mostró en contra de la medida.*

En los intervalos de porcentajes escritos con guion, lo más indicado es usar un solo símbolo colocado al final: *20-25 %*.

5.4.3 EL TANTO POR MIL

En determinado tipo de textos, especialmente en los de carácter estadístico o financiero, se expresan a menudo tantos por mil, en lugar de tantos por ciento. Un tanto por mil indica el número de unidades consideradas en relación con un total de mil. En esos casos, tras la expresión del número concreto de que se trate (que puede escribirse con palabras o con cifras), se emplea la locución *por mil* o, más raramente, *por millar*: «*Aproximadamente el cinco por mil de todos los neonatos son portadores de una anomalía digestiva*» (Dexeus/Carrera *Riesgo* [Esp. 1989]); «*Una de las enmiendas es la reducción de un 10 a un 2,5 por millar en la indemnización*» (*Periódico*@ [Guat.] 18.3.2010). Cuando el tanto por mil se escribe con cifras, es habitual el uso del símbolo ‰: *La alícuota general del impuesto será del 4 ‰ para los créditos.*

La escritura de estas expresiones se rige por las mismas pautas que los porcentajes.

Información adicional

Aunque la forma habitual de referirse a este tipo de expresiones es mediante la locución sustantiva *tanto por mil* o *tanto por millar*, en algunos países de América se emplea también el sustantivo *pormilaje*, creado por analogía con *porcentaje*: «*Las compañías* [...] *cobran un pormilaje sobre la suma asegurada*» (*NProvincia*@ [Arg.] 14.10.2009).

Apéndices

1

LISTA DE ABREVIATURAS

Se recogen aquí las abreviaturas convencionales más usuales en español. Se trata de una lista necesariamente incompleta, ya que, como se ha explicado en el capítulo v, § 3.2, cualquier usuario de la lengua puede crear cuantas abreviaturas considere oportunas, siempre que lo haga de acuerdo con las reglas españolas de formación de este tipo de abreviaciones y de acuerdo con los principios establecidos en el apartado 3.2.2 del mismo capítulo.

Cuando una abreviatura tiene variación de género, a continuación de la forma masculina se da, entre paréntesis, la forma correspondiente del femenino, si bien en el desarrollo, por economía, aparece únicamente el masculino. Solo cuando una abreviatura se utiliza indistintamente para el masculino y para el femenino se hacen explícitos ambos géneros en su desarrollo.

No se registran las formas del plural —salvo las irregulares—, por ser fácilmente deducibles a partir de las reglas de formación del plural de las abreviaturas recogidas en el capítulo v, § 3.2.4. Sí se registran, no obstante, abreviaturas de expresiones que solo se usan en plural.

Cuando una misma abreviatura tiene distintos valores, estos se separan mediante una pleca doble (||).

Cuando una abreviatura es de uso geográficamente limitado, se indica entre corchetes la abreviatura del país al que corresponde.

Tras el signo ¶ se ofrece información adicional sobre el uso de algunas abreviaturas.

Aunque las abreviaturas de los tratamientos se escriben siempre con inicial mayúscula, en su forma plena estas palabras deben escribirse, en general, con minúscula; por ello, el desarrollo de las abreviaturas de los tratamientos aparece escrito en esta lista con minúscula inicial.

Se han escrito en cursiva las abreviaturas, así como sus desarrollos, que corresponden a expresiones de otras lenguas.

a.	arroba (*cf.* @, *en apéndice 3*)
A.	alteza
(a)	alias
a/a	aire acondicionado
A/A	a la atención
aa. vv.; AA. VV.	autores varios (*cf.* vv. aa., VV. AA.)
Abg.; Abg.^{do} (*fem.* **Abg.^{da}**)	abogado -da
a. C.	antes de Cristo (*también* a. de C.; *cf.* d. C.)
a/c	a cuenta
acept.	aceptación
A. D.	*anno Domini* (*lat.*: 'en el año del Señor')
a. de C.	antes de Cristo (*también* a. C.; *cf.* d. de C.)
a. de J. C.	antes de Jesucristo (*también* a. J. C.; *cf.* d. de J. C.)
a D. g.	a Dios gracias
admón.	administración

adm.^{or} (*fem.* **adm.^{ora}**); **admr.**	administrador -ra
a. e. c.	antes de la era común
a/f	a favor
afmo. (*fem.* **afma.**); **af.^{mo}** (*fem.* **af.^{ma}**)	afectísimo
a. i.	*ad interim* (*lat.*: 'de manera provisional o interina'). ¶ Tras un nombre de cargo, para indicar que la persona que lo ocupa lo hace de modo interino.
A. I.	alteza imperial
a. J. C.	antes de Jesucristo (*también* a. de J. C.; *cf.* d. J. C.)
Alc.	alcalde
Alfz.	alférez
Almte.	almirante
a. m.	*ante meridiem* (*lat.*: 'antes del mediodía'; *cf.* m. *y* p. m.)
A. M. D. G.	*ad maiorem Dei gloriam* (*lat.*: 'a mayor gloria de Dios')
a. n. e.	antes de nuestra era
ap.	aparte
ap.	*apud* (*lat.*: 'en'). ¶ En referencias bibliográficas, antecede al nombre del autor o al título de la obra citados como fuente.
apdo.	apartado
aprox.	aproximado -da || aproximadamente
A. R.	alteza real
arch.	archivo
Arq.	arquitecto -ta
art.; art.^{o}	artículo
Arz.	arzobispo
A. S.	alteza serenísima
Asoc.	asociación
A. T.	Antiguo Testamento
atte.	atentamente
atto. (*fem.* **atta.**)	atento
av.; avd.; avda.	avenida
ayte.	ayudante
Ayto.	ayuntamiento
B.	beato -ta (*también* Bto.)
Barna.	Barcelona (ciudad de España)
b. c. c.	*blind carbon copy* (*ingl.*: 'con copia oculta'; *cf.* c. c. o.)
Bco.	banco ('entidad financiera')
Bibl.	biblioteca
b. l. m.	besa la mano (*cf.* q. b. s. m.). ¶ Poco usada.
blvr.	bulevar
Bmo. (*fem.* **Bma.**)	beatísimo
b/n	blanco y negro
Bo.; B.^{o}	barrio
bol.	boletín
Br.	bachiller
Brig.	brigada ('grado militar')
Bs. As.	Buenos Aires (capital de la Argentina)
b. s. p.	besa sus pies (*cf.* q. b. s. p.). ¶ Poco usada.
Bto. (*fem.* **Bta.**)	beato (*también* B.)

c. calle (*también* c/ *y* cl.) || capítulo (*también* cap. *y* cap.º) || circa (*también* ca.) || centavo (*también* cent., ctv. *y* ctvo.; *cf.* ¢, *en apéndice 3*) || ciudadano

c/ calle (*también* c. *y* cl.) || cargo (*también* cgo.) || cuenta (*también* cta.)

ca. circa (*también* c.). ¶ Del lat. *circa* ('alrededor de'), precede a un número que expresa año.

C.ª compañía (*también* Cía., C.ía *y* Comp.) || carretera (*también* crta.)

C. A. compañía anónima (*cf.* S. A.) || comunidad autónoma [Esp.]

caj. caja || cajón

cap. capítulo (*también* c. *y* cap.º)

Cap. capital || capitán -na

Cap. Fed. capital federal (*también* C. F.)

cap.º capítulo (*también* c. *y* cap.)

Card. cardenal

c. c. cédula de ciudadanía || centímetro cúbico (*referido a la cilindrada de un motor; cf.* cm^3, *en apéndice 2*) || con copia (*cf.* c. c. p.)

C. C. casilla de correo

c/c cuenta corriente (*también* cta. cte.)

c. c. o. con copia oculta

c. c. p. con copia para (*cf.* c. c.)

Cdad. ciudad

c. e. correo electrónico

cent. (*pl. irreg.:* **cts.**) centavo (*también* c., ctv. *y* ctvo.; *cf.* ¢, *en apéndice 3*) || centésimo

cént. (*pl. irreg.:* **cts.**) céntimo

C. F. capital federal (*también* Cap. Fed.) || club de fútbol

cf.; cfr. *confer* (*lat.:* 'compara'; *también* conf. *y* confr.; *cf.* cp.). ¶ Escritas en redonda pueden considerarse abreviaturas de «confróntese».

c. f. s. coste, flete y seguro

cgo. cargo (*también* c/)

ch/ cheque

C. I. cédula de identidad

Cía.; C.ía compañía (*también* C.ª *y* Comp.)

cje. corretaje

cl. calle (*también* c. *y* c/)

Cmdt.; Cmte. comandante (*también* Comte. *y* Cte.)

Cnel. coronel (*también* Col.)

cód. código

col. colección || colonia ('barrio') [Méx.] || columna

Col. colegio || coronel (*también* Cnel.)

Comod. comodoro

com.ón comisión

Comp. compañía (*también* C.ª, Cía. *y* C.ía)

Comte. comandante (*también* Cmdt., Cmte. *y* Cte.)

conf.; confr. *confer* (*lat.:* 'compara'; *también* cf. *y* cfr.; *cf.* cp.). ¶ Escritas en redonda pueden considerarse abreviaturas de «confróntese».

Contralmte. contralmirante

coop. cooperativa

coord. (*fem.* **coord.ª**) coordinador

cp.	compárese (*cf.* cf., cfr., conf. *y* confr.)
C. P.	código postal (*cf.* D. P.) || contador público
C. P. N.	contador público nacional
C. por A.	compañía por acciones
cra.	carrera ('vía urbana')
crec.	creciente
cta.	cuenta (*también* c/)
cta. cte.	cuenta corriente (*también* c/c)
Cte.	comandante (*también* Cmdt., Cmte. *y* Comte.)
ctra.	carretera
ctv.; ctvo.	centavo (*también* c. *y* cent.; *cf.* ¢, *en apéndice 3*)
c/u	cada uno, cada una
D.	don (*cf.* D.ª *y* Dña.)
D.ª	doña (*también* Dña.; *cf.* D.)
d. C.	después de Cristo (*también* d. de C.; *cf.* a. C.)
dcho. (*fem.* **dcha.**)	derecho
d. de C.	después de Cristo (*también* d. C.; *cf.* a. de C.)
d. de J. C.	después de Jesucristo (*también* d. J. C.; *cf.* a. de J. C.)
d. e. c.	después de la era común
del.	delegación
D. E. P.	descanse en paz (*cf.* e. p. d., q. e. p. d. *y* R. I. P.). ¶ *También* DEP, *como sigla.*
depto.	departamento (*también* dpto.)
desct.º	descuento (*también* dto.)
d/f	día(s) fecha
D. F.	Distrito Federal
diag.	diagonal ('vía urbana') [Arg.]
dicc.	diccionario
dir.	dirección
Dir. (*fem.* **Dir.ª**)	director
d. J. C.	después de Jesucristo (*también* d. de J. C.; *cf.* a. J. C.)
D. L.	depósito legal
D. m.	Dios mediante
d. n. e.	después de nuestra era
Dña.	doña (*también* D.ª; *cf.* D.)
D. O.	denominación de origen (*cf.* D. O. C. *y* D. O. P.)
doc.	documento
D. O. C.	denominación de origen calificada (*cf.* D. O. *y* D. O. P.)
D. O. P.	denominación de origen protegida (*cf.* D. O. *y* D. O. C.)
D. P.	distrito postal (*cf.* C. P.)
dpto.	departamento (*también* depto.)
Dr. (*fem.* **Dra., Dr.ª**)	doctor
dto.	descuento (*también* desct.º)
dtto.	distrito
dupdo. (*fem.* **dpda.**)	duplicado
d/v	día(s) vista
e/	envío
e. c.	era común
e/c	en cuenta
ed.	edición || editorial (*también* edit.) || editor, -ra

edit.	editorial (*también* ed.)
edo.	estado ('división territorial dentro de una nación')
EE. UU.	Estados Unidos
e. g.; e. gr.	*exempli gratia* (*lat.*: 'por ejemplo'; *cf.* p. ej., v. g., v. gr.)
ej.	ejemplo || ejemplar (*sustantivo masculino*)
Em.ª	eminencia
Emmo. (*fem.* **Emma.**)	eminentísimo
entlo.	entresuelo
e. p. d.	en paz descanse (*cf.* D. E. P., q. e. p. d. *y* R. I. P.). ¶ Se utiliza también en mayúsculas.
e. p. m.	en propia mano
E. S.	estación de servicio [Esp.]
e. s. m.	en sus manos
esq.	esquina
et al.	*et alii* (*lat.*: 'y otros'; *cf.* y cols.). ¶ En referencias bibliográficas, tras el nombre de uno de los autores, para indicar que hay varios más.
etc.	etcétera
Exc.ª	excelencia
excl.	exclusive (*cf.* incl.)
Excmo. (*fem.* **Excma.**)	excelentísimo
f.	folio (*también* fol. *y* f.º)
f.ª	factura (*también* fra.)
facs.	facsímil
fasc.	fascículo
f. c. (*pl.* **ff. cc.**)	ferrocarril. ¶ Frecuentemente en mayúsculas.
F. C.	fútbol club
fca.	fábrica
Fdo.	firmado
fec.	*fecit* (*lat.*: 'hizo'). ¶ Junto a la firma en una obra de arte.
FF. AA.	Fuerzas Armadas
fig.	figura || figurado
fl., flor.	*floruit* (*lat.*: 'floreció'). ¶ Ante la indicación del periodo de apogeo de un personaje o ente histórico cuyas fechas de comienzo y fin se desconocen.
f.º; fol.	folio (*también* f.)
Fr.	fray || frey
fra.	factura (*también* f.ª)
Gdor. (*fem.* **Gdora., Gdor.ª**)	gobernador (*también* Gob.)
Gob.	Gobierno || gobernador -ra (*también* Gdor.)
g. p.; g/p	giro postal
gr.	gramo (*cf.* g *en apéndice 2*)
gral.	general
Gral.	general ('grado militar')
gralm.	generalmente
g. t.	giro telegráfico
gta.	glorieta
g. v.	gran velocidad (*cf.* p. v.)

h.	hoja || hacia
H.	hermano -na (*también* Hno.)
hab.	habitante
Hno. (*fem.* **Hna.**)	hermano (*también* H.)
I.	ilustre (*también* Il. *e* Iltre.). ¶ *Especialmente en la fórmula* M. I. ('muy ilustre').
ib.; ibid.	*ibidem* (*lat.*: 'en el mismo lugar')
id.	*idem* (*lat.*: 'el mismo')
i. e.	*id est* (*lat.*: 'esto es')
igl.[a]	iglesia
il.	ilustración || ilustrado -da
Il.	ilustre (*también* I. *e* Iltre.)
Ilmo. (*fem.* **Ilma.**)	ilustrísimo
Iltre.	ilustre (*también* I. *e* Il.)
imp.	imprenta (*también* impr.)
impr.	imprenta (*también* imp.) || impreso
impto.; imp.[to]	impuesto
incl.	inclusive (*cf.* excl.)
Ing.	ingeniero -ra
Inst.	instituto
izdo. (*fem.* **izda.**)**; izq.; izqdo.** (*fem.* **izqda.**)	izquierdo -da
J. C.	Jesucristo (*cf.* Jhs. *y* Xto.)
Jhs.	Jesús (*referido a Cristo; cf.* J. C. *y* Xto.)
JJ. OO.	Juegos Olímpicos
L/	letra (de cambio)
lám.	lámina
l. c.	*loco citato* (*lat.*: 'en el lugar citado'; *también* loc. cit.). ¶ En referencias bibliográficas, para referirse a la misma obra de un autor citada con anterioridad.
Lcdo. (*fem.* **Lcda.**)**; Ldo.** (*fem.* **Lda.**)	licenciado (*también* Lic.)
lib.	libro
Lic.	Licenciado -da (*también* Lcdo. o Ldo.)
loc. cit.	*loco citato* (*lat.*: 'en el lugar citado'; *también* l. c.)
Ltd.	*limited* (*ingl.*: 'limitado, -da'; *cf.* Ltdo.)
Ltdo. (*fem.* **Ltda.**)	limitado (*cf.* Ltd.)
m.	muerto -ta || muerte
m.	*meridies* (*lat:* 'mediodía'; *cf.* a. m. *y* p. m.)
M.	majestad || madre ('tratamiento religioso'; *también* M.[e])
m. a.	millones de años
Magfco. (*fem.* **Magfca.**)	magnífico
manz.	manzana ('espacio urbano'; *también* mz.)
máx.	máximo (*cf.* mín.)
M.[e]	madre ('tratamiento religioso'; *también* M.)
Mgtr.	magíster (*también* Mtr.)
mín.	mínimo (*cf.* máx.)
m. n.	moneda nacional

Mons.	monseñor
mr.	mártir
ms. (*pl.* **mss.**)	manuscrito
Mtr.	máster || magíster (*también* Mgtr.)
Mtro. (*fem.* **Mtra.**)	maestro || ministro
mz.	manzana ('espacio urbano'; *también* manz.)
n.	nota || nacido -da || nacimiento
N.ª S.ª	Nuestra Señora (*referido a la Virgen; también* Ntra. Sra., Ntr.ª Sr.ª)
nal.	nacional
N. B.	*nota bene* (*lat.:* 'observa bien'). ¶ Escrita en redonda equivale a «nótese bien».
N. del A. (*fem.* **N. de la A.**)	nota del autor
N. del T. (*fem.* **N. de la T.**)	nota del traductor
n. n.	*nescio nomen* (lat.: 'desconozco el nombre'). ¶ En registros, cuando se desconoce el nombre del sujeto.
n.º; nro.	número (*también* núm.; *cf. #, en apéndice 3*)
N. S.	Nuestro Señor (*referido a Jesucristo; cf.* N. S. J. C.)
N. S. J. C.	Nuestro Señor Jesucristo (*cf.* N. S.)
N. T.	Nuevo Testamento
Ntra. Sra.; Ntr.ª Sr.ª	Nuestra Señora (*referido a la Virgen; también* N.ª S.ª)
ntro. (*fem.* **ntra.**)	nuestro
núm.	número (*también* n.º *y* nro.; *cf. #, en apéndice 3*)
Ob.	obispo
ob. cit.	obra citada (*cf.* op. cit.)
O. F. M.	Orden de Frailes Menores (franciscanos)
O. M.	Orden Ministerial [Esp.]
op.	opus. ¶ Del lat. *opus* ('obra'), se usa en la nomenclatura de las obras musicales, ante el número de orden de una obra dentro del conjunto de las pertenecientes a un mismo autor.
O. P.	Orden de Predicadores (dominicos)
op. cit.	*opere citato* (*lat.:* 'en la obra citada'; *cf.* ob. cit.)
O. S. A.	Orden de San Agustín
p.	página (*también* pg. *y* pág.)
P.	papa (*cf.* Pnt.) || padre ('tratamiento religioso')
p. a.	por ausencia || por autorización (*también* P. A.)
pág.	página (*también* p. *y* pg.)
párr.	párrafo (*cf.* §, *en apéndice 3*)
pass.	*passim* (*lat.:* 'en varios lugares'). ¶ En referencias bibliográficas, para indicar que la información señalada se encuentra en diversos puntos a lo largo de la obra citada.
Pat.	patente
Pbro.	presbítero (*también* Presb.)
p. d.	porte(s) debido(s) (*cf.* p. p.)
P. D.	posdata (*cf.* P. S.). ¶ Para introducir añadidos a una carta ya concluida y firmada.
pdo. (*fem.* **pda.**)	pasado
p. ej.	por ejemplo (*cf.* v. g. *y* v. gr.)
Pdte. (*fem.* **Pdta.**)	presidente
pg.	página (*también* p. *y* pág.)

p. k.	punto kilométrico
pl.; plza.	plaza (*también* pza.)
plta.	planta
p. m.	*post meridiem* (*lat.*: 'después del mediodía'; *cf.* a. m. *y* m.)
P. M.	policía militar
Pnt.	pontífice (*cf.* P.)
p. o.; P. O.; p/o	por orden
p.º	paseo
pol. ind.	polígono industrial [Esp.]
p. p.	por poder || porte(s) pagado(s) (*cf.* p. d.)
ppal.	principal (*también* pral.)
p. pdo.	próximo pasado [Am.]. ¶ Tras la indicación de una fecha.
pral.	principal (*también* ppal.)
Presb.	presbítero (*también* Pbro.)
Prof. (*fem.* **Prof.ª**)	profesor
pról.	prólogo
prov.	provincia
P. S.	*post scriptum* (*lat.*: 'después de lo escrito'; *cf.* P. D.). ¶ Para introducir añadidos a un texto ya escrito.
p. v.	pequeña velocidad (*cf.* g. v.)
P. V. P.	precio de venta al público
pza.	plaza (*también* pl. *y* plza.)
q. b. s. m.	que besa su mano (*cf.* b. l m.). ¶ Poco usada.
q. b. s. p.	que besa sus pies. ¶ Poco usada.
q. D. g.; Q. D. G.	que Dios guarde. ¶ Poco usada.
q. e. g. e.	que en gloria esté. ¶ Poco usada.
q. e. p. d.	que en paz descanse (*cf.* D. E. P., e. p. d. *y* R. I. P.). ¶ Poco usada.
q. e. s. m.	que estrecha su mano. ¶ Poco usada.
q. s. g. h.	que santa gloria haya. ¶ Poco usada.
r.	recto (*también* r.º; *cf.* v. *y* v.º). ¶ Tras la indicación del número de hoja o folio de un libro.
R.	reverendo -da (*también* Rdo., Rev., Rvd. *y* Rvdo.)
rbla.	rambla ('vía urbana')
R. D.	Real Decreto [Esp.] (*cf.* R. O.) || República Dominicana
Rdo. (*fem.* **Rda.**)	reverendo (*también* Rev., Rvd., Rvdo. *y* R.)
reg.	registro
Rep.	república
Rev.	reverendo -da (*también* Rdo., Rvd., Rvdo. *y* R.)
R. I. P.	*requiescat in pace* (*lat.*: 'descanse en paz'; *cf.* D. E. P., e. p. d. *y* q. e. p. d.). ¶ También *RIP*, como sigla.
r.º	recto (*también* r.; *cf.* v. *y* v.º). ¶ Tras la indicación del número de hoja o folio de un libro.
R. O.	Real Orden [Esp.] (*cf.* R. D.)
Rmo. (*fem.* **Rma.**)	reverendísimo (*también* Rvdmo.)
r. p. m.	revoluciones por minuto
R. S. V. P.	*Répondez s'il vous plaît*, (*fr.*: 'responda, por favor'; *cf.* S. R. C.) [Am.]
RR. HH.	recursos humanos
Rte.	remitente
Rvd.; Rvdo. (*fem.* **Rvda.**)	reverendo -da (*también* R., Rdo. *y* Rev.)

Rvdmo. (*fem.* **Rvdma.**)	reverendísimo (*también* Rmo.)
s.	siglo || siguiente (*también* sig.)
s/	sin || sobre || según
S.	san (*cf.* Sto.)
s. a.; s/a	sin año [de impresión o de edición] (*cf.* s. d., s. e. *y* s. l.)
S.ª	señoría || señora
S. A.	sociedad anónima (*cf.* C. A. y S. L.) || su alteza. ¶ *También* SA, *como sigla.*
S. A. A.	sociedad anónima abierta
S. A. C.	sociedad anónima cerrada
S. A. de C. V.	sociedad anónima de capital variable
S. A. I.	su alteza imperial
S. A. R.	su alteza real
S. A. S.	su alteza serenísima
s. c.	su casa
s/c	su cuenta
sc.	*scilicet* (*lat.*: 'es decir, a saber')
S. C.	sociedad comanditaria
s. d.	*sine data* (*lat.*: 'sin fecha [de edición o de impresión]'; *cf.* s. a., s. e. *y* s. l.)
Sdad.	sociedad (*también* Soc.)
Sdad. Ltda.	sociedad limitada (*también* S. L.)
S. D. M.	su divina majestad
s. e.; s/e	sin [indicación de] editorial (*cf.* s. a., s. d. *y* s. l.)
S. E.	su excelencia
Ser.^{mo} (*fem.* **Ser.**^{ma})	serenísimo
s. e. u o.	salvo error u omisión
s. f.; s/f	sin fecha
Sgto.	sargento
S. I.	*Societatis Iesu* (*lat.*: 'de la Compañía de Jesús'; *también* S. J.)
sig.	siguiente (*también* s.)
S. J.	*Societatis Jesu* (*lat.*: 'de la Compañía de Jesús'; *también* S. I.) || sacerdote jesuita
s. l.; s/l	sin [indicación del] lugar [de edición] (*cf.* s. a., s. d. *y* s. e.)
S. L.	sociedad limitada (*cf.* S. A.). ¶ *También* SL, *como sigla.*
S. M.	su majestad || sacerdote marianista
Smo. (*fem.* **Sma.**)	santísimo
s. n.; s/n	sin número. ¶ En referencia al inmueble de una vía pública.
s. n. m.	sobre el nivel del mar. ¶ Normalmente precedida por el símbolo del metro: *m s. n. m.*
Soc.	sociedad (*también* Sdad.)
S. P.	servicio público
s. p. i.	sin pie de imprenta
Sr. (*fem.* **Sra., Sr.ª, S.ª**)	señor
S. R. C.	se ruega contestación
S. R. L.	sociedad de responsabilidad limitada
S. R. M.	su real majestad
Srta.	señorita
s. s.	seguro servidor (*cf.* s. s. s.). ¶ Poco usada.
S. S.	su santidad || su señoría
s. s. s.	su seguro servidor (*cf.* s. s.). ¶ Poco usada.
Sto. (*fem.* **Sta.**)	santo (*cf.* S.)

supl. suplemento
s. v.; s/v *sub voce* (*lat.:* 'bajo la palabra'). ¶ Antecede a la indicación del lema de un diccionario o enciclopedia, para indicar que en esa entrada se encuentra la información a la que se hace referencia.

t. tomo
tel.; teléf. teléfono (*también* tfno. *y* tlf.)
test.º testigo
tfno. teléfono (*también* tel., teléf. *y* tlf.)
tít. título
tlf. teléfono (*también* tel., telef. *y* tfno.)
trad. traducción || traductor -ra
tte. transporte
Tte. teniente

U. usted (*también* Ud., V. *y* Vd.)
ud. (*pl. irreg.:* **uds.**) unidad
Ud. (*pl. irreg.:* **Uds.**) usted (*también* U., V. *y* Vd.)
Univ. universidad
urb. urbanización

v. véase *o* véanse (*cf.* vid.) || verso || vuelto (*también* v.º; *cf.* r. *y* r.º)
V. usted (*también* U., Ud. *y* Vd.) || venerable. ¶ Poco usada, en el primer sentido indicado.
v/ visto
V. A. vuestra alteza
Valmte. vicealmirante
V. A. R. vuestra alteza real
V. B. vuestra beatitud
vcto. vencimiento
Vd. (*pl. irreg.:* **Vds.**) usted (*también* U., Ud. *y* V.). ¶ Poco usada.
Vdo. (*fem.* **Vda.**) viudo
V. E. vuestra excelencia
v. g.; v. gr. *verbi gratia* (*lat.:* 'por ejemplo'; *cf.* p. ej., e. g., e. gr.)
V. I. usía ilustrísima (*cf.* V. S. I.)
vid. *vide* (*lat.:* 'mira'; *equivale a* véase, *cf.* v.)
V. M. vuestra majestad
v.º vuelto (*también* v.; *cf.* r. *y* r.º). ¶ Tras la indicación del número de hoja o folio de un libro.
V. O. versión original (*cf.* V. O. S.)
V.º B.º visto bueno
vol. volumen
V. O. S. versión original subtitulada (*cf.* V. O.)
V. P. vuestra paternidad
vs. *versus* (*ingl.:* 'contra')
V. S. vuestra señoría
V. S. I. vuestra señoría ilustrísima (*cf.* V. I.)
vto. (*fem.* **vta.**) vuelto
vv. aa.; VV. AA. varios autores (*cf.* aa. vv., AA. VV.)

Xto. Cristo (*cf.* J. C. *y* Jhs.)

y cols. y colaboradores (*cf.* et al.)

2

LISTA DE SÍMBOLOS ALFABETIZABLES

En esta lista se recogen los símbolos alfabetizables más usuales, casi todos ellos referidos a las unidades de medida —ya correspondan al sistema internacional de unidades, al cegesimal o a sistemas particulares como el anglosajón—, los elementos químicos de la tabla periódica, los puntos cardinales y las monedas oficiales de los países reconocidos por la ONU. En algunos casos se recogen, además de la unidad básica, algunas unidades derivadas de uso común.

Los símbolos de los prefijos de las unidades de medida, que sirven para formar los de sus múltiplos y submúltiplos y, por tanto, no se usan nunca aislados, se transcriben seguidos de un guion. A continuación, se señala entre corchetes el factor que expresan, en forma de potencia decimal.

Puesto que los símbolos son elementos gráficamente invariables, todas las formas recogidas en esta lista sirven tanto para el singular como para el plural.

Los nombres de algunas unidades de medida se han escrito en cursiva por presentar grafías no adaptadas plenamente a las convenciones ortográficas del español.

Cuando un mismo símbolo tiene distintos valores, estos se separan mediante una pleca doble (||).

En el caso de algunas monedas, además del símbolo trilítero establecido de acuerdo con las normas de la ISO (International Organization for Standardization 'Organización Internacional para la Estandarización'), se incluye(n) otro(s) de uso corriente.

Muchos nombres de monedas carecen de grafía normalizada en español. Se ofrecen aquí, para todos ellos, formas adaptadas a las convenciones ortográficas de nuestro idioma.

a área [100 m^2]
A amperio
Å ángstrom
a- atto- [10^{-18}]
ac acre (del ing. *acre,* 'unidad de superficie')
Ac actinio
AED dírham (moneda oficial de los Emiratos Árabes Unidos)
AFN afgani (moneda oficial de Afganistán)
Ag plata
Al aluminio
ALL lek (moneda oficial de Albania)
Am americio
AMD dram (moneda oficial de Armenia)
AOA kuanza (moneda oficial de Angola)
Ar argón
ARS peso argentino (moneda oficial de la Argentina; *cf.* $, *en apéndice 3*)
As arsénico
at atmósfera técnica
At ástato *o* astato
atm atmósfera normal
Au oro
AUD dólar australiano (moneda oficial de Australia, Kiribati, Nauru y Tuvalu)
AZN manat (moneda oficial de Azerbaiyán)
b barn || bit (*también* bit)
B belio || boro || *byte*
Ba bario
BAM marco convertible (moneda oficial de Bosnia-Herzegovina)

bar bar

BBD dólar barbadense (moneda oficial de Barbados)

BDT taka (moneda oficial de Bangladés)

Be berilio

BGN leva (moneda oficial de Bulgaria)

Bh bohrio

BHD dinar bareiní (moneda oficial de Baréin)

Bi bismuto

BIF franco burundés (moneda oficial de Burundi)

bit bit (*también* b)

Bk berkelio

BND dólar bruneano (moneda oficial de Brunéi Darusalam)

BOB boliviano (moneda oficial de Bolivia; *también* Bs)

Bq *becquerel*

Br bromo

BRL real (moneda oficial de Brasil)

Bs boliviano (moneda oficial de Bolivia; *también* BOB)

BSD dólar bahameño (moneda oficial de las Bahamas)

BTN gultrum (moneda oficial de Bután)

BWP pula (moneda oficial de Botsuana)

BYR rublo bielorruso (moneda oficial de Bielorrusia)

BZD dólar beliceño (moneda oficial de Belice)

C carbono || culombio

c- centi- [10^{-2}]

Ca calcio

CAD dólar canadiense (moneda oficial de Canadá)

cal caloría

cd candela

Cd cadmio

CDF franco congoleño (moneda oficial de la República Democrática del Congo)

Ce cerio

Cf californio

CHF franco suizo (moneda oficial de Suiza y Liechtenstein)

Ci curio ('unidad de radiactividad'; *cf.* Cm)

Cl cloro

CLP peso chileno (moneda oficial de Chile; *cf.* $, *en apéndice 3*)

cm centímetro

Cm curio ('elemento químico'; *cf.* Ci)

cm² centímetro cuadrado

cm³ centímetro cúbico (*cf.* c.c., *en apéndice 1*)

CNY yuan (nombre habitual de la moneda oficial de China; su nombre oficial es *renminbi*)

Co cobalto

COP peso colombiano (moneda oficial de Colombia; *cf.* $, *en apéndice 3*)

Cr cromo

CRC colón costarricense (moneda oficial de Costa Rica; *cf.* ₡, *en apéndice 3*)

Cs cesio

Cu cobre

CUP peso cubano (moneda oficial de Cuba; *cf.* $, *en apéndice 3*)

CV caballo de vapor (*también* hp)

CVE escudo caboverdiano (moneda oficial de Cabo Verde)

CZK corona checa (moneda oficial de la República Checa)

d día

d- deci- [10^{-1}]

da- deca- [10^{1}]

Da dalton

dB decibelio

Db dubnio (*cf.* Ha)

DJF franco yibutiano (moneda oficial de Yibuti)

DKK corona danesa (moneda oficial de Dinamarca)

dm decímetro

dm² decímetro cuadrado

dm³ decímetro cúbico

DOP peso dominicano (moneda oficial de la República Dominicana; *cf.* $, *en apéndice 3*)

dr dracma ('unidad de peso')

Ds darmstadio (*mejor que* darmstadtio)

Dy disprosio

dyn dina
DZD dinar argelino (moneda oficial de Argelia)
E este ('punto cardinal')
E- exa- [10^{18}]
EEK corona estonia (moneda oficial de Estonia)
EGP libra egipcia (moneda oficial de Egipto)
Er erbio
erg ergio
ERN nakfa (moneda oficial de Eritrea)
Es einstenio
ETB bir (moneda oficial de Etiopía)
Eu europio
EUR euro (moneda oficial de los países de la zona euro de la Unión Europea: Alemania, Austria, Bélgica, Chipre, Eslovaquia, Eslovenia, España, Finlandia, Francia, Grecia, Irlanda, Italia, Luxemburgo, Malta, Países Bajos y Portugal; también es la moneda de Andorra, Ciudad del Vaticano, Mónaco, Montenegro y San Marino, y circula en Kosovo; *cf.* €, *en apéndice 3*)
eV electronvoltio
F faradio || flúor || franco
f- femto- [10^{-15}]
Fe hierro
fl oz onza de líquido (del ing. *fluid ounce,* 'unidad de volumen')
FJD dólar fiyiano (moneda oficial de Fiyi)
Fm fermio
Fr francio || franklin
ft pie (del ingl. *foot,* 'unidad de longitud')
g gramo (*y no* ⊗gr)
G- giga- [10^{9}]
Ga galio
gal galón (del ing. *gallon,* 'unidad de volumen')
GBP libra esterlina (moneda oficial del Reino Unido de Gran Bretaña e Irlanda del Norte; *cf.* £, *en apéndice 3*)
Gd gadolinio
Ge germanio
GEL lari (moneda oficial de Georgia)
GHS cedi (moneda oficial de Ghana)
Gi *gilbert*
GMD dalasi (moneda oficial de Gambia)
GNF franco guineano (moneda oficial de Guinea)
gon gon ('grado centesimal')
gr grano ('unidad de peso')
Gs *gauss*
GTQ quetzal (moneda oficial de Guatemala)
Gy gray
GYD dólar guyanés (moneda oficial de Guyana)
h hora || altura (del ingl. *height*)
H henrio || hidrógeno
h- hecto- [10^{2}]
ha hectárea
Ha hahnio (*antigua denominación del* dubnio; *cf.* Db)
He helio
Hf hafnio
Hg mercurio
HNL lempira (moneda oficial de Honduras)
Ho holmio
hp caballo de vapor (del ingl. *horsepower,* 'unidad de potencia'; *también* CV)
HRK kuna (moneda oficial de Croacia)
Hs *hassio*
HTG gurde (moneda oficial de Haití)
HUF forinto (moneda oficial de Hungría)
Hz hercio
I yodo
IDR rupia indonesia (moneda oficial de Indonesia)
ILS séquel (moneda oficial de Israel; *cf.* ₪ *en apéndice 3*)
in pulgada (del ingl. *inch,* 'unidad de longitud')
In indio
INR rupia india (moneda oficial de la India)

IQD dinar iraquí (moneda oficial de Irak)

Ir iridio

IRR rial iraní (moneda oficial de Irán)

ISK corona islandesa (moneda oficial de Islandia)

J julio

JMD dólar jamaicano (moneda oficial de Jamaica)

JOD dinar jordano (moneda oficial de Jordania)

JPY yen (moneda oficial de Japón; *cf.* ¥, *en apéndice 3*)

K kelvin || potasio

k- kilo- $[10^3]$ (*y no* ⊗K-)

kat katal

KES chelín keniano (moneda oficial de Kenia)

KGS som (moneda oficial de Kirguistán)

KHR riel (moneda oficial de Camboya)

KMF franco comorano (moneda oficial de las Comoras)

kn nudo (del ing. *knot,* 'unidad de velocidad para barcos y aviones')

KPW won norcoreano (moneda oficial de Corea del Norte)

Kr criptón *o* kriptón

KRW won surcoreano (moneda oficial de Corea del Sur)

Kv kurchatovio (*denominación soviética del* rutherfordio; *cf.* Rf)

KWD dinar kuwaití (moneda oficial de Kuwait)

KZT tengue (moneda oficial de Kazajistán)

l; L litro (*y no* ⊗lit, ⊗Lit)

La lantano

LAK kip (moneda oficial de Laos)

lb libra ('unidad de peso')

LBP libra libanesa (moneda oficial del Líbano, también conocida como lira libanesa)

Li litio

LKR rupia ceilandesa (moneda oficial de Sri Lanka)

lm lumen

Lr laurencio *o* lawrencio

LRD dólar liberiano (moneda oficial de Liberia)

LSL loti (moneda oficial de Lesoto)

LTL litas (moneda oficial de Lituania)

Lu lutecio

LVL lats (moneda oficial de Letonia)

lx lux

LYD dinar libio (moneda oficial de Libia)

m metro (*y no* ⊗mt *ni* ⊗mtr)

M milla náutica

m- mili- $[10^{-3}]$

M- mega- $[10^6]$

m² metro cuadrado

m³ metro cúbico

MAD dírham marroquí (moneda oficial de Marruecos; utilizada también en el Sáhara Occidental)

mbar milibar

Md mendelevio

MDL leu moldavo (moneda oficial de Moldavia)

mg miligramo

Mg magnesio

MGA ariari (moneda oficial de Madagascar)

min minuto (de tiempo)

MKD denar (moneda oficial de la Antigua República Yugoslava de Macedonia)

mm milímetro

mmHg milímetro de mercurio

mmH_2O milímetro de agua

MMK kiat (moneda oficial de Birmania)

Mn manganeso

MNT tugrik (moneda oficial de Mongolia)

Mo molibdeno

mol mol *o* molécula gramo

MRO uguiya (moneda oficial de Mauritania)

Mt meitnerio

MUR rupia mauriciana (moneda oficial de Mauricio)

MVR rufiya (moneda oficial de las Maldivas)
MWK kuacha malauí (moneda oficial de Malaui)
Mx *maxwell*
MXN peso mexicano (moneda oficial de México; *cf.* $ *y* $, *en apéndice 3*)
MYR ringit (moneda oficial de Malasia)
MZN metical (moneda oficial de Mozambique)
N *newton* || nitrógeno || norte
n- nano- $[10^{-9}]$
Na sodio
NAD dólar namibio (moneda oficial de Namibia)
Nb niobio
Nd neodimio
Ne neón
NE noreste
NGN naira (moneda oficial de Nigeria)
Ni níquel
NIO córdoba (moneda oficial de Nicaragua; *cf.* C$, *en apéndice 3*)
No nobelio
NO noroeste (*también* NW, *en el sistema internacional*)
NOK corona noruega (moneda oficial de Noruega)
Np néper || neptunio
NPR rupia nepalí (moneda oficial de Nepal)
NW noroeste (del ingl. *Northwest; también* NO, *en el ámbito hispánico*)
NZD dólar neozelandés (moneda oficial de Nueva Zelanda y las Islas Cook)
O oeste (*también* W, *en el sistema internacional*) || oxígeno
Oe *oersted*
OMR rial omaní (moneda oficial de Omán)
Os osmio
oz onza
oz tr onza troy
P fósforo || poise
p- pico- $[10^{-12}]$
P- peta- $[10^{15}]$
Pa pascal || protactinio
PAB balboa (moneda oficial de Panamá; *cf.* ฿, *en apéndice 3*)
Pb plomo
pc parsec *o* pársec
Pd paladio
PEN nuevo sol (moneda oficial del Perú)
PGK kina (moneda oficial de Papúa Nueva Guinea)
PHP peso filipino (moneda oficial de Filipinas)
PKR rupia pakistaní (moneda oficial de Pakistán)
PLN esloti (moneda oficial de Polonia)
Pm prometio
Po polonio
Pr praseodimio
pt pinta
Pt platino
Pu plutonio
PYG guaraní (moneda oficial del Paraguay; *cf.* ₲, *en apéndice 3*)
q quintal (métrico)
QAR rial catarí (moneda oficial de Catar)
R roentgen
Ra radio
rad radián
Rb rubidio
Re renio
Rf rutherfordio
Rg roentgenio
Rh rodio
Rn radón
RON leu rumano (moneda oficial de Rumanía)
RSD dinar serbio (moneda oficial de Serbia)
Ru rutenio
RUB rublo (moneda oficial de la Federación Rusa)
RWF franco ruandés (moneda oficial de Ruanda)
s segundo [de tiempo] (*y no* ⊗sg)
S azufre || *siemens* || sur
SAR rial saudí (moneda oficial de Arabia Saudí)

Sb antimonio
SBD dólar salomonense (moneda oficial de las Islas Salomón)
Sc escandio
SCR rupia seychellense (moneda oficial de Seychelles)
SDG libra sudanesa (moneda oficial de Sudán)
Se selenio
SE sureste
SEK corona sueca (moneda oficial de Suecia)
Sg seaborgio
SGD dólar singapurense (moneda oficial de Singapur)
Si silicio
SLL leona (moneda oficial de Sierra Leona)
Sm samario
Sn estaño
SO suroeste (*también* SW, *en el sistema internacional*)
SOS chelín somalí (moneda oficial de Somalia)
sr estereorradián
Sr estroncio
SRD dólar surinamés (moneda oficial de Surinam)
STD dobra (moneda oficial de Santo Tomé y Príncipe)
Sv *sievert*
SVC colón salvadoreño (moneda oficial de El Salvador, junto con el dólar estadounidense; *cf.* ₡, *en apéndice 3*)
SW suroeste (del ingl. *Southwest; también* SO, *en el ámbito hispánico*)
SYP libra siria (moneda oficial de Siria)
SZL lilangeni (moneda oficial de Suazilandia)
t tonelada
T tesla
T- tera- [10^{12}]
Ta tantalio
Tb terbio
Tc tecnecio
Te telurio
tex tex
Th torio
THB bat (moneda oficial de Tailandia; *cf.* ฿, *en apéndice 3*)
Ti titanio
TJS somoni (moneda oficial de Tayikistán)
Tl talio
Tm tulio
TMT nuevo manat turcomano (moneda oficial de Turkmenistán)
TND dinar tunecino (moneda oficial de Túnez)
TOP paanga (moneda oficial de Tonga)
TRY lira turca (moneda oficial de Turquía)
TTD dólar trinitense (moneda oficial de Trinidad y Tobago)
TZS chelín tanzano (moneda oficial de Tanzania)
u unidad de masa atómica unificada
U uranio
ua unidad astronómica
UAH grivna (moneda oficial de Ucrania)
UGX chelín ugandés (moneda oficial de Uganda)
USD dólar estadounidense (moneda oficial de los Estados Unidos de América, el Ecuador, Puerto Rico, Timor Oriental, Islas Marshall, Micronesia y Palaos; es también oficial, junto con el colón, en El Salvador; *cf.* $, *en apéndice 3*)
UYU peso uruguayo (moneda oficial de Uruguay; *cf.* $, *en apéndice 3*)
UZS sum (moneda oficial de Uzbekistán)
V vanadio || voltio
VEF bolívar fuerte (moneda oficial de Venezuela)
VND dong (moneda oficial de Vietnam)

VUV vatu (moneda oficial de Vanuatu)
W oeste (del ingl. *West; también* O, *en el ámbito hispánico*) || vatio || wolframio *o* tungsteno
Wb *weber*
WST tala (moneda oficial de Samoa)
XAF franco CFA[1] (emitido por el Banco de los Estados de África Central [BEAC], es la moneda oficial de Camerún, Chad, Congo, Gabón, Guinea Ecuatorial y la República Centroafricana)
XCD dólar del Caribe Oriental (moneda oficial de Antigua y Barbuda, Dominica, Granada, San Cristóbal y Nieves, Santa Lucía, y San Vicente y las Granadinas)
Xe xenón
XOF franco CFA[1] (emitido por el Banco Central de los Estados de África Occidental [BCEAO], es la moneda oficial de Benín, Burkina Faso, Costa de Marfil, Guinea-Bisáu, Mali, Níger, Senegal y Togo)
Y itrio
y- yocto- [10^{-24}]
Y- yotta- [10^{24}]
Yb iterbio
yd yarda
YER rial yemení (moneda oficial del Yemen)
z- zepto- [10^{-21}]
Z- zetta- [10^{21}]
ZAR rand (moneda oficial de Sudáfrica; también circula legalmente en Lesoto y Namibia)
ZMK kuacha zambiano (moneda oficial de Zambia)
Zn cinc *o* zinc
Zr circonio *o* zirconio
ZWL dólar zimbabuense (moneda oficial de Zimbabue)

[1] Sigla que respondía inicialmente a Colonias Francesas de África.

3

LISTA DE SÍMBOLOS O SIGNOS NO ALFABETIZABLES

En esta lista se recoge una selección de símbolos de carácter no alfabetizable, ya que no están formados por letras, a diferencia de los registrados en el apéndice anterior. La lista es, en este caso, muy limitada y no tiene más pretensión que complementar el apéndice de símbolos alfabetizables en relación con las unidades de medida y las monetarias, y añadir algunos otros que pueden ser de interés más o menos general.

Cuando alguno de ellos tiene varios valores, estos se separan unos de otros mediante una pleca doble (||).

Cuando uno de estos símbolos es de ámbito geográfico limitado, tras su equivalencia se indica entre corchetes la abreviatura del país o del área en el que se usa.

En los símbolos que pertenecen a un ámbito determinado del saber, se indica este mediante abreviatura en cursiva y entre paréntesis. Muchos de los asignados al ámbito de la matemática deben entenderse también referidos a la lógica.

Para su más rápida localización, se han colocado aparte, agrupados en sendas secciones, los símbolos monetarios y los de unidades de medida.

@	arroba (*cf.* a., *en apéndice 1*)
♭	bemol (*Mús.*)
©	*copyright* (*ingl.*: 'derechos de autor')
®	*registered trademark* (*ingl.*: 'marca registrada'; *cf.* ™)
™	*trademark* (*ingl.*: 'nombre comercial'; *cf.* ®)
§	párrafo (*cf.* párr., *en apéndice 1*)
&	*et* (*lat.*: 'y')
#	número [Am.] (*cf.* n.º, nro. *y* núm., *en apéndice 1*)
♯	sostenido (*Mús.*)
♮	becuadro (*Mús.*)
%	por ciento
‰	por mil
✓	verificación
†	fallecido (*junto al nombre de una persona*)
*	expresión agramatical (*Ling.*) || forma hipotética (*Filol.*)
+	más (*Mat.*) || número positivo (*Mat.*)
−	menos (*Mat.*) || número negativo (*Mat.*)
±	más menos (*Mat.*)
×	por, multiplicado por (*Mat.*)
÷	entre, dividido por (*Mat.*)
=	igual a (*Mat.*)
≠	no igual a (*Mat.*)
≅	semejante a (*Mat.*)
≈	aproximadamente igual a (*Mat.*)
~	equivalente a (*Mat.*)
<	menor que (*Mat.*) || procede de (*Filol.*)
>	mayor que (*Mat.*) || pasa a (*Filol.*)
≤	menor o igual que (*Mat.*)
≥	mayor o igual que (*Mat.*)
∧	conjunción (*Mat.*)
∨	disyunción (*Mat.*)
¬	negación (*Mat.*)
⇒	implicación (*Mat.*)
⇐	implicación (*Mat.*)
⇔	equivalencia o implicación doble (*Mat.*)
∴	por consiguiente o por tanto (*Mat.*)
∀	cuantificador universal ('todo' *o* 'para todo'; *Mat.*)
∃	cuantificador existencial ('existe'; *Mat.*)

∈ pertenece (*Mat.*)

∉ no pertenece (*Mat.*)

⊆ contenido o igual (subconjunto; *Mat.*)

⊇ contiene o igual (subconjunto; *Mat.*)

⊈ no está contenido (*Mat.*)

⊂ contenido (subconjunto propio; *Mat.*)

⊃ contiene (subconjunto propio; *Mat.*)

⊄ no está contenido (*Mat.*)

∪ unión (*Mat.*)

∩ intersección (*Mat.*)

∅ cero fónico o elemento elidido (*Ling.*) || conjunto vacío (*Mat.*) || diámetro (*Mat.*)

∑ sumatorio (*Mat.*)

√ raíz (*Mat.*)

! factorial (*n*! 'factorial del número *n*') (*Mat.*)

Δ incremento (*Mat.*) || diferencia simétrica (*Mat.*)

∫ integral (*Mat.*)

π número pi (*Mat.*)

∞ infinito (*Mat.*)

SÍMBOLOS MONETARIOS

฿ balboa (moneda oficial de Panamá; *cf.* PAB, *en apéndice 2*) || bat (moneda oficial de Tailandia; *cf.* THB, *en apéndice 2*)

¢ centavo (*cf.* c., cent., ctv. *y* ctvo., *en apéndice 1*)

₡ colón (moneda oficial de Costa Rica y El Salvador; *cf.* CRC *y* SVC, *respectivamente, en apéndice 2*)

C$ córdoba (moneda oficial de Nicaragua; *cf.* NIO, *en apéndice 2*)

€ euro (moneda oficial de los países de la zona euro de la Unión Europea: Alemania, Austria, Bélgica, Chipre, Eslovaquia, Eslovenia, España, Finlandia, Francia, Grecia, Irlanda, Italia, Luxemburgo, Malta, Países Bajos y Portugal; también es la moneda de Andorra, Ciudad del Vaticano, Mónaco, Montenegro y San Marino, y circula en Kosovo; *cf.* EUR, *en apéndice 2*)

₲ guaraní (moneda oficial del Paraguay; *cf.* PYG, *en apéndice 2*)

£ libra esterlina (moneda oficial del Reino Unido de Gran Bretaña e Irlanda del Norte; *cf.* GBP, *en apéndice 2*)

$ peso (moneda oficial de la Argentina, Chile, Cuba, México [*también, preferido,* $] y Uruguay; *cf.* ARS, CLP, MXN *y* UYU, *respectivamente, en apéndice 2*) || dólar (moneda oficial de los Estados Unidos de América, Puerto Rico, el Ecuador, Timor Oriental, Islas Marshall, Micronesia y Palaos; es también oficial, junto con el colón, en El Salvador; *cf.* USD, *en apéndice 2*)

$ peso (moneda oficial de Colombia, México [*también, no preferido,* $] y la República Dominicana; *cf.* COP, CUP, MXN y DOP, *respectivamente, en apéndice 2*)

¥ yen (moneda oficial de Japón; *cf.* JPY, *en apéndice 2*)

₪ séquel (moneda oficial de Israel; *cf.* ILS, *en apéndice 2*)

SÍMBOLOS DE UNIDADES DE MEDIDA Y PREFIJOS

μ- micro- [10^{-6}]

Ω ohmio

′ minuto de ángulo sexagesimal

″ segundo de ángulo sexagesimal

° grado de ángulo sexagesimal

°C grado Celsius

°F grado Fahrenheit

°R grado Rankine

4

LISTA DE PAÍSES Y CAPITALES, CON SUS GENTILICIOS

En esta lista se recogen las grafías recomendadas en español de los nombres de los países reconocidos por la Organización de las Naciones Unidas y de sus capitales. Cuando existe, se ofrece asimismo la forma recomendada del gentilicio. Se han incluido además, en esta lista, la Ciudad del Vaticano, único Estado soberano que no es miembro de la ONU, y Puerto Rico, territorio hispanohablante con estatus de Estado libre asociado a los Estados Unidos.

Los nombres complejos, aquellos formados por varias palabras, se han ordenado alfabéticamente teniendo en cuenta todos sus componentes, como si estos formasen una sola palabra.

En los nombres de países que se usan opcional u obligatoriamente con artículo, este aparece pospuesto y entre paréntesis siempre que no forme parte del nombre propio (razón por la que se escribe con minúscula inicial).

Cuando una variante del gentilicio no es de uso general, se incluye entre corchetes la especificación del país o la zona en que se emplea.

Abu Dabi. Capital de los Emiratos Árabes Unidos. GENT. **abudabí**.

Abuya. Capital de Nigeria.

Acra. Capital de Ghana.

Adís Abeba. Capital de Etiopía.

Afganistán (el). País de Asia. GENT. **afgano -na**. CAP. Kabul.

Albania. País de Europa. GENT. **albanés -sa**. CAP. Tirana.

Alemania. País de Europa. GENT. **alemán -na**. CAP. Berlín.

Amán. Capital de Jordania.

Ámsterdam. Capital de los Países Bajos. GENT. **amsterdamés -sa**.

Andorra. País de Europa. GENT. **andorrano -na**. CAP. Andorra la Vieja.

Andorra la Vieja. Capital de Andorra. GENT. **andorrano -na**.

Angola. País de África. GENT. **angoleño -ña** o **angolano -na** [Cuba]. CAP. Luanda.

Ankara. Capital de Turquía.

Antananarivo. Capital de Madagascar.

Antigua República Yugoslava de Macedonia (la). V. Macedonia.

Antigua y Barbuda. País de América, en el Caribe. GENT. **antiguano -na**. CAP. Saint John's.

Apia. Capital de Samoa.

Arabia Saudí o **Arabia Saudita.** País de Asia. GENT. **saudí** o **saudita**. CAP. Riad.

Argel. Capital de Argelia. GENT. **argelino -na**.

Argelia. País de África. GENT. **argelino -na**. CAP. Argel.

Argentina (la). País de América. GENT. **argentino -na**. CAP. Buenos Aires.

Armenia. País de Asia. GENT. **armenio -nia**. CAP. Ereván.

Asjabad. Capital de Turkmenistán.

Asmara. Capital de Eritrea.

Astaná. Capital de Kazajistán.

Asunción. Capital del Paraguay. GENT. **asunceno -na** o **asunceño -ña**.

Atenas. Capital de Grecia. GENT. **ateniense**.

Australia. País de Oceanía. GENT. **australiano -na**. CAP. Camberra.
Austria. País de Europa. GENT. **austriaco -ca** o **austríaco -ca**. CAP. Viena.
Azerbaiyán. País de Asia. GENT. **azerbaiyano -na**. CAP. Bakú.
Babane. Capital administrativa de Suazilandia.
Bagdad. Capital de Irak. GENT. **bagdadí**.
Bahamas (las). País de América, en el Caribe. GENT. **bahameño -ña**. CAP. Nasáu.
Bairiki. Capital de Kiribati, en el atolón de Tarawa.
Bakú. Capital de Azerbaiyán.
Bamako. Capital de Mali.
Bandar Seri Begawan. Capital de Brunéi Darusalam.
Bangkok. Capital de Tailandia.
Bangladés. País de Asia. GENT. **bangladesí**. CAP. Daca.
Bangui. Capital de la República Centroafricana.
Banjul. Capital de Gambia.
Barbados. País de América, en el Caribe. GENT. **barbadense**. CAP. Bridgetown.
Baréin. País de Asia. GENT. **bareiní**. CAP. Manama.
Basseterre. Capital de San Cristóbal y Nieves.
Beirut. Capital del Líbano. GENT. **beirutí**.
Bélgica. País de Europa. GENT. **belga**. CAP. Bruselas.
Belgrado. Capital de Serbia. GENT. **belgradense**.
Belice. País de América. GENT. **beliceño -ña**. CAP. Belmopán.
Belmopán. Capital de Belice.
Benín. País de África. GENT. **beninés -sa**. CAPS. Porto Novo y Cotonú.
Berlín. Capital de Alemania. GENT. **berlinés -sa**.
Berna. Capital de Suiza. GENT. **bernés -sa.**
Bielorrusia. País de Europa. GENT. **bielorruso -sa**. CAP. Minsk.
Birmania. País de Asia. GENT. **birmano -na**. CAP. Naipyidó.
Bisáu. Capital de Guinea-Bisáu.
Biskek. Capital de Kirguistán.
Bloemfontein. Capital judicial de Sudáfrica.
Bogotá. Capital de Colombia. GENT. **bogotano -na**.
Bolivia. País de América. GENT. **boliviano -na**. CAPS. Sucre y La Paz.
Bosnia-Herzegovina. País de Europa. GENT. **bosnio -nia** o **bosnioherzegovino -na**. CAP. Sarajevo.
Botsuana. País de África. GENT. **botsuano -na**. CAP. Gaborone.
Brasil (el). País de América. GENT. **brasileño -ña** o **brasilero -ra** [Am.]. CAP. Brasilia.
Brasilia. Capital de Brasil.
Bratislava. Capital de Eslovaquia.
Brazzaville. Capital del Congo.
Bridgetown. Capital de Barbados.
Brunéi Darusalam. País de Asia. GENT. **bruneano -na**. CAP. Bandar Seri Begawan.
Bruselas. Capital de Bélgica. GENT. **bruselense**.
Bucarest. Capital de Rumanía.
Budapest. Capital de Hungría.
Buenos Aires. Capital de la Argentina. GENT. **porteño -ña**.
Bulgaria. País de Europa. GENT. **búlgaro -ra**. CAP. Sofía.
Burkina Faso. País de África. GENT. **burkinés -sa**. CAP. Uagadugú.
Burundi. País de África. GENT. **burundés -sa**. CAP. Buyumbura.
Bután. País de Asia. GENT. **butanés -sa**. CAP. Timbu.
Buyumbura. Capital de Burundi.
Cabo Verde. País de África, en el Atlántico. GENT. **caboverdiano -na**. CAP. Praia.
Camberra. Capital de Australia. GENT. **camberrano -na**.
Camboya. País de Asia. GENT. **camboyano -na**. CAP. Nom Pen.
Camerún (el). País de África. GENT. **camerunés -sa**. CAP. Yaundé.

Canadá (el). País de América. GENT. **canadiense**. CAP. Ottawa.
Caracas. Capital de Venezuela. GENT. **caraqueño -ña**.
Castries. Capital de Santa Lucía.
Catar. País de Asia. GENT. **catarí**. CAP. Doha.
Chad (el). País de África. GENT. **chadiano -na**. CAP. Yamena.
Chile. País de América. GENT. **chileno -na**. CAP. Santiago de Chile.
China. País de Asia. GENT. **chino -na**. CAP. Pekín.
Chipre. País de Asia, en el Mediterráneo. GENT. **chipriota**. CAP. Nicosia.
Chisinau. Capital de Moldavia.
Ciudad de Guatemala. Capital de Guatemala. GENT. **guatemalteco -ca**.
Ciudad del Cabo. Capital legislativa de Sudáfrica.
Ciudad del Vaticano (la). País de Europa. GENT. **vaticano -na**.
Colombia. País de América. GENT. **colombiano -na**. CAP. Bogotá.
Colombo. Capital de Sri Lanka.
Comoras (las). País de África, en el Índico. GENT. **comorense**. CAP. Moroni.
Conakri. Capital de Guinea.
Congo (el). País de África. GENT. **congoleño -ña**. CAP. Brazzaville.
Copenhague. Capital de Dinamarca.
Corea del Norte. País de Asia. GENT. **norcoreano -na**. CAP. Pionyang.
Corea del Sur. País de Asia. GENT. **surcoreano -na**. CAP. Seúl.
Costa de Marfil. País de África. GENT. **marfileño -ña**. CAP. Yamusukro.
Costa Rica. País de América. GENT. **costarricense**. CAP. San José.
Cotonú. Sede del Gobierno de Benín.
Croacia. País de Europa. GENT. **croata**. CAP. Zagreb.
Cuba. País de América, en el Caribe. GENT. **cubano -na**. CAP. La Habana.
Daca. Capital de Bangladés.
Dakar. Capital de Senegal.
Damasco. Capital de Siria. GENT. **damasceno -na**.
Dili. Capital de Timor Oriental.
Dinamarca. País de Europa. GENT. **danés -sa**. CAP. Copenhague.
Dodoma. Capital de Tanzania.
Doha. Capital de Catar.
Dominica. País de América, en el Caribe. GENT. **dominiqués -sa**. CAP. Roseau.
Dublín. Capital de Irlanda. GENT. **dublinés -sa**.
Dusambé. Capital de Tayikistán.
Ecuador (el). País de América. GENT. **ecuatoriano -na**. CAP. Quito.
Egipto. País de África. GENT. **egipcio -cia**. CAP. El Cairo.
El Cairo. Capital de Egipto. GENT. **cairota**.
El Salvador. País de América. GENT. **salvadoreño -ña**. CAP. San Salvador.
Emiratos Árabes Unidos (los). País de Asia. CAP. Abu Dabi.
Ereván. Capital de Armenia.
Eritrea. País de África. GENT. **eritreo -a**. CAP. Asmara.
Eslovaquia. País de Europa. GENT. **eslovaco -ca**. CAP. Bratislava.
Eslovenia. País de Europa. GENT. **esloveno -na**. CAP. Liubliana.
España. País de Europa. GENT. **español -la**. CAP. Madrid.
Estados Unidos de América (los). País de América. GENT. **estadounidense**. CAP. Washington D. C.
Estocolmo. Capital de Suecia.
Estonia. País de Europa. GENT. **estonio -nia**. CAP. Tallin.
Etiopía. País de África. GENT. **etíope**. CAP. Adís Abeba.
Filipinas. País de Asia. GENT. **filipino -na**. CAP. Manila.
Finlandia. País de Europa. GENT. **finlandés -sa**. CAP. Helsinki.
Fiyi. País de Oceanía. GENT. **fiyiano -na**. CAP. Suva.
Fongafale. Capital de Tuvalu, en el atolón de Funafuti.
Francia. País de Europa. GENT. **francés -sa**. CAP. París.

Freetown. Capital de Sierra Leona.
Gabón (el). País de África. GENT. **gabonés -sa.** CAP. Libreville.
Gaborone. Capital de Botsuana.
Gambia. País de África. GENT. **gambiano -na.** CAP. Banjul.
Georgetown. Capital de Guyana.
Georgia. País de Asia. GENT. **georgiano -na.** CAP. Tiflis.
Ghana. País de África. GENT. **ghanés -sa.** CAP. Acra.
Granada. País de América, en el Caribe. GENT. **granadino -na.** CAP. Saint George.
Grecia. País de Europa. GENT. **griego -ga.** CAP. Atenas.
Guatemala. País de América. GENT. **guatemalteco -ca.** CAP. Ciudad de Guatemala.
Guinea (la). País de África. GENT. **guineano -na.** CAP. Conakri.
Guinea-Bisáu. País de África. GENT. **guineano -na.** CAP. Bisáu.
Guinea Ecuatorial (la). País de África. GENT. **ecuatoguineano -na.** CAP. Malabo.
Guyana. País de América. GENT. **guyanés -sa.** CAP. Georgetown.
Haití. País de América, en el Caribe. GENT. **haitiano -na.** CAP. Puerto Príncipe.
Hanói. Capital de Vietnam.
Harare. Capital de Zimbabue.
Helsinki. Capital de Finlandia.
Holanda. v. Países Bajos.
Honduras. País de América. GENT. **hondureño -ña.** CAP. Tegucigalpa.
Honiara. Capital de las Islas Salomón.
Hungría. País de Europa. GENT. **húngaro -ra.** CAP. Budapest.
India (la). País de Asia. GENT. **indio -dia.** CAP. Nueva Deli.
Indonesia. País de Asia. GENT. **indonesio -sia.** CAP. Yakarta.
Irak. País de Asia. GENT. **iraquí.** CAP. Bagdad.
Irán. País de Asia. GENT. **iraní.** CAP. Teherán.
Iraq. v. Irak.
Irlanda. País de Europa. GENT. **irlandés -sa.** CAP. Dublín.
Islamabad. Capital de Pakistán.
Islandia. País de Europa. GENT. **islandés -sa.** CAP. Reikiavik.
Islas Marshall (las). País de Oceanía. GENT. **marshalés -sa.** CAP. Majuro.
Islas Salomón (las). País de Oceanía. GENT. **salomonense.** CAP. Honiara.
Israel. País de Asia. GENT. **israelí.** CAP. (no reconocida por la ONU) Jerusalén.
Italia. País de Europa. GENT. **italiano -na.** CAP. Roma.
Jamaica. País de América, en el Caribe. GENT. **jamaicano -na** o **jamaiquino -na** [Am.]. CAP. Kingston.
Japón (el). País de Asia. GENT. **japonés -sa.** CAP. Tokio.
Jartum. Capital de Sudán.
Jerusalén. Capital de Israel (no reconocida por la ONU). GENT. **jerosolimitano -na.**
Jordania. País de Asia. GENT. **jordano -na.** CAP. Amán.
Kabul. Capital de Afganistán.
Kampala. Capital de Uganda.
Katmandú. Capital de Nepal.
Kazajistán. País de Asia. GENT. **kazajo -ja.** CAP. Astaná.
Kenia. País de África. GENT. **keniano -na** o **keniata.** CAP. Nairobi.
Kiev. Capital de Ucrania.
Kigali. Capital de Ruanda.
Kingston. Capital de Jamaica.
Kingstown. Capital de San Vicente y las Granadinas.
Kinsasa. Capital de la República Democrática del Congo.
Kirguistán. País de Asia. GENT. **kirguís** o **kirguiso -sa.** CAP. Biskek.
Kiribati. País de Oceanía. GENT. **kiribatiano -na.** CAP. Bairiki.
Kuala Lumpur. Capital de Malasia.
Kuwait[1]**.** País de Asia. GENT. **kuwaití.** CAP. Kuwait.
Kuwait[2]**.** Capital de Kuwait. GENT. **kuwaití.**

La Habana. Capital de Cuba. GENT. **habanero -ra.**
Laos. País de Asia. GENT. **laosiano -na.** CAP. Vientián.
La Paz. Sede del Gobierno de Bolivia. GENT. **paceño -ña.**
La Valeta. Capital de Malta.
Lesoto. País de África. GENT. **lesotense.** CAP. Maseru.
Letonia. País de Euroapa. GENT. **letón -na.** CAP. Riga.
Líbano (el). País de Asia. GENT. **libanés -sa.** CAP. Beirut.
Liberia. País de África. GENT. **liberiano -na.** CAP. Monrovia.
Libia. País de África. GENT. **libio -bia.** CAP. Trípoli.
Libreville. Capital de Gabón.
Liechtenstein. País de Europa. GENT. **liechtensteiniano -na.** CAP. Vaduz.
Lilongüe. Capital de Malaui.
Lima. Capital del Perú. GENT. **limeño -ña.**
Lisboa. Capital de Portugal. GENT. **lisboeta.**
Lituania. País de Europa. GENT. **lituano -na.** CAP. Vilna.
Liubliana. Capital de Eslovenia.
Lobamba. Capital legislativa de Suazilandia.
Lomé. Capital de Togo.
Londres. Capital del Reino Unido de Gran Bretaña e Irlanda del Norte. GENT. **londinense.**
Luanda. Capital de Angola.
Lusaka. Capital de Zambia.
Luxemburgo[1]. País de Europa. GENT. **luxemburgués -sa.** CAP. Luxemburgo.
Luxemburgo[2]. Capital de Luxemburgo. GENT. **luxemburgués -sa.**
Macedonia. País de Europa. GENT. **macedonio -nia.** CAP. Skopie.
Madagascar. País de África, en el Índico. GENT. **malgache.** CAP. Antananarivo.
Madrid. Capital de España. GENT. **madrileño -ña.**
Majuro. Capital de las Islas Marshall.
Malabo. Capital de Guinea Ecuatorial.
Malasia. País de Asia. GENT. **malasio -sia.** CAP. Kuala Lumpur.
Malaui. País de África. GENT. **malauí.** CAP. Lilongüe.
Maldivas. País de Asia, en el Índico. GENT. **maldivo -va.** CAP. Malé.
Malé. Capital de Maldivas.
Mali o **Malí.** País de África. GENT. **maliense** o **malí.** CAP. Bamako.
Malta. País de Europa. GENT. **maltés -sa.** CAP. La Valeta.
Managua. Capital de Nicaragua. GENT. **managua.**
Manama. Capital de Baréin.
Manila. Capital de Filipinas. GENT. **manileño -ña.**
Maputo. Capital de Mozambique.
Marruecos. País de África. GENT. **marroquí.** CAP. Rabat.
Mascate. Capital de Omán.
Maseru. Capital de Lesoto.
Mauricio. País de África, en el Índico. GENT. **mauriciano -na.** CAP. Port-Louis.
Mauritania. País de África. GENT. **mauritano -na.** CAP. Nuakchot.
Melekeok. Capital de Palaos.
México. País de América. GENT. **mexicano -na.** CAP. México D. F.
México D. F. Capital de México. GENT. **mexiqueño -ña.**
Micronesia. País de Oceanía. GENT. **micronesio -sia.** CAP. Palikir.
Minsk. Capital de Bielorrusia.
Mogadiscio. Capital de Somalia.
Moldavia. País de Europa. GENT. **moldavo -va.** CAP. Chisinau.
Mónaco[1]. País de Europa. GENT. **monegasco -ca.** CAP. Mónaco.
Mónaco[2]. Capital de Mónaco. GENT. **monegasco -ca.**
Mongolia. País de Asia. GENT. **mongol -la.** CAP. Ulán Bator.
Monrovia. Capital de Liberia.
Montenegro. País de Europa. GENT. **montenegrino -na.** CAP. Podgorica.

Montevideo. Capital de Uruguay.
GENT. **montevideano -na.**
Moroni. Capital de las Comoras.
Moscú. Capital de Rusia.
GENT. **moscovita.**
Mozambique. País de África.
GENT. **mozambiqueño -ña.**
CAP. Maputo.
Naipyidó. Capital de Birmania.
Nairobi. Capital de Kenia.
Namibia. País de África. GENT. **namibio -bia.** CAP. Windhoek.
Nasáu. Capital de las Bahamas.
Nauru. País de Oceanía. GENT. **nauruano -na.** CAP. Yaren.
Nepal. País de Asia. GENT. **nepalés -sa** o **nepalí.** CAP. Katmandú.
Niamey. Capital de Níger.
Nicaragua. País de América.
GENT. **nicaragüense.** CAP. Managua.
Nicosia. Capital de Chipre.
Níger. País de África. GENT. **nigerino -na.** CAP. Niamey.
Nigeria. País de África. GENT. **nigeriano -na.** CAP. Abuya.
Nom Pen. Capital de Camboya.
Noruega. País de Europa. GENT. **noruego -ga.** CAP. Oslo.
Nuakchot. Capital de Mauritania.
Nueva Deli. Capital de la India.
Nueva Zelanda o **Nueva Zelandia.** País de Oceanía. GENT. **neozelandés -sa.**
CAP. Wellington.
Nukualofa. Capital de Tonga.
Omán. País de Asia. GENT. **omaní.**
CAP. Mascate.
Oslo. Capital de Noruega.
Ottawa. Capital de Canadá.
Países Bajos (los). País de Europa.
GENT. **neerlandés -sa.**
CAP. Ámsterdam.
Pakistán (el). País de Asia.
GENT. **pakistaní.** CAP. Islamabad.
Palaos. País de Oceanía. GENT. **palauano -na.** CAP. Melekeok.
Palikir. Capital de Micronesia.
Panamá[1]. País de América.
GENT. **panameño -ña.** CAP. Panamá.
Panamá[2]. Capital de Panamá.
GENT. **panameño -ña.**
Papúa Nueva Guinea. País de Oceanía.
GENT. **papú.** CAP. Port Moresby.
Paraguay (el). País de América.
GENT. **paraguayo -ya.** CAP. Asunción.
Paramaribo. Capital de Surinam.
París. Capital de Francia. GENT. **parisino -na** o **parisiense.**
Pekín. Capital de China. GENT. **pekinés -sa.**
Perú (el). País de América.
GENT. **peruano -na.** CAP. Lima.
Pionyang. Capital de Corea del Norte.
Podgorica. Capital de Montenegro.
Polonia. País de Europa. GENT. **polaco -ca.** CAP. Varsovia.
Port-Louis. Capital de Mauricio.
Port Moresby. Capital de Papúa Nueva Guinea.
Porto Novo. Capital de Benín.
Portugal. País de Europa.
GENT. **portugués -sa.** CAP. Lisboa.
Port Vila. Capital de Vanuatu.
Praga. Capital de la República Checa.
GENT. **praguense.**
Praia. Capital de Cabo Verde.
Pretoria. Capital administrativa de Sudáfrica.
Puerto España. Capital de Trinidad y Tobago.
Puerto Príncipe. Capital de Haití.
Puerto Rico. Estado libre asociado a los Estados Unidos de América, en el Caribe. GENT. **puertorriqueño -ña.**
CAP. San Juan.
Qatar. v. Catar.
Quito. Capital del Ecuador.
GENT. **quiteño -ña.**
Rabat. Capital de Marruecos.
GENT. **rabatí.**
Reikiavik. Capital de Islandia.
Reino Unido de Gran Bretaña e Irlanda del Norte (el). País de Europa.
GENT. **británico -ca.** CAP. Londres.
República Centroafricana (la). País de África. GENT. **centroafricano -na.**
CAP. Bangui.

República Checa (la). País de Europa. GENT. **checo -ca**. CAP. Praga.
República Democrática del Congo (la). País de África. GENT. **congoleño -ña**. CAP. Kinsasa.
República Dominicana (la). País de América, en el Caribe. GENT. **dominicano -na**. CAP. Santo Domingo.
Riad. Capital de Arabia Saudí.
Riga. Capital de Letonia.
Roma. Capital de Italia. GENT. **romano -na**.
Roseau. Capital de Dominica.
Ruanda. País de África. GENT. **ruandés -sa**. CAP. Kigali.
Rumanía o **Rumania.** País de Europa. GENT. **rumano -na**. CAP. Bucarest.
Rusia. País de Europa. GENT. **ruso -sa**. CAP. Moscú.
Saint George. Capital de Granada (país de América).
Saint John's. Capital de Antigua y Barbuda.
Samoa. País de Oceanía. GENT. **samoano -na**. CAP. Apia.
Saná. Capital de Yemen.
San Cristóbal y Nieves. País de América, en el Caribe. GENT. **sancristobaleño -ña**. CAP. Basseterre.
San José. Capital de Costa Rica. GENT. **josefino -na**.
San Juan. Capital de Puerto Rico. GENT. **sanjuanero -ra**.
San Marino[1]. País de Europa. GENT. **sanmarinense**. CAP. San Marino.
San Marino[2]. Capital de San Marino. GENT. **sanmarinense**.
San Salvador. Capital de El Salvador. GENT. **sansalvadoreño -ña.**
Santa Lucía. País de América, en el Caribe. GENT. **santalucense**. CAP. Castries.
Santiago de Chile. Capital de Chile. GENT. **santiaguino -na**.
Santo Domingo. Capital de la República Dominicana. GENT. **dominicano -na**.
Santo Tomé. Capital de Santo Tomé y Príncipe. GENT. **santotomense.**
Santo Tomé y Príncipe. País de África, en el Atlántico. GENT. **santotomense.** CAP. Santo Tomé.
San Vicente y las Granadinas. País de América, en el Caribe. GENT. **sanvicentino -na.** CAP. Kingstown.
Sarajevo. Capital de Bosnia-Herzegovina.
Senegal (el). País de África. GENT. **senegalés -sa**. CAP. Dakar.
Serbia. País de Europa. CAP. Belgrado.
Seúl. Capital de Corea del Sur.
Seychelles. País de África, en el Índico. GENT. **seychellense**. CAP. Victoria.
Sierra Leona. País de África. GENT. **sierraleonés -sa.** CAP. Freetown.
Singapur[1]. País de Asia. GENT. **singapurense**. CAP. Singapur.
Singapur[2]. Capital de Singapur. GENT. **singapurense**.
Siria. País de Asia. GENT. **sirio -ria**. CAP. Damasco.
Skopie. Capital de Macedonia.
Sofía. Capital de Bulgaria.
Somalia. País de África. GENT. **somalí**. CAP. Mogadiscio.
Sri Lanka. País de Asia. GENT. **ceilanés -sa, ceilandés -sa** o **esrilanqués -sa.** CAP. Colombo.
Suazilandia. País de África. GENT. **suazi**. CAPS. Babane y Lobamba.
Sucre. Capital de Bolivia.
Sudáfrica. País de África. GENT. **sudafricano -na.** CAPS. Bloemfontein, Ciudad del Cabo y Pretoria.
Sudán (el). País de África. GENT. **sudanés -sa**. CAP. Jartum.
Suecia. País de Europa. GENT. **sueco -ca**. CAP. Estocolmo.
Suiza. País de Europa. GENT. **suizo -za**. CAP. Berna.
Surinam. País de América. GENT. **surinamés -sa**. CAP. Paramaribo.

Suva. Capital de Fiyi.
Tailandia. País de Asia. GENT. **tailandés -sa**. CAP. Bangkok.
Tallin. Capital de Estonia.
Tanzania. País de África. GENT. **tanzano -na**. CAP. Dodoma.
Taskent. Capital de Uzbekistán.
Tayikistán. País de Asia. GENT. **tayiko -ka**. CAP. Dusambé.
Tegucigalpa. Capital de Honduras. GENT. **tegucigalpense**.
Teherán. Capital de Irán.
Tiflis. Capital de Georgia.
Timbu. Capital de Bután.
Timor Oriental. País de Asia. GENT. **timorense**. CAP. Dili.
Tirana. Capital de Albania.
Togo (el). País de África. GENT. **togolés -sa**. CAP. Lomé.
Tokio. Capital de Japón. GENT. **tokiota.**
Tonga. País de Oceanía. GENT. **tongano -na**. CAP. Nukualofa.
Trinidad y Tobago. País de América, en el Caribe. GENT. **trinitense**. CAP. Puerto España.
Trípoli. Capital de Libia. GENT. **tripolitano -na**.
Túnez[1]. País de África. GENT. **tunecino -na**. CAP. Túnez.
Túnez[2]. Capital de Túnez. GENT. **tunecino -na**.
Turkmenistán. País de Asia. GENT. **turcomano -na** o **turkmeno -na**. CAP. Asjabad.
Turquía. País de Europa y Asia. GENT. **turco -ca**. CAP. Ankara.
Tuvalu. País de Oceanía. GENT. **tuvaluano -na**. CAP. Fongafale.
Uagadugú. Capital de Burkina Faso.
Ucrania. País de Europa. GENT. **ucraniano -na**. CAP. Kiev.
Uganda. País de África. GENT. **ugandés -sa**. CAP. Kampala.
Ulán Bator. Capital de Mongolia.
Uruguay (el). País de América. GENT. **uruguayo -ya**. CAP. Montevideo.
Uzbekistán. País de Asia. GENT. **uzbeko -ka**. CAP. Taskent.
Vaduz. Capital de Liechtenstein.
Vanuatu. País de Oceanía. GENT. **vanuatuense**. CAP. Port Vila.
Varsovia. Capital de Polonia. GENT. **varsoviano -na**.
Venezuela. País de América. GENT. **venezolano -na**. CAP. Caracas.
Victoria. Capital de las Seychelles.
Viena. Capital de Austria. GENT. **vienés -sa**.
Vientián. Capital de Laos.
Vietnam. País de Asia. GENT. **vietnamita**. CAP. Hanói.
Vilna. Capital de Lituania.
Washington D. C. Capital de los Estados Unidos de América. GENT. **washingtoniano -na**.
Wellington. Capital de Nueva Zelanda.
Windhoek. Capital de Namibia.
Yakarta. Capital de Indonesia.
Yamena. Capital de Chad.
Yamusukro. Capital de Costa de Marfil.
Yaren. Capital de Nauru.
Yaundé. Capital de Camerún.
Yemen (el). País de Asia. GENT. **yemení**. CAP. Saná.
Yibuti[1]. País de África. GENT. **yibutiano -na**. CAP. Yibuti.
Yibuti[2]. Capital de Yibuti. GENT. **yibutiano -na**.
Zagreb. Capital de Croacia.
Zambia. País de África. GENT. **zambiano -na**. CAP. Lusaka.
Zimbabue. País de África. GENT. **zimbabuense**. CAP. Harare.

Nómina de textos citados

1

AUTORES Y OBRAS

Las citas que se ofrecen en el cuerpo de la obra se han extraído, en su mayoría, de los corpus de la Real Academia Española, tanto del CREA (Corpus de Referencia del Español Actual) como, en menor medida, del CORDE (Corpus Diacrónico del Español), consultables ambos en la página electrónica www.rae.es; por esa razón, solo se indica la página en las citas de obras no recogidas en los corpus académicos.

El año que aparece entre corchetes tras algunos de los títulos de esta nómina indica la fecha de datación de la obra cuando esta no coincide con la de la edición utilizada.

Las obras citadas han sido seleccionadas únicamente en función de su utilidad para ilustrar con ejemplos reales los usos comentados, sin que ello constituya un juicio de valor sobre su calidad o excelencia.

Adoum *Ciudad* = ADOUM, JOSÉ ENRIQUE: *Ciudad sin ángel*. México D. F.: Siglo XXI, 1995.

Aguilar *Error* = AGUILAR CAMÍN, HÉCTOR: *El error de la luna*. México D. F.: Alfaguara, 1995.

— *Golfo* = *Morir en el Golfo*. México D. F.: Océano, 1986.

Aguilera *Arte* = AGUILERA, CARMEN: *El arte* oficial *tenochca. Su significación social*. [1977]. México D. F.: Universidad Nacional Autónoma de México, 1985.

Aguilera *Pelota* = AGUILERA MALTA, DEMETRIO: *Una pelota, un sueño y diez centavos*. México D. F.: Joaquín Mortiz, 1988.

Albentosa *Clima* = ALBENTOSA SÁNCHEZ, LUIS: *El clima y las aguas*. Madrid: Síntesis, 1991.

Alberti *Adefesio* = ALBERTI, RAFAEL: *El adefesio*. Madrid: Cátedra, 1976.

Alfonso X *Espéculo* = ALFONSO X: *Espéculo. Biblioteca Nacional de Madrid. Ms. 10123*. [a. 1260]. Alcalá de Henares: Universidad de Alcalá de Henares, 2004.

— *Estoria* I = *General Estoria*. Primera parte. [c. 1275]. Alcalá de Henares: Universidad de Alcalá de Henares, 2002.

— *Estoria* IV = *General Estoria*. Cuarta parte. [c. 1280]. Alcalá de Henares: Universidad de Alcalá de Henares, 2002.

Allende *Eva* = ALLENDE, ISABEL: *Eva Luna*. Barcelona: Plaza & Janés, 1987.

Almeida *Carta* = ALMEIDA, CRISTINA: *Carta abierta a una política honrada sobre la corrupción*. Barcelona: Península, 1995.

Almerich *Fazienda* = ALMERICH: *La fazienda de Ultra Mar*. [c. 1200]. Salamanca: Universidad de Salamanca, 1965.

Alonso *Flor* = ALONSO, EDUARDO: *Flor de Jacarandá*. Barcelona: Muchnik, 1991.

Alonso *Situación* = ALONSO FERNÁNDEZ, JULIÁN: *La nueva situación regional*. Madrid: Síntesis, 1990.

Alou *Aportación* = ALOU, DAMIÁN: *Una modesta aportación a la historia del crimen*. Barcelona: Anagrama, 1991.

Altschuler *Hijos* = ALTSCHULER, DANIEL ROBERTO: *Hijos de las estrellas. Nuestro origen, evolución y futuro*. Madrid: Cambridge University Press, 2002.

ÁlvzGil *Naufragios* = ÁLVAREZ GIL, ANTONIO: *Naufragios*. Sevilla: Algaida, 2002.

ÁlvzMuro *Poética* = ÁLVAREZ MURO, ALEXANDRA: *Poética del habla cotidiana*. Mérida: Universidad de los Andes, 2000.

Andahazi *Piadosas* = ANDAHAZI, FEDERICO: *Las piadosas*. Barcelona: Plaza & Janés, 1999.

Anzorena *Ver* = ANZORENA, HORACIO: *Ver para comprender. Educación desde el arte*. Buenos Aires: Magisterio del Río de La Plata, 1998.

Aparicio *César* = APARICIO, JUAN PEDRO: *Lo que es del César*. [1981]. Madrid: Alfaguara, 1990.

Aranda *Surrealismo* = ARANDA, FRANCISCO: *El surrealismo español*. Barcelona: Lumen, 1981.

Araya *Luna* = ARAYA, ENRIQUE: *La luna era mi tierra*. Santiago de Chile: Andrés Bello, 1982.

Arenas *Buenos Aires* = ARENAS LUQUE, FERMÍN V.: *Cómo era Buenos Aires*. Buenos Aires: Plus Ultra, 1979.

Arguedas *Zorro* = ARGUEDAS, JOSÉ MARÍA: *El zorro de arriba y el zorro de abajo*. [a. 1969]. Madrid: CSIC, 1990.

Arguiñano *Recetas* = ARGUIÑANO, KARLOS: *1069 recetas*. [1996]. Barcelona: Asegarce/Debate, 1998.

Arias *Silencio* = ARIAS, MARIANO: *El silencio de las palabras*. Barcelona: Destino, 1991.

Aridjis *Moctezuma* = ARIDJIS, HOMERO: *Moctezuma*. [1980]. En *Gran teatro del fin del mundo*. México D. F.: Fondo de Cultura Económica, 1994.

Arrabal *Arquitecto* = ARRABAL, FERNANDO: *El arquitecto y el emperador de Asiria*. [1975]. Madrid: Cátedra, 1993.

Arsuaga *Enigma* = ARSUAGA, JUAN LUIS: *El enigma de la esfinge. Las causas, el curso y el propósito de la evolución*. Barcelona: Plaza & Janés, 2001.

ASantos *Estanquera* = ALONSO DE SANTOS, JOSÉ LUIS: *La estanquera de Vallecas*. [1981]. Madrid: Antonio Machado, 1990.

Assad *Cenizas* = ASSAD, JOSÉ: *Cenizas sobre el mar*. [1989]. Madrid: Fondo de Cultura Económica/Centro de Documentación Teatral, 1992.

Asturias *Carta* = ASTURIAS, MIGUEL ÁNGEL: [Cartas]. En *Cartas de amor entre Miguel Ángel Asturias y Blanca de Mora y Araujo*. [1949-1954]. Madrid: Cultura Hispánica, 1989.

— *Papa* = *El Papa Verde*. [1954]. Madrid/Buenos Aires: Alianza/Losada, 1982.

Atienza *Justicia* = ATIENZA, MANUEL: *Tras la justicia. Una introducción al derecho y al razonamiento jurídico*. Barcelona: Ariel, 1993.

Avendaño *Perfiles* = AVENDAÑO HÜBNER, JORGE: *Perfiles de la medicina peruana*. [a. 1974]. Lima: Universidad Nacional Mayor de San Marcos, 1983.

Ávila *Carta* = JUAN DE ÁVILA: [Cartas]. En *Epistolario espiritual*. [a. 1569-1578]. Madrid: La Lectura, 1912.

Azancot *Amores* = AZANCOT, LEOPOLDO: *Los amores prohibidos*. [1980]. Barcelona: Tusquets, 1988.

Azúa *Diario* = AZÚA, FÉLIX DE: *Diario de un hombre humillado*. [1987]. Barcelona: Anagrama, 1991.

Baladro = *El baladro del sabio Merlín con sus profecías*. [c. 1400-1498]. Salamanca: CILUS, 1999.

Battaner *Planetas* = BATTANER LÓPEZ, EDUARDO: *Planetas*. Madrid: Alianza, 1991.

Bayly *Días* = BAYLY, JAIME: *Los últimos días de «La Prensa»*. Barcelona: Seix Barral, 1996.

— *Mujer* = *La mujer de mi hermano*. Barcelona: Planeta, 2002.

Beccaria *Luna* = BECCARIA, LOLA: *La luna en Jorge*. Barcelona: Destino, 2001.

Belli *Mujer* = BELLI, GIOCONDA: *La mujer habitada*. [1992]. Navarra: Txalaparta, 1995.

Benedetti *Primavera* = BENEDETTI, MARIO: *Primavera con una esquina rota*. [1982]. Madrid: Alfaguara, 1994.

Benítez *Caballo* I = BENÍTEZ, JUAN JOSÉ: *Caballo de Troya* I. [1984]. Barcelona: Planeta, 1994.

Berceo *Domingo* = BERCEO, GONZALO DE: *Vida de santo Domingo de Silos*. [c. 1236]. Madrid: Espasa-Calpe, 1992.

Boscán *Poesías* = BOSCÁN, JUAN: *Poesías*. [c. 1514-1542]. Barcelona: Promociones y Publicaciones Universitarias, 1991.

Britto *Misa* = BRITTO GARCÍA, LUIS: *La misa del esclavo*. [1980] Buenos Aires: CELCIT, 1983.

Bryce *Huerto* = BRYCE ECHENIQUE, ALFREDO: *El huerto de mi amada*. Barcelona: Planeta, 2002.

— *Magdalena* = *«Magdalena peruana» y otros cuentos*. Barcelona: Plaza & Janés, 1986.

— *Vida* = *La vida exagerada de Martín Romaña*. [1981]. Barcelona: Anagrama, 1995.

Bucay *Cuentos* = BUCAY, JORGE: *Cuentos para pensar*. Barcelona: RBA, 2002.

Buenaventura *Papeles* = BUENAVENTURA, ENRIQUE: *Los papeles del infierno*. [a. 1974]. La Habana: Casa de las Américas, 1980.

Burgos *Rigoberta* = BURGOS, ELISABETH: *Me llamo Rigoberta Menchú y así me nació la conciencia*. [1983]. Barcelona: Seix Barral, 1995.

BVallejo *Música* = BUERO VALLEJO, ANTONIO: *Música cercana*. [1989]. Madrid: Espasa-Calpe, 1994.

Calderón *Viaje* = CALDERÓN FAJARDO, CARLOS: *El segundo viaje de William Burroughs*. Lima: UNMSM-Fondo Editorial, 2006.

Calila = *Calila e Dimna*. [1251]. Madrid: Castalia, 1993.

Calle *Viaje* = CALLE CAPILLA, RAMIRO A.: *Viaje al interior de la India*. Barcelona: Martínez Roca, 2001.

Campoamor *Palacio* = CAMPOAMOR, RAMÓN DE: *El palacio de la verdad. Dolora dramática en tres actos*. [1871]. Madrid: Felipe González Rojas, 1902.

Campos *Carne* = CAMPOS, MARCO ANTONIO: *Que la carne es hierba*. México D. F.: Joaquín Mortiz, 1982.

Cano *Abismo* = CANO GAVIRIA, RICARDO: *Una lección de abismo*. Barcelona: Versal, 1991.

Canto *Ronda* = CANTO, ESTELA: *Ronda nocturna*. Buenos Aires: Emecé, 1980.

Cappa *Intimidad* = CAPPA, ÁNGEL: *La intimidad del fútbol. Grandeza y miserias, juego y entorno*. Donostia: Tercera Prensa-Hirungarren, 1996.

Cardeñosa *Código* = CARDEÑOSA, BRUNO: *El código secreto. Los misterios de la evolución humana*. Barcelona: Grijalbo, 2001.

Carreras *Autobiografía* = CARRERAS, JOSÉ: *Autobiografía. Cantar con el alma*. Barcelona: Ediciones B, 1989.

Carrión *Danubio* = CARRIÓN, IGNACIO: *Cruzar el Danubio*. Barcelona: Destino, 1995.

Carta Sancho IV = *Carta de Sancho IV*. [1249]. En *Documentos del Archivo Histórico Nacional (a. 1200-a. 1492)*. Alcalá de Henares: Universidad de Alcalá de Henares, 1999.

Casas *Apologética* = CASAS, BARTOLOMÉ DE LAS: *Apologética historia sumaria*. [1527-1550]. Madrid: Alianza, 1992.

Castilla *Psiquiatría* 2 = CASTILLA DEL PINO, CARLOS: *Introducción a la psiquiatría. 2: Psiquiatría general. Psiquiatría clínica*. [1980]. Madrid: Alianza, 1992.

Castro *Petrografía* = CASTRO DORADO, ANTONIO: *Petrografía básica. Texturas, clasificación y nomenclatura de rocas*. Madrid: Paraninfo, 1989.

CBonald *Noche* = CABALLERO BONALD, JOSÉ MANUEL: *Toda la noche oyeron pasar pájaros*. [1981]. Barcelona: Planeta, 1988.

Cebrián *Rusa* = CEBRIÁN, JUAN LUIS: *La rusa*. Barcelona: Círculo de Lectores, 1986.

Celorio *Contraconquista* = CELORIO, GONZALO: *Ensayo de contraconquista*. México D. F.: Tusquets, 2001.

Cercas *Soldados* = CERCAS, JAVIER: *Soldados de Salamina*. [2001]. Barcelona: Tusquets, 2002.

Cervantes *Quijote* II = Cervantes Saavedra, Miguel de: *Segunda parte del ingenioso caballero don Quijote de la Mancha*. [1615]. Barcelona: Instituto Cervantes / Crítica, 1998.

Chamorro *Cruz* = Chamorro, Eduardo: *La cruz de Santiago*. Barcelona: Planeta, 1992.

Chao *Altos* = Chao Ebergenyi, Guillermo: *De los altos*. México D. F.: Diana, 1991.

Chase *Pavo* = Chase Brenes, Alfonso: *El pavo real y la mariposa*. San José: Editorial Costa Rica, 1996.

Chavarría *Rojo* = Chavarría, Daniel: *El rojo en la pluma del loro*. Barcelona: Random House Mondadori, 2002.

Chávez *Batallador* = Chávez Jr., Gilberto: *El batallador*. México D. F.: Joaquín Mortiz, 1986.

Cid = *Poema de Mio Cid*. [c. 1140]. Barcelona: Crítica, 1993.

Clarín *Regenta* = Clarín [Leopoldo Alas]: *La Regenta*. [1884-1885]. Madrid: Castalia, 1990.

— *Siglo* = *Siglo pasado*. [1901]. Gijón: Llibros del Pexe, 1999.

Claro *Sombra* = Claro Huneeus, Francisco: *A la sombra del asombro. El mundo visto por la física*. [1995]. Santiago de Chile: Andrés Bello, 1996.

Cohen *Muerte* = Cohen, Emma: *Muerte dulce*. Madrid: Debate, 1993.

Collyer *Habitante* = Collyer, Julio: *El habitante del cielo*. Barcelona: Seix Barral, 2002.

— *Pájaros* = *Cien pájaros volando*. Barcelona: Seix Barral, 1995.

Contreras *Nadador* = Contreras, Gonzalo: *El nadador*. Santiago de Chile: Alfaguara, 1995.

Córdoba *Cirugía* = Córdoba, Fernando de: *Suma de la flor de cirugía*. [a. 1500]. Madrid: Toxoutos, 2002.

Cortázar *Reunión* = Cortázar, Julio: *«Reunión» y otros relatos*. Barcelona: Seix Barral, 1983.

Costa *Fotografía* = Costa Silva, Pedro: *Fundamentos de fotografía*. [1993]. Santiago de Chile: Editorial Universitaria, 1995.

CSerraller *Arte* = Calvo Serraller, Francisco: *Historia del Arte*. Madrid: Santillana, 1997.

— *Paisajes* = *Paisajes de luz y muerte. La pintura española del 98*. Barcelona: Tusquets, 1998.

Cuzzani *Pitágoras* = Cuzzani, Agustín: *Pitágoras, Go Home*. Buenos Aires: Almagesto, 1988.

— *Zorro* = *Disparen sobre el zorro gris*. Buenos Aires: Almagesto, 1988.

Daneri *Cita* = Daneri, Alberto: *La cita*. Buenos Aires: Santana, 1983.

Delibes *Madera* = Delibes, Miguel: *Madera de héroe*. [1987]. Barcelona: Destino, 1994.

Dexeus/Carrera *Riesgo* = Dexeus, Santiago y Josep M.ª Carrera: *El riesgo de nacer*. Barcelona: Labor, 1989.

Díaz *Neruda* = Díaz, Jorge: *Pablo Neruda viene volando*. Madrid: Primer Acto, 1991.

Díaz *Piel* = Díaz, Jesús: *La piel y la máscara*. Barcelona: Anagrama, 1996.

Díez *Fuente* = Díez, Luis Mateo: *La fuente de la edad*. [1986]. Madrid: Alfaguara, 1993.

— *Oscurecer* = *El oscurecer. (Un encuentro)*. Madrid: Ollero & Ramos, 2002.

Dios *Miami* = Dios, Horacio de: *Miami*. Buenos Aires: De Dios Editores, 1999.

DmgzOrtiz *Clases* = Domínguez Ortiz, Antonio: *Las clases privilegiadas en el Antiguo Régimen*. [1973]. Madrid: Istmo, 1985.

Dolina *Ángel* = Dolina, Alejandro: *El ángel gris*. Vitoria: Ikusager, 1993.

Domingo *Sabor* = Domingo, Xavier: *El sabor de España*. Barcelona: Tusquets, 1992.

Donoso *Casa* = Donoso, José: *Casa de Campo*. [1978]. Barcelona: Seix Barral, 1989.

— *Elefantes* = *Donde van a morir los elefantes*. Madrid: Alfaguara, 1995.

Dou *Luna* = DOU, BENIGNO: *Luna rota.* Barcelona: Planeta, 2002.

Duque *Suicidio* = DUQUE, AQUILINO: *El suicidio de la modernidad. Una revisión crítica de la cultura contemporánea.* Barcelona: Bruguera, 1984.

DzCañabate *Paseíllo* = DÍAZ-CAÑABATE, ANTONIO: *Paseíllo por el planeta de los toros.* Madrid: Salvat/Alianza, 1970.

Edwards *Anfitrión* = EDWARDS, JORGE: *El anfitrión.* Barcelona: Plaza & Janés, 1987.

Elizondo *Setenta* = ELIZONDO ELIZONDO, RICARDO: *Setenta veces siete.* [1987]. México D. F.: Consejo Nacional para la Cultura y las Artes, 1994.

Escudero *Malvinas* = ESCUDERO, LUCRECIA: *Malvinas: El gran relato. Fuentes y rumores en la información de guerra.* Barcelona: Gedisa, 1996.

Espinosa *Jesús* = ESPINOSA, ENRIQUE: *«Jesús el bisabuelo» y otros relatos.* México D. F.: Siglo XXI, 1995.

Espronceda *Diablo* = ESPRONCEDA, JOSÉ DE: *El diablo mundo.* [1840-1841]. Madrid: Castalia, 1993.

Esquivel *Agua* = ESQUIVEL, LAURA: *Como agua para chocolate.* [1989]. Barcelona: Grijalbo Mondadori, 1995.

Estébanez *Términos* = ESTÉBANEZ CALDERÓN, DEMETRIO: *Diccionario de términos literarios.* [1996] Madrid: Alianza, 1999.

Évora *Orígenes* = ÉVORA, TONY: *Orígenes de la música cubana. Los amores de las cuerdas y el tambor.* Madrid: Alianza, 1997.

Fabelo *Valores* = FABELO CORZO, JOSÉ RAMÓN: *Los valores y sus desafíos actuales.* Montevideo: Libros en Red, 2004.

Faus *Andar* = FAUS, AGUSTÍN: *Andar por las montañas.* Madrid: Palabra, 1999.

FdzCubas *Altillos* = FERNÁNDEZ CUBAS, CRISTINA: *Los altillos de Brumal.* Barcelona: Tusquets, 1983.

Federico *Embarazo* = FEDERICO, GABRIEL FABIÁN: *El embarazo musical. Estimulación, comunicación y vínculo prenatal a través de la música.* Buenos Aires: Kier, 2001.

Fernán González = *Poema de Fernán González.* [c. 1250]. Madrid: Biblioteca Nueva, 2001.

Ferré *Batalla* = FERRÉ, ROSARIO: *La batalla de las vírgenes.* [1993]. San Juan: Universidad de Puerto Rico, 1995.

FnGómez *Bicicletas* = FERNÁN-GÓMEZ, FERNANDO: *Las bicicletas son para el verano.* [1982]. Madrid: Espasa-Calpe, 1994.

— *Viaje* = *El viaje a ninguna parte.* [1985]. Madrid: Debate, 1995.

Fogwill *Cantos* = FOGWILL, RODOLFO ENRIQUE: *Cantos de marineros en la Pampa.* Barcelona: Mondadori, 1998.

Fuentes *Constancia* = FUENTES, CARLOS: *Constancia.* [1989]. México D. F.: Fondo de Cultura Económica, 1997.

— *Cristóbal* = *Cristóbal Nonato.* [1987]. Madrid: Fondo de Cultura Económica, 1988.

— *Espejo* = *El espejo enterrado.* México D. F.: Fondo de Cultura Económica, 1992.

— *Esto* = *En esto creo.* Barcelona: Seix Barral, 2002.

— *Naranjo* = *El naranjo.* Madrid: Alfaguara, 1993.

GaBadell *Funeral* = GARCÍA-BADELL, GABRIEL: *Funeral por Francia.* Barcelona: Destino, 1975.

GaHortelano *Cuento* = GARCÍA HORTELANO, JUAN: *Mucho cuento.* Madrid: Mondadori, 1987.

— *Gramática* = *Gramática parda.* [1982]. Madrid: Mondadori, 1992.

Gala *Invitados* = GALA, ANTONIO: *Los invitados al jardín.* Barcelona: Planeta, 2002.

Galeano *Bocas* = GALEANO, EDUARDO: *Bocas del tiempo.* Madrid: Siglo XXI, 2004.

Gallegos *Pasado* = GALLEGOS, DANIEL: *El pasado es un extraño país.* San José: Rei Centroamericana, 1993.

GaLorca *Bernarda* = GARCÍA LORCA, FEDERICO: *La casa de Bernarda Alba.*

Drama de mujeres en los pueblos de España. [1936]. Madrid: Castalia, 1991.

— *Romancero* = *Primer romancero gitano*. [1924-1927]. Madrid: Espasa-Calpe, 1991.

GaMárquez *Amor* = García Márquez, Gabriel: *El amor en los tiempos del cólera*. [1985]. Madrid: Mondadori, 1987.

— *Crónica* = *Crónica de una muerte anunciada*. Barcelona: Bruguera, 1981.

— *Vivir* = *Vivir para contarla*. Barcelona: Mondadori, 2002.

Gamboa *Páginas* = Gamboa, Santiago: *Páginas de vuelta*. Barcelona: Mondadori, 1998.

GaMorales *Lógica* = García Morales, Adelaida: *La lógica del vampiro*. Barcelona: Anagrama, 1990.

— *Sur* = *El sur seguido de Bene*. [1985]. Barcelona: Anagrama, 1994.

Gándara *Distancia* = Gándara, Alejandro: *La media distancia*. [1984]. Madrid: Alfaguara, 1990.

Gaos *Sueño* = Gaos, José: *El sueño de un sueño*. [1960]. Hanover: Dartmouth College, 2003.

GaRamis *Días* = García Ramis, Magali: *Felices días, tío Sergio*. [1986]. Georgia: Antillana, 1995.

García *Mundo* = García, Alan: *El mundo de Maquiavelo*. Santafé de Bogotá: Tercer Mundo, 1994.

GaSánchez *Alpe d'Huez* = García Sánchez, Javier: *El Alpe d'Huez*. [1994]. Barcelona: Plaza & Janés, 1995.

Gasulla *Culminación* = Gasulla, Luis: *Culminación de Montoya*. [1975]. Barcelona: Destino, 1979.

GaVega *Años* = García Vega, Lorenzo: *Los años de Orígenes*. Caracas: Monte Ávila, 1978.

Gavilanes *Bosque* = Gavilanes, Emilio: *El bosque perdido*. Barcelona: Seix Barral, 2000.

GGalán *Bobo* = Gabriel y Galán, José Antonio: *El bobo ilustrado*. Barcelona: Tusquets, 1986.

Gironella *Hombres* = Gironella, José María: *Los hombres lloran solos*. [1986]. Barcelona: Planeta, 1987.

Glantz *Rastro* = Glantz, Margo: *El rastro*. Barcelona: Anagrama, 2002.

GlzLeón *Viejo* = González León, Adriano: *Viejo*. Madrid: Alfaguara, 1995.

González *Dios* = González, Eladia: *Quién como Dios*. Madrid: Espasa-Calpe, 1999.

González *Provisiones* = González, Sergio: *Las provisiones*. [1975]. La Habana: Letras Cubanas, 1990.

Gopegui *Real* = Gopegui, Belén: *Lo real*. Barcelona: Anagrama, 2001.

Goytisolo *Estela* = Goytisolo, Luis: *Estela del fuego que se aleja*. Barcelona: Anagrama, 1984.

Grandes *Aires* = Grandes, Almudena: *Los aires difíciles*. Barcelona: Tusquets, 2002.

Guelbenzu *Río* = Guelbenzu, José María: *El río de la luna*. [1981]. Madrid: Alianza, 1989.

Güiraldes *Segundo* = Güiraldes, Ricardo: *Don Segundo Sombra*. [1926]. Caracas: Ayacucho, 1983.

Guzmán *Llanto* = Guzmán, Fernando H.: *Llanto por Federico García Lorca*. Santa Cruz de Tenerife: CECA, 1982.

Henríquez *Huevos* = Henríquez Grateraux, Federico: *Empollar huevos históricos*. Santo Domingo: Alfa y Omega, 2001.

Hernández *Naturaleza* = Hernández, Felipe: *Naturaleza*. Barcelona: Anagrama, 1989.

Hernández *Secreter* = Hernández, Ramón: *El secreter del Rey*. Barcelona: Seix Barral, 1995.

Herrera *Casa* = Herrera Luque, Francisco: *En la casa del pez que escupe el agua*. Caracas: Pomaire, 1985.

Herrera *Cero* = Herrera, Eloy: *Un cero a la izquierda*. [1976]. Madrid: Vassallo de Mumbert, 1978.

Hidalgo *Hijas* = Hidalgo, Isabel: *Todas hijas de su madre*. [1988]. Madrid: Antonio Machado, 1990.

Isaacs *María* = Isaacs, Jorge: *María*. [1867]. Madrid: Cátedra, 1995.

Jaramillo *Tiempo* = Jaramillo Levi, Enrique: *Luminoso tiempo gris*. Madrid: Páginas de Espuma, 2002.

JmnzEmán *Tramas* = Jiménez Emán, Gabriel: *Tramas imaginarias*. Caracas: Monte Ávila, 1991.

Jodorowsky *Danza* = Jodorowsky, Alejandro: *La danza de la realidad. Chamanismo y psicochamanismo*. Madrid: Siruela, 2001.

— *Pájaro* = *Donde mejor canta un pájaro*. [1992]. Barcelona: Seix Barral, 1994.

Juan Pablo I *Discurso* = Juan Pablo I: *Discurso del Santo Padre Juan Pablo I al cuerpo diplomático acreditado ante la Santa Sede*. [31.8.1978]. Disponible en <http://www.vatican.va/holy_father/john_paul_i/speeches/documents/hf_jp-i_spe_31081978_diplomatic-corps_sp.html> [Consultado el 27.10.2010].

Kociancich *Maravilla* = Kociancich, Vlady: *La octava maravilla*. Madrid: Alianza, 1982.

Laín *Descargo* = Laín Entralgo, Pedro: *Descargo de conciencia (1930-1960)*. [1976]. Madrid: Alianza, 1989.

— *Teoría* = *Teoría y realidad del otro*. Madrid: Alianza, 1983.

Landero *Juegos* = Landero, Luis: *Juegos de la edad tardía*. [1989]. Barcelona: Tusquets, 1993.

Leguineche *Camino* = Leguineche, Manuel: *El camino más corto. Una trepidante vuelta al mundo en automóvil*. [1995]. Barcelona: Plaza & Janés, 1996.

Leyva *Piñata* = Leyva, Daniel: *Una piñata llena de memoria*. México D. F.: Joaquín Mortiz, 1984.

Lezama *Oppiano* = Lezama Lima, José: *Oppiano Licario*. [1977]. Madrid: Cátedra, 1989.

— *Paradiso* = *Paradiso*. [1966]. Madrid: CSIC, 1988.

Liendo *Platos* = Liendo, Eduardo: *Los platos del diablo*. [1985]. Madrid: Altalena, 1986.

Llamazares *Río* = Llamazares, Julio: *El río del olvido*. [1990]. Barcelona: Seix Barral, 1995.

Lorandi *Ley* = Lorandi, Ana María: *Ni ley, ni rey, ni hombre virtuoso. Guerra y sociedad en el virreinato del Perú*. Barcelona: Gedisa, 2002.

LpzPáez *Herlinda* = López Páez, Jorge: *Doña Herlinda y su hijo y otros hijos*. México D. F.: Fondo de Cultura Económica, 1993.

Maldonado/Negrón *Derecho* = Maldonado Fabián, María M. y Luis Mariano Negrón Portillo: *Derecho Mercantil y otros principios del Derecho puertorriqueño*. Puerto Rico: [s. e.], 1997.

Mañas *Kronen* = Mañas, José Ángel: *Historias del Kronen*. [1994]. Barcelona: Destino, 1996.

Maqua *Invierno* = Maqua, Javier: *Invierno sin pretexto*. Madrid: Alfaguara, 1992.

Marco *Música* = Marco, Tomás: *Historia general de la música, IV. El siglo* XX. Madrid: Istmo, 1993.

Marías *Corazón* = Marías, Javier: *Corazón tan blanco*. [1992]. Barcelona: Anagrama, 1994.

Marsé *Embrujo* = Marsé, Juan: *El embrujo de Shanghai*. [1993]. Barcelona: Plaza & Janés, 1996.

— *Muchacha* = *La muchacha de las bragas de oro*. [1978]. Barcelona: Planeta, 1993.

— *Rabos* = *Rabos de lagartija*. Barcelona: Lumen, 2000.

Martínez *Evita* = Martínez, Tomás Eloy: *Santa Evita*. Barcelona: Seix Barral, 1995.

— *Perón* = *La novela de Perón*. Madrid: Alianza, 1989.

— *Vuelo* = *El vuelo de la reina*. Madrid: Alfaguara, 2002.

Martini *Fantasma* = Martini, Juan: *El fantasma imperfecto*. [1986]. Madrid: Alfaguara, 1994.

Mastretta *Vida* = Mastretta, Ángeles: *Arráncame la vida*. [1990]. Barcelona: Seix Barral, 1995.

Maza *Astronomía* = Maza, José: *Astronomía contemporánea*. [1988]. Santiago de Chile: Editorial Universitaria, 1990.

MDurán *Toque* = Moreno-Durán, R. Humberto: *El toque de Diana*. [1981]. Bogotá: Tercer Mundo, 1988.

Meléndez *Identidad* = Meléndez, Héctor: *La identidad ausente*. Río Piedras: La Sierra, 1996.

Melo *Notas* = Melo, Juan Vicente: *Notas sin música*. [1990]. México D. F.: Fondo de Cultura Económica, 1994.

Menassa *Porvenir* = Menassa, Norma: *El porvenir de la clínica psicoanalítica*. Madrid: Grupo Cero, 1992.

Mendicutti *Palomo* = Mendicutti, Eduardo: *El palomo cojo*. [1991]. Barcelona: Tusquets, 1995.

Mendizábal *Yerba* = Mendizábal, Rafael: *Mala yerba*. Madrid: Marsó-Velasco, 1989.

Mendoza *Ciudad* = Mendoza, Eduardo: *La ciudad de los prodigios*. [1986]. Barcelona: Seix Barral, 1993.

— *Verdad* = *La verdad sobre el caso Savolta*. [1975]. Barcelona: Seix Barral, 1994.

MFoix *Don Juan* = Molina Foix, Vicente: *Don Juan último*. [1992]. Madrid: SGAE, 1994.

— *Quincena* = *La quincena soviética*. Barcelona: Anagrama, 1988.

Millás *Mujeres* = Millás, Juan José: *Dos mujeres en Praga*. Madrid: Espasa-Calpe, 2002.

Miralles *Cortés* = Miralles, Juan: *Hernán Cortés. Inventor de México*. [2001]. Barcelona: Tusquets, 2002.

MñzMolina *Invierno* = Muñoz Molina, Antonio: *El invierno en Lisboa*. [1987]. Barcelona: Seix Barral, 1995.

— *Sefarad* = *Sefarad. Una novela de novelas*. Madrid: Alfaguara, 2001.

Moix *Sueño* = Moix, Terenci: *No digas que fue un sueño*. [1986]. Barcelona: Planeta, 1993.

Moix *Vals* = Moix, Ana María: *Vals negro*. Barcelona: Lumen, 1994.

Mojarro *Yo* = Mojarro, Tomás: *Yo, el valedor (y el Jerásimo)*. México D. F.: Fondo de Cultura Económica, 1985.

Moncada *Otoño* = Moncada, Santiago: *Siempre en otoño*. [1993]. Madrid: SGAE, 1994.

Montemayor *Diana* = Montemayor, Jorge de: *Los siete libros de la Diana*. [1559]. Madrid: Cátedra, 1991.

Montero *Tú* = Montero, Mayra: *Tú, la oscuridad*. Barcelona: Tusquets, 1995.

Monterroso *Literatura* = Monterroso, Augusto: *Literatura y vida*. Madrid: Alfaguara, 2004.

Morón *Gallo* = Morón, Guillermo: *El gallo de las espuelas de oro*. [1986]. Caracas: Monte Ávila, 1993.

MtnCampo *Carreteras* = Martín del Campo, David: *Las rojas son las carreteras*. México D. F.: Joaquín Mortiz, 1976.

MtnGaite *Fragmentos* = Martín Gaite, Carmen: *Fragmentos de interior*. [1976]. Barcelona: Destino, 1994.

— *Nubosidad* = *Nubosidad variable*. [1992]. Barcelona: Anagrama, 1994.

MtnVigil *Defensa* = Martín Vigil, José Luis: *En defensa propia*. Barcelona: Planeta, 1985.

MtzBallesteros *Pisito* = Martínez Ballesteros, Antonio: *Pisito clandestino*. [1990]. Madrid: SGAE, 1992.

MtzPisón *Ternura* = Martínez de Pisón, Ignacio: *La ternura del dragón*. [1985]. Barcelona: Anagrama, 1994.

MtzSalguero *Combate* = Martínez Salguero, Jaime: *El combate místico*. La Paz: Signo, 2002.

Mujica *Escarabajo* = Mujica Láinez, Manuel: *El escarabajo*. [1982]. Barcelona: Plaza & Janés, 1993.

Muñoz/Gil *Radio* = Muñoz, José Javier y César Gil: *La Radio: teoría y práctica*. [1986]. Madrid: IORTV, 1994.

Mutis *Ilona* = Mutis, Álvaro: *Ilona llega con la lluvia*. Madrid: Mondadori, 1988.

Nasarre *País* = Nasarre, Pilar: *El país de Nunca Jamás*. Barcelona: Seix Barral, 1993.

Nieva *Nosferatu* = Nieva, Francisco: *Nosferatu*. En *Teatro completo*, I. Toledo: Junta de Castilla-La Mancha, 1991.

OArmengol *Aviraneta* = Ortiz-Armengol, Pedro: *Aviraneta o la intriga*. Madrid: Espasa-Calpe, 1994.

Obando *Paraíso* = Obando Bolaños, Alexánder: *El más violento paraíso*. San José: Perro Azul, 2001.

Olaizola *Guerra* = Olaizola, José Luis: *La guerra del general Escobar*. [1983]. Barcelona: Planeta, 1990.

Olivera *Enfermera* = Olivera Figueroa, Rafael: *¿Enfermera, doctora o santa?* México D. F.: Diana, 1991.

Onetti *Viento* = Onetti, Juan Carlos: *Dejemos hablar al viento*. [1979]. Madrid: Mondadori, 1991.

Ortega *Horizontes* = Ortega Valcárcel, José: *Los horizontes de la geografía. Teoría de la Geografía*. Barcelona: Ariel, 2000.

Ortiz *Luz* = Ortiz, Lourdes: *Luz de la memoria*. [1976]. Madrid: Akal, 1986.

Osorio *Eco* = Osorio Romero, Ignacio: *Conquistar el eco. La paradoja de la conciencia criolla*. México D. F.: Universidad Nacional Autónoma de México, 1989.

Otero *Fundamentalismos* = Otero Novas, José Manuel: *Fundamentalismos enmascarados. Los extremismos de hoy*. Barcelona: Ariel, 2001.

Otero *Temporada* = Otero, Lisandro: *Temporada de ángeles*. [1983]. Barcelona: Bruguera, 1986.

Padilla *Jardín* = Padilla, Heberto: *En mi jardín pastan los héroes*. Barcelona: Argos Vergara, 1981.

Palavecino *Nutrición* = Palavecino, Norberto Edgardo: *Nutrición para el alto rendimiento*. Montevideo: Libros en Red, 2004.

Palou *Carne* = Palou, Inés: *Carne apaleada*. Barcelona: Círculo de Lectores, 1975.

Panero *Lugar* = Panero, Leopoldo María: *El lugar del hijo*. [1976]. Barcelona: Tusquets, 1985.

Paranaguá *Ripstein* = Paranaguá, Paulo Antonio: *Arturo Ripstein*. Madrid: Cátedra/Filmoteca Española, 1997.

Parrado *Bembeta* = Parrado, Gloria: *Bembeta y Santa Rita*. En *Tríptico*. La Habana: Unión, 1984.

— *Muerte* = *Muerte en el muelle*. En *Tríptico*. La Habana: Unión, 1984.

Paso *Palinuro* = Paso, Fernando del: *Palinuro de México*. [1977]. Madrid: Alfaguara, 1982.

Paz *Materia* = Paz Soldán, Edmundo: *La materia del deseo*. Madrid: Alfaguara, 2002.

Paz *Paraíso* = Paz Hernández, Albio: *El paraíso recobrao*. [1976]. La Habana: Letras Cubanas, 1990.

Pedraza *Pasión* = Pedraza, Pilar: *La pequeña pasión*. Barcelona: Tusquets, 1990.

Pelta/Vivas *Alergia* = Pelta, Roberto y Enrique Vivas: *Tengo alergia, ¿qué debo saber?* Barcelona: Grupo Zeta, 1995.

Perucho *Dietario* = Perucho, Juan: *Dietario apócrifo de Octavio de Romeu*. Barcelona: Destino, 1985.

Picó *Caimito* = Picó, Fernando: *Vivir en Caimito*. Río Piedras: Huracán, 1989.

Piglia *Respiración* = Piglia, Ricardo: *Respiración artificial*. Buenos Aires: Pomaire, 1980.

Pinillos *Psicología* = Pinillos, José Luis: *Principios de psicología*. [1975]. Madrid: Alianza, 1995.

Plaza *Cerrazón* = Plaza Noblía, Héctor: *La cerrazón*. [1980]. Montevideo: Instituto Nacional del Libro, 1991.

Plaza/Redondo *Cine* = Plaza, Francisco J. de la, y María José Redondo: *El cine: técnica y arte*. Madrid: Anaya, 1993.

Polimeni *Luca* = Polimeni, Carlos: *Luca*. [1991]. Buenos Aires: AC, 1999.

Pombo *Héroe* = Pombo, Álvaro: *El héroe de las Mansardas de Mansard*. [1983]. Barcelona: Anagrama, 1990.

— *Metro* = *El metro de platino iridiado*. [1990]. Barcelona: Anagrama, 1993.

— *Ventana* = *Una ventana al norte*. Barcelona: Anagrama, 2004.

Ponte *Contrabando* = PONTE, ANTONIO JOSÉ: *Contrabando de sombras*. Barcelona: Mondadori, 2002.

Posse *Pasión* = POSSE, ABEL: *La pasión según Eva*. Barcelona: Planeta, 1995.

Privilegio = *Privilegio dado por el rey don Alfonso a Sevilla, en el que le concede algunas rentas y derechos*. [1257]. En *El libro de privilegios de la ciudad de Sevilla*. Sevilla: Ayuntamiento de Sevilla-Universidad de Sevilla-Fundación El Monte, 1993.

Puga *Silencio* = PUGA, MARÍA LUISA: *La forma del silencio*. México D. F.: Siglo XXI, 1987.

Puig *Beso* = PUIG, MANUEL: *El beso de la mujer araña*. [1976]. Barcelona: Seix Barral, 1993.

PzAyala *Curandero* = PÉREZ DE AYALA, RAMÓN: *El curandero de su honra*. [1926]. Madrid: Castalia, 1991.

PzBrignoli *Centroamérica* = PÉREZ BRIGNOLI, HÉCTOR: *Breve historia de Centroamérica*. [1985]. Madrid: Alianza, 1990.

PzGutiérrez *Música* = PÉREZ GUTIÉRREZ, MARIANO: *Diccionario de la música y los músicos*. Madrid: Istmo, 1985.

PzMerinero *Días* = PÉREZ MERINERO, CARLOS: *Días de guardar*. Barcelona: Bruguera, 1981.

PzReverte *Reina* = PÉREZ-REVERTE, ARTURO: *La Reina del Sur*. Madrid: Alfaguara, 2002.

PzTamayo *Ciencia* = PÉREZ TAMAYO, RUY: *Ciencia, paciencia y conciencia*. México D. F.: Siglo XXI, 1991.

Quesada *Banana* = QUESADA, ROBERTO: *Big Banana*. Barcelona: Seix Barral, 2000.

Quintero *Danza* = QUINTERO, EDNODIO: *La danza del jaguar*. Caracas: Monte Ávila, 1991.

Quintero *Esperando* = QUINTERO, HÉCTOR: *Te sigo esperando. (Una crónica cubana de los noventa)*. [1996]. Madrid: Asociación de Directores de Escena de España, 1998.

Ramírez *Baile* = RAMÍREZ, SERGIO: *Un baile de máscaras*. México D. F.: Alfaguara, 1995.

RdgzCalafat *Informática* = RODRÍGUEZ CALAFAT, DANIEL: *Informática avanzada al alcance de todos*. Montevideo: Libros en Red, 2004.

RdgzJuliá *Cruce* = RODRÍGUEZ JULIÁ, EDGARDO: *El cruce de la bahía de Guánica*. Wisconsin: Editorial Cultural, 1989.

RdgzMartos *Alcoholismo* = RODRÍGUEZ-MARTOS, ALICIA: *Manual de alcoholismo para el médico de cabecera*. Barcelona: Salvat, 1989.

RdgzMontalvo *Amadís* = RODRÍGUEZ DE MONTALVO, GARCI: *Amadís de Gaula, libros I y II*. [1482-1492]. Madrid: Cátedra, 1991.

Regás *Azul* = REGÁS, ROSA: *Azul*. Barcelona: Destino, 1994.

Reina *Seducción* = REINA, MARÍA MANUELA: *Alta seducción*. [1989]. Madrid: Antonio Machado, 1990.

RGodoy *Mujer* = RICO GODOY, CARMEN: *Cómo ser una mujer y no morir en el intento*. [1990]. Madrid: Temas de Hoy, 1995.

Ribera *Sangre* = RIBERA, JAUME: *La sangre de mi hermano*. Barcelona: Timun Mas, 1988.

Ribeyro *Geniecillos* = RIBEYRO, JULIO RAMÓN: *Los geniecillos dominicales*. Barcelona: Tusquets, 1983.

Ricard *Diseño* = RICARD, ANDRÉ: *Diseño, ¿por qué?* Barcelona: Gustavo Gili, 1982.

RmzCodina *David* = RAMÍREZ CODINA, PEDRO J.: *David contra Goliat*. Madrid: Temas de Hoy, 1995.

RmzHeredia *Rayo* = RAMÍREZ HEREDIA, RAFAEL: *«El Rayo Macoy» y otros cuentos*. [1984]. México D. F.: Joaquín Mortiz, 1988.

Rojo *Matar* = ROJO, ALFONSO: *Matar para vivir*. Barcelona: Plaza & Janés, 2002.

Romance = *Romances*. En *Romancero general o Colección de romances caste-*

llanos anteriores al siglo XVIII, recogidos, ordenados, clasificados y anotados por Agustín Durán. Tomo II. Madrid: Rivadeneira, 1851.

Rosales/Reyes *Enfermería* = ROSALES BARRERA, SUSANA y EVA REYES GÓMEZ: *Fundamentos de enfermería*. [1982]. México D. F./Santafé de Bogotá: El Manual Moderno, 1999.

Rossetti *Alevosías* = ROSSETTI, ANA: *Alevosías*. Barcelona: Tusquets, 1991.

RRosa *Sebastián* = REY ROSA, RODRIGO: *Lo que soñó Sebastián*. Barcelona: Seix Barral, 1994.

Ruffinelli *Guzmán* = RUFFINELLI, JORGE: *Patricio Guzmán*. Madrid: Cátedra, 2001.

Rulfo *Páramo* = RULFO, JUAN: *Pedro Páramo*. [1955-1980]. Madrid: CSIC, 1992.

RzGopegui *Hombres* = RUIZ DE GOPEGUI, LUIS: *Hombres en el espacio. Pasado, presente y futuro*. Madrid: McGraw-Hill, 1996.

RzZafón *Sombra* = RUIZ ZAFÓN, CARLOS: *La sombra del viento*. [2001]. Barcelona: Planeta, 2003.

Saer *Entenado* = SAER, JUAN JOSÉ: *El entenado*. Barcelona: Destino, 1988.

— *Ocasión* = *La ocasión*. [1988]. Barcelona: Destino, 1989.

Sagasti *Instrumentos* = SAGASTI, FRANCISCO R.: *Instrumentos de política y cambio técnico en la industria*. En *Ciencia, tecnología y desarrollo latinoamericano*. México D. F.: Fondo de Cultura Económica, 1981.

Salisachs *Gangrena* = SALISACHS, MERCEDES: *La gangrena*. [1975]. Barcelona: Planeta, 1976.

Salom *Vuelo* = SALOM, JAIME: *El corto vuelo del gallo*. [1980]. Madrid: Fundamentos, 1994.

Salvador *Eje* = SALVADOR CAJA, GREGORIO: *El eje del compás*. Barcelona: Planeta, 2002.

Sampedro *Sonrisa* = SAMPEDRO, JOSÉ LUIS: *La sonrisa etrusca*. [1985]. Madrid: Alfaguara, 1995.

Sánchez *Grito* = SÁNCHEZ, CARLOS CUAUHTÉMOC: *Un grito desesperado. Novela de superación personal para padres e hijos*. México D. F.: Diamante, 1992.

Sánchez *Héroe* = SÁNCHEZ, HÉCTOR: *El héroe de la familia*. Bogotá: Tercer Mundo, 1988.

Santander *Milagro* = SANTANDER, FELIPE: *Y, el milagro*. [1984]. México D. F.: Consejo Nacional de Recursos para la Atención de la Juventud, 1988.

Santiago *Sueño* = SANTIAGO, ESMERALDA: *El sueño de América*. Barcelona: Mondadori, 1996.

Savater *Invitación* = SAVATER, FERNANDO: *Invitación a la ética*. [1982]. Barcelona: Anagrama, 1995.

— *Sinapia* = *Vente a Sinapia. Una reflexión española sobre la utopía*. Madrid: Ayuntamiento de Madrid, 1983.

Schwartz *Conspiración* = SCHWARTZ, FERNANDO: *La conspiración del Golfo*. [1982]. Barcelona: Planeta, 1983.

SchzFerlosio *Años* = SÁNCHEZ FERLOSIO, RAFAEL: *Vendrán más años malos*. Barcelona: Destino, 1993.

SchzOstiz *Infierno* = SÁNCHEZ-OSTIZ, MIGUEL: *Un infierno en el jardín*. Barcelona: Anagrama, 1995.

Semprún *Autobiografía* = SEMPRÚN, JORGE: *Autobiografía de Federico Sánchez*. [1977]. Barcelona: Planeta, 1995.

Sepúlveda *Viejo* = SEPÚLVEDA, LUIS: *Un viejo que leía novelas de amor*. [1989]. Barcelona: Tusquets, 1996.

Serpa *Contrabando* = SERPA, ENRIQUE: *Contrabando*. [1938]. Miami: Ediciones Universal, 1973.

Serrano *Corazón* = SERRANO, MARCELA: *Lo que está en mi corazón*. Barcelona: Planeta, 2001.

— *Vida* = *Antigua vida mía*. Madrid: Alfaguara, 1995.

Serrano *Dios* = SERRANO, ENRIQUE: *De parte de Dios*. [2000]. Barcelona: Destino, 2002.

Signes *Darwin* = SIGNES MENGUAL, MIGUEL: *La comedia de Charles Darwin*. [1980]. Salamanca: Diputación de Salamanca, 1986.

Silva *Obra* = Silva, José Asunción: *Obra poética*. [1880-1895]. Madrid: Hiperión, 1996.

Sosa *Crisis* = Sosa de León, Mireya: *La crisis diplomática entre Venezuela y México. Visión histórica 1920-1935*. Caracas: Facultad de Humanidades y Educación (UCV), 2006.

Steimberg *Espíritu* = Steimberg, Alicia: *Su espíritu inocente*. Buenos Aires: Pomaire, 1981.

Steimberg *Historietas* = Steimberg, Oscar: *Leyendo historietas. Estilos y sentidos en un "arte menor"*. Buenos Aires: Ediciones Nueva Visión, 1977.

TBallester *Filomeno* = Torrente Ballester, Gonzalo: *Filomeno a mi pesar. Memorias de un señorito descolocado*. [1988]. Barcelona: Planeta, 1993.

Teitelboim *País* = Teitelboim, Volodia: *En el país prohibido. Sin el permiso de Pinochet*. Barcelona: Plaza & Janés, 1988.

Testamento = *Testamento* [1272]. En *Documentos de la Catedral de León*. León: CECEL-Caja España-Caja de Ahorros y Monte de Piedad, 1993.

Tibón *Aventuras* = Tibón, Gutierre: *Aventuras en las cinco partes del mundo (con un brinco a Úbeda)*. México D. F.: Diana, 1986.

Tomás *Orilla* = Tomás García, José Luis: *La otra orilla de la droga*. [1984]. Barcelona: Destino, 1985.

Tomeo *Mirada* = Tomeo, Javier: *La mirada de la muñeca hinchable*. Barcelona: Anagrama, 2003.

Traslado = *Confirmación de traslado de ordenanzas*. [1270]. En *Documentos de Alfonso X dirigidos a Castilla la Vieja*. [1252-1282]. Madison: Hispanic Seminary of Medieval Studies, 1999.

Tusquets *Mar* = Tusquets, Esther: *El mismo mar de todos los veranos*. [1978]. Barcelona: Anagrama, 1990.

Ulive *Dorado* = Ulive, Ugo: *El Dorado y el amor. Comedia en ocho escenas*. Caracas: Monte Ávila, 1989.

Umbral *Leyenda* = Umbral, Francisco: *Leyenda del César visionario*. [1991]. Barcelona: Seix Barral, 1995.

— *Mortal* = *Mortal y rosa*. [1975]. Barcelona: Destino, 1995.

UPietri *Oficio* = Uslar Pietri, Arturo: *Oficio de difuntos*. Barcelona: Seix Barral, 1976.

— *Visita* = *La visita en el tiempo*. [1990]. Barcelona: Círculo de Lectores, 1993.

Urrutia *Sistemas* = Urrutia, Jorge: *Sistemas de comunicación*. Barcelona: Planeta, 1975.

Valladares *Esperanza* = Valladares, Armando: *Contra toda esperanza*. [1985]. Barcelona: Plaza & Janés, 1987.

Vallejo *Poemas* = Vallejo, César: *Poemas humanos*. [1923-1938]. Caracas: Ayacucho, 1985.

Vallejo *Virgen* = Vallejo, Fernando: *La virgen de los sicarios*. [1994]. Santafé de Bogotá: Alfaguara, 1999.

Velasco *Regina* = Velasco Piña, Antonio: *Regina*. [1987]. México D. F.: Hoja Casa, 1992.

Vergara *Comer* = Vergara, Antonio: *Comer en el País Valencià*. Madrid: Penthalon, 1981.

Vergés *Cenizas* = Vergés, Pedro: *Sólo cenizas hallarás. (Bolero)*. [1980]. Barcelona: Destino, 1981.

Villanueva *Cantabria* = Villanueva Lázaro, José María: *La Cantabria del Esla*. León: Lancia, 2000.

VLlosa *Conversación* = Vargas Llosa, Mario: *Conversación en la catedral*. [1969]. Barcelona: Seix Barral, 1996.

— *Elogio* = *Elogio de la madrastra*. Barcelona: Tusquets, 1988.

— *Fiesta* = *La Fiesta del Chivo*. Madrid: Alfaguara, 2000.

— *Loco* = *El loco de los balcones*. Barcelona: Seix Barral, 1993.

— *Tía* = *La tía Julia y el escribidor*. [1977]. Barcelona: Seix Barral, 1996.

— *Verdad* = *La verdad de las mentiras*. Madrid: Alfaguara, 2002.

VMatas *Suicidios* = VILA-MATAS, ENRIQUE: *Suicidios ejemplares*. [1991]. Barcelona: Anagrama, 1995.

Volpi *Klingsor* = VOLPI, JORGE: *En busca de Klingsor*. Barcelona: Seix Barral, 1999.

VV. AA. *Música* = *Música*. Madrid: Santillana, 1998.

— *Narcotráfico* = *Narcotráfico en Colombia. Dimensiones políticas, económicas, jurídicas e internacionales*. Bogotá: Tercer Mundo, 1991.

Zanders *Ópera* = ZANDERS, EMILIA DE: *Breve historia de la ópera*. Caracas: Monte Ávila, 1992.

Zaragoza *Dios* = ZARAGOZA, CRISTÓBAL: *Y Dios en la última playa*. [1981]. Barcelona: Planeta, 1982.

Zorrilla *Granada* = ZORRILLA, JOSÉ: *Granada. Poema Oriental*. [1852]. Madrid: Imprenta y Litografía de los Huérfanos, 1895.

—*Tenorio* = *Don Juan Tenorio*. [1844-1852]. Barcelona: Crítica, 1993.

2

PUBLICACIONES PERIÓDICAS Y PORTALES ELECTRÓNICOS

Las citas de prensa se han extraído, en su mayor parte, del CREA (Corpus de Referencia del Español Actual), consultable en la página electrónica www.rae.es.

Se indica entre paréntesis la dirección *http* de los portales de Internet, así como la de aquellas publicaciones periódicas que han sido citadas siempre o alguna vez no a través del CREA, sino directamente de su edición electrónica en la Red.

En el cuerpo de la obra, las citas extraídas de Internet llevan la marca @ tras el nombre de la publicación periódica o del portal.

Abc = *ABC Color.* Paraguay.
Abc = *ABC.* España (www.abc.es).
BOJA = *Boletín Oficial de la Junta de Andalucía.* España.
Caretas = *Caretas.* Perú.
Clarín = *Clarín.* Argentina
Comercio = *El Comercio.* Ecuador.
Comunicación = *Revista de Comunicación.* Costa Rica.
Deber = *El Deber.* Bolivia.
DVasco = *El Diario Vasco.* España.
Época = *La Época.* Chile.
Excélsior = *Excélsior.* México.
Expreso = *Expreso de Guayaquil.* Ecuador.
Física = *Física y Sociedad.* España.
FVigo = *Faro de Vigo.* España.
Hora = *La Hora.* Guatemala.
Hoy = *El Salvador Hoy.* El Salvador.
Hoy = *Revista Hoy.* Chile.
Mercurio = *El Mercurio.* Chile.
Mundo = *El Mundo.* España.
Musical = *Revista Musical Chilena.* Chile.
Nación = *La Nación.* Argentina (www.lanacion.com.ar).
Nación = *La Nación.* Chile (www.lanacion.cl).
Nacional = *El Nacional.* Venezuela (www.el-nacional.com).
Natural = *Revista Natural.* España.
NCastilla = *El Norte de Castilla.* España.
Nosotras = *Nosotras.* Suplemento semanal del diario *La Prensa.* Nicaragua.
NProvincia = *La Nueva Provincia.* Argentina. (www.lanueva.com).
País = *El País.* España (www.elpais.es).
Paréntesis = *Paréntesis.* Suplemento de *El Carabobeño.* Venezuela.
Periódico = *El Periódico de Guatemala.* Guatemala (www.elperiodico.com.gt).
Proceso = *Proceso.* México.
Razón = *La Razón.* España.
Siglo = *El Siglo.* Panamá.
Tiempo = *El Tiempo.* Colombia.
Tiempos = *Los Tiempos.* Bolivia.
Universal = *El Universal.* Venezuela.
Vanguardia = *La Vanguardia.* España (www.lavanguardia.es).
VGalicia = *La Voz de Galicia.* España (www.lavozdegalicia.es).